AF617836

LA JUSTICIA EN ESPAÑA TRAS LA LEY ORGÁNICA DE EFICIENCIA

Nuevos tribunales, medios adecuados de solución de controversias y reformas procesales

LA JUSTICIA EN ESPAÑA TRAS LA LEY ORGÁNICA DE EFICIENCIA

Nuevos tribunales, medios adecuados de solución de controversias y reformas procesales

JULIO BANACLOCHE PALAO
FERNANDO GASCÓN INCHAUSTI

Autores

AGUILERA MORALES, MARIEN
BANACLOCHE PALAO, JULIO
BERNARDO SAN JOSÉ, ALICIA
CHOZAS ALONSO, JOSÉ MANUEL
FERNÁNDEZ CARRON, CLARA
GASCÓN INCHAUSTI, FERNANDO
GONZÁLEZ GARCÍA, JESÚS MARÍA
MUYO BUSSAC, PABLO
ORTIZ PRADILLO, JUAN CARLOS
PEITEADO MARISCAL, PILAR
SÁNCHEZ LÓPEZ, BÁRBARA
SCHUMANN BARRAGÁN, GUILLERMO
VALLE DE JOZ, JUAN IGNACIO DEL
VILLAMARÍN LÓPEZ, MARÍA LUISA

ARANZADI

ARANZADI LA LEY, S.A.U.
C/ Collado Mediano, 9
28231 Las Rozas (Madrid)
www.aranzadilaley.es
Atención al cliente: https://areacliente.aranzadilaley.es/publicaciones

Primera edición: Mayo 2025

Depósito Legal: M-11535-2025
ISBN versión impresa: 978-84-1085-109-2
ISBN versión electrónica: 978-84-1085-110-8

Diseño, Preimpresión e Impresión: ARANZADI LA LEY, S.A.U.
Printed in Spain

Autores

AGUILERA MORALES, MARIEN
Catedrática de Derecho Procesal (UCM)

BANACLOCHE PALAO, JULIO
Catedrático de Derecho Procesal (UCM)

BERNARDO SAN JOSÉ, ALICIA
Profesora Titular de Derecho Procesal (UCM)

CHOZAS ALONSO, JOSÉ MANUEL
Catedrático de Derecho Procesal (UCM)

FERNÁNDEZ CARRON, CLARA
Profesora Titular de Derecho Procesal (UCM)

GASCÓN INCHAUSTI, FERNANDO
Catedrático de Derecho Procesal (UCM)

GONZÁLEZ GARCÍA, JESÚS MARÍA
Catedrático de Derecho Procesal (UCM)

MUYO BUSSAC, PABLO
Profesor Ayudante de Derecho Procesal (UCM)

ORTIZ PRADILLO, JUAN CARLOS
Profesor Titular de Derecho Procesal (UCM)

PEITEADO MARISCAL, PILAR
Profesora Titular de Derecho Procesal (UCM)

SÁNCHEZ LÓPEZ, BÁRBARA
Profesora Contratada Doctora de Derecho Procesal (UCM)

SCHUMANN BARRAGÁN, GUILLERMO
Profesor Ayudante Doctor de Derecho Procesal (UCM)

VALLE DE JOZ, JUAN IGNACIO DEL
Profesor Asociado de Derecho del Trabajo y de la Seguridad Social (UCM)

VILLAMARÍN LÓPEZ, MARÍA LUISA
Catedrática de Derecho Procesal (UCM)

Índice General

Página

Página

I
ASPECTOS ORGÁNICOS

CAPÍTULO 2

LOS NUEVOS TRIBUNALES DE INSTANCIA

Página

II
MEDIOS ADECUADOS DE SOLUCIÓN DE CONTROVERSIAS

CAPÍTULO 4

LOS MÉTODOS ADECUADOS DE SOLUCIÓN DE CONTROVERSIAS: CONCEPTO Y TIPOLOGÍAS

Página

III
MODIFICACIONES EN EL PROCESO CIVIL

CAPÍTULO 7

LAS ¿NUEVAS? FUNCIONES DEL PROCURADOR: EL SILENCIOSO TRÁNSITO DE REPRESENTANTE PROCESAL A AGENTE PRIVADO DE NOTIFICACIONES Y DE EJECUCIÓN

Página

Página

V
MODIFICACIONES EN EL PROCESO CONTENCIOSO-ADMINISTRATIVO

VI
MODIFICACIONES EN EL PROCESO SOCIAL

CAPÍTULO 14

REFORMAS DEL PROCESO SOCIAL

Capítulo 1

Introducción a la Ley Orgánica 1/2025, de eficiencia procesal (LOEP): estructura básica, naturaleza de las normas, entrada en vigor y Derecho transitorio

José Manuel Chozas Alonso*
Catedrático de Derecho Procesal
Universidad Complutense de Madrid

1. INTRODUCCIÓN: ¿CÓMO SE HA LLEGADO HASTA AQUÍ?

El pasado 19 de diciembre de 2024 el Pleno del Congreso de los Diputados aprobó la Ley Orgánica *de medidas de eficiencia del Servicio Público de Justicia* (en adelante, LOEP), publicada en el BOE del viernes 3 de enero de 2025, la cual se compone de una Exposición de Motivos (EM), veinticuatro artículos

* Catedrático de Derecho Procesal de la Universidad Complutense de Madrid. Correo-e: jmchozas@ucm.es; ORCID ID: http://orcid.org/0000-0002-1758-1636
Este artículo se realiza en el marco del Grupo de Investigación UCM, dirigido por los profesores F. Gascón Inchausti y P. Peiteado Mariscal, con el título de «Problemas actuales de la Justicia y el Proceso: integración judicial en la Unión Europea. Reforma del Proceso Penal y Nuevo proceso civil».

agrupados en dos Títulos (el segundo subdividido en dos Capítulos), ocho Disposiciones Adicionales (DA), quince Disposiciones Transitorias (DT), una Disposición Derogatoria (DD) y treinta y ocho Disposiciones Finales (DF), de las cuales las veintinueve primeras son de modificación de otras leyes.

A pesar de la vaguedad del título de la Ley Orgánica (*eficiencia del servicio público de Justicia*), ésta aborda dos temas de indudable calado para la Administración de Justicia en España, como son, de una parte, el establecimiento de una nueva organización jurisdiccional sobre la base de hacer desaparecer todos los tribunales «unipersonales» (los tradicionales *Juzgados*), que van a ser sustituidos por los novedosos «*Tribunales de Instancia*» (Título I LOEP) y, de otra parte, la nueva regulación de los «*medios adecuados de solución de controversias en vía no jurisdiccional*» (los famosos MASC) —Capítulo I, Título II LOEP—. Asimismo, la LOEP introduce un sinfín de normas que modifican no sólo las leyes procesales más importantes, esto es, la LEC, la LECRIM, la LJCA, la LRJS, la LJV, sino que inciden también en otros textos legales, hasta casi cuarenta (Capítulo II, del Título II y Disposiciones Finales LOEP[1]), tan variados como como la Ley *Hipotecaria*, la Ley del *Notariado*, la Ley *del Gobierno*, la Ley de *Competencia Desleal*, el *Estatuto de los Trabajadores*, la Ley de *servicios de la sociedad de la información y de comercio electrónico*; la Ley de *Protección de los Consumidores*; incluso, como curiosidad, se ha «tocado», a través de la DF 6.ª, la LO 5/1985, de 19 de junio, del *Régimen Electoral General* (hecho significativo de la falta de rigor legislativo, que no pasó inadvertido durante la tramitación parlamentaria[2]).

La mayor parte o, al menos, la parte más importante de la LOEP, procede de iniciativas legislativas que ya habían sido presentadas o tramitadas en las Cortes Generales, impulsadas por el Ministerio de Justicia, en la anterior legislatura (la XIVª), que habían caducado al término de la misma. En efecto, la mayoría de la reforma que ahora se ha alumbrado formaba parte ya de la propuesta legislativa contenida, o bien en el *Proyecto de ley Orgánica de eficiencia organizativa del Servicio público de Justicia, por la que se modifica la Ley Orgánica 6/1985, de 1 de julio, del Poder Judicial, para la implantación de los Tribunales de Instancia y las oficinas de Justicia en los municipios;* o bien en el *Proyecto de Ley de Medidas de eficiencia procesal del servicio público de Justicia*, que caducaron a consecuencia de la disolución anticipada de las Cortes Generales y la convocatoria de elecciones generales, a finales de mayo de 2023.

1. *Vid. infra* (nota 19).
2. *Vid.* Propuesta de veto n.º 2 en el Senado, presentada por el Grupo Mixto (GPMX), donde se denuncia, entre otras cosas, la incorporación al texto legislativo de una disposición absolutamente extravagante, a saber: la implantación de forma retroactiva de un régimen legal nuevo «[...] *para recabar subvenciones por gastos electorales de las elecciones a Cortes Generales de julio de 2023* [...]» (BOCG, XV Legislatura, n.º 190, 29 de noviembre de 2024, p. 7). Como es notorio, esta materia nada tiene que ver con la eficiencia del «servicio público» justicia, aunque sí, y mucho, con la obtención de los votos necesarios para la aprobación del texto legislativo (DT undécima).

Muchas de las previsiones contenidas en aquéllos «*non natos*» proyectos de ley han ido «reapareciendo» en los Reales Decretos-Leyes 5/2023 y 6/2023 (este último ya había reincorporado la mayor parte de las normas de otro proyecto legislativo estrella de la anterior legislatura, el tercer pilar, el de la *eficiencia digital*, junto a las eficiencias *organizativa* y *procesal*: *Proyecto de Ley de Medidas de Eficiencia Digital del Servicio Público de Justicia)*[3]; pero ahora, la LOEP culmina el proyecto global de las medidas de eficiencia diseñadas por el Gobierno.

A su vez, la nueva organización de los tribunales, regulada en el Título I LOEP, no sólo tiene como antecedente inmediato el recientemente *Proyecto de ley Orgánica de eficiencia organizativa del Servicio público de Justicia* de la decimocuarta legislatura, sino que en nuestra historia reciente encontramos otros dos intentos de creación de órganos jurisdiccionales denominados «Tribunales de instancia». En el primero, en la IX.ª Legislatura (año 2011, bajo un Gobierno de signo socialista), se intentó la modificación de la LOPJ para la creación de los «Tribunales de instancia», con circunscripción provincial, para sustituir a los órganos jurisdiccionales «unipersonales». Posteriormente, en la X.ª Legislatura (año 2012) se retomó de nuevo la reforma de la organización territorial judicial que, en 2014, ahora bajo el signo de un gobierno «conservador», desembocó en el Anteproyecto de LOPJ, que insistía en la creación de unos nuevos «Tribunales de instancia» provinciales. Sin embargo, esta iniciativa, que tuvo bastante contestación social y muchas críticas técnicas[4], nunca llegó a ver la luz.

Así pues, tras tres intentos fallidos de reforma de la planta y distribución territorial de los órganos encargados de administrar justicia en primera instancia, y tras la recopilación de otros «retales» prelegislativos del otrora decaído *Proyecto de Ley de Medidas de eficiencia procesal del servicio público de Justicia*, se ha aprobado definitivamente la LOEP.

---

3. Real Decreto-Ley 5/2023, de 28 de junio, *por el que se adoptan y prorrogan determinadas medidas de respuesta a las consecuencias económicas y sociales de la Guerra de Ucrania, de apoyo a la reconstrucción de la isla de La Palma y a otras situaciones de vulnerabilidad; de transposición de Directivas de la Unión Europea en materia de modificaciones estructurales de sociedades mercantiles y conciliación de la vida familiar y la vida profesional de los progenitores y los cuidadores; y de ejecución y cumplimiento del Derecho de la Unión Europea,* y Real Decreto-Ley 6/2023, de 19 de diciembre, *por el que se aprueban medidas urgentes para la ejecución del Plan de Recuperación, Transformación y Resiliencia en materia de servicio público de justicia, función pública, régimen local y mecenazgo.*
4. Cfr. Informe *del Consejo de Estado* n.º 100/2022, relativo al anteproyecto de Ley Orgánica de Eficiencia Organizativa del Servicio Público de Justicia, por la que se modifica la Ley Orgánica 6/1985, de 1 de julio, del Poder Judicial, para la implantación de los Tribunales de Instancia y las Oficinas de Justicia en los municipios, de 10 de marzo de 2022 (precedido del Dictamen CE 1112/2021) —https://www.boe.es/buscar/consejo_estado.php—; Informe del *Pleno del CGPJ* al Anteproyecto de Ley Orgánica de Eficiencia Organizativa del Servicio Público de Justicia, por la que se modifica la Ley Orgánica 6/1985, de 1 de julio, del Poder Judicial, para la implantación de los Tribunales de Instancia y las Oficinas de Justicia en los municipios, de 28 de octubre de 2021 (con el Voto particular de Lucas Murillo)

El Proyecto inicial de la LOEP se denominaba «Proyecto de Ley Orgánica de medidas en materia de eficiencia del servicio público de Justicia y de acciones colectivas para la protección y defensa de los derechos e intereses de los consumidores y usuarios» (BOCG de 22 de marzo de 2024, XV.ª Legislatura, Congreso de los Diputados, n.º 16-1, p. 1); sin embargo, durante el trámite parlamentario se le cambió la denominación, fundamentalmente porque se eliminó toda referencia a las «acciones colectivas para la protección y defensa de los derechos e intereses de los consumidores y usuarios», a pesar de los compromisos del Reino de España para adaptar al Derecho interno los mandatos de la Directiva (UE) 2020/1828, del Parlamento europeo y del Consejo, de 25 de noviembre de 2020, la cual ya debería estar transpuesta desde junio de 2023[5].

Aun con la desaparición del texto legislativo de la materia de las «acciones colectivas», como ya dijimos, la LOEP sigue manteniendo una gran heterogeneidad y variedad de contenidos: por un lado, normas de organización judicial de gran calado —de carácter estructural, como comprobaremos a lo largo de toda esta obra— que hubieran justificado un texto legal independiente, junto a normas sobre otros medios alternativos de solución de controversias (MASC) y, finalmente, otras que inciden en decenas de textos legales.

Esta amalgama de temas, distintos e independientes entre sí, procedentes de textos prelegislativos anteriores, hubieran requerido una tramitación legislativa separada para cada materia; pero por desgracia, se está convirtiendo en costumbre la tramitación de leyes y decretos «transversales» o, peor aún, «ómnibus», en los que se mezclan, a veces sin justificación técnica ninguna, materias sustantivas y procesales, o procesales que no tienen relación directa entre sí, con la única excusa de obtener fondos europeos o, simplemente, los apoyos parlamentarios de fuerzas políticas minoritarias.

—https://www.poderjudicial.es/cgpj/es/Poder-Judicial/Consejo-General-del-Poder-Judicial/Actividad-del-CGPJ/Informes/Informe-sobre-el-Anteproyecto-de-Ley-Organica-de-Eficiencia-Organizativa-del-Servicio-Publico-de-Justicia--por-la-que-se-modifica-la-Ley-Organica-del-Poder-Judicial-6-1985--de-1-de-julio--para-la-implantacion-de-los-Tribunales-de-Instancia-y-las-Oficinas-de-Justicia-en-los-municipios—; Informe del *Pleno del CGPJ* Anteproyecto de Ley Orgánica al Anteproyecto de Ley Orgánica del Poder Judicial, de 27 de junio de 2014, con sus interesantes Votos Particulares (https://www.poderjudicial.es/cgpj/es/Poder-Judicial/Consejo-General-del-Poder-Judicial/Actividad-del-CGPJ/Informes/Informe-al-Anteproyecto-de-Ley-Organica-del-Poder-Judicial); Informe de la Comisión Nacional de Jueces Decanos al Anteproyecto de LOPJ, de 9 de junio de 2014 (chrome-extension://efaidnbmnnnibpcajpcglclefindmkaj/https://s01.s3c.es/imag/doc/2014-06-09/juecesdecanos-CGPJ.pdf); Informe de la Sala de Gobierno sobre el Anteproyecto de 4 de abril de 2014 de LOPJ, de 3 de junio de 2014 https://efaidnbmnnnibpcajpcglclefindmkaj/https://notin.es/wp-content/uploads/2011/10/Informe-del-Tribunal-Supremo-sobre-el-Anteproyecto-de-LOPJ-2014.pdf).

5. Art. 22. Disposiciones transitorias, de la Directiva (UE) 2020/1828, del Parlamento europeo y del Consejo, de 25 de noviembre de 2020, *relativa a acciones de representación para la protección de los intereses colectivos de los consumidores, y por la que se deroga la Directiva 2009/22/CE* («DOUE» n.º 409, de 4 de diciembre de 2020).

Aunque leyes *ómnibus* y leyes *transversales* no son la misma cosa. Las normas *ómnibus* contienen una mera yuxtaposición de contenidos carente de una estructura interna (por ejemplo el RDL 5/2023[6], que un mismo texto agrupaba normas de contingencia relacionadas con la guerra de Ucrania, o la transposición de una Directiva comunitaria sobre transformaciones estructurales de las sociedades de capital o modificaba el recurso de casación civil); mientras que las normas *transversales* contienen una disparidad de contenidos, pero vienen organizadas en torno a una finalidad más o menos definida, como sucede con nuestra LOEP, que (supuestamente) tiene la pretensión de desarrollar un tratamiento sistemático e integral de la *eficiencia* en la Administración de Justicia[7].

Por otra parte, aunque en relación directa con lo que acabamos de decir, tampoco nos parece satisfactoria la denominación de la LOEP, ya que su título no refleja con claridad el contenido básico de la reforma legislativa. Es evidente que no cabrían en el título todas las modificaciones legislativas que incorpora, pero al menos, mejor que hablar de la taumatúrgica y sofista «*eficiencia*», hubiera sido más correcta una mención a la modificación de la Ley Orgánica 6/1985, de 1 de julio, para la creación de los Tribunales de Instancia y las Oficinas de justicia en los municipios, que justifica, en esencia, el rango de ley orgánica, a lo que podría haberse añadido una referencia genérica a la modificación de otras leyes procesales.

2. ESTRUCTURA Y CONTENIDO BÁSICO DE LA LOEP

A lo largo de los capítulos siguientes de esta obra que el lector tiene en sus manos se irán desgranando, con mayor detalle, a través de un conjunto de estudios serenos y reflexivos, las novedades más significativas introducidas en la Administración de Justicia española, una vez que entre plenamente en vigor la LOEP. En este momento introductorio, no obstante, ofrecemos un resumen de las líneas generales de la estructura y el contenido básico de la reforma.

2.1. LA NUEVA ORGANIZACIÓN DE LOS TRIBUNALES

El Título I LOEP, bajo la rúbrica «Medidas en materia de eficiencia organizativa del Servicio Público justicia para la implantación de los Tribunales de Instancia y las Oficinas de Justicia en los municipios», se compone de un único artículo 1, de modificación de la LOPJ, a través de ciento quince apartados.

De nuevo, primero el Gobierno y luego el legislador, optan por no seguir los estándares prelegislativos y legislativos habituales, en cuanto a la organización interna de los Títulos de las leyes, divididos en Capítulos, Secciones y artículos,

6. *Vid. supra* (nota 3).
7. *Vid.* GOERRLICH PESET, J. M., «Normas ómnibus, leyes transversales y sistema jurídico», en Rev. *Labos*, vol. 4, Número extraordinario «Tormenta de reformas», pp. 3-14 / doi: 10.20318/labos.2023.7927

y optan por establecer un artículo único, dividido en más de un centenar de apartados, cada uno de los cuales, a su vez, reforma un concreto precepto de la LOPJ.

La consecuencia de esta heterodoxa manera de legislar es la dificultad de localizar la regulación que finalmente va a estar vigente y, sobre todo, la complicación en la cita o remisión entre normas. Como ya objetara BANACLOCHE PALAO[8], en aquella ocasión respecto del RDL 6/2023, «esta manera de legislar (al modo de las muñecas rusas, en las que unas figuras se insertan dentro de las anteriores), donde el contenido del apartado de una artículo es a su vez la modificación de un precepto de una ley vigente no solo dificulta la cita y la comprensión de las normas, sino que puede plantear un problema de futuro a la hora de derogarlas porque, en una ley venidera, probablemente ya no bastará con decir que se modifica tal artículo de la ... (o de la LEC, etc.), sino que habría que derogar el apartado tal del precepto cual del RDL 6/2023, cuyo contenido es el artículo que se pretende reformar».

Como ya hemos indicado, la principal novedad legislativa, retomando las iniciativas parlamentarias que con similar objetivo se ensayaron sin éxito en los años 2011 y 2014, así como en la anterior legislatura con el Proyecto de *Ley de eficiencia organizativa* que decayó por la convocatoria de elecciones generales de 2023, consiste en transformar los *Juzgados* (órganos jurisdiccionales unipersonales) en *Tribunales de Instancia*, que serán órganos colegiados, más bien «colectivos», desde el punto de vista organizativo.

En esta ocasión el legislador ha sido más prudente, al menos en apariencia, que en los dos intentos organizativos de la década anterior, en tanto que se suprimen los dos puntos más polémicos de aquellos intentos; esto es, por un lado, para el ejercicio de la jurisdicción de los Tribunales de Instancia se mantiene con carácter general el *partido judicial* (y no siempre la *provincia*) —art. 84 LOPJ, modificado por el apartado veintiuno, art. 1 LOEP—; y, por otro lado, la elección de los presidentes de los nuevos Tribunales de Instancia no la realizará el CGPJ, como en propuestas anteriores, sino que serán escogidos democráticamente (por mayoría de tres quintos) por los jueces de su respectiva circunscripción —art. 166 LOPJ, modificado por el aparatado cuarenta y nueve, art. 1 LOEP—. También se crea, a imagen y semejanza de los Tribunales de Instancia ordinarios, el Tribunal Central de Instancia, en la órbita de la Audiencia Nacional (en principio, independiente de la AN, pero bajo las directrices de su Sala de Gobierno), con sede en Madrid capital —art. 95 LOPJ, modificado por el aparatado treinta y cinco, art. 1 LOEP—.

8. BANACLOCHE PALAO, J., «Las claves del RDL 6/2023: justificación, estructura, contenido y aplicación en el tiempo», en BANACLOCHE PALAO, J. y GASCÓN INCHAUSTI, F. (dir.), *Los procesos judiciales tras las reformas introducidas por el Real Decreto-Ley 6/2023*, La Ley, Madrid, 2024, p. 40.

Por otra parte, como segunda gran novedad organizativa, se crean las *Oficinas de Justicia* en todos los municipios en los que no tenga su sede un Tribunal de Instancia, que vienen a sustituir a los actuales Juzgados de Paz, sin funciones de enjuiciamiento, pero que tendrán otras atribuciones, como la realización de algunos trámites procesales por medios telemáticos, facilitando trámites administrativos básicos, como la presentación de escritos o el acceso a información procesal. Al frente de estas Oficinas municipales de Justicia estará el Juez de Paz y su Secretaría será desempeñada por personal del Cuerpo de Gestión Procesal y Administrativa, conforme se determine en la correspondiente relación de puestos de trabajo —arts. 439 *ter* a *quinquies* LOPJ, modificado por el apartado ochenta y ocho, art. 1 LOEP—.

Centrándonos ya en la novedad más importante de la LOEP anteriormente mencionada, esto es, en la sustitución de los Juzgados unipersonales por Tribunales de Instancia, diremos que éstos constituyen órganos colegiados desde el punto de vista organizativo, que estarán integrados por diversos jueces y magistrados que actuarán adscritos a sus correspondientes Secciones. Así pues, en cada demarcación existirá un único Tribunal de Instancia, asistido por una organización administrativa que le dará soporte, la Oficina judicial, que actuará de forma semejante a los actuales *servicios comunes*, que comprenderá los *servicios comunes de tramitación* y, en su caso, aquellos otros servicios comunes que se determinen. Estos servicios comunes estarán dirigidos siempre por un Letrado de la Administración de Justicia a quien se le atribuye la dirección técnico-procesal y coordinación de los Letrados que la integren. Y a fin de flexibilizar su funcionalidad y adaptación a cada órgano judicial, podrán subdividirse en áreas y equipos para facilitar el ejercicio de la función jurisdiccional[9].

En lo que se refiere a su organización interna, cada Tribunal de Instancia, con sede en la capital del partido judicial, de la que tomará su nombre, tendrá como estructura mínima, esto es, estará compuesto, al menos, por una Sección Única, de Civil e Instrucción; aunque en los supuestos previstos en la Ley 38/1988, de 28 de diciembre, de Demarcación y de Planta Judicial, el Tribunal de Instancia contendrá una Sección Civil y otra Sección de Instrucción (inte-

9. El Ministerio de la Presidencia, Justicia y Relaciones con las Cortes, mediante Resolución de 5 de marzo de 2025, de Secretaría General para la Innovación y Calidad del Servicio Público Justicia, ha aprobado la estructura que comprende el diseño, dimensión y organización de las oficinas judiciales correspondientes a los Tribunales colegiados y Tribunales de Instancia con sede en los partidos judiciales que del territorio cuyas competencias corresponden al Ministerio de la Presidencia, Justicia y Relaciones con las Cortes, así como a oficinas judiciales que realizan aquella misma función respecto del Tribunal Supremo, la Audiencia Nacional y el Tribunal Central de Instancia (BOE n.º 57, de 7 de marzo de 2025, pp. 30978 a 30979) —Código Seguro de verificación del Ministerio de la Presidencia, Justicia y Relaciones con las Cortes: *PF:u2TQ-YA6K-Zrsv-zqn5*—. En esta Resolución —Anexo I— se establecen cinco modelos de organización para su implementación en los distintos partidos judiciales en el «territorio Ministerio». La implantación de estos modelos será gradual y se ajustará a la transformación de los juzgados en Tribunales de Instancia, según lo establecido en la LOEP.

gradas, respectivamente, por los actuales Juzgados de Primera Instancia, del orden jurisdiccional civil, y los Juzgados de Instrucción, del orden jurisdiccional penal).

Además de las anteriores, los Tribunales de Instancia, se sobreentiende que, según su volumen y sus necesidades poblacionales, podrán incorporar, alguna, varias o todas las siguientes Secciones: a) de Familia, Infancia y Capacidad; b) de lo Mercantil; d) de Violencia sobre la Mujer; d) de Violencia contra la Infancia y la Adolescencia; e) de lo Penal; f) de Menores; g) de Vigilancia Penitenciaria; h) de lo Contencioso-Administrativo; i) de lo social.

Como resultado de la instauración de estos órganos judiciales se pretende que de unos 3.800 Juzgados unipersonales que existen en la actualidad, se pasará a poco más de 430 Tribunales de Instancia (tantos como partidos judiciales).

Dentro de cada Tribunal de Instancia los asuntos se distribuirán entre los jueces y magistrados conforme a *normas de reparto predeterminadas y públicas*, que se aprobarán por la Sala de Gobierno del Tribunal Superior de Justicia, a propuesta de la Junta de jueces de la respectiva Sección del Tribunal de Instancia y, en el caso del Tribunal Central de Instancia, por la Sala de Gobierno de la Audiencia Nacional —nuevo art. 167 LOPJ, modificado por el apartado cincuenta, art. 1 LOEP—. Y se habilita al Gobierno para que pueda modificar mediante Real Decreto el número y composición de los órganos judiciales establecidos por la Ley de Demarcación y Planta Judicial, creando nuevas Secciones y plazas de juez o magistrado, sin alterar la demarcación judicial y oídos previamente el Consejo General del Poder Judicial y la Comunidad Autónoma afectada. En la creación de Secciones se tendrá en cuenta, preferentemente, el volumen de litigiosidad de la circunscripción.

Los promotores de la Ley y los defensores, que no son pocos, de esta nueva forma de organización judicial, sobre todo desde la órbita de la judicatura, apuntan las siguientes ventajas de la reforma: en primer lugar, afirman que esta fórmula es mucho más moderna y flexible que la actual, puesto que el esquema de la nueva Oficina Judicial común, que va a prestar el servicio de tramitación al Tribunal, pero que es una estructura al margen de aquél, permitirá, en caso de incremento de la carga de trabajo jurisdiccional, aumentar el número de efectivos sin tener que incrementar, en la misma proporción que exigiría un juzgado unipersonal, el número de funcionarios al servicio de la Administración de Justicia, lo que proporcionará mayor agilidad en la adaptación a las nuevas necesidades y evitará costes de personal innecesarios; en segundo lugar, resaltan que va a conseguirse una mayor especialización de la Administración de Justicia —como si ello fuera, *per se*, una mejora automática del servicio dispensado al justiciable—, no sólo porque, como hemos visto, los Tribunales de Instancia pueden estar integrados por las Secciones especializadas de Familia, de Infancia y Capacidad, de lo Mercantil, de Violencia sobre la Mujer, etc., sino que se mantiene la posibilidad de que cualquiera de las Secciones de los citados Tribunales especialicen también algunas plazas para el conocimiento de determinadas clases de asuntos, o las ejecuciones propias del orden jurisdiccional de que se trate; y finalmente, se dice que las previstas Juntas de Jueces de Sección del Tribunal de Instancia, bajo la premisa del respeto a la independencia de cada juez o magistrado, podrán promover una efectiva unificación de los criterios de decisión (¿«jurisprudenciales»?), obteniendo la necesaria previsibilidad exigida por la seguridad jurídica —nuevo apartado 4 del art. 264 LOPJ, reformado por el apartado sesenta y cinco, art. 1 LOEP—.

Qué duda cabe de que el legislador intenta conseguir objetivos muy loables, como la flexibilización en la distribución del trabajo entre los jueces, o la ampliación de las plazas judiciales sin necesidad de crear nuevas oficinas de apoyo directo, o la posibilidad de facilitar la unificación de criterios jurisdiccionales, en aras de la tan ansiada seguridad jurídica. Sin embargo, las piezas que ha incorporado la LOEP para conseguir dichas metas no nos parecen las más adecuadas, ya que algunas de ellas pueden colisionar incluso con importantes basamentos constitucionales.

En efecto, en primer lugar, cabe preguntarse si la desaparición del binomio *juzgados* (órganos unipersonales)-*tribunales* (órganos colegiados), mencionado expresamente en los arts. 117. 3 y 4 y 122.1 CE, no vulnera el «diseño» constitucional, intangible por el legislador, mientras no se produzca una reforma expresa del texto constitucional, por cuanto probablemente estemos ante una garantía institucional. Puesto que, a pesar de lo benévolos que son con la reforma tanto los vocales del CGPJ como los miembros del Consejo de Estado, en sus respectivos informes[10], no es ilógico sostener que el primer nivel de acceso a la Jurisdicción debiera seguir siendo, como regla general, y por expreso designio del legislador constituyente, *un Juzgado*, esto es, un órgano jurisdiccional unipersonal, no un órgano colegiado, o más bien «colectivo», según el diseño de los actuales Tribunales de Instancia. No se entiende muy bien este precipitado afán por suprimir *todos los Juzgados* españoles, sin barajar otras posibilidades de reestructuración del sistema de asignación de asuntos en las distintas jurisdicciones. El Tribunal Constitucional tendrá la última palabra, si algún actor legitimado impugna la posible inconstitucionalidad de esta reforma orgánica que rompe la dualidad constitucional de *Juzgados* y *Tribunales*.

10. *Vid.* Informe del *Pleno del CGPJ* al Anteproyecto de Ley Orgánica de Eficiencia Organizativa del Servicio Público de Justicia, por la que se modifica la Ley Orgánica 6/1985, de 1 de julio, del Poder Judicial, para la implantación de los Tribunales de Instancia y las Oficinas de Justicia en los municipios, de 28 de octubre de 2021 (nota 2); e Informe *del Consejo de Estado* n.º 100/2022, relativo al anteproyecto de Ley Orgánica de Eficiencia Organizativa del Servicio Público de Justicia, por la que se modifica la Ley Orgánica 6/1985, de 1 de julio, del Poder Judicial, para la implantación de los Tribunales de Instancia y las Oficinas de Justicia en los municipios, de 10 de marzo de 2022, (nota 2), pp. 33 y ss.

Por otra parte, habrá que estar muy vigilantes con la correcta aplicación del nuevo art. 167 LOPJ, que regula la forma de aprobación, *previa y pública*, de las *normas de reparto*, y su posterior aplicación, con absoluta transparencia, por parte de las Juntas de Jueces de la Sección, o de la Sala de Gobierno de la AN, y de los servicios comunes de registro y reparto de las nuevas Oficinas Judiciales[11], para evitar posibles vulneraciones del derecho fundamental del justiciable al *juez ordinario predeterminado por la ley* (art. 24.2 CE).

También habrá que estar especialmente en alerta en la comprobación de los vínculos que necesariamente habrá que establecer entre los jueces y «su equipo de tramitadores», a pesar de que el diseño legislativo vaya en la dirección de la fungibilidad de los funcionarios adscritos a la Nueva Oficina Judicial. Sin una conexión estable entre el juez y su equipo de tramitación difícilmente podrá conseguirse una correcta continuidad del curso procesal, así como una adecuada dación de cuenta, sobre todo en el ámbito de la instrucción penal[12]. Se trata de una transición muy compleja y delicada que, de no hacerse de forma ordenada y con medios suficientes, la sustitución de los juzgados unipersonales por Tribunales de Instancia, desconectados éstos de las Oficinas tramitadoras, puede generar un auténtico colapso en la Administración de Justicia.

Pero quizás lo más alarmante de todo sea la atribución a las Juntas de Jueces de Sección del Tribunal de Instancia de convocar reuniones cuando detecten que hay diversidad de criterios interpretativos en la aplicación de la ley por parte de los jueces y/o magistrados que integren la Sección —nuevo apartado 4 del art, 264 LOPJ, reformado por el apartado sesenta y cinco, art. 1 LOEP—. Este loable deseo de «promover» una mayor unidad de criterios, mal entendido, puede suponer una injerencia en el núcleo de la genuina función jurisdiccional, que consiste en aplicar el Derecho con el «único sometimiento al imperio de la ley». Es verdad que el propio art. 264. 4 «in fine», exige respeto a la independencia de cada juez o magistrado, a quien corresponde siempre la decisión final, pero esta previsión nos recuerda mucho a algún malogrado intento, en el pasado más o menos reciente[13], de imposición de una especie de *«parajurisprudencia vinculante»*, potenciada por una nueva estructura judicial más «jerarquizada».

11. *Vid.* artículos 6 y 9 de la Resolución de 5 de marzo de 2025, de Secretaría General para la Innovación y Calidad del Servicio Público Justicia, *por la que se acuerda el diseño y estructura de la oficina judicial para los Tribunales colegiados y Tribunales de Instancia conforme a las previsiones contenidas en la Ley Orgánica 1/2025, de 2 de enero, de medidas en materia de eficiencia del servicio público de justicia*.
12. *Vid.* Informe de la Plataforma Cívica por la Independencia Judicial sobre el Proyecto de Ley Orgánica en Materia de Eficiencia del Servicio Público Justicia (actualización de 24 de noviembre 2024), p. 3: https://plataformaindependenciajudicial.es/2024/11/24/ley-eficiencia-justicia-informe-de-la-plataforma/
13. Anteproyecto de Ley Orgánica del Poder Judicial, de 27 de junio de 2014 (denominado coloquialmente como «anteproyecto Gallardón»).

En definitiva, existe el peligro, cierto, de que esta aparente atribución gubernativa a las Juntas de Jueces de Sección pueda incidir en la esfera jurisdiccional, entendiéndose, por ejemplo, que los acuerdos de unificación de criterios adoptados por mayoría en Junta, vincularán a los distintos Jueces y Magistrados titulares de cada una de sus «Secciones», quienes, en caso de disenso, debieran motivar su apartamiento del criterio mayoritario. Eso no sería acorde con nuestro sistema de fuentes del Derecho, por lo que habrá que estar muy atentos en cuanto al control de esta potestad.

2.2. LOS «MEDIOS ADECUADOS» DE SOLUCIÓN DE CONTROVERSIAS (MASC)

El Capítulo I de Título II LOEP contiene dieciocho artículos (del art. 2 al art. 19), bajo la rúbrica «Medios adecuados de solución de controversias en vía no jurisdiccional». Constituyen estas normas el segundo gran eje de la reforma, con una nueva regulación de los medios alternativos de solución de controversias, en un intento indisimulado de que los justiciables «huyan» de la *jurisdicción*, la cual, al parecer, ya ni siquiera debe ser considerada como un medio «adecuado» de solución de las disputas jurídicas.

Como se desprende de la lectura de la Exposición de Motivos de la reforma y del propio articulado, el legislador pretende que, como regla general, en los asuntos civiles y mercantiles, en el ámbito de las materias disponibles por los justiciables, éstos acudan a otros instrumentos alternativos de solución de conflictos, al margen del proceso, a los que se llega a denominar legalmente, sin sonrojo alguno, medios «adecuados» de solución de controversias, como si la impartición de justicia por jueces y magistrados fuera un medio «inadecuado»[14].

Hay que «recuperar la capacidad negociadora» de las partes, se nos dice en el §IV de la EM, con la introducción de *«mecanismos que rompan la dinámica de la confrontación y la crispación que invade en nuestros tiempos las relaciones sociales»*. Sin embargo, el legislador parece olvidar que en el ámbito del proceso

14. Esta medida se aplica principalmente en asuntos civiles y mercantiles, incluidos los conflictos transfronterizos (tendrán esta consideración transfronteriza los asuntos definidos en el art. 3 de la Ley 5/2012, de 6 de julio, de mediación en asuntos civiles y mercantiles). No se aplica, por el contrario, a los asuntos laborales, penales, concursales y otros conflictos específicos, como aquellos y aquellos en los que una de las partes sea una entidad perteneciente al sector público (art. 3 LOEP). Por otra parte, aunque se trate de materias civiles, no podrá acudirse a los MASC y, por lo tanto, como luego mencionaremos, quedan excluidos de este requisito de procedibilidad los siguientes procedimientos enumerados en el apartado 2 del art. 5 LOEP: a) la tutela judicial civil de derechos fundamentales; b) la adopción de las medidas previstas en el artículo 158 del CC; c) la adopción de medidas judiciales de apoyo a las personas con discapacidad; d) la filiación, paternidad y maternidad; e) la tutela sumaria de la tenencia o de la posesión de una cosa o derecho por quien haya sido despojado de ellas o perturbado en su disfrute; f) la pretensión de que el tribunal resuelva, con carácter sumario, la demolición o derribo de obra, edificio, árbol, columna o cualquier otro objeto

civil, por efecto del principio dispositivo, la capacidad negociadora de las partes nunca se ha perdido, sino que siempre ha estado y estará presente: antes de que el proceso comience, durante su desarrollo e, incluso, después de que el litigio haya finalizado, los sujetos enfrentados pueden llegar a un acuerdo (autonomía de la voluntad de las partes), siempre que dicho acuerdo sea lícito y no contravenga el orden público (art. 1255 CC). Como nos decía en sus clases de doctorado el añorado M. A. FERNÁNDEZ-BALLESTEROS, «el Derecho en general y el Derecho procesal en particular ofrecen sobradas oportunidades de arreglo pacífico de controversias que las partes en conflicto pueden utilizar si *efectivamente lo desean*»[15].

En realidad, lo que se nos quiere «vender» como un cambio de paradigma cultural, esconde un fracaso estructural de la Administración de Justicia en España, que a falta de voluntad política de dotar de medios personales y materiales adecuados al Poder Judicial, se contenta con ofrecernos, a modo de cortina de humo, o de «bálsamo mágico de Fierabrás», la «moderna» solución consistente en que las partes se autogestionen sus disputas o, en otros casos, que recurran a métodos alejados de la jurisdicción para solucionar sus conflictos («MASC»). Y para ello no se escatiman modalidades de MASC. Como señala el art. 2 LOEP, se entiende por MASC *cualquier tipo de actividad negociadora* reconocida en alguna ley, estatal o autonómica, a la que las partes de un conflicto acuden de buena fe con el objeto de *encontrar una solución extrajudicial* al mismo, ya sea por sí mismas o con la intervención de una tercera persona neutral. En definitiva, para acabar con la litigiosidad ante los tribunales se prevé la *extrajudicialización* de las controversias: «muerto el perro, se acabó la rabia».

Pero para que este modelo pueda realmente tener éxito, constatada la renuencia histórica de los justiciables españoles a acudir a la mediación, o a cualquier otro MASC, como forma de obtener justicia, no hay nada mejor que establecer, con carácter general, la «obligatoriedad» de acudir a algún tipo de MASC antes de interponer la demanda en el tribunal civil competente. Este ha debido ser el pensamiento del legislador, «muy democrático y liberal», al considerar como requisito de procedibilidad la acreditación de haber acudido previamente a un MASC para que su demanda sea admitida siquiera a trámite (art. 5 LOEP).

---

análogo en estado de ruina y que amenace causar daños a quien demande; g) el ingreso de menores con problemas de conducta en centros de protección específicos, la entrada en domicilios y restantes lugares para la ejecución forzosa de medidas de protección de menores o la restitución o retorno de menores en los supuestos de sustracción internacional; h) el juicio cambiario. Y tampoco para interponer una demanda ejecutiva, la solicitud de medidas cautelares previas a la demanda, la solicitud de diligencias preliminares, ni para la iniciación de expedientes de jurisdicción voluntaria (art. 5 LOEP).

15. FERNÁNDEZ-BALLESTEROS LÓPEZ, M. A. (con DE LA OLIVA SANTOS, A.), *Derecho Procesal Civil,* Tomo II, Barcelona, Ed. PPU, p. 223.

Por otra parte, para desincentivar aún más la utilización de la demanda ante un tribunal, se introduce la noción de «abuso del servicio público justicia», como novedoso criterio de valoración para la tasación e imposición de costas (art. 22, apdo. veintisiete LOEP, por el que se modifica el art. 394 LEC). El «abuso del servicio público justicia» que, en resumidas cuentas, se concibe como un uso indebido de los tribunales, cuando hubiese sido posible una solución consensuada a la controversia, se enfoca como excepción al criterio general del *vencimiento objetivo* en materia de condena en costas, y permite sancionar a aquella parte procesal que hubiere rehusado, sin justa causa, participar en el MASC al que hubiese sido convocado, aunque hubiera vencido completamente en juicio. En sentido contrario, la parte condenada en costas podrá solicitar la exoneración de su pago o la moderación de su cuantía cuando hubiera formulado una propuesta a la parte contraria, en cualquiera de los MASC al que hubieran acudido, la misma no hubiera sido aceptada por la parte requerida y la resolución judicial que ponga término al procedimiento sea sustancialmente coincidente con el contenido de dicha propuesta. Y para cerrar el círculo, si los tribunales estimaren que alguna de las partes ha actuado conculcando las reglas de la *buena fe procesal* o con *abuso del servicio público de Justicia*, podrán imponerle, en pieza separada, mediante acuerdo motivado y respetando el principio de proporcionalidad, una multa que podrá oscilar de ciento ochenta a seis mil euros, sin que en ningún caso pueda superar la tercera parte de la cuantía del litigio. Efectos de la multa que podrá extenderse, al mismo tiempo, a los abogados u otros profesionales intervinientes en el proceso, quienes podrán ser denunciados ante sus respectivos colegios profesionales mediante la imposición de alguna sanción disciplinaria (art. 22, apdo. veinte LOEP, por el que se modifica el art. 247.3 y 4 LEC).

Sin embargo, a pesar de todas estas intimidaciones legales, se mire como se mire, esta potenciación de los MASC sólo va a producir, a corto plazo —ya veremos a largo plazo si los justiciables en España nos dejamos seducir por la *eficiencia* de las «negociaciones impuestas»—, un *encarecimiento* y una *ralentización* del proceso jurisdiccional: por una parte, tendremos un proceso civil más caro porque, de no llegarse a un acuerdo, las partes habrán de adicionar a los gastos «ordinarios» que les genere el proceso jurisdiccional, los honorarios y/o aranceles de los profesionales que intervengan en los MASC (art. 11 LOEP): por ejemplo, siguiendo la nueva jerga inclusiva, de las *personas mediadoras* (abogados, psicólogos, economistas, etc.), de las *personas conciliadoras* en el ámbito privado (abogados, notarios, registradores, graduados sociales, economistas, etc.), de las *personas neutrales*, de las *personas expertas independientes*, o de los profesionales de la abogacía acreditados en Derecho colaborativo, *terceros neutrales y demás personajes* intervinientes en el «proceso de Derecho colaborativo» (ejemplo último del *surrealismo procesal,* introducido en el art. 19 LOEP[16]); y, por otra parte, el proceso jurisdiccional se ralentizará porque la

16. El denominado «proceso de Derecho colaborativo» es un *onírico* procedimiento, que no proceso, pues en él nada se decide ni concluye mediante resolución de autoridad judicial o

obligatoriedad del intento de acuerdo previo a la demanda, irremediablemente, añadirá un segmento temporal al curso ordinario de cualquier proceso.

Ojalá nos equivoquemos, pero la búsqueda de la eficiencia de la Administración de Justicia a costa de poner nuevos obstáculos para acceder a ella, no puede ser nunca una apuesta acertada, máxime cuando ya transitamos una experiencia similar que tuvo que desecharse por su absoluta inoperancia. Este fracaso histórico de una medida procesal similar a la que ahora se «restaura», al parecer desconocido para el legislador actual, se enmendó con la ley (denominada «Novela») de reforma urgente de la LEC 1984[17], la cual transformó el «intento» de conciliación civil, hasta ese momento de necesaria observancia, en un *trámite meramente potestativo*[18], debido precisamente a su escaso éxito como fórmula para resolver el conflicto[19].

Todos los intentos de establecer *mecanismos obligatorios*, al margen de la jurisdicción, con la pretensión de lograr una mágica paz jurídica, están abocados al fracaso. Es desconocer los mínimos rudimentos de la experiencia conflictual: cuando dos personas no han sido capaces de ponerse de acuerdo en su disputa antes de un proceso, hasta el extremo de tener que someter su controversia a la decisión de un juez, difícilmente lo harán justo antes de interponer la demanda, por mucho que les obliguemos a hacerlo. Lo habitual será que hayan intentado llegar a un acuerdo mucho antes; por eso precisamente el actor decide acudir a la jurisdicción, porque no le queda otra vía (ya lo ha intentado todo y no se permite la autotutela como forma de resolución del conflicto). Y si el acuerdo previo al proceso se va a producir con el sólo objeto de evitar los perjuicios se pueden ocasionar a la parte que se niegue a adoptarlo —como parece pretender la ley con la amenaza de la imposición de costas, a pesar de haber vencido en juicio—, ese acuerdo no es plenamente libre, por lo que puede verse comprometida su validez, simplemente aplicando las reglas generales de los «vicios del consentimiento» (art. 1265 CC).

---

arbitral alguna, sino por acuerdo de las mismas partes que se hace constar en un acta final, supuestamente redactada por los profesionales de la abogacía que hayan intervenido en él; es decir, un cauce más para lo que toda la vida hemos denominado *autocomposición privada* (que puede tener miles de formas y contenidos, incluida la colaboración de adivinadores, augures y profetas, especialistas en Derecho colaborativo; eso sí, debidamente homologados).

17. Ley 34/1984, de 6 de agosto, *de reforma urgente de la Ley de Enjuiciamiento Civil* (BOE n.º 188, de 7 de agosto de 1984). Esta reforma se operó sobre la derogada LEC de 1881 (arts. 460 y ss.). En la actualidad, la conciliación civil está regulada en la Ley 1/2015, *de la Jurisdicción Voluntaria*, arts. 139-148.

18. Desde entonces, el *carácter obligatorio* del acto de conciliación se ha mantenido tan sólo en el proceso laboral, en relación con los asuntos relativos a incumplimientos del contrato de trabajo, radicados en los servicios públicos de mediación, arbitraje y conciliación (SMAC), sin que se evite significativamente el elevado volumen de asuntos de los que conoce la jurisdicción laboral.

19. Como se decía en la EM de la Novela de 1984: «[...] conferir al acto de conciliación, que, como demuestra la experiencia, ha dado resultados poco satisfactorios [...]».

Sin olvidar la evidente vulneración del derecho de acción del actor, al que se le limita sensiblemente el ejercicio de su derecho fundamental a exigir la obtención de una tutela jurisdiccional efectiva y concreta (art. 24 CE), puesto que se le fuerza a obtener otro resultado —producto normalmente de una rebaja en sus pretensiones— bajo la amenaza (intimidación) de ser acusado de «abuso en el uso del servicio público justicia» y, por lo tanto, muy probablemente condenado en costas. En definitiva, este «forzamiento» a obtener una solución autogestionada por las partes, extramuros del proceso jurisdiccional, nos sitúa inexorablemente ante la siguiente inequidad, observable, a la vez, desde dos perspectivas, siguiendo el magisterio de ALCALÁ ZAMORA Y CASTILLO: o bien uno de los litigantes —normalmente el potencial actor— *consiente* el sacrificio de su *propio* interés, o bien *impone* —normalmente el potencial demandado— el sacrificio del interés *ajeno*[20].

2.3. REFORMAS DE LAS LEYES PROCESALES

Por último, como ya se ha dicho, la LOEP introduce un sinfín de normas que modifican no sólo las leyes procesales más importantes, sino también otros muchos textos legales, hasta casi cuarenta[21]. Por razones obvias, aquí sólo haremos mención a las reformas operadas en los cuatro principales códigos procesales: la LEC (art. 22), la LECRIM (art. 20), la LJCA (art. 21) y la LRJS (art. 24).

20. ALCALÁ ZAMORA Y CASTILLO, N., *Proceso, autocomposición y autodefensa*, México D.F., Ed. Universidad Nacional Autónoma de México, 1991 (3.ª Edición), p. 13.
21. Aparte de las cuatro grandes leyes procesales, la LOEP reforma, a través de Disposiciones Finales, las leyes siguientes: Ley del *Notariado*, de 28 de mayo de 1862; *Código Civil*, publicado por Real Decreto de 24 de julio de 1889; *Ley Hipotecaria*, aprobada por el Decreto de 8 de febrero de 1946; Ley 49/1960, de 21 de julio, de *Propiedad Horizontal*; Ley 50/1981, de 30 de diciembre, por la que se regula el Estatuto Orgánico del Ministerio Fiscal; Ley Orgánica 5/1985, de 19 de junio, del *Régimen Electoral General;* Ley 7/1985, de 2 de abril, *Reguladora de las Bases del Régimen Local*; Ley 38/1988, de 28 de diciembre, de *Demarcación y de Planta Judicial*; Ley 3/1991, de 10 de enero, de *Competencia Desleal*; Ley 1/1996, de 10 de enero, de *asistencia jurídica gratuita*; Ley 50/1997, de 27 de noviembre, del *Gobierno*; Ley 52/1997, de 27 de noviembre, de *Asistencia Jurídica al Estado e Instituciones Públicas*; Ley 15/2003, de 26 de mayo, reguladora del *régimen retributivo de las carreras judicial y fiscal*; Ley 15/2003, de 26 de mayo, *reguladora del régimen retributivo de las carreras judicial y fiscal*; Ley 35/2006, de 28 de noviembre, del *Impuesto sobre la Renta de las Personas Físicas y de modificación parcial de las leyes de los impuestos sobre Sociedades, sobre la Renta de no Residentes y sobre el Patrimonio*; Ley 2/2007, de 15 de marzo, de *sociedades profesionales*; Texto refundido de la *Ley General para la Defensa de los Consumidores y Usuarios* y otras leyes complementarias, aprobado por Real Decreto-legislativo 1/2007, de 16 de noviembre; Texto refundido de la Ley de *Sociedades de Capital*, aprobado por el Real Decreto Legislativo 1/2010, de 2 de julio; Ley 20/2011, de 21 de julio, del *Registro Civil*; Ley 4/2012, de 6 de julio, de contratos de *aprovechamiento por turno de bienes de uso turístico, de adquisición de productos vacacionales de larga duración, de reventa y de intercambio y normas tributarias*; Ley 5/2012, de 6 de julio, *de mediación en asuntos civiles y mercantiles*; Ley 14/2013,

2.3.1. Reformas en la jurisdicción civil

La LOEP ha introducido importantes cambios en diversas áreas de la jurisdicción civil. Dejando a un lado la ya mencionada materia de los MASC, que aun estando regulada en la propia LOEP, afecta transversalmente al proceso civil, podemos hacer mención, seguidamente, a las modificaciones procesales más relevantes de la LEC, con la finalidad (*sic*), según la EM de la LOEP (§ V), *«de agilizar alguno de sus trámites, reforzar las garantías de sus procesos y adaptarla tanto a las necesidades de la sociedad actual como a las de la propia Administración de Justicia»*, relativas: *a) al juicio verbal* (vistas y sentencias orales); b) *a las costas procesales*; y c) *a la ejecución forzosa*.

En primer lugar, y *por lo que respecta al juicio verbal*, se introduce la posibilidad de que el juez que esté conociendo del asunto pueda decidir, discrecionalmente, en función de la prueba propuesta y admitida a instancia de las partes, si se celebra o no la, hasta ahora, preceptiva «vista». En efecto, la actual práctica de la vista «obligatoria», siempre que lo solicite alguna de las partes, pasa a ser meramente «potestativa», en función de que el juez de turno —sin sujeción a criterio alguno— considere que es una actuación innecesaria para dictar sentencia, para así evitar, supuestamente, un retraso innecesario en la resolución del pleito. Y, además, en dos casos tasados, el juez viene obligado a dictar sentencia directamente, sin previa celebración de la vista, tras dictar el auto de admisión de prueba regulado en el apartado 10 del art. 438 LEC (introducido *«ex novo»* por el art. 22, *apartado treinta y cuatro* LOEP): 1) cuando la única prueba que resulte admitida sea la de documentos; o 2) cuando se hayan presentado informes periciales y el tribunal no haya considerado pertinente y útil la deposición de los peritos en la vista.

Este cambio legislativo, muy al gusto de algunos jueces que menosprecian la presencia física de las partes y de sus representantes en el acto de la vista, por considerarla una pérdida de tiempo, tiene una mayor trascendencia de lo que parece, ya que va a suponer, en la práctica, que muchos tribunales van a

---

de 27 de septiembre, de apoyo a los emprendedores y su internacionalización; Ley 4/2014, de 1 de abril, Básica de las Cámaras Oficiales de Comercio, Industria, Servicios y Navegación; Ley 23/2014, de 20 de noviembre, de reconocimiento mutuo de resoluciones penales en la Unión Europea; Ley 15/2015, de 2 de julio, de la Jurisdicción Voluntaria; Ley 23/2015, de 21 de julio, Ordenadora del Sistema de Inspección de trabajo y Seguridad Social; Texto refundido de la Ley del Estatuto de los Trabajadores, aprobado por el Real Decreto Legislativo 2/2015, de 23 de octubre; Ley 23/2015, de 21 de julio, Ordenadora del sistema de Inspección de Trabajo y Seguridad Social; Ley 7/2017, de 2 de noviembre, por la que se incorpora al ordenamiento jurídico español la Directiva 2013/11/UE, del Parlamento Europeo y del Consejo, de 21 de mayo de 2013, relativa a la resolución alternativa de litigios en materia de consumo; Texto refundido de la Ley Concursal, aprobado por el Real Decreto Legislativo 1/2020, de 5 de mayo; Real Decreto-Ley 6/2023, de 19 de diciembre, por el que se aprueban medidas urgentes para la ejecución del Plan de Recuperación, Transformación y Resiliencia en materia de servicio público de justicia, función pública, régimen local y mecenazgo; Real Decreto-ley 1/2017, de 20 de enero, de medidas urgentes de protección de consumidores en materia de cláusulas suelo.

prescindir sistemáticamente de la celebración de los más importantes actos orales, las vistas públicas, con el consiguiente alejamiento de la justicia de los ciudadanos. En definitiva, después de tantos esfuerzos del legislador del año 2000 en instaurar una justicia más oral y, por lo tanto, más cercana y accesible al justiciable, el legislador de 2025 periclita la «verbalidad» del juicio verbal, volviendo a la absoluta preeminencia de la forma escrita que fomentaba la LEC de 1881, deudora de las Partidas de Alfonso X, y estas del «*Solemnis Ordo Iudiciarius*» (¡viva la modernidad de la reforma!). Si le damos importancia a la justicia, la justicia necesita hacerse presencial, no al contrario.

Eso sí, la LEC, tras la reforma, va a permitir la existencia las *sentencias orales*, igual que sucede en los órdenes contencioso-administrativo y social (arts. 447 y 210, 3 y 4 LEC, modificados, respectivamente, por los apartados cuarenta y uno y quince, del art. 22 LOEP), Dichas sentencias orales han de quedar grabadas en el soporte audiovisual del acto, sin perjuicio de que éstas necesariamente han de documentarse posteriormente por escrito. Es de esperar una absoluta fidelidad entre lo expresado oralmente y la redacción de la sentencia, puesto que, de lo contrario, podrían surgir disputas sobre el contenido de las sentencias, con lo que se daría al traste con la pretendida agilidad conseguida con la resolución en forma oral.

Pronunciada oralmente la sentencia, si todas las partes estuvieran personadas en ese acto, por sí o debidamente representadas, y expresaren su decisión de no recurrir, se declarará, en el mismo acto, la firmeza de la sentencia. Si no fuera ese el caso, el plazo para recurrir en apelación comenzará a contar desde el día siguiente al que se notificare a la parte la sentencia por escrito con expresión del fallo y con motivación sucinta.

En segundo lugar, en *materia de costas procesales*, también hay alguna importante modificación legal[22], aparte de la ya comentada al describir la nueva regulación de los MASC (imposición de las costas a la parte vencedora que no haya

22. Como muestra del «descuido» (o «chapuza») con el que han actuado los legisladores, en la EM de la LOEP encontramos una referencia a otra supuesta modificación de la LEC en materia de costas, en relación con el incidente de acumulación de procesos: «*También se introduce una nueva regulación de las costas en el incidente de acumulación de procesos eliminando el criterio de vencimiento objetivo para su imposición, dando entrada a un criterio ponderador de la buena o mala fe procesal, favoreciendo así la solicitud de eventuales acumulaciones en aras de una mejor garantía del principio de economía procesal*» (§ V, p. 13). Sin embargo, esta previsión no tiene correspondencia luego con ninguno de los apartados del art. 22 LOEP, que es el dedicado a las modificaciones de la LEC. Ni la podía tener. La explicación se encuentra en que la supresión del criterio objetivo en el incidente de acumulación de procesos y su sustitución por el criterio de la *temeridad o mala fe*, ya se había producido con la entrada en vigor del RDL 6/2023, de 19 de diciembre (a los veinte días de su publicación en el BOE), el cual había modificado el art. 85, 2 LEC, adelantando el enfoque «eficientista» de la actual política legislativa. Nadie se había dado cuenta de este error durante la tramitación legislativa, en el fragor del corta y pega entre tanto precedente de proyectos de leyes y reales decretos-leyes (d)eficientes.

aceptado una propuesta de MASC con sentido similar al fallo judicial). Así, se suprime la condena en costas en el incidente de impugnación de la tasación de costas por excesivas, salvo en los casos de *abuso del servicio público justicia*. Con esta medida, advertida la realidad de que los tribunales a menudo se desmarcan de los criterios orientativos que ofrecen los colegios profesionales, se pretende evitar la práctica de multitud de tasaciones de costas por los incidentes de impugnación de las costas principales (art. 246 LEC reformado por el apartado diecinueve del art. 22 LOEP).

En tercer lugar, pasando a la *materia del proceso de ejecución*, se introduce la posibilidad de suspensión de la ejecución para acudir a mediación u otro de los MASC, como intento de conseguir una ejecución «consensuada» (art. 565, 1 LEC reformado por el apartado cuarenta y siete del art. 22 LOEP), y se introducen varias modificaciones en relación con la subasta judicial (arts. 644 y ss., reformados por los apartados cincuenta y cinco y ss. LOEP).

2.3.2. Reformas en la jurisdicción penal

A la espera de una nueva LECRIM, la LOEP introduce, por un lado, las modificaciones necesarias acompasar la profunda modificación de la LOPJ provocada por la creación de los Tribunales de instancia y, por otra parte, introduce cambios puntuales, pero como veremos, de gran calado. Veamos las más relevantes.

En primer lugar, en consonancia con el nuevo art. 84 LOPJ, se modifica el art. 14 LECRIM (apartado uno del art. 20 LOEP), referido a las competencias objetivas objetiva, territorial y funcional de los órganos judiciales penales, estableciéndose, como principal novedad, la relativa a las Secciones de Instrucción del Tribunal de instancia. Como ya se ha dicho, en cada partido judicial, con sede en su capital, se constituye un Tribunal de Instancia, integrado en todo caso por una Sección Única, de Civil y de Instrucción, salvo en aquellos partidos para los que la Ley de Demarcación y Planta Judicial prevea la creación de una Sección Civil y otra de Instrucción (art. 84.2 LOPJ). Además de estas Secciones con competencias penales, también pueden integrar el Tribunal de Instancia, en el orden jurisdiccional penal, las Secciones de Violencia contra la Mujer, de Violencia contra la Infancia y la Adolescencia, de lo Penal, de Menores y de Vigilancia Penitenciaria. Por otra parte, se establece que el enjuiciamiento de delitos con pena hasta cinco años de prisión y otros con pena no privativa de libertad, será realizado por la Sección de lo Penal del Tribunal de Instancia de la circunscripción donde el delito fue cometido, o las Secciones con competencia para el enjuiciamiento en materia de violencia sobre la mujer o de violencia contra la infancia y la adolescencia.

En segundo lugar, se establecen ciertas limitaciones a la posibilidad de denunciar por vía telemática. Así, quedarán excluidas de esta modalidad las denuncias que versen sobre hechos cometidos con violencia o intimidación; o que no tengan autor conocido; o en los que existan testigos; o que el denunciante sea menor de edad; o que se trate de un delito flagrante, o que se trate de hechos de naturaleza violenta o sexual. En todos estos casos, la denuncia debe ser realizada mediante comparecencia física ante la autoridad que deba recibirla.

En tercer lugar, a partir de ahora la *conformidad del acusado* no va a tener límite punitivo, pues se deroga el límite de los seis años de prisión que preveía implícitamente el art. 655 («pena correccional»), en relación con los artículos 688 y 787 LECRIM. En efecto, en el nuevo art. 655 LECRIM (modificado por el apartado cuatro del art. 20 LOEP) desaparece cualquier vestigio de límite penológico, por lo que ya no tendrá sentido hablar de la conformidad como una forma de finalización de procesos penales «de bagatela»: *«[...]podrá manifestar su conformidad absoluta con la [calificación] que más gravemente hubiera calificado, si hubiera más de una, y con la pena que se le pida; [...]»*.

Es cierto que con la desaparición del límite penológico de la conformidad se pretende —al menos eso queremos creer— poner freno a la práctica de acuerdos «encubiertos» y conformidades «fingidas», que sólo contribuyen a deteriorar, aún más si cabe, el crédito de las prácticas negociales de muchos miembros del Ministerio Fiscal que, abusando de su posición predominante respecto al derecho de defensa del acusado, involucran al tribunal en una «comedia procesal». Sin embargo, nos podemos preguntar si, de verdad, nos conviene tanta conformidad o, por el contrario, habría que repensar, sobre todo en lo que respecta a los delitos muy graves, si estamos en el buen camino admitiendo acríticamente el *chalaneo* generalizado en la justicia penal, esto es, en el templo procesal de la verdad material y del principio de legalidad.

En tercer lugar podemos resaltar, como una de las principales novedades de la norma, la instauración de una *«audiencia preliminar» en el procedimiento abreviado* (nuevos arts. 785 y 786 LECRIM, modificados por los apartados diez y once del art. 20 LOEP), a modo de la audiencia previa del juicio ordinario civil (arts. 414 y ss. LEC), que tiene como finalidades, en defecto de una posible conformidad, que puede alcanzarse también en ese mismo momento, la admisión de pruebas, la depuración de aquellas cuestiones que pudieran suponer la suspensión del juicio oral o la posible nulidad de pruebas por vulneración de derechos fundamentales, sin necesidad de esperar a su resolución en sentencia tras la celebración del juicio oral. Esta audiencia preliminar, que puede valorarse positivamente —y que no se entiende por qué no se ha introducido también el juicio ordinario por delitos graves—, por lo que tiene de función depuradora de posibles «cuestiones previas», sustituye al turno de intervenciones que se preveía en el modificado artículo 786.2 LECRIM, previsto antes del inicio del juicio oral.

Finalmente, siendo consecuente con el «leitmotiv» de la reforma, la potenciación de los medios alternativos para evitar los procesos jurisdiccionales, en la Disposición Adicional novena que se añade a la LECRIM, se regula un procedimiento de Justicia restaurativa, regido por los principios de voluntariedad, gratuidad, oficialidad y confidencialidad. A este procedimiento se podrán acoger las partes, o lo podrá instar de oficio el juez o el tribunal, si lo considera oportuno, en cualquier tipo de procedimiento penal, valorando las circunstancias del hecho, de la persona investigada, acusada o condenada y de la víctima, lo que hará de oficio o a instancia de parte, sin que el inicio del procedimiento restaurativo en fase de instrucción exima de la práctica de las diligencias indispensables para la comprobación de delito. De esta manera se complementa el art. 15 de la Ley 4/2015 del Estatuto de la Víctima del Delito, que introdujo el derecho de las víctimas a los servicios de justicia restaurativa. No obstante, como siempre hemos mantenido en relación con la justicia restaurativa penal, este mecanismo debiera estar reservado para tipos delictivos de muy escaso reproche penal[23].

2.3.3. Reformas en la jurisdicción contencioso-administrativa

En el ámbito contencioso-administrativo también se modifica la LJCA, con el objeto, en línea con el espíritu general de la LOEP, de introducir pretendidas medidas de agilización procesal. Así, se modifica la regulación del procedimiento abreviado *sin vista* que introdujo la Ley 37/011, de 10 de octubre, de *medidas de agilización procesal*. Como siguen produciéndose en la actualidad «demasiadas» vistas, a juicio del legislador, pues no son excepcionales los casos en que, pese a renunciarse a la vista en el recurso, la misma se celebra por la sola solicitud de la parte demandada y a los únicos efectos de formular su contestación a la demanda en el acto de la vista, se ha considerado oportuno exigir que la solicitud de vista por la parte demandada quede sustentada sobre argumentos que permitan al órgano jurisdiccional apreciar la conveniencia de la celebración de ese trámite (apartado cuatro del art. 21 LORP).

En definitiva, se pretende que los jueces usen su discrecionalidad para limitar las vistas a los casos estrictamente necesarios. Pero no quiere ver el legislador que el coste de esta medida va a ser, de nuevo, el alejamiento del ciudadano de la justicia. Por no hablar de la percepción de arbitrariedad o falta de transparencia en las decisiones jurisdiccionales, cuando los justiciables aprecien la desigual aplicación de este poder discrecional por parte de los distintos órganos jurisdiccionales.

Además, también en el procedimiento abreviado, se introduce la posibilidad de dictar *sentencias de forma oral*, con los mismos requisitos de forma y consecuencias previstos en los nuevos apartados 3 y 4 del art. 210 LEC.

23. *Vid.* CHOZAS ALONSO, J. M., «El nuevo estatuto de la víctima de los delitos en el proceso penal», en *Los sujetos protagonistas del proceso penal*, CHOZAS ALONSO (Coord.), Dykinson, Madrid, 2015, pp. 241 y ss.

2.3.4. Reformas en la jurisdicción social

Las modificaciones introducidas en la LRJS tienen como objetivo básico la acomodación de este texto procesal a los cambios introducidos en el resto de jurisdicciones. En este sentido, se incentiva el impulso de la oralidad de las sentencias (apartado uno del art. 24 LOEP). También se potencia la conciliación anticipada ante el Letrado de la Administración de Justicia como herramienta —otro MASC— para alcanzar acuerdos tempranos entre las partes (apartado uno del art. 24 LOEP). A este respecto, puede leerse en la EM: «[...] *se pretende dotar a la jurisdicción social de la máxima agilización posible en lo que respecta a los actos de conciliación ante el letrado o la letrada de la Administración de Justicia, impulsando su labor y posibilitando una agenda doble y compatible de trabajo, que podrá establecerse a instancia de cualquiera de las partes, si estimaran razonadamente que existe la posibilidad de llegar a un acuerdo conciliatorio, o de oficio por el letrado o la letrada de la Administración de Justicia si entendiera que, por la naturaleza y circunstancias del litigio o por la solución dada judicialmente en casos análogos, pudiera ser factible que las partes alcanzaran un acuerdo, descargando así de trabajo al órgano judicial. Se pretende que el acto de conciliación se celebre a partir de los diez días desde la admisión de la demanda y con una antelación mínima de treinta días a la celebración del acto de la vista, con el fin de poder dar una respuesta ajustada a lo que la realidad social exige*».

3. RANGO NORMATIVO

Como ya señalamos al principio, uno de los efectos colaterales de la «tormenta de reformas» legislativas que estamos padeciendo, sobre todo en la pasada legislatura, pero también en la actual, como estamos comprobando con este examen de la LOEP, es la proliferación de las leyes (o decretos) *ómnibus* o, en el mejor de los casos, de leyes (o decretos) «transversales». En cualquier caso, una de las características de esta extravagante forma de legislar —producto, por un lado, de las minorías que arropan a los partidos políticos que ostentan el Gobierno de la nación y, por otro, por la excesiva tolerancia del TC respecto a los incumplimientos reiterados del procedimiento legislativo diseñado por la CE—, es la mezcolanza, no sólo de materias (sustantivas con procesales; civiles y/o mercantiles, con laborales, penales o administrativas), sino también de normas de distinto rango legislativo. Así, en la LOEP, a pesar de su denominación, junto a normas con rango orgánico, existen otras de rango de simple ley ordinaria.

En este contexto, la *Disposición Final trigésima séptima* establece el rango normativo de determinadas disposiciones de la Ley, que aun encontrándose insertas en una ley orgánica, tienen el *rango de ley ordinaria*. Éstas son las contenidas, en primer lugar, en los apartados ochenta y ocho, ochenta y nueve y ciento siete del artículo 1, que introducen, respectivamente, un nuevo Capítulo IV y un nuevo Capítulo V en el Título I del libro V, así como una nueva Sección 7.ª en el Capítulo II del Título V del libro VIII, compuesto por el artículo 620 bis, de la Ley Orgánica 6/1985, de 1 de julio, del Poder Judicial. El Capítulo IV del Título I del Libro V es el dedicado a «Oficinas de Justicia en los municipios» (que vienen a sustituir a los Juzgados de Paz); el Capítulo V, a la «Oficina fiscal» (la organización de carácter instrumental que sirve de soporte y apoyo a la actividad del Ministerio Fiscal); y la Sección 7.ª del Capítulo II del título V del libro VIII, compuesto por el artículo 620 bis LOPJ implanta «*La Dirección de Supervisión y Control de Protección de Datos*»: el órgano técnico del Consejo General del Poder Judicial (CGPJ) encargado del apoyo y la asistencia a la Comisión de Supervisión y Control de Protección de Datos en el ejercicio de sus funciones.

En segundo lugar, también tienen rango de ley ordinaria los arts. 2 a 22 y 24 LOEP, así como el apartado dos del art. 23 LOEP, que modifica el art. 23.4 de la Ley Orgánica 5/2000, de 12 de enero, *reguladora de la responsabilidad penal de los menores*. Es decir, tienen rango «ordinario» *todo lo regulado sobre los MASC* (arts. 2 a 19 LOEP), las modificaciones de la *LECRIM* (art. 20 LOEP), de la *LJCA* (art. 21), de la *LEC* (art. 22 LOEP), de la *LRJS* (art. 24 LOEP), así como el apartado dos del art. 23 LOEP, que modifica el art. 23.4 de la Ley Orgánica 5/2000, de 12 de enero, *reguladora de la responsabilidad penal de los menores,* donde se faculta al Ministerio Fiscal a instar a los jueces de menores la práctica de la declaración de la víctima o de un cualquier otro testigo, con las garantías de la prueba preconstituida, de conformidad con lo dispuesto en la LECRIM, asegurando en todo caso el principio de contradicción cuando concurran alguno de los supuestos siguientes: a) cuando exista riesgo de imposibilidad de concurrir al juicio oral; b) cuando se trate de una persona especialmente vulnerable. En todo caso, tendrá esa consideración toda persona menor de catorce años o persona con discapacidad necesitada de especial protección.

En tercer lugar, tienen rango de ley ordinaria las Disposiciones Adicionales *segunda*, *tercera*, *cuarta*, *quinta*, *sexta*, *séptima* y *octava*, esto es, las relativas al *coste de la intervención del tercero neutral* (DA 2.ª); a los *Servicios de medios adecuados de solución de controversias* (DA 3.ª); las *Acciones para aumentar la visibilidad de los mecanismos alternativos de resolución de conflictos* (DA 4.ª); la *Asistencia técnica de los Institutos de Medicina Legal y Ciencias Forenses* (DA 5.ª); la Formación especializada en materia de familia, infancia, capacidad y en materia de violencia contra la infancia y adolescencia (DA 6.ª); los litigios en materia de consumo (DA 7.ª); y la Regulación básica sobre el teletrabajo en el ámbito de la Administración de justicia (DA 8.ª).

También tiene rango normativo de ley ordinaria la Disposición Transitoria decimacuarta, relativa a *Procedimientos o actuaciones iniciados o en tramitación en materia de funcionarios de Administración local con habilitación de carácter nacional*.

Finalmente, son consideradas con rango de leyes ordinarias *la mayoría de las Disposiciones Finales*, aunque quedan exceptuadas la *sexta* (modificación de la LO 5/1985, de 19 de junio, del Régimen Electoral General), *la trigésima quinta* (relativa al desarrollo reglamentario, en el plazo de seis meses, para la efectiva implantación de los Tribunales de Instancia, Oficinas Judiciales y Oficinas de Justicia en los municipios), la *trigésima sexta* (que regula el Título competencial), la *trigésima séptima* (Rango normativo) y la *trigésima octava* (Entrada en vigor), que tienen carácter orgánico.

Llaman la atención dos aspectos de esta *Disposición Final trigésima séptima* sobre el rango normativo de las normas que contiene la LOEP, a saber: por un lado, normalmente lo que debe indicarse en una ley orgánica son exclusivamente los preceptos con carácter de ley ordinaria, no los orgánicos, como sucede en la *letra d)* de la esta disposición; por otra parte, las disposiciones relativas al Título competencial (DF 36.ª) o a la entrada en vigor (DF 38.ª), puesto que afectan a toda la ley, debieran tener naturaleza de ley orgánica, no de ley ordinaria, como erróneamente se nos quiere imponer.

4. ENTRADA EN VIGOR

La LOEP culmina, como no podía ser de otra forma, con otro auténtico galimatías normativo formado por un conjunto de disposiciones transitorias y finales, que hay que conjugar, no sin dificultad, para determinar cómo y cuándo van a entrar en vigor tanto el nuevo modelo judicial, como las innumerables modificaciones legislativas que prevé la norma.

Con carácter general, la LOEP entra en vigor el *3 de abril de 2025* —a los tres meses de su publicación en el BOE—. No obstante, según reza la DF trigésima octava LOEP, existen excepciones, que propician un escalonamiento en la sucesiva entrada en vigor de la ley, por «bloques» de materias.

En primer lugar, se anticipa la entrada en vigor de un primer conjunto de materias, para las que se prevé su aplicación en cuanto transcurran «veinte días» desde su publicación en el BOE, es decir, *el 23 de enero de 2025*. Estas materias de «vigencia casi súbita» son la reguladas en el Título I (*Medidas en materia de eficiencia organizativa del Servicio Público de Justicia para la implantación de los Tribunales de Instancia y las Oficinas de Justicia en los municipios*); la Disposición Adicional primera (*Menciones a Juzgados y Tribunales en el ordenamiento jurídico*)[24]; las Disposiciones Transitorias primera a octava (*Constitución y Presidencia de los Tribunales de Instancia y Tribunal Central de Instancia, Transformación de juzgados, secciones y tribunales con competencia en materia penal en juzgados, secciones y tribunales con competencia en materia de violencia sobre la*

24. Se suprimen las referencias a los juzgados —caso de la rúbrica del Libro I o del Capítulo I, Título II, Libro I LOPJ— o se sustituyen, cuando corresponda, por el término «jueces y juezas» —entre otros, los arts. 2, 3.1 y 25 LOPJ—. Respecto de las menciones a *Juzgados y Tribunales* señala la DA primera LOEP: «*Una vez constituidos e implantados de forma efectiva los Tribunales de Instancia, las menciones genéricas que en la Ley Orgánica 6/1985,*

mujer, implantación de la Oficina judicial y Oficinas de Justicia en los municipios), y la Disposición Final sexta (*modificación de la Ley Orgánica del Régimen Electoral General*)[25].

Así pues, las modificaciones de la LOPJ de carácter orgánico, relativas a la nueva organización judicial, así como la nueva denominación de los órganos jurisdiccionales en los partidos judiciales (*Secciones* del orden jurisdiccional correspondiente de los Tribunales de Instancia, de conformidad con lo previsto en la LOEP, *en sustitución de todos los juzgados unipersonales*), en teoría, han entrado en vigor el pasado 23 de enero de 2025, sin que se altere el ejercicio de la función jurisdiccional ni las competencias de los órganos de enjuiciamiento unipersonales. Ahora bien, hay que tener muy en cuenta lo preceptuado en la DT *primera*, en relación con la *constitución de los Tribunales de Instancia*, puesto que esta última norma se presenta como esencial e imprescindible para la auténtica entrada en vigor de la nueva planta judicial. Sin ella no resulta posible, de momento, la articulación de las nuevas Secciones integradas en los Tribunales de Instancia.

A este respecto, la constitución de los Tribunales de Instancia se realizará de manera gradual, conforme al siguiente orden cronológico:

1. El *día 1 de julio de 2025* los Juzgados de Primera Instancia e Instrucción y los Juzgados de Violencia sobre la Mujer, en aquellos partidos judiciales donde no exista otro tipo de Juzgados, se transformarán, respectivamente, en Secciones Civiles y de Instrucción Únicas y Secciones de Violencia sobre la Mujer.

2. El día *1 de octubre de 2025*, los Juzgados de Primera Instancia, los Juzgados de Instrucción y los Juzgados de Violencia sobre la Mujer, en los partidos judiciales donde no exista otro tipo de Juzgados, se transformarán, respectivamente, en Secciones Civiles, Secciones de Instrucción y Secciones de Violencia sobre la Mujer.

de 1 de julio, del Poder Judicial, se hacen a los Juzgados y Tribunales, se entenderán referidas a estos últimos o a los jueces, las juezas, los magistrados y las magistradas que sirven en ellos. Las referencias realizadas en las leyes y en el resto de disposiciones de nuestro ordenamiento jurídico a los Juzgados de Primera Instancia e Instrucción, de Primera Instancia, de lo Mercantil, de Instrucción, de Violencia sobre la Mujer, de lo Penal, de Menores, de Vigilancia Penitenciaria, de lo Contencioso-Administrativo, de lo Social se entenderán referidas a las Secciones del orden jurisdiccional correspondiente de los Tribunales de Instancia, de conformidad con lo previsto en esta ley. La misma consideración tendrán las referencias a los Juzgados Centrales respecto de las correspondientes Secciones del Tribunal Central de Instancia».

25. En una de esas enmiendas de última hora, que obvian todo el *iter* previo que debe recorrer una norma legal en un país civilizado, se introdujo la *Disposición Final sexta*, por la que se modifica, como el que no quiere la cosa, la Ley Orgánica 5/1985, de 19 de junio, del *Régimen Electoral General*, que naturalmente nada tiene que ver con la reforma de la Administración de Justicia.

3. El *día 31 de diciembre de 2025*, los restantes Juzgados, no comprendidos en los supuestos anteriores, se transformarán en las respectivas Secciones conforme a lo previsto en la presente ley. En esta misma fecha también se constituirá el Tribunal Central de Instancia, a través de la trasformación de los actuales Juzgados Centrales en las Secciones del Tribunal Central de Instancia que se correspondan con las materias de las que aquellos estén conociendo (DT 2.ª).

Los Tribunales de Instancia se constituirán, como ya se ha dicho, a través de la transformación de los actuales Juzgados en las Secciones de los Tribunales de Instancia que se correspondan con las materias de las que aquellos estén conociendo, en el orden escalonado que acabamos de enumerar. En esos tres momentos, por ese orden, los jueces de dichos Juzgados unipersonales pasarán a ocupar la plaza en la *Sección respectiva*, con *la misma numeración cardinal* —1, 2, 3, 4, etc.— del Juzgado de procedencia y seguirán conociendo de todas las materias que tuvieran atribuidas en el mismo y de aquellos asuntos que en ellos estuvieren en trámite, o no hubieren concluido mediante resolución que implique su archivo definitivo. Lo mismo sucederá en los Juzgados Centrales: pasarán a ocupar la plaza en la Sección respectiva con la misma numeración cardinal del Juzgado de procedencia y seguirán conociendo de todos los asuntos que tuvieran atribuidos en el mismo.

Cuando la nueva plaza que estos jueces ocupen corresponda a una *Sección de Familia, Infancia y Capacidad*, la numeración cardinal con que se identificará ésta dentro de la misma comenzará por la unidad y seguirá correlativamente, con el mismo orden de los Juzgados de procedencia. La numeración de las plazas de origen quedará sin asignar a otro juez hasta que se amplíe el número de estos, y se vayan cubriendo y asignando por el mismo orden.

En el caso de que, por la razón que fuera, este cronograma legislativo no se pudiera cumplir, la DT 1.ª contiene una norma de cierre, que prevé que «hasta la definitiva implantación de los Tribunales de Instancia en cada uno de los partidos judiciales seguirá vigente en ellos el régimen de organización de los Juzgados y los correspondientes anexos de la Ley 38/1988, de 28 de diciembre, de Demarcación y Planta Judicial, anteriores a la promulgación de la presente ley».

Los actuales jueces Decanos se irán convirtiendo, en la correspondiente fecha de constitución de los nuevos órganos, en los *Presidentes de los Tribunales de Instancia* (DT tercera), o *del Tribunal Central de instancia* (una vez se haya constituido éste: previsiblemente el día 31 de diciembre de 2025). Tanto unos como el otro, continuarán en su cargo durante el tiempo que reste al mandato por el que fueron nombrados.

Asimismo, la implantación de la *Oficina Judicial* será simultánea a la de los correspondientes Tribunales de Instancia (DT quinta)[26]. E igualmente, en la

26. *Vid.* Resolución de 5 de marzo de 2025, de Secretaría General para la Innovación y Calidad del Servicio Público Justicia, *por la que se acuerda el diseño y estructura de la oficina judicial*

fecha prevista para la constitución prevista para cada Tribunal de instancia los actuales Juzgados de Paz se transformarán en *Oficinas de Justicia en los municipios* (DT sexta). Si quedaran pendientes algunas resoluciones declarativas de los Juzgados de Paz en el momento de constitución de los Tribunales de Instancia, sus competencias se mantendrán prorrogadas hasta la conclusión del procedimiento.

Para garantizar la implementación plena de las reformas, será necesario aprobar un reglamento específico que regule detalles operativos clave. Este desarrollo reglamentario, exigido por la *Disposición Final trigésima quinta*, deberá establecer la estructura y organización de los nuevos Tribunales de Instancia, los procedimientos para la redistribución de personal y recursos, los estándares de funcionamiento de las Oficinas Judiciales y Oficinas de Justicia en los municipios, en particular aquellas medidas «orientadas a facilitar el desarrollo del nuevo modelo organizativo y los procesos de acoplamiento de todo el personal». El plazo para la aprobación de este reglamento es de seis meses desde la entrada en vigor de la Ley, es decir, deberá estar listo antes del 3 de julio de 2025.

Para las nuevas Secciones de Familia, Infancia y Familia se prevé que su constitución coincida con la de la propia de los Tribunales de Instancia, según lo previsto en la DT 1.ª, pero solo partidos judiciales donde, con anterioridad a dicha fecha, se hubiera acordado por el Consejo General del Poder Judicial la especialización de uno o más juzgados en alguna de las materias señaladas en el artículo 86.5 LOPJ, pasando los jueces de estos juzgados especializados a ocupar plaza en la nueva Sección. De esta manera, las nuevas Secciones de Familia, Infancia y Capacidad constituidas conforme a mantendrán el conocimiento de los procedimientos ya iniciados, tanto en materia de familia como en otras materias, en los términos establecidos en el acuerdo de especialización (DT séptima). Así se garantiza que, desde la constitución del Tribunal de Instancia, todos los jueces especializados en materia de familia y todas las Secciones de Familia, Infancia y Capacidad asuman idénticas competencias.

Finalmente, para un segundo bloque de materias, se difiere la entrada en vigor a los «nueve meses» desde su publicación en el BOE, es decir, para *el 3 de octubre de 2025*. Se trata de *la atribución de competencias en materia de violencia sexual a las nuevas Secciones de Juzgados de Violencia sobre la Mujer*, prevista en el apartado veintiocho del artículo 1 LOEP (que modifica el art. 89 LOPJ), así como las modificaciones del artículo 14 LECRIM, del apartado uno del artículo 20 de la Ley 50/1981, de 30 de diciembre, por la que se regula el *Estatuto Orgánico del Ministerio Fiscal* (referido a las funciones de la Fiscalía especial de la FGE, con categoría de Fiscal de Sala, *de Violencia sobre la Mujer*),

para los Tribunales colegiados y Tribunales de Instancia conforme a las previsiones contenidas en la Ley Orgánica 1/2025, de 2 de enero, de medidas en materia de eficiencia del servicio público de justicia.

y de la letra h) del artículo 2 de la Ley 1/1996, de 10 de enero, de Asistencia Jurídica Gratuita, donde se reconoce este derecho a la gratuidad, con independencia de la existencia de recursos para litigar, a las mujeres y personas menores de edad que sean víctimas de los delitos contra la libertad sexual previstos en el título VIII del libro II del Código Penal, los delitos de mutilación genital femenina, matrimonio forzado y acoso con connotación sexual.

5. DERECHO TRANSITORIO: APLICACIÓN DE LA REFORMA A LOS PROCESOS JUDICIALES EN CURSO

La *Disposición Transitoria novena* se centra en el «régimen transitorio aplicable a los procedimientos judiciales» estableciendo que «las previsiones recogidas por la presente ley serán aplicables exclusivamente a los procedimientos incoados con posterioridad a su entrada en vigor», con lo que se cumple, en línea de principio, con la irretroactividad de las leyes procesales (art. 2 LEC). Aunque, a renglón seguido, se permita a las partes de los procesos en curso, en los que sea posible acudir a los MASC —*ex* art. 3 LOEP—, «someter a cualquier medio adecuado de solución de controversias, de conformidad con lo dispuesto en la Ley 1/2000, de 7 de enero, de Enjuiciamiento Civil». Esta previsión no nos puede sorprender, y nada tenemos que objetar, dada la clara apuesta del legislador por la solución pactada, incluso en la vía jurisdiccional; pero en el buen entendimiento de que la vía de los MASC, en este trance, debe ser absolutamente fluida y voluntaria, sin que quepa la aplicación de cualquier «represalia» que la LOEP prevea para la parte renuente a intentar el acuerdo, por ejemplo, por medio de imposición de costas.

Tampoco nos parece criticable, más allá de que no nos guste la generalización de las sentencias orales, que sean de aplicación inmediata a los procesos en curso las modificaciones de las cuatro grandes leyes procesales (juicios verbales civiles en los que no se haya celebrado aún la vista: apartados 3 y 4 del art. 210 LEC); procedimientos penales abreviados en los que no se haya celebrado juicio oral (apartado 9 del art. 785 LECRIM, y apartado 6 del art. 687 ter LECRIM); recursos contencioso-administrativos tramitados por el procedimiento abreviado en los que aún no se haya celebrado vista (apartado 20 del art. 78 LJCA); procesos laborales en los que no se haya celebrado juicio aún (apartado 1 del art. 50 LRJS)]. En todos estos casos la referencia a la celebración de la vista o juicio debe entenderse, a nuestro modo de ver, al inicio del acto procesal de la sesión oral, en sentido estricto, por lo que no sería aplicable a una vista o juicio reanudados tras una suspensión previa. Con esta previsión legal pensamos que no disminuyen (ni aumentan) las expectativas procesales de los litigantes al iniciarse el proceso, por lo que entraría dentro de los cánones de la razonabilidad.

Por otra parte, llama la atención la previsión del apartado 5 de esta DT 9.ª, ya que se limita a remarcar, respecto a un aspecto puntual de la reforma de la

LJCA (apartado 1 del art. 11 LJCA), que la ley no se aplica retroactivamente. En efecto, este novedoso precepto, que atribuye competencia objetiva a la Audiencia Nacional para conocer, entre otros, de los recursos que se deduzcan en relación con las disposiciones generales y los actos de los Ministros —*aun cuando se adopten previo informe o acuerdo del Consejo de Ministros o de las Comisiones Delegadas del Gobierno, y de los Secretarios de Estado*—, en general y en materia de personal cuando se refieran al nacimiento o extinción de la relación de servicio de funcionarios de carrera, solo entrará en vigor a los recursos contencioso-administrativos que se interpongan a partir de la entrada en vigor de la ley.

En el último apartado de la DT 9.ª, el número 8, también se incide en la idea de la irretroactividad de las normas que regulan el recurso de casación en el *orden jurisdiccional social*. Sin embargo, se precisa que *«en todo caso, la inadmisión de los recursos de casación para la unificación de doctrina interpuestos contra resoluciones dictadas con anterioridad a la entrada en vigor de esta norma, se acordará, previa audiencia de las partes, por providencia sucintamente motivada que será irrecurrible»*. Con ello se pretende recalcar la existencia de interés casacional objetivo en todas las Salas del TS, entendiendo que existe si concurren circunstancias que aconsejen un nuevo pronunciamiento de la Sala, cuando la cuestión posee una trascendencia o proyección significativa, o si el debate suscitado presenta relevancia para la formación de la jurisprudencia (apartados 1 y 3 del art. 219 LRJS).

En este contexto, debemos recordar lo que dice la DT 4.ª, por lo que tiene de afección a los procedimientos en curso en materia de violencia sobre la mujer y sobre la transformación de juzgados, secciones y tribunales con competencia en dicha materia. Así, como ya sabemos, se dice que a los «nueve meses» de la entrada en vigor de la ley, es decir, *el 3 de octubre de 2025*, los Juzgados de Violencia sobre la Mujer asumirán las competencias en materia de violencia sexual respecto de los procedimientos incoados a partir de esa fecha. En el *ínterin*, a lo largo de esos nueve meses, *«el Gobierno, oído el CGPJ y, en su caso, la Comunidad autónoma afectada, procederá, mediante real decreto, a la transformación que sea necesaria de los juzgados, secciones y tribunales con competencia en materia de violencia sobre la mujer, para dar cumplimiento adecuado a la atribución de competencias en materia de violencia sexual a los Juzgados de Violencia sobre la mujer»*, prevista en el art. 89 LOPJ.

En resumen, pues, a través del régimen transitorio establecido en la LOEP se establece, como regla, que las modificaciones procesales deben afectar a los procesos futuros, no a los actualmente pendientes, aunque se excepcionan algunos casos en los que se ha considerado algunos supuestos en los que las nuevas previsiones se pueden aplicar a procedimientos ya iniciados, sin merma aparente de derechos y garantías: por ejemplo, cuando las partes, de común acuerdo, puedan someterse a cualesquiera MASC; o cuando sean de aplicación las modificaciones en cuanto al dictado de las sentencias orales, o la necesidad de dar audiencia a las partes, en la inadmisión del recurso de casación social para la unificación de doctrina, contra las resoluciones anteriores a la entrada en vigor de la ley.

En lo que no ha reparado, a nuestro juicio, suficientemente el legislador es en que la ley no entra realmente en vigor el día 3 de abril de 2025 —a los tres meses de su publicación en el BOE, como proclama la DF 38.ª—, sino que, como los Tribunales de Instancia se van a ir constituyendo progresivamente, como ya se ha dicho, a través de la transformación paulatina de los actuales Juzgados en las Secciones de los Tribunales que se correspondan con las materias de las que aquellos estén conociendo (DT 1.ª), en el orden escalonado que hemos enumerado en otro epígrafe anterior, esa sola circunstancia va a afectar, y sustancialmente, al tribunal competente que esté conociendo del correspondiente asunto pendiente. En efecto, en esos tres momentos distintos que ya conocemos, el 1 de julio, el 1 de octubre y 31 de diciembre de 2025 (DT 1.ª), unidos a la especial fecha del 3 de octubre de 2025 («nueve meses» de la entrada en vigor de la ley) —DT 4.ª—, día en el que los Juzgados de Violencia sobre la Mujer asumirán las competencias en materia de violencia sexual, la conversión de los Juzgados unipersonales actuales en nuevas Secciones de otro tribunal distinto, necesariamente va a afectar a los procesos en curso, con la conculcación que puede suponer del derecho al juez predeterminado por la ley, y la consiguiente quiebra de la «perpetuación de la jurisdicción».

Finalmente, en cuanto al problema interpretativo general de cuándo ha de considerarse «incoado» el procedimiento (*«dies a quo»*) —que es lo que marca la aplicación de la LOEP a los nuevos procesos y no a los ya iniciados— debemos optar ante la siguiente alternativa: o bien considerar que es el día de la interposición del primer escrito de la parte actora en sentido amplio (demanda, recurso contencioso-administrativo, denuncia nominativa o querella, etc.), o bien que se entienda producido cuando se dicta la primera resolución judicial que pueda considerarse como de «admisión» a trámite del asunto. Pues bien, basándonos en el art. 410 LEC, que entendemos aplicable, como derecho supletorio, a estos solos efectos y para todos los órdenes jurisdiccionales (art. 4 LEC), debemos aplicar la *«fictio iuris»* de que la incoación se habría producido *«con la presentación del primer escrito, siempre que posteriormente fuera admitido a trámite por el tribunal»*.

CONCLUSIONES

No cabe duda de que la Administración de Justicia en España es muy lenta y, en muchas ocasiones, ineficaz. Por eso, todos aquellos a los que nos importa lo jurisdiccional vemos ahora, y veremos siempre, con muy buenos ojos, cualquier incremento en la «eficiencia» de los procedimientos judiciales. Ahora bien, esta anhelada *«eficiencia»* no se va a conseguir, por mucho que el legislador nos machaque con este tópico, o fórmula verbal inane, inserto en la mayoría de las denominaciones de las leyes (o Reales Decretos-Leyes[27]), si el contenido de las normas no se corresponde con lo que se preconiza en el título de la norma. Y eso es precisamente lo que, a nuestro juicio, sucede en el caso de la LOEP: una ley que se ha aprobado deprisa y corriendo, con graves tensiones políticas, con imposiciones de raquíticas mayorías parlamentarias, sin un debate sereno sobre los temas técnicos de gran calado que se abordan, difícilmente va a conseguir el fin pretendido. Nos gustaría equivocarnos, pero desconfiamos mucho del éxito de esta reforma por los motivos que resumimos a continuación.

Difícilmente se pueden arreglar los problemas de la Administración de Justicia si los propios impulsores de las reformas legislativas le han perdido el respeto institucional a uno de los tres Poderes del Estado. En efecto, en los últimos tiempos se nos trata de imponer la errónea idea de que la Administración de Justicia no es un poder estatal, el tradicional Poder Judicial, sino un «servicio público» más, al estilo de la *sanidad* o de la *educación*. Los responsables del Ministerio de Justicia aún van más lejos y, en vez de contentarse con la consideración del Poder Judicial como un mero servicio público, ya hablan, en sus «páginas web» ministeriales, de transformar el «Ecosistema Justicia», para hacerlo más *accesible, eficiente y contribuir al esfuerzo común de cohesión y sostenibilidad*[28]. Con palabras huecas y sofismas no se arregla nada, sólo se consigue desvalorizar —«administrativizar»[29]— la función jurisdiccional, a la que se pretende equiparar con otros servicios públicos, cuando en realidad es un verdadero Poder del Estado.

En cuanto a la *eficiencia organizativa*, el problema de la lentitud o la falta de eficacia de la Justicia en España no se resuelve sólo con la creación de una suerte de tribunales «colectivos» (que no colegiados), los *Tribunales de Instancia*, que apenas vienen a cambiar de nombre a los actuales Juzgados unipersonales, sino con la adopción de otras medidas que no se quieren implementar, como la imprescindible dotación de medios materiales y personales que permitan abordar cambios cualitativos constatables. Se trata de una transición muy compleja y delicada que, de no hacerse de forma muy ordenada y con medios suficientes, puede generar un auténtico colapso en la Administración de Justicia.

Como algún comentarista de la reforma ha señalado con acierto: «en el contexto político y social actual se corre el riesgo de considerar que la reforma no es, sino un intento velado de limitar la independencia de jueces y

27. Recordemos los polémicos Reales Decretos-Leyes 5/2023 y 6/2023 habían incorporado muchas normas de otros proyectos legislativos estrellas de la anterior legislatura: los de *eficiencia* digital, *eficiencia* organizativa y *eficiencia* procesal.
28. https://www.mjusticia.gob.es/es/AreaTematica/DocumentacionPublicaciones/InstListDownload/Justicia2030.pdf
29. *Vid.* ORTIZ PRADILLO, J. A., «Administrativización y arbitralización de la Justicia Civil», en Arias, D. (coord.), *Miguel Ángel Fernández-Ballesteros. Liber Amicorum*, La Ley, Madrid, 2024, pp. 1647-1687.

tribunales»[30]. Sobre todo si no se llegaran a aplicar con escrupulosa objetividad las futuras *normas de reparto* entre las «Secciones» de los Tribunales de Instancia, o se produjera un cortocircuito entre los jueces y «su equipo de tramitadores» de la Nueva Oficina Judicial[31], o si proliferasen «acuerdos de unificación de criterios» tomados en las Juntas de Jueces de Sección del Tribunal de Instancia, por mayoría, con la intención de *reconducir* a Jueces y Magistrados que intenten ser autónomos en la interpretación de la ley y la Constitución.

En relación con la *eficiencia* que se atribuye apriorísticamente a los MASC (como la mediación, la conciliación, la transacción, etc., o cualquier otro medio, *desjudicializado*, que propicie el acuerdo), a modo de *fórmula mágica* para descongestionar la carga de trabajo que pesa sobre la Administración de Justicia, nuestra desconfianza es aún mayor. De manera que la ocurrencia de exigir, con carácter previo al proceso jurisdiccional, el intento de un acuerdo «amistoso» a través de los denominados MASC, unida a la presión que se ejercerá sobre el justiciable que no se muestre lo suficientemente «colaborador» en la consecución de un acuerdo previo, quien corre el riesgo cierto de ser condenado en costas por «abusar» del servicio público, cuando podría haberse evitado el pleito con una actitud más conciliadora, aparte de ser contraria a postulados elementales de justicia, difícilmente será una medida eficaz.

En este contexto, si se nos permite la ironía y el «*animus iocandi*» (pidiendo disculpas de antemano, por la gravedad del asunto): ¿qué nos parecería si, por ejemplo, las autoridades sanitarias copiaran el modelo de eficiencia del servicio público justicia diseñado por el Ministerio de Justicia, puesto que, al fin y al cabo, se trata igualmente de «otro servicio público»? La verdad es que no podemos ni imaginar la virulenta reacción que se produciría en gran parte de la ciudadanía, y con toda la razón, si se propusiera algo parecido a lo siguiente: que se les impusiera a los usuarios del servicio público sanitario (por ejemplo, a los enfermos de ELA, o de cáncer, a los conductores que han sufrido un politraumatismo grave tras un accidente de tráfico, a un ciudadano que ha caído de un quinto piso, etc.) que antes de ser examinados por un médico de atención primaria, o por un médico especialista en traumatología, o antes de ser intervenidos de urgencia en un quirófano, debieran acreditar, documentalmente, que han intentado curarse previamente por sus propios medios (automedicación) o, al menos, que han acudido, sin haber obtenido la deseada sanación, a los MASC (*Medios Adecuados de Sanación Cercana*), tales como ir a una oficina de farmacia, o solicitar

30. FERNÁNDEZ SEIJO, J. M.ª, «Eficiencia organizativa en los Juzgados y Tribunales: una asignatura pendiente/una asignatura olvidada», en *Foro, Nueva época,* vol. 26, n.º 2 (2023), p. 98.

31. *Vid.* Resolución de 5 de marzo de 2025, de Secretaría General para la Innovación y Calidad del Servicio Público Justicia, *por la que se acuerda el diseño y estructura de la oficina judicial para los Tribunales colegiados y Tribunales de Instancia conforme a las previsiones contenidas en la Ley Orgánica 1/2025, de 2 de enero, de medidas en materia de eficiencia del servicio público de justicia.*

la intervención de un experto paramédico, acupuntor oriental, curandero, hipnoterapeuta, chamán, etc. (todos los anteriores, por supuesto, habrán tenido que ser homologados previamente mediante la realización de cursos, o habrán obtenido unos certificados de calidad expedidos e impartidos por las autoridades sanitarias).

Hecha esta comparación —un tanto sarcástica, pero creo que suficientemente esclarecedora— no deja de llamar la atención lo que tiene también la reforma de *privatización* de la Administración de Justicia, por la intervención de terceros que van a obtener unos honorarios por los servicios que se les imponen a las partes en conflicto. De nuevo el legislador opta por ceder ante las presiones y los intereses del ejército de mediadores y terceros «neutrales» que merodean por los tribunales, en vez de dotar, de una vez por todas, a la Justicia de medios personales y materiales suficientes para que las decisiones se produzcan en tiempo razonable y sin demoras injustificadas.

Por otra parte, la búsqueda de la eficiencia de la Administración de Justicia a costa de poner nuevos obstáculos para acceder a ella, no puede ser nunca una apuesta acertada, máxime cuando ya transitamos una experiencia similar que tuvo que desecharse por su absoluta inoperancia. Este fracaso histórico de una medida procesal similar a la que ahora se «restaura», al parecer desconocido para el legislador actual, se enmendó con la ley (denominada «Novela») de reforma urgente de la LEC 1984, la cual transformó el «intento» de conciliación civil, hasta ese momento de necesaria observancia, en un *trámite meramente potestativo* debido precisamente a su escaso éxito como fórmula para resolver el conflicto.

Todos los intentos de establecer mecanismos obligatorios de solución de conflictos desconocen los mínimos rudimentos de la experiencia conflictual: cuando dos personas no han sido capaces de ponerse de acuerdo en su disputa antes de un proceso, hasta el extremo de tener que someter su controversia a la decisión de un juez, difícilmente lo harán justo antes de interponer la demanda, por mucho que les obliguemos a hacerlo. Sin olvidar la evidente vulneración del derecho de «acción» del actor, al que se le limita sensiblemente el ejercicio de su derecho fundamental a exigir la obtención de una tutela jurisdiccional efectiva y concreta (art. 24 CE), puesto que se le fuerza a obtener otro resultado —producto normalmente de una rebaja en sus pretensiones— bajo la amenaza (intimidación) de ser acusado de «abuso en el uso del servicio público justicia» y, por lo tanto, muy probablemente condenado en costas.

Para terminar, en lo relativo a la supuesta *eficiencia procesal* a través de una mayor agilización en los procedimientos judiciales mediante dos mecanismos: la supresión de las vistas en el juicio verbal civil y la introducción, en todos los órdenes jurisdiccionales, al menos para algunos procedimientos, de la posibilidad de dictar sentencias orales, tampoco creemos que vaya a suponer una gran descongestión de los tribunales, pero sí van a alejar al ciudadano de la impartición de Justicia.

Como ya hemos dicho en algún momento anterior, después de tantos esfuerzos del legislador procesal civil del año 2000 en instaurar una justicia más oral y, por lo tanto, más cercana y accesible al justiciable, el legislador de 2025, con la más que probable desaparición de las vistas, permite —queda en manos de los jueces— la reducción drástica de la «verbalidad» del juicio verbal, volviendo a la absoluta preeminencia de la forma escrita de la LEC de 1881, deudora de las Partidas de Alfonso X, con el coste añadido de que el justiciable queda privado de lo que, en terminología anglosajona, se llama su «*day in court*», en perjuicio de la legitimación social de la función jurisdiccional[32]. Y, además, permitir la existencia las *sentencias orales*, por mucho que queden grabadas en el soporte audiovisual del acto, puede entrañar el riesgo de que haya discordancias entre lo expresado oralmente y la redacción de la sentencia, con lo que se daría al traste con la pretendida agilidad conseguida con la resolución en forma oral, en caso de impugnación.

BIBLIOGRAFÍA

ALCALÁ ZAMORA Y CASTILLO, N., *Proceso, autocomposición y autodefensa*, México D.F., Ed. Universidad Nacional Autónoma de México, 1991 (3.ª Edición).

BANACLOCHE PALAO, J., «Las claves del RDL 6/2023: justificación, estructura, contenido y aplicación en el tiempo», en BANACLOCHE PALAO, J. y GASCÓN INCHAUSTI, F. (dir.), *Los procesos judiciales tras las reformas introducidas por el Real Decreto-Ley 6/2023*, La Ley, Madrid, 2024.

CHOZAS ALONSO, J. M., «El nuevo estatuto de la víctima de los delitos en el proceso penal», en *Los sujetos protagonistas del proceso penal*, CHOZAS ALONSO (Coord.), Dykinson, Madrid, 2015.

FERNÁNDEZ-BALLESTEROS LÓPEZ, M. A. (con DE LA OLIVA SANTOS), *Derecho Procesal Civil*, Tomo II, Barcelona, Ed. PPU.

FERNÁNDEZ SEIJO, J. M.ª, «Eficiencia organizativa en los Juzgados y Tribunales: una asignatura pendiente/una asignatura olvidada», en *Foro*, Nueva época, vol. 26, n.º 2 (2023).

GASCÓN INCHAUSTI, F., *Derecho Procesal Civil: materiales para el Estudio*, 2025, 7.ª edición, Curso 2024/25 (adaptada a la LO 1/2025, de medidas en

32. GASCÓN INCHAUSTI, F., *Derecho Procesal Civil: materiales para el Estudio*, 2025, 7.ª edición, Curso 2024/25 (adaptada a la LO 1/2025, de medidas en materia de eficiencia del Servicio Público de Justicia), UCM, Docta Complutense, p. 90 (https://docta.ucm.es/entities/publication/36e41b5d-caa3-4e7e-94d4-448a2dc15855).

materia de eficiencia del Servicio Público de Justicia), UCM, Docta Complutense.

GOERLICH PESET, J. M., «Normas ómnibus, leyes transversales y sistema jurídico», en *Rev. Labos*, vol. 4, n.º extraordinario «Tormenta de reformas».

ORTIZ PRADILLO, J. C., «Administrativización y arbitralización de la Justicia Civil», en Arias, D. (coord.), *Miguel Ángel Fernández-Ballesteros. Liber Amicorum*, La Ley, Madrid, 2024.

I
Aspectos orgánicos

Capítulo 2

Los nuevos Tribunales de Instancia

FERNANDO GASCÓN INCHAUSTI*
Catedrático de Derecho Procesal (UCM)

* Este trabajo es resultado de las actividades del Proyecto de Investigación «Eficiencia y acceso a la justicia civil en tiempos de austeridad» (PID2021-122647NB-I00), financiado por el Ministerio de Ciencia e Innovación.

1. INTRODUCCIÓN

Una de las principales novedades de la LOEP es la creación de los Tribunales de Instancia, cuya implantación determinará la desaparición por absorción de los actuales Juzgados: allí donde había uno o varios Juzgados pasará a haber un Tribunal de Instancia, compuesto por una o varias Secciones. Esas Secciones estarán integradas a su vez por una o varias plazas judiciales, ocupadas por jueces o magistrados que conocerán de manera unipersonal de los asuntos que les correspondan. Se constituirá un Tribunal de Instancia en cada partido judicial, al que alcanzará de ordinario el ámbito competencial de sus Secciones —aunque, como se verá, esta regla presenta numerosas excepciones—. En apoyo de la labor de cada Tribunal de Instancia —*rectius*, de sus secciones— habrá una única Oficina Judicial, organizada sobre la base de servicios comunes, que estarán adaptados al tamaño y a las necesidades singulares del Tribunal de Instancia. De este modo, los recursos materiales y humanos al servicio del desarrollo de la función jurisdiccional, hasta ahora repartidos entre unidades procesales de apoyo directo —en cada Juzgado— y servicios comunes —compartidos por todos los Juzgados de un partido—, se reagrupan y se concentran en una sola entidad orgánica[1].

En un plano más especial, la creación de un nuevo Tribunal Central de Instancia, de ámbito nacional, conducirá, también por absorción, a la desaparición de los actuales Juzgados Centrales que se hallan vinculados a la Audiencia Nacional. En el nuevo Tribunal Central de Instancia habrá también varias Secciones, que contarán con el apoyo de una Oficina Judicial única.

> Al margen de lo necesario para regular estas nuevas estructuras judiciales, este cambio explica la reforma por la LOEP de un buen número de preceptos de la LOPJ, a los solos efectos de eliminar las referencias a todo tipo de Juzgados y Juzgados Centrales y reemplazarlas por el Tribunal de Instancia, el Tribunal Central de Instancia y/o sus Secciones. De forma general, y para evitar la necesidad de extender el alcance de las modificaciones parciales a muchos otros preceptos, la Disposición Adicional 1.ª de la LOEP señala que las menciones genéricas que hace la LOPJ a los Juzgados y Tribunales deben entenderse hechas a los Tribunales —incluido el de Instancia— o, según proceda, a los jueces y magistrados que sirven en ellos. Del mismo modo, las remisiones que otras leyes y disposiciones infralegales efectúen a los diversos Juzgados actualmente existentes deben entenderse realizadas a las secciones correspondientes del Tribunal de Instancia. Los cambios orgánicos impulsados por la LOEP también han dado

1. La nueva configuración de la Oficina Judicial que promueve la LOEP es objeto de estudio detallado en el capítulo siguiente de esta obra.

lugar a una reforma extensa de la Ley de Demarcación y Planta Judicial y de sus anexos, para adaptarlos al nuevo «mapa judicial».

La introducción en nuestra organización jurisdiccional de los Tribunales de Instancia se nos presenta por el legislador como uno de los pilares básicos de la LOEP y como un instrumento fundamental para promover la eficiencia de la administración de justicia en España. En este sentido, el Preámbulo de la LOEP señala en su apartado III —tal vez de manera demasiado optimista— que «[e]l establecimiento de los Tribunales de Instancia simplifica el acceso a la Justicia», que servirá para corregir «las disfunciones derivadas de las diferentes formas de proceder en aspectos puramente organizativos y procedimentales» y que «potencia [...] la accesibilidad y la confianza de los usuarios y las usuarias en el sistema de Justicia». Como todo juicio prospectivo, será el transcurso del tiempo el que determine si estas afirmaciones acaban siendo corroboradas o no por la realidad. Las páginas que siguen tienen el objetivo, mucho más modesto, de familiarizar al lector con esta nueva realidad y ofrecer respuestas a las dificultades que pueda suscitar en la práctica su regulación.

La creación de tribunales de instancia ha sido, además, uno de los *leitmotivs* de los diversos proyectos de reforma amplia de la administración de justicia y del sistema judicial de nuestro país. En efecto, la introducción de una estructura judicial con esta denominación se ha intentado ya al menos en tres ocasiones (en concreto, en 2011, en 2014 y en 2021/2022). Contamos, además, con dos experiencias piloto que han permitido el funcionamiento de los Juzgados de lo Mercantil de Barcelona[2] y de Sevilla[3] con arreglo a parámetros que se han calificado como propios de un tribunal de instancia[4].

El contenido de estos proyectos previos ha influido en el texto finalmente aprobado, que se ha ido fraguando por acarreo de ideas y formulaciones que se elaboraron en 2011, 2014 y, sobre todo, en 2021[5]. Y es que la regulación finalmente adoptada, aunque es fruto formalmente del Proyecto de Ley remitido a las Cortes en 2024, reproduce en gran medida el texto del Proyecto de Ley Orgánica de eficiencia organizativa del servicio público de justicia de 2021/2022, que caducó con la convocatoria de elecciones anticipadas de 2023. Tan es así que

2. Cfr. el acuerdo del Pleno del CGPJ de 23 de noviembre de 2011 (BOE de 22 diciembre de 2011).
3. Acuerdo de la Comisión Permanente del CGPJ de 4 de febrero de 2016 (nota de prensa disponible en https://www.poderjudicial.es/cgpj/en/Judiciary/Pressroom/News-archive/-El-CGPJ-aprueba-el-plan-piloto-de-Tribunal-de-Instancia-Mercantil-de-Sevilla).
4. Para una descripción detenida de todas ellas, cfr. BARONA VILAR, S., «Los Tribunales de Instancia, *trending topic* en la reforma de la organización judicial española» en ASENCIO MELLADO, J. M. y FUENTES SORIANO, O. (dirs.); El proceso como garantía, Atelier, Barcelona, 2023, pp. 29-58; de la misma autora, y en términos muy similares, «Los Tribunales de Instancia, ¿entre Sísifo y La Historia Interminable?» en JIMÉNEZ CONDE, F. y LÓPEZ SIMÓ, F. (dirs.), ALBA CLADERA, F. (coord.); La eficiencia de la justicia a debate, Tirant lo Blanch, Valencia, 2024, pp. 173-205. En relación con el proyecto de 2011 cfr. también GIMENO SENDRA, V., «Los Tribunales de Instancia», *Diario La Ley*, n.º 7586, Sección Tribuna, 10 de marzo de 2011; ASENCIO MELLADO, J. M., «Los Anteproyectos de Ley de Medidas de Agilización Procesal y de Creación de los Tribunales de Instancia», *Diario La Ley*, n.º 7586, Sección Tribuna, 10 de marzo de 2011; GIMENO SENDRA, V., «Oficina judicial, tribunales de instancia y agilización procesal», *Diario La Ley*, n.º 7665, Sección Tribuna, 4 de julio de 2011; ESCALADA LÓPEZ, M. L., «Los tribunales de instancia: aspectos positivos y negativos de la ¿futura? organización judicial», *Diario La Ley*, n.º 7781, 23 de enero de 2012.
5. Apenas han sido relevantes, en cambio, los acuerdos del CGPJ que dieron base jurídica a las experiencias de Barcelona y Sevilla.

se dieron por vigentes, para el Proyecto de 2024, los informes del CGPJ[6] y del Consejo de Estado[7] elaborados respecto del de 2021.

Ahora bien, como la idea no se ha materializado hasta ahora, debe asumirse que la expresión «Tribunal de Instancia» no ha tenido hasta ahora en nuestra tradición jurídica un significado normativo: los tribunales de instancia que se creen a lo largo de 2025[8] serán los primeros con esa denominación en nuestra historia judicial. Y, por eso mismo, tienen la configuración que el legislador de la LOEP ha decidido darles, sin ningún tipo de condicionamiento previo, ni siquiera semántico. En efecto, el término «Tribunal», con T mayúscula, cuando se aplica a un tipo de órgano judicial, se asocia en nuestra tradición jurídica a la idea de colegialidad; no obstante, como se verá, esto no es realmente así en los nuevos tribunales de instancia. El término «instancia», por su parte, cuando es aplicado a la denominación de órganos judiciales, suele usarse para transmitir la idea de que se trata de un órgano llamado a conocer de asuntos en primera instancia, a servir de puerta de entrada a la jurisdicción; en esto los nuevos tribunales de instancia sí que son fieles a la tradición.

Disquisiciones terminológicas aparte, el objetivo perseguido a través de la creación de los Tribunales de Instancia es primordialmente de tipo organizativo-estructural, de ahí que se asocie al *mainstream* de la eficiencia[9]. Al menos desde el siglo XIX la unidad judicial básica en la primera instancia de nuestro sistema procesal han sido los Juzgados, órganos unipersonales que replicaban una estructura organizativa similar: en torno a la figura de un único juzgador, y con la finalidad de darle apoyo en la gestión del proceso y de desarrollar las correspondientes actuaciones administrativas y/o materiales, debían existir una serie de funcionarios y, en todo caso, un fedatario/secretario judicial/letrado de la Administración de Justicia. Los Juzgados estaban concebidos para funcionar de modo autosuficiente —de manera exitosa o ineficaz—, en función de variables no siempre susceptibles de control por el legislador. La forma de incrementar la planta judicial, ante el aumento de la carga de trabajo, pasaba por la creación de nuevos Juzgados, con la consiguiente necesidad de dotación y financiación de toda la estructura añadida. La implantación a finales del siglo XX de los primeros «servicios comunes» en los partidos judiciales grandes y los posteriores intentos de poner en pie una «nueva oficina judicial» fueron muestras de reacción ante las ineficiencias que en muchos casos se derivaban de este esquema o, al menos, un intento de lograr una eficiencia mayor a través de una gestión diferente de los elementos de apoyo a la actividad jurisdiccional. Se entendió a partir de entonces que los recursos humanos y materiales al servicio de la labor jurisdiccional de jueces y magistrados pueden gestionarse de manera más eficaz si no están constreñidos al ámbito reducido de un solo órgano judicial. Esta es la idea que subyace a la distinción introducida en 2003 entre unidades procesales de apoyo directo (UPADs) y servicios comunes procesales, aunque en la práctica la dimensión de las primeras limitaba el margen de actuación a los segundos y daba pie a la subsistencia, en los partidos judiciales con varios juzgados, de un archipiélago de órganos judiciales desvinculados los unos de los otros.

La creación de los Tribunales de Instancia supone la culminación de ese proceso de reorganización de los medios materiales y humanos al servicio de la administración de justicia. Y es que, como se ha anunciado ya y se irá comprobando, la mutación práctica más

6. El Informe del CGPJ sobre el Anteproyecto se aprobó por el Pleno del CGPJ el 28 de octubre de 2021.
7. El Dictamen del Consejo de Estado sobre el Anteproyecto se aprobó el 10 de marzo de 2022.
8. La implantación de los Tribunales de Instancia se producirá de manera progresiva, en los términos analizados en el epígrafe 8.
9. Cfr. ALCOCEBA GIL, J. M., «La eficiencia de la justicia: medida, meta o discurso», *Diario La Ley*, n.º 10196, Sección Tribuna, 27 de diciembre de 2022.

relevante que deriva de la implantación de estos nuevos tribunales es la creación de una oficina judicial única, vertebrada exclusivamente a través de servicios comunes —servicios comunes de tramitación y, en su caso, servicios comunes más específicos, con otras funciones desgajadas—[10], con la consiguiente desaparición de las UPADs[11]. La desaparición de los Juzgados, por tanto, se va a manifestar a través de la desaparición —al menos a nivel legal— de una estructura humana estable en torno a cada concreto juez o magistrado y a la creación, esta vez sí, de una oficina judicial única. Desde la perspectiva de los operadores jurídicos, el cambio acabará resultando incluso físico, a medida que los edificios judiciales se adapten a la realidad normativa[12]: dejará de haber espacios en que convivan juzgador, letrado de la administración de justicia y funcionarios de forma estable —con la consiguiente desaparición de ciertos usos y costumbres forenses—, como los que permitían acudir físicamente a la sede del juzgado a interesarse de manera más o menos informal por el estado de las actuaciones de un proceso concreto.

Debe señalarse, en todo caso, que la supresión de los Juzgados es una decisión de política legislativa que resulta compatible con la Constitución, por mucha que esta se refiera en varias ocasiones a estos órganos. Esta mención obedece a la tradición judicial de nuestro país, pero en modo alguno supone una exigencia constitucional de que existan órganos judiciales con esa denominación y/o con una estructura organizativa determinada[13].

No es ese, con todo, el único objetivo declaradamente perseguido con la creación del Tribunal de Instancia: la flexibilidad y la racionalización también se proyecta sobre el personal juzgador, esto es, sobre los jueces y magistrados. El nuevo artículo 84.4 LOPJ señala que su adscripción a las Secciones del Tribunal de Instancia, a través de concretas plazas judiciales, será *funcional*. El significado de esta locución, como se verá, no es muy claro, pero el legislador pretende con ello hacer posible que, según las necesidades del Tribunal, a un concreto juez pueda asignársele el conocimiento de asuntos que corresponderían a otra Sección, siempre que pertenezca al mismo orden jurisdiccional[14]. Esta flexibilidad en la adscripción debe permitir también una mejor organización de las sustituciones entre los diversos jueces y magistrados de las Secciones, para evitar el recurso a la figura de los jueces sustitutos. Se señala, asimismo, que una estructura colegiada en la organización del trabajo de jueces y magistrados debería hacer posible una mayor uniformidad en la respuesta que estos den a cuestiones iguales, evitando disparidades de criterios que, según la visión que subyace a la reforma operada por la LOEP, no contribuyen a legitimar socialmente la calidad de la justicia[15] —se verá más adelante—, sin embargo, hasta qué punto esto es cierto y acertado.

10. Cfr. también ESCUDERO MORATALLA, J. F., CORCHETE FIGUERES, D. y ALARCÓN CASERMEIRO, S., «Ley Orgánica de eficiencia organizativa del Servicio Público de Justicia. La "organización de la organización" (reflexiones)», *Diario La Ley*, n.º 10661, Sección Tribuna, 10 de febrero de 2025.
11. En relación con este extremo ha de verse con más detalle el capítulo 3 de esta misma obra.
12. Lo advierten también ESCUDERO MORATALLA, J. F., CORCHETE FIGUERES, D. y FERRER ADROHER, M., «Proyecto de Ley Orgánica de Eficiencia Organizativa del servicio público de Justicia ¿el modelo definitivo de oficina judicial?», *Diario La Ley*, n.º 10202, Sección Tribuna, 5 de enero de 2023 y DEL BARCO MARTÍNEZ, M. J., en PEREA GONZÁLEZ, A. (coord.), «Diálogos para el futuro judicial XLV. El Proyecto de Ley Orgánica de Eficiencia Organizativa», *Diario La Ley*, n.º 10080, 1 de junio de 2022.
13. Así lo ha subrayado también el CGPJ en su informe al APLO de 2021 (pp. 6-8) y el Consejo de Estado en su dictamen (pp. 17-18).
14. Se critica, en cambio, que no se regulen los cambios de destino dentro de una misma Sección, esto es, la movilidad interna (cfr. el Informe del CGPJ al APLO de 2021, pp. 22-23; crítica que comparte el Dictamen del Consejo de Estado, p. 29).
15. El CGPJ se hace eco de estas ventajas en su informe al APLO de 2021 (p. 6).

2. LOS TRIBUNALES DE INSTANCIA Y SUS SECCIONES: CUESTIONES GENERALES

2.1. LAS SECCIONES Y LAS PLAZAS JUDICIALES COMO ÓRGANOS JURISDICCIONALES

Un Tribunal de Instancia es una estructura organizativa compuesta por una o varias Secciones. Cuántas y cuáles sean esas Secciones depende del concreto Tribunal de Instancia y de las circunstancias del partido judicial en el que se constituya, en los términos que se verán en breve. En sí mismo, el Tribunal de Instancia no es un genuino órgano jurisdiccional: esa condición la ostentan, según la propia ley, sus Secciones [16], integradas por un número variable de jueces y/o magistrados, que están adscritos funcionalmente a aquellas y que ocupan las diversas plazas judiciales que en cada caso estén legalmente establecidas.

Ahora bien, las Secciones del Tribunal de Instancia no son órganos jurisdiccionales colegiados en sentido propio: aunque una Sección esté compuesta por varios jueces o magistrados —y esto será lo habitual, excepto en un número muy reducido de Tribunales de Instancia constituidos en partidos judiciales con muy poca población y actividad—, el ejercicio de la función jurisdiccional en cada caso concreto será unipersonal, salvo en situaciones excepcionales. Se genera así una situación desconocida hasta ahora en nuestro panorama jurisdiccional, pues un órgano compuesto por una pluralidad de juzgadores actúa de manera unipersonal.

El preámbulo de la LOEP, al igual que el informe del CGPJ y el dictamen del Consejo de Estado al Proyecto de Ley Orgánica de eficiencia organizativa de 2021, tratan de salvar esta paradoja subrayando que caracteriza al Tribunal de Instancia la colegialidad en lo organizativo. A mi juicio, sin embargo, se trata de un término inapropiado, porque la colegialidad no es algo que pueda predicarse o negarse de una organización, sino únicamente del modo en que se toman las decisiones por un órgano. Y eso no es lo que sucede en las Secciones del Tribunal de Instancia [17] —salvo cuando excepcionalmente se designan para un asunto dos jueces o magistrados adicionales—. Puede decirse, desde luego, que las Secciones son órganos judiciales integrados por una pluralidad de jueces y magistrados; pero no es apropiado sostener que sean órganos judiciales colegiados, pues los asuntos son enjuiciados de forma unipersonal y, en esa medida, funcionan en cada caso concreto como órganos unipersonales [18].

Por eso, resulta más apropiado asumir que, en realidad, el órgano judicial, más que la Sección en sí, es la «plaza judicial» que ocupa el concreto juez o magistrado que conoce de un determinado asunto; la Sección, por tanto, sería también ella la agrupación de una pluralidad de órganos unipersonales. Al fin y al cabo, desaparecida la idea de Juzgado como organización compleja, y dado que no existe más que una Oficina Judicial para todo el Tribunal de Instancia —no para cada sección—, no resulta sencillo hallar en la Sección, como tal, alguno de los rasgos propios de un órgano judicial *stricto sensu*: sus integrantes no pueden actuar en pleno jurisdiccional, a diferencia de lo que sucede en las Audiencias Provinciales o en las

16. Insiste también en ello el Informe del CGPJ al APLO de 2021 (pp. 8 y 16-17).
17. A diferencia de lo que permitía el plan piloto para los Juzgados de lo Mercantil de Barcelona, que permitía la colegialidad en el ejercicio de la potestad jurisdiccional. Cfr. FERNÁNDEZ SEIJO, J. M., «Justicia mercantil y tribunales de instancia», *Almacén de Derecho*, 31 de mayo de 2017.
18. Insiste también en ello DEL BARCO MARTÍNEZ, M. J., en PEREA GONZÁLEZ, A. (coord.), «Diálogos para el futuro judicial. La Ley de Eficiencia del Servicio Público de Justicia: Tribunales de Instancia», *Diario La Ley*, 26 de febrero de 2025.

Salas del Tribunal Supremo (cfr. art. 264 LOPJ). El cambio, por tanto, no tiene que ver con el modo de impartir justicia en primera instancia: en nuestro país, la regla sigue siendo el predominio de los órganos monocráticos —tomando prestada la terminología italiana—, en los que las decisiones se toman en soledad por una única persona investiga en plenitud de potestad jurisdiccional para enjuiciar cada caso que se le asigne. Lo que cambia es, por decirlo gráficamente, el ecosistema en que los juzgadores desarrollan su labor: de un lado, sin contar con una estructura organizativa propia en cuya labor puedan influir de algún modo, dada la desaparición de las UPADs; de otro lado, como integrantes de un grupo de iguales, bajo el liderazgo de uno o de dos Presidentes (el del Tribunal y, si lo hay, el de la Sección).

Las Secciones, sin embargo, sí que funcionan como *nomen iuris* del órgano judicial o, si se prefiere, como un tipo de órgano judicial a los efectos de vertebrar la distribución del enjuiciamiento a través de las diversas reglas de competencia. En efecto, dentro de cada orden jurisdiccional, las diversas Secciones —y no las plazas de que se componen— forman parte del listado de órganos judiciales a que se refieren las normas de competencia objetiva, funcional y territorial: su aplicación permite establecer, v.g., que para el enjuiciamiento de un determinado asunto será competente la Sección de lo Mercantil del Tribunal de Instancia de Madrid, la Sección de lo Social del Tribunal de Instancia de Gijón, la Sección Única del Tribunal de Instancia de Arenas de San Pedro o la Sección de lo Contencioso-Administrativo del Tribunal de Instancia de Tarragona. Fijada la competencia territorial, serán ya las normas de reparto las que determinen la concreta plaza judicial —de haber varias— a la que corresponderá el enjuiciamiento de un asunto concreto —de modo similar a como ha venido sucediendo hasta ahora cuando existían varios Juzgados del mismo tipo dentro de una misma circunscripción—.

Puede decirse que tal vez se trate de una disquisición bizantina o, si se prefiere, carente de sentido en el nuevo contexto organizativo. A mi juicio, sin embargo, puede tener relevancia a la hora de establecer los contornos de garantías como la inamovilidad judicial y la predeterminación legal del juzgador: no es lo mismo decir que un asunto concreto está siendo tramitado ante la Sección Civil de un Tribunal de Instancia —con relativa irrelevancia del concreto juez a quien se haya asignado ese enjuiciamiento— a decir que la competencia para conocer de aquel corresponda a quien ocupa la plaza judicial *n* de esa Sección.

La LOEP ha optado por constituir un Tribunal de Instancia en cada uno de los actuales partidos judiciales, con sede en su capital, de la que tomará su nombre (art. 84.1 LOPJ). El legislador, pues, ha querido aprovechar el mapa judicial vigente. Esta opción, criticada por quienes aspiraban a la creación de tribunales de instancia provinciales —como los previstos en el modelo de 2014—, parece basarse en el temor a provocar un cambio de escala aún mayor, que habría necesitado de una dotación de recursos y de una planificación imposible de ejecutar dentro de los estrechos márgenes temporales de que se disponía[19].

Ahora bien, que deba haber un Tribunal de Instancia en cada partido judicial no predetermina necesariamente el ámbito territorial al que alcanza la competencia de todas sus Secciones. Algunas de esas Secciones tendrán un ámbito competencial limitado, como regla, al partido judicial, mientras que otras ejercerán su competencia en toda la provincia o en varios

19. Ha de notarse que la aprobación de esta ley —*rectius*, el impulso de la eficiencia judicial que con ella se propugna— forma parte de los compromisos asumidos por el Gobierno para la obtención de financiación de la Unión Europea con cargo a los fondos asignados al Ministerio de Justicia en el marco del Mecanismo de Recuperación y Resiliencia (los llamados *Next Generation Funds*), en los términos que se señalan en la Memoria de Análisis de Impacto Normativo que acompañaba al Proyecto de la LOEP.

partidos judiciales de la misma provincia, o incluso en más de una provincia, en los términos especificados en el Anexo VI de la LDYPJ, modificada a tal fin por la LOEP (art. 84.5 LOPJ).

En realidad, al menos de manera transitoria, la implantación de los Tribunales de Instancia se hará por traslación —en términos más gráficos, por «cambio de rótulos»—: los diversos Juzgados se convertirán en plazas judiciales dentro de las nuevas Secciones que llevarán, en muchos casos, la misma denominación[20]. Y esto, a su vez, comporta que las secciones de los nuevos tribunales de instancia tengan, al menos en una primera etapa, el mismo ámbito que tenían los juzgados a los que reemplazan.

> Por eso, las secciones de lo Penal o de lo Social, por ejemplo, llamadas a reemplazar a los Juzgados de lo Penal y a los de lo Social, respectivamente, tienen un ámbito provincial y solo se constituirán, como regla, en el Tribunal de Instancia de la capital provincial; pero al mismo tiempo, en algunas provincias habrá secciones de lo Penal o de lo Social en Tribunales de Instancia en otros lugares, con un ámbito competencial inferior al provincial —los mismos en que, hasta ahora, había Juzgados de lo Penal y de lo Social de ámbito infraprovincial—.

La traslación, sin embargo, no es exacta, pues las Secciones previstas en la LOEP no coinciden exactamente con los Juzgados llamados a desaparecer, de un lado; y porque, en algunos aspectos, el ámbito competencial de las Secciones tampoco coincidirá con el de aquellos.

Por otro lado, que en cada partido judicial deba haber un Tribunal de Instancia no significa que todos deban ser iguales o parecidos. Ya se ha señalado que el Tribunal de Instancia no es un auténtico órgano jurisdiccional, sino una estructura integrada por una o varias Secciones. Por eso, no existe un único modelo de Tribunal de Instancia, sino múltiples, en función de las Secciones que lo conformen —y, por tanto, de las atribuciones que se le asignen— y, asimismo, en función del número de plazas judiciales que haya en cada Sección.

2.2. MODELOS DIVERSOS DE TRIBUNAL DE INSTANCIA EN FUNCIÓN DE LAS SECCIONES QUE LOS INTEGREN

El modelo básico de Tribunal de Instancia es el existente en los partidos judiciales «pequeños», es decir, en aquellos en que el volumen de asuntos no es demasiado elevado. En esos partidos judiciales el Tribunal de Instancia estará integrado por una Sección Única, Civil y de Instrucción (art. 84.2 LOPJ). Esa Sección Única, a su vez, puede conformarla una única plaza judicial, cuyo titular se encargará de conocer en primera instancia de los asuntos civiles que ingresen y de la instrucción de la generalidad de las causas penales; pero puede haber también varias plazas judiciales, si el volumen de asuntos así lo requiere. Es más, si el número de plazas judiciales de un Tribunal de Instancia alcanza un cierto umbral se puede acordar la «separación de jurisdicciones», de modo que, en vez de haber una Sección Única, habrá una Sección Civil y una Sección de Instrucción, cada una de ellas con varias plazas y con competencias limitadas, respectivamente, a cuestiones civiles y penales[21]. Queda claro, pues, que el núcleo de base de los Tribunales de Instancia son los Juzgados de Primera Ins-

20. Se muestra crítico con esto FERNÁNDEZ SEIJO, J. M., «Eficiencia organizativa en los juzgados y tribunales: una asignatura pendiente/una asignatura olvidada», *Foro. Nueva época*, vol. 26, n.º 2 (2023), pp. 93-109, esp. pp. 101-102.

21. En los términos establecidos en el artículo 21.1 LDYPJ: «El Gobierno, a propuesta del Consejo General del Poder Judicial y con el informe previo de las comunidades autónomas

tancia e Instrucción, desplegados territorialmente en todos los partidos judiciales de nuestro país y con un ámbito limitado a esa circunscripción.

A partir de este modelo básico, se pueden crear en determinados Tribunales de Instancia otras Secciones, de carácter especializado. Estas otras Secciones son contingentes, en el sentido de que pueden no existir, o existir unas y no otras, o pueden constituirse en otro Tribunal de Instancia, pero desplegando su ámbito de competencia sobre el territorio de más de un partido judicial. Se trata de las siguientes: de Familia, Infancia y Capacidad; de lo Mercantil; de Violencia sobre la Mujer; de Violencia contra la Infancia y la Adolescencia; de lo Penal; de Menores; de Vigilancia Penitenciaria; de lo Contencioso-Administrativo; y de lo Social.

Que en un Tribunal de Instancia se cree alguna Sección más allá de la Sección Única o de las Secciones Civil y de Instrucción depende de dos variables:

(i) Influye, de un lado, el partido judicial de que se trate, pues en los Tribunales de Instancia de las capitales de provincia es necesario que existan determinadas Secciones —como la de lo Penal, la de lo Social y la de lo Contencioso-Administrativo— y es habitual, además, que existan otras —como la de lo Mercantil, la de Menores y la de Vigilancia Penitenciaria—.

(ii) El criterio determinante, en todo caso, es el volumen o carga de trabajo en relación con las materias que pertenecen al ámbito propio de especialización de la Sección en cuestión[22]. Esto es lo que sucede con las Secciones de Familia, Infancia y Capacidad, de lo Mercantil, de Violencia sobre la Mujer y de Violencia contra la Infancia y la Adolescencia, o con la constitución de Secciones de lo Penal, de lo Social o de lo Contencioso-Administrativo en los Tribunales de Instancia de otros partidos judiciales distintos al de la capital de provincia.

En consecuencia, el panorama en nuestro mapa judicial, cuando se hayan constituido todos los Tribunales de Instancia con todas sus Secciones, será absolutamente heterogéneo. Habrá Tribunales de Instancia de pequeño tamaño, los habrá de rango medio y los habrá de dimensiones descomunales, como el de Madrid o el de Barcelona. Causa respeto imaginar cómo será la gestión de la Oficina Judicial en esos mega-Tribunales de Instancia, no solo en términos de recursos humanos y tecnológicos, sino incluso en relación con los propios espacios físicos, para los que habrá que aprovechar las sedes de los actuales Juzgados, pensados para albergar estructuras diversas y a menudo dispersas en la geografía urbana.

De forma gráfica, y utilizando un símil tecnológico, puede decirse que el Tribunal de Instancia puede verse como una especie de *smartphone* o teléfono inteligente y que las secciones vendrían a ser las aplicaciones que pueden instalarse en él. En algunos partidos judiciales solo es preciso instalar una *app*, la Sección Única, de modo que el teléfono no ha de ser especialmente sofisticado para funcionar adecuadamente. Cuanto más numerosas sean las aplicaciones que han de instalarse y más avanzadas sus versiones —v.g., porque en algunas Secciones habrá muchas plazas judiciales y algunas incluso serán plazas especializadas, en los términos que se verán—, más potente habrá de ser el teléfono y mayores capacidades de *hardware* y *software* requerirá para poder funcionar adecuadamente —y estas capacidades ha de proporcionárselas la Oficina Judicial—.

con competencias transferidas en materia de justicia, podrá establecer la separación de las Secciones Civiles y de Instrucción que constituyan una Sección Única, en Sección Civil y Sección de Instrucción, en aquellos partidos judiciales en los que el número de plazas de magistrado, magistrada o juez que integren la Sección Única así lo aconseje».

22. Cfr. el artículo 20.2 LDYPJ: «En la creación de Secciones de todos los Tribunales se tendrá en cuenta, preferentemente, el volumen de litgiosidad de la circunscripción».

3. LAS SECCIONES DEL TRIBUNAL DE INSTANCIA

Procede ahora ofrecer una visión más precisa de todas las posibles Secciones que pueden formar parte de un Tribunal de Instancia y de sus ámbitos de competencia objetiva.

3.1. LA SECCIÓN ÚNICA, CIVIL Y DE INSTRUCCIÓN

La Sección Única, Civil y de Instrucción, viene a reemplazar a los juzgados «mixtos», esto es, a los Juzgados de Primera Instancia e Instrucción que han venido existiendo en la gran mayoría de los partidos judiciales de nuestro país. Los jueces y magistrados que ocupen plaza en estas secciones ejercerán jurisdicción únicamente en el ámbito de su partido judicial respecto de las mismas materias que están atribuidas, de forma diferenciada, a las Secciones Civiles y a las Secciones de Instrucción, en los términos que se verán seguidamente.

3.2. LA SECCIÓN CIVIL

La Sección Civil, diferenciada de la Sección Única, se creará en sustitución de los Juzgados de Primera Instancia existentes en aquellos partidos judiciales en que se había operado una «separación de jurisdicciones». Estas secciones tendrán competencia general en asuntos civiles, incluidos los expedientes de jurisdicción voluntaria, en todo el partido judicial, salvo la que esté atribuida, por razón de la materia, a las Secciones de otros tribunales de instancia que extiendan su jurisdicción a ese partido judicial.

> De forma singular el artículo 85 LOPJ —en términos equivalentes a los que utilizaba su versión anterior a la LOEP— recuerda que estas Secciones son el superior jerárquico de los jueces de paz del partido, de modo que conocerán de los recursos previstos en la ley contra sus resoluciones[23] y resolverán las cuestiones de competencia en materia civil entre los jueces de paz del partido. También se atribuye a estas secciones la competencia para conocer, por defecto, de las solicitudes de reconocimiento y ejecución de sentencias y demás resoluciones judiciales extranjeras y de la ejecución de laudos o resoluciones arbitrales extranjeros, a no ser que su conocimiento corresponda a otra Sección o Tribunal[24].

3.3. LA SECCIÓN DE INSTRUCCIÓN

La Sección de Instrucción, diferenciada de la Sección Única, se creará en sustitución de los Juzgados de Instrucción existentes en aquellos partidos judiciales en que se había operado una «separación de jurisdicciones». Su ámbito competencial, definido en el artículo 88.1 LOPJ, es equivalente al que la versión anterior del artículo 87 atribuía a los Juzgados de Instrucción.

> Así, a las Secciones de Instrucción les corresponderá la instrucción de la generalidad de los procesos penales, salvo que por razón de la materia sean compe-

23. Se trata, sin embargo, de algo difícil de imaginar en la práctica, puesto que el umbral de competencia por razón de la cuantía de los jueces de paz, tras la LOEP, está en los 150 euros (art. 47.1 LEC) y la *summa gravaminis* para el recurso de apelación se mantiene en los 3000 (art. 455.1 LEC).

24. Y así puede suceder con las Secciones de Familia, Infancia y Capacidad [art. 86.5 l) LOPJ], las de lo Mercantil (art. 87.8 LOPJ) y las Salas de lo Civil y Penal de los Tribunales Superiores de Justicia [arts. 73.1 c) LOPJ y 8.6 de la Ley de Arbitraje].

tentes las Secciones de Violencia sobre la Mujer o de Violencia contra la Infancia y la Adolescencia [art. 88.1 a) LOPJ y art. 14 LECrim]. Les corresponde igualmente dictar sentencia de conformidad en juicios rápidos que sean de su competencia y en los procesos por aceptación de decreto [art. 88.1 b) LOPJ] y enjuiciar delitos leves, salvo que por razón de la materia estas funciones estén atribuidas a los jueces de paz[25] o a las Secciones de Violencia sobre la Mujer o de Violencia contra la Infancia y la Adolescencia.

Asimismo, el artículo 88.1 LOPJ les encomienda conocer de los procesos de *habeas corpus*, de la adopción de la orden de protección a las víctimas de violencia sobre la mujer, infancia y adolescencia cuando estén desarrollando funciones de guardia, de la emisión y la ejecución de los instrumentos de reconocimiento mutuo de resoluciones penales en la Unión Europea y de los procesos de decomiso autónomo por los delitos para cuyo conocimiento sean competentes.

El artículo 88.2 LOPJ, de conformidad con la Ley Orgánica 4/2000, de 11 de enero, sobre derechos y libertades de los extranjeros en España y su integración social, les otorga igualmente competencia en materia de autorización de internamiento de extranjeros, del control de la estancia de los extranjeros en los centros de internamiento y en las salas de inadmisión de fronteras, y de las peticiones y quejas que planteen los internos en cuanto afecten a sus derechos fundamentales.

3.4. LA SECCIÓN DE FAMILIA, INFANCIA Y CAPACIDAD

La Sección de Familia, Infancia y Capacidad se puede crear cuando así lo haga conveniente la carga de trabajo en asuntos relacionados con el matrimonio, la filiación, las medidas civiles de protección a menores y las medidas de apoyo a las personas con discapacidad.

La creación de esta Sección, por tanto, no es necesaria. En los Tribunales de Instancia con Sección Única integrada por una sola plaza judicial, el juez que la ocupe asumirá el conocimiento de estos asuntos, salvo que se haya atribuido competencia sobre ese partido judicial a la Sección de Familia, Infancia y Capacidad de otro Tribunal de Instancia (art. 86.4 LOPJ). Como alternativa adicional, cuando no esté justificada la creación de una Sección, se pueden especializar una o varias de las plazas de la Sección Única o de la Sección Civil del Tribunal de Instancia, sea de forma exclusiva o asignando a quien ocupe dicha plaza el conocimiento también de otras materias (art. 86.3 LOPJ, art. 15.3 LDYPJ).

Esta Sección, cuando se cree, se subrogará en la posición que venían ocupando los llamados «Juzgados de Familia» y, allí donde los hubiera, los «Juzgados de Tutelas», que en realidad eran Juzgados de Primera Instancia especializados[26]. La creación de estas secciones comporta un cambio significativo, pues todas ellas tendrán la misma esfera competencial. Hasta ahora, en cambio, era el acuerdo de especialización del CGPJ el que determinaba qué

25. Por el momento, sin embargo, los jueces de paz carecen de competencias para el enjuiciamiento de delitos leves, así que esta previsión carece de relevancia real.
26. La Disposición Final 20 de la LO 8/2021 de protección integral a la infancia y la adolescencia frente a la violencia planteaba la conveniencia de garantizar la especialización dentro del orden jurisdiccional civil en Infancia, Familia y Capacidad. Sin embargo, a diferencia de lo que ese mismo precepto señala en el plano penal en relación con los jueces de Violencia contra la Infancia y la Adolescencia, la especialización que se recaba en materia civil no se asocia necesariamente a la creación de un nuevo tipo de órgano judicial.

asuntos se repartían a los juzgados de familia y de tutelas, de modo que el panorama era heterogéneo[27].

En concreto, el artículo 86.5 LOPJ enumera las materias en relación con las cuales estas secciones, cuando se creen, tendrán competencia exclusiva y excluyente. El listado es amplio y comporta un ámbito más amplio del que habitualmente han tenido los acuerdos de especialización.

a) Las relativas al matrimonio y a su régimen económico matrimonial y las que tengan por objeto la adopción o modificación de medidas de trascendencia familiar y otras acciones derivadas de la crisis matrimonial o de la unión de hecho.

b) Las que versen exclusivamente sobre guarda y custodia de hijos o hijas menores o sobre alimentos reclamados por un progenitor contra el otro en nombre de los hijos o hijas menores.

c) Las relativas a modificación de medidas adoptadas en los procesos que versen sobre las materias previstas en las letras anteriores.

d) Las que versen sobre maternidad, paternidad, filiación y adopción.

e) Las relativas a los alimentos entre parientes.

f) Las relativas a las relaciones paternofiliales.

g) Las que versen sobre adopción de medidas judiciales de apoyo a personas con discapacidad, incluyendo los internamientos no voluntarios por razón de trastorno psíquico.

h) Las relativas a la protección del menor, incluidas las que sean objeto de los procedimientos regulados en los artículos 778 bis y 778 ter y los capítulos IV bis y V del título I del libro IV de la LEC.

i) La oposición a las resoluciones y actos de la Dirección General de Seguridad Jurídica y Fe Pública en materia de Registro Civil que se tramitan por el procedimiento del artículo 781 bis LEC.

j) Los expedientes de jurisdicción voluntaria en materia de personas y familia, con excepción de los regulados en los capítulos IX y X del título I de la Ley de Jurisdicción Voluntaria.

k) Las que versen sobre el reconocimiento de eficacia civil de resoluciones o decisiones eclesiásticas en materia matrimonial.

l) El reconocimiento y la ejecución de sentencias y resoluciones judiciales extranjeras civiles sobre menores, familia y medidas de apoyo.

m) Los procesos para la efectividad de los derechos reconocidos en el artículo 160 CC.

n) Cualesquiera otras materias civiles relativas a la familia o la protección de la infancia o las personas con discapacidad.

Esta última previsión tiene carácter residual y comporta un límite a las competencias también residuales de las Secciones Civiles (o Únicas).

27. Así lo explicaba el CGPJ en su Informe al APLO de 2021 (p. 28).

Las Secciones de Familia, Infancia y Capacidad tendrán de ordinario como ámbito territorial el partido judicial (art. 86.1 LOPJ). Como excepción, el Gobierno podrá establecer por real decreto, a propuesta del CGPJ —y tras oír a la comunidad autónoma con competencias en materia de justicia— Secciones de Familia, Infancia y Capacidad que extiendan su jurisdicción a dos o más partidos judiciales dentro de la misma provincia.

> Cuando esto suceda, la Sección de Familia, Infancia y Capacidad del Tribunal de Instancia de X desplegará su jurisdicción, además de en su partido, en el territorio del partido judicial Y, que tendrá su propio Tribunal de Instancia, aunque la Sección Única o la Sección Civil del Tribunal de Instancia de Y no podrá conocer de los asuntos de Familia, Infancia y Capacidad que surjan en su territorio, pues corresponderán a las Sección de Familia, Infancia y Capacidad del Tribunal de Instancia de X.

3.5. LA SECCIÓN DE LO MERCANTIL

La Sección de lo Mercantil viene a reemplazar a los Juzgados de lo Mercantil. Al igual que sucede con estos, las Secciones de lo Mercantil se constituirán, como regla, en el Tribunal de Instancia de la capital de provincia y extenderán su jurisdicción a toda la provincia.

Esta regla, sin embargo, admite varias excepciones:

(i) Puede haber provincias en que, por razón de la carga de trabajo, no se constituya Sección de lo Mercantil, en cuyo caso sus funciones serán asumidas por una de las plazas judiciales de la Sección Única o de la Sección Civil del Tribunal de Instancia de la capital de la provincia (art. 87.2 LOPJ).

(ii) Puede haber Secciones de lo Mercantil que extiendan su jurisdicción sobre dos provincias limítrofes de una misma Comunidad Autónoma, si así lo justifica la escasa población de una de ellas —ha de ser inferior a 500.000 habitantes— (art. 87.3 LOPJ)[28].

(iii) Se podrán crear Secciones de lo Mercantil en partidos judiciales distintos del de la capital de la provincia, siempre que el partido judicial cuente con más de 250.000 habitantes y su capital no sea limítrofe con la capital de la provincia[29]. Estas Secciones tendrán jurisdicción en ese partido judicial y en los partidos judiciales limítrofes de la misma provincia que se determinen (art. 87.4 LOPJ). Según el Anexo VI de la LDYPJ, está prevista la existencia de estas Secciones en Gijón, Vigo y Elche —ciudades en las que, hasta ahora, había Juzgados de lo Mercantil diferentes de los de Oviedo, Pontevedra y Alicante, respectivamente—.

Además, dentro de la propia Sección está prevista una especialización de las plazas judiciales, que admite dos variantes:

28. En tal caso, la extensión del ámbito de competencia de la Sección de lo Mercantil del Tribunal de Instancia de la capital de la provincia A al territorio de la provincia B —de población inferior a 500.000 habitantes— ha de acordarse por el Gobierno por real decreto, a propuesta del CGPJ con informe favorable previo de la comunidad autónoma con competencias en materia de Justicia o a propuesta de esta comunidad oído el CGPJ.
29. La creación de estas Secciones también ha de acordarse por el Gobierno a propuesta del CGPJ y con informe favorable previo de la comunidad autónoma con competencias en materia de Justicia o a propuesta de esta comunidad oído el CGPJ.

(i) En términos generales, el artículo 96.2 LOPJ permite que una o varias plazas judiciales asuman con carácter exclusivo el conocimiento de determinados asuntos de entre los que sean competencia de estas Secciones (v.g., propiedad industrial, competencia desleal, concurso de acreedores); para ello es preciso que la Sección esté integrada por más de cinco plazas judiciales y que así se acuerde por el CGPJ, oída la Sala de Gobierno y con informe del Ministerio de Justicia o de la comunidad autónoma con competencias en materia de justicia.

(ii) Como excepción a esta regla, el artículo 87.5 LOPJ dispone que, en todo caso, cuando en la Sección de lo Mercantil de la capital de provincia[30] existan entre dos y cuatro plazas judiciales, las solicitudes de declaración de concurso de acreedores de persona natural se repartirán a uno solo de ellos —y cabe entender que la especialización no se refiere solo a la solicitud de declaración, sino al procedimiento ulterior, en caso de que se abra—; esta especialización no ha de ser exclusiva, esto es, no libera a la plaza concernida de la posibilidad de que se le repartan otro tipo de asuntos propios de la Sección. Si fueran más de cinco las plazas de la Sección, estos asuntos se repartirán a dos o más plazas judiciales, igualmente determinadas, con exclusión de las demás plazas judicial —pero, nuevamente, sin que ese carácter excluyente del reparto determine una exclusividad en la dedicación de las plazas a estos procesos—.

> Lo defectuoso de la redacción del precepto[31] deja sin cobertura legal lo que ha de hacerse cuando sean cinco las plazas judiciales en la Sección de lo Mercantil. La analogía con lo dispuesto en el artículo 96.2 LOPJ hace aconsejable pensar que no será precisa la especialización más que de uno solo.

En cuanto al ámbito competencial de las Secciones de lo Mercantil, coinciden en lo sustancial con la situación preexistente, aunque se han producido algunos cambios, que se pondrán de manifiesto seguidamente.

3.5.1. Las Secciones de lo Mercantil como «jueces del concurso»

Las Secciones de lo Mercantil son los «jueces del concurso» y conocen de los procesos concursales, de ciertas acciones vinculadas a los procesos concursales, así como de los llamados procesos «preconcursales» y «paraconcursales». En este punto, el nuevo artículo 87.7 LOPJ es una traslación de lo que hasta entonces disponía el artículo 86 ter LOPJ, con una salvedad: en el caso de que el deudor sea persona jurídica, y en relación con las acciones de responsabilidad contra administradores, liquidadores y personas que hayan ejercido funciones equivalentes [art. 87.7 c) 2.ª i.f. LOPJ], se excluye del ámbito de la jurisdicción y com-

30. Esta referencia a la capital de provincia puede generar dudas en aquellas provincias en que, según lo dispuesto en el artículo 87.4 LOPJ, exista una Sección de lo Mercantil en el Tribunal de Instancia de otra ciudad: ¿debe entenderse que este deber de especialización no opera en estas secciones?; más aún, ¿cabe entender que, en esas provincias, solo la Sección de lo Mercantil del Tribunal de Instancia de la capital de provincia puede conocer de los concursos de personas físicas? No lo creo. Si la finalidad de la regla de reparto es la especialización, tiene sentido que se aplique en todas las Secciones de lo Mercantil. Y si la finalidad de la creación de Secciones de lo Mercantil en otras ciudades es acercar la justicia a los justiciables, tiene sentido que estén en ellas los jueces del concurso de las personas físicas. Una redacción más cuidadosa del precepto habría evitado tener que plantearse este tipo de cuestiones y, sobre todo, las posibles dificultades que genere su interpretación, que siempre perjudican al justiciable.
31. También su antecedente, el artículo 86.4 LOPJ previo a la LOEP, planteaba el mismo problema.

petencia del juez del concurso —y, con ello, de la Sección de lo Mercantil— la revisión de las acciones de responsabilidad que ejerzan las Administraciones Públicas en el ejercicio de su autotutela. El control jurisdiccional de esta actividad, por tanto, corresponderá a la jurisdicción contencioso-administrativa.

3.5.2. Las Secciones de lo Mercantil como tribunales con competencia objetiva para conocer de determinados procesos en primera instancia

Las Secciones de lo Mercantil también tienen competencia objetiva para conocer en primera instancia de determinados procesos declarativos, por razón de la materia.

> Como se verá seguidamente, el listado no es nuevo y comprende un conjunto heterogéneo de materias, que parecen tener como nexo común su vinculación con el fenómeno comercial o industrial. Debe notarse, no obstante, que no todas ellas son materias propiamente mercantiles (no lo es, *v.g.*, la propiedad intelectual) y, sobre todo, que no todos los procesos que tienen su origen en litigios mercantiles han de ser enjuiciados en primera instancia por Secciones de lo Mercantil: no sucederá, *v.g,* en los procesos que versen sobre contratos de compraventa mercantil, sobre contratos bancarios o contratos de seguros, vinculados de ordinario, al menos desde un punto de vista académico, con el Derecho mercantil:

(i) En virtud del artículo 87.6 a) LOPJ conocerán, en primer término, de los procesos en materia de propiedad intelectual e industrial; competencia desleal y publicidad; sociedades mercantiles, sociedades cooperativas, agrupaciones de interés económico (*v.g.*, procesos para la impugnación de acuerdos societarios o para exigir responsabilidad a los administradores de la sociedad); transporte terrestre, nacional o internacional; derecho marítimo y derecho aéreo. En esto, el nuevo artículo 87.6 LOPJ reproduce la versión previa del artículo 86 bis LOPJ, aunque con una salvedad, que tiene que ver con las excepciones a esta regla.

> En efecto, se excluye la competencia de las Secciones de lo Mercantil para conocer de las pretensiones basadas exclusivamente en el Reglamento (CE) n.º 261/2004 del Parlamento Europeo y del Consejo, de 11 de febrero de 2004, por el que se establecen normas comunes sobre compensación y asistencia a los pasajeros aéreos en caso de denegación de embarque y de cancelación o gran retraso de los vuelos, y se deroga el Reglamento (CEE) n.º 295/91; en el Reglamento (UE) 2021/782 del Parlamento Europeo y del Consejo, de 29 de abril de 2021, sobre los derechos y las obligaciones de los viajeros de ferrocarril[32]; en el Reglamento (UE) n.º 181/2011 del Parlamento Europeo y del Consejo, de 16 de febrero de 2011, sobre los derechos de los viajeros de autobús y autocar y por el que se modifica el Reglamento (CE) n.º 2006/2004; y en el Reglamento (UE) n.º 1177/2010 del Parlamento Europeo y del Consejo, de 24 de noviembre de 2010, sobre los derechos de los pasajeros que viajan por mar y por vías navegables y por el que se modifica el Reglamento (CE) n.º 2006/2004. De esta lista de exclusiones, por tanto, han quedado fuera las pretensiones en materia de daños deri-

32. En relación con esto, la nueva versión incorpora la referencia al Reglamento actualmente vigente; en la versión anterior la remisión se hacía al reglamento anterior, en concreto, el Reglamento (CE) n.º 1371/2007 del Parlamento Europeo y del Consejo, de 23 de octubre de 2007, sobre los derechos y las obligaciones de los viajeros de ferrocarril.

vadas de la destrucción, pérdida o avería del equipaje facturado previstas en el Convenio para la unificación de ciertas reglas para el transporte aéreo internacional hecho en Montreal el 28 de mayo de 1999: estas últimas, por tanto, vuelven al ámbito de competencia de los jueces de lo Mercantil.

(ii) El artículo 87.6 b) LOPJ reproduce el anterior artículo 86 bis 2 y les atribuye la competencia para conocer de las acciones relativas a la aplicación de los artículos 101 y 102 del Tratado de Funcionamiento de la Unión Europea y de los artículos 1 y 2 de la Ley de Defensa de la Competencia (los que se ocupan de las reclamaciones civiles derivadas de conductas colusorias y de abusos de posición dominante), así como de las pretensiones de resarcimiento del perjuicio ocasionado por la infracción del Derecho de la competencia.

(iii) Al amparo del artículo 87.6 c) LOPJ —en el que se plasma el anterior artículo 86 bis 3— corresponde también a las Secciones de lo Mercantil la competencia para conocer de los recursos directos contra las calificaciones negativas de los registradores mercantiles o, en su caso, contra las resoluciones expresas o presuntas de la Dirección General de Seguridad Jurídica y de Fe Pública relativas a esas calificaciones.

(iv) El artículo 87.8 LOPJ mantiene la atribución —efectuada con anterioridad por el artículo 86 quater— de la competencia para el reconocimiento y ejecución de sentencias y demás resoluciones judiciales extranjeras, cuando versen sobre alguna de las materias a que se refiere el artículo 87 —esto es, a cualquiera de las materias especiales del apartado 6, pero también a todas aquellas asociadas a la materia concursal en el apartado 7—, a no ser que, con arreglo a lo acordado en los tratados y otras normas internacionales, corresponda su conocimiento a otro órgano. Esta regla está en sintonía con el artículo 52 de la ley 29/2015 de cooperación jurídica internacional en materia civil, que también distribuye *ratione materiae* la competencia para conocer de los procedimientos de exequátur entre Juzgados de Primera Instancia y Juzgados de lo Mercantil —Secciones Civiles y de lo Mercantil, en lo sucesivo—.

La principal duda interpretativa, que ya se generaba con la versión anterior, tiene que ver con el significado del término «ejecución». Está claro, leyendo conjuntamente el artículo 87.8 LOPJ con el artículo 52 de la LCJI, que la norma incluye el procedimiento de exequátur y, en su caso, el procedimiento de reconocimiento de resolución judicial extranjera a título principal. Ahora bien, ¿incluye también el conocimiento del posterior proceso de ejecución? A mi juicio, la locución «reconocimiento y ejecución» empleada en el artículo 87.8 debe leerse como «procedimiento de reconocimiento y de declaración de ejecutividad», pues es este el binomio habitual en el ámbito del Derecho procesal civil internacional y el que utilizan los textos supranacionales de referencia en la materia, a los que también se remite el precepto. Debe reconocerse, sin embargo, que una interpretación extensiva, que incluya también el subsiguiente proceso de ejecución, simplifica las cosas, en la medida en que genera una norma de competencia funcional que vincula declaración de ejecutividad y ejecución. Debe recordarse, además, que con arreglo al Reglamento Bruselas I bis la ejecución de resoluciones judiciales dictadas en otros Estados miembros de la Unión Europea no ha de ir precedida de una declaración de ejecutividad: el artículo 87.8 LOPJ es, en estos casos, la norma que atribuye directamente competencia objetiva a las Secciones de lo Mercantil para ocuparse de la ejecución de sentencias que versen sobre estas materias.

(v) El artículo 87.9 LOPJ atribuye competencia objetiva a las Secciones de lo Mercantil para conocer de los recursos contra las resoluciones dictadas por la Sección Primera de la Comisión de Propiedad Intelectual para resolver las cuestiones litigiosas sobre el acuerdo previsto en el artículo 129 bis.3 de la Ley de Propiedad Intelectual, en relación con los derechos de las editoriales de publicaciones de prensa y agencias de noticias respecto a los usos en línea de sus publicaciones de prensa —este precepto, a su vez, fue introducido en la LPI en virtud del Decreto-ley 24/2021, de 2 de noviembre—. Esta norma de competencia objetiva es nueva y viene a precisar la previsión del artículo 128 bis.3 d) LPI, en virtud del cual contra las resoluciones de la Sección Primera de la Comisión de Propiedad Intelectual «cabrá recurso ante los órganos jurisdiccionales españoles que resulten competentes», sin mayor precisión. La duda entre tribunales del orden contencioso-administrativo y tribunales civiles —en concreto, mercantiles— queda así zanjada. El nuevo precepto, además, contiene dos reglas especiales en relación con estos procesos: (i) el juez[33] que conozca del proceso podrá pronunciarse sobre el fondo de la controversia, esto es, se trata de procesos plenarios, que no han de limitarse a un mero enjuiciamiento de la razonabilidad o motivación de la decisión de la Sección Primera; (ii) el juez podrá acordar como medida cautelar la suspensión de la ejecución de la resolución dictada por la Sección Primera, cabe entender que con arreglo a las normas ordinarias sobre medidas cautelares —el precepto, por tanto, enuncia un tipo nuevo de medida cautelar—, pero no incide en el régimen procesal para su adopción y eficacia.

(vi) Por último, y de forma también especial, el art. 87.10 LOPJ —heredero del anterior artículo 86 quinquies— atribuye a la Sección de lo Mercantil del Tribunal de Instancia de Alicante la competencia exclusiva para conocer en primera instancia y con jurisdicción en todo el territorio nacional de aquellas acciones que se ejerciten en materia de marca de la Unión Europea y en materia de dibujos y modelos comunitarios[34]. A estos solos efectos, esta Sección se denominará Tribunal de Marca de la Unión Europea.

> Esta última previsión vuelve a generar una sensación de mala *praxis* legislativa. En efecto, hasta la LOEP, para referirse al tribunal que conocía en primera instancia de los procesos en materia de marca de la UE se le llamaba en el artículo 86 quinquies «Juzgado de Marca de la Unión Europea»; la expresión «Tribunales de Marca de la Unión Europea» se reservaba por el artículo 82.3 LOPJ para la Sección o Secciones de la Audiencia Provincial de Alicante especializadas en materia mercantil. Esta denominación singular del artículo 82.3 LOPJ, sin embargo, no ha sido objeto de adaptación plena por la LOEP, de modo que la LOPJ otorga el mismo nombre a tribunales distintos. El remedio parece venir de la mano de la LDYPJ, que sí ha sido reformada por la LOEP a este fin, y que ha rebautizado como «Sección de Marca de la Unión Europea» a la que, en la Audiencia Provincial de Alicante, está especializada en esta materia. En resumidas cuentas: un mismo órgano judicial recibe dos nombres distintos en dos leyes que se complementan entre sí y confunde su nombre con el de otro en un mismo texto legal. Urge un remedio —en la ley y en la técnica legislativa—.

33. El tenor literal del artículo 87.9 se refiere a «dichos *Juzgados*», justo dentro de la ley que marca la desaparición de este *nomen iuris* de nuestra organización jurisdiccional. Sobran, una vez más, los comentarios...
34. La competencia exclusiva se extiende también a las demandas civiles en las que se ejerciten acumuladas acciones relativas a marcas de la Unión y a marcas nacionales o internacionales idénticas o similares; y a aquellas en las que existiera cualquier otra conexión entre las acciones ejercitadas si al menos una de ellas estuviera basada en un registro o solicitud de marca de la Unión.

3.6. LA SECCIÓN DE VIOLENCIA SOBRE LA MUJER

La Sección de Violencia sobre la Mujer está llamada a reemplazar a los Juzgados de Violencia sobre la Mujer. Al igual que estos, esta Sección se creará cuando se estime conveniente, en función de la carga de trabajo (art. 89.2 LOPJ). De ordinario la Sección extenderá su jurisdicción a todo el partido judicial, aunque deben tenerse en cuenta tres reglas adicionales:

(i) En los partidos judiciales en que exista un Tribunal de Instancia con Sección Única integrada por una sola plaza judicial, quien la ocupe asumirá el rol de juez de violencia sobre la mujer, a no ser que se haya acordado que la Sección de Violencia sobre la Mujer de otro Tribunal de Instancia ejerza su jurisdicción también en ese partido judicial (art. 89.1 LOPJ).

(ii) En aquellos partidos judiciales de dimensión superior a los anteriores, pero en los que la creación de una Sección de Violencia sobre la Mujer no esté justificada, se podrá acordar la especialización de una de las plazas judiciales de la Sección Única o de la Sección de Instrucción, de modo que se le asignen todos los asuntos propios del ámbito de la Sección de Violencia sobre la Mujer dentro del partido judicial, sea de forma exclusiva —si la carga de trabajo y el número de plazas restantes lo justifica— o con asignación a esa plaza de otros asuntos (art. 89.1 LOPJ, art. 15.4 LDYPJ)[35].

(iii) Se pueden crear también Secciones de Violencia sobre la Mujer que extiendan su jurisdicción a dos o más partidos dentro de la misma provincia (art. 89.3 LOPJ)[36].

Las Secciones de Violencia sobre la Mujer ostentan competencias tanto civiles como penales.

3.6.1. Competencias penales de las Secciones de Violencia sobre la Mujer

El ámbito de su competencia objetiva como tribunales penales viene establecido en el artículo 89.5 LOPJ y reproducido en el artículo 14.5 LECrim, también modificado por la LOEP. Ambos toman como punto de partida el contenido del antiguo artículo 87 ter.1, aunque con una importante ampliación, pues estas Secciones serán también competentes para la instrucción de los procesos para exigir responsabilidad penal por otros delitos, especialmente los delitos contra la libertad sexual, en los términos del nuevo apartado h): «los delitos contra la libertad sexual previstos en el título VIII del libro II del Código Penal, los delitos de mutilación genital femenina, matrimonio forzado, acoso con connotación sexual y la trata con fines de explotación sexual cuando la persona ofendida por el delito sea mujer»[37].

> La redacción equívoca del precepto hace nacer la duda acerca de si la exigencia de que la persona ofendida por el delito sea mujer, enunciada en el inciso final, tiene carácter general y se aplica a todos los delitos mencionados en el literal h), o si solo cualifica a los delitos de trata con fines de explotación sexual. Una lectura literal permite sostener una visión amplia, que no excluya a los hombres como víctimas de los delitos contra la libertad sexual, pero sí de los demás. A favor de

35. Esta especialización habrá de acordarla el CGPJ previo informe de la respectiva Sala de Gobierno.
36. Habrá de hacerlo el Gobierno por real decreto, a propuesta del CGPJ y, en su caso, con informe de la comunidad autónoma con competencias en materia de Justicia.
37. Estas cuestiones son abordadas con detenimiento también en el capítulo 11 de esta obra.

entender una aplicación general de la condición de mujer de la víctima en todos los delitos aboga la específica función encomendada a estos órganos judiciales, asociada a su denominación. Esta interpretación restrictiva determina que la instrucción de los delitos contra la libertad sexual del título VIII del libro II CP solo deba corresponder a las Secciones de Violencia sobre la Mujer cuando la víctima haya sido mujer; genera, sin embargo, la aporía de dividir la competencia para la instrucción entre órganos distintos si las víctimas fueran tanto hombres como mujeres, salvo que las reglas sobre conexión produzcan un efecto distinto.

Sea como fuere, esta nueva norma supone un incremento muy significativo de la carga de trabajo de las Secciones de Violencia sobre la Mujer respecto de la que tenían atribuidos los Juzgados de Violencia sobre la Mujer, que obligará a las administraciones a reforzar la dotación de estos órganos judiciales[38].

Esta extensión del ámbito material de competencia tiene repercusiones sobre los delitos a que se refiere el literal g): también instruirán los jueces de violencia sobre la mujer el delito de quebrantamiento del artículo 468 CP cuando la persona ofendida por el delito cuya condena, medida cautelar o medida de seguridad se haya quebrantado lo haya sido por alguno de los delitos contemplados en el literal h).

La nueva redacción del artículo 89.5 LOPJ y del artículo 14.5 LECrim suscita una dificultad adicional en sus respectivos literales d). En ellos se atribuye la competencia a los jueces de violencia sobre la mujer para «el conocimiento y fallo de los delitos leves que les atribuya la ley cuando la víctima sea alguna de las personas señaladas como tales en la letra a)». La redacción del artículo 89.5 LOPJ es aparentemente idéntica a la del anterior artículo 87 ter. 1 d), salvo por un detalle. Hasta la entrada en vigor de la LOEP, la expresión «que les atribuya la ley» contenida en la LOPJ se integraba gracias a la versión anterior del artículo 14.5 d) LECrim, que concretaba esa atribución legal en el conocimiento y fallo de los juicios por los delitos leves de los artículos 171.7 II, 172.3 II y 173.4 CP. La LOEP ha querido dotar al artículo 89.5 LOPJ y al artículo 14.5 LECrim de un contenido idéntico, pero ha generado con ello un problema grave, pues ha roto la coordinación normativa existente entre la LOPJ y la LECrim, de suerte que la ley ya no atribuye a los jueces de violencia sobre la mujer la competencia para el enjuiciamiento de ningún delito leve específico.

Debe subrayarse, finalmente, que la competencia de las Secciones de Violencia sobre la Mujer es preferente sobre la de las Secciones de Violencia contra la Infancia y la Adolescencia: en caso de que los hechos objeto de instrucción penal encajen en el ámbito competencial de ambas —algo posible, según se verá más adelante, dado el solapamiento material—, la competencia corresponderá siempre a la Sección de Violencia sobre la Mujer (art. 89 bis.7 LOPJ).

3.6.2. Competencias civiles de las Secciones de Violencia sobre la Mujer

Las competencias civiles de las Secciones de Violencia sobre la Mujer se hallan estrechamente vinculadas a las penales, dada la conexión funcional entre las actuaciones de investigación penal y los procesos civiles encomendados a aquellas. Al igual que venía sucediendo hasta la LOEP, la LOPJ define en primer término el perímetro de los posibles procesos civiles

38. Cfr. en relación con esto lo dispuesto en la DT 4.ª LOEP, objeto de análisis en el apartado 8 de este capítulo.

que pueden ser de la competencia objetiva de las Secciones de Violencia sobre la Mujer con arreglo a criterios materiales.

El listado de procesos civiles que, por razón de la materia, son susceptibles de atribuirse tras la LOEP a los jueces de violencia sobre la mujer se contiene en el nuevo artículo 89.6 LOPJ, que ha introducido cambios respecto de su predecesor, el anterior artículo 87 ter.2. En algunos casos, se trata de reagrupar materias en literales distintos o de adaptaciones terminológicas; pero también se ha incrementado el listado de materias, con el consiguiente incremento en la carga de trabajo de estos tribunales. El resultado aproxima bastante el ámbito competencial de las Secciones de Violencia sobre la Mujer al de las Secciones de Familia, Infancia y Capacidad.

En concreto, el perímetro competencial es el siguiente:

a) Procesos relativos al matrimonio y a su régimen económico matrimonial y los que tengan por objeto la adopción o modificación de medidas de trascendencia familiar y otras acciones derivadas de la crisis matrimonial o de la unión de hecho.

b) Procesos que versen exclusivamente sobre guarda y custodia de hijos e hijas menores o sobre alimentos reclamados por un progenitor contra el otro en nombre de los hijos e hijas menores.

c) Procesos relativos a modificación de medidas adoptadas en los procesos que versen sobre las materias previstas en las letras anteriores.

d) Procesos que versen sobre maternidad, paternidad, filiación y adopción.

e) Procesos relativos a las relaciones paternofiliales.

f) Procesos relativos a la protección del menor, incluidos en los capítulos IV bis y V del título I del libro IV de la Ley de Enjuiciamiento Civil[39].

g) Expedientes de jurisdicción voluntaria en materia de personas y familia, con excepción de los regulados en los capítulos IX y X del título II de la Ley de Jurisdicción Voluntaria[40].

h) Procesos que versen sobre los procedimientos de liquidación del régimen económico matrimonial instados por los herederos de la mujer víctima de violencia de género, así como los que se insten frente a estos herederos.

i) Procesos que versen sobre el reconocimiento de eficacia civil de resoluciones o decisiones eclesiásticas en materia matrimonial.

j) El reconocimiento y la ejecución de sentencias y resoluciones judiciales extranjeras civiles sobre menores y familia.

---

39. Se trata de los procesos en materia de restitución o retorno de menores en supuestos de sustracción internacional, de oposición a resoluciones administrativas en materia de protección de menores, del procedimiento para determinar la necesidad del asentimiento en la adopción y de la oposición a determinados actos y resoluciones de la Dirección General de Seguridad Jurídica y Fe Pública en materia de registro civil.

40. Se excluyen, por tanto, los expedientes de declaración de ausencia y fallecimiento, así como los de extracción de órganos de donantes vivos.

k) Procesos para la efectividad de los derechos reconocidos en el artículo 160 del Código Civil[41].

Las materias incluidas en las letras i), j) y k) son nuevas, al igual que también lo es la restitución de menores en situación de sustracción internacional, incorporada a la letra f). La letra c), por su parte, resuelve posibles dudas interpretativas acerca de la competencia para modificar medidas adoptadas previamente en procesos matrimoniales, sobre guarda y custodia o sobre alimentos: el resultado será el mismo —la atribución del asunto al juez de violencia sobre la mujer— tanto si la regla se concibe como de competencia funcional, como si se entiende que es una norma de competencia objetiva —a mi juicio, de forma más correcta—.

Dentro de ese perímetro, la competencia de las Secciones de Violencia sobre la Mujer se activa si se dan ciertos requisitos, establecidos ahora en el nuevo artículo 89.7 LOPJ, que adapta lo dispuesto hasta ahora en el artículo 87 ter.3, teniendo en cuenta la ampliación material del ámbito de competencia penal de estos tribunales a los delitos contra la libertad sexual:

(i) Alguna de las partes del proceso civil ha de ser víctima de actos de violencia de género, en los términos a que hace referencia el artículo 89.5.a), o de actos de violencia sexual, en los términos a que hace referencia el apartado 89.5.h).

> Se otorga con ello un significado específico procesal a la expresión «violencia sexual».

(ii) Alguna de las partes del proceso civil ha estar imputado como autor, inductor o cooperador necesario en la realización de actos de violencia de género o de violencia sexual.

> El legislador mantiene aquí el término de «imputado», que se quiso desterrar del léxico procesal en 2015, para hacer referencia a la condición de una persona como sujeto pasivo del proceso penal. Cabe entender, a estos efectos, que es imputado quien, en la terminología de la LECrim, se halla, por lo menos, en la situación de investigado.

(iii) Se han iniciado ante la Sección de Violencia sobre la Mujer de un Tribunal de Instancia actuaciones penales por delito o delito leve a consecuencia de un acto de violencia de género o de un acto de violencia sexual, o se ha adoptado una orden de protección a una víctima de violencia de género.

La Ley de Enjuiciamiento Civil, por su parte, apenas contiene referencias a la existencia y a las competencias de los tribunales especializados en materia de violencia sobre la mujer. El artículo 49 bis LEC se ocupa del tratamiento procesal en caso de que se produzcan o se conozcan actos de violencia sobre la mujer en el marco de un proceso que se estuviera tramitando inicialmente en otro tribunal —en lo sucesivo—, una Sección Única, una Sección Civil o una Sección de Familia, Infancia y Capacidad. Llama la atención, por ello, que la LOEP se haya limitado a modificar el apartado 1 de dicho artículo 49 bis LEC, para adecuar la referencia que en él se hacía al artículo 87 ter.3 LOPJ y sustituirla por el artículo 89.7 LOPJ[42]. Y es que la referencia al ahora inexistente artículo 87 ter.3 LOPJ subsiste en los apartados 2 y

41. El artículo 160 CC se ocupa del derecho de los menores a relacionarse con sus progenitores, aunque no ejerzan la patria potestad, con sus hermanos, abuelos y otros parientes y allegados.
42. Esta cuestión es objeto de análisis en el capítulo 10 de esta obra.

3 del mismo artículo 49 bis, al igual que las remisiones a los Juzgados de Violencia sobre la Mujer (también presentes en los artículos 753 y 807). Cuestiones terminológicas aparte, resulta problemático que el artículo 49 bis LEC se siga ciñendo a los actos de violencia de género —incluso a su definición en la LO 1/2004, en vez de en la LOPJ—, cuando las Secciones de Violencia sobre la Mujer también van a ostentar competencias civiles en procesos conectados con delitos de violencia sexual. No quedará más remedio que extender, aunque sea por analogía, las reglas de tratamiento procesal del artículo 49 bis LEC a los casos en que sea un proceso penal por delito de violencia sexual el que desactive la competencia de un juez civil o de familia, infancia y capacidad y active la de un juez de violencia sobre la mujer. Pero, francamente, cabría esperar del legislador un producto con un acabado mejor.

3.6.3. Reglas adicionales

Al igual que venía sucediendo hasta ahora, la regulación en la LOPJ de los tribunales especializados en materia de violencia sobre la mujer se aprovecha para incluir una serie de reglas adicionales, de naturaleza heterogénea.

El artículo 89.8 LOPJ reproduce la regla del antiguo artículo 87 ter.4, que obliga al juez de violencia sobre la mujer a remitir cualquier pretensión que se le formule, sea civil o penal, al órgano judicial que considere competente, si aprecia que los actos puestos en su conocimiento, de forma notoria, no constituyen expresión de violencia de género o de violencia sexual —este último inciso se añade a resultas de la extensión del ámbito competencial ya expuesto—.

El artículo 89.9 LOPJ, por su parte, mantiene la polémica prohibición de acudir a los medios adecuados de solución de controversias «en todos estos casos». La referencia del antiguo artículo 87 ter.5 a la mediación se hace ahora a los MASC, dentro de los que han de entenderse incluidos también los instrumentos de justicia restaurativa a que se refiere la nueva Disposición Adicional novena de la LECrim, introducida por la LOEP[43]. Además, dada la ampliación del ámbito material de competencia de los jueces de violencia sobre la mujer, la prohibición de mediación o MASC se extiende también a los delitos de violencia sexual —y no está claro si se trata de un resultado deliberadamente buscado o no—.

El artículo 80.10 LOPJ, en otro plano, reitera el encargo al CGPJ de estudiar la idoneidad de las dependencias judiciales para evitar la confrontación entre víctima y agresor —en los mismos términos que el antiguo artículo 87 ter.6—.

Por último, el artículo 89.11 LOPJ reproduce las previsiones del antiguo artículo 87 quater en relación con la obtención y la elaboración de datos y de información en esta materia.

3.7. LA SECCIÓN DE VIOLENCIA CONTRA LA INFANCIA Y LA ADOLESCENCIA

La Sección de Violencia contra la Infancia y la Adolescencia es una excepción en el panorama de transformación en sección del Tribunal de Instancia de un tipo de juzgado o de una modalidad de juzgado especializado previamente existente. Se trata de un órgano judicial totalmente nuevo, que se introduce por la LOEP para dar cumplimiento a la Disposición Final 20 de la LO 8/2021 de protección integral a la infancia y la adolescencia frente a la violencia,

43. Cfr. al respecto el capítulo 12 de esta obra.

que reclamaba una mayor especialización judicial en la investigación y el enjuiciamiento de los delitos cometidos contra menores, así como el planteamiento de la inclusión de Juzgados de Violencia contra la Infancia y la Adolescencia —junto a la especialización en esta materia de los Juzgados de lo Penal y de las Audiencias Provinciales—.

La incorporación de una Sección de Violencia contra la Infancia y la Adolescencia al Tribunal de Instancia no es necesaria: su creación estará supeditada a la carga de trabajo (art. 89 bis.2 LOPJ). En caso de establecerse, su jurisdicción se extenderá como regla al partido judicial. De forma análoga a lo analizado respecto de otras Secciones contingentes, deben tenerse en cuenta tres reglas adicionales:

(i) En los partidos judiciales en que exista un Tribunal de Instancia con Sección Única integrada por una sola plaza judicial, quien la ocupe asumirá el rol de juez de violencia contra la infancia y la adolescencia, a no ser que se haya acordado que la Sección de Violencia contra la Infancia y la Adolescencia de otro Tribunal de Instancia ejerza su jurisdicción también en ese partido judicial (art. 89 bis.4 LOPJ).

(ii) En aquellos partidos judiciales de dimensión superior a los anteriores, pero en los que la creación de una Sección de Violencia contra la Infancia y la Adolescencia no esté justificada, se podrá acordar la especialización de una de las plazas judiciales de la Sección Única o de la Sección de Instrucción, de modo que se le asignen todos los asuntos propios del ámbito de la Sección de Violencia contra la Infancia y la Adolescencia dentro del partido judicial, sea de forma exclusiva —si la carga de trabajo y el número de plazas restantes lo justifica— o con asignación a esa plaza de otros asuntos (art. 89 bis.1 LOPJ, art. 15.5 LDYPJ)[44].

(iii) Se pueden crear también Secciones de Violencia contra la Infancia y la Adolescencia que extiendan su jurisdicción a dos o más partidos dentro de la misma provincia (art. 89 bis. 3 LOPJ)[45].

Debe advertirse que, al menos en la etapa inicial de implantación de los Tribunales de Instancia, no está prevista la creación de ninguna Sección de Violencia contra la Infancia y la Adolescencia, ni tampoco la especialización en esta materia de ninguna plaza judicial en el ámbito de la Sección de Instrucción de aquellos Tribunales de Instancia de mayor dimensión[46].

La Sección de Violencia contra la Infancia y la Adolescencia es un órgano judicial que ejerce competencia únicamente en el ámbito penal, en términos equivalentes a las propias de una Sección de Instrucción o de Violencia sobre la Mujer, solo que ceñidas a un sector material específico, el de los delitos recogidos en determinados títulos del Código Penal cuando la víctima sea menor de edad[47].

---

44. Esta especialización habrá de acordarla el CGPJ previo informe de la respectiva Sala de Gobierno.
45. Habrá de hacerlo el Gobierno por real decreto, a propuesta del CGPJ y, en su caso, con informe de la comunidad autónoma con competencias en materia de Justicia.
46. Así se desprende del Anexo VI de la LDYPJ, en la redacción que le ha dado la LOEP.
47. La LOPJ emplea la locución «niños, niñas y adolescentes» para referirse a las personas menores de edad. No existe, sin embargo, diferencia alguna de tratamiento jurídico en función de que se haya cruzado o no el umbral de la adolescencia. Tampoco se señala en ningún texto legal dónde se halla la frontera entre la niñez y la adolescencia —esta última, de hecho, puede prolongarse, al menos en sentido biológico, más allá de la fecha en que se alcanza la mayoría de edad—.

Se trata, en concreto, de los siguientes:

a) Homicidio, aborto, lesiones o lesiones al feto.

b) Delitos contra la libertad, delito de torturas y contra la integridad moral, delitos contra la intimidad, el derecho a la propia imagen y la inviolabilidad del domicilio, delitos contra la libertad e indemnidad sexual, delitos contra el honor, delitos contra las relaciones familiares, o cualquier otro delito cometido con violencia o intimidación.

c) Delito de trata de seres humanos del artículo 177 bis CP cuando al menos una de las víctimas sea menor.

d) Delito de quebrantamiento del artículo 468 CP cuando la persona ofendida por el delito cuya condena, medida cautelar o medida de seguridad se haya quebrantado sea menor.

En relación con estos delitos, la competencia del juez de Violencia contra la Infancia y la Adolescencia abarca las siguientes funciones:

(i) La dirección de la fase de instrucción.

(ii) La adopción de las medidas cautelares legalmente previstas que aseguren la protección de las víctimas menores de edad, sin perjuicio de las competencias atribuidas al juez de guardia.

(iii) El conocimiento y fallo de los delitos leves que les atribuya la ley cuando la víctima sea menor.

> Esta previsión, sin embargo, se halla por el momento desprovista de contenido, pues no existe norma legal que expresamente atribuya a estos órganos la competencia para conocer de delitos leves. La sede idónea para hacerlo habría sido el artículo 14 LECrim, que de hecho se ha visto modificado por la LOEP, aunque no en lo que ahora habría interesado.

(iv) Dictar sentencia de conformidad con la acusación en los casos establecidos por la ley.

> Esto solo será posible en caso de que se den las condiciones para que la causa se tramite por los cauces del procedimiento para el enjuiciamiento rápido de delitos.

(v) La emisión y la ejecución de los instrumentos de reconocimiento mutuo de resoluciones penales en la Unión Europea que les atribuya la ley.

Debe recordarse, según se vio antes, que la competencia de la Sección de Violencia contra la Infancia y la Adolescencia cede en favor de la Sección de Violencia sobre la Mujer cuando los hechos objeto de instrucción entren también dentro del ámbito competencia de esta segunda —así sucederá cuando los delitos de que sean víctimas los menores se hayan cometido en el contexto de situaciones de violencia de género—, como ocurre con la violencia vicaria sobre los hijos (art. 89 bis.7 LOPJ).

En otro orden de consideraciones, el artículo 89 bis.6 LOPJ incorpora una regla equivalente a la que figura en el artículo 89.10 en relación con la existencia de dependencia y espacios que impidan la confrontación entre víctima y agresor durante el proceso.

3.8. LA SECCIÓN DE LO PENAL

La Sección de lo Penal (art. 90 LOPJ) es la heredera de los Jugados de lo Penal que existieran en una provincia o que se hubieran creado con un ámbito infraprovincial. El nuevo artículo 90 LOPJ adapta a la nueva estructura lo que ya preveía el anterior artículo 89 bis. Así, como regla, la Sección de lo Penal se creará en el Tribunal de Instancia de la capital de provincia y desplegará su jurisdicción en toda ella (art. 90.1 LOPJ). No obstante, podrán establecerse Secciones de lo Penal en otros Tribunales de Instancia, que tendrán el ámbito territorial infraprovincial que se les asigne; aunque no se diga expresamente en la norma, es obvio que serán razones de carga de trabajo las que justifiquen esta decisión.

En cuanto a su ámbito de competencia (art. 90.3 LOPJ), las Secciones de lo Penal son órganos primordialmente enjuiciadores, en los términos que se derivan del artículo 14 LECrim.

> Basta recordar ahora que les corresponde el enjuiciamiento de delitos que tienen asignada en abstracto una pena de hasta cinco años de prisión o de hasta diez años si no es privativa de libertad (v.g., una inhabilitación) o de multa cualquiera que sea su cuantía.

Se prevé como obligatoria, además, la especialización de una o varias plazas judiciales para el enjuiciamiento de las causas instruidas por las Secciones de Violencia sobre la Mujer y de Violencia contra la Infancia y la Adolescencia, que se ajustará a lo previsto en el artículo 96 LOPJ.

Los apartados 4 y 5 del artículo 90 LOPJ enuncian las competencias adicionales de las Secciones de lo Penal, que venían ya siendo desempeñadas por los Juzgados de lo Penal.

Se trata de las siguientes:

(i) La ejecución de las sentencias dictadas en causas por delito grave o menos grave por las Secciones de Instrucción, Secciones de Violencia sobre la Mujer y Secciones de Violencia contra la Infancia y la Adolescencia —se trata de las sentencias de conformidad en la guardia en el marco de procedimientos para el enjuiciamiento rápido de delitos—.

(ii) El reconocimiento y ejecución de las resoluciones que impongan sanciones pecuniarias transmitidas por las autoridades competentes de otros Estados miembros de la UE, cuando deban cumplirse en territorio español.

(iii) Los procedimientos de decomiso autónomo por los delitos para cuyo conocimiento sean competentes.

(iv) La emisión y la ejecución de los instrumentos de reconocimiento mutuo de resoluciones penales en la UE que les atribuya la ley.

3.9. LA SECCIÓN DE MENORES

La Sección de Menores reemplaza a los Juzgados de Menores. El nuevo artículo 91 LOPJ adapta a la nueva estructura lo dispuesto hasta ahora en los antiguos artículos 96.1 y 97, tanto en cuanto a su ámbito territorial como en lo competencial.

En cuanto a lo primero, habrá como regla una Sección de Menores en el Tribunal de Instancia de cada capital de provincia, con jurisdicción en toda ella. Por motivos de volumen de trabajo, sin embargo, son posibles dos situaciones inversas:

(i) Que se establezcan Secciones de Menores en otros Tribunales de Instancia, con jurisdicción en un partido o en varios partidos.

(ii) Que la Sección de Menores de un Tribunal de Instancia extienda su jurisdicción a otra u otras provincias de la misma comunidad autónoma.

Su ámbito material de competencia se define por remisión a lo dispuesto en la legislación respecto de los menores que hayan cometido conductas tipificadas como delito o delito leve, incluida la emisión y la ejecución de instrumentos de reconocimiento mutuo de resoluciones penales en la UE.

3.10. LA SECCIÓN DE VIGILANCIA PENITENCIARIA

Las Secciones de Vigilancia Penitenciaria asumen las funciones atribuidas hasta ahora a los Juzgados de Vigilancia Penitenciaria; en consecuencia, el artículo 92 LOPJ traslada y adapta a la nueva estructura lo previsto previamente en los antiguos artículos 94 y 95. Así, ha de haber con carácter general una Sección de Vigilancia Penitenciaria en el Tribunal de Instancia de cada capital de provincia, aunque el elemento que condiciona en mayor medida la creación, el número de plazas judiciales, la sede y el ámbito territorial de la jurisdicción de estos órganos es el lugar donde están ubicados los establecimientos penitenciarios existentes y la clase de estos (tamaño, tipo de población reclusa —preventivos o penados—). Por eso pueden establecerse Secciones de Vigilancia Penitenciaria (i) en Tribunales de Instancia con sede en poblaciones distintas de la capital de provincia[48] (ii) con jurisdicción infraprovincial o (iii) con jurisdicción en dos o más provincias de la misma comunidad autónoma. El volumen de trabajo, asociado a la existencia, ubicación y clase de establecimientos penitenciarios también justifica que el juez de la Sección de Vigilancia Penitenciaria pueda —o deba— compatibilizar las funciones propias de esta sección con las de otras secciones del orden jurisdiccional penal del mismo Tribunal de Instancia (art. 92.5 LOPJ)[49].

> Las atribuciones de los jueces de vigilancia penitenciaria tampoco han cambiado: tienen encomendadas las funciones jurisdiccionales previstas en la ley en materia de ejecución de penas privativas de libertad y medidas de seguridad[50], emisión y ejecución de los instrumentos de reconocimiento mutuo de resoluciones penales en la Unión Europea que les atribuya la ley, control jurisdiccional de la potestad disciplinaria de las autoridades penitenciarias, amparo de los derechos y beneficios de los internos en los establecimientos penitenciarios, junto con aquellos otros que les pueda atribuir la ley.

3.11. LA SECCIÓN DE LO CONTENCIOSO-ADMINISTRATIVO

La fórmula elegida por la LOEP para diseñar los Tribunales de Instancia determina que vaya a haber Secciones de lo Contencioso-Administrativo allí donde hasta ahora había Juz-

48. Lo hará el Gobierno, previa audiencia de la comunidad autónoma afectada y del CGPJ.
49. Esto significa que el juez de vigilancia penitenciaria puede actuar también como juez de instrucción, como juez de lo penal y como juez de violencia contra la infancia y la adolescencia; sería más discutible atribuirle funciones de juez de violencia sobre la mujer, pues estas puedan llevar aparejadas competencias propias del orden civil.
50. En este punto se ha suprimido la referencia a la Ley Orgánica General Penitenciaria, pues la ejecución penal también se regula en la LECrim y, de hecho, los sucesivos proyectos de nueva LECrim incluyen una regulación más detallada del proceso de ejecución penal.

gados de lo Contencioso-Administrativo —y esto, en el plano legal—, determina que el nuevo artículo 93 LOPJ sustituya a los anteriores artículos 90 y 91.

La regla general será la existencia de una Sección de lo Contencioso-Administrativo en el Tribunal de Instancia de la capital de provincia, con jurisdicción en toda ella. Pero, igual que se ha visto con otras secciones, la flexibilidad del modelo da cabida a otras posibilidades en función del volumen de asuntos[51]:

(i) Se pueden establecer Secciones de lo Contencioso-Administrativo en Tribunales de Instancia de otros partidos judiciales, con un ámbito territorial infraprovincial que habrá de determinarse en cada caso.

(ii) Se pueden crear «excepcionalmente» Secciones de lo Contencioso-Administrativo que extiendan su jurisdicción a más de una provincia dentro de la misma comunidad autónoma.

En relación con sus competencias, el artículo 93.4 LOPJ efectúa una remisión genérica a lo que dispone la ley de la jurisdicción contencioso-administrativa en su artículo 8, aunque los apartados 5 y 6 mencionan de forma singular dos de ellas, las relativas a las autorizaciones para la entrada en domicilios y restantes lugares cuyo acceso requiera el consentimiento de su titular —operando una suerte de «congelación del rango»—.

3.12. LA SECCIÓN DE LO SOCIAL

La Sección de lo Social, por último, se subroga en el papel de los Juzgados de lo Social. Por eso, el Tribunal de Instancia de cada capital de provincia contará con una Sección de lo Social con jurisdicción en toda la provincia (art. 94.1 LOPJ), aunque será igualmente posible (i) establecer Secciones de lo Social en otros Tribunales de Instancia, de ámbito infraprovincial y (ii) determinar que la Sección de lo Social de un Tribunal de Instancia extienda su jurisdicción a dos o más provincias dentro de la misma comunidad autónoma (art. 94.2 LOPJ)[52].

La LOPJ, ahora igual que antes, remite la determinación de su ámbito competencial a la ley reguladora de la jurisdicción social, otorgando a estas secciones un carácter residual (art. 94.3 LOPJ).

3.13. (AUSENCIA DE) REPERCUSIONES DE LA NUEVA ESTRUCTURA JURISDICCIONAL SOBRE EL RESTO DE REGLAS EN MATERIA DE JURISDICCIÓN Y COMPETENCIA

La implantación de los Tribunales de Instancia tendrá, sin duda, un fuerte impacto sobre la organización jurisdiccional española y sobre el funcionamiento interno de gran parte de sus órganos judiciales, todos aquellos que actúan en primera instancia. Debe precisarse, sin embargo, que desde el punto de vista de las reglas sobre jurisdicción y competencia el cambio solo es operativo en el terreno de la competencia objetiva —que incluye, cuando corresponde, la especialización de órganos de un mismo tipo—, en los términos que se verán seguidamente.

En consecuencia, los cambios operados por la LOEP y la aparición de Tribunales de Instancia no afectan más que indirectamente a la competencia internacional, a la jurisdicción

51. Véase al respecto el capítulo 13 de esta obra.
52. Con más detenimiento ha de verse cuanto se señala en el capítulo 14.

por razón de la materia, a la competencia territorial o a la funcional: sus reglas habrán de tener en cuenta el nuevo tipo de tribunales que ocupan la organización jurisdiccional, pero nada más.

> Como excepción, habrá que tener en cuenta las consecuencias que se deriven del nacimiento, como nuevos tribunales civiles con competencia objetiva en primera instancia, de las Secciones de Familia, Infancia y Capacidad; y de la creación, como nuevos tribunales penales con competencias para la instrucción y el enjuiciamiento de ciertos delitos, de las Secciones de Violencia contra la Infancia y la Adolescencia.

Las normas de competencia internacional —tanto las de origen supranacional como las de la LOPJ— determinan en qué casos los tribunales españoles poseen jurisdicción para conocer de un asunto concreto, pero sin identificar el tipo de tribunal al que deba corresponderle. Tampoco se ven alterados los criterios de distribución de jurisdicción por razón de la materia entre órdenes jurisdiccionales, que siguen siendo los mismos antes y después de la LOEP. Cuando la competencia objetiva determine que un asunto ha de ser instruido o enjuiciado por un determinado tipo de Sección del Tribunal de Instancia, las normas de competencia territorial se seguirán aplicando, igual que hasta ahora, para determinar la circunscripción del Tribunal de Instancia cuya Sección poseerá la competencia en el asunto concreto. Lo mismo cabe decir de las reglas sobre competencia funcional, que tampoco han variado: los superiores jerárquicos de los jueces de las nuevas Secciones son los mismos que los de los anteriores juzgados, tanto a efectos de recursos devolutivos como a la hora de determinar el superior común para resolver una cuestión de competencia.

También las normas de reparto cumplen la misma función en la nueva estructura, solo que ahora sirven para distribuir los asuntos entre las plazas judiciales de una misma Sección y no entre los diversos juzgados del mismo tipo de una misma circunscripción.

La única dificultad en este punto la pueden plantear, en materia civil y mercantil, las cláusulas de sumisión expresa de alcance internacional y/o territorial que, celebradas teniendo presente el sistema anterior, designen no solo los tribunales españoles, sino el concreto tribunal con competencia objetiva y territorial al que se encomienda la solución de las posibles controversias que surjan en relación con el contrato al que dicha cláusula se incorpora: v.g., que se atribuya la jurisdicción a los tribunales españoles y, más en concreto, a los Juzgados de Primera Instancia de Zaragoza; o que se atribuya sin más la competencia a los Juzgados de Primera Instancia de Zamora (en ausencia de elemento transfronterizo que haga necesario otorgar una dimensión de competencia internacional a la cláusula).

Lo sensato es que este tipo de cláusulas mantengan su plena validez y eficacia a pesar de que el tribunal designado en ellas ya no exista, pues se ha visto sustituido por una Sección de Tribunal de Instancia, en una suerte de «sucesión jurisdiccional y/o competencial» operada por voluntad de la ley. Dado que esta sucesión se opera de manera automática y sin afectar realmente a la razón por la cual se accedió a la prórroga de jurisdicción en su favor, habrá que interpretarlas y aplicarlas operando la traslación que ha efectuado la LOEP: así, siguiendo con el ejemplo anterior, la cláusula debería entenderse como atribuyendo jurisdicción a los jueces de la Sección Civil del Tribunal de Instancia de Zaragoza o a los de la Sección Única del Tribunal de Instancia de Zamora.

El mantenimiento en su conjunto del sistema normativo que atribuye y distribuye en sus distintos niveles la jurisdicción y la competencia de nuestros tribunales determina, igualmente, que se puedan y se deban aplicar los mecanismos de tratamiento procesal existentes hasta ahora.

Debe señalarse, finalmente, que la nueva estructura tampoco afecta a las reglas sobre conexión y acumulación de objetos procesales y/o de procesos, tal y como se contemplan en cada orden jurisdiccional, solo que con los ajustes terminológicos pertinentes y con las consecuencias que se deriven del nacimiento, como nuevos tribunales civiles con competencia en primera instancia, de las Secciones de Familia, Infancia y Capacidad y de la creación, como nuevos tribunales penales con competencias para la instrucción y el enjuiciamiento de ciertos delitos, de las Secciones de Violencia contra la Infancia y la Adolescencia.

Así, v.g., el artículo 73.1.1.º LEC mantiene la prohibición de acumular acciones que estén atribuidas a secciones distintas del Tribunal de Instancia, aunque sean conexas, salvo que la acción principal corresponda al ámbito de la Sección de lo Mercantil. En el ámbito del proceso penal, por su parte, el criterio de la gravedad sigue marcando la preferencia para la instrucción y el enjuiciamiento de delitos conexos que pudieran corresponder al ámbito de Secciones diversas del Tribunal de Instancia.

4. EL REPARTO DE ASUNTOS DENTRO DE LAS SECCIONES

La LOEP ha adaptado la regulación del reparto a la nueva estructura organizativa. Así, en los Tribunales de Instancia cuya Sección Única o cuyas Secciones de otro tipo estén conformadas por más de una plaza judicial, los asuntos propios de la Sección habrán de repartirse entre los titulares de las diversas plazas judiciales de conformidad con lo que establezcan las normas de reparto (art. 68.1 LEC, aplicable de forma supletoria al resto de ramas de la jurisdicción). Las normas de reparto sirven así para proceder a la determinación definitiva del juzgador en el caso concreto.

Las normas de reparto son propuestas por las Juntas de Jueces y Juezas de la respectiva Sección del Tribunal de Instancia y han de ser aprobadas por las Salas de Gobierno de los Tribunales Superiores de Justicia (art. 167.1 LOPJ). Estas normas han de estar predeterminadas y ser públicas. Esta exigencia de publicidad es una novedad de la LOEP que ha de ser saludada muy positivamente[53]. pues contribuye a la transparencia y a generar confianza en el funcionamiento de los tribunales.

Corresponde al Letrado de la A. de J. realizar el reparto de los asuntos que vayan ingresando, bajo la supervisión del Presidente del Tribunal de Instancia. En función del tamaño y organización de la Oficina Judicial es posible que exista un servicio común o una unidad específica dedicada en exclusiva al reparto (cfr. art. 438 LOPJ). La incidencia del reparto sobre el derecho al juez ordinario predeterminado por la ley no impide que se encomiende a personal no jurisdiccional, como el Letrado de la A. de J., pero sí que convierte en imprescindible la supervisión judicial y la posibilidad de cuestionar ante un órgano judicial las posibles irregularidades[54].

53. También se pronunció en este sentido el CGPJ en su Informe al APLO de 2021 (pp. 53-54).
54. Así lo acaba de subrayar el Tribunal de Justicia de la Unión Europea en su reciente sentencia de 27 de febrero de 2025, asunto C-16/24, *YR y otros*:
El artículo 19 TUE, apartado 1, párrafo segundo, en relación con el artículo 47 de la Carta de los Derechos Fundamentales de la Unión Europea, debe interpretarse en el sentido de que, cuando un Estado miembro ha establecido un sistema de reparto de asuntos en el seno de los órganos jurisdiccionales que se basa en el principio de elección aleatoria de la formación del órgano jurisdiccional, con determinadas excepciones, y que está sujeto a la

Las demandas, querellas, recursos contencioso-administrativo y escritos rectores iniciales equivalentes, como es bien sabido, no pueden dirigirse a un juez concreto, sino que se dirigen genéricamente al juez de la Sección que corresponda por turno de reparto y se presentan en el Registro del Tribunal de Instancia, para que sea el Letrado de la A. de J. quien, en aplicación de las normas de reparto, determine a quién le corresponde hacerse cargo del proceso. El reparto es obligatorio (art. 68.1 LEC) y ha de efectuarse dentro de los dos días siguientes a la presentación del escrito inicial (art. 69 LEC).

> Para evitar los perjuicios derivados de esta dilación, los Presidentes de los Tribunales de Instancia podrán, a instancia de parte, adoptar las medidas urgentes en los asuntos no repartidos cuando, de no hacerlo, pudiera quebrantarse algún derecho o producirse algún perjuicio grave e irreparable (art. 70 LEC y art. 168.1 LOPJ).

Los Letrados de la A. de J. no permitirán que se curse ningún asunto sujeto a reparto si no constare en él la diligencia o anotación electrónica de reparto correspondiente. En caso de que no conste dicha diligencia o anotación electrónica, se anulará, a instancia de cualquiera de las partes, cualquier actuación que no consista en ordenar que el asunto pase a reparto (art. 68.2 LEC). El precepto, por tanto, establece la inadmisión a trámite de oficio del escrito rector de que se trate —demanda, querella, recurso contencioso-administrativo— cuando no conste en él la diligencia o la anotación electrónica de reparto: el tribunal habrá de devolverla al Letrado de la A. de J. responsable, para que se proceda a su reparto. Si no lo hace de oficio el tribunal, cualquiera de las partes podrá poner de relieve el defecto.

Si una parte considera que el Letrado de la A. de J. encargado del reparto no ha aplicado correctamente las normas vigentes en el momento en que se interpuso el escrito rector no podrá formular declinatoria o expediente equivalente, porque no está en juego la aplicación de una norma de competencia. Procederá, diversamente, interponer un recurso gubernativo ante el Presidente del Tribunal de Instancia (arts. 167.5 y 168.2 b) LOPJ). Al Presidente del Tribunal de Instancia le corresponde, igualmente, corregir las irregularidades que puedan producirse y promover, en su caso, la exigencia de las responsabilidades que procedan.

En cualquier caso, la infracción de las normas de reparto determina la anulabilidad de las actuaciones: la parte perjudicada podrá solicitar que se anulen las resoluciones dictadas por jueces distintos de aquel o aquellos a quienes correspondiese conocer según las normas de reparto, aunque solo si lo pide en el trámite procesal inmediatamente posterior al momento en que tuvo conocimiento de que se habían infringido las normas de reparto y siempre que la infracción no se haya corregido por el Presidente del Tribunal de Instancia (art. 68.4 LEC).

---

intervención del responsable administrativo de cada órgano jurisdiccional, no se opone a que, cuando un juez al que se ha atribuido un asunto albergue dudas en cuanto a la regularidad de dicha atribución, se le impida pronunciarse sobre esta cuestión y, en su caso, remitir el asunto a otro juez del mismo órgano jurisdiccional por considerar que el asunto debería haberle sido atribuido a este último, debiendo devolver ese primer juez el asunto en cuestión al responsable administrativo de dicho órgano jurisdiccional, para que este último verifique la regularidad de la atribución inicial de ese asunto y proceda, en su caso, a atribuirlo de nuevo. La regularidad de la atribución efectuada por tal responsable debe poder ser objeto de un control jurisdiccional con arreglo a las normas del Derecho nacional.

5. EL TRIBUNAL CENTRAL DE INSTANCIA Y SUS SECCIONES

El Tribunal Central de Instancia replica el esquema del Tribunal de Instancia en el ámbito de la Audiencia Nacional. Todos los Juzgados Centrales unipersonales que hasta ahora desempeñaban sus funciones en ese ámbito pasan a integrarse en las cinco Secciones del nuevo Tribunal Central de Instancia: la Sección de Instrucción, la Sección de lo Penal, la Sección de Menores, la Sección de Vigilancia Penitenciaria y la Sección de lo Contencioso-Administrativo.

A tal fin, el nuevo artículo 95 LOPJ refunde y adapta a la nueva terminología lo que, hasta ahora, aparecía disperso para cada Juzgado Central en los antiguos artículos 88, 89 bis 3, 90.4 a 90.7, 94.4 y 96.2.

El resultado es una estructura cuyas Secciones por definición tienen jurisdicción sobre todo el territorio nacional y que estarán compuestas por un número variable de plazas judiciales en función del volumen de asuntos.

Su ámbito competencial, definido por razón de la materia, no sufre variaciones respecto del que tenían los Juzgados que vienen a disolverse en ellas.

> Así, el nuevo artículo 95 a) LOPJ trasvasa a la Sección de Instrucción las competencias atribuidas anteriormente por el artículo 88 a los Juzgados Centrales de Instrucción. Lo mismo hacen: el artículo 95 b), en relación con la Sección de lo Penal y respecto de las competencias del Juzgado Central de lo Penal (antiguo art. 89 bis.3); el artículo 95 b) para la Sección de Menores, respecto del Juzgado Central de Menores (antiguo art. 96.2); el artículo 95 d) LOPJ para la Sección de Vigilancia Penitenciaria con el contenido del antiguo artículo 94.4; y el artículo 95 e) LOPJ, que traslada al ámbito de la Sección de lo Contencioso-Administrativo las competencias que el antiguo artículo 90 atribuía en sus apartados 4 a 7 al Juzgado Central de lo Contencioso-Administrativo.

Tratándose del reparto de asuntos dentro de las Secciones, se aplica *mutatis mutandis* cuanto se ha señalado antes respecto del Tribunal de Instancia, con dos singularidades: la aprobación de las normas de reparto corresponde a la Sala de Gobierno de la Audiencia Nacional, a propuesta de la Junta de Jueces y Juezas de la respectiva Sección (art. 167.1 i.f. LOPJ); y la supervisión de la aplicación de las normas de reparto corresponde al Presidente del Tribunal Central de Instancia (art. 167.5 i.f. LOPJ).

Las reglas sobre forma de designación y sobre las funciones que en el ámbito del Tribunal de Instancia corresponden a su Presidente, a los Presidentes de Sección y a las Juntas de Jueces y Juezas del Tribunal de Instancia se aplicarán también, con las adaptaciones imprescindibles, en el ámbito del Tribunal Central de Instancia, de sus Secciones y de su Junta de Jueces y Juezas (arts. 166.4, 166.5, 168.4, 169.2 y 169.7 LOPJ).

6. CUATRO FENÓMENOS ESPECIALES

La nueva manera de estructurar el primer peldaño de nuestra organización judicial a través de los Tribunales de Instancia, sus Secciones y sus plazas judiciales da cabida a cuatro fenómenos especiales, que de algún modo suponen una forma diferente de organizar el tribunal o de distribuir la carga de trabajo: la especialización de plazas judiciales, la agrupación de secciones de instrucción, la designación de jueces adicionales para un caso concreto y la asignación a un juez de tareas propias de otra Sección.

Estas reglas, por razón de su ubicación, son aplicables tanto a los Tribunales de Instancia como al Tribunal Central de Instancia. Ocurre, sin embargo, que algunas de ellas no tienen sentido para este último, debido al ámbito nacional de su jurisdicción y/o al tipo de Secciones que lo componen.

6.1. LA ESPECIALIZACIÓN DE PLAZAS JUDICIALES

6.1.1. Reglas generales

Hasta la entrada en vigor de la LOEP, el derogado artículo 98 LOPJ regulaba la posible especialización de uno o de varios juzgados del mismo tipo para asumir en exclusiva el conocimiento de determinadas clases de asuntos o de las ejecuciones propias de un orden jurisdiccional. También se contemplaba la posibilidad de crear juzgados especializados de ámbito superior al partido judicial para conocer, durante un período de tiempo predeterminado, de determinados tipos de asuntos. Estas reglas fueron el origen, entre otros, de los Juzgados de Familia o de los Juzgados de cláusulas suelo, respectivamente.

La LOEP ha trasladado la regulación de estas cuestiones al nuevo artículo 96 LOPJ, que se complementa con previsiones específicas para determinadas Secciones en términos que se han ido viendo ya y sobre los que se volverá en breve. En un plano general, ha de tenerse en cuenta lo siguiente:

(i) La especialización afectará a una o a varias *plazas judiciales* dentro de una misma Sección: aunque la ley se refiera a menudo al juez o magistrado que ocupa la plaza como destinatario de la especialización, lo que se especializa es la plaza judicial[55], de modo que la especialización subsiste vinculada a la plaza, aunque cambie su titular.

(ii) El artículo 96.1 LOPJ otorga al CGPJ la potestad de acordar que alguna o algunas de las plazas judiciales de un Tribunal de Instancia sean objeto de *especialización adicional*, dentro del ámbito propio de la Sección a la que están adscritas[56] . Es necesario, en todo caso, que haya más de una plaza judicial en la misma Sección.

(iii) La especialización puede abarcar el conocimiento de determinadas clases de asuntos: cabe pensar, porque así ha sucedido hasta ahora, que se haga por razón de la materia; pero tampoco cabría descartar que se hiciera con arreglo a otros criterios, como puede ser el tipo de procedimiento —de modo que, v.g., se pudieran especializar una o varias plazas judiciales para procesos monitorios o para ejecuciones hipotecarias—. De hecho, el artículo 96.1 LOPJ mantiene la posibilidad —ya contemplada anteriormente— de encomendar a una o a varias plazas judiciales las ejecuciones propias del orden jurisdiccional de que se trate —en alteración de la regla legal de competencia funcional cuando se trata de títulos ejecutivos judiciales—.

Según se ha ido viendo, la LOPJ ofrece manifestaciones singulares de lo anterior al establecer el régimen de algunas de las Secciones del Tribunal de Instancia.

En concreto, el artículo 86.3 LOPJ prevé la especialización de alguna plaza judicial de la Sección Única o de la Sección Civil de aquellos Tribunales de Instancia en que no se haya

55. También lo señalan así el Informe del CGPJ al APLO de 2021 (p. 9) y el Dictamen del Consejo de Estado (p. 30).

56. Previo informe de las Salas de Gobierno y de las Administraciones con competencias en materia de Justicia.

creado Sección de Familia, Infancia y Capacidad, a la que se encomendará, de forma excluyente —aunque no necesariamente exclusiva— el conocimiento de los asuntos propios de esta. Algo similar hacen los artículos 89.1 y 89 bis.1 LOPJ respecto de la Sección Única o de la Sección de Instrucción, esta vez en relación con las materias propias de las Secciones de Violencia sobre la Mujer y de Violencia contra la Infancia y la Adolescencia, respectivamente.

Estos tres casos presentan como rasgo común que la determinación del ámbito de la especialización se efectúa en bloque por la propia ley, por remisión al que correspondería a la Sección que no se llega a constituir en el Tribunal de Instancia. Se trata, en cierta medida, de una especialización justificada por motivos de eficiencia económica, en la que el papel del CGPJ se limitará a la aprobación, sin margen para una mayor precisión —y sin que tampoco puedan incidir en ello la Sala de Gobierno ni la administración a quien correspondan las competencias en materia de justicia—.

También se prevé una especialización singular en el artículo 90.3 LOPJ, esta vez en relación con la Sección de lo Penal y la necesidad de especializar una o varias de sus plazas para enjuiciar los asuntos instruidos desde las Secciones de Violencia sobre la Mujer y de Violencia contra la Infancia y la Adolescencia —especialización que, según el propio precepto, ha de hacerse en los términos del artículo 96—. Se trata de una especialización más «ortodoxa», que no se opera como compensación por la ausencia de Sección especializada, sino que se formula con carácter obligatorio por motivos de política criminal.

Dejando al margen lo previsto en normas especiales, la nueva versión del artículo 96 LOPJ da cabida a otras especializaciones, más allá de las que ya están legalmente previstas: v.g., que una plaza de la Sección Civil se ocupe de los procesos por desahucio o de las ejecuciones hipotecarias, o que una plaza de la Sección de Familia, Infancia y Capacidad se ocupe de los procesos para la provisión de medidas de apoyo a personas en situación de discapacidad.

6.1.2. La especialización en las Secciones de lo Mercantil

La especialización en el ámbito de las Secciones de lo Mercantil ha merecido un tratamiento singular, tanto en el artículo 96.2 LOPJ como en el artículo 87, antes analizados.

En general, para poder acordar la especialización de plazas judiciales es necesario que haya más de cinco plazas judiciales en las Secciones de lo Mercantil de los Tribunales de Instancia existentes en la provincia. Esta especialización, además, desde una perspectiva puramente formal, está sujeta a requisitos parcialmente distintos: ha de acordarla el CGPJ, tras oír a la Sala de Gobierno —como en los demás casos—, pero el informe de la administración con competencias en materia de Justicia ha de ser favorable.

> La formulación legal permitiría concluir que el cómputo de plazas se aplica tal cual en las provincias en que se hayan creado Secciones de lo Mercantil en Tribunales de Instancia distintos del de la capital, de modo que la cifra de seis o más plazas judiciales podría alcanzarse sumando las que conforman las dos Secciones. Esto, a su vez, permitiría una suerte de especialización compartida a nivel provincial a pesar de la dualidad de Secciones (v.g., que todos los procesos de propiedad intelectual de la provincia se encomienden en exclusiva a la plaza 1 de la Sección de la capital de provincia, o que todos los asuntos de defensa de la competencia de la provincia se atribuyan a la plaza 2 de la Sección del otro Tribunal de Instancia con Sección de lo Mercantil). La idea resultaría interesante y compatible con la búsqueda de la eficiencia y la mayor especialización que la LOEP

promueve, pero se encuentra con un límite infranqueable: la extensión del ejercicio de la jurisdicción de cada una de estas Secciones infraprovinciales a una porción del territorio provincial (art. 87.4 LOPJ).

El artículo 87 LOPJ contempla, además, otras dos modalidades de especialización:

(i) Si la reducida carga de trabajo determina que en una provincia no se constituya una Sección de lo Mercantil, el conocimiento de los asuntos propios de esta Sección se encomendará a una plaza judicial de la Sección Única o de la Sección Civil del Tribunal de Instancia de la capital de provincia (art. 87.2 LOPJ). Esta regla, aparentemente igual a la que se aplica en relación con las Secciones de Familia, Infancia y Capacidad, de Violencia sobre la Mujer y de Violencia contra la Infancia y la Adolescencia, se distingue de ellas en un aspecto formal, pero importante: no se prevé la necesidad de un acuerdo del CGPJ, esto es, no está sujeta a una valoración de oportunidad o conveniencia, sino que tiene rango legal. Ahora bien, será preciso algún acuerdo para determinar cuál será esa plaza judicial. Nada impide que sea el CGPJ quien lo adopte; es más, es posible que, al realizarse la conversión de los actuales Juzgados en Secciones del Tribunal de Instancia se «arrastre» la especialización que ya preexistiera. En todo caso, no parece razonable entender que se pueda dar cumplimiento a lo previsto por este precepto con normas de reparto: la identidad de razón con los demás casos de especialización por razón de la materia justifica someter esta cuestión al control externo del CGPJ.

(ii) También comporta especialización la previsión, antes comentada, en relación con el reparto a una o a varias plazas judiciales, en función del número de las que existan en la Sección, de los concursos de acreedores de persona natural (art. 87.5 LOPJ). En este caso, sin embargo, el legislador ha querido que se materialice a través de normas de reparto, lo que determinará un tratamiento procesal diferente en caso de infracción.

Cuestión distinta es que resulte acertada o no esta diferencia de tratamiento, o que incluso pueda sostenerse que las palabras empleadas por la norma («se repartirán») no hacen referencia al modo en que se establece la especialización, sino solo a sus consecuencias prácticas. De ser así, habría que entender necesario un acuerdo de especialización del CGPJ, por las mismas razones expuestas respecto de la modalidad anterior. Francamente, una mejor redacción legal debería dispensar a los operadores jurídicos de tener que entrar en estas disquisiciones, absolutamente evitables, pero que pueden ser fuente de conflictos que acaben perjudicando a los justiciables.

6.1.3. La especialización singular del artículo 96.3 LOPJ

Al margen de todo lo anterior, es también posible, al amparo del artículo 96.3 LOPJ, que una o varias plazas judiciales de Tribunales de Instancia de la misma provincia y del mismo orden jurisdiccional, estén o no en el mismo partido judicial, y con delimitación de su ámbito territorial de competencia, se especialicen por el CGPJ de manera temporal para el conocimiento de determinadas materias o clases de asuntos, incluidas las ejecuciones que dimanen de ellos[57].

57. El acuerdo del CGPJ requiere informe favorable del Ministerio de Justicia y, en su caso, de la comunidad autónoma con competencias en materia de Justicia, así como haber oído a la Sala de Gobierno del TSJ.

Esto es lo que ha venido sucediendo en los últimos años con los llamados «Juzgados de cláusulas suelo» —en lo sucesivo, si se mantienen, deberían ser «plazas de cláusulas suelo» o «jueces de cláusulas suelo»—, que se han ocupado, con ámbito normalmente provincial, de conocer de los litigios ocasionados por la comercialización de productos financieros y bancarios afectados por cláusulas abusivas.

En estos casos deben tenerse en cuenta las siguientes reglas adicionales:

(i) La especialización tendrá una duración determinada —la que establezca el CGPJ—, aunque nada impide que se prorrogue.

(ii) No pueden ser objeto de especialización por esta vía las plazas judiciales de las Secciones de Instrucción —de ser necesario—, se podrán utilizar otros remedios, como la exención de reparto o las medidas de refuerzo.

(iii) Estos acuerdos de especialización no pueden referirse a materias que, aun siendo del mismo orden jurisdiccional, estén legalmente atribuidas a determinadas Secciones[58].

(iv) Se produce un reajuste territorial de las reglas de competencia, pues los asuntos deberán ser enjuiciados por quien ocupe la plaza especializada, aunque en principio debiera haberse atribuido a una sección radicada en otro partido judicial.

6.1.4. Efectos de la especialización

En lo sucesivo, como hasta ahora, los acuerdos de especialización del CGPJ —del tipo que sean— habrán de publicarse en el BOE y producirán efectos desde el inicio del año siguiente a aquel en que se adopten, salvo que, por razones de urgencia, razonadamente se establezca otro momento anterior (art. 96.4 LOPJ). Quienes ocupen las plazas judiciales afectadas continuarán conociendo hasta su conclusión de todos los procesos que estuvieran pendientes ante ellos antes de la eficacia del acuerdo de especialización —esto es, no se produce una suerte de *tabula rasa* en esas plazas—.

En términos generales, la especialización de determinadas plazas judiciales tiene efectos exclusivos y excluyentes dentro del ámbito de competencia de las Secciones afectadas —el partido judicial o la provincia, según el caso—. Los asuntos que pertenecen a la materia objeto de especialización solo pueden ser conocidos por quien ocupe la plaza especializada y, a la inversa, los titulares de las plazas especializadas no pueden conocer de nada distinto de la materia que les haya sido atribuida, salvo que así se haya establecido en el acuerdo de especialización. Esto hace que, a efectos de tratamiento procesal, el acuerdo de especialización funcione como una regla atributiva de competencia objetiva.

El tratamiento procesal de las reglas sobre especialización se puede deducir del artículo 46 LEC —que tiene el valor de norma supletoria para el resto de las ramas de la jurisdicción, cuyas leyes reguladoras no contemplan esta situación—.

58. Así es, al menos, como creo que debe entenderse la formulación legal: «No podrá adoptarse este acuerdo para atribuir a los jueces, las juezas, los magistrados y las magistradas así especializados asuntos que por disposición legal estuviesen atribuidos a otros u otras de diferente clase». Reconozco, no obstante, que lo oscuro de la redacción puede haberme inducido a error.

En concreto, el juez especializado que considere que está rebasando los límites de su especialización deberá, de oficio, apreciar el defecto e inhibirse a favor de quien sea competente: no se decreta, por tanto, la nulidad de actuaciones ni se sobresee el proceso[59], sino que la causa se ha de remitir a alguno de los jueces no especializados de la Sección del Tribunal de Instancia —*rectius*, a alguna de las plazas judiciales no especializadas—. Para materializarlo se puede pensar en que la devolución habrá de hacerse al Presidente del Tribunal de Instancia, para que ordene que se reparta de nuevo sin vulnerar el acuerdo de especialización.

La ley no se ocupa expresamente del supuesto inverso, esto es, de lo que debe hacer un juez no especializado en caso de que llegue a su conocimiento una demanda que verse sobre materia respecto de la que está especializada otra u otras plazas judiciales de la Sección del Tribunal de Instancia. No obstante, resulta razonable permitir también a este tribunal apreciar de oficio la infracción del acuerdo de especialización e inhibirse a favor del juez especializado –devolviendo las actuaciones a la Oficina Judicial para que se las entregue a dicho juez, si hubiera solo uno, o bien para que reparta el asunto entre los varios que hubiera.

En cuanto a la posibilidad de que sea el demandado quien ponga de relieve el defecto, el artículo 46 *i.f.* LEC señala cómo «si se planteara cuestión por esta causa, se sustanciará como las cuestiones de competencia». Con ello, está haciendo aplicable en este ámbito el mismo mecanismo de control a instancia de parte que se prevé para el tratamiento procesal de la competencia objetiva, esto es, la declinatoria.

6.2. LA AGRUPACIÓN DE SECCIONES DE INSTRUCCIÓN

Aunque el ámbito natural de las Secciones de Instrucción —o de las Secciones Únicas en tanto que secciones de instrucción— es el partido judicial, los apartados 4 a 6 del artículo 88 LOPJ contemplan la posibilidad de proceder a la agrupación de las Secciones de Instrucción y/o de las Secciones Únicas de varios partidos judiciales limítrofes dentro de una misma provincia.

La creación de una agrupación de este tipo tiene carácter excepcional y transitorio, cuando el incremento de las actividades delictivas de organizaciones criminales vinculadas al tráfico de drogas o personas provoque un destacado aumento en el volumen de asuntos penales de esta naturaleza en determinadas zonas o períodos —cabe pensar, por ejemplo, en la zona del Estrecho y del Campo de Gibraltar. De ahí que esté sujeta a dos límites, temporales y materiales:

(i) Temporalmente, la agrupación durará el «período de tiempo en que se produzca la coyuntura que la motiva», algo lógico, pero absolutamente indefinido, pues no hay criterio alguno para medir cuándo el tráfico de drogas y de personas «está muy alto» o «va bajando» —habría cabido esperar del legislador algo más de precisión o la remisión a criterios objetivos, especialmente datos estadísticos.

(ii) Desde un punto de vista material, la agrupación no es completa, sino que se limitará a la instrucción de procesos penales por los tipos delictivos que hayan justificado el estable-

59. Tampoco se ve afectada, por tanto, la interrupción de la prescripción o la suspensión de la caducidad.

cimiento de aquella —que bien pueden no ser todos—, de modo que, v.g., la agrupación se constituya solo en relación con el tráfico de drogas, pero no el de personas. Esto significa, asimismo, que en relación con los demás ámbitos delictivos la agrupación no despliega ningún tipo de eficacia, por lo que los jueces destinados en las secciones agrupadas tendrán un doble ámbito de trabajo mientras esta esté operativa.

A través de la agrupación se pueden lograr varios objetivos: de un lado, se puede hacer frente de manera más racional al mayor volumen litigioso, pues el número de jueces de instrucción disponibles se incrementa, compensando la mayor carga de aquellos destinados en secciones de partidos judiciales más saturados con la menor carga de los partidos limítrofes; también se puede optar por la especialización en una o varias plazas judiciales de la agrupación, a través de las normas de reparto; asimismo, al ampliarse la circunscripción, cabe esperar que se susciten menos cuestiones de competencia entre jueces que conozcan de delitos conexos cometidos en partidos judiciales distintos; asimismo, se puede tratar de promover una unificación de criterios entre todos los jueces de instrucción de una zona afectada por el mismo tipo de delincuencia, pues a estos efectos se pueden celebrar Juntas de Sección en los términos de los artículos 170 y 264.4 LOPJ. Cuál de estas finalidades deba potenciarse en cada caso dependerá de las circunstancias y de los términos en que se haya decidido crear la agrupación.

Al acuerdo para proceder a esta agrupación se llega de forma laboriosa. Su adopción le corresponde al Consejo General del Poder Judicial, con informe de la Fiscalía General del Estado, con propuesta o informe de la Sala de Gobierno del Tribunal Superior de Justicia correspondiente y de las Juntas de Jueces y Juezas de las poblaciones afectadas, y tras recabar el parecer del Ministerio de Justicia y el de la Comunidad Autónoma con competencias en materia de Justicia. En cuanto a su funcionamiento, la agrupación de Secciones estará presidida por el Presidente del Tribunal de Instancia del partido judicial con mayor número de habitantes. El Presidente de la agrupación, junto los presidentes de los demás tribunales de instancia afectados, elaborará las normas para el reparto de los asuntos concretos que sean materia de la agrupación, que habrán de ser aprobadas por la Sala de Gobierno del TSJ y que no podrán afectar a los procesos que ya estuvieran incoados. El reparto en sí se realizará por el letrado de la A. de J. que dirija el «Servicio Común General»[60] del Tribunal de Instancia con mayor número de habitantes de entre los que compongan la agrupación; el presidente de ese Tribunal de Instancia será quien resuelva, con carácter gubernativo, las cuestiones que suscite el reparto y quien corrija las irregularidades que puedan producirse, promoviendo la exigencia de las responsabilidades que procedan.

60. Llama la atención la referencia a este *Servicio Común General*, única en la LOEP y en la LOPJ, que está desconectada del diseño legislativo que finalmente ha recibido la Oficina Judicial y que representa una muestra más de lo poco cuidadosa que ha sido la elaboración normativa. El servicio común que por defecto ha de existir en todo Tribunal de Instancia es el «servicio común de tramitación» (art. 437 LOPJ). No obstante, el artículo 438 LOPJ contempla la posibilidad de crear servicios comunes más especializados, incluidos los que realicen funciones de registro y reparto. Si en el Tribunal de Instancia que encabece la agrupación no existe más que un servicio común de tramitación, parece razonable entender que será el letrado de la A. de J. que lo dirija quien se ocupe de ejecutar las normas de reparto entre Secciones de la agrupación. Si existiera, en cambio, un servicio común de reparto, surgirá una duda que puede complicar de forma absurda el funcionamiento de la agrupación, pues no estará claro si prevalecerá la idea de que el reparto ha de hacerse desde el servicio común más general (el de tramitación) o si tendría sentido encomendárselo a la sección que ordinariamente se ocupa de esas cuestiones.
Debe advertirse un segundo defecto en la norma en relación con el reparto de asuntos. En efecto, el artículo 88.5 LOPJ habla de «las normas de reparto de asuntos concretos materia

Esta complejidad en la gobernanza puede resultar disuasoria en la práctica; más aún lo será que deba hacerse «a coste cero», porque no implicará el aumento de dotaciones presupuestarias. La idea, desde luego, es interesante; pero la ejecución legislativa no parece adecuada para permitir su desarrollo.

6.3. LA DESIGNACIÓN DE JUECES ADICIONALES PARA UN CASO CONCRETO

Ya se ha señalado antes que, con el nuevo modelo, la función jurisdiccional se ejerce de forma unipersonal por los jueces y magistrados que ocupan las plazas judiciales que conforman las Secciones de los Tribunales de Instancia. Por eso, según se apuntó también antes, resulta discutible afirmar que las Secciones sean genuinos órganos jurisdiccionales, dado que no pueden actuar en pleno —*rectius*, ni siquiera existe para ellas la noción de actuación en pleno—. En consecuencia, en cada caso concreto el concepto de órgano judicial se identifica con la plaza judicial cuyo titular ostenta la competencia para su conocimiento —se materializa en esa plaza, si se prefiere—, aunque la dimensión puramente «orgánica» del órgano —valga la aliteración— no pertenezca en exclusiva a la plaza, sino que está compartida con otros.

En este contexto general de unipersonalidad —de jueces «monocráticos»—, el artículo 84.6 LOPJ permite que, en relación con asuntos concretos, se designen otros dos jueces o magistrados del mismo Tribunal de Instancia para que se ocupen de conocer de la primera instancia o de la instrucción de una causa determinada junto con aquel a quien se hubiere turnado el asunto inicialmente: se crea, con ello, una especie de «equipo judicial» especial para un asunto concreto. El ejercicio de la función jurisdiccional, en estos casos, deja de ser unipersonal y pasa a ser colegiado en sentido estricto, pues las decisiones habrán de ser tomadas por los tres jueces de conformidad con las reglas propias del funcionamiento de ese tipo de órganos judiciales (arts. 249 y ss. LOPJ), con la especialidad establecida en el propio artículo 84.6 de que en todas las resoluciones que deban tomarse en el curso del proceso actuará como ponente aquel a quien le hubiere sido turnado el asunto inicialmente. En cuanto a los otros dos jueces o magistrados que se incorporan al equipo que conocerá del asunto, es posible que deban dedicarse a él de forma exclusiva hasta su terminación, pero parece que la regla general será la de que se les puedan seguir repartiendo otros asuntos —cabe entender— que en tanto que titulares de sus propias plazas judiciales y cabe entender, igualmente, que tal vez con una intensidad menor de la habitual para compensar el esfuerzo que comportan las labores que han de realizar en el equipo para el que han sido designados.

La iniciativa para acordar esta medida corresponde al Presidente del Tribunal de Instancia, tras valorar «las circunstancias concurrentes» (art. 167.4 LOPJ). La designación de

---

de la agrupación», lo que permite entender que son normas de reparto entre todos los jueces de instrucción de la agrupación, sin tener en cuenta la sección de origen de cada cual. Se trata de algo razonable, pues ese es uno de los objetivos de la existencia de las agrupaciones. Sin embargo, a renglón seguido, el artículo 88.6 encomienda al letrado de la A. de J. del servicio común general «el reparto de asuntos entre las diferentes Secciones», dando a entender con ello que el alcance de las normas de reparto sería más limitado, pues se ceñiría a determinar si un caso concreto corresponde a los jueces de instrucción de la Sección del Tribunal de Instancia X —de entre los de la agrupación— o a los del Tribunal Y. De ser así, harían falta ulteriores normas de reparto para distribuir entre los varios jueces de instrucción de cada sección la cuota o el lote de asuntos previamente repartidos entre secciones. Lo absurdo de esta conclusión obliga a descartar esta interpretación y a deplorar, una vez más, la defectuosa redacción legal.

los concretos jueces o magistrados a quienes corresponda sumarse al enjuiciamiento o instrucción del caso se hará conforme a un turno preestablecido, que será anual y público. Esa propuesta ha de superar un doble filtro: en primer lugar, la Sala de Gobierno; en segundo, el CGPJ, a quien corresponde su aprobación.

La finalidad de la norma parece ser la de «reforzar» al órgano judicial en asuntos complejos, pues el uso de esta facultad se reserva para los casos en que este proceder «favorezca el ejercicio de la función jurisdiccional» cuando así lo aconseje «el volumen, la especial complejidad o el número de intervinientes» en un proceso.

No obstante, la forma en que se opera el refuerzo, a través de la colegialidad, resulta en bastantes aspectos imprecisa. En efecto, según el tenor literal del precepto solo parece traducirse en la necesidad de que todas las decisiones se tomen por tres juzgadores, sin más, lo cual no comporta necesariamente dividir el trabajo, especialmente si el ponente ha de ser siempre el mismo. Y es que los criterios de los que depende el recurso a esta fórmula pueden ser de orden cuantitativo o de orden cualitativo. El *volumen* o el *número de intervinientes* guardan relación con la carga de trabajo que puede comportar el asunto, tal vez excesiva para una persona: en estos casos, el valor añadido que podrían aportar los jueces o magistrados que se añaden se asocia a la posibilidad de dividir el trabajo entre varios. Por su parte, la *especial complejidad* puede dar cabida también a la dificultad fáctica y/o jurídica del asunto, situación en la que el concurso de otros dos juzgadores podría aportar el valor añadido del estudio compartido y de la deliberación.

En abstracto, pues, la propuesta resulta interesante para superar las dificultades de gestión de asuntos complejos en tribunales unipersonales. Cabe pensar, a título de ejemplos, en concursos de acreedores de empresas de gran volumen, en la tramitación de procesos en que se ejerciten acciones colectivas que pongan en tela de juicio los derechos de miles de consumidores, o incluso en la instrucción de megacausas penales. Pero, si ese es el objetivo, lo cierto es que la regulación del artículo 84.6 LOPJ se queda corta, pues falta precisión en relación con el modo en que ha de producirse la interacción entre los tres jueces del equipo, los posibles criterios de reparto del trabajo y los límites a una hipotética actuación individual parcial. Y es que, en el fondo, lo interesante de la fórmula debería ser que permitiera el reparto del trabajo y no solo el de la carga de la decisión; y es algo que no está claro, tal y como está redactada la norma. Antes bien, el juego de las mayorías, propio de la conformación de la voluntad judicial en un órgano colegiado, puede servir para contrarrestar el criterio que se sospecha que puede seguir en ese tipo de asuntos el juez a quien haya correspondido el caso o, peor aún, el criterio que ya está siguiendo ese juez en ese concreto asunto —a muchos lectores le vendrán rápidamente a la cabeza ejemplos de instrucciones penales polémicas e incómodas[61]—. Lo dramático es que la defectuosa e insuficiente redacción del precepto no sirve para excluir un uso potencialmente espurio de la facultad en él prevista: basta con la iniciativa del Presidente del Tribunal de Instancia, secundada por la Sala de Gobierno y refrendada por el CGPJ. Son tres filtros, quizá con criterios y visiones distintas, pero *hard cases make bad law*... Adviértase, de hecho, que en ningún momento se prevé ni la audiencia del juez concernido ni, menos aún, una posible iniciativa suya —una suerte de petición de apoyo por su parte—, que tendrían todo el sentido, dado que será el primero en apreciar el volumen y la complejidad de la causa y en considerar necesaria la conformación del equipo para un mejor ejercicio de la función jurisdiccional.

61. Este riesgo también es advertido con crudeza por DEL BARCO MARTÍNEZ, M. J., en PEREA GONZÁLEZ, A. (coord.), «Diálogos para el futuro judicial XLV. El Proyecto de Ley Orgánica de Eficiencia Organizativa», *Diario La Ley*, n.º 10080, 1 de junio de 2022.

Lo que sí permite ahora la ley —y es novedad introducida por la LOEP— es que un juez concreto solicite quedar liberado del reparto de asuntos, por tiempo limitado, «cuando la buena administración de justicia lo haga necesario» (art. 167.2 LOPJ). Cabe entender, aunque la norma sea tan amplia, que esta medida es procedente ante la especial sobrecarga de trabajo que le haya generado al titular de la plaza concernido uno o varios asuntos que se le hayan repartido y que provoquen el peligro de hacer colapsar la atención normal al resto de sus asuntos —aunque se especifica que la liberación de reparto no afecta a los procesos ya en trámite, que habrán de ser resueltos en todo caso por el juez concernido—.

> Esta liberación, instada por el interesado, habrá de ser propuesta por la Junta de Jueces y Juezas de la Sección —al fin y al cabo, la liberación de reparto de uno de ellos redundará en el reparto de más asuntos entre los demás— y será trasladada por el Presidente a la Sala de Gobierno quien, si lo entiende pertinente, la aprobará y la publicará.

Con todo, el principal problema que plantea la posible creación de equipos judiciales no es la indefinición en cuanto al contenido de lo que permite la norma, sino su naturaleza potencialmente lesiva del derecho fundamental al juez ordinario predeterminado por la ley (art. 24.2 CE, art. 6.1 CEDH, art. 47 II CDFUE)[62], por varias razones[63].

De entrada, porque se altera la composición *ordinaria* del tribunal, por mucho que se haga con arreglo a un turno preestablecido y público que ha de cambiar de año en año: el hecho de que el Presidente del Tribunal no pueda decidir libremente quiénes son los concretos jueces que se suman al inicial —algo que sería abiertamente inaceptable— no impide apreciar la alteración de las reglas normales de conformación del órgano judicial[64]. Las Secciones del Tribunal de Instancia funcionan ordinariamente de forma unipersonal, no colegiada: cambiar esto supone una excepción a la regla que ha de estar fuertemente justificada y, como se verá seguidamente, el modo en que está regulado el artículo 84.6 LOPJ no garan-

---

62. Cfr. el exhaustivo análisis de DÍEZ-PICAZO GIMÉNEZ, I., «Artículo 24. Garantías procesales», en ALZAGA VILLAAMIL, O. (coord.), *Comentarios a la Constitución Española de 1978*. vol. III, Cortes Generales-EDERSA, Madrid, 1999, pp. 19-124, esp. pp. 55-73. También GIMENO SENDRA, V., «El derecho al juez legal», en RODRÍGUEZ-PIÑERO Y BRAVO-FERRER, M. y CASAS BAHAMONDE, M. E. (dirs.), *Comentarios a la Constitución Española*, Wolters Kluwer, Las Rozas, 2018, pp. 783-792.
63. Así lo advirtió igualmente el CGPJ en su Informe al APLO de 2021, cuya redacción era aún más genérica (pp. 24-26 y 54). Entre otros posibles paliativos, el Consejo aconsejó en ese momento que se estableciera un turno anual —propuesta incorporada— con base en criterios objetivos —sugerencia desatendida—.
64. Y esta es una cuestión que ha llamado también la atención del Tribunal de Justicia de la Unión Europea, como ha puesto de manifiesto su reciente sentencia de 6 de marzo de 2025, asuntos acumulados C-647/21 y C-648/21, *D. K. y otros contra Prokuratura Rejonowa w Bytowie y Prokuratura Okręgowa w Łomży*, y en cuyos apartados 73 a 75 se puede leer lo siguiente:
    73 Pues bien, la referencia a un «tribunal establecido por la ley», que también figura en el artículo 47, párrafo segundo, de la Carta, refleja, en particular, el principio del Estado de Derecho y se refiere no solo a la base jurídica de la propia existencia del tribunal, sino también a la composición del órgano enjuiciador en cada asunto y a cualquier otra disposición de Derecho interno cuyo incumplimiento conlleve la irregularidad de la participación de uno o varios jueces en el examen del asunto (véase, por analogía, la sentencia de 29 de marzo de 2022, Getin Noble Bank, C-132/20, EU:C:2022:235, apartado 121 y jurisprudencia citada).

tiza en absoluto la real concurrencia de excepcionalidad en el caso concreto. El legislador intenta desactivar esta objeción con el argumento de que el genuino órgano judicial predeterminado por la ley es la Sección del Tribunal de Instancia, no sus jueces; a ello se puede añadir que, conforme a la doctrina de nuestro Tribunal Constitucional, las normas de reparto, como regla, no forman parte de esa ley con arreglo a la cual ha de estar predeterminado el tribunal[65]. Pero: (i) ya se ha expuesto antes que, en realidad, son los concretos jueces quienes integran el órgano judicial de manera unipersonal para cada asunto, no la Sección, que no puede actuar nunca como tal, de forma plenaria; (ii) el artículo 84.6 LOPJ ni siquiera exige que los jueces añadidos al inicial pertenezcan a su misma sección; y (iii) la previsión del artículo 84.6 LOPJ no supone una alteración de las normas de reparto, sino de las reglas sobre conformación del tribunal para un caso concreto.

Y es que, en realidad, lo que prevé el precepto es la construcción de un tribunal *ad hoc* y con posterioridad a la incoación del proceso: no se constituye un equipo judicial en previsión de la llegada de cierto tipo de asuntos complejos o voluminosos, sino que se toma la decisión de crear ese equipo una vez que el proceso ya ha comenzado y se ha constatado la supuesta necesidad de hacerlo para favorecer el ejercicio de la función jurisdiccional. Se puede reconvenir aduciendo que esta fórmula solo puede tener sentido cuando se comprueba que se ha materializado una situación en la que resulta legítimo acudir a ella, pero es evidente que el razonamiento se vuelve circular y obliga a centrar la atención en el modo en que está construido el presupuesto que habilita su activación.

En este punto, de hecho, puede fallar también la predeterminación *legal*: la ley construye el presupuesto que habilita la activación de este mecanismo con una falta absoluta de precisión, lo que impide hablar de genuina predeterminación o predictibilidad. En efecto, ya se ha visto que, según dispone el artículo 84.6 LOPJ, ha de darse una de entre tres tipos de situación o circunstancia —volumen, especial complejidad o número de intervinientes— y ha de considerarse que el nombramiento de dos jueces adicionales, dada esa situación, sirve al objetivo de «favorecer el ejercicio de la función jurisdiccional»[66].

Este objetivo es inobjetable, pero totalmente vacuo, en la medida en que no admite alternativa: no cubre, por ello, los estándares mínimos de concreción de los parámetros que han de servir para justificar una modalidad tan excepcional de construir un órgano jurisdiccional.

---

74 Así, las normas de atribución y de reatribución de los asuntos forman parte del concepto de tribunal «establecido previamente por la ley», que exige no solo una base jurídica para la propia existencia del tribunal, sino también el respeto de la composición del órgano enjuiciador en cada asunto, así como la existencia de cualquier otra disposición de Derecho interno cuyo incumplimiento conlleve la irregularidad de la participación de uno o varios jueces en el examen del asunto.

75 En consecuencia, el artículo 19 TUE, apartado 1, párrafo segundo, también exige, a este respecto, que las normas que regulan la composición de las formaciones jurisdiccionales permitan excluir cualquier injerencia indebida, en el proceso de toma de decisiones en un asunto determinado, procedente de personas externas a la formación jurisdiccional a cargo de dicho asunto y ante las cuales las partes no hayan podido formular alegaciones (véase, en este sentido, la sentencia de 11 de julio de 2024, Hann-Invest y otros, C-554/21, C-622/21 y C-727/21, EU:C:2024:594, apartado 59).

65. Cfr. ATC 652/1986, de 23 de julio; STC 205/1994, de 11 de junio, FJ 3; ATC 113/1999, de 28 de abril, FJ 3; STC 170/2000, de 26 de junio, FJ 2; STC 32/2004, de 8 de marzo, FJ 4.

66. El Informe del CGPJ al APLO de 2021 habla de «un criterio material de escasísima densidad normativa» (p. 54).

Lo mismo sucede con las situaciones o circunstancias: cabe entender que el «volumen» y el «número de intervinientes» han de ser elevados, pero la ley no se molesta en añadir calificativo alguno en este sentido, de modo que la noción se vuelve demasiado imprecisa; algo semejante ocurre con la «especial complejidad» del asunto, cuyos posibles motivos o consecuencias tampoco se molesta el legislador en identificar[67].

Más aún, falta en la norma cualquier tipo de determinación procedimental en relación con el momento en que puede activarse esta opción por el Presidente del Tribunal y acerca del impacto que esa activación ha de tener sobre el proceso, dado que la aprobación de la creación del equipo puede requerir un cierto lapso de tiempo.

No hay motivos para cuestionar lo bienintencionado de un precepto que, en línea general con los objetivos asociados a la construcción de los Tribunales de Instancia, aspira a promover la flexibilidad y un cierto margen de adaptación de la composición numérica del tribunal a las necesidades excepcionales de ciertos asuntos. El problema es que el instrumento para lograr ese objetivo —la regulación legal— es claramente insuficiente para asegurar el respeto al derecho fundamental de las partes al juez ordinario predeterminado por la ley, desde un punto de vista cuantitativo y cualitativo: la norma es incompleta y utiliza unos parámetros que no aseguran un mínimo de predictibilidad o predeterminación de los supuestos en que procedería aplicarla.

Por ello, parece prudente agotar otras opciones menos comprometidas para afrontar las necesidades a las que pretende dar respuesta el artículo 84.6 LOPJ. Entre ellas se encuentran la antes mencionada liberación temporal de reparto (art. 167.2 LOPJ), las medidas de refuerzo en la titularidad de los órganos judiciales de los artículos 216 bis a 216 bis 4 LOPJ y también la alteración de las normas de reparto a que se refiere el artículo 167.3 LOPJ —aunque solo son aplicables— si el problema afecta a una plaza judicial en una Sección de lo Mercantil, de lo Penal, de Menores, de Vigilancia Penitenciaria, de lo Contencioso-administrativo o de los Social.

6.4. LA ASIGNACIÓN A UN JUEZ DE TAREAS PROPIAS DE OTRA SECCIÓN

El artículo 84.4 LOPJ contempla otra novedad organizativa asociada a la nueva estructura de los Tribunales de Instancia y que se presenta, igualmente, como ejemplo de flexibilidad y eficiencia en la utilización de los recursos humanos —en este caso, de los judiciales—. En concreto, se puede encomendar a jueces y magistrados de una Sección que conozcan de asuntos de nuevo ingreso que, en principio, son propios del ámbito de otra de las secciones de ese mismo Tribunal de Instancia, siempre que se trate de asuntos del mismo orden jurisdiccional. Esto significa, v.g., que el titular de una plaza judicial en la Sección de Familia, Infancia y Capacidad del Tribunal de Instancia de Madrid puede tener que asumir asuntos que serían propios de la Sección Civil, o de la Sección Mercantil, o viceversa; o que al titular de una plaza judicial en la Sección de Instrucción del Tribunal de Instancia de Barcelona se le pueden asignar asuntos propios de la Sección de lo Penal, de la Sección de Menores, de la

67. El Consejo de Estado, en su Dictamen, se muestra muy reticente también ante el modo en que se regula esta materia y reclama «que esa decisión de colegiación sea lo más reglada posible y se rija por normas públicas y transparentes», lo que supone, entre otras exigencias, «delimitar con criterios objetivos los supuestos concretos en los que procederá esa "colegiación"», dada «la directa relación de esta materia con el estatus y la independencia judicial y con el derecho al juez ordinario predeterminado por la ley» (p. 34).

Sección de Violencia contra la Infancia y la Adolescencia o de la Sección de Violencia sobre la Mujer.

El artículo 84.4 LOPJ dota a esta singular asignación de asuntos de un régimen jurídico muy parco: solo regula quién puede acordarla y de qué depende que pueda hacerlo.

En cuanto a lo primero, compete al CGPJ adoptar el correspondiente acuerdo, que habrá de publicarse en el BOE. El acuerdo se adoptará a propuesta del Presidente del Tribunal de Instancia, oída la Junta de Jueces y Juezas «del orden jurisdiccional al que se refiera».

> La iniciativa del Presidente se asocia a la función genérica que el artículo 168.2 LOPJ le otorga de asegurar «la buena marcha» del Tribunal de Instancia. La expresión, desde luego, es excesivamente coloquial e imprecisa —algo que, a estas alturas, no debe sorprender al lector—.
>
> En cuanto a la Junta de Jueces y Juezas del mismo orden jurisdiccional, no se trata de un órgano que exista de forma estable, pero se puede convocar a este fin —también a otros— con arreglo a lo dispuesto en el artículo 170.2 II LOPJ.

En cuanto al presupuesto habilitante para optar por esta fórmula, la LOPJ se limita a señalar que se acudirá a ella «conforme a criterios de racionalización del trabajo». Incurre con ello de nuevo el legislador en una imprecisión incompatible con el valor de los principios y derechos en juego, en la medida en que carece de un mínimo de concreción. Se intuye que lo que se busca es corregir desequilibrios transitorios entre las cargas de trabajo que soportan los jueces de las diversas Secciones, pero es necesario establecer con mayor precisión cuáles son los parámetros de los que esto puede depender. Si la iniciativa corresponde al Presidente del Tribunal, a quien se encomienda —dentro del velar por «la buena marcha»— asegurar la «racionalización del trabajo», cabría esperar que este dispusiera de unos elementos más claros para justificar su decisión: v.g., la existencia de datos estadísticos fiables y detallados y su puesta a disposición del Presidente, la fijación de criterios comunes acerca de cuándo una Sección está sobrecargada o, por el contrario, dispone de holgura para asumir mayor carga de trabajo.

> Y recuérdese, de nuevo, que la LOPJ prevé otras fórmulas alternativas para atender a los desequilibrios puntuales en el reparto de la carga de trabajo, como la liberación de reparto por tiempo limitado, las medidas de refuerzo en la titularidad del órgano judicial y las modificaciones a las reglas de reparto en las Secciones de lo Mercantil, de lo Penal, de Menores, de Vigilancia Penitenciaria, de lo Contencioso-administrativo y de lo Social.

De forma más específica, el artículo 84.4 LOPJ contempla el supuesto especial de que la asignación se acuerde para cubrir ausencias provocadas por la concesión de comisiones de servicio o licencias de larga duración: se deduce, pues, que este es un supuesto en que se puede producir una sobrecarga en la sección afectada, si la comisión de servicios o la licencia no va acompañada de una sustitución. Lo que establece la ley para estos casos es que al juez afectado por la medida no solo se le pueden encomendar asuntos de nuevo ingreso, sino también que se haga cargo de aquellos no concluidos de los que estaba conociendo el juez que pasó a la situación de comisión de servicios o de licencia: respecto de estos últimos, por tanto, funciona como un sustituto en sentido estricto.

Lo anterior, sin embargo, no es suficiente para concluir que esta nueva figura está dotada de un régimen jurídico adecuado, pues es mucho lo que omite y que, sin embargo, debería quedar claro en el plano legal.

En primer lugar, y en términos equivalentes a los ya señalados al abordar la especialización, debería quedar claro que la asignación, en rigor, afecta a una o varias plazas judiciales y, con ello, a sus titulares; pero no se hace una asignación a jueces-persona específicos.

En relación con esto ha de advertirse la ausencia en la ley de un mínimo criterio para seleccionar qué plaza o plazas se van a ver afectadas y, con ellas, qué juez o jueces se van a ver funcionalmente desplazados. Es necesario, en este punto, eliminar cualquier atisbo de sospecha de que la decisión no sirve al objetivo de apartar un juez «incómodo» de un determinado tipo de asuntos.

La norma tampoco precisa si cabe algún tipo de especialización al hacer la asignación, esto es, si los titulares de las plazas judiciales asignadas a una nueva Sección entrarán al reparto de todo lo que corresponda a esa Sección o si se podrá activar algún tipo de especialización. Más aún, ya se ha apuntado antes una duda adicional, la de si el requisito de la especialización personal del juzgador (v.g., en materia mercantil) puede ser un óbice.

De hecho, no está claro si la asignación a una nueva Sección determina que se queda fuera de la Sección de origen —en cuyo caso el efecto es similar al de un cambio de adscripción de Sección de la plaza afectada— o si, por el contrario, se puede seguir recibiendo reparto de asuntos de la Sección de origen —y entonces estaríamos más bien ante algo similar a una medida de refuerzo—.

Tampoco aclara la norma la duración de esta medida. Es inevitable asumir que será transitoria, pues de lo contrario se estaría alterando la composición numérica de las Secciones, algo que ha de hacerse desde otras instancias y siguiendo otros procedimientos[68]. La referencia que incluye el precepto a las comisiones de servicios y a las licencias de larga duración, por otro lado, transmite la idea de que no compensa activar esta fórmula en escenarios muy puntuales y presumiblemente breves de desequilibrio interno.

Y es que, como puede fácilmente intuirse, esta medida puede afectar *de facto* a la inamovilidad de los jueces concernidos[69]; y la inamovilidad, no puede olvidarse, es una garantía instrumental de la independencia judicial. Nuevamente el legislador aspira a evitar el reproche con la fórmula de la adscripción funcional de los jueces a las secciones, lo que justificaría, en consecuencia, una movilidad entre Secciones dentro del mismo Tribunal de Instancia. Lo cierto, sin embargo, es que puede suponer una mutación grande de las funciones y tareas que deba realizar el juez afectado que, v.g., debería pasar a ser instructor, cuando era enjuiciador, o debe aplicar en lo sucesivo una parcela específica del ordenamiento que requiere una especialización de la que carece —en perjuicio indirecto de los justiciables—. Por ello, una vez más, se echa en falta una mayor calidad de la norma, que la haga más resistente a los reproches.

7. EL GOBIERNO INTERNO DEL TRIBUNAL DE INSTANCIA

El gobierno interno del Tribunal de Instancia —su gobernanza, si se prefiere— se articula buscando un equilibrio entre cargos unipersonales —el Presidente del Tribunal de Instancia y, cuando los haya, los Presidentes de Sección— y órganos colegiados —las Juntas de Jueces y Juezas del Tribunal y, cuando proceda, de sus Secciones—.

---

68. En concreto, con arreglo a lo previsto en el artículo 20.1 II LDYPJ.
69. Así lo advirtió también ESCALADA, M. L., (*supra*, nota 4) en relación con la herramienta equivalente que figuraba en el proyecto de 2011.

7.1. EL PRESIDENTE DEL TRIBUNAL DE INSTANCIA

Todos los Tribunales de Instancia tendrán un Presidente (art. 84.3 LOPJ): se trata de un cargo necesario que hereda las funciones de la anterior figura del Juez Decano, aunque con algunos cambios, que se verán seguidamente.

El Presidente del Tribunal de Instancia será nombrado por el CGPJ, por un período de cuatro años, a propuesta de la Sala de Gobierno (art. 166.1 LOPJ). Existen dos sistemas para que la Sala de Gobierno determine la persona en cuyo favor se hará la propuesta:

— Por elección entre los integrantes del Tribunal de Instancia, entre quienes hayan presentado su candidatura: será necesaria mayoría de tres quintos en primera votación y, de no alcanzarse, bastará la mayoría simple en la segunda. Si hubiera empate entre candidatos, se resolverá a favor de quien ocupe mejor puesto en el escalafón.

— Si no hay candidatos no podrá haber elección, por lo que la propuesta recaerá, quiera o no, en el integrante del Tribunal que ocupe el mejor puesto en el escalafón.

> El sistema es, pues, parcialmente diverso al previsto para la designación del Decano, pues la elección solo estaba prevista allí donde hubiera diez o más Juzgados; la designación por escalafón era la única vía allí donde había menos de diez.

El Presidente del Tribunal de Instancia —igual que con anterioridad el Decano— puede quedar liberado del trabajo que le correspondiera realizar en su plaza de adscripción, si así lo justifican «las circunstancias»; a pesar de lo impreciso, cabe entender que se refiere a la dimensión del Tribunal y a la carga de trabajo aneja a las funciones propias de la Presidencia, siempre teniendo claro que esta liberación solo se acordará «excepcionalmente». En desarrollo de lo anterior el artículo 26 LDYPJ, reformado también por la LOEP, establece como umbral mínimo que el Tribunal de Instancia cuente con cuarenta o más plazas judiciales. Esta liberación habrá de acordarla el CGPJ, oídas la Junta de Jueces y Juezas y la Sala de Gobierno (art. 166.2 LOPJ).

En cuanto a sus funciones, el Presidente del Tribunal de Instancia ostenta la representación del Tribunal ante los poderes públicos (art. 169.1 LOPJ) y asume las competencias que con anterioridad estaban atribuidas al Juez Decano, aunque estas se ven ampliadas con tres funciones nuevas (art. 168.2 a), e) y f) LOPJ):

— Coordinar el funcionamiento del Tribunal adoptando las resoluciones precisas que, desde el punto de vista organizativo y en su ámbito competencial, sean necesarias para la buena marcha del mismo.

— Promover la unificación de criterios y prácticas entre los distintos jueces y magistrados del Tribunal de Instancia.

— Asumir las funciones propias de la Presidencia de Sección en aquellas Secciones que cuenten con un número de jueces o magistrados inferior a ocho.

Con estas atribuciones el legislador aspira a otorgarle funciones de liderazgo e iniciativa sobre el resto de integrantes del Tribunal; de hecho, algunas manifestaciones concretas de este tipo de poderes ya se han podido analizar con anterioridad, v.g. de cara a activar la constitución de un equipo judicial para un asunto concreto al amparo del artículo 84.6.

De forma más específica, la tradicional función de los Jueces Decanos de velar por la buena utilización de los locales judiciales y de los medios materiales, que hasta ahora era absoluta, se limita al traspasársela a los Presidentes del Tribunal de Instancia: les corresponderá «en tanto se refiera o afecte a la función jurisdiccional» (art. 168.1 LOPJ). En realidad, el proyecto de ley inicial pretendía suprimir esta función, por considerar que era propia del Letrado de la A. de J. que dirija la Oficina Judicial. Las críticas recibidas, que pusieron de manifiesto la posible relación entre locales judiciales, medios materiales y desempeño de la función jurisdiccional han conducido a la fórmula de compromiso finalmente aprobada, deliberadamente ambigua e imprecisa [70].

7.2. LOS PRESIDENTES DE SECCIÓN

En virtud del artículo 84.3 LOPJ tendrán Presidente propio aquellas Secciones que tengan una dimensión amplia. En concreto, han de concurran las siguientes circunstancias:

a) Que en el Tribunal de Instancia haya dos o más Secciones: sería absurdo que en un Tribunal de Instancia con Sección Única pudiera haber dos presidencias.

b) Que en la Sección de que se trate existan ocho o más plazas judiciales.

c) Que el número total de plazas judiciales del Tribunal de Instancia sea igual o superior a doce.

Es posible, por ello, cierta asimetría en cuanto a la existencia de presidencias de Sección: puede que algunas tengan presidente propio —aquellas que cuenten con ocho o más plazas judiciales— y que, en cambio, no la tengan otras. Se trata de algo razonable, especialmente si se tiene en cuenta que ciertas Secciones son necesarias en los Tribunales de Instancia de la capital de provincia, a pesar de que, por su carga de trabajo, estén integradas por una o por pocas plazas judiciales. Cuando una Sección carezca de presidente propio ejercerá dicha función el Presidente del Tribunal de Instancia.

Al Presidente de la Sección lo nombra el Presidente del Tribunal de Instancia aplicando los mismos criterios que para la designación de este: elección entre los miembros de la Sección, si hay candidatos; antigüedad en el escalafón, de no haberlos (art. 166.3 LOPJ).

En cuanto a sus funciones, las enumera el artículo 168.3 LOPJ y, suponen, a escala, la atribución de un cierto liderazgo organizativo dentro de la Sección, así como una función de enlace con el Presidente del Tribunal de Instancia, cuando ambos cargos están ocupados por personas distintas.

Se trata, en concreto, de las siguientes:

a) Coordinar, bajo la dirección de la Presidencia del Tribunal de Instancia, el funcionamiento de su Sección adoptando las resoluciones precisas para la buena marcha de la misma.

---

70. Así lo señalan el Informe del CGPJ al APLO de 2021 (pp. 10 y 54-57) y el Dictamen del Consejo de Estado (p. 32). Cfr. también DEL BARCO MARTÍNEZ, M. J., en PEREA GONZÁLEZ, A. (coord.), «Diálogos para el futuro judicial XLV. El Proyecto de Ley Orgánica de Eficiencia Organizativa», *Diario La Ley*, n.º 10080, 1 de junio de 2022.

b) Sustituir a quien ostente la Presidencia del Tribunal de Instancia en los supuestos de vacante, ausencia, enfermedad o por otra causa justificada. Cuando existieran varias Presidencias de Sección esta sustitución corresponderá a quien ocupe mejor puesto en el escalafón.

c) Ejercer aquellas funciones que le delegue la Presidencia del Tribunal de Instancia con relación a su Sección.

d) Convocar a la Junta de Sección.

e) Dar cuenta a la Presidencia del Tribunal de Instancia de la convocatoria de las Juntas de Sección y de los acuerdos adoptados en ellas.

7.3. LAS JUNTAS DE JUECES Y JUEZAS Y LA UNIFICACIÓN DE CRITERIOS

La LOPJ adapta al ámbito del Tribunal de Instancia las distintas modalidades de Juntas de Jueces que se habían ido admitiendo hasta ahora, de modo que en lo sucesivo resultarán posibles hasta en tres niveles distintos.

7.3.1. La Junta de Jueces y Juezas del Tribunal de Instancia

La Junta de Jueces y Juezas del Tribunal de Instancia puede reunirse para tratar *asuntos de interés común relativos a la actividad jurisdiccional* (art. 169.1 LOPJ). De forma más específica, le corresponde elaborar los planes anuales de sustitución entre los jueces titulares a que se refiere el artículo 211 (art. 169.6 LOPJ).

Esta Junta estará presidida por el Presidente del Tribunal de Instancia, que será también quien la convocará cuando lo considere necesario o cuando lo solicite la cuarta parte de los jueces y magistrados que formen parte del Tribunal (art. 169.1 LOPJ). Para poder tomar válidamente acuerdos será necesario un quórum de la mitad más uno de sus miembros; los acuerdos se adoptan por mayoría simple (art. 169.4 LOPJ). La Junta elegirá como Secretario a uno de sus miembros, que será el encargado de redactar las actas de los acuerdos que se adopten, así como de conservarlas y de expedir certificaciones (art. 169.5 LOPJ).

7.3.2. La Junta de Jueces y Juezas de Sección: los límites a la unificación de criterios

La Junta de Jueces y Juezas de Sección estará presidida por el Presidente de la Sección, cuando lo haya y, si no, por el Presidente del Tribunal de Instancia (art. 170.1 II LOPJ). A él le corresponde convocarla, cuando lo estime necesario o cuando lo solicite al menos una cuarta parte de sus miembros de derecho y, en todo caso, una vez al año (art. 170.2). En lo demás, su régimen de funcionamiento se rige por las mismas reglas que se aplican a la Junta de Jueces y Juezas del Tribunal (art. 170.3 LOPJ).

Las funciones de la Junta de Sección son mucho más precisas que las de la Junta del Tribunal: según el artículo 170.1 II LOPJ, le compete proponer las normas de reparto, unificar criterios y prácticas, y tratar asuntos comunes o sobre los que estimaren conveniente elevar exposición a la Sala de Gobierno correspondiente o al CGPJ o sobre los que el CGPJ les hubiera solicitado informe.

En el diseño de la LOEP la Junta de Jueces y Juezas de Sección tiene un protagonismo especial, pues el nexo de unión entre sus miembros permite otorgarle funciones de mayor utilidad en la gobernanza interna y, sobre todo, la convierte en la palanca para tratar de fomentar una mayor homogeneidad o uniformidad en la aplicación de la ley. Este ha sido uno de los *leitmotivs* del legislador a la hora de justificar la reforma organizativa y la implantación de los Tribunales de Instancia[71], aunque no se ha alcanzado la meta perseguida, según se deduce de la redacción finalmente otorgada al nuevo artículo 264.4 LOPJ, que desarrolla esta cuestión.

En este punto, el espejo en que se miró el legislador fue el de los «plenos jurisdiccionales» existentes en los órganos judiciales colegiados, tal y como había quedado regulado en el artículo 264 LOPJ. Según este, cuando se advierta diversidad de criterios interpretativos en la aplicación de la ley en asuntos sustancialmente iguales, el Presidente de la Sala o Tribunal respectivo puede convocar Pleno jurisdiccional, integrado por todos los magistrados de la Sala en cuestión a quienes corresponda conocer de la materia en que la discrepancia se hubiera puesto de manifiesto, para resolver uno o varios asuntos concretos y, al hacerlo, unificar el criterio del tribunal. El criterio adoptado tiene una fuerza vinculante singular: las Secciones del órgano colegiado serán independientes a la hora de enjuiciar y resolver los distintos procesos de que conozcan, pero «deberán motivar las razones por las que se aparten del criterio acordado» (art. 264.3 LOPJ). Aunque no estén obligados a atenerse al acuerdo, surge un deber de motivación especial que, a efectos prácticos, especialmente en un contexto de sobrecarga de trabajo, contribuye a reforzar la aplicación del criterio acordado.

Pues bien, en las propuestas iniciales de la LOEP se quiso reproducir para las Secciones del Tribunal de Instancia este mismo esquema: al igual que en los tribunales colegiados, las Juntas de Sección de Tribunal de Instancia podrán reunirse para el examen y valoración de criterios cuando sus integrantes sostengan en sus resoluciones diversidad de criterios interpretativos en la aplicación de la ley en asuntos sustancialmente iguales. El fin perseguido, sin duda, es más que razonable, pues busca fomentar la predictibilidad y la seguridad jurídica, que se pueden ver comprometidas ante respuestas dispares a situaciones sustancialmente idénticas.

El prelegislador, siguiendo el modelo preexistente, quiso introducir la regla de que los juzgadores de la Sección mantendrían su independencia al enjuiciar y resolver los casos concretos de que conocieran, pero también con el deber de motivar las razones para apartarse del criterio acordado. Esta última previsión, sin embargo, no llegó a incorporarse al texto legal, ante las críticas recibidas —con toda razón—. En efecto, cuando se trata de órganos colegiados, esta singular eficacia vinculante del criterio se puede justificar en que dicho criterio ha sido establecido en una sentencia dictada por el pleno de dicho órgano, a cuya conformación han sido llamados todos los integrantes de aquel.

No es esto, en cambio, lo que sucede en las Secciones del Tribunal de Instancia, que no son genuinos órganos jurisdiccionales en cuanto tales y que, por ello, no pueden reunirse en pleno jurisdiccional, ni dictar sentencia en tanto que Sección. El acuerdo en el que, en su caso, se haya fijado un criterio será meramente gubernativo y habrá sido adoptado por la Junta de Sección, un órgano igualmente gubernativo, no jurisdiccional[72]. Otorgarle la singular

71. Cfr. DE LAMO RUBIO, J. y CAVERO CARRACEDO, E., «Los Tribunales de Instancia: ¿Eficacia organizativa en Justicia?», *Práctica de Tribunales*, n.º 169, julio 2024, ep. III.

72. Cfr. en este sentido el Informe del CGPJ al APLO de 2021 (p. 63) y el Dictamen del Consejo de Estado (p. 36), que se suma a este parecer.

fuerza vinculante del artículo 264.3 LOPJ habría sido inaceptable desde cualquier punto de vista.

Sufre, con ello, este gran objetivo de la LOEP: la ausencia de real colegialidad del Tribunal de Instancia y de sus Secciones frustra la expectativa de uniformidad en la respuesta que se había ofrecido a la comunidad jurídica. Está clara la utilidad práctica de los acuerdos de unificación de criterios, tanto de los que se adopten en lo sucesivo por las Juntas de Sección como los que hasta ahora se han venido produciendo de manera más o menos informal. Si son el fruto de un debate jurídico profundo y de un análisis riguroso de las posturas discrepantes, los acuerdos tendrán la fuerza vinculante derivada de su calidad intrínseca y cabe, por ello, esperar una adhesión espontánea a su contenido por parte de todos los jueces de la Sección. Tampoco es extraño que, por una suerte de efecto de imitación, lo acordado en la Junta de Sección de un determinado Tribunal de Instancia acabe siendo tomado como referencia en otros Tribunales. Y es saludable que así sea, si así es como se ha gestado el acuerdo. Pero no puede ignorarse el valor primordial de la independencia judicial[73].

7.3.3. Las reuniones de los jueces de una provincia o comunidad autónoma

El artículo 169.3 LOPJ mantiene la previsión, ya existente, de que los jueces y magistrados de una misma provincia o comunidad autónoma se puedan reunir para tratar aquellos problemas que les sean comunes, bajo la presidencia quien tenga mayor antigüedad en el destino.

8. RÉGIMEN TRANSITORIO: LA IMPLANTACIÓN DE LOS TRIBUNALES DE INSTANCIA

La implantación de los Tribunales de Instancia se realizará de forma progresiva a lo largo del año 2025.

En cuanto al modo de hacerlo, la regla general es la traslación de jueces y magistrados desde sus actuales Juzgados a las correspondientes plazas judiciales dentro de las Secciones del Tribunal de Instancia, con arreglo a las siguientes pautas:

a) Los jueces y magistrados de los varios Juzgados del mismo tipo de una circunscripción se fusionarán para dar lugar a la correspondiente Sección del nuevo Tribunal de Instancia (DT 1.ª LOEP). En este punto, se deduce del nuevo contenido del Anexo VI LDYPJ una regla básica de conservación: no se crearán Secciones especiales (de lo Mercantil, de Violencia sobre la Mujer) allí donde no hubiera ya Juzgados especializados (razón por la cual, por el momento, no está prevista la constitución de ninguna Sección de Violencia contra la Infancia y la Adolescencia). La excepción a esta regla será la creación de las nuevas Secciones de Familia, Infancia y Capacidad, sobre la base de los juzgados ya especializados en estas materias en algunos partidos judiciales (DT 7.ª LOEP).

b) Los jueces y magistrados de los Juzgados que se integran en la Sección pasarán a ocupar en ella la plaza respectiva con la misma numeración cardinal del Juzgado de procedencia y seguirán conociendo de todas las materias que tuvieran atribuidas en el mismo y de

73. Cfr., respecto del modelo propuesto en 2011, las advertencias en este sentido formuladas por GIMENO, V., (*supra*, nota 4) y ESCALADA, M. L., (*supra*, nota 4). El propio Gimeno considera que la función de unificación de criterios debe recaer primordialmente en las Audiencias provinciales.

aquellos asuntos que en ellos estuvieren en trámite o no hubieren concluido mediante resolución que implique su archivo definitivo (DT 1.ª LOEP).

Esta regla generará un efecto singular en los Tribunales de Instancia en que se vayan a crear Secciones de Familia, Infancia y Capacidad, es decir, aquellos donde hubiera ya Juzgados especializados en esta materia, pues estos tienen una numeración como Juzgados de Primera Instancia. En la nueva Sección de Familia, Infancia y Capacidad esos jueces y magistrados ocuparán las plazas con una numeración cardinal que empezará por la unidad y seguirá correlativamente, con el mismo orden de los Juzgados de procedencia (es decir, que corresponderá el 1 al Juzgado de Primera Instancia especializado en origen que tuviera el número más bajo, el 2 al siguiente más bajo y así sucesivamente hasta cubrir el número de plazas de la Sección de Familia, Infancia y Capacidad). Como esos Juzgados especializados no se integran en la Sección Civil, los números correspondientes a esos Juzgados especializados van a quedar sin asignar dentro de aquella. Esos huecos en la numeración se irán cubriendo a medida que se amplíe el número de plazas en la Sección Civil.

c) Una vez integrados en las nuevas Secciones, quienes ocupen sus plazas judiciales seguirán conociendo de los asuntos que estaban pendientes en sus juzgados en el momento de la transición y asumirán en lo sucesivo aquellos que se les repartan, teniendo en cuenta el ámbito competencial de la Sección.

d) En relación con este extremo se han previsto reglas especiales para las Secciones de Familia, Infancia y Capacidad, de un lado, y para las de Violencia sobre la Mujer, pues en ambos casos se ha producido una ampliación significativa de su ámbito competencial: el listado de materias atribuidas a las Secciones de Familia, Infancia y Capacidad en el artículo 86.5 LOPJ es más extenso que el contenido en la mayoría de los acuerdos de especialización aprobados por el CGPJ hasta ahora; en el caso de las Secciones de Violencia sobre la Mujer, debe recordarse que amplían sus funciones al ámbito de la violencia sexual frente a las mujeres. Al objeto de lograr una transición menos abrupta en términos de carga de trabajo, se han previsto de manera transitoria dos regímenes especiales:

– Como regla, las Secciones de Familia, Infancia y Capacidad que se constituyan por traslación de Juzgados especializados mantendrán el conocimiento de los asuntos, tanto en materia de familia como en otras materias, en los términos establecidos en el acuerdo de especialización. Es decir, que en el momento de su constitución no pasarán a asumir directamente todas las competencias previstas en el artículo 86.5 LOPJ. Se busca, al menos de momento, minimizar el impacto en términos de carga de trabajo, pues el listado de competencias previsto para estas Secciones es previsiblemente superior al derivado hasta ahora de los acuerdos de especialización. El ajuste, por tanto, será paulatino y requerirá que el CGPJ, previo informe de las Salas de Gobierno, acuerde modificar o dejar sin efecto el acuerdo de especialización, en cuyo caso la plaza integrada en la Sección de Familia, Infancia y Capacidad conocerá de las cuestiones que se susciten en materia de familia conforme a lo previsto en el artículo 86.5 LOPJ (DT 7.ª LOEP).

– A los nueve meses de la entrada en vigor de la LOEP, los jueces de Violencia sobre la Mujer asumirán las competencias en materia de violencia sexual respecto de los procedimientos incoados a partir de esa fecha. Durante esos nueve meses, el Gobierno, oído el Consejo General del Poder Judicial y, en su caso, la comunidad autónoma afectada, procederá, mediante real decreto, a la transformación que sea necesaria de los órganos con competencia en materia penal en órganos con competencia en materia de violencia sobre la mujer, para dar cumplimiento adecuado a la atribución de competencias en materia de violencia sexual a los jueces de violencia sobre la mujer, previa detección de las necesidades de personal, materiales y organizativas específicas de esta atribución y previa valoración de su impacto sobre la carga de trabajo de los diferentes órganos, secciones o tribunales con competencia en esta materia (DT 4.ª LOEP).

e) En cuanto al tiempo, la constitución de los Tribunales de Instancia se realizará de manera escalonada conforme al orden establecido en la DT 1.ª LOEP[74]:

1. El día 1 de julio de 2025 los Juzgados de Primera Instancia e Instrucción y los Juzgados de Violencia sobre la Mujer, en aquellos partidos judiciales donde no exista otro tipo de Juzgados, se transformarán, respectivamente, en Secciones Civiles y de Instrucción Únicas y Secciones de Violencia sobre la Mujer.

2. El día 1 de octubre de 2025, los Juzgados de Primera Instancia, los Juzgados de Instrucción y los Juzgados de Violencia sobre la Mujer, en los partidos judiciales donde no exista otro tipo de Juzgados, se transformarán, respectivamente, en Secciones Civiles, Secciones de Instrucción y Secciones de Violencia sobre la Mujer.

3. El día 31 de diciembre de 2025, los restantes Juzgados, no comprendidos en los supuestos anteriores, se transformarán en las respectivas Secciones conforme a lo previsto en la presente ley.

4. Ese mismo día se constituirá igualmente el Tribunal Central de Instancia a través de la trasformación de los actuales Juzgados Centrales en las Secciones que se correspondan con las materias de las que aquellos estén conociendo. Las plazas de esas Secciones tomarán la numeración cardinal del Juzgado de procedencia (DT 2.ª LOEP).

5. En la fecha de constitución prevista para cada Tribunal de Instancia y para el Tribunal Central de Instancia, los jueces Decanos pasarán a ostentar, en sus respectivos ámbitos, la Presidencia de los Tribunales de Instancia y del Tribunal Central de Instancia. Continuarán en ese cargo durante el tiempo que reste al mandato por el que fueron nombrados (DT 3.ª LOEP); agotado el mandato, se designará al nuevo Presidente con arreglo a las nuevas normas.

6. Hasta la definitiva implantación de los Tribunales de Instancia en cada uno de los partidos judiciales seguirá vigente en ellos el régimen de organización de los Juzgados y los correspondientes anexos de la LDYPJ anteriores a la promulgación de la LOEP.

El cambio, por tanto, va a ser paulatino y el legislador va a apurar hasta el último momento para hacerlo operativo de forma completa. La razón no se halla en la dificultad en sí de crear las Secciones y de dotar las plazas judiciales: en esto la regla es la del cambio de etiquetas o carteles. Lo complicado va a ser poner en marcha la Oficina Judicial con arreglo a esta nueva estructura, pues comporta la desaparición de las UPADs y la creación de estructuras y fórmulas de trabajo totalmente novedosas[75]. Como muestra, puede verse la Resolución de 5 de

74. Aunque son numerosas las voces que consideran estos plazos insuficientes: cfr. DEL BARCO MARTÍNEZ, M. J., en PEREA GONZÁLEZ, A. (coord.), «Diálogos para el futuro judicial. La Ley de Eficiencia del Servicio Público de Justicia: Tribunales de Instancia», *Diario La Ley*, 26 de febrero de 2025.

75. Se advierte de ello por MARTÍNEZ GUERRERO, A., SANCHO ALONSO, J. y CREMADES LÓPEZ DE TERUEL, F. J., «Los Tribunales de Instancia de la LOE 1/2005: cuando la improvisación se hace Ley», *Diario La Ley*, n.º 10681, Sección Tribuna, 11 de marzo de 2025.

marzo de 2025, de la Secretaría General para la Innovación y Calidad del Servicio Público de Justicia, «por la que se acuerda el diseño y estructura de la oficina judicial para los tribunales colegiados y tribunales de instancia conforme a las previsiones contenidas en la Ley Orgánica 1/2025, de 2 de enero, de medidas en materia de eficiencia del Servicio Público de Justicia», aplicable en aquellos territorios bajo la dependencia del Ministerio de Justicia[76].

BIBLIOGRAFÍA

ALCOCEBA GIL, J. M., «La eficiencia de la justicia: medida, meta o discurso», *Diario La Ley*, n.º 10196, Sección Tribuna, 27 de diciembre de 2022.

ASENCIO MELLADO, J. M., «Los Anteproyectos de Ley de Medidas de Agilización Procesal y de Creación de los Tribunales de Instancia», *Diario La Ley*, n.º 7586, Sección Tribuna, 10 de marzo de 2011.

BARONA VILAR, S., «Los Tribunales de Instancia, *trending topic* en la reforma de la organización judicial española» en ASENCIO MELLADO, J. M. y FUENTES SORIANO, O. (dirs.), El proceso como garantía, Atelier, Barcelona, 2023, pp. 29-58.

BARONA VILAR, S., «Los Tribunales de Instancia, ¿entre Sísifo y La Historia Interminable?» en JIMÉNEZ CONDE, F. y LÓPEZ SIMÓ, F. (dirs.), ALBA CLADERA, F. (coord.), La eficiencia de la justicia a debate, Tirant lo Blanch, Valencia, 2024, pp. 173-205.

DE LAMO RUBIO, J. y CAVERO CARRACEDO, E., «Los Tribunales de Instancia: ¿Eficacia organizativa en Justicia?», *Práctica de Tribunales*, n.º 169, julio 2024.

DÍEZ-PICAZO GIMÉNEZ, I., «Artículo 24. Garantías procesales», en ALZAGA VILLAAMIL, O. (coord.), *Comentarios a la Constitución Española de 1978*. vol. III, Cortes Generales-EDERSA, Madrid, 1999, pp. 19-124.

ESCALADA LÓPEZ, M. L., «Los tribunales de instancia: aspectos positivos y negativos de la ¿futura? organización judicial», *Diario La Ley*, n.º 7781, 23 de enero de 2012.

ESCUDERO MORATALLA, J. F., CORCHETE FIGUERES, D. y FERRER ADROHER, M., «Proyecto de Ley Orgánica de Eficiencia Organizativa del servicio público de Justicia ¿el modelo definitivo de oficina judicial?», *Diario La Ley*, n.º 10202, Sección Tribuna, 5 de enero de 2023.

ESCUDERO MORATALLA, J. F., CORCHETE FIGUERES, D. y ALARCÓN CASERMEIRO, S., «Ley Orgánica de eficiencia organizativa del Servicio Público de Justicia. La "organización de la organización" (reflexiones)», *Diario La Ley*, n.º 10661, Sección Tribuna, 10 de febrero de 2025.

FERNÁNDEZ SEIJO, J. M., «Justicia mercantil y tribunales de instancia», *Almacén de Derecho*, 31 de mayo de 2017.

FERNÁNDEZ SEIJO, J. M., «Eficiencia organizativa en los juzgados y tribunales: una asignatura pendiente/una asignatura olvidada», *Foro. Nueva época*, vol. 26, n.º 2 (2023), pp. 93-109.

76. BOE n.º 57, de 7 de marzo de 2025, aunque solo por referencia. El contenido del documento está accesible en https://www.icab.es/export/sites/icab/.galleries/documents-noticies/Resolucion-de-estructura-de-Oficina-judicial-marzo2025.pdf

GIMENO SENDRA, V., «Los Tribunales de Instancia», *Diario La Ley*, n.º 7586, Sección Tribuna, 10 de marzo de 2011.

GIMENO SENDRA, V., «Oficina judicial, tribunales de instancia y agilización procesal», *Diario La Ley*, n.º 7665, Sección Tribuna, 4 de julio de 2011.

GIMENO SENDRA, V., «El derecho al juez legal», en RODRÍGUEZ-PIÑERO Y BRAVO-FERRER, M. y CASAS BAHAMONDE, M. E. (dirs.), *Comentarios a la Constitución Española*, Wolters Kluwer, Las Rozas, 2018, pp. 783-792.

MARTÍNEZ GUERRERO, A., SANCHO ALONSO, J. y CREMADES LÓPEZ DE TERUEL, F. J., «Los Tribunales de Instancia de la LOE 1/2005: cuando la improvisación se hace Ley», *Diario La Ley*, n.º 10681, Sección Tribuna, 11 de marzo de 2025.

PEREA GONZÁLEZ. A. (coord.), «Diálogos para el futuro judicial XLV. El Proyecto de Ley Orgánica de Eficiencia Organizativa», *Diario La Ley*, n.º 10080, 1 de junio de 2022.

PEREA GONZÁLEZ. A. (coord.), «Diálogos para el futuro judicial. La Ley de Eficiencia del Servicio Público de Justicia: Tribunales de Instancia», *Diario La Ley*, 26 de febrero de 2025.

Capítulo 3

La modificación de la Oficina Judicial

JESÚS MARÍA GONZÁLEZ GARCÍA
Catedrático de Derecho Procesal
Universidad Complutense de Madrid

1. INTRODUCCIÓN

1.1. ESTRUCTURA Y CONTENIDO

La nueva estructura organizativa de la jurisdicción ordinaria incide también en el diseño de la oficina judicial, y es razonable que sea así, pues no parecería lógico dar virtualidad a los nuevos tribunales de instancia (TI), con el radical cambio que su introducción supone en el plano organizativo, sin que ello afecte al esbozo legal de la oficina judicial.

Antes de entrar en las modificaciones que introduce la LOEP en la estructura de la oficina judicial, y con el objeto de comprender mejor la dimensión de lo que ahora se implanta en la Justicia española, comenzaremos con un par de pinceladas sobre la evolución de la organización interna de los órganos jurisdiccionales desde la promulgación de la Ley Orgánica del Poder Judicial (LOPJ) hasta el momento presente. Recordaremos, en primer término, el diseño original del órgano jurisdiccional en la propia LOPJ, en donde se constitucionalizó el modelo organizativo tradicional de nuestra Administración de Justicia, consolidado tres años después con la Ley 38/1988, de 28 de diciembre, de demarcación y planta judicial (LDYP). En segundo lugar, nos referiremos al primer vestigio de la nueva oficina judicial en la legislación orgánica, con la consagración legal de los servicios comunes por la reforma operada por la Ley Orgánica 16/1994, de 8 de noviembre, de reforma de la LOPJ. Nos detendremos, por último, en la Ley Orgánica 19/2003, de 23 de diciembre, que determinó el cambio estructural de la organización interna de los tribunales de justicia con la creación de la denominada, en la propia norma legal, «nueva oficina judicial», aunque su pleno establecimiento no llegaría hasta 2009, con la Ley 13/2009, de 3 de noviembre, de reforma de la legislación procesal para la implantación de la nueva oficina judicial, y la Ley Orgánica 1/2009, de 3 de noviembre, coetánea y complementaria de la anterior, pero con incidencia casi anecdótica a pesar de su título[1].

A partir de ahí, centrándonos en la novedad legislativa, entraremos con mayor detalle en las modificaciones que afectan al diseño de la oficina judicial en el título I de la LOEP, que es donde se contienen las modificaciones que afectan a la LOPJ. Estas reformas se concretan principal, aunque no exclusivamente, en los apartados ochenta y uno a ochenta y ocho del art. 1 de la LOEP, en los cuales se da nueva redacción a los arts. 436 a 439 bis de la LOPJ, y se incorporan al texto de la LOPJ los nuevos arts. 439 ter, quáter y quinquies, en referencia a las llamadas oficinas de justicia en el municipio. En estos ocho preceptos se incluyen las novedades esenciales en las que nos vamos a detener, complementadas con otros preceptos de la LOEP.

1. El título completo de esta última norma legal es Ley Orgánica 1/2009, de 3 de noviembre, *complementaria de la Ley de reforma de la legislación procesal para la implantación de la nueva Oficina judicial, por la que se modifica la Ley Orgánica 6/1985, de 1 de julio, del Poder Judicial*. Esta disposición legal, que fue un cajón de sastre en el que se contenía desde la regulación de los depósitos para recurrir hasta normas sobre competencia judicial internacional en materia penal, apenas se refería a la nueva oficina judicial, más allá de en la mención en su título y su preámbulo, y en algún precepto aislado (art. 521, disposición trans. cuarta), como ya hemos puesto de relieve en otro trabajo: GONZÁLEZ GARCÍA, J. M.ª, «La reforma de la Ley Orgánica 6/1985, del Poder Judicial, complementaria de la Ley de reforma de la legislación procesal para la implantación de la nueva oficina judicial», en BANACLOCHE PALAO, J. (Coord.), *Guía práctica de la nueva oficina judicial*, Madrid, La Ley, 2010, pp. 49-111.

1.2. RESUMEN DE LAS PRINCIPALES NOVEDADES DE LA LOEP SOBRE LA OFICINA JUDICIAL

La novedad más destacable de la nueva regulación, en cuanto al diseño de la oficina judicial se refiere, es la desaparición de la legislación orgánica de las *unidades procesales de apoyo directo* (popularmente conocidas como las UPADs), que estaban hasta ahora previstas en el art. 437 de la LOPJ, en la redacción dada por la LO 19/2003, de 23 de diciembre. Éstas —las UPADs— son sustituidas en el nuevo régimen por los denominados *servicios comunes*, de acuerdo con la nueva redacción del art. 436.1 de la LOPJ. Si en la anterior versión del precepto el elemento organizativo básico de la estructura de la Oficina judicial era *la unidad* (que es donde se integraban sus puestos de trabajo, organizados en UPADs o en servicios comunes, según el derogado tenor legal del precepto), en la LOEP ese elemento organizativo básico pasa a ser directamente el *servicio común*, categoría dentro de la cual se distingue, por un lado, a los *servicios comunes de tramitación*, a los cuales corresponde, en términos generales, asumir las tareas hasta ahora encomendadas a las UPADs; y, por otro, al resto de servicios comunes que se determine, cuyo número dependerá de la decisión que en cada caso se adopte, dentro de la potestad de autoorganización del Ministerio de Justicia y de las CCAA con competencias transferidas en materia de justicia. En resumen, con el diseño que se propone, el servicio común de tramitación es la nueva unidad de apoyo a los jueces y tribunales, aunque la nueva regulación incorpora significativas novedades a las que nos referiremos más adelante.

Junto a lo anterior, la LOEP da nueva redacción al art. 439 de la LOPJ, que sigue regulando, dentro de la oficina judicial, las llamadas en la ley «unidades administrativas». Como es sabido, se trata de las unidades de funcionarios o empleados públicos que, integradas en la estructura de la oficina judicial, desempeñan tareas no jurisdiccionales de apoyo, que van desde la gestión de recursos humanos a las de soporte tecnológico e informático, entre otras. El nuevo tenor legal regula de forma más minuciosa su forma de constitución e incorpora algunas novedades que se justifican en el impulso que la propia LOEP ha dado a la implantación de los MASC.

Por último, la LOEP añade una serie de preceptos dedicados a regular las nuevas *Oficinas de Justicia en los municipios* (arts. 439 ter a quinquies), herederas de los juzgados de paz —que desaparecen de la nomenclatura legal—. De hecho, la ley ya no se refiere a estos extintos órganos de justicia, pero sí a los «jueces y juezas de paz» [art. 26 a) de la LOPJ, en su nueva redacción], una denominación un tanto anómala, en la medida en que con ella se confunde al órgano jurisdiccional con quienes ejercen, dentro de él, la potestad jurisdiccional, aunque sea de forma tan limitada[2]. Los jueces —y juezas— de paz son, por tanto, tras la reforma, jueces —y juezas— que no cuentan con un tribunal u

2. La nueva disposición adicional vigésima cuarta de la Ley Orgánica 6/1985, de 1 de julio, del Poder Judicial prevé que, una vez constituidas las Oficinas de Justicia en los municipios, las

órgano jurisdiccional como estructura institucional propia, sino tan sólo con una «oficina» de justicia municipal de carácter, en principio, administrativo, que asume funciones de apoyo y auxilio judicial, pero que, contra pronóstico, no pierde su competencia objetiva civil; no sólo no la pierde, sino que la incrementa, lo que produce un moderado asombro (de ser éste aún posible) si nos detenemos en la propuesta legislativa inicial, en donde las oficinas de justicia en los municipios (OJM) dejaban de ejercer potestad jurisdiccional en la jurisdicción civil —en la jurisdicción penal perdieron la competencia objetiva tras la eliminación de las faltas y su sustitución por los delitos leves[3]— para pasar a ser «oficinas para la prestación de servicios a la ciudadanía de los respectivos municipios» (*sic*).

Hay en la LOEP otras disposiciones de interés relativas a la oficina judicial. Es el caso, por ej., del nuevo capítulo I del título I del libro V de la LOPJ, dedicado al régimen de coordinación y cooperación entre administraciones públicas en materia de justicia (arts. 434 a 434 ter), que legaliza la gran superestructura interadministrativa genéricamente concebida para garantizar la mejora continua de la Administración de Justicia, en los términos que veremos; o del art. 439 sexies de la LOPJ, que regula la *oficina fiscal*, encargada de dar soporte instrumental y apoyo a la actividad del Ministerio Fiscal. Entre otras disposiciones complementarias que iremos detallando.

2. CONSIDERACIÓN GENERAL DE LA REFORMA EN MATERIA DE OFICINA JUDICIAL

En una consideración general, la LOEP culmina un largo proceso de profunda transformación de la Administración de Justicia que incide directamente en la organización interna de los juzgados y tribunales de la jurisdicción ordinaria, con respecto a lo inicialmente diseñado hace ahora cuarenta años —puesto que son cuarenta los años transcurridos desde la promulgación de la vigente LOPJ—. Los nuevos TI son algo más que un mero cambio del *nomen iuris* de los órganos unipersonales para su reubicación bajo el paraguas de la estructura más amplia del TI. La reforma ha deparado, en materia de organiza-

menciones contenidas en el ordenamiento jurídico a los Juzgados de Paz se entenderán realizadas a los jueces y juezas de paz cuando les atribuyan competencias jurisdiccionales o de otra naturaleza. La disposición es coherente —para evitar equívocos, en esencia—, pero no hubiera estado de más que en la propia LOPJ se hubiera adoptado la nueva denominación. Los preceptos generales sobre los juzgados de paz (arts. 100 y ss.) en la LOPJ nos siguen hablando de los *juzgados de paz*. No pondríamos el énfasis en ello si no fuera porque la LO 1/2025 ha reformado expresamente el art. 100 de la LOPJ, cabecero de dicha regulación. Sin embargo, como en los arts. 101, 102 y 103 no se nos habla de los «juzgados de paz», sino de los «jueces de paz», no son de aplicación a estos la nueva disposición adicional vigésima cuarta de la LOPJ, aunque no creemos que el despiste del legislador tenga la intención de excluir de la regulación en dichos preceptos de los jueces de paz de sexo femenino.

3. Por la LO 1/2015, de 30 de marzo, por la que se modifica la Ley Orgánica 10/1995, de 23 de noviembre, del Código Penal, cuya disposición final 2.1 modificó el art. 14. 1º de la Ley de Enjuiciamiento Criminal.

ción judicial, la abolición en nuestro sistema de justicia de algo tan arraigado en nuestra cultura jurídica como era la denominación de *juzgado* aplicada a los tribunales de justicia unipersonales, y con ello la radical transformación de su estructura administrativa. En estas páginas iremos dando sentido a esa aseveración, pero podemos resumirlo ya con una imagen descriptiva: el órgano jurisdiccional ya no responde a la idea gráfica de una pirámide en cuya cúspide esta un juez o magistrado (o un colegio de magistrados), como titular de la función de juzgar (personal jurisdicente), y en la que se ubica, en posición jerárquicamente descendente en función del cuerpo al que pertenece, el resto de la plantilla del órgano público, desde el letrado de la Administración de Justicia (anterior secretario judicial) al resto de profesionales que coadyuvan al mejor desempeño posible de dicha función, normalmente a las órdenes del juez o del letrado.

En el modelo de la LOEP, el juez pasa del vértice superior a la base de la pirámide. En la cúspide se encuentra, ahora, el presidente del TI. El cambio puede ser no significativo en partidos judiciales de menor tamaño y de menor planta judicial, pero sí adquiere mayor calibre en las demarcaciones más grandes y, singularmente, en las que se ubican en las capitales de las provincia. Los presidentes de los TI puede tener o no funciones jurisdiccionales, y aglutinan grandes tareas de gobierno, equiparables *mutatis mutandis*, a las que corresponden a los jueces decanos de las capitales de provincia o, más atinadamente tal vez, a los presidentes de audiencias provinciales. Los jueces y magistrados pasan ahora a ser una mera categoría dentro de la carrera judicial, pero en el organigrama del TI dejan de ser jueces, para pasar a ser unidades dentro de las diferentes secciones que conforman cada TI. Entre el presidente y las «unidades judiciales» que integran cada sección se ubica ese complejo y heterogéneo entramado burocrático que llamamos oficina judicial, de carácter multiforme, flexible y adaptativo, como veremos.

El modelo que desaparece, que gráficamente encumbraba al juez como protagonista principal de todo el sistema de tutela de los derechos y de las leyes, responde más visiblemente al que describe el art. 117.1 de la Constitución, de jueces y tribunales integrantes del Poder Judicial e «independientes, inamovibles, responsables y sometidos únicamente al imperio de la ley». En el modelo que se implanta en la LOEP, el juez desaparece de ese lugar protagonista. Sin perder su estatuto constitucional de independencia e imparcialidad, el juez pasa a ser un usuario más del denominado «servicio público» de Justicia, esto es, de la estructura pública de funcionarios e instituciones que el Estado pone al servicio del mejor desempeño posible del quehacer jurisdiccional y de la tutela jurisdiccional de los derechos de los ciudadanos. Esa estructura pública está a disposición de los jueces y magistrados como lo está al servicio de los ciudadanos, pero aquellos se sirven de ella de forma diferente a como lo hacen los justiciables. El juez no visibiliza ya, a los ojos de la ciudadanía, la cabeza del órgano jurisdiccional, cuya esencia se diluye en el seno de un órgano de ordenación más compleja, en el que el protagonismo corresponde ahora a la estructura administrativa más que al titular de la función constitucional. Un cambio significativo de modelo no aparentemente inocuo.

Habrá quien argumente que las críticas al nuevo modelo no se mueven más que en el terreno de lo simbólico, puesto que el cambio no provee más que a la mejora de la eficiencia, pensando siempre en la mejora del funcionamiento de la justicia, pero que no incide en la esencia misma de la labor de jueces y magistrados, que se mantiene incólume. Quizá sea así, pero la realidad es que en un estado de derecho los símbolos tienen un gran valor. Como nos han enseñado nuestros maestros (e imagino que a estos, los suyos), en derecho, las formas ayudan a preservar el fondo de las cosas. Aun aceptando las intenciones bienintencionadas del legislador con la reforma, no podemos ignorar los riesgos que entraña el nuevo camino que se propone, básicamente de diluir la labor de los jueces dentro de la estructura burocrática en el que se produce. Y en todo sistema de organización del poder —más aún en un estado democrático y de derecho— las garantías están para prevenir riesgos.

La «filosofía» (si vale la expresión) que parece gobernar la reforma es el entendimiento, apriorístico, de que la potestad jurisdiccional que la Constitución describe en su título VI, es decir, lo *jurisdiccional*, en los términos del art. 117.3 constitucional, se reduce estrictamente al acto de juzgar y hacer ejecutar lo juzgado; y de que el resto de los actos que conducen a la decisión judicial son ajenos a dicha función, razón por la cual pueden ser extraídos del control del juez. Aceptarlo así sólo es posible desde la negación de la jurisdiccionalidad de otras decisiones que se adoptan a lo largo del proceso —lo cual no nos parece de recibo, pues es negar trascendencia a lo procesal— y que, por mucho que en su conformación participen otros funcionarios sin potestad jurisdiccional, no debería escapar de la supervisión judicial. En alguno de los ámbitos materiales esenciales de lo jurisdiccional el papel del juez se minimiza al máximo, en beneficio de la posición de los letrados de la Administración de Justicia. Este cambio, que no es nuevo (pues data de la Ley 13/2009), no parece haber provocado una mejora del servicio público en materia de ejecución forzosa en sus años de vigencia, cuya insatisfactoria dinámica ordinaria sigue siendo objeto de amplio debate.

Es preciso aclarar que cuando nos referimos a la tareas de supervisión y control judicial, estamos pensando en las que deberían corresponder al juez competente, esto es, al juez que conoce del asunto. En el nuevo modelo de organización interna, la constitucionalidad de dicha supervisión se confía al hecho de que todo se produce dentro del armazón burocrático de un nuevo tribunal, el TI; pero no se puede olvidar que el TI no es el órgano competente, el auténtico tribunal de justicia, sino que lo son los jueces y magistrados que forman sus secciones respectivas, los cuales no ejercen facultades de dirección y de control directas sobre unos funcionarios (los que integran los servicios y unidades administrativas de la oficina judicial) que ni siquiera desempeñan sus funciones en régimen de exclusividad para un juez o una determinada sección dentro del TI, salvo en casos muy determinados.

Es probable que el sistema tradicional basado en tribunales organizativamente autónomos y jurisdiccionalmente independientes entre sí pueda ser menos eficiente en términos globales de funcionamiento y coste económico de la Justicia española. Pero pasar de un sistema basado en la *taifa judicial* (empleando una fórmula despectiva escuchada en conversaciones con algunos sectores profesionales), con la excusa de la búsqueda de una mayor modernización y eficiencia de la justicia, a otro en el que el poder del juez se reduce al mero acto de dictar sentencia (dado que la ejecución de sus resoluciones también se aleja de su control), diluido dentro de una compleja organización burocrática, al margen del elevado esfuerzo presupuestario que implica su implantación, conlleva un riesgo cierto de *administrativación* de la función del juez, cuya responsabilidad se difumina en un entramado en el que participa un número no determinado de funcionarios y unidades administrativas no dependientes de él, de forma clara.

Ello afecta también a su estatuto de independencia, de la cual la responsabilidad judicial es un elemento definitorio, y devalúa la posición autónoma del poder judicial con respecto al poder ejecutivo, ya muy condicionada tras las sentencias del Tribunal Constitucional 56/1990 y 62/1990, pues se extiende el ámbito material de la «administración de la administración de justicia» a términos de riesgo, donde los límites materiales del ejercicio de la potestad jurisdiccional, de carácter exclusivo (art. 117.3 de la Constitución), se desvanecen al atribuirse importantes funciones de apoyo a funcionarios que dependen del ejecutivo, y que prestan funciones en servicios y unidades creados y regulados por el poder ejecutivo (por el Ministerio de Justicia, a través de su Secretaría General, y las Comunidades Autónomas con competencias transferidas en materia de Administración de Justicia), y regidos por los principios de unidad de actuación y dependencia jerárquica.

Menor sería la alarma si esa *desconcentración* de funciones implicase a sujetos, del juez al letrado de la Administración de Justicia y al resto de funcionarios del TI, con una misma dependencia orgánica, diferenciada del poder ejecutivo y del legislativo; no siendo así, es difícil negar que el expansionismo del poder ejecutivo, dentro del sistema constitucional de división de poderes, ha llegado, con esta nueva ordenación de la oficina judicial, a su máxima expresión. Y, con ello, las garantías de la independencia judicial a su grado mínimo. El ciudadano ya no identificará con facilidad al órgano judicial en el que se debate su asunto ni a los funcionarios que en él prestan servicios, básicamente porque ya no habrá funcionarios exclusivamente asignados al apoyo de un único órgano judicial, sino una estructura organizativa más compleja, que pondrá a prueba la capacidad de organización de las autoridades que ejerzan poderes directivos y de coordinación en los nuevos TI.

3. MODELOS DE ORGANIZACIÓN INTERNA DE LOS ÓRGANOS JURISDICCIONALES ANTERIORES AL VIGENTE

Podemos identificar tres momentos en la evolución del modelo de organización interna del órgano jurisdiccional, desde la promulgación de la LOPJ hasta el presente. Seguidamente les pasamos revista.

3.1. DISEÑO ORIGINAL DEL ÓRGANO JURISDICCIONAL EN LA LOPJ. LA SECRETARÍA DE JUSTICIA COMO MODELO DE ORGANIZACIÓN INTERNA

En la versión original de la LOPJ, el órgano jurisdiccional se diseña sobre las bases de la teoría del órgano administrativo, de acuerdo el nuestro modelo histórico tradicional de los juzgados y tribunales de justicia. La función jurisdiccional es pública, de carácter estatal, y se ejerce en régimen de monopolio y exclusividad y ello condiciona es estatuto profesional del juez. Pero aceptada la singularidad de tratamiento de los jueces y magistrados (a causa del estatuto de garantía que la Constitución les atribuye como contrapeso al resto de los poderes del Estado), el resto de los profesionales que prestan servicios en el órgano jurisdiccional está sujetos a un régimen legal (sistemas de ingreso, promoción profesional, situaciones administrativas, jornada laboral y condiciones de trabajo, motivos de cese) delineado en sus perfiles esenciales en la propia ley orgánica, que se acomoda, en términos generales, al de las personas lo hacen en los órganos administrativos. De este modo, los autores aplican pacíficamente al órgano jurisdiccional la arquitectura propia del órgano administrativo, y distinguen en él, en el plano intelectual, entre la función que se ejerce (el oficio), de la persona a quien se atribuye, que constituye su sustrato físico (el funcionario público)[4].

El órgano jurisdiccional es, de este modo y conforme a dicho modelo, la unidad administrativa a la que se atribuye el ejercicio de la función jurisdiccional. Como el resto de los órganos del Estado, se compone de elementos personales y materiales, pero a diferencia de los órganos administrativos, cada órgano jurisdiccional no es parte integrante de un todo o de un ente superior (en virtud del principio de unidad de actuación, dentro de la medida de sus concretas funciones), sino que ejerce la jurisdicción en su totalidad y de forma independiente

4. En la teoría administrativa, la idea del órgano público se crea en Alemania a partir de la construcción teórica de GIERKE en el siglo XIX. El Estado, que es una personificación jurídica, necesita materializarse a través de un conjunto de órganos mediante los cuales actúa y que justifican la permanencia de la administración, en la medida en que los cambios en las personas que trabajan en él no afectan a su continuidad y que sirven de nexo entre la persona —el funcionario— y la organización en la que se integra. Con más detalle, sobre el órgano administrativo, SANTAMARÍA PASTOR, J. A., «La teoría del órgano en el Derecho Administrativo», en *Revista Española de Derecho Administrativo*, 1984, n.º 40-41, pp. 43-86.

al resto de órganos de la misma naturaleza. Cada juzgado o tribunal no es parte de una organización administrativa general, sino que actúa con un oficio propio determinado por la ley, sin dependencia de otros[5]. Lo cual no quiere decir que no existan criterios de división y distribución de la carga de trabajo, definidos por las reglas de jurisdicción y competencia que establece la propia LOPJ, como exigencia del derecho fundamental al juez predeterminado por la ley (art. 24.2 de la CE) y de la prohibición del juez del caso concreto o juez excepcional (art. 117.6 de la CE).

Cada órgano jurisdiccional se configura como una unidad de derecho público a través de la cual opera el Estado-juez y, al igual que otros órganos estatales, cuenta con elementos materiales y personales distintivos. En su seno desempeñan funciones profesionales de diferentes categorías y cualificación, adscritos al órgano de forma permanente, con tareas heterogéneas entre sí y cuyo denominador común es el fin compartido al que coadyuvan. En su cúspide se encuentra un juez o colegio de jueces y magistrados, con su particular estatuto de imparcialidad, independencia, inamovilidad y sumisión a la ley y al resto del ordenamiento jurídico (art. 117.1 de la CE); y por debajo de ellos se sitúa, dentro del organigrama de personal, el resto de funcionarios que les auxilian en el desempeño de la función jurisdiccional: desde el secretario judicial (desde 2015, denominado letrado de la Administración de Justicia) hasta, en orden descendente y según su inicial denominación en la ley, los oficiales, los auxiliares y los agentes de la Administración de Justicia; todos ellos forman parte de la plantilla del órgano y todos contribuyen al desempeño de la función jurisdiccional en la forma que la ley establece. Del juez abajo, la estructura de personal del órgano jurisdiccional se basa en criterios de organización administrativa, con dependencia jerárquica y coordinación de funciones, y sólo el personal judicial goza de un régimen de independencia. Al resto de los funcionarios del órgano se les reconocía un estatuto profesional particular en la propia LOPJ, especial con respecto a otros funcionarios del Estado[6].

Partiendo de esta estructura clásica, ha de reconocerse que no hay asomo de la oficina judicial en el texto original de la LOPJ, a salvo de alguna mención

5. DE LA OLIVA SANTOS, A., FERNÁNDEZ, M. A., *Derecho Procesal Civil*, I, 4.ª ed., 1995, Madrid, CERA, pp. 30-31.
6. Este modo de organización interna del tribunal de justicia responde a una idea técnica y sofisticada de la jurisdicción. En las sociedades más antiguas sólo contaba la función de juzgar, pero no otras funciones auxiliares que justifican la existencia de una organización burocrática al servicio del juez (tal como atinadamente nos revela PRIETO-CASTRO FERRÁNDIZ, L., *Derecho de Tribunales*, 1.ª, Navarra, Aranzadi, 1986, pp. 339 y ss.). La creciente complejidad del trabajo jurisdiccional, la creación de instancias revisoras superiores, que exigían la constancia exacta de los materiales empleados por el juez en su decisión, la necesidad de establecer garantías de alegación y defensa, así como de dar certeza a los actos de comunicación, determinó la necesidad de creación de una estructura profesional integrada por personal no jurisdiccional, germen de lo que hoy es la oficina judicial, una

aislada en su articulado[7]. La oficina judicial no contaba con regulación expresa, lo cual no quiere decir que no existiera como lugar físico en el que desempeñaban sus funciones los funcionarios del órgano jurisdiccional. En su posición superior se colocaba el secretario judicial, al que se asignaba en la ley, al margen de sus funciones de fe pública y dación de cuenta sobre el estado de los procedimientos, la jefatura directa del personal de la secretaría de la que era titular, «sin perjuicio de la superior dirección de Jueces y Presidentes» (art. 473 de la LOPJ, en su primera versión). Por su parte, los oficiales, auxiliares y agentes judiciales se concebían como funcionarios de carrera que prestaban sus servicios en los juzgados y tribunales «bajo la dirección del Secretario, quien responderá del buen funcionamiento de la Secretaría» (art. 484 de la LOPJ, en su redacción original). El juez o presidente del tribunal ostentaba, sin embargo, la superior inspección del personal al servicio de la Administración de Justicia, manteniendo un superior control sobre todo lo que ocurría dentro del órgano.

Por su condición de órgano independiente, cada órgano jurisdiccional actúa, según ese diseño, de forma autónoma con respecto al resto de los órganos jurisdiccionales, y en él se reproducía la estructura básica de personal, adecuado a las circunstancias de población y litigiosidad de su territorio. Existían cauces de colaboración entre ellos —por ej., a través del auxilio judicial—, pero la ley no establecía entre ellos, salvo excepción, vínculos permanentes como si fueran células administrativas de una misma organización pública, al modo de los órganos o unidades que conforman cualquier administración. Con ello se garantiza la inexistencia de vínculos orgánicos de dependencia jerárquica de unos a otros, independientemente su vinculación procesal o funcional; como contrapartida, la escasa flexibilidad de su estructura podía ser fuente de ineficiencia por imperio de la ley, con plantillas duplicadas donde la carga de trabajo real no justificaba, en ocasiones, la reproducción de funciones en diferentes profesionales de idéntico perfil en órgano jurisdiccionales diferentes.

La certeza de lo anterior determinó la evolución del modelo hacia estructuras de organización interna de mayor flexibilidad que permitieran, en ciertas actividades del órgano, establecer criterios de colaboración o actuación común de los profesionales. El establecimiento de los límites entre la autonomía de cada órgano y el establecimiento de esas zonas de colaboración es donde se plantea la tensión entre hasta dónde pueden aplicarse en el seno de los tribu-

---

necesidad presente también en otros ordenamientos jurídicos. La creación del proceso escrito justificaba la existencia de un fedatario de las actuaciones con carácter de permanencia y con fines de seguridad jurídica, que en nuestra tradición estaba ya descrita en las Partidas con la figura del *Escribano* (Partida III, 19,3). En la Decretal del Papa Inocencio III de 1216, la función del fedatario judicial, típica de los procesos eclesiásticos, se extiende a los procesos seculares. Una figura que evoluciona en el derecho histórico español hasta las fórmulas actualmente vigentes, donde asume también poderes de dirección del personal al servicio de la administración de Justicia.

7. El art. 189 de la LOPJ, al regular la competencia para determinar el horario de trabajo de los juzgados y tribunales, donde se distingue entre la «oficina» y la «secretaria» del tribunal.

nales de justicia criterios de organización administrativa sin afectar a la garantía constitucional de independencia de los jueces y tribunales.

3.2. LA LEGALIZACIÓN DE LOS SERVICIOS COMUNES: INICIO DEL DECLIVE DE LAS SECRETARÍAS DE LOS ÓRGANOS JURISDICCIONALES

En la versión original de la LOPJ se contemplaba ya la posibilidad de establecer un «servicio común dependiente del Decanato para la práctica de las notificaciones que deban hacerse por aquéllos» en las poblaciones en que existieren varios Juzgados y si «el conjunto de la actividad judicial lo justifique» (art. 272.1 de la LOPJ, en su versión original). Este servicio podía ubicarse en un «local de notificaciones común a los varios Juzgados y Tribunales de una misma población, aunque sean de distinto orden jurisdiccional» (art. 272.2), así como de un servicio de registro general para la presentación de escritos y documentos dirigidos a los órganos jurisdiccionales (art. 272.3).

La previsión de servicios comunes aplicados a otro tipo de tareas, más allá de la de las comunicaciones procesales, se normaliza tras la reforma operada por la Ley Orgánica 16/1994, de 8 de noviembre, de reforma de la LOPJ. La redacción dada al art. 272.1 de la LOPJ habilitaba la creación de servicios comunes dependientes de los Decanatos y de los Presidentes de las Audiencias Provinciales, además de para practicar notificaciones y actos procesales de comunicación, «para la ejecución de sentencias, la práctica de embargos y lanzamientos, transcripción de sentencias y aquellos otros que sean precisos para la mejor gestión de los órganos judiciales y la atención al ciudadano». Según la Exposición de Motivos de la Ley 16/1994 (§ X, *in fine*), se trataba de aclarar definitivamente el contenido de las funciones de los servicios comunes «que, además, se extienden a las Audiencias Provinciales», dando soporte legislativo a una situación que *de facto* se había establecido en algunos órganos judiciales, con el respaldo de algunas juntas de jueces y salas de gobierno o del propio CGPJ, pero sin el expresa previsión legal.

Es el primer paso hacia el establecimiento de una estructura burocratizada dentro del órgano jurisdiccional y diferenciada de su diseño estructural original, en los términos descritos. De acuerdo con el entonces nuevo párrafo cuarto del art. 272 de la LOPJ, los servicios comunes podrían contar con normativa propia, emanada del Ministerio de Justicia previa audiencia del CGPJ, a través de la cual se puede determinar su estructura, plantillas «y, en su caso, el horario y la jornada de trabajo especiales cuando los señalados con carácter general no permitan el adecuado funcionamiento de tales servicios».

La normalización de los servicios comunes determinó el declive del papel de las secretarías de justicia de los órganos jurisdiccionales en su concepción original, y el comienzo de la senda hacia la *administrativización* de la estructura interna de funcionamiento de los órganos jurisdiccionales, que se consolidará más adelante con la LO 19/2003, de 23 de diciembre. Para muchos ha sido también un hito determinante de la modernización de la justicia, aunque no exento de riesgos. El principal, el de desvincular o alejar al personal no juzgador de la figura del juez a cuyo servicio desempeñan sus funciones, lo que supone un primer paso hacia el control del Ministerio de Justicia de la capacidad de organización de la estructura burocrática de los órganos jurisdiccionales. Junto a él hay otros: por ejemplo, la atribución a los servicios comunes de tareas genuinamente jurisdiccionales, como son la ejecución de las sentencias o la práctica de los embargos y lanzamientos, bordea la frontera de lo constitucional, puesto que se trata de funciones que deberían corresponder a los jueces, al formar parte del núcleo esencial de la potestad jurisdiccional (art. 117.3 de la CE): igualmente ocurre con la atribución al poder ejecutivo de potestad normativa sobre un ámbito de carácter procesal, quebrantando la reserva de ley de la legislación procesal[8].

3.3. LA CREACIÓN DE LA OFICINA JUDICIAL: DEL PACTO DE ESTADO DE 2001 A LA ADMINISTRATIVIZACIÓN DE LA GESTIÓN PROCESAL

Esta tendencia se consolida definitivamente en la Ley 19/2003, de 23 de junio, de modificación de la Ley Orgánica 6/1985, de 1 de julio, del Poder Judicial. En ella se crea la nueva oficina judicial, determinante del cambio radical de la organización interna de los órganos jurisdiccionales existente hasta la actualidad. La reforma contó con un amplio respaldo parlamentario y materializó en la ley lo acordado previamente en el «Pacto de Estado para la reforma de la Justicia», suscrito por los grupos parlamentarios en el año 2001. En su extenso punto 12 se anticipaba el ulterior desarrollo normativo de la nueva oficina judicial[9], así como las nuevas funciones que se atribuirían, más adelante, a los actuales letrados de la Administración de Justicia (puntos 10 y 11 del Pacto).

8. Entre las voces más críticas, DE LA OLIVA (nota 6), p. 41 y ss., quien se quejaba en 1995 de que la implementación de este modelo conducía a que, con este modelo, el personal de estos servicios tendría con el juez una relación análoga a la que este tiene con la policía judicial, funcionalmente dependiente del órgano jurisdiccional, pero orgánicamente ubicada extramuros de él.

9. «El nuevo diseño de la Oficina judicial se inspirará en los siguientes principios:
a) Atención de calidad al ciudadano. Se garantizará el funcionamiento ordinario de la Administración de Justicia durante todo el día mañana y tarde.
b) En la nueva estructura, que modifica el modelo tradicional de Oficina Judicial, se diferenciarán los servicios de apoyo directo y atención especializada a cada órgano judicial de los servicios comunes o compartidos por distintos Jueces y Tribunales de un mismo territorio.
c) Se delimitarán claramente las funciones de cada uno de sus integrantes para asegurar el correcto cumplimiento de las mismas. Es necesaria una reforma en profundidad que abarque todos los Cuerpos que desarrollan su actividad en este espacio. Se potenciará la figura del

En lo que aquí interesa, la LO 19/2003 reconoce por primera vez en la ley una estructura organizativa de la oficina judicial, omitida en la redacción original de la LOPJ. A ella —a la oficina judicial— se dedicó el título I de su libro V, definida como la organización de carácter instrumental que sirve de soporte y apoyo a la actividad jurisdiccional de jueces y tribunales.

La idea fuerza de la que se parte es la distinción, en relación con los órganos jurisdiccionales, de tres clases de actividades: a) la *jurisdiccional*, que se atribuye constitucionalmente a los jueces y magistrados; b) la *procedimental* que recae en el secretario judicial y los servicios de apoyo y procesales; y c) la administrativa, que corresponde al Ministerio de Justicia o comunidades autónomas con competencias transferidas. En su configuración estuvieron presentes, según se anuncia en la Exposición de motivos de la LO 19/2003, las peculiaridades que conforman a la oficina judicial con respecto a cualquier otro órgano de gestión; la evolución de las «formas de trabajo desempeñado en las oficinas judiciales», que exige un mejor diseño organizativo, «imprescindible no sólo por la progresiva incorporación de nuevas tecnologías», sino también para brindar un atención de calidad a los ciudadanos; la realidad del Estado autonómico en la justicia; y la necesidad de establecer mecanismos de colaboración, coordinación que evite el surgimiento de conflictos entre los diversos ámbitos de decisión que coinciden sobre la materia propia de la administración de Justicia.

También en su Exposición de motivos (§ VI) se aduce que el modelo tiene el propósito de garantizar la independencia judicial, lo que se pretende conjugar con la adecuada racionalización de los medios que se utilizan en la oficina. A dicho fin, se dice, se recalca su carácter instrumental y se reservan los destinos en la oficina judicial sólo a los funcionarios de los cuerpos al servicio de la Administración de Justicia. Este propósito se hace a través de una senda caracterizada por una creciente *administrativización* de las tareas desempeñadas en su seno,

---

Secretario Judicial en los términos previstos en el apartado 10. El Secretario responsable de los servicios comunes, tendrá conocimientos técnicos cualificados en capacidad de gestión. Sc introducirán las Relaciones de Puestos de Trabajo como instrumento técnico adecuado para la identificación de tareas y niveles de responsabilidad. Se introducirá la figura del monitor de informática como personal cualificado y especializado. En cuanto al personal al servicio de la Administración de Justicia se estudiará la posibilidad de simplificar la actual complejidad de los cuerpos de funcionarios, permitiendo así una carrera administrativa y un nuevo sistema de asignación de puestos de trabajo.
d) Se modernizarán los métodos de trabajo. La modernización, informatización y ofimatización de la Oficina Judicial responderá a criterios de flexibilidad y realismo. Los servicios comunes aprovecharán mejor los recursos, uniformarán tareas y optimizarán las bases de datos. Se introducirán técnicas de gestión de personal y de tareas. Se implantará de manera generalizada el uso de las nuevas tecnologías y se mejorarán los medios materiales dispuestos a tal fin. Se modificará el art. 230 de la Ley Orgánica del Poder Judicial pasando de la "posibilidad" de uso de los medios informáticos y telemáticos a la "obligatoriedad" de la implantación y uso de estos sistemas en todos los Órganos jurisdiccionales y entre quienes profesionalmente se relacionan con la Administración de Justicia».

que cada vez aleja más al juez de los funcionarios que le prestan servicio[10], hecho que provocó cierta reacción pública entre los autores[11]. Paradójicamente también, el creciente protagonismo del secretario judicial coincide con el paulatino declive de las secretarías de los tribunales de justicia, devaluadas en favor de las nuevas oficinas judiciales.

La estructura básica original de la oficina judicial era, en su conformación legal, homogénea en todo el territorio nacional «como consecuencia del carácter único del Poder al que sirve», se basaba en los principios de jerarquía, división de funciones y coordinación (art. 435.2 de la LOPJ, en la redacción dada en 2003), y su diseño era flexible (art. 436.3 de la LOPJ). De acuerdo con el modelo legal de organización de la oficina judicial, cabía distinguir en ella dos modalidades de unidades de gestión: las *Unidades Procesales de Apoyo Directo* (UPADs), que personificaban la oficina judicial en sentido estricto, al modo tradicional de organización de los órganos jurisdiccionales (437.1 LOPJ[12]), de las cuales existirían tantas como juzgados, salas o secciones en funcionamiento. Las UPADs estaban llamadas a conformar, junto a los jueces titulares, «el respectivo órgano judicial» (así en la norma legal), y contaban con un secretario judicial con las competencias y funciones que le son propias (por motivos de racionalización del servicio, un mismo secretario judicial podría actuar en más de una de estas unidades). En segundo lugar, junto con las UPADs, cabía distinguir los *Servicios Comunes Procesales* (SCOP), unidades que no se integran en un órgano jurisdiccional concreto, y asumen labores centralizadas de gestión y apoyo (art. 438.1

10. *Vid.*, sobre el particular, BANACLOCHE PALAO, J., «El proyecto de Nueva Oficina Judicial: ¿hacia un nuevo proceso administrativizado?», en *Diario La Ley*, n.º 7251, Sección Doctrina, 29 septiembre 2009. Fue amplísima la producción editorial provocada por la regulación de la oficina judicial. Por destacar algunos hitos relevantes: la regulación de la Ley Orgánica 19/2003, y antes de la aprobación de la Ley 13/2009 y de la LOROJ, de entre una vasta producción editorial, BLASCO SOTO, M. C., «El proceso civil y la nueva oficina judicial», en CARPI, F. y ORTELLS RAMOS, M. (eds.), *Oralidad y escritura en un proceso civil eficiente,* Valencia, Universidad de Valencia, 2008, pp. 279-290; CARRETERO GONZÁLEZ, C., «Estructura y funcionamiento de la oficina judicial», en *Revista de Derecho Procesal*, n.º 1-3, 2004, pp. 153-174; DELGADO MARTÍN, J., «La implantación de la nueva oficina judicial», en *Derecho y Jueces,* n.º 25, 2005, pp. 3-5; DORADO PICÓN, A., «El secretario judicial y la oficina judicial tras la reforma de la Ley Orgánica del Poder Judicial», en *Revista de Derecho Procesal*, n.º 1-3, 2004, pp. 213-291; o GARRIDO CARRILLO, F. J., *La oficina judicial, Análisis de su nuevo diseño*, Tirant lo Blanch, Valencia, 2008.
11. Plasmada en el manifiesto de más de un centenar de profesores de Derecho procesal de toda España titulado «Por la unidad y la independencia en la Administración de Justicia y por las garantías procesales de los ciudadanos», publicado en la página web del Departamento de Derecho Procesal de la Universidad Complutense y reproducido por MONTERO AROCA, J., *La nueva oficina judicial: LO 1/2009 y Ley 13/2009,* Valencia, Tirant lo Blanch, 2009.
12. «[S]e entiende por unidad procesal de apoyo directo aquella unidad de la Oficina judicial que directamente asiste a jueces y magistrados en el ejercicio de las funciones que les son propias, realizando las actuaciones necesarias para el exacto y eficaz cumplimiento de cuantas resoluciones dicten».

LOPJ[13]), que podrían prestar servicios a todos o a alguno de los órganos judiciales de su ámbito territorial, con independencia del orden jurisdiccional al que pertenezcan y la extensión de su jurisdicción, y cuyo diseño, creación y organización correspondería al Ministerio de Justicia o a las Comunidades Autónomas con competencias transferidas en sus respectivos territorios.

La dirección de la oficina judicial se atribuye al secretario judicial (cuya denominación es modificada por la actualmente vigente en la LO 7/2015) y se da protagonismo a los funcionarios judiciales, a los que también se da una nueva denominación en la legislación orgánica. Los miembros del cuerpo de Gestión Procesal y Administrativa (herederos del cuerpo de Oficiales de la Administración de Justicia) asumieron la gestión de la tramitación de los procedimientos, bajo la supervisión del secretario judicial, en particular cuando determinados aspectos exijan una interpretación de ley o de normas procesales, «sin perjuicio de informar al titular del órgano judicial cuando se fuera requerido para ello». Es decir, se mantuvieron las facultades de control por parte del juez o tribunal, algo razonable en una estructura compleja que trabaja, precisamente, en apoyo de las funciones que este ejerce.

La plena efectividad del modelo se produce, como antes hemos adelantado, con la Ley 13/2009, de 3 de noviembre, de reforma de la legislación procesal para la implantación de la nueva Oficina judicial, en la que se implementa el modelo en las cuatro leyes procesales generales.

4. MODIFICACIONES DE LA OFICINA JUDICIAL EN LA LOEP

4.1. IDEAS GENERALES

Las novedades de la LO 1/2025 en materia de oficina judicial son el lógico complemento de la nueva ordenación de los órganos judiciales y de la planta judicial, derivada de la implantación de los Tribunales de Instancia. La reforma culmina un largo proceso legislativo, iniciado por el RDLey 5/2023, de 28 de junio y continuado por el RDLey 6/2023, de 19 de diciembre. Estas tres disposiciones culminan el proceso de reforma iniciado con anterioridad por los Proyectos de Ley Orgánica de Eficiencia Organizativa del Servicio Público de Justicia y de Eficiencia procesal del Servicio Público de Justicia, caducados con la anterior legislatura ante la convocatoria extraordinaria de elecciones generales en mayo de 2023.

En su diseño anterior a la reforma (que era el previsto inicialmente en la LOPJ), la jurisdicción se componía de centenares de órganos jurisdiccionales

13. «A los efectos de esta ley, se entiende por servicio común procesal, toda aquella unidad de la Oficina judicial que, sin estar integrada en un órgano judicial concreto, asume labores centralizadas de gestión y apoyo en actuaciones derivadas de la aplicación de las leyes procesales».

diseminados por el territorio nacional, distribuidos territorialmente en municipios, partidos judiciales, provincias y comunidades autónomas (amén de los órganos de demarcación nacional: Audiencia Nacional, Juzgados centrales, Tribunal Supremo) y organizados en salas y secciones (los tribunales colegiados) o en juzgados (órganos unipersonales). En dicho modelo, como hemos visto, cada órgano jurisdiccional era una unidad de actuación, a través de la cual actúa el Estado-juez, con sus propios elementos materiales (la sede, el mobiliario, el equipamiento de oficina e informático) y personales (las personas físicas que ejercen su función en el seno del órgano, cada una contribuyendo, en su particular parcela profesional, a que el órgano cumpla su misión constitucional).

Son dos las novedades estructurales que se proponen en la LO 1/2025: en primer lugar, la transformación de los Juzgados en Tribunales de Instancia; y, en segundo término, la extensión de los servicios comunes a todas las oficinas judiciales, los cuales se pueden multiplicar dentro del TI.

En relación con lo primero, se suprime toda referencia a los juzgados en el título preliminar de la LOPJ (disposición adicional primera de la LO 1/2025: las menciones genéricas a los juzgados y tribunales se entenderán referidas a estos últimos o, siguiendo las exigencias del lenguaje inclusivo, «a los jueces, las juezas, los magistrados y las magistradas que sirven en ellos». Por cuanto a los juzgados se refiere, las referencias legales se entienden hechas a las respectivas secciones del orden jurisdiccional correspondiente en los TI; la misma consideración tendrán las referencias a los juzgados centrales respecto de las correspondientes secciones del Tribunal Central de Instancia.

De acuerdo con el nuevo organigrama judicial, en cada partido judicial va a existir un único tribunal asistido por una única organización que le va a dar soporte: es decir, una única oficina judicial. El TI pasa a ser, de este modo, el órgano jurisdiccional típico, con jurisdicción y competencia propios (arts. 9 y 26 de la LOPJ); pero la realidad es que el ejercicio de función jurisdiccional no se atribuye directamente al TI, pues corresponde a los jueces y magistrados destinados en las diferentes Secciones que integren los Tribunales de Instancia (art. 84. 4 de la LOPJ)[14].

No existe ya, en consecuencia, una oficina judicial por cada juez o colegio de jueces, sino que todos los existentes en un mismo TI comparten una única oficina judicial. Ello determina, como parece lógico, la desaparición de las UPADs

14. Como en páginas anteriores hemos señalado, la creación de los Tribunales de Instancia tiene, como efecto directo, la desaparición de la voz «juzgados» de nuestra nomenclatura legal vigente. La expresión Tribunal se suele utilizar para referirse a órganos colegiados, pero en puridad, los TI no lo son, dado que la pluralidad de jueces y magistrados que en ellos se integran no ejercen la jurisdicción de forma colegiada, sino individualmente. Los juzgados ya no son órganos determinados por la autonomía de su personal juzgador, es decir, ya no hay tantos órganos como jueces, y ello tiene un claro efecto simbólico en la organización judicial, en la cual no aparece ya cada juez o colegio judicial con una estructura administrativa

tal y como fueron diseñadas por la LO 19/2003, de 23 de diciembre (en los términos anteriormente descritos), de suerte tal que, como seguidamente expondremos, y como hemos avanzado en páginas anteriores, el juez pierde el control de supervisión de los funcionarios que apoyan su labor dentro de la oficina judicial, que se estructuran jerárquicamente dentro de las unidades en la que desempeñan su quehacer al servicio de un letrado de la Administración de Justicia —o de varios—, al servicio de uno o de varios jueces, en una o en varias secciones dentro del TI, o incluso simultáneamente en diferentes partidos judiciales dentro de la provincia. Se potencia al máximo, como se ve, el carácter administrativo de estas unidades, en perjuicio de su identificación con un único órgano jurisdiccional, que es sustituido por una superestructura organizativa: cada TI pasa a ser una plataforma pública dentro de la cual se pueden albergar una o varias *unidades jurisdiccionales* (nos excusamos por esta expresión gráfica, pero que devalúa la posición de quien integra y ejerce un poder del Estado).

Fuera de la estructura orgánica de la oficina judicial se sitúan las denominadas «unidades administrativas», ya previstas en el diseño original de la LO 19/2003. Su regulación se sigue estableciendo en el art. 439 de la LOPJ, con las modificaciones introducidas en la LOEP. Se trata de unidades de funcionarios previstas para la prestación de servicios que se consideren necesarios o convenientes a la Administración de Justicia, de carácter no procesal[15]. También *la oficina del Registro Civil*, unidad que se constituye en el ámbito de la organización de la Administración de Justicia para encargarse de la llevanza del referido

---

diferenciada a su servicio, sino de otro modo, como una *unidad jurisdiccional* diluida dentro de una sección, en la que puede haber uno o más jueces con idéntica jurisdicción y competencia y que trabajará con el apoyo de un grupo de funcionarios no vinculados legal y exclusivamente a él. Al margen de ese efecto simbólico (como también hemos expuesto, de gran valor dentro de un sistema en el que las formas contribuyen a preservar la esencia de las instituciones), no faltará quien dude de la constitucionalidad de esta supresión, pero es verdad que nuestra Carta magna se refiere a los juzgados, como entidades diferenciadas de los Tribunales (art. 117.3 y 4 de la CE, art. 122 por ej.), condicionado a que lo determine así la ley: es decir, no existe una garantía institucional de existencia, en la jurisdicción ordinaria, de tribunales unipersonales llamados juzgados con una oficina o estructura administrativa diferenciada del resto de los tribunales, sino que el legislador parece soberano para establecer el diseño organizativo de la jurisdicción ordinaria y, en su caso decidir el establecimiento o supresión de los juzgados tal como han sido tradicionalmente concebidos en nuestro derecho. Cuestión aparte es cómo pueda incidir esa auténtica revolución organizativa en la garantía de la independencia de un juez que, como también hemos apuntado, parece convertirse en un usuario más del *servicio público* de la justicia, que en la cabeza de un órgano jurisdiccional del que sólo queda él.

La condición de juez, por consiguiente, pasa a ser una mera categoría dentro de la Carrera judicial, que no se asigna en función de que se desempeñe la labor jurisdiccional en un órgano cuyo *nomen iuris* sea el de «juzgado» (de hecho, el titular de muchos juzgados hasta ahora no tenía categoría de juez, sino de magistrado).

15. Entre otras funciones, les corresponde dar apoyo a la jefatura, ordenación y gestión de los recursos humanos sobre los que se tienen competencias en materia de Justicia, así como sobre los medios informáticos, nuevas tecnologías y demás medios materiales. Y también

servicio público según lo establecido por la Ley y el *Reglamento del Registro Civil*, y que se vincula funcionalmente al Ministerio de Justicia a través de la Dirección General de Seguridad Jurídica y Fe Pública (art. 439 bis de la LOPJ); y, en segundo término, la *oficina fiscal* es la organización de carácter instrumental que sirve de soporte y apoyo a la actividad del Ministerio Fiscal (art. 439 sexies de la LOPJ), cuyos puestos de trabajo solo podrán ser cubiertos por personal de los cuerpos de funcionarios al servicio de la Administración de Justicia, y se ordenarán de acuerdo con lo establecido en las relaciones de puestos de trabajo que elabore el Ministerio de Justicia o las comunidades autónomas, en su caso[16].

En el diseño final de la oficina judicial ha de tenerse en cuenta también la reciente Resolución de 5 de marzo de 2025, de la Secretaría General para la Innovación y Calidad del Servicio Público de Justicia, «por la que se acuerda el

---

se podrán crear para la prestación de servicios de medios adecuados de solución de controversias. En este caso las unidades administrativas podrán contar con puestos de trabajo para letrados de la Administración de Justicia. Sus puestos de trabajo pueden ser cubiertos indistintamente con personal de los cuerpos de funcionarios al servicio de la Administración de Justicia, de la Administración del Estado y de las comunidades autónomas que reúnan los requisitos y condiciones establecidas en la respectiva relación de puestos de trabajo.
Su diseño, creación y organización, la determinación de su forma de integración en la Administración pública de que se trate, su ámbito de actuación, dependencia jerárquica, establecimiento de los puestos de trabajo, así como la dotación de los créditos necesarios para su puesta en marcha y funcionamiento, corresponderá al Ministerio de Justicia o a la respectiva comunidad autónoma con competencias transferidas.

16. En coherencia con la heterogeneidad de puestos de trabajo dentro de la oficina judicial, de la diferente procedencia de los profesionales que prestan servicios en ella y de la confluencia de ámbitos de responsabilidad del Ministerio de Justicia y de las Comunidades Autónomas en materia de Administración de Justicia, la LOEP incorpora a la LOPJ una serie de normas de coordinación y cooperación entre las Administraciones responsables, que se contienen en sus arts. 434 bis y ter de la LOPJ). De este modo se impulsará la cooperación entre ellas «para garantizar la mejora continua en la Administración de Justicia fijando estándares de calidad homogéneos en todo el Estado», se podrán articular «estructuras para la definición, ejecución y seguimiento de proyectos compartidos entre las distintas Administraciones» y se establecerán cauces que permitan «la participación de los Consejos Profesionales que desarrollan sus funciones, principalmente, en relación con la Administración de Justicia». Asimismo se establecerán los medios materiales para garantizar el uso de todas las lenguas del Estado, entendemos que en los territorios donde sean oficiales.
Asimismo se crea (art. 434 ter de la LOPJ) una macroestructura denominada Comisión para la Calidad del servicio público de Justicia, que se subdivide en una Comisión Estatal y en Comisiones Autonómicas, sin aclarar la norma si éstas lo serán sólo en las Comunidades Autónomas con competencias transferidas o en las diecisiete existentes. Estará integrada la Comisión Estatal por un representante de las siguientes instituciones: Ministerio de Justicia, Consejo General del Poder Judicial, cada una de las Comunidades Autónomas con competencias asumidas en materia de Justicia, Fiscalía General del Estado, Secretaría General de la Administración de Justicia, Consejo General de la Abogacía Española, Consejo General de Procuradores de los Tribunales de España, Consejo General de Graduados Sociales, Secretaría General del Comité técnico estatal de la Administración judicial electrónica, y organizaciones sindicales más representativas del personal al servicio de la Administración de Justicia, elegida por decisión mayoritaria entre ellas.

diseño y estructura de la oficina judicial para los tribunales colegiados y tribunales de instancia conforme a las previsiones contenidas en la Ley Orgánica 1/2025, de 2 de enero, de medidas en materia de eficiencia del Servicio Público de Justicia», partiendo de su implantación progresiva y escalonada, en los plazos que fijan la disposición transitoria primera y la disposición transitoria segunda de la LOEP[17].

En esta Res. 5 de marzo de 2025 de la S. Gral. de Justicia se aprueba la estructura que comprende el diseño, dimensión y organización de las oficinas judiciales correspondientes a los Tribunales colegiados y Tribunales de Instancia con sede en los partidos judiciales sitos en el territorio del Ministerio de Justicia.

4.2. PRINCIPIOS INSPIRADORES

Como complemento que son del nuevo organigrama judicial, las modificaciones introducidas en la oficina judicial participan de los mismos principios en los que se justifica la creación de los TI, en los términos que se detallan en el Preámbulo de la LOEP.

En su § I se diagnostica el estado de la Administración de Justicia, describiendo la organización territorial de la justicia hasta ahora vigente como un modelo desfasado, basado en el juzgado unipersonal decimonónico, más propio de una sociedad agraria, dispersa, poco comunicada y con grandes limitaciones

---

La Comisión Estatal estará presidida alternativamente, por turnos anuales, por el representante del CGPJ o por el del Ministerio de Justicia, a quien corresponderá la convocatoria y dirección de las reuniones. Su función primordial es la confección de un informe anual sobre la calidad del servicio público, en el que se hará un diagnóstico del estado de situación, y se pueden hacer propuestas a las Administraciones competentes de mejoras normativas o de funcionamiento y de acceso a la Justicia para todas las personas, en condiciones de igualdad y no discriminación, que se estime pertinentes, así como fijar objetivos anuales y estándares de calidad comunes y homogéneos.

La Comisión desarrollará su trabajo en los ámbitos autonómico y estatal. Podrá desarrollar también su trabajo en el ámbito provincial a instancia de cualquiera de los miembros de la Comisión estatal o autonómica siempre que lo considere de utilidad en razón a los temas a tratar. En este caso, estará integrada por un miembro de cada una de las instituciones presentes en la Comisión autonómica y será convocada y presidida por el Presidente de la Audiencia Provincial.

Las Comisiones autonómicas se reunirán al mes una vez por trimestre y estarán integradas por la Presidencia del Tribunal Superior o persona en quien delegue, que la presidirá, el Consejero o Consejera de Justicia de la Comunidad Autónoma en el caso de comunidades autónomas con competencias asumidas en materia de Administración de Justicia o persona en quien delegue, en otro caso, por un representante del Ministerio de Justicia, el o la Fiscal Jefe Superior o persona en quien delegue, el Secretario o Secretaria de Gobierno, un representante de los colegios de la abogacía del territorio y un representante de las organizaciones sindicales más representativas del personal al servicio de la Administración de Justicia de la comunidad autónoma elegido por decisión mayoritaria entre ellas (art. 434 ter.4 de la LOPJ).

17. En adelante, la Res. 5 de marzo de 2025 de la S. Gral. de Justicia.

de movilidad, cuya organización es insuficiente ante la mayor complejidad de las relaciones sociales, el incremento de la litigiosidad, el desarrollo de las tecnologías de la comunicación y la concentración de la población en núcleos urbanos.

A partir de ese diagnóstico, se busca un nuevo modelo de oficina judicial, más racional y adecuado a las circunstancias actuales, que busque la eficiencia de los recursos desde la búsqueda de una base institucional compartida. A eso le denomina el preámbulo un primer nivel de organización judicial colegiada, pero como veremos, no es realmente así, dado que el hecho de disponer de una organización administrativa e institucional compartida no quiere decir que las decisiones se hayan de tomar ahora colegiadamente, sino que seguirán siendo unipersonales en los mismos casos en que lo eran en el modelo que se sustituye. Para superar esas carencias, se busca un nuevo modelo de organización se busca generar más legitimidad y confianza en el sistema de Justicia, afianzar el acceso a la justicia de todos los justiciables, la eficiencia operativa y llevar la transformación digital a la Administración de Justicia; asimismo, se busca incorporar otro tipo de valores sociales a los tribunales, como la solidaridad y el humanismo (como si en el sistema actualmente vigente no existieran), objetivos que centralizan en tres cualidades: la eficiencia organizativa, basada en la especialización y en la adecuación de los medios materiales y personales, la homogeneidad, que debe conducir a una mayor previsibilidad, accesibilidad, proximidad seguridad y confianza para la ciudadanía y los profesionales (*sic* en el preámbulo de la LOEP) y la capacidad organizativa.

En relación con la oficina judicial, se busca su flexibilidad para adaptar su respuesta a las necesidades «cambiantes de la sociedad», para lo que no se considera oportuno la creación de nuevos órganos jurisdiccionales, con la multiplicación de su infraestructura de personal. Al contrario se pretende aprovechar esta, se dice, de forma más eficiente reestructurándola en servicios comunes que existirán en todas las oficinas judiciales, junto con otros que puedan crearse. Los principios que la inspiran son los de «jerarquía, división de funciones y coordinación» (art. 435.2 de la LOPJ, i. f.), y será homogénea para todo el territorio nacional. De conformidad con el apartado 3 del art. 435 de la LOPJ, la oficina judicial «funcionará con criterios de agilidad, eficacia, eficiencia, racionalización del trabajo, responsabilidad por la gestión, coordinación y cooperación entre Administraciones, de manera que los ciudadanos obtengan un servicio próximo y de calidad, con respeto a los principios recogidos en la Carta de Derechos de los ciudadanos ante la Justicia».

Este enfático discurso podría ser igualmente aplicable a la oficina judicial en su conformación legal desde 2003, y está presente en todas las normas legales que han promovido reformas orgánicas hasta el presente, y en esta se vuelve incluso al tópico del «paso de la sociedad rural a la sociedad urbana». Pero es cierto que la transformación que ahora se propone es radical con respecto al modelo tradicional, porque es pronto para determinar si el modelo va a ser eficiente como se pretende. Cuestión aparte es si todo debe ceder en favor de la eficiencia, incluso la materialización en la organización judicial de las garantías constitucionales del art. 117 de la CE. Cierto es que la duplicación de plantillas no puede ser el único remedio para dotar a la Administración de Justicia de eficiencia, pero la racionalización de los servicios de la oficina judicial no puede, a nuestro juicio, hacerse a costa de devaluar la posición del juez, que es titular de uno de los tres poderes del Estado, con el grado de penetración del poder ejecutivo en lo que debería ser un terreno reservado a jueces y magistrados.

Por otro lado, algunos de los principios anteriores pugnan con el contenido de ciertas reformas incorporadas a la ley, puesto que no se aprecia, a primera vista, en qué va a mejorar la relación del ciudadano con la Administración de Justicia, cuando se ha de enfrentar a una macroestructura burocratizada en la que es complejo, incluso para un jurista, localizar quién es el juez o la unidad administrativa responsable de su asunto; quién es el responsable, o la cara visible, de una determinada decisión; o, por ejemplo, en el que se reduce la oralidad del proceso a términos desconocidos desde la desaparición del viejo juicio de mayor cuantía, basado en el proceso formulario romano.

4.3. LA ESTRUCTURA ORGANIZATIVA DE LOS TRIBUNALES DE INSTANCIA: UN RECORDATORIO

Aunque se ha tratado esta cuestión con detalle en el capítulo anterior, para entender mejor las características de la nueva oficina judicial es oportuno recordar también cómo es la estructura organizativa de los TI. De conformidad con el art. 84 de la LOPJ, tras su reforma por la LO 1/2025, en cada partido judicial habrá un TI, con sede en su capital, de la que tomará su nombre y en él existirán, al menos, o una sección única (que es mixta, civil y de instrucción, y que sustituye a los juzgados de primera instancia e instrucción, y que puede estar integrada por más de un juez), o dos secciones separadas, civil e instrucción, si lo establece así la LDYPJ.

La unidad territorial básica sigue siendo el partido judicial, también para los TI. El cambio no será muy significativo en los partidos judiciales de menor litigiosidad (salvo por lo extravagante de que puedan existir secciones unipersonales, por estar integradas por un único juez), pero sí, a nuestro juicio, en los partidos judiciales con mayor número de plazas judiciales y, en especial, en las capitales de provincia, en donde los TI integran no sólo órganos con jurisdicción civil y penal, sino también contencioso-administrativa y social. Se extienden también al territorio del partido judicial las novedosas secciones de Familia, Infancia y Capacidad (art. 86 de la LOPJ)[18], de Violencia sobre la Mujer (art. 89

18. Decimos novedosas, aunque en puridad el cambio es poco significativo, salvo por su detallada regulación en la ley. Por lo demás, al igual que ocurría en el sistema hasta ahora vigente, en que los juzgados de familia eran simples *formae mentis* establecidas en ciertos juzgados

de la LOPJ), y de Violencia contra la Infancia y la Adolescencia (art. 89 bis de la LOPJ), en el caso de que se establezcan.

Según el art. 27 de la LOPJ, en su nueva redacción, de haber más de una sección dentro del TI, se deberán todas numerar por el ordinal, lo que en cierto modo es innecesario y puede inducir a confusión: primero, porque no se dice qué sección es la que empieza el orden (si la civil o la de instrucción) o si cada TI tiene capacidad para alterar el orden de numeración con respecto a otros, lo que puede ser fuente de inseguridad. Este sistema, que parece útil a la hora de designar a las secciones de las audiencias provinciales, puede no serlo tanto cuando se trata de los TI, por lo que imaginamos que terminará imponiéndose entre los operadores jurídicos su denominación por razón de la materia (sección de lo mercantil, sección de vigilancia penitenciaria, por ej.); más sentido tiene la identificación de cada juez dentro de la sección por el número cardinal, tratándose de sujetos con la misma competencia objetiva y territorial y sin especialización por razón de la materia por el juego del art. 96 de la LOPJ.

En los partidos judiciales con sede en la capital de provincia, además de la sección única o, en su caso, de las secciones civil y de instrucción, existen otras secciones, pues se integran dentro de la estructura del TI los diferentes órganos unipersonales existentes dentro de la provincia en los demás órdenes jurisdiccionales, además de los anteriores juzgados de lo mercantil. Algunas secciones son de carácter orgánico, por estar así previstas en la ley, que se corresponden con los órganos jurisdiccionales ya existentes (secciones de lo penal, de lo mercantil, de vigilancia penitenciaria, de menores, de lo contencioso-administrativo o de lo social), todas ellas, por regla general, con demarcación provincial y sede en el TI de la capital de la provincia. Otras secciones son facultativas, y se pueden crear por el Consejo General del Poder Judicial en atención a las necesidades de la Administración de Justicia en función de criterios como el volumen de asuntos o la carga de trabajo existente, a través del procedimiento previsto por el art. 96 de la LOPJ; estas secciones tienen, de otro modo, demarcación que se extiende al partido judicial[19] (son las sec-

de primera instancia a los que se les atribuía el reparto exclusivo de los procedimientos de familia (en los términos establecidos por la Ley de 7 de julio de 1981, por la que se modificó la regulación del matrimonio en el Código Civil y se determinó el procedimiento a seguir en las causas de nulidad, separación y divorcio). Ahora se integra su regulación en la LOPJ, pero al igual que desde 1981, su creación no es orgánica, sino que está sujeta a una decisión del CGPJ, *ad casum*.

19. El panorama es, sin embargo, más complejo de lo descrito. Aun existiendo secciones de partido y secciones provinciales, la LOPJ da gran margen a la creación de secciones con demarcación superior al partido o inferior a la provincia, en atención a la carga de trabajo de asuntos o de la población, entre otros (que no detallamos); o que se pueda extender su demarcación a varias provincias limítrofes entre sí. En términos generales lo autoriza el art. 84.5 de la LOPJ, pero en su regulación específica, se permite con las secciones de

ciones de Familia, Infancia y Capacidad, de Violencia sobre la Mujer y de Violencia contra la Infancia y la Adolescencia[20]).

El panorama que se acaba de describir pone de relieve un modelo de organización complejo, en el que, en ocasiones, el justiciable puede no estar *a priori* en condiciones de conocer a qué tribunal ha de acudir, salvo que tenga un conocimiento claro de la planta y demarcación judicial, y cuya permanencia es además, relativa, al estar sujeta a la decisión del CGPJ. La LOPJ, además, en el caso de las secciones facultativas establece cómo se crean, pero no contiene reglas o límites para su supresión o modificación.

En una norma merecedora de crítica, el art. 84.4 de la LOPJ establece que el «ejercicio de la función jurisdiccional corresponde a los jueces, las juezas, los magistrados y las magistradas destinados o destinadas en las diferentes Secciones que integren los Tribunales de Instancia». Está bien que se reserve en la ley el ejercicio de función jurisdiccional a los jueces y magistrados (para evitar el riesgo de que dicha función pueda ser atribuida a otro sujeto dentro del TI —lo decimos con ironía—). La cuestión es que el art. 26 de la LOPJ, en sentido diferente, atribuye el ejercicio de la potestad jurisdiccional (entendemos que el legislador no pretende en la norma establecer una distinción conceptual entre *función* y *potestad* jurisdiccional, ni mucho menos privar al juez de su *potestas,* aunque el tenor de la norma soporta cualquier interpretación), no a los jueces y magistrados que forman parte de la sección, sino a los Tribunales en los que las secciones se integran. Una de dos, o el titular de la función/potestad de juzgar es el juez; o lo es el Tribunal en el que el juez ejerce su función: pero esto segundo induce a ambigüedad, zona peligrosa cuando ha de someterse a inter-

---

Familia, Infancia y Capacidad (art. 86.2), de lo Mercantil (art. 87.3 y 4), de Instrucción (art. 88.4), de Violencia sobre la Mujer (art. 89.3), de Violencia conta la Infancia y la Adolescencia (art. 89 bis 3), de lo Penal (art. 90.2), de Menores (art. 91.1) y así en el resto de las secciones. Se contempla también la posibilidad de no crear la Sección, pero de asignar sus funciones materiales exclusivas a un juez o magistrado de otra sección del mismo orden jurisdiccional (arts. 86.3 y 87.2, por ej.).

20. En relación con las secciones de Violencia sobre la Mujer, la LO 1/2025 ha dejado sin resolver un problema atinente a su naturaleza. De acuerdo con el derogado art. 87 bis de la LOPJ, debía existir un Juzgados de Violencia sobre la Mujer (JVSM) en cada partido judicial, sin perjuicio de la posibilidad excepcional de establecer JVSM que extendieran su jurisdicción a dos o más partidos dentro de la misma provincia (art. 87 bis. 2 de la LOPJ derogado). Es decir, el JVSM era un órgano jurisdiccional con plena jurisdicción y competencia enumerado en el art. 26 de la LOPJ, en su redacción anterior. En el actual art. 89 de la LOPJ, de otro modo, no queda claro ya si debe haber un todo partido judicial una sección de violencia sobre la mujer o no. Simplemente se dice que el CGPJ podrá crearla en aquellos partidos donde no la hubiera, lo que en principio abarca a todos los partidos judiciales. En todo caso, estas secciones no son ya orgánicas, sino funcionales, lo que no se sabe bien cómo debería afectar los JVSM ya existentes: quizá lo más operativo sea mantenerlos donde ya existen, para evitar el riesgo de su supresión, y con ello, la incidencia que pueda tener en los asuntos pendientes ante ellos, al margen de su eventual afectación el derecho al juez predeterminado por la ley.

pretación el ejercicio de un poder del Estado regido por el principio de exclusividad[21].

No deja de ser curioso, por lo demás, que en el art. 26 de la LOPJ sólo se reconoce expresamente potestad jurisdiccional a los únicos jueces que no forman parte de la Carrera judicial y que son legos en derecho: los jueces —y juezas— de paz, a quienes, anómalamente, se atribuye la condición de tribunal, siendo los únicos jueces que carecen de una estructura institucional de carácter jurisdiccional.

Las secciones del TI pueden contar o no con presidente, de darse ciertas condiciones, entendemos que cumulativa y no alternativamente: a) que en el TI hubiere dos o más Secciones; b) que en la Sección existan ocho o más plazas judiciales; y c) que el número total de plazas judiciales del Tribunal de Instancia sea igual o superior a doce (art. 84. 3 de la LOPJ). De no ser el caso, la presidencia de la sección la debe ostentar el propio presidente del TI.

4.4. RÉGIMEN DE LOS SERVICIOS COMUNES TRAS LA LOEP: DE LOS «SERVICIOS COMUNES DE TRAMITACIÓN» A LOS «OTROS SERVICIOS COMUNES» DE LA OFICINA JUDICIAL

Normas generales: La oficina judicial se sigue regulando en los arts. 435 y ss. de la LOPJ. Se define como «la organización de carácter instrumental que sirve de soporte y apoyo a la actividad jurisdiccional de jueces y tribunales» y, como se acaba de exponer, estará basada en los principios de jerarquía, división de funciones y coordinación, dentro de un órgano de carácter homogéneo en todo el territorio nacional.

Su actividad se desarrollará a través de los servicios comunes, al desaparecer de la ley las denominadas «unidades procesales de apoyo directo» (UPADs). De este modo, existen dos clases de servicios comunes: los «servicios comunes de tramitación», por un lado, y por otro, los demás servicios comunes que, en su caso, se determine (dice así el art. 435 de la LOPJ).

Todos los servicios comunes se configuran como parte integrante de una estructura instrumental al servicio de la función jurisdiccional y su actividad está «definida por la aplicación de las leyes procesales» (art. 436.1 de la LOPJ). Siendo así, sorprende que no sólo no se respete la reserva de ley formal en la

21. Igualmente criticable, dentro del máximo respeto al legislador, nos parece que el art. 84.4 de la LOPJ afirme que la adscripción de los diferentes jueces y magistrados a las Secciones «será funcional», de suerte que por acuerdo del CGPJ y a propuesta del Presidente del TI y previa audiencia de la respectiva junta de jueces dentro del orden jurisdiccional, se pueda reasignar a un juez a una sección diferente en la que presta servicios —dentro del mismo orden jurisdiccional—, algo que nos parece, en una primera lectura de la norma, de dudosa constitucionalidad por ser difícilmente compatible con la inamovilidad judicial y la garantía de la predeterminación legal del juez.

regulación de sus funciones, sino que se habilite al Ministerio de Justicia a dictar instrucciones sobre su organización y el desempeño de su trabajo[22]. Bien es cierto que, a pesar de su homogeneidad a lo largo del territorio nacional, su diseño es flexible (art. 436.2 de la LOPJ), lo que permite adecuar su perfil, en cada caso, a las reales necesidades del TI o de la sección a la que asiste, pero que, en cierta manera, pone en cuestión la proclamada homogeneidad.

El ámbito territorial de la oficina judicial está condicionado por el de los órganos a los que presta su apoyo —que pueden ser de ámbito nacional, autonómico, provincial o de partido—. Otra cosa cabe decir de los servicios comunes, dado que se autoriza su creación con una extensión territorial que puede no coincidir con la de la demarcación judicial, es decir, diferenciada de la de la oficina judicial. Por ejemplo, se pueden establecer servicios comunes de ámbito comarcal, que extiendan sus servicios a más de un TI (art. 436.3 de la LOPJ). La ley no pone límites a que esta extensión comarcal pueda afectar al territorio de varias provincias, siempre que se trate de TI ubicados en una misma comarca, aunque ésta no es una unidad de división administrativa más que en determinadas comunidades autónomas.

La homogeneidad de su diseño queda en entredicho, desde el momento en que es posible concebir oficinas judiciales cuyo territorio no coincida con el de los tribunales a los que asiste, pero tampoco con el de alguno de los servicios comunes en los que se organiza; o que se permite ubicar la sede de un servicio común fuera de la sede de la oficina judicial, o que se puedan prestar simultáneamente servicios en ellos y en las oficinas de justicia de los municipios (antiguos juzgados de paz), de acuerdo con el art. 436.5 de la LOPJ).

Como corresponde a un órgano de diseño flexible, un servicio común puede prestar servicio a órganos de una misma jurisdicción, de varias jurisdicciones o a órganos especializados, «sin que, en ningún caso,» (dice el art. 436. 4 de la LOPJ) «el ámbito de la Oficina judicial pueda modificar el número y composición de los órganos judiciales que constituyen la planta judicial ni la circunscripción territorial de los mismos establecida por la ley». El precepto transcrito parece claro y coherente, pero al mismo tiempo revela las contradicciones de la organización interna que deparan los nuevos TI: en el 436.2 de la LOPJ se establece que lo determinante del número y composición de los órganos jurisdiccionales no es el de servicios comunes de tramitación existentes —lo que constituye un claro elemento diferencial con las derogadas UPADs—.

La regla anterior no es coherente con el hecho de que, en puridad, el TI tampoco es, en sentido estricto, el órgano judicial: el número real de órganos jurisdiccionales viene determinado en los TI por el de plazas judiciales existentes en cada sección, tratándose de órganos unipersonales, y considerando que la legisla-

22. «Su dimensión y organización se determinarán por la Administración Pública competente, en función de la actividad que en la misma se desarrolle» (art. 436.2 de la LOPJ).

ción orgánica no otorga competencia plenaria alguna, de carácter colegiado, a todos los jueces y magistrados de un mismo TI. El TI, ya lo hemos afirmado, configura una estructura burocrática que presta servicios de apoyo a esos jueces, pero sin que exista ningún tipo de vinculación de carácter jurisdiccional entre ellos, más que la que funcionalmente se establezca entre cada juez y el servicio común de que se trate. En este sentido, puede afirmarse que los auténticos órganos jurisdiccionales de cada TI viene determinado por el número de «plazas judiciales» (por mantener la nomenclatura legal) existentes en cada una de sus secciones; y, precisamente por ello, los jueces y magistrados que prestan servicios en ellas son independientes —en los términos de los arts. 117.1 de la CE y 13 de la LOPJ—, también frente al entramado burocrático de los TI, desde su presidencia hasta el último de los funcionarios asignados a sus servicios o unidades administrativas.

Funciones y estructura organizativa: La función de los servicios comunes es, según el tenor del art. 436.8 de la LOPJ, asistir a los jueces y magistrados de las secciones para el ejercicio de las funciones jurisdiccionales u otras que les sean propias, «realizando las actuaciones necesarias para el exacto y eficaz cumplimiento de cuantas resoluciones se dicten». La actividad de la oficina se realizará conforme a lo previsto en los protocolos de actuación que aprobarán los Secretarios y Secretarias de Gobierno, de acuerdo con el Reglamento Orgánico del Cuerpo de Secretarios Judiciales, aprobado por Real Decreto 1608/2005, de 30 de diciembre[23].

En cuanto a su estructura de personal, el servicio común nunca va a estar directamente al servicio del personal jurisdiccional, aunque trabaje para él o en su apoyo. El juez se comunica con el servicio a través de la oficina judicial (art. 436.8 LEC), a la que podrá requerir en todo momento cuanta información considere necesaria sobre los procedimientos cuyo conocimiento tenga atribuido, pero ya no tiene poder de supervisión o inspección sobre los funcionarios que los integran. La dirección del servicio común se atribuye a un letrado o letrada de la Administración de Justicia, que puede compatibilizar esas funciones de dirección con otras que le correspondan como letrado de la Administración de Justicia, y a cuyas órdenes actuarán los funcionarios destinados en él.

Las funciones del director del servicio común[24]: Cada servicio común puede ser dividido en áreas y en «equipos» (unidades administrativas cuyas funciones

23. Art. 3.4 de la Res. de 5 de marzo de 2025, de la Secretaría General de Justicia.
24. Las tareas de director del servicio son de coordinación de los otros letrados de la Administración de Justicia que lo integren, «en el ejercicio de las funciones de dirección técnico-procesal y demás previstas en la ley que éstos desempeñan en relación con el personal destinado en el servicio común» (art. 436.6, párrafo final). Asimismo, el director deberá hacer cumplir, en el ámbito organizativo y funcional que le es propio, «las órdenes y circulares que reciba de sus superiores jerárquicos», entre los que no se encuentran los jueces y magistrados. En el ámbito jurisdiccional, «responderán del estricto cumplimiento de cuantas actuaciones o decisiones adopten jueces, juezas o tribunales en el ejercicio de sus competencias».

no aparecen definidas en la ley[25]), a cuyo cargo se encontrará otro letrado de la Administración de Justicia o miembros de los «cuerpos generales», ante el silencio de la ley parece que indistintamente (art. 436.7 de la LOPJ). Se refiere la norma a los miembros del cuerpo de Gestión procesal, de conformidad con lo dispuesto por el art. 476.1 g) de la LOPJ.

El diseño de este complejo modelo administrativo se concreta en la relación de puestos de trabajo, que corresponde al Ministerio de Justicia o a las comunidades autónomas competentes (art. 522 de la LOPJ), tanto en cuanto al número y tareas asignadas a cada funcionario como a la determinación de la existencia de áreas y/o equipos y de quién debe dirigirlos[26]. A la Administración con competencias en la materia corresponde también la redistribución de los puestos de trabajo de las unidades o servicios suprimidos o la reordenación del trabajo de las diferentes unidades u oficinas (art. 523.1. 2.º y 3.º de la LOPJ).

Dentro de un servicio común puede prestar servicios más de un letrado de la administración de Justicia, según se establezca en atención a la potestad de autoorganización de la Administración. El letrado director del servicio común coordinará a los otros letrados o letradas de la Administración de Justicia que lo integren, en el ejercicio de las funciones de dirección técnico-procesal y demás previstas en la ley que éstos desempeñan en relación con el personal destinado en el servicio común. Asimismo, el director del servicio común deberá hacer cumplir, en el ámbito organizativo y funcional que le es propio, las órdenes y circulares que reciba de sus superiores jerárquicos. En el ámbito jurisdiccional, responderán del estricto cumplimiento de cuantas actuaciones o decisiones adopten jueces, juezas o tribunales en el ejercicio de sus competencias.

La delimitación de las concretas atribuciones de los directores de los diferentes servicios comunes, de las jefaturas de áreas y de equipos, así como las funciones generales del resto de su personal, ha de estarse a lo que establece el art. 7 de la Res. 5 de marzo de 2025 de la S. Gral. de Justicia, que desglosa el elenco la tareas en función del cargo desempeñado y del cuerpo al que se pertenezca.

---

25. Pero sí en la Res. de 5 de marzo de 2025, de la Secretaría General de Justicia (art. 4.2 y 3). Según se establece, se trata de una unidad de división de los servicios comunes, «al frente de las cuales existirá una jefatura de área, encargada de coordinar la actividad del personal integrado en ella, así como de los diferentes equipos y grupos de trabajo que se organicen para la prestación de los servicios. La existencia de estas áreas permitirá la identificación de los diferentes subtipos recogidos en el Anexo I de la presente resolución». Los equipos de trabajo son grupos de funcionarios creados para facilitar el trabajo de los servicios comunes y de las áreas que se constituyan, de carácter funcional y sin reflejo en la relación de puestos de trabajo, «salvo en lo que se refiere en la identificación de sus puestos de jefatura».
26. Ver el en el art. 39 bis del Real Decreto 1451/2005, de 27 de diciembre por el que se aprueba el Reglamento de Ingreso, Provisión de Puestos de Trabajo y Promoción Profesional del Personal Funcionario al Servicio de la Administración de Justicia y en los modelos de referencia de Oficina judicial.

Clases de servicios comunes: Como ha quedado expuesto, la LOEP prevé dos clases de servicios comunes: los «servicios comunes de tramitación», que ocuparán el lugar hasta ahora destinado a las unidades procesales de apoyo directo (UPADs); y, por otro lado, los «otros servicios comunes» de la oficina judicial.

El *servicio común de tramitación* se erige como el servicio necesario dentro de la oficina judicial. No hay uno por cada juez que integra la sección (no sería, en ese caso, un servicio común), pero la ley exige que haya al menos un servicio común de tramitación dependiente de cada oficina judicial (art. 437.2 de la LOPJ), que puede concurrir o no con otros servicios comunes.

Al servicio común de tramitación le corresponden las funciones de ordenación del procedimiento, en apoyo de los jueces de cada sección. El art. 6.1 de la Res. de 5 de marzo de 2025 de la S. Gral. de Justicia enumera estas funciones concretas, que profundizan la administrativización de las funciones procesales[27].

Aunque su regulación parece concebirlos como órganos de la oficina judicial en los TI, la creación de servicios comunes de tramitación también está prevista en el Tribunal Supremo, en la Audiencia Nacional, los Tribunales Superiores de

27. Se trata de las siguientes: a) La admisión de los escritos iniciadores del procedimiento en todos los órdenes jurisdiccionales, de conformidad con las leyes de procedimiento. b) Cuando corresponda, la dación de cuenta al juez, jueza, magistrado o magistrada a quien haya correspondido por reparto el escrito iniciador para que resuelva sobre la admisión o inadmisión. c) Dar apoyo a jueces, juezas, magistrados y magistradas en la práctica de cuantas actuaciones fueren de su competencia, asistiendo a los mismos en la elaboración de las resoluciones que les correspondan. d) La prestación del servicio de guardia en todos los órdenes jurisdiccionales. e) La ordenación, gestión y tramitación del procedimiento en fase declarativa. f) La ordenación, gestión y tramitación de los recursos. g) El control de firmeza, recursos y archivo. h) La gestión de la cuenta de depósitos y consignaciones judiciales. i) La gestión y coordinación de la agenda de señalamientos relativos a juicios, vistas y comparecencias. j) El control y seguimiento de citaciones, emplazamientos y plazos procesales. k) El mantenimiento y conservación de los expedientes judiciales en trámite cualquiera que sea su soporte, físico o electrónico. l) La realización de las actuaciones que sean precisas con otras Administraciones y registros públicos para la averiguación domiciliaria, patrimonial o de cualquier otra clase para la ordenación, gestión y tramitación de los procedimientos. m)En el ámbito mercantil, y con relación a los procedimientos concursales, la ordenación, gestión y tramitación del procedimiento atribuida al servicio común de tramitación se extenderán a la fase de liquidación del concurso contenida en la normativa concursal. n) En el ámbito jurisdiccional de vigilancia penitenciaria, la ordenación, gestión y tramitación del procedimiento correspondiente al servicio común de tramitación se extenderán hasta la finalización del procedimiento y su archivo. o) La colaboración requerida para posibilitar la adecuada extracción automatizada de los datos necesarios para el cumplimiento de las obligaciones estadísticas públicas, incluyendo la Estadística Judicial y las explotaciones vinculadas a las necesidades de gestión de las Administraciones Públicas competentes, en los términos establecidos en la Ley Orgánica del Poder Judicial. p) Cualquier otro servicio previsto en la normativa que resulte de aplicación o que pueda identificarse en los protocolos de actuación y en la documentación organizativa, siempre que sea conforme con la naturaleza del servicio común de tramitación.

Justicia y el Tribunal Central de Instancia. Como hemos visto con anterioridad, las Audiencias Provinciales pueden compartir su servicio común de tramitación con los TI radicados en la misma sede (art. 437.7 y 521 de la LOPJ).

El diseño del servicio común de tramitación corresponde a la Administración Pública competente (sea el Ministerio de Justicia o la Comunidad Autónoma), la cual podrá crear dentro de él diferentes áreas, cuando sea preciso asistir a secciones diferentes o de diferentes órdenes jurisdiccionales. La ley impone la necesidad de crear un área diferenciada cuando en una misma sección haya un número igual o superior a doce «plazas judiciales», que se puede extender, dice la norma «a los que correspondan a otras secciones del mismo orden jurisdiccional» (art. 437.3 de la LOPJ, inciso final).

A la dirección del *servicio común de tramitación*, que también es ostentada por un letrado de la Administración de Justicia, le corresponden, además de las funciones antes señaladas, las tareas de coordinación con la presidencia del Tribunal, así como con la dirección del resto de los servicios comunes de la oficina judicial (art. 437.8 de la LOPJ: art. 5 de la Res. de 5 de marzo de 2025 de la S. Gral. de Justicia). De estar así previsto en la relación de puestos de trabajo, el letrado director del servicio puede compatibilizar sus funciones directivas en la Audiencia Provincial y en el TI de la misma sede, cuando ambos tribunales compartan un mismo servicio común de tramitación (art. 437.7 de la LOPJ).

El servicio común de tramitación puede concurrir con *otros servicios comunes*. De ser así, al servicio común de tramitación se reserva la ordenación de los procesos declarativos y a la asistencia en ellos a los jueces y magistrados, y el resto de las funciones de la oficina judicial pueden ser derivadas a los otros servicios comunes. La previsión del Ministerio de Justicia es que puedan existir, junto con el servicio común de tramitación, dos servicios comunes más: el llamado servicio común general y el servicio común de ejecución. A estos segundos no les corresponden tareas de ordenación de los procedimientos (que se reservan a los servicios comunes de tramitación). Tanto unos como otros pueden, a su vez, subdividirse en áreas y equipos, en los términos que establece el art. 435 de la LOPJ, anteriormente descritos, al frente de cada cual se establecerá una jefatura de área (art. 5 de la Res. de 5 de marzo de 2025 de la S. Gral. de Justicia).

Al Ministerio de Justicia o, en su caso, a las Comunidades Autónomas competentes corresponde el diseño, la creación y la organización de estos otros servicios comunes, a propuesta de las Salas de Gobierno, las Juntas de Jueces y de los Secretarios de Gobierno de los Tribunales Superiores de Justicia. Las funciones que se les puede asignar, al modo de los anteriores SCOP, son las de registro y reparto, de apoyo, actos de comunicación, auxilio judicial nacional e internacional, de ordenación de procesos de ejecución y jurisdicción voluntaria. Para materias diferentes de las anteriores, es preceptivo el informe favorable del CGPJ.

Cuando se cree, al servicio común general le corresponderá, además del reparto de los asuntos entre las diferentes secciones[28], las funciones que establece, con detalle, el art. 6.2 de la Res. 5 de marzo de 2025 de la S. Gral. de Justicia: resumidamente, se trata de servicios de registro y reparto, de actos de comunicación y ejecución, de auxilio judicial, y de atención a la ciudadanía, a profesionales y litigantes, amén de los que llama «servicios transversales o generales»[29]. De no existir el servicio común general, sus funciones serán asumidas por el servicio común de tramitación (art. 6.2 de la Res. 5 de marzo de 2025 de la S. Gral. de Justicia).

Por su parte, de crearse el servicio común de ejecución, se encargará de las funciones enumeradas en el art. 6.3.1 de la Res. 5 de marzo de 2025 de la S. Gral. de Justicia, que van desde la dación de cuenta al juez de los escritos de inicio de la ejecución, tramitación de las incidencias que se puedan plantear con la demanda ejecutiva, elaboración de propuestas de resolución de inicio del procedimiento de ejecución, entre otras muchas. En materia de ejecución penal, se encarga de tramitar los mandamientos de prisión, de las medidas de internamiento de menores, de los mandamientos de libertad, de la suspensión de las penas, de la liquidación de condenas, o de actuaciones relacionadas con la ejecución de la condena de responsabilidad civil *ex delicto*, entre otras actuaciones materiales propias de la ejecución forzosa penal. Tanto en uno como en otro supuesto, de no existir servicio común de ejecución, estas funciones corresponderán al servicio común de tramitación (art. 6.3 de la Res. 5 de marzo de 2025 de la S. Gral. de Justicia).

A los servicios comunes generales son de aplicación también los arts. 8 a 10 de la Res. 5 de marzo de 2025 de la S. Gral. de Justicia, donde se detallan sus funciones específicas, de forma reiterativa con las expuestas previamente. Lo mismo cabe decir de los arts. 9 a 13 de la citada Resolución, en referencia a los servicios comunes de ejecución.

A los anteriores, se pueden añadir otros «servicios comunes transversales»: servicio de guardia (art. 16 de la Res. de 5 de marzo de 2025); de coordinación con la oficina fiscal (art. 17 de la Res. de 5 de marzo de 2025); de coordinación con las oficinas de justicia de los municipios (art. 18 de la Res. de 5 de marzo de 2025); y de coordinación con equipos de medios adecuados de solución de controversias provinciales (art. 19 de la Res. de 5 de marzo de 2025).

De existir anomalías en el funcionamiento de los servicios comunes procesales, corresponde al presidente del TI ponerlo en conocimiento de la respectiva

28. Según la Res. 5 de marzo de 2025 de la S. Gral. de Justicia (art. 4.1), podrá coexistir con un servicio común de ejecución, además del servicio común de tramitación.

29. Se trata de tareas de apoyo al auxilio judicial, gestión de salas de vistas y multiusos, de depósitos y consignaciones, de listas de espera de peritos, asistencia a la oficina del Tribunal del Jurado, coordinación con la Oficina Fiscal, entre otras.

Sala de Gobierno [art. 168.2 c) de la LOPJ]. Asimismo, la nueva redacción del art. 11 de la Ley Orgánica 5/1985, de 19 de junio, del Régimen Electoral General, se refiere, en su apartado 3, inciso primero, *in fine*, a la «unidad procesal de tramitación», que no se regula, con ese *nomen iuris*, en los preceptos reguladores de los servicios comunes[30].

4.5. DERECHO TRANSITORIO APLICABLE A LA OFICINA JUDICIAL

La disposición transitoria quinta de la LOEP establece el derecho transitorio. De acuerdo con ella, la implantación de la oficina judicial será simultánea a la de los TI. A dicho fin, el Ministerio de Justicia y las Comunidades Autónomas con competencias transferidas en materia de Justicia han de elaborar, como punto de partida, las relaciones de puestos de trabajo de cada una de ellas, para proceder posteriormente a su provisión. La disposición transitoria establece el procedimiento para su confección[31].

Si las relaciones de puestos de trabajo no fueran aprobadas en alguno de los partidos judiciales, se establecen las reglas a seguir:

1. Si no hubiese en el partido judicial ninguna relación de puestos de trabajo previamente aprobada (o con el proceso de acoplamiento finalizado) se mantendrá el régimen de organización de las oficinas y de su personal anterior a la promulgación de la LOEP, hasta la aprobación de las relaciones de puestos de trabajo (que deberá hacerse dentro de los seis meses siguientes).

30. Y que deberemos identificar con el servicio común de tramitación. La modificación introducida en la LO 5/1985 atribuye al letrado de la Administración de Justicia director o directora del Servicio Común de Tramitación de la Audiencia Provincial respectiva la función de secretario de la Junta Electoral Provincial, que es «la persona de contacto con la Administración electoral y con el gestor electoral tanto durante el periodo electoral, como en el periodo comprendido entre procesos electorales» (nuevo art. 10.4). Idénticas funciones, en relación con las Juntas Electorales de Zona, se encomiendan al Director del servicio común procesal del partido judicial: de no existir este servicio común, ha de entenderse, a pesar del tenor legal, que el art. 11.3 de la LO 5/1985 se refiere al letrado director del servicio común de tramitación.

31. Según dicho procedimiento, la «Conferencia Sectorial de Administración de Justicia» podrá elaborar y aprobar «modelos de referencia sobre la estructura de la Oficina judicial y de sus relaciones de puestos de trabajo». El acuerdo adoptado habilitará para su desarrollo mediante resolución de la autoridad competente de cada Administración con competencias en materia de Justicia. También podrá aprobar, «a propuesta de alguno de sus miembros, una fecha diferente para el establecimiento de alguna de las oficinas judiciales si, a la fecha de constitución de los tribunales de instancia» concurren circunstancias excepcionales relativas a las infraestructuras o los medios tecnológicos que lo justifiquen. «En tales circunstancias, el acuerdo adoptado por la Conferencia Sectorial de Administración de Justicia deberá ser aprobado con el voto afirmativo de, al menos, las cuatro quintas partes de las Administraciones públicas representadas en ella». En todos estos casos, y hasta la definitiva implantación de las oficinas judiciales en los territorios que se señalen, seguirá vigente el régimen de organización anterior a la promulgación de la presente ley orgánica.

2. Si en el partido judicial «hubiese algún servicio común creado» —conforme a la regulación anterior—, con la correspondiente relación de puestos de trabajo aprobada y con el proceso de acoplamiento finalizado, los funcionarios destinados en los servicios comunes «continuarán prestando sus servicios en los términos que lo venían haciendo. El personal de plantilla orgánica también seguirá prestando sus servicios conforme a lo previsto en la regla anterior, sin perjuicio de la necesaria aprobación de las relaciones de puestos de trabajo en el mismo plazo de seis meses».

3. Si todos los funcionarios destinados en el partido judicial ya estuviesen integrados en una relación de puestos de trabajo, se mantendrá su adscripción «en las mismas condiciones que tuviesen hasta ese momento, manteniéndose la misma diferenciación de puestos hasta la correspondiente modificación de la relación de puestos de trabajo para su adaptación a la nueva organización judicial, que también deberá hacerse en el mismo plazo de seis meses que prevén los anteriores párrafos».

5. LAS OFICINAS DE JUSTICIA EN LOS MUNICIPIOS

5.1. IDEAS GENERALES

Otra de las novedades de la LOEP es la supresión de la justicia de paz, tal como se ha venido entendiendo hasta ahora, aunque los cambios son de menor calado que los inicialmente proyectados.

La justicia de paz es una institución tradicional justificada por la dispersión de los centros de poder en el territorio nacional y las limitaciones de movilidad de los justiciables, que garantizaba la existencia de un órgano jurisdiccional en cada municipio, puesto que existía un juzgado de paz en todos aquellos municipios que no fueran cabeza de partido judicial: esa es la razón por la cual se ha considerado siempre que el Poder Judicial era el poder del Estado más descentralizado y cercano al ciudadano. Cierto es que su competencia, circunscrita a las jurisdicciones civil y penal, era cada vez más residual. Desde el año 2015, en que las faltas son reemplazadas por los novedosos delitos leves en nuestro Código penal, perdieron la escasa jurisdicción penal que se les atribuía, para el enjuiciamiento de determinadas infracciones penales leves, en los términos establecidos en la ley[32], quedando reservada su función a labores de apoyo y auxilio judicial con otros tribunales penales. Desde entonces, su potestad jurisdiccional se reducía al conocimiento de juicios verbales civiles de cuantía no superior a noventa euros (art. 47 de la LEC), al margen de la que se le atribuía en la Ley de la jurisdicción voluntaria para el conocimiento de actos de conciliación (art. 140 de la Ley 15/2015). La previsión inicial era eliminar este residuo competencial, pero finalmente la LOEP mantiene la competencia civil, que se

32. Ver lo ya expuesto al comienzo de este capítulo, en la nota 3.

eleva en los juicios verbales a 150 euros, y en los actos de conciliación a 10.000, por el nuevo tenor dado al art. 47 de la LEC[33].

La consecuencia de todo ello es que la LOEP suprime la estructura jurisdiccional de los viejos juzgados de paz, y la sustituye por las nuevas «oficinas de Justicia en los municipios», pero sin eliminar sus funciones jurisdiccionales, que ya no se atribuyen a los «juzgados de paz», sino a quienes, según los términos del art. 26 de la LOPJ en la redacción dada por la LOEP, pasan a ser denominados ahora «jueces y juezas de paz». El asunto plantea ciertas paradojas —cuestiones gramaticales aparte—, avanzadas ya en el epígrafe 1.2 del presente capítulo y en su nota a pie 2. Sin intención de reiterar lo que allí decimos, la realidad es que, si en el plano conceptual hemos entendido tradicionalmente por órgano jurisdiccional ese órgano público integrado por un *oficio* (compuesto por el conjunto de concretos cometidos que corresponde realizar al órgano para ejercer la función jurisdiccional) y el personal al que corresponde realizar dichos cometidos (el funcionario o funcionarios que ejercen la función pública o coadyuvan a su prestación), integrado por ciertos elementos personales y materiales, la LOEP, probablemente por las prisas de su regulación definitiva, acaba confundiendo al *órgano* con el *oficio* —es decir, al todo con la parte, en una particular sinécdoque— puesto que al enumerar los tribunales de la jurisdicción ordinaria en el art. 26 de la LOPJ se añade a la lista a los «jueces y juezas de paz», en lugar de unos juzgados de paz que dejan de existir y probablemente por la cuestión estética de no incluir en la enumeración a las nuevas oficinas de justicia municipales.

Podría haberse optado por denominarlos, por ejemplo y por mantener la homogeneidad en la denominación de los órganos unipersonales, *tribunales municipales*, concebidos como entidades integradas por el titular de la función —el juez o jueza de paz— y la oficina que le auxilia en su función —la oficina de justicia municipal—. Pero no se hace así, o con fórmula parecida, y con ello se consigue además el efecto un tanto chocante de que la LOPJ atribuye la condición de tribunal de justicia a los únicos jueces o juezas dentro del organigrama judicial que no pertenecen a la Carrera judicial y a los que no se les exige tener formación jurídica de grado superior universitario; cuando no lo hace con el resto de jueces y magistrados, a los que se considera como «unidades» dentro de la sección en la que ejercen la jurisdicción o como «plazas judiciales», con una terminología que no es equilibrada a la trascendencia de su función.

33. Probablemente por las urgencias de último minuto, el legislador incrementa la competencia de los jueces de paz en los actos de conciliación en la LEC, sin advertir que esta materia contaba con regulación propia en el art. 140 de la Ley 15/2015, de la jurisdicción voluntaria, precepto que no se modifica por la LOEP en este punto, aunque sí en otros (*vid.* disposición final vigesimocuarta de la L0 1/2015), lo que produce una pequeña antinomia, dado que el nuevo art. 47.2 de la LEC es lex posterior, pero el art. 140 de la Ley 15/2015 es *lex specialis*, de preferente aplicación a la norma general contenida en la legislación procesal común.

La realidad es que el mantenimiento de la potestad jurisdiccional de los jueces y juezas de paz es una solución legislativa de última hora, puesto que la función para la que fueron diseñadas las oficinas de justicia en los municipios no fue la jurisdiccional. Según la Exposición de motivos de la LOEP, nos hallamos ante la «evolución de los Juzgados de Paz», justificada con el tópico de «ofrecer una justicia más próxima y sostenible», de difícil concreción. La oficina de justicia en el municipio (OJM) se concibe como una estructura administrativa, no jurisdiccional, que «se nutre de las secretarías de los Juzgados de Paz», manteniendo los actuales servicios de apoyo y auxilio judicial y ampliando el catálogo de funciones que puede desempeñar a los ciudadanos y al conjunto de operadores del proceso, desde otros órganos jurisdiccionales y sus titulares, hasta otros profesionales como abogados, fiscales o procuradores.

De acuerdo con el art. 439 quinquies.3 de la LOPJ, se pueden crear agrupaciones de OJM de municipios limítrofes, dentro del partido judicial, por decisión del Ministerio de Justicia o de la Comunidad Autónoma. De ser el caso, se deberá designar el municipio cabecera de la agrupación y la oficina deberá estar dotada de personal de la Administración de Justicia que prestará servicios en todas las OJM de la agrupación. Si estas no están dotadas de personal de la Administración de Justicia, los ayuntamientos deben nombrar «personal funcionario, laboral o, en defecto de ambos, persona idónea para auxiliar al personal de los Cuerpos al servicio de la Administración de Justicia en la prestación de los servicios en ese municipio»[34].

5.2. RÉGIMEN LEGAL Y FUNCIONES

A las OJM dedica la LOEP los nuevos arts. 439 ter, quater y quinquies de la LOPJ, normas que se complementan con las establecidas en los arts. 100 a 104 de la LOPJ (preceptos que la legislación orgánica dedica a los jueces y juezas de paz). En el 439 ter de la LOPJ se define a las OJM como unidades no integradas en la estructura de la oficina judicial, que se constituyen en el ámbito de la organización de la Administración de Justicia «para la prestación de servicios a la ciudadanía de los respectivos municipios». Dentro de cada OJM, los jueces y juezas de paz deben disponer de un espacio suficiente propio que, según la norma —y para nuestra tranquilidad y la de los jueces afectados— debe estar «adecuadamente» señalizados, en la voluntad de diferenciar el espacio físico que corresponde al juez o jueza del que se atribuye a las funciones administrativas de la OJM.

34. Los requisitos de idoneidad que deberá reunir la persona que no tenga la condición de funcionario público vendrán establecidos en la propia norma en que se constituyan las referidas agrupaciones. «En todo caso, la designación deberá recaer en personas mayores de edad que no estén incursas en causas que impidan el ejercicio de un cargo público. El auxilio que preste este personal no comprenderá aquellas actuaciones cuya ejecución esté reservada al personal de la Administración de Justicia» (art. 439 qinquies.3, § 3 de la LOPJ).

Su demarcación se extiende al territorio del municipio en el que tienen su sede, que son aquellos que no son sede del TI, aunque por la flexibilidad en la configuración de los servicios comunes, tendrán que afinar las autoridades para que no confluyan en un mismo territorio —si no existe cuidado a la hora de la creación de éstos— servicios comunes del TI y OJM. Las instalaciones y medios instrumentales están a cargo del Ayuntamiento, aunque los elevados coste de personal e informáticos previenen la colaboración del Estado y de las Comunidades Autónomas con competencias transferidas[35].

Los servicios que se prestan en las OJM son (art. 439 quater.1 de la LOPJ): a) la asistencia al juez de paz del municipio en el ejercicio de sus funciones; b) la práctica de los actos de comunicación procesal con quienes residan en el municipio o municipios para los que presten sus servicios (siempre que los mismos no se hayan podido practicar por medios electrónicos); y c) de colaboración con las oficinas del Registro Civil, según se establezcan en la ley o por vía reglamentaria.

Si además dispone de herramientas informáticas que lo permitan, la OJM puede colaborar con la realización de actos procesales telemáticos con otros órganos jurisdiccionales. Así, entre otras competencias que puedan asumir mediante convenio de colaboración con las diferentes Administraciones (art. 439 quater.2 de la LOPJ):

a) Práctica de actuaciones procesales a distancia mediante videoconferencia u otros instrumentos análogos (con inclusión de actos de conciliación o expedientes de jurisdicción voluntaria), para personas que residan o desarrollen su profesión en el municipio.

b) Recepción de las solicitudes de reconocimiento del derecho a la asistencia jurídica gratuita y su remisión a los Colegios de la Abogacía encargados de su tramitación, así como las restantes actuaciones que puedan servir de apoyo a la gestión de estas solicitudes y su comunicación a los interesados.

c) Solicitud o gestión de peticiones de ciudanía.

35. Salvo cuando fuere conveniente su gestión total o parcial por el Ministerio de Justicia o la Comunidad Autónoma con competencias asumidas en materia de Justicia (lo establece el art. 439 ter.3 de la LOPJ). Los sistemas y equipos informáticos de las OJM serán también facilitados por el Ministerio de Justicia o la Comunidad Autónoma respectiva. A dicho fin, los Presupuestos Generales del Estado establecerán un crédito para subvencionar a los ayuntamientos por la atención de los conceptos anteriores y, en su caso, del personal dependiente de este que preste servicio en las OJM. «La subvención se modulará en función del número de habitantes de derecho del municipio. En las comunidades autónomas en las que se haya efectuado el traspaso de funciones de la Administración del Estado en materia de provisión de medios materiales y económicos para el funcionamiento de la Administración de Justicia, dicha subvención se dotará y librará por la correspondiente comunidad autónoma a los ayuntamientos de su respectivo territorio» (art. 439.ter 4 de la LOPJ).

d) Colaboración con las unidades gestoras de los MASC existentes en el municipio, y

e) Apoyo tecnológico para jueces, magistrados, fiscales, letrados de la Administración de Justicia u otro personal al servicio de la Administración de Justicia que ocasionalmente estén desempeñando funciones en el municipio, aunque no formen parte de la plantilla de la OJM.

5.3. RÉGIMEN DE PERSONAL AL SERVICIO DE LAS OJM

En las plantillas de las OJM pueden cohabitar funcionarios de los cuerpos al servicio de la Administración de Justicia (cuerpos de Gestión procesal, de tramitación procesal y de auxilio) con personal de otras administraciones, y su determinación corresponde al Ministerio de Justicia o a las Comunidades Autónomas con competencias en materia de Administración de Justicia. No obstante, cuando el municipio tenga más de 7.000 habitantes o se justifique por la carga de trabajo de la OJM, estarán estas servidas por funcionarios al servicio de la Administración de Justicia (art. 439 quinquies.1 de la LOPJ; inciso primero), y en todo caso la secretaría de las OJM será desempeñada por miembros del cuerpo de gestión procesal (art. 439 quinquies.1 de la LOPJ; inciso segundo)[36].

BIBLIOGRAFÍA

BANACLOCHE PALAO, J., «El proyecto de Nueva Oficina Judicial: ¿hacia un nuevo proceso administrativizado?», *Diario La Ley*, n.º 7251, Sección Doctrina, 29 septiembre 2009.

BLASCO SOTO, M. C., «El proceso civil y la nueva oficina judicial», en CARPI, F. y ORTELLS RAMOS, M. (eds.), *Oralidad y escritura en un proceso civil eficiente,* Valencia, Universidad de Valencia, 2008, pp. 279-290.

CARRETERO GONZÁLEZ, C., «Estructura y funcionamiento de la oficina judicial», en *Revista de Derecho Procesal*, n.º 1-3, 2004, pp. 153-174.

DE LA OLIVA SANTOS, A. y FERNÁNDEZ, M. A., *Derecho Procesal Civil*, I, 4.ª ed., CERA, Madrid, 1995.

DELGADO MARTÍN, J., «La implantación de la nueva oficina judicial», *Derecho y Jueces,* n.º 25, 2005, pp. 3-5.

36. El personal funcionario al servicio de la Administración de Justicia destinado puede compatibilizar su función en la OJM con las que desempeña en la oficina judicial, cuando así se establezca en la relación con el puesto de trabajo que ocupe [art. 439 q.2 en relación con el 521.3 E) de la LOPJ), entendemos que cuando se trate del TI del territorio, aunque la ley no lo especifica. Cuando actúe en la Oficina judicial correspondiente lo hará bajo la dependencia funcional del director o directora del servicio para el que desarrolle actividad compatible.

DORADO PICÓN, A., «El secretario judicial y la oficina judicial tras la reforma de la Ley Orgánica del Poder Judicial», *Revista de Derecho Procesal*, n.º 1-3, 2004, pp. 213-291.

GARRIDO CARRILLO, F. J., *La oficina judicial, Análisis de su nuevo diseño*, Valencia, Tirant lo Blanch, 2008.

GONZÁLEZ GARCÍA, J. M.ª, «La reforma de la Ley Orgánica 6/1985, del Poder Judicial, complementaria de la Ley de reforma de la legislación procesal para la implantación de la nueva oficina judicial», en BANACLOCHE PALAO, J. (Coord.), *Guía práctica de la nueva oficina judicial*, La Ley, Madrid, 2010, pp. 49-111.

MONTERO AROCA, J., *La nueva oficina judicial: LO 1/2009 y Ley 13/2009*, Valencia, Tirant lo Blanch, 2009.

PRIETO-CASTRO FERRÁNDIZ, L., *Derecho de Tribunales*, Aranzadi, Navarra, 1986.

SANTAMARÍA PASTOR, J. A., «La teoría del órgano en el Derecho Administrativo», en *Revista Española de Derecho Administrativo*, 1984, n.º 40-41, pp. 43-86.

II
Medios adecuados de solución de controversias

Capítulo 4

Los métodos adecuados de solución de controversias: concepto y tipologías

JUAN CARLOS ORTIZ PRADILLO[1]
Profesor Titular (catedrático ac.) de Derecho Procesal
Universidad Complutense de Madrid

1. INTRODUCCIÓN

La Ley Orgánica 1/2025, de 2 de enero, de medidas en materia de eficiencia del Servicio Público de Justicia (en adelante, LOEP) representa la reforma procesal más importante llevada a cabo en España desde la promulgación de la Ley de Enjuiciamiento Civil del año 2000, y no porque se aspire a conseguir un cambio en el modelo de organización judicial de la Administración de Justicia o porque con la misma pueda llegar a reducirse el número de asuntos que anualmente

---

1 ORCID: 0000-0001-6092-6137. ResearcherID: AAG-7424-2019. Instituto de Derecho Europeo e Integración Regional (IDEIR). El presente trabajo constituye uno de los resultados del Proyecto I+D «Eficiencia y acceso a la Justicia Civil en tiempos de austeridad (EFFI-JUST)» [ref. PID2021-122647NB-I00, financiado por el Ministerio de Ciencia e Innovación y cuyos Investigadores Principales son GASCÓN INCHAUSTI, F. y PEITEADO MARISCAL, P.

ingresan ante los tribunales de Justicia. La verdadera revolución acometida con dicha norma reposa en la voluntad del legislador de transformar y revertir la forma en la que se aborda la solución de los conflictos, de modo que existe un consenso generalizado en que dicha reforma legislativa constituye un *cambio de paradigma*.

La alocución «medios adecuados de solución de controversias en vía no jurisdiccional» (en adelante, MASC) es, igualmente, una evidente muestra de la voluntad legislativa de que lo *alternativo* pase a ser visto como lo adecuado y lo preferente, convirtiéndose el proceso jurisdiccional en una opción residual[2] para aquellos supuestos donde las partes enfrentadas no hayan logrado solventar su conflicto consensuadamente.

La conjunción de ambas premisas da como resultado la aspiración a conformar un nuevo modelo de Justicia. Con la reforma de 2025, se asume que el derecho a la tutela judicial efectiva *«no supone que la vía del Estado-Juez-Proceso sea obligatoria, ni tampoco que sea la única vía para la resolución de los conflictos»*[3]. El «acceso a la Justicia», tal y como lleva décadas insistiendo la Unión Europea en cada uno de sus pasos efectuados en el camino hacia la armonización de los sistemas procesales civiles, también puede garantizarse a través de mecanismos de resolución de conflictos alternativos a la vía judicial, sin que deban entenderse afectadas, por ello, las garantías recogidas en el artículo 6 CEDH y el artículo 47 CDFUE[4]. Es decir, se asienta la idea de que el *acceso a la Justicia* no debe ser entendido únicamente como sinónimo del derecho de los ciudadanos de acceso *a la Jurisdicción* y a obtener una tutela *judicial* efectiva, sino como el poder acceder a una solución justa y adecuada a su controversia, sin necesidad de tener que emplear siempre y en todo caso el sistema jurisdiccional.

La administración de Justicia, como sinónimo de impartición y dictado de las resoluciones más ajustadas a la ley, deja de ser sinónimo de potestad jurisdiccional ejercida de forma única y exclusiva en el Poder Judicial y se aproxima hacia un modelo —el ahora calificado como «servicio público de Justicia»— que permita ofrecer al ciudadano alternativas y posibilidades a la hora de gestionar y resolver disputas con seguridad jurídica y, a la vez, con mayor protagonismo a la hora de decidir sobre sus intereses y derechos propios. En defi-

2. LÓPEZ SÁNCHEZ, J., «El carácter general del requisito de procedibilidad de haber acudido a un "medio adecuado de solución de controversias": a propósito del proceso monitorio», *Revista General de Derecho Procesal*, n.º 55, 2021.
3. BARONA VILAR, S., *Solución extrajurisdiccional de conflictos. Alternative Dispute Resolution (ADR) y Derecho Procesal,* Tirant lo Blanch, Valencia, 1999, p. 212.
4. Un estudio más detallado sobre los avances legislativos de la Unión Europea en materia de sistemas ADR puede verse en ORTIZ PRADILLO, J. C., «Los mecanismos alternativos de resolución de conflictos y su operatividad presente y futura», en ARGUDO GONZÁLEZ, J. (dir.), *Justicia y transnacionalidad. tutela judicial y mecanismos alternativos de solución de controversias*, Iustel, Madrid, 2021, pp. 133-165.

nitiva, la LOEP diseña un modelo de Justicia con una visión más abierta y plural de lo que debe entenderse por modos de resolver los conflictos, que ofrece al ciudadano una diversidad de opciones, no solo jurisdiccionales, de tutela de sus derechos[5].

1.1. DESJUDICIALIZACIÓN OBLIGATORIA DE LAS CONTROVERSIAS CIVILES Y MERCANTILES Y TUTELA JUDICIAL EFECTIVA: DE LA VOLUNTARIEDAD MITIGADA A LA CONDICIÓN DE PROCEDIBILIDAD

A pesar de que los MASC han sido objeto de un perenne análisis doctrinal, desarrollo legal y promoción institucional y académica desde hace décadas, su uso en España es aún residual o anecdótico[6]. Se afirma que ello obedece al desconocimiento de tales procedimientos entre los operadores jurídicos y en gran parte de la ciudadanía[7], pero no podemos estar de acuerdo con ello, pues desde la promulgación de la Ley 5/2012, de 6 de julio, de mediación en asuntos civiles y mercantiles (en adelante, LMed), se cuentan por miles las actuaciones llevadas a cabo entre los profesionales jurídicos y desde la Administración de Justicia (cursos y seminarios, protocolos de derivación, convenios con instituciones, etc.) para su difusión y utilización.

Los MASC no se utilizan, básicamente, por dos motivos: porque su empleo es voluntario y porque tanto los profesionales como las partes en conflicto no cuentan con los debidos incentivos para valorar seriamente la necesidad de intentar una solución autocompositiva y alejada de los tribunales de justicia (métodos *out of Court*) antes de acudir directamente a la vía jurisdiccional.

Ante ello, la respuesta del legislador a través de la LOEP ha sido la de «externalizar[8]» definitivamente la búsqueda de una solución entre las partes en materias disponibles y sometidas a Derecho privado y exigir, como regla gene-

5. MARTÍN DIZ, F., «Del derecho a la tutela judicial efectiva hacia el derecho a una tutela efectiva de la justicia», *Revista europea de derechos fundamentales*, n.º 23, 2014, pp. 161-176.
6. La «paradoja de la mediación», referida en el estudio «Quantifying the Cost of Not Using Mediation - a Data Analysis (2011 Study)», de 6 de abril, elaborado por Giuseppe De Palo, Ashley Feasley y Flavia Orecchini, por encargo de la Dirección General de Políticas Interiores de la Unión Europea, daba cuenta de esa infrautilización. Lo mismo fue objeto de examen en el Informe de la Comisión al Parlamento Europeo, al Consejo y al Comité Económico y Social Europeo, de 26 de agosto de 2016, y en la Resolución del Parlamento Europeo, de 12 de septiembre de 2017, ambos sobre la aplicación de la Directiva 2008/52/CE del Parlamento Europeo y del Consejo sobre ciertos aspectos de la mediación en asuntos civiles y mercantiles.
7. Por todos, *vid.* CARRETERO MORALES, E., «El modelo de "obligatoriedad mitigada" de los MASC», *Diario La Ley*, n.º 10256, 27 de marzo de 2023.
8. Sobre la continua desjudicialización y administrativización de la resolución de controversias, *vid.* ARMENTA DEU, T., *Derivas de la justicia. Tutela de los derechos y solución de controversias en tiempos de cambio.* Marcial Pons, Barcelona, pp. 39-40. Más específicamente

ral, el intento de solución autocompositiva del conflicto con carácter previo a la vía judicial. Debe, por ello, insistirse en el cambio de paradigma que conlleva la reforma legislativa del 2025, porque su destinatario principal es la abogacía.

En efecto, el protagonista de la reforma es la abogacía porque el cambio de paradigma de la resolución de conflictos requiere dejar de ser *profesionales del pleito* para pasar a ser, definitivamente, *solucionadores de problemas jurídicos*[9]. A partir de ahora, adquiere mayor relevancia el que la actividad de asesoramiento, consejo y defensa de derechos e intereses públicos y privados, que siempre fue la labor consustancial y principio rector de la abogacía —arts. 1 EGA y 542 LOPJ—, se reoriente hacia *la búsqueda de la concordia* y a la solución de disputas y a la defensa de derechos e intereses ajenos, tanto públicos como privados, *en la vía extrajudicial, judicial o arbitral*, pues en ese orden figura en el art. 4 EGA.

Los profesionales jurídicos deberán familiarizarse con cada MASC y adquirir la debida formación en cuanto a sus requisitos legales, características y exigencias. Y de cara al cliente, deberán informar y explicar las opciones disponibles, y las ventajas y desventajas de cada MASC una vez examinado el caso encomendado, y en función de aspectos tales como las circunstancias económicas y personales de las personas en conflicto, la materia objeto de controversia, la carga emocional subyacente, la necesidad o no de mantener una relación posterior entre las mismas, o la conveniencia de alcanzar prontamente un documento con ciertas solemnidades que le faciliten el acceso a determinados registros públicos.

En definitiva, la LOEP eleva a la categoría de presupuesto procesal lo que siempre constituyó un deber deontológico del profesional de la abogacía en sus relaciones con el cliente: *intentar encontrar la solución más adecuada al encargo recibido*, debiendo asesorar al cliente en el momento oportuno respecto a la posibilidad y consecuencias de llegar a un acuerdo o de acudir a instrumentos de resolución alternativa de conflictos y poner en su conocimiento las posibilidades de transacción, la conveniencia de acuerdos extrajudiciales o las soluciones alternativas al litigio[10].

Atrás queda el debate sobre la conveniencia o no de una «voluntariedad mitigada» de los MASC que permita al órgano judicial derivar a las partes a una

---

referido a los MASC, véanse los trabajos recogidos en la obra colectiva de CALAZA LÓPEZ, S. y ORDEÑANA GEZURAGA, I. (dirs.), *Externalización de la Justicia civil, penal, contencioso-administrativa y laboral,* Tirant lo Blanch, Valencia, 2022.

9. PIÑAR GUZMÁN, B., «La negociación colaborativa como disciplina transversal en la resolución de controversias privadas. Una reflexión en torno a la implantación de los "MASC"», en RIBÓN SEISDEDOS, E. (coord.), *Anuario Jurídico Secciones del ICAM 2021*, Sepin, Madrid, p. 401.

10. Art. 12.1.A y B del Código Deontológico de la Abogacía Española, aprobado por el Pleno del Consejo General de la Abogacía Española el 6 de marzo de 2019.

sesión informativa. La evolución legislativa en Europa en cuanto a la implementación de los sistemas ADR en el ámbito jurisdiccional civil, principalmente en lo referido a la mediación, evidencia un constante camino hacia la «modulación» del carácter voluntario de tales sistemas, que ha acabado por imponerse en la Ley Orgánica 1/2025 como un presupuesto procesal: la necesidad de intentar —justificar su intento— una solución consensuada como requisito de procedibilidad para poder acceder a la vía jurisdiccional en materia civil y mercantil.

El soporte a dicha postura de las instituciones europeas y nacionales, proclive a exigir la utilización de mecanismos ADR con carácter previo al acceso a la vía judicial, lo constituye el respaldo jurisprudencial a esta visión del derecho fundamental de acceso a la Justicia integrador de requisitos procesales que no se reputan como impedimentos u obstáculos calificables como trabas innecesarias, excesivas o carentes de razonabilidad o proporcionalidad respecto de los fines que lícitamente pueda perseguir el legislador.

El TJUE, en sus Sentencias *Alassini*[11] y *Menini y Rampanelli*[12], declaró compatible con el Derecho de la Unión aquella normativa nacional conforme a la cual, en determinados litigios, pueda exigirse una mediación o conciliación previa como requisito de admisibilidad de la demanda judicial, siempre que tal exigencia no impida que las partes ejerzan su derecho de acceso al sistema judicial y que dichos mecanismos ADR tengan una serie de características concretas, como por ejemplo, que dicho procedimiento no implique un retraso sustancial a efectos del ejercicio de una acción judicial posterior, que el recurso a la vía extrajudicial interrumpa la prescripción o caducidad para el ejercicio de los correspondientes derechos; que no ocasione gastos significativos para las partes; que no sea únicamente a través de instrumentos y canales electrónicos; y que permita la adopción de medidas provisionales urgentes.

De igual modo, el Tribunal Constitucional también ha sostenido que el primer contenido del derecho a obtener la tutela de jueces y tribunales —el acceso a la jurisdicción—, concretado en el derecho a ser parte en un proceso y poder promover la actividad jurisdiccional que desemboque en una decisión judicial sobre las pretensiones deducidas, no es un derecho de libertad directamente ejercitable a partir de la Constitución, sino que se trata de un derecho prestacional y, por tanto, de configuración legal que sujeta su ejercicio a la concurrencia de los presupuestos y requisitos procesales que el legislador establezca (SSTC 99/1985, de 30 de septiembre; 182/2004, de 2 de noviembre; 140/2018, de 20 de diciembre) que otorga al legislador *«un ámbito de libertad amplio en la definición o determinación de las condiciones y consecuencias del acceso a la justicia a la hora de configurar la actividad judicial y, más concretamente, el proceso en cuyo seno se ejercita el derecho fundamental ordenado a la satisfacción de pre-*

11. STJUE de 18 de marzo de 2010. Asuntos C-317/08 a C-320/08 - Alassini y otros.
12. STJUE de 14 de junio de 2017, asunto C-75/16 - Menini y Rampanelli.

tensiones dirigidas a la defensa de derechos e intereses legítimos» (SSTC 206/1987, de 21 de diciembre).

Se admite, por tanto, que la ley pueda establecer límites al ejercicio del derecho fundamental que serán constitucionalmente válidos si, respetando su contenido esencial (art. 53.1 CE), están dirigidos a preservar otros derechos, bienes o intereses constitucionalmente protegidos, guardan la adecuada proporcionalidad con la naturaleza del proceso y la finalidad perseguida y no imponen requisitos impeditivos u obstaculizadores del acceso a la jurisdicción (SSTC 60/1989, de 16 de marzo; 114/1992, de 14 de septiembre; 273/2005, de 27 de octubre; 20/2012, de 16 de febrero; 52/2014, de 10 de abril y 140/2018).

Aunque el examen de otros instrumentos alternativos como el sometimiento a arbitraje (STC 352/2006, de 14 de diciembre) como fórmula para descargar de trabajo a los órganos judiciales y obtener una mayor agilidad en la solución de las controversias de menor cuantía o de la reclamación extrajudicial previa (STC 156/2021, de 16 de septiembre) se han vertido sobre regulaciones que establecían su carácter voluntario, las conclusiones expuestas sobre su *mero efecto de moderado retraso en el ejercicio del derecho de acceso a los tribunales,* así como su finalidad constitucionalmente lícita de *evitar el colapso judicial que supondría la presentación de multitud de demandas* resultan ahora importables a la justificación de una actividad negociadora previa, dispuesta como requisito de acceso a la jurisdicción, y que no impide la misma (STC 26/2025, de 29 de enero).

En conclusión, la exigencia de acudir a medios alternativos de solución de conflictos previos y obligatorios, en los que no se impone una solución de carácter vinculante, sino que se busca que se alcance en ellos una solución consensuada entre las partes, si bien afectan al referido derecho de acceso a la jurisdicción porque se retrasa la tutela judicial, resulta compatible en los términos examinados porque no se priva ni se impide a las partes ejercer su derecho a obtener una tutela judicial efectiva[13].

2. CONCEPTO Y CARACTERÍSTICAS

La solución alternativa de conflictos podría definirse genéricamente como cualquier forma consensuada de resolver un conflicto de modo distinto a la litigación ante los tribunales. Y aunque se utilicen diversas siglas para ello (MASC,

13. Un mayor análisis sobre la afectación a la tutela judicial efectiva puede apreciarse en PEITEADO MARISCAL, P., «Consideraciones sobre la relación entre el derecho a la tutela judicial efectiva y la mediación obligatoria», *Estudios de Deusto*, vol. 66-2, julio-diciembre 2018, pp. 283 y ss.; PÉREZ DAUDÍ, V., «La imposición de los ADR *ope legis* y el derecho a la tutela judicial efectiva», *InDret*, 2/2019; MARTÍN DIZ, F., «El derecho fundamental a la justicia: revisión integral e integradora del derecho a la tutela judicial efectiva», *Revista de Derecho Político*, n.º 106, septiembre-diciembre 2019, pp. 13 y ss.; y BELLIDO PENADÉS, R., *Medios alternativos de solución de conflictos y derecho a la tutela judicial efectiva en Derecho Privado (español y de la Unión Europea),* Tirant lo Blanch, Valencia, 2022.

MESC, TARC, ADR, ODR, RAL, RLL, etc.), no es ni más ni menos que la *avenencia*, definido por la Real Academia como «acuerdo, convenio, transacción, trato, arreglo, concierto, compromiso» [14].

Si su definición resulta compleja, su clasificación no queda atrás. La autonomía de la voluntad y la libertad de negociación, como principios ínsitos en la configuración del Derecho privado, imposibilitan poder establecer un listado detallado y concreto de cuáles son los MASC utilizables a la hora de resolver las diversas controversias sobre materias disponibles para las partes que, en caso de no conseguir su propósito, cumplan con los requisitos legales establecidos en el nuevo sistema procesal español (la necesidad de haber intentado una solución autocompositiva antes de interponer la demanda o la justificación de su empleo o intento, de cara a interrumpir la prescripción o suspender la caducidad de la acción, o evitar o minorar la condena en costas, entre otros).

Frente a la tradicional alusión al arbitraje, la mediación y la conciliación como habituales sistemas ADR, la evolución de las nuevas tipologías de negocios y contratos, así como la complejidad de las controversias derivadas de aquéllos, ha dado lugar también al empleo de instrumentos ya conocidos, pero ahora más «tecnificados» (el peritaje, la evaluación neutral o la determinación por experto como evolución de los *hombres buenos* y de los *amigables componedores*) y fórmulas híbridas de utilización combinada (Med-Arb, Arb-Med, Arb-Med-Arb, etc.) con el fin de poder elegir el mecanismo que mejor se adecúe a las circunstancias personales o profesionales de las personas envueltas en tales conflictos, a las características particulares de las controversias, y a la naturaleza jurídica de las materias sobre las que subyacen las mismas.

La principal clasificación que efectuar en materia de ADR atiende a que intervenga o no un tercero ajeno a las partes en disputa. En este segundo supuesto, el criterio diferenciador quizás más didáctico es aquel que, en atención a las facultades de ese tercero, distingue entre ADR facilitadores, ADR evaluadores y ADR resolutorios [15]. En los ADR facilitadores, la participación del tercero es mínima y se limita a asistir a las partes para que sean ellas mismas las que logren llegar a un acuerdo (v. gr., la mediación). En los ADR evaluadores,

14. Afirmaba FERNÁNDEZ-BALLESTEROS, M. A., *Avenencia o ADR. Negociación, Mediación, Peritajes, Conciliación, Pactos y Transacciones*. Iurgium, Madrid, 2013, p. 58, que «el término *avenencia* —tan exacto, amplio y descriptivo— no es hoy de uso común, pero me parece útil y expresivo: lo usaré como sinónimo de ADR y le deseo que recobre su antiguo esplendor. (...) el clásico término avenencia designa con ventaja todo aquello a lo que se alude con la fastidiosa perífrasis "Formas Alternativas de Resolución de Conflictos" (ADR); pero me parece que es mejor abstenerse de modificar terminologías transnacionales consolidadas, aunque no sean felices».

15. MACHO GÓMEZ, C., «Los ADR "alternative dispute resolution" en el comercio internacional», *Cuadernos de derecho transnacional,* vol. 5, n.º 2, 2013, pp. 407 y 408, quien también apunta otra clasificación basada en las facultades del tercero, en cuyo caso se distinguiría entre la labor consultiva o consensual, que abarca la facilitadora y la evaluadora; y la labor directiva o resolutoria.

el tercero adquiere un papel más activo, se encarga de analizar la documentación presentada por las partes, escuchar sus argumentos, todo ello con la finalidad de realizar recomendaciones o exponer la solución que, en su opinión, es la más adecuada para el conflicto planteado —y por ello dicho tercero suele ser un experto en la materia objeto de la controversia—, si bien, dicho pronunciamiento no es vinculante (v. gr., la evaluación neutral, la conciliación, el *fact-finding* o peritaje, el *summary jury trial*, o los *dispute review boards*). Por último, los ADR resolutorios se caracterizan por la máxima intervención del tercero, el cual, dictará una decisión vinculante, aunque ésta sólo goce de naturaleza contractual (como ejemplos, la *adjudication*, el procedimiento precautorio prearbitral, o la determinación por experto).

No obstante lo anterior, ha de insistirse en el poder de disposición del que gozan las partes en conflicto, no sólo a la hora de elegir un concreto MASC, sino también a la hora de configurarlo más allá de las directrices o disposiciones mínimas que pueda contener su específica regulación o la recientemente aprobada LOEP, de modo que la anterior clasificación admite, en la práctica, todo tipo de matices. Por ejemplo, la tradicional característica autocompositiva de la mediación en donde el tercero no efectúa recomendaciones no impide a las partes diseñar un procedimiento Med-Arb para beneficiarse de la especial formación del mediador en técnicas de facilitación del diálogo y de la puesta en común de intereses y pactar que, para el caso de caso de que la mediación no termine en acuerdo, el mediador actúe como árbitro —así lo autoriza el art. 17.4 LA— y dicte una resolución vinculante y firme sobre las cuestiones controvertidas, o emita un dictamen en su condición de experto independiente al que las partes hayan reconocido previamente su carácter vinculante o no. Más allá de la exigencia del art. 18.1 LOEP de que las partes deben entregar al experto independiente *toda la información y pruebas de que dispongan sobre el objeto controvertido*, la ventaja con la que cuenta este modelo híbrido se atisba con la posibilidad de que la información aportada, también durante las sesiones de mediación, facilite al tercero la tarea de emitir un dictamen más informado, y con ello, más justo y acertado.

Por todo ello, la enumeración de MASC recogida en el art. 14 LOEP debe considerarse un *numerus apertus*, tal y como anticipa la amplia definición conceptual del art. 2 LOEP: «*A los efectos de esta ley, se entiende por medio adecuado de solución de controversias cualquier tipo de actividad negociadora, reconocida en esta u otras leyes, estatales o autonómicas, a la que las partes de un conflicto acuden de buena fe con el objeto de encontrar una solución extrajudicial al mismo, ya sea por sí mismas o con la intervención de una tercera persona neutral*».

Si dejamos al margen la alusión a la buena fe como elemento volitivo a la hora de acudir a uno de tales instrumentos extrajudiciales para la búsqueda de una solución a la controversia, así como en lo concerniente al modo de proceder y comportarse en el seno de cualquiera de tales procedimientos extrajudiciales, la verdadera delimitación de qué debe entenderse por MASC como métodos complementarios, y en ocasiones preceptivos a la vía procesal civil, queda fijada en el segundo párrafo del art. 5 LOEP: debe tratarse de un método *regulado*, esto es, que se encuentre desarrollado en alguna norma que podrá ser la propia LOEP «u otras leyes, estatales o autonómicas» (arts. 2 y 14 LOEP), siempre que tal regulación cumpla unos requisitos mínimos recogidos en las secciones 1.ª y 2.ª del Capítulo I del Título II LOEP[16], y que pueden quedar concentrados en los siguientes caracteres.

2.1. NATURALEZA CONTRACTUAL Y EFICACIA PROCESAL

La actividad negociadora de las partes, a través de cualquiera de los MASC indicados en la LOEP, puede encuadrarse dentro de la categoría negocial de los tratos preliminares y del principio de la autonomía de la voluntad en materias de libre disposición para las partes. El acuerdo que pudiera llegar a alcanzarse, ya sea total o parcial, tendrá la consideración de un negocio jurídico vinculante para las partes, pudiendo ser objeto de impugnación y anulación por las causas que invalidan los contratos[17]. Y, sin perjuicio de su análisis individualizado en cada una de las tipologías, debe tenerse en consideración que muchos de los documentos que recojan los acuerdos alcanzados en los MASC tienen una notable eficacia procesal, por cuanto se les reconoce el carácter de título ejecutivo (art. 517 LEC).

Pero lo más importante a destacar de la reforma del año 2025, en este aspecto, es que el pacto de sometimiento a un específico MASC con la intención de resolver una disputa, además de resultar perfectamente encuadrable en la definición de negocio jurídico bilateral, adquiere ahora efectos procesales[18].

Hasta la LOEP, los únicos compromisos de sometimiento a un ADR con efectos procesales en caso de incumplimiento eran las cláusulas de arbitraje y

16. En el mismo sentido, HINOJOSA SEGOVIA, R., «Los medios adecuados de solución de controversias [MASC] en el Proyecto de Ley de medidas de eficiencia procesal del servicio público de justicia», *La Ley. Mediación y arbitraje*, n.º 11 (abril-junio), 2022, indicaba a propósito del Proyecto de Ley de Medidas de Eficiencia Procesal que «como no podía ser de otra forma no se establece un numerus clausus o lista tasada». En el caso de «cualquier otra actividad negociadora, tipificada en esta u otras normas», se exige que cumpla lo previsto en los capítulos I y II del título I de esta ley o de una ley sectorial (art. 4.1.º II Proyecto).
17. Sobre la naturaleza contractual de las transacciones extrajudiciales, *vid.* SSTS (Sala 1.ª) n.º 23/1982 de 27 de mayo, 751/2009 de 30 de noviembre, 344/2017 de 1 de junio o 589/2020 de 11 de noviembre: «la transacción extrajudicial es un contrato, por lo que genera un vínculo obligacional cuyo cumplimiento está sujeto a las reglas generales de los contratos».
18. Sobre la naturaleza jurídica y efectos de los contratos procesales, *vid.* SHCUMANN BARRAGÁN, G., *Derecho a la tutela judicial efectiva y autonomía de la voluntad: los contratos procesales*, Marcial Pons, Madrid, p. 158. Ya en 2013, FERNÁNDEZ-BALLESTEROS, M. A., *Avenencia o ADR...*, op. cit., p. 118, reclamaba la necesidad de que se otorgase «cierta» eficacia procesal al incumplimiento del pacto de negociación que pudieran haber suscrito las partes.

mediación, a tenor de lo recogido en los arts. 39, 65.2 y 66.2.II LEC. Sin embargo, la Ley Orgánica 1/2025 ha incorporado una nueva Disposición adicional duodécima a la LEC, titulada «Referencias a la mediación», y según la cual «*Todas las referencias que en la presente ley se realizan a la mediación han de entenderse referidas también a cualquier otro de los medios adecuados de solución de controversias previstos por la Ley Orgánica de medidas en materia de eficiencia del Servicio Público de Justicia*». Consecuencia de ello, por citar un ejemplo concreto, el art. 39 LEC deberá ser ahora interpretado con la siguiente dicción: «El demandado podrá denunciar mediante declinatoria la falta de competencia internacional o la falta de jurisdicción por pertenecer el asunto a otro orden jurisdiccional o por haberse sometido a arbitraje o mediación o *a cualquier otro de los medios adecuados de solución de controversias previstos por la Ley Orgánica de medidas en materia de eficiencia del Servicio Público de Justicia* la controversia», en atención al sentido propio de sus palabras y al espíritu y finalidad de la reforma (art. 3.1 CC).

Con dicha reforma, por tanto, cobra especial interés e importancia la estipulación que pueda documentarse como cláusula contractual, o como pacto independiente, y que exprese la voluntad de las partes de intentar cualquiera de las actividades negociadoras descritas en la LOEP —incluida la negociación directa[19]— con el objetivo de solventar las controversias que hayan surgido o puedan surgir respecto de una determinada relación jurídica.

Resulta cuestionable que la cláusula compromisoria de sometimiento a mediación o a cualquier otro mecanismo autocompositivo deba tener un efecto procesal equiparable a las cláusulas arbitrales porque, con tal equiparación, tan sólo se posterga lo inevitable; que se cumpla el formalismo de acudir a dicho método no heterocompositivo como sí lo es el arbitraje, para firmar un documento o acta en el que se recoja lo obvio: que no existe voluntad de acuerdo y la actividad negociadora deba darse por finalizada[20]. Pero cuestión distinta es que tal actuación incumplidora no sea conforme con el principio de buena fe y de cooperación entre las partes que debe presidir cualquier sistema MASC y pueda, por ello, ser valorado judicialmente a la hora de plantear a las partes la posibilidad de acudir a esa negociación previamente pactada, o bien a la hora de resolver las costas procesales.

19. En la contratación internacional, resulta habitual la incorporación de «cláusulas escalonadas» (*multi-tiered* o *multi-step dispute resolution clauses*) en donde las partes suelen pactar un intento de negociación directa o asistida entre las partes para, en caso de no resolver la discrepancia en un determinado plazo, dar paso a una mediación o un arbitraje conforme al reglamento de una determinada institución seleccionada.

20. ORTIZ PRADILLO, J. C., «Estándares europeos de métodos ADR y su encaje en el proceso civil en España», GASCÓN INCHAUSTI, F. y PEITEADO MARISCAL, P. (dir.), *Estándares Europeos y Proceso Civil: hacia un Proceso Civil convergente con Europa,* Atelier, Barcelona, 2022, p. 455.

El incumplimiento de dicho compromiso o pacto de negociación, además de poder ser alegado, en su caso, a través de la declinatoria, sería utilizable por la parte demandada para conseguir dos propósitos: por un lado, proponer al órgano judicial que derive el litigio a dicha negociación o a otro medio adecuado de solución de controversias, en los términos establecidos en el art. 19.5 LEC, por ser un caso paradigmático de que «no ha sido posible llevar a cabo la actividad negociadora previa». Por otro lado, y sobre todo, para instar en su debido momento la exoneración o no imposición de las costas procesales, justificando que el incumplimiento del *pacto de negociar* por la parte demandante debiera ser valorado por el órgano judicial, si no como un eventual abuso del servicio público de Justicia, sí al menos como una manifestación inequívoca de cuál fue «la colaboración de las partes respecto a la solución consensuada», en los términos establecidos en el art. 7.4 LOEP.

2.2. CARÁCTER DOCUMENTAL

Junto con la referida naturaleza contractual y su inicial libertad de forma, los sistemas ADR siempre se han caracterizado por su flexibilidad, pero igualmente se ha reclamado la existencia de unas normas mínimas de calidad que doten de la debida seguridad jurídica a las actuaciones desarrolladas, en un doble sentido: de una parte, para que los acuerdos alcanzados a través de la negociación puedan reputarse válidamente alcanzados y apreciarse que obedecen a la voluntad de las partes, para así poder reclamar su cumplimiento, incluso directamente a través de la vía ejecutiva. Y, de otra parte, para que, en el caso de no alcanzarse un acuerdo total o parcial sobre la disputa, el intento de negociación a través de tales sistemas quede igualmente documentado y despliegue importantes efectos legales (interrupción de plazos, cumplimiento de requisitos de procedibilidad, minoración o exoneración de costas procesales, etc.).

Por ello, entre esas normas mínimas de calidad es preciso destacar que las normas reguladoras de los distintos MASC también se caracterizan por establecer importantes requisitos formales en cuanto a la documentación de los distintos trámites llevados a cabo (v. gr., forma y contenido de las solicitudes, de las notificaciones, de las actas de las reuniones celebradas, o de los acuerdos alcanzados). Ahora, el modelo instaurado con la LOEP establece como principio rector que la actividad negociadora, o su intento, así como la terminación del proceso —tanto si se alcanza un acuerdo con eficacia contractual y, en su caso, con fuerza ejecutiva, como si no se logra alcanzar dicho acuerdo— *deberá ser recogida documentalmente* (art. 10.1). Y ello con el objetivo de facilitar su acreditación en el ulterior proceso jurisdiccional, ante los importantes efectos procesales anudados a esta actividad extraprocesal (arts. 245.5, 264.4, 394, 399.3.II, 403.2 LEC, entre otros[21]).

21. Con más detalle, *vid.* ut supra los capítulos 5 y 6.

El contenido mínimo a documentar por escrito se recoge en la normativa sectorial de cada uno de los métodos y, en su defecto, en las aludidas secciones 1.ª y 2.ª del Capítulo I del Título II LOEP, pudiéndose diferenciar según haya o no intervenido un tercero neutral en dicha actividad.

En el primer caso, insistimos, habrá que estar a las exigencias formales que establezca la normativa reguladora del concreto MASC utilizado. Así por ejemplo, el documento a emitir por dicho tercero y en donde se acredite el intento de negociación sin acuerdo se establece, con mayor o menor detalle, en cada una de las normas reguladoras de tales métodos (v. gr., arts. 17, 19.2 y 22.3 LMed, art. 145.4 LJV, art. 82.2 LN, art. 103 bis 2.º LH) o en aquellos artículos de la LOEP específicamente ideados para cada MASC (v. gr., en el art. 16.j cuando se trate de una conciliación privada; en el art. 18.4 cuando se trate de una opinión de un experto independiente; o en el art. 19.3 cuando se trate de un procedimiento de derecho colaborativo). No obstante, el apartado 3.º del art. 10 LOEP habilita a cualquiera de las partes a reclamar que se le expida un documento en el que conste, al menos, lo siguiente: a) La identidad del tercero, su cualificación, colegio profesional, institución a la que pertenece o registro en el que esté inscrito; b) La identidad de las partes; c) El objeto de la controversia; d) La fecha de la reunión o reuniones mantenidas; e) La declaración solemne de que las dos partes han intervenido de buena fe en el proceso, para que surta efectos ante la autoridad judicial correspondiente. Y en caso de que la actividad no se hubiera llevado a cabo por incomparecencia o rechazo de alguna de las partes, se exige que se consigne dicha circunstancia, así como la forma en la que se ha realizado la citación efectiva, la justificación de haber sido realizada, y la fecha de recepción de esta.

En el segundo caso —actividad negociadora directa sin intervención de tercero neutral—, el apartado 2.º del citado art. 10 LOEP diferencia si aquélla tuvo o no lugar.

Si no tuvo lugar, bastará con *«cualquier documento que pruebe que la otra parte ha recibido la solicitud o invitación para negociar o, en su caso, la propuesta, en qué fecha, y que ha podido acceder a su contenido íntegro»*. Ello exigirá que la solicitud se haga de manera fehaciente a través de un medio que permita dejar constancia de su realización y del contenido literal de la comunicación enviada[22] (v. gr., burofax), si bien es importante tener presente el contexto en que se produce dicho intento de una de las partes de invitar a la otra a negociar una solución a su disputa, pues de existir una relación jurídica y un habitual intercambio de comunicaciones entre las mismas a través de medios no fehacientes (ej., emails a direcciones electrónicas previamente facilitadas al contratar y usadas para comunicaciones anteriores), igualmente cabría estimar que

22. Sobre las consecuencias de los actos de comunicación frustrados debido a la voluntad de la parte a la que va destinada, *vid.* STS (sala 1.ª) n.º 493/2022, de 22 de junio.

una correcta notificación a través de esos medios frecuentemente utilizados por las partes debería tenerse por válida a los efectos del art. 10.2 LOEP[23].

La notificación de la solicitud o invitación a negociar no debe confundirse con la materia sobre la que pueda versar la controversia sobre la que negociar y que, en su caso, pudiera exigir que la notificación se practique judicialmente o por medio de notario[24].

Si tuvo lugar un intento de negociación, se dispone que la acreditación documental del intento de negociación «se cumplirá mediante cualquier documento firmado por ambas partes en el que se deje constancia de la identidad de las mismas y, en su caso, de las personas profesionales o expertas que hayan participado asesorándolas —distintas de esa figura del tercero neutral aquí inexistente—, la fecha, el objeto de la controversia, la fecha de la reunión o reuniones mantenidas, en su caso, y la declaración responsable de que las dos partes han intervenido de buena fe en el proceso».

Sin embargo, a nadie se le escapa que la ruptura de las negociaciones en estadios previos, sin que las partes hayan llegado siquiera a fijar documentalmente su voluntad de negociar a través de un específico método, impedirá la creación del referido documento firmado por ambas partes y con el indicado contenido, de modo que el documento acreditativo de la inicial invitación a negociar será, en la mayoría de los casos, el único documento existente. En tal caso, resultará esencial que dicha comunicación remitida a la otra parte incluya, además de los datos identificativos de las partes, «el objeto de la negociación» (art. 7 LOEP). Y no debe caer en el olvido, aunque desde un plano deontológico, eso sí, que la ruptura de negociaciones exige a los profesionales de la abogacía *«comunicar el cese o interrupción de las negociaciones extrajudiciales antes de presentar reclamación judicial o, en su caso, de solicitar la ejecución de una resolución»* (art. 59.1.d EGA).

2.3. CONFIDENCIALIDAD

La confidencialidad siempre ha constituido una característica esencial de cualquier método extrajudicial de solución de conflictos (v. gr., art. 24.2 de la Ley de Arbitraje, art. 9 LMed) y se ha considerado una garantía esencial o «condición *sine qua non* para el buen funcionamiento de las ADR, porque contribuye a garantizar la franqueza de las partes y la sinceridad de las comunicaciones durante el procedimiento»[25], de tal modo que junto con la voluntariedad en

23. Sobre la validez de las notificaciones a través del email en un contexto de negociación contractual, *vid.* STS (Sala 1.ª), n.º 960/2022, de 21 de diciembre.
24. STS (Sala 1.ª), n.º 315/2011, de 4 de julio.
25. *Vid.* el Libro Verde sobre las modalidades alternativas de solución de conflictos en el ámbito del derecho civil y mercantil, publicado por la Comisión el 19 de abril de 2002, p. 32. COM (2002) 196 final.

cuanto a la elección del método a seguir, la confidencialidad se halla en la naturaleza misma de los ADR, pues la mayoría de los mismos han nacido en el seno de una concepción claramente privatista, o si se quiere, donde el elemento de la «privacidad» ha venido a adjetivar estas formas de resolución extrajudicial de conflictos[26].

Por ello, la LOEP insiste en exigir que la actividad negociadora intentada o llevada a cabo garantice la confidencialidad de lo negociado, de la documentación utilizada durante la misma, así como de los datos personales tratados durante tal actividad, y de la información que se hubiera obtenido derivada del proceso de negociación —sin alcanzar, como es lógico, a la información ya conocida por las partes con anterioridad a la actividad negociadora, por más que la misma haya sido la base sobre la cual se haya conducido dicha negociación—. Como ejemplo concreto, la solución propuesta por el conciliador o la opinión del tercero experto independiente deben quedar amparadas por la confidencialidad —salvo a los efectos del art. 245.5 LEC—, mientras que la documentación que las partes les facilitasen en su momento para conformarse dicha opinión serán informaciones previas al procedimiento y, por ende, no sometida al deber de confidencialidad.

En este punto, y debido a la exigencia de que del intento de negociación haya constancia documental, resultará de vital interés delimitar el alcance de la confidencialidad propia de las comunicaciones entre los abogados de las partes. Y ello exigirá una especial diligencia y celo a la hora de definir el tipo de comunicación y el medio empleado, para de este modo poder diferenciar entre el hecho en sí de la comunicación y el contenido de la misma.

El vigente art. 16 de la Ley Orgánica 5/2024, de 11 de noviembre, del Derecho de Defensa (LODD), en su apartado segundo, advierte expresamente que las comunicaciones mantenidas exclusivamente entre los defensores de las partes con ocasión de un litigio o procedimiento, *cualquiera que sea el momento en el que tengan lugar o su finalidad, incluso en fase extrajudicial, son confidenciales y no podrán hacerse valer en juicio ni tendrán valor probatorio*, excepto en los casos en los que se hayan obtenido de acuerdo con lo previsto en la Ley de Enjuiciamiento Criminal u otras leyes de aplicación o en que su aportación o revelación haya sido autorizada conforme a la regulación profesional vigente. Y el apartado tercero dispone que no se admitirán los documentos, cualquiera que sea su soporte, que contravengan la anterior prohibición, *salvo que expresamente sea aceptada su aportación por los profesionales de la abogacía concernidos o las referidas comunicaciones se hayan realizado con la advertencia expresa y explícita de poder ser utilizadas en juicio*.

Por todo ello, y en conjunción con la dispensa del deber de confidencialidad referida en la letra a del art. 9.2 LOEP, los abogados deberán diferenciar y expli-

26. BARONA VILAR, S., *Comentarios a la Ley de Arbitraje (Ley 60/2003, de 23 de diciembre)*, Civitas, Madrid, 2004, p. 905.

citar qué comunicaciones quedan dispensadas de dicho deber (ej., la inicial comunicación a la parte contraria ofreciendo un concreto MASC o manifestando la voluntad de iniciar una negociación) de aquellas otras comunicaciones confidenciales y no utilizables ante los tribunales de justicia (ej., la concreta oferta realizada).

2.4. PROFESIONALIDAD

En intrínseca relación con esa búsqueda legislativa de dotar a los MASC de la debida calidad en la prestación de tales servicios, de modo que se conviertan en una vía preferente (o, al menos, complementaria) a la tutela judicial a la hora de que las partes obtengan una solución satisfactoria a sus legítimas reclamaciones, otra característica común a todos los MASC enumerados legalmente se refiere a la *profesionalización* del ejercicio de tales actividades negociadoras.

Con motivo del impulso de la mediación como principal método autocompositivo a promover en España, siempre se ha estimado que la profesionalidad de la persona mediadora, aunque no constituya expresamente un principio rector, sí resulta una consecuencia accesoria de las garantías de calidad y legalidad de la mediación reglada recogida, en primer término, por las leyes autonómicas de mediación familiar y posteriormente por la Ley estatal en 2012. Dicha profesionalidad no se refiere a una concreta profesión o categoría profesional, sino a la exigencia de una formación específica, de modo que se considera una garantía de calidad el que la mediación sea gestionada por una persona especialmente formada para ello y con un régimen jurídico concreto en cuanto a sus obligaciones, requisitos, etc. De hecho, el citado Libro Verde sobre modalidades alternativas de solución de conflictos del año 2002 ya advertía que «la calidad de las ADR se basa esencialmente en la competencia de los terceros responsables de éstas. El control de las técnicas exigidas por dichas modalidades requiere una sólida formación. La formación profesional desempeña pues un papel primordial, y no sólo desde el punto de vista del funcionamiento de las ADR, de su calidad y, por consiguiente, de la protección de los usuarios de las ADR, sino también en la perspectiva de la libre prestación de servicios que garantiza el artículo 49 del Tratado».

La propia Exposición de Motivos de la LOEP ya avanza el que «con los métodos alternativos o adecuados de solución de controversias *se incrementa el protagonismo de las profesiones jurídicas*, especialmente por el papel negociador de la abogacía que se garantiza en todo caso, pero también de los procuradores y procuradoras de los tribunales, las personas profesionales de la mediación, los graduados y graduadas sociales, los notarios y notarias y los registradores y registradoras de la propiedad, amén de otros muchos profesionales». Y a la espera de la futura ley que regule el estatuto de la persona neutral interviniente en cualquiera de los MASC (DF 30.ª LOEP), fija la necesidad de aplicar a tales profesionales el estatuto personal del mediador previsto en la Ley 5/2012, de 6 de julio, de mediación en asuntos civiles y mercantiles, y las leyes dictadas por las comunidades autónomas en el ámbito de sus competencias, además de disponer importantes normas expresas referidas a la condición profesional de dicho tercero en función del MASC escogido.

La profesionalización en el desempeño de los distintos MASC no sólo se refleja en el sometimiento de los profesionales a importantes reglas y obligaciones, más allá de lo que recojan sus correspondientes códigos deontológicos y demás normativa sectorial (abogacía, procura, notariado, registradores y demás profesionales colegiados). Se aprecia también en el interés legislativo en que haya instituciones y corporaciones, públicas y privadas, que lleven a cabo —a través de personas físicas— los distintos tipos de MASC y se responsabilicen de garantizar la formación y experiencia de sus profesionales, la transparencia en su designación, e incluso la adecuada prestación del servicio asumiendo la responsabilidad ante posibles perjuicios fruto de una mala *praxis*.

Si el tradicional campo de actuación de las Corporaciones de Derecho Público en materia de solución extrajudicial de conflictos lo representaba tradicionalmente el arbitraje, la Ley de Mediación de 2012 vino a reformar expresamente (DF 1.ª y 2.ª) La Ley 2/1974, de 13 de febrero, de Colegios Profesionales y la Ley 3/1993, de 22 de marzo, Básica de las Cámaras Oficiales de Comercio, Industria y Navegación para que ambas Corporaciones pudieran «Impulsar y desarrollar la mediación, así como desempeñar funciones de arbitraje mercantil, nacional e internacional, de conformidad con lo establecido en la legislación vigente». Y después, la Ley 25/2015, de 28 de julio, de mecanismo de segunda oportunidad también reformó la legislación concursal de 2003 para que las Cámaras pudieran administrar mediaciones concursales en busca de acuerdos extrajudiciales de pago si el deudor era empresario[27]. Y en la misma dirección, la reforma de la Ley de Patentes en 2015 también impulsó que la OEPM también pudiera desempeñar funciones de arbitraje, mediación y conciliación para la solución de conflictos relativos a los derechos de Propiedad Industrial.

La LOEP persigue ahora que los MASC sean también impulsados a través de su administración y control por parte de distintas instituciones públicas o privadas, en aras a la mencionada profesionalización como sinónimo de calidad en su prestación. Así, el art. 15.2 LOEP alude expresamente a que las sociedades profesionales inscritas en el Registro de Sociedades Profesionales del correspondiente colegio profesional puedan llevar a cabo conciliaciones privadas; su DA 7.ª advierte que las reclamaciones de consumo ante las correspondientes entidades habilitadas para conocer de las mismas (Banco de España, CNMV y la DGSFP, así como el resto de entidades facultadas en virtud de la Ley 7/2017, de 2 de noviembre, por la que se incorpora al ordenamiento jurídico español la

27. Hasta la derogación de los arts. 231 a 242 bis LC en virtud de la Disposición derogatoria única del Real Decreto Legislativo 1/2020, de 5 de mayo.

Directiva 2013/11/UE, del Parlamento Europeo y del Consejo, de 21 de mayo de 2013, relativa a la resolución alternativa de litigios en materia de consumo en distintos ámbitos sectoriales[28]) también servirán a los efectos de entender cumplido el requisito de procedibilidad de haber intentado una actividad negociadora extrajudicial; y su DF 22.ª habilita ahora a que las Cámaras Oficiales de Comercio, Industria, Servicios y Navegación puedan llevar a cabo todo tipo de MASC y no solamente mediaciones y arbitrajes.

3. MODALIDADES

3.1. MEDIACIÓN

De los distintos métodos ofrecidos en el art. 14 LOEP, la mediación constituye el MASC al que el legislador ha prestado la mayor atención a la hora de reconfigurar el nuevo sistema de Justicia civil y mercantil en nuestro país, tal y como atestiguan la profusión legislativa que ha experimentado dicho método en las últimas décadas (tanto en el Derecho de la UE, como en la legislación nacional y autonómica[29]), el particular interés por impulsar su utilización como figura complementaria de la Administración de Justicia para la resolución extrajudicial de conflictos en los ámbitos civil y mercantil —recuérdese la Guía para la práctica de la mediación intrajudicial del CGPJ en 2013 o el Anteproyecto de Ley de impulso a la mediación de 2019—, o la profunda reforma que la Disposición final vigésima de la LOEP lleva a cabo sobre la LMed.

La propia Exposición de Motivos de la LOEP incide expresamente en reclamar que «*no debe olvidarse que España ha desarrollado durante los últimos veinte años importantes iniciativas en favor de la mediación gracias al impulso de las comunidades autónomas que se han dotado de leyes de mediación, han constituido centros y unidades para su implementación efectiva y han desarrollado políticas de fomento*» y que desde la aprobación de la Ley 5/2012, de 6 de julio, intención siempre fue la de «*asentar en nuestro país la mediación como instrumento de autocomposición eficaz de controversias surgidas entre sujetos de Derecho privado en el ámbito de sus relaciones de derecho disponible*». Y el motivo de todo ello obedece, en nuestra opinión, a dos aspectos claves.

De una parte, la mediación ha evolucionado y se ha tecnificado hasta caracterizarse por ser un mecanismo particularmente *estructurado*, en donde su ini-

28. Por ejemplo, la Agencia Estatal de Seguridad Aérea (AESA) como entidad de resolución alternativa de litigios en el sector del transporte aéreo o el Jurado de Autocontrol como entidad de resolución alternativa de litigios en materia de comunicaciones comerciales y publicidad. En este sentido, véase también la DF 9.ª LOEP.
29. El desarrollo legislativo autonómico en materia de mediación —particularmente, la mediación familiar— ha dado lugar a que doctrinalmente se diferencie entre leyes autonómicas «de primera y de segunda generación». Sobre ello, *vid.* ORTIZ PRADILLO, J. C., *Estudio sistemático de la mediación familiar: propuestas de actualización y mejora*. Ediciones Parlamentarias de Castilla-La Mancha, Toledo, 2016.

cial antiformalismo ha dado paso a un marco jurídico especialmente regulado, en donde la actividad negociadora de las partes y del tercero mediador está sujeta a importantes reglas y formalidades para asegurar que ha existido una verdadera voluntad de negociación y que, tanto si se alcanza un acuerdo como si alguna de las partes se retira del procedimiento, no existan dudas de que ello obedeció a la voluntad de dicha parte. Por ello, aunque el art. 10.1 LMed establezca que *la mediación se organizará del modo que las partes tengan por conveniente*, se exige en todo caso que la misma se desarrolle de conformidad con sus principios rectores (voluntariedad, confidencialidad, buena fe, neutralidad, etc.) y que cumpla no pocos requisitos formales referidos a los modos de iniciación del procedimiento de mediación, al contenido que han de tener tanto la solicitud de inicio como las distintas sesiones —actas con un determinado contenido en función de si se trata de la sesión inicial (art. 17 LMed), constitutiva (art. 19 LMed), o final (art. 22 LMed)—, al modo de elección de la persona mediadora, a la propia conducta de los intervinientes en cada sesión, o a la duración máxima del procedimiento, limitado nuevamente a 90 días y sin previsión legal de prórroga cuando se acuda a la mediación con carácter previo a la vía judicial. De ahí que la mediación actualmente regulada, tanto en la LMed como en el resto de las leyes autonómicas, no se caracteriza precisamente por ser un procedimiento «flexible», pues el grado de autonomía reconocido a las partes para configurar la tramitación a seguir es mucho menor que la concedida en la configuración de un arbitraje, en el que la mayoría de las normas son dispositivas y, por tanto, modificables por acuerdo de las partes[30].

De otra parte, la especial preparación y formación requerida al tercero mediador se erige como la principal garantía de calidad del procedimiento de mediación para favorecer que las partes puedan alcanzar voluntariamente un acuerdo que evite la judicialización de la controversia o ponga fin a la misma. Frente a la inicial espontaneidad[31] que diferenciaba al mediador del conciliador, la mediación es en la actualidad *una modernización y mejora de la vieja conciliación* y se caracteriza por *la formación del mediador*[32]. Al mediador se le exige una específica preparación en técnicas de autocomposición que no se exige a ningún otro tercero neutral, hasta el punto de que existen «escuelas» o modelos de mediación en atención a cómo se enfoca la gestión del conflicto y a las distintas técnicas desarrolladas por sus profesionales, que cuentan igualmente con

30. Con más detalle, ORTIZ PRADILLO, J. C., «La mediación en asuntos civiles y mercantiles: propuestas para la incorporación de la Directiva 2008/52/CE al Derecho español», *Revista General de Derecho Procesal*, n.º 26, 2012.
31. GIMENO SENDRA, V., *Fundamentos del Derecho Procesal: (jurisdicción, acción y proceso)*. Madrid, Civitas, 1981, p. 24, señalaba como la tradicional diferenciación entre la mediación y la conciliación se debía a que, en la primera, el tercero interviene de forma «espontánea» al conflicto para intentar su solución, mientras que, por el contrario, en la conciliación el tercero actúa de manera «provocada», por haber sido llamado a ella por las propias partes.
32. BARONA VILAR, S., «Integración de la mediación en el moderno concepto de «Acces to Justice»: Luces y sombras en Europa», *Indret* 4/2014, p. 8.

un específico Estatuto[33] de derechos y deberes recogido en la LMed y demás leyes autonómicas y desarrollado reglamentariamente en el Real Decreto 980/2013, de 13 de diciembre y el resto de Decretos que desarrollan la legislación autonómica.

La habilitación expresa para que la mediación pueda ser desarrollada por instituciones, públicas o privadas, que tengan entre sus fines el impulso de la mediación, gestionen la administración de los procedimientos de mediación al igual que gestionan la administración de los arbitrajes, y velen por la transparencia en la designación de los sujetos mediadores y la buena actuación de aquéllos, su formación inicial y continua, demuestra esa voluntad de profesionalización de la actividad y la búsqueda de la calidad de los servicios de mediación.

El marco jurídico aplicable a este MASC, por tanto, viene constituido por la reformada Ley 5/2012, las particularidades de la normativa autonómica en caso de utilizar algún servicio regional o institución de mediación, las aludidas disposiciones generales de la LOEP en aquello no establecido en aquélla, y aquellas especialidades que puedan contenerse en *otras leyes estatales* (art. 2 LOEP) sectoriales en cuanto a la utilización de la mediación como MASC.

Como ejemplos de esas otras leyes estatales, el art. 14 LRCSCVM[34] prevé la posibilidad de un procedimiento de mediación en caso de caso de disconformidad con la oferta recibida por parte de la aseguradora o la respuesta motivada y, en general, en los casos de controversia. Su especialidad se aprecia en la regla que dispone que dicha mediación procederá únicamente a instancias del perjudicado; que podrá proponer en el plazo máximo de dos meses, a contar desde el momento que hubiera recibido la oferta o la respuesta motivada o los informes periciales complementarios si se hubieran pedido, y que para intervenir como tercero mediador se exige ser «profesionales especializados en responsabilidad civil en el ámbito de la circulación y en el sistema de valoración previsto en esta Ley, que cuenten con la formación específica para ejercer la mediación en este ámbito».

Otro particular régimen de la mediación es el establecido en el artículo 136 de la Ley 24/2015 de Patentes sobre «Arbitraje y mediación»: de una parte, se dispone expresamente que la Oficina Española de Patentes y Marcas pueda ser institución mediadora y arbitral para la solución de conflictos relativos a la adquisición, utilización, contratación y defensa de los derechos de Propiedad

33. A la espera de la aprobación del *Estatuto de la tercera persona neutral* de cualquiera de los MASC, mencionado en la DF 30.ª LOEP, a los mismos se les aplicará el estatuto personal del mediador previsto en la Ley 5/2012, de 6 de julio, de mediación en asuntos civiles y mercantiles, y las leyes dictadas por las comunidades autónomas en el ámbito de sus competencias.

34. Real Decreto Legislativo 8/2004, de 29 de octubre, por el que se aprueba el texto refundido de la Ley sobre responsabilidad civil y seguro en la circulación de vehículos a motor.

Industrial en aquellas materias no excluidas de la libre disposición de las partes conforme a derecho[35]. De otra parte, se dispone que podrán ser mediadores «aquellas personas, incluidos los funcionarios de la Oficina Española de Patentes y Marcas, que cumplan los requisitos establecidos en la Ley 5/2012, de 6 de julio, de mediación en asuntos civiles y mercantiles y que además acrediten una experiencia mínima de cinco años en el campo de la Propiedad Industrial[36]».

Por lo tanto, quienes escojan este MASC deberán cumplir con las formalidades y exigencias establecidas en dicho marco jurídico (por ej., a la hora de acudir a una persona o institución de mediación que cumpla las condiciones dispuestas por el art. 11 LMed, a la hora de conducirse en cada una de las sesiones programadas conforme a los arts. 10 y 21 LMed, etc.).

Sin entrar a su desarrollo pormenorizado, sí resulta preciso resaltar las novedades introducidas en la LMed con motivo de la reforma legal del año 2025.

Frente a la regla general del art. 10.4 LOEP de entender finalizado el procedimiento de negociación si transcurrieran 30 días naturales a contar desde la fecha de recepción de la solicitud inicial de negociación por la otra parte y no se mantuviera la primera reunión o contacto dirigido a alcanzar un acuerdo o no se obtenga respuesta por escrito (letra a) o si transcurrieran tres meses desde la fecha de celebración de la primera reunión sin que se hubiera alcanzado un acuerdo (letra c), dicho «plazo de espera» para acudir a la vía jurisdiccional puede entenderse reducido si el art. 4 LMed —al cual se remite igualmente el art. 7.2 LOEP— se interpreta en el sentido de que la obligación impuesta a la persona o institución mediadora escogida, de intentar comunicar con la parte contraria o tratar de fijar una primera reunión en el plazo de 15 días desde que la parte instó dicho MASC sin lograrlo, permite a la parte requirente solicitar la oportuna certificación de dicho fracaso. Por ello, aunque el art. 6 LMed exija, para entender cumplido el requisito de procedibilidad, *«la celebración, al menos de una sesión inicial ante el mediador, siempre que quede en ella constancia del objeto de la controversia y de los demás requisitos establecidos en el art. 17 LMed»*, debe entenderse que lo exigible es acreditar que se formuló solicitud ante el mediador o institución correspondiente y que, o bien se efectuó en dicho plazo la oportuna convocatoria a dicha sesión, dejando debida constancia de lo sucedido en el oportuno acta o certificación que expida el mediador (último inciso del art. 17 LMed), o bien cuando transcurra dicho plazo sin haber podido contactar y notificar tal convocatoria a la parte contraria.

35. *Vid.* Arts. 3 y 6 bis del Real Decreto 316/2017, de 31 de marzo, por el que se aprueba el Reglamento para la ejecución de la Ley 24/2015, de 24 de julio, de Patentes.

36. Disposición adicional sexta del Reglamento de la Ley de Patentes. También se prevé que la Oficina Española de Patentes y Marcas pueda celebrar acuerdos con organismos nacionales, europeos o internacionales con experiencia en arbitraje y mediación para la organización e intervención en la solución extrajudicial de controversias en materia de Propiedad Industrial.

La LOEP parte de la idea de que la mediación es ya un MASC ampliamente conocido por los profesionales jurídicos, de modo que indica expresamente que la misma pueda iniciarse por derivación judicial o del LAJ, previa conformidad de las partes en los términos previstos en las leyes procesales (art. 16.1.d LMed) y, para agilizar aún más el inicio de dicho MASC, prevé directamente el oportuno requerimiento a las partes para que designen mediador en el plazo de 5 días, y en caso contrario, que se nombre el que por turno corresponda de la lista de mediadores de cada especialidad que exista en el Servicio de medios adecuados de solución de controversias o ante los propios tribunales (art. 439.3 LOPJ y DA 3.ª LOEP).

Esto último debe ponerse en relación con la nueva facultad otorgada al juez o al LAJ de poder plantear a las partes, en cualquier momento del proceso, la posibilidad de derivar el litigio a mediación o a otro medio adecuado de solución de controversias, siempre que considere, mediante resolución motivada que podrá ser oral, que concurren circunstancias que posibilitan una solución del conflicto en dicho ámbito (arts. 19.5, 429.2.II o 443.2 LEC[37]).

Esa presunción por parte de la LOEP de que la mediación es un MASC ya suficientemente conocido ha permitido también suprimir la «sesión informativa» del art. 17 LMed y convertirla en una «sesión inicial» —a pesar de que la ley indica que el procedimiento de mediación *comenzará* mediante la sesión constitutiva (art. 19.1 LMed)— en la que, además de informar a las partes sobre las características y reglas de la mediación, su formación y experiencia como mediador, etc., se proceda a formalizar un documento con los mismos efectos recogidos en el art. 10.2 LOEP: satisfacer el requisito de procedibilidad del intento negociador previo a la interposición de la demanda.

Si tiene lugar esa primera sesión inicial dirigida a explicar a las partes las características del procedimiento a seguir, sus costes, las cualidades y circunstancias de la persona mediadora, y las consecuencias jurídicas del acuerdo que se pudiera alcanzar, hay elementos de la reforma que cobran sentido y otros que, sin embargo, no se comprenden.

Si en dicha sesión inicial tiene lugar la explicación de los costes y honorarios, la manifestación de las partes de intervenir de buena fe para tratar de solventar su conflicto y la indicación de cuál es el objeto de la controversia, no se comprende que tales extremos deban reiterarse en la sesión constitutiva, la cual debería centrarse —ya con la persona mediadora— en delimitar el terreno controvertido, el programa de actuaciones y el calendario de sesiones, así como si las mismas tendrán lugar conjuntamente o por separado con las partes o con éstas y sus abogados.

37. Con mayor detalle, *vid.* ut supra el capítulo 6.

De igual modo, tampoco se comprende que vuelva a fijarse un plazo máximo de tres meses a la mediación preprocesal desde la recepción de la solicitud por la persona o entidad mediadora *en los casos en que se opte por el intento de mediación como requisito de procedibilidad* (art. 20.2 LMed), pues el mandato del art. 4 LOEP dirigido al profesional para que ponga en marcha las actuaciones necesarias en ese plazo de 15 días, unido a la consideración de la ausencia injustificada de alguna de las partes a cualquiera de las sesiones como motivo para considerar que la mediación se ha intentado sin efecto, son herramientas suficientes para finalizar dicho MASC sin necesidad de atender a plazos máximos.

En último término, sí merece atención la reforma del art. 25 LMed para facilitar la elevación a escritura pública del acuerdo alcanzado, en aras a que el mismo pueda ser título ejecutivo. Frente a la dicción anterior de que dicha solicitud se presentase «por las partes», la nueva redacción establece que el acuerdo de mediación se presentará «por cualquiera de las partes», lo cual debe ser puesto en relación con la facultad a las partes —ahora expresamente recogida en el art. 12.3 LOEP— de poder compelerse recíprocamente a elevar el acuerdo alcanzado a escritura pública, y en caso de no atender la parte requerida la solicitud de elevación del acuerdo alcanzado a escritura pública, podrá otorgarse unilateralmente por la parte solicitante, debiendo hacerse la solicitud por medio del notario autorizante del instrumento público y dejar constancia en él.

3.2. CONCILIACIÓN

La conciliación ha sido tradicionalmente conceptuada como un método autocompositivo de solución de controversias en el que dos o más partes intentan voluntariamente alcanzar un acuerdo con la intervención de un tercero conciliador al que se le encomienda una labor orientadora y sugerente, que les ofrezca una alternativa de resolución del conflicto, diferenciándose del arbitraje en que el conciliador no resuelve el problema, y de la mediación en que no se le pide desarrollar una mera labor de acercamiento y facilitación del arreglo, sino que se le requiere para que proponga alguna fórmula que permita llegar a un acuerdo satisfactorio para ambas partes[38].

La LOEP puede hacer reverdecer de nuevo la utilización en masa de la conciliación como MASC, y no sólo por reconocerla expresamente como uno de los instrumentos para justificar la apertura de un intento de negociación previo a la vía jurisdiccional.

38. *Vid.* BANACLOCHE PALAO, J., *Los nuevos expedientes y procedimientos de jurisdicción voluntaria,* La Ley, Madrid, 2015, p. 335, quien define la conciliación como una forma de autocomposición que consiste en que dos sujetos, ante la existencia de una situación conflictiva ya producida, acuden a una persona dotada de autoridad y conocimientos jurídicos para que escuche las diferentes posturas y proponga algún tipo de arreglo que pueda terminar siendo aceptado por ellos.

En primer lugar, los documentos resultantes de dicha vía tienen una notable eficacia procesal: en los distintos tipos de conciliación judicial o extrajudicial conocidas hasta ahora, al acuerdo documentado se le reconoce el carácter de documento público y solemne por intervenir en ella un fedatario público, así como también el de título ejecutivo. Y el documento justificativo de haberse intentado también surtirá los consabidos efectos procesales de acreditar la apertura del proceso de negociación, la interrupción y suspensión de los plazos de prescripción y caducidad, etc.

En segundo lugar, porque los arts. 15 y 16 LOEP incorporan seguridad jurídica a la hora de permitir al conciliador fijar reglas de conducta y actuaciones en aras a facilitarle la posibilidad de proponer una solución consensuada a la controversia, convirtiéndose ahora la conciliación en un MASC prácticamente igual de «estructurado» que reclama el art. 1 LMed y en torno a las mismas tres etapas o fases que caracterizan a la mediación (fase inicial o informativa, fase de desarrollo —sesiones— y fase final).

Y, en tercer lugar, por el atractivo de que dicha conciliación pueda ser llevada a cabo por cualquier profesional «con conocimientos técnicos o jurídicos sobre una materia» y que se encuentre inscrito como ejerciente en uno de los colegios profesionales reconocidos legalmente, o bien estar inscrito como persona mediadora en los registros correspondientes o pertenecer a instituciones de mediación debidamente homologadas (art. 15 LOEP).

Con todo ello, se difuminan las tradicionales diferencias atribuidas a la conciliación frente a la mediación[39]. La clásica diferenciación respecto a la posibilidad del conciliador de proponer soluciones frente a la *mera* conducta facilitadora del mediador tendente a lograr el acercamiento de las posturas entre las partes, para que fueran estas las que alcanzaran el acuerdo por sí mismas, hace tiempo que perdió su sentido cuando, a través de la conjunción de los modelos circular-narrativo y transformativo, el mediador se sirve de la comunicación y la narración para facilitar (si no sugerir) a las partes en conflicto nuevas posiciones y entender las de la otra parte, y con ello, encontrar situaciones que permitan alcanzar acuerdos. La tradicional concentración de la conciliación en un único acto, frente a las diversas sesiones o reuniones en torno a las que se desarrolla la actividad mediadora hace tiempo que también fue superada en la práctica, al menos en la conciliación extrajudicial de Notarios y Registradores, y ahora se hace patente a través del art. 16 LOEP. Y la distinta formación exigida al media-

39. Por ello, MARTÍN RÍOS, P. «La conciliación privada como MASC», en CALAZA LÓPEZ, S. et al. (dir.), *Medios adecuados de solución de controversias: eficiencia procesal de las personas físicas y jurídicas*, La Ley, Madrid, 2023, pp. 773 y ss. defiende que «la conciliación debiera entenderse más como un resultado —que bien pudiera alcanzarse a través del cauce de la mediación— que como un procedimiento autónomo, por lo que consideramos que la diferenciación entre las figuras de mediador y conciliador resulta tan artificial como innecesaria» y plantea la refundición de ambas figuras en una sola.

dor (experto en técnicas de comunicación, negociación y resolución de conflictos) y al conciliador (experto en la materia y, por su condición de fedatario público, con las cualidades de independiente y neutral) queda igualmente difuminada por cuanto, en adelante, cualquier mediador podrá ofrecer igualmente servicios de conciliación privada, y lo que es más importante, los tradicionales conciliadores privados extrajudiciales —Notarios y Registradores— tendrán mayor base legal con la que adecuar sus actos de conciliación a las específicas necesidades de las partes en conflicto, y el resto de profesionales que hasta la fecha llevaban a cabo servicios de peritajes y arbitrajes de carácter técnico —en equidad— sobre aquellas materias directa o indirectamente relacionadas con el ejercicio de su actividad profesional (Ingenieros, Arquitectos, etc.) tendrán ahora la posibilidad de realizar conciliaciones, ya que se trata de profesionales «con conocimientos técnicos o jurídicos relacionados con la materia de que se trate».

La LOEP incorpora una nueva modalidad de conciliación extrajudicial —la «conciliación privada»—, que viene a aumentar el régimen jurídico de este MASC, y que puede ser diferenciado según la persona a la que se encomiende dicho intento de conciliación.

En la conciliación judicial, la conciliación ante el LAJ o Juez de Paz se regirá por lo establecido en el título IX (arts. 139 a 148) de la Ley 15/2015, de 2 de julio, de la Jurisdicción Voluntaria (LJV), si bien el art. 14.6 LOEP especifica que la conciliación ante el Juez de Paz se regirá por lo establecido en el artículo 47 LEC, que ahora incorpora dos reglas de competencia objetiva a favor de aquél: el conocimiento de los expedientes de conciliación civil de cuantía inferior a 10.000 euros y los actos de conciliación por injurias y calumnias entre particulares del art. 804 LECrim, siempre que el hecho hubiera sucedido en el municipio donde desempeñen sus funciones y la persona requerida tenga su domicilio en ese mismo municipio.

En la conciliación extrajudicial, la notarial se regirá por lo dispuesto en el capítulo VII del título VII (arts. 81 a 83) de la Ley del Notariado (LN); La registral se regirá por lo dispuesto en el título IV bis (art. 103 bis) de la Ley Hipotecaria (LH), y la conciliación privada se regirá por lo establecido en los arts. 15 y 16 LOEP. Y todas ellas, a su vez, contarán con carácter supletorio con la remisión general establecida en el art. 5.1 LOEP de que todo MASC cumpla con las exigencias formales de las citadas secciones 1.ª y 2.ª del Capítulo I del Título II LOEP.

Y a las mismas habría que sumar aquellas conciliaciones establecidas *en otras leyes estatales* (art. 2 LOEP) de carácter sectorial.

De una parte, la conciliación en materia de invenciones laborales de los empleados ante la OEPM, por cuanto la Ley de Patentes de 2015 la mantiene (arts. 133 a 135 LP) aunque sin el carácter preceptivo y previo al ejercicio de acciones judiciales que disponía la anterior ley de 1986. Como especialidades de esta particular conciliación, el art. 134 LP prevé el modo de constituirse la Comisión de conciliación de la OEPM según se trate de una invención de un empleado del sector privado, de un empleado al servicio de cualquiera de las Administraciones Públicas, o de personal investigador de las Universidades Públicas y de los Entes Públicos de Investigación. El art. 135.1 LP se refiere al procedimiento, por cuanto dispone que dicha Comisión *deberá dictar una propuesta de acuerdo en un plazo máximo de dos meses desde que se solicitó la conciliación, y las partes deberán manifestar en el plazo máximo de 15 días si están o no conformes con dicha propuesta. En caso de que no sea posible constituir la comisión de conciliación por incomparecencia de alguna de las partes, o alguna de ellas no acepte la propuesta de acuerdo dentro de los plazos respectivos, se dará por concluido el procedimiento. La aceptación deberá ser expresa. En caso de silencio se entenderá que no existe conformidad.* Y los apartados 2 y 3 del art. 135 LP especifican que la certificación del acuerdo emitida por el Director de la OEPM tendrá aparejada ejecución en los términos establecidos en el art. 517.2.9.º LEC, que se llevará a cabo *conforme a lo establecido en la Ley de Enjuiciamiento Civil para la ejecución de sentencias y convenios judicialmente aprobados*.

De otra parte, la Ley 12/2023, de 24 de mayo por el Derecho a la Vivienda, introdujo una suerte de «conciliación» —arts. 439, 655 bis y 685 LEC— con carácter previo al ejercicio de acciones judiciales en materia de desahucio arrendaticio, desahucio de precario, tutela sumaria de la posesión y protección de derechos reales inscritos (apartados 1.º, 2.º, 4.º y 7.º del art. 250.1 LEC) cuando el inmueble es la vivienda habitual del ocupante, éste se encuentra en situación de vulnerabilidad económica y el futuro demandante es considerado *gran tenedor*—, en cuyo caso dicha parte actora debe acreditar haber instado el procedimiento de conciliación o intermediación establecido por las Administraciones Públicas. La STC 26/2025, de 29 de enero, tan sólo ha declarado inconstitucional la carga de exigir a la parte actora acreditar dicha situación de vulnerabilidad económica —art. 439.6.c) LEC—, pero no la exigencia de intento de conciliación previa —art. 439.7 LEC—, de modo que dicho intento de autocomposición sigue en vigor, así como también las formas para que la parte actora acredite dicho intento de conciliación.

No obstante, consideramos que tal actividad no merece, empero, el calificativo de actividad negociadora «estructurada» que parece reclamar la LOEP para hablar verdaderamente de un MASC[40], sino una vía para que las Administraciones Públicas autonómicas y locales competentes en materia de vivienda y asistencia social, tomen conocimiento del conflicto existente, puedan verificar

40. Dicho procedimiento suele tener lugar en las Oficinas o Servicios de intermediación hipotecaria creadas por Comunidades Autónomas y Ayuntamientos en cumplimiento de lo dispuesto en la Ley de Vivienda, y consisten en un acto de conciliación ante el responsable

la situación de vulnerabilidad y atención inmediata a personas en situación o riesgo de exclusión social y, de existir esta, facilitar una alternativa de vivienda digna en alquiler social u otras medidas de atención inmediata a la parte demandada.

Más allá de la correspondiente normativa aplicable y de la particular condición fedataria de la persona conciliadora, la principal diferencia según la tipología de la conciliación llevada a cabo reside en el carácter ejecutivo del acuerdo que, en su caso, pudiera alcanzarse. El testimonio del acta junto con el del decreto del LAJ o del auto del Juez de Paz haciendo constar la avenencia de las partes en el acto de conciliación llevará aparejada ejecución que seguirá el cauce de los títulos jurisdiccionales (art. 147.3 LJV); la escritura pública notarial que recoja la avenencia seguirá el cauce ejecutivo de los títulos extrajudiciales (arts. 82 y 83 LN y art. 517.2.9.º LEC) al igual que la certificación registral (apartado 2 del art. 103 bis LH y art. 517.2.9.º LEC) o la del Director de la OEPM (art. 135.3 LP), mientras que el acuerdo fruto de una conciliación privada carece de tal ejecutividad (art. 16 LOEP) y deberá ser elevado a documento público en los términos establecidos en el art. 12 LOEP o, en su caso, someterse a homologación judicial.

3.2.1. Conciliación judicial

Puede tener lugar con carácter previo o preprocesal —cuando esta tiene lugar con anterioridad al inicio del proceso contencioso, que es a la que alude la LJV— o bien de modo intraprocesal, una vez que el proceso contencioso ha sido iniciado y que, en su caso, pudiera llevarse a cabo en la audiencia previa o en la vista del juicio, ante el propio órgano judicial (arts. 415 y 428.2 LEC). La conciliación preprocesal, aunque sea un expediente de jurisdicción voluntaria, encierra una controversia a la que se trata de buscar una solución negociando[41].

El art. 139.2 LJV excluye de la conciliación aquellas controversias sobre materias no disponibles para las partes («no susceptibles de transacción ni compromiso»); las referidas a los menores y las personas con discapacidad con medidas de apoyo para el ejercicio de su capacidad jurídica; cuando la parte con-

---

de cada oficina (incluso telemáticamente) en la que, de no lograrse acuerdo, éste les informa de las alternativas a la situación de la parte demandada ofrecidas por los instrumentos de protección social y por los programas de política de vivienda vigentes que fueran accesibles a la parte demandada. Como estudio sobre la materia, se recomienda la lectura de DEL ÁGUILA MARTÍNEZ, J., «La intermediación hipotecaria como alternativa a la ejecución de la vivienda habitual de los deudores hipotecarios. Especial referencia al Código de consumo de Cataluña», *RDC*, vol. VII, n.º 3 (abril-junio, 2020), pp. 199-221. Disponible en: https://www.nreg.es/ojs/index.php/RDC/article/view/499 (fecha de consulta: 10 de febrero de 2025).

41. LUDEÑA BENÍTEZ, O. D., *La intervención del Letrado de la Administración de Justicia en la Jurisdicción Voluntaria*. Tesis Doctoral, Universidad de Alicante, 2019, pp. 305 y ss.

traria sea el Estado, las Comunidades Autónomas y las demás Administraciones públicas, Corporaciones o Instituciones de igual naturaleza; o la reclamación de responsabilidad civil contra Jueces y Magistrados —eliminada de la LOPJ en 2015—.

Al margen de las específicas reglas de competencia dispuestas en los arts. 47 LEC y 140 LJV, el escrito de solicitud de conciliación se presentará de forma directa al órgano competente, consignando los datos y circunstancias de identificación del solicitante y del requerido o requeridos en conciliación, así como el domicilio en los que pueden ser citados, la fecha, y sobre todo, «el objeto de la conciliación que se pretenda, determinando con claridad y precisión cuál es el objeto de la avenencia» (art. 141.1 LJV). Con esto último, además de permitir al órgano competente examinar su competencia y la admisibilidad de la conciliación en virtud de la materia, se cumple el requisito del art. 7 LOEP a la hora de conceder efectos interruptores de la prescripción y caducidad, también afirmado en el art. 143 LJV.

La conciliación judicial, en los términos en que está prevista, puede llegar a convertirse en uno de los MASC más utilizados tras la LOEP, si atendemos a motivos económicos y temporales. Reconocido por dicha Ley como uno de los MASC aptos para cumplir el requisito de procedibilidad, tiene carácter gratuito, no requiere preceptiva postulación procesal (art. 141.3 LJV), el testimonio del acta que ponga fin al acto de conciliación tendrá el mismo valor que la acreditación de intento de negociación del art. 10 LOEP y los trámites y plazos legales para su desarrollo también resultan, *a priori*, particularmente breves: el órgano competente dispone de cinco días hábiles siguientes al de la presentación de la solicitud para admitirla y citar a los interesados al acto de conciliación, que deberá fijarse en un plazo no superior a los diez días desde la admisión de la solicitud (art. 142 LJV). Sin embargo, y conocida la actual dilación con la que se proveen los escritos y se efectúan las notificaciones por la Administración de Justicia, tales plazos variarán en la práctica.

En materia de postulación, ningún tipo de conciliación exige preceptividad en la intervención de abogado o procurador, lo cual minorará su coste, y en caso de que alguna de las partes acuda a través de representante, debe entenderse que basta con que se acredite documentalmente la capacidad de quien actúa en nombre de la persona, física o jurídica, que no tendrá por qué tener la condición de Procurador[42]. No obstante, el art. 6.3 LOEP ha introducido una regla espe-

42. *Vid.* BANACLOCHE PALAO, J., *Los nuevos expedientes...*, op. cit., p. 343, quien da cuenta de la división jurisprudencial existente a la hora de aceptar que una persona jurídica pueda intervenir representada por un «apoderado ad hoc» y no su representante necesario. En el mismo sentido, ARRUTI BENITO, S., «La conciliación judicial, notarial o registral, regulada en la Ley 15/2015, de 2 de julio, de la jurisdicción voluntaria: ¿es necesario un nuevo modelo conciliatorio?», en CALAZA LÓPEZ, S. et al. (dirs.), *De los ADR (Alternative Dispute Resolution) a los CDR (Complementary Dispute Resolution) en la Jurisdicción civil*, Tirant lo Blanch, Valencia, 2023, p. 243.

cífica en este ámbito y aplicable a cualquier MASC: *en los casos en que no siendo preceptiva la asistencia letrada, cualquiera de las partes pretendiera servirse de ella, lo hará constar así en el requerimiento o en el plazo de tres días desde la fecha de recepción de la propuesta por la parte requerida. En ambos casos, deberá comunicarse tal circunstancia a la otra parte para que pueda decidir valerse también de asistencia letrada en el plazo de los tres días siguientes a la recepción de la notificación*. Entendemos, por tanto, que el conciliador deberá prestar especial atención a dicha norma y no llevar a cabo la conciliación en la que una de las partes asista con letrado y no conste si se efectuó o no dicha comunicación previa a la parte contraria.

Se mantiene la unidad de acto de conciliación, que comenzará con la intervención del solicitante, la contestación del requerido, y la intervención del LAJ o Juez de Paz para procurar avenirlos, permitiéndoles replicar y contrarreplicar, si quisieren y ello pudiere facilitar el acuerdo (art. 145 LJV). Si la misma finalizara sin acuerdo, se dará por terminado el acto y se tendrá por intentada la conciliación sin más trámites al igual que si no compareciere cualquiera de las partes. Y si se lograra el acuerdo, se levantará acta detallada de todo cuanto acuerden y que el acto terminó con avenencia, así como los términos de la misma, debiendo ser firmada por los comparecientes.

El testimonio del acta junto, con el del decreto o auto haciendo constar la avenencia de las partes en el acto de conciliación, tendrán la consideración de título ejecutivo (arts. 147 LJV y 517.2.9.º LEC), con la particularidad de que la ejecución forzosa de lo convenido podrá quedar en suspenso si se ejercitase la acción de nulidad por las causas que invalidan los contratos contra dicho acuerdo en un plazo de quince días desde que se celebró la conciliación (art. 148 LJV).

Merece especial atención el régimen de la documentación aportada a la conciliación, pues entendemos que si se trata de documentos que no obraban en poder de las partes con anterioridad a la celebración del acto de conciliación (ej., los exhibidos o aportados en virtud del art. 145 LJV) deberían quedar cubiertos por la regla de la confidencialidad del apartado 2 del art. 9 LOEP, no pudiendo ser presentados como prueba por la parte contraria.

3.2.2. Conciliación notarial

De conformidad con el art. 81 LN, podrá conciliarse ante notario sobre cualquier controversia contractual, mercantil, sucesoria o familiar siempre que no recaiga sobre materia indisponible, ni concursal, ni referida a las mismas cuestiones indicadas en el art. 139 LJV. La alusión del art. 81 LN a que con la misma se pretenda alcanzar un acuerdo extrajudicial no debe entenderse limitada a que tal intento sea preprocesal. Al contario, y como cualquier otro MASC aludido en la LOEP, la conciliación notarial puede tener lugar durante un proceso judicial ya iniciado[43], por tratarse de un MASC particularmente idóneo para aquellas controversias de índole familiar o sucesoria que posteriormente requieran de una formalización a través de escritura pública, pues el propio art. 429.2 LEC indica expresamente que si *se hiciera uso de la facultad prevista en el artículo 19.5 y todas las partes manifestaran su conformidad con la derivación (...) si el procedimiento seguido para alcanzar el acuerdo fuere una conciliación ante notario o registrador, se acreditará mediante la escritura o certificación registral, sin que sea precisa la homologación judicial*.

De conformidad con los arts. 82 y 83 LN, la avenencia se formalizará mediante escritura pública, y la posible modificación de lo acordado habrá de constar, asimismo, en escritura pública notarial siempre que no se hubiere iniciado la ejecución judicial, teniendo la misma eficacia ejecutiva en los términos establecidos en el art. 517.2.9.º LEC, pudiendo cualquiera de las partes solicitar del Notario copia autorizada dotada de carácter ejecutivo en tanto no conste en la matriz nota relativa a la modificación de su contenido o su ejecución (art. 83.2 LN).

No obstante, se ha defendido que el procedimiento y la actividad desarrollada —sobre todo, en caso de que la conciliación finalizase sin avenencia— pueda documentarse en un acta[44], como forma notarial más indicada para recoger una serie sucesiva de hechos como es el expediente de conciliación, pues tendría poco sentido otorgar una escritura sólo para hacer constar que la avenencia se intentó fallidamente, lo cual podría acreditarse suficientemente con la copia autorizada del acta previa. En dicho documento se reflejaría la sucesión de actuaciones (el requerimiento de inicio, las notificaciones y, en su caso, la aceptación de la contraparte, las sesiones celebradas y, por último, el acuerdo alcanzado o la circunstancia de no haberse logrado) y en caso de avenencia se otorgaría, si las partes así lo desean, una escritura que sería la que dotaría de plena forma pública al acuerdo.

Téngase en cuenta que el art. 17 ter LN (letra j) permite realizar la conciliación a través de videoconferencia, salvo que el notario considere conveniente la presencia física para el buen fin del expediente, lo cual también implica que

---

43. En el mismo sentido, SANTOS MARTÍNEZ, A. M., «La conciliación tras la entrada en vigor de la Ley 15/2015, de 2 de julio, de Jurisdicción Voluntaria», *Revista jurídica de Castilla y León*, n.º 38 (enero 2016), p. 26. También la Resolución de la DGRN de 31 de enero de 2018 («BOE» n.º 39, de 13 de febrero de 2018, pp. 17750 a 17757) declaró que «En el caso de la conciliación notarial y registral, su finalidad puede ser, además de evitar comenzar un pleito, poner fin a uno que se haya comenzado, ya que en el artículo 81 de la Ley del Notariado y en el artículo 103 bis de la Ley Hipotecaria se refieren a la finalidad de alcanzar un acuerdo extrajudicial y no sólo a "evitar un pleito" como hace el artículo 139 de la Ley de la Jurisdicción Voluntaria».
44. RODRÍGUEZ PRIETO, F., «La conciliación notarial y su forma documental», *El notario del siglo XXI: revista del Colegio Notarial de Madrid*, n.º 77, 2018, pp. 154-156.

pueda no permitir únicamente la intervención a través de procurador si estima que es importante la participación personal del implicado.

Respecto al modo en que el Notario pueda desarrollar una labor conciliadora más allá de dejar constancia de los acuerdos alcanzados, se ha cuestionado que pudiera asumir una postura cercana a la de un mediador o bien pudiera proponer a las partes soluciones a la controversia, porque la LMed establece una serie de exigencias tanto a la mediación como a las condiciones para ejercer como mediador, concluyéndose que en la conciliación notarial, sin perjuicio de que intente facilitar la avenencia, el Notario no asuma el protagonismo del acto convirtiéndose en mediador[45]. Para otros, por el contrario, la ausencia de una regulación del procedimiento de conciliación debe aprovecharse para organizarlo, de acuerdo con las partes, de modo muy flexible, en una o varias sesiones, según sus necesidades, y desarrollar una vía mucho más útil y mucho más fructífera, en la que el Notario pueda exigir a las partes y sus representantes que se preparen suficientemente en el caso para la conciliación, a fin de evitar que ésta se convierta en una formalidad vacía; que pueda establecer, además de las reuniones conjuntas con todas las pares, también reuniones separadas o caucus con cada una de ellas y sus asesores; plantear preguntas que permitan una mejor comprensión del conflicto y de las necesidades subyacentes; hacer resúmenes de los aspectos más útiles para el diálogo después de cada intervención; y aplicar las técnicas que sean más apropiadas según el modelo de conciliación escogido[46].

En nuestra opinión, la alusión a los Notarios y Registradores entre los ejercientes de cualquier colegio profesional como personas que puedan intervenir en una conciliación privada permite defender la segunda de las tesis anteriormente expuestas, de modo que la conciliación notarial o registral podrá servirse de las disposiciones de los arts. 15 y 16 LOEP a la hora de articular el procedimiento a seguir.

3.2.3. Conciliación registral

El art. 103 bis LH otorga competencia a los Registradores para conocer de los actos de conciliación sobre cualquier controversia inmobiliaria, urbanística y mercantil o que verse sobre hechos o actos inscribibles en el Registro de la Propiedad, Mercantil u otro registro público que sean de su competencia. Por tanto, correspondería acudir a los Registradores de la Propiedad cuando se trate de materia inmobiliaria o urbanística y cuando se trate de hechos o actos inscribibles en el Registro de la Propiedad y a los Registradores Mercantiles si es

45. SANTOS MARTÍNEZ, A. M., «La conciliación tras la entrada en vigor...», *op. cit.*, p. 28.
46. RODRÍGUEZ PRIETO, F., «La vía notarial: una nueva oportunidad para la conciliación», *El notario del siglo XXI: revista del Colegio Notarial de Madrid*, n.º 65, 2016, pp. 36-39.

materia mercantil o hechos o actos inscribibles en el Registro Mercantil[47]. No obstante, al igual que puede acudirse a una conciliación notarial para solventar cuestiones societarias, nada debiera impedir que pueda utilizarse una conciliación registral para alcanzar acuerdos, por ejemplo, en materias sucesorias, o de explotación de derechos de la propiedad intelectual o industrial.

Al igual que la conciliación notarial, no puede referirse a materia indisponible ni concursal, e igualmente deben entenderse vetadas las materias contenidas en el art. 139.2 LJV. Y de la misma manera que lo resuelto para la conciliación notarial, la alusión a la finalidad de alcanzar un acuerdo extrajudicial no debe entenderse limitada a que tal intento sea preprocesal, pudiendo emplearse como MASC durante un proceso judicial ya iniciado.

De conformidad con la Resolución DGRN de 31 de enero de 2018[48], las materias susceptibles de conciliación registral no deben entenderse limitadas a aquellos supuestos en que el contenido de la pretensión sea inscribible en sí mismo o de que el eventual acuerdo que se alcance sea o no un hecho o acto inscribible, pues, del tenor literal del artículo se distingue con la conjunción «o», de una parte, «cualquier controversia inmobiliaria, urbanística y mercantil», y de otra «"o" que verse sobre hechos o actos inscribibles». Conforme a dicha Resolución, la enumeración de materias que pueden ser objeto de conciliación conforme al artículo 103 bis es más amplia que la que recoge el artículo 42.1 LH.

Sin embargo, no debe admitirse libertad de las partes a la hora de elegir al Registrador conciliador, pues el art. 103 bis LH especifica que dicha conciliación se prevé para los hechos o actos inscribibles en el Registro de la Propiedad, Mercantil u otro registro público que *sean de su competencia*, de modo que la conciliación registral sólo podrá versar sobre controversias que guarden relación con la competencia funcional y territorial del Registrador.

A falta de un mejor desarrollo del art. 103 bis LH, las formalidades de la solicitud de conciliación se regirán por lo dispuesto en la LJV, donde cobra especial importancia que en dicha solicitud, además de consignarse los datos y circunstancias de identificación del solicitante y del requerido o requeridos de conciliación, deberá concretarse el objeto de la conciliación que se pretenda y la fecha, determinando con claridad y precisión cuál es el objeto de la avenencia. Tal y como indica la Resolución DSJFP de 29 de enero de 2024[49], el objeto del expediente de conciliación no es, como parece desprenderse de los escritos del recurrente, encontrar o averiguar la existencia de un conflicto, sus límites o su contenido, sino procurar la solución de una situación de conflicto bien identificada en cuanto a sus interesados y objeto.

47. GUTIÉRREZ BARRENENGOA, A., «La conciliación registral: Ventajas y deficiencias de la actual regulación», *La Ley. Mediación y arbitraje*, n.º 19, 2024.
48. «BOE» n.º 39, de 13 de febrero de 2018, pp. 17750 a 17757.
49. «BOE» n.º 60, de 8 de marzo de 2024, pp. 27882 a 27888.

Al igual que la conciliación notarial, no hay referencia alguna al procedimiento (plazos, duración, etc.) de modo que podría acudirse analógicamente a lo propuesto en la conciliación privada, de modo que dicho procedimiento —pues ya no procede hablar de «acto» porque pueden tener lugar múltiples sesiones— terminará con acuerdo o sin acuerdo entre las partes. Si no hay acuerdo, se certificará la comparecencia (o la incomparecencia de quien no acudió) y la no existencia de acuerdo y se dará por terminado el expediente. Si hay acuerdo entre los interesados, en todo o en parte, se certificará la comparecencia y el acuerdo que hayan alcanzado, que será firmado por ambas partes y el registrador. La única regla procedimental especial en materia de conciliación registral se contiene en el art. 22 del Reglamento del Registro de Condiciones Generales de la Contratación, según el cual el *Dictamen de conciliación* que puede solicitarse previamente a la interposición de las acciones colectivas de cesación, retractación o declarativa debería emitirse en el plazo de quince días hábiles siguientes a la solicitud.

Finalmente, con la reforma del apartado 2 del art. 103 bis LH introducida por la LOEP se ha dotado de eficacia ejecutiva a la certificación de avenencia en los términos del art. 517.2.9.º LEC y su ejecución se tramitará conforme a lo previsto para los títulos ejecutivos extrajudiciales, pudiéndose suspender dicha ejecución en los mismos términos que el art. 148 LJV recoge para la escritura pública notarial que contenga el acuerdo alcanzado.

3.2.4. Conciliación privada

Una primera lectura de este nuevo MASC regulado en los arts. 15 y 16 LOEP (junto con las meritadas disposiciones generales de las secciones 1.ª y 2.ª) merece una valoración positiva, pues con la misma se habilita que cualquier profesional colegiado como ejerciente, que posea conocimientos técnicos o jurídicos relacionados con la materia sobre la que exista una controversia, e incluso que las personas mediadoras inscritas en los Registros correspondientes o pertenecientes a instituciones de mediación debidamente homologadas, puedan llevar a cabo actividades conciliatorias. Se abre así el espectro de la autocomposición a muchas otras profesiones particularmente idóneas por su formación y experiencia para ofrecer soluciones a aquellas disputas surgidas en ámbitos y sectores particularmente técnicos (v. gr., construcción y edificación, ingeniería y obra civil, sectores regulados, subcontratación de servicios, etc.), de modo que muchas de las Cortes de Arbitraje de carácter técnico puestas en marcha por diversos Colegios Profesionales podrán ahora, con mayor base legal y seguridad jurídica, ofrecer también servicios de conciliación, así como métodos híbridos que incluyan un dictamen o valoración neutral previa, seguida de la correspondiente actuación conciliatoria.

A la exigencia de estar colegiado como ejerciente, o bien estar inscrito como persona mediadora en los registros correspondientes o pertenecer a instituciones de mediación debidamente homologadas, el art. 15 LOEP dispone que la conciliación se lleve a cabo por una persona natural —aunque pertenezca a una sociedad profesional inscrita en el Registro de Sociedades Profesionales del Colegio profesional que corresponda o a una institución de mediación referidas en el art. 5 LMed— que, además, sea imparcial y sometida a los deberes de confidencialidad y secreto profesional, y se responsabilice de «la gestión leal, objetiva, neutral e imparcial del encargo recibido», quedando por tanto sujeta a la responsabilidad civil derivada de una mala *praxis* profesional.

Pero un examen en detalle de los referidos artículos 15 y 16 LOEP pone de manifiesto no pocas deficiencias y lagunas advertidas en la regulación de esta modalidad, cuya principal consecuencia será, como hemos adelantado, la confusión entre conciliación y mediación, debiéndose acudir a los regímenes jurídicos ya conocidos (LJV y LMed) para colmar tales omisiones y para solventar las cuestiones derivadas de su utilización en la práctica, pues la técnica legislativa de estos preceptos evidencia en ocasiones un exceso reglamentista algo impropio de una norma y contrario al principio de autonomía de la voluntad de las partes a la hora de configurar el método elegido.

De los requisitos establecidos por el art. 15 LOEP para actuar como persona conciliadora, llama la atención que su apartado 3.º aluda a que en el encargo realizado al conciliador «se ha de expresar *sucintamente, pero con la necesaria claridad*, el contenido de la discrepancia objeto de conciliación, así como la identidad y circunstancias de la otra u otras partes». El art. 7 LOEP ya exige, como regla general aplicable a todo MASC, que la solicitud dirigida a la otra parte *defina adecuadamente el objeto de la negociación* para que la actividad negociadora interrumpa o suspenda los plazos de prescripción o caducidad, de modo que el art. 15.3 LOEP puede provocar confusión y una simple remisión al contenido del escrito de solicitud de conciliación del art. 141 LJV o su reproducción hubiera sido preferible para homogeneizar los aspectos formales de la solicitud.

Tampoco se entiende que dicho art. 15.3 LOEP exija a las partes indicar en su solicitud o encargo que «A efectos de comunicación entre el conciliador y las partes, *se deberá indicar específicamente el teléfono, el correo electrónico a efectos de citaciones, así como, en su caso, el medio del que se dispone para la realización de los encuentros virtuales mediante videoconferencia*», pues será más efectivo que tales extremos queden fijados una vez aceptado el encargo, en la sesión inicial a la que se refiere el art. 16.a) LOEP y no en la solicitud que las partes hagan al conciliador —cuyo contenido deberá reunir las exigencias del citado art. 7 LOEP—.

Y en último lugar, también resulta criticable el modo en que el art. 15.4 LOEP se refiere a la responsabilidad de la persona conciliadora, a la que exige aceptar «de forma expresamente documentada la responsabilidad de la gestión leal, objetiva, neutral e imparcial del encargo recibido. [la persona conciliadora]

Estará sujeta a las responsabilidades que procedan por el ejercicio inadecuado de su función». Sin duda, resultan preferibles los términos en los que el art. 14 LMed se refiere a la responsabilidad de los mediadores, conforme al cual «*La aceptación de la mediación obliga a los mediadores a cumplir fielmente el encargo, incurriendo, si no lo hicieren, en responsabilidad por los daños y perjuicios que causaren. El perjudicado tendrá acción directa contra el mediador y, en su caso, la institución de mediación que corresponda con independencia de las acciones de reembolso que asistan a esta contra los mediadores. La responsabilidad de la institución de mediación derivará de la designación del mediador o del incumplimiento de las obligaciones que le incumben*». De hecho, y en cuanto a sus requisitos profesionales, se echa de menos una explícita exigencia a que la persona conciliadora haya de contar con un seguro de responsabilidad civil para el ejercicio de dicha labor, inicialmente no cubierta por el seguro con el que cuente para su actuación profesional colegiada, resultando nuevamente preferible lo dispuesto en el art. 11.3 LMed.

Con respecto a las funciones de la persona conciliadora recogidas en el art. 16 LOEP, también se echa de menos una determinación concreta de los distintos motivos que puedan ser alegados como efectivas causas que afecten a la imparcialidad de la persona conciliadora, pero sobre todo, qué hacer en tales supuestos o las consecuencias a las que daría lugar la acreditación de una falta de neutralidad[50], debiéndose acudir analógicamente a lo recogido en el art. 13 LMed: ante la existencia de una causa que pudiera afectar a su imparcialidad, las partes deberán conocerla y consentirla expresamente, y en caso contrario, el conciliador debería renunciar a desarrollar el encargo, con obligación de entregar un acta a las partes en la que conste su renuncia. Y también llama la atención que la norma no exija pactar una duración máxima, al menos cuando este MASC se utilice como como requisito de procedibilidad, al igual que se ha dispuesto en el art. 20.2 LMed para la mediación. De otra parte, sin embargo, se agradece la eliminación de lo que indicaba el art. 15.f) del Proyecto de Ley de Medidas de Eficiencia Procesal del año 2022, de que una de sus funciones fuera «Valorar las pruebas documentales, testificales y periciales propuestas por las partes», lo cual aproximaba su labor a los métodos heterocompositivos o con resultado vinculante para las partes.

La conciliación privada, por todo ello y de conformidad con los términos en que queda regulada en los arts. 15 y 16 LOEP, se vislumbra poco eficaz a la hora de ser elegida como MASC, pues merece ser calificada como un *sucedáneo* de otros métodos de mayor arraigo y desarrollo, como son la mediación, el dictamen por experto independiente o la determinación por tercero dirimente. Aunque la facultad de «Poner de manifiesto a las partes las dimensiones extrajurídicas de

50. LARENA BELDARRAIN, J., «La conciliación privada», en CALAZA LÓPEZ, S. et al (dir.), *Medios adecuados de solución de controversias...*, op. cit., p. 540. En igual sentido y en la misma obra colectiva, *vid.* MARTÍN RÍOS, P., p. 758.

la controversia y las ventajas que pueden obtenerse si se alcanza un acuerdo razonable» y «Formular directamente a las partes posibles soluciones e invitarlas a que formulen posibles propuestas de solución que construyan un eficaz acuerdo común», pueda entenderse como el punto fuerte de este MASC, la ausencia de fuerza ejecutiva del acuerdo así alcanzado, a diferencia de lo que sucede en el resto de conciliaciones extrajudiciales, le resta atractivo. Y si lo que buscan las partes es, precisamente, esos especiales conocimientos sobre la materia objeto de controversia, la conciliación preferible será aquella atribuida legalmente a expertos de reconocida *auctoritas* y prestigio en su sector (v. gr., el notario en materias sucesorias o el registrador en materia de servidumbres, deslindes o inmatriculaciones), o bien, se optará por acudir a otro MASC en donde la clave resida en obtener una opinión experta (v. gr., la dirimencia por experto, una evaluación neutral temprana o el dictamen —vinculante o no— de un experto).

3.3. OFERTA VINCULANTE CONFIDENCIAL

El art. 17 LOEP establece como otro posible MASC a utilizar, a la hora de solventar una controversia para evitar el pleito o poner fin a uno ya iniciado, la posibilidad de que cualquiera de las partes formule una oferta vinculante confidencial a la otra parte, quedando obligada a cumplir la obligación que asume si la otra parte la acepta expresa y tempestivamente. Resulta, por ello, un atractivo método extrajudicial en manos del deudor para tomar la iniciativa y tratar de poner fin al conflicto ofreciéndose a cumplir la obligación debida en unos términos que estime beneficiosos para ambos (por ej., reduciendo la cuantía debida en virtud de prestaciones que considera cumplidas o no reclamables, ofreciendo una quita a cambio del cumplimiento voluntario en un determinado plazo, o la sustitución de la prestación o de la cosa a entregar por otra de similares características, pero distinta a la inicialmente convenida). Cobra sentido, entonces, la específica mención del apartado 4.º del citado art. 17 LOEP en donde se establece que la acreditación de la remisión de la oferta a la otra parte puede manifestarse en el escrito de demanda «o en la contestación a la misma».

Dicha iniciativa negociadora por parte del deudor puede tener como finalidad la evitación de las futuras costas procesales, para el supuesto de que el acreedor rechace la oferta y posteriormente obtenga una sentencia estimatoria de su pretensión *sustancialmente coincidente* con el contenido de la propuesta ofrecida por el deudor[51]. En tal caso, no existe una respuesta clara a cómo deben inter-

51. Esta posible conducta del deudor obedecería a lo que en los Sistemas *Common Law* se califican como «propuestas de acuerdos» (*offers to settle*) de cara a la imposición de las costas, y conforme a las cuales el demandante puede terminar pagando las costas si no acepta el acuerdo y, posteriormente, el fallo de la sentencia estima la pretensión pero en una cuantía inferior a la ofrecida. Sobre ello, *vid.* CORTÉS, P. y SOTELO, F., «Negocia o Atente a las Consecuencias. La Condena en Costas en los Derechos del Common Law y su Aplicación en el Proceso Civil», *inDret* 4/2011.

pretarse los arts. 394.4 y 245.5 LEC[52]. El primero dispone que la parte requirente (deudor) quedará exenta de la condena en costas si la parte requerida para iniciar una actividad negociadora previa tendente a evitar el proceso judicial (acreedor) hubiese rehusado *intervenir* en la misma, salvo que se aprecie un abuso del servicio público de Justicia. Es decir, todo dependerá de cómo se interprete la explícita alusión a «intervenir» en la actividad negociadora; podría interpretarse *ad pedem litterae* referida a un MASC en donde exista una efectiva *intervención* de ambas partes (como sinónimo de acudir —394.1.III— o participar —394.2.II—) y en la oferta vinculante no hay verdaderamente una intervención del destinatario más allá de su aceptación, pero también podría interpretarse en sentido amplio y atendiendo al espíritu de la LOEP de promover la solución extraprocesal a través de un intento de negociación de buena fe. Y lo mismo sucede con la exoneración o moderación de las costas conforme a la regla art. 245.5 LEC: inicialmente, permite a la parte condenada al pago de las costas (v. gr., el deudor) solicitar la exoneración de su pago o la moderación de su cuantía «cuando hubiera formulado una propuesta a la parte contraria en cualquiera de los medios adecuados de solución de controversias *al que hubieran acudido*, la misma no hubiera sido aceptada por la parte requerida y la resolución judicial que ponga término al procedimiento sea sustancialmente coincidente con el contenido de dicha propuesta». Todo dependerá de cómo se interpreten la expresión «en cualquiera de los medios de solución de controversias», la expresión «al que hubieran acudido» y la expresión «sustancialmente coincidente».

En los términos en los que queda redactado dicho MASC, resulta que su naturaleza jurídica no es un simple inicio de negociación, sino un negocio jurídico en sí con el poner fin al conflicto (art. 2 LOEP), de modo que se trata de una declaración unilateral de voluntad con la que el oferente quedará jurídicamente vinculado si resulta aceptada por la contraparte[53]. Por ello, dicha oferta participa de la naturaleza jurídica de los contratos consensuales, cuya perfección se produce ante la coincidencia de voluntades —concurso de la oferta y la aceptación—, pues la oferta contiene ya los elementos esenciales de un negocio jurídico; el objeto (la obligación que asume cumplir el oferente, como pueda ser la prestación de un servicio o su no exigencia, la ampliación del plazo para su cumplimiento, la condonación o quita de parte de la deuda o sus intereses, etc.) y la causa (poner fin al conflicto —art. 2 LOEP— o el ánimo de dar solución a una controversia —art. 17.1 LOEP[54]—).

52. Con más detalle, *vid.* ut supra el Capítulo 6.
53. SERRANO PÉREZ, M. A., «La oferta vinculante confidencial y su configuración como un MASC», en PÉREZ MARTELL, R. (coord.), *Eficiencia procesal: modernización de la justicia*, J.M. Bosch, Barcelona, 2021, p. 73.
54. «Encontrar una solución extrajudicial al conflicto» (art. 2 LOEP) no sería el objeto de este contrato, sino su causa, entendiendo por tal «el propósito de alcanzar un determinado

Así, y aunque se trata de un acto unilateral, no debe considerarse como unos tratos preliminares o un «inicial cruce de comunicaciones destinado a dar comienzo a una negociación[55]», ni una solicitud para iniciar un procedimiento de negociación (art. 7.1 LOEP) ni una reclamación extrajudicial previa que la ley pueda exigir con carácter preceptivo (v. gr., art. 7.1 LRCSCVM o arts. 439.5 y 439 bis LEC) o potestativo (v. gr., art. 21 LPH), pues éstas no albergan en su contenido esos requisitos mínimos para considerarse un negocio jurídico y el plazo que en las mismas pueda disponerse lo es a los efectos de que la parte receptora realice lo debido y no a los efectos de que acepte la proposición u oferta de la parte requirente. Es decir, tales reclamaciones constituyen una intimación[56] y no una oferta, de modo que si en las mismas no existe algún elemento transaccional o de negociación —como pueda ser la renuncia al cobro del total de la deuda o de sus intereses, la sustitución del objeto de la prestación o el ofrecimiento de un nuevo calendario de pagos de las deudas ya vencidas—, no deberán ser incardinadas dentro del MASC del art. 17 LOEP.

La oferta vinculante confidencial es, por tanto, una *oferta de contrato*: una declaración de voluntad en la que el oferente manifiesta su intención de alcanzar la formación de un contrato y, además, establece los requisitos necesarios del contrato al que quiere llegar, de manera que éste quedará formado si recae la aceptación[57]. Por tanto, la formalización del contrato sigue el criterio de la recepción (art. 1.262 CC) pues el art. 17 LOEP dispone que quien formule la oferta queda obligado «una vez que la parte a la que va dirigida la acepta expresamente», siempre que en dicha oferta se contengan todos los elementos necesarios para la existencia de este, debiendo constar la voluntad de quedar obligados los contratantes, tanto por la oferta propuesta, como por la aceptación correlativa a la misma.

Las formas adquieren también una notable importancia. Frente a la libertad de forma en materia de contratos (art. 1.278 CC), no debe olvidarse que la causa de este negocio jurídico se halla en la búsqueda de una solución extrajudicial que evite acudir a la vía judicial o, en defecto de acuerdo, poder justificar el intento de alcanzar dicha solución a los efectos de cumplir el requisito de procedibilidad del art. 5 LOEP.

---

resultado empírico con el negocio o jurídico de que se trate» (DÍEZ-PICAZO, L., *Fundamentos del derecho civil patrimonial*. 6.ª edic., Thomson Civitas, Madrid, 2007, p. 275) o «la función económico-social del negocio» (CARRASCO PERERA, A., *Derecho de contratos*, 3.º edic., Thomson Reuters Aranzadi, Madrid, 2021, p. 179).

55. STS (Sala 1.ª) n.º 788/2005, de 13 de octubre.

56. Para SÁNCHEZ GARCÍA, J., «la oferta vinculante del artículo 17 de la LO 1/2025 y el contenido de la misma para cumplir con el requisito de procedibilidad», *Revista de Derecho vLex*, n.º 248, enero 2025, pp. 1-16 [fecha de recuperación: 25 de enero de 2025], «en el supuesto de reclamación de un crédito a un deudor, esa oferta vinculante no consiste en un simple requerimiento de pago y si éste no es atendido en el plazo de un mes, queda expedita la vía judicial».

57. DÍEZ-PICAZO, L., *Fundamentos*..., op. cit., p. 330.

De una parte, habrá de prestarse atención a la forma en que se efectúe la oferta vinculante confidencial, así como el modo en que quede constancia de su correspondiente recepción por la parte destinataria de aquélla. Recuérdese que el art. 10 LOEP exige acreditar el intento de negociación «mediante cualquier documento que pruebe que la otra parte ha recibido la solicitud o invitación para negociar o, en su caso, la propuesta, en qué fecha, y que ha podido acceder a su contenido íntegro» y que el art. 17.2 LOEP exige que «La forma de remisión tanto de la oferta como de la aceptación ha de permitir dejar constancia de la identidad del oferente, de su recepción efectiva por la otra parte y de la fecha en la que se produce dicha recepción, así como de su contenido».

Mayores dudas plantea la naturaleza revocable o irrevocable de dicha oferta. La mención a que la oferta vinculante «decaerá» si es rechazada o no aceptada expresamente dentro del plazo fijado (art. 17.4 LOEP) plantea la duda acerca de si la oferta es irrevocable durante ese período de vigencia establecido por el oferente —un mes o en cualquier otro plazo mayor establecido por el mismo— o si, por el contrario, el oferente puede retirarla o revocarla mientras el contrato no se ha perfeccionado[58].

Como argumento a favor de tal consideración, cuando el legislador ha querido establecer el carácter irrevocable de la oferta durante un determinado plazo, lo ha dispuesto expresamente. Así sucede, por ejemplo, en el art. 56 de la Ley 7/1996, de 15 de enero, de Ordenación del Comercio Minorista, que al regular la Venta en pública subasta de un bien o servicio, especifica que la misma «consiste en ofertar, *pública e irrevocablemente*, la venta de un bien o servicio a favor de quien ofrezca, mediante el sistema de pujas y dentro del plazo concedido al efecto, el precio más alto por encima de un mínimo, ya se fije éste inicialmente o mediante ofertas descendentes realizadas en el curso del propio acto, que estará obligado a comprarlo». También el art. 3.2 de la Ley 43/2007, de 13 de diciembre, de protección de los consumidores en la contratación de bienes con oferta de restitución del precio establece el carácter vinculante de la oferta para la empresa o profesional, que *deberá mantenerse durante al menos quince días naturales, durante los cuales no podrá celebrarse el contrato, ni anticiparse cantidad alguna*. También en el art. 16.2 de la Ley 2/2009, de 31 de marzo, por la que se regula la contratación con los consumidores de préstamos o créditos hipotecarios y de servicios de intermediación para la celebración de contratos de préstamo o crédito, que dispone que «La oferta se formulará por escrito y especificará, en su mismo orden, las condiciones financieras correspondientes a las cláusulas financieras señaladas en el anexo II de la Orden de 5 de

58. DÍEZ-PICAZO, L., *Fundamentos...*, op. cit., p. 340, define la retirada como aquella declaración del oferente que indica su voluntad de dejar sin efecto una anterior declaración de la oferta, cuando ésta todavía no ha alcanzado efectividad. Y diferencia entre «retirada» si la misma tiene lugar en el período de tiempo o en la fase de formación que media entre emisión de la oferta y la recepción o llegada de la misma al destinatario, y «revocación» como la declaración de voluntad de cancelación de la oferta y de sus efectos en el período que media entre la recepción de la oferta y la perfección del contrato.

mayo de 1994, sobre transparencia de las condiciones financieras de los préstamos hipotecarios, para la escritura de préstamo. La oferta deberá ser firmada por representante de la empresa y, salvo que medien circunstancias extraordinarias o no imputables a la empresa, *tendrá un plazo de validez no inferior a diez días hábiles desde su fecha de entrega*». Y también en el art. 8 de la Ley 16/2011, de 24 de junio, de contratos de crédito al consumo, que establece que «el prestamista que ofrezca un crédito a un consumidor estará obligado a entregarle antes de la celebración del contrato, si el consumidor así lo solicita, un documento con todas las condiciones del crédito en términos idénticos a lo establecido en el artículo 10 para la información previa al contrato, como oferta vinculante que *deberá mantener durante un plazo mínimo de catorce días naturales desde su entrega*, salvo que medien circunstancias extraordinarias o no imputables a él».

El otro argumento atiende a que el inciso final del art. 17.1 LOEP se refiere únicamente a la aceptación —«tendrá carácter irrevocable»—, a la que se exige que sea expresa, con lo que podría concluirse por el carácter revocable de la oferta. La duda será, en tal caso, hasta cuándo es efectiva frente al destinatario la retirada o revocación de la oferta, debiendo acudirse entonces a la regla del conocimiento de la aceptación por parte del oferente, de modo que la oferta puede ser revocada, incluso si el destinatario ha enviado ya su aceptación, en tanto en cuanto ésta no haya llegado al conocimiento del oferente[59].

En nuestra opinión, sin embargo, no puede perderse de vista el espíritu de dicha oferta vinculante regulada en la LOEP. Las ofertas de carácter irrevocable durante un determinado plazo, previstas en particulares leyes especiales, se refieren a ofertas efectuadas a consumidores, cumpliendo dicho carácter irrevocable una función tuitiva propia del Derecho de consumo. La oferta del art. 17 LOEP, sin embargo, se prevé como un MASC, es decir, como una actividad negociadora a la que las partes en conflicto pueden acudir de buena fe con el objetivo de alcanzar una solución extrajudicial al mismo que evite o ponga fin al proceso judicial. Por tanto, permitir al oferente revocar su oferta, además de resultar contradictorio con la necesidad de fijar un plazo igual o superior a los 30 días, resultaría contrario a la voluntad del legislador de promover un auténtico procedimiento de negociación que deje, en último lugar, la vía jurisdiccional. Además, siempre le quedaría al oferente, dada su libertad a la hora de configurar los extremos de su oferta, indicar expresamente, al formalizar su oferta, que la misma es irrevocable durante el plazo por él establecido[60].

59. CARRASCO PERERA, A., *Derecho de contratos*, op. cit., p. 242, rechaza en este punto vincular el momento último admisible de la revocación de la oferta y el momento de perfección del contrato y defiende acudir al propio art. 1262.II CC y entender que el contrato existe (y la revocación es ineficaz) cuando el oferente *no puede ignorar la aceptación sin faltar a la buena fe*.

60. El propio art. 16.2 letra a) del Convenio de Viena sobre los contratos de compraventa internacional de mercaderías de 1980 dispone que la oferta no podrá revocarse «Si indica, al señalar un plazo fijo para la aceptación o de otro modo, que es irrevocable».

La otra forma a la que habrá de prestarse atención es la forma en que se responda. Como quiera que la oferta debe ser aceptada *expresamente* —el legislador lo recalca hasta en dos ocasiones— y exige dejar constancia de la declaración de voluntad negocial por parte del destinatario, debe rechazarse la posibilidad de admitir aceptaciones tácitas. La norma exige que el destinatario de la oferta la acepte expresamente, lo cual debe ser interpretado en el sentido de que la respuesta no puede hacerse de un modo impreciso, reservado, condicionado e incompleto, o cuando lo que se responde es una contraoferta, se formulan modificaciones, reservas o se somete dicha propuesta a condición[61]. Ello se traduce en dos importantes consecuencias.

Por un lado, y frente a la doctrina general que admite la posibilidad de un consentimiento tácito derivado de actos concluyentes e inequívocos que la revelen sin que quepa atribuirle otro significado, cuya valoración corresponde al arbitrio de los Tribunales según las circunstancias que concurran en cada caso (STS, Sala 1.ª, n.º 257/1986, de 28 de abril), el art. 17 LOEP constituye una regla especial que exige una aceptación expresa, de modo que el silencio deberá ser interpretado como sinónimo de rechazo, dejando entonces expedita la vía judicial al entenderse cumplido el requisito de procedibilidad del art. 5 LOEP.

Y por otro lado, y como quiera que el espíritu de este MASC obedece a poner fin a la disputa y evitar el pleito, la aceptación a la oferta vinculante confidencial debe serlo al resultado de la regulación[62] (contenido de la oferta), no previéndose la posibilidad de contraoferta. La doctrina civilista ha acudido tradicionalmente a la denominada «regla de la imagen en el espejo» (*the mirror image rule*) para escenificar qué sucede cuando el destinatario de la oferta introduce en su aceptación algún elemento o término nuevo que constituya una modificación de la propuesta, y en tal caso, si la misma constituye una desviación sustancial o no de la oferta en los términos descritos en el art. 19.2 del Convenio de Viena sobre los contratos de compraventa internacional de mercaderías de 1980[63]. De ahí la conveniencia de que el oferente determine, no sólo el plazo, sino los modos, medios y la forma a través de los cuales deba aceptarse la oferta, así como también la mención expresa a si se admitirá o no una contraoferta.

La contraoferta, atendiendo al espíritu de la LOEP, debe interpretarse como un rechazo a la oferta que hace decaer la misma, considerar finalizado sin acuerdo el intento de negociación a los efectos establecidos en los arts. 5 y 10 LOEP y, con ello, abrir la vía a que el oferente pueda interponer la correspondiente demanda. La libertad contractual de la que disfruta el proponente para configurar la oferta le obliga a que la misma sea lo suficientemente clara, precisa,

61. Por todas, STS (Sala 1.ª) n.º 31/2000, de 28 de enero.
62. CARRASCO PERERA, A., *Derecho de contratos*, op. cit., p. 207.
63. Sobre ello, *vid.* DÍEZ-PICAZO, L., *Fundamentos*..., op. cit., pp. 356 y ss.; CARRASCO PERERA, A., *Derecho de contratos*, op. cit., pp. 228 y ss.

sin reservas e incondicional, como para que la mera aceptación del destinatario de aquélla —que sólo puede aceptar o rechazar la oferta— tenga como consecuencia la consecución de un acuerdo vinculante, siempre que se produzca en el plazo legalmente fijado[64]. De ahí la conveniencia de fijar en la propia oferta *la forma determinada* en que deba prestarse la aceptación, para entender resuelto el conflicto.

Cuestión distinta es que el oferente valore, entonces, la conveniencia o no de seguir negociando y sopesar la contraoferta recibida, o bien acudir a los tribunales de justicia en defensa de sus intereses legítimos. Ambas actuaciones, además, no resultan contradictorias o excluyentes; el oferente puede estimar necesario y ventajoso interponer la correspondiente acción judicial, ya que la falta de aceptación reiniciará o reanudará respectivamente el cómputo de los plazos de prescripción y caducidad de las acciones, sin dar por cerrada la actividad extraprocesal de negociación con la contraparte, dado que un ulterior acuerdo podrá siempre ser incorporado a las actuaciones judiciales y solicitar su homologación judicial.

A diferencia de la oferta contractual, no hay que perder de vista que la oferta confidencial vinculante regulada en la LOEP atiende a esa finalidad de acreditar una actividad negociadora de buena fe con el objeto de encontrar una solución extrajudicial al mismo de un modo que no suponga un retraso sustancial a los efectos de ejercitar, en su caso, las correspondientes acciones judiciales. De ahí la limitada capacidad de negociación de los intervinientes, lo cual presenta importantes ventajas, pero también puede constituir un serio inconveniente: la falta de negociación, si bien agiliza la solución de la controversia o constata la falta de acuerdo, puede significar que esa oferta unilateral e incondicional, aunque aceptada, pueda en un futuro ser calificada como una «cláusula no negociada individualmente» (art. 80 TRLGDCU[65]), y con ello la posibilidad de convertirse en el origen de otro conflicto.

Por último, el plazo de vigencia de la oferta se detalla en el art. 17 LOEP y viene referido al período de tiempo en que debe aceptarse o rechazarse la oferta. Y dentro de la autonomía de la voluntad concedida al oferente para diseñar su propuesta, la ley fija un plazo mínimo —un mes— que puede ser ampliado, a voluntad del ofertante, para que el destinatario responda a su proposición. Dicho

64. SERRANO PÉREZ, M. A., «La oferta vinculante...», *op. cit.*, p. 100.
65. Pensemos en el supuesto de que, existiendo una controversia sobre el carácter abusivo o no de una determinada cláusula, el oferente —profesional— realiza una oferta vinculante a su vez calificable como novación o transacción en la que, a cambio de ofrecer ciertas ventajas (ampliación de plazos, reducción de intereses, etc.), exige de la contraparte —consumidor— la renuncia a los efectos que pudieran derivarse de la declaración del carácter abusivo de esa cláusula, y dicha novación da lugar a otra controversia entre las mismas partes (STJUE de 9 de julio de 2020, C-452/18). Para evitar el círculo vicioso, sería oportuno cambiar de MASC.

período de tiempo mínimo ha sido cuestionado desde la propia Abogacía[66], al considerarlo excesivo por entender que la práctica ha consolidado como bastante el plazo de quince días. En efecto, ya con la aprobación de la Ley 50/1980, de 8 de octubre, de Contrato de Seguro se estimaba doctrinalmente que un plazo de quince días era el plazo mínimo[67], sin perjuicio de que el oferente pudiera proponer un plazo mayor. Y en el Derecho de Consumo se ha consolidado un plazo mínimo de catorce días naturales para que el consumidor pueda desistir del contrato formalizado (art. 71 TRLGDCU).

Se deduce que el legislador ha preferido ser cauto y fijar un plazo lo suficientemente amplio como para que la aceptación de la oferta sea una decisión debidamente meditada y responda a una verdadera voluntad de alcanzar un acuerdo. Y, además, dicho plazo se corresponde, además, con la regla general establecida en el art. 10.4 LOEP para entender que no hay acuerdo[68]; con la regla general establecida en el art. 7.1.II LOEP para reiniciar o reanudar los cómputos de los plazos de suspensión y caducidad cuando «no se obtenga respuesta por escrito en el plazo de treinta días naturales a contar desde la fecha de recepción de la solicitud de negociación por la parte a la que se dirige»; o con el plazo establecido en el reformado art. 439 bis LEC para que el consumidor y la entidad reclamada lleguen a un acuerdo en materias referidas a la concesión de préstamos o créditos de manera oficial.

El otro plazo no mencionado expresamente en el art. 17 LOEP es el referido al momento en que puede emitirse la oferta, que podrá tener lugar mientras subsista la controversia. Como el resto de MASC mencionados en la ley, su empleo obedece a la voluntad del legislador de evitar la sobrecarga de los tribunales y consolidar un servicio público de Justicia sostenible, exigiendo a las partes en conflicto intentar encontrar una solución extrajudicial al mismo (art. 2 LOEP), de modo que cualquiera de los métodos autocompositivos legalmente señalados podrá ser empleado para evitar el pleito o poner fin a uno ya iniciado. Es decir, nada debiera impedir a cualquiera de las partes efectuar una oferta vinculante confidencial *lite pendente*, en cuyo caso, la aceptación de la oferta

---

66. OBSERVACIONES DEL CONSEJO GENERAL DE LA ABOGACÍA ESPAÑOLA AL ANTEPROYECTO DE LEY DE MEDIDAS DE EFICIENCIA PROCESAL DEL SERVICIO PÚBLICO DE JUSTICIA. Documento disponible en: https://www.abogacia.es/wp-content/uploads/2020/07/Obervaciones-APL-Eficiencia-Procesal.pdf [fecha de recuperación: 1 de febrero de 2025].
67. SÁNCHEZ CALERO, F., «Conclusión, documentación, contenido del contrato (Arts. 5 a 24)», en VERDERA Y TUELLS, E. (coord.), *Comentarios a la Ley de contrato de seguro*, Madrid, Cunef, 1982, p. 284.
68. Más en particular, con lo recogido en su letra b), que indica que «si, una vez iniciada la actividad negociadora, transcurrieran treinta días desde que una de las partes haga una propuesta concreta de acuerdo a la otra, sin que se alcance acuerdo ni se obtenga respuesta por escrito». Como *dies a quo* para computar dicho plazo de 30 días, puede tomarse como criterio interpretativo esa misma letra b), que declara que «el plazo de treinta días comenzará a contar *desde la fecha de recepción de la propuesta concreta de acuerdo*».

constituirá un acuerdo extraprocesalmente alcanzado que podrá ser homologado por el tribunal que esté conociendo del litigio al que se pretenda poner fin, en los términos habilitados por la Ley y sin necesidad de que las partes deban solicitar la suspensión del proceso ya abierto[69].

Como especialidad frente a la postulación facultativa en cualquiera de los demás MASC —salvo el procedimiento de Derecho colaborativo, que exige que cada una de las partes en disputa esté acompañada y asesorada por abogado ejerciente y acreditado en Derecho colaborativo—, el art. 6.2 LOEP exige preceptivamente la asistencia letrada a las partes cuando se utilice como medio adecuado de solución de controversias «la formulación de una oferta vinculante» cuando la cuantía del asunto controvertido supere los dos mil euros. Es decir, se impone al oferente la exigencia de asistencia letrada a la hora de emitir la oferta, pero nada se indica a propósito de si el destinatario debe, igualmente, valerse de abogado a la hora de aceptar aquélla para que el negocio jurídico se entienda válido o eficaz.

En aquellos otros MASC en donde se disponga la intervención de un tercero neutral, será éste el responsable de informar a las partes de la posibilidad de acudir y participar en el procedimiento junto con sus abogados, así como de la regla especial del art. 6.3 LOEP de informar a la parte contraria del propósito de servirse de asistencia letrada, pero al tratarse de una actuación extraprocesal y previa a la vía jurisdiccional, el hecho de que una de las partes en conflicto lleve a cabo una oferta sin cumplir con el especial requisito del art. 6.2 LOEP no parece constituir una anomalía o defecto lo suficientemente importante como para constituir una causa de ineficacia o de invalidez del negocio jurídico así formado. Como negocio jurídico, su perfección no depende de que los contratantes hayan o no expresado sus voluntades a través de un profesional de la abogacía, de modo que si ambas partes cumplen con los requisitos dispuestos en el art. 17 LOEP, el acuerdo resultante será igualmente válido. Cuestión distinta será la situación en que, ante el incumplimiento de la oferta así aceptada, cualquiera de las partes alegue la inobservancia del art. 6.2 LOEP para tratar de invalidar lo convenido.

Ante ello, adquiere entonces particular interés el principio rector de la buena fe exigible en cualquier MASC, así como la doctrina general de los actos propios. Si el oferente se sirvió de los servicios legales de un profesional de la abogacía, sería contrario a la buena fe no informar a la contraparte de lo dispuesto en el art. 6 LOEP. Si el destinatario emitió su aceptación expresa guiado

69. El régimen que aplicar será el régimen general de los arts. 19 y 22 LEC. Frente a la necesidad de elevación a escritura pública del acuerdo debido a la falta de carácter no ejecutivo de ese negocio jurídico fruto del art. 17 LOEP, el acuerdo homologado judicialmente surtirá los efectos atribuidos por la ley a la transacción judicial y podrá llevarse a efecto por los trámites previstos para la ejecución de sentencias y convenios judicialmente aprobados (art. 443 LEC). Con más detalle, *vid.* Capítulo 6 sobre la homologación judicial.

por el consejo de su abogado, resultaría contraria a dicha doctrina de los actos propios desentenderse del cumplimiento de lo acordado y ejercitar la acción de nulidad bajo el argumento de que la oferta emitida no cumplió con lo establecido en el art. 6.2 LOEP. Y si el ofrecimiento tiene lugar *lite pendente*, también deberá reputarse contrario a la buena fe la omisión de tales reglas especiales.

3.4. OPINIÓN DE EXPERTO INDEPENDIENTE

Todos los MASC mencionados en la LOEP son métodos autocompositivos de solución de conflictos, de modo que la opinión de persona experta independiente regulada en su art. 18 debe ser correctamente diferenciada de aquellos otros instrumentos heterocompositivos en donde el tercero sí solventa la disputa a través de una decisión vinculante. Aunque se prevé que las partes estarán obligadas a entregar a la persona experta toda la información y pruebas (*sic*) de que dispongan sobre el objeto controvertido y que el dictamen puede referirse a cuestiones jurídicas o sobre cualquier otro aspecto técnico relacionado con la capacitación profesional del experto, debe ponerse de manifiesto que el carácter no vinculante de la opinión emitida, unido al hecho de que su designación deberá tener lugar por acuerdo mutuo de las partes, y que dicha opinión o dictamen quede sometida a que las partes puedan hacer recomendaciones, observaciones o propuestas de mejora con el fin de aceptar la opinión escrita propuesta por el experto —art. 18.3 LOEP— lo aproximan a la conciliación o a la evaluación neutral y lo alejan de aquellas otras figuras relacionadas con la «determinación por experto», que ya quedó fuera del ámbito de aplicación de la Directiva 2008/52/CE del Parlamento Europeo y del Consejo, de 21 de mayo de 2008, sobre ciertos aspectos de la mediación en asuntos civiles y mercantiles[70].

La opinión o informe por experto independiente debe, por tanto, diferenciarse de la dirimencia por experto (*expert determination*), que es un método de solución de conflictos ya prevista en diversos sectores del ordenamiento jurídico, bien con carácter obligatorio (por ej., arts. 38 y 39 de la Ley del Contrato de Seguro), bien con carácter facultativo (ej., arts. 353 y 354 de la Ley de Sociedades de Capital), pero en todo caso vinculante para las partes —eficacia contractual—, aunque sin efectos de cosa juzgada, pudiendo ser impugnado por las causas que invalidan los contratos, por la vulneración de la *lex artis* que rija en

70. Según su Considerando 11, «la presente Directiva no debe aplicarse a las negociaciones precontractuales ni a los procedimientos de carácter cuasi jurisdiccional como determinados mecanismos de conciliación judicial, los sistemas aplicables a las reclamaciones de consumo, el arbitraje, y la determinación por experto, y tampoco a los procesos administrados por personas u órganos que formulan recomendaciones formales, ya sean jurídicamente vinculantes o no, sobre la solución del conflicto».

la profesión del experto en cuestión, o por características de la actuación de éste (falta de independencia o imparcialidad, dolo, temeridad o mala fe)[71].

La primera particularidad de este MASC reside en que la designación del experto debe ser *de mutuo acuerdo,* lo cual se ha llegado a interpretar en el sentido de que no podrá accederse a este medio por la voluntad de una sola de las partes[72]. En nuestra opinión, sin embargo, debe diferenciarse entre la elección del método y la designación del experto. El art. 18.1 LOEP exige que la designación lo sea de mutuo acuerdo, pero ello no contradice la regla general del art. 5.4 LOEP de que la iniciativa de acudir a este método pueda proceder de una de las partes o bien de una decisión del órgano jurisdiccional en los términos dispuestos en el art. 19.5 LEC, pues tal derivación requiere la conformidad de todas las partes. Y de igual modo, nada impide que las partes puedan acudir a un tercero para que les ayude a designar de mutuo acuerdo al experto independiente, e incluso encomendarle dicha designación y la administración del procedimiento. Aunque el art. 18.2 LOEP permite que el dictamen del experto pueda versar sobre cuestiones jurídicas o de carácter técnico relacionadas con la capacitación profesional del experto, el campo de actuación de este MASC tiene más utilidad con respecto a lo segundo, pues la figura del experto independiente se emplea generalmente en la resolución de disputas fácticas de naturaleza técnica[73], y es ahí donde cobra relevancia la existencia de instituciones, como las Cortes de arbitraje o los Colegios profesionales, caracterizadas por disponer de listados de profesionales de reconocida experiencia y con conocimientos técnicos relacionados con la materia de que se trate.

Por ello, de modo similar a la posibilidad que tienen las partes de acordar que sea la institución arbitral la que designe al árbitro (arts. 4 y 14 de la Ley de Arbitraje) o que sea la institución de mediación la que designe al mediador (arts. 5 y 16 LMed), nada debiera impedir a las partes, conforme a su autonomía de la voluntad —incluso si tal método es sugerido por el órgano judicial—, pactar que sea la institución la que designe al experto, al igual que nada impide a las partes el decidir emplear este método dentro de otro MASC que hayan convenido (ej., mediación, negociación directa o procedimiento de Derecho colaborativo, en donde el art. 19 LOEP explícitamente alude a la posible intervención de «terceras personas neutrales expertas en las diferentes materias sobre las que verse la controversia»).

71. Como estudio detallado sobre dicha figura y su distinción frente a otras figuras afines, *vid.* PIÑAR GUZMÁN, B., «La dirimencia por experto en el Derecho español», *La Ley. Mediación y arbitraje*, n.º 7 (abril-junio), 2021.
72. FALERO DE RATO, A., «La opinión del experto independiente en el anteproyecto de ley de medidas de eficiencia procesal», en PÉREZ MARTELL, R., *Eficiencia procesal...*, op. cit., p. 188.
73. DÍAZ TARRAGÓ, M. T., «Resolución de disputas contables por experto independiente en el ámbito de la compraventa de empresas», en CALAZA LÓPEZ, S. et al. (dirs.), *De los ADR...*, op. cit., p. 609.

El acuerdo de las partes por el cual se remitan a una institución para que esta efectúe la designación del tercero independiente resulta de gran ayuda a la hora de fijar el resto de los aspectos esenciales de este MASC sobre los que no existe base legal expresa en la LOEP[74], como son las características o especialidad que deba tener el experto, el reparto de los costes, los plazos y modo en que las partes deberán entregar a la persona experta toda la información y pruebas de que dispongan sobre el objeto controvertido, la facultad del experto para requerir de las partes información adicional, el plazo para que el experto emita el dictamen o las consecuencias de su falta de emisión en plazo, el idioma del procedimiento, el contenido mínimo o específicos requisitos formales del dictamen, etc. De igual modo, las partes deben poder pactar, expresamente o por remisión al reglamento de la institución a la que se hayan sometido, —y aunque no lo habilite expresamente el art. 18.3 LOEP— que el dictamen tenga carácter vinculante[75], un plazo distinto para realizar observaciones o propuestas a la opinión vertida por el experto, u otros modos de solventar las divergencias que puedan producirse durante el procedimiento de elaboración del dictamen.

El art. 18.2 LOEP afirma que el dictamen emitido por el experto independiente, *«ya se emita antes de iniciarse un proceso judicial o durante la tramitación del mismo, tendrá carácter confidencial con los efectos previstos en el artículo 9»*. En este punto, y sobre todo si el informe se solicita durante la tramitación de la causa judicial, resulta oportuno recuperar el principio rector de la autonomía de la voluntad de las partes a la hora de configurar el alcance del MASC elegido.

De una parte, será preciso que las partes manifiesten expresamente que el informe requerido constituye un MASC y no un peritaje. Debe diferenciarse entre la solicitud, como medio de prueba, de un dictamen emitido por un perito designado por el tribunal o por ambas partes de mutuo acuerdo (art. 335.1 LEC) y la posibilidad de que *«una vez admitidas las pruebas pertinentes y útiles»*, el órgano judicial les invite a que acudan al dictamen de una persona independiente como actividad de negociación *«durante el tiempo que media entre la finalización de la audiencia previa y la fecha señalada para el juicio»* (art. 429.2.II y III LEC).

74. Recuérdese que la DF 22.ª LOEP ha modificado el art. 5.3 de la Ley 4/2014, de 1 de abril, Básica de las Cámaras Oficiales de Comercio, Industria, Servicios y Navegación, para que éstas puedan desempeñar actividades de mediación, conciliación *y otros medios adecuados de solución de controversias*, así como de arbitraje mercantil, nacional e internacional, de conformidad con lo establecido en la legislación vigente.

75. En el mismo sentido, FALERO DE RATO, A., «La opinión...», op. cit., p. 189, en atención al principio de la autonomía de la voluntad del art. 1.255 CC. En contra, DÍAZ TARRAGÓ, M. T., «Resolución de disputas...», op. cit., p. 601, para quien la distinción entre «dictamen» y «opinión» para referirse a la decisión del experto se debe a la naturaleza vinculante del dictamen del experto independiente surgido en la práctica contractual, y el carácter no vinculante de la opinión del experto independiente legal previsto en el PLMEP, y dicha naturaleza no vinculante *resulta lógica «ya que de serlo se estaría privando a las partes de su Derecho a la tutela judicial efectiva»*, algo que nosotros no compartimos.

De otra parte, nada impide que las partes puedan acordar dispensarse recíprocamente de dicho deber de confidencialidad y aportar como prueba el informe emitido (art. 9.2.a LOEP). En defecto de tal acuerdo exoneratorio, el dictamen del experto independiente no podrá aportarse como prueba (art. 283.3 LEC) ni tampoco podría solicitarse que se designara al experto independiente como perito judicial (art. 335.3 LEC). La única excepción al carácter confidencial del informe del experto independiente podría deducirse de la siguiente interpretación fruto de la conjunción de los arts. 9.2.b) y 18.3 LOEP y 245.5 LEC: cuando dicho precepto permite a la parte condenada al pago de las costas solicitar la exoneración de su pago o la moderación de su cuantía «cuando hubiera formulado una propuesta a la parte contraria *en cualquiera de los medios adecuados de solución de controversias* al que hubieran acudido, la misma no hubiera sido aceptada por la parte requerida y la resolución judicial que ponga término al procedimiento sea sustancialmente coincidente con el contenido de dicha propuesta», cabría interpretar que dicha parte podría aportar, en dicho momento y a los solos efectos del art. 245 LEC, la opinión no vinculante del experto junto con sus recomendaciones, observaciones o propuestas, para así justificar que la propuesta de negociación alcanzada durante el MASC era sustancialmente coincidente con el contenido de la resolución judicial[76].

La consecución de un acuerdo, ya sea por la aceptación de ambas partes del dictamen emitido por el experto, ya sea fruto de la negociación complementaria habilitada por el art. 18.3 LOEP, remite a la formulación de un nuevo documento contractual que incluya en su contenido los requisitos formales del art. 12.1 LOEP (la identidad y el domicilio de las partes y, en su caso, la identidad de sus y abogados —y la firma de todos ellos—, la identidad de la tercera persona neutral que haya intervenido, el lugar y fecha en que se suscribe, las obligaciones que cada parte asume y que se ha seguido un procedimiento de negociación ajustado a las previsiones de esta ley). En el lado contrario, la falta de aceptación del dictamen o de las posteriores observaciones y propuestas también obliga al experto —o a la institución encargada del procedimiento— a extender una certificación en los términos dispuestos en el art. 10.3 LOEP con el fin de justificar el intento de negociación, de cara a los efectos procesales pertinentes.

3.5. NEGOCIACIÓN

A diferencia de lo que sucede con el resto de los MASC mencionados en la Ley Orgánica 1/2025, la negociación no es *«una actividad negociadora, reconocida en esta u otras leyes, estatales o autonómicas»* (art. 2 LOEP), salvo que se comparta que la negociación cuenta a su favor con toda la regulación contenida en el Libro IV del Código Civil.

76. Con mayor detalle, *vid.* ut supra el Capítulo 6.

Sucede, en realidad, que la negociación es el instrumento genérico de avenencia o ADR por naturaleza —el más civilizado—, de los que los demás MASC serían la especie[77]. Por ello, no necesita contar con una ley *ad hoc* (como sucede con la mediación, la conciliación o el arbitraje), ni ningún precepto concreto que fije sus requisitos esenciales (v. gr., como sucede con la conciliación privada, con la oferta vinculante, con la opinión de experto independiente o con el procedimiento de derecho colaborativo). Eso sí, no debiera confundirse la libertad y flexibilidad que caracterizan los procesos negociadores con la ausencia de reglas, procedimientos y habilidades negociadoras. De hecho, el surgimiento y la evolución de la mediación y la conciliación —y cualquier otro MASC— no son, sino negociaciones asistidas por terceros cuya función esencial es suplir el déficit de racionalidad que impide a las partes desarrollar por sí mismas un buen debate negocial[78].

La LOEP no olvida que la negociación directa puede resultar un método tan válido como cualquier otro más «estructurado», de modo que, a la hora de entender cumplido el requisito de procedibilidad para poder acudir a la vía judicial, aclara que «se considerará cumplido este requisito cuando la actividad negociadora se desarrolle directamente por las partes, o entre sus abogados o abogadas» (art. 5.1.II y 14.1 LOEP). De este modo, y dentro de este MASC podrían diferenciarse dos modalidades: la negociación directa entre las partes —o sus representantes[79]— y la negociación a través de sus abogados. La frase final del art. 5.1.II LOEP, exigiendo, en este último caso, que la actividad negociadora sea *bajo sus directrices y con su conformidad*, resulta completamente superflua.

A partir de ahí, todo que lo decidan las partes a la hora de seguir una negociación directa o asistida por sus abogados obedecerá a la libertad de pactos conforme lo previsto en el artículo 1.255 CC. Sin embargo, y de conformidad con el principio rector de *justificación documental* impregnado a lo largo de toda la LOEP, las partes o sus abogados deberían cuidarse de respetar los numerosos requisitos formales contenidos en la Ley, no ya de cara a la válida formación del acuerdo fruto de la voluntad de ambas partes, sino para el supuesto de que el

77. FERNÁNDEZ-BALLESTEROS, M. A., *Avenencia o ADR...*, op. cit., p. 103, para quien «tan negociación es (i) la que, de forma más o menos estructurada, se realiza directamente entre las partes; como (ii) las formas complejas de negociación asistida por uno o varios terceros (mediación, conciliación; *Expert determination, Advisory arbitration*); como (iii) las formas de acuerdo o sanción de lo que decide un perito o arbitrador al que previamente se le había pedido su opinión o avalúo sobre una desavenencia de carácter técnico; como (iv) las variadas formas de pacto, acuerdo o transacción realizadas a presencia judicial».

78. MARTÍNEZ PALLARÉS, J. I., «Negociación previa o litigación. Susto o muerte», en CALAZA LÓPEZ, S. et al. (dirs.), *De los ADR...*, op. cit., p. 438.

79. Ya que las partes pueden conciliar por sí mismas o por medio de procurador (art. 144.1 LJV), nada debiera impedir que negocien a través de cualquier representante apoderado a tal efecto.

mismo no llegue a alcanzarse o una de las partes reclame judicialmente su cumplimiento.

De entrada, y para entender cumplido el manido requisito de procedibilidad para poder acudir a la vía judicial, si se ha acudido a «cualquier otro tipo de actividad negociadora», la Ley exige que esta *cumpla lo previsto en las secciones 1.ª y 2.ª, de este capítulo*. En este sentido, y entre otros requisitos formales, la LOEP exige a la parte que quiera servirse de asistencia letrada para negociar que se lo comunique a la contraria, a fin de facilitar una equilibrada posición entre las mismas (art. 6.3 LOEP). De igual modo, deberá dejarse constancia documental de la solicitud de una de las partes dirigida a la otra para iniciar un procedimiento de negociación, e indicar expresamente en la misma el objeto de la negociación, para que se produzca la interrupción de la prescripción o suspenderá o la caducidad de acciones (art. 7.1 LOEP); a falta de un documento firmado por ambas partes que deje constancia del proceso negociador llevado a cabo, el intento de negociación podrá acreditarse mediante cualquier documento que pruebe que la otra parte ha recibido la solicitud o invitación para negociar, la fecha de dicha comunicación y que la contraparte pudo acceder a su contenido íntegro (art. 10.2 LOEP).

De la lectura conjunta de los arts. 7 y 10 LOEP puede deducirse que la negociación entre las partes deberá tener una duración mínima de 30 días antes de considerar que el acuerdo no es posible y procede instar la vía judicial. Ello porque es a partir de dicha fecha cuando se reanudarán los plazos de prescripción y caducidad y cuando se legalmente se presume que la negociación ha finalizado sin acuerdo (art. 10.4 LOEP), computada a contar desde la recepción de la solicitud de negociación por la parte a la que se dirige, o desde la fecha del intento de comunicación. Ello, como es lógico, a no ser que antes del mencionado plazo, cualquiera de las partes se dirija por escrito a la otra dando por terminadas las negociaciones (art. 10.4 letra d LOEP y art. 59.1.d EGA).

Por ello, estimamos muy conveniente que la negociación no sea directa, sino a través de profesionales jurídicos que velen por la defensa de sus intereses y, sobre todo, por la validez y eficacia de los acuerdos que puedan alcanzarse[80]. Y con tal premisa, se recomienda que se redacte un *pacto de negociación* que tenga en cuenta todos estos requisitos formales, concrete la materia objeto de negociación, y fije otros aspectos esenciales como los medios y modos de comunicación a utilizar entre las partes; a quiénes se reconocerá mutuamente capacidad para negociar; el plazo inicial que se conceden las partes para tal negociación; el modo en que se documentará, en su caso, el acuerdo alcanzado; una necesaria

80. La perfección de contratos en virtud del intercambio de cartas cruzadas es un ejemplo habitual de negociación directa (por ej., STS, Sala Primera, n.º 2003/2003, de 17 de noviembre). De ahí la conveniencia de que intervengan profesionales para que a través de las mismas se constate la inequívoca voluntad de los contratantes y se recojan los elementos esenciales del contrato.

cláusula de confidencialidad; e incluso el compromiso de no ejercitar acciones judiciales durante el tiempo en que se desarrolle la negociación —de manera similar a lo recogido en los arts. 6.2 y 10.2 LMed—.

El incumplimiento de dicho compromiso o pacto de negociación, como vimos en el apartado 2.1, podría ser alegado, en su caso, a través de la declinatoria y utilizable por la parte demandada para conseguir, en su debido momento, la exoneración o no imposición de las costas procesales, justificando que el incumplimiento del *pacto de negociar* por la parte demandante constituye una evidencia de cuál fue «la colaboración de las partes respecto a la solución consensuada», en los términos establecidos en el art. 7.4 LOEP.

Por último, y en caso de lograrse un acuerdo, la LOEP también parece introducir una regla especial frente a la libertad de forma del art. 1.278 CC, pues su art. 12 establece el contenido mínimo que deberá indicarse en el documento firmado que recoja el acuerdo, con la absurda exigencia de que *se ha seguido un procedimiento de negociación ajustado a las previsiones de esta ley*. Es decir, la exigencia de que conste por escrito, sea firmado por las partes y, en su caso, por sus representantes, y recoja la identidad y el domicilio de las partes y, en su caso, la identidad de sus abogados, el lugar y fecha en que se suscribe, y las obligaciones que cada parte asume, puede ser entendida como una «forma especial para hacer efectivas las obligaciones propias de un contrato» (art. 1.279 CC), salvo que proceda en todo caso la formación de un documento público (art. 1.280 CC).

3.6. DERECHO COLABORATIVO

Como novedad frente al texto del Proyecto de Ley de medidas de eficiencia procesal del servicio público de Justicia de 2022, la LOEP ha introducido a última hora un nuevo MASC: el Proceso de Derecho colaborativo (art. 19), cuyas notas diferenciadoras con respecto al resto de los demás métodos autocompositivos pueden resumirse, por un lado, en que en la actividad negociadora ambas partes estarían acompañadas y asesoradas cada una de ellas por un abogado ejerciente, acreditado en Derecho colaborativo —tanto si intervienen otras terceras personas neutrales expertas en las diferentes materias sobre las que verse la controversia o facilitadoras de la comunicación, como si no—, que trabajarán en equipo, con la misión de alcanzar una solución integral del conflicto más allá de lo aplicable legalmente; y porque los abogados de las partes renuncian a asumir ante los tribunales la defensa letrada de sus clientes, en caso de no conseguirse una solución, total o parcial, de la controversia.

El resto del precepto, como es la alusión a unos principios fundamentales propios o la redacción de un acta final —de común acuerdo entre los profesionales de la abogacía de ambas partes— que recoja el procedimiento seguido, las partes y los profesionales intervinientes, las sesiones llevadas a cabo, así como los acuerdos adoptados y las cuestiones sobre las que no haya sido posible alcanzar un acuerdo entre las partes, no aporta ninguna novedad reseñable.

Se trata de una modalidad híbrida que conjuga la negociación asistida por abogados con la intervención de otros terceros neutrales o expertos (peritos, psicólogos, mediadores, etc.) y pone el acento en que los letrados de las partes enfrentadas trabajarán de un modo colaborativo y no de manera adversarial, con lo cual se refuerza esa voluntad del legislador de reconocer a la abogacía el papel de profesionales a los que se encomienda la gestión integral de conflictos, no de litigios, de manera que la formación del abogado no debe limitarse a la preparación para enfrentar litigios, sino que debe abarcar la prevención de conflicto y la construcción de acuerdos como una faceta fundamental, incorporando elementos de otras disciplinas que permitan al abogado comprender las verdaderas necesidades de su cliente[81].

Sin embargo, y a la espera de la aprobación del futuro estatuto del tercero neutral, la necesidad de que los abogados intervinientes en este tipo de actividad negociadora deban estar «acreditados en Derecho colaborativo» tiene una doble lectura: podría ser visto como un nuevo nicho de mercado para la aprobación de todo tipo de cursos formativos, como en su día sucedió con la mediación, pero también como un impedimento para el despegue de esta nueva faceta profesional.

3.7. RECLAMACIÓN EXTRAJUDICIAL PREVIA EN MATERIA DE CONSUMO

El intento de solución autocompositiva del conflicto con carácter previo a la vía judicial se configura como la vía preferente y necesaria, con carácter general, en todo el orden jurisdiccional civil y mercantil. Por tanto, también en materia de consumo. Y ello en virtud de dos mandatos legales.

Conforme al art. 5 LOEP, el legislador ha querido que dicha actividad negociadora resulte preceptiva *en todos los procesos declarativos del libro II y en los procesos especiales del libro IV de la Ley de Enjuiciamiento Civil*, con excepción de los que tengan por objeto algunas de las materias enumeradas en los apartados 2 y 3. Y conforme al art. 3 LOEP, sus disposiciones —ese requisito de procedibilidad— son de aplicación a los asuntos civiles y mercantiles, incluidos los conflictos transfronterizos, de los cuales se excluyen las materias laboral, penal y concursal.

Ello significa, *a priori*, que también deberá justificarse el intento de esa actividad negociadora cuando se ejercite cualquier acción civil en defensa de los intereses de los consumidores; tanto si se ejercita una acción colectiva de cesa-

81. GARCÍA HERNANDO, A., «Abogacía colaborativa, hacia una abogacía transformadora», *La Ley. Mediación y arbitraje*, n.º 16, julio de 2023.

ción o resarcitoria por parte de las asociaciones y entidades habilitadas para ello, como si se ejercita una acción individual relativa a condiciones generales de contratación o cualquier otra ejercitada por un consumidor contra quien tenga la consideración de profesional o empresario. Y todo ello sin una legislación procesal debidamente actualizada a las exigencias previstas en la Directiva (UE) 2020/1828 del Parlamento Europeo y del Consejo de 25 de noviembre de 2020 relativa a las acciones de representación para la protección de los intereses colectivos de los consumidores.

En efecto, el hecho de que el *Proyecto de Ley Orgánica de medidas en materia de eficiencia del Servicio Público de Justicia y de acciones colectivas para la protección y defensa de los derechos e intereses de los consumidores y usuarios* de 2024[82] haya visto la luz tan solo en lo referido a la eficiencia, y no respecto a las acciones colectivas —no se ha mantenido la introducción de un nuevo título IV en el libro IV LEC—, deja muchísimos interrogantes por resolver en cuestiones cruciales para el desenvolvimiento del proceso judicial, como la legitimación para ejercitar acciones colectivas, el régimen de publicidad de la inminencia de la demanda o de la demanda en sí entre los afectados, la acumulación de acciones y procesos, o el alcance de la sentencia y sus efectos de cosa juzgada respecto de los consumidores no personados[83], pero también a la hora de decidir cómo justificar esa actividad negociadora previa que ahora impone la LOEP.

3.7.1. MASC y acciones colectivas

El error del legislador al no aprobar una norma de contenido similar al propuesto art. 840 LEC[84] ha generado una laguna que deberá ser colmada por las asociaciones y demás entes habilitados acudiendo a las disposiciones generales de la LOEP, es decir, remitiendo una solicitud al empresario o profesional, de manera que deje constancia fehaciente de su fecha, su recepción o intento del mismo, y de su contenido, y en la que se le invite a iniciar un procedimiento de negociación a través de alguno de los MASC. Tal solicitud deberá definir adecuadamente el objeto de la negociación (la conducta a cesar, el resarcimiento a cuantificar, etc.) y esperar una respuesta por escrito en el plazo de treinta días

82. BOCG de 22 de marzo de 2024, n.º 16, Serie A, pp. 1-189.
83. Sobre las complejidades procesales que plantean las acciones colectivas en materia de consumo, *vid.* GASCÓN INCHAUSTI, F., «Acciones colectivas y derecho europeo: el impacto de la Directiva 2020/1828 sobre el sistema procesal español», en *Estándares Europeos y Proceso Civil*, op. cit., pp. 699-748; ídem, «Procesos judiciales para la tutela de los consumidores», en DÍAZ ALABART, S., *Manual de Derecho de Consumo*, Reus, Barcelona, 2023, pp. 353-380.
84. «Artículo 840. Reclamación previa al empresario o profesional.
Solo será admisible la demanda en ejercicio de la acción colectiva que pretenda que el empresario o profesional demandado cese en el desarrollo de una conducta que estuviera realizando si se acredita que la entidad demandante ha solicitado dicha cesación con una antelación de al menos un mes. La solicitud se hará en forma que permita tener constancia fehaciente de su fecha, recepción y de su contenido».

naturales a contar desde la fecha de recepción de la solicitud, o desde la fecha del intento de comunicación, si dicha recepción no se produce, para poder accionar judicialmente en defensa de los intereses colectivos de consumidores y usuarios.

El único ámbito en materia de consumo donde no resultará exigible dicha actividad negociadora previa como requisito de procedibilidad será cuando la acción colectiva se ejercite por el Instituto Nacional del Consumo[85] y los órganos o entidades correspondientes de las comunidades autónomas y de las corporaciones locales competentes en materia de defensa de los consumidores y usuarios (art. 54.1 TRLGDCU), en cuyo caso se trata de organismos de naturaleza jurídico-pública cuya presencia en el proceso pone de relieve la doble vertiente de los intereses que entran en juego en materia de tutela colectiva: el interés de los consumidores, de un lado; y el interés general, del Estado, Comunidades Autónomas y Corporaciones Locales, en que los intereses de los consumidores se respeten, de otro[86], de modo que resultaría entonces aplicable la regla de exclusión contenida en el art. 3.2 LOEP: los asuntos de cualquier naturaleza *en los que una de las partes sea una entidad perteneciente al sector público*.

Hecha la salvedad, corresponderá a la asociación o entidad reclamante dilucidar qué MASC elegir para tratar de negociar un acuerdo sobre la cesación de la conducta, evitar su reiteración futura o convenir posibles medidas resarcitorias. En este sentido, no debe perderse de vista que el art. 13 LCGC ya prevé una conciliación voluntaria (en puridad, el sometimiento a un dictamen no vinculante por el Registrador de Condiciones Generales en el que se puede llegar a proponer una redacción alternativa), con la particularidad de que el coste de dicho dictamen, para el caso de que una de las partes actúe en representación de los intereses colectivos y de consumidores y usuarios, debería ser sufragado íntegramente por el predisponente[87].

Sin embargo, tal conciliación preprocesal no ha tenido apenas aplicación y no fue bien recibida por la doctrina, para quien la función de emitir un dictamen, con la posibilidad de proponer una redacción alternativa de las cláusulas controvertidas se estimaba ajena a la función del encargado del Registro y tampoco

85. De acuerdo con el art. 7 del Real Decreto 209/2024, de 27 de febrero, por el que se desarrolla la estructura orgánica básica del Ministerio de Derechos Sociales, Consumo y Agenda 2030, una de las funciones de la Dirección General de Consumo es *La preparación de acciones judiciales en representación de los intereses colectivos de las personas consumidoras, de conformidad con lo previsto en la legislación vigente* (letra h).

86. GASCÓN INCHAUSTI, F., «Acciones colectivas y acciones de cesación para la defensa de los consumidores (arts. 53 a 56 TRDCU)», en REBOLLO PUIG, M. y IZQUIERDO CARRASCO, M. (dirs.), *La defensa de los consumidores y usuarios. Comentario sistemático del Texto Refundido aprobado por Real Decreto Legislativo 1/2007*, Iustel, Madrid, 2011, pp. 891-967.

87. Apartado 4.º del artículo único del Real Decreto 1975/1999, de 23 de diciembre, por el que se aprueba el arancel de los registradores de condiciones generales de la contratación.

se compartía el sentido de la posibilidad de solicitar el dictamen como paso previo al ejercicio de una acción colectiva[88]. Y a ello cabría añadir las restricciones a dicha conciliación en virtud de la STS, Sala Tercera, de 12 de febrero de 2002, por la que se anularon diversos artículos del Reglamento del Registro de Condiciones Generales de Contratación, aprobado por Real Decreto 1828/1999, de 3 de diciembre.

Pese a todo, la conciliación o el dictamen de un experto independiente se antojan como las modalidades de MASC que mejor podrían conseguir alcanzar un acuerdo extrajudicial en materia de condiciones generales de contratación.

3.7.2. MASC y acciones individuales

En vez de dedicar algún precepto legal expreso cuando se trate de acciones individuales relativas a condiciones generales de contratación o a cualquier otra reclamación civil efectuada por un consumidor contra un empresario o profesional, la LOEP ha dispuesto un intrincado y confuso régimen legal aplicable a la actividad negociadora previa en litigios de consumo ejercitados individualmente por los consumidores, de paupérrima técnica legislativa, que provocará importantes quebraderos de cabeza en los consumidores, en sus defensores y en los profesionales encargados de su tutela judicial.

Como régimen común aplicable a cualquier reclamación judicial en materia de consumo, la DA 7.ª LOEP establece lo siguiente: *En los litigios en que se ejerciten acciones individuales promovidas por consumidores o usuarios, se entenderá cumplido el requisito de procedibilidad por la reclamación extrajudicial previa a la empresa o profesional con el que hubieran contratado, sin haber obtenido una respuesta en el plazo establecido por la legislación especial aplicable, o cuando la misma no sea satisfactoria, y sin perjuicio de que puedan acudir a cualquiera de los medios adecuados de solución de controversias, tanto los previstos en legislación especial en materia de consumo, como los generales previstos en la presente ley.*

Se entenderá también cumplido el requisito de procedibilidad con la resolución de las reclamaciones presentadas por los usuarios de los servicios financieros ante el Banco de España, la Comisión Nacional del Mercado de Valores y la Dirección General de Seguros y Fondos de Pensiones en los términos establecidos por el artículo 30 de la Ley 44/2002, de 22 de noviembre, de Medidas de Reforma del

88. ABRIL CAMPOY, J. M., «Capítulo III: Del Registro de Condiciones Generales de la Contratación» en ARROYO MARTÍNEZ, I. y MIQUEL RODRÍGUEZ, J. (Coords.), *Comentarios a la Ley sobre Condiciones Generales de la Contratación. Ley 7/1998, de 13 de abril, sobre Condiciones Generales de la Contratación, Modificaciones de la Ley 26/1984, de 19 de julio, General para la Defensa de los Consumidores y Usuarios, y de la Ley Hipotecaria*, Tecnos, Madrid, 1999, pp. 107-119, quien también cita a ALFARO ÁGUILA-REAL, J., «El proyecto de Ley sobre Condiciones Generales de la Contratación: Técnica legislativa, burocracia e intereses corporativos en el Derecho privado», *RDBB*, vol. 67, julio-septiembre 1997, p. 839.

Sistema Financiero, o por haber acudido a alguno de los procedimientos a que se refiere la Ley 7/2017, de 2 de noviembre, por la que se incorpora al ordenamiento jurídico español la Directiva 2013/11/UE, del Parlamento Europeo y del Consejo, de 21 de mayo de 2013, relativa a la resolución alternativa de litigios en materia de consumo, o los que pudieran haber sido establecidos en normativa sectorial en desarrollo de la misma.

Dicho régimen común constituye un verdadero circunloquio repleto de perífrasis que podrían haberse solventado con la sencilla alusión dispuesta en la última frase del primer párrafo: que los consumidores cumplirán el requisito de procedibilidad acudiendo «a cualquiera de los medios adecuados de solución de controversias, tanto los previstos en legislación especial en materia de consumo, como los generales previstos en la presente ley —es decir, la LOEP—».

Los MASC previstos en la legislación especial en materia de consumo cuentan con importantes ventajas cuando se trata de ejercitar pequeñas reclamaciones (gratuidad, profesionalidad de la entidad acreditada, ausencia de preceptividad de asistencia letrada, etc.), pero dos inconvenientes. Por un lado, el plazo para su resolución es de noventa días[89], de modo que ante infracciones de gran entidad o de elevado perjuicio económico, resultará preferible tratar de utilizar alguno de los MASC dispuestos en la LOEP, cuyo genérico plazo de espera para entender expedita la vía judicial es de 30 días, deducible de los arts. 7 y 10 LOEP. Y de otro lado, dicha legislación sectorial en materia de consumo exige haber reclamado previamente a la entidad y esperar al menos un mes a que la misma responda, con lo que vuelve a resultar valorable la opción de no servirse de dicha normativa sectorial y optar por acudir al régimen de la LOEP.

La remisión, en el segundo párrafo de la DA 7.ª LOEP, al régimen legal de las reclamaciones presentadas por los usuarios ante el Banco de España, la Comisión Nacional del Mercado de Valores y la Dirección General de Seguros y Fondos de Pensiones *en los términos establecidos por el artículo 30 de la Ley 44/2002* incurre en el error de que tal norma ya exige *«acreditar haberlas formulado previamente, por escrito, dirigido al departamento o servicio de atención al cliente o, en su caso, al Defensor del Cliente de la entidad contra la que se reclame. Éstos deberán acusar recibo por escrito de las reclamaciones que se les presenten y resolverlas o denegarlas igualmente por escrito y motivadamente. Asimismo, el*

89. Entre otros, *vid.* art. 8 de la Directiva 2013/11/UE; art. 20 de la Ley 7/2017, de 2 de noviembre; art. 7.2 del Real Decreto Legislativo 8/2004, de 29 de octubre, por el que se aprueba el texto refundido de la Ley sobre responsabilidad civil y seguro en la circulación de vehículos a motor; art. 40 del Real Decreto 713/2024, de 23 de julio, por el que se aprueba el Reglamento que regula el Sistema Arbitral de Consumo (RSAC); o art. 17 de la Orden TMA/ 201/2022, de 14 de marzo, por la que se regula el procedimiento de resolución alternativa de litigios de los usuarios de transporte aéreo sobre los derechos reconocidos en el ámbito de la Unión Europea en materia de compensación y asistencia en caso de denegación de embarque, cancelación o gran retraso, así como en relación con los derechos de las personas con discapacidad o movilidad reducida.

reclamante deberá acreditar que ha transcurrido el plazo de dos meses desde la fecha de presentación de la reclamación sin que haya sido resuelta o que ha sido denegada la admisión de la reclamación o desestimada su petición» (art. 30.3 letra a). Por tanto, este segundo apartado resulta reiterativo y no aporta ninguna solución.

Cuando se trate de una acción de reclamación de devolución de las cantidades indebidamente satisfechas por el consumidor en aplicación de determinadas cláusulas suelo o de cualesquiera otras cláusulas que se consideren abusivas contenidas en contratos de préstamo o crédito garantizados con hipoteca inmobiliaria, el régimen legal aplicable ya no reside en la mencionada DA 7.ª, sino en el reformado art. 439.5 LEC y en el añadido art. 439 bis LEC.

Conforme al primero, el consumidor deberá acompañar a la demanda *«documento que justifique haber practicado el consumidor una reclamación previa extrajudicial a la persona física o jurídica que realice la actividad de concesión de préstamos o créditos de manera profesional, con el fin de que reconozca expresamente el carácter abusivo de dichas cláusulas, con la consiguiente devolución de las cantidades indebidamente satisfechas por el consumidor»*. Y dicha reclamación previa ya no se rige por el Real Decreto-ley 1/2017, de 20 de enero, de medidas urgentes de protección de consumidores en materia de cláusulas suelo, derogado por la Disposición derogatoria única de la LOEP, sino por el nuevo art. 439 bis LEC, que establece el plazo de un mes para que la persona física o jurídica que realice la actividad de concesión de préstamos o créditos de manera profesional proceda a calcular la cantidad a devolver de manera desglosada o para denegar la reclamación o rechazar la nulidad de las cláusulas que el consumidor señale como abusivas.

Las especialidades del régimen incorporado al art. 439 bis LEC son las siguientes:

En primer lugar, el procedimiento extrajudicial se entenderá concluido sin acuerdo, no sólo si la entidad reclamada rechaza expresamente la solicitud del consumidor o transcurre el plazo de un mes desde la recepción de la comunicación, sin comunicación alguna por su parte (apartados a y b), sino también *«si el consumidor no está de acuerdo con el cálculo de la cantidad a devolver efectuado por la persona o entidad concedente del préstamo o crédito, si rechaza la cantidad ofrecida, o si no muestra su conformidad con la posición de dicha persona o entidad sobre la nulidad de las cláusulas interesadas»*.

En segundo lugar, y desde el momento en que conste fehacientemente la aceptación de la oferta por el consumidor, la entidad dispondrá del plazo de un mes para poner a su disposición de modo efectivo la cantidad ofrecida, pues en caso contrario se indica que *«ésta devengará los intereses legales del dinero incrementados en ocho puntos desde que conste fehacientemente que ha sido aceptada la oferta por el perjudicado»* y quedará expedita la vía judicial para el consumidor, sin perjuicio de que continúe el devengo de los intereses referidos. Es decir, el plazo para poder interponer la demanda judicial variará según la respuesta ofrecida por la entidad: en caso de rechazo, silencio o falta de aceptación del consumidor de la cantidad ofrecida, podrá acudirse a la vía jurisdiccional; mientras que en caso de aceptación por parte del consumidor, habrá que esperar otro mes para comprobar si la entidad ha procedido a entregar la cantidad pactada.

En tercer lugar, y además de indicar que el procedimiento de reclamación extrajudicial tendrá carácter gratuito, el art. 439 bis LEC reproduce una cláusula ya prevista en el anterior Real Decreto-ley 1/2017 y que resulta acorde con el principio de buena fe y cooperación entre las partes que debe regir en cualquier MASC: *las partes no podrán ejercitar entre sí ninguna acción judicial o extrajudicial en relación con el objeto de la reclamación previa durante el tiempo en que esta se sustancie*. Sin embargo, la suspensión «*ope legis*» del proceso judicial si se interpusiera demanda con anterioridad a la finalización del procedimiento, hasta que se resuelva la reclamación previa, ha dado paso a una nueva previsión: *La posición mantenida por las partes durante esta negociación previa podrá ser valorada en el seno del proceso ulterior, caso de haberlo, a los efectos previstos en el artículo 394 y, en su caso, en los artículos 245 y 247*.

No aclara el precepto cómo podrá el órgano judicial tomar conocimiento de cuál fue esa posición mantenida por las partes durante el procedimiento extrajudicial previo ante el servicio de atención al cliente de la entidad reclamada, antes de que el mismo se pronuncie sobre las costas procesales, sin lesionar el principio de confidencialidad. El art. 9 LOEP extiende el régimen de confidencialidad sobre todo el proceso de negociación y la documentación utilizada en el mismo, excepcionable cuando se esté tramitando *la impugnación de la tasación de costas y solicitud de exoneración o moderación* (art. 245 LEC), pero no cuando se trate de acordar su imposición judicial (art. 394 LEC), en clara contradicción con el art. 7.4 LOEP, que sí habilita a los tribunales a tener en consideración la colaboración de las partes respecto a la solución consensuada y el eventual abuso del servicio público de Justicia *al pronunciarse sobre las costas*.

Por último, y con una clara finalidad tuitiva del consumidor, ante la necesidad de novación de la escritura pública en la que se hubiese formalizado el préstamo garantizado con hipoteca inmobiliaria, se dispone que la formalización de esa nueva escritura pública y la inscripción registral que, en su caso, pudiera derivarse del acuerdo devengará exclusivamente los derechos arancelarios notariales y registrales correspondientes, de manera respectiva, a un documento sin cuantía y a una inscripción mínima, cualquiera que sea la base.

CONCLUSIONES

En el camino hasta alcanzar unos sistemas judiciales eficaces —y, sobre todo, eficientes—, que faciliten el acceso a la justicia y la resolución justa de los litigios, en unos plazos y con unos costes razonables (Justicia sostenible), la LOEP muestra signos de ese avance legislativo hacia un modelo de Justicia que trata de fomentar la cooperación entre las partes para alcanzar una solución justa, eficiente y rápida de la controversia, previa obligación de buscar la solución consensual a la disputa, tanto antes como después de la judicialización del asunto.

La LOEP representa el resultado de esta evolución conceptual y legislativa de los métodos extrajudiciales de solución de conflictos como una parte también integrante de la administración de Justicia —en minúscula, entendiendo por tal cualquier modo de tutela y satisfacción de los derechos e intereses de la ciudadanía—, de manera que cabe afirmar que el nuevo marco jurídico trata de asentar definitivamente en nuestro país dos importantes planteamientos.

En primer lugar, se asume un nuevo modelo de Justicia que ya no circunscribe su realización al ejercicio de acciones a través de un único cauce, el jurisdiccional, reservado al Estado y en exclusiva en el Poder Judicial. La autocomposición, se defiende, resulta también un método válido y eficaz de solución de conflictos, a la par que se trata de conseguir el verdadero *leitmotiv* de todas las últimas reformas procesales, como es reducir el crecimiento exponencial de la litigiosidad y la sobrecarga de trabajo de los tribunales de Justicia, a lo que se añade ahora también que con ello se persigue garantizar «un servicio público de Justicia *sostenible*».

En segundo lugar, y en la misma dirección que lo efectuado con la Ley de la Jurisdicción Voluntaria, esa búsqueda de la optimización de los recursos públicos disponibles conduce a profundizar en la desjudicialización (externalización) de la tutela de determinados derechos y su remisión a otros operadores jurídicos sin merma de garantías. Si en 2015 se decidió entregar el conocimiento y tutela de ciertos negocios, situaciones o relaciones jurídicas a los Secretarios judiciales, Notarios y Registradores de la Propiedad y Mercantiles porque los mismos, además de ser los titulares de la fe pública y garantes de la seguridad jurídica, reúnen sobrada capacidad para actuar y fijar la certeza sobre el estado o modo de ser tales asuntos, con la LOEP se trata de incrementar también el rol de determinadas profesiones jurídicas como instituciones colaboradoras con la Administración de Justicia, debido también a su formación y capacidad de negociación y búsqueda de soluciones de consenso.

Por el contrario, sigue pendiente el gran reto de los ordenamientos jurídicos, que no consiste en regular los MASC ni en fomentar su utilización alternativa a la vía jurisdiccional y *fuera* de la misma (métodos *out-of-court*), sino integrarlos en los ordenamientos procesales, convirtiéndolos en elementos de un modelo de «Justicia integral[90]» compuesta por instrumentos judiciales y extrajudiciales

90. BARONA VILAR, S., «justicia integral y tutela sin proceso», en HERRERO PEREZAGUA, J. F. (dir.), *Las transformaciones del proceso civil*, Thomson Reuters Aranzadi, Cizur menor, 2016, pp. 19-43.

habitualmente explicados en torno a la noción «*Multi-door Courthouse*» planteada por SANDER en 1976.

Desde nuestro punto de vista, la LOEP aspira a que tales instrumentos sean vistos como una herramienta procesal más, a emplear por los abogados y por el propio órgano jurisdiccional, pero en modo alguno puede catalogarse el nuevo sistema como una Administración de Justicia «Multipuerta» en la que la jurisdicción llegue a servirse de aquellos mecanismos más apropiados, una vez judicializado y examinado el asunto —arts. 19.5, 415 y 429 LEC—, para alcanzar una solución consensual a su controversia (*in-Court-settlement*). Lo que se produce es una «externalización» de la búsqueda de la solución más justa a la controversia, con remisión a mecanismos extrajudiciales que operan fuera de la Administración de Justicia, con la esperanza de que la calidad y profesionalidad de los terceros neutrales o de los profesionales de abogacía contribuyan a que las partes pacten una solución, y si la causa ya estuviera judicializada, «vuelvan» al proceso con una respuesta.

Lejos queda aún la posibilidad de que los MASC se incorporen a la Administración de Justicia como un servicio más (*Court-connected ADR programs*), también durante la tramitación procesal de la controversia, de modo que desde los propios servicios de la Administración pueda llevarse a cabo un diagnóstico o «triaje» (*intake and referral*) que permita analizar las circunstancias del caso y delimitar qué *puerta* o *sala* resulta más apropiada para una ágil y eficaz solución al conflicto.

BIBLIOGRAFÍA

ABRIL CAMPOY, J. M., «Capítulo III: Del Registro de Condiciones Generales de la Contratación» en ARROYO MARTÍNEZ, I. y MIQUEL RODRÍGUEZ, J. (Coords.), *Comentarios a la Ley sobre Condiciones Generales de la Contratación. Ley 7/1998, de 13 de abril, sobre Condiciones Generales de la Contratación, Modificaciones de la Ley 26/1984, de 19 de julio, General para la Defensa de los Consumidores y Usuarios, y de la Ley Hipotecaria*, Tecnos, Madrid, 1999, pp. 107-119.

ARMENTA DEU, T., *Derivas de la justicia. Tutela de los derechos y solución de controversias en tiempos de cambio.* Marcial Pons, Barcelona.

ARRUTI BENITO, S., «La conciliación judicial, notarial o registral, regulada en la Ley 15/2015, de 2 de julio, de la jurisdicción voluntaria: ¿es necesario un nuevo modelo conciliatorio?», en CALAZA LÓPEZ, S. et al. (dirs.), *De los ADR (Alternative Dispute Resolution) a los CDR (Complementary Dispute Resolution) en la Jurisdicción civil*, Tirant lo Blanch, Valencia, 2023, pp. 223-260.

BANACLOCHE PALAO, J., *Los nuevos expedientes y procedimientos de jurisdicción voluntaria,* La Ley, Madrid, 2015.

BARONA VILAR, S., «Integración de la mediación en el moderno concepto de "Acces to Justice": Luces y sombras en Europa», *Indret* 4/2014.

BARONA VILAR, S., «Justicia integral y tutela sin proceso», en HERRERO PEREZAGUA, J. F. (dir.), *Las transformaciones del proceso civil*, Thomson Reuters Aranzadi, Cizur menor, 2016, pp. 19-43.

BARONA VILAR, S., *Comentarios a la Ley de Arbitraje (Ley 60/2003, de 23 de diciembre),* Civitas, Madrid, 2004.

BARONA VILAR, S., *Solución extrajurisdiccional de conflictos. Alternative Dispute Resolution (ADR) y Derecho Procesal,* Tirant lo Blanch, Valencia, 1999.

BELLIDO PENADÉS, R., *Medios alternativos de solución de conflictos y derecho a la tutela judicial efectiva en Derecho Privado (español y de la Unión Europea),* Tirant lo Blanch, Valencia, 2022.

CALAZA LÓPEZ, S. y ORDEÑANA GEZURAGA, I. (dirs.), *Externalización de la Justicia civil, penal, contencioso-administrativa y laboral,* Tirant lo Blanch, Valencia, 2022.

CARRASCO PERERA, A., *Derecho de contratos*, 3.º edic., Thomson Reuters Aranzadi, Madrid, 2021.

CARRETERO MORALES, M., «El modelo de "obligatoriedad mitigada" de los MASC», *Diario La Ley*, n.º 10256, 27 de marzo de 2023.

CORTÉS, P. y SOTELO, F., «Negocia o Atente a las Consecuencias. La Condena en Costas en los Derechos del Common Law y su Aplicación en el Proceso Civil», *inDret* 4/2011.

DEL ÁGUILA MARTÍNEZ, J., «La intermediación hipotecaria como alternativa a la ejecución de la vivienda habitual de los deudores hipotecarios. Especial referencia al Código de consumo de Cataluña», *RDC*, vol. VII, n.º 3 (abril-junio, 2020), pp. 199-221. Disponible en: https://www.nreg.es/ojs/index.php/RDC/article/view/499 (fecha de consulta: 10 de febrero de 2025).

DÍAZ TARRAGÓ, M. T., «Resolución de disputas contables por experto independiente en el ámbito de la compraventa de empresas», en CALAZA LÓPEZ, S. et al. (dirs.), *De los ADR (Alternative Dispute Resolution) a los CDR (Complementary Dispute Resolution) en la Jurisdicción civil*, Tirant lo Blanch, Valencia, 2023, pp. 597-628.

DÍEZ-PICAZO, L., *Fundamentos del derecho civil patrimonial*. 6.ª edic., Thomson Civitas, Madrid, 2007.

FALERO DE RATO, A., «La opinión del experto independiente en el anteproyecto de ley de medidas de eficiencia procesal», en R. PÉREZ MARTELL (coord.) *Eficiencia procesal: modernización de la justicia*, J.M. Bosch, Barcelona, 2021, pp. 181-204.

FERNÁNDEZ-BALLESTEROS, M. A., *Avenencia o ADR. Negociación, Mediación, Peritajes, Conciliación, Pactos y Transacciones*. Iurgium, Madrid, 2013.

GARCÍA HERNANDO, A., «Abogacía colaborativa, hacia una abogacía transformadora», *La Ley. Mediación y arbitraje*, n.º 16, julio de 2023.

GASCÓN INCHAUSTI, F., «Acciones colectivas y acciones de cesación para la defensa de los consumidores (arts. 53 a 56 TRDCU)», en REBOLLO PUIG, M. y IZQUIERDO CARRASCO, M. (dirs.), *La defensa de los consumidores y usuarios. Comentario sistemático del Texto Refundido aprobado por Real Decreto Legislativo 1/2007*, Iustel, Madrid, 2011, pp. 891-967.

GASCÓN INCHAUSTI, F., «Acciones colectivas y derecho europeo: el impacto de la Directiva 2020/1828 sobre el sistema procesal español», en GASCÓN INCHAUSTI, F. y PEITEADO MARISCAL, P. (dir.), *Estándares Europeos y Proceso Civil: hacia un Proceso Civil convergente con Europa,* Atelier, Barcelona, 2022, pp. 699-748.

GASCÓN INCHAUSTI, F., «Procesos judiciales para la tutela de los consumidores», en DÍAZ ALABART, S., *Manual de Derecho de Consumo*, Reus, Barcelona, 2023, pp. 353-380.

GIMENO SENDRA, V., *Fundamentos del Derecho Procesal: (jurisdicción, acción y proceso)*. Madrid, Civitas, 1981.

GUTIÉRREZ BARRENENGOA, A., «La conciliación registral: Ventajas y deficiencias de la actual regulación», *La Ley. Mediación y arbitraje*, n.º 19, 2024.

HINOJOSA SEGOVIA, R., «Los medios adecuados de solución de controversias [MASC] en el Proyecto de Ley de medidas de eficiencia procesal del servicio público de justicia», *La Ley. Mediación y arbitraje*, n.º 11 (abril-junio), 2022.

LARENA BELDARRAIN, J., «La conciliación privada», en CALAZA LÓPEZ, S. et al. (dir.), *Medios adecuados de solución de controversias: eficiencia procesal de las personas físicas y jurídicas*, La Ley, Madrid, 2023, pp. 605-636.

LÓPEZ SÁNCHEZ, J., «El carácter general del requisito de procedibilidad de haber acudido a un "medio adecuado de solución de controversias": a propósito del proceso monitorio», *Revista General de Derecho Procesal*, n.º 55, 2021.

LUDEÑA BENÍTEZ, O. D., *La intervención del Letrado de la Administración de Justicia en la Jurisdicción Voluntaria*. Tesis Doctoral, Universidad de Alicante, 2019.

MACHO GÓMEZ, C., «Los ADR "alternative dispute resolution" en el comercio internacional», *Cuadernos de derecho transnacional,* vol. 5, n.º 2, 2013, pp. 398-427.

MARTÍN DIZ, F., «Del derecho a la tutela judicial efectiva hacia el derecho a una tutela efectiva de la justicia», *Revista europea de derechos fundamentales*, n.º 23, 2014, pp. 161-176.

MARTÍN DIZ, F., «El derecho fundamental a la justicia: revisión integral e integradora del derecho a la tutela judicial efectiva», *Revista de Derecho Político*, n.º 106, septiembre-diciembre 2019, pp. 13 y ss.

MARTÍN RÍOS, P., «La conciliación privada como MASC», en CALAZA LÓPEZ, S. et al. (dir.), *Medios adecuados de solución de controversias: eficiencia procesal de las personas físicas y jurídicas*, La Ley, Madrid, 2023, pp. 753-776.

MARTÍNEZ PALLARÉS, J. I., «Negociación previa o litigación. Susto o muerte», en CALAZA LÓPEZ, S. et al. (dirs.), *De los ADR (Alternative Dispute Resolution) a los CDR (Complementary Dispute Resolution) en la Jurisdicción civil,* Tirant lo Blanch, Valencia, 2023, pp. 413-460.

ORTIZ PRADILLO, J. C., «La mediación en asuntos civiles y mercantiles: propuestas para la incorporación de la Directiva 2008/52/CE al Derecho español», *Revista General de Derecho Procesal*, n.º 26, 2012.

ORTIZ PRADILLO, J. C., «Los mecanismos alternativos de resolución de conflictos y su operatividad presente y futura», en ARGUDO GONZÁLEZ, J. (dir.), *Justicia y transnacionalidad. tutela judicial y mecanismos alternativos de solución de controversias*, Iustel, Madrid, 2021, pp. 133-165.

ORTIZ PRADILLO, J. C., *Estudio sistemático de la mediación familiar: propuestas de actualización y mejora.* Ediciones Parlamentarias de Castilla-La Mancha, Toledo, 2016.

ORTIZ PRADILLO, J. C., «Estándares europeos de métodos ADR y su encaje en el proceso civil en España», GASCÓN INCHAUSTI, F. y PEITEADO MARISCAL, P. (dir.), *Estándares Europeos y Proceso Civil: hacia un Proceso Civil convergente con Europa,* Atelier, Barcelona, 2022, pp. 441-486.

PEITEADO MARISCAL, P., «Consideraciones sobre la relación entre el derecho a la tutela judicial efectiva y la mediación obligatoria», *Estudios de Deusto*, vol. 66-2, julio-diciembre 2018, pp. 283-322.

PÉREZ DAUDÍ, V., «La imposición de los ADR ope legis y el derecho a la tutela judicial efectiva», *InDret*, 2/2019.

PIÑAR GUZMÁN, B., «La dirimencia por experto en el Derecho español», *La Ley. Mediación y arbitraje*, n.º 7 (abril-junio), 2021.

PIÑAR GUZMÁN, B., «La negociación colaborativa como disciplina transversal en la resolución de controversias privadas. Una reflexión en torno a la implantación de los "MASC"», en RIBÓN SEISDEDOS, E. (coord.), *Anuario Jurídico Secciones del ICAM 2021*, Sepin, Madrid, pp. 393-404.

RODRÍGUEZ PRIETO, F., «La conciliación notarial y su forma documental», *El notario del siglo XXI: revista del Colegio Notarial de Madrid*, n.º 77, 2018, pp. 154-156.

RODRÍGUEZ PRIETO, F., «La vía notarial: una nueva oportunidad para la conciliación», *El notario del siglo XXI: revista del Colegio Notarial de Madrid*, n.º 65, 2016, pp. 36-39.

SÁNCHEZ CALERO, F., «Conclusión, documentación, contenido del contrato (Arts. 5 a 24)», en VERDERA Y TUELLS, E. (coord.), *Comentarios a la Ley de contrato de seguro*, Madrid, Cunef, 1982, pp. 263-354.

SÁNCHEZ GARCÍA, J., «la oferta vinculante del artículo 17 de la LO 1/2025 y el contenido de la misma para cumplir con el requisito de procedibilidad», *Revista de Derecho vLex*, n.º 248, enero 2025, pp. 1-16 [fecha de recuperación: 25 de enero de 2025].

SANTOS MARTÍNEZ, A. M., «La conciliación tras la entrada en vigor de la Ley 15/2015, de 2 de julio, de Jurisdicción Voluntaria», *Revista jurídica de Castilla y León*, n.º 38 (Enero 2016).

SERRANO PÉREZ, M. A., «La oferta vinculante confidencial y su configuración como un MASC», en PÉREZ MARTELL, R. (coord.), *Eficiencia procesal: modernización de la justicia*, J.M. Bosch, Barcelona, 2021, pp. 73-123.

SHCUMANN BARRAGÁN, G., *Derecho a la tutela judicial efectiva y autonomía de la voluntad: los contratos procesales*, Marcial Pons, Madrid.

Capítulo 5

La validez y la eficacia de los acuerdos alcanzado en los medios adecuados de solución de controversias

Guillermo Schumann Barragán*
Profesor Doctor de Derecho Procesal
Universidad Complutense de Madrid

* Este trabajo es resultado de las actividades del Proyecto de Investigación «Eficiencia y acceso a la justicia civil en tiempos de austeridad» (PID2021-122647NB-I00), financiado por el Ministerio de Ciencia e Innovación.

1. INTRODUCCIÓN

Los medios adecuados de solución de controversias (MASC) son mecanismos a través de los que las partes consiguen llegar a un acuerdo y disolver un conflicto jurídico entre ellas —esto es, una disputa en torno a unos hechos ocurridos o a los efectos jurídicos que se derivan de ellos—. El objetivo último de todos los MASC es el acuerdo, que es alcanzado a través de los distintos sistemas de autocomposición que han sido examinados en el capítulo 4.

El acuerdo alcanzado en el marco de un MASC es un negocio jurídico del que se derivan efectos de distinta naturaleza. El acuerdo —que tiene su fundamento en la autonomía de la voluntad (art. 1255 CC)— es vinculante para las partes (art. 1091 CC). Además de esta eficacia material, la LOEP dota al acuerdo alcanzado de otros efectos procesales que le permiten cumplir con su función típica: sepultar el conflicto y reconstruir con intención de permanencia el tejido social.

En el marco general de la obra, en este capítulo se examinará el proceso de formalización del acuerdo, su validez y su eficacia. En primer lugar, se examinarán los requisitos necesarios para formalizar el acuerdo y la posibilidad de que las partes lo eleven a escritura pública o lo homologuen judicialmente para darle una eficacia reforzada. En segundo lugar, se analizarán los presupuestos de validez del acuerdo y las vías que tienen las partes para impugnarlo judicialmente por vía principal o incidental, en un proceso declarativo o ejecutivo. En tercer y último lugar, se estudiarán los distintos efectos materiales, procesales y registrales que en abstracto pueden nacer del acuerdo.

2. LA FORMALIZACIÓN DEL ACUERDO ALCANZADO

Las partes que han alcanzado un acuerdo en un MASC deben formalizarlo: es decir, deben llevar a cabo una serie de actos para que este sea reconocido *en tanto que acuerdo alcanzado en el marco de un MASC* por el ordenamiento —con todos los efectos que ello conlleva—. Además de estos *actos necesarios* de formalización, las partes *pueden* elevar a escritura pública u homologar judicialmente el acuerdo alcanzado. Con ello se consigue que los pactos consten en un documento público con fuerza ejecutiva (art. 517 LEC) y que, en algunos casos, pueda tener acceso a un registro público.

2.1. REQUISITOS FORMALES

El acuerdo alcanzado en el marco de un MASC *debe* formalizarse por escrito en un documento (art. 12.1 LOEP). Por ello, —y aunque la libertad de forma es la regla general en nuestro Derecho contractual (art. 1278 CC)— puede sostenerse que *el acuerdo alcanzado en el marco de un MASC es un negocio jurídico formal*.

Además, la LOEP especifica la información que *deberá* contener el documento: *(i)* el contenido del acuerdo; *(ii)* los datos de identificación y el domicilio de las partes; *(iii)* los datos de identificación de los abogados y los terceros que, en su caso, hayan participado en el MASC; *(iv)* el lugar y la fecha en los que el acuerdo se suscribe; y *(v)* la indicación de que el proceso de negociación llevado a cabo en el MASC se ha ajustado a las previsiones de la ley (art. 12.1 LOEP). El acuerdo deberá estar firmado por todas las partes y, en su caso, por sus representantes (art. 12.1 LOEP).

Las partes pueden apoderar a un tercero para que les represente en el proceso de negociación o de formalización del acuerdo. En ese caso, será importante que en el documento de formalización se indique y acredite documentalmente la existencia y el alcance del poder otorgado.

Es importante insistir en el carácter formal que el ordenamiento atribuye al acuerdo alcanzado en el marco de un MASC. Como consecuencia de los efectos procesales que se atribuyen al acuerdo, la ley exige —«deberá», dice el artículo 12.1 y.2 LOEP— que el acuerdo conste en un documento. El acuerdo formalizado tendrá a todos los efectos la consideración de documento privado (arts. 324 LEC y 1225 *et seq*. CC).

Las exigencias formales examinadas —más bien mínimas— pretenden proteger la autonomía de la voluntad de las partes y asegurar que la relación subsistente entre ellas continúe con base en acuerdos claros. Por todo lo anterior, y en tanto que negocio jurídico formal, debe considerarse que los requisitos de forma son presupuestos de la validez del acuerdo *en tanto que acuerdo alcanzado en el marco de un MASC*.

Es posible que las partes hayan alcanzado verbalmente algún acuerdo para disolver el conflicto y evitar un pleito. Con base en el principio de libertad de forma, estos acuerdos serán válidos si cumplen con el resto de los requisitos de los que depende la existencia del contrato (arts. 1278 y 1809 *et seq*. CC). Sin embargo, el incumplimiento de la forma impedirá considerarlo un acuerdo *alcanzado en el marco de un MASC* —excluyéndose así los efectos procesales a él asociados (art. 13.1 LOEP)— (*vid. infra*).

2.2. LA ELEVACIÓN A ESCRITURA PÚBLICA DEL ACUERDO ALCANZADO

Las partes pueden elevar el acuerdo alcanzado a escritura pública. La elevación a escritura pública no es un requisito de validez del acuerdo: es una facultad de las partes que permite dotar a los pactos de eficacia ejecutiva y registral (*vid. infra*).

La elevación del acuerdo alcanzado a escritura pública puede hacerse de común acuerdo. En el caso de que no exista tal acuerdo, las partes podrán compelerse recíprocamente a hacerlo (art. 12.3 LOEP, lo que supone una manifestación del art. 1279 CC). Si la parte requerida no cumple con el requerimiento, el notario podrá otorgar la escritura unilateralmente a la parte interesada (art. 12.3 LOEP). En la elevación del pacto a escritura pública no será necesaria la presencia de los terceros que hayan intervenido o facilitado la negociación (art. 12.3 LOEP).

Los gastos de otorgamiento de la escritura serán abonados «según lo acordado entre las partes» (art. 12.4 LOEP). Y es que, como se verá, entre los pactos que las partes pueden incluir en el acuerdo están los relativos a los gastos relacionados con la propia disolución del conflicto jurídico que se hayan generado o puedan generarse en el futuro (*vid. infra*). Y si nada se hubiese acordado, el otorgamiento de la escritura pública será pagado por aquel que lo solicite. Estos gastos tendrán la consideración de costas procesales en un eventual proceso ejecutivo (art. 12.4 LOEP puesto en relación con los arts. 241.1.6.º y 539.2 LEC).

El notario al que se le solicita la elevación a escritura pública «verificará» que el acuerdo alcanzado cumple con los requisitos establecidos por la ley y que su contenido «no es contrario a Derecho» (art. 12.5 LOEP). El notario tiene así la obligación de controlar que la materia sobre la que se proyecta el acuerdo es disponible y que los pactos no son contrarios a una ley imperativa, a la buena fe o al orden público (arts. 4 LOEP, 1255 CC y 19.1 LEC).

La elevación a escritura pública del acuerdo supone constituir un *título ejecutivo judicial*, dotándose de eficacia ejecutiva a los pactos alcanzados (art. 517.2.2.º LEC) (*vid. infra*). Además, la escritura pública —en tanto que documento público— tendrá acceso al registro, pudiéndose también dotar de eficacia registral a los pactos con trascendencia real que se han alcanzado (*vid. infra*).

Es interesante señalar que el acuerdo puede tener eficacia ejecutiva transfronteriza. Para ello, el acuerdo deberá cumplir con los requisitos formales que exigen los distintos instrumentos de Derecho procesal europeo e internacional privado (art. 12.6 LOEP).

El artículo 58.1 del Reglamento 1215/2012 determina que «[l]os documentos públicos que tengan fuerza ejecutiva en el Estado miembro de origen gozarán también de la misma en los demás Estados miembros sin necesidad de declaración de fuerza ejecutiva». El reglamento Bruselas I *bis* prescinde del procedimiento de exequátur en el Estado miembro en el que se pretende la eficacia ejecutiva[1]. En su caso, el notario podrá expedir a instancia de cualquier parte interesada un certificado en el que conste un resumen de la obligación ejecutiva (Disposición Final 25.ª, apartado 5 de la LEC). El certificado se emitirá utilizando

1. En relación con la eficacia ejecutiva transfronteriza de las escrituras públicas *vid.* M. BROSCH, «Article 58» en REQUEJO ISIDRO, M. (ed.), *Brussels I Bis. A Comentary on Regulation (EU) No. 1215/2012*, Edward Eldgar, Cheltenham, 2022, pp. 763-768.

el modelo del formulario incluido en el Anexo II del Reglamento[2]. La presentación de una copia auténtica del documento público y el certificado serán necesarios para su ejecución transfronteriza [art. 41.1. b) Reglamento 1215/2012][3].

En el caso de que se pretenda la ejecución en un Estado extracomunitario, deberán examinarse los requisitos de forma que establezcan los tratados multilaterales, bilaterales o las correspondientes leyes nacionales de cooperación jurídica internacional. En relación con ello, especial importancia tendrá la Convención de las Naciones Unidas sobre los Acuerdos de Transacción Internacionales Resultantes de la Mediación (Convención de Singapur) en aquellos Estados parte —convención todavía no firmada por España o la UE—. En nuestro país, este régimen de reconocimiento está contenido en el artículo 56 de la Ley 29/2015[4].

2.3. LA HOMOLOGACIÓN JUDICIAL DEL ACUERDO ALCANZADO

Las partes podrán también homologar judicialmente el acuerdo alcanzado (art. 12.7 LOEP). La homologación judicial tampoco es un requisito de validez del acuerdo, sino que es una facultad de las partes que permite dotar a los pactos de eficacia ejecutiva y registral (*vid. infra*). Así, cumple la misma finalidad que la elevación a escritura pública, pero evita incurrir en los costes y las dificultades de esta en los casos en los que una de las partes se niegue a ello.

En abstracto, existen distintos momentos y modos en los que puede plantearse la homologación judicial del acuerdo en función de si se alcanza antes, durante o después de un proceso declarativo.

En primer lugar, es posible que las partes alcancen un acuerdo en el marco de un MASC *antes* del inicio de un proceso. En ese caso, no existe ningún tribunal que esté conociendo del conflicto —y tampoco que pueda homologar judicialmente el acuerdo—. Por eso, si las partes pretenden dotarlo de eficacia ejecutiva y registral sin asumir los costes de su elevación a escritura pública podrían iniciar un expediente de jurisdicción voluntaria de conciliación. El testimonio del acta y el decreto del LAJ por los que se da por terminado el acto con

2. El formulario del Anexo II del Reglamento 1215/2012 está disponible en el portal e-Justice de la UE [https://e-justice.europa.eu/]. Una de las ventajas del sistema de formularios utilizados por el Derecho procesal europeo es facilitar su traducción al idioma en el que se pretende la ejecución de la escritura pública.
3. BROSCH, M., «Article 60» en REQUEJO ISIDRO, M. (ed.), *Brussels I Bis. A Comentary on Regulation (EU) No. 1215/2012*, Edward Eldgar, Cheltenham, 2022, pp. 772-774.
4. Artículo 56 de la Ley 29/2015: «1. Los documentos públicos expedidos o autorizados por autoridades extranjeras serán ejecutables en España si lo son en su país de origen y no resultan contrarios al orden público.2. A efectos de su ejecutabilidad en España deberán tener al menos la misma o equivalente eficacia que los expedidos o autorizados por autoridades españolas».

avenencia llevará aparejada ejecución y, además, «lo convenido tendrá el valor y eficacia de un convenio consignado en documento público» (art. 147 LJV).

Es también probable que las partes hayan solicitado medidas cautelares, diligencias preliminares o acceso a fuentes de prueba antes de la interposición de la demanda (*ex*. art. 5.3 LOEP). En ese caso, existe la posibilidad de intentar la homologación judicial ante el juez que está conociendo del incidente previo. Una interpretación sistemática y teleológica de los artículos 19.2 y 61 LEC, puestos en relación con el artículo 12.7 LOEP permite llegar a esa conclusión.

En relación con el segundo escenario, es posible que el acuerdo se alcance *durante* un proceso judicial pendiente o suspendido. En ese caso, podrá solicitarse al juez que esté conociendo del asunto la homologación judicial del acuerdo (art. 12.7 LOEP y art. 19.2 LEC).

En cuanto a la tercera posibilidad, es admisible que las partes alcancen un acuerdo *después* de un proceso declarativo una vez dictada una sentencia firme sobre el fondo del asunto. Finalizado el proceso, el tribunal pierde su competencia funcional para homologar el acuerdo: no existe un proceso pendiente del que esté conociendo ningún tribunal *ex* art. 61 LEC. Ante ese escenario, las partes que quisieran su homologación judicial tendrían que acudir a un expediente de jurisdicción voluntaria en el que podrían reproducir el acuerdo alcanzado para conseguir su homologación judicial (art. 139 *et seq*. LJV) —o acudir a un notario para elevarlo a escritura pública—. El acuerdo alcanzado que conste en un documento público será oponible como causa de oposición en un eventual proceso en el que se pretenda la ejecución de la sentencia (arts. 556.1 LEC)[5].

No es descartable, por último, que las partes lleguen a un acuerdo durante un proceso ejecutivo (art. 565.1 LEC). Como dice expresamente el artículo 19.3 LEC, los actos de negociación «podrán realizarse, según su naturaleza, en cualquier momento de la primera instancia o de los recursos *o de la ejecución de sentencia*». En este marco, las partes podrían acordar quitas, esperas, modificaciones en las prestaciones debidas o cualquier otra cuestión que —relacionada con el título ejecutivo— no esté prohibida por la ley, sea contraria al orden público o sea realizada en fraude de terceros (art. 19.1 LEC). La competencia funcional para homologar el acuerdo será del tribunal que está conociendo del proceso ejecutivo (art. 62 LEC).

> Solo tendrá sentido homologar judicialmente el acuerdo si existe la posibilidad de que se inicie otro proceso ejecutivo relacionado con el mismo título. En otro caso, será suficiente con que las partes renuncien, desistan o cumplan dentro del proceso ejecutivo con la prestación debida (art. 19 LEC).

5. GASCÓN INCHAUSTI, F., *Derecho procesal civil*, Madrid, 2025, pp. 480-482 [Disponible en: https://hdl.handle.net/20.500.14352/114797].

La homologación judicial del acuerdo supone también constituir un *título ejecutivo judicial*, dotando de este modo a los pactos alcanzados de eficacia ejecutiva (art. 517.2.3.º LEC) (*vid. infra*). Además, el acta y el decreto del LAJ o el auto del juez por el que se homologa la transacción son documentos públicos que pueden tener acceso al Registro de la Propiedad, lo que también permite dotar de eficacia registral a algunos de los pactos alcanzados que tengan alguna trascendencia real (art. 3 LH) (*vid. infra*).

El juez que homologue el acuerdo deberá controlar que los pactos alcanzados no estén prohibidos por una ley, sean contrarios al interés general o sean realizados en fraude de terceros (art. 19.1 LEC). Este mismo control deberá ser realizado por el LAJ que elabore el acta en la que se incluye el acuerdo y el decreto por el que se da por finalizada la conciliación con avenencia (art. 145.3 LJV puesto en relación con el art. 19.1 LEC).

Es interesante señalar también aquí que el acuerdo homologado judicialmente puede tener eficacia ejecutiva transfronteriza. Para ello, el acuerdo deberá cumplir con los requisitos formales que exigen los distintos instrumentos de Derecho procesal europeo e internacional privado (art. 12.6 LOEP).

Conforme al artículo 59 del Reglamento 1215/2012, «[l]as transacciones judiciales que tengan fuerza ejecutiva en el Estado miembro de origen serán ejecutadas en los demás Estados miembros en las mismas condiciones que los documentos públicos». También en este caso el reglamento Bruselas I *bis* prescinde del procedimiento de exequátur en el Estado miembro en el que se pretende la eficacia ejecutiva[6]. En su caso, el juez o el LAJ podrán expedir a instancia de cualquier parte interesada el certificado que figura en el Anexo II del Reglamento (Disposición Final 25.ª, apartado 5 de la LEC)[7]. La presentación de una copia auténtica de la resolución homologando judicialmente el acuerdo y el certificado serán necesarios para su ejecución transfronteriza [art. 41.1. b) Reglamento 1215/2012][8].

En el caso de que se pretenda la ejecución en un Estado extracomunitario, deberán examinarse los requisitos de forma que establezcan los tratados multilaterales, bilaterales o las correspondientes leyes nacionales de cooperación jurídica internacional. En España, este régimen está contenido en los artículos 50 y 51 de la Ley 29/2015.

El reglamento de Bruselas I *bis* parte de la base de que las transacciones judiciales tienen naturaleza contractual[9]. En la lógica del modelo de extensión de los efectos

6. BROSCH, M., «Article 59» en M. REQUEJO ISIDRO, (ed.), *Brussels I Bis. A Comentary on Regulation (EU) No. 1215/2012*, Edward Eldgar, Cheltenham, 2022, pp. 769-771.
7. Como se ha indicado, el formulario del Anexo II del Reglamento 1215/2012 está disponible en el portal e-Justice de la UE [https://e-justice.europa.eu/].
8. BROSCH, M., «Article 60» (nota 3), pp. 772-774.
9. BROSCH, M., «Article 58» (nota 1), p. 770.

que incorpora, deberá determinarse con detalle de qué modo se reconocerán y extenderán los efectos procesales que la LOEP atribuye al acuerdo alcanzado en el marco de un MASC (*vid. infra*).

3. LA VALIDEZ DEL ACUERDO ALCANZADO

Las partes pueden disolver el conflicto jurídico y alcanzar un acuerdo siempre que su autonomía de la voluntad se desenvuelva dentro de los límites fijados por el ordenamiento y el negocio jurídico cumpla con el resto de los requisitos esenciales para su validez. La validez del acuerdo alcanzado depende así de que sea disponible la relación jurídica o los derechos sobre los que se proyecta la negociación y de que sea válido el negocio jurídico a través del que se encauza la autonomía de la voluntad.

Las partes pueden llegar a soluciones consensuadas dentro y fuera del proceso. Y debe partirse de la premisa de que *los límites y la eficacia de la autonomía de la voluntad son los mismos en la esfera procesal y extraprocesal*. Las *cláusulas generales* a través de las que el ordenamiento limita la autonomía privada deben interpretarse con rigor técnico y claridad, lo que lleva a defender una interpretación sistemática y coherente de los artículos 6 y 1255 CC, 19.1 LEC y 4 LOEP.

En este marco, corresponde ahora centrarse en algunas cuestiones relacionadas con la validez del acuerdo alcanzado y su impugnación judicial.

3.1. EL PODER DE DISPOSICIÓN DE LAS PARTES SOBRE EL OBJETO DE LA CONTROVERSIA JURÍDICA

El primer requisito necesario para que el acuerdo sea válido es que sea disponible la relación jurídica o lo sean los derechos sobre los que se proyecta el conflicto: por ello, «no podrán ser sometidos a medios adecuados de solución de controversias, ni aun por derivación judicial, los conflictos que versen sobre materias que no estén a disposición de las partes en virtud de la legislación aplicable» (art. 4.1 LOEP).

Es conocido el principio de la autonomía de la voluntad que constituye la base del Derecho de obligaciones y contratos: «[l]os contratantes pueden establecer los pactos, cláusulas y condiciones que tengan por conveniente, siempre que no sean contrarios a las leyes, a la moral ni al orden público» (art. 1255 CC). Y, como se ha dicho, la naturaleza de los derechos materiales y el poder de disposición que sobre ellos se tiene no cambian en absoluto en el marco de un MASC, de un proceso civil o de un proceso de negociación cualquiera: su naturaleza disponible o indisponible seguirá siendo la misma fuera o dentro del proceso —con o sin conflicto jurídico—.

Por ello mismo, el principio dispositivo sobre el que se construye el proceso civil ordinario «no es, sino el trasunto procesal de la disponibilidad sustantiva de los derechos [...] es la consecuencia o reflejo necesario que provoca en el proceso el reconocimiento de la autonomía de la voluntad respecto de los derechos subjetivos» [10].

El acuerdo alcanzado en el marco de un MASC no es más que una manifestación del poder de disposición material que se tiene sobre las relaciones jurídicas, los derechos y las obligaciones que de ellas nacen (arts. 1255 CC, 19.1 LEC y 4 LOEP). Por eso, puede aquí hacerse una remisión en bloque a la teoría general sobre la eficacia de la autonomía de la voluntad en el Derecho privado [11].

Los artículos 1091 y 1255 del CC son cláusulas de habilitación general —*Ermächtigungsnorm*— que reconocen a los individuos el poder de establecer la obligatoriedad de «los pactos, cláusulas y condiciones que tengan por conveniente». Esta es la razón por la que *la mayoría del Derecho privado —y, desde luego, el Derecho contractual— es como regla general una materia de libre disposición para las partes*. En su caso, será necesaria una norma que expresa o implícitamente limite ese poder de disposición reconocido *por defecto* [12].

En consecuencia, deben considerarse excluidas de negociación en los MASC cuestiones relacionadas con el estado civil de las personas, las cuestiones matrimoniales y los alimentos futuros (art. 1814 CC) —excepto en lo relacionado con los efectos y las medidas del convenio regulador de la nulidad del matrimonio, la separación o el divorcio (art. 4.1 LOEP puesto en relación con los arts. 102 y 103 CC)—.

Con todo, hay algunas materias en las que puede ser dudoso el alcance del poder de disposición de las partes. Un ejemplo de ello puede encontrarse en litigios en materia de propiedad industrial. Según el artículo 136 de la LP «[n]o son de libre disposición, y quedan excluidas de la mediación o el arbitraje, las cuestiones relativas a los procedimientos de concesión, oposición o recursos referentes a los títulos regulados en esta Ley, cuando el objeto de la controversia

---

10. ORMAZABAL SÁNCHEZ, G., *Introducción al Derecho procesal*¸ 6.ª ed., Marcial Pons, Madrid, 2016, p. 156. En el mismo sentido, ORTELLS RAMOS, M. (dir. y coord.) *et al.*, *Introducción al Derecho Procesal*¸ 7.ª ed., Aranzadi, Cizur Menor, 2017, p. 331; DE LA OLIVA SANTOS, A., DÍEZ-PICAZO GIMÉNEZ, I., VEGAS TORRES, J., *Curso de Derecho Procesal Civil I. Parte General*, 4.ª ed., Centro de Estudios Ramón Areces, Madrid, 2019, pp. 119-223; MONTERO AROCA, J. *et al.*, *Derecho jurisdiccional I. Parte General*, 25.ª ed., Tirant Lo Blanch, Valencia, 2017, p. 261; MONTERO AROCA, J., *El proceso civil. Los procesos ordinarios de declaración y de ejecución*, 2.ª ed., Tirant lo Blanch, Valencia, 2016, pp. 152-153; BONET NAVARRO, Á., «Eficacia ordenadora del principio de autonomía privada y de sus límites en el sistema procesal civil» en PARRA LUCAN, M.ª A. (dir.), *La autonomía privada en el Derecho Civil*, Aranzadi, Pamplona, 2016, pp. 408-409.
11. DÍEZ-PICAZO Y PONCE DE LEÓN, L., «La autonomía privada y el derecho necesario en la Ley de Arrendamientos Urbanos», *Anuario de Derecho Civil*, Fascículo 4, 1956, p. 1174.
12. SCHUMANN BARRAGÁN, G., *Derecho a la tutela judicial efectiva y autonomía de la voluntad: los contratos procesales*, Marcial Pons, Madrid, 2022, pp. 148-150.

sea el cumplimiento de los requisitos exigidos para su concesión, su mantenimiento o su validez». Esto supone que los criterios de validez para la concesión de las patentes y el resto de los títulos de propiedad industrial no son disponibles ni arbitrables —por unos u otros motivos en cada caso—[13]. Sin embargo, de ello no puede deducirse una absoluta indisponibilidad de la materia.

Las cuestiones relativas a la concesión de los títulos de propiedad industrial no son disponibles y arbitrables por una razón de orden público: no es posible que los particulares decidan y resuelvan sobre la concesión de derechos cuyo contenido integra una exclusividad en el mercado. Pese a ello, y como es bien conocido, las partes en un proceso de nulidad o de caducidad en materia de propiedad industrial sí pueden disponer del objeto del proceso renunciando, allanándose o transigiendo sobre él (art. 19 LEC). Y pueden hacerlo en la medida en que *es disponible el derecho de propiedad industrial ya reconocido por la OEPM* (art. 110 LP). Una conclusión distinta llevaría a sostener que los procesos de nulidad y de caducidad en materia de propiedad industrial (art. 249.1.4.º LEC) están regidos por el principio de oficialidad y no por el principio dispositivo —algo que, como es de sobra conocido, no es el caso—. Se está, por tanto, ante un supuesto en el que se excluye cualquier disposición sobre la concesión del derecho, pero no la disposición del derecho ya reconocido, registrado y presumiblemente válido.

Una alternativa en materias como esta de dudosa disponibilidad es diseñar el acuerdo de forma que, a través de la abstracción de obligaciones materiales, se consigan los efectos queridos por las partes (*vid. infra*). La posibilidad de abstraer la obligación material para conseguir el efecto jurídico deseado puede ser especialmente útil también en materia de derechos reales o en cualquier otra cuya inscripción o reflejo registral sea constitutivo. Otra opción es utilizar un MASC que sea adecuado para conseguir los efectos pretendidos —*v.gr.*, participando en una mediación directamente ante la OEPM (Disp. Final 2.ª LP)—.

> Ejemplo. Ticio demanda a Cayo porque considera que está infringiendo la patente ES' 147 de la que es titular. Cayo, por su parte, considera que parte de la patente es nula por falta de actividad inventiva (art. 8 LP). En el marco de un MASC, llegan a un acuerdo por el que Cayo se obliga a cesar parcialmente en la actividad industrial y por el que Ticio se obliga a renunciar parcialmente a su patente ante la OEPM (art. 110.1 LP)

3.2. EL PODER DE DISPOSICIÓN SOBRE LAS RELACIONES JURÍDICAS Y LOS DERECHOS REGULADOS POR NORMAS IMPERATIVAS

Es de interés centrarse en una cuestión que puede tener especial incidencia práctica en la operatividad de los MASC: el poder de disposición de las partes

13. MASSAGUER, J., *Acciones y procesos de infracción de Derechos de propiedad industrial*, Aranzadi, 2.ª ed., Cizur Menor, 2020, p. 249.

sobre las relaciones jurídicas y los derechos regulados por normas imperativas[14]. Y es que es cada vez más usual en el Derecho privado la regulación de relaciones jurídicas y de derechos a través de *normas imperativas* o la consideración de materias como de *orden público*: por ejemplo, el Derecho de consumo (por todas las SSTJUE C-40/08 - *Asturcom Telecomunicaciones*; C-869/19 - *Unicaja Banco*; C-173/23 - *Eventmedia Soluciones*) o el Derecho de la competencia (por todas, las SSTJUE C-126/97 - *Eco Swiss*; C-295/04 - *Manfredi*; C-58/09 - *TeliaSonera Sverige*; C-117/20 - *bpost*).

El poder de la autonomía de la voluntad en el Derecho privado, en lo que ahora interesa, se materializa en *(i)* la posibilidad del sujeto de crear, modificar o extinguir *relaciones jurídicas* a través de negocios jurídicos y *(ii)* en el poder de usar, gozar y disponer de las *posiciones jurídicas activas* de las que el sujeto es titular —derechos, potestades, inmunidades y libertades—[15].

> Estos distintos poderes se proyectan en la «*exclusión voluntaria de la ley* aplicable y la *renuncia a los derechos*» (art. 6.2 CC) o en lo que se ha conocido como renuncia *ex ante* o propia y *ex post* o impropia de los derechos[16].

Es posible que el legislador por razones de política legislativa excluya en ciertas materias algunos de estos estos poderes. El ordenamiento puede limitar estos poderes prohibiendo la constitución de determinadas relaciones jurídicas o limitando el poder de fijar su contenido —*i.e.*, limitando o excluyendo la posibilidad de determinar los derechos, las facultades, los deberes y las obligaciones de las partes—.

La imposición del contenido de una relación jurídica se lleva a cabo a través de *normas imperativas*. Estas normas constituyen la *exclusión legal del poder jurídico* de la persona de crear, modificar o extinguir sus relaciones jurídicas o los derechos subjetivos que nacen de ella. De este modo, mientras que las normas dispositivas suponen el reconocimiento del poder de la autonomía de la voluntad —aquello que es la norma general *ex* art. 1255 CC—, las normas imperativas representan su exclusión expresa[17].

> La norma imperativa es lo que DÍEZ-PICAZO Y PONCE DE LEÓN ha denominado «límite legal» de la autonomía de la voluntad (art. 1255 CC)[18]. El orden público y la ley son dos límites distintos a la autonomía de la voluntad —así se desprende del propio artículo 1255 CC—[19]. Esta diferencia —conceptual y legal—

14. Puede encontrase un desarrollo más extenso de esta cuestión en SCHUMANN BARRAGÁN, G., «*Derecho a la tutela judicial efectiva*», (nota 12), pp. 185-199.
15. DE CASTRO Y BRAVO, F., *El negocio jurídico* [reimpresión], Civitas, Madrid, 2002, p. 13.
16. SCHUMANN BARRAGÁN, G., «*Derecho a la tutela judicial efectiva*», (nota 12), pp. 185-199.
17. DÍEZ-PICAZO Y PONCE DE LEÓN, L., «La autonomía privada», (nota 11), pp. 1163-1164.
18. DÍEZ-PICAZO Y PONCE DE LEÓN, L., «La autonomía privada», (nota 11), p. 1164.
19. GULLÓN BALLESTEROS, A., «Comentario del art. 6» en PAZ-ARES RODRÍGUEZ, C. *et al.* (dirs.), *Comentario del Código Civil. Tomo I*, Ministerio de Justicia. Centro de Publicaciones, Madrid, 1991, pp. 33-37.

es la que explica que no pueda hacerse una equiparación automática entre orden público y norma imperativa. El orden público es una cláusula general que proyectada sobre el ordenamiento privado permite la irradiación de aquellos «principios fundamentales de la organización política» sobre el ordenamiento privado. Todas las materias de orden público son indisponibles, pero no todas las normas imperativas son de orden público. Y es que existen limitaciones legales en las que es el legislador «ordinario» el que por una decisión de política legislativa excluye el poder de la autonomía de la voluntad.

El ordenamiento jurídico puede imponer un determinado contenido de la relación jurídica[20]. En la medida en que el contenido de una relación jurídica «está compuesto por el conjunto de derechos, facultades, deberes, obligaciones, de que las partes de la relación son titulares», el ordenamiento jurídico puede imponer que las partes sean titulares de determinados derechos, facultades, deberes y obligaciones[21].

La indisponibilidad del contenido de la relación jurídica no supone, en principio, la indisponibilidad de los derechos que nacen de ella. El ordenamiento impone que ciertos individuos sean *titulares* de ciertos derechos o facultades, pero esto no impide que puedan disponer de ellos cuando ya lo sean. Se limita el poder de la persona de fijar el contenido de sus relaciones jurídicas, pero no el poder de usar, disfrutar y disponer de las posiciones jurídicas activas de las que ya es titular. Por ello, como *regla general los derechos subjetivos que nacen de relaciones jurídicas cuyo contenido está regulado por normas imperativas son disponibles*.

El poder de disposición sobre las relaciones jurídicas y los derechos regulados por normas imperativas ha sido explicado desde hace años por DÍEZ-PICAZO Y PONCE DE LEÓN en relación con la LAU y la renuncia a los derechos reconocidos al arrendatario[22].

Las normas imperativas que existen en el Derecho privado se proyectan normalmente sobre el contenido de las *relaciones jurídicas*, pero no llegan a hacer indisponibles los *derechos* que nacen de ellas —como sucede ordinariamente en el ordenamiento laboral (art. 3.5 ET)—[23].

Los contratos celebrados con consumidores y usuarios (art. 10 TRLGDCU), el contrato de seguro (art. 2 LCS) o el contrato de arrendamiento de vivienda

20. DE VAL TENA, A. L., «Los límites a la libre voluntad de las partes en la relación laboral: de la inderogabilidad de las normas imperativas a la indisponibilidad de los derechos. A propósito del orden público laboral» en PARRA LUCAN, M. A. (dir.), *Autonomía privada y límites a su ejercicio*, Comares, Granada, 2016, p. 32.
21. DÍEZ-PICAZO Y PONCE DE LEÓN, L., «La autonomía privada», (nota 11), p. 1167.
22. DÍEZ-PICAZO Y PONCE DE LEÓN, L., «La autonomía privada», (nota 11), p. 1167.
23. Artículo 3.5 ET «Los trabajadores no podrán disponer válidamente, *antes o después de su adquisición*, de los derechos que tengan reconocidos por disposiciones legales de derecho necesario. Tampoco podrán disponer válidamente de los derechos reconocidos como indisponibles por convenio colectivo» (énfasis añadido).

(art. 6 LAU) son casos en los que se excluye el poder de fijar parte del contenido de la relación jurídica[24]. Pueden así considerarse *contratos normados* en la medida en que están regulados en su mayoría por normas imperativas. Eso, sin embargo, no excluye el poder de disposición sobre los derechos que de ellos nacen. Por ello, los procesos sobre estas materia siguen regidos por el principio dispositivo y las transacciones —judiciales o no— han sido y seguirán siendo habituales en estos ámbitos.

Estas y otras consideraciones dogmáticas sobre la operatividad de la autonomía de la voluntad en el Derecho privado tienen evidentes consecuencias prácticas que se proyectan sobre la validez y la eficacia de los acuerdos que se alcancen en el marco de un MASC.

3.3. LOS REQUISITOS ESENCIALES DE VALIDEZ DEL NEGOCIO JURÍDICO

El acuerdo alcanzado en el marco de un MASC tiene naturaleza contractual: es un *negocio jurídico* a través del que las partes encauzan su autonomía de la voluntad[25]. Los efectos procesales que la ley le asocia no cambian en absoluto la naturaleza contractual del acuerdo (*vid. infra*).

En coherencia con ello, el artículo 13 de la LOEP señala que, «[c]ontra lo convenido en dicho acuerdo solo podrá ejercitarse la acción de nulidad por las causas que invalidan los contratos». La posibilidad de impugnar judicialmente el acuerdo alcanzado por las «causas que invalidan los contratos» está también expresamente prevista respecto del acuerdo alcanzado en una mediación (art. 23.4 LM) y una conciliación judicial (148.1 LJV).

Las causas que invalidan el contrato son aquellas que se refieren a la *validez* del contrato. En nuestro ordenamiento estas causas se concretan en los motivos que permiten declarar la nulidad absoluta del contrato y su anulación. De este modo, cabe hacer una remisión en bloque a la dogmática general sobre la *invalidez* del contrato.

24. Artículo 10 TRLGDCU «La renuncia previa a los derechos que esta norma reconoce a los consumidores y usuarios es nula, siendo, asimismo, nulos los actos realizados en fraude de ley de conformidad con lo previsto en el artículo 6 del Código Civil»; artículo 2 LCS: «Las distintas modalidades del contrato de seguro, en defecto de Ley que les sea aplicable, se regirán por la presente Ley, cuyos preceptos tienen carácter imperativo, a no ser que en ellos se disponga otra cosa»; artículo 6 LAU: «Son nulas, y se tendrán por no puestas, las estipulaciones que modifiquen en perjuicio del arrendatario o subarrendatario las normas del presente Título, salvo los casos en que la propia norma expresamente lo autorice».

25. Como sostiene BANACLOCHE PALAO en relación con el acuerdo alcanzado en el marco de una conciliación judicial: «lo alcanzado por las partes no deja de ser un acuerdo de voluntades, por más que, al recogerse en una resolución judicial, Adquira fuerza ejecutiva en caso de incumplimiento» (BANACLOCHE PALAO, J., *Los expedientes y procedimientos de jurisdicción voluntaria*, La Ley, Madrid, 2023, p. 458).

Con rigor, y como explica RUIZ ARRANZ, debería hablarse de supuestos de *inexistencia del contrato* —por no concurrir en él los elementos esenciales (art. 1261 CC)— y de nulidad *del* contrato —en los casos en los que concurren sus elementos esenciales, pero puede ser anulado (art. 1300 CC)—[26]. Esta diferenciación, además de terminológica, puede tener alguna consecuencia en el plano restitutorio. Con independencia de estas y otras cuestiones de indudable interés, debe incluirse dentro de los motivos que permiten «invalidar los contratos» *ex* artículo 13 LOEP todos aquellos relativos a la nulidad absoluta o inexistencia del contrato (art. 1261) y a su anulabilidad (art. 1300 *et seq.* CC).

Así, un acuerdo alcanzado en el marco de un MASC podrá impugnarse, entre otros motivos: cuando una de las partes no tenga capacidad para prestar el consentimiento (art. 1263 CC); cuando el consentimiento de las partes esté viciado de error, violencia, intimidación o dolo (art. 1265 CC); cuando el objeto no sea posible, lícito o determinado (arts. 1271-1273 CC); o cuando la causa no exista o no sea lícita por ser contraria a las leyes o la buena fe (art. 1275 CC)[27].

Especial importancia práctica puede tener la impugnación del acuerdo por estar el consentimiento viciado por dolo, que existirá cuando con palabras o maquinaciones insidiosas una parte es inducida por la otra a celebrarlo (art. 1269 CC). El acuerdo podrá impugnarse cuando el dolo sea grave, pues en otro caso se estará ante un dolo incidental que solo obliga a la indemnización de los daños y perjuicios (art. 1270 CC).

Por otro lado, deben excluirse de las «causas que invalidan los contratos» los motivos propios de la rescisión contractual (art. 1290 *et seq.* CC). Parece adecuado, pese a las dudas doctrinales sobre la utilidad de la distinción, considerar que la recisión es un supuesto de *ineficacia* del contrato, pero no de *invalidez*.

Desde luego, la modalidad del MASC que utilicen las partes —y, con ello, la participación de abogados o terceros imparciales en la resolución del conflicto— reducirá el riesgo de que pueda impugnarse el acuerdo por alguno de estos motivos. La institucionalización de determinados MASC supondrá una mayor garantía de que el acuerdo se ha formado adecuadamente.

Se ha dicho ya que el acuerdo alcanzado en el marco de un MASC es un *negocio jurídico formal*. Y lo es en la medida en que el ordenamiento impone la forma escrita del acuerdo y el contenido del documento (art. 12.1 LOEP). Estos requisitos se explican y justifican por los efectos procesales que se asocian al acuerdo (*vid. infra*) y porque solo así este puede cumplir con su propósito de disolver el conflicto y proyectar certeza hacia el futuro. En este marco, debe plantearse si la falta de la forma escrita o de algún requisito del documento es una causa que permita declarar que el acuerdo no es válido.

26. RUIZ ARRANZ, A. I., *La estructura de la restitución contractual*, Agencia Estatal del Boletín Oficial del Estado, Madrid, 2023, pp. 309-333.
27. DIEZ-PICAZO, L., *Fundamentos de Derecho civil patrimonial. I.*, Aranzadi, 6.ª ed., Cizur Menor, 2007, pp. 577-612.

Una interpretación literal del artículo 12.1 LOEP permite sostener que la forma escrita y la incorporación del acuerdo a un documento firmado por las partes es un requisito de forma constitutivo de la validez del acuerdo *en tanto que acuerdo alcanzado en el marco de un MASC.* Es posible que las partes hayan alcanzado verbalmente acuerdos para disolver el conflicto. Estos acuerdos serán válidos si cumplen con el resto de los requisitos de los que depende la existencia del contrato (arts. 1278 y 1809 *et seq*. CC). Sin embargo, el incumplimiento de la forma impedirá considerarlo un acuerdo derivado de un MASC —excluyéndose así los efectos procesales asociados a él (art. 13.1 LOEP)—.

Debe considerarse que las partes *están obligadas* a recoger el acuerdo en un documento. Y por ello, si el acuerdo se alcanza verbalmente, podrán compelerse recíprocamente a formalizarlo por escrito (art. 12.1 LOEP)[28].

Una interpretación teleológica y sistemática del artículo 12.1 y.2 LOEP permite sostener que la falta de incorporación de algunos de los datos que debe contener el documento es una mera irregularidad formal no constitutiva de invalidez.

3.4. LA IMPUGNACIÓN JUDICIAL DEL ACUERDO ALCANZADO: EL EJERCICIO DE LA ACCIÓN DE NULIDAD POR VÍA PRINCIPAL

El acuerdo alcanzado en el marco de un MASC puede impugnarse judicialmente a través de una acción de nulidad ejercitada por vía principal en un proceso declarativo. Los motivos de impugnación, como se ha dicho, están relacionados con *(i)* la indisponibilidad de la materia y *(ii)* la invalidez del negocio jurídico.

En cuanto a la *acción de nulidad,* debe hacerse una remisión en bloque en relación con sus plazos de prescripción, caducidad y el resto de sus presupuestos generales o específicos en función del motivo de invalidez que se alegue.

Es posible que la regulación de alguna modalidad específica de un MASC señale algún presupuesto o plazo específico para el ejercicio de esta acción. Este es el caso del acuerdo alcanzado en una conciliación judicial, en el que la acción deberá ejercitarse «en un plazo de quince días desde que se celebró la conciliación ante el tribunal competente» (art. 148.2 LJV)[29]. De no existir una regulación especial *—lex specialis derogat legi generali—* deberán aplicarse las reglas generales en materia de nulidad contractual *—ubi lex non distinguit nec nos distinguere debemus—*. El *proceso* en el que se ejercita la acción de nulidad se desarrollará conforme a las reglas generales de la LEC.

28. DIEZ-PICAZO, L., *Fundamentos I* (nota 27), pp. 302-303.
29. BANACLOCHE PALAO J., (nota 25), pp. 458-459.

Desde luego, y de forma paradójica, en este proceso en el que se pretenda la nulidad del acuerdo alcanzado deberá acreditarse un intento de negociación previa a los efectos de cumplir con el requisito de procedibilidad del artículo 10.1 LOEP.

La sentencia por la que se estime la acción declarará nulo el acuerdo alcanzado y, si así ha sido pedido, condenará a la restitución recíproca de las prestaciones conforme a las reglas generales (art. 1303 *et seq*. CC). La sentencia tendrá eficacia de cosa juzgada material en el marco de los ámbitos subjetivos, objetivos y temporales que les son propios (art. 222 LEC)[30]. La eficacia *inter partes* de la cosa juzgada material supone que, para que la declaración de nulidad del acuerdo alcanzado sea oponible frente a terceros, estos deban ser partes en el proceso en el que se pretenda la declaración de invalidez del acuerdo (art. 222.3 LEC).

Una de las cuestiones más problemáticas y de mayor interés práctico es la relativa a lo que sucede con *el conflicto jurídico subyacente* enterrado por el acuerdo —ahora declarado nulo—. En principio, la declaración de nulidad del acuerdo supondrá la desaparición de los efectos procesales a él asociados (art. 13.1 LOEP, *vid. infra*). Con ello desaparece el óbice procesal que impide a las partes «presentar demanda con idéntico objeto» (art. 13.1 LOEP): así, el conflicto que fue enterrado podrá salir de la tumba que sellaba material y procesalmente el acuerdo[31].

Con todo, es posible que existan situaciones jurídicas consolidadas que no puedan ser afectadas de ningún modo por la declaración de nulidad del acuerdo. Esto sucede, por ejemplo, en el caso de que el bien sobre el que se transó esté en posesión de un tercero que lo adquirió de buena fe (art. 34 LH) o cuando hayan prescrito o caducado las acciones que en su día nacieron del conflicto subyacente.

Con respecto a ello, debe recordarse que la interrupción o la suspensión de la prescripción y la caducidad de las acciones que nacen del conflicto jurídico subyacente «se prolongará *hasta la firma del acuerdo* o de la terminación del proceso de negociación sin acuerdo» (art. 7.1 LOEP). Eso supone que, una vez firmado el acuerdo, se reinicia la prescripción o se reanuda la caducidad de las acciones, que perecerán por el transcurso del tiempo y por la eficacia negativa que impide a su titular ejercitarlas (art. 13.1 LOEP). Es posible así que, una vez declarada la nulidad del acuerdo alcanzado, estén ya prescritas y caducadas las acciones que permitían exigir conforme a Derecho una tutela de condena o constitutiva (art. 5 LEC).

30. GASCÓN INCHAUSTI, F., *Derecho procesal* (nota 5), pp. 413-418.
31. Como sostiene BONET NAVARRO, «en este caso, se "rehabilita" de algún modo el conjunto de circunstancias jurídicas existentes antes de logarse el acuerdo» (BONET NAVARRO, A., «El proceso civil y mediación» en ARGUDO PÉRIZ, J. L. (dir.), *Mediación y tutela judicial efectiva*, Reus, Madrid, 2019, p. 57.).

En ese caso, la tutela de los derechos e intereses de las partes deberá reconducirse al ejercicio de acciones de enriquecimiento injusto —o cualquier otro remedio subsidiario contemplado por el ordenamiento que sea aplicable—. Además, las situaciones jurídicas consolidadas como consecuencia de un acuerdo nulo alcanzado en el marco de un MASC pueden suponer la responsabilidad por daños de aquel sujeto causante de la nulidad: una de las partes, sus abogados o el tercero imparcial que ha participado en el MASC.

3.5. LA IMPUGNACIÓN JUDICIAL A TÍTULO INCIDENTAL DEL ACUERDO ALCANZADO

La impugnación incidental del acuerdo alcanzado supone que se cuestione su validez en un proceso en el que una parte pretenda hacer valer su eficacia material o procesal. La «incidentalidad» de la impugnación se debe a que la validez o la eficacia no se enjuician a título principal como una cuestión sobre el fondo del asunto: se enjuician a los meros efectos de determinar si el acuerdo debe desplegar sus efectos materiales o procesales en ese proceso concreto. El tribunal en ese caso deberá resolver a título incidental —esto es, sin efectos de cosa juzgada material— sobre la validez del acuerdo[32].

> Imagínese que Ticio demanda a Cayo. Cayo considera que la demanda tiene un objeto idéntico a un acuerdo alcanzado previamente en el marco de un MASC, por lo que alega en la contestación de la demanda como óbice procesal la existencia del acuerdo. Ticio se opone a la excepción procesal por considerar que el acuerdo que se alcanzó es nulo. En ese caso, el juez deberá resolver a título incidental —i.e., sin efectos de cosa juzgada material— sobre la validez del acuerdo.

La impugnación incidental de contratos con efectos procesales —como lo es el acuerdo alcanzado en el marco de un MASC— es algo muy común en las declinatorias en las que el demandado alega que existe un pacto de sumisión expresa o un convenio arbitral. En ese caso, el resto de las partes podrán alegar que el convenio arbitral o el acuerdo de sumisión son nulos y el tribunal deberá enjuiciar a título incidental sobre su validez.

Por otra parte, el artículo 13.1 de la LOEP señala que «podrá ejercitarse la acción de nulidad por las causas que invalidan los contratos, *sin perjuicio de la oposición que pueda plantearse, en su caso, en el proceso de ejecución*».

En relación con ello, debe recordarse que la (in)validez total o parcial del negocio jurídico que *subyace* a los títulos ejecutivos no es un motivo de oposición al despacho de la ejecución ni de títulos judiciales (art. 556 LEC) ni extrajudiciales (art. 557 LEC). Por ello, la impugnación judicial del acuerdo alcanzado que

32. En relación con la (falta) de efectos de cosa juzgada material de las resoluciones que resuelven sobre cuestiones procesales *vid.* SCHUMANN BARRAGÁN, G., «Cosa juzgada y cuestiones procesales: una perspectiva nacional y europea», *Revista General de Derecho Procesal*, n.º 49, 2019.

subyace a la resolución judicial que ha homologado el acuerdo o la escritura pública que se está ejecutando deberá realizarse en un proceso declarativo paralelo. Existirá, en ese caso, lo que GASCÓN INCHAUSTI denomina una oposición a la ejecución «desde fuera» (art. 564 LEC). En este proceso declarativo paralelo el ejecutado tendrá que pretender a título principal que se declare la nulidad del acuerdo que forma parte del título ejecutivo complejo y, como consecuencia, que se condene al ejecutante a la devolución de las cantidades obtenidas en el proceso ejecutivo[33].

Es posible que el acuerdo incluya condiciones generales de la contratación: y ello sucederá siempre que el predisponente sea un profesional (art. 2 LCGC) y las condiciones del acuerdo sean «predispuestas» por alguna de las partes (art. 1 LCGC). *Las cláusulas predispuestas estarán sometidas al control de abusividad o de transparencia material* (art. 82 LGCU) si *el adherente puede considerarse un consumidor a efectos legales* (art. 3 LGCU) (SSTS 1673/2024, 1638/2024 y STJUE C-452/18)[34].

La LEC no contempla como causa de oposición a la ejecución de títulos judiciales la existencia de cláusulas abusivas —y es lógico que así sea— (art. 556 LEC). Sin embargo, como es de sobra conocido, el juez nacional tiene la obligación de controlar la existencia de cláusulas abusivas tan pronto como tenga los elementos de hecho y de Derecho para ello [STJUE (Gran Sala) C-869/19 - *Unicaja Banco*; C-397/11 - *Jőrös*]. Por ello, y en lo que ahora interesa, si se ha optado por la homologación judicial del acuerdo, el juez deberá controlar la validez de las cláusulas predispuestas en él. Este enjuiciamiento deberá ser expreso y externalizarse [STJUE (Gran Sala) C-693/19 y C-831/19 - *SPV Project 1503*]. Y, de no haberse realizado previamente, el control de las cláusulas abusivas deberá realizarse en el despacho a la ejecución o en la oposición al despacho de la ejecución del título ejecutivo judicial (complejo formado por la resolución judicial de homologación y el acuerdo alcanzado o la escritura pública) (STJUE C-49/14 - *Finanmadrid*)[35].

4. LA EFICACIA DEL ACUERDO ALCANZADO

El acuerdo alcanzado en el marco de un MASC es un negocio jurídico complejo del que se derivan efectos materiales y procesales de distinto tipo. Tam-

33. GASCÓN INCHAUSTI, F., *Derecho procesal* (nota 5), pp. 478-479, 485-486.
34. Por todas, *vid*. STJUE C-452/18 - *Ibercaja Banco*; STS 1673/2024 [ECLI:ES:TS:2024:6175]; STS 1638/2024 [ECLI:ES:TS:2024:6007]; STS 1636/2024 [ECLI:ES:TS:2024:6007].
35. En relación con ello *vid*. LÓPEZ SÁNCHEZ, J., *La regulación del proceso monitorio y su aplicación por los tribunales*, Wolters Kluwer, Madrid, 2019, pp. 367-372; SÁNCHEZ LÓPEZ, B., «Recorrido por las sucesivas reformas del procedimiento monitorio y el reto del control de oficio de las cláusulas abusivas en contratos de consumo» en DÍEZ-PICAZO, I. y VEGAS TORRES, J. (coords.), *Derecho, Justicia, Universidad. Liber amicorum de Andrés de la Oliva Santos*, Editorial Universitaria Ramón Areces, Madrid, 2016, pp. 2836-2838.

bién podrá tener efectos registrales si las partes deciden elevarlo a escritura pública u homologarlo judicialmente e inscribirlo en un registro público.

4.1. LA EFICACIA MATERIAL DEL ACUERDO

El acuerdo alcanzado en el marco de un MASC —y debe insistirse en la idea— tiene naturaleza contractual: la autonomía de la voluntad de las partes es su fundamento y constituye su esencia. Por ello, un acuerdo válido tiene en primer lugar y ante todo eficacia material.

Como sucede con la transacción (art. 1809 CC), no existe ninguna norma que fije con detalle el contenido específico de los pactos a los que pueden llegar las partes. Y eso es así porque el acuerdo que puede alcanzarse en el marco de un MASC no es más que un *negocio jurídico marco* en el que los contratantes pueden, a través de distintos medios, evitar o poner fin a un pleito[36]. Esta *flexibilidad* es una de las características principales que se ha predicado de la transacción —y que debe predicarse de los acuerdos alcanzados en el marco de un MASC—.

De este modo, cada acuerdo es diferente y deberá incorporar los pactos que permitan alcanzar su fin: sepultar el conflicto y fijar una nueva realidad jurídica que permita reconstruir y proyectar la relación de las partes hacia el futuro. Como apunta GULLÓN BALLESTEROS, la transacción es un contrato en el que se interrelacionan «diversas instituciones en las que se descubre una función de fijación de relaciones jurídicas»[37].

Es un error aproximarse al estudio de la eficacia material de los acuerdos alcanzados en el marco de un MASC como un todo. En la realidad, solo será posible determinar la eficacia material de cada acuerdo a través del análisis de los distintos pactos que las partes han alcanzado. En todo caso habrá que analizar lo pactado para identificar los efectos materiales que del concreto acuerdo derivan[38].

En abstracto, y en función del contenido que las partes le hayan dado, el acuerdo alcanzado en el marco de un MASC puede tener eficacia material *declarativa, obligacional o constitutiva*. La determinación del contenido —y de forma

36. «[L]a transacción es *una especie de forma* apta *para contener las más variadas prestaciones*. Su naturaleza jurídica, en suma, no puede ser unitaria» (GULLÓN BALLESTEROS, A., *La transacción*, Instituto Nacional de Estudios Jurídicos, Madrid, 1964, p. 54); «[E]n el Derecho clásico la transacción no era un acto típico, sino solamente una causa de una serie de actos abstractos como la *mancipatio* o *stipulatio* en que la partes hacen entre ellas transferencias o asumen compromisos con el fin antes indicado [poner fin a la litis iniciada o evitar que eta pueda surgir]» (DÍEZ-PICAZO, L., *Fundamentos del Derecho Civil Patrimonial IV. Las particulares relaciones obligatorias*, Aranzadi, Cizur Menor, 2010, p. 705).
37. GULLÓN BALLESTEROS, A., *La transacción* (nota 36), p. 66.
38. SCHUMANN BARRAGÁN, G., *Derecho a la tutela judicial efectiva* (nota 12), pp. 266-271, 287-290.

refleja, la eficacia— que tienen los pactos tiene especial importancia práctica para el caso de que se pretenda su ejecución forzosa (*vid. infra*).

4.1.1. Eficacia material declarativa

Las partes pueden de común acuerdo declarar cómo es o no es un derecho o una relación jurídica (art. 1255 CC). Con ello se elimina la incertidumbre entre las partes sobre la realidad jurídica que puede ser la causa del conflicto. En ese caso, el acuerdo será un negocio jurídico del que se derivará una eficacia material declarativa.

> Ejemplo. Ticio y Cayo celebran un contrato de compraventa de un edificio. Unos meses después, Cayo identifica unos desperfectos en los elementos constructivos. Como consecuencia de un conflicto jurídico, Ticio y Cayo celebran un contrato en el que fijan de común acuerdo la realidad y el alcance de los daños sufridos en el edificio.

Los negocios de declaración permiten a las partes declarar cómo es una determinada realidad jurídica[39]. En el caso de que vuelva a surgir otro conflicto relacionado con esa realidad, las partes podrán hacer valer la eficacia material declarativa del acuerdo (art. 1091 CC). Esta eficacia es oponible entre las partes y podrá hacerse valer en cualquier proceso futuro cuyo objeto lo constituya algún conflicto jurídico relacionado con la misma realidad jurídica.

> El reconocimiento de deuda causal es el típico ejemplo de negocio declarativo en nuestro ordenamiento[40]. Nada impide que estos mismos efectos declarativos se consigan en un acuerdo alcanzado en el marco de un MASC. En ese caso, el negocio jurídico declarativo tendrá su causa en la propia disolución del conflicto y en la evitación de un pleito presente o futuro (art. 1809 CCC).

En este último caso, el tribunal deberá —por su vinculación objetiva al ordenamiento— dar a lo declarado por las partes en el negocio eficacia jurídico-material (arts. 1091 y 1255 CC). El tribunal debe atenerse a lo declarado por las partes, así como debe hacerlo con cualquier otro pacto *válido* y *eficaz* celebrado entre ellas. La eficacia material declarativa del acuerdo es la misma que la de cualquier otro contrato: el negocio de declaración tiene «fuerza de ley entre los contratantes» y la vinculación objetiva del tribunal al Derecho material (arts. 1091 y 1255 CC) le impone atenerse y realizar aquella fuerza[41].

La eficacia material declarativa despeja la incertidumbre y proyecta hacia el futuro un escenario de seguridad jurídica declarando cómo es o no es algo. Por

---

39. SCHUMANN BARRAGÁN, G., *Derecho a la tutela judicial* (nota 12), pp. 287-290.
40. ALBIEZ DOHRMANN, K J., *El reconocimiento de deuda: Aspectos contractuales y probatorios*, Comares, Granada, 1987, pp. 312-313, 410, 422; C. SÁNCHEZ HERNÁNDEZ, *Los negocios de fijación*, Tirant lo Blanch, Valencia, 2004, pp. 132-136.
41. SCHUMANN BARRAGÁN, G., *Derecho a la tutela judicial efectiva* (nota 12), p. 287.

ello, este tipo de acuerdos son especialmente adecuados en el marco de relaciones jurídicas de tracto sucesivo o que pretenden ser más o menos duraderas.

4.1.2. Eficacia material obligacional

Las partes pueden obligarse en el acuerdo alcanzado en el marco de un MASC a dar, hacer o no hacer algo (arts. 1088 y 1255 CC). Estas obligaciones pueden suponer una reafirmación de aquellas que tenían en la relación jurídica subyacente o suponer derechos y obligaciones creados *ex novo* como contraprestación a otras concesiones realizadas en el acuerdo.

> Ejemplo. Ticio y Cayo celebran un contrato de compraventa de un edificio. Unos meses después, Cayo identifica unos desperfectos en los elementos constructivos. Como consecuencia de un conflicto jurídico y en el marco de un MASC, ambos celebran un contrato en el que fijan de común acuerdo la realidad y el alcance de los daños sufridos en el edificio. Además, Ticio se obliga a reparar los defectos constructivos o a devolver un 5% del precio de la venta.

Con relación a ello, debe hacerse una remisión en bloque a la teoría general del Derecho de obligaciones y contratos (arts. 1088 *et seq*. CC). El contenido y la configuración posibles de la prestación debida son los propios del Derecho contractual. Las partes podrán configurar distintas obligaciones alternativas, facultativas, prestaciones fraccionadas, someterlas a condiciones, modos, garantizarlas real o personalmente, conectarlas sinalagmáticamente de una u otra forma, entre muchas otras opciones[42]. Los límites para las partes son los propios de la autonomía de la voluntad (art. 1255 CC).

En el caso de que no se eleve a escritura pública el acuerdo o no se homologue judicialmente, las partes deberán hacer valer su eficacia material obligacional en un proceso futuro en el que se pretenda judicialmente la condena a dar, hacer o no hacer aquello a lo que las partes se obligaron (art. 5 LEC).

> Desde luego, también en este caso deberá acreditarse un intento de negociación previa a los efectos de cumplir con el requisito de procedibilidad para interponer la demanda en la que se pretenda el cumplimiento del acuerdo alcanzado previamente (art. 10.1 LOEP).

Por su interés práctico, es pertinente hacer referencia a tres tipos de obligaciones que las partes pueden incorporar en sus acuerdos y que pueden ayudar a disolver el conflicto: los contratos procesales obligacionales, la abstracción de determinadas obligaciones materiales y los contratos sobre costas y sobre gastos judiciales.

42. DIEZ-PICAZO, L., *Fundamentos de Derecho civil patrimonial. II.*, Aranzadi, 6.ª ed., Cizur Menor, 2008, pp. 269-540.

Es probable que el acuerdo se haya alcanzado estando un proceso pendiente —en primera o segunda instancia—. Es posible que las partes, y por los motivos que fuesen, decidan no homologar judicialmente su acuerdo —*v.gr.*, para que no trascienda el contenido de sus pactos—. En ese caso, las partes podrían obligarse en el acuerdo a renunciar, desistir o allanarse en el proceso principal, a renunciar a otras acciones judiciales relacionadas con la misma o distinta relación jurídica, entre muchas otras posibilidades[43]. A través de la constitución de estas obligaciones materiales las partes podrían dotar al acuerdo —indirecta y mediatamente— de efectos procesales adicionales.

Es también imaginable que las partes se obliguen a hacer o no hacer determinados actos para la consecución de los efectos jurídicos deseados: esto es lo que se conoce como *la abstracción de la obligación material* (del efecto jurídico pretendido). Este tipo de pactos puede ser útil en aquellos casos en los que el efecto jurídico —normalmente constitutivo— no pueda ser producido directamente por las partes.

Ejemplos. Ticio y Cayo son competidores y discuten sobre la validez de una patente. Como consecuencia de un conflicto jurídico y en el marco de un MASC, Ticio se obliga frente a Cayo a renunciar parcialmente a la patente ante la OEPM (art. 110 LP).

Ticio es franquiciador de Cayo, que regenta un restaurante de lujo. Ticio ha tenido conocimiento del bajo nivel de limpieza y conservación de las instalaciones del restaurante de Cayo. Como consecuencia de un conflicto jurídico relacionado con el prestigio de la marca franquiciada y en el marco de un MASC, Cayo se obliga a resolver los contratos de limpieza y mantenimiento que tiene en vigor con terceros y se obliga a contratar con otra empresa.

Por último, puede ser de interés para las partes alcanzar pactos sobre los gastos relacionados con *(i)* el propio MASC; *(ii)* el proceso judicial pendiente; o, incluso *(iii)* los gastos necesarios para hacer efectivos los acuerdos —*v.gr.*, aranceles de notarios, registradores, tributos, etc.—.

La eficacia de la autonomía de la voluntad para pactar sobre los gastos asociados al MASC es una idea constante en la LOEP. Conforme al artículo 11.2 LOEP «[s]i las partes deciden optar por otros mecanismos en el caso de que intervenga una tercera persona neutral, sus honorarios profesionales serán objeto de acuerdo previo con las partes intervinientes». En el mismo sentido, el artículo 12.4 de la LOEP señala que «[l]os gastos de otorgamiento de escrituras serán abonados según lo acordado por las partes».

Por otra parte, el *pacto sobre los gastos judiciales* es aquel contrato a través del que las partes regulan quién deberá soportar determinados gastos relacionados directa o indirectamente con un proceso judicial. Las normas que regulan

43. SCHUMANN BARRAGÁN, G., *Derecho a la tutela judicial efectiva* (nota 12), pp. 270-271.

la tasación y la condena en costas (arts. 241 a 246 y 394 a 398 LEC) son indisponibles y, por ello, no será válido y eficaz un pacto por el que las partes fijen los criterios que debe seguir el tribunal para imponer la condena en costas (art. 394 *et seq*. LEC). Tampoco lo será un acuerdo que imponga al LAJ la forma de tasar tal condena —i.e., los conceptos y las cantidades— (art. 241 LEC). Pese a ello, las partes podrían crear contractualmente un sistema en el que se regulen y distribuyan *materialmente* los gastos procesales que cada parte debe sufragar. El sistema se creará a través de *pactos de no pedir* la condena en costas (*vid.* STS n.º 1072/2024) y a través de *contratos sobre los gastos judiciales*, que son contratos atípicos válidos (art. 1255 CC) con eficacia material *inter partes* (art. 1257 CC) de los que nacen derechos de crédito y reembolso. En el caso de incumplimiento, las partes podrán pretender judicialmente la condena a su pago[44].

4.1.3. Eficacia material constitutiva

En el acuerdo alcanzado en el marco de un MASC las partes pueden crear, modificar o extinguir derechos o relaciones jurídicas disponibles y de las que sean titulares. A través de estos pactos con eficacia material constitutiva las partes no declaran cómo es la realidad jurídica, sino que la *cambian*: el acuerdo, de este modo, *innova*.

La eficacia material constitutiva —como cualquier otra que derive del acuerdo— tiene efectos *inter partes* (art. 1257 CC). Por ello, en estos casos en los que se pretenda un cambio es posible que las partes deban hacer partícipes a otros sujetos que también formen parte de la relación jurídica de la que surge el conflicto.

En su caso, de la eficacia material constitutiva del acuerdo podrá también derivarse una *afectación material refleja* en relaciones jurídicas dependientes —*v.gr.*, en el caso de un acuerdo entre un arrendador y un arrendatario que subarrienda la cosa—[45]. En estas y otras cuestiones hay que remitirse en bloque a la regulación sobre la creación, la modificación y la extinción de las relaciones jurídicas y los derechos en el Derecho privado y a la tutela de los terceros en el proceso civil[46].

Las partes podrán hacer valer la eficacia material constitutiva del acuerdo (art. 1091 CC). Los cambios jurídicos producidos en el acuerdo serán oponibles

44. En relación con los contratos sobres costas y gastos judiciales *vid.* SCHUMANN BARRAGÁN, G., «Contratos sobre costas: la disposición del crédito derivado de la condena en costas» en HERRERO PEREZAGUA, J. F., LÓPEZ SÁNCHEZ, J. (dirs.), *La justicia tenía un precio*, Atelier, Barcelona, 2023, pp. 153-176.
45. GASCÓN INCHAUSTI, F., *Derecho procesal* (nota 5), pp. 209-211.
46. DIEZ-PICAZO, L., *Fundamentos II* (nota 42), pp. 157-184, 955-968; GASCÓN INCHAUSTI, F., *Derecho procesal civil* (nota 5), pp. 209-211.; CEDEÑO HERNÁN, M., *La tutela de los terceros frente al fraude procesal*, Comares, Granada, 1997.

entre las partes y eficaces en cualquier proceso futuro cuyo objeto lo constituya algún conflicto jurídico relacionado con la misma realidad jurídica.

En este último caso, el tribunal deberá —por su vinculación objetiva al ordenamiento— dar a lo creado, modificado o extinguido por las partes en el acuerdo eficacia jurídico-*material* (arts. 1091 y 1255 CC). El tribunal debe atenerse a lo creado, modificado o extinguido por las partes —así como debe hacerlo con cualquier otro pacto *válido* y *eficaz* celebrado entre ellas—. La eficacia material constitutiva es como cualquier otra eficacia que nace de cualquier otro negocio válido: el negocio de declaración tiene «fuerza de ley entre los contratantes» y la vinculación objetiva del tribunal al Derecho material (arts. 1091 y 1255 CC) le impone atenerse a ello[47].

4.1.4. Otros efectos materiales: el reinicio del plazo de prescripción y la reanudación del plazo de caducidad

El ordenamiento asocia a la formalización de un acuerdo en el marco de un MASC otros efectos materiales. Entre ellos, está el reinicio del plazo de prescripción o, según proceda, la reanudación del plazo de caducidad de las acciones que derivaban del conflicto jurídico subyacente. En estos casos se está ante efectos materiales necesarios o *ex lege*.

La interrupción o la suspensión de la prescripción y la caducidad de las acciones que nacen del conflicto jurídico subyacente «se prolongará *hasta la firma del acuerdo* o de la terminación del proceso de negociación sin acuerdo» (art. 7.1 LOEP). Una vez alcanzado el acuerdo cesará la interrupción o la suspensión de la prescripción y la caducidad.

Como se verá enseguida, los efectos procesales que se atribuyen al acuerdo son un mecanismo de fijación que impide que se vuelva a discutir sobre el conflicto jurídico subyacente zanjado. Es posible, pese a ello, que el acuerdo sea impugnado judicialmente por alguna de las causas que invalidan los contratos (art. 13 de LOEP y *vid. supra*). Una vez declarada judicialmente la nulidad del acuerdo, decaerán los distintos efectos procesales asociados a él. De este modo, las partes podrían volver a ejercitar las acciones relativas al conflicto jurídico subyacente. Y es ese el caso en el que puede tener alguna incidencia la prescripción o la caducidad de las acciones. Es posible que, incluso con la desaparición del acuerdo alcanzado, el transcurso del tiempo impida volver sobre el conflicto inicialmente transado. Esta consecuencia, como es bien conocido, es justamente el fundamento de la prescripción y de la caducidad: sepultar en el tiempo conflictos, lo que permite consolidar situaciones jurídicas.

47. SCHUMANN BARRAGÁN, G., *Derecho a la tutela judicial efectiva* (nota 12), p. 287.

4.2. LA EFICACIA PROCESAL DEL ACUERDO

4.2.1. Eficacia procesal negativa

El acuerdo alcanzado por las partes en el marco de un MASC produce un efecto procesal que impide que se vuelva a discutir en un proceso sobre la controversia jurídica zanjada. Conforme al artículo 13.1 LOEP, «el acuerdo alcanzado será vinculante para las partes, que *no podrán presentar demanda con igual objeto*». Este es un efecto procesal necesario que nace *ex lege*.

De un acuerdo válido alcanzado en el marco de un MASC nace una *exceptio pacti* a la que la LOEP le otorga el tratamiento procesal de un *óbice procesal que* impide la continuación del proceso. La *exceptio pacti* tiene, de este modo, efectos *equivalentes* a los de la excepción de cosa juzgada —quede claro—, cosa juzgada material en su vertiente negativa o excluyente. Los efectos son equivalentes —y no iguales— por cuanto se predican de un negocio jurídico que tiene su fundamento en la autonomía de la voluntad; y no en un acto de ejercicio de la función y potestad jurisdiccional (art. 117.3 CE).

No existe un efecto procesal equivalente al efecto positivo o prejudicial de la cosa juzgada material que se predique respecto del acuerdo alcanzado en el marco de un MASC. En su caso, deberá hacerse valer la eficacia material declarativa, obligacional o constitutiva en un proceso ulterior. Y, como se ha dicho, si el acuerdo es válido y eficaz el tribunal deberá atenerse a lo acordado por las partes como consecuencia de su vinculación al Derecho objetivo (arts. 1255 y 1091 CC). De no hacerlo, estaría incurriendo en una infracción jurídica, pero naturaleza material —y no procesal—.

El *tratamiento procesal* de esta *exceptio* es el propio de las excepciones procesales, porque así lo ha querido el legislador al regularla en la LOEP: la existencia del acuerdo deberá hacerse valer en la contestación a la demanda y se resolverá en la audiencia previa (art. 416 LEC) o antes de la vista del juicio verbal (art. 438.8 y.10 LEC)[48].

Con independencia de la poco técnica e inadecuada redacción del artículo 13.1 LOEP, el efecto procesal negativo debe tratarse como un óbice procesal y en ningún caso como la ausencia de un presupuesto de procedibilidad. En primer lugar *(i)* porque, como mucho, solo sería admisible tratar este óbice procesal igual que el efecto negativo de la cosa juzgada material. Sería irrazonable limitar el derecho de acceso a la jurisdicción —sometido al principio *pro actione* (art. 24.1 CE)— y dotar de mayor eficacia procesal a un acuerdo de voluntades que a un acto estatal de jurisdicción, como lo es la sentencia. En segundo lugar, porque en la práctica —y por mucho que se considere que el óbice procesal es apreciable de oficio— será el demandado aquel que tendrá conocimiento sobre el acuerdo y el que lo podrá hacerlo valer.

48. GASCÓN INCHAUSTI, F., *Derecho procesal* (nota 5), pp. 254-255.

El efecto procesal negativo que la LOEP asocia al acuerdo alcanzado en el marco de un MASC es, sin duda, su principal activo y elemento diferenciador. Es conocido que, a pesar del tenor literal del artículo 1816 CC, la transacción no produce un efecto procesal negativo que impida la existencia de un ulterior proceso sobre la cuestión transada. En su caso, los efectos materiales que de ella nazcan se hacen valer a través de la *exceptio pacti*[49]. En su aspecto negativo, la *exceptio pacti* de la transacción funciona como un *contraderecho* que permite paralizar o *enervar la pretensión o el derecho material*[50]. El tratamiento procesal de esta excepción es el propio del de las excepciones materiales: se hace valer en la contestación a la demanda y se resuelve en la sentencia. El acuerdo alcanzado en el marco de un MASC, por el contrario, sí tiene un efecto procesal negativo que permite la paralización del proceso. Ello se deduce de la referencia del artículo 13.2 LOEP a la prohibición de «presentar demanda con igual objeto», que alude al inicio —y, por tanto, al desarrollo del proceso en sí—. De este modo, y aunque con una expresión torpe, el legislador ha querido que esta singular *exceptio in MASC pacti* reciba un tratamiento diverso al de la ordinaria *exceptio pacti* que nace del artículo 1816 CC. Ahora bien, y debe insistirse en la idea, el tratamiento procesal del efecto como *óbice procesal* no cambia en absoluto *su naturaleza material*: *del acuerdo alcanzado nace una exceptio pacti que, teniendo su origen en la autonomía privada, tiene unos efectos y un tratamiento procesal análogos al de los óbices procesales*.

El efecto procesal negativo funciona a modo de *mecanismo de fijación*[51]. A través del óbice procesal se impide que el conflicto sepultado vuelva a salir de la tumba: se blinda así *procesalmente* cualquier discusión sobre el pasado.

Como sucede con el efecto negativo o excluyente de la cosa juzgada, deberá existir una identidad sustancial entre el objeto del proceso y el acuerdo alcanzado que se hace valer. El objeto del proceso está formado por los sujetos, el *petitum* —*i.e.*, aquello que se pide— y el elemento fáctico y jurídico de la causa de pedir —*i.e.*, los hechos y la calificación jurídica de esos hechos que dan derecho a obtener lo que se pide—. Y sobre la base de eso, deberá apreciarse la identidad: quiénes han alcanzado el acuerdo, con qué contenido y sobre qué conflicto *jurídico* —qué hechos con trascendencia jurídica—.

En la práctica, con todo, es posible que existan problemas relacionados con la comparación entre el «objeto del acuerdo» y el «objeto del proceso» —una ins-

49. GULLÓN BALLESTEROS, A., La *transacción* (nota 36), pp. 65-66, GULLÓN BALLESTEROS, A., «Comentario del art. 1809» en PAZ-ARES RODRÍGUEZ, C. *et al.* (dirs.), *Comentario del Código Civil. Tomo II*, Ministerio de Justicia. Centro de Publicaciones, Madrid, 1991, pp. 1769-1770, LACRUZ, BERDEJO, J. L. *et al.*, *Elementos de derecho civil II. Derecho de obligaciones. vol. 2: contratos y cuasicontratos*, 5.ª ed., Dykinson, Madrid, 2013, pp. 355-357.

50. SCHUMANN BARRAGÁN, G., *Derecho a la tutela judicial efectiva* (nota 12), pp. 268-271.

51. SCHUMANN BARRAGÁN, G., *Derecho a la tutela judicial efectiva* (nota 12), pp. 288-290.

titución procesal con límites legalmente fijados—. En relación con ello, véase el capítulo 5.

4.2.2. Efectos sobre procesos pendientes

El acuerdo alcanzado en el marco de un MASC puede producir efectos sobre procesos pendientes. Los efectos pueden proyectarse sobre aquellos procesos en los que se produjo la derivación judicial al MASC (art. 19.5 LEC) o en otros cuyo objeto esté relacionado de algún modo con el conflicto transado. Los efectos del acuerdo sobre esos posibles procesos pendientes son similares a los que ordinariamente se han predicado de las transacciones judiciales y extrajudiciales[52].

Las partes pueden homologar judicialmente un acuerdo ante el juez que está conociendo del asunto —o un incidente previo a la demanda (*vid. Supra*)—. En ese caso, el proceso terminará con el auto de homologación (art. 19.1 LEC). Es también posible que las partes hayan alcanzado solo acuerdos parciales sobre la controversia (art. 4.1 LOEP). Si así sucede, podrán pedir la homologación judicial del acuerdo parcial —que tendrá eficacia ejecutiva (art. 517.2.3.º LEC)— y el proceso continuará en aquello en lo que subsista la controversia.

Es probable que existan otros procesos con objetos conexos o relacionados con el acuerdo homologado judicialmente. Si ese es el caso, las partes podrán hacerlo valer como un hecho nuevo en aquellos momentos procesales en los que lo permite la ley (arts. 286, 426 LEC) o, incluso, podrían pretender el sobreseimiento del proceso por considerar que ha desaparecido sobrevenidamente total o parcialmente el interés legítimo (art. 22 LEC)[53].

Puede ser que las partes lleguen a un acuerdo en el marco de un MASC, pero decidan no homologar judicialmente el acuerdo —*v.gr.*, porque no quieren que sus pactos se conozcan o porque prefieren elevarlos a escritura pública—. Las partes podrían en ese caso haberse obligado a renunciar, desistir o allanarse en el proceso o en el recurso pendientes (*vid. Supra*). A través de estos contratos procesales se conseguiría indirectamente que el acuerdo tenga eficacia procesal. Si estos pactos no existen, las partes podrían intentar que el proceso se sobresea por desaparición sobrevenida del interés legítimo (art. 22 LEC).

Como explica GASCÓN INCHAUSTI, no puede olvidarse que la celebración de un acuerdo fuera del proceso es «uno de los casos más claros en que procede la aplicación de lo dispuesto en el artículo 22 LEC». Y ello por cuanto el acuerdo «extingue por definición la controversia, el conflicto que dio origen al proceso [...] perfeccionado el contrato de transacción, desaparece el interés legítimo del

52. GASCÓN INCHAUSTI, F., *La terminación anticipada del proceso por desaparición sobrevenida del interés*, Civitas, Madrid, 2003, pp. 134-140; GASCÓN INCHAUSTI, F., *Derecho procesal* (nota 5), pp. 384-385, 387-388.
53. GASCÓN INCHAUSTI, F., *La terminación* (nota 52), pp. 134-140.

actor en la subsistencia del proceso, pues éste ha dejado de resultarle necesario para la tutela de su derecho vulnerado»[54].

4.3. LA EFICACIA EJECUTIVA DEL ACUERDO

El acuerdo alcanzado en el marco de un MASC no tiene por sí mismo eficacia ejecutiva; es decir, no es un título ejecutivo que permita la realización forzosa de las prestaciones debidas en un proceso ejecutivo. El ordenamiento, pese a ello, pone a disposición de las partes dos mecanismos para otorgarle al acuerdo tal eficacia: la elevación a escritura pública y su homologación judicial (arts. 13.2 LOEP y 517.2.3.º y 4.º LEC). La eficacia ejecutiva de los acuerdos alcanzados en un MASC, por tanto, no es un efecto necesario o *ex lege*, sino un efecto posible.

Es muy importante señalar que el acuerdo alcanzado en el marco de un MASC elevado a escritura pública (art. 517.2.2.º LEC), el auto que lo ha homologado judicialmente (art. 517.2.3.º LEC) o la resolución del LAJ (art. 147.3 LJV) son títulos ejecutivos *judiciales*. De este modo, podrá conseguirse la realización forzosa de obligaciones a entregar una cantidad de dinero (art. 571 *et seq*. LEC), a entregar cosas determinadas (art. 701 LEC) y no determinadas (art. 702 LEC), a hacer personalísimo (art. 709 LEC) y no personalísimo (art. 706 LEC) y a no hacer (art. 710 LEC).

Como se ha dicho, es posible que las partes disuelvan el conflicto a través de distintas obligaciones conectadas sinalagmáticamente —genética o funcionalmente— de una u otra forma. Uno de los problemas que pueden surgir en la ejecución de los acuerdos elevados a escritura pública y homologados judicialmente es el relativo a la determinación del cumplimiento y la exigibilidad de la obligación documentada cuya realización forzosa se pretende (arts. 1124 y 556 LEC). La posibilidad de que los acuerdos alcanzados en el marco de un MASC constituyan un título ejecutivo judicial (art. 517.2.2.º LEC) tiene el riesgo de que en la práctica se amplíe y se desborde el objeto de la oposición al despacho de la ejecución.

Por último, es posible que las partes consigan atribuir a la escritura pública o a la homologación judicial eficacia ejecutiva transfronteriza (art. 12.6 LOEP). En relación con ello, hay que remitirse a los distintos instrumentos de Derecho procesal europeo, convenios multilaterales, bilaterales y regímenes nacionales sobre la materia. En el espacio europeo especial importancia tienen los artículos 58 y 59 del Reglamento 1215/2012 (*vid. supra*).

> El Reglamento Bruselas I *bis* adopta el *modelo de extensión de los efectos*: esto es, se reconoce la resolución judicial o el documento público con los mismos efectos que tiene en su Estado miembro de origen. El Reglamento Bruselas I *bis* parte de la base de que los acuerdos elevados a escritura pública solo tienen eficacia

54. GASCÓN INCHAUSTI, F., *La terminación* (nota 52), p. 135.

material[55]. Aunque un análisis de la cuestión excede por mucho la finalidad de estas líneas, queda todavía por determinar de qué modo se reconocerán y extenderán los efectos procesales que la LOEP atribuye al acuerdo alcanzado en el marco de un MASC (*vid. infra*).

4.4. LA EFICACIA REGISTRAL DEL ACUERDO

Es posible —y en muchos casos necesario— que el acuerdo alcanzado en el marco de un MASC tenga eficacia registral: esto es, que sea apto para ser inscribible en un registro público. Con ello se dota al acuerdo de una publicidad material registral que suele ser oponible *erga omnes*.

El acuerdo alcanzado en el marco de un MASC no tiene por sí mismo eficacia registral. En la mayoría de los casos, será necesario incorporar el acuerdo en un documento público (art. 3 LH, art. 5 Reglamento del Registro Mercantil, etc.) que sea inscribible en el registro público correspondiente: el registro de la propiedad, de bienes muebles, civil, de lo mercantil, entre otros.

Como regla general, solo son inscribibles en los registros públicos los documentos públicos. Por ello, las partes deberán elevar a escritura pública u homologar judicialmente el acuerdo. En relación con ello, cabe hacer una remisión en bloque a la disciplina que regula la inscripción en cada una de las parcelas del ordenamiento con trascendencia registral.

> Con todo, habrá que ser especialmente cuidadoso con las limitaciones y exigencias derivadas del registro. La doctrina de la Dirección General de Seguridad Jurídica y Fe Pública señala que en algunos casos el auto homologado judicialmente no es inscribible, siendo necesario en todo caso el otorgamiento de la escritura pública[56]. Este es solo un ejemplo de los muchos obstáculos que las partes pueden encontrar en el camino para dotar al acuerdo de los efectos registrales deseados.

Es posible que existan terceros que puedan verse afectados jurídicamente *o de facto*, directa o indirectamente por el acuerdo alcanzado. Y es posible que

55. BROSCH, M., «Article 58» (nota 1), p. 767.
56. Resolución de la Dirección General de Seguridad Jurídica y Fe Pública de 2 de septiembre de 2024 contra la negativa de la registradora de la propiedad de Inca n.º 1 a inscribir un auto de homologación de una transacción [BOE-A-2024-22900]; de 14 de junio de 2023 contra la negativa de la registradora de la propiedad de Madrid n.º 53 a inscribir un testimonio de un auto judicial por el que se homologa un convenio de transacción judicial sobre liquidación de régimen económico-matrimonial [BOE-A-2023-15999]; de 20 de septiembre de 2021 contra la negativa del registrador de la propiedad de Torrejón de Ardoz n.º 3 a inscribir un testimonio de un auto judicial por el que se homologa un convenio de transacción judicial respecto de la extinción de una comunidad sobre determinados bienes [BOE-A-2021-16932]; de 18 de mayo de 2021 contra la negativa del registrador de la propiedad de Sant Cugat del Vallès n.º 1 a inscribir el testimonio de un auto judicial por el que se homologa un convenio de transacción judicial respecto de la extinción de una comunidad sobre determinados bienes [BOE-A-2021-9319].

la no participación de estos terceros en el acuerdo sea un obstáculo para su inscripción —y, por tanto, para conseguir la eficacia registral pretendida—[57].

> No existe en la LOEP una forma de forzar que esos u otros terceros intervengan voluntaria o provocadamente en un MASC. Por ello, la negativa de estos terceros a participar en la negociación puede ser un obstáculo para alcanzar un acuerdo que despliegue la eficacia pretendida. Y a la inversa, debe reconocerse que pueden ser parte del acuerdo alcanzado en el MASC sujetos no concernidos directamente por la controversia que a través de aquel se resuelve, pero cuya concurrencia es necesaria para que sean plenamente eficaces los pactos necesarios para sepultarla.

La afectación de los terceros y el riesgo que conlleva la denegación de la inscripción del acuerdo es una de las cuestiones que las partes —y, en su caso, sus abogados— deberán tener en cuenta para seleccionar el MASC adecuado para la resolución de la controversia. En asuntos más o menos complejos o con clara trascendencia real la mejor opción será optar por una conciliación notarial (art. 81 *et seq*. LH) o, con mayor razón, registral (art. 103 *bis* LH).

CONCLUSIONES

El acuerdo alcanzado en el marco de un MASC es un negocio jurídico privado que es vinculante para las partes (art. 1091 CC) y tiene su fundamento en la autonomía de la voluntad (art. 1255 CC). En cuanto tal, el acuerdo debe necesariamente analizarse desde la perspectiva de su forma, requisitos de validez y eficacia. En relación con ello, especial importancia tiene la posibilidad de impugnar judicialmente a título principal o incidental los acuerdos que no cumplen con los requisitos esenciales para su validez o que se proyectan sobre una materia que no es disponible.

El acuerdo podrá tener efectos materiales declarativos, obligacionales o constitutivos en función de los pactos que se hayan alcanzado. Además, la LOEP lo dota de una eficacia procesal negativa particular que le permite cumplir con su función típica: sepultar el conflicto y reconstruir con intención de permanencia el tejido social. Para ello, la ley concede a la *exceptio pacti* que nace del acuerdo los efectos y el tratamiento procesal propios de un *óbice procesal que* impide la continuación de litigio.

Por todo lo anterior, los acuerdos alcanzados en un MASC tienen una naturaleza compleja que exige su estudio desde distintas áreas del ordenamiento: es un negocio jurídico privado con efectos procesales y materiales de distinto tipo que está en la intersección entre el Derecho civil y el Derecho procesal.

57. En relación con ello, *vid*. Resoluciones Di rección General de Seguridad Jurídica y Fe Pública de 22 de diciembre de 2021 por la que se deniega la inscripción de un mandamiento judicial por el que se homologa una transacción judicial de resolución de un contrato de compraventa [BOE-A-2022-181].

BIBLIOGRAFÍA

ALBIEZ DOHRMANN, K. J., *El reconocimiento de deuda: Aspectos contractuales y probatorios*, Comares, Granada, 1987.

BANACLOCHE PALAO, J., *Los expedientes y procedimientos de jurisdicción voluntaria*, La Ley, Madrid, 2023.

BONET NAVARRO, Á., «Eficacia ordenadora del principio de autonomía privada y de sus límites en el sistema procesal civil» en PARRA LUCAN, M.ª A. (dir.), *La autonomía privada en el Derecho Civil*, Aranzadi, Pamplona, 2016.

BONET NAVARRO, Á., «El proceso civil y mediación» en ARGUDO PÉRIZ, J. L., (dir.) *Mediación y tutela judicial efectiva*, Reus, Madrid, 2019.

BROSCH, M., «Article 58» en REQUEJO ISIDRO, M. (ed.), *Brussels I Bis. A Comentary on Regulation (EU) No. 1215/2012*, Edward Eldgar, Cheltenham, 2022.

BROSCH, M., «Article 59» en REQUEJO ISIDRO, M. (ed.), *Brussels I Bis. A Comentary on Regulation (EU) No. 1215/2012*, Edward Eldgar, Cheltenham, 2022.

BROSCH, M., «Article 60» en REQUEJO ISIDRO, M. (ed.), *Brussels I Bis. A Comentary on Regulation (EU) No. 1215/2012*, Edward Eldgar, Cheltenham, 2022.

CEDEÑO HERNÁN, M., *La tutela de los terceros frente al fraude procesal*, Comares, Granada, 1997.

DE CASTRO Y BRAVO, F., *El negocio jurídico* [reimpresión], Civitas, Madrid, 2002.

DE LA OLIVA SANTOS, A., DÍEZ-PICAZO GIMÉNEZ, I., VEGAS TORRES, J., *Curso de Derecho Procesal Civil I. Parte General*, 4.ª ed., Centro de Estudios Ramón Areces, Madrid, 2019.

DE VAL TENA, A. L., «Los límites a la libre voluntad de las partes en la relación laboral: de la inderogabilidad de las normas imperativas a la indisponibilidad de los derechos. A propósito del orden público laboral» en PARRA LUCAN, M.ª A. (dir.), *Autonomía privada y límites a su ejercicio*, Comares, Granada, 2016.

DÍEZ-PICAZO Y PONCE DE LEÓN, L., «La autonomía privada y el derecho necesario en la Ley de Arrendamientos Urbanos», *Anuario de Derecho Civil*, Fascículo 4, 1956.

DIEZ-PICAZO Y PONCE DE LEÓN, L., *Fundamentos de Derecho civil patrimonial. I.*, Aranzadi, 6.ª ed., Cizur Menor, 2007.

DIEZ-PICAZO Y PONCE DE LEÓN, L., *Fundamentos de Derecho civil patrimonial. II.*, Aranzadi, 6.ª ed., Cizur Menor, 2008.

DÍEZ-PICAZO Y PONCE DE LEÓN, L., *Fundamentos del Derecho Civil Patrimonial IV. Las particulares relaciones obligatorias*, Aranzadi, Cizur Menor, 2010.

GASCÓN INCHAUSTI, F., *Derecho procesal civil*, Madrid, 2025, pp. 480-482 [Disponible en: https://hdl.handle.net/20.500.14352/114797].

GASCÓN INCHAUSTI, F., *La terminación anticipada del proceso por desaparición sobrevenida del interés*¸ Civitas, Madrid, 2003.

GULLÓN BALLESTEROS, A., «Comentario del art. 6» en PAZ-ARES RODRÍGUEZ, C. *et al.* (dirs.), *Comentario del Código Civil. Tomo I*, Ministerio de Justicia. Centro de Publicaciones, Madrid, 1991.

GULLÓN BALLESTEROS, A., «Comentario del art. 1809» en PAZ-ARES RODRÍGUEZ, C. *et al.* (dirs.), *Comentario del Código Civil. Tomo II*, Ministerio de Justicia. Centro de Publicaciones, Madrid, 1991.

GULLÓN BALLESTEROS, A., *La transacción*, Instituto Nacional de Estudios Jurídicos, Madrid, 1964.

LACRUZ BERDEJO, J. L. *et al.*, *Elementos de derecho civil II. Derecho de obligaciones. vol. 2: contratos y cuasicontratos*, 5.ª ed., Dykinson, Madrid, 2013.

LÓPEZ SÁNCHEZ, J., *La regulación del proceso monitorio y su aplicación por los tribunales*, Wolters Kluwer, Madrid, 2019, pp. 367-372.

MASSAGUER, J., *Acciones y procesos de infracción de Derechos de propiedad industrial*, Aranzadi, 2.ª ed., Cizur Menor, 2020.

MONTERO AROCA, J. *et al.*, *Derecho jurisdiccional I. Parte General*, 25.ª ed., Tirant Lo Blanch, Valencia, 2017.

MONTERO AROCA, J., *El proceso civil. Los procesos ordinarios de declaración y de ejecución*, 2.ª ed., Tirant lo Blanch, Valencia, 2016.

ORMAZABAL SÁNCHEZ, G., *Introducción al Derecho procesal*¸ 6.ª ed., Marcial Pons, Madrid, 2016.

ORTELLS RAMOS, M. (dir. y coord.) *et al.*, *Introducción al Derecho Procesal*¸ 7.ª ed., Aranzadi, Cizur Menor, 2017.

RUIZ ARRANZ, A. I., *La estructura de la restitución contractual*, Agencia Estatal del BOE, Madrid, 2023.

SÁNCHEZ HERNÁNDEZ, C., *Los negocios de fijación*, Tirant lo Blanch, Valencia, 2004.

SÁNCHEZ LÓPEZ, B., «Recorrido por las sucesivas reformas del procedimiento monitorio y el reto del control de oficio de las cláusulas abusivas en contratos de consumo» en DÍEZ-PICAZO, I. *et al.* (coords.), *Derecho, Justicia, Universidad. Liber amicorum de Andrés de la Oliva Santos*, Editorial Universitaria Ramón Areces, Madrid, 2016.

SÁNCHEZ LÓPEZ, B., «La eficacia transfronteriza de los acuerdos de mediación y la Convención de Singapur: ¿grandes esperanzas?», *Cuadernos de derecho transnacional*, vol. 12, n.º 2, 2020, pp. 1406-1445.

SCHUMANN BARRAGÁN, G., «Contratos sobre costas: la disposición del crédito derivado de la condena en costas» en HERRERO PEREZAGUA, J. F., LÓPEZ SÁNCHEZ, J. (dirs.), *La justicia tenía un precio*, Atelier, Barcelona, 2023.

SCHUMANN BARRAGÁN, G., «Cosa juzgada y cuestiones procesales: una perspectiva nacional y europea», *Revista General de Derecho Procesal*, n.º 49, 2019.

SCHUMANN BARRAGÁN, G., *Derecho a la tutela judicial efectiva y autonomía de la voluntad: los contratos procesales*, Marcial Pons, Madrid, 2022.

Capítulo 6

La incidencia de los medios adecuados de solución de controversias en el proceso civil

JULIO BANACLOCHE PALAO
Catedrático de Derecho Procesal (UCM)

1. ANTECEDENTES HISTÓRICOS, FUNDAMENTO Y FINALIDAD DE LA EXIGENCIA DE INTENTAR UN MASC CON CARÁCTER PREVIO AL INICIO DEL PROCESO

1.1. ANTECEDENTES HISTÓRICOS DE LOS ACTUALES MASC

1.1.1. La conciliación previa al proceso en las Leyes de Enjuiciamiento Civil de 1855 y 1881

La consideración del proceso civil como un mecanismo subsidiario que solo debe ponerse en marcha ante la falta de un acuerdo previo de los interesados que solucione su controversia no es algo nuevo en nuestro ordenamiento procesal. Ya la primera Ley de Enjuiciamiento Civil de 5 de octubre de 1855 (en vigor desde el 1 de enero de 1856) establecía en su art. 18.3.º que a la demanda debía acompañarse *«la certificación del acto de conciliación, o de haberse intentado sin efecto, en los casos en que es requisito indispensable para entrar en el juicio»*. Los litigios que quedaban excluidos de esa necesidad de haber acudido previamente a la conciliación —porque esa era la regla general, como señalaba el artículo 201: *«antes de promoverse un juicio debe intentarse la conciliación ante el Juez de paz competente»*—, eran los juicios verbales, los ejecutivos, los interdictos, los sucesorios (tanto los de sucesión testamentaria como los abintestato), los concursos de acreedores, los de la Hacienda Pública, los que tuvieran por interesados a menores e incapacitados, y los juicios contra ausentes. El art. 202 también excluía las demandas de tanteo, retracto y cualquier otra de carácter urgente o perentorio por su naturaleza. Y por si no hubiera quedado claro hasta ese momento, el art. 203 reiteraba que *«el Juez no admitirá demanda a que no acompañe certificación del acto de conciliación o de haberse intentado sin efecto»*. Ahora bien, si se llegara a admitir la demanda sin haberse realizado la conciliación, las actuaciones practicadas eran válidas y aquella debería celebrarse *a posteriori* (art. 203). Es decir, estaba expresamente prevista la posibilidad de subsanar (lo que no ha hecho la reforma actual que aquí vamos a comentar).

Cuando MANRESA comenta estos preceptos, explica que la conciliación viene ordenada por la ley «con el laudable fin de evitar los pleitos», y la considera como «una conquista de las ideas liberales y filantrópicas». La conciliación había aparecido por vez primera en la Constitución de 1812 (arts. 282 a 284) y estaba estrechamente vinculada a la figura del Juez de paz, que pretendía excluir a los alcaldes de las funciones judiciales[1]. Se pensaba entonces que la intervención de un tercero —al que se presumía adornado con las virtudes de la prudencia y la justicia— ayudaría a zanjar satisfactoriamente cualquier controversia, haciendo además así innecesario el pleito posterior.

Siguiendo la estela de su predecesora, también la Ley de Enjuiciamiento Civil de 3 de febrero de 1881 impuso la necesidad de haber intentado un acto de conciliación (regulado en los arts. 460 a 480) para poder admitir la demanda (arts. 462 y 503.3.º). Sin embargo, la experiencia habida en los veinticinco años de vigencia de la LEC de 1855 respecto del acto de conciliación ya revelaba unos resultados muy poco satisfactorios, y había vuelto escépticos a muchos de los que lo habían alabado al instaurarse[2]. Por lo que nos ha transmitido la doctrina acerca de la eficacia del acto de conciliación previsto en la LEC de 1881, la inoperancia de la figura siguió siendo una constante durante los más de cien años en que estuvo en vigor[3]; por eso, la Ley 34/1984, de 6 de agosto, de reforma urgente de la Ley de Enjuiciamiento Civil, decidió convertirla en facultativa —en vez de obligatoria, como hasta entonces—, lo que supuso en la práctica que la conciliación dejara de usarse.

Conviene recordar las palabras con que la Exposición de Motivos de dicha ley —aprobada, por cierto, por un Congreso de los Diputados dominado por el PSOE con 202 escaños— justificó en aquel momento la supresión de la obligatoriedad de la conciliación: se decía que se había decidido *«conferir al acto de conciliación (...) un carácter meramente facultativo»* porque *«como demuestra la experiencia, ha dado resultados poco satisfactorios»*.

---

1. MANRESA y NAVARRO: *Ley de Enjuiciamiento Civil comentada y explicada*, Tomo I, Imprenta de la Revista de Legislación y Jurisprudencia, Madrid, 1856, p. 538. Los Jueces de paz debían ser, como expuso Pedro Gómez de la Serna en la Exposición de Motivos de la propia LEC de 1855, jueces de avenencia y no de derecho, elegidos por su moralidad, su espíritu conciliador y su prudencia. Sin embargo, las competencias de los Jueces de paz volvieron tempranamente a los alcaldes, y después fueron ejercidas por los Jueces municipales, por lo que nunca llegó a actuar ese idílico Juez de paz.
2. El propio MANRESA y NAVARRO, otrora gran defensor del acto de conciliación —como hemos reproducido—, al comentar los arts. 460 a 480 de la LEC de 1881, proclama que «a pesar de los principios filosóficos que la aconsejaran, (la conciliación) no ha correspondido en la práctica a las esperanzas que hiciera concebir el establecimiento de esta institución, estando reducida hoy a una mera formalidad previa, y ociosa en muchos casos, intentada por el actor, más que con el objeto de conciliarse, con el de ser admitido a juicio» (*Comentarios a la Ley de Enjuiciamiento Civil reformada*, Tomo II, Madrid, Imprenta de la Revista de Legislación, 1883, p. 389). Quizá hubiera convenido que el legislador actual hubiera leído estas sabias palabras de Manresa, que probablemente anuncien lo que también sucederá en 2025 con los recién aprobados MASC.
3. GUASP DELGADO considera que «la observancia práctica de la realidad, tal como de hecho se desenvuelve, confirma esa falta de fundamento teórico, por el escaso resultado que las conciliaciones, en general, arrojan, y que hacen que sólo prosperen en un contadísimo número de casos» (*Derecho Procesal Civil*, 2.ª edición, Instituto de Estudios Políticos, Madrid, 1961, p. 1192).

1.1.2. La conciliación en la Ley de Enjuiciamiento Civil de 2000 y en la Ley de Jurisdicción Voluntaria, y la aparición de la mediación

Convertida en una figura casi testimonial, la Ley 1/2000, de 7 de enero (la vigente LEC) decidió mantener el estatus voluntario de la conciliación e incluso conservó su regulación en la extinta LEC de 1881, *«hasta la entrada en vigor de la regulación de ambas materias en la Ley sobre Jurisdicción Voluntaria»* (Disposición derogatoria única 2.ª LEC, que mantenía vigente el Título I del Libro II de la anterior LEC, dedicado a la conciliación).

El cuarto hito regulatorio de la conciliación fue, pues, la Ley 15/2015, de 2 de julio, de la Jurisdicción Voluntaria (LJV), que en sus arts. 139 a 148 procedió a regular la conciliación judicial (que es la que actualmente tiene lugar ante el Juez de Paz o ante el Letrado de la Administración de Justicia de las Secciones de lo Civil o de lo Mercantil del Tribunal de Instancia correspondiente). En ese momento también se extendió la figura del conciliador a los notarios (arts. 81 a 83 de la Ley del Notariado) y a los registradores (art. 103 bis de la Ley Hipotecaria), rompiendo el monopolio judicial existente hasta ese momento en dicha materia. Ahora bien, en todos esos casos, la posibilidad de acudir a la conciliación seguía siendo facultativa para el futuro actor.

Por último, conviene destacar que, unos años antes, se había procedido a regular —a instancias de la Unión Europea— un mecanismo alternativo al jurisdiccional (y a la propia conciliación judicial): la mediación, que dio origen a la actual Ley 5/2012, de 6 de julio, de mediación en asuntos civiles y mercantiles. No entraremos aquí a abordar la diferencia teórica y práctica existente entre mediación y conciliación, pero sí destacaremos un rasgo que caracterizaba a la primera en la regulación originaria de la Ley 5/2012: su carácter voluntario (art. 1: *«...dos o más partes intentan voluntariamente...»* y art. 6.1: *«la mediación es voluntaria»*). Tampoco la mediación ha cuajado en nuestro sistema, ni ha conseguido reducir el volumen de litigación civil[4].

En definitiva, el sistema procesal siempre ha intentado ofrecer alternativas no judiciales al proceso con objeto de evitar su celebración: al principio, y durante siglo y medio, se hizo obligatorio acudir a ellas (en concreto, a la conciliación); pero ante los escasos resultados que se obtenían con su uso, y visto que se habían convertido en una mera formalidad, se convirtieron en facultativas, dejando a la libertad del futuro demandante acudir a ellas o no. Como en seguida veremos, esa voluntariedad en el uso de los MASC es lo que ha modificado la Ley Orgánica 1/2025, de 2 de enero, de medidas en materia de eficiencia

---

4. Para CARRETERO MORALES, «tras más de diez años desde la entrada en vigor de la Ley 5/2012, se puede constatar en la práctica la escasa operatividad en nuestro país de la mediación, básicamente debida aún al desconocimiento que de dicho mecanismo se sigue teniendo entre muchos operadores jurídicos y en gran parte de la ciudadanía» («El modelo de "obligatoriedad mitigada" de los MASC», *Diario La Ley*, n.º 10256, marzo de 2023, p. 3).

del Servicio Público de Justicia (en adelante LOEP): desde su entrada en vigor, y salvo contadas excepciones, solo se podrá tramitar un juicio ante los tribunales civiles si previamente se ha intentado un MASC.

1.2. FUNDAMENTO Y FINALIDAD DEL MASC CON CARÁCTER PREVIO A LA DEMANDA

Ya hemos señalado cómo MANRESA apuntaba la finalidad última de la conciliación obligatoria: evitar los pleitos. Con un buenismo digno de mejor causa, nuestros antepasados del siglo XIX pensaban que el planteamiento de cualquier controversia ante una persona virtuosa y juiciosa debería naturalmente desembocar en una propuesta razonable formulada por esta que aceptarían ambos interesados, haciendo así innecesaria la celebración de un proceso. Por consiguiente, el fundamento que inspira la exigencia de haber intentado la conciliación antes de presentar una demanda civil resulta también claro: la economía procesal. Si se consigue resolver la controversia gracias a los buenos oficios de un conciliador (o de un mediador, que es su versión moderna), ya no habrá necesidad de acudir a un proceso, y los recursos de la Administración de Justicia se podrán dedicar a tramitar y resolver asuntos más complejos o en los que el conflicto esté más enconado; en definitiva, esa fórmula permitiría ahorrar costes y reducir pleitos.

Esta finalidad es la que expresamente refiere el apartado IV de la Exposición de Motivos de la LOEP (incluso incorporando alguna expresión atribuida a Prougnon[5] y que en el contexto de la reforma resulta un tanto excesiva e incluso sonrojante): «*Dejando clara la indiscutible importancia constitucional del ejercicio de la potestad jurisdiccional por los jueces y tribunales, con la introducción de estos mecanismos, ya consolidados en el derecho comparado, se cumple la máxima de la Ilustración y del proceso codificador: que antes de entrar en el templo de la Justicia, se ha de pasar por el templo de la concordia. En efecto, se trata de potenciar la negociación entre las partes, directamente o ante un tercero neutral, partiendo de la base de que estos medios reducen el conflicto social, evitan la sobrecarga de los tribunales y pueden ser igualmente adecuados para la solución de la inmensa mayoría de las controversias en materia civil y mercantil*».

5. Así lo indica PICÓ i JUNOY («MASC y costas procesales en el futuro proceso civil: ¿La cuadratura del círculo?», *Diario La Ley*, n.º 9801, Sección Plan de Choque de la Justicia/Tribuna, 2 de marzo de 2021). La referencia de la cita se halla en el Informe del Consejo General del Poder Judicial de 22 de julio de 2021 sobre el Anteproyecto de Ley de medidas de eficiencia procesal del Servicio Público de Justicia, apartado 28: «*Se citan de este modo las palabras del diputado de la Asamblea Constituyente, durante la Revolución Francesa, Louis-Pierre-Joseph Prugnon, que en la sesión de 7 de julio de 1790 declaró: "Rendre la justice n'est que la seconde dette de la société. Empêcher les procès, c'est la première. Il faut que la société dise aux parties: Pour arriver au temple de la justice, passez d'abord par celui de la concorde. J'espère qu'en passant vous transigerez"*».

Como bien dice el aforismo, cuando un texto comienza con una excusa no solicitada (el reconocimiento de la importancia de la labor de los tribunales), es porque hay un perjuicio inmediato. Y este existe ya desde la propia denominación que se da a estos «mecanismos», a los que se llama «medios *adecuados* de solución de controversias», como si la respuesta jurisdiccional no fuera también adecuada (incluso más aún que aquellos, puesto que responde al uso de un derecho fundamental de los ciudadanos reconocido en el art. 24.1 CE)[6]. Podría haberse usado la expresión mucho más acertada y que había hecho fortuna de «medios alternativos», o incluso la de «medios extrajudiciales»; pero motejar a los MASC de «medios adecuados», supone calificar indirectamente a su alternativa (la vía judicial) como «inadecuada», lo que ya dice mucho de la visión que tiene la reforma del hecho de acudir a los tribunales a impetrar Justicia.

Por otra parte, la LOEP ignora que exigir acudir a un MASC antes de demandar conlleva importantes inconvenientes, como retrasar el inicio del proceso cuando se sabe de antemano que no se llegará a acuerdo alguno, facilitar las maniobras elusivas de un demandado que sabe que la demanda se va a retrasar, descubrir estrategias o datos que evitan el efecto sorpresa que tienen muchas demandas, o conllevar costes añadidos para el demandante (como la necesidad de retribuir al mediador o al abogado negociador, por ejemplo)[7], sin

6. Como señala PÉREZ DAUDÍ: «En relación con el término empleado debo manifestar mi discrepancia ya que el medio de solución de conflictos más adecuado técnicamente es el proceso judicial. La regulación actual es fruto de una evolución histórica que ha ido perfilando los principios procesales y procedimentales que deben regir el proceso judicial como instrumento del derecho a la tutela judicial efectiva. Es evidente que no es el más perfecto, pero técnicamente es el más adecuado porque se ha ido perfilando a lo largo de los siglos y adaptando a las necesidades que planteaba la sociedad en cada momento» («Los MASC y el proceso civil. Propuestas de reforma del Proyecto de Ley de Eficiencia Procesal», *Diario La Ley*, n.º 10121, septiembre de 2022, p. 3).
7. El informe del Consejo General de la Abogacía Española al Anteproyecto de Ley de medidas de eficiencia procesal del servicio público de justicia, de 12 de febrero de 2021, señala, con mucho acierto, a este respecto, que: «la efectividad de los derechos encuentra su garantía definitiva en la tutela judicial; esta no puede quedar relegada a una suerte de vía subsidiaria o de segundo orden en la defensa que el ciudadano pretende. Al contrario, si queremos que las vías extrajudiciales sean utilizadas, es necesario que las partes confíen en que la administración de justicia está en condiciones de resolver en un período razonable y con un contenido previsible, el conflicto. De lo contario, el recurso a la vía previa será el mecanismo de que se sirva quien no quiere la solución de la controversia, para demorarla. Prueba de ello ha sido la reciente experiencia de la reclamación previa ante las entidades de crédito en materia de cláusulas suelo introducida por el Real Decreto Ley 1/2017. Hay ocasiones en que la vía previa puede entrañar particulares dificultades, es abiertamente inútil o pone en riesgo la tutela que se pretende. Supone una particular dificultad en todos aquellos supuestos de acumulación subjetiva cuando hay varios litigantes en cada posición procesal (...) No debe subestimarse el temor de que el recurso a estos medios alternativos previos pueda comprometer la estrategia procesal en la defensa de los derechos confiados, al anticipar y dar a conocer a la parte contraria datos y argumentos que se preferiría mantener reservados».

que haya incentivos económicos para el acuerdo[8]. Podría entenderse que tales inconvenientes compensan si en un elevado número de casos, los MASC finalizaran en un acuerdo. Pero los hechos revelan que esto no es así, y que las veces en que el MASC alcanza un resultado satisfactorio son muy escasas. Ya sucedía eso, como hemos señalado, durante la vigencia de las dos primeras leyes de enjuiciamiento civil, y lo mismo ocurre en la actualidad. El hecho de que se convierta en obligatorio intentar un MASC no va a cambiar esa circunstancia: mientras no cambie la mentalidad de nuestros ciudadanos, en nuestro país se seguirá prefiriendo un mal pleito a un posible buen acuerdo[9].

Por consiguiente, con la nueva regulación aumentará el número de actuaciones —al ser obligatorios los MASC—, pero no su previsible resultado. Como debemos suponer que el legislador conoce —o debe conocer— esta realidad (esto es, el escaso —y frustrante— uso que se ha hecho de la mediación civil —y aún más de la conciliación— en los últimos años), hay, pues, que aventurar que con esta reforma se busca una finalidad distinta a la de evitar los pleitos en general. Y, en nuestra opinión, esta es la de reducir un *concreto tipo de litigios*: los denominados litigios en masa, es decir, aquellos que afectan a una pluralidad de sujetos (generalmente consumidores y usuarios), que tienen unas características muy similares (el uso de determinadas cláusulas o condiciones generales de la contratación) y que tienen un resultado absolutamente predecible (por existir jurisprudencia favorable al actor, lo que convierte en casi absolutas las expectativas de éxito)[10]. La manera que tiene de hacerlo es poner en relación

8. Como señala LÓPEZ YAGÜES: «imponer, de forma indiscriminada, el uso preceptivo de estas fórmulas —o, cuando menos, su intento— haciendo recaer sobre la ciudadanía y, en particular, sobre un sector de la misma, probablemente mayoritario, que cuenta con recursos económicos limitados, aunque no lo suficiente como para ser beneficiarios de una justicia gratuita, sin acompañar, en compensación a su empleo, beneficios de carácter fiscal u otros que sirvan de paliativo a ese gasto, no parece la mejor estrategia. Obviar la configuración de incentivos reales al uso de la mediación y otros MASC que primen la consecución de acuerdos extrajudiciales, en contraprestación al ahorro que, para el servicio público de justicia, supone canalizar la resolución de las controversias a través de fórmulas negociales es, a nuestro juicio, un claro error» («La eficacia de los MASC como presupuesto de su eficiencia en la gestión de conflictos derivados de incumplimientos contractuales», *Actualidad Civil*, n.º 12, diciembre de 2023).
9. Según el Informe del Consejo General del Poder Judicial de 22 de julio de 2021 sobre el Anteproyecto de Ley de medidas de eficiencia procesal del Servicio Público de Justicia, apartado 35: *«El riesgo, con todo, es que la regulación ofrezca resultados poco satisfactorios, como en su día tuvo la conciliación previa prevista en la LEC de 1881, y que el intento de MASC se convierta en un mero trámite burocrático o un formulismo que se absuelve con el único fin de dejar expedito el acceso a la jurisdicción»*.
10. Así se refiere a este punto la Exposición de Motivos: *«Este abuso puede ejemplificarse, por tanto, en la utilización irresponsable del derecho fundamental de acceso a los tribunales recurriendo injustificadamente a la jurisdicción cuando hubiera sido factible y evidente una solución consensuada de la controversia, como son los litigios de cláusulas abusivas ya resueltos en vía judicial con carácter firme y con idéntico supuesto de hecho y fundamento jurídico, o en los casos en que las pretensiones carezcan notoriamente de toda justificación impactando en la sostenibilidad del sistema, del cual quiere hacerse partícipe a la ciudadanía»*.

la conducta seguida con relación al MASC previo con el resultado en materia de costas en el proceso posterior, como en seguida veremos.

Se trataría, pues, de evitar (o reducir) lo que la LOEP denomina «abuso del servicio público de justicia»; o, dicho de otra manera, de hacer la Administración de Justicia una realidad más «sostenible». Esa es la finalidad última de la reforma consistente en volver a hacer obligatorio acudir a un MASC para poder demandar: reducir la actividad de los tribunales, desincentivando pleitos que no deberían haber llegado a juicio por tener la solución «cantada» de antemano. Por eso no se puede desligar esta resucitada exigencia de los MASC como actuación previa y obligada a la demanda, con la nueva normativa sobre costas, según la cual estas no se concederán a aquel que no participó en la actividad previa o quedará exonerado de su pago cuando pudo haber evitado el pleito aceptando la oferta que le propuso el demandado (si esta resulta sustancialmente idéntica a la que le ha otorgado el tribunal).

En definitiva, se impone como obligatorio el haber intentado un MASC no porque se confíe en que así se reducirá una buena parte de los pleitos, sino porque se cree que con ello una buena parte de la litigación en masa desaparecerá. Ahora bien, la pregunta surge de inmediato: si eso es así, ¿por qué no se ha limitado la obligatoriedad del MASC a ese tipo de pleitos, en vez de exigirlos a la mayor parte de los procesos? La respuesta la desconocemos, pero el hecho de que cada vez se muevan más intereses crematísticos y corporativos en torno a la mediación y actuaciones similares, puede permitirnos aventurar los motivos últimos de una decisión tan poco justificada.

Por otra parte, no nos convence la insistencia de la reforma en usar la expresión «servicio público de Justicia», al que pretendidamente se protege con la obligatoriedad de los MASC. Esa denominación oculta que la Justicia es mucho más que un servicio público (no es comparable, por ejemplo, con el transporte público o la limpieza de las ciudades); es un Poder del Estado que actúa como contrapeso de los demás poderes y que se alza como el garante de los derechos fundamentales de los ciudadanos (art. 53.2 CE).

1.3. LA OBLIGATORIEDAD DE ACUDIR PREVIAMENTE A UN MASC Y EL DERECHO A LA TUTELA JUDICIAL EFECTIVA

El hecho de imponer la obligatoriedad de un MASC para poder iniciar la gran mayoría de los procesos civiles podría plantear la duda acerca de si tal exigencia vulnera el art. 24.1 CE con relación al derecho a la tutela judicial efectiva en su dimensión de derecho de acceso, al establecerse una condición limitativa a este[11].

11. Sobre este punto, *vid.* PEITEADO MARISCAL, P., «Consideraciones sobre la relación entre el derecho a la tutela judicial efectiva y la mediación obligatoria», *Estudios de Deusto*, vol. 66/2, julio-diciembre 2018, pp. 283-322.

La cuestión ya está resuelta por el Tribunal de Justicia de la Unión Europea, que en varias sentencias (SSTJUE de 18 de marzo de 2010, asuntos acumulados C-317/08, C-318/08, C-319/08 y C-320/08, *Alassini*; y de 14 de junio de 2017, asunto C-75/16, *Menini*) ha establecido que no vulnera las normas comunitarias imponer una mediación obligatoria como actuación previa al proceso, dado que no afecta de modo «desmesurado e intolerable» al contenido esencial del derecho de acceso a los tribunales. En el primero de esos asuntos judiciales, una norma italiana imponía una conciliación extrajudicial obligatoria como requisito de admisibilidad de las acciones judiciales relativas a litigios en materia de servicios de comunicaciones electrónicas entre usuarios finales y proveedores. El TJUE consideró conforme a la normativa europea dicha exigencia, por las razones expuestas en el apartado 67 de la citada sentencia de 18 de marzo de 2010: *«los principios de equivalencia y de efectividad y el principio de tutela judicial efectiva tampoco se oponen a una normativa nacional que impone, para tales litigios, la tramitación previa de un procedimiento de conciliación extrajudicial cuando dicho procedimiento no conduce a una decisión vinculante para las partes, no implica un retraso sustancial a efectos de la interposición de un recurso judicial, interrumpe la prescripción de los correspondientes derechos, y no ocasiona gastos u ocasiona gastos escasamente significativos para las partes, y siempre y cuando la vía electrónica no constituya el único medio de acceder a ese procedimiento de conciliación y sea posible adoptar medidas provisionales en aquellos supuestos excepcionales en que la urgencia de la situación lo exija».*

Son, pues, cuatro las características que tiene que reunir una regulación estatal que impone un MASC previo a la demanda para no vulnerar la normativa comunitaria: 1) que no cierre la posibilidad de un proceso posterior; 2) que no retrase sustancialmente el inicio de dicho proceso; 3) que interrumpa la prescripción o la caducidad de la acción; y 4) que no implique costes o estos sean poco relevantes. La normativa contenida en la LOEP parece que cumple con todas ellas, por lo que sería conforme al art. 24.1 CE y no creemos que prosperara un posible recurso de amparo contra la resolución de inadmisión de una demanda por no haberse intentado un MASC previo[12]. Ahora bien, como ya hemos indicado, que no sea inconstitucional no significa que no conlleve inconvenientes para el actor, siendo los principales el retraso en el inicio del proceso y la pérdida del efecto sorpresa, lo que puede favorecer maniobras del demandado dirigidas a frustrar la posible ejecución de una sentencia condenatoria.

---

12. Así lo entiende también el Informe del CGPJ ya citado: *«42.- A partir de las consideraciones precedentes, cabe concluir que la regulación proyectada se configura de tal modo que supera el test de proporcionalidad establecido por el TJUE y que puede ser empleado como criterio hermenéutico del alcance del artículo 24 CE en relación con la obligatoriedad del intento de MASC con carácter previo al acceso a la jurisdicción».*

2. ÁMBITOS OBJETIVO, SUBJETIVO Y PROCEDIMENTAL DE LOS MASC COMO EXIGENCIA PREVIA AL PROCESO

2.1. ÁMBITO OBJETIVO Y SUBJETIVO DE LOS MASC

Como se acaba de señalar, la regla general que se establece en la LOEP es que antes de presentar una demanda de carácter civil o mercantil, se debe haber acudido a uno de los MASC reconocidos por las leyes: «*Las disposiciones de este título son de aplicación a los asuntos civiles y mercantiles, incluidos los conflictos transfronterizos*» (art. 3.1 LOEP). Para definir qué se entiende por conflicto transfronterizo, el art. 3.1. LOEP se remite al art. 3 de la Ley 5/2012, de 6 de julio, de mediación («*un conflicto es transfronterizo cuando al menos una de las partes está domiciliada o reside habitualmente en un Estado distinto a aquél en que cualquiera de las otras partes a las que afecta estén domiciliadas*»).

El precepto mezcla, pues, la cuestión relativa al tipo de asunto que requiere el uso de un MASC (que se trate de un conflicto donde resulte aplicable el Derecho civil o mercantil) con el del lugar del domicilio de las partes (que podría afectar, en su caso, a la competencia de los tribunales, pero no al uso del MASC). Es decir, aquí lo relevante para saber si hay que intentar un MASC o no es que se trate de un litigio civil o mercantil en que haya que demandar en España, no que una de las partes tenga su domicilio en otro Estado. Si ambas partes tienen su domicilio fuera de España, pero tienen que demandar aquí —porque el fuero de competencia les conduzca a nuestros tribunales—, tendrán que haber intentado un MASC antes de presentar la demanda si quieren que esta resulte admitida (siempre que verse sobre una materia que requiere esa actuación previa, obviamente).

En cualquier caso, quedan fuera de los MASC obligatorios las pretensiones que se insten en los órdenes penal y social, a las que se añaden las relativas al ámbito concursal: «*Quedan excluidos, en todo caso, de lo dispuesto en este título las materias laboral, penal y concursal*» (art. 3.2 LOEP). La Exposición de Motivos de la LOEP justifica cada una de estas exclusiones: respecto del proceso penal, porque en él «*no rige el principio dispositivo, sin perjuicio del derecho de las víctimas a acceder a servicios de justicia restaurativa con la finalidad de obtener una adecuada reparación material y moral de los perjuicios derivados del delito cuando se cumplan los requisitos establecidos legalmente*»; con relación a los procesos laborales y concursales, porque en su «*normativa reguladora ya se prevén instrumentos en los que se materializan soluciones pactadas acomodadas a la naturaleza y peculiaridades de aquellas materias*».

Respecto de los pleitos contencioso-administrativos, también quedan excluidos —como se deduce del contenido del art. 2.1 LOEP («*Quedan excluidos, en todo caso, de lo dispuesto en este título (...) los asuntos de cualquier naturaleza, con independencia del orden jurisdiccional ante el que deban ventilarse, en los que una de las partes sea una entidad perteneciente al sector público*»)—, aunque se está *«a la espera de la futura regulación de estos mismos medios adecuados de solución de controversias en el ámbito administrativo y en el orden jurisdiccional contencioso-administrativo, lo que requiere de un instrumento legislativo propio y diferenciado»*. Cómo se puedan instaurar los MASC en los procesos contencioso-administrativos cuando se trate de cuestiones que afectan al interés general[13], está por ver; pero la intención del legislador en ese sentido parece bastante clara.

El art. 4.2 LOEP, por su parte, exime del uso de los MASC a *«los conflictos de carácter civil que versen sobre alguna de las materias excluidas de la mediación, conforme a lo dispuesto en el apartado 9 del artículo 89 de la Ley Orgánica 6/1985, de 1 de julio, del Poder Judicial»*. La remisión es confusa y pone de relieve la falta de coordinación que existe en las remisiones internas de la LOEP, porque ese art. 89.9 LOPJ establece que *«en todos estos casos está vedada la utilización de los medios adecuados de solución de controversias»*, lo que significa que: 1) en contra de lo que dice el art. 4.2 LOEP, los casos no se contienen en ese apartado, sino en los apartados 6 y 7 de ese mismo art. 89 LOPJ; y 2) dichos casos no solo están excluidos de «mediación», como dice el art. 4.2 LOEP (que es solo un tipo de MASC), sino del uso de cualquier otro tipo de MASC[14].

Pero, al margen de lo anterior, lo que debe destacarse es que lo que realmente quiere decir el precepto no es que no deba usarse un MASC cuando se insten —en general— algunas de las acciones civiles a que se refiere el art. 89.6 y 7 LOPJ, sino que no se haga cuando estas acciones se presenten ante una Sección de Violencia sobre la Mujer de un Tribunal de Instancia por vincularse a un acto de violencia de género o violencia sexual. Es decir, lo que se excluye del uso previo y preceptivo de los MASC es toda acción civil que se ejercite por razón de su relación con un acto de violencia de género o sexual, acción que por eso se presenta ante las Secciones de Violencia sobre la Mujer de los Tribunales de Instancia.

13. Como señala la Exposición de Motivos de la LOEP, *«en efecto, el interés general que subyace en la intervención de todas las entidades del sector público, así como el carácter público de la financiación que soporta su funcionamiento, la sumisión al estricto principio de legalidad por exigencia del artículo 103 de la Constitución y la autotutela declarativa y ejecutiva de los actos administrativos determina la imposibilidad de que los medios adecuados de solución de controversias reciban un tratamiento legislativo asimilable al que se contiene en esta ley para los asuntos civiles y mercantiles»*.

14. Este es un ejemplo más (de los innumerables que hay) de la falta de cuidado con que se ha redactado y tramitado esta LOEP. Lo que decía la LOPJ en su versión anterior a la reforma incluida en la propia LOEP era que *«en todos estos casos está vedada la mediación»* (antiguo art. 87 ter 2 LOPJ). Ahí se hablaba, pues, de mediación, porque aún no existían los MASC y esa era la única actuación posible. Ahora que la LOEP ha introducido los MASC, se ha redactado de nuevo el equivalente al antiguo art. 87 ter 2 LOPJ incluyendo una referencia más amplia (art. 89.9 LOPJ: *«en todos estos casos está vedada la utilización de los medios adecuados de solución de controversias»*). Sin embargo, no se ha cambiado el art. 4.2 LOEP, que sigue haciendo referencia al texto del antiguo art. 87 ter 2 LOPJ, y no al nuevo del art. 89.9 LOPJ.

2.2. ÁMBITO PROCEDIMENTAL DE LOS MASC: PROCESOS INCLUIDOS Y EXCLUIDOS DE SU USO PREVIO

2.2.1. La obligatoriedad del uso de los MASC en los procesos declarativos ordinarios y sus excepciones

Centrándonos, por tanto, en los litigios propios del orden jurisdiccional civil, que son a los que resulta aplicable el Título II de la LOEP, y dejando de lado los casos de ejercicio de acciones civiles vinculadas con la violencia contra la mujer y de carácter sexual, hay algunas materias que quedan fuera del ámbito objetivo de aplicación de dicho Título, es decir, que no requieren haber intentado un MASC antes de presentar la demanda (ni tampoco podrán ser derivadas a los MASC posteriormente por el juez o por el Letrado de la Administración de Justicia, una vez iniciado el proceso). Se trata de aquellas *«materias que no estén a disposición de las partes en virtud de la legislación aplicable»*, sin que el precepto especifique nada más al respecto. Habrá, pues, que estar al caso concreto de que se trate, pero parece que excluye todos los asuntos relativos al estado civil, que no son disponibles ni negociables para las partes.

El hecho de que a continuación se indique que, no obstante, cabe llegar a acuerdos sobre *«los efectos y medidas previstos en los artículos 102 y 103 del Código Civil, sin perjuicio de la homologación judicial del acuerdo alcanzado»* (art. 4.1 II LEOP), parece ratificar la tesis de que los procesos excluidos son todos los que afectan al estado civil de las personas, incluidos los matrimoniales, pues los arts. 102 y 103 CC abordan cuestiones relacionadas con *«la demanda de nulidad, separación o divorcio»*. Sin embargo, esa conclusión parece contradecirse con lo que se establece en el art. 5.2 LOEP, que enumera una serie de procesos para los que se excluyen los MASC obligatorios previos, entre los que no se encuentran los matrimoniales, por lo que serían exigibles para esos casos. Posteriormente ahondaremos en esta cuestión.

Lo anterior revela que el problema estriba en la coexistencia de ese párrafo segundo del art. 4.1 LOEP, que tiene un carácter *genérico*, con el precepto siguiente (art. 5 LOEP), donde se exponen (en sus apartados 2 y 3) aquellos procedimientos *concretos* donde no se requiere haber instado un MASC para poder admitir la demanda correspondiente. Si esta última norma indica qué procesos se consideran como de materias no disponibles, allí no encontramos —sorprendentemente— a los matrimoniales.

Analizando el citado art. 5 LOEP, hay que comenzar afirmando que la regla general es que se necesita haber intentado un MASC antes de iniciar cualquier proceso declarativo, ya sea ordinario o especial: *«Se exigirá actividad negociadora previa a la vía jurisdiccional como requisito de procedibilidad en todos los procesos declarativos del libro II y en los procesos especiales del libro IV de la Ley 1/2000, de 7 de enero, de Enjuiciamiento Civil»* (art. 5.2 LOEP). El precepto habla de «todos» los procesos, por lo que es indiferente el carácter que estos tengan, la materia sobre la que versen o el tipo de procedimiento por el que se tramiten.

Como ya apuntamos con anterioridad, esta generalización de la exigencia de los MASC a todos los procesos es inédita en nuestro entorno[15], y nos parece desproporcionada e inútil, porque habrá numerosas ocasiones en que, desde el principio, se sepa que el MASC no producirá resultado alguno: pensemos en casos en que se conoce de antemano que el deudor no va a pagar la deuda (ya reclamada en numerosas ocasiones) por más que se le insista (porque carece de medios económicos, por ejemplo); o en pleitos familiares, donde ya se han producido diversas mediaciones de carácter informal; o en tantos otros donde lo que ambas partes quieren —ambas partes, no solo el demandante— es que sea un tribunal quien decida el conflicto que les enfrenta, no un intermediario que intente acercar posiciones. Pero aún son peores aquellos casos donde la existencia de un MASC previo contradice la propia finalidad del proceso al que precede (como sucede con el monitorio) o lo presupone (como en los procesos consensuales de separación y divorcio), y aun así viene exigido su intento por la norma.

Junto a esta regla general que obliga al uso de los MASC, la normativa también contempla algunas excepciones, que se enumeran a continuación. Así, respecto de los procesos declarativos ordinarios que se tramitan por el juicio ordinario por razón de la materia, solo se excluye *«la tutela judicial civil de derechos fundamentales»* (a la que se refiere el art. 249.1.2.º LEC), que englobaría los procesos sobre derecho al honor, la intimidad y la propia imagen, los que afecten al derecho de asociación y cualquier otro cuya pretensión tenga su núcleo en la vulneración de un derecho fundamental de contenido civil.

Con relación al juicio verbal, se excluyen de los MASC previos únicamente dos tipos de tutelas que se tramitan por esa vía: los interdictos de retener y recobrar (*«la tutela sumaria de la tenencia o de la posesión de una cosa o derecho por quien haya sido despojado de ellas o perturbado en su disfrute»*, a que se refiere el art. 250.1.4.º LEC) y el interdicto de obra ruinosa (*«la pretensión de que el tribunal resuelva, con carácter sumario, la demolición o derribo de obra, edificio, árbol, columna o cualquier otro objeto análogo en estado de ruina y que amenace causar daños a quien demande»*, contemplada en el art. 250.1.6.º LEC). Lo primero que llama la atención es que no se haga referencia a la modalidad especial

15. Así lo indicó el Informe del CGPJ: *«44.- En primer lugar, debe ponerse de manifiesto que la opción del prelegislador de establecer el carácter obligatorio del intento de MASC para todo asunto civil y mercantil (con la excepción de determinadas categorías de supuestos caracterizados, sustancialmente, por el carácter sumario o urgente de la tutela) carece de antecedentes en el ámbito de la Unión Europea. En los distintos países en los que se ha establecido la obligación de intento de MASC se ha optado por un modelo de obligatoriedad mitigada, esto es, la obligatoriedad se ha circunscrito a un conjunto delimitado de materias respecto de las que el legislador ha estimado que por su naturaleza son más idóneas para la conciliación o negociación evitadora del proceso»*.

del interdicto de retener o recobrar relativo a los inmuebles ocupados, que se menciona en el segundo párrafo del art. 250.1.4.º LEC: en nuestra opinión, hay que considerarlo también excluido de la necesidad de un MASC, como se deduce de la propia naturaleza de la controversia existente. Lo segundo que hay que destacar es que no se hayan incluido los demás interdictos (adquirir u obra nueva) en la excepción al uso de los MASC, dado que en esos casos suele existir un punto de urgencia que debería haberse tomado en consideración. Hasta la propia LEC de 1855 establecía que todos los interdictos quedaban exentos del intento de conciliación previa, lo que demuestra que la decisión tomada por la LOEP no parece la más razonable.

Al margen de lo anterior, sorprende en todo caso que no se hayan excluido en bloque de la preceptividad de los MASC todas las pretensiones que se tramitan por el juicio verbal por razón de la materia, puesto que se articulan por ese procedimiento —precisamente por la mayor rapidez que requiere su tutela— procesos tales como desahucios, alimentos, protección de los derechos reales inscritos, rectificación de noticias inexactas, recuperación de bienes comprados a plazos, cesación en defensa de los consumidores, régimen de visitas de los abuelos a sus nietos. El intento de MASC en estos supuestos tiene *a priori* muy pocos visos de prosperar, y solo va a retrasar el inicio del proceso posterior, con los perjuicios que esto supone para el demandante.

Curiosamente, se excluyen de la necesidad de MASC previo las reclamaciones de escasa cuantía que se acogen a la normativa europea aprobada a tal efecto: «*Tampoco será preciso acudir a un medio adecuado de solución de controversias para (...) solicitar el inicio de un proceso europeo de escasa cuantía, conforme al Reglamento (CE) n.º 861/2007 del Parlamento Europeo y del Consejo, de 11 de julio de 2007, por el que se establece un proceso europeo de escasa cuantía*». Ello se debe probablemente a que en esa normativa europea no se impone un MASC previo como requisito de procedibilidad; pero precisamente por tal motivo, que se requiera un MASC para solicitar esas mismas cantidades a través de un juicio verbal carece absolutamente de sentido[16].

16. Todas las modificaciones introducidas en el art. 5 LOEP durante la tramitación parlamentaria con relación al texto del Proyecto de Ley se deben a la aceptación de la enmienda n.º 306 del Grupo Parlamentario Socialista, donde estaban incorporadas en bloque: en concreto, se contenía la mención expresa a que se debe acudir a un MASC antes de iniciar un proceso de los Libros II y IV de la LEC, y se añadían casos que quedaban excluidos de la necesidad de MASC (adopción de medidas de apoyo, filiación, cambiario, ejecución, medidas cautelares previas, diligencias preliminares, monitorio europeo, escasa cuantía). Pues bien, cuando se acude a la justificación de la enmienda para intentar descubrir el motivo de esas modificaciones (como, por ejemplo, por qué está el monitorio europeo y el cambiario y no el monitorio nacional), nos encontramos con esta única frase: «Mejora técnica. Clarificar la exigencia del requisito de procedibilidad e introducción de nuevas excepciones». Así es muy difícil llegar a entender el sentido de las normas y buscar una interpretación razonable a cuestiones que, a primera vista, carecen de lógica.

2.2.2. La obligatoriedad del uso de los MASC en los procesos declarativos especiales y sus excepciones. Especial referencia a los procesos matrimoniales y al monitorio

Por lo que se refiere a los procesos especiales del Libro IV, la regulación es ciertamente confusa. Si atendemos a lo dicho en el art. 4.1 II LOEP, que excluye del MASC previo a las pretensiones que versen sobre materias no disponibles, habría que excluir de dicha obligatoriedad a prácticamente todos los procesos regulados en el Título I del Libro IV, al referirse todos ellos al estado civil o a los menores. Sin embargo, el art. 5 LOEP menciona unos procesos sí y otros no, con lo que se genera la duda acerca de si resulta o no necesario intentar un MASC antes de presentar la demanda en aquellas materias que no aparecen expresamente excepcionadas.

Así, el art. 5.2.c), d) y g) excluye las acciones consistentes en *«la adopción de medidas judiciales de apoyo a las personas con discapacidad»*, lo que entendemos que englobaría todos los procesos contenciosos regulados en el Capítulo II del Título I del Libro IV, incluida la revisión de medidas cuando ha habido oposición (art. 761 LEC) y el internamiento por razón de trastorno psíquico del art. 763 LEC (que, por cierto, era al único al que se hacía referencia en la letra c del texto originario del Proyecto de Ley); las relativas a *«la filiación, paternidad y maternidad»*, que abarcaría todas las acciones contempladas en el Capítulo III del Título I del Libro IV; y *«el ingreso de menores con problemas de conducta en centros de protección específicos, la entrada en domicilios y restantes lugares para la ejecución forzosa de medidas de protección de menores o la restitución o retorno de menores en los supuestos de sustracción internacional»*, que se corresponde con el contenido de los arts.778 bis y 778 ter LEC, y con el Capítulo IV bis LEC.

Ahora bien, nada se dice de otros procesos también regulados en el Título I del Libro IV, como todos los procesos matrimoniales regulados en el Capítulo IV (nulidad, separación, divorcio, reclamaciones que versen exclusivamente sobre guarda y custodia de hijos menores o alimentos relativos a estos, o el reconocimiento de la eficacia civil de resoluciones matrimoniales canónicas) y con otros procesos que afectan a menores contemplados en el Capítulo V (oposición a las resoluciones administrativas en materia de protección de menores, la determinación de la necesidad de asentimiento en la adopción, y la oposición a determinadas resoluciones y actos de la Dirección General de los Registros y del Notariado en materia de Registro Civil). El silencio sobre ellos dentro de las materias excluidas del intento de MASC parece que debería interpretarse como que quedan sujetos a la regla general y que, por consiguiente, en todos esos casos resulta necesario haber intentado un MASC antes de poder presentar la demanda. Pero esa conclusión resulta ilógica y no pensamos que deba sostenerse.

En primer lugar, no parece que quepa llegar a acuerdos en algunas de esas materias, que claramente consideramos como indisponibles y donde el acuerdo de las partes no resulta relevante. Así sucede con la nulidad de un matrimonio, el reconocimiento civil de una sentencia canónica, o los tres procedimientos del Capítulo V del Título I del Libro IV relativos a menores. Por lo tanto, no cabe exigir en esos casos la realización previa de un MASC, y habría que considerarlos excluidos por *mor* del art. 4.1 II LOEP.

En segundo lugar, carece de sentido obligar a que se acredite haber intentado previamente un MASC en un proceso como el consensual de separación y divorcio, que requiere presentar con la solicitud un convenio acordado por ambas partes. Si no hubiera habido negociación previa, no se iniciaría un proceso como el regulado en el art. 777 LEC, por lo que es lógico sostener que queda excluido de la necesidad de MASC previo por la propia naturaleza del procedimiento, bastando con la presentación del convenio regulador para acreditar que se ha cumplido con la actividad negociadora previa.

Pero incluso en los casos de separación y divorcio contencioso o conflictivo (regulados en el art. 770 LEC), pensamos que no se necesita instar un MASC previo antes de demandar. Primero, porque si así fuera, carecería de sentido la referencia que hace el art. 4.1 II LOEP a que sí cabe intentar un MASC con relación a las medidas del art. 103 CC (sobre guarda y custodia de los hijos, uso de la vivienda familiar, contribución a las cargas del matrimonio, entrega de gananciales, etc.), es decir, que no están dentro de la prohibición general de MASC que opera para los procesos en los que se integran (los de separación y divorcio). Además, en muchas ocasiones, ese tipo de demanda viene precedida de unas medidas provisionales (art. 771 LEC), que carece de sentido que exijan un MASC previo por la urgencia que requieren; y, una vez acordadas, lo que procede es interponer la demanda en los treinta días que indica el art. 771.5 LEC, y no intentar entonces —antes de demandar— un MASC que ya no tiene objeto alguno, al haber fijado el Juez las medidas contempladas en el art. 103 CC.

Es decir, que lo que el art. 4.1 II LOEP permite —que no obliga: *«será posible su aplicación»*, dice el precepto— es que puedan ser objeto de mediación o conciliación el contenido de las medidas del art. 103 CC, pero no impone que se intente un MASC antes de solicitar las medidas del art. 771 LEC o de presentar la demanda —conteniendo esa misma petición de medidas— de separación o divorcio del art. 770 LEC[17].

Y lo mismo cabría decir con relación a las acciones dirigidas a reclamar la guarda y custodia de hijos menores o alimentos reclamados por un progenitor

17. En aquellas Comunidades Autónomas que han establecido una mediación familiar, esta se ha configurado siempre como voluntaria. Así sucede, por ejemplo, con la normativa catalana, regulada en la Ley 15/2009, de 22 de julio, de mediación en el ámbito del derecho privado.

a otro en nombre de estos: no se exige MASC previo, al tratarse de materias que no están a disposición de las partes (art. 4.1 I LOEP), por más que los progenitores puedan llegar a un acuerdo sobre ellas que haga innecesaria la reclamación judicial.

Al margen de lo anterior, el art. 5.2.b) LOEP también exime de acudir a un MASC previo cuando estemos ante la materia consistente en *«la adopción de las medidas previstas en el artículo 158 del Código Civil»*. Este art. 158 CC permite acordar medidas urgentísimas y necesarias para la protección de un menor cuando concurren determinadas situaciones contempladas en el precepto (si no existe esa urgencia, tendrían que pedirse medidas cautelares dentro del proceso, o instar una modificación de medidas, si ya hay sentencia firme). La cuestión es que el procedimiento que debe seguirse en esos casos del art. 158 CC es un expediente de jurisdicción voluntaria, y el art. 5.2.b LOEP) trata de los procesos contenciosos del Libro II y del Libro IV, no de los expedientes de jurisdicción voluntaria, que se abordan en el apartado siguiente (en el art. 5.3 LOEP). Además, con relación a estos últimos, no se requiere haber acudido antes a un MASC, salvo dos excepciones: *«los expedientes de intervención judicial en los casos de desacuerdo conyugal y en la administración de bienes gananciales, así como de los de intervención judicial en caso de desacuerdo en el ejercicio de la patria potestad»*, que no son los propios del art. 158 CC, por lo que no hubiera hecho falta su mención en el art. 5.2 LOEP.

Es cierto que, en algunas ocasiones, el art. 158 CC puede responder a un supuesto particular de desacuerdo en el ejercicio de la patria potestad, pero en la mayoría de los casos no sucede así (entre otras cosas, porque puede plantearlo de oficio el propio Juez, o el Ministerio Fiscal, o el propio hijo o cualquier pariente). Por eso no se entiende por qué la exclusión del art. 5.2.b) LOEP no se ha mencionado al tratar la jurisdicción voluntaria, o simplemente por qué se tiene que tratar específicamente, cuando quedaría dentro de la exclusión general de MASC que se aplica a los expedientes de jurisdicción voluntaria.

Por lo que respecta al proceso de división judicial de patrimonios, regulado en el Título II del Libro IV, no está excluido del uso previo de un MASC, por lo que hay que entender que, antes de intentar la partición judicial de la herencia o la liquidación judicial del régimen económico matrimonial, habría que intentar una solución negociada. No parece ilógica esta medida, puesto que se trata de actuaciones que se podrían solucionar por acuerdo de los interesados, quedando la vía judicial como algo subsidiario (art. 789 LEC).

Menos explicable es que se exija un MASC con carácter previo al proceso monitorio, máxime cuando quedan excluidos de dicha obligación tanto el monitorio europeo (*«tampoco será preciso acudir a un medio adecuado de solución de controversias para presentar la petición de requerimiento europeo de pago conforme al Reglamento (CE) n.º 1896/2006 del Parlamento Europeo y del Consejo, de 12 de diciembre de 2006, por el que se establece un proceso monitorio europeo»*: art. 5.3 LOEP), como el juicio cambiario (art. 5.2.h LOEP)[18].

El proceso monitorio busca, por sí mismo, la evitación del pleito —al permitir el pago de la cantidad reclamada sin coste adicional, o la creación de un título ejecutivo cuando no hay oposición—, por lo que exigir una previa negociación antes de presentar la solicitud solo servirá para retrasar aún más la presentación de la demanda (primero, porque es necesario intentar un MASC y, después, porque obliga a esperar a ver si el deudor se opone o no al monitorio), sino que también aumentará los costes y, lo que es más grave, puede desactivar al monitorio en cuanto procedimiento sustitutivo del declarativo correspondiente, porque si hay que realizar una negociación previa y esta no llega a producirse por el desinterés del deudor, o se produce, pero en ella se comprueba que el deudor se opone a cualquier acuerdo, no parece que tenga mucho sentido iniciar después un monitorio —con el nuevo retraso que ello supone— cuando ya se sabe de antemano que no va a haber pago o consentimiento tácito, sino oposición. En esos casos, lo lógico es que el acreedor inste directamente el declarativo que corresponda ante el fracaso del MASC, lo que puede suponer que el monitorio desaparezca o quede convertido en un mecanismo residual.

Pero ya no es solo que el legislador no se haya parado a pensar en las consecuencias que, para la propia supervivencia del monitorio, tiene obligar a intentar un MASC con carácter previo a que este se inicie; es que no ha previsto la exclusión del MASC respecto del ordinario que puede seguir al monitorio cuando ha habido oposición del deudor. Es decir, que, cuando la cantidad reclamada en un proceso monitorio está dentro del ámbito del juicio ordinario (porque

18. Comentando el texto del Anteproyecto de Ley, LÓPEZ SÁNCHEZ sostenía que no era necesario intentar un MASC con carácter previo al inicio de un monitorio, porque este no es un verdadero proceso jurisdiccional y porque se tramita ante el Letrado de la Administración de Justicia y no ante el juez: «el requisito de procedibilidad que el art. 1.3 ALMEP no debería exigirse en el proceso monitorio al tratarse de un proceso especial para lograr una tutela privilegiada del crédito y que, por tal motivo, una futura regulación que incluyese aquel requisito de procedibilidad en el proceso civil debería excluir su aplicación de forma expresa para el proceso monitorio. El proceso monitorio constituye una vía jurisdiccional mediante la que se constituye un título ejecutivo equivalente a una sentencia y que deja decidida la situación existente entre acreedor y deudor sin posibilidad de discutir nuevamente sobre la exigibilidad del crédito. Se puede afirmar que presta una tutela declarativa. La petición inicial comporta la material formulación de una pretensión. Ahora bien, el proceso monitorio sólo puede alcanzar su fin en la medida en que no hay controversia sobre la existencia y exigibilidad del crédito reclamado. Carece de sentido, ante la inexistencia de controversia exigir que con carácter previo se acuda a la vía negocial» («El carácter general del requisito de procedibilidad de haber acudido a un medio adecuado de solución de controversias a propósito del proceso monitorio», *Revista General de Derecho Procesal* n.º 55, 2021, p. 67). Compartimos el sentido de estas reflexiones, pero ya no son válidas a la luz del texto de la LOEP, puesto que en él (a diferencia de lo que sucedía en el Anteproyecto) se ha excluido expresamente del uso de los MASC al monitorio europeo y al cambiario, pero no al monitorio nacional, que —absurdamente— exige acreditar haber intentado una negociación previa.

en el caso del verbal hay una continuidad procedimental con el anterior monitorio y no se plantea este problema), y ha habido una oposición, lo que se deduce de la regulación es que debe intentarse un nuevo MASC antes de presentar la demanda, dado que no existe norma que excluya ese supuesto del MASC previo. En nuestra opinión, esa interpretación carece de sentido, y convierte al monitorio en un auténtico vía crucis para el pobre acreedor que se atreva a iniciarlo.

Para sortear esa conclusión tan inaceptable, pensamos que puede sostenerse que, en este caso, resulta de aplicación directa del art. 818.2 II LEC, de manera que el acreedor dispone de un mes de plazo para presentar la demanda —sin necesidad de intentar un nuevo MASC— y, si no lo hace, se procedería al sobreseimiento de las actuaciones y a su condena en las costas del monitorio.

Como ya hemos señalado, la enmienda que excluyó al cambiario de la necesidad de MASC no explica la razón por la que se otorga un tratamiento dispar al proceso monitorio y al juicio cambiario, cuando ambos están construidos de forma similar (usando la técnica monitoria). También se desconoce por qué se exige MASC al monitorio nacional y no al europeo. Esa ausencia de una explicación induce a pensar que no ha habido un criterio claro fundado en un estudio previo que discrimine en qué procedimientos el uso de un MASC puede realmente conducir a un acuerdo, y cuándo no parece que deba imponerse en todo caso. Más bien da la impresión de que la selección tiene su origen en diversas *ocurrencias*, que provocan que se excluyan o incluyan determinados procesos de la exigencia de los MASC por razones que se escapan a nuestro conocimiento, lo que, en definitiva, dice muy poco en favor de la pretendida eficiencia procesal que se pretende conseguir con la reforma.

2.2.3. La no obligatoriedad del uso de los MASC con relación a los procesos de ejecución, actuaciones previas y expedientes judiciales de jurisdicción voluntaria

Al margen de los procesos declarativos (ordinarios o especiales), cualquier justiciable puede acudir a los tribunales bien a preparar el proceso (a través de diligencias preliminares, medidas cautelares previas a la demanda, prueba anticipada o aseguramiento de la prueba), bien a solicitar que se dé cumplimiento a lo previamente declarado (proceso de ejecución).

El art. 5.3 LOEP comienza diciendo que *«no será preciso acudir a un medio adecuado de solución de controversias para la interposición de una demanda ejecutiva»*. Dado que no distingue según que esa demanda ejecutiva provenga de un título ejecutivo judicial (sentencia firme de condena, auto que aprueba una transacción, o resolución procesal ejecutable: art. 517.2.1.º, 3.º, 8.º y 9.º LEC), de un título asimilado al judicial (laudo arbitral o acuerdo derivado de una MASC que conste en escritura pública: art. 517.2.2.º LEC), o de un título extrajudicial (copia de escritura pública, póliza intervenida, títulos o certificados: art.

517.2.4.º a 7.º LEC), hay que entender que en todos esos casos se puede presentar directamente la demanda ejecutiva, sin necesidad de haber intentado previamente un MASC. Por eso resulta curioso que una deuda que consta en un título ejecutivo extrajudicial se pueda reclamar directamente (no ya sin haber intentado antes un MASC, sino ni siquiera un requerimiento previo de pago, puesto que no se ha modificado el art. 581 LEC, que prevé el requerimiento posterior a la demanda ejecutiva), mientras que para reclamar esa misma deuda a través de un monitorio o mediante un ordinario resulte obligatorio acudir a un MASC antes de poder actuar ante los tribunales.

No se dice nada con relación a los incidentes declarativos que pueden suscitarse en un proceso de ejecución (básicamente las tercerías de dominio o de mejor derecho). No estamos en estos casos ante una «demanda ejecutiva» que dé inicio al incidente, puesto que este comienza por demanda ordinaria, por lo que no estarían contenidos en la causa de exclusión mencionada en el art. 5.3 LOEP. Pero tampoco estamos ante uno de *«los procesos declarativos del libro II y en los procesos especiales del libro IV de la Ley 1/2000»*, puesto que las tercerías no se regulan ni en el Libro II ni en el Libro IV de la LEC, sino en el Libro III. El hecho de que la tramitación de ambos incidentes se sustancie *«por los trámites previstos para el juicio verbal»* (art. 599 LEC y en el mismo sentido el art. 617.1 LEC) no los convierte en procesos declarativos del Libro II. Por tanto, hay que entender que las tercerías son meros incidentes de ejecución y, en consecuencia, están excluidas de la obligatoriedad de haber intentado un MASC con carácter previo, al quedar englobadas dentro del proceso de ejecución (que no requiere intento de MASC).

A continuación, el art. 5.3 LOEP señala que tampoco hay que acudir a un MASC para *«la solicitud de medidas cautelares previas a la demanda»*. Esas medidas, dirigidas a asegurar que se podrá llevar a cabo la ejecución de una posible sentencia condenatoria (art. 721.1 LEC), se piden con carácter previo a la demanda cuando concurren *«razones de urgencia o necesidad»* (art. 730.2 I LEC). Es frecuente además solicitar que se acuerden sin oír al demandado, bien por la propia urgencia de la situación, bien porque *«la audiencia previa puede comprometer el buen fin de la medida cautelar»* (art. 733.2 I LEC). El problema estriba en cómo combinar la exigencia legal de que, en un plazo relativamente corto (20 días), se deba presentar la posterior demanda —si no se quiere que se alcen las medidas cautelares acordadas con carácter previo, y que además se le obligue al actor a pagar costas y los posibles daños y perjuicios—, con la obligación de intentar un MASC en ese breve período de tiempo (un MASC que, precisamente por la necesidad de que produzca resultados casi inmediatos, está condenado al fracaso).

Para abordar esta cuestión, la LOEP ha modificado el citado art. 730.2 LEC, en un intento de dar respuesta a las distintas situaciones que se pueden plantear. En primer lugar, aclara que esa solicitud de medidas cautelares anticipadas puede tener lugar, lógicamente, cuando aún no existe ningún MASC, o cuando este ya está produciéndose (*«durante su pendencia»*, dice el art. 730.2 III LEC), lo que sucedería si el motivo determinante de la urgencia o necesidad aparece en un momento determinado de la negociación. En segundo lugar, se indica —indirectamente— que el hecho de haber pedido una cautelar anticipada no exime de la obligación de intentar después un MASC respecto de la pretensión del proceso principal. Ahora bien, lo que no se dice es cuándo hay que intentar el MASC, una vez concedida la medida cautelar. Lo lógico es entender que el actor tiene 20 días para iniciar la negociación, so pena de que, si no lo hace, se puedan alzar las medidas cautelares acordadas —se supone que a petición del demandado, porque en ningún momento se impone que se deba notificar al tribunal el inicio del MASC de que se trate—. Esta interpretación se realiza por analogía con lo previsto para los casos —que serán escasísimos— en que no procede intentar un MASC por tratarse de una materia excluida, donde se dice que la demanda debe presentarse en el plazo de 20 días desde que se acordó la medida (art. 730.2 II LEC).

En tercer lugar, el citado precepto regula las diferentes posibilidades que se abren cuando el MASC se cierra con un acuerdo: 1) hay que comunicárselo al tribunal (*«alcanzado el acuerdo éste habrá de ser puesto de manifiesto ante el tribunal»*), porque, al existir una medida acordada, el asunto se ha «judicializado» (aunque no se dice que tenga que haber un auto de homologación del acuerdo, sino que, por el contrario, se da a entender que la comunicación es a los solos efectos de decidir si la medida cautelar ha de continuar o no); 2) en el citado acuerdo las partes deben indicar qué solicitan al tribunal con respecto a las medidas acordadas: si han de mantenerse, alzarse o modificarse (*«en este acuerdo las partes deberán pronunciarse sobre el alzamiento, mantenimiento o modificación de las medidas cautelares adoptadas»*). Si ambas partes quieren el alzamiento, su decisión vincula al tribunal (*«si ambas partes solicitan el alzamiento se ordenará por el letrado o la letrada de la Administración de Justicia»*); en otro caso, decide el tribunal lo que considere pertinente, previa audiencia —se supone que por escrito, siguiendo los trámites de los incidentes— de las partes (*«en otro caso, se dará cuenta al tribunal que, oídas las partes, resolverá lo procedente atendiendo a las circunstancias concurrentes»*).

Por último, el art. 730.2 IV LEC pretende establecer lo que sucede cuando las partes no han llegado a un acuerdo en su intento de solución vía MASC. Y decimos que lo pretende, porque la redacción no puede ser más confusa y desafortunada. Según se deduce literalmente del precepto, *«las partes»* pueden pedir que se alcen las medidas *«en el plazo de veinte días desde la terminación del proceso negociador»*, lo que carece absolutamente de sentido: por un lado, el actor siempre querrá que las medidas permanezcan hasta que se pueda presentar la demanda, por lo que no debería mencionarse en el precepto como promotor de la petición; pero por otro lado, es absurdo que, fracasado el MASC, al día siguiente el demandado pueda pedir —y obtener— el levantamiento de la cautelar, cuando el demandante apenas ha tenido tiempo de interponer la demanda.

Lo que entendemos que ha querido decir el legislador (y esta es la interpretación teleológica y sistemática que pensamos que debe hacerse del precepto) es que es «a partir del plazo de 20 días» que se menciona —y no «en», es decir, dentro de él—, contado desde que fracasó el MASC (*«desde la terminación del proceso negociador sin acuerdo o desde la fecha de recepción de la propuesta por la parte requerida en caso de que dicha propuesta inicial de acuerdo no obtenga respuesta»*), se puede pedir el alzamiento de la cautelar si antes no se ha presentado la demanda (*«las partes podrán solicitar el alzamiento de las medidas cautelares ante el tribunal competente»*). En definitiva, lo único que cambia de la anterior regulación es que el plazo de 20 días legalmente previsto para presentar la demanda ahora se computa no desde que se acuerda la medida cautelar, sino desde finalizó el MASC, a salvo de lo que indicaremos a continuación[19].

Y es que esta interpretación se ve avalada por lo dispuesto en el art. 7.3 II y III LOEP, que aborda precisamente esta misma cuestión. Comienza señalando que: *«si se hubieran acordado medidas cautelares durante la tramitación del proceso negociador, las partes deberán presentar la demanda ante el mismo tribunal que conoció de aquellas en los veinte días siguientes desde la terminación del proceso negociador sin acuerdo o desde la fecha en que deba entenderse finalizado el proceso de negociación sin acuerdo conforme a esta ley»*. Es decir, que las medidas cautelares no se alzarán hasta que no transcurran esos 20 días y no se haya presentado la correspondiente demanda.

Ahora bien, el precepto añade a continuación: *«si las medidas cautelares se hubieran acordado antes del inicio del proceso negociador, el plazo de veinte días para presentar la demanda se suspenderá y reanudará, respectivamente, en los términos previstos en el apartado 1»*. Una vez más, la regulación del párrafo es muy defectuosa, y genera de nuevo grandes dudas, especialmente por su remisión al apartado 1, que aborda la cuestión relativa a la incidencia de los MASC en la prescripción y la caducidad de la acción que se ejercita[20], algo completamente ajeno al cómputo del plazo para presentar la demanda después de la presentación de una medida cautelar.

Si se interpreta literalmente el art. 7.3 II LOEP, cuando alguien obtiene una medida cautelar previa (que no requiere un MASC previo), tendría, a partir de

19. En este caso además no se le puede echar la culpa de la confusa redacción a la tramitación parlamentaria, porque el párrafo cuarto del art. 730.2 no se ha modificado, mantenido su redacción originaria del Proyecto de Ley.

20. Respecto de los problemas de los MASC a la hora de valorar si se ha interrumpido la prescripción extintiva o se ha suspendido el plazo de caducidad, *vid.* CARRASCO PERERA: «Los medios adecuados de solución de controversias (MASC) en la ley de eficiencia de la Justicia y sus efectos sobre la prescripción civil», *Sección de Publicaciones*, web del Despacho de Abogados Gómez-Acebo & Pombo, on line, 4 de febrero de 2025.

ese momento, 20 días para presentar la demanda; pero como se necesita haber intentado un MASC antes de demandar, entonces debe iniciar este dentro de ese plazo de 20 días, lo que «suspende» el plazo para presentar la demanda hasta que finalice el proceso negociador. Si este acaba sin acuerdo, el plazo debe «reanudarse», lo que da a entender que el cómputo se inicia desde el día último transcurrido (dentro del plazo de 20) inmediatamente anterior al inicio de la negociación. Este planteamiento dificulta mucho las cosas al actor, y además no parece que sea razonable establecer tal disparidad de trato según que la medida cautelar se haya acordado durante el proceso de negociación (donde el plazo de 20 días se cuenta íntegramente) o antes de su inicio (donde quedarían solo los días no transcurridos, de los 20 iniciales). Por lo tanto, una interpretación teleológica y sistemática nos debería llevar a entender que la referencia que hace el párrafo al apartado 1 es para acercar el supuesto al de la prescripción extintiva, que queda «interrumpida» y da lugar al «reinicio» del cómputo. Pero como esto contradice claramente la dicción literal del precepto (que habla de «suspender» y no de interrumpir, y de «reanudar» y no de reiniciar), lo más prudente es presentar la demanda antes de que finalice lo que quede del plazo de veinte días, para evitar que el demandado plantee antes de haber presentado la demanda una solicitud de alzamiento de las medidas cautelares previas que están acordadas.

A diferencia de lo que sucede con las medidas cautelares previas al proceso, la LOEP no menciona nada sobre otras dos actuaciones que también se pueden solicitar con carácter previo a la demanda y que requieren una actuación judicial urgente: la prueba anticipada (art. 293.1 LEC) y el aseguramiento de la prueba (art. 297.1 LEC). Al no haberse reformado estos preceptos, hay que entender que sigue siendo posible solicitar ambas medidas antes de demandar y sin necesidad de haber intentado previamente un MASC. Hay dos razones que avalan esta tesis: primero, que no estamos aún ante un proceso declarativo, sino ante una simple medida precautoria que resulta necesaria para el caso de que aquel llegue a concretarse; y, segundo, porque se trata de un caso análogo al de las medidas cautelares previas, que, como acabamos de ver, están excluidas del intento de MASC.

Precisamente por esa identidad de razón (art. 4.1 CC) que se aprecia entre las medidas cautelares previas y las actuaciones consistentes en la prueba anticipada o el aseguramiento de la prueba, hay que entender que para estas últimas también ha de regir lo previsto para las primeras, a saber: 1) que, aunque se haya acordado la prueba anticipada o el aseguramiento, antes de presentar la demanda hay que intentar un MASC (si la materia no está excluida, evidentemente); y 2) que el plazo de dos meses en que se debe presentar la demanda con relación a la prueba anticipada (art. 295.3 LEC), o de 20 días para la prueba asegurada (art. 297.4 LEC), sirve, por un lado, para fijar los plazos en que se debe iniciar el MASC y, por otro lado, para determinar el cómputo de tiempo a tener en cuenta para presentar la demanda, una vez que haya finalizado —infructuosamente— el MASC.

A diferencia del caso anterior, la LOEP sí menciona las diligencias preliminares para indicar que su solicitud no requiere haber acudido previamente a un MASC. Por lo tanto, si se necesita acceder a alguna información para configurar adecuadamente la demanda, se puede presentar la solicitud correspondiente (art. 256.2 LEC) sin tener que acreditar que previamente se ha intentado un MASC. Lo que de nuevo genera dudas es cómo computar el plazo de un mes que contempla el art. 256.3 LEC: de acuerdo con la regulación existente hasta ahora, si no se presenta la demanda transcurrido un mes desde que se realizó la diligencia preliminar, ni se justifica por qué no se ha hecho, cabe que se pierda la caución prestada por el solicitante. Con la nueva regulación, en ese período de tiempo de un mes habría que acudir al MASC, por lo que es posible que no se pueda presentar la demanda dentro de ese plazo. Por lo tanto, habría que entender que dicho plazo debe computarse a partir de la fecha en que el MASC ha finalizado sin llegar a ningún acuerdo.

La LOEP, en su línea de preterir actuaciones judiciales legalmente previstas, no indica nada acerca de si debe o no intentarse un MASC antes de solicitar la exhibición de pruebas *ante demandam* (art. 283 bis e 1 LEC: *«Las medidas de acceso a fuentes de prueba podrán solicitarse antes de la incoación del proceso»*) en los procedimientos de reclamación de daños por infracción del derecho de la competencia. Su analogía con la figura de las diligencias preliminares induce a pensar que no es necesario haber instado previamente un MASC en este caso; pero aquí nos encontramos con el problema derivado del plazo de 20 días que el art. 283 bis e) 2 LEC impone para la presentación de la demanda, so pena de tener que pagar las costas y los posibles daños y perjuicios. Al igual de lo que se dijo con relación a casos similares, hay que reinterpretar el precepto y entender que hay un plazo de 20 días para intentar el MASC desde que se termina el acceso a la prueba que se hubiera acordado, y de nuevo hay que considerar esos mismos 20 días para presentar la demanda, un plazo que debería empezar a contarse desde el momento en que el MASC fracasó.

Por último, tampoco se requiere acudir a un MASC para la iniciación de expedientes de jurisdicción voluntaria, con excepción de los expedientes de intervención judicial en los casos de desacuerdo conyugal y en la administración de bienes gananciales, así como de los de intervención judicial en caso de desacuerdo en el ejercicio de la patria potestad (art. 5.3 LOEP). En el texto originario, no había ninguna excepción a la exclusión de los MASC en los expedientes de jurisdicción voluntaria; fue durante la tramitación parlamentaria cuando se incluyeron esos dos casos, probablemente porque en la rúbrica del expediente aparecía la palabra «desacuerdo» (lo que puede hacer pensar que hay que intentar solucionarlo antes de intentar una vía judicial, aunque sea mediante un expediente de jurisdicción voluntaria). Sin embargo, los casos regulados en la Ley de Jurisdicción Voluntaria en que existe un «conflicto» no son únicamente esos dos (también lo hay en el relativo al beneficio de la mayoría de edad, por ejemplo), por lo que no tiene mucho sentido que para estos últimos se exija haber intentado un MASC y para los otros casos no; con ello se demuestra una vez más la falta de sistemática y el desconocimiento de las instituciones que han demostrado tener los autores de la LOEP.

2.3. UN CASO PARTICULAR DE RECLAMACIÓN PREVIA RELATIVO A CONTRATOS DE CONSUMIDORES

Al margen de lo anteriormente señalado, la LOEP ha individualizado un tipo de pretensión que se debe tramitar a través del juicio verbal, y que requiere una reclamación previa muy específica sin cuyo intento no se puede posteriormente admitir la correspondiente demanda.

Se trata de aquellas pretensiones «*que tengan por objeto las acciones de reclamación de devolución de las cantidades indebidamente satisfechas por el consumidor en aplicación de determinadas cláusulas suelo o de cualesquiera otras cláusulas que se consideren abusivas contenidas en contratos de préstamo o crédito garantizados con hipoteca inmobiliaria*» (art. 439.5 LEC). La norma se integra dentro del Título relativo al juicio verbal porque se trata de una tutela que va por esa vía por razón de la materia, al tratarse de «*demandas en que se ejerciten acciones individuales relativas a condiciones generales de contratación en los casos previstos en la legislación sobre esta materia*» (art. 250.1.14.º LEC).

En este caso, se pide al consumidor haber practicado «*una reclamación previa extrajudicial a la persona física o jurídica que realice la actividad de concesión de préstamos o créditos de manera profesional, con el fin de que reconozca expresamente el carácter abusivo de dichas cláusulas, con la consiguiente devolución de las cantidades indebidamente satisfechas por el consumidor*» (art. 439.5 LEC). A la demanda se deberá acompañar el documento que justifique la realización de dicha reclamación, so pena de resultar inadmitida.

El concreto procedimiento a través del cual se articula esa reclamación se contiene en el art. 439 bis LEC (en cuya rúbrica, por cierto, se confunde la concesión «profesional» de créditos con la «oficial», que es lo que dice el texto cuando se quiere claramente referir a la primera). Allí se aborda cómo tiene que formularse la reclamación, las conductas posibles del reclamado, la finalización del acto con o sin acuerdo, y la manera en que este se hace efectivo.

Pero lo más interesante es que también se apunta la razón por la que el legislador ha individualizado este concreto tipo de reclamaciones: para reducir el número de litigios existentes en materia de cláusulas abusivas firmadas por consumidores, vinculándolo a la posibilidad que tiene la entidad concedente del préstamo o crédito de pedir la no condena o la exoneración del pago de las costas a que pudiera ser condenada, si acredita que ofreció pagar extrajudicialmente con carácter previo al proceso unas cantidades que resultan ser sustancialmente las mismas a las que después resulta condenada en sentencia (art. 245.5 LEC).

Con ello se pretende que el consumidor —o más bien, su abogado— se piense si compensa iniciar un proceso judicial para alcanzar a la postre la misma cantidad que ya le está ofreciendo la contraparte en las negociaciones previas. Por eso el art. 439 bis VI LEC afirma que *«la posición mantenida por las partes durante esta negociación previa podrá ser valorada en el seno del proceso ulterior, caso de haberlo, a los efectos previstos en el artículo 394 y, en su caso, en los artículos 245 y 247»*.

Como dijimos al inicio de este estudio, la preceptividad de los MASC probablemente solo estaría justificada para este concreto caso contemplado en el art. 439.5 LEC. Sin embargo, el legislador ha decidido generalizar su exigencia e imponerlo en casi todos los procesos, sin que lleguemos a entender qué pretende obtener con ello ni en qué datos se basa para considerar que, en esta ocasión, no va a finalizar, como en las anteriores, en un estrepitoso fracaso.

3. LOS MASC Y EL DEMANDANTE: SU CONSIDERACIÓN COMO REQUISITO (PRESUPUESTO) DE PROCEDIBILIDAD

3.1. ACREDITACIÓN EN LA DEMANDA DE HABER INTENTADO PREVIAMENTE UN MASC

El art. 5.1 LOEP señala que *«en el orden jurisdiccional civil, con carácter general, para que sea admisible la demanda se considerará requisito de procedibilidad acudir previamente a algún medio adecuado de solución de controversias de los previstos en el artículo 2»*. El apartado 2 de ese mismo precepto insiste en considerar la *«actividad negociadora previa a la vía jurisdiccional como requisito de procedibilidad»*, y lo mismo se reitera en el art. 14.1 LOEP (*«a los efectos de cumplir el requisito de procedibilidad para la iniciación de la vía jurisdiccional,...»*).

Lo primero que debemos indicar es la imprecisión técnica que supone denominar constantemente «requisito» lo que realmente es un «presupuesto», es decir, una circunstancia (la realización de un MASC) que ha de concurrir previamente para la consecución de un acto posterior (la admisión de la demanda).

Al margen de lo anterior, para acreditar que se ha cumplido dicho presupuesto, el actor debe narrar en el relato de hechos de su demanda los aspectos básicos de esa actividad negociadora. A tal fin, la LOEP ha añadido un segundo párrafo al art. 399.3 LEC del siguiente tenor: *«Así mismo, se hará constar en la demanda la descripción del proceso de negociación previo llevado a cabo o la imposibilidad del mismo, conforme a lo establecido en el ordinal 4.º del artículo 264, y se manifestarán, en su caso, los documentos que justifiquen que se ha acudido a un medio adecuado de solución de controversias, salvo en los supuestos exceptuados en la Ley de este requisito de procedibilidad»*.

Esa «manifestación» (aunque más bien el precepto debería haber hablado de «indicación» o «relación») de los documentos que acreditan la existencia de una actividad negociadora previa, debe ir acompañada de su aportación junto con la demanda. A eso hace referencia el nuevo numeral 4.º añadido al art. 264 LEC (que es el que regula los documentos procesales que deben acompañarse a la demanda): «*4.º El documento que acredite haberse intentado la actividad negociadora previa a la vía judicial cuando la ley exija dicho intento como requisito de procedibilidad, o declaración responsable de la parte de la imposibilidad de llevar a cabo la actividad negociadora previa a la vía judicial por desconocer el domicilio de la parte demandada o el medio por el que puede ser requerido*». Esta exigencia se relaciona con lo dispuesto en el art. 10.1 LOEP, a cuyo tenor: «*A los efectos de acreditar que se ha intentado una actividad negociadora previa y cumplir el requisito de procedibilidad, dicha actividad negociadora o el intento de la misma deberá ser recogida documentalmente*».

El art. 264.4.º LEC plantea, pues, una doble modalidad a través de la cual se puede acreditar el cumplimiento del requisito del MASC previo: 1) aportando el documento que acredita el fracaso del MASC intentado (la manera en que se debe confeccionar dicho documento viene regulada en el art. 10.2 y 3 LOEP); o 2) aportando una «declaración responsable», donde se señale que se ha intentado localizar al demandado, pero no ha sido posible, y por eso no se ha llevado a cabo la negociación.

A la vista de esta nueva exigencia legal, pensamos que, por un lado, si el actor considera la realización del MASC como una mera formalidad, lo lógico es que acuda a la forma más rápida y económica de MASC para dar por cumplido el requisito. De todas las opciones previstas en el art. 5.1 II LOEP, la que mejor respondería a esa idea es la de la negociación directa entre las partes o sus abogados, que además podría acreditarse de forma muy sencilla y barata mediante un simple cruce de correos electrónicos que revelen la imposibilidad de llegar a un acuerdo, y que den lugar a un documento posterior que recoja el frustrado intento[21].

El art. 10.4 LOEP regula diversos casos en que se puede considerar intentada una negociación sin haber llegado a acuerdo alguno, entre ellos, el transcurso de 30 días naturales sin respuesta a la solicitud inicial planteada para reunirse, o sin contestar a una propuesta concreta de acuerdo. No obstante, ese tiempo puede incluso reducirse, si las partes comienzan a negociar y desde el

21. En esta misma línea, LORENZO AGUILAR indica que «el criterio elegido para la acreditación de los requisitos de procedibilidad es fácil de salvar», ya que, por ejemplo, con el envío de un burofax por una de las partes a la otra realizando una propuesta negocial, será suficiente para alegar que se ha realizado un intento amistoso de llegar a un acuerdo y presentar la demanda («Análisis global de los medios de solución de controversias en el Anteproyecto de Ley de Medidas de Eficiencia Procesal», *Práctica de Tribunales*, n.º 153, noviembre de 2021, p. 4).

primer momento constatan que no hay posibilidad de acuerdo (art. 10.4.d LOEP: *«Se entenderá que se ha producido la terminación del proceso sin acuerdo: d) si cualquiera de las partes se dirige por escrito a la otra dando por terminadas las negociaciones, quedando constancia del intento de comunicación de ser esa su voluntad»*).

Por otro lado, la presentación de una «declaración responsable» lógicamente debería ir acompañada de algún tipo de documento que acreditara la imposibilidad de comunicarse con el demandado, lo que no resulta fácil de obtener, salvo que se haya intentado un requerimiento notarial o un burofax (con resultado infructuoso), que harían prueba plena de dicho intento. Ahora bien, el precepto no menciona nada al respecto, por lo que podría ser suficiente con una mera declaración formal del actor para que, al menos *ab initio*, se diera por cumplido el requisito, lo que nos lleva a plantearnos qué sucedería si después el demandado alega en su contestación que no le consta que se le intentara localizar para dar inicio a la negociación. A esto daremos respuesta más adelante.

Hay que señalar que, en el caso de que la demanda se dirija contra varios demandados, deberá acreditarse que se ha intentado negociar con todos y cada uno de ellos (aunque no se haya hecho de forma conjunta).

3.2. PROHIBICIÓN DE APORTAR CON LA DEMANDA DOCUMENTOS RELATIVOS AL MASC PREVIAMENTE INTENTADO

El art. 9.1 LOEP establece que *«el proceso de negociación y la documentación utilizada en el mismo son confidenciales, salvo la información relativa a si las partes acudieron o no al intento de negociación previa y al objeto de la controversia»*. Se impide, pues, a las partes y a sus abogados que usen esos datos y documentos en el proceso posterior (*«ninguno de ellos podrá revelar la información que hubieran podido obtener derivada del proceso de negociación»*).

Lo anterior se concreta en la prohibición legal de que se aporte con la demanda (o la contestación) documentación relativa a la actividad negociadora (*«no podrán declarar o aportar documentación derivada del proceso de negociación o relacionada con el mismo ni ser obligados a ello en un procedimiento judicial o en un arbitraje»*: art. 9.2 LOEP). Para el caso de la oferta vinculante —materia extraordinariamente sensible, porque uno u otro interesado revela hasta dónde estaría dispuesto a ceder para poner fin a la controversia—, el art. 17.4 LOEP señala que, al ejercitar la acción ante el tribunal competente (o, en su caso, la defensa frente a la pretensión), *«basta en este caso acreditar la remisión de la oferta a la otra parte por manifestación expresa en el escrito de demanda o en la contestación a la misma, en su caso, a cuyo documento procesal se ha de acompañar el justificante de haberla enviado y de que la misma ha sido recibida por la parte requerida, sin que pueda hacerse mención a su contenido»*. Cabe destacar cómo la norma busca que el tribunal no conozca los términos concretos de la oferta, para no condicionar su futura decisión.

En caso de que, contrariando esa exigencia, presentaran tales documentos, habría que solicitar su inadmisión en el momento de proposición de la prueba (*«si se pretendiese por alguna de las partes la aportación como prueba en el proceso de la información confidencial, no será admitida por los tribunales por aplicación de lo dispuesto en el artículo 283.3 de la Ley 1/2000, de 7 de enero, de Enjuiciamiento Civil»*: art. 9.2 *in fine* LOEP), y su correlativa exclusión del acervo del proceso (*«en caso de que se revele información o se aporte documentación en infracción de lo dispuesto en este artículo, la autoridad judicial la inadmitirá y dispondrá que no se incorpore al expediente, sin perjuicio, además, de la responsabilidad que dicha infracción genere en los términos previstos en el ordenamiento jurídico»*: art. 9.3 LOEP).

No nos resistimos a criticar de este último apartado que se acaba de reproducir dos detalles que demuestran el descuido con que se ha redactado la LOEP: por un lado, que se hable de «expediente», cuando estamos ante un proceso judicial y lo lógico hubiera sido hablar de no incorporación a los autos; y, por otro lado, que se mencionen unas posibles responsabilidades por infringir el deber de confidencialidad, pero sin especificar en qué se concretan estas (es decir, si puede generar una multa por ser un caso de abuso del servicio público de Justicia, si cabe pedir responsabilidad civil por daños, si únicamente ha de tener consecuencias deontológicas para el abogado que las aportó, etc.), ni si deben ser instadas de oficio por el tribunal o solo proceden a instancia de la parte perjudicada (lo que nos parece más razonable).

3.3. INADMISIÓN DE LA DEMANDA POR NO QUEDAR ACREDITADO QUE SE HAYA INTENTADO PREVIAMENTE UN MASC Y POSIBILIDAD DE SUBSANACIÓN

Corresponde al Letrado de la Administración de Justicia examinar si se cumplen los requisitos de admisibilidad de la demanda (art. 404.1 LEC), por lo que él será el primero en apreciar si se ha realizado un MASC con carácter previo o no y, en consecuencia, si se cumple o no ese requisito de procedibilidad a los efectos de admitir la demanda presentada.

Una de las cosas que debería comprobar es si lo que se negoció se corresponde con lo que ahora se reclama, lo que puede no resultarle sencillo si lo que se acompaña a la demanda es únicamente la declaración de haberse intentado un acuerdo sin resultado satisfactorio. Es cierto que el art. 10.2 LOEP señala que en dicho documento, que ha de ser firmado por ambas partes, debe contenerse *«la identidad de las mismas y, en su caso, de las personas profesionales o expertas que hayan participado asesorándolas, la fecha, el objeto de la controversia, la fecha de la reunión o reuniones mantenidas, en su caso, y la declaración res-*

ponsable de que las dos partes han intervenido de buena fe en el proceso»; pero a lo mejor no se especifica con detalle los términos de lo discutido, o se añaden pretensiones que no se incluyeron en la negociación, lo que puede dificultar la labor del Letrado de la Administración de Justicia.

Como el art. 5.1 LOEP exige que *«para entender cumplido este requisito habrá de existir una identidad entre el objeto de la negociación y el objeto del litigio, aun cuando las pretensiones que pudieran ejercitarse, en su caso, en vía judicial sobre dicho objeto pudieran variar»*, si el Letrado de la Administración de Justicia tuviera dudas sobre esa sustancial identidad entre lo negociado y lo reclamado, podría pedir al actor que complete la información suministrada antes de decidir sobre la admisión de la demanda (art. 404.2.2 LEC).

Para el caso de que considerara que no se cumple el requisito de procedibilidad, el art. 404.2.2 LEC le impone que dé cuenta al juez, para que este decida sobre la admisión. El art. 403.2 (modificado por la LOEP) prevé —con una redacción muy rebuscada, todo hay que decirlo— como causa específica de inadmisión de la demanda la no aportación de los documentos que acreditan el haber intentado la negociación previa (*«no se admitirán las demandas cuando no se acompañen a ella los documentos que la ley expresamente exija para la admisión de aquellas, cuando no se hagan constar las circunstancias a las que se refiere el segundo párrafo del apartado 3 del artículo 399 en los casos en que se haya acudido a un medio adecuado de solución de controversias por exigirlo la ley como requisito de procedibilidad (...)»*). Evidentemente, el auto de inadmisión de la demanda por esa causa podría ser recurrido en apelación por el actor, al tratarse de una resolución definitiva (art. 455.1 LEC).

Otra cuestión que revela la falta de cuidado del legislador en la regulación de los MASC es el silencio legal existente en torno a la posibilidad de subsanar su ausencia, sobre la base del art. 231 LEC[22]. El Informe del CGPJ sobre el Anteproyecto ya solicitó una regulación sobre este punto[23]; una sugerencia que, como se ve, ha sido completamente ignorada. La doctrina del Tribunal Constitucional, en casos similares, se ha mostrado partidaria de la subsanación, como revela la STC 69/1997, de 8 de abril, FJ 6: *«De lo anterior se infiere que el plazo habilitado para la subsanación no lo es tan solo para la simple acreditación formal*

22. A favor de permitir la subsanación se manifiesta MORENO GARCÍA: «Los MASC como requisito de procedibilidad en el proceso civil: ¿una futura medida de eficiencia procesal?», en *La eficiencia de la justicia a debate*, coord. por ALBA CLADERA, F., JIMÉNEZ CONDE, F., y LÓPEZ SIMÓ, F. (dir), 2023, p. 142.

23. *«58.- Más allá del análisis del requisito de procedibilidad desde la perspectiva del derecho de acceso a la jurisdicción (art. 24.1 CE) que se ha planteado más arriba, la regulación proyectada suscita dos cuestiones de calado: por un lado, la identidad entre el objeto de la negociación y el objeto del litigio, y, por otro lado, la posible subsanación del defecto de intento de negociación (...) 61.- A la vista de la anterior doctrina constitucional, el prelegislador debería plantearse la necesidad de introducir una específica regulación de la subsanación del defecto de intento de MASC con el fin de preservar el derecho a la tutela judicial efectiva»*.

de que temporáneamente fue cumplido el requisito procesal exigible, sino también para la realización en dicho plazo del acto omitido o la rectificación del defectuosamente practicado. En este orden de cosas, la doctrina constitucional ha reconocido la subsanabilidad material y no meramente formal de requisitos procesales a los que el legislador ha configurado como previos al proceso, y en tal sentido la STC 76/1996, en su fundamento jurídico 6.º, ha declarado subsanable de tal forma la omisión de la comunicación previa, [...]. De igual modo, la subsanabilidad ex post ha sido declarada por este Tribunal respecto a un requisito del proceso laboral que guarda semejanza con el ahora debatido, cual es la reclamación previa en la vía administrativa cuando se demanda a Entes públicos (SSTC 11/1988, 65/1993 y 120/1993)».

A la vista de esa doctrina, si el actor se encontrara en una situación de urgencia y decidiera presentar la demanda sin haber intentado el MASC previo, podría razonablemente esperar que el Letrado de la Administración de Justicia, antes de dar cuenta al Juez instando la inadmisión, le otorgara un plazo razonable (art. 404.2.2 LEC) para iniciar uno de los MASC legalmente previstos (quizá de diez días, que suele ser el período habitual cuando se trata de subsanaciones), quedando mientras tanto la admisión de la demanda en suspenso[24]. Si, en ese mismo caso, el Letrado de la Administración de Justicia admitiera la demanda sin haberse intentado un MASC previo —bien por error, bien porque considere que no es necesario en ese proceso en concreto—, siempre podrá el demandado presentar una excepción procesal basada en dicha ausencia, debiendo también el Juez dar en la audiencia previa la oportunidad de subsanar el defecto antes de sobreseer el proceso.

3.4. VALIDEZ TEMPORAL DEL MASC INTENTADO

Según lo dispuesto en el art. 7.3 LOEP, *«en el caso de que la solicitud inicial de negociación no tenga respuesta o bien de que el proceso negociador finalice sin acuerdo, las partes deberán formular la demanda dentro del plazo de un año a contar, respectivamente, desde la fecha de recepción de la solicitud de negociación por la parte a la que se haya dirigido la misma o, en su caso, desde la fecha de terminación del proceso de negociación sin acuerdo, para que pueda entenderse*

24. PÉREZ DAUDÍ considera que, si no se permitiera esa subsanación, el precepto sería inconstitucional, porque implicaría una vulneración del derecho de acceso a los tribunales: «Si se mantiene la redacción actual ésta resultaría inconstitucional porque impediría el acceso a la jurisdicción, sin permitir subsanar el defecto procesal. Tal como he expuesto así se ha pronunciado el TC de forma reiterada en todas las ocasiones en que se ha interpuesto un recurso de amparo contra la inadmisión de una demanda cuando no se ha acudido a la conciliación previa en la jurisdicción social. El momento procesal oportuno para requerir la subsanación será al admitir a trámite la demanda. El Letrado de la Administración de Justicia analizará si se ha acudido o no a un medio de negociación de los previstos por el legislador. En el caso en que no se haya realizado deberá conceder a la parte un plazo para que el demandante acredite que ha iniciado el proceso negociador» («Los MASC y el proceso civil...», op. cit., pp, 7).

cumplido el requisito de procedibilidad». Lo primero que sorprende de esta norma es que dé por sentado que la actuación previa realizada puede servir indistintamente para cualquiera de ambas partes, cuando se supone que lo que se ha negociado es únicamente la reclamación que una tiene contra la otra (y sin embargo, el precepto habla de que «las partes deben formular la demanda», cuando lo lógico es que se refiriera exclusivamente al futuro demandante).

Lo segundo que debe comentarse es que esta necesidad de reintentar la actividad negociadora simplemente porque en un año no se ha llegado a presentar la demanda, no parece que responda a ninguna lógica, puesto que nada conduce a pensar que en ese momento concreto exista una nueva posibilidad de llegar a un acuerdo —que, por otra parte, siempre se podría haber concertado a lo largo del año transcurrido—. Por lo tanto, esa prescripción solo puede explicarse por la obsesión que destila el texto de intentar una y otra vez el acuerdo, por más que no haya indicios de que este pueda llegar a concretarse.

4. LOS MASC Y EL DEMANDADO: ALLANAMIENTO INICIAL A LA DEMANDA E IMPUGNACIÓN DE LA AUSENCIA O INSUFICIENCIA DEL INTENTO DE MASC

4.1. EL ALLANAMIENTO INICIAL DEL DEMANDADO ANTE LA DEMANDA

Admitida la demanda y notificado el demandado, este siempre tiene la posibilidad de aprovechar su primer acto procesal para allanarse (total o parcialmente) a la demanda presentada contra él. Conforme a la regulación original del art. 395 LEC, esa actuación le podría suponer una indudable ventaja, dado que, al evitar con su allanamiento todo el desarrollo del proceso, la norma le premiaba con la no imposición de las costas generada hasta entonces. La única excepción era que el demandado hubiera actuado con mala fe; y un supuesto de mala fe era precisamente que se le hubiera hecho con anterioridad a la demanda un *«requerimiento fehaciente y justificado de pago, o se hubiera iniciado procedimiento de mediación o dirigido contra él solicitud de conciliación»*.

La LOEP ha modificado el art. 395 LEC en un doble aspecto: por un lado, se modifica el párrafo segundo del apartado 1 para aclarar que el requerimiento puede afectar a cualquier obligación, y no solo a las que consisten en un pago; y, por otro lado, se amplía el ofrecimiento de acuerdo a todos los MASC (*«Se entenderá que existe mala fe a estos efectos cuando, antes de presentada la demanda, se hubiese requerido al demandado para el cumplimiento de la obligación de forma fehaciente y justificada, o cuando hubiese rechazado el acuerdo ofrecido o la participación en un medio adecuado de solución de controversias»*).

Dado que haber intentado un MASC es un presupuesto necesario para la admisión de la demanda, el requerimiento como enervador de la no imposición de las costas solo resultaría aplicable a aquellos pocos procedimientos en que aquel no resulte preceptivo. En todos los demás, hay que atender a la conducta del demandado en la actividad negociadora: si ha sido él quien ha rechazado el acuerdo (lo que presupone que se inició el MASC), o quien no ha querido participar en la negociación (por ejemplo, no acudiendo a la primera reunión, o no respondiendo a la primera comunicación), entonces no cabe que se le «premie» con la no imposición de costas, por más que acepte ahora lo que no quiso negociar o acordar en su momento. Ahora bien, si la conducta renuente al acuerdo fue del actor, no hay obstáculo alguno a que el demandado se pueda beneficiar de la no imposición de costas del art. 395.1 LEC, en el caso de que se allane total o parcialmente a la reclamación efectuada en la demanda. Para ello tendrá que acreditar cuál fue su conducta durante el proceso negociador.

La segunda modificación introducida por la LOEP en el art. 395 LEC consiste en el añadido de un apartado 3 al precepto del siguiente tenor: *«Si la parte demandada no hubiere acudido, sin causa que lo justifique, a un medio adecuado de solución de controversias, cuando fuera legalmente preceptivo o así lo hubiera acordado el juez, la jueza o el tribunal o el letrado o la letrada de la Administración de Justicia durante el proceso y luego se allanare a la demanda, se le condenará en costas, salvo que el tribunal, en decisión debidamente motivada, aprecie circunstancias excepcionales para no imponérselas»*. Hay que señalar que, en una primera lectura, resulta difícil encontrarle un sentido a este nuevo apartado —que, por cierto, proviene del texto originario del Proyecto y no fue objeto de ninguna enmienda—, puesto que lo que indica o bien ya está previsto bien en el apartado 1 del propio art. 395 LEC, bien en el art. 21 LEC, que es el que regula la figura del allanamiento.

Para empezar, este texto solo se justifica si se entiende aplicable no al caso del allanamiento *inicial* del demandado (que ya está regulado en el apartado 1), sino al *sobrevenido*, es decir, a aquel que tiene lugar una vez contestada la demanda: de ahí la referencia a que se trata de un MASC acordado durante el proceso (que, por cierto, exige la conformidad de ambas partes: art. 19.5 I LEC), al que el demandado no ha acudido al final sin causa. Si, después, este decide allanarse, se le condena en costas, salvo que el tribunal aprecie «circunstancias excepcionales» que justifiquen su no imposición. Ahora bien, para decir eso no hacía falta este nuevo apartado, puesto que eso mismo lo señala el art. 395.2 LEC, al remitirse al art. 394.1 LEC, y el propio art. 21.1 LEC.

Por lo tanto, hay que entender que lo que realmente está regulando este nuevo apartado —aunque esté expresado en forma negativa— es una causa de exclusión de la condena en costas del demandado que se allana de forma sobrevenida, similar a la prevista al allanamiento que tiene lugar en la contestación a la demanda. En concreto, lo que se dice es que si el demandado se aviene a afrontar una negociación cuando ya está iniciado el proceso y acude a la misma, aunque esta fracase, si después se allana no se le impondrían las costas (como vendría exigido por el art. 395.2 LEC en relación con el art. 394.1 LEC). Se intenta así —o al menos eso entendemos, porque cualquier otra explicación del contenido del apartado resulta absurda— motivar al demandado a que acepte entablar una negociación durante el proceso y a que se allane posteriormente, porque así puede quedar liberado del pago de las costas (solo si no acudió a dicha actividad se le podrían imponer las costas). Esta interpretación del precepto, que favorece mucho al demandado, perjudica simultáneamente al actor, que tendría que asumir el pago de los costes que ha realizado hasta el momento del allanamiento. Por eso este debería pensarse muy cuidadosamente si acepta o no intentar a ese MASC sobrevenido.

4.2. LA POSICIÓN DEL DEMANDADO SOBRE LOS MASC EN SU CONTESTACIÓN A LA DEMANDA

A diferencia de lo sucedido con la regulación de la demanda, respecto de la cual el LOEP modifica el art. 399.3 LEC para incorporar un párrafo referente a la actividad negociadora previa, no se reforma el art. 405 LEC relativo a la contestación a la demanda. Sin embargo, eso no significa que el demandado no tenga que pronunciarse con relación al MASC previo, dado que tiene que negar o admitir *«los hechos aducidos por el actor»* (art. 405.2 LEC), y en ese relato de hechos tiene obligatoriamente que contenerse *«la descripción del proceso de negociación previo llevado a cabo o la imposibilidad del mismo»* (art. 399.3 LEC).

Pues bien, lo primero que puede hacer el demandado es negar el relato del actor sobre el proceso de negociación, sobre todo cuando no exista un documento firmado por ambas partes (art.10.2 LOEP) y el proceso haya terminado sin acuerdo por decisión unilateral de alguno de los intervinientes (art. 10.4 LOEP). Aquí estaremos ante una cuestión probatoria acerca de la actitud de ambas partes, que puede ser relevante a los efectos del pago de costas.

Pero el caso más interesante puede resultar aquel en que el actor ha presentado una «declaración responsable» de que ha intentado el MASC, pero no ha podido contactar con el demandado, y este niegue que realmente se le haya intentado localizar con éxito. Algo similar puede suceder cuando el Letrado de la Administración de Justicia ha admitido la demanda sin que conste la existencia de un MASC previo —bien por un error en la admisión, bien porque creyó que es un proceso en que no se requiere dicha actuación—, y el demandado cree que se debió intentar.

Dado que acudir a un MASC, en los casos en que es obligatorio, se configura como un requisito (presupuesto más bien, según lo ya comentado) de procedibilidad, el demandado puede denunciar tal defecto mediante una excepción procesal que deberá presentar en la contestación a la demanda (*«También habrá de aducir el demandado, en la contestación a la demanda, las excepciones procesales y demás alegaciones que pongan de relieve cuanto obste a la válida prosecución y término del proceso mediante sentencia sobre el fondo»*: art. 405.3 LEC). El debate y resolución de dicha excepción deberá realizarse en la audiencia previa en el juicio ordinario (art. 414.1 II PEC), o antes de la vista en el juicio verbal (art. 438. 10 LEC).

La cuestión que está sin resolver legalmente de forma expresa es la relativa al efecto procesal que produciría una estimación de la citada excepción de falta de MASC previo. Dado que no existe ninguna norma que regule esta cuestión de forma directa, habría que entender que es una excepción de las análogas a las que se refiere el art. 425 LEC, que tendría que tener un tratamiento similar a la excepción que más se le parezca. Sin embargo, no hay ninguna que se le asemeje, por lo que tenemos un problema acerca de cómo actuar cuando esto suceda. En nuestra opinión, al configurar el MASC como un requisito de procedibilidad, el legislador quiere que no se desarrolle ningún proceso sin haberse intentado al menos la posibilidad de llegar a un acuerdo. Por eso, si consta que ese MASC no se ha intentado, debiendo hacerlo (bien porque no se ha hecho nada por localizar al demandado, bien porque no se instó al entenderse que se trataba de un procedimiento excluido), habría que estimar la excepción, suspender el proceso y derivar a las partes —de forma obligada— a la realización del MASC, procediendo a la continuación del proceso conforme a las normas previstas para cuando tiene lugar ese tipo de derivación (arts. 19.5, 429.2 y 443.2 LEC).

Evidentemente, lo lógico es que la situación anterior no se produzca prácticamente nunca, porque la demanda debió inadmitirse en su momento; pero cuando esto no haya sucedido, pensamos que la solución indicada es la más respetuosa con la economía procesal, la voluntad del legislador y la doctrina del Tribunal Constitucional relativa a casos similares y que ya se ha reproducido anteriormente.

5. LA CELEBRACIÓN DE UN MASC DURANTE EL DESARROLLO DEL PROCESO

5.1. CELEBRACIÓN DE UN MASC DURANTE EL PROCESO A PETICIÓN DE LAS PARTES

El art. 5.4 I LOEP señala que «*la iniciativa de acudir a los medios adecuados de solución de controversias puede proceder de una de las partes, de ambas de común acuerdo o bien de una decisión judicial o del letrado o la letrada de la Administración de Justicia de derivación de las partes a este tipo de medios*». Cabe, por tanto, que, una vez iniciado el pleito, este se suspenda para intentar un MASC que ponga fin a la controversia.

La primera posibilidad es que sean las propias partes quienes soliciten acudir a un MASC durante el desarrollo del proceso. Aquí no sucede como cuando el proceso aún no se ha iniciado, donde basta con la voluntad de uno de los litigantes para que se inicie el MASC; cuando ya está el proceso en marcha —y se ha intentado además un MASC con carácter previo a la demanda—, han de ser ambas partes quienes soliciten la suspensión del proceso para que tenga lugar el MASC. Así se deduce del art. 19.5 I *in fine* LEC, reformado por la LOEP: «*La derivación requerirá la conformidad de las partes, que podrán pedir conjuntamente la suspensión del procedimiento*». La insistencia en que se necesita la conformidad de ambas partes y en que la solicitud de suspensión ha de ser conjunta, demuestra que una parte no puede imponer a otra —ni siquiera indirectamente, solicitando la derivación judicial— someter la controversia a MASC cuando el proceso ya se está desarrollando.

Eso no obsta a que, por acuerdo de ambas, puedan intentar de nuevo un MASC. Así lo indica, con carácter general, el art. 19.1 LEC («*Los litigantes están facultados para disponer del objeto del juicio y podrán renunciar, desistir del juicio, allanarse, someterse a mediación, a cualquier otro medio adecuado de solución de controversias...*»), extendiendo esa posibilidad a todos los momentos, instancias y niveles del proceso, exceptuando la casación, cuando ya hay señalamiento para deliberar (art. 19.2 LEC: «*Los actos a los que se refieren los apartados anteriores podrán realizarse, según su naturaleza, en cualquier momento de la primera instancia o de los recursos o de la ejecución de sentencia, sin perjuicio de la regla especial para el recurso de casación contenida en el segundo párrafo del apartado 1*»).

Con respecto al procedimiento en curso, se procederá a su suspensión a petición de ambas partes conjuntamente (art. 19.5 I LEC), no pudiendo dicha suspensión superar los sesenta días (art. 19.4 LEC) —aunque se podría levantar antes a petición de cualquiera de las partes (art. 179.2 LEC)—. Esta misma posibilidad se prevé específicamente cuando tenga lugar al inicio de la audiencia previa (art. 415.1 III LEC, modificado por la LOEP: «*Las partes de común acuerdo podrán también solicitar la suspensión del proceso de conformidad con lo previsto en el artículo 19.4, para someterse a un medio adecuado de solución de controversias*»).

Si las partes llegaran a un acuerdo, se plantea si este debe ser homologado o no por el tribunal cuando la decisión de acudir al MASC provino de los propios interesados, y no de derivación judicial. Como no se dice nada expresamente, cabe tanto que el acuerdo se quede en el ámbito extrajudicial (y presenten un escrito en el proceso desistiendo bilateralmente del proceso, de manera que se archiven definitivamente las actuaciones), como que se lleve al tribunal para que lo homologue. Así se desprende de lo dispuesto en el art. 415.2 LEC, que es aplicable por analogía («*Si (las partes) manifestasen haber llegado a un acuerdo o se mostrasen dispuestas a concluirlo de inmediato, podrán desistir del proceso o solicitar del tribunal que homologue lo acordado*»).

Si transcurre el plazo de suspensión acordado y no ha habido acuerdo, cualquiera de las partes lo puede comunicar al tribunal para que continúe la audiencia previa (art. 415.3 II: «*Cuando se hubiera suspendido el proceso para acudir a un medio adecuado de solución de controversias, terminada dicha actividad, cualquiera de las partes podrá solicitar que se alce la suspensión y se señale fecha para la continuación de la audiencia*»). Pero si nadie pide que se reanude el proceso, este se archiva provisionalmente y comenzará a operar la caducidad de la instancia (art. 179.2 LEC). Esta es una opción que se les abre a las partes cuando han llegado a un acuerdo extraprocesal y no quieren proceder, por la razón que sea, a su homologación judicial.

5.2. CELEBRACIÓN DE UN MASC DURANTE EL PROCESO POR DERIVACIÓN DEL JUEZ O DEL LETRADO DE LA ADMINISTRACIÓN DE JUSTICIA

Ya se ha señalado que el art. 5.4 I LOEP prevé que el sujeto encargado de resolver el conflicto (el juez o el Letrado de la Administración de Justicia) puede ser quien decida derivar a las partes a un MASC durante el desarrollo del proceso. Esto solo es posible, lógicamente, en aquellos casos en que la materia sobre la que versa el litigio sea disponible, y no de interés público («*No obstante, no podrán ser sometidos a medios adecuados de solución de controversias, ni aun por derivación judicial, los conflictos que versen sobre materias que no estén a disposición de las partes en virtud de la legislación aplicable*»: art. 4.1 II LOEP).

Cabe plantearse si es posible la derivación en aquellos casos donde no fue necesaria la actividad negociadora previa a la demanda (por ejemplo, en un juicio cambiario). Si atendemos a lo que dice el art. 19.5 I LEC, añadido por la LOEP, habría que responder afirmativamente, dado que ahí no se prevé ninguna limitación por el tipo de procedimiento de que se trate: «*En cualquier momento del procedimiento, el letrado o letrada de la Administración de Justicia o el juez, jueza o tribunal podrá plantear a las partes la posibilidad de derivar el litigio a mediación o a otro medio adecuado de solución de controversias, siempre que considere, mediante resolución motivada que podrá ser oral, que concurren circunstancias que posibilitan una solución del conflicto en dicho ámbito y, singularmente, en los casos en que no haya sido posible llevar a cabo la actividad negociadora previa. La derivación requerirá la conformidad de las partes, que podrán pedir conjuntamente la suspensión del procedimiento*». Esta norma merece la realización de algunos comentarios[25].

25. Conviene señalar que este art. 19.5 LEC ha experimentado una importante modificación durante su tramitación parlamentaria, porque en el Proyecto esta posibilidad de derivación judicial de la controversia a un MASC se limitaba al período comprendido «*entre la contestación a la demanda y la celebración de la vista o juicio en los procesos declarativos o tras la orden general de ejecución y despacho de esta en los procesos de ejecución forzosa*», y la necesidad de motivación afectaba únicamente al Letrado de la Administración de Justicia, y no al juez.

En primer lugar, lo que el Letrado de la Administración de Justicia o el juez pueden hacer es proponer a las partes acudir a un MASC, pero no pueden imponérselo. Por eso se indica que se requiere la conformidad de ambas partes para que la derivación se haga efectiva. Si existe un litisconsorcio, solo será posible acudir a un MASC si todos los litigantes convienen en intentarlo. La norma no indica con qué criterio o en qué circunstancias se puede sugerir esa posibilidad por parte del juez o del Letrado de la Administración de Justicia, pero sería conveniente que fueran prudentes al respecto y no trataran de empujar a los litigantes a un MASC simplemente para intentar reducir su carga de trabajo, ni mucho menos presionarles para que acepten dicha alternativa insinuando que cualquier negativa o resistencia de una de las partes a aceptar esa recomendación puede tener consecuencias negativas para ella en la sentencia futura. Por todo ello, da la impresión de que, del mismo modo que la LOEP potencia de forma excesiva, desproporcionada e injustificada los MASC con carácter previo a los procesos, ha limitado esa posibilidad una vez iniciado el proceso, al someterla al acuerdo de las partes y no mencionar la posibilidad de la mediación intraprocesal (es decir, la que se estaba realizando en el ámbito interno de los propios órganos judiciales)[26].

Por otra parte, parece que el juez o el Letrado de la Administración de Justicia no se debe limitar a recomendar a las partes acudir a un MASC en general, sino a un MASC *concreto*. Por eso se dice en el precepto que aquel propondrá acudir «a mediación o a otro MASC», es decir, que debe especificar el medio concreto que considera más adecuado para ese pleito, atendiendo a las circunstancias concurrentes[27].

---

26. En este mismo sentido se pronunciaba, respecto del Proyecto de Ley, el Letrado de la Administración de Justicia VALERO CANALES: «La regulación que presenta la derivación a cualquier MASC y, en especial a la mediación, está muy limitada en el proyecto que analizamos. Tal como hemos expuesto, la derivación por el LAJ presentará obstáculos enormes, pues requerirá de una conformidad de todas las partes que puede ser difícil de conseguir, máxime si no estamos ante un acto oral donde pueda exponerse de una manera cercana y poco formal su conveniencia. La derivación judicial estará también lastrada por esta exigencia de conformidad de todas las partes. En este caso, si se trata de actos procesales orales ante el juez esa inmediación puede tener mayor impacto en las partes, pero también será limitado. Por ello, creemos que el proyecto pone el acento en los medios previos al proceso, y en cambio, cuando este ya se inició parece que va abocado a una terminación procesal del mismo. Ello contrata con la labor realizada por los servicios de mediación existentes en el propio Tribunal» («La exigencia de la negociación previa a la acción civil y la mediación intrajudicial en los arts. 399.3.2.º, 403.2, 414.1 y 2, 415, 429 y 456.1 LEC en la reforma», *Práctica de Tribunales*, n.º 160, enero de 2023, p. 12).
27. Así lo recomendaba PÉREZ DAUDÍ: «Otra de las reformas que propongo es la implantación del sistema multi-door (12) en nuestro ordenamiento jurídico. Es decir, la posibilidad de que el órgano competente, que se convertiría en un gestor del conflicto, atendiendo al objeto del proceso determinase cuál es el medio de negociación más adecuado para intentar una solución pactada entre las partes. La regulación del PLEP permite acudir a una pluralidad de medios, pero no todos son adecuados para resolver de manera adecuada la cuestión litigiosa. Además, la opción por uno de ellos en lugar de otros puede provocar su fracaso» («Los MASC y el proceso civil...», op. cit., p, 8).

En segundo lugar, y en línea con lo que acabamos de señalar, esa propuesta judicial debe ser motivada —aunque la justificación se formule oralmente, lo que será lo habitual si tiene lugar durante el desarrollo de la audiencia previa, el juicio o la vista—, debiendo indicarse las «circunstancias» que aconsejan la derivación por resultar «posible» una solución del conflicto por vía extrajudicial. No obstante, la autoridad que promueve la derivación debería ser cauta en la formulación y justificación de su propuesta, para no dar pie a un posible prejuicio que pudiera hacerle perder su necesaria imparcialidad, si al final el MASC no llega a ningún acuerdo.

En tercer lugar, aunque el precepto menciona que la derivación puede provenir tanto del juez como del Letrado de la Administración de Justicia, sin especificar cuándo corresponde a uno u otro, hay que entender que la atribución de esa facultad está en función de la competencia para decidir sobre el asunto: es decir, el Letrado de la Administración de Justicia solo puede realizar aquella cuando se trate de un procedimiento de su competencia (por ejemplo, el monitorio), y no cuando sus funciones se limiten a la tramitación del proceso.

En cuarto lugar, la referencia que hace la norma a que esa derivación resulta particularmente aconsejable cuando no ha sido posible llevar a cabo la actividad negociadora previamente, parece aludir no a los casos en que no se exige esa actuación (porque entonces no se trata de que «no haya sido posible» el MASC, sino que está prohibido), sino a aquellos en que no se realizó por no estar localizable el demandado. Sin embargo, eso no significa, como ya indicamos, que no se pueda derivar a un MASC en los casos en que estos no son preceptivos, siempre que lo admitan las partes y se trate de una materia disponible.

Por último, en cuanto al momento en que se puede proceder a esa derivación, hay que señalar que el ejercicio de esa facultad no está circunscrita a un trámite procedimental concreto (como podría ser la audiencia previa o el inicio del juicio o de la vista), sino que el art. 19.5 I LEC habla de *«en cualquier momento del procedimiento»*. Ni siquiera aparece expresamente mencionado en los arts. 414 o 415 LEC con relación a la audiencia previa. En cualquier caso, pensamos que el juez o el Letrado de la Administración de Justicia habrá de justificar qué ha sucedido en el proceso para que, en ese concreto momento, ahora resulte recomendable acudir a un MASC. Pero, en todo caso, no existe limitación temporal alguna para poder plantear esa posibilidad (aunque, por sentido común, hay que entender que no cabría ya cuando el asunto esté visto para sentencia).

El art. 19.5 II LEC ha añadido finalmente una norma especial para aquellos procesos donde una de las partes sea una persona mayor (esto es, de 65 años o más): *«En los procedimientos en que intervengan personas mayores, definidas en el artículo 7 bis, se valorará específicamente esta circunstancia para promover la solución de los mismos a través de medios adecuados de solución de controversias, con especial consideración a la salvaguarda del principio de igualdad entre las partes»*. Sin embargo, el hecho de que se esté en presencia de partes que forman parte de esa categoría de personas mayores, no se sabe si aconseja la derivación a un MASC, con el retraso que eso puede suponer y la incertidumbre de su resultado, o si no resulta preferible que el proceso continúe hasta la decisión judicial.

Si como consecuencia de la derivación propuesta judicialmente y aceptada por ambas partes, se llega a un acuerdo entre ellas, deben comunicarlo al tribunal para que ponga fin al proceso. La cuestión es si ese acuerdo debe necesariamente homologarse judicialmente, o puede simplemente tener validez extraprocesal. El art. 12.7 LOEP establece a este respecto que *«cuando así lo exija la ley o el acuerdo se hubiere alcanzado en un proceso de negociación al que se hubiera derivado por el tribunal en el seno del proceso judicial, las partes podrán solicitar del tribunal su homologación»*. La clave está en el empleo del verbo «podrán», lo que implica una facultad, no una obligación. En consecuencia, si las partes que han acudido a un MASC por indicación judicial llegan a un acuerdo, tienen tres opciones: 1) pedir la homologación del acuerdo; 2) pedir el archivo de las actuaciones por desistimiento bilateral; y 3) no hacer nada, lo que conllevaría el archivo provisional de los autos una vez finalizado el período acordado de suspensión, y dejar que transcurra el tiempo hasta que opere la caducidad de la instancia.

6. LOS MASC Y LA CONDENA EN COSTAS

6.1. LA ESTRECHA RELACIÓN EXISTENTE ENTRE LA EXIGENCIA DE UN MASC PREVIO Y LA IMPOSICIÓN DE COSTAS EN EL PROCESO

Como ya se ha señalado, esta resucitada exigencia de haber intentado un MASC como presupuesto para poder demandar posteriormente, solo tiene sentido si se relaciona con su finalidad última (reducir el número de litigios ante los tribunales) y con su finalidad próxima (intentar que no compense a determinados abogados iniciar litigios donde lo que van a obtener es sustancialmente igual a lo que se les ha ofrecido en una negociación previa). Por eso resultaba imprescindible completar la normativa sobre MASC con otra sobre costas, de manera que la conducta que se haya desplegado en los primeros tenga una incidencia directa en la imposición de costas o, yendo incluso más allá, en su pago al ser reclamadas. Así lo dice expresamente el art. 439 bis VII LEC, ya mencionado, con relación a las reclamaciones de consumidores contra entidades de crédito: *«La posición mantenida por las partes durante esta negociación previa podrá ser valorada en el seno del proceso ulterior, caso de haberlo, a los efectos previstos en el artículo 394 y, en su caso, en los artículos 245 y 247»*.

Con un carácter más general, algo similar señala el art. 7.4 LOEP: *«si se iniciara un proceso judicial con el mismo objeto que el de la previa actividad negociadora intentada sin acuerdo, los tribunales deberán tener en consideración la colaboración de las partes respecto a la solución consensuada y el eventual abuso del servicio público de Justicia al pronunciarse sobre las costas o en su tasación, y asimismo para la imposición de multas o sanciones previstas, todo ello en los términos establecidos en la Ley 1/2000, de 7 de enero, de Enjuiciamiento Civil»*.

Esto ya se anunciaba en la Exposición de Motivos de la LOEP, cuando se afirma que se pretende *«que en la imposición y tasación de costas del pleito los tribunales puedan valorar la colaboración de las partes en la utilización de los medios adecuados de solución de controversias y el posible abuso del servicio público de Justicia»*. Y, un poco más adelante, se insistía en esa misma idea, al señalar que el nuevo modelo ofrece *«una dimensión de la Justicia como servicio público al exigir una valoración, por parte de los Tribunales, de la conducta de las partes previa al procedimiento, en la consecución de una solución negociada»*.

Por lo tanto, son dos los momentos en que la conducta mantenida por las partes durante la actividad negociadora previa puede ser relevante: primero, a la hora de proceder o no a la imposición de la condena en costas; y, después, a la hora de determinar si deben o no pagarse las costas a las que se ha sido efectivamente condenado. Podría sorprender que la cuestión no se resuelva de forma definitiva en el momento de decidir si se imponen o no las costas al perdedor, pero es que en ese momento aún se desconoce un factor que después puede llegar a aparecer: lo que se ofreció en las negociaciones previas, que está cubierto hasta ese ulterior momento por el manto de la confidencialidad. Lo que el juez, pues, ha de valorar en el momento de la imposición de costas son las circunstancias objetivas que conoce en ese momento (esto es: si se acudió o no la negociación, es decir, la conducta que se siguió antes de la demanda), pero no el contenido de lo negociado (que lo ignora); esta última información es la que puede salir a la luz posteriormente si el beneficiado por la condena en costas pretende reclamárselas al perdedor.

Esta justificación acerca de por qué se puede exonerar *a posteriori* a una de las partes —generalmente, al demandado— del pago de las costas a que ha sido condenado, se encuentra en la Exposición de Motivos de la LOEP: *«regulándose también a tal fin la posible solicitud de exoneración o moderación de las costas tras su imposición y una vez que el deber de confidencialidad ha cumplido toda la etapa necesaria hasta la firmeza de la sentencia y se puede ya acreditar la formulación de una propuesta a la parte contraria en cualquiera de los medios adecuados de solución de controversias al que hubieran acudido, que la misma no hubiera sido aceptada por la parte requerida y que la resolución judicial que haya puesto término al procedimiento sea sustancialmente coincidente con el contenido de dicha propuesta»*.

6.2. LA INCIDENCIA DE LA POSICIÓN MANTENIDA EN LOS MASC EN LA CONDENA EN COSTAS

El art. 394.1 LEC establece como criterio de imposición de costas el denominado «objetivo» o del vencimiento, esto es, que quien ve rechazadas todas sus pretensiones, sean de acción o de defensa, debe pagar el grueso de los costes del proceso. No es, pues, relevante la conducta desplegada por cada litigante durante el proceso (que es la base del criterio subjetivo o de la temeridad, donde solo se imponen las costas si alguna de las partes litigó sin fundamento), sino el resultado final del pleito. Si, por el contrario, no ha habido una victoria plena, sino una estimación parcial de las pretensiones, no hay condena en costas y cada cual paga sus gastos, salvo que se aprecie actuación temeraria en alguna de ellas (art. 394.2 I LEC).

Centrándonos en el caso de vencimiento total, ese criterio objetivo se ve mitigado o atemperado por una doble vía: cualitativa (cabe que no haya condena si se trata de un asunto dudoso, donde, por ejemplo, existe jurisprudencia contradictoria, o se ha procedido a un cambio de criterio interpretativo: art. 394.1 I y II LEC); y cuantitativa (se limita el pago que debe hacerse por coste de abogado y peritos: art. 394.3 LEC).

La novedad que introduce la LOEP consiste en que el criterio objetivo —que opera, como se acaba de señalar, en los casos de vencimiento total— puede no aplicarse cuando ha habido una conducta en la parte ganadora que implica un abuso del servicio público de justicia. Es decir, cuando se podía haber obtenido el mismo resultado sin necesidad de acudir a los tribunales y, a pesar de eso, se decide judicializar el asunto y obligar al Estado a poner sus escasos recursos al servicio de un interés particular —cuando no era imprescindible—. En esos supuestos, se resuelve el asunto conforme a la ley, pero se «castiga» al responsable con asumir sus propios costes del proceso, sin condenar en costas a quien en definitiva perdió el litigio.

Esto es lo que explica la Exposición de Motivos de la LOEP: *«El abuso del servicio público de justicia se erige como excepción al principio general del principio de vencimiento objetivo en costas, e informador de los criterios para su imposición, al sancionar a aquellas partes que hubieran rehusado injustificadamente acudir a un medio adecuado de solución de controversias, cuando este fuera preceptivo. Del mismo modo, el abuso del servicio público de justicia se une a la conculcación de las reglas de la buena fe procesal como concepto acreedor de la imposición motivada de las sanciones previstas en la mencionada Ley 1/2000, de 7 de enero. Este abuso puede ejemplificarse, por tanto, en la utilización irresponsable del derecho fundamental de acceso a los tribunales recurriendo injustificadamente a la jurisdicción cuando hubiera sido factible y evidente una solución consensuada de la controversia, como son los litigios de cláusulas abusivas ya resueltos en vía judicial con carácter firme y con idéntico supuesto de hecho y fundamento jurídico, o en los casos en que las pretensiones carezcan notoriamente de toda justificación impactando en la sostenibilidad del sistema, del cual quiere hacerse partícipe a la ciudadanía»*.

Tal y como está redactado el párrafo anterior, parece claro que el legislador está pensando en los demandantes que acuden a los procesos sabiendo que van a ganar el litigio —porque ya hay una doctrina fijada judicialmente en casos sustancialmente idénticos—, cuando podrían haber llegado a un acuerdo satisfactorio con carácter previo al proceso, ahorrando así trabajo a los tribunales. Sin embargo, este supuesto de hecho no resulta aplicable a los casos de «imposición» de costas —que es el término que usa la Exposición de Motivos—, porque al tiempo de decidir si se condena o no en costas, el juez desconoce las ofertas presentadas y el contenido de las negociaciones; únicamente sabe —y debe valorar— si se participó o no en la actividad negociadora, y eso lo cumple siempre el demandante que acude a la vía judicial.

Es decir, lo que el tribunal ha de considerar a la hora de decidir si impone o no las costas al perdedor del pleito no es el contenido de lo negociado —a lo que en principio no ha tenido acceso por razón de la confidencialidad que impone el art. 9 LOEP—, sino la conducta colaboradora o no con el MASC que desplegó cada parte en la actividad negociadora previa. Así lo indica el nuevo párrafo tercero del art. 394.1 LEC: *«No obstante, cuando la participación en un medio de solución de conflictos sea legalmente preceptiva, o se hubiere acordado, previa conformidad de las partes, por el juez, la jueza o el tribunal o el letrado o la letrada de la Administración de Justicia durante el curso del proceso, no habrá pronunciamiento de costas a favor de aquella parte que hubiere rehusado expresamente o por actos concluyentes, y sin justa causa, participar en un medio adecuado de solución de controversias al que hubiese sido efectivamente convocado»*.

Ahora bien, como resulta obligatorio intentar un MASC para poder conseguir la admisión de la demanda —puesto que, además, la norma anterior solo se aplica a aquellos casos en que la actividad negociadora «sea legalmente preceptiva», por lo que ni siquiera es aplicable a los casos en que no se requiere MASC—, el actor siempre habrá participado en el MASC previo, por lo que nunca se conseguirá lo que la Exposición de Motivos afirma que es lo que se pretendía conseguir con la nueva normativa. Es posible que la negativa del actor a llegar a un acuerdo influya posteriormente cuando se pida la exoneración del pago de las costas, pero no afecta al momento de su imposición, donde solo puede tenerse en cuenta si se participó o no en la actividad negociadora previa (y el actor, porque así lo exige la ley, siempre lo habrá hecho).

En consecuencia, lo dispuesto en el art. 394.1 III LEC solo se aplica realmente a dos supuestos: 1) cuando el demandado no ha colaborado en el MASC previo, y luego la sentencia le resulta favorable al desestimarse la pretensión (y el juez no debería en tal caso imponer las costas al actor), y 2) cuando alguna de las partes no ha colaborado en un MASC ordenado judicialmente, y luego la sentencia le resulta favorable. Ahora bien, este segundo supuesto es harto improbable que suceda, porque si uno de los litigantes no quiere ese MASC sobrevenido, le basta con mostrar su disconformidad cuando el juez o el Letrado de la Administración de Justicia lo proponga para conseguir que este no se celebre (y así no se arriesga a que después no se le concedan las costas si resulta ganador del pleito).

En los escasos supuestos en que la anterior norma se va a poder aplicar, entendemos que, dado que el procedimiento negociador puede constar de numerosas y sucesivas fases (respuesta a la solicitud inicial, asistencia a la primera reunión, asistencia a posteriores reuniones, formulación de una propuesta o contestación a una formulada por la otra parte, etc.), lo que únicamente se puede castigar es la falta de participación *inicial* de la parte a la postre ganadora del pleito —el *desprecio*, podríamos decir, del uso de los MASC—, pero no el *desinterés* en su continuidad. Cualquier actividad promotora o receptiva *inicial* desarrollada por las partes supone ya, en nuestra opinión, una participación en el MASC y, constatada aquella, no se podría penalizar a la parte ganadora con la no imposición de costas a la contraria por el único hecho de no haber querido continuar con la negociación en un momento determinado.

Por otra parte, si quien no participó en el MASC argumenta y acredita una «justa causa» que explica su ausencia de colaboración (por ejemplo, que el demandado alegue que no se le localizó y que por eso no pudo acudir al acto inicial), no cabría aplicarle ninguna penalización con relación a las costas procesales y estaría sujeto a las reglas generales.

Con relación a los supuestos de estimación parcial de la demanda, esta conducta de las partes respecto al MASC previo (o sobrevenido) se toma en consideración para, en este caso, condenar en costas a quien no colaboró (por más que no haya perdido el litigio completamente, y por eso no daría lugar a imposición de costas a nadie): *«No obstante, si alguna de las partes no hubiere acudido, sin causa que lo justifique, a un medio adecuado de solución de controversias, cuando fuera legalmente preceptivo o así lo hubiera acordado el juez, la jueza o el tribunal o el letrado de la Administración de Justicia durante el proceso, se le podrá condenar al pago de las costas, en decisión debidamente motivada, aun cuando la estimación de la demanda sea parcial»* (art. 394.2 II LEC). Una vez más, el supuesto está pensado para ser aplicado básicamente al demandado, no al actor, cuando el mal uso de la vía judicial en los casos de litigación en masa suele ser más propia del este último y no del primero.

Por último, el nuevo apartado 4 del art. 394 LEC señala que *«si la parte requerida para iniciar una actividad negociadora previa tendente a evitar el proceso judicial hubiese rehusado intervenir en la misma, la parte requirente quedará exenta de la condena en costas, salvo que se aprecie un abuso del servicio público de Justicia»*. Este apartado se refiere a lo mismo que los anteriores, pero desde otra perspectiva: si antes se decía que el ganador no tiene derecho al pronunciamiento a favor sobre costas si no participó en el MASC, aquí se dice que nunca puede haber condena en costas para quien promovió un MASC si la parte contraria —que a la postre ha ganado el pleito— decidió no participar en él. Es decir, si el actor intenta un MASC y la contraparte no participa, puede entrar en el proceso con la seguridad de que no habrá un pronunciamiento en costas en su contra incluso, aunque pierda el litigio. Solo «el abuso del servicio público de Justicia» —que se desconoce en este caso qué pueda ser: quizá la presentación de varias demandas sustancialmente idénticas, o una modificación de lo reclamado respecto de lo que se planteó en el MASC— puede provocar que al final termine habiendo una condena en costas para la única parte que participó en el MASC.

Una vez más, el supuesto de hecho contenido en el precepto hace pensar que solo se beneficia al demandante —cuando de la Exposición de Motivos se deduce que debería ser al contrario—, porque es este quien «requiere» al otro a negociar para evitar el proceso. Además, en este apartado 4 se habla de actividad negociadora «previa» (al proceso, se entiende), por lo que estaría excluyendo los casos de derivación judicial, que eran los únicos que podían alcanzar también al actor.

Hay que señalar que esta nueva normativa en materia de costas, al basar la no condena en costas en un parámetro subjetivo e interpretable (si el litigante participó o no en la actividad negociadora, hasta cuándo lo hizo, si tenía o no justa causa para no hacerlo, etc.), puede terminar provocando numerosos recursos de apelación centrados únicamente en la impugnación de la decisión sobre costas (art. 397 LEC), lo que no favorece precisamente la economía y la eficiencia procesales.

Por último, cabe plantearse si es conforme al art. 24.1 CE este régimen especial en materia de costas, es decir, si limita el derecho de acceso a los tribunales al presuponer unos posibles costes que pudieran impedir de facto acudir a la tutela judicial[28]. Pensamos que no es así, precisamente porque todos sus efectos negativos —el no beneficiarse de una posible condena en costas— recaen sobre el demandado, y no sobre el actor, que es quien propiamente está ejercitando el derecho fundamental a la tutela judicial efectiva.

6.3. LA INCIDENCIA DE LA POSICIÓN MANTENIDA EN LOS MASC EN LA TASACIÓN DE COSTAS Y LA POSIBLE EXONERACIÓN DE SU PAGO

Aunque uno de los litigantes haya sido condenado en costas (generalmente, por haber perdido el litigio, en aplicación de lo dispuesto en el art. 394.1 LEC), eso no significa necesariamente que deba pagarlas cuando le sean judicialmente

28. Como señala BELLIDO PENADÉS comentando la STC 156/2021, de 16 de septiembre (que resuelve sobre la constitucional de la reclamación previa que, con carácter voluntario, se podía plantear antes de pedir la restitución de lo pagado por cláusulas suelo), «*la concreta regulación legal del régimen de condena en costas no es una cuestión constitucionalmente inocua, sino que en determinados casos una específica regulación legal del régimen de condena en costas procesales puede producir un efecto disuasorio sobre el ejercicio de su derecho de acceso a la jurisdicción, que redunde en la vulneración del derecho a la tutela judicial efectiva reconocido en el art. 24.1 CE en su vertiente de derecho de acceso a la jurisdicción*» («Medios alternativos de solución de conflictos (MASC) y derecho a la tutela judicial efectiva», en *La eficiencia de la justicia a debate*, coord. por ALBA CLADERA, F., JIMÉNEZ CONDE, F., y LÓPEZ SIMÓ, F. (dir), 2023, p. 91).

reclamadas a través del incidente de tasación de costas. Porque la LOEP ha previsto la posibilidad de que ese litigante sea eximido de dicho pago, o que este sea objeto de moderación, si se acredita que la conducta del beneficiado por la condena durante la actividad negociadora no fue conforme a la buena fe o implicó un abuso del servicio público de justicia.

La única manera objetiva de acreditar tal circunstancia —porque siempre cabe la declaración subjetiva de la contraparte, pero eso carece de suficiente fuerza de convicción— es revelar los términos de las negociaciones que tuvieron lugar antes del proceso, así como la conducta desarrollada durante el MASC. Para ello resulta necesario levantar la confidencialidad que hemos indicado que rige para todo lo relativo a la negociación (art. 9.1 LOEP). Eso es lo que el art. 9.2.b LOEP autoriza a realizar; es decir, se permite aportar al condenado en costas en el incidente de tasación la información documental relativa al comportamiento de las partes durante el MASC, con vistas a obtener una exoneración o una reducción de su condena: «*las partes, los abogados o abogadas (...) no podrán declarar o aportar documentación derivada del proceso de negociación o relacionada con el mismo ni ser obligados a ello en un procedimiento judicial o en un arbitraje, excepto: b) Cuando se esté tramitando la impugnación de la tasación de costas y solicitud de exoneración o moderación de las mismas según lo previsto en el artículo 245 de la Ley 1/2000, de 7 de enero, de Enjuiciamiento Civil y a esos únicos fines, sin que pueda utilizarse para otros diferentes ni en procesos posteriores*».

En consecuencia, el art. 245.5 LEC añade a los dos motivos clásicos de impugnación de la tasación de costas por parte del condenado (ser éstas indebidas o excesivas: art. 245.2 LEC) un tercero (que no es propiamente de impugnación, como luego veremos), que podemos denominar por «costas inmerecidas», que surge «*cuando hubiera formulado una propuesta a la parte contraria en cualquiera de los medios adecuados de solución de controversias al que hubieran acudido, la misma no hubiera sido aceptada por la parte requerida y la resolución judicial que ponga término al procedimiento sea sustancialmente coincidente con el contenido de dicha propuesta. Las mismas consecuencias tendrá el rechazo injustificado de la propuesta que hubiese formulado el tercero neutral, cuando la sentencia recaída en el proceso sea sustancialmente coincidente con la citada propuesta*». Es decir, si la parte condenada en costas —por haber perdido el pleito— ofreció en su momento una cantidad a la otra parte, y dicha cantidad es sustancialmente la misma a la que después aquella resulta condenada, puede «*solicitar la exoneración de su pago o la moderación de su cuantía*», dado que la beneficiada por la condena en costas no se merece el premio de esa reintegración, al haber provocado con su conducta la celebración de un proceso que a la postre se ha revelado como innecesario. La hipótesis que justifica la aplicación de la norma lleva a pensar que es el demandado (a la postre condenado en costas) quien realizó la oferta, y el actor quien se negó a aceptarla.

Para acreditar que existió esa oferta sustancialmente idéntica a la que después aparece en el fallo de la sentencia condenatoria, se necesita aportar esos documentos entregados en el MASC, que pierden así su carácter confidencial: *«A la solicitud de exoneración o modificación deberá acompañar la documentación íntegra referida a la propuesta formulada, que en este momento procesal y a estos efectos, estará dispensada de confidencialidad. De no acompañarse dicha documentación, el Letrado de la Administración de Justicia, mediante decreto, inadmitirá a trámite la solicitud. Frente a este decreto cabrá interponer recurso de revisión»* (art. 245.5 III LEC).

Esta previsión no nos merece una valoración desfavorable, porque efectivamente muchos litigios de los denominados «de consumo» podrían evitarse si se aceptara la cantidad que la entidad a la postre demandada ofrece desde un principio; lo criticable es la fórmula técnica que se ha buscado para hacer efectiva esa exoneración o mitigación de la condena, puesto que supone dejar sin efecto un pronunciamiento judicial firme, como en seguida veremos.

El nuevo art. 245 bis LEC regula los trámites que se deben seguir cuando se discuten las costas por inmerecidas y se solicita la exoneración o moderación de su pago[29]. Todo comienza una vez que la sentencia que contiene la condena en costas es firme y estas no se han pagado voluntariamente por el condenado (art. 242.1 LEC). El beneficiado presenta entonces una solicitud, reclamando lo que considera pertinente y acompañando los pagos realizados o las cantidades pendientes (art. 242.2 y 3 LEC). A la vista de lo aportado, el Letrado de la Administración de Justicia realiza una tasación provisional, que se notifica a las partes para que se pronuncien sobre ella en diez días (art. 244.1 LEC). Si no alegan nada en dicho plazo, o la admiten expresamente, se aprueba por decreto (art. 244.3 LEC). Pero también cabe impugnarla (art. 245.1 LEC) por ser las costas indebidas o excesivas (art. 245.2 LEC), o porque no se han incluido gastos debidos (art. 245.3 LEC), o ahora también cabe oponerse por considerarlas inmerecidas, al no haber actuado el beneficiario de forma respetuosa con lo exigido para el buen funcionamiento de la Administración de Justicia (art. 245.5 LEC).

El art. 245 bis 4 LEC señala que *«una vez firme la resolución que hubiera denegado la exoneración o la reducción, así como la que hubiera reducido la cuantía de las costas, se procederá, en su caso, a tramitar la impugnación de la tasación de costas por excesivas o indebidas de acuerdo con lo previsto en el artículo siguiente»*. Por lo tanto, en caso de que se acumulen varias impugnaciones a las costas tasadas, lo primero que debe resolverse es la relativa a su posible exoneración o moderación y, solo una vez que se haya resuelto esta cuestión con el carácter de firme, se puede empezar a tramitar la impugnación de las costas

29. No parece que este procedimiento de tasación de costas requiera un MASC previo, porque no estamos ante un proceso declarativo (no está dentro de los Libros II o IV de la LEC, sino del I), sino ante un incidente del proceso principal. Pero probablemente tendría más sentido exigirlo aquí que en otros casos donde la reforma lo considera obligatorio.

por ser indebidas o excesivas conforme a lo previsto en el art. 246 LEC (si es que aún permanece la condena, obviamente). Pero la impugnación de parte es única, y se realiza en el mismo escrito al que se refiere el art. 245 LEC.

La LOEP permite, pues, por vez primera, pedir tanto la exoneración total del pago de las costas, como su mitigación. Sin embargo, no se especifica cuándo procede una hipótesis u otra, con lo que lo lógico será pedir siempre la exoneración, o en su defecto, la mitigación. La cuestión se traslada pues, a quien debe resolver sobre la impugnación, dado que carece de criterios legales para optar por una u otra posibilidad.

Quien decida no aceptar la tasación por este último motivo (la reforma no quiere considerar este caso como de «impugnación» de la tasación, como sí hace cuando trata de las costas excesivas o indebidas, probablemente porque aquí el condenado acepta la cantidad tasada como correcta: el problema es que no considera que haya «causa» que justifique el pago), tiene que acompañar la documentación que acredite que formuló en su momento una propuesta a la parte beneficiaria de las costas en cualquiera de los medios adecuados de solución de controversias, y que no fue aceptada por ella, siendo la resolución judicial que ha puesto fin al procedimiento sustancialmente coincidente con el contenido de dicha propuesta. Lo mismo se aplicará cuando se hubiera rechazado de forma injustificada la realizada por un tercero neutral (art. 245.5 LEC). Además, debe concretar a cuánto debe ascender la cantidad tasada (*«fijando, en su caso, la cantidad debida en los términos de la solicitud»*: art. 245 bis 2 LEC), que puede ir de cero euros (si pide la exoneración) a lo que considere conveniente (si solicita la mitigación).

Tal y como está redactado el precepto, hay que sostener que no cabe otro motivo para pedir la exoneración o mitigación del pago de las costas que aquel que está expresamente indicado en el precepto: la existencia de una oferta sustancialmente coincidente con la que a posterior concede el tribunal. Cualquier otra alegación (ofertas en paralelo, pagos a plazos, etc.) no debería ser admitida a esos efectos.

El art. 245 bis 2 LEC establece que el control de que se ha acompañado a la solicitud esa documentación relativa al MASC corresponde al Letrado de la Administración de Justicia. Si no esta no se adjunta, este debe dictar un decreto inadmitiendo a trámite la solicitud, decreto que podrá ser recurrido ante el juez en revisión. Hay que entender que lo único que puede hacer el Letrado de la Administración de Justicia es comprobar que existe la documentación, no su contenido —es decir, si la propuesta era sustancialmente idéntica a lo decidido en la sentencia—, porque esto último deberá ser valorado, en su caso, por el juez.

Del escrito se da traslado a las demás partes, que pueden alegar lo que consideren oportuno en el plazo de tres días (art. 245 bis 1 LEC). Si aceptan la reclamación —lo que será harto improbable—, se dicta decreto fijando la cantidad que se debe pagar como costas (o que no se debe pagar ninguna cantidad). Este decreto es recurrible en revisión ante el juez, lo que resultará bastante raro que se produzca, dado que el perjudicado por la decisión aceptó la solicitud o al menos no alegó contra ella. Ahora bien, si el beneficiado por la decisión en materia de costas se opone a la solicitud del condenado —que será lo más habitual—, entonces el Letrado de la Administración de Justicia pasa el asunto al juez (que será el que ha conocido del asunto: art. 243.1 LEC), quien ha de decidir si deja sin efecto la condena en costas o si reduce su cuantía (art. 245 bis 3 I LEC). Esta decisión no conlleva a su vez una condena en costas del incidente, sea cual sea su contenido: así parece deducirse de lo que se señala en el precepto (*«se resolverá por el tribunal si son o no procedentes en la cuantía tasada, mediante auto sin condena en costas»*). Como ya señalamos anteriormente, el precepto no indica criterio alguno que pueda iluminar al juez acerca de cuándo debe acordar la exoneración y cuando la mitigación, lo que abona el campo para una impugnación posterior.

Y es que la decisión del juez puede ser recurrida ante él mismo en reposición (art. 245 bis 3 II LEC), sin que esté prevista la apelación ni ningún otro recurso posterior, por lo que no será posible generar ninguna doctrina jurisprudencial sobre las cuestiones dudosas que se puedan ir suscitando sobre esta novedosa regulación.

Una última cuestión que debemos abordar con relación a esta reforma incorporada por la LOEP que permite no exigir las costas a quien tiene un pronunciamiento judicial firme a su favor, es si tal circunstancia no puede suponer una vulneración del principio a la intangibilidad de las resoluciones judiciales, que se encuentra integrado en el art. 24.1 LEC según consagrada doctrina constitucional[30].

Aquí nos encontramos con una sentencia firme, que contiene una condena en costas, y que cuando se pide su ejecución se procede a oponer un motivo que puede dejar dicha condena sin efecto. Este no es un caso similar a los de oposición a los títulos ejecutivos judiciales, que se fundan en el cumplimiento de lo

30. La STC 256/2006, de 11 de septiembre, resume la doctrina del Tribunal Constitucional con relación al derecho a la intangibilidad de las decisiones judiciales firmes: *«Como hemos tenido ocasión de afirmar recientemente en nuestra STC 162/2006, de 22 de mayo, en su FJ 6, la doctrina de este Tribunal sobre el derecho a la intangibilidad, invariabilidad o inmodificabilidad de las resoluciones judiciales, como proyección del derecho a la tutela judicial efectiva (art. 24.1 CE), constituye ya un cuerpo jurisprudencial consolidado, reflejado, entre otras, en las SSTC 69/2000, de 13 de marzo (FJ 2); 159/2000, de 12 de junio (FJ 3); 111/2000, de 5 de mayo (FJ 12); 262/2000, de 30 de octubre (FFJJ 2 y 3); 286/2000, de 27 de noviembre (FJ 2); 59/2001, de 26 de febrero (FJ 2); 140/2001, de 18 de junio (FFJJ 3 a 7); 216/2001, de 29 de octubre (FJ 2); 187/2002, de 14 de octubre (FJ 6); 224/2004, de 29 de noviembre (FJ 6); y 23/2005, de 14 de febrero (FJ 4). Es opinión reiterada de este Tribunal —recordada, entre otras, en la STC 262/2000, de 30 de octubre, y en las allí citadas— que el principio de invariabilidad, intangibilidad o inmodificabilidad de las resoluciones judiciales firmes es una consecuencia, tanto del*

decidido judicialmente. Aquí se trata, pura y simplemente, de dejar sin efecto real un pronunciamiento judicial firme que tiene fuerza de cosa juzgada.

En nuestra opinión, se podría sostener que estamos ante una realidad no valorada por el juez a la hora de dictar sentencia, que justificaría una modificación de su contenido permitida por el art. 24.1 CE; pero entonces estaríamos realmente ante un caso de revisión de sentencia firme de condena, que tiene sus propios trámites y garantías, y quizá esa debería haber sido la fórmula que debería haber empleado el legislador a la hora de articular esta materia. Por eso no es de extrañar que nos encontremos en un futuro con un pronunciamiento del Tribunal Constitucional sobre esta cuestión[31].

BIBLIOGRAFÍA

BELLIDO PENADÉS, R., «Medios alternativos de solución de conflictos (MASC) y derecho a la tutela judicial efectiva», en *La eficiencia de la justicia a debate*, coord. por ALBA CLADERA, F., JIMÉNEZ CONDE, F. y LÓPEZ SIMÓ, F. (dir.), 2023.

principio de seguridad jurídica (art. 9.3 CE), como del derecho a la tutela judicial efectiva sin indefensión (art. 24.1 CE), derecho que actúa como límite que impide a los Jueces y Tribunales variar o revisar las resoluciones judiciales definitivas y firmes al margen de los supuestos taxativamente previstos por la ley, incluso en la hipótesis de que con posterioridad entendieran que la decisión judicial no se ajusta a la legalidad (SSTC 119/1988, de 20 de junio; 189/1990, de 26 de noviembre; 231/1991, de 10 de diciembre; 142/1992, de 13 de octubre; 23/1994, de 27 de enero; 19/1995, de 24 de enero). El derecho a la tutela judicial efectiva asegura, por tanto, a los que son o han sido parte en el proceso que las resoluciones judiciales dictadas en el mismo no puedan ser alteradas o modificadas fuera de los cauces legales previstos para ello, de modo que si el órgano judicial las modificara fuera del correspondiente recurso establecido al efecto por el legislador quedaría asimismo vulnerado el derecho a la tutela judicial efectiva, puesto que la protección judicial carecería de eficacia si se permitiese reabrir un proceso ya resuelto por sentencia firme. Así, el derecho a la tutela judicial efectiva reconocido en el art. 24.1 CE actúa como límite que impide a los Jueces y Tribunales variar o revisar las resoluciones judiciales definitivas y firmes al margen de los supuestos y casos taxativamente previstos por la ley, incluso en la hipótesis de que con posterioridad entendiesen que la decisión judicial no se ajusta a la legalidad (SSTC 119/1988, de 4 de junio, FJ 2; 231/1991, de 10 de diciembre, FJ 5; 19/1995, de 24 de enero, FJ 2; 48/1999, de 22 de marzo, FJ 2; 218/1999, de 29 de noviembre, FJ 2; 69/2000, de 13 de marzo, FJ 2; 111/2000, de 5 de mayo, FJ 12; 262/2000, de 30 de octubre, FJ 2; 286/2000, de 27 de noviembre, FJ 2; 140/2001, de 18 de junio, FJ 3; 216/2001, de 29 de octubre, FJ 2; 23/2005, de 14 de febrero, FJ 4)».

31. La reciente STC 117/2024, de 23 de septiembre, siguiendo la doctrina tradicional, sostiene que *«el derecho a la intangibilidad de las resoluciones judiciales firmes solo podría haber sido vulnerado por el Juzgado de lo Contencioso-Administrativo n.º 4 de Granada en el caso de haber variado, fuera de los cauces procesales oportunos, una resolución judicial firme del propio juzgado, lo que obviamente no ha sucedido en el presente caso»*. En el caso que nos ocupa sí existiría un cauce legal que afectaría a lo decidido en una sentencia firme anterior, por lo que es posible que el Tribunal Constitucional entendiera que no hay vulneración del art. 24.1 CE. Pero la fórmula empleada no parece la más idónea.

CARRASCO PERERA, Á., «Los medios adecuados de solución de controversias (MASC) en la ley de eficiencia de la Justicia y sus efectos sobre la prescripción civil», *Sección de Publicaciones*, web del Despacho de Abogados Gómez-Acebo & Pombo, on line, 4 de febrero de 2025.

CARRETERO MORALES, E., «El modelo de "obligatoriedad mitigada" de los MASC», *Diario La Ley*, n.º 10256, marzo de 2023.

GUASP DELGADO, J., *Derecho Procesal Civil*, 2.ª edición, Instituto de Estudios Políticos, Madrid, 1961.

LÓPEZ SÁNCHEZ, J., «El carácter general del requisito de procedibilidad de haber acudido a un medio adecuado de solución de controversias a propósito del proceso monitorio», *Revista General de Derecho Procesal*, n.º 55, 2021.

LÓPEZ YAGÜES, V., «La eficacia de los MASC como presupuesto de su eficiencia en la gestión de conflictos derivados de incumplimientos contractuales», *Actualidad Civil*, n.º 12, diciembre de 2023.

LORENZO AGUILAR, J., «Análisis global de los medios de solución de controversias en el Anteproyecto de Ley de Medidas de Eficiencia Procesal», *Práctica de Tribunales*, n.º 153, noviembre de 2021.

MANRESA y NAVARRO, J. M.ª, *Ley de Enjuiciamiento Civil comentada y explicada*, Tomo I, Imprenta de la Revista de Legislación y Jurisprudencia, Madrid, 1856.

MANRESA y NAVARRO, J. M.ª, *Comentarios a la Ley de Enjuiciamiento Civil reformada*, Tomo II, Madrid, Imprenta de la Revista de Legislación, 1883.

MORENO GARCÍA, L., «Los MASC como requisito de procedibilidad en el proceso civil: ¿una futura medida de eficiencia procesal?», en La eficiencia de la justicia a debate, coord. por ALBA CLADERA, F., JIMÉNEZ CONDE, F. y LÓPEZ SIMÓ, F. (dir.), 2023.

PEITEADO MARISCAL, P., «Consideraciones sobre la relación entre el derecho a la tutela judicial efectiva y la mediación obligatoria», *Estudios de Deusto*, vol. 66/2, julio-diciembre 2018.

PÉREZ DAUDÍ, V., «Los MASC y el proceso civil. Propuestas de reforma del Proyecto de Ley de Eficiencia Procesal», *Diario La Ley*, n.º 10121, septiembre de 2022.

PICÓ I JUNOY, J., «MASC y costas procesales en el futuro proceso civil: ¿La cuadratura del círculo?», *Diario La Ley*, n.º 9801, Sección Plan de Choque de la Justicia/Tribuna, 2 de marzo de 2021.

VALERO CANALES, A. L., «La exigencia de la negociación previa a la acción civil y la mediación intrajudicial en los arts. 399.3.2.º, 403.2, 414.1 y 2, 415, 429 y 456.1 LEC en la reforma», *Práctica de Tribunales*, n.º 160, enero de 2023.

III
Modificaciones en el proceso civil

Capítulo 7

Las ¿nuevas? funciones del procurador: el silencioso tránsito de representante procesal a agente privado de notificaciones y de ejecución

BÁRBARA SÁNCHEZ LÓPEZ*
Universidad Complutense de Madrid

* Profesora contratada doctora de Derecho Procesal, Universidad Complutense. Miembro del IDEIR. ORCID 0000-0002-8530-1907. Este trabajo es fruto del proyecto de investigación titulado «Eficiencia y acceso a la justicia en tiempos de austeridad» (PID2021-122647NB-I00). Esta aportación está dedicada a la memoria del prof. CACHÓN CADENAS, M., que nos dejó en enero de 2025, y por quien siento una profunda admiración como procesalista y un no menor agradecimiento por su facilidad de trato, sencillez y honestidad intelectual. Nunca el proceso de ejecución ni la historia del Derecho procesal han estado tan bien estudiados y contados.

3. LA CONSAGRACIÓN DE LAS NUEVAS FUNCIONES DEL PROCURADOR EN LOS ARTÍCULOS 543 LOPJ Y 23 LEC. *3.1. La función representativa y la práctica de actos procesales de comunicación con las partes. 3.2. La realización de tareas de auxilio y cooperación con los tribunales. 3.3. El debut legal del procurador como agente privado de ejecución.* 4. LA CONFIGURACIÓN DEL PROCURADOR COMO «AGENTE PRIVADO DE NOTIFICACIONES Y DE EJECUCIÓN». *4.1. Las Directrices de la CEPEJ sobre el agente de ejecución. 4.2. Las «actuaciones» y «actividades materiales propias del proceso de ejecución». 4.3. El ámbito de actuación expresamente sustraído al procurador por la LOPJ. 4.4. El carácter voluntario, típico, reglado y delegado de las funciones de agente privado de notificaciones y de ejecución. 4.5. La capacidad de certificación y la sustitución entre procuradores. Indelegabilidad de las prerrogativas de servicio público. 4.6. Régimen de impugnación a instancia de parte. Necesidad de control de oficio exhaustivo.* 5. LOS RIESGOS QUE AMENAZAN LOS PRINCIPIOS DE IGUALDAD DE PARTES, DE CONTRADICCIÓN Y LA TRANSPARENCIA DEL PROCESO DE EJECUCIÓN. 6. EL PROCURADOR Y LA CONCILIACIÓN PRIVADA. 7. LAS MEJORAS TÉCNICAS EN RELACIÓN CON EL DERECHO A LA ASISTENCIA JURÍDICA GRATUITA. CONCLUSIONES. BIBLIOGRAFÍA.

1. INTRODUCCIÓN

La Ley Orgánica 1/2025, de 2 de enero, de Eficiencia Procesal (LOEP) supone un paso más en la progresiva ampliación de funciones de la procura en España. Por ello ha apostado el legislador procesal en los últimos quince años, especialmente desde el conocido cuestionamiento de esta figura por su dudosa compatibilidad con la Directiva 2006/123/CE, del Parlamento Europeo y del Consejo, de 12 de diciembre de 2006, relativa a los servicios en el mercado interior. No es en absoluto gratuito conocer, pues, algunos de los aspectos más problemáticos del marco normativo de esta profesión colegiada antes de dar cuenta de la tranquila e inadvertida evolución del procurador en estos años hasta llegar, finalmente, a la consagración en la LOEP del nuevo papel del procurador como agente privado de notificaciones y de ejecución[1], así como de su irrupción en los medios adecuados de resolución de conflictos (MASC) a través de la «conciliación privada». Esta tendencia quiere acentuarse en el futuro para flexibilizar las legislaciones nacionales de los Estados europeos y conseguir procesos de ejecución más ágiles y eficientes en los que no naufraguen los derechos y las expectativas de los acreedores a los que el Estado garantiza la efectividad de la tutela judicial.

1. En este trabajo se emplea —por economía lingüística— el masculino genérico para comprender a todas personas sin distinción de género y no se desdoblarán los sustantivos más que cuando resulte oportuno para distinguir a un grupo de personas en razón de su sexo o género.

2. DE REPRESENTANTES PROCESALES A AGENTES PRIVADOS DE COOPERACIÓN Y AUXILIO DE LA ADMINISTRACIÓN DE JUSTICIA

2.1. EL INFORME DE LA COMISIÓN NACIONAL DE LA COMPETENCIA DE MAYO DE 2009 COMO PALANCA DE CAMBIOS

Para situarnos, es oportuno retener que, con ocasión de la trasposición nacional de la Directiva 2006/123/CE por medio de la Ley 17/2009, de 23 de noviembre y de la Ley 25/2009 de 22 de diciembre, la Comisión Nacional de la Competencia (CNC) emitió en mayo de 2009 un amplio *Informe sobre las restricciones a la competencia en la normativa reguladora de la actividad de los Procuradores de los Tribunales*[2] que arroja luz sobre el sentido de las varias reformas procesales y estatutarias relativas a esta figura desde entonces.

Este informe de la CNC de 2009 cuestionó severamente el mantenimiento de la reserva y la exclusividad de actividad profesional sometida a colegiación obligatoria en favor de esta histórica figura patria, sin razones actuales suficientes de interés general. Y este mantenimiento, a la postre, ha irradiado la polémica hacia varios aspectos diferenciables en esta materia, como son (i) la obligatoriedad de la colegiación y su incompatibilidad con otras profesiones y oficios, como —en particular— la abogacía o la gestoría administrativa; (ii) el marco legal de acceso a la profesión y la conformación de los contenidos y requisitos de los estudios capacitantes; (iii) el régimen retributivo de los servicios de la procura y su carácter libre o arancelario; y (iv) la propia complejidad técnico-legal de las funciones de la procura, que son las que, al fin y al cabo, han de justificar todas las restricciones que hacen del procurador una figura diferenciada en un contexto de creciente digitalización del servicio público de justicia en los planos europeo y español.

Cada una de estas cuestiones podría ser examinada con extensión monográfica y casi todas ellas deberían serlo —hay que añadir— con absoluta neutralidad y distancia, desde instancias ajenas a la propia profesión[3]. Da una idea del problema el hecho de que en junio de 2015 la Comisión Europea inició contra España el procedimiento de infracción 2015/4062 —todavía no cerrado—, por no haber justificado la exclusividad de la procura en actividades como la representación técnica y la comunicación procesal y por no haberse eliminado las

2. CNC, *Informe sobre las restricciones a la competencia en la normativa reguladora de la actividad de los Procuradores de los Tribunales*, https://www.cnmc.es/sites/default/files/1254582_7.pdf, todos los enlaces del presente trabajo han sido verificados con fecha 8 de marzo de 2025.
3. Una visión del todo aconsejable y necesaria es la que se realiza, en términos jurídicos y económicos, desde el campo del Derecho de la competencia por ZURIMENDI ISLA, A., ESPINOSA ALEJOS, M. P. y CIARRETA ANTUÑANO, A., *Servicios profesionales en España: ¿reforma imposible?*, Aranzadi, Cizur Menor, 2015, recomendable porque comprende, en particular, el análisis de la abogacía (pp. 198-228), la procura (pp. 228-238) y la notaría (pp. 313-378).

tarifas mínimas obligatorias de procuradores. El riesgo de una sanción por incumplimiento del Derecho europeo que todavía pende sobre el Reino de España ha impulsado la discreta catarata de parches legislativos que ha salpicado esta materia y que muestra la tendencia hacia la externalización de la práctica de actos procesales del servicio público de justicia en la procura.

No es posible, pues, desconectar las reformas legislativas de los últimos años de las principales conclusiones de la CNC en el año 2009. Retomando este hilo conductor, las principales recomendaciones y las medidas de implementación de mejoras ideadas desde entonces son las siguientes:

1. Revisar y eliminar «*la obligatoriedad de representación procesal a través de profesional, teniendo en cuenta los ejemplos en que dicha obligatoriedad ya ha sido eliminada, así como los avances telemáticos en las comunicaciones entre la Administración de Justicia y los usuarios*» (recomendación primera del informe)[4]. Esta primera recomendación ya cabía relacionarla en el año 2009, por un lado, con la realización de actos procesales a las partes por parte de los procuradores —novedad que introdujo la Ley Orgánica 19/2003, de 23 de diciembre—; y por otro lado, con el sistema LexNet, que había empezado muy tímidamente a dar sus primeros pasos con el RD 84/2007, de 26 de enero, en el seno de la Administración de justicia (AJ, en adelante) con su uso por parte de los tribunales y los funcionarios y profesionales forenses, que eran los únicos usuarios del sistema (v. Anexo II).

En la actualidad y tras los avances legales y telemáticos en materia de actos de comunicación[5], el sistema LexNet se emplea por tres grandes grupos de usuarios, a saber: (i) por un número mucho más amplio y numeroso de órganos y personal del sector público, como las Fuerzas de Seguridad del Estado o los centros sanitarios, para quienes —siempre que se haya firmado el correspondiente convenio— no es facultativo, sino obligatorio; (ii) en cuanto a profesionales, se ha abierto su uso y desde el día 1 de enero de 2016 se ha impuesto como obligatorio a abogados, procuradores y asistentes sociales, sin haberse alterado sustancialmente el régimen de obligatoriedad de su intervención profesional en los términos que determina cada respectiva ley procesal; y (iii) finalmente, los sistemas telemáticos de notificación —aunque no LexNet de forma directa— pueden ser usados directamente por los justiciables cuando no estén asistidos o representados por profesionales de la justicia y opten por —o, en su caso, estén obligados a— relacionarse con la AJ por medios electrónicos (cfr. artículos 273.2 y 152.2 LEC).

4. CNC (2009), 63.
5. Ténganse en cuenta, como marco procesal general, lo dispuesto en el artículo 273 LEC sobre el empleo de sistemas telemáticos para la presentación de escritos ante la Administración de Justicia, y el artículo 4 del Real Decreto 1065/2015, de 27 de noviembre, sobre comunicaciones electrónicas en la Administración de Justicia en el ámbito territorial del Ministerio de Justicia y por el que se regula el sistema LexNet.

Esto se traduce hoy en día en que gran parte del volumen de las notificaciones de las partes entre sí, con el tribunal y con terceros, y viceversa, se canaliza —ya de forma obligatoria desde el año 2016 o ya de forma voluntaria— mediante LexNet[6]; con los justiciables se hace mediante la mediante Carpeta Justicia a través de la Dirección Electrónica Habilitada Única (DEHú).

Contrasta que, pese a estos avances, subsista en términos sustancialmente semejantes la obligación de la representación técnica por medio de procurador en la generalidad de procesos civiles, penales y contencioso-administrativos[7]. Y contrasta también la extensa y no fácil comprensión de los medios —reiterativos y oscuros, como se dirá— en que han de practicarse los actos de comunicación en el proceso civil *ex* artículo 152 y 155 LEC, tras su reforma por obra del RD Ley 6/2023, de 19 de diciembre, de medidas urgentes para la ejecución del Plan de Recuperación, Transformación y Resiliencia en materia de servicio público de justicia, función pública, régimen local y mecenazgo.

2. «*Suprimir la incompatibilidad de la profesión de Procurador con las profesiones de Abogado, Graduado Social y Gestor Administrativo*» (recomendación segunda del informe de la CDC)[8]. Esta discutible incompatibilidad se mantiene hoy en día en virtud de lo dispuesto en los artículos 542 y 543 LOPJ y 23.3 LEC, que consagran la gran dualidad de profesiones forenses de España: la de la abogacía y la de la procura.

Por un lado, cada día es mayor la distancia que separa la figura del procurador de las funciones de los gestores administrativos no solo por la formación académica (que, a la postre, puede resultar una diferencia más formal que material), sino sobre, todo, a causa de las mayores atribuciones con las que el legislador ha querido distinguir al procurador desde el año 2009. Y respecto de los graduados sociales, vale decir lo mismo, por más que se circunscriba al ámbito del proceso laboral.

---

6. Según las últimas estadísticas del CGPJ relativas al uso de LexNet en el año 2024, a su través se han registrado 4.422.655 escritos iniciadores de asuntos judiciales; mediante ella se han presentado 19.193.943 escritos de trámites; y, finalmente, los tribunales han practicado un total de 104.577.543 notificaciones por este sistema. A fecha 31 de diciembre, los usuarios de la plataforma se cifraban en 18.873, sin incluir justiciables particulares. A estos últimos las notificaciones electrónicas se centralizan en la Carpeta Ciudadana y se realizan por DEHú.
7. *V.* artículo 23 LEC para el proceso civil; los artículos 118.3, 277 y 651 LECRIM, para el proceso penal; y el artículo 23 de la Ley 29/1998, de 13 de julio, reguladora de la Jurisdicción Contencioso-administrativa. En cambio, en el proceso laboral la ley permite que la representación técnica la asuman también los graduados sociales colegiados y hasta cualquier representante (artículos 545.2 LOPJ y 18 y 21 de la Ley 36/2011, de 10 de octubre, reguladora de la Jurisdicción Social). V., por todos, M. ANDRÉS GONZÁLEZ, M, *Manual de la procura*, Aranzadi, Las Rozas, 2024, pp. 75 y ss.
8. CNC (2009), 63.

En realidad, el ámbito que está marcando la diferenciación del procurador de los tribunales respeto de graduados sociales, gestores y aun de abogados/as, no radica —como pudiera pensarse por el peso histórico en la conformación de la figura— en la función representativa que asumen los procuradores. La progresiva menor complejidad a la que, en general, tiende la AJ en la presentación de escritos, traslado de documentos y actos de notificación, amenaza seriamente la necesidad jurídica de valerse de un profesional *ad hoc*, sea este cual fuere, para actuar en un proceso. Lo que está marcando la diferencia, especialmente desde el año 2015, es la creciente aproximación de los procuradores a la AJ y el aumento de sus funciones de cooperación y auxilio en la práctica y realización material de actos procesales que supone una externalización y privatización del servicio público de justicia[9]. Pero nótese que estas tareas que asimilan al procurador con los funcionarios del cuerpo de auxilio procesal del artículo 478 LOPJ tampoco terminan de justificar la sobrecualificada formación jurídica que se pide para el acceso a la profesión de procurador, ni la reserva de actividad, puesto que siempre podrán desempeñarla los funcionarios equivalentes y tampoco a estos se les pide más formación que «*estar en posesión del título de graduado en E.S.O. o equivalente*» (artículo 475. a. V LOPJ).

Por otro lado, en cuanto a la separación e incompatibilidad de funciones entre abogacía y procura es bien conocido que, pese a la unificación del sistema de acceso a los respectivos colegios profesionales por obra de la Ley 15/2021, de 23 de octubre, se ha mantenido la reserva de actividad de la procura y la incompatibilidad con el ejercicio de la abogacía; esta incompatibilidad simultánea solo está matizada para las sociedades profesionales multidisciplinares a las que se permite ofrecer los servicios simultáneos de abogacía y procura como parte de un servicio integral de defensa y representación[10].

Antes de la Ley 15/2021, el anteproyecto de ley de servicios y colegios profesionales del año 2014 propuso el fin de la dualidad de ambas figuras y permitía la compatibilidad del ejercicio simultáneo de la abogacía y la procura, salvo en aquellas funciones en las que el procurador actuase revestido de la condición de agente de la autoridad. Este intento, que es más coherente con el *aggiornamento* de las profesiones forenses, no prosperó, sino que —desde su introducción por la Ley 13/2009, de 3 de noviembre, de la nueva Oficina judicial (LOJ)— se ha mantenido en el artículo 23.3 LEC una norma de expresa incompatibilidad. Aún más, por medio de la Ley 42/2015, de 5 de octubre, se ha reformado la LEC para aumentar notablemente las funciones asignadas al procurador, aunque sin afectar a las representativas. Y la Ley 15/2021 ha seguido, en fin, esta senda y se encuentra alineada con la opinión expresada por el Consejo General del Poder Judicial en su informe sobre aquel anteproyecto —no tramitado— de Ley de

9. En el mismo sentido, *v.* GASCÓN INCHAUSTI, F., *Derecho procesal civil. Materiales para el estudio*, 7.ª ed., Madrid, 2025, pp. 190-191, disponible en Docta Complutense (https://hdl.handle.net/20.500.14352/114797).

10. Disposición Adicional 8.ª de la Ley 2/2007, de 15 de marzo, de sociedades profesionales.

servicios y colegios Profesionales[11] y con las aspiraciones del Consejo General de Procuradores de España (CGPE) y de los distintos colegios territoriales[12]. En ella se plasma la voluntad política de preservar la figura del procurador como distinta e incompatible con la del abogado, si bien ha permitido a estos que también «*puedan ejercer como procuradores, aunque no de forma simultánea al ejercicio de la profesión de la abogacía*» (aptdo. II del Preámbulo de la Ley 15/2021).

La incompatibilidad personal, pues, se mantiene, aunque es posible el trasvase de personas físicas de un ámbito profesional a otro mediante un encadenamiento sucesivo de colegiaciones.

> Esto favorece, en palabras de la Comisión Nacional de los Mercados y la Competencia (CNMC), «*la existencia de una única base de profesionales que podrían, en principio, optar por una u otra profesión en función de las circunstancias del mercado*»[13]; aunque como han observado ZURIMENDI ISLA, ESPINOSA ALEJOS y CIARRETA ANTUÑANO, «*tampoco hoy día tiene ya justificación la obligatoria escisión de las funciones de defensa y de representación requiriendo que sean dos personas diferentes*»[14]. *De facto*, las menores exigencias técnico-legales que implica el ejercicio efectivo de la procura convierten el tránsito de procurador a

11. Así, en el informe al anteproyecto de Ley de servicios y colegios profesionales de fecha 31 de enero de 2014, el CGPJ concluyó que «*ha de ha de mantenerse la actual incompatibilidad de las funciones de abogado y procurador, así como la atribución de la función de representación procesal de la parte al procurador en los términos del artículo 543.1 LOP*» (v. conclusión primera, p. 34). Para el CGPJ, «*el sistema que el Anteproyecto propone no resulta satisfactorio. Ni desde el punto de vista de la parte, sobre quien, probablemente, se repercutirá el coste de la doble inscripción colegial de su abogado o procurador; pudiendo provocar una confusión en relación a la figura y funciones del procurador. Ni desde el punto de vista del profesional. No puede desconocerse la intervención directa y activa del procurador en el proceso de modernización de la Justicia, llamado a jugar un papel dinamizador de las relaciones entre las partes, sus Abogados y las oficinas judiciales, en su doble condición de representante de las partes y colaborador del órgano judicial*» (pp. 34-35). También se adscribe a la defensa de incompatibilidad de funciones por el carácter esencialmente técnico del proceso y en evitación de la pérdida de valores y moralidad de la actividad postulante, ANDRÉS GONZÁLEZ, M., (2024), pp. 89-99.
12. V., por todos, el informe del CGPE frente al anteproyecto de la posterior Ley 42/2015, de 5 de octubre, de reforma de la LEC; o las alegaciones presentadas en la fase de consulta pública del anteproyecto de ley de medidas de eficiencia digital del servicio público de justicia en noviembre de 2021.
13. Comisión Nacional de Mercados y la Competencia, IPN/CNMC/04/18 *Anteproyecto de ley de reforma de las condiciones de acceso y ejercicio de las profesiones de abogado y procurador de los tribunales*, 22 de marzo de 2018, p. 8.
14. ZURIMENDI ISLA, A., ESPINOSA ALEJOS, M. P. y CIARRETA ANTUÑANO, A. (2015), p. 235. Y continúan con este razonamiento: «Como decíamos, tal división resultaba útil y agilizaba el procedimiento ante la dificultad de las comunicaciones. La exigencia al profesional, el procurador, de un despacho próximo a la sede judicial facilitaba la tramitación. Pero hoy día, las comunicaciones son más sencillas, fáciles y eficaces y las distancias mucho más cortas. Es más, incluso ya no se exige que el procurador tenga que tener despacho ni estar colegiado en la Corporación en la que radica el Juzgado o Tribunal en el que pretende actuar. No hay obstáculo alguno a la celeridad ni a la fluidez de la comunicación entre las partes y los Juzgados y Tribunales si la representación la ejerce la ejerce también el abogado o abogada».

abogado —sobre todo, cuando se piensa en las sociedades profesionales y, especialmente, en los grandes despachos— en una suerte de «desarrollo de carrera» o *cursus honorum como* profesional forense. Sin embargo, como observó igualmente la CNMC «*en la práctica este tránsito se verá lastrado por la exigencia de colegiación para el ejercicio de ambas profesiones*» [15]. La incompatibilidad simultánea guarda relación también con la siguiente recomendación.

3. «*Eliminar la exclusividad general de los Procuradores en el ejercicio de la actividad de representación procesal, en particular, permitiendo que los Abogados realicen también las actividades ahora reservadas a los Procuradores*» (recomendación tercera del informe de la CNC)[16]. La exclusividad está recogida en el artículo 543 LOPJ y es, junto con la colegiación obligatoria, uno de los puntos de mayor interés para el gremio de la procura. En vano —hasta ahora— la CNMC ha insistido en su informe al anteproyecto de Ley de reforma de las condiciones de acceso y ejercicio de las profesiones de abogado y procurador de los tribunales, en que se valore «*la posibilidad de extender la alternativa del ejercicio conjunto a las personas físicas*» [17]; más aún, de este informe se ha prescindido en la elaboración de la primera norma reglamentaria de la Ley reguladora del acceso a la abogacía y a la procura, luego declarada nula, como se dice a continuación.

4. «*Revisar la Ley 34/2006, de 30 de octubre, sobre el Acceso a las profesiones de Abogado y Procurador de Tribunales, al objeto de analizar si los mayores requisitos de acceso exigidos para el ejercicio de la profesión resultan adecuados dentro del nuevo marco de titulaciones universitarias*» (recomendación cuarta del informe de la CNC)[18]. Cabe añadir a lo dicho que el desarrollo reglamentario de la Ley 15/2021 por medio del Real Decreto 64/2023, de 8 de febrero, ha sido declarado nulo, a instancias del CGPE, en la reciente STS (Sala 3.ª) n.º 1975/2024, de 17 de diciembre[19].

Como había adelantado la CNMC en su informe de 2018[20], la Sala 3.ª ha situado la ilegalidad del reglamento de desarrollo de la Ley 15/2021 en motivos

15. IPN/CNMC/04/18, p. 11.
16. CNSC (2009), p. 63.
17. IPN/CNMC/04/18, p. 18.
18. CNSC (2009), p. 63.
19. ES:TS:2024:6114.
20. La anulación no es una sorpresa. En el proceso de elaboración prelegislativa de la Ley 15/2021, la CNMC ya había observado que «*la abogacía y la procura son profesiones colegiadas con fuertes restricciones de acceso en España, superiores de acuerdo con la OCDE, a la media europea (...) El acceso a estas actividades exige superar hasta cinco filtros en cascada o acumulativos: grado o licenciatura en derecho; curso de formación; prácticas externas; prueba de capacitación y colegiación y, para el caso de extranjeros, homologación de la titulación en derecho. (...) cada uno de estos requisitos debe estar suficientemente motivado y ajustarse a los principios de necesidad y proporcionalidad. La unificación del modo de acceso de ambas profesiones reduce una barrera, pero no elimina el carácter limitativo de la competencia que producen estos requisitos previos*» (IPN/CNMC/04/18, p. 9).

formales del procedimiento de elaboración normativa, por no haberse realizado el test de impacto en el mercado interior para mantener un examen único para el acceso a dos profesiones reguladas que restringen materialmente su acceso a ellas y, por lo tanto, no se ha evaluado su impacto dentro de los límites de los principios de no discriminación y proporcionalidad. Además, la anulación también se fundamenta en haberse prescindido en su procedimiento de elaboración del preceptivo informe previo del Consejo General de Poder Judicial. Pero más allá de estos motivos, a la postre lo que cuestiona la STS 1975/2024 es, por elevación, la misma decisión político-legislativa de la Ley 15/2021 de mantener la dualidad de profesiones colegiadas separadas e incompatibles y dotadas de reserva de actividad.

5. «*Suprimir el actual sistema de aranceles o precios cuasifijos de los Procuradores, para pasar a un sistema de precios libremente fijados por las partes. Ello debe ir aparejado de la mayor transparencia para los consumidores derivada de la aplicación de la Directiva de Servicios en materias como los presupuestos previos y la eliminación de las restricciones injustificadas a la publicidad*» (recomendación sexta del informe)[21]. Este es otro caballo de batalla que se encuentra librando el gremio profesional de la procura y que también ha registrado sacudidas jurisprudenciales.

Por tratarse del ejercicio de una profesión liberal, el marco regulatorio de la retribución de estos servicios debería ser el propio del libre mercado, y no mediante tarifas fijas de carácter arancelario que son tributarias del modelo notarial conforme al cual se configuró la actual figura del procurador en el siglo XIX. Además de los procuradores, «sólo los notarios y registradores cobran por arancel, aunque en ellos se delegan funciones públicas que requieren independencia (*gatekeeper*) en su ejercicio, a lo que ayuda la fijación del precio»[22]. Pues bien, este es un capítulo que sigue sin solucionar y cuyo *aggiornamento* debería reducir el ámbito arancelario a aquellas actuaciones en las que el procurador actúe con la consideración de agente de la autoridad.

El legislador, sin embargo, sigue demorando una solución. Todo lo más, la Ley 15/2021 ha aprovechado la reforma del sistema de acceso para introducir una limitación a los aranceles de los procuradores que impide que existan límites mínimos y que exige que los derechos devengados en un solo asunto no superen, como regla, la cuantía global de 75.000 euros (artículo tercero). Sin embargo, el sistema ideado para salvar las objeciones relativas a los aranceles no ha solucionado el problema.

Por un lado, han sido varias las sentencias de la Sala 3.ª del Tribunal Supremo dictadas en el mes de abril de 2024 las que han declarado, a instancias de veinte

21. CNSC (2009), p. 64.
22. ZURIMENDI ISLA, A., ESPINOSA ALEJOS, M. P. y CIARRETA ANTUÑANO, A. (2015), p. 391.

colegios profesionales y del CGPE, la ilegalidad del Real Decreto 307/2022, de 3 de mayo, por el que, en desarrollo de la Ley 15/2021, se aprueban los aranceles máximos de procuradores[23]. La razón de la ilegalidad del RD 307/2022 parece formal, en cuanto que se basa en la manifiesta insuficiencia del análisis de impacto económico en el procedimiento de aprobación del arancel, pero —como ha sucedido con el RD 64/2023, de 8 de febrero— ataca la cuestión de fondo del régimen económico de una profesión diferenciada que impacta, al mismo tiempo, en el funcionamiento de la AJ y en la competencia en el mercado[24].

Por otro lado, el mismo régimen de libre fijación de precios está resultando difícil de conciliar con el mantenimiento mismo de «criterios orientativos» de honorarios de abogados por parte de los Colegios profesionales a efectos de cuantificación de las costas[25]. En relación con los honorarios de abogado, la publicidad de los criterios orientativos y su determinación cuantitativa se ha considerado una recomendación de precios restrictiva de la competencia y, como tal, se ha sancionado por la CNMC con multas de notable cuantía[26]; lo mismo que ha sucedido

23. La primera sentencia anulatoria es la STS (Sala 3.ª) n.º 592/2024 de 9 de abril (ES:TS:2024:1928, BOE n.º 95, de 18 de abril de 2024); con posterioridad se han dictado las SSTS (Sala 3.ª) n.º 637/2024, 638/2024, 639/2024, 640/2024 y STS 641/2024 de 16 de abril.

24. Sobre el carácter anticompetitivo y desproporcionado de los aranceles, v., por todos, ZURIMENDI ISLA, A., ESPINOSA ALEJOS, M. P. y CIARRETA ANTUÑANO, A. (2015), pp. 273-275.

25. Sobre los problemas de compatibilidad de los criterios colegiales aprobados para la determinación judicial de costas y derechos con la prohibición de recomendación de precios, v., por todos, ACHÓN BRUÑÉN, M. J., «Prohibición por la Sala 3.ª del TS de la difusión de baremos por los Colegios de Abogados. Honorarios excesivos y cláusulas abusivas en las hojas de encargo», en Diario LA LEY n.º 10285, 12 de mayo de 2023; AIDO VÁZQUEZ, A. M., «La regulación de los honorarios por los Colegios de la Abogacía desde la óptica del Derecho antitrust: un análisis a la luz de la jurisprudencia nacional y comunitaria (1)», en *Revista de Derecho de la Competencia y de la Distribución* n.º 34, enero-junio 2024; y ZURIMENDI ISLA, A., ESPINOSA ALEJOS, M. P. y CIARRETA ANTUÑANO, A. (2015), pp. 266-271.

26. La más elevada —s.e.u.o.— es la impuesta al Ilustre Colegio de Abogados de Madrid por incumplir la prohibición de recomendaciones sobre honorarios y al que se ha sancionado con la abultada multa de 459.024 euros (expediente SAMAD/09/2013 de la CNMC), confirmada por STS (Sala 3.ª) n.º 1749/2022 de 23 de diciembre. También se han sancionado al Colegio de abogados de Las Palmas con una multa de 19.443 euros (expediente SACAN/31/2013), ratificada por la STS (Sala 3.ª) n.º 1684/2022 de 19 de diciembre; al de Guadalajara (expediente S/DC/0560/15), multado con sanción de 10.515,53 euros, devenida firme en virtud de la STS (Sala 3.ª) n.º 1741/2022 de 23 de diciembre; o la del Colegio de Alcalá de Henares, sancionada con multa de 25.264 euros, confirmada por STS (Sala 3.ª) n.º 787/2023 de 13 de junio. En cambio, los criterios de honorarios del Colegio de Abogados de Barcelona no han presentado este problema. El propio TS apunta a que su reglamentación no consiste en un resultado numérico automático e inalterable, sin margen de libertad para variarlo por complejidad o sencillez del asunto. «*Frente a este modo de proceder, el Colegio de la Abogacía de Barcelona ha aprobado unos criterios orientativos a efectos de tasación de costas que incluyen la funcionalidad de los mismos que se extrae de los artículos 14 y disposición adicional cuarta de la Ley de Defensa de la Competencia, incluyendo los citados criterios jurisprudenciales para la determinación y en los que está ausente cualquier efecto de determinación cuantitativa exacta*

en fechas muy recientes con el funcionamiento y la publicitación del portal de subastas del CGPE[27].

Por lo demás, las sanciones que se han impuesto a los Colegios por prácticas contrarias a la competencia han llegado en un momento en el que la tutela de consumidores y usuarios ha irrumpido en el ámbito de los profesionales de la justicia y esto debe suponer mayor transparencia y equilibrio en la contratación de los servicios.

El último avance normativo está situado en la aprobación del RD 434/2024, de 30 de abril, con el nuevo arancel de derechos de los procuradores. Esta reglamentación mantiene el sistema de máximos, en sintonía con el principio de jerarquía normativa —desarrollo de la Ley 15/2021—, pero en contra de las recomendaciones de la CNMC sobre el impacto negativo de generalizar un sistema de aranceles con precios máximos más allá de donde pueda justificarse en razón de su consideración de agente de la autoridad o de la contratación con consumidores vulnerables y similares[28].

Su aprobación cumple uno de los propósitos del Plan normativo del Gobierno del año 2024, en el que estaba incluido «*incorporar los nuevos procedimientos en los que actualmente participan estos profesionales*»[29], en alusión a la participación de los procuradores en el proceso de ejecución como agentes de ejecución delegados. Pero como tal esta participación no aparece individualizada en el nuevo reglamento arancelario y sí se mantiene, en cambio, la orientación cuantitativa de actuaciones, que engloban indiferenciadamente su intervención —como un todo— en el proceso de ejecución.

---

asimilable a una tarifa o listado de precios. Tales criterios orientativos han sido objeto de publicación, y se encuentran en fuentes accesibles al público» (STS 1684/2022 de 19 de diciembre). Con posterioridad, se ha evidenciado su uso como recomendación de precios en cursos formativos y actividades colegiales y la CNMC ha terminado imponiendo a este Colegio una sanción de 500.000 euros, que mediante resolución de 18 de diciembre de 2024 se ha reducido al importe de 400.000 euros por terminación convencional y pronto pago (procedimiento (SNC/DC/100/24-ICAB).

27. Con fecha 4 de octubre de 2024 la CNMC ha resuelto sancionar al CGPE (procedimiento S/0001/21) por recomendación colectiva de precios y por actos de competencia desleal de engaño por difundir información engañosa sobre el carácter de la plataforma de subastas electrónicas (www.subastasprocuradores.com). V., sobre esta cuestión, MARTÍ MIRAVALLS, J., «Las subastas electrónicas por entidad especializada como plataformas digitales: un análisis concurrencial», *La Ley mercantil*, n.º 73 (octubre), 2020.

28. *V.* el último informe de la CNMC, IPN/CNMC/049/22 *Informe sobre el proyecto de Real Decreto por el que se aprueba el arancel de derechos de los procuradores de los tribunales*, 28 de febrero de 2023.

29. V. https://transparencia.gob.es/transparencia/dam/jcr:00e03e20-a2c7-46cb-a482-00f487896469/PAN_2024.pdf

2.2. LA POSIBILIDAD DE PRACTICAR ACTOS DE COMUNICACIÓN CON CAPACIDAD DE CERTIFICACIÓN

2.2.1. El impulso de las Oficinas de Señalamientos Inmediatos en las nuevas funciones del procurador

La intervención de los procuradores como profesionales al servicio funcional de la AJ debutó legalmente en nuestro país con las «Oficinas de Señalamientos Inmediatos» introducidas en la LEC —Disposición Adicional Quinta— por la LO 19/2003, de 23 de diciembre, y la modificación del —entonces, nuevo— artículo 543 LOPJ. A tal fin solo hubo que redactar el aptdo. 2 del artículo 543 LOPJ con la breve, pero eficaz previsión de que *«podrán realizar los actos de comunicación a las partes del proceso que la ley les autorice»*, que había que poner en relación con los llamados «juicios rápidos civiles» de la Disposición Adicional Quinta de la LEC[30]. Su aptdo. 4 todavía hoy sigue disponiendo —en algunas partes, muy desactualizadamente— lo siguiente:

> «4. *En las actuaciones realizadas en el ámbito de esta disposición adicional, los procuradores de las partes personadas podrán practicar, si así lo solicitan y a costa de la parte que representen, las notificaciones, citaciones, emplazamientos y requerimientos, por cualquiera de los medios admitidos con carácter general en esta ley.*
>
> *Se tendrán por válidamente realizados estos actos de comunicación cuando quede constancia suficiente de haber sido practicados en la persona o en el domicilio del destinatario.*
>
> *A estos efectos, el procurador acreditará, bajo su responsabilidad personal, la identidad y condición del receptor del acto de comunicación, cuidando de que en la copia quede constancia de su firma y de la fecha en que se realice.*
>
> *En las comunicaciones por medio de entrega de copia de la resolución o cédula en el domicilio del destinatario, se estará a lo dispuesto en el artículo 161 en lo que sea aplicable, debiendo el procurador acreditar la concurrencia de las circunstancias contempladas en dicho precepto, para lo que podrá auxiliarse de dos testigos o de cualquier otro medio idóneo»*.

La génesis del papel del procurador como agente de ejecución de los actos de comunicación procesal radica en la confianza de que el interés privado de ciertos demandantes de tutela especialmente expedita, como los juicios verbales de la Disposición Adicional Quinta de la LEC, redunda también, de forma refleja, en un acortamiento de los tiempos de la justicia. Han transcurrido veinte años y, en vista de la perenne carga de trabajo de la AJ, el legislador no ha dejado de fomentar esta confianza. El resultado es que, pese a que las Oficinas de Señalamiento Inmediato han quedado superadas por la digitalización generalizada de la justicia civil, la función del procurador como agente privado de auxilio

30. V., por todos, ARIZA COLMENAREJO, M. J., «El procurador en el ámbito de los "juicios rápidos civiles"», en *Diario La Ley*, n.º 6316, 12 septiembre 2005.

judicial ha permanecido y aun se ha potenciado en las reformas legales posteriores.

2.2.2. La generalización de la posibilidad legal de practicar la notificación por entrega mediante procurador

Con la reforma de la LEC llevada a cabo por la LOJ de 2009, la limitada actuación del procurador como agente de notificación en el marco de la Disposición Adicional Quinta de la LEC dio el salto al Capítulo V del Libro I de la LEC. En concreto, a la llamada «*ejecución de los actos de comunicación*» del artículo 152.1 LEC. Esta impropia expresión del artículo 152.1 LEC confunde la «práctica» de una notificación o el tradicional diligenciamiento de oficios por la «ejecución de un acto de comunicación»; y el uso de esta otra expresión permite dar el salto cualitativo de la LOEP cuando redefine las funciones del procurador e incluye en ellas «*las actuaciones materiales propias del proceso de ejecución en los términos establecidos legalmente*», como expresa la nueva redacción del artículo 543.2 LOPJ tras su reforma por la LOEP.

Según lo dispuesto en el artículo 152.1 LEC, la práctica de las notificaciones puede desde entonces ser realizada ya por «*los funcionarios del cuerpo de auxilio judicial*» (ordinal 1.º), ya por «*el procurador de la parte que lo solicite*» (ordinal 2.º), con carácter voluntario, a cuyo efecto debe indicarse así expresamente en el escrito iniciador o con posterioridad, «*de forma motivada y concurriendo justa causa*» (pfo. 2 del artículo 152.1 LEC).

Con esta reforma legal quedaron equiparados funcionalmente, como sujetos activos de la práctica de notificaciones, los funcionarios del cuerpo de auxilio procesal (artículo 478 LOPJ) y los procuradores (artículo 152.1 LEC). Y se reprodujeron también en el aptdo. 1 del artículo 152 LEC las previsiones de la Disposición Adicional Quinta LEC consistentes en (i) tener «*por válidamente realizados estos actos de comunicación cuando quede constancia suficiente de haber sido practicados en la persona o en el domicilio del destinatario*»; y (ii) «*a estos efectos, el procurador acreditará, bajo su responsabilidad, la identidad y condición del receptor del acto de comunicación, cuidando de que en la copia quede constancia de su firma y de la fecha en que se realice*».

Por lo tanto, la práctica de notificaciones realizadas por procurador se efectúa bajo su propia responsabilidad personal y directa, aunque siguiendo la dirección del Letrado de la AJ (LAJ). En principio, según esta ley, su práctica está meramente documentada por este profesional, ya que la fe pública judicial la sigue detentando con exclusividad el LAJ, que supervisa o controla su práctica; es decir, en los mismos términos materiales que las practicadas por los funcionarios de auxilio judicial, solo que —y estos matices son importantes— sin el carácter de autoridad y sin capacidad de certificación hasta el año 2015. Por ello, el aptdo. 5 del artículo 161 LEC disponía que, para los supuestos de no poder practicar exitosamente la entrega en forma personal con el destinatario, el procurador «*deberá acreditar la concurrencia de las circunstancias* [impeditivas] (...) *para lo que podrá auxiliarse de dos testigos o de cualquier medio idóneo*»[31].

Este sistema de «acreditación» ha llegado hasta el año 2015 y no dispensa de extremar el cuidado en garantizar la corrección y suficiencia de las circunstancias consignadas por el procurador en la diligencia de notificación. De deben prevenir situaciones patológicas o no deseadas tanto a la hora de dar por buena su práctica y que esto determine la rebeldía de la parte demandada o la incomparecencia de la ejecutada, como en el supuesto de tener la diligencia de notificación por negativa y que esto allane indebidamente su práctica en forma edictal. En todos los casos, el emplazamiento o primera notificación del proceso tiene trascendencia constitucional y, dado que se realizan bajo la dirección del LAJ y es susceptible de generar nulidad de actuaciones, los tribunales deben velar por la legalidad de su práctica y asegurarse de su efectividad[32]. No parece ser el caso de la ilustrativa SAP Barcelona (Secc. 13.ª) n.º 282/2014 de 4 de junio de 2014[33], pese a la que la ley 5/2018 de 11 de junio, ha autorizado después que

---

31. Con ocasión de la LOJ ya tuve ocasión de señalar la procura «constituye una actividad profesional privada que impide absolutamente que al Procurador se le puedan encomendar funciones de carácter público y, entre ellas, la fe pública» (SÁNCHEZ LÓPEZ, B., «Sección I. Reformas del Libro I de la LEC sobre disposiciones relativas a los juicios civiles (I): Artículos 1 a 128 LEC», *Guía práctica de la nueva Oficina Judicial*, coord. BANACLOCHE PALAO, J., La Ley, Madrid, 2010, p 136). Y añadí que «se han alzado, con razón, algunas voces procedentes de los fedatarios públicos notariales —únicos que detentan la fe pública extrajudicial— para criticar la merma en las garantías de autenticidad de la comunicación practicada mediante procurador» (ídem, p. 135). Quince años después sigo pensando lo mismo, por la merma de imparcialidad en quien acumula las funciones de representación de los intereses de parte y práctica, como agente auxiliar, notificaciones y actuaciones materiales de ejecución que la propia administración de justicia está en condiciones de realizar con una reorganización de medios y servicios.
32. Así lo resalta CUBILLO LÓPEZ, I., *Actos procesales, comunicación procesal y medios electrónicos*, Wolters Kluwer, Madrid, 2019, p.132.
33. ES:APB:2014:6093. En el seno de un proceso de desahucio por precario dirigido contra los «ignorados ocupantes» de una vivienda, el LAJ «*acordó, al amparo del art. 26.1.pfo 2 LEC encomendar al procurador de la actora la realización del acto de citación en la referida vivienda, de conformidad con el art. 161 LEC, y así consta efectuándolo, con dos testigos identificados, en 7 y 14.12.2012 a las 10'45 horas y, sin que contestase ni abriese nadie ante las llamadas (f. 36 y ss.), lo que motivó la citación mediante fijación de la cédula en el tablón de anuncios de la Oficina Judicial, al amparo del art. 164.4.º LEC*». Frente al recurso de la ocupante por haberse prescindido de las normas esenciales del procedimiento causándole indefensión, la Sala considera correcto el emplazamiento por edictos de los «ignorados ocupantes» que resultaron notificados negativamente tras los dos intentos practicados —nótese— a la misma hora y siempre en horario laboral. Este caso ilustra del poco cuidado que se pone cuando no se practica ninguna averiguación de la identificación de los ocupantes, pese a la existencia de diligencias preliminares que lo posibilitaban (artículo 256.1.1.º LEC, aunque ahora esté dispensado ex artículo 437. 3 bis LEC); tampoco consta consulta al padrón o a registros oficiales, ni la reiteración de su práctica fuera de horarios normalmente laborales, ni —en fin— ninguna actuación en relación con los vecinos que agotara las posibilidades de conocer a los demandados y emplazarlos personalmente.

las demandas sucintas de tutela sumaria de la posesión se dirijan genéricamente contra los desconocidos ocupantes de una vivienda (artículo 437.3 bis LEC).

Con todo, las mayores críticas que cabe hacer a este sistema son dos. La primera objeción radica en la falta de imparcialidad, de independencia, de desinterés económico del procurador que asume la práctica de la notificación. El ordenamiento no solo no garantiza la plena independencia e imparcialidad del procurador respecto de la parte a la que representa, sino que sucede —precisamente— lo contrario *ex art*ículo 26 LEC (en virtud —recordemos— de la confianza que el legislador ha depositado en el interés privado y del que solo secundariamente se beneficia la AJ). La segunda objeción está situada en la externalización o privatización que supone la delegación de funciones públicas en un profesional liberal cuando el mismo funcionariado puede realizar estas funciones. Desde el punto de vista de la eficiencia de servicios y recursos jurídicos, tienen razón quienes piensan que «si se opta por la externalización/privatización de las mismas, dado que se trata de labores ejecutivas que no requieren en la mayoría de las ocasiones una formación jurídica avanzada, carece de proporcionalidad alguna que sólo puedan ser realizadas por los procuradores. Estamos ante un evidente caso de sobrecualificación (...)»[34]; esta cuestión ha tratado de superarla la LOEP con poco ruido mediante enmiendas introducidas en su tramitación en el Congreso por parte de la mayor parte de los grupos parlamentarios, como se verá.

2.2.3. De la práctica documentada a la «práctica fehaciente» de la notificación con «capacidad de certificación»

Con el despunte de la tecnología en el ámbito de la AJ por obra de la Ley 37/2011, se da un paso más en el creciente protagonismo del procurador en la práctica de notificaciones y se introduce en el artículo 26 LEC, como obligaciones del procurador: (i) la de «*colaborar con los órganos jurisdiccionales para la subsanación de los defectos procesales así como la realización de todas aquellas actuaciones que resulten necesarias para el impulso y la buena marcha del proceso*» (ordinal 1.º *in fine*); (ii) la de realizar «*los actos de comunicación y otros actos de cooperación con la Administración de Justicia que su representado le solicite, o en interés de éste cuando así se acuerde en el transcurso del procedimiento judicial por el Secretario judicial, de conformidad con lo previsto en las leyes procesales*» (nuevo ordinal 8.º); y (iii) la de «*acudir a los juzgados y tribunales ante los que ejerza la profesión, a las salas de notificaciones y servicios comunes, durante el período hábil de actuaciones*» (nuevo ordinal 9.º).

Con esta reforma legal se introduce la posibilidad de que, de forma alternativa a que el representado solicite la práctica de actos de comunicación u otros

34. ZURIMENDI ISLA, A., ESPINOSA ALEJOS, M. P. y CIARRETA ANTUÑANO, A. (2015), p. 238.

de cooperación judicial, el LAJ los encomiende de oficio al procurador, siempre en interés, pero prescindiendo de la voluntad del representado a cuyo peculio —se entiende— corre el devengo de gastos procesales. Esta previsión introducida en el año 2011 —que permanece en la LEC— resulta cuestionable en cuanto que, por un lado, prescinde de la voluntariedad de los servicios del procurador; y de otro lado, no se alcanza a entender la iniciativa del LAJ de encomendar de oficio a los profesionales de la procura una tarea para la que la AJ dispone de efectivos que, como poco, igualan en número al de procuradores y ya realizan estos cometidos de forma gratuita para el justiciable, como parte del servicio público de justicia. Parece tratarse —se ha observado— de un precepto «cargado de buenas intenciones, pero de cuestionable aplicación real. Nadie mejor, se supone, que el propio Procurador para velar por el *interés* de su propio representado, razón de más para que la norma hubiera concretado el supuesto de hecho por el que se puede "obligar" al procurador, gratis además, para realizar una comunicación judicial y sin que la falta de medios personales en la Administración de Justicia pueda servir de fundamento»[35].

A mi modo de ver, es criticable fomentar el uso de alternativas privadas para disfrutar de servicios de justicia más rápidos; o lo que es lo mismo, alentar nuevas versiones de «justicia al alcance de quien se lo puede pagar», a base de dimitir del deber de mejorar la calidad de un servicio público cuya prestación en el área de la justicia no es especialmente más compleja que la que desarrollan diariamente la Agencia Tributaria, la Oficina de recuperación de activos o los servicios de recaudación de tributos autonómicos y locales. A lo que hay que aspirar —y esto es lo que debe fomentar el legislador, tanto el nacional como los europeos— es a que el servicio público de justicia funcione de la manera más eficiente posible con los medios de los que dispone, que no son pocos, reordenando —si hace falta— las funciones y estructuras de los servicios y el personal público[36]. Es, a mi juicio, incoherente con el propósito de mejorar la eficiencia procesal del servicio público de justicia el externalizar en profesionales liberales la práctica de notificaciones, diligenciamientos de oficios y mandamientos que aumenta los costes de la justicia y culminar ahora este proceso errático de fortalecimiento de una profesión liberal con la externalización de las actividades materiales de ejecución. El debate político de esta medida debería haber evidenciado qué diseño de sistema de justicia es el que se desea y si, en verdad, las medidas que introducen abaratarán y mejorarán los tiempos de la justicia.

---

35. TORRES YANES, F., *Presente y futuro en la comunicación de los actos procesales de la jurisdicción civil*, [Tesis de doctorado no publicada], Facultad de Málaga, 2016, p. 132.

36. Los números lo dicen todo. A 1 de enero de 2024 la plantilla de los funcionarios judiciales no jurisdiccionales estaba formada por un total de 50.027 personas, de las que el grueso lo compone el cuerpo de tramitadores judiciales (23.492 personas), seguidas del de gestión procesal con 14.954 personas y, por último, las 9.983 personas que componen el cuerpo de auxilio judicial. Fuente: CGPJ, *Resumen de plantilla por cuerpos (1 de enero de 2024)*. Por su parte, el censo de procuradores registraba a 1 de enero de 2023 un total de 9.537 personas. Fuente: CGPJ, *Justicia Dato a dato*, año 2024.

Dicho lo anterior, lo cierto es que el siguiente paso que dio el legislador ha supuesto el verdadero espaldarazo al papel de auxilio del órgano jurisdiccional que se ha atribuido al procurador. Me refiero a la Ley 42/2015, de 5 de octubre[37], cuyo Preámbulo resalta, «*como novedad destacable, [que] se atribuye a los procuradores la capacidad de certificación para realizar todos los actos de comunicación, lo que les permitirá su práctica con el mismo alcance y efectos que los realizados por los funcionarios del Cuerpo de Auxilio Judicial y, con ello, se les exime de la necesidad de verse asistidos por testigos, lo que redundará en la agilización del procedimiento. (...) previéndose expresamente que su actuación será impugnable ante el secretario judicial y que contra el decreto resolutivo de esta impugnación se podrá interponer, a su vez, recurso de revisión ante el tribunal*» (aptdo. III).

Una de las dos novedades más notable de la Ley 42/2015 es que los actos realizados por procurador han dejado de estar meramente documentados y avalados por la fe pública del LAJ para gozar, a tenor del artículo 152.1 *in fine* LEC, del atributo de la fehaciencia: «*A estos efectos, el procurador acreditará bajo su responsabilidad, la identidad y condición del receptor del acto de comunicación, cuidando de que en la copia quede constancia fehaciente de la recepción, de su fecha y hora y del contenido de lo comunicado*». Esta alusión a la «constancia fehaciente» de la Ley 42/2015 hay que relacionarla, con los dos nuevos apartados del artículo 23 LEC, a saber: «*la práctica de los actos procesales de comunicación y la realización de tareas de auxilio y cooperación con los tribunales*» (aptdo. 4); y el establecimiento de que «*para la realización de los actos de comunicación, ostentarán capacidad de certificación y dispondrán de las credenciales necesarias*» (aptdo. 5). Estos actos de comunicación son la notificación mediante entrega del artículo 161 LEC y, cuando proceda, la remisión postal y la remisión telemática, a cuyo efecto el artículo 23.6 LEC establece el mandato de que los colegios de procuradores dispongan de los servicios necesarios[38]. Por otro lado, sus destinatarios comprenden también los «*testigos, peritos y otras personas que, sin ser parte en el juicio, deban intervenir en él*» (artículo 159.1 LEC).

Esta atribución al procurador de la «capacidad de certificación» en la práctica de actos de comunicación y ejecución de actos de auxilio supone prescindir de la nada perniciosa intervención de dos testigos adicionales para acreditar la realidad y las incidencias de una diligencia privada, cualquiera que sea su resultado,

37. Esta reforma de la LEC llegó muy poco tiempo después de que el anteproyecto de Ley de servicios y colegios profesionales de diciembre de 2013 propusiera eliminar la incompatibilidad del ejercicio simultáneo de las profesiones de abogado y procurador «*excepto para aquellas funciones para las que el procurador ostente la condición de agente de la autoridad*»; se proponía hacerlo mediante una Disposición Adicional dirigida a eliminar el inciso final del aptdo. 3 del artículo 23 LEC («*es incompatible el ejercicio simultáneo de las profesiones de abogado y procurador de los Tribunales*»), que introdujo la LOJ y que todavía permanece. Finalmente, sigue en vigor la Ley de Colegios Profesionales de 1974.

38. V., por referencial al Ilustre Colegio de Procuradores de Madrid, el Servicio de Actos de Comunicación regulado mediante el Reglamento 3/2017, del Servicio de Actos de Comunicación del ICPM.

dejando atrás las limitaciones que circunscribían la acreditación a las diligencias de resultado negativo. No es positivo rebajar las garantías de neutralidad que supone la intervención de testigos en la práctica de un acto procesal realizado *inter privatos* cuando el sujeto activo aúna la incompatible función representativa de la parte ejecutante.

Con todo, la atribución de fehaciencia y de funciones certificadoras no puede hacer olvidar que la diligencia que extiende el procurador certificante no tiene carácter de documento público, ni este ostenta fe pública judicial, que sigue ostentando en exclusiva, *ex* artículo 453.1 LOPJ, el LAJ. «En propiedad», sostiene CUBILLO LÓPEZ, «solo será fehaciente la acreditación que de lo efectuado lleve a cabo el LAJ (como ocurre, p.ej., en la comunicación por remisión del artículo 160.1 LEC»[39].

La falta de rango orgánico de la Ley 42/2015 y la distancia que separa el estatuto jurídico-público del LAJ respecto del procurador que presta servicios profesionales explican que esta capacidad de certificación es nada más, pero tampoco nada menos que una derivación para practicar actos materiales con las mismas atribuciones que están dadas al personal del cuerpo de auxilio judicial. Es común a ambos, desde esta reforma, el uso de «credenciales necesarias» para justificar su identidad, condición de agente de la autoridad y recabar, en su caso, el auxilio de la policía para la práctica del acto en cuestión, como, v. gr., la toma de posesión de las cosas en el embargo de bienes muebles. Vale apuntar que la LOEP ha mantenido la capacidad de certificación del procurador, de acuerdo con el nuevo aptdo. 5 del artículo 23 LEC, referenciada «*la realización de los actos de comunicación y las actividades materiales propias de la ejecución que les hayan sido expresamente delegadas* (...)»; lo que cambia es que ahora hace falta delegación expresa y que esta se confiera en virtud de una norma que lo autorice.

Además, la LOPJ en su versión anterior a la LOEP permitía al procurador ser sustituido por otro procurador y, en los casos en que reglamentariamente se determinase, aun por terceros y subalternos; pero desde la Ley 42/2015 el aptdo. 5 del artículo 23 LEC ha impuesto, para la realización de actos de comunicación en los que ostentan capacidad de certificación, el deber de actuar de forma personal e indelegable, siendo su actuación «*impugnable ante el letrado de la Administración de Justicia conforme a la tramitación prevista en los artículos 452 y 453. Contra el decreto resolutivo de esta impugnación se podrá interponer recurso de revisión*». Esta disposición también ha pasado a la LOEP en el artículo 23.5.II LEC.

Por otro lado, también con la Ley 42/2015 la práctica de notificaciones por el procurador se introdujo de forma expresa en el proceso de ejecución; atribu-

39. CUBILLO LÓPEZ, I., (2019), p. 135.

ciones que el posterior RDLey 6/2023, de 19 de diciembre y, muy poco tiempo después, la LOEP han ensanchado.

2.3. LA AMPLIACIÓN DE LAS FUNCIONES NOTIFICADORAS DEL PROCURADOR EN EL PROCESO DE EJECUCIÓN

La mayor participación del procurador en el proceso de ejecución se ha presentado —aunque parezca un retruécano— como la «práctica de actos de comunicación de actos de ejecución» que en el fondo aspira a erigirse en una generalizada «realización de actos ejecutivos» de forma privada. Estas expresiones podrían parecer equivalentes —y las erráticas reformas legales ayudan poco a clarificarlas—, pero entre ellas existe el abismo que separa la práctica de actos de notificación, traslado de resoluciones y tareas de diligenciamiento en el proceso de ejecución —tareas éstas que el procurador ya asumía— y la realización de actos de carácter ejecutivo de forma funcionalmente autónoma y sin contradicción de partes.

La reforma de la LEC por medio de la Ley 42/2015 todavía se encuentra en el primer estadio consistente en encomendar al procurador la práctica de la entrega de resoluciones ejecutivas al destinario o, en su caso, su remisión por vía postal o por medios telemáticos, y el diligenciamiento de exhortos, oficios y mandamientos judiciales. Lo evidencia la redacción que se dio al artículo 551.3.3.º LEC, en virtud del cual el decreto de medidas del LAJ debe incluir, en su caso, el requerimiento de pago *«y si este se efectuará por funcionarios del cuerpo de auxilio judicial o por el procurador de la parte ejecutante, si lo hubiera solicitado»*; o el diligenciamiento de las órdenes de detención y entrega encomendable al procurador de la parte ejecutante en virtud de lo previsto en el artículo 621 LEC.

La siguiente reforma por obra del RD Ley 6/2023, de 19 de diciembre, continúa en esta senda de afianzar la práctica y diligenciamiento de actos y sitúa ya al procurador en un plano distinto de la mera práctica de notificaciones, como es el de —si bien limitada y expresamente— asumir el papel de agente de ejecución o sujeto activo de la realización misma de actos ejecutivos. Lo muestra su papel en la recepción de cantidades periódicas embargadas hasta el completo pago del principal que, según dispone el artículo 634 LEC desde el año 2024, puede acordarse mediante una sola resolución del LAJ, sin control periódico[40].

40. Sobre las novedades del RD Ley 6/2023 en el proceso de ejecución, *v.* ACHÓN BRUÑÉN, M. J., «*Modificaciones en el proceso de ejecución por la Ley de eficiencia procesal del servicio público de justicia (actualmente en anteproyecto): cuestiones de relevancia práctica*», en *Diario La Ley*, n.º 9817 de 24 de marzo de 2021; y SÁNCHEZ LÓPEZ, B., «Otras reformas en el proceso civil (2). Ejecución forzosa y medidas cautelares», en *Los procesos judiciales tras las reformas introducidas por el Real Decreto-Ley 6/2023*, coord. BANACLOCHE PALAO, J. y GASCÓN INCHAUSTI, F., La Ley, Madrid, 2024, pp. 441-482.

Y este proceso del RD Ley 6/2023 lo ha continuado la LOEP, como herederas que son ambas normas —con la distancia de un año entre ellas— del proyecto de ley 121/000097 de Ley de medidas de eficiencia procesal del servicio público de justicia de la XIV Legislatura[41]. Como vamos a ver seguidamente, con la LOEP se culmina el tránsito de convertir al procurador de la parte ejecutante en agente privado de ejecución dotado de funciones muy distintas de las de asumir la representación de la parte. Esta discreta mutación es el resultado de atribuirles, a un tiempo, la realización de «actividades materiales» de naturaleza ejecutiva y de permitirles prescindir —artículo 31.2.3.º LEC— de la firma de letrado en todo escrito dirigido a acreditar ante la oficina judicial o tribunal el cumplimiento de las actividades materiales del proceso de ejecución que le hayan sido encomendadas. Si estas novedades de la LOEP se combinan con las facultades para diligenciar oficios y mandamientos, el resultado es la casi total autonomía funcional del procurador respecto del defensor jurídico del asunto, al que solo debe dar cuenta (artículos 23.2.2.º y 3.º y 31.2.3.ºLEC). El puente con los tribunales se mantiene en virtud de la necesidad de previsión legal expresa y de un acto procesal de delegación de las nuevas funciones en procurador. En todo caso, su control por parte del juez o LAJ delegante es legalmente es muy exiguo y manifiestamente mejorable.

3. LA CONSAGRACIÓN DE LAS NUEVAS FUNCIONES DEL PROCURADOR EN LOS ARTÍCULOS 543 LOPJ Y 23 LEC

El paulatino acrecentamiento de funciones del procurador en las últimas reformas se ha consagrado con la LOEP en la nueva redacción del artículo 543 LOPJ y su desarrollo por los aptdos. 4 y 5 del artículo 23 LEC, además de varias reformas puntuales de otros preceptos concretos. Aunque con distinto contenido, ambos artículos cifran en tres las funciones básicas de todo procurador.

3.1. LA FUNCIÓN REPRESENTATIVA Y LA PRÁCTICA DE ACTOS PROCESALES DE COMUNICACIÓN CON LAS PARTES

El inciso inicial del artículo 543.2 LOPJ introducido por la LOEP encomienda al procurador *«la práctica de los actos procesales de comunicación con las partes»*. Esta previsión hay que relacionarla con el nuevo aptdo. 4 del artículo 23 LEC, que coincide parcialmente en la descripción de esta primera tarea, pero sin relativizarla a *«las partes»*.

Esta primera función del procurador es ambivalente, puesto que, por un lado, interviene en desarrollo de su función representativa de la parte en cuyo nombre

41. Este proyecto de ley, que fue presentado en mayo de 2022, caducó por la disolución de las Cámaras en el año 2023, cuando ya se había emitido el informe de la ponencia en el seno de la Comisión de Justicia (BOCG Congreso de los Diputados, Serie A, n.º 97-4, de 8 de junio de 2023). En él se incluía la reforma del artículo 543.2 LOPJ que ha retomado la LOEP y que es el punto de partida del nuevo impulso del procurador.

o por cuya cuenta actúa profesionalmente (artículos 543.1 LOPJ, 23.1, 152.2.º y 153 LEC); y, de otro lado, también lo hace en ejecución de la encomienda de notificaciones y diligenciamientos dirigidos a otros sujetos en virtud del artículo 23.4 LEC, «*previa la petición y el consentimiento informado de la parte representada*» ha añadido también la LOEP.

Estos dos planos —el representativo y el notificador— aparecen recogidos de forma casi indiferenciada en el aptdo. 4 del artículo 23 LEC, aunque se intuye una línea de separación conceptual entre ellos. Esta línea queda evidenciada cuando las funciones de los nuevos aptdos. 4 y 5 del artículo 23 LEC se ponen en relación con la carga de todo demandante, ejecutante o solicitante de «*expresar si interesa que todos los actos de comunicación se realicen con su procurador*» (artículo 152.1.2.º LEC). Con ello se manifiesta que la LOEP ha reservado, como función necesaria o estructural de la procura, la función representativa (artículo 543.1 LOPJ y 23.1 LEC), mientras que ha atribuido el carácter de voluntario, complementario y reglado a toda intervención del procurador en la práctica de actos de comunicación con sujetos distintos de la propia parte y, desde luego, en las dirigidas a testigos, peritos o las practicadas con órganos públicos y empresas privadas. Esto incluye la eventual intervención del procurador en la práctica de comunicaciones dirigidas a la parte contraria con ocasión del primer emplazamiento o requerimiento y aun después, en situación de rebeldía o falta de comparecencia en el proceso, que hay que estimar comprendida en las genéricas funciones de cooperación o auxilio que —también voluntaria e informadamente— son encomendables al procurador desde la LOEP (artículo 23.5 LEC).

Hubiera sido deseable una mayor claridad en los propios artículos 23 y 26 LEC de estos dos planos diferenciados, porque los artículos 23 y 26 LEC constituyen el marco procesal básico de la figura del procurador y de sus deberes y obligaciones en todo proceso y en ellos no se establece con la deseable claridad esta distinción de la que deriva la aplicación de diferente régimen jurídico. No distinguir las funciones legalmente inherentes a la figura del procurador de las complementarias que pueden serle conferidas de forma voluntaria, no ayuda a separar actos claramente partisanos de aquellos otros necesitados de una mayor neutralidad, imparcialidad y confidencialidad como garantía de la regularidad del acto. No hace falta añadir que la trascendencia jurídica de estos últimos difiere con mucho de la presentación y traslado de archivos y documentos entre partes representadas con procurador.

Parece que el legislador ha pensado que todavía no ha llegado el momento legislativo de separar el plano representativo del procurador del plano de cooperación y auxilio judicial para encomendárselo a personas o profesionales distintos; pero es seguro que llegará, teniendo en cuenta la evolución de la liberalización de los servicios jurídicos y la falta de justificación de la exclusividad de los procuradores en la representación procesal y la práctica de actos de comunicación con las propias partes personadas. Mientras tanto, la dualidad de funciones que estamos comentando no debe pasar inadvertida. De momento, la LOEP ha incluido la novedad de que el demandante señale en la demanda «*un número de teléfono, dispositivo electrónico, servicio de mensajería simple o una dirección de correo electrónico, de disponer de ellos, a los meros efectos de contacto por el tribunal*»; de forma paralela, en la demanda también se incluyen los datos de identificación y localización del demandado (artículo 155.3 LEC).

En todo caso, la práctica de todos los actos de comunicación por procurador se debe desarrollar «*dentro de las limitaciones que las leyes dispongan*». Esta expresión se repite continuamente en la LOEP en relación con las facultades del procurador y lo cierto es que la LOEP más que poner limitaciones ha ensanchado notablemente el ámbito de actuación profesional del procurador. El resultado es un mayor coste para el justiciable a cambio —se entiende— de (i) un servicio jurídico privado más eficaz que los servicios comunes de notificaciones dispensados por la AJ; y (ii) la consecuencia indirecta del aligeramiento de la carga de trabajo de los propios servicios públicos de la AJ.

Para compatibilizar las funciones del procurador en materia de notificaciones y ejecución con los requerimientos normativos del Derecho de consumo y la protección de datos, la LOEP ha introducido la exigencia en el artículo 23.4 LEC de que la práctica de actos procesales y de cooperación y auxilio de la procura cuenten con «*la petición y el consentimiento informado de la persona representada*». Estos mismos motivos regulatorios explican también el sistema ideado por la LOEP consistente en salpicar cada actuación del procurador de genéricas menciones a los límites y/o los supuestos «establecidos legalmente» y que carecen de la imperatividad suficiente para escapar —v. su artículo 1.2— de la aplicación de la Directiva 93/13/CEE del Consejo, de 5 de abril de 1993, sobre las cláusulas abusivas en los contratos celebrados con consumidores, sin que tampoco parezca justificada en términos de proporcionalidad la reserva profesional de estas funciones.

Todavía en relación con los actos de comunicación con las partes, cabe señalar que la LOEP ha dado nueva redacción al artículo 163 LEC, relativo al *Servicio Común Procesal de Actos de Comunicación*, en virtud del cual la práctica general de todas las comunicaciones procesales a través de los servicios comunes puede «cortocircuitarse» para derivarla al procurador siempre que intervenga en representación de una parte, a cuyo efecto los colegios de procuradores están obligados a organizar servicios colegiales de apoyo de los artículos 272 LOPJ y 23.6 y 154 LEC. Hasta la LOEP la práctica de los actos de comunicación también era cometido del procurador —como hemos visto— y se materializaban a través de los servicios comunes de la oficina judicial con la salvedad de «*los que resulten encomendados al procurador por haberlo solicitado así la parte a la que represente*». Tras la LOEP, se ha prescindido de esta solicitud específica y expresa de la parte representada para que, en su lugar, la comunicación con las partes personadas a través del procurador se realice en virtud de lo dispuesto en los artículos 26.2.8.º, 152.3.1.ª y 153 LEC y, en consecuencia, las notificaciones puedan practicarse, de forma alternativa, *«en la sede del tribunal o en el servicio común de recepción organizado por el Colegio de Procuradores»* (artículo 154.1 LEC). Con esta modificación se pretende que los servicios de notificación del procurador y, en su caso, del Colegio de Procuradores, deriven legalmente de la asunción de la función representativa del procurador; y esto, secundariamente, prima los servicios de notificación organizados por los Colegios.

3.2. LA REALIZACIÓN DE TAREAS DE AUXILIO Y COOPERACIÓN CON LOS TRIBUNALES

También corresponde a los procuradores *«la realización de tareas de auxilio y cooperación con los tribunales»*, en virtud del artículo 543.1 LOPJ. En esta segunda función debe subsumirse la práctica de aquellos actos de comunicación relacionados con la notificación a terceras personas como testigos y peritos, con el diligenciamiento de oficios, o con la notificación de actos procesales a litigantes no representados por procurador si de ella depende su primer emplazamiento, el requerimiento de pago o el anuncio de la subasta, por mencionar actuaciones exceden de la normal tramitación del proceso como representante de la parte.

Estas funciones del procurador como agente privado de notificaciones no son novedosas, como hemos visto páginas atrás. La novedad es que la LOEP ha emancipado esta función y ha introducido la necesidad de desarrollo legislativo posterior para determinar los supuestos en que el procurador puede intervenir en esta condición. Así lo expresan los artículos 543.2 LO (*«dentro de las limitaciones que las leyes dispongan»*) y 23.4 LEC (*«en los supuestos establecidos en la ley»*). Pero, como se ha avanzado, este marco es actualmente muy amplio y, en ocasiones, bastante confuso cuando no claramente erróneo.

Por continuar con la práctica de actos de comunicación, las disposiciones comunes sobre la forma de realizar actos de comunicación mediante procurador de los artículos 152.1.2.º, 152.4, y 153 LEC hay que relacionarlas con la interposición de los servicios colegiales dispuesta en los artículos 154 y 163 LEC.

Además, y en segundo lugar, también hay que tener en cuenta la práctica de actos dirigidos a partes aún no personadas o no representadas por procurador del artículo 155 LEC y su relación con las distintas vías o medios de comunicación de los artículos 160, 161, 162 y 164 LEC[42]. En este punto, es un acierto que la LOEP haya recuperado en favor de las partes que tienen la obligación positiva de relacionarse electrónicamente con la AJ un segundo intento de

42. Caso especial, que se ha mantenido, es que contempla el artículo 441.1 bis LEC, que no presenta relación de incompatibilidad, sino de especialidad, con el sistema de comunicaciones a las partes. Su tenor (*«cuando se trate de una demanda de recuperación de la posesión de una vivienda o parte de ella que se tramite según lo previsto en el artículo 250.1.4.º, la*

entrega domiciliaria practicada en la forma personal del art. 161 LEC, antes de acudir a la notificación edictal, del que había prescindido indebidamente el RD Ley 6/2023 (v. artículo 155.1.II LEC). Pero todavía hace falta que esto mismo se extienda a los justiciables a que se refiere el artículo 155.2.a) LEC, que son los que no tienen la obligación de relacionarse electrónicamente con la AJ y con quienes el RD Ley 6/2023 ha cometido el error —que persiste— de disponer su notificación *«por remisión a su domicilio o en la forma telemática»* y, «(...) *cuando no constara la recepción por el destinatario en plazo de tres días, se practicará por remisión al domicilio»*. Hay que insistir en este trabajo en que la segunda *«remisión al domicilio»* con que se cierra el artículo 155.2.a.II LEC «nos introduce en un bucle circular de "remisiones" entre el artículo 152.3.2.ª LEC y el artículo 155.2.a).II LEC del que resulta imposible escapar si no es en el entendimiento de que es errónea la doble alusión a la "*remisión al domicilio*" del artículo 155.2.a) LEC»[43]. En su lugar, «hay que entender que las notificaciones deben practicarse "*por entrega en el domicilio*"»[44].

---

notificación se hará a quien se encuentre habitando aquélla. Se podrá hacer además a los ignorados ocupantes de la vivienda. A efectos de proceder a la identificación del receptor y demás ocupantes, quien realice el acto de comunicación podrá ir acompañado de los agentes de la autoridad») es compatible con el carácter voluntario, reglado y delegado que define a las funciones ampliadas del procurador ex artículo 543.2 LOPJ.

43. SÁNCHEZ LÓPEZ, B., p. 463. La *«remisión al domicilio»* consiste, según el artículo 152.2.2.ª LEC, en su *«remisión (...) mediante correo, telegrama, correo electrónico o cualquier otro medio electrónico que permita dejar en los autos constancia fehaciente de la recepción, de su fecha y hora y del contenido de lo comunicado»* y que debe resultar *in rem*. Por su parte, la remisión *«en forma telemática» en los términos previstos en el artículo 162 LEC* se efectúa *«por medios electrónicos, infotelecomunicaciones o de otra clase semejante, que permitan el envío y la recepción de escritos y documentos, de forma tal que esté garantizada la autenticidad de la comunicación y de su contenido y quede constancia fehaciente de la remisión y recepción íntegras y del momento en que se hicieron»* (aptdo. 1). Así pues, es común a ambos sistemas de notificación del artículo 155.2.a) LEC su carácter recepticio y el hecho de estar basados en la correcta remisión del acto por correo, correo electrónico y sistemas de infotelecomunicaciones, sin que esté comprendida expresa y claramente la entrega en el domicilio.

44. «Si —como entiendo que debe sostenerse— se salva así este error, cobra sentido —y constitucionalidad— no solo la propia letra a) del artículo 155.2 LEC en su relación con el artículo 152.3.2.ª LEC, sino también el contenido de la letra b) de aquel, que está dispuesta para la notificación de requerimientos y que remite a la alternativa vista de la letra a) con la diferencia de introducir una salvedad que, de otro modo, queda muy desdibujada con el error. Según esta letra b) del artículo 155.2 LEC, la comunicación de requerimientos y similares se practicará "*en los términos del literal a), excepto que el interviniente no obligado a ello haya optado previamente por el uso de medios electrónicos*", en cuyo caso se está a la remisión por medios electrónicos del artículo 162 LEC. Es fácil advertir que tal y como están redactados los términos del literal a), la excepción de la letra b) no queda excepcionando nada que por sí mismo no permita ya el literal a) y que todo, a la postre, se acaba notificando por medios electrónicos. En cambio, tanto la letra a) como la letra b) del artículo 155.2 LEC cobran todo su sentido cuando se reemplazan las expresiones "remisión al domicilio" del artículo 155.2.a) por las de "entrega en domicilio", que es la que debería figurar y no haber sido intercambiada sin criterio» [SÁNCHEZ LÓPEZ, B. (2024), pp. 463-464]. Por su parte, ANDRÉS GONZÁLEZ, M. (2024), p. 254 es partidaria de que «este primer emplazamiento debería ser siempre realizado mediante entrega, siendo muy propicio para evitar dilaciones indebidas que fueran los procuradores quienes las llevaran a cabo».

En tercer lugar, no podemos olvidar tampoco la posibilidad de diligenciar comunicaciones con testigos, peritos y terceros *ex artículo* 159 LEC, así como las facultades para diligenciar e intervenir en la práctica de exhortos (artículos 172 y 174 LEC), todo ello dispuesto con carácter general. Lo que ha aportado la LOEP en este punto es que ha incorporado de forma expresa esta posibilidad en preceptos singulares en cuyo contexto no está claro discernir si la tarea encomendada queda dentro de la mera función de notificación de actos o si, más bien, penetra ya en la sustancia de las actividades materiales del proceso de ejecución. Ilustra esta ambigüedad, v. gr., el nuevo párrafo segundo del artículo 622 LEC, en virtud del cual el LAJ puede acordar que la orden de retención de intereses, rentas y frutos periódicos «*sea diligenciada por la persona profesional de la procura de la parte ejecutante a petición de la misma y a su costa*». Y lo mismo cabe decir de todas las comunicaciones encargadas al procurador en ejecución del mandamiento de embargo de valores e instrumentos financieros del artículo 623 LEC; el nuevo aptdo. 4 añadido a este precepto dispone que «*todas las comunicaciones previstas en este artículo podrán hacerse por la persona profesional de la procura que represente a la parte ejecutante, previa solicitud de la misma y a su costa, una vez autorizada por el letrado o letrada de la AJ*».

A mi modo de ver, el diligenciamiento y la intervención del procurador que prevén estos artículos 622 y 623 LEC exceden de la simple práctica de un acto de comunicación con terceros para comprender, además, la realización de un conjunto de actuaciones materiales propias del aseguramiento del embargo y —sin solución de continuidad— de su realización forzosa, aquí ya en forma privada a través de procurador. Es solo apariencia pretender que se trata únicamente de comunicar actos procesales a terceros, sino que estamos ya de pleno en el terreno de una realización forzosa privada cuando se encarga al procurador, de forma voluntaria, el cobro de rentas, frutos e intereses periódicos, como permite el artículo 622 LEC mediante el diligenciamiento de la orden de retención y entrega. Lo mismo cabe decir de la posible encomienda de la realización forzosa de valores e instrumento financiero del artículo 623 LEC, que evidencia aún más el papel del procurador como agente encargado de hacer cumplir las resoluciones procesales y judiciales. Por estos motivos, a esta faceta le son exigibles los requisitos que regulan la actuación del procurador como agente privado de notificaciones y ejecución que más adelante veremos.

Finalmente, encontramos también otras disposiciones relativas a la notificación de resoluciones en el seno del proceso de ejecución, como la notificación del auto de despacho de la ejecución y el decreto de medidas «*al ejecutado o, en su caso, al procurador que le represente*» (artículo 533 LEC); o la práctica del requerimiento de pago por el procurador de la parte ejecutante regulada en los artículos 551.3.º y 582 LEC, que remiten a los problemas de oscuridad del artículo 152.2.a) LEC que se han explicado anteriormente[45].

45. V., más extensamente, SÁNCHEZ LÓPEZ, B. (2024), pp. 441-482.

No es infundado insistir en que la digitalización del proceso civil debería haber traído normas claras sobre la práctica de notificaciones en forma personal y en forma electrónica en el seno de la ejecución ordinaria o común, en lugar de mantener y reformar la perifrástica y muy indirecta norma de si hay que efectuar o no requerimiento de pago conforme a los artículos 580 y 581 LEC, que ha sido la desacertada elección del RD Ley 6/2023. Por la propia naturaleza de las cosas, la práctica del requerimiento de pago determina que haya de hacerse mediante entrega en el domicilio del ejecutado, aunque no habría estado mal que se dispusiera expresamente así la forma de notificación y su lugar. La finalidad misma es que se requiera personalmente al ejecutado «*y si no pagare en el acto, el letrado o letrada de la AJ procederá al embargo de sus bienes en la medida suficiente para responder de la cantidad por la que se haya despachado la ejecución y las costas de ésta*» (artículo 581.1 LEC).

Lo que sí ha mejorado la LOEP respeto de la reforma del RD Ley 6/2023 es el régimen de notificación y publicidad del decreto de convocatoria de subasta del artículo 544 LEC. El RD Ley 6/2023 prescindió indebidamente de toda forma de comunicación de esta resolución al ejecutado haciendo que el anuncio de subasta en el portal de subastas del BOE sirviera de «*anuncio de notificación al ejecutado*», decía el artículo 544 LEC. Pero esto, como evidencia la STC 112/2022, de 26 de septiembre[46], «no es compatible con la jurisprudencia constitucional, por más que el portal de subastas de la AEBOE haya tenido mejoras sustanciales desde que echó a andar y ya permita localizar subastas retrospectivas, actuales y próximas por varios campos de búsqueda, como el tipo de bien o la dirección del inmueble»[47]. La LOEP ha corregido este defecto y ha retomado la necesidad —prevista en el proyecto de ley de medidas de eficiencia procesal de 2022— de que la notificación del decreto de convocatoria de subasta «*al ejecutado no personado deberá practicarse en la forma prevista en el artículo 155 LEC*», sin perjuicio de que «*el propio portal del subastas del BOE permite a los usuarios registrados suscribirse a alertas por correo electrónico para conocer el momento de inicio de la subasta*» (artículo 644.II LEC). Esta es otra novedad positiva de la LOEP, que es adicional y viene a sumarse al régimen de anuncio y publicidad de la subasta de acuerdo con el artículo 645 LEC.

3.3. EL DEBUT LEGAL DEL PROCURADOR COMO AGENTE PRIVADO DE EJECUCIÓN

La gran novedad de los artículos 543.2 LOPJ y 23.4 y 5 LEC es la tercera función asignada a los procuradores y es la que termina de erigirles en agentes privados de ejecución. La nueva redacción del artículo 543.2 LOPJ se refiere a esta faceta en los siguientes términos:

46. ECLI:ES:TC:2022:112.
47. SÁNCHEZ LÓPEZ, B. (2024), p. 455.

> «2. (...) *Por delegación del juez, jueza o tribunal, podrán también realizar las actuaciones materiales propias del proceso de ejecución en los términos establecidos legalmente que, en todo caso, excluirán las ejecuciones hipotecarias de vivienda habitual, así como las derivadas de procesos en materia de familia, las de desahucio por impago de rentas o cantidades debidas en viviendas habituales y los lanzamientos de ocupantes de finca con posterioridad a la subasta de la misma si esta es vivienda habitual*».

Por su parte, los aptdos. 4 y 5 LEC del artículo 23 LEC han regulado esta función no exactamente en los mismos términos, sino empleando los siguientes, coincidentes en lo sustancial:

> «*Artículo 23. Intervención de procurador*
>
> *[...]*
>
> 4. *En los supuestos establecidos por la ley, corresponde a los y las profesionales de la procura la práctica de los actos procesales de comunicación y la realización de tareas de auxilio y cooperación con los tribunales, así como las actividades materiales del proceso de ejecución que les hayan sido expresamente delegadas por el juez, jueza o tribunal, previa la petición y el consentimiento informado de la persona representada.*
>
> 5. *Para la realización de los actos de comunicación y las actividades materiales propias de la ejecución que les hayan sido expresamente delegadas por el juez, jueza o tribunal, con los límites y en los supuestos establecidos, ostentarán capacidad de certificación y dispondrán de las credenciales necesarias*».

Esta novedad de la LOEP tiene su antecedente directo[48] en las enmiendas n.º 184 y 265 planteadas por el Grupo Parlamentario Socialista en la tramitación parlamentaria del proyecto de ley orgánica 121/000016 a su paso por el Congreso; con el matiz de que esta posición había ya concitado un amplio consenso parlamentario. Idéntico contenido tenían la enmienda n.º 184 la enmienda n.º 391 del Grupo Parlamentario Junts per Catalunya y la n.º 837 del Grupo Republicano, mientras que apuntaban en la misma dirección la n.º 506 del Grupo Parlamentario Vasco y la n.º 930 del Grupo Parlamentario Popular en el Congreso. Pero, anteriormente, este consenso político sobre la ampliación de funciones del procurador ya se había logrado introducir en el informe de la ponencia del proyecto 121/000097 de ley de medidas de eficiencia procesal del servicio público de Justicia[49].

Pues bien, en línea con la motivación que inspira la reforma de la LOEP, la lectura atenta del aptdo. 5 del artículo 23 LEC permite separar conceptualmente las tareas representativas de las tareas notificadoras y ejecutivas, aunque esta separación está meramente insinuada y no establecida de forma clara. En todo caso, es muy correcto exigir un distinto grado de neutralidad e imparcialidad en

48. *V.* BOCG Congreso de los Diputados, Serie A, n.º 16-3, de 9 de agosto de 2024.
49. BOCG Congreso de los Diputados, Serie A, n.º 97-4, de 8 de junio de 2023.

el profesional que se encargue de cada una de estas tareas puesto que la distancia que debe separar al procurador de su parte representada debe ser mucho mayor cuando asume la práctica de actos de cooperación y auxilio judicial, que es la función que genéricamente agrupa el papel del procurador como agente de notificaciones y de ejecución.

4. LA CONFIGURACIÓN DEL PROCURADOR COMO «AGENTE PRIVADO DE NOTIFICACIONES Y DE EJECUCIÓN»

La figura de los agentes de ejecución se está generalizando en los países eurocontinentales de nuestro entorno más inmediato, como muestra el ejemplo portugués.

> En Portugal, mediante el Decreto-Lei n.º 38/2003 de 8 de marzo[50] se ha incorporado al sistema de justicia luso, como figura diferenciada del abogado o «solicitador», la del «agente de execução», que son profesionales jurídicos liberales pertenecientes a la misma corporación, la «Ordem dos Solicitadores e dos Agentes de Execução». Los agentes de ejecución se ocupan —parece que con bastante éxito— de la iniciativa y la realización de los actos necesarios para cumplir las resoluciones de los tribunales con el fin de liberar de la carga de trabajo. El agente de ejecución lleva a cabo el embargo, a cuyo efecto puede realizar la averiguación y consulta de los registros de información patrimonial del Ministério da Justiça; y tiene un papel fundamental en la venta forzosa de los bienes, que puede, en determinadas circunstancias, realizar por sí mismo tras gestiones de negociación particulares. Su intervención también se ha extendido, en virtud de la Lei n.º 32/2014, de 30 de maio[51], el procedimiento monitorio o «procedimento extrajudicial pré-executivo». Con estas reformas, Portugal se adscribe a los modelos de Derecho comparado que siguen el ejemplo francés de los *Hussiers de justice*, como profesional independiente; pero este no es el único sistema posible, como muestra un examen más amplio de Derecho comparado[52].

En esta figura se han puesto muchas expectativas de mejora de la eficiencia de los sistemas de justicia nacionales y en su progresiva implantación está resultando fundamental las labores de difusión que se desarrolla desde instancias europeas. Este fomento se basa —a mi parecer— en planteamientos excesivamente economicistas que, en palabras de FERNÁNDEZ CARRON, no toman en cuenta que «la Justicia no puede medirse con lógicas productivistas basadas en la rentabilidad porque es evidente que el sistema de Justicia no está destinado a ser rentable y nunca lo conseguirá»[53].

50. Diário da República n.º 57/2003, Série I-A de 2003-03-08.
51. Diário da República n.º 104/2014, Série I de 2014-05-30.
52. V., por todos, KENNET, W., *Civil Enforcement in a Comparative Perspective. A Public Management Challenge*, Intersentia, Cambridge, 2021.
53. FERNÁNDEZ CARRON, C., «Mayor eficiencia del proceso de ejecución sí, pero no a cualquier precio», en *La eficiencia de la justicia a debate*, F. Jiménez Conde y F. López Simó (dir.), Tirant lo blanc, Valencia, 2024, pp. 523-524, nota 8.

4.1. LAS DIRECTRICES DE LA CEPEJ SOBRE EL AGENTE DE EJECUCIÓN

Siguiendo los pasos de la Recomendación Rec(2003)17 de la Comisión de Ministros de los Estados miembros sobre ejecución de fecha 9 de septiembre de 2003[54], la entonces recién creada Comisión Europea de Eficiencia de la Justicia (CEPEJ) viene fomentando la introducción de los agentes privados de ejecución. En su 14.ª Asamblea plenaria celebrada en Estrasburgo los días 9 y 10 de diciembre de 2009, la CEPEJ aprobó las *Guidelines for a better implementation of the existing Council of Europe's Recommendation on enforcement*[55], cuya actualidad se mantiene vigente. Del casi centenar de directrices dirigidas a los Estados, vale destacar las siguientes diez recomendaciones:

1. Como principio y objetivo a cumplir, se invita a los Estados europeos a modificar su legislación nacional en materia de ejecución para flexibilizar la ejecución y dotar a los agentes de ejecución —encargados de hacer cumplir la ley— de un margen razonable de libertad para llegar a acuerdos y desempeñar un papel de «mediador postjudicial» (aptdo. 8).

2. En garantía de la efectividad y ejecución de las resoluciones judiciales que el Estado asegura, deben adoptarse medidas de control e información sobre el proceso de ejecución y sobre las actividades del agente de ejecución en todas sus fases y con salvaguarda de los derechos y garantías de las partes (aptdo. 9).

3. Debe ser posible confiar a los agentes de ejecución la práctica de notificaciones (aptdo. 20).

4. Cuando los bienes del demandado vayan a venderse en una subasta pública tras su embargo, los posibles compradores deben ser notificados con antelación y con la mayor amplitud posible de la celebración de la subasta, las circunstancias del bien, su valor estimado y la fecha de venta, salvaguardando al mismo tiempo la intimidad del demandado (aptdo. 22).

5. En garantía de la calidad de la ejecución, los Estados solo deben homologar como agentes de ejecución a personas que acrediten un nivel y una formación acordes con la complejidad de las tareas (aptdo. 25), así como asegurar la realización de cursos de formación continua obligatoria (aptdo. 26).

6. En aras de una buena administración de justicia, es conveniente que los agentes de ejecución se organicen mediante una entidad asociativa

54. Disponible en https://search.coe.int/cm?i=09000016805df135
55. CEPEJ (2009), 11REV2, 17 de diciembre de 2009.

que represente a todos los miembros (aptdo. 29) y cuya afiliación sea obligatoria (aptdo. 30).

7. El estatuto del agente de ejecución debe garantizar que el agente sea un profesional imparcial, cualificado, responsable, disponible, motivado y eficiente (aptdo. 31); y en el supuesto de tratarse de agentes públicos, han de gozar de condiciones de trabajo adecuadas y de recursos humanos y materiales suficientes, como, v. gr., equipos modernos de telecomunicaciones, accesos informáticos y medios de transporte adecuados y suficientes para poder desempeñar la función de la manera más eficaz posible.

8. Las funciones de los agentes de ejecución deben asegurar su responsabilidad en la ejecución dentro de sus competencias, y reservar su competencia exclusiva para ejecutar las resoluciones judiciales y otros títulos o documentos ejecutivos, así como la gestión de procedimientos de ejecución (aptdo. 33).

9. Adicionalmente, las funciones complementarias y compatibles que los Estados pueden conferirles incluyen medidas de agilización del proceso y de reducción de la carga de trabajo de los tribunales, como las tareas de cobro de deudas, venta voluntaria de bienes en subasta pública, depósito de bienes, registro y presentación de pruebas, procedimientos concursales, representación de las partes, redacción de escrituras y documentos privados, y actividades de formación (aptdo. 34).

10. Se debe priorizar siempre la obtención de un acuerdo entre las partes sin que la normativa nacional y sus plazos pueda impedir que estos acuerdos entren en vigor (aptdo.70).

El agente de ejecución que propone la CEPEJ goza, en suma, de plenas potestades para realizar las operaciones de ejecución y aporta, como valor añadido, rapidez, eficacia y —se dice— un coste razonable de la ejecución. Es decir, un modelo ideal que no diferencia suficientemente y presupone que sean compatibles entre sí (i) la faceta jurídico-pública como agente de la ejecución de un título ejecutivo —o, por decirlo de forma representativa, de «sheriff» de la ejecución— y (ii) la faceta jurídico-privada como prestador de servicios de intermediación —o «CEO» de la ejecución—.

Unos años después la CEPEJ ha vuelto sobre las bondades de esta figura y ha publicado una *Good practice guide on enforcement of judicial decisions*, aprobada en la 26.ª sesión plenaria celerada los días 10 y 11 de diciembre de 2015, de la que es oportuno resaltar las recomendaciones relativas al acceso a la información sobre los deudores y sus bienes (aptdo. 3.1.1.2). Estas directrices de buenas prácticas se enmarcan —nótese bien— en el contexto de sus funciones como agente de ejecución de decisiones judiciales.

En este sentido, la CEPEJ recomienda que la información patrimonial del deudor no se comunique directamente a los acreedores, sino que sea sólo accesible para los agentes de ejecución, por su deber de confidencialidad (n.º 41). Más aún, aconseja que los Estados miembros del Consejo de Europa creen un fichero informático central que sea actualizable por los mismos agentes de ejecución y que sirva para conocer los procedimientos de ejecución fallidos (n.º 43).

La recomendación más peliaguda y discutible es la n.º 42. La legislación nacional debe facilitar que el acceso sea electrónico, directo y seguro y se recomienda que la base de consulta no esté fragmentada y que pueda incluir tanto información pública como particular. Singularmente, este acceso también es pertinente incluso cuando la legislación impone un deber de manifestación de bienes por parte del deudor, como sucede en Alemania, España o Italia. Los organismos proveedores de la información patrimonial no deben poder denegar la solicitud de información por motivos de confidencialidad profesional y los propios agentes de ejecución deben poder utilizar la información obtenida en otros procedimientos diferentes si en ellos participa el mismo deudor (n.º 42). Con estas recomendaciones de la CEPEJ el agente de ejecución puede terminar ocupando *de facto* una posición de dominio en el acceso y tratamiento posterior de datos jurídico-patrimoniales obtenidos en cuanto cooperadores del servicio público de justicia, y al mismo tiempo susceptibles de alimentar los sistemas privados de información crediticia.

4.2. LAS «ACTUACIONES» Y «ACTIVIDADES MATERIALES PROPIAS DEL PROCESO DE EJECUCIÓN»

Si dirigimos ahora nuestra mirada a las reformas introducidas en la LEC por obra de la LOEP, comprobaremos que para el legislador español ha llegado la hora de impulsar la figura del procurador más allá de la práctica de notificaciones a la parte ejecutada y a terceros. Y advertiremos también que se ha tratado de evitar que su irrupción como agente de ejecución desate miedos atávicos. Es lo que sucedería si se incurriera en una excesiva desjudicialización y privatización de la ejecución forzosa que es contraria a la tradición jurídica española fuertemente pegada a lo jurisdiccional como garantía de los derechos e intereses legítimos de los ciudadanos. Las prevenciones están —a mi juicio— justificadas[56], pero el cambio ya ha empezado y, de hecho, antes de la LOEP algunas reformas procesales han anticipado estos cambios bajo otras identidades que expresamente no aluden a los procuradores, como el «administrador» de saldos del artículo 634 LEC, pero que materialmente están pensado para esta figura que hoy está llena de contradicciones.

56. Comparto el análisis y las conclusiones de C. FERNÁNDEZ CARRON (2024), pp. 521-531; y de FIERRO RODRÍGUEZ, D., «El proyecto de privatización de la ejecución civil para la eficiencia procesal. Un cambio radical en la ejecución civil», en *Economist & Jurist*, 23 de noviembre de 2024.

El espacio que la LOEP abre con toda claridad ante el procurador es el proceso de ejecución, tanto en la fase —más limitadamente— de embargo y aseguramiento del embargo, como en la fase de la realización forzosa. No lo enuncia con esta claridad el legislador de la LOEP, pero es lo que subyace a la perífrasis legal con la que se le atribuye la realización de «*actuaciones*» y «*actividades materiales propias del proceso de ejecución*» (artículos 543.2 LOPJ y 23.5 LEC). De hecho, es difícil separar netamente la actividad de comunicar una resolución procesal o diligenciar un oficio en el proceso de ejecución de la práctica misma de «actuaciones» y «actividades materiales propias del proceso de ejecución» necesitada de previsión legal y de expresa delegación (artículos 543.2 LOPJ y 23.5 LEC); pero no hay duda de que tras este circunloquio está la idea de que el procurador puede acometer las tareas de hacer cumplir lo dispuesto en las resoluciones judiciales y procesales, yendo más allá de su puesta en conocimiento de terceros, siempre que se cumpla con determinadas condiciones.

¿Qué actuaciones del proceso de ejecución no son susceptibles de ser practicadas por delegación en el procurador en cuanto agente de ejecución? El punto de partida es que el despacho de la ejecución y las decisiones de los incidentes de oposición y contradictorios del proceso de ejecución siguen en manos jurisdicentes, mientras que la adopción de los actos ejecutivos sigue también siendo competencia exclusiva del LAJ, que es el responsable de la ejecución. Sin embargo, este reparto de tareas judiciales y procesales entre el juez y el LAJ no lo tiene claro la LOEP cuando, en sede de disposiciones generales —v. artículos 23.5.I y 26.2.10.º LEC—, supedita la realización por el procurador de actos de comunicación y de las actividades propias de la ejecución a un acto de delegación expreso —¿auto? providencia? ¿decreto? ¿diligencia?— de «*el juez, jueza o tribunal, con los límites y en los supuestos establecidos*». Y ya en el Libro III, el artículo 539.1 LEC ha incurrido en la misma vaguedad en los nuevos párrafos segundo y tercero:

> *Artículo 539. Representación y defensa. Costas y gastos de la ejecución*
>
> *[...]*
>
> *«En los supuestos establecidos por la ley, previa solicitud de la parte ejecutante, y a su costa, el juez, jueza o Tribunal podrá acordar que determinadas actuaciones materiales propias del proceso de ejecución sean efectuadas por el profesional de la procura que le represente.*
>
> *En el ejercicio de las funciones contempladas en este apartado, y sin perjuicio de la posibilidad de sustitución prevista en la Ley Orgánica del Poder Judicial, el o la profesional de la procura de la parte actuará de forma personal e indelegable y su actuación será impugnable ante el letrado o letrada de la Administración de Justicia conforme a la tramitación prevista en los artículos 452 y 453. Contra el decreto resolutivo de esta impugnación se podrá interponer recurso de revisión».*

Es al examinar las varias disposiciones relativas a «*supuestos establecidos legalmente*» con las que la LOEP ha salpicado el Libro III de la LEC cuando se aclara —o se infiere— la autoría de la correspondiente delegación.

En resumen, corresponde al juez, al dictar el auto de despacho de la ejecución del artículo 551.1 LEC, incluir en él «*6.º En su caso, las actuaciones materiales propias del proceso de ejecución que se delegan en el profesional de la procura de la parte ejecutante, a petición de la misma y a su costa, en los términos establecidos legalmente*». Como a nadie se le escapa, el uso de la expresión «*en su caso*» genera gran incertidumbre. Con estos inconcretos términos —que deberían aclararse— no se sabe si la delegación de funciones ejecutivas en el agente de ejecución es tarea reservada al juez o encomendada al LAJ. Tampoco se sabe —aunque hay que descartarlo por el carácter reglado de la ejecución— si el legislador ha deseado diferenciar la delegación conferida por uno u otro órgano en función de su amplitud o aun de su discrecionalidad, visto el tenor del nuevo párrafo segundo del artículo 539.1 LEC, extravagantemente ubicado en el artículo dedicado a la postulación en el proceso de ejecución. Lo que es seguro es que (i) todo lo demás corresponde al LAJ, pero (ii) no todo lo que corresponde al LAJ es delegable en el agente de ejecución. La ley es muy poco clara y se mueve en el terreno de los sobreentendidos; lo que sigue es mi interpretación de la ley como académica.

Así, en primer lugar, queda fuera la práctica del requerimiento al ejecutado de manifestación de bienes embargables del artículo 589 LEC, que corresponde al LAJ sin que se haya establecido como un supuesto expresamente delegable. Tampoco es posible delegar en el agente de ejecución —por las superiores razones que impone el vigente régimen de tratamiento y protección de datos en la Administración de justicia— la práctica de la diligencia judicial de averiguación de bienes y, en particular, el acceso a la información patrimonial del deudor. La falta de previsión legal expresa —que debiera, por reserva legal, claridad y carácter sistemático, contenerse en la LOPJ— impide al procurador, en cuanto agente de ejecución, acceder a las bases de datos del Punto Neutro Judicial (PNJ), o dirigirse singularmente a personas o entidades públicas o privadas para obtener información sobre la situación patrimonial del deudor *ex* artículo 591 LEC[57].

Por otro lado, hasta ahora el procurador colabora en practicar *in situ*, junto con el personal del cuerpo de auxilio judicial, el embargo de bienes acordado genéricamente en el auto de medidas ejecutivas y adoptado en concreto al tiempo de notificar al ejecutado el requerimiento de pago *ex artículos* 581 y 582 LEC. El procurador puede haber recibido instrucciones previas de su abogado,

57. Desde la procura ya se reclama esta función, en lugar de solicitar al LAJ su realización. ANDRÉS GONZÁLEZ, V. (2024), 287. Pero es importante mantener su práctica en manos del LAJ, como garante de la intimidad, la confidencialidad y la neutralidad en el uso de datos económicamente muy sensibles y estratégicos.

aunque lo normal es que intervenga en esta diligencia con autonomía funcional eligiendo los bienes —muebles, normalmente— del ejecutado de conformidad con los criterios y la prelación subsidiaria del artículo 592 LEC. Pues bien, con la LOEP en mano el nuevo ordinal 3.º del artículo 551.2 LEC le permite realizar, con plenas capacidades de certificación del acto (artículo 23.5 LEC), el requerimiento de pago si —desde luego— le ha sido delegado (artículo 551.3.3.º LEC); pero pese a la continuidad del acto, no parece que pueda ni recibir el pago, ni practicar el embargo por la falta de una norma expresa habilitante que le autorice a intervenir en estas actuaciones de ejecución —que, sí, tienen repercusiones materiales, pero sobre todo tienen plenitud de efectos jurídicos—. En este sentido, el artículo 581 LEC sigue haciendo referencia a que la falta de pago por el ejecutado determina que el LAJ proceda al embargo de bienes suficientes; y la sola referencia del párrafo segundo del artículo 582 LEC a que «*si no se encontrase el ejecutado en el domicilio que conste en el título ejecutivo podrá practicarse el embargo si el ejecutante lo solicita*» no colma la exigencia de expresa previsión legal y delegación que pide el artículo 543.2 LOPJ y que reiteran los artículos 23.4 y 5, 26.2.10.º y 539.1.II LOPJ.

Por lo tanto, no le han sido dadas al procurador, en cuanto agente de ejecución, potestades para acordar o practicar embargos, que es una función que corresponde al LAJ y que, sobre todo, presenta una naturaleza jurídico-procesal innegable en cuanto «declaración de voluntad mediante la cual determinados bienes, que se consideran pertenecientes al ejecutado, se afectan o adscriben a la actividad de apremio que ha de realizarse en el mismo proceso de ejecución del que forma parte el embargo» (CACHÓN CADENAS)[58]. La afección o traba en que consiste el embargo no es, en absoluto, un acto material; es esencialmente un acto de naturaleza jurídico-procesal con los efectos del artículo 613 LEC. No se trata de un acto comprendido en los delegables *ex* artículo 543.2 LOPJ y su práctica deberá seguir materializándose a través del personal público de los servicios de la Oficina judicial, a quienes acompañará —como acostumbra— el procurador. La LEC sigue sin regular la posible adopción de una medida de entrada e inspección en domicilio o en lugar cerrado y hay que excluirla de raíz de las que puedan llegar a ser susceptibles de delegación en un agente de ejecución[59].

Tampoco le son delegables, en general, la práctica de medidas de garantía del embargo, aunque sí pueden —si se atomizan— practicar los actos de comu-

58. CACHÓN CADENAS, M., *La ejecución procesal civil*, Atelier, 2.ª ed., Barcelona, 2018, p. 109. V. SÁNCHEZ LÓPEZ, B., *Ejecución dineraria: liquidez, embargo y realización forzosa*, Wolters Kluwer, Las Rozas, 2019, pp. 220 y ss.

59. Los problemas de la falta de regulación de una medida semejante los he tratado en SÁNCHEZ LÓPEZ, B. (2019), pp. 225-226 y, más en extenso, en B. SÁNCHEZ LÓPEZ, «La entrada e inspección en domicilio con fines de embargo en el proceso civil. Canon de constitucionalidad de la medida», en *Derecho procesal: retos y transformaciones*, BUJOSA VADELL, M. (dir.), 2021, pp. 453-464.

nicación que conlleva su ejecución material. Por un lado, la labor del procurador para diligenciar actuaciones se ha simplificado con la LOEP, al prescindirse de la firma de letrado para la presentación directa —artículo 31.2.3.º LEC— de los escritos justificativos de las actuaciones materiales delegadas en él. Pero esto no supone que tenga plena autonomía ni que quepa prescindir de la delegación expresa ni del carácter reglado o título de la ejecución en los términos establecidos por la ley.

Así, puede encargarse del diligenciamiento delegado por el LAJ —a su instancia y a su costa— de la orden de retención de dinero, cuentas corrientes y sueldos del artículo 621 LEC. Esta orden puede ser diligenciada por el procurador de la parte ejecutante desde la Ley 42/2015.Y estas tareas de diligenciamiento se han extendido ahora a la orden de retención de intereses, rentas y frutos que hayan sido embargados conforme al artículo 622 LEC. Pero este precepto no permite al agente de ejecución realizar gestiones de cobro, puesto que la orden tiene por objeto que el tercero «*los ingrese a su devengo en la Cuenta de Depósitos y Consignaciones o, si fueran de otra clase, los retenga a disposición del tribunal*». La novedad solo consiste en añadir a continuación que «*el LAJ podrá acordar que esta orden sea diligenciada por la persona profesional de la procura de la parte ejecutante a petición de la misma y a su costa*» (artículo 622.1.II LEC), pero esto —entiendo— no altera lo dicho y, en este trance, el procurador actúa más como agente de notificación de un requerimiento u orden que como agente de ejecución, si es que cabe sostener esta distinción entre una clase de actos y otros en el proceso de ejecución.

En cuanto a la intervención del procurador —en cuanto agente de ejecución— en los actos de cumplimiento de la orden de embargo y realización de valores e instrumentos financieros, tampoco parece que la LOEP haya conferido autonomía al procurador ni margen para realizarlo por delegación. Si se lee con atención, el artículo 623 LEC también predetermina el contenido de la orden de retención y realización de valores e instrumentos financieros a que «*se retenga a disposición del tribunal, el importe o el mismo valor o instrumento financiero, así como los intereses o dividendos que, en su casa, produzcan*». La actuación aquí del procurador se circunscribe a la notificación del embargo y de las decisiones y comunicaciones subsiguientes, pero nada más. Lo aclara el nuevo aptdo. 4 del artículo 623 LEC que cierra este precepto estableciendo que «*todas las comunicaciones previstas en este artículo podrán hacerse por la persona profesional de la procura que represente a la parte ejecutante, previa solicitud de la misma y a su costa, una vez autorizada por el letrado o letrada de la Administración de Justicia*».

A mi modo de ver, no es dado ampliar el ámbito de actuación del procurador mediante la sinécdoque de tomar el todo de las actividades sustitutivas del cumplimiento del deudor por una parte limitada a la práctica del correspondiente acto de comunicación de estas. No es admisible que el tropo consistente en tomar la forma de la comunicación procesal por el contenido de la resolución comunicada vacíe el carácter reglado y contradictorio del proceso de ejecución para terminar consintiendo una ejecución material en manos de un privado. Que se discuta si esto es judicial o si es extrajudicial, es un mero juego de palabras.

Según la nueva redacción del artículo 629.II LEC, es delegable en el procurador —si lo pide y a su costa— el diligenciamiento del mandamiento de anotación preventiva de embargo de bienes inscritos en registros públicos, una vez causado el asiento de presentación a instancia del LAJ. En estos supuestos, la ley establece que la subsanación de defectos o su práctica se entenderá directamente con el procurador en cuanto agente de ejecución, que es «*quien deberá ponerlo en conocimiento del órgano judicial en el plazo de dos días hábiles*»; esta previsión concuerda con la nueva redacción del aptdo. 4 del 656 LEC y con la que ya se introdujo en el aptdo. 3 del mismo artículo por la Ley 42/2015.

Por otra parte, sí puede el agente de ejecución intervenir en el modo de realización de los bienes que se convenga entre las partes y terceros interesados, dentro de los márgenes que definen los art. 636 y 640 LEC, relativos al *Convenio de realización aprobado por el letrado o la letrada de la AJ*. Este artículo ha sido objeto de nueva redacción en los términos que se explican en otro capítulo de esta obra, al que me he de remitir. Lo único que es oportuno mencionar aquí es que, aunque no se dice expresamente, esta previsión da entrada a cuantos operadores intervienen en el mercado de bienes y, especialmente, al mismo CGPE con su portal de subastas y a las empresas privadas que se han especializado en subastas extrajudiciales, como las que se celebran en el ámbito concursal. Esto —enlazando con lo que se ha apuntado unas líneas más arribas— coloca esta forma de enajenación forzosa en territorios desregulados donde la parte ejecutada corre el riesgo de perder el equilibrio de fuerzas y la igualdad de partes que el proceso judicial le asegura. No hay quien no vea el riesgo de que este deudor quede situado en una parte contratante débil frente al acreedor procedente y el resto de acreedores —los posteriores— que puedan alegar interés legítimo en la realización.

Se trata de ventas privadas cuyo marco legal es el que pone el artículo 640 LEC, esto es: (i) estar autorizada por el LAJ, con el consentimiento del ejecutante, ejecutado y quien acredite interés directo y sin perjuicio para tercero; (ii) verificar que la transmisión cumple la normativa de ordenación del comercio minorista, reguladora de la venta en pública subasta; (iii) tratándose de de un bien inscrito registralmente, debe existir conformidad expresa de los acreedores y terceros posteriores cuyo derecho haya sido inscrito con posterioridad al gravamen que se ejecuta; y (iv) toda enajenación debe ser aprobada por el LAJ mediante decreto, previa la comprobación de que es conocida por el adquirente la situación registral y con el consentimiento de los acreedores posteriores. Estas cautelas proporcionan garantías mínimas de justicia en esta «realización extrajudicial tutelada judicialmente», aunque resultan inoperantes frente a un eventual contrato de compraventa que puedan alcanzar las partes al margen de la ley procesal como fruto de una negociación privada.

Un supuesto próximo es la enajenación forzosa de acciones, obligaciones y participaciones sociales a que se refiere el artículo 635 LEC. La LOEP tampoco ha previsto la delegabilidad de las actuaciones materiales de ejecución que conlleva y esto debería conducir a interpretar que la práctica de las gestiones y operaciones de realización no puede ser encomendada al procurador en cuanto agente de ejecución.

Lo anterior no supone colocar al procurador al margen de la celebración de la subasta judicial, que sigue siendo el sistema general y ordinario de ejecución forzosa (artículo 637 LEC). Así, puede encargarse de notificar al ejecutado el decreto de convocatoria de subasta (artículo 644.III LEC) y de publicarlo en el BOE (artículo 645.1.II LEC). También puede solicitar la expedición de la importante certificación de dominio y cargas objeto de anotación marginal *ex* artículo 656.3 LEC, y de remitir a los acreedores anteriores los oficios para que informen sobre la subsistencia actual del crédito garantizado y su actual cuantía, cuando no conste una dirección electrónica habilitada de contacto con la AJ (artículo 657.1.II LEC).

Los eventuales incidentes procesales de reparto del sobrante entre acreedores y de lanzamiento de terceros ocupantes, por no mencionar las tercerías, son materias que se mantienen en el ámbito de decisión de los tribunales, en garantía de los derechos de las partes y de terceros.

Finalmente, la LOEP no se ha esforzado por desarrollar qué actividades de la ejecución no dineraria del Título V del Libro III LEC pueden ser susceptibles de su práctica delegada por el procurador en cuanto agente de la ejecución. Es lo lógico dada la intensa afectación de la esfera personal del deudor en esta otra clase de proceso de ejecución. Las actuaciones sustitutivas de la voluntad del ejecutado para lograr en estos supuestos un resultado perfecta o imperfectamente equivalente a la satisfacción del interés del ejecutante deben estar dirigidas y practicadas por los tribunales de forma prioritaria. Es ajeno a nuestra tradición jurídica que actividades ejecutivas distintas de la exacción forzosa de dinero ordenadas en un título ejecutivo puedan ser realizadas por particulares; nos extrañaría que, v. gr., un agente privado de ejecución pueda poner al ejecutante en cuyo interés actúa en posesión de la cosa debida o que práctique el lanzamiento de ocupantes de un inmueble. Razonablemente la LOEP ha circunscrito su papel a la notificación o «práctica» de los requerimientos de hacer (artículo 705 LEC), de gestionar la contratación de anuncios para publicar la sentencia en medios de comunicación (artículo 707 LEC), y de imposición de apremios personales (artículos 709.3 y 710 LEC). Y todo ello, además, dentro de los límites permitidos por el artículo 543.2 LOPJ que después se mencionarán.

En suma, estamos todavía lejos de hacer del procurador español el «CEO de la ejecución» que alienta la CEPEJ, como producto de una abstracción de los muy diferentes sistemas legales del ámbito del Consejo de Europa. Ahora bien, si —como observó LAMARCK a principios del siglo XIX— la necesidad crea la función y la función hace al órgano, es esperable que el impulso que ha recibido la figura del procurador de los tribunales conduzca al alumbramiento de un agente de ejecución dotado de un estatuto jurídico de imparcialidad, independencia y ausencia de conflictos que hoy no se percibe. Cabe esperar, pues, que la LOEP traiga cambios sustanciales en esta dirección y que se empiece ya a trabajar en construir un régimen legal que garantice, de un lado, la ajenidad de los Colegios profesionales respecto de los mercados privados en los que no deberían operar y que al mismo tiempo también asegure —mediante reforma de la LOPJ, como corresponde hacer con la funciones jurídico-publicas vinculadas a la jurisdicción— un estatuto jurídico apropiado para quienes, como el procurador, pueden realizar por delegación las operaciones que se le encomienda en interés ajeno y en beneficio, al cabo, de la mejor administración de justicia. Esto debería incluir el deber de abstención del profesional y la implementación un mecanismo eficaz para apartar al procurador del asunto.

4.3. EL ÁMBITO DE ACTUACIÓN EXPRESAMENTE SUSTRAÍDO AL PROCURADOR POR LA LOPJ

El último inciso del artículo 543.2 LOPJ pone un límite al legislador ordinario y a los tribunales para que se impida autorizar la participación del procurador, en cuanto agente de ejecución, en determinados procedimientos en los que se ventilan intereses especialmente sensibles. En concreto, se establece que de las actuaciones materialmente ejecutivas «*en todo caso, [se] excluirán las ejecuciones hipotecarias de vivienda habitual, así como las derivadas de procesos en materia de familia, las de desahucio por impago de rentas o cantidades debidas en viviendas habituales y los lanzamientos de ocupantes de finca con posterioridad a la subasta de la misma si esta es vivienda habitual*».

Lo que tienen en común la relación de procedimientos del artículo 543.2 LEC es la potencial afectación a personas en situación de vulnerabilidad o en riesgo de padecer exclusión social. Los valores añadidos de agilidad y rapidez que aporta el procurador a la realización profesionalizada de tareas ejecutivas no se avienen bien —ha entendido el legislador— con la especial protección judicial que hay que dispensar en estas situaciones, en atención a la dignidad de las personas y de las familias y en protección de la vivienda habitual, que son valores consagrados en la Constitución. Por otro lado, esta especial protección salpica estos procedimientos de suspensiones, crisis e incidentes que es necesario sustanciar para valorar los riesgos de exclusión social en el caso concreto y buscar soluciones alternativas adecuadas al —normalmente— mayor empobrecimiento del deudor que resulta del proceso de ejecución.

Sentado lo anterior, también hay que advertir que el legislador ha incurrido en excesos al delimitar el artículo 543.2 LOPJ un ámbito objetivo de procedimientos harto amplio, sin fundamento razonable. Esto es importante no solo argumentativamente; lo es porque los impedimentos desproporcionados o arbitrarios para acceder a prestaciones que se justifican en la eficiencia del servicio público de justicia y en la evitación de dilaciones indebidas, puede llegar a tener trascendencia constitucional por posible vulneración del principio de igualdad del artículo 14 CE en relación con el derecho a la tutela judicial efectiva del artículo 24.1 CE, en sus vertientes como derecho a la efectividad de las resoluciones y a la ejecución de pronunciamientos de condena, y del derecho a no padecer dilaciones indebidas del artículo 24.2 CE.

Una lectura correctora del artículo 543.2 LOPJ no debería, así, excluir como un todo «*las ejecuciones hipotecarias de vivienda habitual*», sino circunscribir la exclusión —todo lo más— al acto de lanzamiento de los ocupantes de la vivienda, como el mismo precepto hace en otros de los supuestos excluidos. Resulta arbitrario, por injustificado y desproporcionado, que el procurador no pueda en absoluto realizar actos materiales de ejecución —sean estos los que fueren— en toda ejecución de esta clase, como, p.e., intervenir profesionalmente en la ejecución de un convenio de realización. No se entiende este límite a la prestación de un servicio que habría de redundar en beneficio de la AJ.

Tampoco tiene fundamento razonable excluir las «*ejecuciones derivadas de procesos en materia de familia*», sin el menor matiz en atención a la naturaleza o al contenido del pronunciamiento que se trata de ejecutar, o en función de los actos materiales que se tratan de excluir, o en atención a la edad de las personas más vulnerables. La inespecificidad del legislador merece la crítica de tratar todos los valores en liza de forma igual, sin importar que se haya sustanciado todo un proceso antecedente hasta el dictado de un pronunciamiento de condena por un juez o de lo que las partes hayan convenido con eficacia ejecutiva. Si nos atenemos al presumido fundamento de frenar la exclusión social de personas y familias, el argumento es —como poco— ambivalente cuando se trata de aplicar de forma indiferencia a toda actuación ejecutiva de todo proceso de familia. No se mejora la convivencia familiar mediante el alejamiento del procurador de la ejecución de estas sentencias, tomadas por categoría, y esto merece ser objeto de replanteamiento para precisar qué actos habrían de ser —y por qué— realizados exclusivamente por conducto de los servicios públicos de la AJ. Una vez más, hay que quejarse de la poca precisión del legislador de la LOEP.

La indelegabilidad de la realización de actuaciones ejecutivas de —las sentencias, hay que entender— «*de desahucio por impago de rentas o cantidades debidas en viviendas habituales*» tampoco diferencia entre (i) el eventual pronunciamiento de condena al pago de las rentas debidas, que es un pronunciamiento de condena dineraria que carece de sentido excluir de la intervención ejecutiva del procurador, una vez tomada la decisión de política legislativa de dar entrada al procurador a todo procedimiento de exacción de cantidades; y (ii) el pronunciamiento necesario de condena al desalojo de los ocupantes de la vivienda habitual, cuya concreta ejecución es la que dispara los riegos de exclusión social y que están detrás de este límite legal. A excluir esto último es a lo que debería haberse ceñido el artículo 543.2 LOPJ.

Finalmente, la exclusión de «*los lanzamientos de ocupantes de finca con posterioridad a la subasta de la misma si esta es vivienda habitual*» remite inevitablemente a la tutela dispensada a los deudores hipotecarios por la Ley 1/2013, de 14 de mayo, relativa a la protección jurídica de los deudores hipotecarios especialmente vulnerables, reestructuración de deuda y alquiler social. La aplicación de la medida de suspensión de los lanzamientos sobre la vivienda habitual de estos deudores ha planteado problemas interpretativos sobre el tribunal competente y el procedimiento adecuado que ha despejado la Sala 1.ª del TS mediante su STS n.º 771/2022 de 10 de noviembre[60]. Pues bien, el artículo 543.2 LOPJ va más mucho allá de esta jurisprudencia, puesto que el artículo 543.2 LOPJ comprende indiferenciadamente todo acto de lanzamiento de ocupantes —hayan sido o no los deudores hipotecarios— con tal que el bien hipotecado haya sido subastado y, en términos actuales, constituya su vivienda habitual. Quiere decirse que estamos ante un límite que quiere llegar allí hasta donde la primera exclusión del artículo 543.2 LOPJ («*ejecuciones hipotecarias de vivienda habitual*») no alcance por sí misma, como —en especial— sucede en los procesos de desahucio por precario instados por los terceros adjudicatarios que se hayan adjudicado el bien tras su subasta.

4.4. EL CARÁCTER VOLUNTARIO, TÍPICO, REGLADO Y DELEGADO DE LAS FUNCIONES DE AGENTE PRIVADO DE NOTIFICACIONES Y DE EJECUCIÓN

Después de cuanto se lleva dicho, es posible abstraer las características que presiden la actuación del procurador en cuanto agente de notificaciones y de ejecución, y resumirlas en las siguientes:

1. Su carácter voluntario. Esta característica se deriva de las alusiones a la necesidad de solicitud de la parte o a la previa petición que emplea la LOEP como presupuesto para delegar actuaciones de comunicación y de ejecución en el procurador.

> Así está dispuesto, con carácter general, en el aptdo. 4 del artículo 23 LEC («*previa la petición y el consentimiento informado de la persona representada*»); y en el ordinal 10.º del artículo 26.2 LEC, que configura como una obligación del procurador estas funciones «*cuando la persona a que representa así lo solicite*».

60. ES:TS:2022:4238. V., por todos BERNARDO SAN JOSÉ, A., «Adecuación procedimental del proceso de desahucio por precario para obtener el lanzamiento del ejecutado hipotecario. Comentario de la Sentencia del Tribunal Supremo de 10 de noviembre de 2022 (771/2022)», en *Comentarios a las sentencias de unificación de doctrina: Civil y Mercantil*, YZQUIERDO TOLSADA, M., (dir.), vol. 14, 2022 (2022), pp. 203-222.

En el contexto del proceso de ejecución el artículo 539.1.II LEC requiere la «*solicitud de la parte ejecutante para acordar que determinadas actuaciones materiales propias del proceso de ejecución sean efectuadas por el profesional de la procura*»; el artículo 551.2.6.º LEC incluye entre los eventuales contenidos del auto de despacho la petición de la parte ejecutante para delegar en el procurador actuaciones materiales de ejecución; y, de forma más específica, se refieren a este «presupuesto de delegabilidad» de actuaciones: (i) el artículo 622.1.II LEC pide la solicitud del ejecutante para delegar en el procurador la realización de la orden de retención de intereses, rentas y frutos; (ii) el artículo 623.4 LEC exige la solicitud de la parte ejecutante para la encomendar al procurador las notificaciones de las medidas de medidas de garantía del embardo de valores e instrumentos financieros; (iii) también es precisa la petición del ejecutante para solicitar la autorización del procurador para realizar las gestiones dirigidas a publicar en el BOE el decreto de anuncio de subasta (artículo 645.1.II LEC).

Este carácter voluntario de su actuación notificadora y ejecutiva desencadena la aplicación del Derecho de los contratos —en su caso, con consumidores— y, en particular, el de mandato al que remite, por defecto, el artículo 26.2.2.º LEC al tratar de la responsabilidad del procurador.

La obligación del procurador de entregar un presupuesto previo a su cliente está actualmente impuesta por el artículo 3 del RD 434/2024, de 30 de abril, regulador del arancel de la procura. Ningún aspecto contractual, en cambio, pretende regular la nueva Disposición Adicional 11.ª en la LEC, titulada *Consentimiento informado para funciones atribuidas a profesionales de la procura*. El objetivo de esta nueva disposición adicional es encomendar al Ministerio de Justicia la aprobación de un formulario para recabar de forma normalizada el consentimiento informado de los justiciables a que los procuradores que los representan puedan realizar los actos de comunicación, auxilio, cooperación y la realización de actividades materiales del proceso de ejecución que autoricen y le puedan ser expresamente delegadas por el juez; todo ello, con la advertencia de que se realizará a su costa y de que, si no fueran realizados por el procurador, lo serán por el tribunal.

Por lo demás, la expresión «a su costa» ha dejado de tener en la LEC un significado unívoco. No quiere decir, en todos los supuestos, que el coste lo sufragará el justiciable sin posibilidad de repercutirlo en la parte contraria por medio de la condena en costas; y tampoco significa, en todos los supuestos, que la condena en costas los haya de incluir en todo caso. La expresión «a su costa» quiere decir genéricamente que —de entrada— los sufraga la parte a cuya instancia se genera el coste en cuestión, con independencia de la eventual condena en costas, cuyo contenido sigue abarcando los conceptos que relaciona el artículo 241 LEC, sin que haya sido objeto de variación desde el año 2013. La única novedad digna de mención en este punto se ha introducido en las costas del proceso de ejecución, que siguen siendo —por defecto— «*a cargo del ejecutado, sin necesidad de expresa imposición*» (artículo 538.2 LEC), con el nuevo matiz de haberse aligerado la carga económica que para el ejecutante supone adelantar todos los gastos y las costas que se vayan produciendo, incluso a instancia del propio ejecutado. Para corregir esto, el artículo 539 LEC ha dispensado a la ejecución de la obligación de adelantar el pago de aquellos gastos «*que se realicen a instancia del ejecutado o de otros sujetos*», en los siguientes términos:

> «*2. En las actuaciones del proceso de ejecución para las que esta ley prevea expresamente pronunciamiento sobre costas, las partes deberán satisfacer los gastos y costas que les correspondan conforme a lo previsto en el artículo 241 de esta ley, sin perjuicio de los reembolsos que procedan tras la decisión del tribunal o, en su caso, del letrado o la letrada de la Administración de Justicia sobre las costas.*
>
> *Las costas del proceso de ejecución no comprendidas en el párrafo anterior serán a cargo del ejecutado sin necesidad de expresa imposición, pero hasta su liquidación, el ejecutante deberá satisfacer los gastos y costas que se vayan produciendo, salvo los que correspondan a actuaciones que se realicen a instancia del ejecutado o de otros sujetos, que deberán ser pagados por quien haya solicitado la actuación de que se trate*».

2. La tipicidad y el carácter reglado de su actuación. La actuación del procurador como agente de notificaciones y de ejecución es, desde luego, de configuración legal, pero es más que esto: también es de carácter típico y reglado.

Como expresa —entre otros— el artículo 23.4 LEC con su referencia a «*en los supuestos establecidos por la ley*», su actuación es legalmente típica, en el sentido de que tiene que estar prevista por la ley; y también es una actuación reglada porque se enmarca en una actividad que también lo es, como sucede con el proceso como instrumento de tutela y realización de los derechos en el caso concreto. El fundamento último hay que buscarlo, pues, en el carácter subsidiario y sustitutivo del proceso mismo en todo sistema ordenado de derechos. Esto se advierte con la asunción de sus nuevas funciones como agente de ejecución que implican un evidente ejercicio de prerrogativas de poder público para lograr, con medios privados, la efectividad de la tutela ejecutiva que el Estado garantiza. Su ejercicio, pues, no debe estar desprovisto de la legalidad que preside la efectividad coactiva de los derechos ni de las garantías de contradicción y de igualdad que son consustanciales a todo proceso calificable de justo, como después se dirá.

3. La necesidad de delegación del juez, en su caso, o del LAJ. Por lo que se acaba de decir, el procurador no es autónomo ni puede tomar la iniciativa de hacer cumplir las resoluciones procesales sin que le hayan sido autorizadas judicialmente de forma específica, dentro del marco expreso de la legislación procesal. La LOEP —como se ha señalado— es muy ambigua sobre la autoría y el carácter exclusivo o concurrente de la competencia para delegar en el agente de la ejecución todos o solo algunos de estos actos de comunicación y de ejecución que nos ocupan.

El marco legal de la actuación del procurador en cuanto agente de ejecución es, sin duda, oscuro; pero no puede faltar este acto de delegación o *licentia citandi et executandi*, al que —a todas luces— le falta suficiente precisión legal. En este punto solo cabe añadir a lo dicho que el artículo 452.1 LOPJ impide que los LAJ puedan delegar sus funciones o habilitar en su ejercicio a otras personas. Este límite es reflejo de la reserva constitucional de la función de «juzgar y hacer cumplir lo juzgado» que el artículo 117.3 CE establece en favor de los tribunales.

4.5. LA CAPACIDAD DE CERTIFICACIÓN Y LA SUSTITUCIÓN ENTRE PROCURADORES. INDELEGABILIDAD DE LAS PRERROGATIVAS DE SERVICIO PÚBLICO

La LOEP ha reformado el aptdo. 4 del artículo 23 LEC para incorporar la precisión de que, en el ejercicio de las funciones delegadas, «*ostentarán capacidad de certificación y dispondrán de las credenciales necesarias*». Esta novedad fue incorporada por la Ley 42/2015 y se refería entonces a «los actos de comunicación»; hoy incluye «*las actividades materiales propias de la ejecución que les hayan sido expresamente delegadas por el juez, jueza o tribunal*» y que, visto su contenido, no deberían alejarse mucho de diligenciar y practicar comunicaciones de las decisiones ejecutivas del tribunal.

En su práctica se exime de la presencia de testigos, pero la capacidad de certificación del acto no significa que se haya atribuido al procurador funciones de fe pública, que siguen detentando los LAJ con carácter exclusivo, pleno e indelegable en el ámbito de la AJ (artículos 452 LOPJ y 145 LEC). Esta capacidad de certificación equipara la actuación del procurador habilitado con los funcionarios del cuerpo de auxilio judicial. La tenencia de credenciales sirve a los fines de identificarle nominalmente como sujeto autorizado a realizar la encomienda que le ha sido conferida en el acto de delegación. Esto significa que la credencial no puede convertirse en una suerte de «carnet de sheriff» literosuficiente y autónomo para cualesquiera actos se proponga realizar el procurador, sino una identificación meramente subjetiva y relativa, que necesita ser completada con la *licentia citandi et executandi* que incluya la expresa mención del contenido de los actos que, en cada caso, le son delegados en concreto por el juez o el LAJ de forma expresa.

Por otra parte, el artículo 543.4 LOPJ, tras la LOEP, mantiene su redacción. Esto significa que sigue permitida la sustitución entre procuradores, porque, como enfatiza la nueva redacción del aptdo. 4 del artículo 23 LEC, «*en el ejercicio de las funciones contempladas en este apartado (...) actuarán de forma personal e indelegable*», en consonancia con el ejercicio de potestades jurídico-públicas y con la reserva de actividad que merece este aspecto.

Lo que cobra otro significado tras la LOEP es el último inciso del aptdo. 4 del artículo 543 LOPJ, que se ha mantenido inalterable y que sigue permitiendo que reglamentariamente o, lo que es lo mismo, colegialmente, se determinen los actos y la forma en que un procurador puede ser sustituido por un oficial habilitado, que es una categoría meramente laboral (*«también para los actos y en la forma que se determine reglamentariamente podrán ser sustituidos por oficial habilitado»*, dice el artículo 543.4 *in fine* LOPJ). Esta norma aparentemente no se opone y, en su caso, prevalecería por simple jerarquía normativa, al nuevo párrafo segundo que se ha introducido en el artículo 23.4 LEC y que aspira a garantizar la autoría personal e indelegable del procurador en todas sus actividades de comunicación y de ejecución en los siguientes términos:

> *«En el ejercicio de las funciones contempladas en este apartado, y sin perjuicio de la posibilidad de sustitución por otro procurador conforme a lo previsto en la Ley Orgánica, 6/1985, de 1 de julio, del Poder Judicial, actuarán de forma personal e indelegable y su actuación será impugnable ante el letrado de la AJ conforme a la tramitación prevista en los artículos 452 y 453. Contra el decreto resolutivo de esta impugnación se podrá interponer recurso de revisión».*

Lo que sí se opone al artículo 23.4 LEC es el artículo 29 del vigente Estatuto General de los Procuradores de los Tribunales de España, a cuyo tenor *«también podrán los procuradores ser sustituidos, en las asistencias, diligencias y actuaciones, por su oficial habilitado en la forma que reglamentariamente se establezca, de acuerdo con lo previsto en la Ley Orgánica del Poder Judicial»*. Es, de entrada, un sinsentido que la norma estatutaria devuelva la remisión a la LOPJ cuando esta ley ya remite a la norma estatutaria. Pero, sobre todo, la remisión a las normas estatutarias no debería vaciar de contenido la actuación *«personal e indelegable»* que el artículo 23.4 LEC garantiza y debe garantizar cuando se trata de ejercer —ya por delegación— actos de auxilio y de cooperación que son una manifestación de las prerrogativas públicas de la AJ. Si esto, en verdad, se quiere, cuando menos debería quedar expresado en la LEC. Afecta al diseño de sistema de justicia la forma en que se configura el grado de realización por privados de los actos que permiten dispensar este servicio público.

La interpretación lógica que merece el artículo 543.4 *in fine* LOPJ pasa por diferenciar dos aspectos distintos, a saber:

1. Las funciones jurídico-públicas que el procurador ejerce en cuanto agente de comunicación y de ejecución. Estas funciones no pueden ser delegadas, sino únicamente ejercidas de forma personal e indelegable, sin perjuicio de la posibilidad de sustitución por otro procurador. En aquellas actuaciones que no se practiquen en el curso de una audiencia o vista ante el juez o el LAJ, la sustitución por otro procurador debería ser comunicada con carácter previo al juez o LAJ para asegurar la regularidad de la práctica de los actos y el control sobre la identidad y la participación de las personas responsables de su realización privada. De otro modo no habrá forma de impedir que una credencial abra a un privado —y a todo portador de la credencial— las puertas a la vida y al patrimonio de los justiciables. Esto debe ser considerado un estándar mínimo de calidad y

control en el ejercicio de las funciones que se ha conferido al procurador como pieza clave en el deseable funcionamiento del servicio público de justicia.

2. Por el contrario, no hay inconveniente en que —cuidando de evitar todo conflicto de intereses con la faceta de cooperación con la AJ— la actividad profesional del procurador que se desenvuelve en el ámbito de la prestación privada de servicios pueda ser realizada por el personal a su servicio, sin reserva de actividad.

Confundir ambos planos no es coherente con el fundamento de la función del procurador como cooperador cualificado de la AJ ni con la proporcionalidad de la reserva legal de actividad. No parece razonable reservar para un profesional liberal las funciones jurídico-públicas que le han sido dadas para mejorar la eficiencia de la AJ si luego estas se mezclan con las segundas y no es posible diferenciarlas.

4.6. RÉGIMEN DE IMPUGNACIÓN A INSTANCIA DE PARTE. NECESIDAD DE CONTROL DE OFICIO EXHAUSTIVO

La asunción por el procurador de las funciones de auxilio y cooperación judicial ha conllevado, desde la Ley la Ley 42/2015, un régimen de impugnación de los actos que realiza en condición de agente judicial. Con la LOEP no cambia este régimen más que en cuanto a su ámbito u objeto, que es la realización de actos de comunicación —ya contemplado en el artículo 23.5 LEC— y ahora también *«las actividades materiales propias de la ejecución que les hayan sido expresamente delegadas»*.

La novedad de la LOEP consiste en reproducir esta norma en el Libro III de la LEC, mediante la adición de un párrafo tercero al 539.1 LEC, dedicado a la *Representación y defensa. Costas y gastos de la ejecución*. El impulso que se está dando al procurador y su creciente importancia en —en particular— el proceso de ejecución merece un precepto que no amalgame tantos aspectos como los que ha quedado regulando este precepto. No hubiera estado de más dedicarle un artículo a continuación de los artículos 562 y 563 LEC, sobre el régimen de recursos frente a los actos del proceso de ejecución, si no fuera por el cuidado que el legislador ha puesto en reservar el concepto de recurso para las impugnaciones contra las resoluciones judiciales y procesales de carácter no firme.

El control que el legislador ha deseado de las actuaciones del procurador consiste en someterlas a un régimen de «impugnación» que es el mismo que se dispensa a las resoluciones interlocutorias del proceso, esto es: (i) son impugnables en reposición ante el LAJ en el plazo de cinco días mediante escrito en el que se deben expresar los motivos de impugnación, escrito del que se da traslado a las restantes partes personadas para realizar alegaciones por idéntico plazo, que es común; y (ii) *«contra el decreto resolutivo de esta impugnación se podrá interponer recurso de revisión*», expresa el último inciso del artículo 539.1.II LEC, que corresponde resolver al juez. Aquí sí se menciona expresamente el concepto de recurso para dirigirlo contra el decreto del LAJ. Esta previsión trata de colmar las exigencias de control judicial exigido por el TC frente a toda actuación del LAJ[61], pero tiene el inconveniente de que, aplicado a las actuaciones del procurador, estas no son, sino su objeto mediato, mientras que el inmediato es el decreto del LAJ. Y puesto que el recurso de revisión y el ámbito de conocimiento del juez en él consiste —v. artículo 454 bis LEC— en la infracción en que haya incurrido la resolución del LAJ, su carácter revisor se proyecta sobre la resolución del LAJ impugnada, y no directamente sobre la actuación del procurador.

Afirmar que el procurador actúa siempre con el control y supervisión del órgano judicial es, más bien, un modo de hablar. No hay control directo, sino indirecto y solo a instancia de parte, sobre las actuaciones del procurador por parte del juez. Y lo mismo cabe decir de un eventual control directo por el LAJ, ya que solo en la medida en que el impulso procesal le permita —artículo 206.2.1.ª LEC— no tener por cumplido un acto, podrá corregir los defectos que observe a partir de los hechos —que normalmente consignará el propio procurador— que consten en la diligencia. *De facto*, es una verificación meramente formal que no supone un exhaustivo y efectivo control judicial. En estas condiciones se hace sumamente difícil tutelar los derechos del ejecutado frente a una posible indefensión por medio del incidente de nulidad de actuaciones, por ejemplo.

5. LOS RIESGOS QUE AMENAZAN LOS PRINCIPIOS DE IGUALDAD DE PARTES, DE CONTRADICCIÓN Y LA TRANSPARENCIA DEL PROCESO DE EJECUCIÓN

Tras cuanto se lleva dicho es posible percibir los riesgos que se ciernen sobre el proceso civil en virtud de una externalización de la realización de actos procesales y de la práctica de actos materiales de ejecución.

No es inoportuno recordar que la incorrecta práctica de notificaciones es la causa más frecuente de indefensión en todo proceso. El hecho de que se externalice su práctica en un privado para liberar de carga de trabajo a los tribunales no compensa los riesgos de indefensión del justiciable, que se padecerán no en menor número, pero sí más silenciosamente.

De hecho, la práctica de estas actuaciones *inter privatos* introduce la tendencia a deslegalizarlos y, con ello, a vaciar de garantías jurídicas los derechos del justiciable; o, más precisamente, de la parte contraria al procurador actuante, puesto que los intereses de la parte representada por el procurador son los que alimentan la eficiencia y la deslegalización de estas actuaciones y prácticas.

61. V., por todas, la STC (Pleno) 15/2020 de 28 de enero (BOE n.º 52, de 29 de febrero de 2020).

La vigencia del principio de contradicción en el proceso de ejecución cuida en la actualidad de que se mantenga la igualdad entre las partes y la legalidad de los actos mediante la transparencia de su práctica. Esto favorece el escrutinio que pueden verificar el tribunal y las partes de forma inmediata sobre las actuaciones del proceso, de las que se da cuenta mediante las labores de impulso del LAJ, aunque su materialización sea extraprocesal. No parece haberse valorado suficientemente las consecuencias que puede suponer todo retroceso en la forma contradictoria cuando esto se aplica al proceso de ejecución en cuanto procedimiento coactivo de carácter sustitutivo del cumplimiento del deudor. Lo que se arriesga con su desjudicialización y consecuente deslegalización es que el proceso se convierta en un sistema de autotutela del acreedor —del que pueda costeárselo— donde estorban hasta los directores jurídicos del asunto.

No son infundados los temores a que este cambio de sistema convierta el proceso de ejecución en un medio de autotutela del acreedor: en una ejecución sin contradicción, sin control judicial directo y hasta en un proceso sin abogados. Ya se escuchan voces en este sentido, siempre justificadas en la rapidez y la eficiencia privada frente a la lentitud y la inoperancia que ofrece la AJ[62]. Por el camino lo que se sacrifican son las garantías de igualdad, de contracción, de legalidad: las garantías, en suma, de justicia intrínseca del proceso en cuanto instrumento al servicio de la tutela del ordenamiento jurídico y de los derechos subjetivos de los particulares.

Mucho peor que un proceso lento es un proceso sin garantías. No es dable ignorar que en su duración es determinante el peso que, de forma legítima y necesaria, aporta el cumplimiento del principio de legalidad, de igualdad y de

62. Ya se critica el control de los LAJ sobre las solicitudes de consulta de los datos patrimoniales del deudor y se emplea como argumento para propulsar el dominio del procurador sobre la ejecución. «Los órganos judiciales están saturados y los propios LAJ consideran que sus funciones van más allá de hacer gestiones ante el PNJ, siendo la solución más acorde la externalización de funciones para ser llevadas a cabo por los procuradores, siempre con el control y supervisión del órgano judicial (...) Nosotros defendemos que estos escritos interesando medidas de averiguación y ejecución únicamente sea exigida por ley la firma de procurador (...) proponemos que sea la norma procesal la que expresamente atribuya estas funciones en materia de ejecución al procurador, determinando que éste sea el único profesional que firme estos escritos y, en consecuencia, se despliegue un régimen de responsabilidad en esta materia en caso de negligencia profesional», en palabras de ANDRÉS GONZÁLEZ, M. (2024), 239. Y se remata este argumento así: «Actualmente en España el proceso de ejecución de sentencias requiere la participación del tribunal pues ante él hay que presentar la demanda solicitando el despacho ejecución, indicando el importe correspondiente a principal y la cantidad que provisionalmente se señala en concepto de intereses y costas; una vez admitida a trámite, el juez dicta auto de despacho y el LAJ decreto acordando medidas concretas de ejecución. Como vemos, en nuestro país y a diferencia de lo que sucede en otros, como analizaremos posteriormente, son muchos los intervinientes en los procesos ejecutivos. Lo cual, sumado a que el procurador tiene que solicitar cada actuación al tribunal conlleva que los procesos sean largos, lentos, tediosos y poco eficientes» (ANDRÉS GONZÁLEZ, M. (2024), p. 290). Es decir, lo contrario de las bondades que traería una ejecución externalizada y sin abogados.

contradicción de las partes y de defensa de la parte demandada o ejecutada, como salvaguarda del propio sistema de tutela de los derechos. Y basta pensar que, de entrada, un régimen de impugnación tan limitado que únicamente se basa en el control a instancia de parte sobre las actuaciones del procurador no garantiza el efectivo control y supervisión de los tribunales sobre cómo se realizan estos actos *inter privatos*.

6. EL PROCURADOR Y LA CONCILIACIÓN PRIVADA

El artículo 543 LOPJ no agota las funciones que la LOEP ha encomendado a la procura, como evidencia el mismo artículo 16 LOEP, regulador de la conciliación privada. Con esta novedad se abre a una nueva línea de actuación a los profesionales del sector jurídico y entre ellos se encuentra el procurador. La ley ha querido aprovechar la formación jurídica de abogados, procuradores, mediadores, graduados sociales, notarios y registradores y otros colegiados que se capaciten en el futuro, para confiarles la gestión de aquellos medios adecuados de solución de conflictos (MASC) que lo admitan, como sucede en la llamada «conciliación privada».

La profunda novedad que la LOEP trae en materia de MASC —entre ellos, su obligatoriedad mitigada— se estudia en otros capítulos de esta obra a los que hay que remitir. Ahora bastará con apuntar que los requisitos del conciliador privado se recogen en el artículo 15 LOEP, mientras que las funciones y las características de esta conciliación privada están reguladas en el artículo 16 LOEP.

Del artículo 15 LOEP destaca el requisito de la colegiación como ejerciente del procurador. La formación jurídica previa en el acceso a esta profesión colegiada colma las exigencias formativas y las habilidades que se presumen a un conciliador y no es preciso una formación capacitante adicional. Se presume que son «conocedores del conflicto en su punto más álgido y (...) son perfectos candidatos a ocupar un lugar importante en la implantación de los métodos alternativos de resolución de conflictos (MASC)» [63].

Para preservar la *auctoritas* del conciliador privado, el aptdo. 2 del artículo 15 LOEP le exige «*ser imparcial y guardar los deberes de confidencialidad y secreto profesional*» (letra b) y esto debería ser suficiente para prevenir los conflictos de intereses en la intermediación de soluciones adecuadas. Cuando se trate de una sociedad profesional, debe «*estar inscrita en el Registro de Sociedades Profesionales del colegio profesional que corresponda a su domicilio, debiendo cumplir la persona que actúe como conciliadora los requisitos exigidos en este precepto*», puntualiza la letra c. En todo caso, el aptdo. 4 del artículo 15 obliga a la persona conciliadora a «*aceptar de forma expresamente documentada la responsabilidad de*

63. GIMÉNEZ CARDONA, M. C., «El procurador y los MASC», en *Diario La Ley*, n.º 10287, mayo de 2023.

la gestión leal, objetiva, neutral e imparcial del encargo recibido. Estará sujeta a las responsabilidades que procedan por el ejercicio inadecuado de su función».

El encargo profesional al conciliador puede realizarse por las dos partes de mutuo acuerdo o solo por una de ellas y cualquiera puede acudir provisto de abogado, pero no es necesario. Por la novedad de este MASC, el artículo 16 LOEP es muy descriptivo de las funciones esenciales del conciliador que hay que entender que no agotan todas las posibles; la enumeración incluye:

> *«a) Realizar una sesión inicial informando a las partes de las posibles causas que puedan afectar a su imparcialidad, de su profesión, formación y experiencia; así como de las características de la conciliación, su coste, la organización del procedimiento y las consecuencias jurídicas del acuerdo que se pudiera alcanzar.*
>
> *b) Gestionar por sí misma, o por las personas que le auxilien y le den soporte administrativo, la recepción de la solicitud, la invitación a la otra parte, la citación para las reuniones presenciales o virtuales que se precisen.*
>
> *c) Documentar un acta de inicio de la conciliación, firmada por todas las partes, delimitando el objeto de la controversia, los honorarios y si las partes van a comparecer por sí mismas o asistidas de letrado, letrada o representante legal.*
>
> *d) Presidir las reuniones de las partes y dirigir todos los trámites del proceso de conciliación, bien sea personalmente o por medio de instrumentos telemáticos.*
>
> *e) Dar la palabra de forma ordenada y equitativa a cada una de las partes, pudiendo realizar las sesiones conjuntas o individuales que estime pertinentes.*
>
> *f) Poner de manifiesto a las partes las dimensiones extrajurídicas de la controversia y las ventajas que pueden obtenerse si se alcanza un acuerdo razonable.*
>
> *g) Formular directamente a las partes posibles soluciones e invitarlas a que formulen posibles propuestas de solución que construyan un eficaz acuerdo común.*
>
> *h) En el caso de que exista acuerdo total o parcial de las partes en el desarrollo del proceso de conciliación, requerir a las abogadas y los abogados de las partes, si estuviesen participando en el proceso, para que supervisen el acuerdo.*
>
> *i) Elaborar un acta final en el que se recoja la propuesta sobre la que existe acuerdo total o parcial y firmar en su calidad de persona conciliadora dicho acuerdo junto con las partes y sus abogados y abogadas o representantes legales si estuviesen participando en el proceso.*
>
> *j) En caso de desacuerdo, emitir una certificación acreditativa de que se ha intentado sin efecto la conciliación.*
>
> *k) Si la parte requerida ha rehusado participar en el proceso conciliador, hacerlo constar en el certificado que emita».*

De acuerdo con el artículo 14.1LOEP, este medio permite cumplir con el requisito de procedibilidad introducido por la LOEP en el artículo 5 y en el concordante artículo 264.4.º LEC.

7. LAS MEJORAS TÉCNICAS EN RELACIÓN CON EL DERECHO A LA ASISTENCIA JURÍDICA GRATUITA

Finalmente, la LOEP introduce dos novedades cuando el procurador ostente la representación procesal de un litigante beneficiario de la asistencia jurídica gratuita. La primera consiste en autorizarles expresa y legalmente a «realizar válidamente, en nombre de su presentado, todos los actos procesales comprendidos, de ordinario, en la tramitación» del pleito (artículo 25.14.III LEC). Estos actos son, en suma, los que estamos considerando ahora —comunicación a las partes— y no los ampliados con carácter voluntario que puede realizar como agente privado de notificaciones y ejecución, que se examinan a continuación.

La segunda novedad está relacionada con las normas de condena en costas del artículo 394 LEC y su relación con la asistencia jurídica gratuita. Antes de la LOEP el aptdo. 3 del artículo 394 LEC ya contemplaba las consecuencias económicas en materia de costas, si bien limitadas al supuesto de que fuera condenado en costas el titular del derecho a la asistencia jurídica gratuita, en cuyo caso se disponía que «éste únicamente estará obligado a pagar las costas causadas en defensa de la parte contraria en los casos expresamente señalados en la Ley de Asistencia Jurídica Gratuita». Y había que acudir a al artículo 36 de la Ley 1/1996, de 10 de enero, de Asistencia jurídica gratuita (LAJG), no solo para concretar estos supuestos, sino también para conocer qué consecuencias tiene el vencimiento en costas del beneficiario del derecho. Con la LOEP se ha aprovechado para incluir parcialmente en el propio artículo 394 LEC las reglas básicas del artículo 36 LAJC que cubren ambas situaciones, a saber:

1. Se mantiene la regulación preexistente cuando el condenado en costas el titular del derecho a la asistencia jurídica gratuita, a quien solo se obliga a pagar las costas en los supuestos previstos en la LAJG. Esto es, de acuerdo con el aptdo. 1 del artículo 36 LAJG, surge la obligación de pagar las «costas causadas en su defensa y las de la parte contraria, si dentro de los tres años siguientes a la terminación del proceso viniere a mejor fortuna, quedando mientras tanto interrumpida la prescripción del artículo 1.967 del Código Civil. Se presume que ha venido a mejor fortuna cuando sus ingresos y recursos económicos por todos los conceptos superen el doble del módulo previsto en el artículo 3, o si se hubieran alterado sustancialmente las circunstancias y condiciones tenidas en cuenta para reconocer el derecho conforme a la presente Ley. Le corresponderá a la Comisión la declaración de si el beneficiario ha venido a mejor fortuna conforme a lo dispuesto en el artículo 19, pudiendo ser impugnada la resolución que dicte en la forma prevista en el artículo 20».

2. Cuando, en cambio, el titular del derecho a la asistencia jurídica gratuita obtenga a su favor la condena en costas, el nuevo inciso final del aptdo. 3 del artículo 394 LEC establece que «las mismas deberán ser abonadas a las personas profesionales que se hayan designado para su representación y dirección jurídica, que estarán obligadas a devolver las cantidades eventualmente percibidas con cargo a fondos públicos por su intervención en el proceso. A tales efectos, se comunicará por la Oficina judicial a los colegios profesionales correspondientes dicha circunstancia». Esta doble consecuencia consistente en incluir en la LEC la facultad de los profesionales para que puedan cobrar las costas al tiempo que quedan obligados devolver a sus respectivos colegios las indemnizaciones recibidas de fondos públicos estaba ya contemplada en la Ley 1/1996. Con la LOEP se han introducido en la LEC las reglas de los aptdos. 1 y 5 del artículo 36 LAJG, con el fin de evitar aquellas interpretaciones que impiden el cobro de costas al abogado y procurador de la parte en el entendimiento de que solo la persona del litigante vencedor puede cobrar las costas en cuanto acreedor de ellas, y no los profesionales que intervienen en su representación y defensa. Con esta ampliación de la legitimación en el mismo artículo 394 LEC se tratan de evitar los obstáculos que encuentran los profesionales para liquidar y cobrar las costas, quedando en el ámbito colegial el régimen del reintegro de los derechos e indemnización percibidas en su función pública de representación y defensa al amparo de la LAJG.

CONCLUSIONES

Primera. Las reformas de la LOEP relativas al procurador son engañosas. Por una parte, se trasmite la idea de que actuación del procurador de los tribunales en cuanto agente privado de comunicaciones y de ejecución está sujeto a límites y controles de legalidad; pero se impulsa la realización *inter privatos* de estas actuaciones sin asegurar la contradicción, la igualdad de partes y la transparencia en las actuaciones susceptibles de ser realizada por el procurador de la parte ejecutante.

Por otra parte, cuando se desciende de las genéricas funciones de cooperación y auxilio judicial a ver qué prácticas y actuaciones materiales de actos procesales son susceptibles de su externalización, resulta difícil trazar su distinción con la práctica de comunicaciones a terceros de requerimientos, embargos y actos relativos a la realización forzosa.

Segunda. La función representativa del procurador ha venido a menos para justificar la reserva de actividad en favor de una profesión colegiada distinta de la abogacía. Muy distinta es su función en la práctica de actos y actuaciones materiales del proceso, puesto que equivalen a las realizables por los funcionarios del cuerpo de auxilio procesal del artículo 478 LOPJ. En esta faceta de agente privado de comunicaciones y de ejecución el procurador interviene en ejercicio de prerrogativas públicas y la LOPJ debe asegurar su imparcialidad, su independencia y la ausencia de conflictos jurídico-económicos respecto de aquellas otras que pueda desempeñar como profesional liberal en el mercado privado.

Tercera. La actuación del procurador en su faceta jurídico-pública de auxilio a la AJ es típica, reglada, reviste carácter voluntario y está necesitada de *licentia citandi et executandi* del tribunal por la que expresamente se autorice al procurador de los tribunales la realización de actos concretos de cumplimiento de las resoluciones judiciales. La ley es muy poco clara sobre la autoría de la *licentia* o resolución delegante que corresponde al juez, jueza, tribunal o LAJ sin criterios claros de delimitación entre ellos y sin precisión suficiente sobre la forma de la resolución (¿auto? ¿decreto? ¿providencia?) en cada caso. La reserva constitucional de la función de «juzgar y hacer cumplir lo juzgado» que el artículo 117.3 CE establece en favor de los tribunales no permite traspasar los límites de la ley en general, ni de la licencia o resolución delegante, en particular.

Cuarta. No le han sido dadas al procurador, en cuanto agente de ejecución, potestades para acordar o practicar embargos, ni sus medidas de garantía, aunque sí pueden —si se atomizan— practicar los actos de comunicación que conlleva su ejecución material. No cabe deducir de esta práctica de comunicaciones potestades realizativas autónomas del contenido de la resolución, so pena de vaciar la ejecución de su carácter reglado y contradictorio para terminar consintiendo una ejecución «judicial» civil a manos de un privado.

Quinta. No son injustificados los temores a una externalización del proceso que es contraria a la tradición jurídica española fuertemente pegada a lo jurisdiccional como garantía de los derechos e intereses legítimos de los ciudadanos y cuyo superior valor exteriorizan los artículos 24 y 117 CE. La importación de piezas de otros modelos de servicio de justicia en el ámbito civil y mercantil introduce disonancias que hay que resolver bien. Lo que se arriesga con la desjudicialización y consecuente deslegalización del proceso de ejecución es que un proceso coactivo de naturaleza sustitutiva se convierta en un medio de autotutela privada del acreedor que se lo pueda económicamente y donde estorban los controles y la fiscalización jurídica de otros sujetos. No debería darse este paso sin antes haber implantado una efectiva fiscalización directa por parte de los propios tribunales a cuyo funcionamiento se aspira a mejorar y haber dotado a este personal privado de auxilio judicial de unas garantías que estén a la altura de la práctica de los actos que se delegan en ellos (como, particularmente, la evitación de conflictos jurídico-económico de carácter personal, empresarial y de grupo, y un régimen legal de abstención y, en su caso, de apartamiento forzoso del asunto).

BIBLIOGRAFÍA

ACHÓN BRUÑÉN, M. J., «Modificaciones en el proceso de ejecución por la Ley de eficiencia procesal del servicio público de justicia (actualmente en anteproyecto): cuestiones de relevancia práctica», en *Diario La Ley*, n.º 9817, 24 de marzo de 2021.

ACHÓN BRUÑÉN, M. J., «Prohibición por la Sala 3.ª del TS de la difusión de baremos por los Colegios de Abogados. Honorarios excesivos y cláusulas abusivas en las hojas de encargo», en *Diario La Ley* n.º 10285, 12 de mayo de 2023.

AIDO VÁZQUEZ, A. M., «La regulación de los honorarios por los Colegios de la Abogacía desde la óptica del Derecho antitrust: un análisis a la luz de la jurisprudencia nacional y comunitaria (1)», en Revista de Derecho de la Competencia y de la Distribución n.º 34, enero-junio 2024.

ANDRÉS GONZÁLEZ, M., *Manual de la procura*, Aranzadi, Las Rozas, 2024.

ARIZA COLMENAREJO, M. J., «El procurador en el ámbito de los "juicios rápidos civiles"», en Diario La Ley, n.º 6316, 12 septiembre 2005.

BERNARDO SAN JOSÉ, A., «Adecuación procedimental del proceso de desahucio por precario para obtener el lanzamiento del ejecutado hipotecario. Comentario de la STS de 10 de noviembre de 2022 (771/2022)», en *Comentarios a las sentencias de unificación de doctrina: Civil y Mercantil*, Mariano Yzquierdo Tolsada (dir.), vol. 14, 2022 (2022), pp. 203-222.

CACHÓN CADENAS, M., *La ejecución procesal civil*, Atelier, 2.ª ed., Barcelona, 2018, p. 109.

COMISIÓN NACIONAL DE LA COMPETENCIA, *Informe sobre las restricciones a la competencia en la normativa reguladora de la actividad de los Procuradores de los Tribunales*, mayo 2009, disponible en https://www.cnmc.es/sites/default/files/1254582_7.pdf

COMISIÓN NACIONAL DE MERCADOS Y LA COMPETENCIA, IPN/CNMC/04/18 *Anteproyecto de ley de reforma de las condiciones de acceso y ejercicio de las profesiones de abogado y procurador de los tribunales*, 22 de marzo de 2018.

COMISIÓN NACIONAL DE MERCADOS Y LA COMPETENCIA, IPN/CNMC/049/22 *Informe sobre el proyecto de Real Decreto por el que se aprueba el arancel de derechos de los procuradores de los tribunales*, 28 de febrero de 2023.

CONSEJO GENERAL DEL PODER JUDICIAL, *Resumen de plantilla por cuerpos (1 de enero de 2024)*, disponible en *Plantillas orgánicas de funcionarios de la Administración de Justicia | CGPJ | Temas | Estadística Judicial | Estadística por temas | Estructura judicial y recursos humanos en la administración de justicia | Planta judicial y plantillas orgánicas*.

CONSEJO GENERAL DEL PODER JUDICIAL, *Justicia Dato a dato, año 2023*, https://www.poderjudicial.es/stfls/CGPJ/ESTAD%C3%8DSTICA/FICHEROS/Justicia%20Dato%20a%20Dato%20-%20A%C3%B1o%202023.pdf

CUBILLO LÓPEZ, I., *Actos procesales, comunicación procesal y medios electrónicos*, Wolters Kluwer, 2019.

FERNÁNDEZ CARRON, C., «Mayor eficiencia del proceso de ejecución sí, pero no a cualquier precio», en *La eficiencia de la justicia a debate*, JIMÉNEZ CONDE, F. y LÓPEZ SIMÓ, F. (dir.), Tirant lo blanc, Valencia, 2024, pp. 521-531.

FIERRO RODRÍGUEZ, D., «El proyecto de privatización de la ejecución civil para la eficiencia procesal. Un cambio radical en la ejecución civil», en *Economist & Jurist*, 23 de noviembre de 2024.

GASCÓN INCHAUSTI, F., *Derecho procesal civil. Materiales para el estudio*, 7.ª ed., Madrid, 2025, pp. 190-191, disponible en Docta Complutense (https://hdl.handle.net/20.500.14352/114797).

GIMÉNEZ CARDONA, M. C., «El procurador y los MASC», en Diario La Ley, n.º 10287, mayo de 2023.

KENNET, W., *Civil Enforcement in a Comparative Perspective. A Public Management Challenge*, Intersentia, Cambridge, 2021.

MARTÍ MIRAVALLS, J., «Las subastas electrónicas por entidad especializada como plataformas digitales: un análisis concurrencial», *La Ley mercantil*, n.º 73 (octubre), 2020.

SÁNCHEZ LÓPEZ, B., «Sección I. Reformas del Libro I de la LEC sobre disposiciones relativas a los juicios civiles (I): Artículos 1 a 128 LEC», *Guía práctica de la nueva Oficina Judicial*, coord. BANACLOCHE PALAO, J., La Ley, Madrid, 2010, pp. 115-168.

SÁNCHEZ LÓPEZ, B., «Otras reformas en el proceso civil (2). Ejecución forzosa y medidas cautelares», en *Los procesos judiciales tras las reformas introducidas por el Real Decreto-Ley 6/2023*, coord. BANACLOCHE PALAO, J. y GASCÓN INCHAUSTI, F., La Ley, Madrid, 2024, pp. 441-482.

TORRES YANES, F., *Presente y fututo en la comunicación de los actos procesales de la jurisdicción civil* [Tesis de doctorado no publicada], Facultad de Málaga, 2016, Repositorio Institucional de la Universidad de Málaga, http://hdl.handle.net/10630/13430

ZURIMENDI ISLA, A., ESPINOSA ALEJOS, M. P. y CIARRETA ANTUÑANO, A., *Servicios profesionales en España: ¿reforma imposible?*, Aranzadi, Cizur Menor, 2015.

Capítulo 8

El nuevo juicio verbal

María Luisa Villamarín López*
Catedrática de Derecho Procesal (UCM)

* Este trabajo se enmarca en el Proyecto Nacional de Investigación «Eficiencia y acceso a la justicia en tiempos de austeridad» (Referencia PID2021-122647NB-I00), dirigido por los Profesores Fernando Gascón Inchausti y Pilar Peiteado Mariscal.

4.1. Nuevo requisito de procedibilidad en los procesos de reclamación de devolución de cantidades indebidamente satisfechas por el consumidor en aplicación de cláusulas abusivas. 4.2. Las causas de oposición en los procesos de tutela de la posesión (art. 444 LEC). 4.3. Tratamiento especial de la cosa juzgada en caso de acumulación de la acción de desahucio o recuperación de fincas y las acciones de reclamación de rentas (art. 447.III LEC). 5. NOVEDADES QUE IMPONE LA REFORMA DE LA LOEP EN LOS PROCESOS DECLARATIVOS ESPECIALES; EN PARTICULAR, EN LOS PROCESOS MATRIMONIALES. *5.1. El requisito de procedibilidad en los procesos especiales. 5.2. La repercusión en los procesos especiales de los cambios en la estructura del juicio verbal.* 6. VALORACIÓN FINAL DE LA REFORMA DEL JUICIO VERBAL. *6.1. Valoración global de la reforma del juicio verbal operada por la LOEP. 6.2. Cuestiones que precisan ser modificadas en la LEC y propuestas para mejorar la regulación del juicio verbal.* **BIBLIOGRAFÍA.**

1. CONSIDERACIONES GENERALES SOBRE LAS REFORMAS DEL JUICIO VERBAL TRAS LA LOEP

1.1. LA SITUACIÓN DEL JUICIO VERBAL ANTES DE LA LOEP

La creación de un cauce procedimental adecuado para dar respuesta a los conflictos jurídicos más sencillos se remonta mucho más allá de la aprobación de la LEC de 2000. De hecho, ya en 1534, frente al rígido sistema del procedimiento plenario y escrito del *solemnis ordo iudiciarius*, se arbitró un procedimiento rápido (también plenario) para asuntos civiles de pequeña cuantía (al modo del que se empleaba de forma exitosa para los asuntos mercantiles), con plazos más reducidos y mayoritariamente oral, con la salvedad de la sentencia. Este procedimiento pervivió en el tiempo, consagrándose en el siglo XIX tanto en la Novísima Recopilación (I, III, 8.º), como posteriormente en la regulación del juicio verbal tanto en el Decreto de 9 de octubre de 1812, en el Decreto de 26 de septiembre de 1835, así como en las Leyes de Enjuiciamiento Civil de 1855 y de 1881.

Cuando en el año 2000 el legislador se propuso reformar y modernizar el proceso civil español y adaptarlo a las exigencias de la Constitución de 1978 rompió con ese modelo de proceso ordinario medieval y estableció, de hecho, únicamente dos tipos procedimentales ordinarios (juicio ordinario y juicio verbal), caracterizados por las notas que se predicaban hasta entonces de los juicios plenarios rápidos o juicios verbales: oralidad, inmediación, concentración y publicidad[1]. Como señalaba DE LA OLIVA SANTOS a este respecto, «frente al

1. Así lo explicaba la Exposición Motivos de la LEC/2000 (Motivo X): «Volviendo a la atribución de tipos de asuntos en los distintos cauces procedimentales, la Ley, en síntesis, reserva para el juicio verbal, que se inicia mediante demanda sucinta con inmediata citación para la vista, aquellos litigios caracterizados, en primer lugar, por la singular simplicidad de lo controvertido y, en segundo término, por su pequeño interés económico. El resto de los litigios han de seguir el cauce del juicio ordinario, que también se caracteriza por su concentración, inmediación y oralidad».

tradicional predominio de los procesos escritos, la LEC pretende conseguir, por fin, que el procedimiento civil en España sea básicamente oral, dando cumplimiento al mandato establecido en el art. 120.2 CE». Este cambio tuvo un respaldo prácticamente unánime de la doctrina procesal y de los profesionales del foro por cuanto suponía un progreso muy significativo en la efectividad de los procesos civiles[2]. Por lo que respecta en particular al juicio verbal, que es el que nos ocupa en este Capítulo, la práctica ha demostrado desde sus inicios que se trata de un cauce muy apropiado para resolver los asuntos que tiene encomendados. Las estadísticas confirman esta afirmación: este procedimiento, aun habiéndose convertido en el más habitual en nuestros tribunales civiles[3] y, pese al aumento en los últimos años de la litigiosidad en materia de consumidores, presenta una duración media muy razonable[4]. De hecho, nuestro juicio verbal no sólo había sido objeto de buenas críticas en el ámbito nacional[5], sino que también se ha tomado de referencia en el extranjero. Por ejemplo, para TARUFFO el modelo español de 2000 seguía lo que él denominaba el «tipo ideal» de proceso oral: «una vista judicial en la que se concentran y ejecutan la mayor parte de las actividades procesales de forma oral y que concluye con la decisión final»[6].

2. Cfr. MONTERO AROCA, J., *Los principios políticos de la nueva LEC*, Ed. Tirant lo Blanch, 2001, p. 51.
3. Así, por ejemplo, en 2023, 335.227 asuntos ingresados se sustanciaron por el juicio ordinario, frente a 553.980 sustanciados por los cauces del juicio verbal (Memoria CGPJ, 2023; puede consultarse en: https://www.poderjudicial.es/cgpj/es/Poder-Judicial/Consejo-General-del-Poder-Judicial/Actividad-del-CGPJ/Memorias/Memoria-anual-2024--correspondiente-al-ejercicio-2023 (acceso: 28 de febrero de 2025)).
4. Según las estadísticas publicadas en las Memorias del CGPJ, los verbales ordinarios se han ido resolviendo dentro de los plazos siguientes: en 2002, en 5,1 meses; en 2009, en 7,3; en 2018, en 7,9 y en 2023, en 9,7. En materia de procedimientos arrendaticios, las cifras son incluso algo más bajas: 4,8 meses en 2002; 5,1 en 2018 y 8,5 en 2023. Estos datos contrastan con los de los juicios ordinarios: 8,6 meses de media en 2003; 12,6 en 2018 y 16,1 en 2023. De hecho, teniendo en cuenta estos datos, SÁNCHEZ LÓPEZ afirma que «los datos muestran, así, que las medidas diseñadas por el PLMEP e implementadas por el Real Decreto-Ley 6/2023 están muy mal dirigidas contra la oralidad de los procesos civiles y contra la celebración misma de la vista del verbal (...) cuando los mayores retrasos de la justicia española no se están concentrando ni en la primera instancia ni en el juicio verbal» (SÁNCHEZ LÓPEZ, B., «Capítulo XIX: Falsas impresiones sobre la primera instancia civil como instancia time consuming: premisas erróneas y conclusiones falaces sobre la eficiencia que viene», en JIMÉNEZ CONDE, F. y LÓPEZ SIMÓ, F. (dir.), *La eficiencia de la justicia a debate*, Ed. Tirant lo Blanch, 2024, p. 305).
5. Sobre esta cuestión, véase el interesante artículo de GASCÓN INCHAUSTI (cfr. GASCÓN INCHAUSTI, F., «Oralidad y escritura como factores de eficiencia de proceso civil en España» (disponible en: https://docta.ucm.es/rest/api/core/bitstreams/bdfc4310-0fa4-4887-8cdc-167211e1f6c2/content; último acceso: 2 de marzo de 2025).
6. Cfr. TARUFFO, M., «Oralidad y escritura como factores de eficiencia en el proceso civil». (accesible en abierto en: https://www.uv.es/coloquio/coloquio/ponencias/8oratar2.pdf; último acceso: 2 de marzo de 2025).

1.2. LA LOEP Y SU REFORMA DEL JUICIO VERBAL: FUNDAMENTO Y PRINCIPALES MODIFICACIONES

Pese a que el juicio verbal había sufrido algunas modificaciones desde el año 2000, ninguna de ellas había alterado su esencia. Incluso, cuando la Ley 42/2015 introdujo un nuevo trámite escrito de contestación a la demanda, el juicio verbal siguió haciendo honor a su denominación y siguió operando con las mismas premisas que desde el 2000. Así, tras la introducción de este nuevo escrito, con el que se fortalecieron las posibilidades de defensa del demandado, el resto de las funciones esenciales del procedimiento siguieron desarrollándose en una actuación oral, la vista, de la que, eso sí, desde entonces podía prescindirse en caso de así lo estimaran las partes.

No ocurría lo mismo, sin embargo, con la reforma propuesta para el juicio verbal por el Anteproyecto de Ley de Eficiencia Procesal del Servicio Público de Justicia, presentado en 15 de diciembre de 2020 y por el posterior Proyecto de Ley, de 22 de abril de 2022. La reacción doctrinal generalizada fue de asombro y desacuerdo con sus iniciativas con respecto al juicio verbal, puesto que constituían un cambio radical de modelo, en clara regresión hacia un pasado felizmente superado en los juzgados civiles[7]. Por esta razón, fue generalizado el alivio cuando el texto finalmente aprobado por el Real Decreto-Ley 6/2023 únicamente introdujo algunas propuestas del Anteproyecto, modificando cuestiones puntuales del juicio verbal, sin cambiar su estructura ni sus principios rectores. Es más, incluso algunas de sus modificaciones fueron aplaudidas, como la clarificación de la procedencia de las diligencias finales o la ampliación del ámbito objetivo de este procedimiento[8].

7. Pueden leerse las críticas más relevantes a estas propuestas en: BERNARDO SAN JOSÉ, A., «Capítulo 7. Novedades en el juicio verbal», en BANACLOCHE PALAO, J. y GASCÓN INCHAUSTI, F. (dir.), *Los procesos judiciales tras las reformas introducidas por el Real Decreto-Ley 6/2023*, Ed. La Ley, 2024, pp. 302 a 331; BANACLOCHE PALAO, J., «La reforma de los procesos civiles prevista en el Proyecto de Ley de eficiencia procesal (disposiciones generales, juicio ordinario y juicio verbal)», *Diario la Ley*, n.º 10140, 28 de septiembre de 2022; BANACLOCHE PALAO, J., «Las reformas en el proceso civil en el Anteproyecto de Ley de Medidas de Eficiencia Procesal: ¿una vuelta al pasado?», *Diario La Ley*, n.º 9814, 19 de marzo de 2021; SIGÜENZA LÓPEZ, J., «El nuevo juicio verbal previsto en el proyecto de ley de medidas de eficiencia procesal del servicio público de Justicia y los estándares europeos», *Cuadernos de Derecho Transnacional*, octubre 2023, vol. 15, n.º 2, pp. 962 a 983; DOMINGUEZ RUIZ, L., «¿Hacia una verdadera eficiencia procesal en la tramitación del juicio verbal? A propósito de las reformas previstas en el Proyecto de Ley de 22 de abril de 2022», *Práctica de Tribunales*, n.º 161, marzo de 2023, p. 6; VALLESPÍN PÉREZ, D., «La reforma del juicio verbal en el Real Decreto-Ley 6/2023: medidas de eficiencia digital y procesal», *Ius et Scientia*, 2024, vol. 10, n.º 1; B. SÁNCHEZ LÓPEZ, B., «Capítulo I. Entre la oralidad telemática y la escritura digital: ¿caminamos felices hacia el "medievo digital"?», en GASCÓN INCHAUSTI, F. y PEITEADO MARISCAL, P. (dirs.), *Estándares europeos y proceso civil*, Ed. Atelier, 2022, p. 99.
8. Un profundo análisis sobre esta reforma puede consultarse en BERNARDO SAN JOSÉ, A. (nota 7), pp. 302 a 331.

Sin embargo, el legislador no había olvidado su propósito inicial, por lo que terminó materializando su proyecto de transformar el juicio verbal en la reciente aprobada LO 1/2025, de 2 de enero, de medidas en materia de eficiencia del Servicio Público de Justicia (en adelante, LOEP). Su propósito a la hora de reformar la LEC se explicitaba del modo siguiente:

> «adaptar su regulación a las necesidades actuales, con la finalidad de agilizar alguno de sus trámites, reforzar las garantías de sus procesos y adaptarla tanto a las necesidades de la sociedad actual como a las de la propia Administración de Justicia».

Nada que objetar a estos anhelos del legislador. Pero la explicación continuaba, concretando su propósito con relación al juicio verbal:

> «En primer lugar, y por lo que respecta al juicio verbal, se introduce la posibilidad de que el juez o la jueza, a la vista de las peticiones en materia de prueba de las partes, pueda decidir que no haya lugar a la celebración del acto de la vista aun cuando las partes la hayan solicitado. La actual regulación obliga a que este acto se convoque cuando cualquiera de las partes lo solicite, extremo que ha determinado la celebración de multitud de vistas innecesarias para la resolución del pleito, siendo suficiente para ello la prueba documental presentada con el escrito de demanda y contestación. De esta forma, es el juez o la jueza quien, con base en la valoración que realice de las actuaciones, determine si es necesaria o no la celebración de dicho acto para dictar sentencia, evitándose así un retraso injustificado en la resolución de los pleitos.
>
> Otra de las novedades que se articula en esta ley es la posibilidad de que, en el ámbito del juicio verbal, los jueces puedan dictar sentencias orales. Se trata de una medida que busca agilizar y facilitar la resolución de pleitos, regulándose como una herramienta que pueda ser usada por el juez o la jueza en atención a las concretas circunstancias del proceso.
>
> Estas sentencias orales quedarán grabadas en el soporte audiovisual del acto, y se documentarán posteriormente».

Con estas palabras el legislador dejaba claro su principal objetivo: reducir los tiempos del juicio verbal mediante la limitación del número de vistas. Y, para conseguir este fin, acometió dos cambios radicales: el primero, dejaba únicamente en manos del juez la decisión sobre la celebración de las vistas y, el segundo, teniendo en cuenta que en muchos casos se pretende prescindir de dicha fase oral, introducía una nueva fase escrita tras la contestación a la demanda con el objetivo de resolver todas las cuestiones que hasta entonces se solventaban al comienzo de la vista, antes de la práctica de la prueba.

Aunque analizaremos con detenimiento en este Capítulo cada fase del nuevo procedimiento de juicio verbal, simplemente adelantamos una primera reflexión, que coincide con la de gran parte de la doctrina: que la combinación de estos nuevos elementos ha dinamitado no sólo la estructura del juicio verbal, sino sobre todo, su espíritu y los principios que lo inspiraban, por lo que el resultado es una nueva suerte de procedimiento civil, que, por supuesto, ya no merece denominarse «verbal» (¿«quizá juicio rápido» o «juicio simplificado»?); un híbrido extraño e incoherente (si se me permite la expresión, un «Frankenstein», ya que se ha creado un «engendro», fruto de la combinación incoherente y descuidada de partes de distintas piezas: las normas de la LEC/2000 que siguen vigentes, las que ya no encajan, las normas del RD-Ley 6/2023 y los nuevos preceptos de la LOEP) que no persigue, sino extremar la rapidez, a cualquier precio. Como luego veremos en detalle, no sólo se quiebra la lógica interna del procedimiento, sino que este nuevo esquema implica una ruptura con los principios procesales que rigen el proceso civil y trae consigo claras vulneraciones de las garantías fundamentales del proceso civil (entre otras, del principio de audiencia, del derecho de defensa y, en suma, del derecho a la tutela judicial efectiva).

2. ÁMBITO DE APLICACIÓN DEL JUICIO VERBAL (ART. 250 LEC)

La regulación del ámbito objetivo en el que opera el juicio verbal ha sido, sin duda, uno de los aspectos que ha sufrido un mayor número de modificaciones en este cuarto de siglo de vida de la LEC. De forma resumida, recordemos qué efecto han tenido estos cambios en los criterios del art. 250 LEC, que sirven para determinar el cauce a seguir a la hora de interponer una demanda.

a) El criterio de la cuantía. Con la idea de actualizar el montante de las reclamaciones a la realidad económica del tráfico jurídico en 2023, el RD-Ley 6/2023 modificó el art. 250.2 LEC, elevando la cuantía de 6000 a 15000 euros.

b) El criterio de la materia. Desde la aprobación de la LEC, el art. 250 LEC ha sufrido varias modificaciones, con la inclusión, dentro de su ámbito de aplicación, de cinco nuevos tipos de acciones y un recurso: las demandas previstas en los apartados 12 («ejercicio de las acciones de cesación en defensa de los intereses colectivos y difusos de los consumidores y usuarios»), 13 («las que pretendan la efectividad de los derechos reconocidos en el art. 160 CC»), 14 («las que se ejerciten acciones individuales relativas a condiciones generales de contratación en los casos previstos en la legislación sobre esta materia»), 15 («las que se ejerciten las acciones que otorga a las Juntas de Propietarios» (...) «siempre que versen exclusivamente sobre reclamaciones de cantidad, sea cual fuere dicha cantidad») y 16 («las que se ejercite la acción de división de cosa común») del art. 250.1 LEC —los tres últimos introducidos recientemente por el RD-Ley 6/2023— y el recurso contra ciertas resoluciones administrativas dictadas en materia de propiedad industrial, tal y como se prevé en el art. 250.3.º LEC. De este modo, actualmente hay diecisiete tipos de asuntos que habrán de sustanciarse por el juicio verbal atendiendo a su materia.

Estas recientes modificaciones han tenido, en general, una buena acogida por parte de la doctrina[9] puesto que han conseguido que pretensiones que hasta ahora se resolvían por el ordinario puedan tramitarse por un cauce más sencillo, de forma más rápida, sin que se aprecien, en principio, menoscabos en la tutela de estos derechos ni en las garantías de los justiciables.

La LOEP no ha modificado el artículo 250 LEC, si bien, tras su aprobación, entendemos que cabría hacer una reflexión al respecto: dado que las sucesivas modificaciones del art. 250 LEC han ampliado considerablemente el ámbito objetivo del juicio verbal y éste se ha convertido en el más tipo de procedimiento más habitual en los tribunales civiles (algunos hablan, de hecho, de que se trata ya del procedimiento «standard» en el orden civil), los cambios sobre la estructura del juicio verbal introducidos por la LOEP, que estudiaremos en detalle en los siguientes apartados, tendrán, si cabe, un mayor impacto: por un lado, porque van a afectar a un gran número de causas y, por otro, porque dichos procesos versan sobre materias de naturaleza mucho más variada que las previstas en la LEC en el año 2000, por lo que en no pocos casos su objeto presentará complejidad fáctica o jurídica. Todo esto habrá que tenerlo en cuenta a la hora de valorar la bondad de las reformas introducidas por la LOEP en el juicio verbal.

3. EL NUEVO PROCEDIMIENTO POR EL QUE SE SUSTANCIAN LOS JUICIOS VERBALES

3.1. ACTUACIONES PREVIAS A LA DEMANDA

Una de las claves de la reforma operada por la LOEP es, sin lugar a duda, el impulso de las formas negociadas de resolución de conflictos alternativas[10] a la jurisdicción, como lo demuestran los dieciocho artículos que se dedican a esta cuestión en el Capítulo I («Medios adecuados de solución de controversias en vía no jurisdiccional») de su Título II y varios preceptos de la LEC modificados para reforzar los intentos de acuerdo intraprocesales (por ejemplo, arts. 415, 439, 443 LEC) o para regular el efecto que tendrá en las costas la actitud que las partes hayan tenido durante la actividad negociadora previa al proceso (art. 394 LEC).

Pero, sin duda, uno de los cambios más significativos y controvertidos es la reintroducción de la actividad negociadora previa a la demanda como requisito

9. Por poner un ejemplo, sobre las modificaciones introducidas tras el RD-Ley 6/2023, véase, entre otros, BERNARDO SAN JOSÉ, A. (nota 7), pp. 310, 312 y 313.

10. Pese a que la LOEP habla de medios «adecuados» de resolución de controversias, nos resistimos a emplear en nuestro trabajo este adjetivo, que no es nada gratuito, ya que, en mi opinión, le traslada al justiciable la idea de que la vía jurisdiccional, por oposición, no es el cauce apropiado para solventar conflictos jurídicos.

de procedibilidad de la demanda (art. 5 LO 1/2025)[11]. Coincidimos con quienes consideran un error esta decisión legislativa, por cuanto coloca un obstáculo innecesario en el ejercicio del derecho de acceso a la justicia de los ciudadanos, si bien no es nuestra intención abordar aquí esta cuestión, que será tratada en profundidad por BANACLOCHE PALAO en el Capítulo 6 de este libro, al que nos remitimos.

Sí que es preciso, sin embargo, explicar aquí brevemente cómo esta nueva exigencia afecta al juicio verbal. El artículo 5 LOEP consagra como regla general la necesidad de tener que acudir con carácter previo a la vía judicial «a un medio adecuado de solución de controversias» en todo tipo de procesos (incluyendo incluso en dicho precepto, como luego veremos, los procesos especiales). Este requisito se entenderá cumplido «si se acude previamente a la mediación, a la conciliación o a la opinión neutral de una persona experta independiente, si se formula una oferta vinculante confidencial o si se emplea cualquier otro tipo de actividad negociadora, reconocida en esta u otras leyes, estatales o autonómicas, pero que cumpla lo previsto en las secciones 1.ª y 2.ª, de este capítulo o en una ley sectorial» o, añade, «singularmente, se considerará cumplido el requisito cuando la actividad negociadora se desarrolle directamente por las partes, o entre sus abogados o abogadas bajo sus directrices y con su conformidad, así como en los supuestos en que las partes hayan recurrido a un proceso de Derecho colaborativo»[12].

Con todo, en el apartado siguiente se contemplan ciertas excepciones a esta regla que, por lo que afectan al juicio verbal, determinan que no se vaya a exigir este requisito de procedibilidad en los dos tipos de procesos siguientes:

1. la tutela sumaria de la tenencia o de la posesión de una cosa o derecho por quien haya sido despojado de ellas o perturbado en su disfrute (art. 250.1.4.º LEC);

2. la pretensión de que el tribunal resuelva, con carácter sumario, la demolición o derribo de obra, edificio, árbol, columna o cualquier otro objeto análogo en estado de ruina y que amenace causar daños a quien demande (art. 250.1.6.º LEC).

Como señala BANACLOCHE PALAO, no se entiende la razón de excluir únicamente estos dos tipos de interdictos, cuando todos presentan «un punto de urgencia que debería haberse tomado en consideración»[13]. Incluso este autor

11. Recuérdese que la conciliación era requisito de procedibilidad en la LEC/1881 hasta que fue suprimida por la Ley 34/84 de reforma urgente, puesto que, en palabras de su Exposición de Motivos, «como demuestra la experiencia, ha dado resultados poco satisfactorios (...)».
12. Concepto que define en el art. 19 LOEP.
13. Cfr. BANACLOCHE PALAO, J., quien añade que, de hecho, todos estos procesos estaban excluidos de la exigencia de conciliación previa en la LEC/1855. Cfr. BANACLOCHE PALAO, J., Capítulo 6 de este trabajo (apartado 2.2.1).

va más allá, sugiriendo que hubiera sido mejor haber excluido todos los juicios verbales por la materia para facilitar su más ágil resolución[14].

Tampoco será preciso cumplir con este requisito cuando se solicite una medida cautelar previa a la demanda de juicio verbal, ni cuando se solicite la práctica de diligencias preliminares, ni, una vez finalizada la actividad declarativa, para interponer una demanda ejecutiva (art. 5.3 LO 1/2025).

3.2. LA DEMANDA (ART. 437 LEC)

3.2.1. Consideraciones generales sobre la demanda

Salvo que se haya llevado a cabo alguna actuación previa, como las mencionadas *supra* (diligencias preliminares o medidas cautelares), la interposición de la demanda por la parte actora determina el comienzo de las actuaciones del procedimiento de juicio verbal.

La demanda es el primer acto procesal que sirve para fijar el objeto del proceso mediante la identificación de la parte que la interpone y frente a quien o quienes la dirige, el contenido de sus peticiones y la introducción de las alegaciones fácticas y jurídicas en que éstas se basan. Aunque la Ley de Enjuiciamiento Civil no es excesivamente rigorista en cuanto a su forma, sí que establece reglas básicas en cuanto a su contenido que hay que atender, so pena de inadmisión de la demanda, de preclusión de las alegaciones que en ella podrían haberse incluido (art. 400 LEC) o de desestimación de la pretensión en sentencia. La demanda tipo se regula en sede de proceso ordinario en el art. 399 LEC, al que, como explicaremos a continuación, se remiten las normas sobre juicio verbal, con ciertas salvedades que se estiman precisas para adaptarse mejor a la tramitación de los asuntos más sencillos.

3.2.2. Contenido y forma de la demanda

En el texto inicial de la LEC/2000 las demandas de los juicios verbales se apartaban en su contenido de las del ordinario, ya que eran, en todo caso, «sucintas», por lo que, junto con la identificación de actor y demandado y sus domicilios, únicamente se exigía fijar con «claridad y precisión» el *petitum*, la pretensión concreta que se hiciera valer en el proceso (art. 437.1 LEC en su antigua redacción). Esta regla no impedía, por supuesto, formular demandas ordinarias, con concreción de hechos y fundamentos jurídicos, puesto que se trataba de una norma de mínimos, aplicable a todo tipo de juicios verbales. Esta opción legislativa fue objeto de reiteradas críticas, ya que colocaba al demandado en una

14. Cfr. BANACLOCHE PALAO, J., Capítulo 6 de este trabajo (apartado 2.2.1). Apoya con acierto esta cuestión en otro argumento más: la exclusión que hace la LOEP de la necesidad de acudir a un MASC antes de presentar el escrito con el que se inician los procesos europeos de escasa cuantía (art. 5.3 *in fine* LOEP).

situación incómoda, «demasiado expuesta al no contar con suficientes elementos para conocer la argumentación fáctica o jurídica de la pretensión, lo que invita incluso al actor a encubrir sus fundamentos para sorprender al contrario (...)»[15].

Estas normas sobre el contenido y forma de las demandas variaron considerablemente tras la reforma operada por la Ley 42/2015, que impuso como regla general la interposición de las demandas con arreglo al «contenido y forma propios del juicio ordinario», mientras que previó únicamente de forma excepcional la posibilidad de presentar una demanda sucinta para los juicios verbales «en que no se actúe con abogado y procurador», escrito que podía formularse del modo que deseare el demandante o mediante impresos normalizados. En resumen, desde 2015 la demanda del juicio verbal puede desde adoptar una de las tres formas siguientes: siempre podrá presentarse demanda al tipo del juicio ordinario, mientras que cuando no sea preceptiva la postulación el actor puede elegir entre presentar demanda sucinta redactada con la forma que quiera o mediante impresos normalizados.

a) La demanda ordinaria

La demanda ordinaria ha de ajustarse a las exigencias del art. 399 LEC y, por tanto, debe consignar necesariamente tanto la identificación del sujeto o sujetos que demandan (demandantes) y frente a quienes ésta se dirige (demandados), lo que se pide (*petitum*) y su fundamentación fáctica y jurídica (la *causa petendi*). Llenando un vacío que había dado lugar a no pocas discrepancias doctrinales, la redacción dada en 2015 al art. 437.1 LEC puntualizó que a esta demanda le son de aplicación las normas de «preclusión de alegaciones y litispendencia» dispuestas para el juicio ordinario. Entendemos que esto implica que pueden hacerse valer en el juicio verbal no sólo las normas de preclusión del art. 400 LEC y las de litispendencia de los arts. 410 y ss. LEC, sino también las previsiones sobre preclusión de acumulación de acciones en la demanda del art. 401 LEC, así como las que regulan el tiempo de presentación de los documentos (art. 265 LEC). Tras la introducción de la contestación escrita en 2015, se entiende que también le es de aplicación al verbal la regulación sobre ampliación de la demanda del ordinario, si bien ajustándose a los plazos más reducidos del verbal.

La LOEP únicamente añade a estas previsiones dos requisitos adicionales. Primero, que, junto a sus datos de identificación personal y su domicilio, el demandante consigne «un número de teléfono, dispositivo electrónico, servicio de mensajería simple o una dirección de correo electrónico, a los meros efectos de contacto por el tribunal», siempre que dispusiera de ellos. Para quienes estuvieren obligados o decidieren comunicarse con la Administración de Justicia

15. Cfr. MARÍN CASTÁN, F., *Comentarios a la Ley de Enjuiciamiento Civil*, Tomo II, Ed. Tirant lo Blanch, Valencia, 2015, p. 2093.

de forma electrónica, se exige que se indique un mail y un teléfono y, en su caso, los medios del art. 162.1 LECa efectos de notificaciones tanto en el proceso declarativo como para una eventual ejecución (nueva redacción del art. 399.1 LEC). Segundo, que, siempre que sea requisito de procedibilidad del juicio verbal, deba constar en la demanda «la descripción del proceso de negociación previo llevado a cabo o la imposibilidad del mismo, conforme a lo establecido en el ordinal 4.º del artículo 264» y la manifestación, en su caso, de «los documentos que justifiquen que se ha acudido a un medio adecuado de solución de controversias».

b) La demanda sucinta

De forma excepcional se prevé la posibilidad (que no obligación) de formular demanda sucinta en aquellos pleitos cuyo cauce se decida en razón de su cuantía, siempre que ésta no exceda de los dos mil euros (art. 437.2 LEC), puesto que se trata de los procesos en los que las partes pueden actuar por sí mismas, sin asistencia de procurador ni abogado. El contenido mínimo de este escrito experimentó un importante cambio en 2015, ya que hasta dicha reforma, la Ley de Enjuiciamiento Civil no exigía expresamente que la demanda sucinta contuvieran una relación de los hechos, lo que, a ojos de doctrina y jurisprudencia, cercenaba las posibilidades de defensa del demandado. De hecho, pese al silencio legal, en ocasiones tanto la jurisprudencia como la doctrina interpretaban que también en la demanda sucinta del verbal era preciso identificar al menos los hechos «básicos que motivan la reclamación»[16], los «identificadores de la pretensión» que permitieran al demandado poder contestar la demanda, «sin verse sorprendido por hechos constitutivos de los que no pudiera tener noticia». La nueva redacción del art. 437 LEC puso fin a este vacío al imponer al actor la carga de concretar «los hechos fundamentales en que se basa la petición». Para facilitar la redacción de este tipo de demandas la LEC señala que podrán interponerse mediante «impresos normalizados» que pueden obtenerse en las sedes judiciales o «en la sede judicial electrónica». Sorprende que, como advirtió con acierto BERNARDO SAN JOSÉ hace un año, estos modelos normalizados continúen siendo tan defectuosos[17] (tanto el aprobado por el CGPJ como el que se encuentra en la Sede Judicial Electrónica); ambos sólo hacen referencia a reclamaciones dinerarias (que, como sabemos, no son las únicas que pueden hacerse valer por este cauce procedimental) y el previsto en la Sede Judicial Electrónica ni siquiera ha previsto espacio para la alegación de los hechos. En cualquier caso,

16. En algunas sentencias incluso llegaba interpretarse que, pese al silencio legal, «por muy escueta que dicha demanda sea, ha de hacer necesariamente referencia a los hechos básicos que motivan la reclamación» (SAP Sevilla de 6 de junio de 2005).

17. Cfr. BERNARDO SAN JOSÉ, A. (nota 7), p. 315. En sentido análogo, CUBILLO LÓPEZ, I. J., que contrapone estos formularios a los de los Procesos europeos de Escasa Cuantía y Monitorio, mucho más precisos, completos y fáciles de entender y cumplimentar por sujetos legos en Derecho (cfr. I. J., CUBILLO LÓPEZ, «Capítulo 3. Asistencia de letrado y facultades de autodefensa: ¿menos abogados?», en GASCÓN INCHAUSTI, F. y PEITEADO MARISCAL, P. (dir.), *Estándares europeos y proceso civil*, Ed. Atelier, 2022, p. 159).

recuérdese que, en el marco de la progresiva digitalización de los procesos, se permite no sólo cumplimentar en línea dicho impreso electrónico, sino también presentarlo electrónicamente.

En este punto, cabe formular una cuestión muy relevante que afecta a los juicios verbales iniciados mediante demanda sucinta: cómo opera la preclusión en el procedimiento y, ahora tras la reforma de 2025, qué problemas adicionales pueden plantearse. Acertadamente puede pensarse que, en la mayor parte de las ocasiones, quien acude sin postulación a un juicio suele desconocer las reglas del juego procesales y, en particular, una institución tan compleja y severa como la preclusión. Ya VALLINES GARCÍA advertía de este riesgo, si bien, en estudios realizados antes de la reforma de 2015, se resignaba a la implacable aplicación del 400 LEC sin excepción a estos supuestos: «se trata de una opción legislativa dura con el justiciable», pero aceptable desde el punto de vista del fundamento de dicho precepto. En este sentido, afirmaba que «no puede desconocerse que "la aplicación del art. 400 LEC a los juicios verbales puede resultar excesivamente gravosa para el actor que acude a los tribunales sin defensa ni representación técnicas, habida cuenta de la ausencia de conocimientos jurídicos del ciudadano de a pie. Aunque tal vez sería deseable excluir la aplicación de la regla de preclusión de acciones a estos casos, lo cierto es que el art. 400 LEC no distingue y, por tanto, tampoco debe distinguir el intérprete"» [18]. Por tanto, había que entender que con la demanda precluían las facultades del actor de introducir sus alegaciones en los juicios verbales, pese a ser una solución no muy acorde con las garantías procesales. Ahora bien, ya sostuvimos en un trabajo anterior que, en nuestra opinión, la reforma de 2015 permitía hacer una lectura distinta del 437 LEC, más favorable a la posición del demandante [19]. Varias razones apoyaban nuestra tesis. La primera, que el apartado segundo del art. 437 LEC no preveía expresamente la aplicación de las reglas de preclusión (ni de la litispendencia) a las demandas sucintas, a diferencia de lo que señala en el apartado anterior para las demandas que se ajusten a las exigencias del juicio ordinario, por lo que cabría deducir que las excluye intencionadamente, atendiendo a la finalidad que subyace a esta excepción. En segundo lugar, porque si, como es indiscutible, cabía introducir los fundamentos jurídicos por primera vez en la vista, alterando con ello en cierta medida el objeto del proceso —y, por tanto, salvando lo dispuesto en el art. 218.1.II LEC—, la misma lógica debería no impedir la introducción de hechos fundamentales no alegados inicialmente por el demandante en la demanda sucinta. El texto empleado en los formularios también reforzaba nuestra posición, ya que en el apartado en el que deben indicarse los motivos en que se basa la petición no se hace ninguna mención a la preclusión, no advirtiéndose en ningún momento a los demandantes legos en Derecho de que, si olvidan alguno de los motivos de su demanda, no podrán

18. Cfr. VALLINES GARCÍA, E., *La preclusión*, Ed. Civitas, 2004, p. 203.
19. Cfr. VILLAMARÍN LÓPEZ, M. L., *El juicio verbal y sus especialidades*, Ed. La Ley, 2019, pp. 39 y ss.

introducirlos en un momento posterior del juicio verbal; por el contrario, sí que advierten claramente de este efecto respecto de los documentos que sirven para demostrar los motivos alegados. Todo esto nos llevaba a pensar que el legislador, intencionadamente o no, había liberado a las demandas sucintas de las duras exigencias de la preclusión por lo que, aunque deban incluirse los hechos fundamentales en estas demandas, nada impediría a los demandantes introducir en la vista no sólo los fundamentos jurídicos no alegados en la demanda, sino también hechos fundamentales preteridos al inicio, sin que pudiera esgrimirse el art. 400 LEC como obstáculo. De hecho, considerábamos razonable que el juez, al inicio de la vista, o una vez solventadas las cuestiones procesales, pudiera advertir al demandante de esta facultad que tiene de completar sus alegaciones iniciales, advirtiéndole, eso sí, de que sus facultades de alegación se agotan en ese proceso, sin que le sea posible plantear la misma petición basada en hechos o motivos jurídicos distintos en un proceso ulterior, puesto que es razonable que la preclusión del 400 LEC sí opere desde que haya sentencia firme.

Dicho esto, resta plantearse cómo afecta a estas cuestiones la LOEP. Teniendo en cuenta que, como comentaremos *infra*, va a ser muy frecuente que no se celebre vista en el juicio verbal, si así lo decide el tribunal, incluso en contra del parecer de las partes, nos podemos encontrar con frecuencia con un situación nueva: que el actor que opte por presentar una demanda sucinta, posibilidad que hasta ahora se mostraba como una ventaja para los legos en Derecho, se posiciona en una situación muy poco favorable a la tutela de sus derechos, ya que, de prescindirse de la vista, no habrá tenido más oportunidad que dicho escrito inicial para plantear lo que pide y explicar su motivación. Incluso, no habrá tenido ocasión de plantearse con el tribunal la calificación jurídica que han de merecer los hechos. En otras palabras: si, como diremos luego, la posibilidad de que el juez prescinda de la vista sin más no es fácilmente asumible desde el prisma de los derechos fundamentales de los justiciables, mucho menos lo es en el caso de juicios verbales iniciados por demandas sucintas. Cuanto menos, el legislador debería haber incorporado para estos casos una advertencia a quienes optan por iniciar el procedimiento verbal mediante esta demanda breve de que sean conscientes de que, de no incorporar toda la información sobre lo que reclaman en dicho momento, puede que no tengan oportunidad de hacerlo con carácter posterior. En suma, la LOEP ha transformado una opción ventajosa para los sujetos autorrepresentados, como es la interposición de un escrito más sencillo de demanda, en una situación de riesgo de cara a la delimitación del objeto y su posible éxito.

3.2.3. Documentos que han de acompañarse a las demandas en el juicio verbal

Al igual que ha de hacerse en el juicio ordinario, a las demandas del juicio verbal han de acompañarse los documentos procesales y de fondo que sean precisos.

En cuanto a los documentos procesales, de los que, como sabemos depende la admisión de la demanda, la LOEP ha añadido un cuarto apartado al art. 264 LEC; por tanto, tras esta reforma, el actor tiene la carga de aportar los siguientes:

a) la certificación del registro electrónico de apoderamientos judiciales o referencia al número asignado por dicho registro (apartado de nueva redacción en 2023);

b) los documentos que atribuyan la representación que se atribuya, en su caso, el actor;

c) «los documentos o dictámenes precisos para acreditar el valor de la cosa litigiosa, a efectos de competencia y procedimiento»; y, por último,

d) la acreditación de «haberse intentado la actividad negociadora previa a la vía judicial cuando la ley exija dicho intento como requisito de procedibilidad, o declaración responsable de la parte de la imposibilidad de llevar a cabo la actividad negociadora previa a la vía judicial por desconocer el domicilio de la parte demandada o el medio por el que puede ser requerido».

Junto a ellos, el demandante tiene la carga de aportar los documentos y otros escritos u objetos relativos al fondo del asunto, entre los que se cuentan tanto los que sirvan a las partes para fundar su pretensión, como los medios e instrumentos del art. 299.2 LEC, certificaciones o notas registrales, así como los dictámenes periciales o informes de detectives privados que sean precisos para fundar las pretensiones de tutela formuladas por las partes (art. 265 LEC). De no hacerlo en este momento, precluirá esta facultad, por lo que no podrán introducirlos en un momento posterior (art. 269.1 LEC).

Junto con la demanda también es carga del demandante la aportación de los dictámenes periciales de los que quiera valerse, salvo que no les fuere posible, en cuyo caso deberán designarlos y aportarlos en el plazo legalmente establecido. Curiosamente la reforma operada por el RDL 6/2023, de 19 de diciembre, introdujo en este punto una distinción entre la forma de realizar esta designación en los juicios ordinario y verbal, poco justificada entonces y que, sin embargo, tras la aprobación de la LO 1/2025, cobra su sentido. Sin duda, como ya advirtió con acierto BERNARDO SAN JOSÉ, se trataba de un «residuo» de la tramitación legislativa del Proyecto de Ley de Medidas de Eficiencia Procesal que no se depuró durante la tramitación parlamentaria, si bien, como esta misma autora señalaba, podía ser una solución para el problema del plazo en el caso de que ninguna de las partes quisiera celebrar vista de acuerdo con el 438.8 LEC. A diferencia de lo que se prevé para el juicio ordinario, que establece un plazo máximo de aportación del dictamen en el plazo de los cinco días previos a la celebración de la audiencia previa, para el juicio verbal el legislador desvinculó esta actuación procesal del momento de celebración de la vista (en previsión de que, como es de esperar ahora, el juez decida no celebrar gran número de ellas), estableciendo un «plazo máximo de treinta días desde la presentación de la demanda o de la contestación en el juicio verbal», que podía ser prorrogado por el tribunal si la naturaleza de la prueba lo exigiera y existiera «una causa justificada». Como señalábamos *supra*, esta disposición cobra ahora sentido, tras la reforma de 2025, puesto que se presume que en gran parte de las ocasiones no se va a celebrar vista. Esto ha obligado, como luego veremos, a introducir una nueva disposición en el art. 438.8.I.*in fine* LEC para indicar cómo ha de computarse el plazo con el que cuentan las partes en la nueva fase escrita previa a la vista.

Recuérdese que en ciertos juicios verbales de los que presentan especialidades procedimentales, la LEC prevé la necesidad de aportar ciertos documentos relativos al fondo como requisito de la admisión de la demanda (art. 269.2 LEC), sin que esta cuestión haya sido objeto de modificación por la LOEP. En concreto, es preciso hacerlo en los siguientes casos (los tres primeros, objeto de juicio verbal por la materia del art. 250.1 LEC):

> «1. Los documentos que justifiquen cumplidamente el título en cuya virtud se piden alimentos, cuando éste sea el objeto de la demanda.
>
> 2. Los documentos que constituyan un principio de prueba del título en que se funden las demandas de retracto y, cuando la consignación del precio se exija por ley o por contrato, el documento que acredite haber consignado, si fuere conocido, el precio de la cosa objeto de retracto o haberse constituido caución que garantice la consignación en cuanto el precio se conociere.
>
> 3. El documento en que conste fehacientemente la sucesión *mortis causa* en favor del demandante, así como la relación de los testigos que puedan declarar sobre la ausencia de poseedor a título de dueño o usufructuario, cuando se pretenda que el Tribunal ponga al demandante en posesión de unos bienes que se afirme haber adquirido en virtud de aquella sucesión.
>
> 4. Aquellos otros documentos que esta u otra ley exija expresamente para la admisión de la demanda».

Únicamente quedan fuera de esta regla preclusiva la aportación de documentos nuevos o de nueva noticia, en los momentos y por los motivos previstos en el art. 270 LEC. Aunque la LOEP no ha modificado el art. 270.2 LEC, por lo que, en principio, las partes deberían discutir en el acto de la vista sobre la procedencia de la introducción tardía de estos documentos (art. 270.2 LEC), entendemos que, haciendo una interpretación teleológica de estos preceptos, si el documento apareciera antes de la vista, debería incorporarse en la fase escrita del art. 438 LEC, al asumir esta fase las funciones que antes cumplía el inicio de la vista, pudiendo ser también objeto de las impugnaciones a la prueba, de acuerdo con el art. 438.9 LEC. De lo contrario, si no se permitiera la incorporación de dicho documento en este momento, por no estar expresamente previsto en la LEC, y al final no se celebrare vista, como prevemos que va a ser lo habitual en los juicios verbales, se privaría a las partes de esta facultad.

3.2.4. La postulación en el juicio verbal

Pese a que la doctrina había recomendado que, en consonancia con el aumento de la cuantía de este tipo de procedimiento en la LEC en 2023 y con las regulaciones nacionales europeas[20], se elevara también el montante económico que determina la obligación de acudir a los procesos con abogado y procurador, permitiendo así un margen más amplio para la autodefensa, la LOEP no ha entrado en esta cuestión. Sigue, por ende, no siendo preceptiva postulación en los juicios verbales de menos de 2000 euros cuya determinación se haya efectuado en función de su cuantía, de acuerdo con los artículos 23.2 y 31.2 LEC.

3.3. EXAMEN Y ADMISIÓN DE LA DEMANDA

Presentada la demanda, el LAJ procederá a examinar si se cumplen los presupuestos procesales y los requisitos de procedibilidad. En este sentido, la LOEP incorpora el control de la existencia de los documentos que acreditan que se ha practicado la actividad negociadora previa en los casos que, como señalamos *supra*, ésta sea precisa en el juicio verbal. Se aplica para este examen lo dispuesto en la nueva redacción del art. 403.2 LEC para las demandas del juicio ordinario: «No se admitirán las demandas cuando no se acompañen a ella los documentos que la ley expresamente exija para la admisión de aquellas, cuando no se hagan constar las circunstancias a las que se refiere el segundo párrafo del apartado 3 del artículo 399 en los casos en que se haya acudido a un medio adecuado de solución de controversias por exigirlo la ley como requisito de procedibilidad o cuando no se hayan efectuado los requerimientos, reclamaciones o consignaciones que se exijan en casos especiales».

Examinada la demanda, el Letrado de la Administración de Justicia procederá a admitir la demanda por decreto o, si apreciare falta de competencia o jurisdicción o cualesquiera otros óbices procesales, dará cuenta al tribunal (art. 438.1 LEC). Será también el momento procesal oportuno para que se declare al demandado en rebeldía si no hubiere comparecido en tiempo y forma (art. 438.1.I LEC).

Admitida la demanda, la LEC concede un plazo de diez días para que el demandado conteste o, en su caso, reconvenga. De nuevo el legislador de 2025

20. Sobre esta cuestión puede consultarse el interesante trabajo de CUBILLO LÓPEZ en el que expone el contraste de esta limitación a la autodefensa en España con los regímenes de la mayor parte de los Estados miembros de la Unión Europea; de hecho, como señala este autor, algunos de ellos no exigen postulación para ninguna fase procesal o, como mucho, para los recursos extraordinarios. Cfr. I. J. CUBILLO LÓPEZ (nota 15), pp. 164 y ss.

ha perdido la oportunidad de ampliar este plazo para mejorar las posibilidades de defensa del demandado, máxime teniendo en cuenta la ampliación del ámbito objetivo de aplicación del juicio verbal tras el RDL 6/2023. Tras sus sucesivas reformas, el artículo 250.1 LEC prevé procedimientos que sabemos que con frecuencia revisten complejidad jurídica (piénsese, por ejemplo, en un proceso en el que se plantee mediante por primera vez la nulidad de una cláusula de un contrato bancario) y que, por tanto, requerirían de un plazo algo más prolongado para poder preparar una adecuada defensa (o contraataque), máxime cuando el hecho de prolongar este plazo veinte días no parece que suponga ningún retraso importante en el curso del procedimiento. Coincidimos con SIGÜENZA LÓPEZ cuando señala que, si hasta 2023 esas pretensiones se resolvían por el cauce del ordinario y merecían 20 días para preparar su contestación (o reconvención), no se entiende la razón por la que ahora van a poder responderse en la mitad de tiempo[21].

3.4. CONTESTACIÓN A LA DEMANDA Y RECONVENCIÓN (ART. 438.1, 2 Y 3 LEC)

La contestación a la demanda se rige por los mismos criterios que la demanda, por lo que nos remitimos a lo señalado anteriormente (art. 438.1 LEC), debiendo presentarse por escrito en los diez días siguientes a la notificación el decreto de admisión de la demanda.

La reconvención se puede plantear en el juicio verbal en los mismos términos que en el juicio ordinario, si bien con ciertas limitaciones: primera, que ha de hacerse en el plazo de diez días; segunda, que únicamente procede si no determina «la improcedencia del juicio verbal y existe conexión entre las pretensiones de la reconvención y las que sean objeto de la demanda principal» (art. 438.2 LEC); tercera, que no tiene cabida cuando se trate de un proceso sumario.

Sí que cabe plantear también la excepción reconvencional de crédito compensable, siempre que su cuantía encaje en el ámbito del juicio verbal (art. 438.3 LEC). La LOEP no aborda una de las cuestiones más controvertidas respecto de la contestación a la demanda en el juicio verbal. Ante el silencio de la LEC (tanto en el art. 438.3 como en el art. 440.1 LEC), se plantea si cabe o no plantear la nulidad del negocio jurídico como excepción reconvencional en el juicio verbal, situación que puede ser más frecuente en la práctica más reciente desde el momento en que se han introducido por este cauce acciones más complejas y sobre las que es más fácil que se planteen este tipo de cuestiones. Reiteramos lo que ya señalamos en 2019: coincidimos con la mayor parte de la doctrina en que la omisión legal es intencionada y, por tanto, no cabe aplicar por analogía el

21. Cfr. SIGÜENZA LÓPEZ, J. (nota 7), p. 968.

408 LEC[22]. Ahora bien, esto no significa que no pueda hacerse este motivo de nulidad en el marco de los juicios verbales, sino que, como señaló TAPIA FERNANDEZ, lo que no podrá hacerse es darle un tratamiento especial de «excepción reconvencional». Así, o bien podrá alegarse como excepción, sin que lo resuelto en sentencia tenga fuerza juzgada, o bien vía reconvención[23], sujeta a los requisitos que establece a este respecto el art. 438.2.II LEC[24].

3.5. LA NUEVA FASE ESCRITA PREVIA A LA VISTA (ART. 438.8, 9 Y 10 LEC)

Finalizado el plazo de contestación a la demanda, la LOEP introduce en el juicio verbal una fase, completamente novedosa, en la que se prevé la práctica de una serie de actuaciones por escrito dirigidas a depurar posibles obstáculos procesales y, en su caso, a preparar la celebración de la vista. Se trata, por tanto, de un trámite de contenido similar al de la audiencia previa del juicio ordinario, si bien con las actuaciones realizadas por escrito.

22. En este sentido, entre otros, FLORS MATÍES, J. y MONTERO AROCA, J. *Tratado del juicio verbal*, Ed. Aranzadi, 2004, p. 777 e TAPIA FERNÁNDEZ, I., *El objeto del proceso civil y su fijación en las alegaciones, sentencia y cosa juzgada,* Ed. Ley, 2019, p. 48. En contra (aunque sin justificación) se pronunciaron los Jueces de Primera Instancia de Barcelona en su Reunión de Unificación de criterios sobre «El juicio verbal tras la reforma operada por la Ley 42/2015, de 6 de marzo de 2017, en la que llegaron a la conclusión siguiente: "Hay solución de consenso salvo en aquellas preguntas donde se presentan dos posiciones (*) 1.- Contestación a la demanda. Artículo 438.3 LEC y cuestiones que suscita. 1.1. El artículo 438.3 LEC y la remisión al artículo 408 LEC para el supuesto de oposición en la contestación a la demanda de un crédito compensable, es también aplicable al supuesto de oposición de nulidad de negocio jurídico"». En contra (aunque sin justificarlo), los Jueces de Primera Instancia de Barcelona en su reunión de unificación de criterios de 6 de marzo de 2017, a propósito de la interpretación de la reforma de la LEC tras la aprobación de la Ley 42/2015. Puede consultarse en: https://www.anzizulopezcastellanos.com/wp-content/uploads/2017/03/Reunión-de-unificación-de-criterios-el-juicio-verbal-tras-la-reforma-operada-por-la-ley-42-2015.pdf (último acceso: 9 de marzo de 2025).
23. En este sentido, véase la SAP de Valencia 321/2017, de 4 de diciembre, en el marco de seno de un juicio verbal de desahucio por precario en el que la parte demandada opuso en su contestación la simulación de la compraventa: «—... no se ha de olvidar que la postura de los demandados en orden a existir un contrato simulado presenta un obstáculo procesal insalvable derivado del hecho de no haber formulado la necesaria reconvención al respecto. Esto es, no puede declararse la ineficacia de un contrato por simulación, cuando ninguna acción se ha entablado que justifique ese pronunciamiento. En fin, cualquier declaración acerca de la titularidad de la finca— simulación en la compraventa, negocio fiduciario no puede hacerse a través de una mera oposición —excepción—, sino que es preciso que se articule una pretensión —ejercicio de una acción—. En el caso que nos ocupa, la controversia que ahora se plantea hubiera debido de articularse por la vía de la reconvención, lo que no se hizo y es que no se puede pretender la declaración de la nulidad de un documento sin haber formulado reconvención en solicitud de tal declaración».
24. TAPIA FERNÁNDEZ, I. (nota 22), p. 56. En el mismo sentido, ACHÓN BRUÑÉN, M. J., *Análisis práctico de desahucio por falta de pago*, 2008, p. 132, BLASCO SOTO, M. C. y PÉREZ GIL, J., «Art. 438 LEC», en GIMENO SENDRA, V. (Dir.), *Proceso Civil Práctico,* Tomo II, vol. 2, Ed. Aranzadi, 2018, p. 417, y MARÍN CASTÁN, F. (nota 13), p. 2107.

a) Su justificación

A nadie se le oculta que la introducción de esta nueva fase por la LOEP tiene un carácter meramente instrumental; esto es, su irrupción en el juicio verbal viene motivada claramente por la intención del legislador de agilizar sus trámites, promoviendo que estos procedimientos se desarrollen siempre que sea posible sin la celebración de una vista y, para ello se hacía preciso arbitrar una fase previa en la que resolver las no pocas cuestiones que hasta 2025 se trataban al comienzo de la vista en el verbal. Este propósito no se deduce únicamente de su articulado, sino que claramente viene explicitado por el legislador desde la propia Exposición de Motivos de la LOEP:

> «se introduce la posibilidad de que el juez o la jueza, a la vista de las peticiones en materia de prueba de las partes, pueda decidir que no haya lugar a la celebración del acto de la vista aun cuando las partes la hayan solicitado. La actual regulación obliga a que este acto se convoque cuando cualquiera de las partes lo solicite, extremo que ha determinado la celebración de multitud de vistas innecesarias para la resolución del pleito, siendo suficiente para ello la prueba documental presentada con el escrito de demanda y contestación. De esta forma, es el juez o la jueza quien, con base en la valoración que realice de las actuaciones, determine si es necesaria o no la celebración de dicho acto para dictar sentencia, evitándose así un retraso injustificado en la resolución de los pleitos» (Motivo V).

Poca bondad vemos en este propósito, puesto que se pretende agilizar el proceso civil a costa de que los jueces se muestren cada vez más proclives a no celebrar vistas en los juicios verbales. Pero, sin duda, lo peor es tratar de convencer al justiciable de que este cambio se hace para «reforzar sus garantías procesales» (Exposición de Motivos, V), cuando todo apunta, como examinaremos más adelante, a lo contrario: se juzgará con menos inmediación, menos audiencia, menos contacto con el juez.

Tampoco nos parece admisible la invocación de la actuación inadecuada de los abogados, a quienes se imputa la conducta frecuente de pedir vistas que no eran necesarias, afirmación que se realiza a la ligera, sin mayor apoyo estadístico o fáctico.

Pero el legislador no duda en seguir defendiendo su posición, que, según apunta, ha de asumir por la necesidad de «adaptar las garantías a las necesidades de la sociedad» (¿cuáles? No conseguimos vislumbrarlas) y de la Administración de Justicia. Esto es, con el fin de reducir los tiempos de la justicia, se promueve un cambio integral del juicio verbal, reduciendo fases que el legislador reputa como trabas. Este tipo de cambios pueden ser aplicables a otros ámbitos del Estado, por ejemplo, suprimiendo burocracia en ciertos sectores de la administración, en los que eliminar un trámite puede ser reputado como un avance, pero no nos parece de ningún modo aplicable a los procesos judiciales civiles sin merma de sus garantías básicas. Nos sumamos a las reflexiones de TARUFFO sobre la necesidad de buscar el equilibrio a la hora de diseñar los procedimientos civiles, partiendo de la idea de «eficiencia», en sus dos acepciones: cuando su «funcionamiento resulta razonablemente rápido y económico», y, segunda, «cuando se orienta estructuralmente para llegar a decisiones informadas, precisas y responsables que se basen en todos los fundamentos jurídicos pertinentes». Como se ve, nuestro legislador ha optado por la «eficiencia» en su primer sentido, que, como advertía TARUFFO, guarda una «proporcionalidad inversa y complementaria» con la segunda acepción, por lo que esta opción es fácil que nos traiga a nuestra justicia civil lo que este procesalista señalaba: que «minimice en cuanto a la precisión y ecuanimidad de la solución del conflicto»[25]. Ya lo advirtió así la doctrina a la vista de la Proyecto de Ley de Eficiencia Procesal, sin que, como puede verse, su voz haya tenido ninguna acogida.

b) El procedimiento

Podemos distinguir tres momentos procesales en esta fase: el primero, la resolución del LAJ; el segundo, la presentación y traslado de escritos entre las partes; el tercero, la resolución del juez.

Comienza así esta fase con una diligencia de ordenación del LAJ que acuerda dar traslado al actor del escrito de contestación a la demanda y que concede un plazo a ambas partes para que lleven a cabo una serie de actuaciones a las que nos referiremos a continuación[26]. Este plazo, que es común, de cinco días, empezará a contar desde que se haya dictado dicha resolución, salvo que, como dispone el art. 438.8.I.*in fine* LEC, «alguna de las partes hubiera anunciado la presentación de una prueba pericial conforme al art. 337.1»; en este caso, comenzará a computarse «desde que se tenga por aportado el referido dictamen o haya transcurrido el plazo para su presentación», que, recuérdese, es, en principio, de treinta días desde la presentación de la demanda o de la contestación en el juicio verbal[27].

25. Cfr. TARUFFO, M. (nota 6).

26. Merece una valoración positiva que ni el Proyecto ni la LOEP hayan incorporado la propuesta del art. 438.8 LEC del Anteproyecto consistente en que el LAJ abriera esta fase ordenando a las partes acudir a una conciliación ante él. Coinciden en esto, entre otros, DOMINGUEZ RUIZ, L., «¿Hacia una verdadera eficiencia procesal en la tramitación del juicio verbal? A propósito de las reformas previstas en el Proyecto de Ley de 22 de abril de 2022», *Práctica de Tribunales*, n.º 161, marzo de 2023, p. 6.

27. Decimos «en principio» porque, tras la modificación del art. 337.1 LEC por el RDL 6/2023, se ha previsto la posibilidad de que dicho plazo pueda ser prorrogado por el tribunal «cuando la naturaleza de la prueba pericial así lo exija y exista una causa justificada», situación que, en opinión de BERNARDO SAN JOSÉ, A., será bastante frecuente, por lo que ella aconseja que, si las partes prevén de antemano que van a requerir de más tiempo, «pidan directamente al tribunal la prórroga del mismo e indiquen el plazo que consideren necesario para su obtención» (cfr. BERNARDO SAN JOSÉ, A. (nota 7), p. 319).

La segunda fase corre a cargo de las partes, que, conforme al nuevo tenor del art. 438.8 LEC, tendrán la carga de llevar a cabo, de forma simultánea, las actuaciones siguientes:

a) formular (el actor) las alegaciones precisas sobre las excepciones procesales que hubiera planteado el demandado en su contestación, suprimiendo esta reforma toda posibilidad de discusión entre las partes y el tribunal sobre estas cuestiones tan decisivas para el curso del proceso;

b) proponer la prueba que quieran practicar;

c) indicar las personas que hayan de ser citadas por el tribunal a la vista para que declaren como partes, testigos o peritos, siempre que no puedan presentarlos ellas mismas. Para este fin deberán facilitar «todos los datos y circunstancias precisos para llevar a cabo la citación»;

d) pedir respuestas escritas a cargo de personas jurídicas o entidades públicas sobre hechos referidos a su actividad, tal y como se establece en el art. 381 LEC.

Como se ve, se ha suprimido toda referencia en la LEC a la petición de las partes sobre la celebración de vista, que hasta la LO 1/2025 podía formular el demandado en su contestación a la demanda y el demandante tras serle trasladado este escrito[28]. Pese a este silencio y, aunque sabemos que esta petición ya no es vinculante para la decisión judicial, coincidimos con quienes vienen defendiendo que debe permitirse a las partes pronunciarse sobre esta cuestión en estos nuevos escritos[29] para que, al menos, el juez pueda conocer sus razones y haya alguna opción de que atienda a ellas. Piénsese que las partes pueden pretender que se celebre la vista no sólo cuando quieran practicar prueba, sino también cuando deseen discutir sobre el fondo de la cuestión litigiosa, especialmente si se trata de un tema complejo. Es más, si, como argumentaremos más adelante, ya es discutible la constitucionalidad de la disposición que prevé que pueda no celebrarse vista por decisión unilateral del juez, cuánto más lo sería si ni siquiera se dejara a las partes expresar su parecer al respecto. De hecho, así lo ha manifestado en varias ocasiones el Tribunal Europeo de Derechos Humanos, al interpretar las exigencias derivadas del art. 6 CEDH aplicada a los procesos simplificados. Con carácter general se entiende que es presupuesto de un juicio justo el respeto al derecho a la audiencia pública oral (Asunto

28. Recuérdese que el art. 438.8 LEC, tras su reforma en 2023, establecía que: «el demandado, en su escrito de contestación, deberá pronunciarse necesariamente, sobre la pertinencia de la celebración de la vista. Igualmente, el demandante deberá pronunciarse sobre ello, en el plazo de tres días desde el traslado del escrito de contestación. Si ninguna de las partes la solicitase y el tribunal no considerase procedente su celebración, se dictará sentencia sin más trámites».

29. Así, por ejemplo, lo defienden SIGÜENZA LÓPEZ, J. (nota 7), BANACLOHE PALAO, J., «Las reformas en el proceso (...)» (nota 7), p. 16; DOMINGUEZ RUIZ, L. (nota 7), p. 11.

Mirovni Institut v. Slovenia, de 13 de marzo de 2018, para. 36), aunque se admiten excepciones bien justificadas, como luego veremos; sin embargo, el TEDH entiende que tiene carácter absoluto el derecho de las partes a tener «al menos la oportunidad de solicitar una vista pública, aunque el tribunal pueda denegar la solicitud y celebrar la vista en privado» (Asunto *Pönka v. Estonia*, de 8 de noviembre de 2016, para. 33), por lo que no parece que sea razonable no permitir esta petición por los tribunales españoles, pese al silencio de la LEC.

El art. 438 LEC tampoco menciona ninguna de las otras finalidades que desempeñaba hasta 2025 la fase inicial de la vista, por lo que no es claro si podrán llevarse a cabo en este momento; en particular, si cabrá formular en estos escritos alegaciones complementarias o aclaratorias, introducir pretensiones accesorias o hechos nuevos o de nueva noticia (y los documentos en que estos se apoyen), al modo de lo que dispone el art. 426 LEC para la audiencia previa. Pese al silencio legal, entendemos que es poco probable que en un momento tan cercano a la interposición de la demanda y la contestación surjan estas cuestiones; pero si surgieran, debería hacerse una interpretación favorable a su admisión, dado que sería el momento lógico para su introducción en el proceso, ya que permitirían, si hiciera falta, plantear la necesidad de proponer prueba sobre ellas[30]; y, desde luego, tendría todo el sentido permitirlo en los casos de autorrepresentación para que la parte pueda completar la fundamentación jurídica en el caso de haber presentado demanda o contestación sucinta, pues no se ha previsto un momento *ad hoc* para este fin en esta nueva estructura del verbal, como ya comentamos *supra*.

Tampoco prevé el art. 438 LEC la fijación de los hechos controvertidos en este momento, ya que se ha relegado esta actuación al inicio de la vista (art. 443.3 LEC), desvinculándola del momento procesal para el que fue concebida. Recordemos que esta tarea de fijación está prevista en la audiencia previa para identificar, dentro de todos los hechos alegados, aquellos que deben ser objeto de prueba, facilitando de este modo el acierto en la proposición y admisión de las pruebas; además, tras fijar los hechos controvertidos, es frecuente llegar a la conclusión de que no es preciso realizar actividad probatoria alguna y, por tanto, cabe decidir con acierto que había de pasarse directamente a dictar sentencia. Como es lógico, esto no va a suceder con su nuevo encaje en el juicio verbal; no podrá cumplir su propósito principal. Es cierto que no era fácil llevar a cabo esta tarea en esta nueva fase escrita y, por eso, puede entenderse que se haya trasladado esta función a la vista, aunque en ese momento tenga ya poca utilidad. Siendo esto así, el juez que tenga que decidir sobre la admisión de la prueba en esta nueva fase escrita deberá tratar de elaborar internamente su propia relación de hechos controvertidos, extrayéndolos de la demanda y de la

30. En contra, PÉREZ VEGA, A., (cfr. PÉREZ VEGA, A., «La justicia no ganará en eficiencia prescindiendo de la celebración de la vista: del acoso al derribo de la fase oral del juicio verbal por la Ley Orgánica 1/2025, de 2 de enero, de medidas de eficiencia del Servicio Público de Justicia», *Diario La Ley*, n.º 10656, 3 de febrero de 2025, p. 8).

contestación, para acertar al máximo en su decisión; y, con todo, pese al silencio legal, consideramos que sería muy conveniente que las partes presentaran en sus escritos la relación de los hechos que consideran controvertidos para facilitar dicha tarea al tribunal y garantizar un mayor éxito en la proposición y admisión de prueba.

Presentados estos escritos, la LOEP sólo prevé expresamente dar traslado a la otra parte del escrito de proposición de prueba, en lo que, entendemos, constituye otra omisión del legislador, puesto que lo lógico es que se les dé traslado de todas las actuaciones presentadas de contrario.

En cualquier caso, recibidos los escritos del art. 438.8 LEC, se abre un nuevo plazo para que las partes puedan, en su caso, presentar «las impugnaciones a las que se refieren los artículos 280, 283, 287 y 427». El nuevo art. 438.9 LEC establece al efecto que esta impugnación se hará «en los tres días siguientes al traslado del escrito de proposición de prueba», sin que quede claro si el plazo se computa directamente desde que se traslada el escrito, en aplicación de lo dispuesto en el art. 278 LEC, o si es preciso que el LAJ dicte una nueva resolución, una diligencia de ordenación *ad hoc*. Entendemos que la primera opción es la que más se ajusta al tenor literal del artículo, sin que sea precisa resolución del LAJ a estos efectos, puesto que, aquí, a diferencia de lo dispuesto en el art. 438.8.I LEC, no se menciona expresamente dicha resolución[31].

Este nuevo trámite permite a las partes poner de manifiesto las siguientes cuestiones con relación a la prueba:

a) la inexactitud de una copia (art. 280 LEC);

b) la impertinencia, inutilidad o ilegalidad de la actividad probatoria propuesta (art. 283 LEC)[32];

c) la ilicitud, por haberse obtenido vulnerando derechos fundamentales (art. 287 LEC); y, finalmente,

d) su posición ante los documentos y dictámenes presentados de contrario, manifestando si se admiten, impugnan, reconocen o si, en su caso, se propone prueba sobre su autenticidad (art. 427.1 y 2 LEC).

Finalizadas estas actuaciones se da paso a la tercera fase de este nuevo trámite: la resolución por el juez mediante un auto sobre todas las cuestiones planteadas por las partes y «sobre la pertinencia de la celebración de vista»; en

31. En igual sentido, PERÉZ VEGA, A., (nota 30), p. 7.
32. Afortunadamente la LOEP ha incorporado también esta alegación, que, como advertía BANACLOCHE PALAO, J., no estaba prevista en el texto del Anteproyecto (cfr. BANACLOCHE PALAO, J., «Las reformas en el proceso (...)», (nota 7), p. 17).

concreto, de acuerdo con el art. 438.10 LEC, dicho auto habrá de pronunciarse sobre los siguientes extremos:

> «la impugnación de la cuantía del pleito de haberse producido, sobre las excepciones procesales planteadas, sobre la admisión de prueba propuesta y sobre la pertinencia de la celebración de vista, acordando, en caso de no considerarla necesaria, que quedan los autos conclusos para dictar sentencia».

Este precepto perseguía (y ha conseguido) dejar exclusivamente en manos del juez la decisión sobre si se dará audiencia o no a las partes, con independencia de lo que ellas consideren necesario o conveniente para la mejor resolución de la causa, por lo que se trata de una de las cuestiones más polémicas de la reforma. La LEC hace una primera precisión, incorporando, con cambios muy llamativos, lo previsto en el art. 429.8 LEC para el juicio ordinario (decisión que se adopta tras concluir los trámites de la audiencia previa).

Veamos qué establece la LEC sobre esta decisión. Lo primero que prevé es directamente la exclusión de la vista cuando «la única prueba que resulte admitida sea la de documentos, y éstos ya se hubieran aportado al proceso sin resultar impugnados». En segundo lugar, se establece que ha de decidirse lo mismo «cuando se hayan presentado informes periciales» siempre que, en este caso, «el tribunal no haya considerado pertinente o útil la presencia de los peritos», prescindiendo, a diferencia de lo que señala el art. 429.8 LEC en sede de juicio ordinario, de lo que opinen las partes al respecto; esto es, que, aunque éstas soliciten la declaración del perito para que éste explique en la vista el dictamen o para que conteste preguntas, en virtud de la facultad que les otorga el art. 347 LEC («los peritos tendrán en el juicio o en la vista la intervención solicitada por las partes, que el tribunal admita»), si el tribunal entiende que no procede, se prescindirá de convocar vista. Para el resto de los casos habrá que aplicar lo que dispone el art. 438.10.I LEC: el tribunal acordará, «en caso de no considerarla necesaria, que quedan los autos conclusos para sentencia». En resumen, se le concede al tribunal un amplísimo margen de maniobra, ya que, si considera que «falta indispensablemente»[33] razón para celebrar la vista, no se abrirá la fase oral. Esto supone conectar de manera peligrosa la decisión sobre la celebración de la vista con la de la admisión de la prueba, ya que será fácil justificar que la vista es innecesaria si no hay ninguna prueba que practicar, ya sea porque no se ha propuesto ninguna –en cuyo caso, no hay nada que temer–, ya porque, aunque las había, el juez las ha rechazado, con o sin suficiente motivo. En este último caso, podría pensar que las partes quedan protegidas de todo exceso por parte del juez por la necesidad de motivación de la decisión que éste adopte sobre la inadmisión de las pruebas y esto es cierto, pero adviértase que esta resolución

33. Siguiendo lo que la RAE entiende por «necesario»: lo que «hace falta indispensablemente para algo».

queda prácticamente exenta de control, puesto que frente a ella la LOEP ha previsto únicamente un recurso no devolutivo, de reposición (con efecto suspensivo, eso sí), que en la mayor parte de los casos no hará más que confirmar la decisión ya adoptada previamente por el mismo órgano judicial. Queda, así, una resolución tan relevante para la defensa de las partes al albur de la decisión arbitraria (que no discrecional) del juez, puesto que no se fija ningún parámetro objetivo a tener en cuenta, sin más referencias que los criterios legales previstos para la admisión de prueba (utilidad, pertinencia, legalidad). Inquieta que esta facultad deje la puerta abierta a que en ocasiones los jueces puedan decidir no acordar esta fase oral para poder resolver el asunto cuanto antes, sin tener que «perder el tiempo» con la vista, vulnerando el derecho de las partes a un juicio justo, a emplear los medios de prueba pertinentes y a disfrutar de una defensa adecuada.

Con todo, consideramos importante destacar que a esta decisión se le debe aplicar la doctrina del Tribunal Europeo de Derechos Humanos sobre el art. 6 CEDH. Este Tribunal entiende que, «en los procedimientos de primera única instancia, el derecho a una "audiencia pública" en el sentido del art. 6.1 implica el derecho a una "audiencia oral", a menos que existan circunstancias excepcionales que justifiquen prescindir de tal audiencia» (Asunto *Mirovni Institut v. Eslovenia*, de 13 de marzo de 2018, para. 36) y dicha excepcionalidad podrá apreciarse atendiendo a «la naturaleza de las cuestiones que tiene que decidir el órgano jurisdiccional nacional competente, y no a la frecuencia de tales situaciones» (para. 37). El Tribunal explica cuándo se podrían dar estas circunstancias: cuando se plantean «cuestiones meramente jurídicas de carácter limitado, o cuestiones de hecho o de derecho que no presente complejidad» o «cuestiones muy técnicas»; por el contrario, considera que la celebración de una audiencia oral es necesaria cuando «se trata de examinar cuestiones de derecho y cuestiones de hecho importantes, o de evaluar si los hechos fueron correctamente establecidos por las autoridades, y garantizar un examen más exhaustivo de los hechos controvertidos, cuando las circunstancias exigen que los tribunales obtengan una impresión personal del solicitante (...) o cuando el tribunal requiere aclaraciones sobre ciertos puntos»[34]. A esto se suma, como parte también de esta garantía esencial de un juicio justo, la exigencia que impone el TEDH a los tribunales de motivar suficientemente la decisión que deniegue la vista solicitada por las partes (por ejemplo, en Asunto *Pönka v. Estonia*, de 8 de noviembre de 2016, para. 37).

34. Cfr. BERNARDO SAN JOSÉ, A., quien, en un artículo muy interesante sobre el derecho de audiencia a la luz de la jurisprudencia del TEDH, resume así los supuestos que este Tribunal venía recogiendo en numerosos asuntos (BERNARDO SAN JOSÉ, A., «El derecho a una audiencia pública como garantía del derecho a un proceso equitativo y su proyección al arbitraje a la luz de la jurisprudencia del TEDH», en ARIAS LOZANO, D. (coord.), *Arbitraje y jurisdicción: homenaje a Miguel Ángel Fernández-Ballesteros*, Tomo I, Ed. La Ley, Madrid, 2024, pp. 6 y 7.

3.6. CITACIÓN PARA LA VISTA

El poco cuidado del legislador de la LO 1/2025 se demuestra una vez más en la nueva redacción del art. 440 LEC («citación para la vista»), ya que mantiene íntegro el primer apartado de este artículo, sin tener en cuenta lo que ha dispuesto el nuevo tenor del art. 438 LEC y, por tanto, sin cuadrarlo con la nueva estructura del verbal. Dispone así el art. 440 LEC que:

> «contestada la demanda y, en su caso, la reconvención o el crédito compensable, o transcurridos los plazos correspondientes, el letrado o letrada de la Administración de Justicia, cuando haya de celebrarse vista de acuerdo con lo expresado en el artículo 438, citará a las partes a tal fin dentro de los cinco días siguientes. La vista habrá de tener lugar dentro del plazo máximo de un mes».

Aunque confiamos en que se modifique cuanto antes este precepto, entre tanto habrá que entender que el LAJ ahora procederá a citar a las partes una vez que se haya dictado el auto del art. 438 LEC.

Sí que siguen siendo válidos los dos apartados siguientes de dicho artículo. A saber, lo dispuesto en su apartado segundo sobre el contenido de la citación:

> «en la citación se fijará el día y hora en el que haya de celebrarse la vista, y se informará a las partes de la posibilidad de recurrir a una negociación para intentar solucionar el conflicto, incluido el recurso a una mediación, en cuyo caso aquéllas indicarán en la vista o antes de ella su decisión al respecto y las razones de la misma».

Y también lo dispuesto en el tercer párrafo sobre la advertencia que se hará a las partes sobre las consecuencias de su inasistencia a la vista:

> «en la citación se hará constar que la vista no se suspenderá por inasistencia del demandado y se advertirá a los litigantes que, si no asistieren y se hubiere admitido su interrogatorio, podrán considerarse admitidos los hechos del interrogatorio conforme a lo dispuesto en el artículo 304. Asimismo, se prevendrá a la parte demandante y demandada de lo dispuesto en el artículo 442, para el caso de que no comparecieren a la vista».

Afortunadamente sí que el legislador ha advertido que había que suprimir el apartado cuarto de este precepto, ya que las actuaciones que allí se preveían se han incorporado a la fase previa de presentación y traslado de escritos prevista en el art. 438.8 LEC.

3.7. LA CELEBRACIÓN DE LA VISTA

3.7.1. La forma en que se celebra la vista

Uno de los objetivos del RDL 6/2023 era potenciar el uso de medios telemáticos para agilizar el proceso y, con este fin, se introdujo en el ámbito del juicio ordinario la posibilidad de que pudieran celebrarse tanto la audiencia previa (art. 414.2 LEC) como el juicio (art. 432 LEC) a través videoconferencia o «mediante la utilización de medios electrónicos para la reproducción del sonido y, en su caso, de la imagen, con los requisitos establecidos en el artículo 137bis». Del tenor de dichos artículos cabía extraer dos consecuencias: la primera, que la regla general seguía siendo la presencialidad de estas actuaciones, dado que la LEC exigía tener que acordar la celebración telemática de forma expresa por el juez, subsistiendo, como señala GASCÓN INCHAUSTI, «una suerte de principio favorable a la presencialidad física»[35]; la segunda, que, aunque podría parecer loable la consideración anterior, teniendo en cuenta que tanto la doctrina como la judicatura coinciden en que es mucho mejor para una buena administración de justicia el contacto directo con el juez (mejor protección de la publicidad, de la inmediación, cercanía de la Justicia al ciudadano, etc.), lo cierto es que la decisión judicial sobre esta cuestión no queda sujeta a ningún criterio ni presupuesto, por lo que puede ser adoptada, como señala BANACLOCHE PALAO, no sólo con «discrecionalidad», sino lo que es más grave, con «arbitrariedad»[36], ajena a cualquier posible control ulterior. Se desatendieron, así, las recomendaciones del CGPJ a este respecto que, en su Informe al Anteproyecto de Ley de Eficiencia Procesal[37], sugería que «la decisión —motivada— sobre el desarrollo de la vista por medios telemáticos responda a circunstancias, oportunamente valoradas por el tribunal, que aconsejen y justifiquen su celebración mediante estos medios, sin facilitar su uso de manera indiscriminada y menos aún inmotivada», sugiriendo atender asimismo a los criterios establecidos en la Guía para la celebración de actuaciones judiciales telemáticas del CGPJ de 2020[38]. En consecuencia, desde 2023, un juez que no quiera ver a los abogados ni a los ciudadanos en su juzgado en el ámbito del juicio ordinario, puede decidir celebrar todas las vistas de forma telemática sin tener que dar mayores explicaciones. De forma sorprendente, dicho Real Decreto-ley no contenía ninguna previsión sobre el juicio verbal, si bien la doctrina entendió que debía serle de aplicación, por analogía, el régimen que acabamos de analizar, previsto para el juicio ordinario[39].

35. Cfr. GASCÓN INCHAUSTI, F., «Capítulo 5. Régimen jurídico de las actuaciones judiciales por videoconferencia», en BANACLOCHE PALAO, J. y GASCÓN INCHAUSTI, F. (dir.), *Los procesos judiciales tras las reformas introducidas por el Real Decreto-Ley 6/2023*, Ed. La Ley, 2024, p. 217.
36. BANACLOCHE PALAO, J., «La reforma de los procesos civiles...» (nota 7), p. 18.
37. Informe del Consejo General del Poder Judicial al Anteproyecto de Ley de medidas de Eficiencia Procesal, pp. 141 y 142 (accesible en: https://www.poderjudicial.es/cgpj/es/Poder-Judicial/Consejo-General-del-Poder-Judicial/Actividad-del-CGPJ/Informes/Informe-al-Anteproyecto-de-Ley-de-medidas-de-eficiencia-procesal-del-Servicio-Publico-de-Justicia; último acceso: 9 de marzo de 2025).
38. Guía aprobada de urgencia por la Comisión Permanente del CGPJ el 27 de mayo de 2020 (ampliada y corregida el 11 de febrero de 2021). Disponible en: https://web.icam.es/bucket/Actuaciones%20judiciales%20telem%C3%A1ticas.pdf (último acceso: 9 de marzo de 2025).
39. En este sentido, GASCÓN INCHAUSTI, F., quien descarta así que dicho silencio deba cubrirse aplicando la disposición general del art. 129 bis LEC (cfr. GASCÓN INCHAUSTI, F. (nota 7), p. 221).

La LO 1/2025 ha cubierto este vacío, que no respondía a ninguna razón fundada, sino que era otro de los muchos olvidos del legislador de 2023, en su tarea precipitada de introducir en el RD-Ley 6/2023 únicamente parte de las disposiciones del Proyecto de Ley de Medidas de Eficiencia Procesal. Pues bien, en nuestra opinión, la nueva redacción del art. 443 LEC (precepto que se ocupa del «Desarrollo de la vista») empeora, si cabe, la ya criticada normativa prevista para el juicio ordinario. Comienza el artículo señalando lo siguiente:

> «comparecidas las partes, presencialmente o por videoconferencia en los casos en que se haya acordado (...)».

Si bien es cierto que se mantiene, en teoría, como regla la presencialidad, el artículo tampoco establece ningún criterio que sirva de parámetro para tomar la decisión de celebrar la vista telemáticamente; es más, no sólo no se mencionan aquí los requisitos del art. 137bis LEC (que, aunque no se mencionen, entendemos que sí han de aplicarse), ni se precisa si ha de acordase previa petición de parte y/o de oficio, sino que ni siquiera se señala si ha de ser el juez quien haya de tomar dicha decisión, al emplearse una expresión impersonal («se haya acordado»).

Con todo, y pese a tanta imprecisión legislativa, entendemos que las partes han de poder solicitar la celebración presencial o telemática en la fase de traslado de escritos (al tiempo que solicitan o no la celebración de vista) y que el tribunal debería resolver esta cuestión en el auto pone fin a esta fase (art. 438.1. LEC), debiendo justificar su decisión (y, en todo caso, su ajuste a las exigencias del art. 137bis LEC) para ser más respetuoso con las garantías procesales de los justiciables.

En todo caso, incluso cuando se acuerde con carácter general la celebración presencial de la vista, recuérdese que algunos de los sujetos que intervengan en ella pueden terminar declarando online, si concurren las circunstancias del art. 129bis LEC.

3.7.2. Finalidades de la vista

Cinco son las finalidades previstas en el art. 443 LEC para la vista: el intento de acuerdo, la posible formulación de aclaraciones, la fijación de los hechos, la práctica de la prueba y, por último, las conclusiones.

El logro de un acuerdo mediante medios alternativos de resolución de controversias. Aunque únicamente fuera por la extensión dedicada a los preceptos sobre medios alternativos de resolución de controversias comparando con la brevedad de los que se refieren a otras funciones de la vista, parece claro que el legislador de 2025 tenía como objetivo primordial de su reforma incentivar todo lo posible las formas negociadas de resolución de controversias, incluso en el mismo corazón de la vista del juicio verbal.

En este sentido, la nueva redacción del art. 443 LEC prevé tres situaciones en las que se pueden plantear estas vías alternativas a la jurisdicción.

En primer lugar, recién abierta la vista, cuando el juez comprueba si subsiste el litigio entre las partes. En este caso, las partes no sólo pueden manifestar que ya han llegado a un acuerdo, sino que también pueden indicarle al tribunal su disposición a «concluirlo de inmediato», dando lugar al desistimiento del procedimiento o a la homologación del acuerdo por el tribunal.

En segundo lugar, si las partes, de común acuerdo, solicitan la suspensión del proceso para someterse a mediación o a otro sistema de resolución de controversias.

En tercer lugar, cuando el tribunal, «en atención al objeto del proceso el tribunal, antes de la práctica de la prueba», les plantee a las partes la opción de derivación a medios no jurisdiccionales, «siempre que considere y[40] fundadamente que es posible un acuerdo entre las partes (...)». Si todas las partes manifestaran su conformidad con dicha derivación, se suspenderá el procedimiento mediante providencia, que podrá dictarse oralmente. El tribunal fijará (entendemos que en dicha providencia) un plazo máximo para que las partes negocien «atendiendo a la complejidad del procedimiento y demás circunstancias concurrentes», plazo que podrá prorrogarse a petición de todas las partes una vez y por un tiempo determinado que especifiquen de común acuerdo si así lo pidieran quince días antes de cumplirse el plazo fijado judicialmente. El tribunal podrá conceder dicha prórroga si observa su conveniencia por los avances que se han desarrollado en la negociación. El procedimiento judicial se archivará si llegan a un acuerdo total en el seno de este procedimiento. Por el contrario, si no se avienen o solo lo hacen parcialmente, se levantará la suspensión y se convocará, de forma preferente, para la celebración de la vista para proceder a la práctica de la prueba.

La fase de «aclaraciones». Tras la comprobación de la subsistencia del litigio, el art. 443.3 LEC prevé que el tribunal dé la palabra a las partes para que realicen «aclaraciones». Entendemos que esta facultad comprende la introducción de alegaciones aclaratorias, pero no es tan evidente si también cabría formular alegaciones complementarias o, incluso, pretensiones accesorias, tal y como está previsto en el art. 426 LEC para el juicio ordinario y como, hasta ahora, se permitía en el juicio verbal. Tampoco se menciona la posibilidad de introducir hechos nuevos o de nueva noticia, aunque esta actuación sí vendría amparada expresamente por el art. 286 LEC.

En todo caso, dado el momento procesal en que nos encontramos, si se incorporaran estas cuestiones al proceso y requirieran la práctica de prueba, entendemos que sería posible, como explicaremos más adelante, proponerla y

40. La conjunción «y» debe suprimirse del texto.

practicarla en la vista (en el mismo acto o en otro próximo) o, si no fuera posible, una vez terminada la vista, practicarla como diligencia final.

La fijación de los hechos controvertidos. Tras la posible realización de aclaraciones, el legislador considera que es el momento de fijar los «hechos sobre los que exista contradicción». La fijación de los hechos en el esquema de la LEC/2000 «es un momento muy decisivo para centrar el debate únicamente en las cuestiones sobre las que hay discrepancias y, sobre todo, para poder convencer al juez en la fase siguiente de la necesidad de admitir los medios probatorios que se propongan para demostrar la veracidad de estos hechos previamente fijados»[41]. Por este motivo, como ya adelantamos antes, carece de mucho sentido que esto se haga en este momento del juicio verbal, una vez ya propuesta y admitida la prueba. Se limita, así, su eficacia, pues únicamente servirá ahora para, en su caso, aclarar cuáles son los hechos sobre los que las partes han de tratar de convencer al juez con la actividad probatoria que se va a realizar a continuación.

La práctica de la prueba. Señala el art. 443.4 LEC que, si no hubiera conformidad con todos los hechos, se procederá a practicar las pruebas, actividad que se llevará a cabo de acuerdo a lo dispuesto en los Capítulos V y VI del Título I de Libro II de la LEC («De los medios de prueba y las presunciones»).

Este precepto se cierra con la siguiente previsión:

> «La proposición de prueba de las partes podría completarse con arreglo a lo dispuesto en el apartado 1 del art. 429».

Nuevamente se trata, en nuestra opinión, de un desajuste del nuevo texto, que se ha limitado a reproducir el anterior tenor del art. 443.3.*in fine* LEC, sin tener en cuenta los cambios operados en la estructura del verbal. Entendemos que esta disposición debería llevarse al art. 438.10 LEC para que el juez pueda manifestar, tras los escritos de las partes, si, con arreglo a la actividad probatoria solicitada por ellas, aprecia insuficiencia para el esclarecimiento de los hechos (indicando, si quisiera, los medios que entiende que resultarían convenientes para tal fin), de tal forma que se permita a las partes «completar o modificar sus proposiciones de prueba a la vista de lo manifestado por el tribunal» en el momento procesal que resulta más oportuno para este objetivo en el nuevo esquema del verbal; entendemos que, esto daría lugar a un nuevo escrito de proposición, a un nuevo traslado a la parte contraria y a un nuevo pronunciamiento judicial. Suponemos que, viendo la dificultad que tendría este trámite con este nuevo esquema, difícilmente los jueces harían uso de esta facultad por la dilación que pudiera suponer para el curso del proceso; con todo, esta cuestión no es muy relevante porque en la práctica es una facultad de la que hasta ahora casi nunca hacen uso los jueces. Ahora bien, lo cierto es que, mientras no se

41. Cfr. VILLAMARIN LÓPEZ, M. L. (nota 16), p. 80.

haga este ajuste legal, dado que este apartado está incardinado en la fase de la vista, si un juez quisiera ejercitar esta facultad, esto daría lugar a que la parte tuviera que proponer sobre la marcha una nueva prueba, que debería practicarse en unidad de acto o, si esto no fuera posible, en una segunda sesión de la vista o, posteriormente, como diligencia final.

Esta idea engancha con una última cuestión que cabe plantearse en materia de prueba: si cabe practicar en la vista prueba que no fue propuesta (ni, por tanto, admitida) en la fase escrita. Podríamos pensar en varios supuestos en los que esto puede ser necesario; por ejemplo, si aparecen hechos nuevos o de nueva noticia que precisan para su fijación de cierta actividad probatoria o cuando se trate de pruebas propuestas tras la manifestación del tribunal prevista en el art. 429.1 LEC, a la que antes hemos aludido, o cuando, excepcionalmente, se practiquen de nuevo pruebas sobre hechos relevantes, oportunamente alegados, si los actos de prueba anteriores no hubieren resultado conducentes. En cualquiera de estos casos, habría dos soluciones: o permitir la práctica en este momento o dejarlo para el trámite de diligencias finales. Pues bien, el art. 446 LEC, cuya redacción de 2023 sigue vigente, parece que apuesta por la primera opción, puesto que sostiene que habrá resoluciones (orales) sobre admisión de prueba durante la fase de la vista:

> «Contra las resoluciones del tribunal sobre admisión o inadmisión de pruebas en el acto de la vista sólo cabrá recurso de reposición, que se sustanciará y resolverá en el acto y, si se desestimare, la partes podrá formular protesta a efecto de hacer valer sus derechos, en su caso, en la segunda instancia».

Suponemos que a estas actuaciones probatorias algo excepcionales se puede también referir el legislador con la nueva redacción del art. 447.1 LEC, al mencionar, en nuestra opinión de forma desafortunada, las diligencias finales. Dispone así este precepto:

> «Practicadas las pruebas, incluidas las diligencias finales a las que serán de aplicación lo dispuesto en el artículo 435, el tribunal podrá conceder a las partes un turno de palabra para formular oralmente conclusiones. A continuación, se dará por terminada la vista (...)».

No parece que tenga ningún sentido practicar con unidad de acto diligencias finales en la vista, puesto que éstas son actuaciones que se llevan a cabo de forma excepcional antes de dictar sentencia, siempre que haya finalizado la fase de audiencia (juicio o vista, según el tipo de procedimiento). Nuevamente no se ha sido cuidadoso y preciso al explicar la nueva estructura del juicio verbal. Aunque la referencia a las «diligencias finales» es un manifiesto error del legislador, lo que probablemente quiere permitirse en este momento del proceso es la posibilidad de que se lleven a cabo una suerte de actuaciones probatorias excepcionales propuestas sobre la marcha en la vista y que se practicarían antes de su finalización (en el mismo acto o, si se suspende, en un momento posterior) cuando la práctica de esos medios de prueba no hubiera sido oportunamente planteada en la fase previa de traslado de escritos, en los supuestos antes mencionados; sí que es cierto que estos supuestos coinciden en contenido con los que amparan las diligencias finales de acuerdo con el art. 435 LEC y puede ser esta la razón que haya provocado que se haya hecho esta mención equívoca y errada. En cualquier caso, si esta era la idea del legislador, debería haber evitado el uso del término «diligencias finales» en este contexto, para no inducir a confusión a quien deba aplicar la LEC.

La finalización de la vista y la formulación de las conclusiones. Finalizada su práctica, la LEC prevé la formulación de conclusiones. Pese a las advertencias reiteradas de la doctrina sobre la oportunidad de este cambio[42], el legislador no ha aprovechado para modificar esta previsión y hacer de las conclusiones un trámite obligado, como ocurre en el ámbito del juicio ordinario (art. 433.2 LEC).

3.8. LAS DILIGENCIAS FINALES

Aunque el RDL 6/2023 ya despejó en sentido positivo todas las dudas sobre la posibilidad de practicar diligencias finales tras la vista del verbal, lo cierto es que éstas no se mencionaban claramente en el art. 445 LEC. Aunque el precepto venía precedido del encabezamiento «Prueba, diligencias finales y presunciones en los juicios verbales», su texto omitía la referencia a estas actuaciones excepcionales, aunque sí se hacía referencia a los preceptos que las regulan (arts. 435 y 436). El legislador de la LO 1/2025 ha salvado este descuido del legislador de 2023, dando nueva redacción al art. 445 LEC:

> «En materia de prueba, de diligencias finales y de presunciones, será de aplicación a los juicios verbales lo establecido en los capítulos V y VI del título I del presente libro, así como los artículos 435 y 436 de este texto legal».

Teniendo en cuenta que este precepto se remite al art. 436 LEC, practicadas estas diligencias, las partes estarán facultadas para presentar sus conclusiones: «podrán, dentro del quinto día, presentar escrito en que resuman y valoren el resultado».

3.9. LAS SENTENCIAS DICTADAS EN LOS JUICIOS VERBALES

Una de las principales novedades que presenta el nuevo juicio verbal tras la aprobación de la LO 1/2025 es la posibilidad de que se dicten sentencias orales. Recordemos que, hasta esta reforma, el art. 210.3 LEC las prohibía de manera taxativa: «En ningún caso se dictarán oralmente sentencias en procesos civiles».

42. BERNARDO SAN JOSÉ, A. (nota 7), p. 328.

Esta medida no es, sin embargo, totalmente «ajena» a nuestro ordenamiento. Como indica el Tribunal Supremo, en su Sentencia 623/2025, de 20 de febrero[43], esta opción ya estaba contemplada con carácter general por el art. 245.2 LOPJ cuando establece que «las sentencias podrán dictarse de viva voz cuando la autorice la ley», cosa que ya había sucedido antes de 2025 en los procesos laborales (art. 50 LPL). Tampoco resulta absolutamente novedosas este tipo de resoluciones en el ámbito de la justicia civil, ya que, por ejemplo, ya se habían incluido en el Plan de Choque para la Administración de Justicia[44] como una medida de agilización de los procesos —curiosamente en paralelo a medidas de refuerzo de la oralidad—. Esta posibilidad no tiene que ser, en abstracto, contraria a los principios esenciales de nuestro proceso y, de hecho, en la reciente STS citada *supra,* dictada a propósito de un procedimiento de reconocimiento de una sentencia extranjera dictada *in voce,* defiende la compatibilidad de este tipo de resoluciones con el orden público español, «pues no es contrario a nuestro sistema de derechos fundamentales y libertades públicas ni a los principios esenciales de nuestro ordenamiento jurídico».

Pues bien, tras todos estos antecedentes, las sentencias orales se fueron introduciendo tanto en el Anteproyecto como en el Proyecto de Eficiencia Procesal, siendo objeto de gran número de críticas sobre esta cuestión. Por este motivo, cuando se aprobó el Real Decreto-Ley 6/2023 la doctrina se congratuló de que esta propuesta no hubiera cuajado en dicho texto; en este sentido, VALLESPÍN PÉREZ señalaba que: «Quizás, por los riesgos inherentes al dictado de sentencias orales, así como por las dudas del real aprovechamiento de esta posibilidad, lo cierto es que el Real Decreto-Ley 6/2023 no ha incorporado mención alguna a dicha posibilidad en ninguno de aquellos preceptos que afectan a la reforma de nuestro enjuiciamiento civil»[45]. Sin embargo, como vemos, el legislador retomó su propuesta en la LOEP, que modifica el apartado tercero y añade un apartado cuarto al artículo 210 LEC.

El 210.3 LEC queda redactado del siguiente modo:

> «Salvo en los procedimientos en los que no intervenga abogado de conformidad con lo dispuesto en el artículo 31.2, podrán dictarse sentencias oralmente en el ámbito del juicio verbal, haciéndose expresión de las pretensiones de las partes, las pruebas propuestas y practicadas y, en su caso, de los hechos probados a resultas de las mismas, haciendo constar las razones y fundamentos legales del fallo que haya de dictarse, con expresión concreta de las normas jurídicas aplicables al caso. El fallo se ajustará a las previsiones de la regla 4.ª del artículo 209.

43. Sentencia del Tribunal Supremo del 20 de febrero de 2025 (n. resolución 281/2025). ECLI: ES:TS:2025:623.
44. Plan de abril de 2020, acordado tras el estado de alarma. Este plan generalizaba las sentencias orales para todas las jurisdicciones.
45. VALLESPÍN PÉREZ, D. (nota 7), p. 18.

La sentencia se dictará al concluir el mismo acto de la vista en presencia de las partes, sin perjuicio de su ulterior redacción por el juez, la jueza o el magistrado o la magistrada. Se expresará si la sentencia es o no firme, indicando, en este caso, los recursos que procedan, órgano ante el cual deben interponerse y plazo para ello».

Varias consideraciones merece este precepto.

La primera se refiere a su ámbito de aplicación. Pese a que de la lectura del precepto podría deducirse que la regla general ha de seguir siendo que se dicten sentencias por escrito en el plazo de diez días siguientes a la finalización de la vista, lo cierto es que el art. 210.3 LEC abre la puerta a que el tribunal pueda dictar las sentencias orales en cualquier supuesto, sin que la ley haga mención a ninguna exigencia adicional, más que la necesaria «presencia de las partes»; no se reserva, así, esta modalidad para los casos menos complejos, ni se le pide al juez que justifique el por qué la sentencia se dicta de forma oral atendiendo a las circunstancias del caso; así, esta opción, que, aplicada a supuestos de escasa complejidad jurídica o probatoria o a asuntos repetitivos, podría merecer una valoración positiva[46], nos genera bastante incertidumbre si se emplea de forma generalizada y termina convirtiéndose en la regla, para comodidad de los jueces. Si esto ocurriese, claramente se pondrían en riesgo tanto las garantías de exhaustividad y motivación de las resoluciones judiciales, como la seguridad jurídica.

La LOEP únicamente excluye del dictado de sentencias orales los procesos en los que no se tiene que actuar con abogado, conforme al art. 31.2 LEC. Según el Informe del CGPJ al Proyecto de Ley de medidas para la Eficiencia Procesal, esto se justifica «en garantía del derecho de defensa de los litigantes», en conexión con la previsión del 210.4 LEC «relativa a la decisión de no recurrir la sentencia»[47]. En sentido similar, explica ASENCIO MELLADO que el funda-

46. En este sentido se manifiestan algunos juristas; por ejemplo ARSUAGA CORTÁZAR, J., Presidente de la Audiencia Provincial de Cantabria, tras advertir sobre la «fatiga cognitiva del juez» por la «necesidad de redactar innumerables sentencias que expresan una convicción sencilla, fundada en una discusión repetitiva en modo alguna compleja y sobre una prueba muy limitada», apoyaba esta idea señalando que «escasos son los supuestos en que tras presenciar las pruebas de un procedimiento de escasa complejidad jurídica o probatoria el juez no haya formado por completo su convicción», lamentando lo que en estos casos suponían las sentencias escritas: «pero, por desgracia, la expresión de la decisión debe dilatarse para ser escrita. El resultado: demora, acumulación y fatiga» (cfr. ARSUAGA CORTÁZAR, J., «La sentencia in voce civil como medida de agilización procesal», *Blog Hay Derecho*, 1 de marzo de 2024; en igual sentido, PEREA GONZÁLEZ, A., «¿Por qué no permitir las sentencias orales, "*in voce*", en la jurisdicción civil?», *Confilegal*, 7 de abril de 2020. Ni siquiera en estos casos esta solución le resultaba favorable al Consejo General de la Abogacía Española en su Informe al Anteproyecto, no sólo teniendo en cuenta el derecho de las partes a una resolución motivada, sino porque entendía que «este sistema daría lugar a muchas aclaraciones, complementos, etc., que retrasarían más que agilizaría» (p. 45).

47. Informe del CGPJ (nota 37), p. 129.

mento radica en estos casos en que «los jueces han de proporcionar a éstas (a las partes), en la inmensa mayoría de los casos legas en Derecho, una explicación más amplia y detallada de su decisión, que satisfaga en mayor medida las aspiraciones de justicia que motivaron su decisión de acudir a los tribunales»[48]. Si esta es la razón de esta salvedad, coincidimos con el CGPJ y con ASENCIO MELLADO en que lo más correcto hubiera sido aplicarla sólo cuando no se actúe en el juicio verbal con abogado, puesto que esto es lo relevante en estos casos y no el carácter preceptivo o no de la representación. De cualquier modo, resulta paradójico que el legislador sea aparentemente tan celoso con el derecho de defensa de las partes, evitando que se dicte sentencia *in voce* si van autorrepresentadas, cuando en realidad en estos casos no hay posibilidad de apelar la sentencia; es, por tanto, una protección bastante ficticia, porque, haga lo que haga el tribunal en su sentencia (escrita, en este caso), el sujeto no podrá defenderse frente a dicha resolución[49].

La segunda consideración se refiere al contenido, motivación y documentación de dicha sentencia. El legislador ha sido especialmente cuidadoso en este aspecto y ha previsto un régimen bastante garantista.

Por lo que respecta a su contenido, las sentencias *in voce* deben cumplir prácticamente las mismas exigencias que las escritas[50]; así, dispone el art. 210.3 LEC que dichas sentencias deberán contener los siguientes extremos:

a) las pretensiones de las partes;

b) las pruebas propuestas y practicada y, en su caso, de los hechos probados a resultas de las mismas;

c) en el fallo, que se ajustará a lo dispuesto en el art. 209.4.º LEC[51], deberán hacerse constar «las razones y fundamentos legales», «con expresión concreta de las normas jurídicas aplicables al caso»;

---

48. Cfr. ASENCIO MELLADO, J. M., «Las sentencias orales en el juicio verbal. Principio de oralidad y tutela judicial efectiva», *Práctica de Tribunales*, n.º 162, mayo 2023, p. 5.

49. También puede quedar bastante indefenso quien vea que la redacción de la sentencia escrita no se corresponde con el dictado oral cuando se trate de uno de los supuestos que no tienen acceso a apelación (esto podría ocurrir en los verbales por la cuantía cuando lo reclamado esté entre 2000 y 3000 euros). En cualquier caso, entendemos que para estos casos sí que la parte podría al menos acudir a los mecanismos del art. 215 LEC para la subsanación y complemento de sentencias defectuosas o incompletas, tratando de salvar esta incorrección.

50. A este respecto, señala BANACLOCHE, J., que, ante tantas exigencias de lo que deben «mencionar oralmente sobre la marcha (...) casi le resultará más sencillo poner la sentencia por escrito» (cfr. BANACLOCHE, J., «Las reformas en el proceso civil (...)», nota 7, p. 19).

51. Recuérdese que en este precepto se exige que el fallo contenga tanto el pronunciamiento sobre las pretensiones de las partes, sobre las costas, así como, en su caso, la determinación «de la cantidad objeto de la condena, sin que pueda reservarse su determinación para la ejecución de la sentencia, sin perjuicio de lo dispuesto en el art. 219 de esta ley».

d) deberá indicarse si es o no firme y, en caso de que no lo sea, deberán señalar los recursos que cabe interponer frente a la sentencia, precisando tanto el órgano ante el que deba interponerse como el plazo para ello.

Conviene hacer dos precisiones sobre esta previsión: la primera, que las exigencias son bastantes altas para una sentencia dictada oralmente, por lo que coincidimos con BANACLOCHE PALAO, en que, ante tantas exigencias de lo que deben «mencionar oralmente sobre la marcha (...) casi le resultará más sencillo poner la sentencia por escrito»; la segunda, que, pese a lo esperado por la ley puede cumplirse y las sentencias *in voce* también pueden estar suficientemente motivadas, no se nos oculta que hay más riesgo de que esta exigencia no se cumpla suficientemente, porque resulta más difícil hacer bien esta tarea sin tiempo de reflexión ni de examen reposado del asunto, debiendo valorar de forma inmediata lo que acaba de ocurrir en la vista[52]; es posible, como señalaba ASENCIO MELLADO, «que la inmediatez en su dictado (justo después de formuladas las conclusiones por las partes o, si no se conceden éstas, inmediatamente después de practicada la prueba) genere situaciones en las que esto no sea así», por lo que coincidimos con él en que lo más recomendable es que esta posibilidad se circunscriba a «asuntos de escasa complejidad»[53].

En cuanto a la cuestión de su documentación, el texto de la LOEP mejora la propuesta del Anteproyecto, que disponía únicamente que, una vez dictada oralmente al finalizar la vista, quedara «documentada en el soporte audiovisual del acto, sin perjuicio de la ulterior redacción por el juez o magistrado del encabezamiento, la mera referencia a la motivación pronunciada oralmente dándose por reproducida y el fallo íntegro». Como se ha visto *supra*, el texto final del art. 210.3.II LEC es más garantista y requiere su «ulterior redacción por el juez». Esta exigencia coincide con la expresión contenida en el art. 210.4 LEC:

> «el plazo para recurrir comenzará a contar desde la notificación de la sentencia *debidamente redactada*» (la cursiva es nuestra)

Ambas parecen exhortar al juez a que, aunque decida dictar la sentencia de forma oral, tenga luego que sentarse en su despacho y preparar con cuidado el documento por escrito (ajustándolo a las exigencias de los arts. 208 y 209 LEC), que será el que se notifique a las partes para que puedan, en su caso, impugnarlo.

52. En este sentido, advertía BERNARDO SAN JOSÉ, A., que las sentencias orales introducían «un riesgo de incorrecta aplicación del sistema de fuentes del Derecho en la resolución del caso que puede luego comprometer la redacción de la sentencia escrita conforme a la última jurisprudencia dictada en la materia. Lo que hay detrás de la escritura de la sentencia no es una mera forma, es la garantía —que sirve de acicate a los jueces para dar por terminado el asunto— de que la decisión encierra un juicio fáctico y jurídico atento al caso y singularizado» (cfr. BERNARDO SAN JOSÉ, A., «Capítulo XIII: Cómo hacer más eficientes los procesos declarativos civiles», en JIMÉNEZ CONDE, F. y LÓPEZ SIMÓ, F., *La eficiencia de la justicia a debate*, Ed. Tirant lo Blanch, Valencia, 2024, p. 241).
53. Cfr. ASENCIO MELLADO, J. (nota 48), p. 7.

Sin embargo, este cuarto párrafo termina repitiendo la misma idea del recurso, finalizando con una coletilla inquietante:

> «El plazo para interponer el recurso de apelación comenzará a contar desde el día siguiente al que se notificase a la parte la sentencia por escrito con expresión del fallo y *con motivación sucinta*» (la cursiva es nuestra).

Esto es, que, sin mayor justificación ni sentido, el legislador permite que la fundamentación introducida en la redacción por escrito de la sentencia proferida en la vista oralmente sea «sucinta», reduciendo aún más las garantías de defensa de las partes, que verán mermadas sus opciones de conocer por entero el razonamiento que llevó al juez a adoptar su fallo. No parece que esta previsión sea conforme con las exigencias constitucionales (art. 120 CE y art. 24 CE), ni sea tampoco coherente con lo exigido por el art. 208 LEC, que solo permite que la motivación sea sucinta cuando se trate de las resoluciones más sencillas que puede dictar el juez, como ocurre con las providencias. Entendemos que es un descuido del legislador (otro más), que ha repetido en su cuarto apartado lo previsto en el 210.1 LEC para las resoluciones distintas de sentencia que se dictan de forma oral durante el proceso; con relación a las sentencias, esto únicamente sería admisible para aquellas que hubieran devenido firmes de manera inmediata en la propia vista.

Por último, y aunque el precepto nada dice sobre esta cuestión, entendemos que el juez, al redactar la sentencia por escrito, queda obligado a ceñirse a lo que haya resuelto de forma oral, sujeto a una suerte de congruencia, por lo que las partes, si entienden que el juez no lo ha hecho bien, podrán poner de manifiesto este defecto de la sentencia por los medios que resulten oportunos: mediante recurso de apelación[54] o, si fuera posible, haciendo uso previamente del mecanismo previsto en el art. 215 LEC, cuando se tratara de resolver una posible omisión de pronunciamiento o de remediar algún defecto de que pudiera adolecer dicha sentencia. De hecho, para adelantar la solución a estos posibles defectos u omisiones, cabría plantearse si este mecanismo de subsanación y complemento de sentencias del art. 215 LEC no podría incluso emplearse frente a la sentencia dictada *in voce*, ya sea en ese mismo momento o, posteriormente, mediante un escrito en el que las partes solicitaran la aclaración o complemento de la resolución oral.

Para concluir este apartado, conviene hacer un par de consideraciones sobre la firmeza y la recurribilidad de estas sentencias. El párrafo cuarto del art. 210 LEC prevé que pueda declararse inmediatamente la firmeza de la resolución si,

54. No se nos oculta que es posible que, como señalaba SÁNCHEZ LÓPEZ, B., esta opción legislativa provoque un aumento de recursos de apelación y, por tanto, «una mayor congestión de las Audiencias Provinciales y una duración superior de la segunda instancia», no sólo por «posibles errores y omisiones de las sentencias orales», sino también, como se acaba de apuntar, cuando se produzcan contradicciones entre las sentencias orales y las escritas (cfr. SÁNCHEZ LÓPEZ, B. (nota 7), p. 113).

pronunciada la sentencia y presentes todas las partes, por sí o debidamente representadas[55], éstas expresaren su decisión de no recurrir. Obviamente esta solución favorece la agilización del procedimiento, sin merma de ninguna garantía procesal, puesto que las partes están conformes con la decisión del juez. Ahora bien, lo que nos parece más criticable es lo que se ha previsto cuando no se llega a esta situación. En este caso el 210.4 LEC hace recaer en las partes una nueva carga: les exige que deban «manifestar su interés en recurrirla» en el plazo de cinco días tras la vista, «con expresión de los pronunciamientos objeto de la misma», sin que, obviamente, se les haya notificado previamente la sentencia por escrito. *A sensu contrario*, esto implica que, transcurrido ese plazo sin que las partes muestren su intención de recurrir, la resolución deviene firme. En nuestra opinión esta disposición constituye otro despropósito más del legislador de la LOEP; no vemos la necesidad de este nuevo trámite, que obliga a las partes a anticipar su decisión sobre el recurso sin haber podido ni siquiera leer la resolución adoptada. No se comprende la prisa del legislador, y por qué no ha permitido que se haga coincidir esta toma de decisión con el plazo de interposición, como ha ocurrido hasta ahora sin dificultades, una vez que se haya notificado la sentencia «debidamente redactada».

3.10. APELACIÓN

Como es bien sabido, el recurso de apelación previsto inicialmente en la LEC fue recortado por la Ley 37/2011 bajo el pretexto de «limitar el uso, a veces abusivo, y muchas veces innecesario, de instancias judiciales» (Exposición de Motivos de dicha Ley). Nada podía objetarse desde el punto de vista meramente técnico ya que el derecho fundamental al recurso permite al legislador decidir libremente si arbitra o no recursos frente a las resoluciones civiles o, como es el caso, si limita los existentes sin merma de esta garantía constitucional, ya que se trata de un derecho de configuración legal. Sin embargo, sí cabía criticarla, como lo ha hecho desde entonces la mayor parte de la doctrina[56], teniendo en cuenta su escasa justificación y sus consecuencias para los justiciables. Como señala GASCÓN INCHAUSTI, los motivos esgrimidos para limitar el recurso eran «profundamente» peligrosos y «evidencian una comprensión distorsionada por parte del legislador acerca de cómo debe construirse un sistema de justicia

55. Entendemos que, en el caso de que la parte no actúe en la vista por sí misma, será preciso que el procurador cuente con poder especial, dado que esta actuación supone el desistimiento de su derecho a recurrir y, por tanto, se trata de uno de los supuestos previstos en el art. 25.2 LEC, de modo análogo a lo que viene exigiendo hasta ahora la jurisprudencia para el desistimiento de los recursos.

56. Así, por ejemplo, GASCÓN INCHAUSTI, F., *Los recursos en el proceso civil tras la Ley de Medidas de Agilización Procesal*, en e-prints UCM: https://eprints.ucm.es/26549/1/2012_Los%20recursos%20en%20el%20proceso%20civil%20tras%20la%20LMAP.pdf, SÁNCHEZ GIMENO, S., «La modificación de la LEC operada por la Ley 37/2011», Actualidad Jurídica Uría y Menéndez, 31/2012, en https://www.uria.com/documentos/publicaciones/3359/documento/art03.pdf?id=3874, a favor, ALMAGRO NOSETE, J., «La última reforma del proceso civil», *Actualidad Civil*, n.º 21/2011.

civil» puesto que, como indica este autor, apoyándose en datos estadísticos del momento, difícilmente podía afirmarse la falta de necesidad de un recurso que revocaba más de un tercio de las sentencias dictadas por los tribunales unipersonales de primera instancia (Juzgados de Paz, Juzgados de Primera Instancia o de lo Mercantil). Esta reforma priva de todo medio de impugnación a quien sufre un error judicial o una mala aplicación del derecho por los tribunales de primera instancia sin más motivo que la simple reducción de carga de trabajo de la Audiencia Provinciales, que, según se desprende de las estadísticas, además tampoco era tanta por estos asuntos. Con todo, dada la deficiente técnica legislativa empleada en la reforma, afortunadamente el artículo sólo mencionaba a las sentencias, por lo que cabe la apelación contra los autos definitivos dictados en primera instancia. Junto a ellos son apelables las sentencias dictadas en juicios verbales por la materia, así como por la cuantía, cuando ésta sea superior a 3.000 euros.

A pesar de que la doctrina llevaba criticando desde la aprobación de la Ley 37/2011 este recorte injustificado en el derecho a los recursos[57], la LO 1/2025 no ha planteado ninguna modificación al respecto.

La única novedad que introduce en materia de apelación reside en que, si se dicta la sentencia de forma oral, dispone que las partes habrán de presentar en el plazo de cinco días desde la celebración de la vista un nuevo escrito a modo de un anuncio del recurso que presenten luego. En él habrán de manifestar «su interés en recurrirla, con expresión de los pronunciamientos objeto del mismo». En todo caso, advierte que el cómputo del plazo no comenzará a contar desde que se dicte dicha sentencia, sino «desde el día siguiente al que se notificase a la parte la sentencia por escrito con expresión del fallo y con motivación sucinta» (art. 210.4 LEC).

4. NOVEDADES INTRODUCIDAS POR LA LOEP EN LOS JUICIOS VERBALES CON ESPECIALIDADES PROCEDIMENTALES

4.1. NUEVO REQUISITO DE PROCEDIBILIDAD EN LOS PROCESOS DE RECLAMACIÓN DE DEVOLUCIÓN DE CANTIDADES INDEBIDAMENTE SATISFECHAS POR EL CONSUMIDOR EN APLICACIÓN DE CLÁUSULAS ABUSIVAS

En no pocos casos el Letrado de la Administración de Justicia se encuentra ante uno de los supuestos especiales del art. 439 LEC, precepto que establece requisitos de admisibilidad especiales que han de cumplir las demandas en muchos de los juicios verbales con especialidades, previstos en el art. 250.1 LEC; así, por ejemplo, ocurre en los interdictos de retener o recobrar la posesión (art. 250.1.4.º LEC), en los procesos para la recuperación de la posesión (art. 250.1.1.º, 2.º, 4.º y 7.º LEC), en los procedimientos para la efectividad de

57. Véase, entre otros, BERNARDO SAN JOSÉ, A. (nota 7), p. 329.

los derechos reales inscritos (art. 250.1.7.º LEC), en los que tienen lugar por incumplimiento por el comprador de contratos de compraventa a plazo de bienes muebles (art. 250.1.10.º LEC), en los de arrendamiento financiero (art. 250.1.11.º LEC) o en aquellos que establezcan las leyes especiales (art. 439.8 LEC —antes art. 439.5 LEC—). Estos requisitos de procedibilidad de las demandas podían consistir en la exigencia que se hiciera constar determinada información en ella, en la necesidad de aportar determinados documentos o en la acreditación por las partes de haber llevado a cabo cierta conducta.

Pues bien, el legislador de 2025 ha introducido un nuevo supuesto en el que el LAJ tendrá que controlar si concurre el requisito de procedibilidad antes de admitir la demanda[58]; en este caso, en los procesos que van por el juicio verbal por la materia del art. 250.1.14.º LEC. Para estos casos el nuevo art. 439.5 LEC ha previsto que, cuando se inicie una «reclamación de devolución de las cantidades indebidamente satisfechas por el consumidor en aplicación de determinadas cláusulas suelo o de cualesquiera otras cláusulas que se consideren abusivas contenidas en contratos de préstamo o crédito garantizados con hipoteca inmobiliaria», la demanda tenga que acompañarse de un «documento que justifique haber practicado el consumidor una reclamación previa extrajudicial a la persona física o jurídica que realice la actividad de concesión de préstamos o créditos de manera profesional, con el fin de que reconozca expresamente el carácter abusivo de dichas cláusulas, con la consiguiente devolución de las cantidades indebidamente satisfechas por el consumidor». Curiosamente, la regulación sobre el modo en que ha llevarse a cabo esta reclamación previa especial se ha insertado de forma extraña en medio de la regulación del juicio verbal, entre los preceptos que se ocupan de la admisión de la demanda (arts. 438 y 439 LEC) y el que prevé la citación de la vista (art. 440 LEC), en un nuevo art. 439bis LEC[59].

58. Sobre la razón de ser de esta nueva exigencia, puede verse BANACLOCHE PALAO, J., Capítulo 6.º de esta obra, aptdo. 2.3.

59. De conformidad con el art. 439bis LEC y, a los fines previstos en el nuevo 439.5 LEC, se exige que, cuando se quiera demandar a una persona física o jurídica que realice la actividad de concesión de préstamos o créditos de manera profesional para solicitarle la devolución de cantidades indebidamente satisfechas en aplicación de cláusulas abusivas, el consumidor deba acudir necesariamente a este procedimiento de reclamación previa, gratuito, sin que los interesados puedan ejercitar entre sí «ninguna acción judicial o extrajudicial en relación con el objeto de la reclamación previa durante el tiempo en que esta se sustancie». El consumidor remitirá reclamación a la persona concedente, quien «deberá admitir o denegar la reclamación», calculando, en caso, dicha cantidad «de manera desglosada, incluyendo necesariamente las cantidades que correspondan en concepto de intereses» y deberá fijar su posición sobre la posible nulidad de las «cláusulas que el consumidor señale como abusivas». Es importante señalar que podrá expresar de forma motivada sus motivos de oposición tanto a las cantidades reclamadas como a la abusividad de las cláusulas, quedando vinculado por lo que aquí señale de cara al proceso judicial posterior («sin que pueda alegar otros diferentes en el proceso judicial que se siga»). Si el consumidor estuviera de acuerdo con la

4.2. LAS CAUSAS DE OPOSICIÓN EN LOS PROCESOS DE TUTELA DE LA POSESIÓN (ART. 444 LEC)

La LOEP elimina parte del contenido del art. 444.1bis LEC con relación a las demandas que pretendan la «tutela sumaria de la tenencia o de la posesión de una cosa o derecho por quien haya sido despojada de ellas o perturbado en su disfrute» (art. 250.14.º LEC). En concreto, se suprimen dos cuestiones: primera, que, cuando el demandado no contestaba a la demanda en plazo, se procedía a dictar sentencia de inmediato; segunda, que cuando se dictaba sentencia estimatoria en uno de estos procesos, el demandante que instara la ejecución no debía esperar el plazo de veinte días del art. 548 LEC.

Queda, en suma, reducido el contenido de este apartado a los dos únicos motivos de oposición que pueden alegarse en estos procesos: «existencia de título suficiente frente al actor para poseer la vivienda» y «falta de título por parte del actor».

4.3. TRATAMIENTO ESPECIAL DE LA COSA JUZGADA EN CASO DE ACUMULACIÓN DE LA ACCIÓN DE DESAHUCIO O RECUPERACIÓN DE FINCAS Y LAS ACCIONES DE RECLAMACIÓN DE RENTAS (ART. 447.III LEC)

Dentro del artículo 447 LEC, que se ocupa de las sentencias dictadas en los juicios verbales, su apartado segundo establecía como excepción las que carecían de cosa juzgada. Dentro de ellas se encontraban las sentencias dictadas en procesos de desahucio o recuperación de finca dada en arrendamiento, por

postura del concedente del préstamo o crédito respecto a las cantidades reclamadas y la abusividad de las cláusulas interesadas, acordará la devolución del dinero y, en su caso, se «reconocerá la nulidad de las cláusulas». Se concede un plazo de un mes para que las partes lleguen a un acuerdo, si bien el procedimiento se entenderá que se ha concluido sin acuerdo en los tres casos siguientes: a) «Si la persona o entidad a quien se ha dirigido la reclamación rechaza expresamente la solicitud del consumidor; b) Si finaliza el plazo de un mes desde la recepción de la comunicación, sin comunicación alguna por su parte; c) Si el consumidor no está de acuerdo con el cálculo de la cantidad a devolver efectuado por la persona o entidad concedente del préstamo o crédito, si rechaza la cantidad ofrecida, o si no muestra su conformidad con la posición de dicha persona o entidad sobre la nulidad de las cláusulas interesadas».

Si, aceptada la oferta por el consumidor, el concedente no hubiera hecho efectivo el pago, la LEC no sólo indica que el consumir podrá acudir libremente a la vía judicial, sino que se prevé el devengo de un interés superior al habitual: el interés legal del dinero «incrementado en ocho puntos desde que conste fehacientemente que ha sido aceptada la oferta por el perjudicado».

La celebración de este procedimiento no sólo es condición previa de un proceso judicial, sino que la posición que durante ella mantengan las partes podrá ser tenida en cuenta en sede judicial no sólo para la imposición de las costas (arts. 245 y 394 LEC), sino también como circunstancias a tener en cuenta para poder apreciar una posible infracción de la buena fe procesal, abuso de derecho, fraude de ley o procesal o, tal y como se ha previsto en la LO 1/2025 de forma novedosa, «abuso del servicio público de justicia» (art. 247 LEC).

impago de renta o alquiler o por expiración legal o contractual del plazo. En la práctica es muy frecuente que a estas acciones se acumulen las de reclamación de rentas o de cantidades análogas vencidas y no pagadas o las acciones ejercitadas contra el fiador o avalista solidario, tal y como lo permite el art. 437.4.3.º LEC. En estos casos, dado que la acción acumulada tiene carácter plenario, se planteaba la duda de si la sentencia que se dictara también carecía de fuerza de cosa juzgada, si cada acción mantenía sus características o si, por *mor* de esta acumulación objetiva, todos sus pronunciamientos producían cosa juzgada.

Durante años esta cuestión ha sido objeto de controversia tanto doctrinal como jurisprudencial. La tesis minoritaria, secundada por algunas Audiencias Provinciales (por ejemplo, SAP de Barcelona 644/2020, de 28 de septiembre o SAP de Gerona 162/2023, de 10 de febrero), sostenía que cada acción mantenía su propia naturaleza, por lo que lo resuelto sobre la pretensión de desahucio no adquiría fuerza de cosa juzgada, mientras que sí producían este efecto la acción o acciones acumuladas. Por el contrario, la tesis mayoritaria defendía que, cuando se sustanciaban las dos acciones de manera conjunta en un juicio verbal, la sentencia resolvía el asunto con carácter plenario (por ejemplo, en SAP de Valencia de 11 de junio de 2013). Esta última doctrina fue acogida por el Tribunal Supremo desde 2023 en varias resoluciones (STS 1006/2023, de 21 de junio; 966/2023, de 19 de junio; 1069/2024; 1070/2024, de 24 de julio). Se apoyaba el Tribunal en la idea de «que, en virtud del último inciso del primer párrafo del art. 440.3 LEC transcrito (*hoy art. 438.5 LEC*), en el juicio de desahucio al que se acumula la acción de reclamación de las cantidades debidas, el demandado puede oponerse alegando, y probando, las razones por las que entiende que no debe, en todo o en parte, la cantidad reclamada», por lo que se «permite alegar y conocer acerca de si se debe o no la cantidad reclamada conforme al contrato, sin que se puedan establecer limitaciones a la cognición de las excepciones al pago invocadas». Por todo ello, se concluía que, en estos casos, «el procedimiento pasa a tener la naturaleza plenaria propia de un pleito en el que se reclama el pago de una cantidad, con efectos de cosa juzgada, dada la imposibilidad de escindir los efectos que el conocimiento de la reclamación de rentas puede provocar en el desahucio por impago». Y esto porque, «en la medida en que la estimación de una excepción al pago puede determinar que la cantidad reclamada no se deba, ello puede dar lugar al fracaso de la acción de desahucio, pues sin impago no hay causa de desahucio» (STS 1006/2023)[60].

Pues bien, la LO 1/2025 ha dado una respuesta legal por primera vez a esta cuestión, si bien en un sentido bien distinto al apuntado por el Tribunal Supremo, sin que acertemos a conocer el motivo de esta decisión legislativa.

60. Un comentario a esta sentencia puede leerse en VELA TORRES, P. J., «Los juicios verbales en que se acumulen la acción de desahucio y la acción de reclamación de cantidad no tienen carácter sumario», *Diario La Ley*, n.º 10379, noviembre de 2023.

En concreto, el segundo apartado que se ha añadido al art. 447.2 LEC dispone lo siguiente:

> «En relación con las demandas en las que se acumulen a la pretensión de desahucio o recuperación de finca dada en arrendamiento, por impago de renta o alquiler o por expiración legal o contractual del plazo, las acciones de reclamación de rentas o cantidades análogas vencidas y no pagadas, así como las acciones ejercitadas contra el fiador o avalista solidario, los pronunciamientos de la sentencia en relación con esas acciones acumuladas a la de desahucio producirán efectos de cosa juzgada».

En resumen, tras la LOEP cada pronunciamiento mantendrá su propia naturaleza y, por ende, dará lugar o no lugar al efecto de cosa juzgada en función de su propio carácter sumario o plenario.

5. NOVEDADES QUE IMPONE LA REFORMA DE LA LOEP EN LOS PROCESOS DECLARATIVOS ESPECIALES; EN PARTICULAR, EN LOS PROCESOS MATRIMONIALES

Como es bien sabido, «salvo que expresamente se diga otra cosa», el juicio verbal es el cauce por el que han de tramitarse los procesos especiales del Libro IV de la LEC (art. 753 LEC), aunque con ciertos ajustes que prevén sus disposiciones generales en atención al interés público que subyace a esos asuntos (arts. 748 a 755 LEC). Por tanto, aunque la LOEP no haya introducido ninguna modificación directa en este Libro IV, lo cierto es que los procesos allí contemplados se ven afectados por los cambios que esta Ley trae consigo. De hecho, hay gran preocupación entre los abogados de familia sobre el impacto que esta norma pueda tener en este tipo de procesos.

Dos son las cuestiones más relevantes que entendemos que hay que plantearse ante estos cambios: en primer lugar, si la nueva Ley introduce un nuevo requisito de procedibilidad para la interposición de demandas en este tipo de asuntos y, en caso afirmativo, qué consecuencias tendría esta novedad; y, en segundo lugar, cómo los cambios introducidos en el juicio verbal van a afectar a estos procesos y, en particular, a los matrimoniales y de familia.

5.1. EL REQUISITO DE PROCEDIBILIDAD EN LOS PROCESOS ESPECIALES

La cuestión relativa al requisito de procedibilidad no presenta en la LOEP una respuesta clara, por lo que está generando una gran inquietud entre los operadores jurídicos[61]. Como ha señalado BANACLOCHE PALAO en el Capítulo 6 de esta obra, esta incertidumbre responde a la contradicción existente entre los dos preceptos que se ocupan de esta cuestión: los arts. 4.1.II y 5.2

61. Señala en este sentido IRAIZOZ RECLUSA, A., Secretario de la Asociación Española de Abogados de Familia, que: «La cuestión no es baladí porque cumplir con el requisito de

LOEP. El primero señala que no podrán ser sometidos a MASC «los conflictos que no estén a disposición de las partes en virtud de la legislación aplicable», precisándose a continuación que «sí será posible su aplicación en relación a los efectos y medidas previstos en los artículos 102 y 103 del Código Civil»; mientras, el art. 5 LOEP impone el requisito de procedibilidad a las demandas interpuestas en todo tipo de procesos civiles, entre los que incluye expresamente a los especiales del Libro IV. De ellos únicamente salva a los relativos a la «adopción de medidas judiciales de apoyo a las personas con discapacidad» y los de «filiación, paternidad y maternidad», pero no se mencionan ni los procesos de familia ni los matrimoniales.

Coincidimos en la interpretación que sobre esta contradicción sostiene BANACLOCHE PALAO en el Capítulo 6 de esta obra, al que nos remitimos[62]. Ya no es sólo que esta lectura sea la que mejor encaja con una interpretación sistemática de los preceptos, sino que también es la que mejor cuadra con la naturaleza de las cuestiones que se resuelven en estos procesos (la declaración sobre el vínculo matrimonial tiene carácter indisponible, con independencia de que se le acumulen acciones de otra índole, sobre la que, al menos en parte, sí pueden disponer las partes) y con la tramitación que ha sido usual en este ámbito. Es práctica habitual de los abogados de familia negociar antes de llegar a juicio, tratando de llegar a acuerdos incluso durante el curso del proceso; de hecho, las estadísticas del INE muestran que el ochenta por ciento de los divorcios en España son de mutuo acuerdo.

Teniendo esto en cuenta, los expertos en este ámbito opinan que la introducción de un posible trámite de conciliación preceptivo, amén de innecesario, sería fuente de muchas «distorsiones» en los procedimientos no consensuados, puesto que no sólo cargaría con más costes al justiciable (que tendrá que pagar

procedibilidad plantea problemas y aspectos inquietantes: la elección del MASC más adecuado; la apertura del proceso de negociación, que puede ser con o sin asistencia letrada; la notificación fehaciente a la otra parte; la acreditación igualmente fehaciente del intento de negociación, dependiendo si ha intervenido, o no, una tercera persona neutral; los nuevos plazos legales para poder dar por concluido el proceso sin acuerdo, de treinta días a tres meses; todo lo relativo al deber de confidencialidad respecto a la información y documentación utilizada en el proceso de negociación —y sus excepciones ¡!— y la importante reforma operada en los artículos 394 y 395 de la LEC relativo a la condena en costas, donde los Tribunales valorarán la colaboración de las partes en la utilización del MASC. Todo es un terreno, en mi opinión, nuevo y pantanoso» (cfr. IRAIZOZ RECLUSA, A., «El requisito de procedibilidad en los procesos de Familia», Editorial n.º 130, *Revista AEAFA*, 27 de febrero de 2025. Puede consultarse en: https://www.aeafa.es/noticias-ampliadas/2821/1/editorial-n130-el-requisito-de-procedibilidad-en-los-procesos-de-familia/; última consulta: 7 de marzo de 2025).

62. Véase en este sentido su explicación en el apartado 2.2.1 de su Capítulo 6 (hoy p. 12). Señala, IRAIZOZ RECLUSA, A., que, aunque él también es partidario de esta interpretación, no es ésta la opinión de los jueces consultados por AEAFA: «para estos jueces, pensar que la Ley 1/2025 a través de su artículo 4.1 restringe los MASC cuando existen hijos menores de edad en un conflicto entre los progenitores, implicaría un retroceso que va radicalmente en contra del espíritu de esta ley» (cfr. nota 53).

el precio de la mediación y, en su caso, si requiere su compañía, los honorarios del abogado), sino que también dilataría el curso del proceso; y, es más, para conjurar estas consecuencias, los profesionales podrían optar por aconsejar soluciones alternativas a esta vía, nada convenientes para los justiciables ni para la Administración de Justicia. Así, es fácil que los abogados, si, como es frecuente, precisan de una respuesta judicial urgente que proporcione una solución inminente a una situación familiar insostenible (y que, de no modificarse, puede incluso conducir a una situación de violencia), opten por adelantarse a la demanda con la petición de medidas provisionales, que no exigen el requisito previo de negociación. Una vez adoptadas dichas medidas, habrán de cumplir con el requisito de haber pasado por un MASC para poder interponer la demanda, generando mucho más gasto y retraso a las partes (pago del abogado por las petición de medidas provisionales y pago del MASC, salvo que sea gratuito el servicio, en cuyo caso es probable que, en su lugar, tenga que soportar los retrasos que van a producirse ante el esperado colapso de estos servicios estatales o municipales cuando entre en vigor la LOEP), amén de «un incremento de estas demandas y una duplicidad de juicios para un mismo caso»[63]; incluso, no es descabellado pensar que, en cuanto encuentren el más mínimo resquicio, algunos demandantes optarán por presentar previamente una denuncia de género ante las Secciones de Violencia sobre la Mujer, puesto que, en virtud del art. 4.2 LOEP (que se remite al art. 89.9 LOPJ), las demandas que se interpongan posteriormente ante esos tribunales quedan expresamente fuera del ámbito de aplicación de los MASC, y, por tanto, no se les impone el requisito de procedibilidad del art. 5 LOEP.

Confiamos en que los tribunales decidan seguir la interpretación de la LOEP defendida por BANACLOCHE PALAO y, así, se eviten estos inconvenientes especialmente indeseables en estos procesos tan delicados. Y, con todo, sería aconsejable que el legislador se plantee aclarar cuanto antes esta cuestión.

5.2. LA REPERCUSIÓN EN LOS PROCESOS ESPECIALES DE LOS CAMBIOS EN LA ESTRUCTURA DEL JUICIO VERBAL

Aparte de la posible exigencia del requisito de procedibilidad en la demanda, no se aprecia ningún cambio del juicio verbal que afecte a las fases de demanda y contestación de los procesos especiales.

La siguiente fase, la nueva de traslado de escritos, si se desarrolla con cierta rapidez, puede contribuir a mejorar la tramitación de estos procesos, en especial los de familia, ya que se distancia la proposición de prueba de la vista y se permite además a las partes y a sus abogados enfrentarse a las decisiones del tribunal con cierto margen de reacción, evitando las suspensiones que se producían con frecuencia hasta ahora en las vistas.

63. Cfr. IRAIZOZ RECLUSA, A., (nota 58).

En cuanto a las especialidades en este tipo de procesos, señalaríamos que será preciso que la diligencia de ordenación del LAJ se traslade también al Ministerio Fiscal para que éste pueda proponer prueba y, en su caso, formular ciertas alegaciones. Y, por supuesto, en su auto, el juez no sólo habrá de pronunciarse sobre las cuestiones establecidas en el art. 438.10 LEC, sino que también podrá proponer prueba de oficio (art. 752 LEC).

Tres cuestiones nos parece que merecen una atención especial:

a) La celebración de vista

Pese a que uno de los objetivos de la LOEP es evitar en la medida de lo posible la celebración de vistas en el juicio verbal, hay que entender que esta previsión no puede aplicarse de la misma manera a los procesos especiales. Aunque quepa pensar en algunos supuestos en los que la celebración de vista puede también resultar innecesaria, serán casos excepcionales. En particular, en materia de familia, podría decidirse pasar directamente a dictarse sentencia tras finalizar la fase previa cuando la causa se reduzca a una mera controversia jurídica y sólo precise para su decisión de prueba documental (por ejemplo, puede ocurrir si sólo hay que resolver cuestiones económicas), cuando no haya que decidir sobre cuestiones de responsabilidad parental, no haya menores, cuando no haya prueba personal que practicar o incluso, como señala PEITEADO MARISCAL, cuando ésta ya hubiera sido practicada ante el mismo tribunal en la fase de medidas provisionales previas a la demanda y no fuera preciso recabar ninguna información nueva (ni, añadimos, hubiera nuevos hechos que justificaran la audiencia). Nos sumamos también a la opinión de esta autora en el sentido de que la prueba propuesta en este tipo de procesos queda sujeta a las reglas generales de pertinencia, utilidad y licitud (art. 283 LEC), y, por tanto, que, aunque hay que tener en cuenta las exigencias de este tipo de procedimiento, esto no debe conducir a una absoluta flexibilización de la admisión de prueba, que permita practicar pruebas impertinentes[64].

Por ende, exceptuadas estos casos, lo razonable será celebrar vista; y es más, ésta será imprescindible cuando se trate de un mayor con discapacidad que precise apoyo o de uno de los supuestos en el que es obligado oír al menor de acuerdo con el art. 770.4.º LEC (y el art. 92.1 CC), so pena de nulidad de actuaciones; esto es, en todo caso cuando tuvieren más de doce años y, siendo menores de esta edad, cuando «se estimare de oficio o a petición del fiscal, partes o miembros del equipo técnico judicial o de los propios hijos». En estos casos,

64. Cfr. PEITEADO MARISCAL, P., quien cita en su magnífica obra sobre los procesos matrimoniales las SSTS 4/2014, de 27 de enero y la 409/2015, de 17 de julio, que rechazaron «estimar infracción procesal respecto de la inadmisión de medios de prueba que podían ser considerados impertinentes» (cfr. PEITEADO MARISCAL, P., *Procesos matrimoniales y resolución extrajudicial de la crisis del matrimonio y de la pareja*, Ed. La Ley, 2019, p. 288).

dicha audiencia podrá ser instada por esos sujetos será en la fase de traslado de escritos del art. 438.8 LEC.

En suma, lo razonable será que en estos casos la regla general sea la celebración de vistas y sólo de forma muy excepcional y bien motivada se prescinda de la fase de audiencia; de no ser así, las pruebas denegadas indebidamente en primera instancia para evitar la vista, terminarán practicándose en apelación ante las Audiencias Provinciales, sobrecargando a estos órganos caprichosamente y produciendo dilaciones poco deseables, en particular, en estas materias.

Entendemos que, pese a lo que señala el art. 754 LEC, el auto por el que se decide que se celebre vista deberá indicar no sólo lo que indica el art. 438.10 LEC, sino también si ésta ha de celebrarse a puerta cerrada y si las actuaciones han de ser reservadas, atendiendo a las circunstancias del caso.

b) Las vistas telemáticas

Pese a que el nuevo art. 443 LEC introduce en el ámbito del juicio verbal la misma disposición que el Real Decreto-Ley 6/2023 incluyó para el juicio ordinario, generalizando el uso de la videoconferencia en las audiencias y vistas, no parece que esta disposición vaya a tener especial aplicación en el ámbito de los procesos especiales, habida cuenta del tipo de medios de prueba que se suelen practicar (pruebas personales, exploraciones de menores o personas con discapacidad). Esta especialidad la confirma el art. 129 bis LEC (también introducido en 2023), que, tras establecer la regla de preferencia por las vistas telemáticas, salvaba los siguientes casos:

> «no obstante, lo establecido en el apartado anterior, en los actos que tengan por objeto la audiencia, declaración o interrogatorio de partes, testigos o peritos, la exploración de la persona menor de edad, el reconocimiento judicial personal o la entrevista a persona con discapacidad, será necesaria la presencia física de la persona que haya de intervenir y, cuando ésta sea una de las partes, la de su defensa letrada».

Con todo, incluso en estos casos se plantea el posible uso de estos medios tecnológicos si se dan alguna de las circunstancias siguientes: a) si el tribunal así lo estima, «en atención a las circunstancias del caso»; b) o, por cuestiones de lejanía del declarante: si «la persona que haya de intervenir resida en municipio distinto de aquel en el que tenga su sede el tribunal».

c) Las sentencias orales

Como antes comentamos, el art. 210 LEC sólo excluye de la posibilidad de dictar sentencias orales en los procesos en los que no sea preceptivo acudir con abogado y procurador, por lo que, según su tenor literal, podrían dictarse en cualesquiera procesos especiales, ya que en ellos la exigencia de postulación es la norma (art. 750 LEC). Sin embargo, consideramos que este tipo de procesos deberían haber sido excluidos de su aplicación, ya que suelen presentar cono frecuencia no poca complejidad fáctica y jurídica, por lo que no parece la forma adecuada de resolver este tipo de controversias. Y tampoco parece garantista que el abogado haya de decidir sobre la marcha si decide o no recurrir la resolución judicial dictada *in voce*, máxime en los procesos de familia, en los que suelen acumularse con frecuencia múltiples pretensiones, por lo que parece conveniente que contar con tiempo de reflexión para tomar dicha decisión.

En todo caso, mientras no se modifique el art. 210 LEC en este sentido, invitamos a los jueces a aplicar este precepto con prudencia en estos procesos y, por tanto, a restringir el dictado de sentencias orales sólo para aquellos casos en los que el objeto del proceso sea sencillo; por ejemplo, en los procesos matrimoniales, si el juez únicamente tuviera que pronunciarse sobre la acción constitutiva de divorcio o separación.

6. VALORACIÓN FINAL DE LA REFORMA DEL JUICIO VERBAL

6.1. VALORACIÓN GLOBAL DE LA REFORMA DEL JUICIO VERBAL OPERADA POR LA LOEP

Una vez analizados los aspectos más relevantes de la reforma, estamos en condiciones de hacer una valoración global de sus consecuencias. Comenzaremos señalando sus luces y sus sombras, para terminar haciendo un análisis final de su impacto en la justicia civil.

Comencemos por sus luces. La LO 1/2025 implementa por completo el esquema del nuevo procedimiento del juicio verbal ideado desde el Anteproyecto de Ley de 2020, por lo que cierra algunas cuestiones que se quedaron a medias o poco claras tras el Real Decreto-Ley 6/2023; por ejemplo, como ya comentamos, la posibilidad de celebrar vistas telemáticas en el juicio verbal. Asimismo, también se consigue paliar una situación problemática que se planteaba a raíz la reforma de 2015: cuando se decidía no celebrar la vista si así lo estimaban las partes y el tribunal, se prescindía no sólo de llevar a cabo la actividad probatoria, sino todas las actuaciones anteriores. Por este motivo, en nuestra opinión, debe valorarse positivamente que, aunque no parece que se haya hecho con esta intención (sino más bien pensando en impulsar su decisión nada acertada de no celebración de vistas), se haya previsto una fase previa a la vista destinada a su preparación o, en su caso, a determinar que ésta no ha de celebrarse por resultar innecesaria. De este modo, con esta nueva etapa en el proceso se anticipa la depuración de óbices procesales, se pueden evitar suspensiones innecesarias que antes ocurrían durante la vista (por ejemplo, si se impugnaban documentos y se pedía practicar prueba sobre ellos) y el juez puede tomar un primer contacto reposado con la causa antes de practicar la prueba. Siendo todo esto muy positivo, lo que vemos criticable es que, a diferencia de lo que ocurre en el ordinario, esta fase se haya configurado enteramente por escrito, dando lugar a la apertura de un trámite de intercambio de escritos (que, en algunos casos, como hemos visto, podrán llegar a ser múltiples), que no sólo impone un cambio en el modelo original del juicio verbal, sino que puede convertirse en un freno al curso ágil que tenía hasta ahora el juicio verbal.

También ha de valorarse positivamente alguna iniciativa para simplificar el proceso y reducir la carga de trabajo de los jueces, como la introducción de sentencias orales, siempre que su uso se limite a los casos menos complejos o más repetitivos y se respeten las garantías básicas de las sentencias.

Por último, se ha aclarado algún asunto que era objeto de controversias doctrinales o jurisprudenciales, como ocurre la cuestión de la eficacia de cosa juzgada de las acciones de reclamación acumuladas a las de desahucio.

Frente a estas bondades, la reforma del juicio verbal presenta también sus sombras.

En primer lugar, cabe destacar su carácter descuidado, con múltiples errores e incoherencias que hemos ido señalando en este Capítulo y que dificultan la labor de comprensión e interpretación del nuevo modelo. También se aprecian no pocos olvidos del legislador, que desconciertan al operador jurídico, que no sabe si tal silencio es intencionado o debe llenarse con una interpretación sistemática atendiendo a la finalidad de la fase en que este vacío se enmarque; por ejemplo, esto es muy notorio en la nueva fase previa a la vista, en la que el legislador ha obviado pronunciarse sobre si las partes pueden introducir en sus escritos las alegaciones complementarias o aclaratorias, la petición de vista o de celebración telemática, entre otras cuestiones que ya hemos detallado.

En segundo lugar, también resulta preocupante que se hayan previsto varias actuaciones judiciales relevantes prácticamente exentas de control, como sucede con la decisión sobre la admisión de la prueba (que, como dijimos, condicional la decisión sobre la vista) o sobre la celebración de actuaciones telemáticas.

En tercer lugar, la reforma no sólo supone un cambio en el esquema procedimental del verbal, sino que implica una quiebra de la oralidad, que presidía este procedimiento. Con ello, como bien sabemos, decaen también una serie de valores y principios que son anejos a ella, como son la publicidad, la inmediación y la concentración.

Pero lo que más nos inquieta de esta Ley es su efecto nocivo en las garantías esenciales de los justiciables. En concreto:

a) Supone una reducción en la «inmediación presencial», en tanto que se impulsa el empleo generalizado de los medios telemáticos para la celebración de las vistas, sin ligar esta posibilidad a la concurrencia de circunstancias especiales que lo justifiquen. Si la tendencia a evitar vistas presenciales va en aumento, al final los jueces se irán acomodando a esta nueva situación y perderán la costumbre de encontrarse cara a cara con las partes, pues cada vez apreciarán menos el valor añadido que tiene para su toma de decisión el contacto directo con la causa y con los sujetos intervinientes en el proceso y, al menos desde nuestra visión actual, esto irán claramente en detrimento de la calidad de la justicia.

b) Dificulta que las sentencias se ajusten a la exigencia constitucional de motivación, ya que, salvo en casos sencillos, de escasa complejidad, repetitivos, el juez tendrá complicado poder tomar sobre la marcha la mejor decisión y de forma suficientemente razonada. A esto se suma la previsión de que la sentencia que se redacte por escrito tendrá una motivación sucinta, aunque como ya apuntamos antes, entendemos que ha sido un descuido del legislador, ya que es incompatible con lo que se exige legalmente a las sentencias.

c) La LO 1/2025 socava el principio de audiencia, que, como señalamos antes en palabras del TEDH, no sólo es garantía de un juicio justo, sino también de un proceso público. Si la posibilidad de que el juez pueda denegar una vista si lo piden las partes es difícilmente compatible con el art. 6 CEDH, incluso en el ámbito transfronterizo (en concreto, en el ámbito los procesos europeos de escasa cuantía, en los que puede que tenga más sentido proponer un esquema más simplificado[65]), consintiéndose sólo en supuestos excepcionales, con mayor motivo esto no es sostenible en el ámbito nacional. Son ilustrativas sobre esta cuestión las reflexiones de LEIPOLD, quien señalaba que, «a la luz de las garantías fundamentales, todas las disposiciones procesales que excluyen la oralidad plantean dudas», sin que la normativa europea citada excluyera ningún ámbito de su aplicación (por ejemplo, para los procesos de escasa cuantía). Y, añadía, «queda patente que los convenios garantizan la audiencia pública como derecho de las partes que protegen sus intereses en un juicio justo», por lo que únicamente habrá que entender que esta garantía no se viola si existe acuerdo de ambas partes en no celebrar la actuación oral, tal como ocurría hasta 2025 en España. Por supuesto, era una solución muy acertada la prevista en España LEC desde 2015, ya que carece de sentido en el ámbito de los pleitos civiles celebrar la vista si las partes coinciden en que es innecesaria, pero no podemos decir lo mismo sobre lo previsto en la LO 1/2025. La eficacia no puede justificar por sí sola esta limitación en las garantías esenciales del proceso, por lo que consideramos que un precepto que otorga al juez una facultad tan amplia y arbitraria

65. Sobre la cuestión de la posible «europeización» de nuestro juicio verbal siguiendo del modelo del proceso de escasa cuantía, véase el interesante trabajo de BERNARDO SAN JOSÉ, A., (cfr. BERNARDO SAN JOSÉ, A., «Capítulo 12. Análisis comparativo de los procesos europeo y español para las demandas de escasa cuantía, ¿la europeización del juicio verbal?», en GASCÓN INCHAUSTI, F. y PEITEADO MARISCAL, P., *Estándares europeos y proceso civil*, Ed. Atelier, Barcelona, 2022, pp. 535 a 600).

como lo hace el art. 438.10 LEC no es compatible con las exigencias constitucionales (art. 24 CE; art. 47 CDFUE; art. 6 CEDH). En cualquier caso, lo que sí viene reconocido de forma absoluta por los tribunales europeos es el derecho a que las partes puedan manifestar su criterio sobre la celebración de dicha audiencia y a que el órgano judicial dicte una resolución motivada sobre esta cuestión.

Todas estas valoraciones son especialmente delicadas si se tiene en cuenta que, como dijimos al comienzo de este Capítulo, el juicio verbal, que se ha convertido en el juicio más habitual en nuestros tribunales civiles, por un lado, ha ampliado su ámbito objetivo en los últimos años y, por otro, como hemos visto en el apartado quinto de este trabajo, es el cauce por el que deben sustanciarse los procesos especiales no dispositivos, de acuerdo con el art. 753.1 LEC.

En suma, tras la LOEP el juicio del art. 250 LEC ya no puede presumir de ser un cauce «verbal», ni expedito, ni garantista, y, aunque presenta ciertas bondades, requiere de varios ajustes elementales urgentes para que pueda comenzar a andar en nuestros tribunales civiles sin generar vulneraciones claras y evidentes en el derecho de defensa de los justiciables.

6.2. CUESTIONES QUE PRECISAN SER MODIFICADAS EN LA LEC Y PROPUESTAS PARA MEJORAR LA REGULACIÓN DEL JUICIO VERBAL

Finalizamos nuestro Capítulo haciendo una relación breve de propuestas de mejora de la regulación del nuevo juicio verbal; aparte de la necesidad de salvar las omisiones, descuidos o errores del legislador que hemos ido señalando a lo largo de estas páginas, consideramos que sería importante hacer las siguientes modificaciones básicas en el juicio verbal para hacerlo más garantista:

a) Clarificación de los supuestos que precisan el requisito de procedibilidad para la interposición de demandas en el ámbito de los procesos especiales, para evitar la inseguridad jurídica que va a generarse al aplicar la LOEP, tal y como hemos señalado en este trabajo (apartado 5.º).

b) Aumento de los plazos de contestación a la demanda y reconvención, dado que este cambio produce una dilación mínima en el desarrollo de este proceso, pero permite a los abogados poder preparar con más detenimiento una mejor defensa de los demandados; esto se hace, aún más necesario tras el aumento del ámbito objetivo de los juicios verbales en los últimos años, que ha traído a este cauce procesos que con frecuencia serán complejos fáctica y/o jurídicamente.

c) En cuanto a los supuestos en los que no se precisa postulación, consideramos que sería conveniente aumentar el límite cuantitativo para permitir a más sujetos autorrepresentarse, en línea con los procesos de los países de nuestro entorno europeo; sería también recomendable que en estos casos el juez tuviera que explicar a las partes cuáles son las consecuencias de sus conductas en el proceso, en especial tras el cambio de estructura del verbal; por último, es preciso que se mejoren de los formularios normalizados de las demandas sucintas, adaptándolos a sus exigencias legales.

d) Clarificación y ordenación de las actuaciones que se pueden llevar a cabo durante la nueva fase escrita, puesto que el silencio del art. 438 LEC deja lagunas interpretativas importantes, que generarán problemas en la práctica. Consideramos que debería aclararse (en sentido afirmativo, en nuestra opinión) si cabe llevar a cabo en ese momento las actuaciones que el art. 426 LEC prevé para el juicio ordinario y que antes se llevaban a cabo al inicio de la vista, o la facultad del tribunal del art. 429.1 LEC; y, desde luego, lo que debería incluirse sin lugar a duda es la previsión sobre la facultad que tienen las partes de solicitar la vista, dado que hemos visto que trae causa de una exigencia constitucional. Asimismo, también debería contemplarse en el precepto la petición de las partes si desean que la vista se haga de forma virtual y, en todo caso, sería recomendable que se restringieran los supuestos de celebración telemática de vistas a casos excepcionales y bien justificados por el tribunal.

e) En la fase final de la vista, consideramos oportuno aclarar si pueden llevarse a cabo actuaciones probatorias excepcionales, no previstas en la fase escrita. También proponemos que las conclusiones puedan llevarse a cabo siempre que así lo soliciten las partes, como ocurre en el juicio ordinario, pues priva a las partes de un momento esencial para su defensa, sin que veamos motivo alguno que justifique un tratamiento distinto.

f) Limitación del dictado de sentencias orales para asuntos no complejos o repetitivos, debiendo el juez justificar su decisión. En todo caso, motivación plena (que no sucinta) en la redacción por escrito de las sentencias orales.

g) En cuanto a los recursos. Primero, consideramos que habría que eliminar el nuevo trámite por el que ha de manifestarse la intención de recurrir antes de recibir la sentencia por escrito. Segundo, invitamos a plantearse la supresión del límite de los 3000 euros para acceder a apelación, permitiendo que todas las sentencias pueden ser de nuevo revisadas por un órgano distinto y superior; esta barrera impide desde 2011 el control a muchas decisiones que, pese a su aparente escasa cuantía, son de gran relevancia en la vida ordinaria y en el bolsillo de los justiciables.

h) Por encima de todo, nos parece urgente modificar la previsión sobre la celebración de las vistas. Lo mejor, en nuestra opinión, sería volver al estado de la cuestión existente desde 2015, dejando la decisión a criterio de las partes, pero si esto no se hiciera, de mantenerse la nueva previsión, sería preciso corregirla con arreglo a la jurisprudencia del TEDH, limitando esta opción únicamente a supuestos excepcionales y bien justificados por los órganos jurisdiccionales y, en todo caso, garantizando que las partes puedan solicitar su celebración.

BIBLIOGRAFÍA

ALMAGRO NOSETE, J., «La última reforma del proceso civil», Actualidad Civil, n.º 21/2011.

ARSUAGA CORTÁZAR, J., «La sentencia *in voce* civil como medida de agilización procesal», blog Hay Derecho, 1 de marzo de 2024 (accesible en: https://www.hayderecho.com/2024/03/27/sentencia-in-voce/; último acceso: 2 de marzo de 2024).

ASENCIO MELLADO, J. M., «Las sentencias orales en el juicio verbal. Principio de oralidad y tutela judicial efectiva», *Práctica de Tribunales*, n.º 162, mayo 2023.

BANACLOCHE PALAO, J., «La reforma de los procesos civiles prevista en el Proyecto de Ley de eficiencia procesal (disposiciones generales, juicio ordinario y juicio verbal)», *Diario la Ley*, n.º 10140, 28 de septiembre de 2022.

BANACLOCHE PALAO, J., «Las reformas en el proceso civil en el Anteproyecto de Ley de Medidas de Eficiencia Procesal: ¿una vuelta al pasado?», *Diario La Ley*, n.º 9814, 19 de marzo de 2021.

BANACLOCHE PALAO, J., Capítulo 6 de esta obra: «La incidencia en los medios adecuados de solución de controversias (MASC) en el proceso civil».

BERNARDO SAN JOSÉ, A., «El derecho a una audiencia pública como garantía del derecho a un proceso equitativo y su proyección al arbitraje a la luz de la jurisprudencia del TEDH», en D. ARIAS LOZANO (coord.), *Arbitraje y jurisdicción: homenaje a Miguel Ángel Fernández-Ballesteros*, Tomo I, Ed. La Ley, Madrid, 2024, pp. 6 y 7.

BERNARDO SAN JOSÉ, A., «Capítulo 7. Novedades en el juicio verbal», en BANACLOCHE PALAO, J. y GASCÓN INCHAUSTI, F. (dir.), *Los procesos judiciales tras las reformas introducidas por el Real Decreto-Ley 6/2023*, Ed. La Ley, 2024.

BERNARDO SAN JOSÉ, A., «Capítulo XIII: Cómo hacer más eficientes los procesos declarativos civiles», en JIMÉNEZ CONDE, F. y LÓPEZ SIMÓ, F., La eficiencia de la justicia a debate, Ed. Tirant lo Blanch, Valencia, 2024.

BERNARDO SAN JOSÉ, A., «Capítulo 12. Análisis comparativo de los procesos europeo y español para las demandas de escasa cuantía, ¿la europeización del juicio verbal?», en GASCÓN INCHAUSTI, F. y PEITEADO MARISCAL, P., *Estándares europeos y proceso civil*, Ed. Atelier, Barcelona, 2022.

CORDÓN MORENO, F. J., «La Ley Orgánica 1/2025, de Medidas en materia de Eficiencia del Servicio Público de Justicia», Análisis GAP (disponible en: https://ga-p.com/wp-content/uploads/2025/01/Ley_eficiencia_procesal.pdf; último acceso: 2 de marzo de 2025).

CUBILLO LÓPEZ, I. J., «Capítulo 3. Asistencia de letrado y facultades de autodefensa: ¿menos abogados?», en GASCÓN INCHAUSTI, F. y PEITEADO MARISCAL, P. (dir.), *Estándares europeos y proceso civil*, Ed. Atelier, 2022.

DOMINGUEZ RUIZ, L., «¿Hacia una verdadera eficiencia procesal en la tramitación del juicio verbal? A propósito de las reformas previstas en el Proyecto de Ley de 22 de abril de 2022», *Práctica de Tribunales*, n.º 161, marzo de 2023.

GASCÓN INCHAUSTI, F., «Capítulo 5. Régimen jurídico de las actuaciones judiciales por videoconferencia», en BANACLOCHE PALAO, J. y GASCÓN INCHAUSTI, F. (dir.), *Los procesos judiciales tras las reformas introducidas por el Real Decreto-Ley 6/2023*, Ed. La Ley, 2024.

GASCÓN INCHAUSTI, F., «Oralidad y escritura como factores de eficiencia de proceso civil en España» (disponible en: https://docta.ucm.es/rest/api/core/bitstreams/bdfc4310-0fa4-4887-8cdc-167211e1f6c2/content; último acceso: 2 de marzo de 2025).

GASCÓN INCHAUSTI, F., *Los recursos en el proceso civil tras la Ley de Medidas de Agilización Procesal*, en e-prints UCM: https://eprints.ucm.es/26549/1/2012_Los%20recursos%20en%20el%20proceso%20civil%20tras%20la%20LMAP

GIMENO SENDRA, V. (dir.), Proceso Civil Práctico, Tomo II, vol. 2, Ed. Aranzadi, 2018.

Guía aprobada de urgencia por la Comisión Permanente del CGPJ el 27 de mayo de 2020 (ampliada y corregida el 11 de febrero de 2021).

IRAIZOZ RECLUSA, A., «El requisito de procedibilidad en los procesos de Familia», Editorial n.º 130, *Revista AEAFA*, 27 de febrero de 2025. Puede consultarse en: https://www.aeafa.es/noticias-ampliadas/2821/1/editorial-n130-el-requisito-de-procedibilidad-en-los-procesos-de-familia/; último acceso: 8 de marzo de 2025).

LEIPOLD, D., «Elementos orales y escritos en la fase introductoria del proceso civil», en CARPI, F. y ORTELLS RAMOS, M. (ed.lit)., *Oralidad y escritura en un proceso civil eficiente*, vol. 1, 2008.

MARÍN CASTÁN, F., *Comentarios a la Ley de Enjuiciamiento Civil*, Tomo II, Ed. Tirant lo Blanch, Valencia, 2015.

Memoria CGPJ, 2023; puede consultarse en: https://www.poderjudicial.es/cgpj/es/Poder-Judicial/Consejo-General-del-Poder-Judicial/Actividad-del-CGPJ/Memorias/Memoria-anual-2024--correspondiente-al-ejercicio-2023 (acceso: 28 de febrero de 2025).

MONTERO AROCA, J., *Los principios políticos de la nueva LEC*, Ed. Tirant lo Blanch, 2001.

MONTERO AROCA, J. y FLORS MATÍES, J., *Tratado del juicio verbal*, Ed. Aranzadi, 2004.

PEITEADO MARISCAL, P., *Procesos matrimoniales y resolución extrajudicial de la crisis del matrimonio y de la pareja*, Ed. La Ley, 2019.

PEREA GONZÁLEZ, A., «¿Por qué no permitir las sentencias orales, "in voce", en la jurisdicción civil?», *Confilegal*, 7 de abril de 2020 (disponible en: https://confilegal.com/20200407-por-que-no-permitir-las-sentencias-orales-in-voce-en-la-jurisdiccion-civil/; último acceso: 2 de marzo de 2025).

PÉREZ VEGA, A., «La justicia no ganará en eficiencia prescindiendo de la celebración de la vista: del acoso al derribo de la fase oral del juicio verbal por la Ley Orgánica 1/2025, de 2 de enero, de medidas de eficiencia del Servicio Público de Justicia», *Diario La Ley*, n.º 10656, 3 de febrero de 2025.

SÁNCHEZ GIMENO, S., «La modificación de la LEC operada por la Ley 37/2011», Actualidad Jurídica Uría y Menéndez, 31/2012, en https://www.uria.com/documentos/publicaciones/3359/documento/art03.pdf?id=3874, a favor,

SÁNCHEZ LÓPEZ, B., «Capítulo XIX: Falsas impresiones sobre la primera instancia civil como instancia time consuming: premisas erróneas y conclusiones falaces sobre la eficiencia que viene», en JIMÉNEZ CONDE, F. y LÓPEZ SIMÓ, F. (dir.), *La eficiencia de la justicia a debate*, Ed. Tirant lo Blanch, 2024.

SÁNCHEZ LÓPEZ, B., «Capítulo I. Entre la oralidad telemática y la escritura digital: ¿caminamos felices hacia el "medievo digital"?», en GASCÓN INCHAUSTI, F. y PEITEADO MARISCAL, P. (dirs.), *Estándares europeos y proceso civil*, Ed. Atelier, 2022, p. 99.

SIGÜENZA LÓPEZ, J., «El nuevo juicio verbal previsto en el proyecto de ley de medidas de eficiencia procesal del servicio público de Justicia y los estándares europeos», *Cuadernos de Derecho Transnacional*, octubre 2023, vol. 15, n.º 2.

TAPIA FERNÁNDEZ, I., *El objeto del proceso civil y su fijación en las alegaciones, sentencia y cosa juzgada,* Ed. Ley, 2019.

TARUFFO, M., «Oralidad y escritura como factores de eficiencia en el proceso civil» (accesible en abierto en: https://www.uv.es/coloquio/coloquio/ponencias/8oratar2.pdf; último acceso: 2 de marzo de 2025).

VALLESPÍN PÉREZ, D., «La reforma del juicio verbal en el Real Decreto-Ley 6/2023: medidas de eficiencia digital y procesal», *Ius et Scientia*, 2024, vol. 10, n.º 1.

VALLINES GARCÍA, E., *La preclusión*, Ed. Civitas, 2004.

VILLAMARÍN LÓPEZ, M. L., *El juicio verbal y sus especialidades*, Ed. La Ley, 2019.

Capítulo 9

Modificaciones en la ejecución civil

CLARA FERNÁNDEZ CARRON
Profesora Titular de Derecho Procesal (UCM)

1. CUESTIONES INTRODUCTORIAS

Partiendo de la premisa de que, junto a su coste y predictibilidad, la lentitud es uno de los factores de análisis de la calidad y eficiencia de un sistema judicial[1], desgraciadamente, en España, la excesiva duración del proceso de ejecu-

1. Para un análisis detenido de esta cuestión, se aconseja ver MORA-SANGUINETTI, J. S., «Justicia y economía: la eficiencia del sistema judicial en España y sus impactos económicos», *Papeles de Economía Española*, n.º 168, 2021, pp. 66-77.

ción se erige en uno de los principales problemas que aqueja a nuestra Administración de Justicia[2] y que, además, viene lastrándose en el Servicio Público de Justicia español desde antaño[3]. El proceso de ejecución diseñado en la LEC no resulta eficiente, ya que no permite cumplir adecuadamente con el mandato constitucional de la segunda de las vertientes de la función jurisdiccional, lo que acarrea una lesión del derecho fundamental a la tutela judicial efectiva de los jueces y tribunales[4].

Sentado lo anterior, y como es bien sabido, el legislador ha vuelto a intentar atajar este problema por medio de la Ley Orgánica 1/2025, de 2 de enero de medidas en materia de eficiencia del servicio público de Justicia[5] (en adelante, LOEP), que ha operado una importante reforma de la LEC. En su Título II, Capítulo II, art. 22, ha modificado más de ochenta de sus artículos, de los cuales casi la mitad —concretamente treinta y nueve— se encuentran insertos en su Libro Tercero (se han reformado treinta y siete y dos han quedado sin contenido).

Centrándonos en las modificaciones que conciernen al proceso de ejecución, y dejando al margen las reformas menores que en nada afectan al proceso, pero

2. *Vid.*, la Memoria Anual de 2024 del CGPJ sobre la panorámica de la Justicia, aprobada por el Pleno de 18 de julio de 2024 (https://www.poderjudicial.es/portal/site/cgpj/menuitem.65d2c4456b6ddb628e635fc1dc432ea0/?vgnextoid=78f22fb7a6a41910VgnVCM1000004648ac0aRCRD&vgnextchannel=fe18f0433c33b510VgnVCM1000006f48ac0aRCRD&vgnextfmt=default&vgnextlocale=es_ES). En ella se observa que la estimación de los tiempos medios de duración de los procesos de ejecución civiles durante el año 2023 ha evidenciado un notable incremento si se comparan con los datos recabados durante los últimos diez años. Partiendo de que en el año 2013 las ejecuciones civiles tenían una duración media de 34,2 meses, es decir, algo menos de tres años, esta cifra ha aumentado progresivamente a lo largo de los años hasta alcanzar los 42,4 meses en 2023. Adviértase que esto supone que el acreedor ejecutante se ve abocado a esperar más de tres años y medio para lograr, en su caso, la completa satisfacción de su derecho. Por otro lado, téngase presente también que, comparada con otros países de la UE, España se sitúa a la cola en tiempo medio de ejecución de sentencias, sólo por delante de Grecia (*vid.*, «Estudio sobre la ejecución de las sentencias judiciales», elaborado por SigmaDos en 2022 para el Consejo General de Procuradores de España; https://www.cgpe.es/wp-content/uploads/2023/02/Informe-SIGMADOS-ejecucion.pdf).

3. Lo que sigue siendo así pese a los múltiples intentos por parte del legislador para acelerar los tiempos de duración de los procesos de ejecución, con los que no se ha conseguido alcanzar el efecto deseado (tal y como lo son, a modo de ejemplo, entre otras, las modificaciones legales que aumentaron la atribución de funciones de carácter no jurisdiccional y de responsabilidades de carácter procedimental al letrado de la A. de J. en el marco del proceso de ejecución; la que introdujo el embargo telemático en sede de ejecución dineraria; y la implementación de la subasta electrónica como medio de realización forzosa).

4. Por muy manidas que puedan resultar las frases «una justicia lenta no es justicia» y «hacer esperar la justicia es injusticia», ello no puede desviarnos de una realidad indiscutible: el derecho a un proceso sin dilaciones indebidas —aplicable también a la fase de ejecución— forma parte del contenido del derecho a la tutela judicial efectiva consagrado en el art. 24 CE, por cuyo cumplimiento han de velar los Tribunales y que, dada su consideración de derecho fundamental, lo hace acreedor de una tutela profundamente intensa.

5. BOE n.º 3, de 3 de enero de 2025.

que, sin embargo, desgraciadamente, han conseguido convertir la LEC en un texto de lectura muy tediosa[6], lo cierto es que, a pesar de que atañen a diferentes aspectos de la ejecución, fundamentalmente se circunscriben a aspectos que tienen que ver con la subasta judicial[7]. Más de la mitad de los preceptos afectados se enmarcan en la regulación de la subasta judicial electrónica y, concretamente, incumben a su tramitación. Se trata de la materia que mayores y más notables cambios ha sufrido, pero respecto de la que, sin embargo, más habrá que aguardar para que se puedan aplicar, con lo que, consiguientemente, el análisis de sus resultados se hará esperar. Y es que, dado que si bien las nuevas normas sólo se aplican a procedimientos iniciados a partir del 3 de abril de 2025[8], no pudiéndose emplear de inmediato en las subastas en curso, hasta que las ejecuciones que se despachen a partir de tal fecha lleguen a este momento procesal y puedan, por tanto, aplicárseles las nuevas normas, como mínimo habrá que esperar al año 2026.

Sentado lo anterior, y frente a la posibilidad de analizar uno por uno cada precepto modificado, hemos entendido que, a efectos expositivos, resulta más razonable dividir nuestro trabajo por materias, por lo que, tras resaltar en primer término las reformas que afectan de modo genérico al proceso de ejecución en su conjunto, analizaremos después las modificaciones por bloques en función de las materias a las que afectan.

2. «POSIBLE» AMPLIACIÓN DE LAS FUNCIONES DEL PROCURADOR

2.1. CUESTIONES GENERALES

Sin perjuicio del análisis detenido que sobre esta concreta cuestión se aborda en otro capítulo de la presente obra[9], resulta preciso señalar que, en el ámbito

6. Con ello nos referimos, en concreto, a las añadiduras, junto al letrado de la Administración de Justicia (en adelante letrado de la A. de J.), de las referencias a «la letrada»; las adiciones junto al procurador de las menciones a «la procuradora» o a «el o la profesional de la procura»; los añadidos junto al juez de las alusiones a «jueza» y «tribunal»; y la sustitución del término «Registrador» por «persona titular del Registro de la Propicdad» (*vid.*, art. 629.1 LEC). Por lo que se refiere a la inclusión de «la letrada» en varios de los preceptos del Libro Tercero, queremos llamar la atención sobre el hecho de que no se ha hecho de forma unánime, ya que el legislador ha olvidado insertar tal referencia en múltiples preceptos (*vid.*, art. 608, 636.1, 640.2, 3 y 4, 645.1 segundo apdo., 649.1, 706.1, 707, 709.3, y 710.1) y, además, se han eliminado las mayúsculas con las que se hacía referencia al letrado de la A. de J., que han pasado a ser minúsculas.
7. Lo que se corrobora si se observa que, salvando un único párrafo, el resto de los que el apdo. V del Preámbulo de la LOEP dedica a reseñar las principales modificaciones en materia de ejecución, nada más y nada menos que dieciocho, se circunscriben a las efectuadas en la regulación de la subasta.
8. Disposición transitoria novena de la LOEP, en relación con su disposición final trigésima octava.
9. *Vid.*, capítulo 7.

del proceso de ejecución, el procurador de la parte ejecutante también puede llegar a ver ampliadas sus funciones[10]. Antes de abordar los novedosos cometidos concretos que recoge la LEC y que, eventualmente, pueden asignársele al procurador en sede de ejecución, no podemos dejar de manifestar nuestra perplejidad ante el modo en que se ha regulado esta cuestión. En efecto, el segundo apartado del art. 539 LEC, introducido *ex novo*, determina que será el juez[11] quien, previa solicitud de la parte ejecutante, y a su costa, podrá acordar que determinadas actuaciones materiales propias del proceso de ejecución sean efectuadas por el profesional de la procura que le represente. Ello contrasta, sin embargo, con lo previsto legalmente en ulteriores referencias específicas a las concretas actuaciones materiales susceptibles de realizarse por tal profesional, en las que se atribuye la autorización de tal decisión al letrado de la A. de J. (arts. 622.1 y 623.4 LEC). Si ya el hecho de que, estando el ejecutante dispuesto a sufragar a su costa los gastos generados por su procurador derivados de la realización de tales actuaciones no es suficiente para asegurarse que efectivamente el juez acceda a su solicitud, téngase presente que, aun dándose el caso, todavía tendrá que afrontar la posibilidad de que el letrado de la A. de J. le deniegue la realización de la actuación material concreta solicitada. De darse esta situación, no tendrá más remedio que, en su caso, recurrir tal decisión en reposición, pudiendo llegar incluso a tener que interponer posteriormente un recurso de revisión, con la correspondiente dilatación del procedimiento que ello acarrea.

10. A pesar de ello, afortunadamente, no se les ha atribuido competencia para la práctica de «las actividades materiales del proceso de ejecución», opción justificada sobre la base de que con ello se lograría agilizar la actividad ejecutiva. Y es que, si bien se recuerda, fue por lo que abogaron en su día tres Grupos Parlamentarios, proponiendo a tal efecto tres enmiendas al Proyecto de Ley de medidas de eficiencia procesal del servicio público de Justicia (publicado en el BOCG de 22 de abril de 2022), que pueden consultarse en el BOCG de 3 de febrero de 2023, Serie A, n.º 97-3. Que no se haya seguido esta senda nos parece una decisión francamente acertada dado que no somos en absoluto partidarios de articular en España un sistema similar al de otros países de la UE consistente, básicamente, en convertir a los procuradores en ejecutores, asumiendo éstos el papel de agentes de ejecución. Consideramos totalmente inaceptable tal opción, principalmente, porque: a) el procurador es el representante procesal de una de las partes; b) el procurador no es un funcionario lo que, entre otros muchos extremos, afecta especialmente a la posibilidad de que acceda a las bases de datos de la Seguridad Social, Hacienda, etc.; c) supondría una privatización de parte de la ejecución; d) produciría un mayor encarecimiento de la ejecución dado que al ejecutante le supondría una carga económica adicional y nada desdeñable, sin perjuicio de crearse con ello dos tipos de justicia, una gratuita y la otra de pago; d) no garantiza en absoluto que se vayan a acortar los tiempos de la ejecución (*vid,.* el Informe del Ilustre Colegio Nacional de LAJ, pp. 193 y 194, en el que se señala que, a pesar de haberse aumentado las facultades de intervención de los procuradores en la ejecución, no se está haciendo un especial uso de ellas, resultando en muchos casos residual, esporádica o incluso nula). Para un análisis más detenido de esta cuestión, véase FERNÁNDEZ CARRON, C., «Mayor eficiencia del proceso de ejecución sí, pero no a cualquier precio», en JIMÉNEZ CONDE, F. (dir.), *La eficiencia de la justicia a debate*, Tirant lo Blanch, Valencia, 2023, pp. 521-532.

11. Adelantamos ya que, aunque la LEC alude al juez, jueza o Tribunal, nosotros aludiremos a lo largo del trabajo únicamente al juez, para evitar repeticiones innecesarias.

Partiendo de que una de las finalidades de la reforma operada por la LOEP respecto del proceso de ejecución pasa por agilizar su tramitación, no alcanzamos a entender qué motivo ha podido llevar al legislador a permitir que, una vez acordado —en su caso— por el juez que el procurador pueda efectuar determinadas actuaciones materiales propias del proceso de ejecución, posteriormente el letrado de la A. de J. pueda denegarle tal posibilidad en el caso concreto. A nuestro juicio, hubiese resultado más razonable prever que, una vez que el juez haya acordado que el procurador puede efectuar las concretas actuaciones materiales que legalmente le están permitidas, si la parte interesada le solicita la realización de alguna de ellas, no debería dejarse margen de apreciación al letrado de la A. de J. a este respecto. En otros términos, aunque si bien es lógico que la efectiva realización de la actuación material concreta por parte del procurador debe condicionarse a su previa solicitud para ello al letrado de la A. de J., entendemos que no debería mediar la posibilidad de que éste pueda no autorizarla, dado que permitir que el procurador realice la actuación en cuestión no sólo no supone ningún inconveniente para el ejecutado —quien nunca asumirá los costes que ello conlleve—, sino que, además, con ello se logra agilizar la tramitación del procedimiento.

Si la parte representada pretende que sea su procurador quien realice las concretas actuaciones materiales que la LEC prevé puedan ser encomendadas a tales profesionales, deberá otorgar su consentimiento informado para ello, cumplimentando el correspondiente formulario[12]. En caso de que el juez acuerde que el procurador efectúe tales actuaciones, deberá expresarlo en el auto que contiene la orden general de ejecución y que la despacha, que verá ampliado su contenido (*vid.,* el nuevo ordinal 6.º del art. 551.2 LEC[13]).

Por último, por lo que se respecta al modo de proceder en el ejercicio de las nuevas funciones que legalmente se le han atribuido, la LEC determina que el procurador deberá actuar de forma personal e indelegable, siendo su actuación impugnable ante el letrado de la A. de J. por medio de recurso de reposición y, en su caso, pudiendo interponerse recurso de revisión contra el decreto resolutivo de aquél (art. 539.1, párrafo 3.º LEC).

12. *Vid.,* Disposición adicional undécima de la LEC, incluida en virtud del apdo. ochenta y uno del art. 22 de la LOEP. En ella se señala que el Ministerio de Justicia aprobará un formulario que acredite el consentimiento informado de la parte representada para las actividades materiales del proceso de ejecución que sean expresamente encomendadas al procurador, debiendo tal formulario precisar que la parte representada da su consentimiento a la realización de actuaciones por el procurador a su costa y que, si no fueran realizadas por éstos, lo serían por el tribunal.
13. En el que se prevé que, además de todas las menciones anteriores, el citado auto expresará «En su caso, las actuaciones materiales propias del proceso de ejecución que se delegan en el profesional de la procura de la parte ejecutante, a petición de la misma y a su costa, en los términos establecidos legalmente».

2.2. ACTUACIONES MATERIALES CONCRETAS

2.2.1. Funciones relacionadas con la garantía de la traba

Condicionado en todo caso a la previa petición para ello, y siempre a su costa —como machaconamente se encarga de reiterar la LEC—, el legislador ha autorizado la posibilidad de delegar en el procurador que representa a la parte ejecutante tres concretas actuaciones materiales propias del proceso de ejecución, dos de ellas relacionadas con la garantía de la traba de bienes muebles y derechos (arts. 622 y 623), y la tercera con la garantía del embargo de inmuebles y de otros bienes susceptibles de inscripción (art. 629).

Por lo que se refiere a las dos primeras, de un lado, cuando el objeto del embrago sean intereses, rentas o frutos de toda clase, el legislador posibilita que el letrado de la A. de J. acuerde que el procurador de la parte ejecutante diligencie la orden de retención a quien deba pagarlos o directamente los perciba, aunque sea el propio ejecutado. Así, se le permite cursar la orden a quien en el caso concreto corresponda para que, si se trata de intereses, los ingrese a su devengo en la Cuenta de Depósitos y Consignaciones o, en caso de ser de otra clase, los retenga a disposición del tribunal (*vid.,* nuevo párrafo segundo del art. 622.1 LEC). De otro lado, cuando los bienes embargados sean valores o instrumentos financieros, la LEC permite que el letrado de la A. de J. autorice al procurador que representa a la parte ejecutante para que lleve a efecto todas las comunicaciones previstas en los tres primeros apartados del art. 623 (*vid.,* apdo. 4), pudiendo por tanto el procurador notificar el embargo a quien corresponda en cada caso[14].

En relación con la tercera de las actuaciones, relativa a supuestos en que el embargo recae sobre bienes inmuebles u otros bienes o derechos susceptibles de inscripción registral, el ejecutante puede solicitarle al letrado de la A. de J. que libre mandamiento para que se haga anotación preventiva de embargo en el Registro de la Propiedad o anotación de equivalente eficacia en el Registro que

14. Es decir, al obligado al pago o, en su caso, a la entidad emisora (al primero cuando el pago deba efectuarse periódicamente o en fecha determinada, y a la segunda si los valores u otros instrumentos financieros embargados sen redimibles o amortizables a voluntad de su tenedor o propietario). Téngase presente también que a la notificación del embargo se le añade el requerimiento de que, a su vencimiento o, en el supuesto de no tener vencimiento, en el acto de recibir la notificación, se retenga, a disposición del tribunal, el importe o el mismo valor o instrumento financiero, así como los intereses o dividendos que, en su caso, produzcan (art. 623.1 LEC). De tratarse de valores o instrumentos financieros que coticen en mercados secundarios oficiales, la notificación del embargo ha de efectuarse al órgano rector, debiendo éste, en su caso, notificarlo a la entidad encargada de la compensación y liquidación (art. 623.2 LEC). Finalmente, si lo embargado fueran participaciones en sociedades civiles, colectivas, comanditarias, en sociedades de responsabilidad limitada o acciones que no cotizan en mercados secundarios oficiales, el embargo ha de notificarse a los administradores de la sociedad, que deberán poner en conocimiento del tribunal la existencia de pactos de limitación a la libre transmisión de acciones o cualquier otra cláusula estatutaria o contractual que afecte a las acciones embargadas (art. 623.3 LEC).

corresponda, en cuyo caso aquél, el mismo día de su expedición, deberá remitir tal mandamiento al Registro correspondiente en cualquiera de las formas previstas en el artículo 162 LEC[15] (art. 629.1 LEC). Pues bien, en este punto, se permite que el letrado de la A. de J. autorice al procurador de la parte ejecutante a que diligencie el mandamiento por él expedido a fin de que se lleve a cabo la anotación de embargo. De optar el procurador por llevar a cabo tal actuación, será a él a quien se comunique directamente la práctica de la anotación o, en su caso, los defectos que impidan la realización de tal asiento, debiendo éste a su vez ponerlo en conocimiento del órgano judicial en el plazo de dos días hábiles.

2.2.2. Funciones en el marco de la subasta judicial pública

Sin perjuicio de que las modificaciones operadas respecto de la pública subasta serán analizadas posteriormente[16], adelantamos ya que el procurador de la parte ejecutante también ha visto ampliadas sus facultades aquí. En concreto, se le permite pedir al letrado de la A. de J. llevar a efecto el anuncio de la convocatoria de la subasta, facultándosele por tanto a solicitar su publicación en el BOE (segundo párrafo del art. 645.1 LEC). Por otro lado, ha de tenerse presente también que la previsión del art. 656.3 LEC —que el procurador de la parte ejecutante pueda solicitar la certificación de dominio y cargas— se ha visto complementada con lo dispuesto en el apdo. 4 de tal precepto, introducido *ex novo*, en el que se señala que, de haber sido el procurador quien hubiera cuidado su diligenciado, una vez expedida, y sin perjuicio de que el Registro habrá de hacerla llegar por medios electrónicos al órgano judicial correspondiente, aquél deberá entregársela o remitirla al procurador.

2.2.3. Funciones en el marco de la ejecución forzosa de condenas no dinerarias

El art. 705 LEC, enmarcado en la regulación de la ejecución por obligaciones de hacer y no hacer y referido al requerimiento que ha de efectuarse al deudor cuando el título ejecutivo le obligue a hacer alguna cosa, se ha visto modificado añadiéndose por el legislador la posibilidad de que, a petición de la parte ejecutante, y siempre a su costa, el letrado de la A. de J. pueda delegar en su procurador la práctica de dicho requerimiento. Tras preverse así de forma genérica para ambos tipos de obligaciones —las de hacer y las de no hacer—, la LEC reitera la posibilidad de delegar en el procurador de la parte ejecutante la práctica de los correspondientes requerimientos de forma específica tanto para el caso de condenas de hacer personalísimo; como para el referido a la publicación

15. La LOEP, acertadamente en este punto, ha eliminado la referencia expresa al fax que se contenía en el primer apartado del art. 629.1 LEC como medio de comunicación de escritos y documentos procesales, y ha aprovechado también para mejorar su redacción (se ha sustituido la referencia anterior de «anotación de equivalente eficacia en el registro que corresponda» por «al Registro que corresponda»).
16. *Vid.*, epígrafe 7.3.

de la sentencia en medios de comunicación, supuesto especial de condena de hacer no personalísimo; como, finalmente, para la ejecución de condenas de no hacer.

De un lado, cuando el ejecutado deba realizar una conducta de carácter infungible y no la haya llevado a cabo en el plazo previsto para ello, si el tribunal, previa solicitud del ejecutante, acuerda que se le apremie para realizar la prestación objeto de la condena con multas mensuales, cuando el letrado de la A. de J. así lo acuerde previa petición del ejecutante y a su costa, su procurador queda facultado para practicar tales requerimientos trimestralmente (art. 709.3 LEC).

De otro lado, cuando se despache la ejecución para obtener la efectividad de un pronunciamiento que ordene la publicación o difusión, total o parcial, del contenido de una sentencia en medios de comunicación a costa de la parte vencida en el proceso, a petición del ejecutante y de nuevo a su costa, el letrado de la A. de J. podrá delegar en el procurador de aquél la práctica del requerimiento al ejecutado para que contrate los anuncios que resulten procedentes (primer apdo. del art. 707 LEC).

Sentado esto, y aunque no es algo que se circunscriba como tal al objeto del presente epígrafe, queremos llamar la atención sobre un aspecto importante respecto de la nueva redacción de este art. 707. Tal y como se recordará, con anterioridad a la modificación operada por la LOEP, la LEC permitía que, cuando el ejecutado no hubiese atendido al requerimiento de contratar los anuncios procedentes en los medios de comunicación en el plazo que se le hubiere señalado al efecto, el ejecutante podía contratar la publicidad, previa obtención de los fondos precisos con cargo al patrimonio del ejecutado de acuerdo con lo dispuesto en el apdo. 2 del art. 706 LEC (párrafo 2.º del art. 707). Pues bien, con la reforma se ha eliminado este segundo párrafo del precepto de modo que, actualmente, si el ejecutado no atiende al requerimiento y no contrata en plazo los anuncios procedentes en los medios de comunicación, el ejecutante ya no dispone de la posibilidad de contratar él mismo tal publicidad a costa del ejecutado. En este punto, y partiendo de la premisa de que la finalidad de toda ejecución no dineraria pasa por hacer todo lo posible por conseguir que el ejecutado cumpla con la prestación debida o, cuando ello no resulte factible, intentar lograr un resultado equivalente, no alcanzamos a entender cuál ha sido el fundamento que ha llevado al legislador a privar al ejecutante de la facultad de contratar él mismo la publicidad del contenido de una sentencia previa obtención de los fondos precisos con cargo al patrimonio del ejecutado. Y ello porque, cuando el ejecutado se niegue a cumplir con el requerimiento, la posibilidad con la que contaba el ejecutante de contratar la publicidad a su costa hacía viable no sólo que pudiera obtener una prestación similar y, por tanto, un resultado equivalente al debido, sino que, en su caso, lograra el cumplimiento en sus propios términos de lo establecido en el título ejecutivo —la publicación o difusión, total o parcial, del contenido de una sentencia en medios de comunicación— y, por tanto, el cumplimiento de la prestación debida. Por último, a este respecto, queremos destacar que podría llegar a pensarse que la supresión del párrafo 2.º del art. 706 LEC responde al hecho de que, tratándose la publicación de una sentencia de un supuesto de ejecución de hacer no personalísimo, podrían aplicársele las previsiones establecidas en el art. 706 LEC, en el que se regula la condena de hacer no personalísimo. No obstante, tal posibilidad debe descartarse de inmediato ya que este precepto no está pensado para regular este supuesto especial de hacer no personalísimo, para el que está expresamente previsto lo dispuesto en el art. 707 LEC, máxime cuando, analizando el tenor del art. 706 LEC, se observa que se trata de encargar el hacer a un tercero a costa del ejecutado, cosa bien distinta a que, aunque también a costa de éste, la prestación se lleve a cabo por el ejecutante. Diferente sería que, aunque no estamos de acuerdo con ello, pueda llegar a entenderse que, por mucho que se trate de un supuesto especial de hacer no personalísimo, habrán de aplicársele en lo posible las previsiones del art. 706 LEC, lo que supone, por tanto, que cuando el ejecutado no cumpla con el requerimiento, se pueda facultar al ejecutante para reclamar el resarcimiento de daños y perjuicios o se permita valorar el coste de la publicación y, en caso de que aquél no deposite la cantidad en cuestión, se pueda proceder de inmediato al embargo de sus bienes y a su realización forzosa hasta obtener la suma necesaria. Sea como fuere, la decisión legislativa de eliminar el párrafo 2.º del art. 706 LEC no nos parece en absoluto acertada.

Volviendo de nuevo a la eventual ampliación de las funciones del procurador en sede de ejecución no dineraria, finalmente, nos centraremos en las sentencias de condena a un no hacer. Como es bien sabido, de quebrantarse tal pronunciamiento por el ejecutado, a instancia del ejecutante, el letrado de la A. de J. habrá de requerirle para que deshaga lo mal hecho si fuere posible, indemnice los daños y perjuicios causados y, en su caso, se abstenga de reiterar el quebrantamiento, con apercibimiento de incurrir en el delito de desobediencia a la autoridad judicial, proceder que se llevará a cabo cuantas veces el ejecutado incumpla la condena, intimándosele para que deshaga lo mal hecho con la imposición de multas por cada mes que transcurra sin hacerlo. Pues bien, aquí también se ha atribuido al procurador de la parte ejecutante la posibilidad de solicitarle al letrado de la A. de J. que acuerde que sea él quien proceda a la notificación de tales resoluciones al ejecutado (*vid.,* nuevo apdo. segundo del art. 710.1 LEC[17]).

17. Obsérvese que, frente a la dicción anterior a la modificación que se realizaba en este precepto respecto de la eventual imposición de multas al ejecutado, que se concretaba en cada mes que transcurriera sin deshacerse lo mal hecho, actualmente se señala que se procederá del mismo modo cada mes que transcurra «sin hacerlo».

3. MODIFICACIONES RELACIONADAS CON LOS MEDIOS ADECUADOS DE SOLUCIÓN DE CONTROVERSIAS

3.1. OBSERVACIONES PRELIMINARES

Aunque esta cuestión se estudia con gran detenimiento en otra parte de la obra[18], nosotros vamos a centrarnos en las repercusiones y consecuencias que acarrea, respecto del proceso de ejecución, el hecho de que el ejecutante y el ejecutado decidan pactar someterse a mediación o a cualquier otro de los medios adecuados de solución de controversias (en adelante, MASC). Para ello, y con carácter previo, debe advertirse que la LOEP ha introducido una nueva disposición adicional en la LEC —la duodécima— en la que señala que todas las referencias que se realizan en ella a la mediación han de entenderse referidas también a cualquier otro de los MASC, previsión que encuentra una amplia aplicación por lo que a la regulación del proceso de ejecución se refiere[19].

3.2. TÍTULOS EJECUTIVOS Y DOCUMENTOS QUE HAN DE ACOMPAÑARSE A LA DEMANDA EJECUTIVA

Sin perjuicio de cuanto se dirá en el epígrafe en el que se abordarán con mayor detenimiento las modificaciones a las que se ha visto sometido el art. 517 LEC[20], dado que una de ellas es consecuencia directa de la regulación que, *ex novo*, recoge la LOEP respecto de los MASC, centraremos aquí nuestro análisis exclusivamente en ella, posponiendo el estudio del resto de las reformas que afectan a los títulos ejecutivos. Concretamente, nos referimos a la operada en el numeral 2.º del apdo. 2 del art. 517 LEC. Como es bien sabido, con anterioridad a su modificación, este ordinal atribuía el carácter de título ejecutivo a los laudos o resoluciones arbitrales y los acuerdos de mediación que hubieren sido elevados a escritura pública de acuerdo con la Ley de mediación en asuntos civiles y mercantiles. Pues bien, habiéndose mantenido éstos con la consideración de título ejecutivo, a continuación, se han incluido expresamente como tal también los acuerdos alcanzados por las partes en cualquier otro de los MASC a los que, al igual que ocurre con los de mediación, se les exige haber sido elevados a escritura pública para adquirir la condición de título ejecutivo (art. 517.2.2.º LEC y art. 13.2 Capítulo I del Título II LOEP[21]).

18. *Vid.*, capítulos 4, 5 y 6.

19. Si bien en el Libro cuarto de la LEC se ha incluido junto a la mediación la referencia expresa a los MASC en tres de sus preceptos (arts. 517, 550 y 565), el resto de los que contienen menciones a la mediación no han visto alterado su contenido (tal es el caso, en concreto, de los arts. 518; 539; 545; 548; 556; 559; 576.3 y 580).

20. *Vid.*, epígrafe 4.

21. En este punto, téngase presente que, aun siendo la escritura pública título ejecutivo extrajudicial, cuando contenga un acuerdo alcanzado en un MASC, se les otorga tratamiento de título ejecutivo judicial, con las ventajas que ello conlleva para el acreedor ejecutante.

Por lo que se refiere a esta última exigencia, debe observarse que, aunque cabría pensar que, para que puedan considerarse título ejecutivo, es preciso en todo caso que los acuerdos alcanzados por las partes en cualquiera de los MASC hayan sido elevados a escritura pública, en realidad las cosas no son así. También es posible que, sin haberlo sido, los acuerdos alcanzados tengan valor de título ejecutivo, lo que ocurre en dos supuestos concretos: a) cuando hayan sido homologados judicialmente a instancia de las partes tras haber sido alcanzados en un proceso de negociación al que se hubiera derivado a aquéllas por el tribunal en el marco del proceso judicial (*vid.*, arts. 13.2 y 12.7 Capítulo I del Título II LOEP); b) cuando el acuerdo en cuestión sea consecuencia de una conciliación registral y conste en la certificación a que se refiere el art. 103 bis Ley Hipotecaria. Sentado esto, lo que sí debe quedar claro es que, en ambos casos, la condición de título ejecutivos de tales los acuerdos deriva del hecho de entenderse incluidos en la previsión del art. 517.2.3.º LEC.

Por lo que se refiere ahora a la demanda ejecutiva, para cuya interposición, afortunadamente, no se ha establecido como requisito de procedibilidad la necesidad de acudir a un MASC[22], se ha producido una modificación que afecta a los documentos que han de acompañársele. Como lógica consecuencia de la ya referida inclusión de los acuerdos alcanzados por las partes en cualquiera de los MASC dentro del elenco de títulos que llevan aparejada ejecución, el art. 550.1 LEC prevé que, cuando el título ejecutivo sea de tal clase, habrá de acompañarse a la demanda ejecutiva. Dejando al margen la innecesaridad de la inclusión en el precepto de los términos «en vía extrajudicial», dado que se trata de una característica intrínseca a todos los tipos de MASC, que comparten su carácter no jurisdiccional, ha de advertirse que el art. 550.1 LEC señala que al acuerdo elevado a escritura pública habrá de acompañársele, además, «copia de las actas de la sesión constitutiva y final del procedimiento». Tal exigencia, a nuestro juicio, plantea ciertos problemas. Y es que, si se observa bien, no en todas las modalidades de MASC previstas tanto en la LOEP como en otras normas y leyes

22. *Vid.*, apdo. 3.º del art. 5 del Capítulo I del Título II LOEP. Nos congratulamos por tal decisión porque no somos en absoluto partidarios de la nueva previsión normativa que compele a los justiciables a utilizar alguno de los MASC para poder ejercitar su derecho a la tutela judicial efectiva, siendo completamente contrarios a la exigencia del requisito de procedibilidad incluido a estos efectos en la LEC. Si bien podemos llegar a entender que, en la situación en la que nos encontramos, pueda considerarse necesario tratar de buscar alguna vía para descongestionar la Administración de Justicia, sin embargo, lo que nos parece absolutamente inaceptable es que se haga en detrimento del derecho a la tutela judicial efectiva de los justiciables. Pero es que, además, nos parece intolerable que se pueda llegar a afirmar que una de las finalidades que se persigue con tal previsión sea «la necesidad de abordar los conflictos desde otra perspectiva», apelándose, como así lo hace el Preámbulo de la LOEP, a «los valores de solidaridad y de humanismo» como elementos a tener presentes cuando se deba lidiar con una controversia. ¿Es que acaso la Administración de Justicia es insolidaria e inhumana? Pedimos disculpas, pero no tenemos palabras para expresar el estupor que este tipo de afirmaciones nos provoca...

estatales y autonómicas[23] existe como tal una sesión constitutiva del procedimiento y otra final. Veamos esto más despacio.

Cuando el MASC en el que se haya alcanzado el acuerdo sea un procedimiento de mediación no existe problema alguno ya que, en él, sí se contemplan como tal la existencia de una sesión constitutiva y otra final, de las que habrán de levantarse las correspondientes actas[24]. Y lo mismo puede afirmarse cuando se trate de una conciliación privada, puesto que, entre las funciones atribuidas a la persona conciliadora, se hace referencia expresa a la realización de una sesión inicial y a su documentación en un acta, así como a la elaboración de otra final[25]. El inconveniente se plantea, pues, con en el resto de las diferentes modalidades de MASC y, por tanto, con la conciliación ante notario, registrador, letrado de la A. de J. o juez de paz[26]; con la negociación directa entre las partes o, en su caso, a través de sus abogados; con la opinión de una persona experta independiente; con la formulación de una oferta vinculante confidencial; y con el proceso de Derecho colaborativo, ya que en la regulación que rige cada una de estas tipologías de MASC no existe previsión alguna respecto de la existencia de una sesión constitutiva y de otra final[27]. Parece razonable entender que en todos estos casos lo dispuesto en el art. 550.1 LEC no resulta exigible a la hora de presentar la demanda ejecutiva y, sobre todo, que la ausencia de aportación

---

23. Para un análisis exhaustivo de todas ellas, véase el capítulo 4 de la obra.
24. Arts. 19 y 25 Ley 5/2012, de 6 de julio, de mediación en asuntos civiles y mercantiles, respectivamente.
25. Art. 16 Capítulo I del Título II LOEP.
26. Que se rigen respectivamente, por lo dispuesto en el capítulo VII del título VII de la Ley del Notariado, de 28 de mayo de 1862; por lo previsto en el título IV bis de la Ley Hipotecaria; por lo establecido en el título IX de la Ley 15/2015, de 2 de julio, de la Jurisdicción Voluntaria (que, a su vez, se aplicará supletoriamente en los casos de intervención como conciliador de un notario o registrador; *vid.*, art. 7 del Capítulo I del Título II LOEP); y, finalmente, por lo dispuesto en el artículo 47 LEC y por el título IX de la Ley 15/2015, de 2 de julio, de la Jurisdicción Voluntaria.
    En este punto, queremos manifestar nuestra perplejidad ante un hecho que, aunque pueda pasar desapercibido, comporta una serie de consecuencias nada baladís. Nos referimos, en concreto, a la nueva redacción del art. 103.2 bis de la Ley Hipotecaria. Aunque en él se prevé expresamente que la certificación de la avenencia entre los interesados emitida por el registrador está dotada de eficacia ejecutiva en los términos del art. 517.2.9.º LEC, a continuación se señala que «la ejecución se tramitará conforme a lo previsto para los títulos ejecutivos extrajudiciales». Como es obvio, tal previsión repercute directamente en la posición del acreedor, que se ve empeorada y resulta más desventajosa si se compara con la que se le brinda cuando su título ejecutivo recibe el tratamiento de título ejecutivo judicial.
27. Tal y como ocurre, a modo de ejemplo, cuando una parte formule una oferta vinculante a la otra (*vid.*, art. 17 Capítulo I del Título II LOEP). Además, analizando el tenor del art. 12 Capítulo I Título II LOEP, que se regula el contenido del documento en el que se recoja el acuerdo, se observa que, entre los distintos extremos a los que alude, nada se dice respecto de que tengan que expresarse en él la realización de sesión alguna. Dicho esto, téngase presente no obstante que el proceso de Derecho colaborativo se salva en alguna medida de lo afirmado ya que en su regulación se prevé que, tras el proceso, los abogados que hayan intervenido en él deben redactar un acta final por el que se haga constar, entre otros extremos, las sesiones llevadas a cabo (*vid.*, art. 19.3 Capítulo I Título II LOEP).

de esos documentos no puede ser un óbice a la hora de que el juez despache la ejecución.

3.3. INCIDENCIA DE LOS MASC SOBRE LA EJECUCIÓN

La ejecución, con la que se persigue la completa satisfacción del derecho del acreedor ejecutante, por regla general, no se suspende nunca. Quedan a salvo de tal regla dos casos concretos: a) cuando la Ley lo ordene de modo expreso; b) cuando lo acuerden todas las partes personadas en la ejecución (art. 565.1 LEC). Sentado esto, la LOEP ha añadido dos párrafos al apartado primero del art. 565: a) uno que posibilita que las partes puedan intentar alcanzar un acuerdo extrajudicial que les permita lograr una solución pactada sobre el modo que consideren más eficaz para lograr la satisfacción del derecho del acreedor ejecutante sin tener que continuar con la tramitación del proceso de ejecución; b) y otro en el que se prevén las consecuencias procesales anudadas a la obtención —o no— de dicho acuerdo.

En el primero de los nuevos párrafos, la LEC señala expresamente que, en cualquier momento del proceso de ejecución, las partes podrán pactar someterse a mediación o a cualquier otro de los MASC que pueda conducir a un acuerdo, indicando que, en tal caso, se suspenderá el curso de la ejecución. Pues bien, en este punto, resulta preciso realizar un par de precisiones.

En primer lugar, que, teniendo en cuenta el objeto de la eventual negociación en el marco del proceso de ejecución —procurar logar un acuerdo pactado que permita alcanzar una solución adecuada para procurar la satisfacción del derecho del acreedor ejecutante—, no todas las fórmulas de resolución de conflictos tienen cabida en el ámbito de la ejecución[28].

En segundo lugar, si bien el art. 5.4 LOEP prevé que la iniciativa de acudir a los MASC puede proceder de una de las partes, de ambas de común acuerdo o bien de una decisión judicial o del letrado de la A. de J. de derivación de aquéllas a este tipo de medios, parece evidente que en el marco de la ejecución no está permitido que se pueda imponer por el tribunal a las partes la derivación a ninguno de los MASC, quedando sometida tal posibilidad únicamente a los casos en que así lo pacten aquéllas. Y ello porque, de un lado, el citado art. 5.4 regula la actividad negociadora previa a la vía jurisdiccional como requisito de procedibilidad exigible únicamente a ciertos procesos declarativos del libro II y a ciertos procesos especiales del libro IV de la LEC y, de otro, porque así se

28. Lo que ocurre, a modo de ejemplo, entre otras modalidades de MASC, con la opinión de persona independiente que, aun siendo un mecanismo escasamente regulado (*vid.*, art. 18 Capítulo I del Título II LOEP), sin embargo, se utiliza ampliamente, pero para solucionar controversias en el ámbito privado con un alto componente técnico, normalmente relacionadas con el cálculo de precios variables en contratos de compraventa, cosa que poco tiene que ver con el objeto que se persigue cuando, en su caso, se decida utilizar un MASC en sede de ejecución.

deduce del tenor literal del art. 565.1 LEC en el que, como ya se ha indicado, se señala que sólo se permite la suspensión de la ejecución cuando «así lo acuerden todas las partes personadas en la ejecución», a quienes se les faculta expresamente para, en cualquier momento del proceso de ejecución, someterse a mediación o a cualquier otro de los MASC.

Por lo que se refiere ahora al segundo de los párrafos incluidos en el art. 565.1 LEC, por un lado, la LEC prevé que, de no llegarse a un acuerdo en sede de mediación o de otro tipo de MASC, cualquiera de las partes interesadas podrá solicitar la reanudación de la ejecución. En estos casos, en definitiva, al haber desaparecido la causa que motivó su paralización, y previa petición de parte, deberá alzarse la suspensión de la ejecución, reanudándose el proceso. Por otro lado, en caso de que por medio de la mediación o de otro tipo de MASC el ejecutante y el ejecutado alcancen un acuerdo que se cumpla o que convierta en innecesaria la ejecución, la LEC señala que el ejecutante habrá de ponerlo en conocimiento del tribunal, quien procederá a archivarla, tras lo cual se prevé que las partes podrán pedir en todo caso la homologación judicial de lo acordado, lo que conducirá igualmente al sobreseimiento del proceso. Con esta última previsión, el legislador está dando cabida a la posibilidad de que, en caso de incumplimiento del acuerdo, el ejecutante pueda contar con un título ejecutivo nuevo en el que fundar una eventual ejecución posterior. Dado el tenor legal del precepto, en definitiva, las cosas quedan del siguiente modo: a) cuando no se llegue a un acuerdo o éste no se cumpla, el proceso de ejecución ha de reanudarse; b) de llegarse a alcanzar un acuerdo que resulte cumplido o de homologarse éste judicialmente, la ejecución habrá de archivarse.

3.4. MEDIDAS CAUTELARES

El art. 730.2 LEC ha previsto la posibilidad de que se puedan solicitar y obtener medidas cautelares con anterioridad al inicio de un procedimiento de solución adecuada de controversias o durante su pendencia. Entre el elenco de medidas cautelares específicas, el art. 727 LEC ha recogido expresamente la posibilidad de que se solicite la anotación preventiva de inicio de un MASC cuando éste se refiera a bienes o derechos susceptibles de inscripción en Registros públicos, remitiéndose para ello a lo previsto en el art. 722 LEC, en el que se regula la solicitud de medidas cautelares en apoyo de procedimientos arbitrales y de litigios pendientes en el extranjero. Dado que esta cuestión se analiza con gran detenimiento en el capítulo siguiente de la obra, remitimos al lector a su consulta.

4. TÍTULOS EJECUTIVOS

Sin perjuicio de cuanto se ha adelantado ya respecto de la inclusión expresa, entre los títulos que tienen aparejada ejecución, de los acuerdos alcanzados por las partes en cualquiera de los MASC, siempre que se hayan elevado a escritura pública (art. 517.2.2.º LEC[29]), este precepto también ha visto modificados sus numerales 4.º, 5.º y 7.º.

Por lo que se refiere al primero, de acuerdo con su nueva redacción, se otorga valor de título ejecutivo a «la copia de la escritura pública matriz que el interesado solicite que se expida con tal carácter». Si se compara con el que tenía con anterioridad a la reforma, el tenor literal del precepto ha variado considerablemente, por lo que debemos plantearnos si ello tiene o no alguna consecuencia práctica.

Si se recuerda, el art. 517.2.4.º LEC disponía que tenían la consideración de título ejecutivo las escrituras públicas, con tal que fueran primera copia o, si fuesen segunda, que estuvieren dadas en virtud de mandamiento judicial y con citación de la persona a quien debiera perjudicar, o de su causante, o que se expidiera con la conformidad de todas las partes. Este precepto debía conjugarse necesariamente con el art. 233 del Reglamento Notarial en el que se preveía —y, desgraciadamente así se sigue haciendo pese a la modificación del art. 517.2.4.º LEC— que, de haberse expedido la copia de la escritura pública con eficacia ejecutiva, deberá hacerse constar en ella que con anterioridad no se ha expedido al interesado otra copia con tal carácter ya que, de haber ocurrido así, éste sólo podrá obtener una nueva que lleve aparejada efectos ejecutivos si lo hace con sujeción a lo dispuesto en el art. 517.2.4.º LEC. Sentado esto, si se observa bien, con la nueva dicción del numeral 4.º, en la que, por fin, se han eliminado las referencias a las segundas copias[30], se plantea la duda de si las nuevas copias expedidas tras la primera tienen o no efectos ejecutivos. Pues bien, aunque el resultado no nos parece en absoluto razonable, no tenemos más remedio que concluir que las copias de una escritura pública original expedidas tras la primera carecen de valor de título ejecutivo. Y ello porque, de un lado, el nuevo art. 517.2.4.º LEC se refiere únicamente a la copia de la escritura pública matriz y, de otro, porque atendiendo a lo previsto el art. 233 del Reglamento Notarial que, como ya hemos adelantado, no ha sido debidamente modificado ya que sigue aludiendo al requisito del antiguo art. 517.2.4.º LEC que, tras la reforma operada por la LOEP, ya no se contempla en dicho precepto, no existe otra alternativa que afirmar que las copias de las escrituras públicas matrices expedidas con posterioridad a la primera no tienen la condición de título ejecutivo. Tras la LOEP, un notario no va a poder expedir una nueva copia de la escritura con carácter ejecutivo, aunque se lo pida la parte, ya que no está previsto un procedimiento para que el juez, tras oír a las partes, lo autorice. En este punto, esperamos que el legislador se percate cuanto antes de este problema y que, en consecuencia, lo más rápido posible, opte por alguna de las siguientes alternativas: a) regular un procedimiento a tal fin; b) modificar el art. 233 del

29. *Vid.*, epígrafe. 3.2.
30. Cosa que debía haberse hecho ya en el año 2007 como consecuencia de la reforma del Reglamento Notarial, operada por el Real Decreto 45/2007, de 19 de enero, con la que, entre otras cosas, desaparecía la distinción y denominación de primera o segunda copia.

Reglamento Notarial, eliminando de su dicción el requisito que condiciona su valor ejecutivo a que se hayan expedido cumpliendo con un requisito que ya resulta inexistente; c) rescatar la antigua previsión del art. 517.2.4.º LEC.

Pasando ahora al análisis del nuevo tenor del art. 517.2.5.º LEC, aunque su contenido no ha variado, se ha cambiado su redacción, que se ha visto mejorada. Así, siguen teniendo la consideración de título ejecutivo las pólizas de contratos mercantiles o, por mejor decir, tal y como se indica en el precepto, «el testimonio expedido por el notario del original de la póliza debidamente conservada en su Libro-Registro o la copia autorizada de la misma, acompañada de la certificación a que se refiere el art. 572.2 LEC», certificación que, recuérdese, acredita que la liquidación de la cantidad reclamada se ha realizado del modo previsto en la propia póliza. La dicción del art. 517.2.5.º LEC ahora resulta mucho más razonable, entre otras cosas porque se ha eliminado ya, por fin, la mención a los corredores de comercio[31]; sin embargo, a nuestro juicio, se ha perdido la oportunidad de solventar un error en el que incurría el precepto y que vuelve a reiterarse tras su modificación. Nos referimos, en concreto, a que debería haberse incluido un «en su caso» justo antes de la referencia que en él se contiene a la exigencia de que, de tratarse de una copia autorizada de la póliza, habrá de acompañársele la certificación a la que se refiere el art. 572.2 LEC, ya que tal exigencia se circunscribe únicamente a los casos en que se pretenda obtener la satisfacción del importe del saldo resultante de operaciones derivadas de contratos mercantiles formalizados en la póliza, cosa que no ocurre siempre.

Finalmente, respecto de la modificación del art. 517.2.7.º LEC, lo único que se ha hecho es suprimir parte de su redacción. Concretamente, se ha eliminado la mención que en él se hacía a las entidades responsables de la administración de la inscripción y registro respecto de los valores representados mediante sistemas basados en tecnología de registros distribuidos. Tal reforma, a nuestro juicio, es acertada dado que la alusión expresa a tales entidades en el precepto resultaba un tanto redundante, en la medida en que éstas también se mencionan en la Ley del Mercado de Valores[32].

31. Que, como es bien sabido, dejaron de existir como cuerpo autónomo en 2001, habiéndose integrado en el de los notarios. Sobre este particular, aunque el legislador ha estado acertado en este punto, sin embargo, lamentablemente, ha olvidado proceder del mismo modo con el resto de los preceptos de la LEC en los que sigue apareciendo la referencia a dichos corredores (*vid.*, arts. 317, 320, 572.2 y 823.2).

32. Si bien la inclusión explícita de la mención a tales entidades en el art. 517.2.7.º LEC (en virtud de la Disposición final tercera de la Ley 6/2023, de 17 de marzo, de los Mercados de Valores y de los Servicios de Inversión) en su momento pudo tener su razón de ser por la coyuntura en la que se dio (recuérdese que se produjo porque la Ley 6/2023, entre otros objetivos, perseguía reconocer las tecnologías de registro distribuido como nueva forma de representar valores negociables e instrumentos financieros, para lo que se refirió expresamente a ellas), sin embargo, hoy en día, carece de sentido mantener la mención expresa a tales entidades.

5. EJECUCIÓN PROVISIONAL

La LOEP ha modificado el art. 525.1 LEC en el que se recogen las resoluciones que, excepcionalmente, no son susceptibles de ejecución provisional en ningún caso. Concretamente, en su numeral 1.º se ha suprimido la mención a las sentencias dictadas en los procesos que tengan por objeto la oposición a las resoluciones administrativas en materia de protección de menores. Se trata de una modificación que nos sorprende sobremanera y a la que no encontramos ninguna razón de ser, porque este tipo de pronunciamientos —por lo menos los principales—, al igual que ocurre en la mayoría del resto de los que están incluidos en el numeral 1.º del precepto, son de carácter constitutivo o meramente declarativo, debiendo por ello quedar vedada su posible ejecución provisional[33]. Si bien podríamos pensar que responde a un lapsus del legislador, cosa factible si se analizan las distintas reformas legales a las que, para ir enmendando errores, se ha visto abocado a lo largo del tiempo el numeral 1.º del art. 525.1 LEC[34], desgraciadamente, no estamos en condiciones de afirmarlo así. A nuestro juicio, el que ahora se permita ejecutar provisionalmente las sentencias dictadas en los procesos que tengan por objeto la oposición a las resoluciones administrativas en materia de protección de menores es una decisión intencionada por parte del legislador, ya que el único extremo en el que se ha modificado este precepto es éste, por lo que parece que buscaba alcanzar tal resultado. El que se hayan eliminado este tipo de sentencias del catálogo de las no susceptibles de ejecución provisional es una decisión que, a nuestro juicio, es en parte reprobable, ya que conduce a un resultado que choca con los principios que han de regir en la materia relativa a la protección de menores. Teniendo en cuenta su naturaleza, resulta obvio que en este ámbito debe primarse el interés superior de los menores, debiendo por tanto priorizarse sus intereses sobre cualquier otro interés legítimo que pueda surgir, lo que, sin embargo, no parece asegurarse si se permite la ejecución provisional de las sentencias de oposición a las resoluciones administrativas en materia de protección de menores, ya que, de revocarse la sentencia, los menores serían los principales afectados o perjudicados. Pero es que, además, para compensar la imposibilidad de ejecución provisional de tales sentencias, la LEC ya recogía —cosa que sigue haciendo— una importante medida para imprimir celeridad en la tramitación del procedimiento de oposición, cual es el hecho de haberle otorgado una tramitación preferente (art. 779 LEC). Pese a lo dicho, lo cierto es que, en rigor, la eliminación de este tipo de sentencias del catálogo de las no susceptibles de ejecución provisional no es tan grave, porque no son sentencias de condena y no admiten

33. Lo que, obviamente, no obsta el hecho de que los eventuales pronunciamientos de condena sobre relaciones patrimoniales relacionadas con el objeto principal de los procesos de los que dimanan las sentencias recogidas en el numeral 1.º sí resulten provisionalmente ejecutables.

34. Con mayor detenimiento a este respecto, véase ACHÓN BRUÑÉN, M. J., *Estudio sistemático de la Ley 26/2015, de 28 de julio de Modificación del sistema de protección de la infancia y a la adolescencia,* AAVV, Dykinson, Madrid, 2018, p. 946.

ejecución. Pero sí que existe el riesgo de que, aunque formalmente no se ejecuten, reciban una especie de cumplimiento provisional —que autoridades y particulares se atengan a ellas, a pesar de que aún no sean firmes—. Ese es el riesgo que se evitaba incluyéndolas en el catálogo de resoluciones no ejecutables provisionalmente, aunque dogmáticamente no fuera lo más correcto.

6. AMPLIACIÓN DE LOS SUPUESTOS DE INAPLICACIÓN DE LA REGLA GENERAL DE INEMBARGABILIDAD DEL SALARIO MÍNIMO INTERPROFESIONAL Y DE SUS ESCALAS

La regla de la inembargabilidad de la cuantía a la que ascienda el salario mínimo interprofesional (en adelante, SMI) de los sueldos, salarios, pensiones, retribuciones o de sus equivalentes y las correspondientes escalas a las que se somete el embargo de las cantidades que excedan de tal cuantía (art. 607 LEC), siendo una regla general con un fundamento claro y constitucionalmente protegido —garantizar la subsistencia digna del ejecutado—, no es absoluta. Los límites al embargo de sueldos y pensiones no se aplican cuando se trate de ejecuciones por condenas a prestaciones alimenticias (art. 142 CC) y, por tanto, en los casos en que se ejecuten sentencias condenatorias al pago de alimentos cuando la obligación de satisfacerlos nazca directamente de la ley, así como cuando provenga de un pronunciamiento judicial dictado en el marco de un proceso de nulidad, separación o divorcio sobre alimentos debidos al cónyuge o a los hijos (art. 608 LEC).

Pues bien, tras la modificación operada por la LOEP, la LEC ha visto ampliados los excepcionales supuestos a los que escapa la aplicación de la regla de la inembargabilidad del SMI y de sus escalas. Ha incluido expresamente entre ellos los casos en que se proceda por ejecución de sentencia, decreto o escritura pública que establezca el pago de pensión compensatoria siempre que, eso sí, la parte ejecutante así lo solicite y acredite una necesidad económica que lo justifique, previa ponderación de la situación económica del ejecutante y ejecutado, debiendo el tribunal en estos casos, así como en los de las medidas cautelares correspondientes, fijar la cantidad que podrá embargarse (art. 608 LEC).

La inclusión de tales supuestos entre las excepciones a la aplicación de la regla de inembargabilidad del SMI y de sus escalas resulta acertada, por los condicionantes legales a los que ésta se ve sometida. Cuando se procede en ejecución para la efectividad de una deuda de alimentos, la exclusión de la regla queda perfectamente justificada, en la medida en que responde a una razón de interés social —atender a la necesidad de subsistencia con dignidad de los acreedores de los alimentos—. El fundamento de tal exclusión cuando se trate de la ejecución de una pensión compensatoria es bien diferente. Este mecanismo legal previsto a favor del cónyuge tras una separación o divorcio trata de compensar el desequilibrio económico que ello le ha provocado, al haber visto empeorada su situación económica con respecto a la que tenía durante el matrimonio, permitiéndosele por ello obtener el pago de una prestación por parte del cónyuge cuya posición económica no se haya visto menoscabada (art. 97 CC). Dado que su finalidad —compensar el desequilibrio económico entre los cónyuges— es completamente distinta a la intrínseca de la pensión de alimentos —cubrir las necesidades de subsistencia de los alimentistas—, parece lógico que si bien resulta perfectamente legítimo buscar evitar que, tras la ruptura matrimonial, uno de los cónyuges tenga un descenso grave en su nivel de vida, pretender comparar tal objetivo —preservar el nivel de vida similar al que tenían los cónyuges durante el matrimonio sin que el que tenga menos ingresos propios se vea perjudicado por la ruptura— con la necesidad de garantizar que los acreedores de los alimentos se aseguren un mínimo vital que preserve su dignidad, no tiene mucho sentido. De ahí que, oportunamente a nuestro entender, y más allá de la exigencia de que así se solicite expresamente por la parte ejecutante, el legislador haya condicionado la efectiva inaplicación de la regla de la inembargabilidad del SMI y de sus escalas en estos casos a un doble condicionante: a) de un lado, a que el ejecutante acredite una necesidad económica que lo justifique; b) de otro y, sobre todo, a que el tribunal pueda ponderar los intereses en juego, es decir, la necesidad de aquél con la situación económica del ejecutado, de modo que, si tras ello llega a la conclusión de que la necesidad de garantizar la dignidad de este último puede colisionar con la misma necesidad en el cónyuge, se le atribuye un margen de discrecionalidad que le permite graduar y fijar la cantidad concreta que podrá embargarse en cada caso, así como en los de las medidas cautelares correspondientes que se adopten en función o dentro de los procesos matrimoniales que, obviamente, no tienen por objeto específico la prestación compensatoria[35].

7. DE LOS MODOS DE REALIZACIÓN DE LOS BIENES Y DERECHOS EMBARGADOS

7.1. CUESTIONES GENERALES

Como es bien sabido, nuestra LEC, atendiendo a la naturaleza de los bienes embargados, ha previsto varios sistemas de realización forzosa destinados a que el ejecutante pueda ver satisfecho su crédito. Con tales mecanismos se persigue obtener una cantidad de dinero a partir de los bienes embargados con la que se permita lograr la completa satisfacción del derecho del acreedor ejecutante y, en caso de que ello no resulte factible, posibilitándose la adjudicación en pago como última vía para alcanzar tal resultado.

Cuando los bienes o derechos embargados no sean ni dinero ni acciones, para los que la LEC contempla vías de realización forzosa específicas (arts. 634 y 635 LEC, respectivamente), ésta regula, de un lado, un sistema de realización

35. Téngase presente que esta posibilidad también estaba abierta para el tribunal con anterioridad a la reforma del art. 608 LEC, ya que tal previsión se incluía para los casos de ejecuciones por condenas a prestaciones alimenticias, lo que resulta completamente lógico.

«preferente y alternativo[36]», denominado convenio de realización, con el que, básicamente, se otorga a las partes e interesados en la ejecución la facultad de convenir un modo más eficaz de realización de los bienes y, de otro, prevé un sistema genérico —la venta en subasta judicial pública[37]—, aplicable cuando aquéllas no hayan logrado alcanzar un acuerdo o cuando, de haberlo obtenido, sin embargo, no ha resultado aprobado por el letrado de la A. de J. (art. 636 LEC).

Sentado lo anterior, precisamente en este ámbito, el del procedimiento de apremio, es donde la reforma operada por la LOEP ha producido las mayores y más significativas modificaciones del Libro tercero de la LEC, habiendo afectado a más de una veintena de los preceptos que se dedican a su regulación.

7.2. EL CONVENIO DE REALIZACIÓN

Aunque la LOEP ha modificado el tenor del art. 636 LEC, relativo a la realización de bienes o derechos, la reforma no tiene especial importancia, más allá de cuanto inmediatamente diremos, porque no incide en la idea principal que subyace en el precepto —configurar un sistema de realización forzosa preferente y otro genérico—. Así, pese a que su apdo. 2 ha dejado de contemplar expresamente la posibilidad de que la enajenación de los bienes embargados se lleve a cabo por medio de persona o entidad especializada, pasando a preverse únicamente que, a falta de convenio de realización, aquélla se realizará mediante subasta judicial, en realidad, ello no tiene ninguna repercusión práctica. Y es que si bien la LOEP ha eliminado la mención expresa a la venta llevada a cabo por medio de persona o entidad especializada prevista en el art. 636 LEC —acertadamente, a nuestro juicio, ya que no es más que una modalidad específica de convenio de realización— y ha suprimido la sección 4.ª del capítulo IV del título IV del libro III, en la que se regulaba la realización efectuada por tales sujetos o entidades, dejando sin contenido los dos preceptos que en ella se incluían (arts. 641 y 642), sin embargo, ha introducido una alusión explícita a la realización mediante subasta extrajudicial por persona o entidad especializada en el art. 640.1 LEC, por lo que resulta perfectamente posible seguir utilizando tal instrumento para encomendarles la realización forzosa los bienes embargados. En definitiva, tras la reforma la realización de los bienes por persona o entidad especializada ha dejado de ser un sistema autónomo de realización forzosa dotado de sustantividad propia, y ha pasado a ser, simplemente, uno más de los

36. Para un análisis pormenorizado de tales mecanismos y de los interrogantes, cuestiones, beneficios y problemas prácticos que plantean, se aconseja ver LÓPEZ PICÓ, R., *Mecanismos alternativos a la subasta judicial,* Aranzadi, Navarra, 2024.

37. Que tal sistema tiene carácter genérico se corrobora por el hecho de que, si bien la LEC aboga por dar preferencia a la autonomía de la voluntad de las partes en este punto, sin embargo, prevé que, una vez embargados los bienes por el letrado de la A. de J., si antes no se solicita y se ordena que la realización forzosa se lleve a cabo de manera diferente, se practicarán las actuaciones precisas para la subasta judicial (art. 636.3).

posibles contenidos que se pueden incluir en el convenio de realización[38]. Cuestión distinta es que nos parezca razonable cómo han quedado las cosas. Veamos esto más despacio.

El art. 640 LEC prevé que, cuando la realización de los bienes sea mediante subasta extrajudicial, por persona o entidad especializada, el letrado de la A. de J. aprobará la transmisión tras verificar el cumplimiento de la normativa de ordenación del comercio minorista, reguladora de la venta en pública subasta y que, cuando el convenio se refiera a bienes susceptibles de inscripción registral será necesaria, para su aprobación, la conformidad expresa de los acreedores y terceros poseedores que hubieran inscrito o anotado sus derechos en el Registro correspondiente con posterioridad al gravamen que se ejecuta. Teniendo en cuenta tal previsión, basta con un análisis somero de la Ley 7/1996, de 15 de enero, de Ordenación del Comercio Minorista para percatarse de inmediato de que si bien ésta considera la pública subasta como un tipo de venta especial (art. 36), sin embargo, la normativa que dedica a su regulación (arts. 56 a 61) es muy escasa y nada completa, estableciendo únicamente para ella un régimen jurídico general. Esto, unido a la supresión del art. 641 LEC, en el que se contenían las reglas a las que quedaba sometida la enajenación de bienes por medio de persona o entidad especializada[39] implica que, a partir del 3 de abril de 2025, esta modalidad estará sujeta exclusivamente a las ínfimas previsiones que al respecto se contienen en la Ley de ordenación del comercio minorista, lo que no parece muy razonable.

Por lo que se refiere al convenio de realización, se ha producido su desregulación, ya que se ha extraído del proceso de ejecución, dejándose a la autonomía de la voluntad de las partes. Salvando esto, el resto de las previsiones del art. 640 LEC, referidas básicamente a las consecuencias de la celebración del convenio, han permanecido invariables. De un lado, se sigue permitiendo que el ejecutante, el ejecutado y quien acredite interés directo en la ejecución puedan convenir el modo de realización más eficaz de los bienes; de otro, continúa resultando preceptivo que, en caso de alcanzarse un acuerdo, el letrado de la A. de J. deba aprobarlo mediante decreto; y finalmente, también se mantienen inalteradas las consecuencias procesales anudadas tanto al cumplimiento como al incumplimiento del acuerdo, así como los requisitos a los que queda condicionada la aprobación del convenio cuando se refiera a bienes susceptibles de inscripción registral. Además, si bien como hemos adelantado, la LOEP ha

38. En este sentido, véase MARTÍNEZ SANTOS, A., quien afirma que, con la reforma de 2025, la venta a través de persona o entidad especializada pasa a constituir una más entre todas las opciones posibles que se les presentan a las partes a la hora de llegar a un acuerdo extraprocesal sobre el modo más eficaz de realizar los bienes embargados («Novedades en la realización forzosa de la ejecución civil tras la Ley Orgánica de medidas en materia de eficiencia del Servicio Público de Justicia», *Actualidad Civil,* n.º 2, 2025, p. 2).

39. Tales como la necesidad de prestación de caución; los límites a los que queda condicionada la enajenación de los bienes; el plazo máximo para que se realice el encargo; etc.

dejado sin contenido el art. 642 LEC, las previsiones que en él se contenían se han incluido en el art. 640, de modo que siguen aplicándose las relativas a la subsistencia y cancelación de cargas cuando se transmita la titularidad de inmuebles hipotecados o embargados; las referidas a la aprobación de la transmisión, para la que habrá de seguir estándose a lo dispuesto para la subasta de inmuebles respecto de la distribución de las sumas recaudadas, inscripción del derecho del adquirente y mandamiento de cancelación de cargas; y la previsión de que será mandamiento bastante para el Registro de la Propiedad el testimonio del decreto por el que se apruebe la transmisión del bien.

En definitiva, la única modificación real a la que se ha visto sometido el art. 640 LEC se concreta en que, de querer convenir otro modo de realización de los bienes embargados, deja ya de resultar preceptivo que el ejecutante, el ejecutado y quien acredite interés directo en la ejecución deban pedirle al letrado de la A. de J. que convoque una comparecencia a tal efecto[40].

7.3. LA SUBASTA JUDICIAL PÚBLICA

7.3.1. Observaciones preliminares

Como ya hemos tenido ocasión de adelantar al principio del trabajo, más de la mitad de los preceptos del Libro tercero de la LEC que se han visto modificados a consecuencia de la reforma operada por la LOEP se enmarcan, precisamente, en la regulación de la subasta de bienes —concretamente, once de los artículos que forman parte de la sección que regula la subasta de bienes muebles y ocho pertenecientes a la referida a la subasta de bienes inmuebles—. La subasta judicial pública se convierte pues en la materia que mayores y más notables cambios ha sufrido, lo que resulta relevante ya que la venta de los bienes embargados se producirá en pública subasta, salvando los casos en que las partes e interesados en la ejecución convengan un modo de realización forzosa diferente.

Aunque la LEC regula separadamente la venta en pública subasta de los bienes muebles de la de los inmuebles y muebles sujetos a un régimen de publicidad registral similar al de éstos —a la que nos referiremos en adelante simplemente como subasta de bienes inmuebles[41]—, dado que la regulación de la primera resulta de aplicación general para la subasta de ambas clases de bienes,

40. Previsión muy razonable dado que no tenía mucho sentido que, estando de acuerdo el ejecutante, el ejecutado y los interesados, tuvieran que formular obligatoriamente tal solicitud al letrado de la A. de J. quien, además, podía denegar la comparecencia; tampoco lo tenía que, en caso de no haberse logrado un acuerdo, tuvieran que volver a solicitarle una nueva comparecencia; y, finalmente, tampoco resultaba sensato que ésta tuviera que realizarse necesariamente encorsetándose en las condiciones previstas en la LEC (art. 640.2 y 5 LEC).

41. En este punto, aprovechamos para advertir ya que la LOEP ha resuelto los problemas que, respecto de este tipo de bienes, se planteaban en todo lo relacionado con la aprobación del remate y su adjudicación (algunos proponían la aplicación de lo previsto en los arts. 670 y

estudiaremos las modificaciones unitariamente, añadiendo, en el lugar que corresponda, el análisis de las normas especiales que se aplican a la subasta de bienes inmuebles y que también se han visto reformadas.

7.3.2. Trámites previos a la subasta

Como es bien sabido, tras la tasación de los bienes, el letrado de A. de J. debe convocar la celebración de la subasta mediante decreto, convocatoria que determina tanto su inicio como su término. Por lo que se refiere a su contenido, además de haberse previsto que se debe informar al público en general de que, registrándose en el Portal de Subastas, podrán suscribirse a alertas por correo electrónico para conocer el momento exacto del inicio de la subasta, el decreto debe incluir información muy importante para el ejecutado (arts. 644 y 671.1 LEC[42]).

De un lado, se prevé expresamente que se debe informar al ejecutado de que el plazo para pagar el resto del precio ofrecido y el traslado previsto por los arts. 650 y 670 LEC para que pueda presentar a otra persona que mejore el precio resultante de la subasta comenzará a contar desde la fecha de su cierre, sin necesidad de notificación personal. Con esta previsión se pone término, por fin, a la polémica existente acerca de si resultaba o no necesario dar traslado al ejecutado no personado para que presentara un adquirente que mejorara el precio[43]. Relacionado con esto, es importante señalar que, para evitar dilaciones en el procedimiento, se exige que el tercero presentado por el ejecutado ingrese previamente en la Cuenta de Depósitos y Consignaciones del tribunal el importe equivalente al del depósito exigido para participar en la subasta.

En segundo lugar, y cuando se trate de la subasta de un bien inmueble, también se informa al ejecutado de que, en el plazo de diez días desde la notificación del decreto, puede comunicarle al tribunal su deseo de facilitar el mejor desarrollo de la subasta, pudiendo consentir la inspección del bien por los interesados. A tal efecto, se le compele a facilitar, dentro de tal plazo, sus datos de contacto, así como fotografías y cuanta información disponga respecto al estado actual del bien y su situación posesoria, premiándole, en caso

671 LEC pensados para el caso de bienes inmuebles, y, por el contrario, otros sostenían que debían aplicarse los arts. 650 y 651, por estar en mayor sintonía con la naturaleza de los bienes muebles registrables). La nueva regulación ha optado por esta segunda tesis (*vid.*, art. 655.1 LEC).

42. Aunque no resultaba necesario, dada la aplicación general de la regulación de la subasta de bienes muebles a la de los inmuebles, sin embargo, la LOEP ha incluido expresamente en el art. 667.1 LEC que la subasta de bienes inmuebles habrá de convocarse de acuerdo con lo previsto en el art. 644 LEC.

43. Con mayor detenimiento a este respecto, véase ACHÓN BRUÑÉN, M. J., «Modificación de las subastas judiciales por la Ley Orgánica 1/2025, de 2 de enero: Deficiencias de la nueva regulación y problemas que va a suscitar», *Diario La Ley*, n.º 10655, Sección Tribuna, 30 de enero de 2025, p. 12.

de que así lo hiciera, con una reducción de la deuda que puede alcanzar hasta un 2% del importe por el que el bien hubiera sido adjudicado[44] (art. 669.3 LEC).

Por otro lado, y partiendo de la premisa de que cuando los bienes embargados cuenten con publicidad registral resulta imprescindible contar con la certificación de dominio y cargas con anterioridad a la subasta, lo cierto es que la LOEP ha introducido una previsión muy acertada en este punto, con la que se evita que la información sobre las cargas registrales quede obsoleta y se permite a su vez que, en su caso, se puedan liquidar de nuevo las cargas. En concreto, se prevé que cuando la petición de subasta del inmueble objeto de la ejecución se demore más de seis meses desde la fecha de expedición de la certificación, con anterioridad a dictar el decreto de convocatoria de subasta, el letrado de la A. de J., de oficio, pueda solicitar nota simple registral actualizada en aras de comprobar si su estado registral actual concuerda con el que resulta de la certificación de cargas obrante en el expediente (art. 656.2 LEC). Esta nueva nota simple, como señala el precepto, sirve, además, para comprobar la vigencia actual de las cargas preferentes que fueron tenidas en cuenta para valorar el bien a efectos de subasta, con lo que se permite que, si fuera necesario, se proceda a liquidarlas de nuevo. Por lo que se refiere a las obligaciones del registrador, aunque no han variado —sigue teniendo que remitir al tribunal la certificación de cargas[45] y que notificar inmediatamente y de forma telemática al letrado de la A. de J. y al Portal de Subastas el hecho de haberse presentado otro u otros títulos que afecten o modifiquen la información inicial—, se ha concretado expresamente el período en el que estará obligado a cumplir esta última, habiéndose establecido que habrá de hacerlo desde el inicio de la subasta y hasta su finalización.

44. La determinación exacta del porcentaje concreto de reducción de la deuda corresponde al tribunal, siendo ese 2% el importe máximo que se puede rebajar, lo que se deduce de la dicción de este precepto, en el que se señala que el tribunal, atendidas las circunstancias, y previa audiencia del ejecutante por plazo no superior a cinco días, decidirá la reducción de la deuda que proceda dentro del máximo deducible. Por otro lado, hemos de advertir que, tal y como señala GONZÁLEZ CABALLERO, C. J., tal deducción es un supuesto muy infrecuente en la práctica, porque se topa con el problema de que ni el ejecutado que esté en la posesión ni los terceros ocupantes tengan una actitud de colaboración con el órgano judicial en dar cumplimiento al precepto, además de que éste carece de virtualidad para el ejecutado cuando el inmueble objeto de la subasta esté deshabitado, porque no podrá llevarse a cabo (*La subasta judicial electrónica y la adjudicación de los bienes*, junto con FONT DE MORA RULLÁN, J., Tirant lo Blanch, Valencia, 2021, p. 116). No obstante, independientemente de lo dicho, lo cierto es que ahora va a resultar más sencillo que se facilite la información relativa a que se pueda visitar el inmueble objeto de la subasta, dado que el ejecutado dispone de un plazo de diez días desde la notificación del decreto para comunicarle al tribunal que consiente la inspección del bien por los interesados.

45. Recuérdese que, tal y como ya hemos adelantado, si el procurador de la parte ejecutante la hubiere diligenciado, el registrador habrá también de remitírsela a él (*vid.*, apdo. 2.2.2).

Conectado con lo anterior, finalmente, debemos señalar que la LOEP también ha modificado el art. 657 LEC[46], incluyendo cambios significativos en relación con la solicitud de información que ha de dirigir el letrado de la A. de J. a los acreedores registrales. De un lado, y aunque equivocando conceptos[47], se ha añadido que la información también deberá solicitarse a los acreedores de igual rango, adición que si bien resulta muy conveniente teniendo en cuenta que tales cargas se consideran preferentes (art. 227 del Reglamento Hipotecario), sin embargo, no se ha incorporado al art. 666 LEC, en el que se regula la valoración de inmuebles para su subasta, cuando así debía haberse hecho también. De otro lado, frente a la antigua previsión de que los oficios expedidos debían entregarse al procurador de la parte ejecutante para que se encargara de su cumplimiento, actualmente, habrán de remitirse a la dirección electrónica habilitada del acreedor y sólo en caso de que no la tuviera, podrán entregarse al procurador del ejecutante[48]. Igualmente, se ha especificado que, en caso de que el crédito haya sido satisfecho íntegramente en virtud de subrogación en la posición del acreedor, una vez identificado el pagador, será él quien deberá informar del estado actual de su crédito. Por último, y con la finalidad de forzar el efectivo cumplimiento de las obligaciones de información por parte de los acreedores y del ejecutado, la LOEP ha incluido una medida muy acertada: de no haber contestado transcurridos diez días desde la práctica de los requerimientos, el letrado de la A. de J. podrá reiterarlos, con el apercibimiento de la imposición de las multas previstas en los arts. 589 y 591 LEC[49] mientras no sean atendidos. Si aun con todo no se facilitara la información solicitada, dada la supresión de la previsión que a este respecto se efectuaba en el párrafo 3.º del art. 657 LEC —entender que, a efectos de la ejecución, la carga se encuentra actualizada al momento del requerimiento en los términos fijados en el título preferente—, habrá que inferir que, para practicar la liquidación de cargas, debe intentarse obtener la información por vía indirecta[50].

---

46. Para un análisis detenido de las modificaciones que debían haberse añadido también a este precepto y que, sin embargo, se han obviado, véase ACHÓN, M. J. (nota 43), p. 8.

47. Concretamente el de preferencia crediticia con el de prioridad registral, ya que el precepto se refiere a «acreedores registrales cuyos créditos sean preferentes o de igual rango al que sirvió para el despacho de la ejecución», cuando realmente tenía que referirse a «acreedores registrales con cargas preferentes».

48. Aunque ACHÓN, M. J. (nota 43), p. 7, echa en falta que el art. 657 LEC se pronuncie acera de si en este último caso la actuación del procurador puede incluirse en la tasación de costas, lo cierto es que nosotros entendemos que no resulta en absoluto necesario que así se haga dado que se trata de una actuación autorizada por la ley que ni es facultativa, ni tampoco puede ser practicada por las Oficinas judiciales (art. 243.2 LEC).

49. Por lo que se refiere a su importe y al régimen de recursos, tales multas se rigen por lo previsto en el art. 589.4 cuando el letrado de la A. de J. multe al ejecutado, y por lo dispuesto en el art. 591.2 y 3 cuando el tribunal tenga que multar a quien no sea parte en la ejecución.

50. Solución por la que aboga ACHÓN, M. J. (nota 43), p. 7, en los casos en que el acreedor anterior lo fuere por una anotación preventiva de embargo o por una hipoteca que hubiere dado lugar a la iniciación de un procedimiento judicial, pudiendo remitirse un exhorto al órgano judicial que conozca del procedimiento.

Sentado lo anterior, y centrándonos ahora en la publicidad de la subasta, cuya regulación resulta aplicable tanto en subastas de bienes muebles como inmuebles, su convocatoria ha de anunciarse en el BOE. En este punto, y dejando al margen tanto la lógica supresión de la exigencia de que el anuncio de la subasta deba publicarse en el Portal de la Administración de Justicia, a la que se aludía en el art. 645.1 LEC[51], como la nueva previsión comentada anteriormente —la concesión al procurador de la parte ejecutante de la facultad de llevar a efecto el anuncio de la convocatoria de la subasta—, se ha incluido una modificación nada baladí para los casos en que el ejecutado no esté personado en la ejecución. Y es que si bien con anterioridad a la reforma, el anuncio en el BOE servía de notificación, actualmente ya no es así, debiendo notificársele el decreto personalmente (apdo. 3.º del art. 644 LEC). Esta nueva previsión normativa resulta muy acertada porque con ella se evita causar indefensión al ejecutado[52], erradicándose la inseguridad jurídica que se le producía al verse perjudicadas sus posibilidades de participar en la subasta o de presentar a un tercero que interviniera en ella con objeto de adjudicarse los bienes.

Por otro lado, por lo que se refiere al contenido del edicto que ha de incorporarse de manera separada en el Portal de Subastas para cada una de ellas, si bien cuando se trate de una subasta de bienes muebles no se ha producido prácticamente variación alguna en este punto[53], no puede afirmarse lo mismo cuando de la subasta de bienes inmuebles se trata. Así, además de expresarse tanto los datos indicados en el art. 646 LEC como aquellos a los que ya hacía referencia el art. 668.2 LEC, se han añadido otras informaciones. Se trata de las siguientes: a) el código registral único; b) la certificación de dominio y cargas que se hubiera expedido al inicio de la ejecución; c) el informe de tasación extrajudicial, cuyo certificado conste en el título ejecutivo, y que hubiera servido como referencia para determinar el valor de subasta; d) respecto de la minoración de cargas preferentes, si las hubiera, se incluye la previsión de que se haga mediante la incorporación de las comunicaciones donde conste la situación actualizada de esos créditos; y su situación posesoria, si consta en el procedimiento de ejecución.

51. Consecuencia de que actualmente el Portal se encuentra fuera de servicio tras el lanzamiento de la sede judicial electrónica del Ministerio de Justicia.

52. Tanto el TS como el TC han recalcado en reiteradas ocasiones la importancia de que se notifique la subasta al ejecutado (entre otras, véanse la STS 144/2014, de 13 de marzo, La Ley 31486/2014, en la que se señala que la notificación al ejecutado es un acto de comunicación esencial; y la STC, Sala Primera, 126/2014, de 21 de julio, La Ley 93104/2014, en la que se afirma que, por exigencias del art. 24.1 CE, tal comunicación debe realizarse en la forma que garantice su efectividad).

53. Lo único que ha cambiado en el art. 646 LEC es que, por lo que respecta a los datos y circunstancias que sean relevantes para la subasta y el informe del avalúo o valoración del bien objeto de la subasta, se ha incluido la precisión de que, a diferencia de la anterior redacción, en la que simplemente era necesario mencionarlos, se contengan en documentos, precisión que se ha incluido igualmente en el art. 668.2 LEC que regula el contenido y la publicidad de las subastas de bienes inmuebles.

Finalmente, conviene advertir que la modificación operada por la LOEP ha traído consigo una mejora de la posición de quienes estén interesados en participar en las subastas, ya que, hoy en día, el Portal de Subastas pone a su disposición mayor cantidad de información, aunque no toda la que debería[54]. Así, además de haberse incorporado la nueva nota simple registral a la documentación que en él se publica (art. 656.2 LEC), se añade también el código registral único de la finca a subastar, ahora eso sí, sólo «si se dispone de él[55]».

Pasando ahora al análisis de los requisitos exigidos a los licitadores para poder participar en la subasta, en este punto, la LOEP ha introducido cambios muy relevantes en la LEC. Habiéndose mantenido las exigencias legales previas[56], se ha añadido una previsión para los casos en que se puje en nombre de un tercero. Si bien con anterioridad a la reforma sólo se señalaba que el postor debía señalar si pujaba en nombre propio o en nombre de un tercero, actualmente se exige que todo licitador indique si actúa en nombre propio o de terceros total o parcialmente y que, en caso de actuar en representación de varios, informe sobre el porcentaje de adjudicación que corresponda a cada uno (art. 647.1.1.º LEC). Tal previsión, como veremos más adelante[57], trae aparejadas importantes consecuencias en los casos en que, de no constar previamente, el mejor postor no acredite su representación ante la Oficina judicial que haya intervenido como autoridad gestora de la subasta.

Por lo que se refiere a la acreditación como licitador que debe obtener toda persona interesada para ser admitida como tal y poder participar en la subasta, si antes se conseguía tras haber consignado el 5% del valor de subasta de los bienes por los que se deseara pujar, tras la entrada en vigor de la LOEP se ha aumentado el porcentaje de dicho depósito. Actualmente, los postores pueden obtener la acreditación como licitadores a través de una doble vía. En primer lugar, si consignan el 10% del avalúo, en caso de subastas de bienes muebles (art. 647.1 LEC) o el 20% del valor por el que saldrán a subasta los bienes en

54. En este punto, coincidimos plenamente con ACHÓN, M. J. (nota 43), p. 6, quien afirma que no se comprende que el legislador muestre especial empeño en que los postores dispongan de una información registral actualizada, pero que sin embargo, se descuide otro tipo de información, como pueden ser otras «cargas ocultas» que debe soportar el adquirente del bien en subasta (tales como el impago de los tributos que gravan el inmueble; si el propietario se halla o no al corriente de los gastos de la Comunidad de Propietarios; o si terceros ocupantes en el inmueble).

55. Este último inciso nos resulta un tanto llamativo porque teniendo en cuenta que este código lo proporcionan tanto las notas simples como los certificados de dominio y cargas, no alcanzamos a ver en qué casos va a ser posible no disponer de él.

56. Identificarse de forma suficiente; declarar que se conocen las condiciones generales y particulares de la subasta; que se acepta como bastante la titulación existente —o que asume su inexistencia—; que se aceptan también las consecuencias de que las pujas no superen los porcentajes establecidos en los arts. 650 y 670 LEC; como, finalmente, que se admite y acepta quedar subrogado en la responsabilidad derivada de las cargas, gravámenes y asientos anteriores al crédito del actor si el remate se adjudicare a su favor.

57. *Vid.*, epígrafe 7.3.3.

caso de tratarse de bienes inmuebles (art. 669.1 LEC). En segundo lugar, si consignan un mínimo de mil euros si el importe que resultara de la aplicación de los porcentajes anteriores fuera inferior, quedando facultado el letrado de la A. de J., eso sí, para incrementar o reducir el porcentaje del depósito, considerando las circunstancias de la subasta[58]. A nuestro juicio, la decisión del legislador de aumentar el depósito que han de abonar los postores para intervenir en la subasta es una medida que, por un lado, resulta acertada y, por otro, un tanto desafortunada, lo que responde básicamente al hecho de que, en este punto, existe una tensión permanente entre intentar fomentar la participación del mayor número posible de postores y evitar el riesgo de conductas indebidas de los participantes en la subasta, siendo el depósito el mejor mecanismo para combatir tales actuaciones. Pues bien, entendemos que es oportuna porque, con ella, se pretende evitar el riesgo de conductas indebidas de los participantes en la subasta o, lo que es lo mismo, evitar al máximo posible las quiebras fraudulentas, ya que, al penalizarse a quienes quiebren las subastas con la pérdida de su depósito, dado el aumento de su cuantía, lógicamente éstos se lo pensarán más antes de incumplir su compromiso de pago del precio ofrecido. Sin embargo, no es adecuada si se analiza desde el prisma de la competencia. Y es que, parece evidente que, a mayor depósito y, por tanto, mayor esfuerzo económico, menos postores y, consiguientemente, menores posibilidades de obtener un buen precio de venta de los bienes embargados e hipotecados[59].

Centrándonos ahora en la posición del ejecutante, si bien se mantiene la previsión de que no le hará falta consignar ningún depósito para poder participar en la subasta, aunque con anterioridad a la reforma sólo podía comparecer como postor si existían otros licitadores, pudiendo en tal caso decidir si formulaba o no pujas, actualmente, su situación ha cambiado, y mucho. Hoy en día, tras la reforma operada por la LOEP, el ejecutante tiene siempre reconocida la condición de postor, resultando por tanto indiferente que existan o no otros licitadores, ya que puede pujar el primero, sin tener que esperar a que otros lo hagan. De hecho, si pretendiese adjudicarse los bienes al término de la subasta, no le

58. Sin bien parece razonable otorgarle al letrado de la A. de J. un margen de maniobra en este punto que le permita lograr la intervención del máximo número de postores, sin embargo, consideramos que la expresión que para ello se utiliza en la LEC, en atención a «las circunstancias de la subasta» no es especialmente acertada. En este punto estamos totalmente de acuerdo con véase ACHÓN, M. J. (nota 43) p. 10, quien afirma que tal expresión es demasiado imprecisa, dado que no se dan pautas para conocer qué circunstancias son estas y se corre el riesgo de que, por medio de esta previsión en cada órgano judicial, en circunstancias muy similares, se fije el tipo de subasta que se considere más oportuno.

59. ACHÓN, M. J. (nota 43) p. 10, añade un argumento más, cual es que el aumento del depósito puede ahuyentar a postores no profesionales. Disentimos de su opinión en este punto y no consideramos del todo convincente tal argumento porque somos de los que entienden que a las subastas sólo deberían concurrir postores que tengan el dinero (o que lo puedan obtener rápidamente), por lo que, si lo tienen o lo pueden tener pronto, a los postores que no sean profesionales no debería de causarles ningún problema que se haya incrementado el porcentaje del depósito.

queda más remedio que participar en ella formalizando pujas ya que, de lo contrario, no podrá pedir la adjudicación de los bienes, cosa que tampoco podrá hacer si no ha habido pujas en la subasta (*vid.*, art. 647.2 LEC), cuestión que analizaremos más adelante[60]. Esta nueva previsión, aunque plantea algún que otro problema[61], es, a nuestro juicio, realmente acertada, porque con ella se evitan los pésimos resultados a los que conducía la normativa anterior. Gracias a ella, se va a impedir ya, por fin, que el ejecutante pueda adjudicarse los bienes por precios absolutamente irrisorios, con los resultados que ello conlleva. Así, de un lado, ya no va a resultar posible que, cuando en el acto de la subasta no concurra ningún postor, al ejecutante le baste con esperar al resultado de aquélla para solicitar la adjudicación del bien[62]. Tampoco lo va a ser que, cuando habiéndose hecho posturas superiores al 50% —o al 70% en caso de bienes inmuebles— y se haya ofrecido pagar a plazo —posibilidad actualmente inexistente—, el ejecutante pueda hacer las veces por el 50% o por el 70% del valor por el que el bien sale a subasta[63]. Finalmente, tampoco va a resultar posible que cuando la mejor postura ofrecida en la subasta sea inferior al 50% —o al 70% del valor por el que el bien hubiere salido a subasta en caso de tratarse de un inmueble— y el ejecutado no presente tercero que la mejore ofreciendo una cantidad superior a tales porcentajes o que, aun inferior, resulte suficiente para lograr la completa satisfacción del derecho del ejecutante, éste pueda pedir la adjudicación de los bienes por la mitad de su valoración —o por el 70% en caso de bienes inmuebles— o por la cantidad que se le deba por todos los conceptos, siempre que tal cantidad sea superior a la mejor postura y, en caso de bienes inmuebles, al 60% del valor por el que salió a subasta[64].

Por último, y respecto de la cesión de remate, posibilidad prevista en el art. 647.3 LEC, la LOEP ha mejorado su regulación, introduciendo algunas previsiones nuevas con las que persigue acortar tiempos, cubrir alguna que otra laguna legal que presentaba la LEC, y posibilitar que el licitador que ha obtenido el remate a su favor pueda transmitir su posición jurídica a otro más fácilmente.

60. *Vid.*, epígrafe 7.3.4.
61. Obliga a los ejecutantes a intervenir en la subasta aun cuando no estén interesados en el bien subastado porque, de no hacerlo, corren el riesgo de no poder cobrar nada de lo que se les adeude en caso de que, habiendo quedado desierta la subasta, el ejecutado pida el alzamiento del embargo.
62. Recuérdese que, con anterioridad a la reforma, cuando en el acto de la subasta no había ningún postor, se facultaba al ejecutante para solicitar la adjudicación de los bienes muebles subastados por el 30% del valor de tasación, o por la cantidad que se le debiera por todos los conceptos (art. 651 LEC) o, en caso de que los bienes fueran inmuebles, por el 50% del avalúo, o por la cantidad que se le debiera por todos los conceptos cuando no se tratara de la vivienda habitual del deudor y, cuando así fuera, pudiendo hacerlo por importe igual al 70% del valor por el que el bien hubiese salido a subasta o incluso por el 60% cuando la cantidad que se le debía por todos los conceptos fuera inferior a aquél porcentaje (art. 671 LEC).
63. Tal y como así se lo permitían los arts. 650.3 y 670.3 LEC en su anterior redacción.
64. *Vid.*, la redacción anterior de los arts. 650.4 y 670.4 LEC.

Así, en primer lugar, aunque si bien el ejecutante y los acreedores posteriores que participen en la subasta siguen siendo los únicos que pueden pujar con derecho a ceder el remate a un tercero[65], ahora ya no hace falta que manifiesten expresamente que lo hacen con tal propósito. Además, se prevé que la cesión del remate, de no haberse efectuado con anterioridad, debe llevarse a cabo en el plazo de cinco días que deberá conferir el letrado de la A. de J. cuando queden los autos pendientes de dictar el decreto de adjudicación y tras haberse pagado, en su caso, el precio de remate, con lo que deja de ser preceptivo que aquél acuerde primero la adjudicación para verificar posteriormente la cesión de remate. Por otro lado, también se dispone que, en lugar de tener que verificarse la cesión mediante comparecencia ante el letrado de la A. de J., bastará con que se presente escrito firmado por el cedente y el cesionario, al que habrán de adjuntarse los documentos que permitan acreditar la identidad, facultades y representación de los firmantes, si no constaran ya en el expediente, debiéndose acreditar documentalmente el pago de la cantidad total por la que el cesionario hubiera obtenido la cesión cuando ésta haya sido mediante precio. Por último, se incluyen otras dos previsiones más: a) la posibilidad de que el precio de la cesión pueda ser inferior al del remate o adjudicación, indicándose al efecto que, en tal caso, la minoración de deuda para el ejecutado debe corresponder siempre con el importe total del remate o adjudicación; b) que exista un sobreprecio, en cuyo caso deberá aplicarse también a los fines de la ejecución, haciéndose constar en el decreto como un concepto aparte y que, si como consecuencia de tal sobreprecio existe una cantidad sobrante respecto de la deuda total reclamada, el ejecutante tendrá que ingresarla en la cuenta del tribunal en el plazo de diez días.

7.3.3. Desarrollo de la subasta, aprobación del remate, pago por el rematante y adjudicación de los bienes

Aunque la subasta, que se desarrolla siempre de forma electrónica en el Portal de Subastas bajo la responsabilidad del letrado de la A. de J., sigue teniendo una duración de veinte días —plazo que ahora la LEC prevé como improrrogable (art. 649.1)—, la LOEP ha introducido dos modificaciones en este punto. En primer lugar, ha establecido ciertos límites respecto de su finalización, previendo al efecto que la subasta no podrá terminar ni en sábados, ni en domingos, ni en días de fiesta nacional, ni en el mes de agosto, ni en los días que median entre el 24 de diciembre y el 6 de enero, ambos inclusive[66]. En segundo lugar, ha eliminado la prórroga máxima de 24 horas. Con tal previsión, en defi-

65. Téngase presente no obstante que, dado que como ya hemos señalado, el ejecutante ya no puede adjudicarse el bien fuera de la subasta —sólo podrá hacerlo si interviene en ella—, ya no cabe que pueda ceder el remate en estos casos.
66. Entendemos que el legislador ha incurrido en un lapsus, ya que ha olvidado incluir una referencia expresa a los festivos a efectos laborales en la respectiva Comunidad Autónoma o localidad.

nitiva, deja ya de ser posible la ampliación de la subasta en una hora por cada eventual puja adicional hasta el plazo máximo de 24 horas.

Por lo que se refiere a su apertura, que sigue condicionada al transcurso de, al menos, veinticuatro horas desde la publicación de su anuncio en el BOE, cuando haya sido remitida al Portal de Subastas la información necesaria para su comienzo, la LOEP ha atribuido una carga al ejecutante: se le impone la obligación de informar al órgano judicial del pago de la tasa exigida para la publicación del anuncio de subasta, ya que de ese pago depende el inicio de la subasta. Así, se indica que el pago de la tasa exigida por el BOE para la publicación del anuncio de la subasta será realizado por el solicitante, dando cuenta al órgano judicial previamente a su inicio y que, si éste no lo hiciere en el plazo de diez días desde la remisión, el pago podrá ser realizado por cualquiera de las demás partes de la ejecución, dando cuenta al órgano judicial previamente a su inicio (art. 648 LEC, regla 2.ª). Esta previsión, a nuestro juicio, es muy positiva porque evita perjudicar al ejecutado (por el devengo de nuevos intereses), cosa que ocurría con anterioridad a la reforma, dado que la LEC no preveía ni el plazo para proceder al pago de la tasa ni los efectos que producía sobre la subasta la dilatación injustificada de su pago por parte del ejecutante.

Para poder participar en la subasta, y con la finalidad de que exista en todo caso una plena identificación de los licitadores, se sigue exigiendo que éstos estén dados de alta como usuarios del sistema, al que habrán de acceder mediante mecanismos seguros de identificación y firma electrónicos[67]. Una vez dados de alta, y mientras esté abierta la subasta, los licitadores pueden ir realizando pujas, que se enviarán telemáticamente a través de sistemas seguros de comunicaciones al Portal de Subastas, pero que sin embargo, a diferencia de lo que ocurría con anterioridad a la reforma, en que resultaba preceptivo que el Portal informara durante el período de celebración de la subasta de la existencia y cuantía de las pujas, ya no se publican electrónicamente. Actualmente, el Portal ya no informa de la existencia o inexistencia de pujas ni de su cuantía, habiendo pasado éstas a tener carácter secreto (regla 6.ª del art. 648 LEC que, a su vez, se reitera en el art. 649.1 LEC). El establecimiento del secreto de las pujas nos parece una previsión normativa que, aunque *a priori* pudiera parecer desacertada —y quizá lo es en alguna medida[68]—, a nuestro juicio no lo es tanto porque con ella se permite incrementar el precio resultante de la subasta, ya

67. La LOEP ha sustituido la referencia a la Ley 59/2003, de 19 de diciembre, de firma electrónica, que fue derogada hace tiempo por la Ley 6/2020, de 11 de noviembre, reguladora de determinados aspectos de los servicios electrónicos de confianza, y alude ahora al Real Decreto-ley 6/2023, de 19 de diciembre, por el que se aprueban medidas urgentes para la ejecución del Plan de Recuperación, Transformación y Resiliencia en materia de servicio público de justicia, función pública, régimen local y mecenazgo. En concreto, se refiere a que el acceso al sistema ha de realizarse de acuerdo con lo previsto en el art. 6 de dicho Real Decreto-Ley (regla 4.ª del art. 648 LEC).

68. Por dos motivos concretos. Primero, porque pudiera parecer que perjudica a los postores que están participando en la subasta para quienes, lógicamente, resulta indispensable

que los interesados harán sus pujas en función del valor razonable que para ellos tengan los bienes subastados, sin que su oferta dependa de la existencia o no de otros postores o de los precios que éstos puedan ofrecer[69].

A los postores se les permite efectuar nuevas posturas por importe superior o inferior a la que ya hubieran realizado. En tal caso, se prevé, de un lado, que sólo será tenida en cuenta la última postura efectuada antes del cierre de la subasta; de otro que, si existieran posturas por el mismo importe, se preferirá la anterior en el tiempo; y, por último, se señala que, al finalizar la subasta, el portal solo publicará el importe del mejor precio ofrecido, o que la subasta ha concluido sin postores (regla 6.ª art. 648 LEC). Sin embargo, y a diferencia de lo que ocurría con anterioridad, ya no caben ni las peticiones tácitas de reservas de depósitos, habiendo quedado éstas condicionadas a la solicitud expresa por parte de los postores (arts. 648.6.ª y 652.1 LEC), ni se permiten tampoco las posturas con pago aplazado. Esta última previsión, a nuestro juicio, es positiva porque viene a solventar muchos de los problemas que suscitaban las propuestas de pago aplazado del precio de remate[70].

En la fecha del cierre de la subasta y a continuación de éste, el Portal de Subastas ha de remitir al letrado de la A. de J. información certificada de la postura telemática que hubiera resultado vencedora, con el nombre, apellidos y dirección electrónica del licitador[71]. El letrado de la A. de J. deberá dejar constancia del resultado de la subasta, expresando el nombre del mejor postor y de la postura que formuló, devolviendo a los licitadores las cantidades depositadas,

---

conocer la cuantía de la última puja para estar en condiciones de decidir si subirla o no (en este sentido, véase ACHÓN, M. J. (nota 43), p. 11, quien afirma que tal previsión «perjudica sobremanera a los postores que deberán realizar sus ofertas a ciegas con la inseguridad de no conocer si se están extralimitando o, por el contrario, si se están quedando cortos. Hay quien, conociendo la postura anterior, estaría dispuesto a mejorarla en caso de estar interesado por el bien»). En segundo lugar, porque pudiera parecer también que perjudica al ejecutado ya que podría traer consigo una disminución de eventuales postores, al ser menos los que estén dispuestos a participar en la subasta en estas condiciones y actuar «a ciegas».

69. En igual sentido, aunque con una explicación mucho más exhaustiva, véase BAÑÓN GONZÁLEZ, J. L., «La subasta judicial y su gestión a través de un servicio común procesal», Curso «Taller de ejecución hipotecaria y subastas electrónicas» (1.ª edición), 2022, https://www.cej-mjusticia.es/sede/publicaciones/ver/13750 (último acceso el día 28 de febrero de 2025).

70. Entre otros, la complejidad que conllevaba su tramitación, motivada por el propio sistema de subastas electrónicas, y el uso que eventualmente se hacía de tal posibilidad para fines fraudulentos y entorpecedores de la subasta. Para un análisis detenido de tales problemas, se aconseja la consulta de SANTOS DEL VALLE, L. F., «Posturas con pago aplazado en las subastas judiciales electrónicas (Sobre la disfunción entre normativa, aplicación y efectos)», *Revista Aranzadi Doctrina,* 2018-2, pp. 11-18.

71. La LOEP, en consonancia con las nuevas previsiones que, como veremos ha recogido sobre este particular, ha simplificado las cosas en este punto porque, tal y como se recordará, con anterioridad, en la información certificada se incluían todas las posturas de los licitadores que hubieren optado por reservar su postura, por orden decreciente de importe y cronológico en el caso de ser este idéntico (art. 649.3 LEC).

excepto la que corresponda al mejor postor y a los licitadores que, en su caso, hubieran solicitado su reserva conforme a lo dispuesto en el art. 652.1.II LEC, tras lo cual aquél, en vista de tal postura, decidirá si puede o no aprobar el remate. Dado que la aprobación del remate se encuentra condicionada a cuál sea el importe de la mejor postura efectuada en la subasta, pueden darse varias posibilidades. Analizaremos esto centrándonos primero en las subastas de bienes muebles y, a continuación, haremos las veces respecto de las de bienes inmuebles.

Cuando se trate de una subasta de bienes muebles, en primer lugar, cuando la mejor postura sea igual o superior al 50% del valor de subasta, el letrado de la A. de J. deberá aprobar el remate en favor del mejor postor. En este punto, y sin perjuicio de que, como se verá, se ha mantenido el porcentaje de referencia que establecía el art. 650 LEC, debemos resaltar dos novedades de gran calado. De un lado que, finalizada la subasta, el ejecutante ya no tiene la posibilidad de mejorar posteriormente el precio final ofrecido por el mejor postor (art. 647.2 LEC), de modo que la única opción que le queda para poder imponer su oferta pasa necesariamente por formular una puja superior durante la subasta. De otro que, si bien con anterioridad a la reforma operada por la LOEP la LEC indicaba que la aprobación del remate podía hacerse el mismo día del cierre de la subasta, actualmente sólo podrá hacerse al día siguiente de su cierre, previsión ésta que, a nuestro entender, responde a un lapsus del legislador[72] (arts. 650.1 y 670.1 LEC).

En segundo lugar, cuando sea el ejecutante quien haya hecho la mejor postura igual o superior al 50% del valor de subasta, el letrado de la A. de J. deberá aprobar el remate a su favor, pero sólo si la cantidad ofrecida es igual o inferior al principal de la deuda, en cuyo caso habrá de dictar decreto de adjudicación y poner en posesión de los bienes al ejecutante. En cambio, si la postura que ha realizado fuera superior al principal reclamado en la ejecución, el letrado de la A. de J. deberá practicar la liquidación de lo que se le deba por principal, intereses y, ahora también, por costas[73], tras lo cual, consignada en su caso la diferencia entre lo que se le debe y la cantidad ofrecida, para lo que dispondrá de un plazo de diez días, se le pondrá en posesión de los bienes y se dictará el decreto de adjudicación. Ahora bien, de no efectuar el pago en plazo, se declarará la quiebra de la subasta y se descontará de su crédito el importe equivalente al depósito exigido a los demás postores para participar en la subasta, corriendo de su cuenta los gastos que, en su caso, suponga la celebración de una nueva subasta. Final-

72. No existe, a nuestro juicio, otra explicación a tal previsión porque con ella se contraría una de las finalidades de la reforma de la subasta judicial, como lo es agilizar su tramitación, a lo que hay que añadir que, pese a lo previsto en ambos preceptos, el art. 649.4 LEC señala que, si la mejor postura cumpliera los requisitos necesarios para la adjudicación del bien o lote, el letrado de la A. de J. dictará «inmediatamente» decreto de aprobación de remate.

73. La antigua redacción del art. 650.2 LEC no hacía referencia alguna a la necesidad de tasar las costas.

mente, si el ejecutante decidiese ceder su remate a un tercero, deberá presentar un escrito conjunto con el cesionario ante el letrado de la A. de J., acompañado de la documentación a la que se refiere el art. 647.3 LEC de modo que, aceptada la cesión por el tercero y consignado el precio del bien, el letrado de la A. de J. dictará decreto de adjudicación a favor del cesionario.

Por último, si la mejor postura fuera inferior al 50% del valor de subasta, dado que el letrado de la A. de J. no puede aprobar el remate sin informar previamente al ejecutado y concederle un plazo de diez días desde el cierre de la subasta para presentar a un tercero dispuesto a pagar el 50% de aquel valor o, por lo menos, una cantidad suficiente para satisfacer el crédito del ejecutante[74], se abren dos posibilidades.

La primera, que el ejecutado, mediante escrito, ejercite su facultad de mejorar la postura, en cuyo caso, si la persona por él designada, que deberá haber ingresado previamente en el importe equivalente al del depósito exigido para participar en la subasta, pagara el resto del precio en el plazo de diez días —a computar desde el día en que haya efectuado tal ingreso—, habrá de aprobarse el remate en su favor, ordenándose la inmediata devolución del depósito efectuado por el mejor postor.

La segunda, que el ejecutado no lo haga o que, habiéndolo hecho, el tercero a quien hubiere designado no efectúe el pago en plazo, en cuyo caso, si se dan las condiciones legalmente previstas, el letrado de la A. de J. podrá aprobar el remate en favor del mejor postor por una cantidad inferior[75]. De aprobarse, se

74. Obsérvese que el *dies a quo* de la apertura de tal plazo se ha concretado en el momento del cierre de la subasta, a diferencia de lo que ocurría con anterioridad, en que tal plazo no comenzaba hasta que el tribunal notificaba al ejecutado el resultado de la subasta y su derecho a presentar a un tercero que lo mejorara, lo que podía prologarse durante varios meses. A nuestro juicio, tal previsión merece una crítica positiva porque, con ella, además de acortarse los tiempos de la ejecución, se evita que los postores tengan retenidos sus depósitos prolongadamente en el tiempo. Por lo demás, y aunque algún autor considera que este plazo de diez días concedido al ejecutado para presentar a un tercer adquirente resulta demasiado reducido, afirmando al efecto que en un plazo tan escaso es casi imposible encontrar un tercero que ofrezca un precio digno por el bien [ACHÓN, M. J. (nota 43), p. 13)], nosotros no compartimos tal opinión. Entendemos que, tratándose de un ejecutado diligente, ya se habrá encargado de ir previendo la necesidad de buscar un eventual tercero interesado desde el mismo momento en que se le notificó personalmente el decreto y que, en caso de no serlo, en nada le va a afectar la reducción del plazo.

75. *Vid.,* art. 650.3 LEC que prevé que se podrá aprobar el remate cuando la mejor postura supere el 30% del valor de subasta; cuando, aunque no llegue a tal cuantía, la mejor postura sea suficiente para cubrir el crédito del ejecutante; o cuando, a pesar de no cumplirse ninguna de las anteriores condiciones, el letrado de la A. de J. lo estime necesario teniendo en cuenta las circunstancias del caso concreto. En este punto, coincidimos plenamente con la crítica vertida por ACHÓN, M. J. (nota 43), p. 14, ya que, al no fijarse ningún mínimo, a diferencia de lo que ocurre, como veremos a continuación, con los bienes con publicidad registral, el legislador está favoreciendo el malbaratamiento en subasta de los bienes muebles sin publicidad registral.

requiere al mejor postor para que, en el plazo de diez días, pague el resto del precio que ofreció, descontado el depósito. Si verificara el ingreso, se le pondrá en posesión del bien, dictándose el decreto de adjudicación y, de lo contrario, perderá su depósito, que se aplicará a los fines de la ejecución. Finalmente, si la mejor postura no cumpliera los requisitos legales, el letrado de la A. de J., tras dar audiencia a las partes, resolverá sobre la aprobación del remate a la vista de las circunstancias del caso[76], siendo el decreto que apruebe o deniegue el remate susceptible de recurso directo de revisión, pudiendo a su vez el ejecutado solicitar el alzamiento del embargo cuando aquél hubiere denegado la aprobación del remate.

Por lo que se refiere a la aprobación del remate en subastas de bienes inmuebles, dado que ya se han mencionado las modificaciones que han sufrido los criterios que rigen en este punto para la subasta de bienes muebles que se aplican también a la de los inmuebles, aquí simplemente señalaremos que no se han producido especiales cambios en este punto. Y es que si bien ya hemos comentado que se ha aumentado la cantidad que ha de consignarse para tomar parte en la subasta —que ha pasado al 20% del valor de subasta de los bienes o un mínimo de 1.000 euros si el resultado de aplicar el porcentaje fuera inferior—, sin embargo, salvo en un caso muy concreto, no se ha producido variación alguna respecto de los porcentajes que determinan la postura mínima admisible[77]. Siguen sometidos a un incremento del 20% respecto de los previstos para los bienes muebles (concretándose pues en el 70% del valor de subasta), con la

76. La LEC señala expresamente que para ello, tendrá que tener en cuenta especialmente la conducta del deudor en relación con el cumplimiento de la obligación por la que se procede, las posibilidades de lograr la satisfacción del acreedor mediante la realización de otros bienes, el sacrificio patrimonial que la aprobación o no aprobación del remate suponga para el deudor, para el propio ejecutante o para terceros acreedores con sus derechos inscritos, y el beneficio que de ella obtenga el acreedor (art. 650.3).

77. Lo único que sí se ha previsto, a diferencia de lo que ha ocurrido con las subastas de bienes muebles, es que, cuando se trata de subastas de bienes inmuebles, nunca podrá aprobarse el remate por una cantidad inferior al 40% del valor de subasta, lo que a nuestro juicio, resulta totalmente acertado (art. 670.3 LEC). Y es que, tal y como prevé este precepto, cuando la mejor postura no llegue al 50% del valor de subasta, pero alcance para lograr la completa satisfacción del derecho del ejecutante por todos los conceptos, se aprobará también el remate, salvo que la cantidad ofrecida no llegue al 40% del valor de subasta. De aprobarse, la adjudicación del inmueble al adquirente supondrá la inmediata terminación de la ejecución por completa satisfacción del ejecutante, quedando liberados el resto de los bienes que pudieran garantizar el pago de lo reclamado. Sentado esto, también cabe aquí la posibilidad de que, cuando no se cumplan los requisitos legales, es decir, cuando siendo inferior al 50% del valor de subasta, la mejor postura no alcance para cubrir el total de la deuda y las costas o, haciéndolo, sea inferior al 40% de la cantidad que sirvió como valor de subasta, el letrado de la A. de J. pueda resolver motivadamente mediante decreto sobre la aprobación del remate (a la vista de las circunstancias del caso que especifica el art. 670.3 LEC). Contra éste, ya apruebe o deniegue el remate, cabe recurso directo de revisión, pudiendo el ejecutado instar el alzamiento del embargo en caso de que se hubiere denegado la aprobación del remate, previsión ésta con la que se evita que se tengan que adjudicar obligatoriamente por deudas de escasa cuantía inmuebles de un valor muy superior.

única excepción de poder rebajarse al 60% —o incluso a un importe inferior si resulta suficiente para lograr la completa satisfacción del derecho del ejecutante— en dos casos concretos. Primero, cuando el mejor postor no ha llegado a ofrecer el 70% del valor de subasta y el ejecutado presente a un tercero dispuesto a mejorar el precio de la subasta (art. 670.3 LEC). En estos casos, al tercero le bastará con ofrecer una cantidad igual o superior al 60% del valor de subasta (y no del 70%, como antiguamente), o bien una inferior con la que se permita satisfacer el derecho del ejecutante[78]. En segundo lugar, también se rebaja el importe cuando, tratándose de la vivienda habitual del deudor y habiendo sido el ejecutante el mejor postor, no ha ofrecido un precio que cumpla con las condiciones legalmente previstas, y tampoco ha hecho uso el ejecutado de su facultad de mejora[79].

En relación con la vivienda habitual, téngase presente que el TC, en su sentencia 26/2025, de 29 de enero[80], ha declarado la inconstitucionalidad y consecuente nulidad del art. 655 bis y de parte del art. 685.2 LEC, introducidos por la Ley 12/2023, de 24 de mayo, por el derecho a la vivienda (*vid.,* disposiciones finales 5.6 y 5.8, respectivamente). En consecuencia, cuando el bien inmueble subastado sea la vivienda habitual del ejecutado, el acreedor sea una empresa de vivienda o un gran tenedor de vivienda y, además, el deudor se encuentre en situación de vulnerabilidad económica, ya no será preciso que, con anterioridad a la fase de apremio, el acreedor deba acreditar que se ha sometido a un procedimiento de conciliación o intermediación establecido a tal fin por las administraciones públicas competentes.

Sentado lo anterior, una vez aprobado el remate por el letrado de la A. de J., el mejor postor debe pagar su precio menos el del depósito. Como de nuevo aquí las previsiones difieren en función de que nos encontremos en una subasta de bienes muebles o en una de inmuebles, analizaremos separadamente esta cuestión. No obstante, y antes de proceder a ello, dada la exigencia prevista en el art. 647.1.1.º LEC a la que ya hemos aludido —la necesidad de que los postores indiquen si actúan en nombre propio o de terceros—, debemos detenernos mínimamente en las consecuencias que trae aparejadas esta previsión en estos

78. De tratarse de la vivienda habitual, si bien con anterioridad a la reforma se podía aprobar el remate por puja de un tercer postor inferior al 50% en función de las circunstancias del caso, actualmente ya no se puede. Igualmente, y de tratarse de la vivienda habitual, queda prohibida su adjudicación por un importe inferior al 70% del valor de subasta, salvo que se cubra el total de la deuda y sea por, al menos, el 60% del valor de subasta. Además, si el ejecutante fue el mejor postor, pero su puja no alcanza esos importes, se aprobará el remate a su favor, pero respetándose en todo caso los valores mínimos.

79. Desgraciadamente, el legislador ha desaprovechado la oportunidad de dejar claro si la prerrogativa que se aplica en casos de vivienda habitual del deudor puede extenderse o no también a los ejecutados que no tengan la condición de deudor, cuestión ésta nada pacífica entre nuestros tribunales, existiendo algunos que sí lo permiten mientras que otros atienden exclusivamente a la interpretación literal del precepto (entre otros, véanse los AAP de A Coruña, Sección 6.ª, 62/2018, de 29 de junio, La Ley 207283/2018 y de la AP de Barcelona, Sección 1.ª, 252/2015, de 13 de julio, La Ley 244735/2015).

80. BOE-A-2025-4079.

momentos. La LEC ha previsto que, una vez concluida la subasta, el mejor postor, salvo que ya constara previamente en las actuaciones, deberá acreditar su representación ante la Oficina judicial que haya intervenido como autoridad gestora de la subasta. Pues bien, en caso de que no lo hiciera en el plazo de tres días o no se ratificara en ella el propio representado, aquel se verá sancionado con la pérdida de su depósito, que se aplicará a los fines de la ejecución, solicitándose a continuación al Portal de Subastas que informe de la identidad del siguiente mejor postor con reserva de postura, acordando la devolución de los depósitos a los demás licitadores[81].

Volviendo al tema que estábamos analizando, cuando se subasten bienes muebles, aunque el mejor postor sigue disponiendo de un plazo de diez días para consignar el importe de su postura menos el del depósito —plazo idéntico al que tiene el tercero presentado por el ejecutado—, sin embargo, tal plazo ya no comienza a contar desde la notificación del decreto de aprobación del remate, sino que lo hace desde el cierre de la subasta[82] (art. 650.1 LEC). Que el legislador haya optado por acortar el plazo para pagar el precio de remate es algo que, a diferencia de lo que sostienen otros[83], nos parece una medida muy razonable. Y lo pensamos así por un doble motivo: a) porque somos de los que entienden que, si quienes participan en las subastas tienen que disponer del dinero necesario, en poco les afecta tal recorte temporal, dado que, si lo tienen, no hay ningún problema en este punto; b) porque si bien la LEC indicaba que el decreto de aprobación del remate debía dictarse el mismo día del cierre de la subasta o al día siguiente, lo cierto es que, en la práctica, muchos tribunales tardaban bastante más tiempo en hacerlo, por lo que, comenzando ahora el plazo de inmediato sin tener que esperar a que se dicte el decreto va a permitir imprimir mayor celeridad al proceso.

Sentado lo anterior, si el mejor postor consignara en plazo, se le entregará inmediatamente la posesión de los bienes y se dictará el decreto de adjudicación, debiendo entregarse a continuación al ejecutante el precio del remate[84]. Pues

81. La LEC dispone además que la falta de acreditación de la representación no interrumpirá los plazos establecidos para el pago del resto del precio o de traslado al deudor para mejora de postura (art. 647.1.1.º).

82. Existe un único supuesto que queda a salvo de tal previsión. Los casos en que, siendo el ejecutante el mejor postor, y de ser el valor del bien superior a lo que se le debe, el plazo de diez días de que dispone para consignar el precio comienza a contar una vez que se le notifique la liquidación de lo adeudado por principal, intereses y costas (*vid.,* arts. 650.2 y 670.2 LEC).

83. FONT DE MORA RULLÁN, J. (nota 45), p. 248, quien afirma que con ello no se fomenta una mayor intervención de licitadores extraños; y M. J. ACHÓN (nota 43), p. 17, quien afirma que la reducción del plazo para pagar el precio de remate dificulta el pago y la obtención de crédito para proceder al mismo.

84. Aunque la LOEP no ha modificado los extremos relativos a su distribución, sin embargo, sí que ha reformado el art. 654.3 LEC para enmendar la errata que presentaba, de modo que ahora ya se atribuye legalmente al letrado de la A. de J. la expedición de la certificación acreditativa del precio del remate y de la deuda pendiente por todos los conceptos.

bien, en el caso de que aquél no efectúe dicha consignación, se abren tres posibles escenarios.

En primer lugar, y aunque rara vez se dará el caso, cuando la cantidad depositada que pierde el rematante sea suficiente para cubrir tanto el importe del crédito por el que se despachó la ejecución como el de las costas, se pagará con tal depósito al ejecutante y se pondrá fin a la ejecución alzándose el embargo sobre el bien del ejecutado.

En segundo lugar, cuando algún otro postor haya hecho una puja inferior a la del rematante, pero admisible y, a su vez, haya pedido expresamente que su depósito quede retenido hasta que el rematante pague el precio, éste perderá su depósito y se aprobará el remate a favor de ese segundo mejor postor. La aprobación del remate en su favor queda condicionada, eso sí, a que la cantidad que haya ofrecido, sumada al depósito del primer postor, alcance el importe del remate principal fallido que constituirá el precio de adjudicación, no pudiendo en ningún caso aprobarse el remate en favor del segundo postor cuando, con el depósito constituido por el primer rematante, se puedan satisfacer el capital e intereses del crédito del ejecutante y las costas (art. 652.1 LEC).

En tercer lugar, cuando la cantidad depositada no sea suficiente para cubrir el importe del crédito, sus intereses y el de las costas y, a su vez, no exista ningún postor en cuyo favor aprobar un nuevo remate, como veremos con mayor detenimiento en el epígrafe siguiente, no habrá más remedio que volver a celebrar otra subasta (art. 653 LEC).

Centrándonos ahora en las subastas de bienes inmuebles, el plazo para que el mejor postor consigne el importe de su postura menos el del depósito se ha reducido a la mitad cuando el adquirente del bien sea un tercero, pasando de cuarenta a veinte días, a contar también aquí desde el cierre de la subasta. Por otro lado, si fuera el ejecutante quien haya hecho la mejor postura igual o superior al 70% del valor por el que el bien hubiere salido a subasta, y ésta fuera superior al principal reclamado, el plazo es de diez días, comenzando a contar en este caso desde que se le notifica la liquidación efectuada por el letrado de la A. de J.[85]. De nuevo aquí, nos parece que la reducción del plazo es una medida adecuada por los argumentos a los que hemos aludido anteriormente.

Para terminar, por lo que respecta a la devolución de los depósitos tras la finalización de la subasta, aquí se ha producido un cambio significativo que va a permitir agilizar un trámite que quedaba seriamente ralentizado. Con anterioridad a la reforma, los depósitos sólo se devolvían tras agotarse las posibilidades de identificar la mejor puja y designar al rematante, ya que se tenían

85. Téngase presente que ya no resulta necesario practicar la liquidación del crédito del ejecutante cuando el precio que ha ofrecido no es superior al principal reclamado (*vid.*, art. 670.2 LEC).

en cuenta las reservas de postura de todos los licitadores, de modo que, si el mejor postor no pagaba, se pasaba sucesivamente a las siguientes ofertas más altas hasta agotarlas, atendiéndose, en caso de haber pujas idénticas, a la cronológicamente anterior. Con tal proceder, obviamente, las reservas de postura alargaban considerablemente el plazo para que los postores recuperaran sus depósitos, dado que la adjudicación iba pasando de un reservista al siguiente a medida que éstos iban quebrando la subasta, y entre uno y el siguiente podían llegar a transcurrir varios meses, con lo que claramente se desanimaba a los postores a realizar nuevas reservas. Pues bien, actualmente sólo se tiene en cuenta la reserva de postura del que, subsidiariamente, se haya convertido en mejor postor —es decir, el segundo mejor licitador— ya que, si el primer mejor postor no pagara, se pasa al segundo mejor si hubiera reservado la postura, y si éste tampoco pagara, se convoca una nueva subasta[86]. En definitiva, hoy en día, si el mejor postor quebrara la subasta, como el Portal sólo comunica la identidad del siguiente postor con reserva de postura, ordenando a la vez la devolución de los depósitos de los demás postores[87], quedando sin efecto sus reservas de postura, éstos los recuperan mucho más rápido. Por otro lado, también se prevé expresamente que habrán de devolverse los depósitos en los siguientes casos[88]: a) cuando se produzca la consignación de la diferencia entre lo depositado y el precio total del remate; b) cuando el mejor postor, no habiéndolo hecho antes, no acredite su representación ante la Oficina judicial en el plazo de tres días o no se ratificara en ella el propio representado; c) cuando el mejor postor en la subasta haya sido el ejecutante (art. 652.1, último párrafo); d) cuando la subasta quede sin efecto con posterioridad a su celebración por cualquier motivo[89]; e) cuando se llame al segundo mejor postor como consecuencia del impago del precio por el primer rematante (art. 652.1.III); f) cuando el tercero presentado por el ejecutado para mejorar la postura haya ingresado el depósito requerido[90].

7.3.4. Eventuales incidencias de la subasta

Aunque la mayoría de las subastas celebradas en el Portal de Subastas, intervengan o no postores, suelen transcurrir sin ninguna interrupción hasta que finalizan, nada obsta a que, mientras se están celebrando, puedan producirse

86. Aunque esta previsión aporta una ventaja —permite agilizar la devolución de los depósitos—, sin embargo, presenta un importante inconveniente: que ya ningún otro postor que hubiera podido adjudicarse los bienes al haber realizado una reserva de puja con todos los requisitos legales pueda hacerlo.
87. Obsérvese que, aunque el art. 652.1 LEC señala que el Portal devolverá «inmediatamente» los depósitos de los postores, ni el art. 650.6 ni el 670.8 LEC prevén tal inmediatez.
88. *Vid.*, arts. 650.6 y 670.8 LEC.
89. Tales como, por ejemplo, cuando el ejecutado libere sus bienes pagando íntegramente lo que se deba al ejecutante por principal, intereses y costas (art. 670.7 LEC).
90. Respecto de este último supuesto, coincidimos plenamente con la opinión de M. J. ACHÓN (nota 43), p. 20, quien no considera acertada tal previsión, entendiendo que se debería esperar a que el tercero consigne la totalidad del precio.

determinados hechos o situaciones que aboquen a que deban suspenderse o, incluso, a que deban cancelarse. En otros términos, en toda subasta puede darse algún tipo de incidencia, ya sea involuntaria, ya voluntaria, como por ejemplo las eventuales solicitudes de parte de suspensión de la subasta para intentar alcanzar un acuerdo. Pues bien, en este punto, y sin perjuicio de haberse mantenido la previsión de que, cuando el letrado de la A. de J. tenga conocimiento de la declaración de concurso del deudor, habrá de dejarse sin efecto la subasta, se ha incluido una nueva relacionada con su posible suspensión. Como se recordará, la LEC sólo regulaba las consecuencias anudadas a la suspensión de la subasta cuando ésta superaba los quince días[91]. Pues bien, aunque actualmente las consecuencias en estos casos siguen siendo las mismas (*vid.,* arts. 649.2 y 669.4 LEC), se ha incluido una referencia expresa en el art. 649.2 LEC para los casos en que la subasta que se esté celebrando se suspenda por un período inferior a quince días. Se ha previsto que deberá paralizarse, reanudándose por el tiempo restante para su conclusión. A diferencia de lo que ocurre cuando la suspensión de la ejecución supera los quince días, cuando la duración de la suspensión es inferior, no se devuelve ningún depósito mientras dure la paralización temporal y cuando se reanude, lo hará desde su situación previa, y únicamente por el tiempo que restaba para su conclusión.

Por lo que se refiere ahora a las subastas en las que no concurra ningún postor, aquí la LOEP ha introducido un notable cambio. Con anterioridad a la modificación de la LEC, cuando la subasta quedaba desierta, el control de lo que allí sucedía quedaba en manos del ejecutante quien podía, bien solicitar la adjudicación del bien por el 30% de su valor de subasta (en caso de bienes muebles) o por el 50% si se trataba de inmuebles (porcentaje que, en caso de vivienda habitual, pasaba a ser el 70%-60%), bien adjudicárselo por el valor total de su deuda, siempre que fuese igual o superior a tales porcentajes. Pues bien, actualmente, cuando la subasta queda desierta, el ejecutante ha perdido el control, habiéndolo adquirido el ejecutado. Así, de un lado, cuando la subasta desierta lo sea de bienes muebles, el ejecutado carece de la facultad de designar a un tercero para adjudicarle el bien y el ejecutante no tiene más remedio que asumir que,

91. Previéndose al efecto que, cuando lo que se subastaran fueran bienes muebles, debían devolverse todos los depósitos y retrotraerse las actuaciones al momento anterior al anuncio de la subasta, debiendo anunciarse de nuevo y comenzarse una nueva. En caso de tratarse de una subasta de bienes inmuebles, las consecuencias eran idénticas, pero se añadía la necesidad de que se formulara una nueva petición de información registral. En relación con esta cuestión, algunos autores han abogado por establecer un plazo más largo (de treinta o cuarenta y cinco días) porque entienden que el actual es excesivamente corto para poder tramitar la suspensión de la subasta y su posterior reanudación. Lo hacen basándose en que, en vista de la casuística existente en los juzgados, caracterizadas porque casi la totalidad de las subastas suspendidas dan lugar a su cancelación, resultaría necesario ampliar el plazo para que, removidos los obstáculos que hubieren ocasionado la suspensión de aquélla, pueda reiniciarse sin necesidad de cancelarse, manteniéndose las actuaciones procesales realizadas lo máximo posible [GONZÁLEZ CABALLERO, C. J. (nota 45), p. 212].

si aquél lo solicita, se alzará el embargo en todo caso, ya que el letrado de la A. de J. se encuentra vinculado por tal petición (art. 651 LEC[92]). De otro lado, cuando se trate de una subasta de bienes inmuebles que ha quedado desierta, el ejecutado es el único que, una vez finalizada, tiene la facultad de designar a un tercero que esté dispuesto a adjudicarse el bien por un importe igual o superior al 50% de su valor de subasta —o por una cantidad menor si cubre el importe total de la deuda, siempre que no sea inferior al 40% del valor de subasta del bien en cuestión[93]—, viéndose limitado el ejecutante únicamente a poder proponerle a aquél la designación de tal tercero, sin que le quepa ya la posibilidad de solicitar la adjudicación de los bienes[94] (art. 671 LEC).

En otro orden de cosas, aunque relacionado con esto último, no acertamos a entender el motivo que ha llevado al legislador a ofrecer un trato desigual —y mejorado— al tercero presentado por el ejecutado frente al que dispensa a ese mismo tercero cuando en la subasta la mejor postura ofrecida sea inferior al 70% del valor de subasta del bien. Y es que, si en el primer caso el tercero podrá adjudicarse el bien por un importe igual o superior al 50% de su valor de subasta, en el segundo, sólo podrá hacerlo ofreciendo una cantidad igual o superior al 60% del valor de subasta o inferior si resulta suficiente para lograr la completa satisfacción del derecho del ejecutante.

---

92. Aunque *a priori* una previsión como esta pueda llegar a extrañar, en realidad tiene todo el sentido. Si en la subasta no ha habido ninguna puja por el bien en cuestión, ni tan siquiera una efectuada por el propio ejecutante, no cabe duda de que esto demuestra que, en realidad, dicho bien no tiene verdaderamente un valor económico.

93. De darse tal supuesto, la adjudicación del bien supondrá la terminación de la ejecución por completa satisfacción del ejecutante, quedando liberados el resto de los bienes que pudieran garantizar el pago de lo reclamado (art. 671 LEC). Dicho precepto permite también que la petición de adjudicación pueda ser por una cantidad inferior y que, en consecuencia, se pueda aprobar el remate por un importe menor. Tal posibilidad queda condicionada a que el letrado de la A. de J., oídas las partes, resuelva mediante decreto —susceptible de recurso directo de revisión— a la vista de las circunstancias del caso y teniendo en cuenta especialmente la conducta del deudor en relación con el cumplimiento de la obligación por la que se procede; las posibilidades de lograr la satisfacción del acreedor mediante la realización de otros bienes; el sacrificio patrimonial que la aprobación o no aprobación del remate suponga para el deudor, para el propio ejecutante o para terceros acreedores con sus derechos inscritos; y el beneficio que de ella obtenga el acreedor. En estos casos, y a diferencia de lo que ocurría con anterioridad a la reforma, en que sólo se preveía recurso de revisión contra el decreto que aprobara el remate, actualmente cabe también recurso de revisión frente al decreto que lo deniegue. Obsérvese también que el precepto comentado no contiene mención alguna a la vivienda habitual del ejecutado, por lo que en estos casos habrá que entender que se le aplican los porcentajes aludidos y no uno superior.

94. En este punto, el legislador no ha sido especialmente cuidadoso porque ha olvidado tanto derogar el párrafo primero de la Disposición Adicional 6.ª de la LEC, como modificar la redacción de parte de varios de los preceptos en los que se aludía —y ahora se sigue aludiendo indirectamente— a la posibilidad de que el ejecutante se adjudicara los bienes fuera de la subasta y que ya, tras la reforma, no tienen sentido (*vid.*, arts. 662.3, 650.5 y 670.7 LEC).

Por último, se ha incluido la previsión de que, en todo caso, las partes de la ejecución pueden solicitar, de común acuerdo, la celebración de nueva subasta, o proponer otras formas de satisfacción del derecho del ejecutante, conforme a lo previsto por el artículo 640 (*vid.,* último apartado del art. 671 LEC). Tal previsión, a nuestro entender, es acertada. Veamos el por qué. Cuando se alza el embargo, pueden suceder dos cosas: a) que se persigan otros bienes, algo que al deudor parece no convenirle, porque los habría ofrecido para evitar la subasta del inmueble; b) que la ejecución se mantenga pendiente para cuando venga a mejor fortuna. Partiendo de tal premisa, puede suceder que el bien inmueble cuya venta ha fracasado sí que tenga valor, ya que la subasta no es el medio más eficaz para vender, y que quede desierta no es necesariamente signo de que nadie esté interesado. Al deudor, pues, puede interesarle tratar de sacar partido a ese inmueble de nuevo, como forma de liberarse de la ejecución cuando no tenga otros bienes, o para evitar el sacrificio de otros bienes de los que disponga.

Por otro lado, cuando sea el ejecutante quien adquiera el bien en la subasta y el precio por el que lo haga sea superior a lo que le adeuda el ejecutado, de no consignar la diferencia en el plazo de diez días, habrá de declararse la quiebra de la subasta. En estos casos, deberá asumir que se le descuente de lo que le debe el deudor el importe equivalente al depósito exigido al resto de postores para participar en la subasta, corriendo también a su cargo los gastos de celebración de la nueva subasta, si fuera necesaria. (art. 650.2 y 670.2 *in fine*).

Y ya para terminar, y dado que el letrado de la A. de J., como responsable de la subasta, debe comprobar su regularidad, también se puede dar el caso de que decida no aprobar su resultado. Esto ocurrirá cuando el Portal de Subastas le haya comunicado que durante el período de la celebración de la subasta se han producido incidencias que han impedido que ésta se haya celebrado con la máxima publicidad, seguridad, confidencialidad, disponibilidad, sin resultar afectados los derechos de los postores, y cumpliendo con el resto de las prescripciones legales[95]. Pues bien, en estos casos, el letrado de la A. de J. está facultado

95. Relacionado con este particular, se aconseja ver la STC, Sala Segunda, 34/2020, de 24 de febrero, Rec. 529-2019, en la que se recoge la doctrina sentada por este tribunal respecto de las posibles vulneraciones del derecho a la tutela judicial efectiva sin indefensión que pueden producirse por el incumplimiento de las garantías de la subasta electrónica. En ella, el TC otorgó el amparo a una mercantil que vio cómo, tras haber aparecido un error respecto de la categoría de una finca inscrita a su favor que salió a subasta (la calificó como local comercial siendo realmente un solar), y no habiendo sido subsanado en la publicación en el diario oficial, vio rechazada su petición de nulidad de la subasta. El TC reconoce que los datos contenidos en el anuncio de la subasta tienen una gran trascendencia para la posible intervención de postores, por lo que deben ajustarse a las características de los bienes objeto de la subasta, sin que pueda denegarse la rectificación. También se afirma que los requisitos legales y de publicidad respecto de todos los datos y circunstancias que sean relevantes para el mejor resultado de la subasta tienen que observarse con rigor, dado que el incumplimiento de tales requisitos puede dejar en situación de indefensión al ejecutado.

para no aprobar el resultado de la subasta[96] y, de hacerlo así, no tendrá más remedio que ordenar la celebración de una nueva subasta (art. 649.3 LEC).

CONCLUSIONES

Los resultados de la reforma acometida por la LOEP en el proceso de ejecución no van a ser inmediatos, por lo que no podemos más que elucubrar —a modo de visionario— sobre las consecuencias que va a traer aparejadas, cosa que sólo podrá comprobarse tras el transcurso del tiempo, por lo que esperamos no confundirnos con nuestro pronóstico o, por lo menos, no demasiado. Dicho esto, y sin perjuicio de las múltiples críticas que se han ido vertiendo a lo largo de estas líneas respecto de varias de las modificaciones legales, lo cierto es que, si ponemos el foco de atención en las metas que perseguía alcanzar el legislador con la reforma del proceso de ejecución y, especialmente con las múltiples modificaciones respecto de las subastas electrónicas —agilizar su tramitación; darles mayor transparencia y publicidad; y reforzar la posición del ejecutado—, a nuestro juicio, en general, la reforma merece una valoración positiva. Consideramos que, pese a que algunas modificaciones son censurables, otras muchas sí van a permitir que el proceso de ejecución, aunque sea en cierta medida, vea acortado sus tiempos, objetivo que, como ya adelantamos al principio del trabajo, se ha convertido en un imperativo inaplazable. Dicho esto, y dado que somos conscientes de que, aunque la LOEP va a imprimir una cierta agilización al proceso de ejecución, no por ello desaparece el reto de persistir en tal empeño, no queremos terminar sin apuntar tres premisas que, entendemos, resultan insoslayables para cualquier legislador que pretenda, en su caso, de nuevo, abordar la reforma del proceso de ejecución.

La primera, que varias de las causas generadoras de retrasos en la duración del proceso de ejecución tienen muy difícil remedio, dada la estructura consustancial que presenta[97]. En cuanto a la segunda, que, aunque la búsqueda de una Justicia en la que se aceleren los tiempos de los procesos es muy legítima, erigiéndose la economía procesal como criterio razonable para justificar una reforma, no debe perderse de vista que la perspectiva de que la Justicia siempre es mejor cuanto más rápida es resulta errónea. La búsqueda de un proceso de ejecución eficiente no puede conducir a un detrimento de su calidad, a través de

96. A nuestro juicio, hubiera resultado deseable que esta previsión legal contemplara que, para que pueda hacerlo así, debería celebrarse previamente una audiencia de las partes intervinientes en la subasta.

97. Piénsese que, para su desarrollo, requiere necesariamente de numerosas fases, lo que ralentiza la función jurisdiccional y, sobre todo, porque presenta muchas dificultades de carácter operativo y material ya que, durante su tramitación, pueden surgir incidentes procesales que favorecen la lentitud de la actividad ejecutiva —entre otros, la oposición a la ejecución; o la interposición de tercerías de dominio o de mejor derecho—.

la limitación de las garantías judiciales[98]. En otras palabras, en el proceso de ejecución no ha de tenerse que elegir entre la eficiencia y las garantías, porque el proceso debe ser eficaz y, a la vez, tiene que proporcionar las necesarias garantías a los justiciables[99].

Por último, y partiendo, de un lado, de que gran parte del éxito de una reforma legal depende de los recursos asignados a la Justicia y, de otro, de que, por sentido común, los ahorros sólo pueden buscarse donde pueden encontrarse[100], aún a riesgo de caer en un discurso simplista, no tenemos más remedio que instar al Gobierno para que aumente el presupuesto destinado a la Justicia, dotándola de medios adecuados y suficientes —recursos personales, materiales y organizativos— para prestar su servicio de manera eficiente. Y es que, en nuestra opinión, entre las múltiples medidas que permitirían mejorar los resultados de la ejecución, ocupan un papel muy relevante las siguientes: a) la mejora de la plantilla de los letrados de la A. de J., que está *infra* dimensionada[101]; b) el aumento de la especialización de los letrados de la A. de J.[102]; c) y la ampliación y mejora de las herramientas informáticas y tecnológicas puestas al servicio de la Administración de Justicia.

BIBLIOGRAFÍA

ACHÓN BRUÑÉN, M. J., «Modificación de las subastas judiciales por la Ley Orgánica 1/2025, de 2 de enero: Deficiencias de la nueva regulación y problemas que va a suscitar», *Diario La Ley*, n.º 10655, Sección Tribuna, 30 de enero de 2025, pp. 1-25.

98. Para un análisis detenido del enfrentamiento entre los conceptos de eficacia y garantías y sus objeciones, *vid.*, JIMÉNEZ CONDE, F. y BELLIDO PENADÉS, R. (dirs.), *Justicia ¿garantías «versus» eficiencia?*, Tirant lo Blanch, Valencia, 2019, quienes destacan las que ponen el foco en la disolución o rebaja de las garantías procesales en favor de enfoques excesivamente economicistas del proceso.
99. En este sentido estamos totalmente de acuerdo con CADIET, L., quien afirma que el debate entre la eficiencia y garantías es un problema mal planteado ya que el proceso civil debe ser a la vez eficaz y proporcionar las necesarias garantías de buena justicia («La justicia civil francesa entre eficacia y garantías», *Civil Procedure Revue*, vol. 4, n.º 3, septiembre/diciembre 2013, p. 26).
100. CADIET, L., (nota 99), p. 49.
101. Según los datos del último Informe publicado por el Ilustre Colegio Nacional de letrados de la A. de J. sobre «El letrado de la A. de J. en cifras», que data del año 2024, la plantilla orgánica de los letrados de la A. de J. a 1 de enero de 2023 estaba compuesta por un total de 4.456, habiendo 642 sustitutos no profesionales (más del 14% de la plantilla, lo que pone de manifiesto un importante déficit de profesionales de carrera), y ello sin tener en cuenta el grave problema de relevo generacional existente (https://drive.google.com/file/d/1cOCyxQjovq_0bFEynDhij1lyaW5V5RTf/view; pp. 38-39).
102. El Informe «El letrado de la A. de J. en cifras» señala que las competencias encomendadas a los letrados de la A. de J. se están ejerciendo con mayor calidad como consecuencia del natural proceso de especialización de éstos en el ejercicio de sus tareas (p. 24).

— *Estudio sistemático de la Ley 26/2015, de 28 de julio de Modificación del sistema de protección de la infancia y a la adolescencia,* AAVV, Dykinson, Madrid, 2018.

BAÑÓN GONZÁLEZ, J. L., «La subasta judicial y su gestión a través de un servicio común procesal», Curso «Taller de ejecución hipotecaria y subastas electrónicas» (1.ª edición), 2022, https://www.cej-mjusticia.es/sede/publicaciones/ver/13750 (último acceso el día 28 de febrero de 2025).

CADIET, L., «La justicia civil francesa entre eficacia y garantías», *Civil Procedure Revue*, vol. 4, n.º 3, septiembre/diciembre 2013, pp. 25-50.

FERNÁNDEZ CARRON, C., «Mayor eficiencia del proceso de ejecución sí, pero no a cualquier precio», en *La eficiencia de la justicia a debate* (dir. JIMÉNEZ CONDE, F.), Tirant lo Blanch, Valencia, 2023, pp. 521-532.

GONZÁLEZ CABALLERO, C. J., *La subasta judicial electrónica y la adjudicación de los bienes*, junto con FONT DE MORA RULLÁN, J., Tirant lo Blanch, Valencia, 2021.

JIMÉNEZ CONDE, F. y BELLIDO PENADÉS, R. (Dirs.), *Justicia ¿garantías «versus» eficiencia?*, Valencia, Tirant lo Blanch, 2019

LÓPEZ PICÓ, R., *Mecanismos alternativos a la subasta judicial,* Aranzadi, Navarra, 2024.

MARTÍNEZ SANTOS, A., «Novedades en la realización forzosa de la ejecución civil tras la Ley Orgánica de medidas en materia de eficiencia del Servicio Público de Justicia», *Actualidad Civil,* n.º 2, 2025, pp. 1-8.

MORA-SANGUINETTI, J. S., «Justicia y economía: la eficiencia del sistema judicial en España y sus impactos económicos», *Papeles de Economía Española*, n.º 168, 2021, pp. 66-77.

SANTOS DEL VALLE, L. F., «Posturas con pago aplazado en las subastas judiciales electrónicas (Sobre la disfunción entre normativa, aplicación y efectos)», *Revista Aranzadi Doctrina,* 2018-2, pp. 11-18.

— Memoria Anual de 2024 del CGPJ sobre la panorámica de la Justicia, aprobada por el Pleno de 18 de julio de 2024, https://www.poderjudicial.es/portal/site/cgpj/menuitem.65d2c4456b6ddb628e635fc1dc432ea0/?vgnextoid=78f22fb7a6a41910VgnVCM1000004648ac0aRCRD&vgnextchannel=fe18f0433c33b510VgnVCM1000006f48ac0aRCRD&vgnextfmt=default&vgnextlocale=es_ES

— «Estudio sobre la ejecución de las sentencias judiciales», elaborado por SigmaDos en 2022 para el Consejo General de Procuradores de España; https://www.cgpe.es/wp-content/uploads/2023/02/Informe-SIGMADOS-ejecucion.pdf

— Informe publicado por el Ilustre Colegio Nacional de letrados de la A. de J. sobre «El letrado de la A. de J. en cifras», del año 2024; https://drive.google.com/file/d/1cOCyxQjovq_0bFEynDhij1lyaW5V5RTf/view

Capítulo 10

Otras reformas del proceso civil

ALICIA BERNARDO SAN JOSÉ*
Profesora Titular de Derecho Procesal
Universidad Complutense de Madrid

* Este trabajo es resultado de las actividades del Proyecto de Investigación «Eficiencia y acceso a la justicia civil en tiempos de austeridad» (PID2021-122647NB-I00), financiado por el Ministerio de Ciencia e Innovación.

Bajo el título «Otras reformas del proceso civil», este capítulo cierra la tercera parte de esta obra, en la que se examinan las modificaciones introducidas por la LOEP en el proceso civil. En él se abordan un conjunto heterogéneo de reformas que, por razón de la materia, no encajan en ninguno de los tres capítulos anteriores, que tratan monográficamente las nuevas funciones del procurador, el nuevo juicio verbal y la reforma del proceso de ejecución (capítulos 7, 8 y 9, respectivamente).

En concreto, me ocupo en las líneas que siguen de algunas novedades en materia de (i) costas; (ii) competencia objetiva; (iii) actos de comunicación; (iv) forma y contenido de las resoluciones procesales; (v) condiciones de los peritos; (vi) recursos; (vii) abuso del Servicio Público de la Justicia; (viii) medidas cautelares y (ix) proceso monitorio.

1. COSTAS

En materia de costas procesales, las novedades más importantes de la LOEP se refieren a la incidencia de los MASC sobre el pronunciamiento de costas en el posterior proceso civil. Así, con la incorporación de los MASC en el proceso civil como presupuesto procesal de admisión de la demanda, para imponer o no las costas lo más relevante ya no es solo haber ganado o perdido el pleito, sino también el comportamiento que tuvieron las partes en el MASC previo. En este sentido, se han modificado los arts. 394 y 395 LEC sobre condena en costas, que se examinan en el capítulo 6 de esta obra, a cuya lectura nos remitimos.

Ahora, bajo este epígrafe, nos limitamos a dar cuenta de dos novedades en materia de costas que, al menos en principio, no guardan relación directa con los MASC, a saber: i) las costas del proceso que termina anticipadamente por desaparición sobrevenida del interés (art. 22 LEC); y ii) las costas en caso de intervención no preceptiva de abogado y procurador en litigios de consumo (art. 32 LEC).

1.1. LAS COSTAS DEL PROCESO QUE TERMINA ANTICIPADAMENTE POR DESAPARICIÓN SOBREVENIDA DEL INTERÉS

Como es sabido, el art. 22 LEC regula el fenómeno de la *terminación del proceso por satisfacción extraprocesal o por carencia sobrevenida de objeto*[1]. De conformidad con este artículo, las partes del proceso deben poner en conocimiento del tribunal las circunstancias o hechos que hayan provocado la desaparición sobrevenida del interés legítimo en obrar o accionar, ya sea por satisfacción extraprocesal de la pretensión o por cualquier otra causa y, en consecuencia, pedir al tribunal que ponga fin al proceso de forma anticipada y sin sentencia. Si ambas partes están de acuerdo en la terminación anticipada del proceso, el

1. Sobre esta materia, *vid.*, la excelente monografía de GASCÓN INCHAUSTI, F., *La terminación anticipada del proceso por desaparición sobrevenida del interés*, Civitas, Madrid, 2003.

letrado de la Administración de Justicia decretará su terminación, «sin que proceda condena en costas» (aptdo. 1).

Si, por el contrario, la contraparte sostiene motivadamente la subsistencia del interés legítimo en el proceso y, en consecuencia, no está de acuerdo con que deba terminar de forma anticipada y sin sentencia, el letrado de la Administración de Justicia convocará a las partes, en el plazo de diez días, a una comparecencia ante el tribunal que versará sobre ese único objeto, esto es, sobre la subsistencia o no del interés legítimo. Terminada la comparecencia, el tribunal tiene un plazo de diez días para resolver mediante auto sobre la continuación o terminación del proceso, «imponiéndose las costas de estas actuaciones a quien viere rechazada su pretensión»: así, si se ordena la prosecución del proceso se condenará en las costas generadas por este incidente a quien lo promovió, y si se ordena que termine, las costas se impondrán a quien se opuso a su conclusión anticipada y que, a juicio del tribunal, carece de interés en la continuación del proceso (aptdo. 2). Contra el auto que acuerde la terminación del proceso cabe recurso de apelación; el auto que ordene su continuación es irrecurrible (aptdo. 3).

Sentado lo anterior, lo primero que hay que señalar es que la reforma del art. 22 LEC llevada a cabo por la LOEP solo afecta al desarrollo del incidente para lograr la terminación anticipada del proceso cuando una de las partes mantiene la subsistencia de interés legítimo en el proceso y se opone a su terminación. La LOEP ha añadido un segundo párrafo al art. 22.2 LEC en el que se regula un motivo específico de oposición muy frecuente en la práctica: «que el interés legítimo que se alegara se circunscribiera a la satisfacción de las costas causadas», esto es, que las partes estén de acuerdo en que ha desaparecido el interés sobre el objeto del proceso, pero discrepen en cuanto a la satisfacción de las costas devengadas. En otras palabras, el litigante que ha visto satisfecha extraprocesalmente su pretensión en cuanto al fondo aspira al reembolso de las costas y no se conforma con la terminación sin más del proceso. Para este caso, se prevé una tramitación diferente: el letrado de la Administración de Justicia no convocará a las partes a la comparecencia ante el tribunal, sino que «dará cuenta al tribunal, que acordará mediante auto, previa audiencia de la otra parte, la terminación del proceso, pudiendo condenar al pago de las costas conforme a los criterios establecidos en el artículo 395 de esta Ley. Contra este auto cabrá interponer recurso de apelación».

En relación con esta nueva disposición, es preciso realizar algunas consideraciones:

En primer lugar, hay que advertir que solo se producirá la terminación del proceso sin celebración de la comparecencia previa cuando la oposición se funde exclusivamente en la subsistencia de interés legítimo en relación con «las costas causadas», esto es, las devengadas durante el curso del proceso. Por consiguiente, siempre que la oposición se funde en la subsistencia de interés legítimo sobre el objeto del proceso, aunque también se alegue interés en la satisfacción de las costas de la instancia, habrá que convocar la comparecencia prevista en el párrafo primero del art. 22.2 LEC.

Si la discrepancia sobre las costas constituye el único motivo para oponerse a la terminación del proceso, el tribunal no tendrá más opción que acordar mediante auto la terminación inmediata del proceso, previa audiencia de la otra parte (no señala la Ley cuál será el plazo para que la contraparte se pronuncie —se entiende, por escrito—, sobre este extremo). No resulta posible, pues, con la ley en la mano, una continuación del proceso a los solos efectos de tomar una decisión al respecto: la decisión sobre las costas deberá contenerse en el auto que decrete la terminación del proceso[2].

---

2. Con esta disposición se pone fin a la discrepancia doctrinal y jurisprudencial existente sobre esta cuestión, esto es, sobre si es posible la continuación del proceso solo para resolver sobre las costas de la instancia. En la llamada jurisprudencia menor, no existe acuerdo acerca de si la discrepancia sobre las costas constituye interés legítimo para oponerse a la terminación del proceso por satisfacción extraprocesal. Algunas Audiencias entienden que la pretensión sobre las costas forma parte de la pretensión ejercitada y por ello ha de quedar satisfecha para que proceda la terminación del proceso por carencia sobrevenida. En apoyo de esta posición se citan, recurrentemente, la STS (Sala Primera) 589/2012, de 18 de octubre (ECLI:ES:TS:2012:6901) en la que el Alto Tribunal admite que el objeto del proceso quede reducido al tema de las costas por satisfacción extraprocesal basándose en que «el artículo 413 de la LEC no impide la reducción del objeto del proceso por satisfacción extraprocesal de parte de las pretensiones deducidas en la demanda o en la reconvención, de modo que permite proseguir el litigio exclusivamente a efectos de las costas. Ahora bien, dado que la prosecución del proceso sin verdadero interés por las partes y con el sólo objetivo de obtener un determinado pronunciamiento en costas es antieconómica y contraria al interés general de la Administración de Justicia, ha de admitirse cierta elasticidad al adoptar la solución sobre continuación del procedimiento a fin de adaptarla a las circunstancias del caso» (vid, entre otras resoluciones, AAP de Ourense, Sección 1, n.º 66/2022, de 22 de marzo (ECLI:ES:APOU:2022:310A); AAP de Guadalajara, Sección 1, n.º 28/2022, de 8 de marzo (ECLI:ES:APGU:2022:91A); SAP de Albacete, Sección 1, n.º 229/2022 de 9 de mayo (ECLI:ES:APAB:2022:344).
En sentido contrario se pronuncian otras Audiencias: así, la SAP de Madrid, Sección 14, n.º 61/2019, de 4 de marzo (ECLI:ES:APM:2019:2144), después de decir que «cuando el artículo 22.1, inciso último, de la Ley de Enjuiciamiento civil, prevé que el auto de terminación del proceso por satisfacción extraprocesal de las pretensiones del actor se dictará "sin que proceda la condena en costas", se está refiriendo a la satisfacción extraprocesal de las pretensiones sustantivas de la demanda, lo que es objeto de la acción ejercitada; el pago de las costas no es, en puridad, objeto de la acción ejercitada en la demanda; el pago de las costas es el efecto de la concurrencia de los presupuestos procesales que justifican la condena en costas a una u otra parte de acuerdo con lo previsto en los artículos 394 y395 de la Ley de Enjuiciamiento civil y, por ello, el pago de las costas no es una pretensión principal del proceso que haya de ser satisfecha extrajudicialmente para que opere lo dispuesto en el número 1 del artículo 22 de la Ley de Enjuiciamiento civil...», también añade que: «es cierto que la aplicación indiscriminada del precepto puede dar lugar a situaciones injustas y de abuso de derecho por parte del demandado, así, en los supuestos de pago o cumplimiento realizado cuando el juicio esté muy avanzado y tras haber hecho oposición el demandado, como forma de evitar una eventual condena en costas que aprecie como muy probable,

En segundo lugar, esta nueva disposición se ocupa expresamente de las costas de la instancia: el tribunal «podrá» condenar en costas a una de las partes conforme a lo previsto en el art. 395 LEC. Con esta previsión se colma una laguna presente en el art. 22 LEC desde su origen, a saber: el problema de las costas devengadas durante el curso del proceso que termina anticipadamente sin que exista acuerdo entre los litigantes. En efecto, desde su primera redacción, el art. 22 LEC se ocupa expresamente i) de las costas de la instancia en los supuestos en que existe acuerdo inicial entre los litigantes: en tal caso, el proceso finalizará «sin que proceda condena en costas» (aptdo. 1); y ii) de las costas del incidente de terminación anticipada del proceso si el auto de terminación se ha dictado tras la comparecencia prevista en el art. 22.2 LEC: en tal caso, las costas de estas actuaciones (las del incidente) se impondrán a quien se opuso a su terminación anticipada («a quien viere rechazada su pretensión», dice el art. 22.2 LEC). En cambio, si el auto de terminación del proceso se ha dictado tras la comparecencia del art. 22.2 LEC, nada decía la Ley sobre las costas de la instancia, generándose muchos problemas en la práctica[3].

Ahora, tras su nueva redacción, el art. 22.2 LEC se ocupa expresamente de las costas de la instancia y lo hace al hilo de la terminación anticipada del proceso cuando la subsistencia del interés legítimo se funda únicamente en la satisfacción de las costas causadas. En estos casos, el legislador permite al tribunal condenar en costas a una de las partes, de acuerdo con los criterios del art. 395 LEC sobre condena en costas en caso de allanamiento del demandado.

El silencio legal existente hasta este momento sobre esta cuestión ha llevado a algunos tribunales a considerar improcedente la condena en costas por desaparición sobrevenida del interés en todo caso, esto es, no solo cuando el proceso termina por acuerdo de las partes (*ex art.* 22.1 LEC), sino también cuando termina por decisión del tribunal tras la celebración de la comparecencia prevista en el art. 22.2 LEC[4]. Empero, esta regla de no imposición de costas resulta muy insatisfactoria en muchos casos, en particular cuando el demandado procede a la satisfacción extraprocesal de la pretensión estando ya muy avan-

---

o en el caso de que se suscite en fase de recurso. En tales casos, cabrá efectuar algún tipo de corrección pensando que el legislador ha podido tener presente únicamente la satisfacción extraprocesal al iniciarse el proceso». En idéntico sentido, *vid.* AAP Madrid, Sección 14, n.º 174/2017, de 20 de julio (ECLI:ES:APM:2017:3120A) y SAP de Madrid, Sección 14, n.º 309/2018, de 28 de septiembre (ECLI:ES:APM:2018:13595).

3. Este silencio legal permitía pensar en una aplicación subsidiaria de las reglas generales de la Ley en materia de costas (arts. 394 y ss. LEC), o entender que el criterio debía ser el mismo que en los supuestos de conformidad inicial entre los litigantes, esto es, que no procedía la imposición de costas a ninguno de ellos. La SAP de Alicante, Sección 9, n.º 489/2023, de 3 de octubre (ECLI:ES:APA:2023:2290), da buena cuenta de estas dos posiciones en la llamada jurisprudencia menor.

4. En este sentido, *vid.*, entre otras muchas, SAP de Alicante, Sección 9, n.º 231/2019, de 25 de abril; SAP Huelva (Sección 1), de 27 de marzo de 2006: «[e]l art. 22 de la Ley de Enjuiciamiento Civil es terminante al establecer que en los casos de satisfacción extraprocesal no se impondrán las costas procesales a la parte demandada». En este sentido, se aprobó

zado el proceso o incluso cuando lo hace antes de contestar a la demanda, pero se aprecia mala fe en su conducta (adviértase, que si el demandado se allanase en estos casos, no podría evitar la condena en costas *ex art.* 395 LEC)[5].

Por ello, merece una valoración muy positiva la reforma del art. 22.2 LEC, que ahora contempla expresamente que el tribunal pueda condenar al pago de las costas del proceso en caso de desaparición sobrevenida del interés. Nótese que será el tribunal el que decida si impone o no las costas a uno de los litigantes, en función de las circunstancias o hechos que hayan motivado la desaparición sobrevenida del interés, que pueden ser muy heterogéneos (en este sentido creemos que debe entenderse la expresión que se utiliza: «pudiendo condenar»). Así, parece razonable que se condene en costas al demandado en casos de desaparición del interés legítimo por satisfacción extraprocesal de la pretensión (p.ej. por el pago íntegro de la cantidad reclamada o el cumplimiento total de una prestación no dineraria); sin embargo, cuando esa desaparición se produce por causas distintas (p.ej. por una transacción extrajudicial entre los litigantes, por una pérdida o destrucción de la cosa litigiosa sin responsabilidad del demandado o por el fallecimiento del demandado en un proceso matrimonial), una eventual condena en costas no parecería razonable.

A la hora de imponer las costas, el tribunal tendrá que hacerlo de conformidad con lo previsto en el art. 395 LEC, que regula la condena en costas en caso de allanamiento del demandado (a esta norma se remite el nuevo art. 22.2 LEC). Hubiera sido preferible, a mi juicio, incorporar en la LEC, en sede de condena en costas, una norma específica en caso de terminación del proceso por satisfacción extraprocesal de la pretensión, pues satisfacción extraprocesal y allana-

como Criterio de Unificación de Doctrina de las Secciones Civiles de la Audiencia Provincial de Alicante de fecha 27 de junio de 2012 que «El artículo 22 de la LEC no puede ser más claro, y en estos casos no es posible imponer costas, sin que quepa hablar de buena o mala fe en la actuación del deudor, ni de abuso de derecho, pues no lo comete quien acude al remedio procesal específicamente previsto para el caso, ni de fraude de ley, pues no cabe hablar de tal fraude cuando la que se señala como norma de cobertura es la que debe regular el supuesto fáctico definitivamente, atribuyéndole una protección suficiente o no claudicante». También, SAP de Madrid, Sección 14, n.º 309/2018, de 28 de septiembre (ECLI:ES:APM:2018:13595) y AAP de Girona, Sección 1, n.º 58/2024, de 14 de febrero de 2024 (ECLI:ES:APGI:2024:161A).

5. GASCÓN INCHAUSTI, F., que defendió la ausencia de condena en costas en todo caso, sostuvo, sin embargo, que «en aquellas situaciones en que resulte notorio el fraude o el abuso de derecho del demandado al proceder de forma sobrevenida a satisfacer la pretensión del actor, pensamos que las normas previstas genéricamente para sancionar este tipo de conductas (arts. 11.2 LOPJ y 247 LEC) podrían utilizarse como apoyo para permitir una condena en costas del demandado, a pesar de que no se encuentre prevista expresamente en la Ley» (*La terminación anticipada del proceso por desaparición sobrevenida del interés*, cit., p. 243). Esta posición doctrinal ha sido acogida por la jurisprudencia [*vid.* AAP de Bizkaia, Sección 5, n.º 3/2022, de 18 de enero (ECLI:ES:APBI:2022:40A) y SAP de Alicante, Sección 8, n.º 1194/2022 de 30 de septiembre (ECLI:ES:APA:2022:2426)].

miento son instituciones diferentes que conducen a un resultado material distinto, en la medida en que a través de la satisfacción extraprocesal el actor obtiene mucho más de lo que le reportaría una sentencia de condena derivada del allanamiento del demandado, por lo que la solución en relación con las costas no tendría por qué ser idéntica[6]. Sin embargo, no ha sido así.

Por tanto, en aplicación del art. 395 LEC, al que la LOEP da una nueva redacción, la satisfacción extraprocesal de la pretensión comportará la condena en costas del demandado, salvo que tenga lugar antes de contestar a la demanda. Aun en este caso, procederá la imposición de las costas si el tribunal aprecia mala fe en su conducta o abuso del servicio público de Justicia. Se entenderá que existe mala fe si antes de la demanda se le hubiese requerido el cumplimiento de la obligación de forma fehaciente y justificada y no hubiese atendido el requerimiento o cuando hubiese rechazado el acuerdo ofrecido o la participación en un MASC. Cuando la participación en un MASC fuese legalmente preceptiva o así lo hubiera acordado el juez durante el proceso y el demandado no hubiere acudido, sin causa que lo justifique, y luego procediera a satisfacer extraprocesalmente la pretensión, se le impondrán las costas, salvo que el tribunal decida motivadamente que no debe condenarle por la concurrencia de circunstancias excepcionales[7].

Por lo demás, no puede dejar de señalarse que el TJUE se ha pronunciado en materia de Derecho de consumo sobre la condena en costas en casos de satisfacción extraprocesal de pretensiones y lo ha hecho en el sentido del renovado art. 22 LEC. Así, la STJUE, Sala Novena, de 22 de septiembre de 2022, asunto Zulima y Servicios Prescriptor y Medios de Pagos EFC (C-215/2021)[8], resuelve una cuestión prejudicial planteada por un tribunal español en los siguientes términos:

> «En las reclamaciones de los consumidores frente a cláusulas abusivas basadas en la Directiva 93/13/CE y para el caso de que se produzca una satisfacción extraprocesal el artículo 22 de la Ley de Enjuiciamiento Civil supone que los consumidores tienen que asumir las costas procesales sin tener en cuenta la actuación previa del profesional que no atendió los requerimientos previos. ¿Constituye esta regulación procesal española un obstáculo significativo que puede disuadir a los consumidores de ejercer el derecho a un control judicial efectivo del carácter

6. Las diferencias entre la terminación anticipada del proceso por allanamiento y por desaparición sobrevenida del interés, pueden verse en GASCÓN INCHAUSTI, F., *La terminación anticipada del proceso por desaparición sobrevenida del interés*, cit., pp. 104 y 105.
7. Sobre la incidencia de los MASC en el pronunciamiento de costas en caso de allanamiento del demandado (o de satisfacción extraprocesal de la pretensión) *ex art.* 395 LEC, *vid. supra*, capítulo 6.
8. Esta sentencia del TJUE ha sido comentada por QUESADA LÓPEZ, P. M., «La delicada compatibilidad con el Derecho europeo de la condena en costas en supuestos de satisfacción extraprocesal en materia de consumidores», *Diario La Ley,* n.º 108, noviembre de 2022.

potencialmente abusivo de la cláusula contractual contraria al principio de efectividad y a los artículos 6.1 y 7.1 de la Directiva 93/13?»[9].

El tribunal remitente señala que, con arreglo al art. 22 LEC, no puede condenar en costas al profesional demandado porque las pretensiones de la demandante se habían satisfecho fuera del proceso. Según el tribunal, lo mismo ocurre cuando consta que la demandada actuó con mala fe y, por ello, que la demandante se vio obligada a hacer valer sus derechos presentando demanda, habida cuenta de que el art. 22 LEC no permite al juez que conoce del asunto tener en cuenta tales circunstancias para apartarse de la regla de reparto de costas que establece.

El Gobierno español, sin embargo, en las observaciones presentadas al Tribunal, sostiene que el art. 22 LEC puede interpretarse en el sentido de que el juez nacional puede tener en cuenta la posible mala fe del profesional y, en su caso, condenarle al pago de las costas del proceso judicial; interpretación que es conforme con las exigencias que se derivan del principio de efectividad.

El fallo de la sentencia del TJUE es el siguiente:

> «Los artículos 6, apartado 1, y 7, apartado 1, de la Directiva 93/13/CEE del Consejo, de 5 de abril de 1993, sobre las cláusulas abusivas en los contratos celebrados con consumidores, a la luz del principio de efectividad, deben interpretarse en el sentido de que no se oponen a una norma nacional con arreglo a la cual, en el marco de un proceso judicial relativo a la declaración del carácter abusivo de una cláusula de un contrato celebrado entre un profesional y un consumidor, en caso de satisfacción extraprocesal de sus pretensiones, el consumidor afectado debe cargar con sus propias costas, *a condición de que el juez que conozca del asunto tenga imperativamente en cuenta la eventual mala fe del profesional de que se trate y, en su caso, lo condene al pago de las costas del proceso judicial que ese consumidor se ha visto obligado a promover para hacer valer los derechos que la Directiva 93/13 le otorga*» (la cursiva es nuestra)[10].

Para concluir, es preciso hacer una última consideración sobre esta nueva regla de condena en costas: aunque esté incluida en el nuevo párrafo segundo del art. 22.2 LEC y, por tanto, vinculada al auto de terminación anticipada del proceso sin celebración de comparecencia previa, por limitarse la oposición a la satisfacción de las costas causadas, hay que entender que también ha de aplicarse cuando el auto de terminación del proceso se dicta tras la comparecencia del párrafo primero del art. 22.2 LEC.

---

9. Esta cuestión prejudicial fue planteada al TJUE por el Juzgado de Primera Instancia n.º 2 de Las Palmas de Gran Canaria, Auto de 12 marzo de 2021, Rec. 553/2020 (ECLI:ES:JPI:2021:24A).
10. Doctrina del TJUE que siguen nuestras Audiencias (*vid.* SAP de Madrid, Sección 25, n.º 66/2024, de 24 de enero [ECLI:ES:APM:2024:805] y SAP de Burgos, Sección 3, n.º 46/2024, de 9 de febrero [ECLI:ES:APBU:2024:122].

1.2. LAS COSTAS EN CASO DE INTERVENCIÓN NO PRECEPTIVA DE ABOGADO Y PROCURADOR EN LITIGIOS DE CONSUMO

Cuando las partes actúan en el proceso con abogado y procurador sin que sea preceptiva su intervención (litigios de cuantía inferior a 2000 euros), los honorarios y derechos devengados por estos profesionales no son costas (art. 241.1 1.º LEC) y, por consiguiente, no se incluyen en la tasación de costas, salvo que el tribunal aprecie temeridad o abuso del servicio público de Justicia en la conducta del condenado en costas o que el domicilio de la parte representada y defendida se encuentre en un partido judicial distinto a aquél en que se ha tramitado el proceso. En estos casos, opera el límite establecido en el art. 394.3 LEC en relación con los honorarios de los abogados: no se incluyen en las costas los que excedan de la tercera parte de la cuantía del proceso; si hubiera varios obligados al pago de las costas, el límite se aplica por separado para cada uno de ellos (art. 32.5, párrafo primero, LEC)[11].

Pues bien, la novedad en esta materia es que la LOEP ha incorporado en este artículo una regla especial para los litigios en materia de consumo, a saber: cuando el consumidor opte por valerse de abogado y/o procurador para la interposición de la demanda, en la tasación de costas se incluirá la cuenta del procurador y la minuta del abogado, aunque su intervención no sea preceptiva, siempre que antes de la interposición de la demanda hubiese formulado una reclamación extrajudicial contra el demandado. Además, en este caso, en relación con los honorarios del abogado no opera el límite del art. 394.3 LEC (nuevo párrafo segundo del art. 32.5 LEC).

Nótese, por un lado, que esta nueva previsión se refiere exclusivamente a los consumidores, por lo que no será aplicable respecto de quienes no tengan dicha condición. Y, por otro lado, que está pensada solo para aquellos casos en que sea el consumidor el que demande al empresario o profesional y no a la inversa.

Se trata, sin duda, de una nueva regla procesal protectora de los consumidores: los supuestos más habituales de intervención de abogado y procurador sin que sea preceptiva se sitúan en el marco de las relaciones de consumo y, particularmente, en las derivadas de contratos financieros, en las que suele existir una evidente desigualdad o desequilibro entre las partes, y a estas relaciones se dirige esta nueva regla. Con ella se pretende «animar» al empresario para que llegue a un acuerdo económico con el consumidor que evite el inicio del proceso o su continuación, so pena de tener que soportar, además del even-

11. La única novedad en la nueva redacción que la LOEP ha dado al párrafo primero del art. 32.5 LEC es la referencia que, junto a la temeridad, se hace ahora al abuso del servicio público de Justicia.

tual coste de la reclamación, el derivado de la intervención del abogado y procurador del consumidor, aun no siendo esta preceptiva [12].

A mi juicio, esta regla procesal de protección de los consumidores se queda corta, pues su aplicación no debería limitarse a los casos en que sea el consumidor quien presente la demanda, sino también a aquellos otros en los que ocupe la posición de demandado, de modo que si el empresario demandante resultara condenado en costas pudiera el consumidor obtener el reembolso de los honorarios de su abogado y los derechos de su procurador, aun cuando su intervención no fuera preceptiva.

Paradójicamente, sin embargo, al no operar en estos casos el límite de la tercera parte de la cuantía del litigio aplicable a los honorarios de abogado que establece el art. 394.3 LEC, puede afirmarse que esta nueva regla sobre costas va más allá de lo que exige el propio TJUE en materia de protección de los consumidores, según el cual no se opone a la Directiva 93/13 una normativa nacional como la nuestra que establece un límite máximo aplicable a los honorarios de abogado. La STJUE, Sala Cuarta, de 7 de abril de 2022, asunto EL, TP y Caixabank, S.A (C-385/2020) [13], dice lo siguiente:

> «Los artículos 6, apartado 1, y 7, apartado 1, de la Directiva 93/13/CEE del Consejo, de 5 de abril de 1993, sobre las cláusulas abusivas en los contratos celebrados con consumidores, a la luz del principio de efectividad, deben interpretarse en el sentido de que no se oponen a una normativa nacional que establece, en el marco de la tasación de las costas causadas por un recurso relativo al carácter abusivo de una cláusula contractual, un límite máximo aplicable a los honorarios de abogado que el consumidor cuyas pretensiones se hayan estimado en cuanto al fondo puede recuperar del profesional condenado en costas, a condición de que dicho límite máximo permita al consumidor obtener por tal concepto el reembolso de un importe razonable y proporcionado respecto de los gastos que haya tenido que soportar objetivamente para interponer tal recurso».

2. COMPETENCIA OBJETIVA

En el orden civil, la competencia objetiva para conocer de un proceso en primera instancia corresponde a la Sección Civil o a la Sección Única, de Civil y de Instrucción, del Tribunal de Instancia (arts. 85 LOPJ y 45 LEC), salvo que una norma atribuya la competencia objetiva a otro órgano jurisdiccional, ya sea por razón de la materia sobre la que versa el proceso, la cuantía del proceso o la persona del demandado. Así, conforme a estos criterios, la competencia obje-

12. Confiemos en que esta nueva y bienintencionada regla procesal surta el efecto que pretende, que los empresarios y, en particular, las entidades financieras, atiendan las reclamaciones extrajudiciales de los consumidores por temor a tener que pagar sus costas. De no ser así, esta norma podría causar justamente el efecto contrario, estimular a despachos de abogados (oportunistas) a demandar en estos casos a las financieras, y con ello recargar el sistema.
13. ECLI:EU:C:2022:278.

tiva civil en primera instancia puede corresponder también a los jueces y juezas de paz (art. 47 LEC), a la Sección de Familia, Infancia y Capacidad del TI (art. 86 LOPJ), a la Sección de lo Mercantil del TI (art. 87 LOPJ), a la Sección de Violencia sobre la Mujer del TI (art. 89. 6 y 7 LOPJ y 49 bis LEC), a la Sala de lo Civil y Penal del Tribunal Superior de Justicia (art. 73.1 y 2 LOPJ) o a la Sala de lo Civil del Tribunal Supremo (art. 56 LOPJ).

Explicadas ya en esta obra la mayoría de estas normas, especialmente las que atribuyen la competencia a los nuevos Tribunales de Instancia[14], nos limitamos ahora a examinar las dos normas de competencia objetiva de la Ley de Enjuiciamiento Civil que han sido modificadas por la LOEP, a saber: el art. 47 LEC, sobre la *competencia de los jueces y juezas de paz* y el art. 49 bis 1 LEC, sobre la *pérdida de la competencia del tribunal civil cuando se produzcan actos de violencia sobre la mujer*.

2.1. LA COMPETENCIA OBJETIVA DE LOS JUECES Y JUEZAS DE PAZ

Tras la nueva redacción dada al art. 47 LEC, la competencia objetiva de los jueces y juezas de paz es la que sigue:

— Asuntos civiles de cuantía no superior a 150 euros

Por razón de la cuantía del proceso, que viene determinada por el interés económico de la demanda *ex* art. 251 LEC, a los jueces y juezas de paz les corresponde el conocimiento, en primera instancia, de los asuntos civiles de cuantía no superior a 150 euros, siempre que no versen sobre alguna de las materias que conforme al art. 250.1 LEC deben sustanciarse por los cauces del juicio verbal (art. 47.1 LEC). Tratándose de alguna de las materias del art. 250.1 LEC, la competencia objetiva se desplaza a la Sección Civil o a la Sección Única, de Civil y de Instrucción, del Tribunal de Instancia, con independencia de la cuantía del proceso.

Nótese que la novedad no es otra que el aumento de la cuantía de los asuntos civiles para los que serán competentes objetivamente los jueces y juezas de paz, pasando de 90 a 150 euros; incremento que, aunque les permitirá conocer de algunos asuntos más, no resulta muy significativo.

— Expedientes de conciliación de cuantía inferior a 10.000 euros

El nuevo aptdo. 2 del art. 47 LEC establece que a los jueces y juezas de paz «también les corresponde el conocimiento de los expedientes de conciliación civil de cuantía inferior a 10.000 euros, en los términos previstos por el título IX de la Ley 15/2015, de 2 de julio, de la Jurisdicción Voluntaria».

14. *Vid.*, *supra*, capítulo 2, a cargo de GASCÓN INCHAUSTI, F.

El expediente judicial de conciliación está regulado en los arts. 139 a 148 LJV[15], y es el art. 140 LJV el que regula la competencia para conocer de este expediente. Según dice este precepto, que no ha sido modificado por la LOEP, «será competente para conocer de los actos de conciliación el Juez de Paz o el Secretario Judicial del Juzgado de Primera Instancia o del Juzgado de lo Mercantil, cuando se trate de materias de su competencia, del domicilio del requerido. Si no lo tuviera en territorio nacional, el de su última residencia en España. No obstante lo anterior, si la cuantía de la petición fuera inferior a 6.000 euros y no se tratará de cuestiones atribuidas a los Juzgados de lo Mercantil la competencia corresponderá, en su caso, a los Jueces de Paz».

Por tanto, de acuerdo con el art. 140 LJV —adaptándolo al nuevo modelo de organización judicial establecido por la LOEP y a la cuantía que el nuevo art. 47.2 LEC atribuye a los jueces y juezas de paz—, la competencia objetiva para conocer de la conciliación preprocesal se reparte de la siguiente manera:

(i) En todo caso, corresponde el conocimiento de los actos de conciliación a los letrados de la Administración de Justicia cuando la controversia verse sobre materias de la competencia de la Sección de lo Mercantil del Tribunal de Instancia (*vid.* art. 87.6 LOPJ).

(ii) Fuera de ese ámbito material, la competencia corresponderá bien a los letrados/as de la Administración de Justicia bien a los jueces o juezas de paz, a saber: si el requerido tiene su domicilio en un municipio en el que, por ser cabeza de partido judicial, hay Tribunal de Instancia, será el letrado de la Administración de Justicia de este Tribunal el competente para conocer del expediente de conciliación. En cambio, si el domicilio del requerido conduce a un municipio en el que solo hay jueces y juezas de paz, por no ser cabeza de partido, entonces la competencia corresponderá a estos, siempre que la cuantía de la petición fuera inferior a 10.000 euros; si excediera de esa cantidad, será competente el letrado de la Administración de Justicia del Tribunal de Instancia del partido judicial[16].

Nótese que la novedad en esta materia consiste simplemente en que la LOEP eleva de 6.000 a 10.000 euros la cuantía de los expedientes de conciliación para los que serán competentes objetivamente los jueces y juezas de paz (art. 47.2 LEC).

---

15. Sobre el expediente judicial de conciliación, *vid.* BANACLOCHE PALAO, J., *Los expedientes y procedimientos de Jurisdicción Voluntaria*, La Ley, Madrid, 2023, pp. 441-460.
16. El art. 14 LOEP, sobre «medios adecuados de solución de controversias en vía no jurisdiccional con regulación especial» prevé en su aptdo. 5 que «la conciliación ante el letrado o letrada de la Administración de Justicia se regirá por lo establecido en el título IX de la Ley 15/2015, de 2 de julio, de la Jurisdicción Voluntaria», y en su aptdo. 6 que «la conciliación ante el juez o la jueza de paz se regirá por lo establecido en el artículo 47 de la Ley 1/2000, de 7 de enero, de Enjuiciamiento Civil y por el título IX de la Ley 15/2015, de 2 de julio, de la Jurisdicción Voluntaria».

— *Actos de conciliación previos a la interposición de querella por delitos de injurias o calumnias*

Los jueces y juezas de paz serán también competentes para conocer del acto de conciliación previo a la interposición de querella por injurias o calumnias inferidas a particulares *ex* art. 804 LECrim, siempre que el hecho hubiera sucedido en el municipio donde desempeñen sus funciones y la persona requerida tenga su domicilio en ese mismo municipio (art. 47.3 LEC).

2.2. LA PÉRDIDA DE LA COMPETENCIA DEL TRIBUNAL CIVIL CUANDO SE PRODUZCAN ACTOS DE VIOLENCIA SOBRE LA MUJER

La LOEP ha modificado el art. 49 bis 1 LEC, en el que se regula el deber de inhibición del juez que está conociendo en primera instancia de un proceso civil sobre alguno de los asuntos enunciados en el art. 89.6 LOPJ en favor del juez de Violencia sobre la Mujer, en cuanto toma conocimiento de la iniciación de un proceso penal o de la adopción de una orden de protección a la víctima por la comisión de un acto de violencia de género entre las partes del proceso civil[17].

Tras su nueva redacción, el art. 49 bis 1 LEC dice así:

> «Cuando un juzgado (*sic*)[18], que esté conociendo en primera instancia de un procedimiento civil, tuviese conocimiento de la comisión de un acto de violencia de los definidos en el artículo 1 de la Ley Orgánica 1/2004, de 28 de diciembre, de Medidas de Protección Integral contra la Violencia de Género, que haya dado lugar a la iniciación de un proceso penal o a una orden de protección, tras verificar

17. El art. 49 bis LEC, que lleva por rúbrica «pérdida de la competencia cuando se produzcan actos de violencia sobre la mujer» fue introducido en la Ley de Enjuiciamiento Civil por el art. 57 de la LO 1/2004, de 28 de diciembre, de Medidas de Protección Integral contra la Violencia de Género, y en él se regulan diversas situaciones que tienen en común el hecho de que ya está pendiente un proceso civil sobre alguna de las materias enunciadas en el art. 89.6 LOPJ, para las que son competentes las Secciones de Violencia sobre la Mujer, cuando el juez civil tiene conocimiento de la incoación de un proceso penal o de la adopción de una orden de protección por la comisión de un acto de violencia de género, o bien cuando conoce la posible comisión de un acto que merezca esa calificación.
Recuérdese que el fundamento de la atribución al juez de Violencia sobre la Mujer de la competencia para conocer de los procesos civiles «conexos» con el acto de violencia de género no es otro que centralizar en un solo juez la competencia para conocer de los procesos civiles y penales derivados de un acto o situación de violencia de género: en aras de una mayor eficacia en la persecución judicial de la violencia de género, se considera positivo que estos procesos civiles sean enjuiciados por el mismo juez que se ha ocupado de la instrucción en el proceso penal (o del enjuiciamiento, en caso de delitos leves), a pesar de que con esta concentración judicial se corra el riesgo de atentar contra la imparcialidad judicial.

18. Es curioso que antes de la LOEP el art. 49 bis 1 LEC comenzara diciendo «Cuando un Juez,...», y que, tras su nueva redacción, comience diciendo «Cuando un Juzgado,...», ahora que precisamente han desaparecido los juzgados como órganos jurisdiccionales unipersonales.

la concurrencia de los requisitos previstos en el apartado 7 del artículo 89 de la Ley Orgánica 6/1985, de 1 de julio, del Poder Judicial, deberá inhibirse, remitiendo los autos en el estado en que se hallen al juez de violencia sobre la mujer que resulte competente, salvo que se haya iniciado materialmente la vista o comparecencia del procedimiento civil contencioso o de jurisdicción voluntaria».

El deber de inhibición del juez civil en favor del juez de Violencia sobre la Mujer se completa con lo dispuesto en el aptdo. 4 de este mismo precepto, que no ha sido objeto de modificación, según el cual, el juez civil, de oficio, sin necesidad de oír a las partes y al Ministerio Fiscal, remitirá los autos al juez de Violencia sobre la Mujer, debiendo las partes desde ese momento comparecer ante dicho órgano.

Pues bien, además de la necesaria actualización de la referencia al artículo que establece los requisitos para fundar la competencia de los jueces (*rectius*, de la Sección) de Violencia sobre la Mujer en el orden civil —antes, aptdo. 3 del art. 87 ter LOPJ; ahora, aptdo. 7 del art. 89 LOPJ—, cuya concurrencia debe verificar el juez civil, la novedad del art. 49 bis 1 LEC está en la salvedad que establece su último inciso: mientras que en su redacción anterior se exceptuaba la inhibición y remisión de actuaciones cuando «se haya iniciado la fase de juicio oral», ahora, sin embargo, la salvedad se refiere a que «se haya iniciado materialmente la vista o comparecencia del procedimiento civil contencioso o de jurisdicción voluntaria».

La nueva redacción de este inciso final merece una valoración positiva. Para empezar, se zanjan definitivamente las dudas que planteó la desafortunada redacción originaria de este inciso («salvo que se haya iniciado la fase de juicio oral»), que dio lugar a dos interpretaciones distintas: así, podía pensarse que el legislador se estaba refiriendo bien al inicio de la fase de juicio oral del proceso penal —la expresión «juicio oral» es propia del ámbito penal—, bien al inicio de esa fase en el proceso civil[19]. Con la nueva expresión («salvo que se haya iniciado materialmente la vista o comparecencia del procedimiento civil contencioso o de jurisdicción voluntaria»), no cabe duda de que nos encontramos ante una limitación temporal en el proceso civil, no en el proceso penal.

Hay que señalar que, antes de la LOEP, esto es, con la redacción originaria del inciso final del art. 49 1 bis LOPJ, el Tribunal Supremo ya se había pronun-

19. Al respecto, *vid.* GASCÓN INCHAUSTI, F., «El tratamiento de las cuestiones procesales con anterioridad a la audiencia previa al juicio (II): el tratamiento de los presupuestos y óbices procesales relativos a la jurisdicción y a la competencia del tribunal: la declinatoria», en *El tratamiento de las cuestiones procesales y la audiencia previa al juicio en la Ley de Enjuiciamiento Civil*, Civitas, Madrid, 2005, pp. 136-139. En estas páginas, publicadas poco tiempo después de la introducción del art. 49 bis en la LEC, GASCÓN INCHASTI, F., defendió que el último inciso del art. 49 bis 1 LEC establecía una limitación temporal en el proceso penal, no en el proceso civil, y rechazaba, con argumentos de peso, la interpretación contraria.

ciado en este mismo sentido y sostenía que el límite temporal para el deber de inhibición del juez civil a favor del juez de Violencia sobre la Mujer se refería al proceso civil, no al proceso penal, y, en concreto, al comienzo de la vista del juicio verbal. Así, el ATS, Sala de lo Civil, Sección 1, de 19 de enero de 2007[20], dice así:

> «Sin embargo, el artículo 49 bis 1 de la Ley de Enjuiciamiento Civil (...), señala un límite temporal para el deber de inhibición del Juez civil a favor del Juzgado de Violencia sobre la mujer: "que se haya iniciado la fase del juicio oral, referida entendemos al juicio civil". De conformidad con el criterio seguido en la Circular de la Fiscalía General del Estado 4/05, de 18 de julio de 2005, debe considerarse iniciada la fase del juicio oral cuando se haya llegado a la vista del artículo 443 de la Ley de Enjuiciamiento Civil, criterio similar al seguido por la Guía del Observatorio del Consejo General del Poder Judicial y al adoptado por Magistrados de Audiencias Provinciales con competencias exclusivas en violencia de género en reunión celebrada en Madrid los días 30 de noviembre a 2 de diciembre de 2005» (FJ quinto)[21].

20. ECLI:ES:TS:2007:3170A.
21. En este mismo sentido, *vid.* ATS, Sala de lo Civil, Sección 1, de 18 de octubre de 2007 (ECLI:ES:TS:2007:12385A): este auto acoge en su integridad el criterio que sigue la Circular número 4/2005 de la Fiscalía General del Estado «relativa a los criterios de aplicación de la Ley Orgánica de Medidas de Protección Integral contra la Violencia de Genero», que dice así: «3.- En cuanto a la fase del proceso civil es preciso que no haya iniciado la fase del juicio oral. En el proyecto de Ley se introdujo una limitación, no prevista inicialmente en el anteproyecto y que se ha mantenido en la redacción final, por la que el deber de inhibición del Juez civil se supedita a que el procedimiento civil no haya iniciado la fase del juicio oral, acogiendo las sugerencias recogidas en los informes consultivos previos, ya que los principios de oralidad, concentración e inmediación que lo rigen, tras la Ley de Enjuiciamiento Civil 1/2000, imponen que sea el mismo Juez que está conociendo del juicio el que dicte sentencia y quien, por tanto, sea el funcionalmente competente para su ejecución. (...). Dado que todos los procesos civiles de los que conocerá el Juez de Violencia sobre la Mujer han de seguir los trámites del juicio verbal salvo los de separación o divorcio solicitados de mutuo acuerdo o por uno de los cónyuges con el consentimiento del otro con las especialidades previstas en el título I del Libro IV de la Ley de Enjuiciamiento Civil (...), deberá entenderse iniciada la fase del juicio oral, cuando el procedimiento haya llegado a la celebración de la vista prevista en el artículo 443 de la Ley de Enjuiciamiento Civil, tras la cual el Juez debe dictar sentencia, salvo que quede pendiente prueba que no haya podido practicarse en el acto del juicio oral. En caso de procedimiento de mutuo acuerdo o instado por uno de los cónyuges con el consentimiento del otro, dada la inexistencia del juicio oral en su tramitación, habrá que entender que la comparecencia para la ratificación del convenio opera como límite equivalente al de la fase del juicio oral en los procedimientos contenciosos, ya que tras dicha comparecencia el Juez debe dictar sentencia (artículo 777.6 de la Ley de Enjuiciamiento Criminal) salvo que acuerde la práctica de prueba. Asimismo, será conveniente que el juzgado civil proceda, con la mayor brevedad a una lectura detallada de las demandas o escritos iniciales, así como de los documentos e informes periciales que puedan acompañarlas, una vez les sean turnadas, a fin de inhibirse sin dilación al Juez de Violencia sobre la Mujer en aquellos casos en que concurran los presupuestos previstos en la Ley» (FJ quinto). *Vid.*, también, ATS, Sala Primera, Sección 1, de 24 de septiembre de 2008 (ECLI:ES:TS:2008:7939A).

Por otro lado, aclarado ya que la salvedad se refiere al proceso civil, también merece una valoración positiva que la nueva redacción del precepto determine con exactitud el *dies a quo* en el desarrollo del proceso civil en que deja de ser admisible la inhibición y remisión de las actuaciones civiles al juez de Violencia sobre la Mujer, resolviéndose así la duda que planteaba la expresión «salvo que se haya iniciado la fase de juicio oral» aplicada al proceso civil: surgía entonces la duda de si dicha fase de juicio oral se inicia en el momento en que se cita a las partes para el acto de la vista del juicio verbal, o únicamente en el momento en que formalmente comienza dicha vista. Esta duda ha sido despajada por la LOEP: no resulta procedente la inhibición del juez civil una vez que se haya iniciado materialmente la vista o la comparecencia del proceso civil, según se esté tramitando un proceso civil contencioso o un expediente de jurisdicción voluntaria. Nótese, que los asuntos civiles para los que son competentes los jueces de Violencia sobre la Mujer (básicamente, procesos en materia de familia *ex* art. 89.7 LOPJ) siempre se han de tramitar o por los cauces de un juicio verbal o por los de un expediente de jurisdicción voluntaria, de ahí que la Ley fije el inicio de la vista o de la comparecencia como el momento a partir del cual ya no procede la inhibición y remisión de actuaciones por parte del juez civil. Nótese, también, que la referencia al acto de la comparecencia, además de a los expedientes de jurisdicción voluntaria, se extiende también a los procesos consensuales de separación y divorcio, en los que la vista se sustituye por la comparecencia para la ratificación del convenio (art. 777.3 LEC)[22].

El único reparo que puede hacerse a la nueva redacción del art. 49 1 bis LEC es que una buena regulación del fenómeno que nos ocupa debería establecer límites temporales a la inhibición y remisión de actuaciones que se proyecten tanto sobre el proceso civil como sobre el proceso penal. Sin embargo, como se ha visto, el último inciso de este precepto establece el momento temporal del proceso civil a partir del cual ya no es admisible la remisión de actuaciones, pero deja abierta la determinación del límite temporal para el proceso penal. No obstante, se trata de una cuestión de resolución sencilla: no será procedente la inhibición del juez civil una vez que el juez de Violencia sobre la Mujer haya dejado de conocer del asunto y los autos se hayan remitido al juez encargado del enjuiciamiento, que carece de competencia para resolver en primera instancia de asuntos civiles[23].

22. Asimismo, hay que señalar que, a los estos efectos que nos ocupan, el Tribunal Supremo equipara la comparecencia de medidas provisionales del 771.2 LEC con la vista del proceso principal. En consecuencia, una vez iniciada la comparecencia de medidas provisionales no procede la inhibición y remisión al juez de Violencia sobre la Mujer (cfr. ATS, Sala de lo Civil, Sección 1, de 11 de abril de 2018, ECLI:ES:TS:2018:4772.ª).

23. De ahí que la expresión «salvo que se haya iniciado la fase de juicio oral» que empleaba el art. 49 bis 1 LEC en su redacción originaria llevara a muchos a pensar, con toda razón, que el legislador se estaba refiriendo a la fase de juicio oral del proceso penal. Ahora, ya sabemos que no era así.

3. ACTOS DE COMUNICACIÓN

En materia de actos de comunicación judicial, regulados en los arts. 149 a 168 LEC, la LOEP ha modificado tres de estos artículos, a saber: el 155.1, el 156.1 y el 163.

3.1. ACTOS DE COMUNICACIÓN CON LAS PARTES AÚN NO PERSONADAS O NO REPRESENTADAS POR PROCURADOR OBLIGADAS A RELACIONARSE ELECTRÓNICAMENTE CON LA ADMINISTRACIÓN DE JUSTICIA

La LOEP ha modificado el aptdo. 1 del art. 155 LEC, relativo a los actos de comunicación con las partes aún no personadas o no representadas por procurador que estén obligadas, legal o contractualmente, a relacionarse electrónicamente con la Administración de Justicia, de conformidad con lo previsto en los arts. 152.2 y 273.3 LEC.

Antes de pasar a ver en qué ha consistido esta reforma, conviene recordar que el art. 155 LEC fue modificado en profundidad por el reciente RDLey 6/2023, que alteró el régimen general de los actos de comunicación con las partes al introducir la categoría de «obligados» a actuar ante la Administración de Justicia a través de medios electrónicos[24].

Hasta entonces, cuando las partes no actuaban representadas por procurador o se trataba del primer emplazamiento o citación al demandado, los actos de comunicación debían hacerse por remisión al domicilio de los litigantes. La correcta remisión del acto del comunicación surtía plenos efectos, aunque no constara su recepción por el destinatario, salvo que la comunicación tuviese por objeto la personación en juicio o la realización o intervención personal de las partes en determinadas actuaciones procesales y no constare la recepción por el interesado, en cuyo caso había que proceder a su comunicación mediante entrega en la sede del tribunal o en el domicilio de la persona que debía ser notificada (arts. 155.1 y 4, 158 y 161 LEC, en su redacción anterior al RDLey 6/2023).

Tras la reforma operada por RDLey 6/2023, el art. 155 LEC hace una doble distinción, según se trate de «obligados» o «no obligados» a relacionarse electrónicamente con la Administración de Justicia, y según se trate del primer emplazamiento o de la notificación de los demás actos procesales. En relación con los «obligados» —los únicos afectados por la reforma de la LOEP—, el RDLey 6/2023 impuso en todo caso la comunicación por medios electrónicos;

24. Sobre la reforma llevada a cabo por el RDLey 6/2023 en materia de comunicaciones procesales, *vid.* el excelente trabajo de VILLAMARÍN LÓPEZ, M. L., «El nuevo sistema de comunicaciones y notificaciones en el proceso civil», en BANACLOCHE PALAO, J. y GASCÓN INCHAUSTI, F. (dirs.), *Los procesos judiciales tras las reformas introducidas por el Real Decreto-Ley 6/2023*, La ley, Madrid, 2024, pp.129-173.

también cuando el acto de comunicación tuviese por objeto el primer emplazamiento o citación, o la realización o intervención personal de las partes en determinadas actuaciones procesales. No obstante, en estos dos últimos supuestos, si hubieran transcurrido tres días sin que el destinatario hubiera accedido a su contenido, se había de proceder a la comunicación edictal mediante su publicación en el Tablón Edictal Judicial Único, conforme a lo previsto en el art. 164 LEC. En todo caso, además, la comunicación también podía practicarse mediante entrega de la copia de la resolución, si el obligado se personare en la sede del tribunal, dejando constancia de ello en la diligencia que se extienda.

Este nuevo régimen de comunicación del primer emplazamiento a los «obligados», que prescindía de toda actuación procesal posterior a la comunicación electrónica, pasando directamente a la comunicación edictal al cabo del tercer día desde su envío telemático al destinatario, aunque este no hubiera accedido al contenido de la notificación, se oponía frontalmente a la doctrina del Tribunal Constitucional sobre el agotamiento de medios de entrega en forma personal al destinatario del primer emplazamiento o notificación[25]. Por ello, desde estas páginas celebramos que el legislador haya reaccionado pronto —y no haya sido necesario esperar a la intervención del TC en apoyo de su propia jurisprudencia— y haya modificado el art. 155.1 LEC, que ahora obliga a pasar por la comunicación mediante entrega antes de poder acudir a la comunicación edictal. Así, tras su nueva redacción, el párrafo segundo del art. 155.1 LEC reza así:

> «No obstante, si el acto de comunicación tuviese por objeto el primer emplazamiento o citación, o la realización o intervención personal de las partes en determinadas actuaciones procesales, y transcurrieran tres días sin que el destinatario acceda a su contenido, se procederá a la comunicación domiciliaria mediante entrega al destinatario en los términos del art. 161 LEC. Si esta segunda comunicación resultara infructuosa, se procederá a su publicación en el Tablón Edictal Judicial Único conforme a lo dispuesto en el artículo 164».

En la nueva redacción del art. 155.1 LEC ha desaparecido el último párrafo de su redacción anterior que establecía, en todo caso, la posibilidad de practicar la comunicación mediante entrega de la copia de la resolución si el obligado se personase en la sede del tribunal (p. ej. manifestando que no ha podido acceder a la comunicación electrónica), dejando constancia de ello en la diligencia que

25. Este régimen de notificaciones ha sido justamente criticado y tachado de inconstitucional por vulneración de los derechos fundamentales a la tutela judicial efectiva y a no padecer indefensión del art. 24.1 CE. En este sentido, *vid.* VILLAMARÍN LÓPEZ, M. L., «El nuevo sistema de comunicaciones y notificaciones en el proceso civil», cit., pp. 147-151. *Vid.* también, la aguda crítica que SÁNCHEZ LÓPEZ, B., hace al confuso régimen de notificaciones que incorporó el RDLey 6/2023, en relación con los actos y comunicaciones electrónicas en el proceso de ejecución («Otras reformas en el proceso civil (2). Ejecución forzosa y medidas cautelares», en BANACLOCHE PALAO, J. y GASCÓN INCHAUSTI, F. (dirs.), *Los procesos judiciales tras las reformas introducidas por el Real Decreto-Ley 6/2023*, La ley, Madrid, 2024, pp. 446-468).

se extienda. Pese a su desaparición, entendemos que esta posibilidad subsiste, pues de lo que se trata, al fin y al cabo, es de conseguir que la comunicación se efectúe.

3.2. AVERIGUACIONES DEL TRIBUNAL SOBRE EL DOMICILIO DEL DEMANDADO

Como es sobradamente sabido, el demandante tiene la carga de designar en su demanda un domicilio o residencia en que el demandado pueda ser emplazado (arts. 399.1 y 437.1 LEC). A tal fin, al demandante le corresponde mostrar el mayor grado de diligencia en la búsqueda. No obstante, para facilitarle esta tarea, la LEC permite designar como domicilio del demandado, además del que aparezca en el padrón municipal, otros muchos lugares —a los que se refiere el art. 155.3 LEC—, que, de ordinario, no recibirían esa calificación (p. ej. el domicilio fiscal o el lugar habitual de trabajo). Además, también deberá indicar cuantos datos conozca del demandado y puedan ser útiles para su localización, como el número de identificación fiscal o de extranjeros, números de teléfono, fax, correo electrónico o similares.

Cabe, no obstante, que el demandante manifieste en su demanda que le es imposible designar un domicilio o residencia del demandado, a efectos de actos de comunicación. En estos casos, el art. 156.1 LEC prevé la colaboración del tribunal para intentar averiguar un domicilio del demandado: el letrado de la Administración de Justicia deberá utilizar todos los medios que estime oportunos para averiguar esas circunstancias y, en concreto, podrá dirigirse a registros, organismos, colegios profesionales, entidades o empresas.

Pues bien, la modificación que hace la LOEP del aptdo. 1 del art. 156 LEC consiste sencillamente en puntualizar que las labores de averiguación del domicilio del demandado por parte del tribunal solo procederán «cuando la averiguación del mismo fuere necesaria». Sin duda, el legislador, con la adición de esta frase en este precepto, está pensando en aquellos casos en que no es preciso conocer el domicilio del demandado a efectos de actos de comunicación, por tratarse de un demandado obligado legal o contractualmente a relacionarse electrónicamente con la Administración de Justicia, con el que los actos de comunicación se practicarán, como antes hemos visto, por medios electrónicos *ex* art. 155.1 LEC. En estos casos, el tribunal procederá directamente a practicar el acto de comunicación, sin realizar averiguación alguna acerca de su domicilio. No obstante, si el demandado no accede al contenido de la comunicación electrónica al cabo de tres días, el tribunal deberá proceder a la comunicación domiciliaria mediante entrega y, entonces, sí será necesario que el tribunal realice las averiguaciones sobre el domicilio a que se refiere el art. 156.1 LEC.

Recuérdese, además, que la averiguación del domicilio del demandado tampoco es necesaria cuando el demandado ya consta inscrito en el Registro Central de Rebeldes Civiles, en cuyo caso, el letrado de la Administración de Justicia podrá acordar directamente la comunicación edictal (art. 157.2 LEC).

3.3. PRÁCTICA DE ACTOS DE COMUNICACIÓN POR EL PROCURADOR

La LOEP da nueva redacción al art. 163 LEC, sobre el Servicio Común Procesal de Actos de Comunicación, simplemente para modificar la referencia que este precepto hace a la práctica de actos de comunicación por el procurador, desactualizada desde hace años.

Hasta ahora, el art. 163 LEC decía así:

> «En las poblaciones donde esté establecido, el Servicio Común Procesal de Actos de Comunicación practicará los actos de comunicación que hayan de realizarse por la Oficina Judicial, *excepto los que resulten encomendados al procurador por haberlo solicitado así la parte a la que represente*» (la cursiva es nuestra).

La excepción que se hace respecto a la práctica de actos de comunicación por el procurador había quedado desactualizada desde que la Ley 37/2011, de 10 de octubre, de medidas de agilización procesal, modificó el art. 26.2 8.º LEC y estableció la obligación del procurador de practicar los actos de comunicación no solo cuando su representado lo solicite[26], sino también, en interés de este, «cuando así se acuerde en el transcurso del procedimiento judicial por el Letrado de la Administración de Justicia, de conformidad con las leyes procesales». De ahí, la nueva redacción del art. 163 LEC:

> «En las poblaciones donde esté establecido, el Servicio Común Procesal de Actos de Comunicación practicará los actos de comunicación que hayan de realizarse por la Oficina Judicial, *salvo cuando corresponda realizarlos al procurador en los supuestos y con los límites previstos por la ley*» (la cursiva es nuestra).

4. FORMA Y CONTENIDO DE LAS RESOLUCIONES PROCESALES

En relación con la forma y el contenido de las resoluciones procesales, la novedad más importante tras la aprobación de la LOEP es la posibilidad de que se dicten sentencias orales. En este sentido se ha modificado el art. 210.3 LEC, que hasta ahora las prohibía taxativamente: «En ningún caso se dictarán oralmente sentencias en los procesos civiles».

Comoquiera que las sentencias orales solo están previstas en el ámbito de los juicios verbales, desde aquí remitimos al lector al capítulo 8 de esta obra, dedicado a la reforma del juicio verbal, en el que M. L. VILLAMARÍN LÓPEZ realiza un examen crítico de la sentencia oral que comparto, señalando clara-

26. Recuérdese que fue la Ley 13/2009, de 3 de noviembre, de reforma de la legislación procesal para la implantación de la nueva Oficina Judicial, la que por primera vez permitió a los procuradores la práctica de los actos de comunicación cuando la parte así lo solicite al tribunal, modificándose en este sentido los arts. 152 y 163 LEC.

mente los riesgos inherentes al dictado de las sentencias orales, tanto para las garantías de motivación y exhaustividad de las sentencias civiles, como para la seguridad jurídica[27]. No obstante, y por lo que se refiere solo a la estructura formal y al contenido de las sentencias orales, es oportuno en este momento señalar que el art. 210.3 LEC obliga al juez a expresar en su sentencia los siguientes extremos: i) las pretensiones de las partes; ii) las pruebas propuestas y practicadas y, en su caso, de los hechos probados a resultas de las mismas; iii) las razones y fundamentos legales del fallo que haya de dictarse —que se ajustará a las previsiones de la regla 4.ª del art. 209 LEC—, con expresión concreta de las normas jurídicas aplicables al caso; y iv) si la sentencia es o no firme, indicando en este caso, los recursos que cabe interponer, el tribunal al que deben presentarse y el plazo para recurrir. Y todo esto, no se olvide, habrá de hacerlo verbalmente.

No obstante, después de pronunciada oralmente la sentencia, el juez tendrá que redactarla en todo caso por escrito. Dice el art. 210.3 LEC que «la sentencia se dictará al concluir el mismo acto de la vista en presencia de las partes, *sin perjuicio de su ulterior redacción por el juez, la jueza o el magistrado o la magistrada*». Y que el plazo para recurrirla comenzará a contar «desde la notificación de la sentencia *debidamente redactada*» (las cursivas son nuestras).

Al margen de las sentencias orales, la LOEP modifica otros dos preceptos de la LEC en sede de resoluciones procesales:

— Por un lado, se modifica la rúbrica del art. 208 LEC, que pasa de «Forma de las resoluciones» a «Forma de las resoluciones escritas», para precisar que este artículo, cuyo contenido no se altera, se refiere exclusivamente a la estructura formal de las resoluciones procesales escritas. Para la forma de las resoluciones orales, incluidas ahora las sentencias, habrá que estar a lo dispuesto en el art. 210 LEC.

27. Sobre las sentencias civiles *in voce*, tuve ocasión de pronunciarme en relación con el caducado PLMEP de 2022 del que provienen. Reproduzco ahora mis palabras de entonces: «no es buena idea introducir —como pretendía el PLMEP— sentencias civiles *in voce* en juicios verbales con abogados. De entrada, es un paso atrás en las garantías de motivación y exhaustividad de las sentencias civiles, que solo cabe imaginar ante una estandarización tal de los asuntos que no está justificada como disposición general. Esta "oralidad adelantada" de la sentencia civil parece estar pensada para unas pocas materias, pero incluso si pensamos en una materia como la de cláusulas abusivas, las sentencias orales del PLMEP ni acortan ni mejoran la calidad de la decisión. Más bien, la sentencia oral introduce un riesgo de incorrecta aplicación del sistema de fuentes del Derecho en la resolución del caso que puede luego comprometer la redacción de la sentencia escrita conforme a la última jurisprudencia dictada en la materia. Lo que hay detrás de la escritura de la sentencia no es una mera forma, es la garantía —que sirve de acicate psicológico a los jueces para dar por terminado el asunto— de que la decisión encierra un juicio fáctico y jurídico atento al caso y singularizado. ¿O acaso queremos, como en Polonia, llegar al extremo de pagar una tasa por la motivación de la sentencia?» (BERNARDO SAN JOSÉ, A., «Cómo hacer más eficientes los procesos declarativos civiles», en JIMÉNEZ CONDE, F. y LÓPEZ SIMÓ, F. (dirs.), *La eficiencia de la Justicia a debate*, tirant lo Blanch, Valencia, 2024, pp. 240 y 241).

— Por otro lado, se modifica el art. 209 LEC que contiene reglas especiales sobre la estructura formal y el contenido de las sentencias que complementan lo dispuesto en el art. 208 LEC. Según dice la LOEP, se da nueva redacción al art. 209 LEC y se reescribe este artículo por entero, pero tras su lectura, se comprueba que el único cambio, tanto en la rúbrica como en el texto del precepto, amén de la mención expresa a las abogadas y las procuradoras, consiste en la puntualización de que este artículo solo se refiere a las sentencias escritas, no orales, en consonancia con el artículo anterior, sobre la forma de las resoluciones escritas, y el posterior, sobre las resoluciones orales. La estructura formal de las sentencias (encabezamiento, antecedentes de hecho, fundamentos de derecho y fallo) y su contenido siguen siendo los mismos.

5. CONDICIONES DE LOS PERITOS

El art. 340.1 LEC establece «las condiciones de los peritos». Según este artículo, los peritos deberán estar en posesión del título oficial correspondiente a la materia objeto del dictamen y a su naturaleza. Solo cuando la pericia verse sobre materias no comprendidas en títulos profesionales oficiales, bastará con que se trate de personas entendidas en la materia. Además, para poder ser designado como perito por el tribunal, será necesario, siempre que el ejercicio de la profesión titulada esté sometido al requisito de la colegiación obligatoria, estar colegiado como ejerciente: así se deduce del art. 341.1 LEC, que ordena recabar las listas de peritos «de los distintos Colegios profesionales o, en su defecto, de entidades análogas, así como de las Academias e instituciones culturales y científicas (...)»[28]. Hasta ahora, estos eran los únicos requisitos o condiciones que la Ley exigía para ser perito[29].

No obstante, la mayoría de los Colegios Profesionales, que son los encargados de elaborar los listados de profesionales que desean ejercer como peritos

28. El procedimiento de designación de peritos judiciales del artículo 341 LEC se ha regulado por parte del Consejo General Poder Judicial (CGPJ) mediante dos textos: la Instrucción 5/2001, de 19 de diciembre, del Consejo, sobre remisión anual a los órganos jurisdiccionales de las listas profesionales para su designación judicial como peritos, y el Protocolo de actuación del servicio común procesal para la asignación de peritos judiciales, de 9 de febrero de 2005.
La CNMC ha manifestado en numerosos informes que «no debería atribuirse necesariamente a las profesiones colegiadas la reserva de las actividades de peritaje que caigan dentro de sus posibles atribuciones profesionales, salvo que ello esté justificado por criterios de necesidad, proporcionalidad y no discriminación, en la medida en que dichas actividades, total o parcialmente puedan ser desarrolladas por otros profesionales, ya pertenezcan éstos a otras profesiones colegiadas, ya no pertenezcan a profesión colegiada alguna» (*vid.* «Informe de posición de la CNC en relación con el procedimiento para la designación judicial de peritos» (2013)).

29. Sobre el perito, sus condiciones y su designación, *vid.* ZARZALEJOS NIETO, J., *El dictamen de peritos y el reconocimiento judicial en el proceso civil*, La Ley, 2019, pp. 22-69.

judiciales[30], exigen requisitos adicionales concurrentes de formación, especialización y experiencia profesional efectiva (tanto pericial como técnica) para la incorporación a las listas de peritos judiciales. Así, por poner solo un ejemplo, la Unión de Arquitectos Peritos y Forenses de España (UAPFE) afirma «que el modelo actual general de incorporación a las listas de peritos —libre para todos los titulados conforme al criterio fijado por las autoridades de competencia— no funciona, porque muchos de los peritos no están suficientemente formados ni capacitados para elaborar pericias útiles y rigurosas; y que existe un consenso entre los órganos judiciales y los abogados sobre la falta de rigor y veracidad de muchos informes periciales, al no ser los peritos que los elaboran expertos y especialistas en la materia objeto de dictamen»[31].

La Comisión Nacional de los Mercados y la Competencia (CNMC), y su antecesora (CNC), se han pronunciado en reiteradas ocasiones en contra del establecimiento por parte de los colegios profesionales de requisitos de acceso a las listas de peritos judiciales adicionales a los establecidos en la normativa procesal, en particular, los requisitos de formación y experiencia previa, por suponer una traba al libre ejercicio de la profesión y por exigir, de modo indirecto, que la actividad pericial estuviera ligada a la colegiación[32]. Y tampoco son raras las ocasiones en las que la CNMC ha sancionado por esta práctica a Colegios Profesionales, por una infracción del art. 1 de la Ley 15/2007, de Defensa de la Competencia, que prohíbe las conductas colusorias que restrinjan la competencia.

Pues bien, para tratar de sortear esta previsión, la LOEP ha modificado el art. 340.1 LEC y ha añadido un requisito adicional para ser perito: así, ya no bastará solo con estar en posesión del título oficial correspondiente a la materia objeto del dictamen, sino que, además, habrá que ser «acreditado experto en la materia». El legislador quiere que los peritos sean expertos y estén formados en la materia objeto de sus dictámenes según su especialidad (o subespecialidad). Con esta reforma, el legislador no hace, sino refrendar la práctica de los Colegios Profesionales, que ahora sí podrán requerir, a la hora de confeccionar

30. El art. 5 h) de la Ley 2/1974, de 13 de febrero, sobre Colegios Profesionales, establece que, en su ámbito territorial, los Colegios Profesionales tienen la función de «facilitar a los Tribunales, conforme a las leyes, la regulación de colegiados que pudieran ser requeridos para intervenir como peritos en los asuntos judiciales, o designarlos por sí mismos, según proceda».
31. Estas afirmaciones se recogen en la parte introductoria del documento «Criterios para la confección de las listas de peritos arquitectos (propuesta de la Unión de Arquitectos Peritos y Forenses de España, UAPFE)».
32. Por lo que se refiere a la actividad pericial, destacan el «Informe sobre los Colegios profesionales tras la trasposición de la Directiva de Servicios» (2012) y el «Informe de posición de la CNC en relación con el procedimiento para la designación judicial de peritos» (2013); así como Informes de carácter sectorial como el Informe sobre la propuesta remitida por el Consejo Superior de los Colegios de Arquitectos de España para la fijación de criterios para la confección de las listas de peritos de dicha profesión.

las listas de peritos judiciales, que estos cuenten con una adecuada formación, experiencia y especialización en la materia de que se trate, sin temor a una sanción por parte de la CNMC[33].

6. RECURSOS

En materia de recursos, la LOEP introduce dos novedades: una, en relación con la exigencia de la constitución de un depósito para recurrir y otra, en relación con el derecho de disposición de las partes en el recurso de casación.

6.1. EL DEPÓSITO PARA RECURRIR

Como es sabido, la LO 1/2009, de 3 de noviembre[34], añadió una disposición adicional decimoquinta a la LOPJ que introducía, con carácter general, la exigencia de constituir un depósito para recurrir cualquier resolución dictada en un proceso civil, siempre que el recurso deba tramitarse por escrito[35].

En concreto, los recursos para los que hasta ahora —hasta la LOEP— viene exigiéndose el previo depósito son:

(i) Todos los que procedan contra resoluciones dictadas por jueces y magistrados, tanto ordinarios —reposición, apelación y queja—, como extraordinarios —originariamente, extraordinario por infracción procesal y casación; solo casación, tras la reforma de los recursos extraordinarios por el RDLey 5/2023, de 28 de junio— (DA 15.ª, aptdos. 3 y 4, LOPJ)[36].

(ii) El recurso de revisión contra las resoluciones dictadas por el letrado de la Administración de Justicia (DA 15.ª, aptdo. 4, LOPJ).

---

33. Al margen de lo anterior, hay que advertir que, aunque la LOEP dice que se modifica el apartado 3 del art. 342 LEC, relativo a la provisión de fondos del perito, lo cierto es que la «nueva» redacción de este apartado es idéntica a la anterior.

34. Ley Orgánica 1/2009, de 3 de noviembre, complementaria de la Ley de reforma de la legislación procesal para la implantación de la nueva Oficina judicial, por la que se modifica la Ley Orgánica 6/1985, de 1 de julio, del Poder Judicial.

35. El fin primordial del depósito para recurrir, según señala el aptdo. 10 de la DA 15.ª LOPJ, es «disuadir a quienes recurran sin fundamento jurídico alguno, para que no prolonguen indebidamente el tiempo de resolución del proceso en perjuicio del derecho a la tutela judicial de las otras partes personadas en el proceso». Con este fin, se establece de forma expresa que el recurrente perderá el depósito cuando el tribunal inadmita o desestime el recurso (aptdo. 9), destinándose los depósitos perdidos a sufragar los gastos correspondientes al derecho a la asistencia jurídica gratuita, y a la modernización e informatización integral de la Administración de Justicia (aptdo. 10). No obstante, dada la escasa cuantía prevista para estos depósitos (entre 25 y 50 euros), puede afirmarse que su finalidad es más recaudatoria que disuasoria.

36. La DA 15.ª LOPJ exige también la constitución de un depósito previo a la interposición de la demanda de revisión de sentencias firmes o de rescisión de sentencias firmes a instancia del rebelde (aptdo.3, letras b y e). No obstante, no estamos en estos casos ante recursos en sentido propio, sino que se trata de medios de impugnación de sentencias firmes.

Pues bien, la reforma de la DA 15.ª LOPJ solo afecta a los recursos contra las resoluciones dictadas por el letrado de la Administración de Justicia. En este ámbito, se introducen dos novedades, a saber: 1.ª) se exige la constitución de un depósito para recurrir en reposición las resoluciones del letrado de la Administración de Justicia; recurso para el que hasta ahora la DA 15.ª LOPJ no exigía este requisito; y 2.ª) como consecuencia de lo anterior, no será necesario constituir depósito alguno para interponer un recurso de revisión contra el decreto resolutorio del recurso de reposición; recurso para el que hasta ahora, sin embargo, sí era necesaria la constitución de depósito (DA 15.ª, aptdo. 4, LOPJ, según la nueva redacción dada por la LOEP).

La primera novedad, esto es, la nueva exigencia de constituir un depósito para recurrir en reposición las resoluciones del letrado de la Administración de Justicia, no sorprende: la única razón por la que originariamente la DA 15.ª LOPJ no mencionaba este recurso era porque en ese momento no se podían recurrir en reposición las resoluciones del letrado de la Administración de Justicia: el recurso de reposición contra las diligencias de ordenación y los decretos no definitivos dictados por el letrado de la Administración de Justicia se introdujo en el art. 451.1 LEC por la Ley 13/2009, de 3 de noviembre, de reforma de la legislación procesal para la implantación de la nueva Oficina Judicial, que no entró en vigor hasta el 4 de mayo de 2010, seis meses después de la entrada en vigor de la LO 1/2009, de 3 de noviembre, que fue la que incorporó en nuestro ordenamiento jurídico el depósito para recurrir. No obstante lo anterior, desde la entrada en vigor de la Ley 13/2009, y a pesar del silencio de la DA 15.ª LOPJ al respecto, se venía discutiendo sobre la necesidad de constituir un depósito previo para recurrir en reposición las resoluciones de los letrados de la Administración de Justicia, depósito que algunos letrados ya venían exigiendo —a mi juicio, *contra legem*—, so pena de inadmisión del recurso, amparándose en la realidad social del tiempo en que las normas han de ser aplicadas, en el espíritu y la finalidad de las normas reguladoras del depósito para recurrir (art. 3 CC) y en la posibilidad de la aplicación analógica de las normas cuando estas no contemplen un supuesto específico, pero regulen otro semejante entre los que se aprecie identidad de razón (art. 4.1 CC). Parece que esta misma consideración es la que ha llevado ahora al legislador a reformar la DA 15.ª LOPJ en el sentido expuesto.

La segunda novedad en esta materia es consecuencia de la anterior. El legislador no quiere gravar dos veces el hecho de recurrir las resoluciones interlocutorias de los letrados de la Administración de Justicia, que es lo que ocurriría si, además de tener que efectuar un depósito previo para interponer contra ellas recurso de reposición ante el propio letrado, fuera también necesario realizar después un nuevo depósito para recurrir en revisión ante el tribunal el decreto resolutorio del recurso de reposición. De ahí que el aptdo. 4 de la DA 15.ª LEC diga ahora de forma expresa que «no será precisa la constitución de depósito para la interposición de recurso de revisión contra un decreto que resuelva un recurso de reposición».

Sentado todo lo anterior, la situación actual en materia de depósito para recurrir en el orden jurisdiccional civil puede resumirse así:

— Recursos contra resoluciones judiciales: 25 euros, si se trata de recurso de reposición; 50 euros, si se trata de recurso de apelación o de casación; y 30 euros, si se trata del recurso de queja.

— Recursos contra resoluciones del letrado de la Administración de Justicia: 25 euros, tanto si se trata del recurso de reposición como de revisión, exceptuándose el recurso de revisión contra el decreto que resuelva el recurso de reposición.

— Demandas de rescisión de sentencias firmes: 50 euros, si se trata de una demanda de revisión o de rescisión de sentencia firme a instancia del rebelde.

Por otra parte, la nueva exigencia de depósito para interponer recurso de reposición contra las resoluciones interlocutorias del letrado de la Administración de Justicia ha obligado al legislador a modificar también los aptdos. 7 y 9 de la DA 15.ª LOPJ, a saber:

El aptdo. 7, que prevé las consecuencias de la falta de constitución del depósito para recurrir, señalaba, hasta ahora, que en aquellos casos en que el recurrente hubiera incurrido en defecto, omisión o error en la constitución del depósito y no hubiese subsanado dicho defecto en el plazo de dos días que el letrado de la Administración de Justicia debe concederles a estos efectos, el tribunal inadmitirá el recurso por medio de auto, quedando firme la resolución impugnada. La LOEP da nueva redacción a este apartado para añadir un inciso final, según el cual «en el caso de tratarse de un recurso de reposición contra una resolución de un letrado o letrada de la Administración de Justicia, se dictará decreto poniendo fin al trámite del recurso contra el que cabrá interponer recurso de revisión» (para el que, por cierto, será necesario constituir el depósito previo).

Y en el aptdo. 9, relativo a la pérdida del depósito en caso de que se inadmita el recurso o se confirme la resolución recurrida, también se añade un último inciso, según el cual «en caso de ser desestimado el recurso de reposición contra una resolución del letrado o letrada de la Administración de Justicia, el recurrente perderá el depósito cuando la resolución objeto de recurso sea firme».

Para terminar, no puede dejar de señalarse que, incomprensiblemente, en la nueva redacción de la DA 15.ª LOPJ se mantiene la disposición que «excluye de la consignación de depósito la formulación del recurso de reposición que la ley exija con carácter previo al recurso de queja» (cfr. aptdo. 4); disposición que carece de sentido desde que la Ley 37/2011, de 10 de octubre, de medidas de agilización procesal, modificó el art. 495 LEC y suprimió la exigencia de interponer recurso de reposición previo al de queja.

6.2. LA LIMITACIÓN DEL DERECHO DE DISPOSICIÓN DE LAS PARTES EN EL RECURSO DE CASACIÓN

El art. 19.1 LEC faculta a las partes para disponer del objeto del proceso y del proceso mismo, pudiendo «renunciar, desistir del juicio, allanarse, someterse a mediación o a arbitraje y transigir sobre lo que sea objeto del mismo, excepto cuando la ley lo prohíba o establezca limitaciones por razón del interés general o en beneficio de tercero». Todos estos actos de disposición, hasta ahora —hasta la LOEP—, podían realizarse, según su naturaleza, «en cualquier momento de la primera instancia o de los recursos o de la ejecución de la sentencia», conforme a lo previsto en el art. 19.3 LEC.

La LOEP, sin embargo, limita temporalmente el derecho de disposición de las partes en el recurso de casación, en el que ya no es posible realizar acto de disposición alguno «una vez señalado día para la deliberación, votación y fallo del recurso». En este sentido, se han modificado los apartados 1 y 3 del art. 19 LEC[37]. Puede afirmarse, por tanto, que la LOEP establece una regla de preclusión para la realización de actos de disposición en el recurso de casación: una vez que la Sala Primera del Tribunal Supremo —o, en su caso, la Sala de lo Civil y de lo Penal del Tribunal Superior de Justicia— haya hecho el señalamiento para la deliberación, votación y fallo del recurso, precluye para las partes la posibilidad de realizar actos dispositivos.

En verdad, esta limitación legal no es del todo novedosa, pues el RDLey 6/2023, de 19 de diciembre[38], ya había incorporado en el art. 450.1 LEC una regla de preclusión del desistimiento en el marco del recurso de casación. Así, originariamente, el art. 450.1 LEC, sobre el desistimiento de los recursos, permitía a todo recurrente —sin excepciones—, «desistir del recurso antes de que sobre él recaiga resolución». El mencionado RDLey, sin embargo, dio nueva redacción a este precepto para excepcionar el desistimiento del recurso de casación «una vez señalado día para su deliberación, votación y fallo». Por tanto, puede decirse que la novedad de la LOEP en este punto consiste realmente en extender la

37. Se añade un nuevo párrafo segundo en el aptdo. 1 del art. 19 LEC: «(...) Estos actos de disposición de los litigantes no podrán realizarse una vez señalado día para la deliberación, votación y fallo del recurso». Y se da una nueva redacción al aptdo. 3 de este mismo artículo, que ahora reza así: «Los actos a los que se refieren los apartados anteriores podrán realizarse, según su naturaleza, en cualquier momento de la primera instancia o de los recursos o de la ejecución de sentencia, sin perjuicio de la regla especial para el recurso de casación contenida en el segundo párrafo del apartado 1».

38. Real Decreto-Ley 6/2023, de 19 de diciembre, por el que se aprueban medidas urgentes para la ejecución del Plan de Recuperación, Transformación y Resiliencia en materia de servicio público de justicia, función pública, régimen local y mecenazgo.

limitación del derecho de disposición de los litigantes en el recurso de casación *a cualquier acto de disposición* (no solo el desistimiento, como hasta ahora) realizado *por cualquiera de las partes del recurso* (no solo por el recurrente, como hasta ahora)

Aunque ni la LOEP ni el RDLey 6/2023 dan razón alguna para esta limitación —tampoco lo hacía el caducado Proyecto de Ley de medidas de eficiencia procesal del servicio público de Justicia de 2022, del que trae causa esta reforma—, la misma solo puede venir impuesta «por razones de interés general o en beneficio de tercero», de acuerdo con lo previsto en el art. 19.1 LEC. Y descartado en este caso el beneficio de tercero, debe inferirse que está relacionada con el interés general propio de la función nomofiláctica inherente al recurso de casación y su papel unificador y de creación de doctrina jurisprudencial, papel al que esta reforma sitúa claramente por encima de la búsqueda de la justicia del caso concreto[39]. Así pues, a partir del señalamiento para deliberación, votación y fallo de la Sala, el recurso de casación presenta un interés público indisponible para las partes, que permite al Tribunal pronunciarse sobre un tema que haya considerado de interés casacional —identificable aquí con el interés general—, incluso en contra de la voluntad de las partes del recurso[40].

39. El TS sigue así la estela del TC que atenúa el carácter dispositivo de los procesos constitucionales cuando «razones de interés público, vinculadas a la dimensión objetiva de los derechos fundamentales, determinan la necesidad de hacer un pronunciamiento sobre el fondo del asunto pese al abandono de la respectiva pretensión de la parte» (cfr. STC, Sala Segunda, 141/2012, de 2 de julio, Rec. 5070/2009).

40. Esta limitación, que ya estaba contenida en el Anteproyecto de Ley de Medidas de Eficiencia Procesal de 2020, fue duramente criticada por BANACLOCHE PALAO, J., que llegó incluso a sostener su posible inconstitucionalidad: «(...) Por otra parte, no se permiten los actos de disposición de las partes "una vez señalado día para la deliberación, votación y fallo del recurso de casación" (nuevo párrafo segundo del art. 19.1 LEC y art. 450.1 LEC). Esta prescripción, que supone una evidente quiebra del principio dispositivo por el que se rige el proceso civil en materias que no sean de interés público, no la encontramos en absoluto justificada, y no parece que tenga más razón de ser que el deseo del Tribunal Supremo —que han conseguido convertir en ley— de poder resolver sobre un tema que hayan considerado de interés casacional, incluso contra la voluntad de quien se lo planteó. Además, la nueva norma incurre en una evidente contradicción: no se permite desistir de la casación, ni transaccionar, si está pendiente la sentencia del Tribunal Supremo, pero se sigue pudiendo realizar una transacción en ejecución que altera el contenido de lo decidido por aquel (art. 19.3 LEC). Con eso queda claro que lo único que se protege es la posibilidad de pronunciamiento del Tribunal Supremo sobre una determinada cuestión o materia (se entiende que para fijar doctrina), pero sin que importe demasiado la solución del conflicto en sí misma considerada. Este planteamiento contraría la naturaleza misma del recurso y de la actuación judicial en relación con él, que es siempre a instancia de parte, y nunca de oficio o contra la voluntad de los litigantes. Es más: a la vista de la doctrina fijada por la STC 46/2020, de 15 de junio, que declara que vulnera el art. 24.1 CE el auto que rechaza el escrito de las partes pidiendo poner fin al proceso en relación con una materia disponible que no afectaba al interés general, podría incluso sostenerse que el nuevo párrafo resulta inconstitucional» («Las reformas en el proceso civil previstas en el Anteproyecto de Ley de Medidas de Eficiencia Procesal: ¿una vuelta al pasado?», *Diario La Ley*, 09/03/2021).

Tampoco puede dejar de señalarse que la limitación del derecho de disposición de las partes en el recurso de casación ya había sido impuesta por la Sala Primera del Tribunal Supremo en su Acuerdo de Pleno no Jurisdiccional de 18 de diciembre de 2019, sobre el «límite temporal de las partes para disponer del objeto del proceso en los recursos de casación y extraordinario por infracción procesal». Este Acuerdo dispone lo siguiente:

> «(...) Según el art. 450.1 de la Ley de Enjuiciamiento Civil, «todo recurrente podrá desistir del recurso antes de que sobre él recaiga resolución». Este precepto está previsto con carácter general para todos los recursos, y debe también entenderse referido a cualquier fórmula empleada por las partes para la terminación anticipada del litigio cuando esté pendiente algún recurso de casación o extraordinario por infracción procesal.
>
> La expresión «recaiga resolución» debe entenderse referida a que el recurso haya sido votado y fallado, aunque todavía no se haya redactado la sentencia; una vez concluida la deliberación, ya no cabe el desistimiento del recurso ni ninguno de los actos dispositivos del proceso que impiden su terminación por sentencia.
>
> En consecuencia, no serán tenidos en cuenta los escritos de las partes en los que se disponga sobre el objeto del proceso que sean presentados en un momento posterior a la hora señalada para la votación y fallo de los recursos admitidos a trámite, sin perjuicio de que las partes puedan acordar lo que estimen pertinente sobre la ejecución de la sentencia»[41].

Por su parte, ZARZALEJOS NIETO, J., en relación con la modificación del art. 450.1 LEC por el RDLey 6/2023, también ha cuestionado algunos aspectos de la norma de preclusión del desistimiento en el recurso de casación: «(...) Lo que no resulta comprensible es que esa indisponibilidad se produzca desde el señalamiento para deliberación, votación y fallo por la Sala. Si se trata de no desmerecer el trabajo que ha provocado el recurrente al letrado de la Administración de Justicia, al magistrado ponente y al resto de la Sala, más justificado estaría trasladar la preclusión a la notificación del auto de admisión, en el que el tribunal expresará "las razones por las que (...) debe pronunciarse sobre la cuestión o cuestiones planteadas en el recurso" (*ex* artículo 483.3 I LEC). Resultaría igualmente razonable que esa preclusión se aplique cuando la Sala Primera (o la Sala de lo Civil y Penal del Tribunal Superior de Justicia) aprecie en el recurso de casación el llamado *interés casacional notorio*, normativamente vinculado al "interés general para la interpretación uniforme de la ley estatal o autonómica". Y si se trata de no privar al recurrido de una resolución de fondo sobre un recurso frente al cual podría albergar expectativas razonables de un buen resultado, el nuevo precepto podría haber previsto un trámite de audiencia previa sobre el desistimiento planteado por el recurrente y siempre que el recurrido hubiera comparecido ante la Sala y hubiera presentado escrito de oposición» («Las modificaciones en el sistema de recursos introducidas por el Real Decreto-Ley 6/2023, de 19 de diciembre», en BANACLOCHE PALAO, J. y GASCÓN INCHAUSTI, F. (dirs.), *Los procesos judiciales tras las reformas introducidas por el Real Decreto-Ley 6/2023*, La Ley, Madrid, 2024, p. 389).

41. Este Acuerdo sí da razón de la imposición de este límite temporal para disponer del objeto del proceso en los recursos extraordinarios. Así, el Acuerdo comienza diciendo:
«La Sala de lo Civil del Tribunal Supremo viene advirtiendo en los últimos años que con frecuencia las partes ponen fin a la controversia mediante el desistimiento del recurso,

En realidad, aunque no se diga abiertamente, el origen de la discusión se halla en la publicación de una nota de prensa por la Sala Primera del Tribunal Supremo, en la que esta anunciaba la decisión que había tomado en un asunto de gran relevancia económica y que habría de servir para sentar jurisprudencia en contra de los intereses de la recurrente. Dado que la sentencia aún no había sido redactada y notificada a las partes, la recurrente optó por desistir del recurso, frustrando el desenlace previsto por la Sala.

Así pues, con las últimas reformas —primero, la del art. 450 LEC y ahora, la del art. 19 LEC—, el legislador no hace, sino convertir en ley la limitación del derecho de disposición de las partes en el recurso de casación que hasta ahora no era más que una decisión del Pleno no Jurisdiccional de la Sala de lo Civil del Tribunal Supremo. Nótese, además, que la LEC adelanta el momento en el que el recurso de casación deviene indisponible para las partes: así, mientras que el Acuerdo no permite tener en cuenta los escritos de las partes en los que se disponga sobre el objeto que se presenten «en un momento posterior a la hora señalada para la votación y fallo de los recursos admitidos a trámite», la LEC no permite considerar los escritos que sean presentados después de que el tribunal

alegación de la carencia sobrevenida de objeto, solicitud de homologación de acuerdo transaccional o renuncia a la acción, en un momento muy próximo al señalado para la deliberación del recurso y votación del fallo.

En el ámbito de los recursos extraordinarios, la función primordial del Tribunal Supremo es unificadora y de creación de jurisprudencia. Esta función se ve gravemente perturbada cuando las partes utilizan cualquiera de las fórmulas antes expuestas al borde del día señalado para la deliberación del asunto. Además, estas actuaciones suponen la utilización innecesaria de recursos públicos y de muchas horas de trabajo de los magistrados y demás personas que sirven en el Tribunal Supremo».

“”Con anterioridad a este Acuerdo, encontramos resoluciones en las que la Sala Primera del Tribunal Supremo se queja de la pérdida de tiempo y esfuerzo de sus integrantes y de su Gabinete Técnico en estudiar y preparar el asunto en casos de desistimiento producido pocos días antes del señalado para la deliberación o incluso a punto de finalizar las horas de audiencia del día hábil inmediatamente anterior al inicio de la deliberación, imponiéndose al recurrente en estos casos una multa, por haber conculcado las reglas de la buena fe procesal (*vid.*, STS, Sala Primera, de 4 de marzo de 2015 —rec. 2641/2012—, ECLI:ES:TS:2015:1904).

Un criterio similar sigue la STS, Sala Primera, Sección Pleno, 530/2019, de 19 de octubre —rec. 716/2017— (ECLI:ES:TS:2019:530), al afirmar que el allanamiento de la parte recurrida «provoca un mal uso de los recursos públicos, puesto que el tiempo y trabajo empleado en preparar la tramitación y resolución de este recurso se podría haber empleado en la tramitación y resolución de otro recurso de los muchos que penden ante esta Sala, sino que además se perturba injustificadamente la función del Tribunal Supremo en la formación de doctrina jurisprudencial sobre cuestiones en las que resulta decisiva la interpretación de normas comunitarias por el TJUE, ante la imposibilidad de plantear la cuestión prejudicial para que el TJUE establezca la correcta interpretación de las normas de la Directiva 93/13/CE en la cuestión controvertida, y se fomenta la inseguridad jurídica que conlleva esa imposibilidad de formar doctrina jurisprudencial con base en la interpretación que de estas normas de Derecho de la Unión Europea establezca el Tribunal de Justicia».

haya dictado providencia «señalando día para la deliberación, votación y fallo»[42].

7. ABUSO DEL SERVICIO PÚBLICO DE JUSTICIA

Desde los caducados Proyectos de Ley de eficiencia organizativa, procesal y digital de 2022, incardinados en el Plan de trabajo del Ministerio de Justicia «Justicia 2030», de los que provienen todas las reformas procesales que han venido después, la Justicia se concibe como un Servicio Público y así se la presenta: el Servicio Público de Justicia.

La sustitución de la denominación clásica —y constitucional— de «Administración de Justicia» por la de «Servicio Público de Justicia» no es inocua, nos coloca ante un cambio encubierto de paradigma: la Justicia como un mero servicio público en el que prima la relación coste-productividad (como si fuera similar a otros genuinos servicios públicos como la sanidad, la educación, el transporte o el empleo). Y, así, aunque no deja de reconocerse que el fin del proceso civil es la tutela judicial de los derechos privados de los individuos, el designio de todas las recientes reformas procesales es que los medios para alcanzar este objetivo, por ser públicos y limitados, deben estar regidos por criterios de economía, racionabilidad, eficiencia y sostenibilidad, orientados a que la sentencia se dicte en un plazo razonable.

42. En relación con la limitación del derecho de disposición en el recurso de casación, el CGPJ, en su Informe al Anteproyecto de Ley de Medidas de Eficiencia Procesal al Servicio Público de Justicia de 22 de julio de 2021, señaló «que parece adecuado modular el alcance del nuevo inciso del artículo 19.1 LEC para reducir la restricción del principio dispositivo en sede casacional a aquellos casos en los que esta limitación venga impuesta por razones de interés general, que aquí estarán específicamente vinculadas a la función y a los fines de la casación y, en su caso, a la necesidad de articular el cauce de diálogo con el Tribunal de Justicia de la Unión Europea cuando sea precisa la interpretación del Derecho de la Unión para la resolución del recurso o de la cuestión litigiosa. Debe tenerse presente que el Tribunal Constitucional ha considerado que se vulnera el artículo 24.1 de la CE cuando el tribunal rechaza la solicitud de las partes de poner fin al proceso sobre una materia disponible que no afecta al interés general». Dice al respecto la STC 46/2020, de 15 de junio: «[...] recordemos que el proceso civil regulado en la Ley 1/2000, de 7 de enero, se inspira en el principio básico de disposición de las partes para regular sus intereses privados o, lo que es lo mismo, para iniciar la actividad jurisdiccional, determinar el objeto del proceso y ponerle fin en el momento que estimen conveniente, sin necesidad de esperar a la sentencia y siempre que la relación jurídica discutida responda únicamente a una naturaleza subjetiva-privada»; y añade: «[...] en nuestro sistema procesal civil, para que haya una decisión, se requiere que las partes acrediten su interés en litigar [...]»; para concluir: «En definitiva, de acuerdo con la doctrina anteriormente reproducida, entiende este Tribunal que debe reputarse contrario al derecho a la tutela judicial efectiva de los recurrentes el razonamiento del órgano judicial que niega virtualidad a un acuerdo basado en el poder dispositivo de las partes sin que medie norma prohibitiva que así lo autorice, imponiendo una decisión que subvierte el sentido del proceso civil y niega los principios en que se basa, en concreto, el principio dispositivo o de justicia rogada».

Obviamente, el ejercicio de la función jurisdiccional por parte de los órganos judiciales presta un servicio a la ciudadanía, pero la consideración de la Justicia como un mero servicio público, que la aparta de su concepción como Poder Judicial y la coloca dentro del ámbito de la Administración Pública, la aleja del mandato constitucional del art. 117.3 CE. La proclamación de España como un Estado social y democrático de Derecho, que propugna como valores superiores de su ordenamiento jurídico la libertad, la justicia, la igualdad y el pluralismo político (art. 1.1 CE), supone el reconocimiento de la justicia como uno de sus pilares, donde el Judicial se configura como un verdadero poder del Estado diferenciado del resto de poderes y de sus funciones. En cambio, la concepción de la Justicia como Servicio Público comporta un cambio sustancial del sistema judicial, que supone la transformación de nuestro modelo de Poder Judicial independiente en otro de servicio público de Justicia si no directamente dependiente de la Administración, sí —al menos— mucho más intervenido[43].

El legislador no oculta en ningún momento que el objetivo de la LOEP es la consolidación de la Administración de Justicia como un servicio público y que sus reformas vienen a complementar las ya introducidas por los Reales Decretos-Leyes 5/2023, de 28 de junio y 6/2023, de 19 de diciembre; todas ellas orientadas a la consecución de un servicio público de Justicia más accesible, más eficiente y más sostenible[44].

Dejando ahora al margen los objetivos de accesibilidad y eficiencia del servicio público de Justicia y centrándonos en la sostenibilidad[45], por ser el objetivo al que se vincula el nuevo concepto que ahora nos ocupa, lo primero que ha de advertirse es que el legislador no define el concepto de «Justicia sostenible», sino que lo vincula a otra nueva noción, la de «abuso del Servicio Público de

43. Sobre este cambio de paradigma, *vid.* BERNARDO SAN JOSÉ, A., «Cómo hacer más eficientes los procesos declarativos civiles», cit., pp. 231-232. También, BANACLOCHE PALAO, J., «Las claves del Real Decreto-Ley 6/2023: justificación, estructura, contenido básico y ampliación en el tiempo», en BANACLOCHE PALAO, J. y GASCÓN INCHAUSTI, F., *Los procesos judiciales tras las reformas introducidas en el Real Decreto-Ley 6/2023*, La Ley, 2024, p. 34.

44. El objetivo general del Plan de trabajo «Justicia 2030» tiene como objetivo general «transformar el Servicio Público de Justicia para hacerlo más accesible, eficiente y contribuir al esfuerzo común de cohesión y sostenibilidad. Los tres objetivos específicos forman parte de un mismo ecosistema» (https://www.justicia2030.es/objetivos).

45. Según la RAE, el adjetivo sostenible tiene dos significados: 1. «Que se puede sostener», y 2. «Especialmente en ecología y economía, que se puede mantener sin agotar los recursos o causar grave daño al medio ambiente». Por su parte, el Plan de trabajo «Justicia 2030» establece que el objetivo de la sostenibilidad está orientado a «conectar la Justicia con la transformación del país. El Servicio Público de Justicia debe contribuir a la construcción europea, al proyecto de país, a la recuperación económica, a la justicia medioambiental, la transición ecológica y a la profundización del Estado de Derecho». https://www.justicia2030.es/contribuir-a-la-sostenibilidad-y-cohesi%C3%B3n

Justicia»[46], que tampoco define, pero del que dice que es «una actitud incompatible de todo punto con su sostenibilidad».

Para conseguir la tan ansiada sostenibilidad del sistema de justicia, la pieza clave de la LOEP es la introducción en nuestro ordenamiento jurídico de la obligatoriedad de los medios adecuados de solución de controversias en vía no jurisdiccional (MASC)[47], con el fin de «potenciar la negociación entre las partes, directamente, o ante un tercero neutral, partiendo de la base de que estos medios reducen el conflicto social, evitan la sobrecarga de los tribunales y pueden ser igualmente adecuados para la solución de la mayoría de las controversias en materia civil y mercantil». Los MASC se integran así en el servicio público de Justicia, «que debe ser capaz de ofrecer a la ciudadanía la vía más adecuada para gestionar su problema. En unos casos será la exclusivamente judicial, pero en muchos otros será la vía consensual la que ofrezca la mejor opción. La elección (*sic*) del medio más adecuado de solución de controversias aporta calidad a la Justicia y reporta satisfacción a los ciudadanos y a las ciudadanas»[48] (Preámbulo, IV).

A esta nueva obligación de acudir a un MASC con carácter previo a la interposición de la demanda del proceso civil, so pena de inadmisión, se asocia la nueva noción de «abuso del Servicio Público de Justicia», que la Ley vincula, con carácter general, con la falta de colaboración de las partes en el MASC, y lo impone como criterio a valorar por el tribunal en la imposición y tasación de las costas en el posterior proceso civil[49]. El «abuso del Servicio Público de Justicia», se erige así «como excepción al principio general de vencimiento objetivo en costas, e informador de los criterios para su imposición, al sancionar a aquellas partes que hubieran rehusado injustificadamente acudir a un medio adecuado de solución de controversias, cuando este fuera preceptivo» (Preámbulo, IV). Asimismo, el concepto de «abuso del Servicio Público de Justicia» se suma al concepto de la «mala fe procesal» (o a la conculcación de las reglas de la «buena fe procesal») como una nueva y concreta actuación o conducta que puede dar lugar a sanciones procesales.

---

46. Sobre este nuevo concepto, *vid.* GONZÁLEZ GRANDA, P., «La proyectada noción del abuso del servicio público de justicia en el proceso civil. Breve apunte», *Diario La Ley,* 19/12/2024; PEREA GONZÁLEZ, A., «Breve comentario al concepto de "Abuso del servicio público de Justicia" en el Anteproyecto de ley de medidas de eficiencia procesal», *Diario La Ley,* n.º 9774, 20/01/2021; CALAZA LÓPEZ, S., «¿Una multa por litigar? Sí, Usted ha incurrido en un abuso de la Justicia como servicio público cuando debería haber procurado la desjudicialización de su conflicto», *Nueva fiscalidad,* n.º 2, 2024, pp. 45.76.
47. Se dice en el Preámbulo de la LOEP, que «Se introducen en nuestro ordenamiento jurídico, al lado de la propia jurisdicción, otros medios adecuados de solución de controversias en vía no jurisdiccional, como medida imprescindible para la consolidación de un servicio público de Justicia sostenible» (IV).
48. Los MASC no son el problema, el problema es que su *elección* no se deja en manos de los ciudadanos y ciudadanas, sino que es el legislador el que elige los MASC por ellos.
49. Sobre la incidencia de los MASC en la condena en costas, *vid.*, *supra*, capítulo 6, a cargo de BANACLOCHE PALAO, J.

Este nuevo concepto de «abuso del Servicio Público de Justicia» pasa, pues, a engrosar (en palabras del legislador, a complementar) la ya amplia lista de lo que la doctrina ha calificado como *ilícitos atípicos*[50]: conceptos jurídicos indeterminados como la buena/mala fe procesal, la temeridad, el fraude de ley, el fraude procesal, el abuso del Derecho y el abuso procesal, que son difíciles de aprehender dentro del Derecho, no se pueden definir con generalidad y precisan de un estudio individualizado, caso por caso, para su determinación[51].

El propio legislador reconoce que «será la jurisprudencia la que irá delimitando los contornos de este nuevo concepto (...), como ya lo ha hecho a lo largo de muchos años en el análisis de la temeridad o la mala fe procesal»[52]. Aun así, nos ofrece dos ejemplos de «abuso del Servicio Público de Justicia», a saber: i) «la utilización irresponsable del derecho fundamental de acceso a los tribunales, recurriendo injustamente a la jurisdicción cuando hubiera sido factible y evidente una solución consensuada de la controversia, como son los litigios de cláusulas abusivas ya resueltos en vía judicial con carácter firme y con idéntico supuesto de hecho y fundamento jurídico»; y ii) los casos en que «las pretensiones carezcan notoriamente de toda justificación impactando en la sostenibilidad del sistema, del cual quiere hacerse partícipe a la ciudadanía»[53] (Preámbulo, IV).

El «abuso del Servicio Público de Justicia» como criterio de valoración del tribunal en la imposición y tasación de las costas, así como para la imposición de multas, está legalmente consagrado, con carácter general, en el art. 7.4 LOEP: «Si se iniciara un proceso judicial con el mismo objeto que el de la previa actividad negociadora intentada sin acuerdo, los tribunales deberán tener en consideración la colaboración de las partes respecto a la solución consensuada y el eventual abuso del servicio público de Justicia al pronunciarse sobre las costas o en su tasación, y asimismo para la imposición de multas o sanciones

50. «Actos que en principio no gozan de una definición muy precisa dentro del Ordenamiento, que han ido irrumpiendo en lo social desde la esfera de lo civil y en la medida que han sido acreedores de sancionabilidad han ido adquiriendo entidad jurídica; son ilícitos por esto mismo, por ser susceptibles de sanción, y son atípicos porque, aun manteniendo el respeto a las reglas correspondientes, quedan deslegitimados por su falta de respeto a los principios que en dichas reglas pueden ser asumidas» (cfr. RODRÍGUEZ ADRADOS, A., «El fraude de la ley (ensayo de una dirección pluralista)», en VVAA. *Estudios sobre el Título Preliminar del Código Civil,* vol. I, Madrid, Academia Matritense del Notariado, 1977, p. 391.

51. MUÑOZ ARANGUREN, A., en su magnífica monografía sobre la litigación abusiva, realiza un concienzudo análisis de todas estas figuras con el objetivo de diferenciar el abuso del proceso, que constituye su objeto principal de estudio, de otras figuras afines (*vid. La litigación abusiva: delimitación, análisis y remedios*, Marcial Pons, Madrid, 2018, pp. 101-141).

52. Desde ya, es fácil augurar que este nuevo concepto de «abuso del Servicio Público de Justicia» dará lugar a un larga y apasionada polémica, tal y como ha ocurrido con los demás.

53. Con estos dos ejemplos está claro que el nuevo concepto de «abuso del Servicio Público de Justicia» no tiene necesariamente que vincularse con la conducta que hayan tenido las partes en el MASC previo al proceso, pues el segundo de los ejemplos nada tiene que ver con los MASC.

previstas, todo ello en los términos establecidos en la Ley 1/2000, de 7 de enero, de Enjuiciamiento Civil».

La LOEP remite a los preceptos de la LEC en los que aparece expresa la nueva noción de «abuso del Servicio Público de Justicia» (arts. 32.5, 245.5, 246.4, 247.3, 394. 1, 2 y 4, 395.1 LEC), bien como criterio a valorar para una eventual condena en costas, bien como criterio para la imposición de multas.

7.1. EL ABUSO DEL SERVICIO PÚBLICO DE JUSTICIA COMO CRITERIO PARA LA IMPOSICIÓN Y TASACIÓN DE LAS COSTAS

Dejando ahora al margen las normas generales sobre la condena en las costas de la primera instancia (art. 394 LEC), claramente afectadas por la nueva noción de «abuso del Servicio Público de Justicia», ya examinadas en el capítulo 6 de esta obra, nos centraremos en las demás, que son las que siguen:

— Si el tribunal aprecia temeridad o abuso del servicio público de Justicia en la conducta del condenado en costas, en la tasación de costas se incluirá la cuenta del procurador y la minuta del abogado de la parte contraria, aun cuando la intervención de estos profesionales no sea preceptiva (art. 32.5, párrafo primero, LEC).

— En los incidentes de impugnación de la tasación de costas por excesivas o indebidas, solo se condenará en costas cuando se hubiera obrado con abuso del servicio público de Justicia (art. 246.4, párrafo tercero, LEC).

La LOEP ha modificado el régimen de condena en costas del incidente de impugnación de la tasación de costas previsto en el art. 246 LEC. El régimen anterior distinguía según que la tasación de costas se impugnara por haber incluido derechos, partidas o gastos *indebidos* o por considerar *excesivos* los honorarios de abogados o peritos. En el primer caso, no había condena en costas. En caso de honorarios excesivos, las costas se imponían al impugnante, si la impugnación era totalmente desestimada, o al profesional (abogado o perito) cuyos honorarios se hubieran considerado excesivos, si la impugnación era total o parcialmente estimada.

La LOEP unifica el régimen de condena en costas en el incidente de impugnación de la tasación de costas, tanto por excesivas como indebidas: no habrá condena en costas, salvo en los casos de abuso del servicio público de Justicia. Si la impugnación fuere totalmente desestimada «se impondrán las costas del incidente a la parte impugnante si hubiera obrado con abuso del servicio público de Justicia, o al profesional que impugnó la tasación para que se incluyeran gastos que consideraba debidamente justificados o reclamados»; en caso de estimación total o parcial, las costas del incidente «se impondrán, también en el caso de que hubiera obrado con abuso del servicio público de Justicia, al perito o a la parte a la que defienda el abogado o abogada cuyos honorarios se hubieran considerado excesivos o indebidos» (nuevo párrafo tercero del art. 246.4 LEC)[54].

La supresión de la condena en costas en caso de impugnación por honorarios excesivos, salvo abuso, se justifica por el hecho de que los tribunales no siempre se atienen a los criterios de honorarios del colegio profesional correspondiente, y sus respuestas evidencian un casuismo que hace más conveniente prescindir del criterio objetivo del vencimiento, y vincular el pronunciamiento sobre las costas del incidente al nuevo concepto de «abuso del servicio público de Justicia». Esta medida tiene, además, el efecto añadido de que cerrará el paso a ulteriores incidentes de tasación de costas por los incidentes de impugnación de la tasación de las costas principales (Preámbulo LOEP, V).

— El allanamiento del demandado anterior a la contestación a la demanda no comportará condena en costas, salvo que el tribunal aprecie mala fe en su conducta o abuso del servicio público de Justicia (art. 395.1 LEC).

7.2. EL ABUSO DEL SERVICIO PÚBLICO DE JUSTICIA COMO CRITERIO PARA LA IMPOSICIÓN DE MULTAS

La LOEP incorpora en el art. 247 LEC, junto a la conculcación de las reglas de la buena fe procesal, el nuevo concepto de «abuso del servicio público de Justicia» como otra actuación o comportamiento de las partes que puede dar lugar a la imposición de multas. Así, aunque la rúbrica del Título VIII del Libro I de la LEC, integrado únicamente por el art. 247, sigue siendo «De la buena fe procesal» (no se ha cambiado), y la rúbrica del propio art. 247 sigue siendo «Respeto a las reglas de la buena fe procesal» (porque tampoco se ha cambiado), lo cierto es que en la nueva redacción de este artículo se atribuye al abuso la misma consecuencia jurídica que a la mala fe procesal: así, «si los tribunales estimaren que alguna de las partes ha actuado conculcando las reglas de la buena fe procesal o con abuso del servicio público de Justicia, podrán imponerle, en pieza separada, mediante acuerdo motivado y respetando el principio de proporcionalidad, una multa que podrá oscilar de ciento ochenta a seis mil euros, sin que en ningún caso pueda superar la tercera parte de la cuantía del litigio». Para determinar la cuantía de la multa, el tribunal deberá tener en cuenta, además de las circunstancias del hecho de que se trate y los perjuicios que se hubieren podido causar al procedimiento, a la otra parte o a la Administración de Justicia (como ya venía diciendo este artículo), la capacidad económica del infractor y la reiteración de la conducta (datos que la LOEP ha añadido al art. 247.3 LEC). Si los tribunales considerasen que la actuación contraria a la buena

54. Nótese que, en caso de estimación de la impugnación, siempre que se hubiere obrado con abuso del servicio público de Justicia, este precepto establece que las costas se impondrán al «perito» o a «la parte a la que defienda el abogado o abogada cuyos honorarios se hubieran considerado excesivos o indebidos». Llama la atención que se establezca esta diferencia entre profesionales y se condene al perito y no al abogado, sino a la parte a la que defienda.

fe o con abuso del servicio público de Justicia podría ser imputable a alguno de los profesionales intervinientes en el proceso, comunicarán tal circunstancia a los colegios profesionales correspondientes, a efectos de una eventual sanción disciplinaria. Si la parte litigase con el beneficio de justicia gratuita, la misma comunicación deberá remitirse a la Comisión de Asistencia Jurídica Gratuita correspondiente (art. 247.4 LEC)[55].

8. MEDIDAS CAUTELARES Y MASC

La LOEP introduce varios cambios en materia de medidas cautelares, todos dirigidos a regular el binomio medidas cautelares y MASC. Algunos de estos cambios se ubican en las normas que la LOEP dedica a la regulación de los medios adecuados de solución de controversias en vía no jurisdiccional, en particular, en los arts. 5.3 y 7.3; otros, en cambio, se han incorporado en algunas de las normas de la Ley de Enjuiciamiento Civil reguladoras de las medidas cautelares, en concreto, en los arts. 727.5.ª, sobre medidas cautelares específicas, y 730.2, sobre los momentos para solicitar las medidas cautelares; sin que este reparto normativo entre LOEP y LEC parezca responder a criterio alguno, como se verá a continuación.

En la actualidad, por tanto, el régimen jurídico de las medidas cautelares, contenido en los arts. 721 a 747 LEC, debe completarse con lo dispuesto en los arts. 5.3 y 7.3 LOEP. En mi opinión, habría resultado más adecuado incorporar todas las novedades en la LEC, manteniéndose así el sistema unitario de medidas cautelares instituido por la LEC de 2000 que puso fin al desorden normativo y a la falta de sistemática con que la Ley de Enjuiciamiento Civil de 1881 trataba esta materia.

8.1. MEDIDAS CAUTELARES ACORDADAS ANTES DEL INICIO O DURANTE LA TRAMITACIÓN DE UN MASC

Como es sabido, la regla general, contenida en el art. 730.1 LEC, es que la solicitud de medidas cautelares se realice junto con la demanda, de manera que tanto su solicitud en un momento anterior como posterior a la presentación de la demanda están sometidas a un régimen especial.

Ciñéndonos a las medidas cautelares *ante causam*, que son las únicas a las que afecta la reforma de la LOEP, el art. 730.2 LEC exige a quien las pida que alegue y acredite «razones de urgencia o necesidad» que justifiquen su petición con carácter previo a la demanda. Esta urgencia o necesidad tiene que consistir en que el tiempo necesario para preparar y presentar la demanda puede hacer ineficaces las medidas cautelares que entonces se adopten. No se trata en estos casos de acreditar un mero *periculum in mora* ordinario, consistente en el riesgo

55. La obligación de remitir la comunicación a las CAJG ha sido añadida por la LOEP.

de inefectividad de la eventual futura sentencia estimatoria a que se aspira en el proceso declarativo que vaya a incoarse (fundamento o razón de ser de toda medida cautelar), sino de un *periculum in mora* cualificado, consistente en el peligro de inefectividad de las propias medidas cautelares si han de esperar para ser adoptadas a que se inicie el proceso. Las medidas cautelares así acordadas quedarán sin efecto si la demanda no se presentase en los veinte días siguientes a su adopción: el letrado de la Administración de Justicia acordará, de oficio, que se alcen o revoquen los actos de cumplimiento que hubieran sido realizados y, además, se condenará al solicitante en costas y se declarará que es responsable de los daños y perjuicios que haya producido a la persona a la que afectaron las medidas[56].

Obviamente, la aparición de los MASC como requisito previo para la admisión de la demanda ha obligado al legislador a introducir algunos cambios en el régimen jurídico de las medidas cautelares *ante demandam*; cambios que, como decíamos antes, se encuentran repartidos entre el art. 7.3 LOEP y el art. 730.2 LEC, cuya redacción, además, genera bastante confusión[57].

Para empezar, lo primero que hay que señalar es que para presentar una solicitud de medidas cautelares con carácter previo a la demanda no será necesario acudir antes a un MASC. Se trata de uno de los supuestos que, con buen criterio, el art. 5.3 LOEP excepciona de esta nueva exigencia: «No será preciso acudir a un medio de solución de controversias para (...) la solicitud de medidas cautelares previas a la demanda,...»[58]. Así pues, el futuro demandante podrá presentar ante el tribunal competente una solicitud de medidas cautelares ante *demandam*, tanto antes del inicio del MASC como durante su pendencia[59].

No obstante, una vez acordadas las medidas cautelares y antes de la presentación de la demanda, será preciso iniciar y/o tramitar algún MASC, salvo que se trate de alguna de las materias excluidas *ex* art. 5.2 LOEP. Este nuevo

56. Sobre el régimen jurídico especial de las medidas cautelares *ante causam*, *vid.* GASCÓN INCHAUSTI, F., «La adopción de medidas cautelares con carácter previo a la demanda», Cedecs, Barcelona, 1999.

57. Sobre esta materia, *vid.*, MAGRO SERVET, V., «Praxis de las medidas cautelares, sobre todo "inaudita parte", sin necesidad de recurrir a los MASC tras la Ley Orgánica 1/2025, de 2 de enero», *Diario La Ley,* n.º 10647, 20/01/2025.

58. La exigencia de una previa negociación sería ilógica, puesto que el fundamento de la adopción de medidas cautelares previas a la demanda es la urgencia de las mismas, incompatible con tener que pasar previamente por un MASC.

59. La posibilidad de la tutela cautelar durante la pendencia de un MASC no resulta novedosa, puesto que la Ley 5/2012, de 6 de julio, de mediación en asuntos civiles y mercantiles, prevé la adopción de medidas cautelares durante la tramitación del procedimiento de mediación. Así, el art. 10.2, párrafo segundo, establece que «durante el tiempo en que se desarrolle la mediación las partes no podrán ejercitar contra las otras partes ninguna acción judicial o extrajudicial en relación con su objeto, con excepción de la solicitud de las medidas cautelares u otras medidas urgentes imprescindibles para evitar la pérdida irreversible de bienes y derechos».

presupuesto para la admisión de la demanda obliga a regular dos cuestiones básicas: i) el plazo para iniciar el MASC, si las medidas se acordaron antes de su inicio y ii) el plazo para la presentación de la demanda si el MASC termina sin acuerdo.

i) Incomprensiblemente, el legislador se ha olvidado de la primera cuestión y en ningún precepto, ni de la LOEP ni de la LEC, se dice expresamente cuál es el plazo del que dispone el actor (*rectius*, el solicitante de las medidas cautelares) para iniciar el MASC. No obstante, lo más lógico será entender que tendrá que iniciarse en los veinte días siguientes a la adopción de las medidas. Una interpretación analógica del art. 730.2 LEC también conduce a esta misma conclusión: el art. 730.2 LEC exige que la demanda se presente en los veinte días siguientes a la adopción de las medidas, so pena de su alzamiento de oficio, pero esto ya únicamente será posible cuando la demanda verse sobre alguna de las pocas materias excluidas de los MASC. En la mayoría de los casos, en los que con carácter previo a la interposición de la demanda debe intentarse un MASC, será este el que deba iniciarse dentro del plazo de veinte días. Así, si el solicitante de las medidas deja transcurrir dicho plazo sin iniciar un MASC, las medidas deberán alzarse, aunque en este caso será difícil que el tribunal proceda a su inmediato alzamiento de oficio, porque en ningún sitio se dice que el solicitante deba acreditar el inicio del MASC ante el tribunal que acordó las medidas, por lo que tendrá que ser el sujeto afectado por las mismas el que solicite su alzamiento[60].

ii) La segunda cuestión, la relativa al plazo para la presentación de la demanda si el MASC termina sin acuerdo, sí está expresamente prevista en el art. 7.3 LOEP, que distingue en función de que las medidas cautelares se hubiesen acordado durante la pendencia de un MASC o antes de su inicio, si bien la disposición que regula este último supuesto es harto confusa.

Según este precepto, si las medidas cautelares se hubieran acordado durante la pendencia del proceso negociador, «las partes (*sic*) deberán presentar la demanda ante el mismo tribunal que conoció de aquellas en los veinte días siguientes desde la terminación del proceso negociador sin acuerdo o desde la fecha en que deba entenderse finalizado el proceso negociador sin acuerdo conforme a esta ley»[61] (párrafo segundo). Si las medidas cautelares se hubiesen acordado antes del inicio del proceso negociador, «el plazo de veinte días para presentar la demanda se suspenderá y reanudará, respectivamente, en los términos previstos en el apartado 1» (párrafo tercero).

60. Nótese que ello genera un problema nuevo, el de determinar cuándo se entiende iniciado un MASC, para lo que quizá pueda aplicarse por analogía el art. 7 LOEP, que regula los efectos de la *apertura* del proceso negociador.
61. Se entenderá que el proceso negociador ha terminado sin acuerdo en los supuestos tasados por el art. 10.4 LOEP.

Nada hay que objetar en cuanto al plazo para la presentación de la demanda cuando las medidas se adoptaron durante la tramitación del MASC, pues está claro cuál es el plazo (veinte días) y también cuál es el *dies a quo* para su cómputo (la terminación del MASC sin acuerdo, aunque para ello haya que remitirse al art. 10.4 LOEP). Por tanto, si el solicitante de las medidas no interpusiera la demanda en los veinte días siguientes a la finalización del MASC sin acuerdo, el sujeto afectado por las medidas podrá pedir al tribunal su alzamiento. La posibilidad de pedir el alzamiento de las medidas en estos casos está, además, expresamente prevista en el art. 730.2, párrafo cuarto, LEC, que dice así: «Las partes (*sic*) podrán solicitar el alzamiento de las medidas cautelares ante el tribunal competente en el plazo de veinte días desde la terminación del proceso negociador sin acuerdo o desde la fecha de recepción de la propuesta por la parte requerida en caso de que dicha propuesta inicial de acuerdo no obtenga respuesta». Nótese que la redacción de esta norma no es correcta, pues lo que dice literalmente es que la petición de alzamiento (se entiende, por el demandado, aunque el precepto hable de partes) podrá hacerse «en el plazo de veinte días desde la terminación del MASC», cuando lo correcto habría sido decir «a partir de los veinte días siguientes a la finalización del MASC», puesto que el plazo del que dispone el solicitante para interponer la demanda es precisamente el de los veinte días siguientes a la finalización del proceso negociador, y durante dicho plazo no cabe solicitar el alzamiento de las medidas. Es más, si el solicitante presenta la demanda dentro de dicho plazo, podrá pedir al tribunal el mantenimiento de las medidas ya acordadas, siempre que subsistan los presupuestos que motivaron su adopción.

Por lo que se refiere al plazo para la presentación de la demanda cuando las medidas cautelares se acordaron antes del inicio de un MASC, la norma que regula este supuesto no puede ser más confusa. Literalmente dice que el plazo de veinte días para presentar la demanda «se suspenderá y reanudará, respectivamente, en los términos previstos en el apartado 1» (art. 7.3, párrafo tercero, LOEP); apartado 1 que regula «los efectos de la apertura del proceso de negociación y de su terminación sin acuerdo». Así, según dispone el aptado. 1 del art. 7.3 LOEP, el inicio de un MASC «interrumpirá la prescripción o suspenderá la caducidad de acciones», prolongándose dicha interrupción o suspensión «hasta la fecha de la firma del acuerdo o de la terminación del proceso negociador sin acuerdo». El cómputo de los plazos «se reiniciará o reanudará respectivamente en el caso de que no se mantenga la primera reunión dirigida a alcanzar un acuerdo o no se obtenga respuesta por escrito en el plazo de treinta días naturales a contar desde la fecha de recepción de la solicitud de negociación por la parte a la que se dirige, o desde la fecha del intento de comunicación, si dicha recepción no se produce. (...)».

La redacción del párrafo tercero del art. 7.3 LOEP, con su desafortunada remisión al apartado 1, que no regula el plazo para la presentación de la demanda, sino el efecto que produce la apertura de un MASC en la prescripción o caducidad de acciones, no puede ser peor. En el supuesto de que las medidas cautelares se hubiesen acordado antes del inicio de un MASC, lo que uno espera es que la norma regule el plazo del que dispone el solicitante para iniciar el MASC y no el plazo para la interposición de la demanda, justo lo contrario de lo que hace el párrafo tercero del art. 7.3 LOEP. Este párrafo dice que si las medidas se hubiesen acordado antes del inicio de un MASC, el plazo de veinte días para «presentar la demanda se suspenderá y se reanudará,...», pero no dice, y este silencio es el que genera la confusión, que lo que suspende el plazo para la interposición de la demanda es el inicio del proceso negociador dentro de los veinte días siguientes a la adopción de las medidas: así, una vez acordadas las medidas cautelares se abre un plazo de veinte días para iniciar el MASC y es el inicio del MASC el que suspende el plazo para presentar la demanda; esta suspensión se prolongará hasta la terminación del MASC. Si este finaliza sin acuerdo, se reanudará el plazo de veinte días para la presentación de la demanda[62].

La incidencia de los MASC en el régimen especial de las medidas cautelares *ante demandan*, no se agota con lo dicho hasta aquí. Es preciso también determinar el estado o situación en que quedan las medidas cautelares si el proceso negociador terminara con un acuerdo. De esto se ocupa el párrafo tercero del art. 730.2 LEC, que dispone lo siguiente: i) las partes deberán poner en conocimiento del tribunal el acuerdo al que hayan llegado; ii) en el acuerdo, deberán pronunciarse sobre el alzamiento, mantenimiento o modificación de las medidas cautelares adoptadas; y iii) si ambas partes solicitan el alzamiento de las medidas, el letrado de la Administración de Justicia lo acordará. En otro caso, será el tribunal el que, previa audiencia de las partes, decidirá lo procedente, atendiendo a las circunstancias que concurran.

Me limitaré a hacer dos observaciones sobre esta norma: de un lado, no se dice en qué plazo deben las partes comunicar el acuerdo al tribunal; de otro, es preciso puntualizar que si las partes hubieran llegado a un acuerdo total en el proceso negociador, el solicitante de las medidas no podrá pedir al tribunal que estas se mantengan, puesto que es consustancial a toda medida cautelar la relación de dependencia con el proceso principal, cuya existencia actual o inminente

62. Literalmente, se habla de suspensión y reanudación del plazo («el plazo de veinte días para presentar la demanda se suspenderá y se reanudará,...»), y no de interrupción y reinicio, por lo que, una vez finalizado el MASC, el solicitante no dispondrá de un nuevo plazo de veinte días para presentar la demanda, sino tan solo del resto del plazo que no hubiere transcurrido en el momento de la suspensión: así, si el MASC se inició en el día diez del plazo de veinte que la Ley establece para presentar la demanda, el solicitante ya solo dispondrá de los restantes diez días. Que esto sea así no tiene ningún sentido, puesto que, como ya se ha visto, si las medidas cautelares se hubiesen acordado durante la tramitación del MASC, el solicitante dispone de un plazo de veinte días para presentar la demanda desde su terminación y se me escapan las razones que puede haber para establecer esta diferencia entre ambos supuestos. Coincido en esto con lo manifestado por BANACLOCHE PALAO, J., *supra*, capítulo 6. aptdo. 2.2.3.

es condición a la que queda sometida su adopción. Si, finalmente, no se presenta la demanda porque las partes han llegado a un acuerdo, las medidas deben alzarse. He aquí la esencia de la instrumentalidad de las medidas cautelares: no hay medidas cautelares si no hay un proceso ya iniciado o a punto de iniciarse. Por tanto, la previsión legal de que las partes se pronuncien en el acuerdo sobre el mantenimiento o modificación de las medidas parece estar pensada para casos de acuerdos parciales, en los que el solicitante sí podrá pedir en su demanda el mantenimiento o la modificación de las medidas cautelares ya adoptadas; aunque también podría tener sentido si el acuerdo obtenido en el MASC tuviera fuerza ejecutiva (p. ej. un acuerdo de mediación elevado a escritura pública): en este caso, si el deudor no cumpliera el acuerdo (p.ej. dejare de pagar el primer plazo), y el acreedor se viera obligado a promover la ejecución, este podría solicitar al tribunal el mantenimiento de las medidas cautelares adoptadas hasta que se despache la ejecución, aplicándose en este caso, por analogía, el plazo de espera de veinte días del art. 548 LEC.

Vista ya la incidencia de los MASC en las medidas cautelares, es oportuno concluir con un breve apunte sobre la incidencia de las medidas cautelares en los MASC. La adopción de una medida cautelar antes o durante la tramitación de un MASC repercutirá, sin duda, en el desarrollo del propio proceso negociador, pudiendo incluso llegar a condicionar su resultado: nótese que la adopción de una medida cautelar supone la apreciación por el tribunal de la existencia de un *fumus boni iuris* de la pretensión del demandante, lo cual le colocará en una posición muy ventajosa a la hora de negociar con la otra parte, que también estará más predispuesta a llegar a un acuerdo con el actor y evitar un proceso sobre cuyo objeto el tribunal ya se ha pronunciado, siquiera, cautelarmente, en favor del solicitante de la medida.

8.2. ANOTACIÓN PREVENTIVA DE INICIO DE UN MEDIO DE SOLUCIÓN DE CONTROVERSIAS, ARBITRAJES Y LITIGIOS EXTRANJEROS

Entre las medidas cautelares típicas o específicas a que se refiere el art. 727 LEC, se encuentra la «anotación preventiva de demanda, cuando ésta verse sobre bienes o derechos susceptibles de inscripción en Registros públicos» (ordinal 5.ª).

Cuando el proceso versa sobre bienes o derechos inscribibles en Registros públicos, el *periculum in mora* (o peligro de que el transcurso del tiempo dificulte o imposibilite la ejecución o la efectividad de la sentencia estimatoria que eventualmente se dicte) consiste en que estos bienes o derechos puedan ser transmitidos a terceros de buena fe, de forma que su adquisición sea irreivindicable y la sentencia favorable sea letra muerta; o que se constituyan sobre ellos cargas o gravámenes que deba arrostrar el demandante ganador. Para evitarlo, se hace constar en el Registro la pendencia del proceso sobre el bien o derecho en cuestión, a través de la anotación preventiva de la demanda. Esta anotación tiene por objeto dar a conocer, mediante la publicidad de que gozan los asientos registrales, la existencia de un proceso pendiente, asegurando la efectividad de la sentencia que en su día se dicte; se trata de «evitar que la realización de ulteriores actos o negocios sobre dicho bien o derecho puedan desembocar en el traspaso de su titularidad a un tercero en quien concurran todas la exigencias de los principios de buena fe (art. 34 LH) y legitimación (art. 38 LH) registrales, con la consiguiente producción de los radicales efectos de irreivindicabilidad anudados a tal posición jurídica» [63].

Pues bien, hasta ahora, para conjurar los riesgos que en estos casos pueden amenazar la efectividad de la sentencia, el art. 727.5.ª LEC solo contemplaba la *anotación preventiva de demanda*. Sin embargo, ahora, tras la LOEP, este precepto otorga una eficacia análoga a otras actuaciones distintas de la interposición de la demanda, permitiendo que también puedan ser objeto de anotación preventiva en el Registro: i) el inicio de un MASC; ii) la incoación de un arbitraje; o iii) el inicio de un proceso en el extranjero. Justamente, el art. 727 LEC, tras su nueva redacción, dice así:

> «*Medidas cautelares específicas*. Conforme a lo establecido en el artículo anterior, podrán acordarse, entre otras, las siguientes medidas cautelares:
>
> 5. La anotación preventiva de demanda, o de inicio de un medio de solución de controversias, arbitrajes o litigios extranjeros, conforme a lo dispuesto en el artículo 722, cuando éstos se refieran a bienes o derechos susceptibles de inscripción en Registros públicos» [64].

Cuando en un mismo asunto se hubiese practicado, primero, una anotación preventiva de inicio de un procedimiento de solución extrajudicial y, después, una anotación preventiva de demanda, los efectos de esta se retrotraerán a la

63. Cfr. STS, Sala de lo Civil, Sección 1, n.º 828/2008, de 22 de septiembre (ECLI:ES:TS:2008:4775).
64. En relación con las *medidas cautelares en arbitrajes y litigios extranjeros*, el art. 722 LEC establece que puede pedir al tribunal medidas cautelares i) quien acredite ser parte de un convenio arbitral con anterioridad a las actuaciones arbitrales; ii) quien acredite ser parte en un proceso arbitral pendiente en España o, en su caso, haber pedido la formalización judicial a que se refiere el art. 15 LA; o iii) en el supuesto de un arbitraje institucional, quien acredite haber presentado la debida solicitud o encargo a la institución correspondiente según su Reglamento (párrafo primero). A efectos de su anotación preventiva en el Registro, y dada la remisión que el art. 727.5.ª LEC hace al art. 722 LEC, habrá que considerar iniciado el arbitraje en los casos que menciona este último precepto, salvo el primero, puesto que en ese caso las medidas se piden sin que todavía se hayan iniciado las actuaciones arbitrales (cfr. art. 11.3 LA). Asimismo, el art. 722 LEC establece que, sin perjuicio de las reglas especiales previstas en los Tratados y Convenios o en las normas comunitarias que sean de aplicación, también podrá solicitar de un tribunal español medidas cautelares quien acredite ser parte de un proceso jurisdiccional o arbitral que se siga en un país extranjero, salvo en los casos en que para conocer del asunto principal fuesen exclusivamente competentes los tribunales españoles (párrafo segundo).

fecha de la anotación anterior, generándose así una especie de continuidad entre ambas anotaciones preventivas (art. 730.2 LEC, párrafo cuarto, LEC).

9. EL PROCESO MONITORIO

9.1. LA EXIGENCIA DE ACUDIR CON CARÁCTER PREVIO A UN MASC

En relación con el proceso monitorio, lo primero que debe advertirse es que la LOEP exige, para que pueda admitirse la demanda o petición inicial, acudir previamente a algún medio adecuado de solución de controversias (MASC) de los previstos en su art. 2. Al respecto, no hay ninguna duda:

(i) Por un lado, el art. 5.2 LOEP exige actividad negociadora previa a la vía jurisdiccional como requisito de procedibilidad, *rectius*, como presupuesto para la admisión de la demanda, en todos los procesos declarativos del libro II y en los procesos especiales del libro IV de la Ley de Enjuiciamiento Civil —en el que se ubica el proceso monitorio (arts. 812 a 818)—, salvo que se trate de alguno de los procesos que el propio art. 5.2 LOEP exceptúa de esta exigencia, entre los que no se encuentra el proceso monitorio.

(ii) Por otro lado, el art. 5.3 LOEP señala que no será preciso acudir a un MASC para presentar la petición de requerimiento europeo de pago conforme al Reglamento (CE) 1896/2006, del Parlamento Europeo y del Consejo, de 12 de diciembre de 2006, por el que se establece un proceso monitorio europeo. Por tanto, el único proceso monitorio que se salva de esta exigencia es el proceso monitorio europeo, previsto para asuntos transfronterizos, no el monitorio nacional[65].

(iii) Por si lo anterior fuera poco, la Ley exceptúa expresamente el juicio cambiario de la exigencia de acudir con carácter previo a un MASC (art. 5.2 h) LOEP); proceso para la tutela jurisdiccional del crédito documentado en un título cambiario que comparte con el proceso monitorio la finalidad de obtener rápidamente un título de ejecución de deudas dinerarias no contradichas por el deudor: ambos procesos utilizan la misma técnica para ese fin, que anuda inactividad del demandado con posibilidad de inmediata ejecución. La exclusión del juicio cambiario refuerza la idea de que el legislador no ha querido conscientemente «salvar» el proceso monitorio (nacional) del MASC.

65. Por si no fueran pocas, se añade así una diferencia más a las muchas que ya existen entre el proceso monitorio nacional y el proceso monitorio europeo, cuando debería procurarse la igualdad entre los justiciables que inician o se ven sometidos a un proceso monitorio, con independencia de si el asunto es transfronterizo o puramente interno. Sobre las injustificadas diferencias de trato a acreedores y deudores en el proceso monitorio nacional y el proceso monitorio europeo, *vid.* VALLINES GARCÍA, E., «La reforma necesaria del proceso monitorio en España: ¿hacia una generalización del proceso monitorio europeo?» en GASCÓN INCHAUSTI, F. y PEITEADO MARISCAL, P. (dirs.), *Estándares europeos y proceso civil. Hacia un proceso civil convergente con Europa,* Atelier, Barcelona, pp. 617-623.

Pues bien, si la exigencia de acudir a un MASC, con carácter general, como presupuesto para la admisión de la demanda en los procesos civiles declarativos (ordinarios o especiales) merece nuestra crítica, convencidos como estamos de la utilidad de los MASC solo cuando las partes voluntariamente quieren emplearlos[66], esta crítica se agudiza cuando el paso previo por un MASC se impone para poder acudir al proceso monitorio. Con ello se frustra la sencillez, celeridad y economía que se quiere para este tipo de proceso especial de tutela jurisdiccional del crédito, encaminado a obtener con rapidez un título ejecutivo a favor de quien afirma ser acreedor, si requerido por el tribunal el deudor, este, dentro del plazo concedido, no cumple la obligación ni formula oposición[67].

La necesidad de acudir a un MASC con carácter previo a la interposición de la petición inicial del procedimiento monitorio aboca a este proceso a su desaparición: así, si en el proceso negociador previo no ha sido posible llegar a ningún acuerdo, al acreedor no le interesará en ningún caso iniciar un proceso monitorio que, desde un principio, está abocado al fracaso ante la más que previsible oposición del deudor. Lo más sensato en estos casos será presentar directamente la demanda del proceso declarativo ordinario que corresponda. Y lo mismo ocurrirá cuando el proceso negociador ni siquiera haya llegado a celebrarse por falta de interés del deudor: si aún en este caso el acreedor decidiera acudir al proceso monitorio para reclamar su crédito, podría darse la situación de que el deudor, que no compareció en el proceso negociador, sin embargo, formulara oposición al requerimiento judicial de pago, lo que obligaría al acreedor a tener que acudir finalmente al proceso declarativo; nótese, tres trámites sucesivos distintos —MASC, monitorio y proceso declarativo— para poder cobrar un crédito, con el incremento de tiempo y de costes que ello comporta para el acreedor. No parece que este indeseable resultado sea compatible con los objetivos de eficiencia y sostenibilidad del servicio público de Justicia que persiguen los MASC[68].

Sentado lo anterior, parece que la única razón que ha llevado al legislador a no excluir el proceso monitorio de esta exigencia no es otra que la de evitar la «fuga» de los MASC, que el acreedor no pueda de ningún modo reclamar su crédito sin pasar previamente por un MASC, cualquiera que sea el proceso que elija para hacerlo. Adviértase que desde su aparición en nuestro ordenamiento jurídico, la sencillez, rapidez y eficacia del proceso monitorio ha determinado su masiva utilización para el cobro de reclamaciones dinerarias de cualquier

66. En mi opinión, generalizar los MASC como paso obligatorio al proceso civil supone una claudicación del propio sistema jurisdiccional como solución *genuinamente* adecuada de composición de conflictos (*vid.* BERNARDO SAN JOSÉ, A., «Cómo hacer más eficientes los procesos declarativos civiles», cit., pp. 232-234).

67. Sobre el sinsentido de la obligatoriedad de los MASC en el proceso monitorio, véase el capítulo 6 de esta obra, aptdo. 2.2.2., a cargo del profesor BANACLOCHE PALAO, J.

68. En este mismo sentido se ha pronunciado GÓMEZ AMIGO, L., «El proceso monitorio en busca de la eficiencia procesal», *Revista General de Derecho Procesal,* n.º 60, mayo 2023, p. 30.

importe, vencidas, exigibles y documentadas, desplazando por completo en este ámbito a los procesos declarativos ordinarios, por lo que excluir el proceso monitorio de la regla general de obligatoriedad de los MASC supondría dejar fuera de este requisito un voluminoso porcentaje de asuntos. Y esto es, precisamente, lo que no se quiere. El legislador sitúa los MASC por encima de la tutela rápida y eficaz que el proceso monitorio comporta para los acreedores, sin importarle que en estos casos los MASC, pieza clave para la sostenibilidad del servicio público de Justicia, no contribuyan a este fin.

Auguramos desde estas páginas el fracaso de los MASC en relación con los procesos monitorios, toda vez que i) en la mayoría de las reclamaciones de facturas impagadas, el origen del impago no radica en la existencia de discrepancias que haya que negociar: el deudor no paga o bien porque no puede o bien porque no quiere; y ii) en un porcentaje muy alto de procesos monitorios, el deudor ni paga ni comparece ante el tribunal para negar la deuda que conoce de sobra y que no discute, y esto será lo que probablemente ocurrirá también en el proceso negociador previo.

9.2. LA TRAMITACIÓN DEL JUICIO VERBAL DERIVADO DE LA OPOSICIÓN DEL DEUDOR

La LOEP modifica el apartado 2, inciso primero, del art. 818 LEC, que regula el procedimiento a seguir en caso de oposición del deudor cuando la cuantía de la pretensión no exceda de la propia del juicio verbal.

Como es sabido, en el proceso monitorio, si el deudor presenta escrito de oposición dentro de plazo, el asunto habrá de resolverse definitivamente en el proceso declarativo que corresponda por razón del importe reclamado: hasta quince mil euros, en el juicio verbal, y más de quince mil euros, en el juicio ordinario (art. 818.1 LEC, en relación con los arts. 249.2 y 250.2 LEC). En todo caso, cuando en el proceso monitorio se hubiesen reclamado rentas o cantidades debidas por el arrendatario de finca urbana y éste formulase oposición, el asunto se resolverá por los trámites del juicio verbal, con independencia de la cantidad reclamada (art. 818.3 LEC).

Ahora bien, tras la oposición del deudor, el art. 818.2 LEC no establece el mismo procedimiento a seguir para poner fin al proceso monitorio y «pasar» a resolver el asunto en el proceso declarativo que corresponda, sino que establece trámites diferentes en función de que deba seguirse un proceso ordinario o un juicio verbal. Hasta la LOEP, los trámites eran los siguientes:

1. Si la cuantía de la deuda no excede la propia del juicio verbal (quince mil euros), el letrado de la Administración de Justicia dictará un decreto poniendo fin al proceso monitorio y acordando seguir la tramitación propia del juicio verbal. A tal fin, dará traslado de la oposición del deudor al actor para que pueda

impugnarla en el plazo de diez días. En sus respectivos escritos —escritos de oposición del deudor y de impugnación del acreedor—, las partes podrán solicitar la celebración de vista, siguiéndose a partir de entonces los trámites previstos en los arts. 438 y siguientes LEC para el juicio verbal.

2. Por el contrario, si el importe de la reclamación excede de quince mil euros, debiéndose, por tanto, resolver definitivamente el asunto por los trámites del juicio ordinario, el acreedor dispone del plazo de un mes desde el traslado del escrito de oposición del deudor para presentar la demanda de juicio ordinario. De no hacerlo, el letrado de la Administración de Justicia dictará decreto sobreseyendo las actuaciones y condenando en costas al acreedor (las costas provocadas por la oposición del deudor). Si la demanda se presenta dentro de plazo, el letrado dictará decreto poniendo fin al proceso monitorio y dará traslado de la demanda al demandado para que la conteste conforme a lo previsto en los arts. 404 y siguientes LEC para el juicio ordinario, salvo que la considere inadmisible, en cuyo caso dará cuenta al juez para que resuelva lo que corresponda.

Pues bien, la LOEP mantiene intactos los trámites que habrán de seguirse en aquellos casos en que, tras la oposición del deudor en el proceso monitorio, el asunto deba resolverse definitivamente por los cauces del juicio ordinario; sin embargo, introduce cambios cuando proceda el juicio verbal. Así, según la nueva redacción dada al inciso primero del art. 818.2 LEC, cuando la cuantía de la pretensión no exceda de la propia del juicio verbal, el letrado de la Administración de Justicia dictará decreto en el que dará por terminado el proceso monitorio y acordará seguir la tramitación por los cauces del juicio verbal, dando traslado de la oposición al actor para que pueda impugnarla por escrito en el plazo de diez días. Hasta aquí, ningún cambio. La novedad se sitúa a partir del momento en el que el actor presenta su escrito de impugnación o transcurre el plazo sin efectuarlo. En ese momento, «se dictará diligencia de ordenación acordando conceder a ambas partes el plazo de cinco días a fin de que propongan la prueba que quieran practicar, debiendo, igualmente, indicar las personas que, por no poderlas presentar ellas mismas, han de ser citadas por el letrado o la letrada de la Administración de Justicia a la vista para que declaren en calidad de parte, testigos o peritos. A tal fin, facilitarán todos los datos y circunstancias precisos para llevar a cabo la citación y podrán pedir respuestas escritas a cargo de personas jurídicas o entidades públicas, por los trámites establecidos en el artículo 381, continuando el procedimiento por los trámites del artículo 438.9 y siguiente».

Nótese que, con esta reforma, no se hace más que trasladar al juicio verbal derivado de la oposición del deudor en el proceso monitorio la nueva estructura que la LOEP da al juicio verbal, en el que, ante la probabilidad de que no haya vista, pues su celebración depende ahora exclusivamente de la voluntad del tribunal, algunas actuaciones procesales que hasta ahora se realizaban oralmente en el acto de la vista se adelantan y pasan a realizarse a través de una sucesión de escritos: uno primero, para que ambas partes propongan la prueba que quieran practicar y para que el actor se pronuncie sobre las excepciones procesales propuestas por el demandado (art. 438.8 LEC); otro segundo, para presentar las impugnaciones de la prueba de la contraparte (art. 438.9 LEC); y, finalmente, el juez resuelve también por escrito, por medio de auto, sobre las cuestiones suscitadas, la admisión de la prueba y la pertinencia de la vista (art. 438.10 LEC). En la vista, en caso de que llegue a celebrarse, las partes podrán realizar aclaraciones, se fijarán los hechos sobre los que exista contradicción (*sic*)[69], se practicarán las pruebas que resultaron en su momento admitidas y, finalmente, el tribunal podrá conceder a las partes un turno de palabra para formular oralmente sus conclusiones (arts. 443.3 y 4 y 447.1 LEC)[70].

En mi opinión, habría sido preferible que el legislador hubiera aprovechado esta oportunidad para unificar el procedimiento a seguir en caso de oposición del deudor en el proceso monitorio, con independencia de que el asunto deba resolverse definitivamente en un juicio verbal o en un proceso ordinario, e imponer al acreedor en ambos casos —no solo cuando deba tramitarse un juicio ordinario— la carga de presentar demanda dentro de un plazo desde el traslado del escrito de oposición del deudor, de modo que esa demanda pueda ser luego contestada y con plenas garantías por el demandado. Esto volvería a convertir el proceso monitorio en el cauce de facilitación de un título ejecutivo dinerario en caso de falta de oposición del deudor para el que fue concebido, y no en el mecanismo actual de recuperación de créditos que invierte los trámites de alegación y prueba del posterior proceso contradictorio al que da paso la oposición[71].

Y no es solo esto lo que se echa en falta en la reforma del proceso monitorio, sino que también se ha desaprovechado una buena ocasión para terminar con la incoherencia interna que la Ley 42/2015, de 5 de octubre, introdujo en el seno de este procedimiento, en el que se permite al acreedor presentar una petición inicial sucinta (art. 814.1 LEC) y, en cambio, se exige al deudor que alegue «de forma fundada y motivada» las razones de su oposición (art. 815.1 LEC), lo que supone forzarle a presentar una verdadera contestación a la demanda sin cono-

---

69. Nótese el sinsentido de establecer el trámite de proposición de la prueba antes de la fijación de los hechos sobre los que exista contradicción.

70. Sobre la nueva estructura del juicio verbal, *vid.* capítulo 8 de esta obra, a cargo de VILLAMARÍN LÓPEZ, M. L.

71. Esta misma opinión ya tuve oportunidad de expresarla en BERNARDO SAN JOSÉ, A., «Cómo hacer más eficientes los procesos declarativos civiles», cit., pp. 235-236, sumándome así a la opinión manifestada, entre otros, por JIMÉNEZ CONDE, F., «El proceso monitorio tras las reformas de 2015», en GARCÍA-ROSTÁN CALVÍN, G. y SIGÜENZA LÓPEZ, J. (dirs.), *El proceso civil ante el reto de un nuevo panorama socioeconómico,* Thomson Reuters Aranzadi, Cizur Menor (Navarra), 2017, pp. 109-110; HERRERO PEREZAGUA, J. F., «Cinco preguntas sobre la transformación del proceso monitorio», *Revista General de Derecho Procesal,* n.º 5, mayo de 2018, p. 38; y GÓMEZ AMIGO, L., «El proceso monitorio en busca de la eficiencia procesal», cit., p. 30.

cer todos y cada uno de los hechos y fundamentos de derecho que podría invocar el acreedor en apoyo de su pretensión[72]. En mi opinión, urge retomar la oposición sucinta del deudor del texto original de la LEC, sin necesidad de dar razones o, al menos, solo razones sucintas, y sin efectos preclusivos en cuanto a la discusión plenaria posterior en el proceso que corresponda[73].

Para terminar, hay que hacer notar que el legislador no ha previsto la exclusión del MASC respecto del juicio ordinario derivado de la oposición formulada por el deudor en el proceso monitorio, por lo que la pregunta es inevitable: ¿debe acudirse a un MASC antes de presentar la demanda de juicio ordinario si este proviene de un proceso monitorio? A pesar del silencio legal, la respuesta negativa se impone: la obligación de acudir de nuevo a un MASC antes de la interposición de la demanda de juicio ordinario cuando, indefectiblemente, ya tuvo que haberse intentado con carácter previo a la petición inicial del proceso monitorio a cualquiera se le antoja una exigencia excesiva. El *iter procedimental* en estos casos (MASC/monitorio/juicio ordinario) ya es suficientemente gravoso para el acreedor como para exigirle, además, un nuevo intento de acuerdo previo al proceso declarativo ordinario[74].

BIBLIOGRAFÍA

BANACLOCHE PALAO, J., *Los expedientes y procedimientos de Jurisdicción Voluntaria*, La Ley, Madrid, 2023, pp. 441-460.

BANACLOCHE PALAO, J., «Las claves del Real Decreto-Ley 6/2023: justificación, estructura, contenido básico y ampliación en el tiempo», en BANACLOCHE PALAO, J. y GASCÓN INCHAUSTI, F., *Los procesos judiciales tras las reformas introducidas en el Real Decreto-Ley 6/2023*, La Ley, 2024, pp. 31-50.

72. A esta carga del deudor, ya de por sí muy gravosa y difícilmente compatible con el derecho de defensa, se añade el rígido efecto preclusivo que aplican los tribunales y que impide al demandado alegar, en el proceso declarativo posterior, razones nuevas en sustento de su defensa.
73. En este mismo sentido, *vid.* GÓMEZ AMIGO, L., «El proceso monitorio en busca de la eficiencia procesal», cit., p. 30, y VALLINES GARCÍA, E., «La reforma necesaria del proceso monitorio en España: ¿hacia una generalización del proceso monitorio europeo?» cit., pp. 603-604. El Prof. VALLINES GARCÍA, E., va mucho más allá y propone una reforma en profundidad del proceso monitorio de la LEC, que pasa por generalizar la aplicación del Reglamento (CE) 1896/2006, de 12 de diciembre, por el que se establece un proceso monitorio europeo para asuntos transfronterizos, a todo tipo de reclamaciones dinerarias, incluidas las relativas a los asuntos puramente internos, con las especialidades necesarias para cumplir con la jurisprudencia del TJUE en materia de protección de los consumidores. Esta es la solución que este autor propone para acabar con las muchas deficiencias de nuestro vigente proceso monitorio nacional y, por ende, con la desigualdad entre los acreedores y deudores generada por la convivencia entre el proceso monitorio español y el europeo.
74. *Vid.*, *supra*, capítulo 6, la opinión de BANACLOCHE PALAO, J., en este mismo sentido, que tilda esta situación como un auténtico «vía crucis» para los acreedores.

BANACLOCHE PALAO, J., «Las reformas en el proceso civil previstas en el Anteproyecto de Ley de Medidas de Eficiencia Procesal: ¿una vuelta al pasado?», *Diario La Ley,* 09/03/2021.

BERNARDO SAN JOSÉ, A., «Cómo hacer más eficientes los procesos declarativos civiles», en JIMÉNEZ CONDE, F. y LÓPEZ SIMÓ, F. (dirs.), *La eficiencia de la Justicia a debate,* tirant lo Blanch, Valencia, 2024, pp. 227-y 255.

CALAZA LÓPEZ, S., «¿Una multa por litigar? Sí, Usted ha incurrido en un abuso de la Justicia como servicio público cuando debería haber procurado la desjudicialización de su conflicto», *Nueva fiscalidad,* n.º 2, 2024, pp. 45.76.

GASCÓN INCHAUSTI, F., «El tratamiento de las cuestiones procesales con anterioridad a la audiencia previa al juicio (II): el tratamiento de los presupuestos y óbices procesales relativos a la jurisdicción y a la competencia del tribunal: la declinatoria», en *El tratamiento de las cuestiones procesales y la audiencia previa al juicio en la Ley de Enjuiciamiento Civil,* Civitas, Madrid, 2005, pp. 95-215.

GASCÓN INCHAUSTI, F., *La terminación anticipada del proceso por desaparición sobrevenida del interés*, Civitas, Madrid, 2003.

GASCÓN INCHAUSTI, F., «La adopción de medidas cautelares con carácter previo a la demanda», Cedecs, Barcelona, 1999.

GÓMEZ AMIGO, L., «El proceso monitorio en busca de la eficiencia procesal», *Revista General de Derecho Procesal,* n.º 60, mayo 2023.

GONZÁLEZ GRANDA, P., «La proyectada noción del abuso del servicio público de justicia en el proceso civil. Breve apunte», *Diario La Ley,* 19/12/2024.

HERRERO PEREZAGUA, J. F., «Cinco preguntas sobre la transformación del proceso monitorio», *Revista General de Derecho Procesal,* n.º 5, mayo de 2018.

JIMÉNEZ CONDE, F., «El proceso monitorio tras las reformas de 2015», en GARCÍA-ROSTÁN CALVÍN, G. y SIGÜENZA LÓPEZ, J. (dirs.), *El proceso civil ante el reto de un nuevo panorama socioeconómico,* Thomson Reuters Aranzadi, Cizur Menor (Navarra), 2017.

MAGRO SERVET, V., «*Praxis* de las medidas cautelares, sobre todo "*inaudita parte*", sin necesidad de recurrir a los MASC tras la Ley Orgánica 1/2025, de 2 de enero», *Diario La Ley,* n.º 10647, 20/01/2025.

MUÑOZ ARANGUREN, A., *La litigación abusiva: delimitación, análisis y remedios*, Marcial Pons, Madrid, 2018.

PEREA GONZÁLEZ, A., «Breve comentario al concepto de "Abuso del servicio público de Justicia" en el Anteproyecto de ley de medidas de eficiencia procesal», *Diario La Ley,* n.º 9774, 20/01/2021.

QUESADA LÓPEZ, P. M., «La delicada compatibilidad con el Derecho europeo de la condena en costas en supuestos de satisfacción extraprocesal en materia de consumidores», *Diario La Ley,* n.º 108, noviembre de 2022.

RODRÍGUEZ ADRADOS, A., «El fraude de la ley (ensayo de una dirección pluralista)», en VVAA. *Estudios sobre el Título Preliminar del Código Civil,* vol. I, Madrid, Academia Matritense del Notariado, 1977, pp. 277-437.

SÁNCHEZ LÓPEZ, B., «Otras reformas en el proceso civil (2). Ejecución forzosa y medidas cautelares», en BANACLOCHE PALAO, J. y GASCÓN INCHAUSTI, F. (dirs.), *Los procesos judiciales tras las reformas introducidas por el Real Decreto-Ley 6/2023,* La ley, Madrid, 2024, pp. 445-476.

VALLINES GARCÍA, E., «La reforma necesaria del proceso monitorio en España: ¿hacia una generalización del proceso monitorio europeo?» en GASCÓN INCHAUSTI, F. y PEITEADO MARISCAL, P. (dirs.), *Estándares europeos y proceso civil. Hacia un proceso civil convergente con Europa,* Atelier, Barcelona, pp. 601-648.

VILLAMARÍN LÓPEZ, M. L., «El nuevo sistema de comunicaciones y notificaciones en el proceso civil», en BANACLOCHE PALAO, J. y GASCÓN INCHAUSTI, F. (dirs.), *Los procesos judiciales tras las reformas introducidas por el Real Decreto-Ley 6/2023,* La ley, Madrid, 2024, pp. 129-173.

ZARZALEJOS NIETO, J., «Las modificaciones en el sistema de recursos introducidas por el Real Decreto-Ley 6/2023, de 19 de diciembre», en BANACLOCHE PALAO, J. y GASCÓN INCHAUSTI, F. (dirs.), *Los procesos judiciales tras las reformas introducidas por el Real Decreto-Ley 6/2023,* La Ley, Madrid, 2024, pp. 371-396.

ZARZALEJOS NIETO, J., *El dictamen de peritos y el reconocimiento judicial en el proceso civil,* La Ley, 2019.

IV
Modificaciones en el proceso penal

Capítulo 11

La breve, complicada y desordenada, aunque bastante interesante, incidencia de la LOEP en el proceso penal

Pilar Peiteado Mariscal
Profesora Titular de Derecho Procesal (UCM)

SUMARIO: 1. LA LOEP Y EL PROCESO PENAL. 2. LA COMPETENCIA DE LOS TRIBUNALES PENALES. *2.1. La creación de las secciones de violencia contra la infancia y la adolescencia de los tribunales de instancia. ¿Es la especialización un factor de eficiencia?. 2.2. La competencia de las secciones de violencia sobre la mujer.* 2.2.1. Las competencias relacionadas con delitos cometidos por un hombre contra la mujer con al que ha tenido o tiene una relación afectiva. 2.2.2. Las competencias respecto de delitos de violencia sexual. *2.3. La competencia de las secciones de violencia contra la infancia y la adolescencia de los tribunales de instancia. 2.4. La concurrencia de las secciones de violencia sobre la mujer con las secciones de instrucción y de violencia contra la infancia y la adolescencia. 2.5. ¿Modifica la LOEP indirectamente la competencia del Tribunal del Jurado?.* 3. LA REFORMA DE LA CONFORMIDAD. *3.1. Modificaciones relativas a sus presupuestos.* 3.1.1. El límite penológico. 3.1.2. Los restantes presupuestos. *3.2. Modificaciones relativas al procedimiento.* 4. LA AUDIENCIA PRELIMINAR. *4.1. Los sujetos de la audiencia preliminar. 4.2. Funciones y procedimiento de la audiencia preliminar.* 4.2.1. Depuración de problemas procesales y resolución sobre posibles nulidades por infracción de derechos fundamentales. 4.2.2. Actuaciones relativas a la prueba. 4.2.3. Debate sobre la conformidad, posible conformidad y final de la audiencia preliminar. 5. EL COMIENZO DE LA FASE DE EJECUCIÓN DEL PROCESO PENAL. *5.1. Decisiones relativas al modo de ejecutarse las condenas impuestas. 5.2. La liquidación de la condena.* 6. OTRAS MODIFICACIONES INTRODUCIDAS POR LA LOEP EN EL PROCESO PENAL. BIBLIOGRAFÍA.

1. LA LOEP Y EL PROCESO PENAL

Como todos los que estamos en contacto con el proceso penal sabemos, es muy difícil que cualquier intervención del legislador sobre él resulte actualmente satisfactoria. Nuestro proceso penal ya no responde a un pensamiento jurídico unitario, ni a una única concepción de lo que la justicia penal necesita; y las intervenciones concretas sobre unos u otros trámites o instituciones van dejando como resultado un proceso desfigurado, en el que sus distintas partes, los elementos que lo componen, evolucionan de un modo desigual y asimétrico, muy alejado de un sistema armónico y coherente.

En el ámbito jurídico, el primer elemento de eficiencia es la limpidez de la norma. Cuando la norma es clara y es sencilla, el proceso puede fluir, no representa un obstáculo, sino al contrario, constituye el instrumento bien afinado —o afilado— que está llamado a ser. En cambio, la norma farragosa, heterogénea, incompleta, alejada de la realidad, contradictoria, o todo a la vez, convierte el proceso en una trampa.

Nuestra LECr se integra, desde hace mucho tiempo ya, en este segundo grupo de normas, y esa circunstancia desluciría el trabajo de cualquier legislador que la reforme parcialmente, por muy pulcro que sea. La intervención de la LOEP, por tanto, no mejora sensiblemente nuestro proceso penal —no lograría hacerlo, ni aunque fuese la norma limpia y clara que no es—, y tampoco lo hace notablemente peor. Sí profundiza en algunos de los argumentos legislativos más constantes de los últimos tiempos, aunque no por ello necesariamente acertados, y así aparecen como remedios y motores de eficiencia, entre otros, la especialización de órganos jurisdiccionales y la terminación anticipada de procesos o la simplificación de la decisión del tribunal respecto de ellos.

> Desde que en 2022 el actual contenido de la LOEP se formuló como Proyecto de Ley de medidas de eficiencia procesal del servicio público de Justicia, ha recibido críticas por su criterio de eficiencia, que impulsa actuaciones que no parecen particularmente necesarias y en cambio no contempla la reforma de otras reclamadas desde hace tiempo porque generan verdaderos tiempos muertos y dificultades en el proceso penal, como el régimen de recursos en fase de instrucción o una adecuada regulación para la fase intermedia, entre otros[1]. Es desolador constatar la poca atención que el legislador presta a quienes, fundados en el conocimiento profundo de las distintas parcelas jurídicas sobre las que se proyecta la actividad legislativa, proponen mejoras técnicas, en muchos casos muy significativas, de proyectos que traslucen un fundamento político que es legítimo,

1. *Vid.* en ese sentido BANACLOCHE PALAO, J., «El proyecto de ley de eficiencia procesal y el proceso penal: una reflexión crítica sobre las innovaciones propuestas», Diario La Ley n.º 10103, 2022, p. 3 edición electrónica. MESTRE DELGADO, E., «Retos para la eficiencia procesal», La Ley Penal, n.º 172, 2025, p. 1 edición electrónica, usa unas palabras muy gráficas, refiriéndose en concreto a la reorganización d ellos tribunales: «me consta que los prácticos del Foro no teníamos estas reformas entre las prioridades de mejora del sistema procesal penal».

puesto que trasladan a la norma una visión de las instituciones democráticamente elegida, pero de muy baja calidad técnico-jurídica y en los que parece no preocupar ni la coherencia del ordenamiento jurídico ni las necesidades reales que advierten tanto los expertos como los ciudadanos.

Hay un segundo elemento de eficiencia que el legislador desdeña, que son los medios personales y materiales. El preámbulo de la LOEP señala que el sistema de crear nuevos órganos jurisdiccionales está agotado, y que es necesario, por ello, modificar su estructura por un lado e incentivar las soluciones negociadas, por otro. Parece evidente que la complejidad jurídica, social y económica de las sociedades desarrolladas necesita de un sistema judicial robusto, y no adelgazado y disminuido. Y hay muchas voces que ven un sencillo problema de medios en lugar del complicado y artificioso cambio de paradigma que el legislador nos propone[2].

La experiencia, tanto histórica como actual, y solo hace falta mirar el mundo en que vivimos para constatarlo, nos enseña que el progreso de las sociedades y la protección de los derechos de los más débiles rara vez se han producido a través de menos jueces, menos tribunales, menos procesos y menos medios para ellos. La extensión de las soluciones negociadas y premiales desliza suavemente las balanzas hacia los más listos, los más rápidos, los más fuertes, los más ricos, los más previsores, los mejor pertrechados, los menos cansados; y la disolución de la administración de Justicia en la gran máquina de la administración pública, como si no fuese algo diferente, priva a los ciudadanos de una referencia básica para saberse miembro de un Estado de Derecho. La LOEP avanza en ambos frentes, de manera que, pese a algunos aciertos puntuales y a que el conjunto de modificaciones que introduce es bastante irrelevante en lo concreto, su balance es, desde la perspectiva de los fundamentos del sistema jurídico penal, negativo.

2. LA COMPETENCIA DE LOS TRIBUNALES PENALES

2.1. LA CREACIÓN DE LAS SECCIONES DE VIOLENCIA CONTRA LA INFANCIA Y LA ADOLESCENCIA DE LOS TRIBUNALES DE INSTANCIA. ¿ES LA ESPECIALIZACIÓN UN FACTOR DE EFICIENCIA?

La LOEP introduce en los tribunales de instancia, junto con las secciones que suceden en naturaleza y competencias a los órganos jurisdiccionales unipersonales con que contábamos en el orden jurisdiccional penal, unos nuevos

2. Puede verse como ejemplo EGUREN PRIETO, A., «Luces y sombras de los Juzgados de violencia sobre la mujer», *Cuaderno de familia. Boletín Jurídico de Infancia, Familia y Capacidad de la Asociación Judicial Francisco de Vitoria*, n.º 4, 2023, pp. 3-11, edición electrónica, que expone sobre estos tribunales una problemática mucho más material que jurídica, pero que afecta completamente a la eficacia que sobre ellos pueden esperar los ciudadanos y que requiere fundamentalmente de medios materiales para su solución.

tribunales, las secciones de violencia contra la infancia y la adolescencia[3]. Estas secciones asumen la función de instruir procesos por delito y también de enjuiciar algunos delitos leves; se incorporan, por tanto, al ámbito que era propio de los Juzgados de Instrucción, actuales secciones de instrucción del tribunal de instancia, y de los Juzgados de Violencia sobre la Mujer, actuales secciones de violencia sobre la mujer del tribunal de instancia; y ocasionan, como consecuencia, una redistribución y un nuevo diseño de las competencias propias de estos órganos.

Las secciones de violencia contra la infancia y la adolescencia se crean para cumplir con lo previsto en la disposición final vigésima de la Ley Orgánica 8/2021, de 4 de junio, de protección integral a la infancia y la adolescencia. Esta norma prevé una especialización a gran escala «para la instrucción y enjuiciamiento de las causas penales por delitos cometidos contra personas menores de edad»: dispone la creación de órganos instructores específicos y de equipos técnicos especializados; la especialización de órganos sentenciadores (Juzgados de lo Penal —hoy secciones penales de los tribunales de instancia— y secciones de las Audiencias Provinciales); y la exigencia de formación especializada[4] tanto para los titulares de los órganos jurisdiccionales como para los miembros del ministerio fiscal y de los equipos técnicos.

No comparto la idea, muy extendida hoy, de que cualquier problema grave en nuestra sociedad se resuelve con una asignatura en los colegios, nuevos tipos en el Código Penal y un tribunal especializado. En cuanto a esto último, el Derecho no es mecánico, sino creativo, de manera que no mejora necesariamente con la repetición, y en cambio corre el riesgo de sufrir el deterioro que suele acompañar a la limitación del ámbito sobre el que se ejercitan el conocimiento y el criterio jurídicos; y la realidad sobre la que se proyectan las normas jurídicas, siendo parecida, no es exactamente igual a sí misma, de modo que la aparente homogeneidad puede desdibujar los detalles específicos de cada supuesto.

> No se expone aquí una duda general sobre la profesionalidad de los jueces; no es tanto una cuestión de capacidad o de virtud como de naturaleza humana, y de diferencia entre lo que puede ser mecánico y lo que nunca lo es. Cualquier docente sabe que dar clase siempre de la misma asignatura al mismo curso no suele redundar en un incremento de la calidad de la enseñanza, sino en un cierto reduccionismo y anquilosamiento que hay que evitar cambiando de materias y destinatarios, puesto que esta variación suele implicar actualización y revisión de materiales y de métodos, que más difícilmente se produce sobre un terreno al

3. Sobre el régimen, la nomenclatura y la organización de los tribunales de instancia, *vid*. el capítulo 2 de esta misma obra.
4. Encomendada al CGPJ la de jueces y magistrados, al gobierno la de fiscales y a éste junto con las comunidades autónomas con competencia en materia de Justicia la de los equipos técnicos por la disposición adicional sexta LO 1/2025. Esta norma también prevé que comience a los cuatro meses de la entrada en vigor de la ley.

que se está acostumbrado y que se percibe como dominado. Es también una experiencia común de muchos juristas que unas áreas del Derecho enriquecen la perspectiva sobre otras, y que cuando el conocimiento se ensancha surgen planteamientos e ideas a partir de la comparación o el contraste, algo difícil cuando el propio ejercicio se circunscribe a un ámbito pequeño. La doctrina ha señalado otras debilidades de la especialización, como la fragmentación de las causas, el efecto autoselectivo o el activismo judicial, y ha puesto de manifiesto cómo la decisión de especializar debe estar basada en argumentos y datos empíricos[5]. El preámbulo de la LOEP, sin embargo, resuelve el problema de un modo muy breve y sencillo, afirmando sin más que «La realidad de la violencia contra la infancia y la adolescencia hace urgente esta adaptación de la justicia, para garantizar los derechos de los niños, niñas y adolescentes víctimas o testigos». Muy sencillo y también muy inexacto, puesto que, como se dirá, la competencia de estos tribunales alcanza a los menores víctimas —y no a todos—, pero desde luego no a los testigos.

Considero, pues, que la especialización de órganos jurisdiccionales solo está justificada para terrenos amplios, delimitados y jurídicamente específicos o complejos, y no estoy segura de que estos elementos concurran en la atribución competencial prevista a favor de las secciones de violencia contra la infancia y la adolescencia de los tribunales de instancia. Desde una perspectiva estrictamente jurídica, los tipos delictivos que se atribuyen a la competencia de estos órganos jurisdiccionales no tienen diferencias significativas en función de si la víctima es o no menor de edad respecto de la propia definición del tipo y de sus circunstancias; sí las tienen, por supuesto, en cuanto a la pena, pero el juicio de tipicidad y de culpabilidad no conlleva habitualmente una dificultad mayor por el hecho de que la víctima sea menor de edad.

Es cierto que se encuentran en el CP supuestos que presentan diferencias en el tipo, y también tipos específicos, en relación con la víctima menor de edad; sucede, no obstante, que en estos casos el tipo suele ser más simple y no más complicado, porque la menor edad de la víctima actúa como circunstancia objetiva que permite desatender otras de ponderación más difícil, como el consentimiento, el abuso, el engaño o la vulnerabilidad. Así sucede, por ejemplo, con el delito de trata de seres humanos descrito en el artículo 177 bis CP, cuyo apartado segundo considera la conducta delictiva cometida solo con que haya finalidad de explotación si la víctima es menor de edad, y no exige la concurrencia de ninguna de las circunstancias a través de las que se describe la comisión del delito de trata en el apartado primero de la misma norma (violencia, intimidación, engaño; abuso de situación de superioridad, necesidad, vulnerabilidad; entrega o recepción de pagos o beneficios para lograr el consentimiento de la persona que poseyera el control sobre la víctima). O en los delitos de lesiones de los artículos 156 y 157 CP, que excluyen el consentimiento del menor y permiten considerar la conducta típica en todo caso. Por último, el CP contempla conductas delictivas que lo solo

5. *Vid*. precisamente respecto de estos órganos jurisdiccionales TAMARIT SUMALLA, J. M., «Los nuevos tribunales de violencia contra la infancia», *Blog de Dret, Criminologia i Ciència Política*, https://blogs.uoc.edu/edcp/es/nuevos-tribunales-de-violencia-contra-la-infancia/ (último acceso 17 febrero 2025).

lo son en cuanto sus víctimas son menores de edad, como los delitos de exhibicionismo o difusión de material pornográfico de los artículos 185 y 86 CP.

Como consecuencia, la particularidad de estos procesos no será habitualmente jurídica, sino que vendrá dada por la necesidad de tratar y atender a personas menores de edad que de por sí son vulnerables y que además han sido víctimas de hechos delictivos horribles. Pero precisamente porque estas circunstancias requieren de habilidades que un jurista no reúne necesariamente, la LECr ya contempla recursos jurídicos, materiales y humanos expresamente dirigidos a salvaguardar y proteger al menor, y también a garantizar la eficacia del proceso mediante el que se persigue el delito que lo ha dañado, tratando de manera específica las evidencias que proceden de la víctima menor para que, si procede, puedan fundar una condena respetuosa con el derecho a la presunción de inocencia del encausado. Dicho de otro modo, para proteger a los menores de la victimización secundaria no ayuda tanto un tribunal especializado como otros medios, que van siendo incorporados a nuestras normas procesales y a la actuación de nuestros tribunales, aunque todavía quede mucho por hacer en cuanto a protocolos específicos de actuación con menores, coordinación con los servicios sociales y recursos personales específicos de atención a los menores que por una u otra razón entran en contacto con un tribunal[6].

> Conforme al artículo 258 bis 3 a) LECr, las víctimas menores de edad pueden declarar a través de medios telemáticos; y, por obra del artículo 449 ter, la declaración de todo menor de catorce años que intervenga como testigo en un proceso penal, sea o no víctima del delito que constituye su objeto, se realizará como prueba preconstituida, pudiendo además practicarse, si el tribunal lo estima necesario, con la intervención de equipos especializados. En todo caso, señala el penúltimo inciso de esta norma, se evitará la confrontación visual entre el menor y la persona investigada. Los artículos 703 bis y 707 trasladan estas previsiones a la práctica de la prueba testifical en el acto del juicio oral.

Todas estas reglas de tratamiento de los menores en el proceso penal continuarán siendo conocidas y aplicadas por todos los órganos jurisdiccionales pese a la creación de las secciones de violencia contra la infancia y la adolescencia, puesto que, salvo el artículo 258 bis, se refieren a menores testigos y no exclusivamente víctimas, cuya intervención puede ser necesaria en cualquier proceso penal que se desenvuelva ante cualquier tribunal y con cualquier objeto. Quiere

6. Según GRANADOS, L. E., «Principales reformas efectuadas por la Ley Orgánica 1/2025, de eficiencia del Servicio Público de Justicia y su incidencia en el ámbito penal», *La Ley Penal*, n.º 172, 2025, p. 4, edición electrónica, «la práctica evidencia que es más necesaria la formación y especialización en otros ámbitos u otras tipologías delictivas. Los delitos para los que serán competentes los nuevos Juzgados (ahora denominados Secciones) de Violencia contra la Infancia y la Adolescencia no entrañan una complejidad técnica específica, más allá de la necesaria empatía, sensibilidad, cercanía y capacidad pedagógica, así como comprensión de las diferentes esferas afectadas (servicios sociales, organismos públicos de tutela de menores, prestaciones...) que se deberían poder presuponer a los Jueces y Juezas que tomen posesión de estas plazas».

decirse que la acertada aplicación de las reglas previstas para la intervención de menores en procesos penales, la necesaria sensibilidad de los tribunales para con ellos y la oportuna formación en este ámbito no van a ser privativas de estos órganos jurisdiccionales especializados ni debieran serlo, sino al contrario, igualmente necesarios para todos los tribunales que integran el orden penal.

Es cierto que la Ley Orgánica 8/2021, de 4 de junio, de protección integral a la infancia y la adolescencia preveía la creación de tribunales especializados. Pero habría sido más acertado que la LOEP, otra ley orgánica, modificase esa previsión en lugar de seguir hacia delante con ella. De su dudoso interés es viva muestra el hecho de que la modificación de los Anexos VI y VII de la Ley de Demarcación y Planta Judicial que se opera a través de la disposición final octava LOEP para establecer la planta efectiva de los tribunales de instancia no crea ninguna sección de violencia contra la infancia y la adolescencia en ningún tribunal de instancia. Ni una sola en toda España. Tampoco en las disposiciones transitorias relativas a la implantación de los tribunales de instancia se hace mención alguna a la constitución de estas secciones, sea *ex novo* o por transformación de otras, al comienzo de su funcionamiento ni a la asunción de sus competencias por otros tribunales, y esta es una cuestión que debe ser resuelta de modo explícito antes del 3 de octubre de 2025, puesto que de otro modo ningún órgano jurisdiccional del orden penal podrá instruir los procesos en los que las víctimas de los hechos que constituyen su objeto sean menores de edad.

2.2. LA COMPETENCIA DE LAS SECCIONES DE VIOLENCIA SOBRE LA MUJER

La LOEP modifica y amplía la competencia de las secciones de violencia sobre la mujer siguiendo el mandato de una norma anterior, la disposición final vigésima de la Ley Orgánica 10/2022, de 6 de septiembre, de garantía integral de la libertad sexual, y en la órbita de especialización marcada por el Convenio de Estambul y por los instrumentos de ratificación tanto de nuestro país como de la Unión Europea[7]. Las secciones de violencia van a ver, pues, sensiblemente aumentado el número de asuntos que les competen respecto de los que estaban atribuidos a los Juzgados de Violencia sobre la Mujer, hasta el punto de que la disposición transitoria cuarta de la LO 1/2025 dispone la transformación de juz-

7. *Vid.* el Convenio del Consejo de Europa sobre prevención y lucha contra la violencia contra las mujeres y la violencia doméstica, adoptado en Estambul el 11 de mayo de 2011; el instrumento de ratificación de España, publicado en el BOE de 06/06/2014; la Decisión (UE) 2023/1076 del Consejo de 1 de junio de 2023 relativa a la celebración, en nombre de la Unión Europea, del Convenio del Consejo de Europa sobre prevención y lucha contra la violencia contra las mujeres y la violencia doméstica, en lo que respecta a asuntos relacionados con la cooperación judicial en materia penal, asilo y no devolución; y la Decisión (UE) 2023/1075 del Consejo de 1 de junio de 2023 relativa a la celebración, en nombre de la Unión Europea, del Convenio del Consejo de Europa sobre prevención y lucha contra la violencia contra las mujeres y la violencia doméstica, en lo que respecta a las instituciones y la administración pública de la Unión.

gados, secciones y tribunales con competencia en el enjuiciamiento penal en juzgados, secciones y tribunales con competencia en materia de violencia sobre la mujer, durante el período de nueve meses que media entre la publicación de la ley y la entrada en vigor de las competencias de estas secciones en materia de violencia sexual, prevista para el 3 de octubre de 2025.

La competencia de estos órganos jurisdiccionales conforme a la LOEP debe ser abordada en tres ámbitos distintos. Por un lado, el relativo al mantenimiento, con pequeños retoques, de las competencias de los actuales Juzgados de Violencia sobre la Mujer; en segundo lugar, el que se refiere a la adquisición de competencias relativas al conjunto de delitos que la LOEP denomina genéricamente como «violencia sexual»; y, por último, el que atiende a las zonas limítrofes entre estos órganos jurisdiccionales, las secciones de instrucción y las nuevas secciones de violencia contra la infancia y la adolescencia[8].

2.2.1. Las competencias relacionadas con delitos cometidos por un hombre contra la mujer con al que ha tenido o tiene una relación afectiva

Las secciones de violencia sobre la mujer mantienen las competencias penales ya atribuidas a los Juzgados de violencia sobre la mujer con la legislación anterior, es decir, instrucción de procesos por los delitos previstos en los títulos del CP relativos a homicidio, aborto, lesiones, lesiones al feto, delitos contra la libertad, delitos contra la integridad moral, contra la libertad e indemnidad sexual, o cualquier otro delito cometido con violencia o intimidación contra mujer con la que el autor está o ha estado ligado por una relación afectiva, y, si ha existido este acto, también contra sus descendientes y contra las víctimas que se encuentran jurídicamente bajo su protección. Se prevén igualmente la competencia para adoptar órdenes de protección, y para emitir y ejecutar los instrumentos de reconocimiento mutuo que prevea la ley[9].

> La norma que concreta esta delegación es la Ley 23/2014, de 20 de noviembre, de reconocimiento mutuo de resoluciones penales en la Unión Europea.

Pese a esta línea general de conservación de las competencias que tenían atribuidas los Juzgados de violencia sobre la Mujer, los reformados artículos 89 LOPJ y 14.5 LECr introducen algunas modificaciones y matices de desigual importancia y precisión. Son los siguientes:

— El artículo 14.5 a) LECr incorpora la instrucción de los delitos incluidos en los títulos del CP contra la intimidad y el derecho a la propia imagen y el

8. Sobre este último, *vid. infra*. Epígrafe 2.4, tras el relativo a la competencia de las secciones de violencia contra la infancia y la adolescencia.
9. Además, las secciones de violencia sobre la mujer mantienen e incrementan las competencias que como tribunales del orden civil ya les atribuía la legislación anterior.

honor, si se han cometido contra la mujer con la que se mantiene o ha mantenido una relación afectiva, o contra los descendientes, menores o personas con discapacidad vinculados a ella en concurrencia con un acto de violencia de género.

— Se incorpora también en el apartado b) del artículo 14.5 LECr la instrucción de los delitos incluidos en el título del CP contra las relaciones familiares cometidos contra cualquiera de las víctimas reseñadas, sin exigir en este caso para la ampliación de la competencia a los descendientes menores o discapacitados la concurrencia con un acto de violencia de género; así ocurría ya en la redacción previa a la reforma en relación con los delitos contra los derechos y deberes familiares que entonces les correspondían a los Juzgados de violencia sobre la mujer, lo que había dado lugar a una práctica dispar y disfuncional que, sin embargo, el legislador de la LO 1/2025 no ha considerado necesario corregir[10]. La formulación de esta nueva atribución es tan ambigua, tan poco precisa, tan deficitaria en el plano técnico-jurídico, que estrictamente permite extender la competencia de las secciones de violencia sobre la mujer también a los supuestos en los que la autoría de todos estos delitos corresponde a una mujer, puesto que el ámbito de competencia se define solamente a partir de la víctima, y no del autor: «De la instrucción de los procesos para exigir responsabilidad penal por cualquier delito contra las relaciones familiares, cuando la víctima sea alguna de las personas señaladas en la letra anterior».

> Los capítulos incluidos en este título definen delitos como la celebración de matrimonios inválidos, la suposición de parto o los actos tendentes a alterar la filiación.

— Se excluyen de la competencia de las secciones de violencia sobre la mujer los delitos del título del CP contra los derechos y deberes familiares, que se han incorporado, como a la competencia de las secciones de violencia contra la infancia y adolescencia cuando la víctima sea menor[11].

— Se formulan en términos generales la competencia para conocer de delitos leves respecto de las víctimas mencionadas —desapareciendo, pues, la referencia concreta a los artículos 171, 172 y 173 CP que contenía la redacción anterior— y para dictar sentencias de conformidad, con referencia en ambos casos a una atribución legal que no existe y que tendría que ser expresa. Textualmente, los artículos 14.5 d) y e) LECr especifican «Del conocimiento y fallo de los delitos leves que les atribuya la ley, cuando la víctima sea alguna de las personas señaladas como tales en la letra a)», y «Dictar sentencia de conformi-

10. RODRÍGUEZ LAÍNZ, J. L., «El desacertado impacto de la Ley Orgánica de Medidas en Materia de Eficiencia del Servicio Público de Justicia en el Proceso Penal», *Diario La Ley* n.º 10665 2025, p. 9 edición electrónica, señala que en la práctica forense es común exigir la relación de estos delitos con un acto de violencia de género para atribuirlos a la competencia de los juzgados de violencia sobre la mujer, aunque sea solo un acto precedente, y no un acto contextual.
11. *Vid. infra* Epígrafe 2.3.

dad con la acusación en los casos establecidos por la ley». Pero la realidad es que no hay ninguna ley que complete expresamente este contenido con la mención expresa de los delitos leves o de las sentencias de conformidad respecto de las que se proyectan estas competencias enjuiciadoras, de modo que se abren dos opciones interpretativas. Se podría entender que las secciones de violencia sobre la mujer enjuiciarán los mismos delitos para cuya instrucción tienen competencia cuando sean leves, es decir, cuando lleven aparejada una pena de las que el artículo 33.4 CP cataloga como leve, y dictarán sentencia de conformidad cuando respecto de estos delitos concurran las circunstancias previstas en el artículo 801 LECr y en la regulación de las diligencias urgentes de los juicios rápidos. La segunda posibilidad consiste en interpretar que, puesto que ninguna ley atribuye específicamente delitos leves o conformidades a la competencia enjuiciadora de estos órganos, estas previsiones son simplemente una atribución abierta al futuro, que ya completará el legislador, pero que de momento está vacía de contenido.

Es esta segunda interpretación la que resulta respetuosa con el régimen de claridad y definición expresa que deben tener las competencias de los órganos jurisdiccionales. Lo cierto es que, muy probablemente, no se trate de una decisión conscientemente adoptada, sino producto de una mala técnica legislativa, que ha copiado sin más el contenido del artículo 89 bis LOPJ al artículo 14 LECr, sin comprender que son leyes distintas, que cumplen funciones distintas, y que, por tanto, no deben tener un contenido idéntico. Los principios que para la organización de la función jurisdiccional en España se derivan de la Constitución imponen que todos los tribunales que se integran en la jurisdicción ordinaria y sus competencias estén previstos en la LOPJ; y la LOPJ puede habilitar a su vez a otras normas para establecer detalles más propios de la legislación ordinaria. Así sucede con la estructura orgánica, por ejemplo, en los casos en que la LOPJ habilita al gobierno para resolver por real decreto la extensión de la jurisdicción de secciones de los tribunales de instancia a más de un partido judicial (puede verse un supuesto concreto en el artículo 89 bis 3 LOPJ); y ocurre también con la competencia, de manera que los apartados b), c) y d) del artículo 89 bis 5 II LOPJ se remiten a la ley para determinar los supuestos concretos en los que las secciones de violencia sobre la mujer pueden enjuiciar delitos leves, dictar sentencias de conformidad y emitir instrumentos de reconocimiento mutuo. Esa ley era la LECr, la ley que desarrolla y detalla las competencias de los tribunales en el proceso penal; pero como ha copiado la norma de la LOPJ sin más, no especifica los delitos leves ni las sentencias de conformidad cuya identificación la LOPJ le remite.

— El artículo 14.5 g) introduce la competencia, indudablemente conexa y relacionada con todas las anteriores, y por ello reiteradamente reclamada, para instruir los delitos de quebrantamiento de condenas, medidas cautelares o medidas de seguridad impuestas por delitos, bien de violencia de género contra mujer con la que el autor está o ha estado ligado por una relación afectiva, y, si ha existido este acto, también contra sus descendientes y contra las víctimas que se encuentran jurídicamente bajo su protección, bien de violencia sexual.

2.2.2. Las competencias respecto de delitos de violencia sexual

La asunción de competencias en lo que la LOEP califica genéricamente como «violencia sexual» es la gran novedad de las secciones de violencia sobre la mujer, y la que extrae a estos órganos jurisdiccionales del ámbito limitado de lo afectivo, de la violencia sobre la mujer en el contexto de una relación afectiva actual o finalizada, y los proyecta a una condición de grandes tribunales de la mujer que es víctima fundamentalmente a causa de su condición de mujer. Esto significa que, conforme al artículo 14.5 h) LECr, las secciones de violencia sobre la mujer conocerán «De la instrucción de los procesos para exigir responsabilidad penal por los delitos contra la libertad sexual previstos en el título VIII del libro II del Código Penal, por los delitos de mutilación genital femenina, matrimonio forzado, acoso con connotación sexual y la trata con fines de explotación sexual, cuando la persona ofendida por el delito sea mujer». La delimitación de este ámbito de competencia exige fijarse en tres planos distintos.

El primero de ellos tiene que ver con la pregunta relativa a qué es ser mujer, a quién es mujer. Siendo evidente que se trata de una cuestión que escapa del objeto de este trabajo, pero que a la vez es imprescindible contemplar, y teniendo en cuenta las previsiones de la Ley 4/2023, de 28 de febrero, para la igualdad real y efectiva de las personas trans y para la garantía de los derechos de las personas LGTBI, podemos considerar mujer a quien biológicamente o por elección está adscrita al sexo femenino, puesto que los artículos 43 y siguientes de la Ley 4/2023 prevén el cambio de la mención registral relativa al sexo por la sola voluntad de cualquier persona mayor de dieciséis años; con asistencia de los representantes legales de quienes tienen catorce y dieciséis; y con autorización judicial entre los doce y los catorce.

Ahora bien. El artículo 46.2 de esta misma norma dispone que «La rectificación registral permitirá a la persona ejercer todos los derechos inherentes a su nueva condición», pero establece una excepción inmediata, ya que, conforme al artículo 46.3 de la Ley 4/2023, «La rectificación de la mención registral relativa al sexo y, en su caso, el cambio de nombre, no alterarán el régimen jurídico que, con anterioridad a la inscripción del cambio registral, fuera aplicable a la persona a los efectos de la Ley Orgánica 1/2004, de 28 de diciembre, de Medidas de Protección Integral contra la Violencia de Género». ¿Son, pues, competentes las secciones de violencia sobre la mujer respecto de los delitos previstos en el artículo 14.5 h) LECr cometidos contra personas que han modificado la mención registral de su sexo del masculino al femenino?

El derecho fundamental al juez ordinario predeterminado por la ley previsto en el artículo 24.2 CE exige que si la conducta delictiva fue cometida sobre quien era hombre tanto biológica como registralmente, la competencia se mantenga en las secciones de instrucción, aunque en un momento posterior al delito la víctima rectifique la mención registral de su sexo y pase a ser considerada mujer. A la inversa, si el delito se comete sobre quien, biológicamente o por elección, debe ser considerada mujer a todos los efectos, la competencia corresponde a las secciones de violencia sobre la mujer. Así, las competencias en materia de violencia sexual de las secciones de violencia sobre la mujer no se verían afectadas por la privación de la eficacia del cambio de mención registral establecido en el artículo 46.3 de la Ley 4/2023 respecto de la Ley 1/2004, de protección integral contra la violencia de genero. Por un lado, la competencia en materia de violencia sexual a favor de las secciones de violencia sobre la mujer no ha sido introducida en ni por la ley de medidas integrales contra la violencia de género, que es a lo que se refiere específicamente la norma; por otro, las excepciones a la regla general deben ser interpretadas de forma restrictiva. Por tanto, la violencia sexual contra las personas trans que han modificado la mención registral de su sexo del masculino al femenino es competencia de las secciones de violencia sobre la mujer, cuando el delito es posterior a la modificación del registro.

El segundo ámbito al que hay que atender tiene que ver con los problemas de definir la competencia de los tribunales con un elemento tan poco preciso jurídicamente como «violencia sexual». En algunos casos, no hay ninguna duda; así sucede con la competencia para instruir los procesos responsabilidad penal por los delitos contra la libertad sexual previstos en el título VIII del libro II del Código Penal, porque la referencia normativa es precisa. En cambio, ya se ha hecho notar por la doctrina que al «acoso con connotación sexual» no es un tipo penal definido, sino más bien un concepto jurídico indeterminado, que deslinda acosos de la competencia de las secciones de instrucción de otros que competerían a las secciones de violencia sobre la mujer[12].

> Es claro que el legislador no se está refiriendo a los delitos de acoso sexual tipificados en el artículo 184 CP, puesto que estos forman parte de los delitos contra la libertad sexual que ya están atribuidos en bloque (Título VIII del Libro II CP) a las secciones de violencia sobre la mujer.

Lo problemático en este punto no es solo la idea de connotación sexual, sino el mismo concepto de acoso, que no está definido como tal en el CP, pero que usan de forma expresa dos normas —además del artículo 184 CP ya descartado a estos efectos—, con la particularidad de que no pertenecen al mismo título del CP, lo que significa que protegen bienes jurídicos distintos: la libertad, el tipo del artículo 172 ter (Título VI, delitos contra la libertad, capítulo III, de las coacciones), y la integridad moral, el tipo del artículo 173 CP (Título VII). ¿Se limita la competencia de las secciones de violencia a los delitos tipificados por el 172 ter CP, si tienen una connotación sexual? ¿Se extiende a otras circunstancias,

12. GRANADOS, L. E. (nota 6), p. 3 edición electrónica.

como el trato degradante con grave menoscabo de la integridad moral a que se refiere el artículo 173.1 CP en su primer inciso sin usar el término acoso? ¿O únicamente a los «actos hostiles o humillantes» descritos en el inciso tercero de la misma norma, para los que también se utiliza expresamente la palabra acoso? Siempre que unos y otros tengan «connotación sexual» y se ejerzan sobre una mujer —biológicamente o por elección—, serán instruidos por la sección de violencia sobre la mujer; si no tienen cariz sexual o, teniéndolo, afectan a un hombre, serán competencia de la sección de instrucción.

Demasiadas dudas. La modificación de la competencia para instruir no es extraña en el proceso penal, porque su objeto se delimita progresivamente y el tribunal competente para la investigación está condicionado con frecuencia, bien por los hechos, bien por el sujeto activo, bien por las víctimas; pero esto no significa que la norma no deba esforzarse por ofrecer criterios claros, jurídicamente definidos y que puedan concretarse en el momento más inicial posible; como fácilmente se advierte, los cambios de tribunal son poco compatibles con la eficiencia.

Simplificaría las cosas que la norma pudiera entenderse referida a la modalidad de acoso contemplada en el segundo inciso del artículo 173.4 CP («Las mismas penas se impondrán a quienes se dirijan a otra persona con expresiones, comportamientos o proposiciones de carácter sexual que creen a la víctima una situación objetivamente humillante, hostil o intimidatoria, sin llegar a constituir otros delitos de mayor gravedad»), pero justo este supuesto puede excluirse con claridad, porque se trata de un delito leve, y la competencia descrita en el artículo 14.5 h) LECr es para instruir, y por tanto relativa a delitos graves o menos graves.

El tercer ámbito problemático tiene que ver con el delito de trata, que el artículo 177 bis CP define a través de varios elementos. Uno de ellos es la finalidad, de modo que los actos descritos en la norma (captar, transportar, recibir... a las personas señaladas por los medios definidos) son típicos en cuanto están dirigidos a obtener provecho de las víctimas mediante su trabajo, servidumbre o mendicidad forzadas; explotación sexual o para comisión de delitos; extracción de órganos; y celebración de matrimonios forzados. La competencia de las secciones de violencia sobre la mujer para instruir delitos de trata se limita, conforme al artículo 14.5 h) LECr, a la realizada con fines de explotación sexual, y esto abre dos problemas que complicarán la delimitación de la competencia de estos órganos jurisdiccionales para este delito. Por un lado, es posible que no sea fácil deslindar unas finalidades de otras, de manera que la explotación sexual de una mujer concurra con la explotación para la realización de actividades delictivas, o con la imposición forzada de trabajo, servidumbre o mendicidad. Por otro, parece increíble que el delito de matrimonio forzado del artículo 172 bis sea competencia de las secciones de violencia sobre la mujer, y el delito de trata con la finalidad de forzar a la víctima a contraer un matrimonio forzado no lo sea, porque la trata competencia de las secciones de violencia sobre la mujer se limita a la que lo es con fines de explotación sexual, y no con otros de los previstos en el artículo 177 bis CP. De nuevo, demasiadas dudas, enemigas de la eficiencia y de casi todo en el proceso penal.

2.3. LA COMPETENCIA DE LAS SECCIONES DE VIOLENCIA CONTRA LA INFANCIA Y LA ADOLESCENCIA DE LOS TRIBUNALES DE INSTANCIA

Las secciones de violencia contra la infancia y la adolescencia de los tribunales de instancia son introducidas por la LOEP en el artículo 89 bis LOPJ. Su demarcación es el partido judicial, pero solo se crearán cuando se estime conveniente, en función de la carga de trabajo; en caso contrario, sus competencias pueden ser atribuidas de tres maneras distintas:

— A uno solo de los jueces o magistrados integrados en la sección de instrucción o en la sección única del tribunal de instancia del partido judicial que carece de sección de violencia contra la infancia y la adolescencia, por acuerdo del CGPJ.

— A la sección de violencia contra la infancia y la adolescencia del tribunal de instancia de otro partido judicial, de manera que una sola sección abarque dos o más partidos en la misma provincia, mediante real decreto del gobierno.

— Al juez único que integre la sección única del tribunal de instancia de un partido judicial al que no se ha extendido la jurisdicción de la sección de violencia contra la infancia y la adolescencia de otro partido judicial, por disposición del artículo 89 bis 4 LOPJ.

Conforme a los reformados artículos 89 bis 5 LOPJ y 14.6 LECr, «Las Secciones de Violencia contra la Infancia y la Adolescencia conocerán, en el orden penal, de conformidad en todo caso con los procedimientos y recursos previstos en la Ley de Enjuiciamiento Criminal, de la instrucción de los procesos para exigir responsabilidad penal por los delitos recogidos en los títulos del Código Penal relativos a:

a) Homicidio, aborto, lesiones, lesiones al feto, cometidos contra niños, niñas, adolescentes.

b) Delitos contra la libertad, delito de torturas y contra la integridad moral, delitos contra la intimidad, el derecho a la propia imagen y la inviolabilidad del domicilio, delitos contra la libertad, delitos contra el honor, delitos contra las relaciones familiares, o cualquier otro delito cometido con violencia o intimidación, cuando la víctima sea niño, niña o adolescente.

c) Delito de trata de seres humanos del artículo 177 bis del Código Penal cuando al menos una de las víctimas sea niño, niña o adolescente.

d) De la instrucción de los procesos para exigir responsabilidad penal por el delito de quebrantamiento previsto y penado en el artículo 468 del Código Penal cuando la persona ofendida por el delito cuya condena, medida cautelar o medida de seguridad se haya quebrantado sea niño, niña o adolescente.

Las Secciones de Violencia contra la Infancia y la Adolescencia serán igualmente competentes para:

a) La adopción de las medidas cautelares legalmente previstas que aseguren la protección de las víctimas menores de edad, sin perjuicio de las competencias atribuidas al juez de guardia.

b) El conocimiento y fallo de los delitos leves que les atribuya la ley cuando la víctima sea niño, niña o adolescente.

c) Dictar sentencia de conformidad con la acusación en los casos establecidos por la ley.

d) La emisión y la ejecución de los instrumentos de reconocimiento mutuo de resoluciones penales en la Unión europea que les atribuya la ley».

Varias son las cuestiones que la interpretación de esta norma tiene que considerar.

Niños, niñas y adolescentes. La primera, sencilla, pero capital en cuanto afecta a la determinación del ámbito de aplicación de la competencia de estos tribunales, consiste en que, sobre la base del artículo 2.1 de la Ley Orgánica 8/2021, de 4 de junio, de protección integral a la infancia y la adolescencia frente a la violencia, la expresión «niño, niña o adolescente» se entiende referida a los menores de edad. Tanto la LECr como el CP manejan en ocasiones otros tramos de edad como límite para ciertas actuaciones o conductas agravadas, Así, por ejemplo, la declaración testifical de menores de catorce años se preconstituirá como prueba (artículo 449 ter LECr), y el artículo 148.3.º CP agrava las lesiones que se causen a menor de catorce años; para agravar particularmente un asesinato, en cambio, el límite de edad de la víctima se eleva a dieciséis (artículo 140 1.ª CP), y también maneja esta franja de edad la legislación procesal para prohibir por debajo de ella la detención o prisión incomunicadas (artículo 509.4 LECr). Otras muchas normas, en cambio, se refieren a los menores de edad, y hay que entender que también la competencia de las secciones de violencia contra la infancia y la adolescencia de los tribunales de instancia cuando entren en vigor, el 3 de octubre de 2025[13].

No le habrá pasado desapercibido al legislador, y muy posiblemente sea un resultado buscado, que este ámbito de aplicación procesal (competencia de las secciones de violencia contra la infancia y la adolescencia limitada a los menores

13. Disposición final trigésima octava LOEP, en su tercer párrafo.

de edad) no coincide con el ámbito de aplicación sustantivo que las normas penales definen para muchos de los delitos atribuidos a la competencia de las secciones de violencia contra la infancia y la adolescencia, y que abarca tanto a los menores como a las personas con discapacidad necesitadas de especial protección. Así sucede, por ejemplo, en una gran parte de los delitos contra los derechos y deberes familiares previstos en el Capítulo III del Título XII del Libro II CP, y también con muchas de las circunstancias que modifican la responsabilidad criminal respecto de otros delitos. A los delitos que tengan como víctimas a personas que requieran auxilio para el ejercicio de su capacidad se les aplicarán, pues, los mismos tipos penales que a los que se realizan contra menores, pero lo hará un tribunal distinto; la sección de instrucción en el primer caso, y la sección de violencia contra la infancia y la adolescencia en el segundo.

Delitos recogidos en los títulos del Código Penal relativos a homicidio, aborto, lesiones, lesiones al feto, contra la libertad, delito de torturas y contra la integridad moral, delitos contra la intimidad, el derecho a la propia imagen y la inviolabilidad del domicilio, delitos contra la libertad, delitos contra las relaciones familiares, o cualquier otro delito cometido con violencia o intimidación, cuando la víctima sea niño, niña o adolescente. El criterio de atribución de competencia a las secciones contra la infancia y la adolescencia es múltiple, y no particularmente claro. Se usa la técnica de atribuir delitos concretos, a través de los títulos que los contienen; pero también se establece una cláusula de cierre amplia, como la relativa a cualquier delito cometido con violencia e intimidación, que amplía la competencia a delitos no contenidos en el elenco inicial, como pueden los delitos contra el patrimonio o los delitos contra la libertad sexual, entre otros. No es fácil comprender por qué los delitos contra la libertad cometidos contra menores de edad son competencia de las secciones de violencia contra la infancia y la adolescencia en todo caso, mientras que los cometidos contra la libertad sexual de menores de edad lo son únicamente si medió violencia o intimidación, con lo que el difícil elemento del consentimiento respecto de ciertas conductas con menores de edad afecta a la correcta determinación de la competencia del tribunal. De nuevo, como ya se vio con la competencia de las secciones de violencia sobre la mujer, es terreno abonado para conflictos de competencia entre órganos jurisdiccionales, uno de los peligros importantes que la norma jurídica procesal tendría que ser capaz de conjurar.

Los delitos contra los derechos y deberes familiares pasan de la competencia de los Juzgados de violencia sobre la mujer a la de las nuevas secciones de violencia contra la infancia y la adolescencia. Lo cierto es que la mayoría de las conductas tipificadas en este Capítulo III del Título XII del Libro II CP lo están solo en cuanto se cometen contra menores; dicho de otro modo, el hecho de que la víctima sea menor es lo que dota a la conducta de naturaleza delictiva; así, por ejemplo, los artículos 223 y 224 CP, «el que, teniendo a su cargo la custodia de un menor de edad...», «El que indujere a un menor de edad...». Sin embargo, estos delitos pueden ser competencia también de otros dos órganos jurisdiccionales. Por un lado, de las secciones de instrucción cuando la víctima sea mayor de edad, como puede suceder aplicando los tipos de los artículos 226 o 227 CP, relativos a la falta de cumplimiento de los deberes establecidos en la ley respecto del sustento de ascendientes, descendientes o cónyuge que estén necesitados y al impago de prestaciones económicas; por otro, de las secciones de violencia sobre la mujer si se cometen con violencia o intimidación. No hay que olvidar que a la instrucción de las secciones de violencia sobre la mujer se encomiendan, no solo los delitos incluidos en las rúbricas del CP expresamente mencionados en el artículo 15.4 LECr, sino como esta norma establece expresamente, «cualquier otro delito cometido con violencia o intimidación».

Delitos de trata. El artículo Fragmentación. Delitos contra los derechos de los trabajadores.

Competencia para enjuiciar. Las secciones de violencia contra la infancia y la adolescencia se asimilan por su naturaleza a las secciones de instrucción y de violencia sobre la mujer, de modo que el núcleo de su competencia consiste en la instrucción de procesos por delito. Excepcionalmente, ocupan el lugar de tribunales sentenciadores en dos circunstancias. Por un lado, para el enjuiciamiento y fallo de los delitos leves «que les atribuya la ley», conforme al artículo 14.6 II b) LECr; y, por otro, para el dictado de las sentencias de conformidad «en los casos establecidos por la ley», según dispone el artículo 14.6 II c) LECr. Sin embargo, y como ya se ha hecho notar respecto de la competencia de las secciones de violencia sobre la mujer que se expresa en términos similares[14], es una competencia vacía de contenido, porque el artículo 14.6 LECr es en este punto una mera copia del artículo 89 bis 5 LOPJ, en lugar de desarrollar sus previsiones genéricas, como la determinación concreta de los delitos leves de los que pueden conocer las secciones de violencia contra la infancia y la adolescencia, o los supuestos en los que les compete dictar sentencias de conformidad. De momento, por tanto, los apartados d) y e) del artículo 14.5 LECr no son operativos.

> La emisión de instrumentos de reconocimiento mutuo no resulta problemática a estos efectos, porque la Ley 23/2014, de 20 de noviembre, de reconocimiento mutuo de resoluciones penales en la Unión Europea, identifica al órgano emisor con referencia al tribunal competente en el proceso penal de que se trate y para la actuación penal de que se trate, de modo que las secciones de violencia contra la infancia y la adolescencia podrán emitir estos instrumentos cuando sea necesario en el ámbito de sus competencias. En cambio, las secciones de violencia contra la infancia y la adolescencia no ejecutarán instrumentos de reconocimiento mutuo, puesto que esta competencia sí se atribuye de manera individualizada a órganos jurisdiccionales concretos en la ley de reconocimiento mutuo, y no ha sido modificada para atribuir funciones de ejecución a las secciones de violencia contra la infancia y la adolescencia, no es fácil saber si intencionadamente o por olvido.

14. *Vid. supra* Epígrafe 2.2.1.

Adopción de medidas cautelares. Respecto de la previsión relativa a la adopción de medidas cautelares que aseguren la protección de las víctimas menores de edad, hay que entender que está hecha para los mismos procesos que tienen competencia para instruir; no parece que sea eficaz que, correspondiendo la instrucción a otro órgano jurisdiccional, las medidas cautelares de protección las acuerde la sección de violencia contra la infancia y la adolescencia. No será un supuesto frecuente, puesto que es precisamente la minoría de edad de la víctima lo que determina la competencia para instruir de la sección de violencia contra la infancia y la adolescencia, pero hay que tener en cuenta que la competencia para instruir es de naturaleza funcional, y depende del tribunal que tiene competencia objetiva para el enjuiciamiento. Las secciones de violencia contra la infancia y la adolescencia instruyen, como las secciones de instrucción y de violencia sobre la mujer, delitos que posteriormente sentenciarán las secciones de lo penal, las audiencias provinciales o el tribunal del jurado. Pero si la competencia para enjuiciar un delito con una víctima menor corresponde al Tribunal Supremo o al Tribunal Superior de Justicia porque el autor está aforado a ellos; a la sección de menores, porque el autor es menor de edad penal; o a los órganos que integran la Audiencia Nacional porque el delito de que se trata está previsto en el artículo 65 LOPJ, la competencia funcional para instruir no será de las secciones de violencia contra la infancia y la adolescencia, y tampoco le corresponderá adoptar en esos procesos medidas cautelares para la protección de los menores afectados.

La competencia territorial de las secciones de violencia y adolescencia de los tribunales de instancia sigue el criterio general del lugar de comisión del delito, puesto que no se le ha señalado ninguna particularidad en este punto, como sí sucede en el artículo 15 bis LECr, con referencia a los juzgados de violencia sobre la mujer que ahora hay que entender adaptada a la correspondiente sección.

2.4. LA CONCURRENCIA DE LAS SECCIONES DE VIOLENCIA SOBRE LA MUJER CON LAS SECCIONES DE INSTRUCCIÓN Y DE VIOLENCIA CONTRA LA INFANCIA Y LA ADOLESCENCIA

Las secciones de instrucción, de violencia sobre la mujer, y de violencia contra la infancia y la adolescencia comparten naturaleza jurídica, son órganos jurisdiccionales instructores, de modo que se ocupan en todo caso de la fase de investigación del proceso penal. Pero mientras la competencia de las primeras es genérica, las otras dos están especializadas en ciertas materias, cualificadas fundamentalmente por las víctimas de las conductas delictivas que les corresponde investigar.

La concurrencia de varios tribunales sobre las mismas funciones puede provocar dos tipos de problemas. Por un lado, la posible formulación de cuestiones de competencia, cuando respecto del mismo asunto se dude del órgano competente, por ejemplo en supuestos en los que un mismo hecho delictivo origina varias víctimas que determinan la competencia de tribunales distintos. Por otro, la determinación del tribunal competente en supuestos de conexión. Y para resolverlos, que no es sencillo, hay que tener en cuenta dos factores. El primero, que, a salvo de previsiones expresas en otro sentido, los tribunales especializados son preferidos respecto de los que tienen una competencia general. Y, el segundo, que la conexión no implica automáticamente enjuiciamiento en el mismo proceso, sino solo en la medida en que el tribunal competente decida que «la investigación y la prueba en conjunto de los hechos resulten convenientes para su esclarecimiento y para la determinación de las responsabilidades procedentes salvo que suponga excesiva complejidad o dilación para el proceso», según dispone el segundo inciso del artículo 17.1 LECr.

Las cuestiones de competencia que se susciten, tanto negativas como positivas, entre órganos jurisdiccionales que pertenecen al mismo orden jurisdiccional, las resuelve el superior jerárquico común, conforme al artículo 51 LOPJ.

La LECr se preocupa de evitar puntos de fricción complejos entre las competencias de las secciones de violencia sobre la mujer y de violencia contra la infancia y la adolescencia. Por un lado, la referencia a las mujeres víctimas que determina la competencia de las secciones de violencia sobre la mujer debe entenderse hecha a las mujeres mayores de edad; si fueran menores, es decir, niñas o adolescentes, la violencia sexual que les afecte es competencia de las secciones de violencia contra la infancia y la adolescencia. Por otro, del artículo 14 LECr se desprende claramente que cuando el acto de violencia contra un menor está vinculado a la comisión de un acto de violencia de género contra una mujer que es madre del menor o bajo cuya protección jurídica, en cualquiera de sus formas, el menor se encuentra, la competencia corresponde a las secciones de violencia sobre la mujer. En todo caso, la LEC resuelve expresamente la posible cuestión de competencia entre órganos especializados a favor de las secciones de violencia sobre la mujer. Así, el artículo 14.7 dispone que «En caso de que los hechos objeto de instrucción por la Sección de Violencia contra la Infancia y Adolescencia también pudieran ser conocidos por la Sección de Violencia sobre la Mujer, la competencia le corresponderá en todo caso a la segunda». Es una disposición lógica desde la perspectiva de las funciones tradicionales de las actuales secciones de violencia sobre la mujer, en cuanto que la concurrencia se produce en estos supuestos porque la victimización de menores de edad está ligada al acto de violencia sobre la mujer, de manera que la competencia para el segmento más amplio (menores más violencia sobre la mujer) absorbe a la más limitada (solo menores).

Sin embargo, la propia LECr contiene una norma de conflicto contradictoria con la que se acaba de mencionar, puesto que el artículo 14.6 I c) prevé que es competencia de las secciones de violencia contra la infancia y la adolescencia el delito de trata de seres humanos del artículo 177 bis del Código Penal «cuando al menos una de las víctimas sea niño, niña o adolescente». Supongamos que un delito de trata con fines de explotación sexual tiene víctimas femeninas, mayores y menores de edad. Conforme al artículo 14.6 I c) LECr, instruir este delito es competencia de las secciones de violencia contra la infancia y la adolescencia, puesto que alguna víctima es menor de edad; conforme al artículo 14.5 h) LECr, es competencia de las secciones de violencia sobre la mujer porque la finalidad es la explotación sexual, hay víctimas mujeres, y según el artículo 14.7 LECr, cuando concurre la competencia de ambos órganos, se prefiere la de las secciones de violencia sobre la mujer. Esto implica una gestión competencial complicadísima del delito de trata, puesto que si concurren víctimas menores de edad y mujeres mayores de edad en una trata con cualquier finalidad distinta de la explotación sexual, la competencia será de las secciones de violencia contra la infancia y la adolescencia, mientras que si la finalidad del delito es la explotación sexual de las víctimas, la competencia será de las secciones de violencia sobre la mujer.

También existen zonas de conflicto entre ambas secciones especializadas y las secciones de instrucción. Por un lado, hay que atender a las cuestiones propias del servicio de guardia; por otro, a la concurrencia respecto de un mismo delito de víctimas mayores y menores, o de mujeres y hombres.

El artículo 797 bis LECr regula la confluencia, respecto del enjuiciamiento rápido de delitos, de las secciones de instrucción y de violencia sobre la mujer, de manera que los delitos susceptibles de ser tramitados por este procedimiento serán sometidos al tribunal de instrucción que se encuentre de guardia, salvo que la competencia para conocer de ellos corresponda al tribunal de violencia sobre la mujer, supuesto en el que la intervención del órgano de guardia se limitará a decidir sobre la situación personal del detenido si es necesario, mientras que las restantes diligencias se entenderán con el tribunal de violencia sobre la mujer atendiendo a su calendario de señalamientos y horas de audiencia. Pese a que es del todo inadecuado resolver analógicamente en materia de competencia, el paralelismo es tan claro que estimo que debiera aplicarse la misma regla respecto de las secciones de violencia contra la infancia y la adolescencia, no tanto porque tengan la misma naturaleza jurídica que las secciones de violencia sobre la mujer, sino porque el artículo 14.6 c) LECr les atribuye competencia para dictar sentencia de conformidad, si bien otorgada igualmente de un modo muy deficiente, como ya se ha señalado.

> RODRÍGUEZ LAÍNZ propone lo contrario, y tampoco faltan razones. Entiende inadecuada la competencia por analogía del servicio de guardia, advierte que la LOPJ solo confiere competencia a este servicio en materia de infancia y adolescencia para adoptar órdenes de protección (artículo 88.1 f) LOPJ) y resaltando la imposibilidad de que lo haga el órgano especializado y considera que lo más urgente, la legalización de los detenidos, debe hacerse conforme a los artículos 499 y 505.6 LECr, y no en sustitución de la sección de violencia contra la infancia y adolescencia[15].

15. RODRÍGUEZ LAÍNZ, J. L. (nota 10), p. 13 edición electrónica.

¿Qué ocurrirá, a efectos de competencia, cuando un mismo delito provoque simultáneamente víctimas mayores de edad y menores de edad? Siendo un escenario tan previsible, el legislador debiera habérselo planteado, pero lo ha hecho solo respecto del caso ya visto del delito de trata. En efecto, el apartado c) del artículo 14.6 I LECr, que establece la competencia de las secciones de violencia contra la infancia y la adolescencia para el delito de trata de seres humanos del artículo 117 bis CP, finaliza resaltando «cuando al menos una de las víctimas sea niño, niña o adolescente». Una lectura lógica *a contrario* nos permitiría entender que, si respecto de los restante delitos no se ha dicho nada, la concurrencia de víctimas mayores y menores determinará la competencia de las secciones de instrucción; sin embargo, no es una interpretación libre de inconvenientes.

¿Qué otras opciones habría? La división de la causa no parece una buena alternativa, no ya por la absurda inversión de recursos en que dos órganos jurisdiccionales investiguen los mismos hechos, sino por la concurrencia de litispendencia, ya que los hechos serían los mismos y los autores también, aunque hayan causado víctimas mayores y menores.

Nuestro sistema jurídico penal resuelve algunas situaciones complicadas en el ámbito de la competencia de los tribunales con la división de la causa y la investigación de los mismos hechos por tribunales distintos. Así sucede, por ejemplo, cuando los autores de un hecho son mayores y menores de edad conjuntamente, o cuando se decide no llevar al no aforado ante el mismo tribunal de quien sí lo está. Pero, además de no ser una solución en absoluto ideal, que invierte más recursos de los necesarios y que corre el riesgo de provocar resoluciones desiguales si no contradictorias, se trata de situaciones muy distintas a las que aquí os ocupan, aunque una mirada rápida pueda hacerlas parecer similares. En ninguno de los ejemplos puestos existe litispendencia, puesto que los sujetos pasivos de los procesos son distintos, y provocan que los objetos procesales también lo sean, mientras que aquí observamos, no solo los supuestos de conexión, sino también el caso de que un mismo autor con un mismo hecho provoque víctimas mayores y menores de edad. Dividir la causa cuando uno de los autores es mayor y otro menor no es solo una cuestión de tribunal competente, sino también de que al autor menor se le aplican unas normas procesales y sustantivas distintas que al mayor. Dividir la causa entre aforados y no aforados no implica a tribunales iguales, sino a tribunales con diferencia de rango que, además, en la práctica, tratan de asumir solo la fase de juicio oral y mantener una fase de investigación común, que es la que consume más recursos y puede provocar mayores desigualdades. Pero en los supuestos que aquí observamos ni hay legislación especial sustantiva o procesal, ni hay diferencia de rango entre tribunales, y se trata precisamente de la competencia para investigar. No hay, pues, paralelismo posible entre unas situaciones y otras.

Igualmente rechazable resulta como criterio la valoración de si existía o no intención específica de afectar a menores de edad. Una regla valorativa no es adecuada para definir desde el principio del proceso un factor tan objetivo como la competencia de los órganos jurisdiccionales; y sería además un criterio problemático en relación con otro tipo de supuestos, como los delitos imprudentes con víctimas menores, que tendrían que ser atribuidos entonces a secciones de instrucción porque la conducta no perseguía específicamente causar daño a menores. Quedan pues, dos posibilidades, atribuir todo el hecho (o todos los hechos conexos) y sus consecuencias al tribunal con competencia general, o dirimir la cuestión a favor del órgano especializado.

Las reglas interpretativas habituales obligan a inclinarse por esta última opción, y a sostener la competencia del tribunal especializado cuando concurran factores que determinan su intervención junto con otros que señalarían la competencia de otros órganos jurisdiccionales. En un repaso rápido y necesariamente simplificador, así sucede cuando hay delitos conexos con el tribunal del jurado, con los órganos que integran la audiencia nacional o con los determinados por aforamientos. La mala técnica legislativa que caracteriza a toda la LOEP determina que no adoptemos el criterio lógico antes enunciado de entender que los tribunales de violencia contra la infancia y la adolescencia solamente arrastran la competencia para conocer cuando hay víctimas mayores y menores en el caso del delito de trata, que es el único así especificado en el artículo 14.6 LECr; tal vez sus características determinaron que el legislador se lo representase con un conjunto de víctimas y no con una víctima menor aislada. Sin embargo, lo coherente con la naturaleza especializada del órgano es entender que esta matización debe extrapolarse al resto de los delitos cuya investigación se atribuye a los tribunales de violencia contra la infancia y la adolescencia.

2.5. ¿MODIFICA LA LOEP INDIRECTAMENTE LA COMPETENCIA DEL TRIBUNAL DEL JURADO?

No existe en la LOEP una mención expresa a la modificación de las competencias del Tribunal del Jurado previstas en la LO Ley Orgánica 5/1995, de 22 de mayo, del Tribunal del Jurado. Sin embargo, a través de la reforma del artículo 795.2.ª LECr, la LOEP incorpora los delitos de allanamiento de morada del artículo 202 CP y los delitos de usurpación del artículo 245 CP al elenco de los que pueden ser objeto de un juicio rápido; y los delitos de allanamiento de morada se encuentran atribuidos al tribunal del jurado por el artículo 1.2 LOTJ, que la LOEP no corrige.

Como se desprende del artículo 24.2 LOTJ, el tribunal del jurado solo conoce a través de un proceso especial, el proceso ante el tribunal del jurado; por tanto, señalarle a un delito un proceso adecuado distinto del proceso ante el tribunal del jurado parece tanto como extraer este delito de la competencia del tribunal del jurado y atribuirlo a los tribunales que tienen el juicio rápido como instrumento de enjuiciamiento, es decir, a las secciones penales de los tribunales de instancia, y a las secciones de instrucción si es que el sujeto pasivo presta su conformidad con la pena solicitada por el ministerio fiscal durante la guardia de la sección de instrucción que ha recibido el atestado, conforme al artículo 801.1 LECr.

Si esta ha sido la intención del legislador, el procedimiento no puede ser más incorrecto técnicamente; pero pese a ello, la modificación se habría producido válidamente, puesto que se trata de una ley orgánica que regula una situación de modo incompatible con una ley orgánica anterior, que debe entenderse por tanto tácitamente corregida; más aún, derogada, a tenor de la disposición derogatoria única de la LOEP.

> «A la entrada en vigor de la presente ley quedan derogadas cuantas disposiciones de igual o inferior rango contradigan, se opongan o resulten incompatibles con lo dispuesto en la presente ley, excepto el Real Decreto-ley 1/2017, de 20 de enero, de medidas urgentes de protección de consumidores en materia de cláusulas suelo, que quedará derogado a la entrada en vigor del Título II de la presente ley».

Lo cierto es que el juicio rápido no es un cauce procesal estable, sino una derivada posible del procedimiento abreviado cuando concurren ciertas circunstancias, de entre las que el tipo delictivo es solo una. Si los elementos previstos en el artículo 795 LECr no se concitan o si, concurriendo, la policía judicial no puede practicar las actuaciones previstas en el artículo 796 LECr, los delitos incluidos en el ámbito de aplicación del juicio rápido se tramitarán a través del proceso abreviado, puesto que ninguno de ellos tiene señalada una pena que exceda de nueve años de privación de libertad. Podríamos preguntarnos, entonces, si la LOEP se ha limitado a prever que, cuando concurran las circunstancias a que alude el artículo 795 LECr, el allanamiento de morada del artículo 202 CP se tramitará como juicio rápido, asumiendo implícitamente que la competencia corresponderá entonces a la sección penal del tribunal de instancia para enjuiciarlo; si no pudiera enjuiciarse como juicio rápido porque el contexto no fuese el señalado por la LECr, la falta de modificación de la LOTJ permitiría entender que sigue siendo competencia de este tribunal, mediante el proceso ante el tribunal del jurado.

Hay doctrina que estima que la referencia a los procesos especiales que se encuentra al comienzo del artículo 795.1 LECr («Sin perjuicio de lo establecido para los demás procesos especiales, el procedimiento regulado en este Título se aplicará a la instrucción y al enjuiciamiento de delitos...») permite considerar que estos delitos van a continuar en el ámbito del tribunal del jurado[16]. Sin embargo, no creo que sea esta la interpretación que debe darse a la mención a los procesos especiales del artículo 795.1 LECr, teniendo en cuenta que todos los procesos regulados en la LECr salvo el proceso ordinario por delitos graves se encuentran dentro del Libro IV, relativo a los procesos especiales, y que el

16. *Vid*. CÁNOVAS FERNÁNDEZ, N., «Claroscuros de la Ley Orgánica 1/2025, de 2 de enero, de medidas en materia de eficiencia del Servicio Público de Justicia», *La Ley Penal*, n.º 172, 2025, p. 7 edición electrónica.

juicio rápido no tiene un ámbito de aplicación exclusivo, sino que concurre con los de otros procesos cuando concurren cuentas condiciones. Por el contrario, dos razones determinan que sea preferible inclinarse por entender que, aun de este modo tan poco ortodoxo, el delito de allanamiento de morada ha salido de la competencia del tribunal del jurado. La primera de ellas es el respeto al derecho fundamental al juez ordinario predeterminado por la ley, es decir, al derecho que tiene todo ciudadano de conocer con claridad qué tribunal va a enjuiciarlo antes de que se produzcan los hechos que dan lugar a un proceso concreto. Como se ha dicho, el tipo delictivo es solo una de las circunstancias que determinan la procedencia del juicio rápido; aunque no se trata de un elemento del todo objetivo, puesto que hay hechos que pueden subsumirse en varios tipos delictivos, sí es un factor más objetivable que el de tratarse de una instrucción presumiblemente sencilla. Si entendemos que cuando es tramitable mediante juicio rápido el delito sería competencia de la sección penal del tribunal de instancia y, en caso contrario, competencia del tribunal del jurado, quien decida si la instrucción del delito va a ser o no presumiblemente sencilla tiene en su mano, no ya el proceso que va a servir de cauce al enjuiciamiento, sino la competencia misma para enjuiciar, y esto no resulta aceptable desde la perspectiva del derecho al juez ordinario.

La segunda razón es pragmática, y debe ser considerada en la interpretación de una norma que se refiere a la eficiencia. El allanamiento de morada es un delito sencillo y de repercusión limitada, que efectivamente se puede tramitar de una manera abreviada y rápida y que no justifica la inversión de tiempo y de recursos que supone la intervención del tribunal del jurado.

> Las siguientes palabras de PINO PÉREZ no pueden ser más expresivas. «En la práctica, los profesionales del Derecho suelen incurrir en el peligroso hábito de reconducir estas conductas por la vía del delito de usurpación de inmueble del art. 245 CP, cuyo elemento diferenciador trae causa de no considerar el inmueble como domicilio. Esta *mala praxis* conlleva que, a partir de una interpretación flexible del concepto "domicilio" pasemos de un procedimiento ante el Tribunal del Jurado a un mero juicio por delito leve. Sin dudas, esta situación podría evitarse si se ajustara el tipo de procedimiento a la entidad de la conducta que se juzga; por no hablar de los menores recursos económicos de la Administración de Justicia que se emplearían» [17].

La pregunta que se contiene en este epígrafe debe ser respondida, pues, de modo afirmativo: la LOEP modifica indirectamente la LOTJ, y extrae del ámbito de aplicación de esta norma el delito de allanamiento de morada regulado en el artículo 202 CP.

> El tribunal del jurado conserva en su competencia, en cambio, sobre el delito de allanamiento de morada del artículo 204 CP, cometido por funcionario público y

17. PINO PÉREZ, M. A., «La competencia objetiva del Tribunal del Jurado: problemas y propuestas de reforma», *La Ley Penal*, n.º 172, 2025, p. 11 edición electrónica.

que conlleva, además de la pena del tipo básico, una pena de inhabilitación absoluta de seis a doce años que es incompatible con los límites penológicos del juicio rápido previstos por el artículo 795.1 LECr. También se trata de un delito cuya atribución al tribunal del jurado rechaza la doctrina, por las dificultades propias de los delitos que tienen un sujeto activo determinado.

3. LA REFORMA DE LA CONFORMIDAD

La conformidad es una institución controvertida, porque, formando parte del proceso penal, entra en debate contradictorio con sus fines y sus medios. Nuestro régimen de conformidad arrastra, en su justificación teleológica, en su diseño legislativo y en su aplicación práctica, problemas de diversa índole, una y mil veces puestos de manifiesto por la doctrina; pero la LOEP no la aborda de manera sistemática, sino que se limita a introducir por el momento algunos mecanismos que aumentan su flexibilidad y amplían su ámbito, en línea con esta idea de eficiencia que tiene como eje reducir el número de procesos que se incoan y ofrecer vías amplias para la finalización anticipada de los que han comenzado.

A mi juicio, es esta idea de la conformidad como limpiadora eficiente del proceso penal la que ocasiona todos sus males, y es terrible que la LOEP no haga, sino ahondar en ella. La conformidad es en sí una institución lícita y compatible con el principio de legalidad y con la libertad de los ciudadanos, que no renuncian a ser titulares de los derechos fundamentales a la presunción de inocencia, a no confesarse culpables o a un proceso con todas las garantías, pero sí a ejercitarlos respecto de un proceso concreto. No hay ninguna objeción que oponer a que quien reconoce los hechos delictivos y acepta una condena por ellos se beneficie de una rebaja de la pena señalada en el CP, y esto por múltiples razones: porque una parte de la prevención especial que constituye la finalidad fundamental de la pena una vez se ha producido el hecho delictivo está cumplida con el reconocimiento y la aceptación; porque este reconocimiento y aceptación ahorran al sistema penal un esfuerzo importante para llegar al mismo resultado, la condena y la imposición de una pena; porque el reconocimiento de los hechos y la aceptación de la condena ponen límite al sufrimiento de la víctima, que ve la verdad restablecida, que comprueba que el sistema jurídico-penal ha funcionado y que con el cierre anticipado del proceso clausura también una etapa que suele dificultar su recuperación y que en ocasiones agrava el daño del delito; y porque puede ir unida a una especial colaboración con la Justicia para el esclarecimiento de los hechos o para la determinación de otras responsabilidades penales, y también a un especial interés por reparar y restaurar a la víctima y a la sociedad. Es razonable y deseable que la ley procesal penal contenga un buen sistema de conformidad, y que este sea un estímulo para quienes se saben autores de los hechos punibles y comprenden que lo que razonablemente pueden esperar del sistema jurídico penal es una condena a la pena prevista en el CP.

El buen funcionamiento de la conformidad va unido al buen funcionamiento del proceso penal, a su previsibilidad y seguridad, que impulsará a conformarse a quien tiene la seguridad de que el proceso penal se ha desenvuelto correctamente y va a hacerlo en lo que resta; en un proceso penal en el que son habituales las nulidades de actuaciones o las pruebas obtenidas con vulneración de derechos fundamentales, la esperanza de quien se sabe culpable en una aminoración de la pena puede residir en estos aspectos, y no en el régimen de conformidad.

Lo que resulta jurídica y conceptualmente rechazable, pero pese a ello constituye asombrosamente el eje central de la defensa y ampliación de esta institución, es que su importancia, crecimiento, régimen y funcionamiento concretos estén justificados en que descongestiona el proceso penal, en que soluciona los problemas del proceso penal a base de eliminar procesos penales. Es increíble. No importa si la pena cumple o no su función; ni si el proceso aminora o disminuye el sufrimiento de la víctima; y tampoco si puede impulsar la colaboración con la justicia o la restauración del daño causado. Importa que saca procesos del sistema, que es cuantitativamente eficiente. Resulta que el Estado, que es responsable de prevenir la criminalidad; que es también responsable de que el Derecho Penal responda verdaderamente a su naturaleza de *ultima ratio* y de que los tipos penales sean los realmente imprescindibles; y que es, por último, responsable de dispensar a los ciudadanos la tutela de la que los priva con el monopolio de la jurisdicción, no pone el centro de la reforma del sistema en el cumplimiento eficaz de estas responsabilidades, sino en impulsar un sistema de conformidad que prescinde del sentido que le es inherente y se convierte simplemente en un modo de incentivar y premiar la asunción voluntaria de una responsabilidad penal que es importante y celebrada porque pone fin al proceso que debía establecerla. No es extraño que esta idea de la conformidad, que se transparenta en su regulación, cause rechazo u origine adhesiones interesadas y pragmáticas, en el sentido más peyorativo.

Tampoco ayuda a un enfoque correcto de la conformidad su tan extendida asimilación a la negociación, al consenso o a la oportunidad. La conformidad es compatible con el principio de legalidad y con la idea de que la pena y la condena no son instituciones disponibles, en la medida en que su aminoración como consecuencia de una conformidad puede fundarse en conceder valor a factores que también son relevantes para el sistema jurídico-penal, como el reconocimiento de los hechos, la disposición a reparar a la víctima o la voluntad de colaborar con la justicia. El ministerio fiscal y el letrado deben hacer ver a sujeto pasivo del proceso penal cuál es su situación, y las ventajas que tenga en su caso concreto aceptar una condena determinada en lugar de defender la presunción de inocencia. Pero esta función es muy distinta de la idea de negociación y de acuerdo, que no es posible sobre cuestiones o intereses cuya titularidad no se ostenta, al menos no por completo, que es lo que sucede en el proceso penal; y que nos conduce en cierto modo a la ventaja del más fuerte o del mejor posicionado, con el riesgo de que se ofrezca menos o peores condiciones a quien se considera más vulnerable, y se ofrezcan más o mejores condiciones para vencer la resistencia de quien se percibe con mayor capacidad de rechazar el acuerdo. Un correcto entendimiento del derecho a la tutela judicial efectiva debería llevar a los ciudadanos a saber con toda seguridad en cualquier orden jurisdiccional que no están obligados a llegar a un acuerdo que piensan que conculca sus derechos e intereses, y que no van a ser mal o peor tratados por ello pretender ejercer su derecho a ser tutelados por un tribunal.

La conformidad tiene todavía un problema importante, que es su confusión con la confesión. La conformidad es el reconocimiento de unos hechos y la aceptación de una pena; más bien el reconocimiento de los hechos que constituyen el objeto del proceso y la aceptación de una pena por ellos. Y, como consecuencia, vincula al tribunal. La confesión es la declaración del sujeto pasivo del proceso penal de ser ciertos unos hechos que se le atribuyen; pero ni tiene que proyectarse sobre todos los que configuran el objeto del proceso, ni conlleva la aceptación de la pena que la acusación pida por ellos, ni vincula al tribunal. La mixtura entre estas instituciones, que son similares, está en la LECr desde 1882, de modo que la conformidad en el juicio ordinario está regulada junto con las normas que se refieren a la confesión como medio de prueba (artículos 688 y siguientes LECr), provocándose así algunas incoherencias que no son fácilmente explicables, como la previsión de que el defensor pueda considerar necesaria la continuación del juicio oral frente a la conformidad (realmente confesión) de su defendido que prevén los artículos 696 y 697 LECr. Lo más problemático es que también el artículo 655, reformado por la LOEP y que no forma parte de las normas que regulan la confesión, contempla que la asistencia letrada del acusado que se ha conformado considere necesaria la continuación del juicio; diciendo, a renglón seguido, que el abogado le facilitará al sujeto pasivo información escrita del acuerdo alcanzado. Como se ve, el legislador no advierte ninguna contradicción en que el letrado negocie un acuerdo por su cliente (tanto es así que debe darle a su defendido información escrita sobre él) para poner fin al proceso penal, y que acto seguido interese la continuación del juicio pese a la existencia del acuerdo. Es urgente poner fin a este problema de concepto; y pienso que ayudaría la supresión de la posibilidad de conformarse dentro del juicio oral, que se propone más adelante[18].

> La confesión puede ser parcial, referirse solo a varios hechos; la conformidad no, porque la pena no se acepta respecto de unos hechos sí y no respecto de otros, sino que los abarca todos. La conformidad parcial tal vez podría producirse en supuestos de conexión, cuando el sujeto pasivo del proceso esté dispuesto a conformarse con hechos que constituyen un delito, pero no con otro. En estos casos, lo más oportuno sería desvincular ambos objetos, no ya mediante una pieza sepa-

18. A la diferencia entre conformidad y confesión se refirió también la STS 291/2016, de 7 de abril ECLI:ES:TS:2016:1505, y muchas otras después de ella, señalando que la conformidad no es un acto de prueba y que el reconocimiento de hechos que conlleva no puede equipararse con la confesión.

rada, sino incoando un nuevo proceso para poner fin al vigente con la conformidad y continuar tramitando el nuevo respecto del delito no conformado.

Las modificaciones introducidas en la conformidad por la LOEP afectan tanto a sus presupuestos como a su desenvolvimiento procesal.

3.1. MODIFICACIONES RELATIVAS A SUS PRESUPUESTOS

Hasta la LOEP, como presupuestos de la conformidad podían enumerarse la exigencia de conformarse con la pena más grave de las solicitadas siempre que no excediera de seis años de privación de libertad; la conformidad de todos los acusados; y la coherencia entre los hechos reconocidos y la calificación y pena aceptadas. Por el contrario, la conformidad con la responsabilidad penal no estaba condicionada a la aceptación de la responsabilidad civil más grave, de manera que el juicio podía celebrarse para fijarla, partiendo evidentemente de los hechos reconocidos.

3.1.1. El límite penológico

La LOEP prescinde del presupuesto relativo a la cuantía de la pena —sin que el Preámbulo dedique una sola palabra a justificar la desaparición de un criterio de conformidad que lleva en la LECr desde 1882—, de manera que el sujeto pasivo del proceso penal puede conformarse respecto de cualquier delito, de cualquier pena y en cualquier proceso de entre los previstos en la LECr, siempre que, independientemente de cuantía, acepte la pena más grave de las solicitadas por las acusaciones.

El límite de seis años para la conformidad no ha sido eliminado del artículo 50.1 LOTJ. De nuevo el legislador, como ya sucede con la competencia, olvida modificar esta norma de forma coherente con los cambios que introduce en la LECr, estableciendo en este caso una diferencia entre los sujetos pasivos sometidos a unos y otros tribunales que no tiene ningún fundamento, pero que en este caso no veo posible salvar con ninguna interpretación que no sea claramente *contra legem*. También prevé este límite de seis años el artículo 110 de la Ley Orgánica 9/2021, de 1 de julio, de aplicación del Reglamento (UE) 2017/1939 del Consejo, de 12 de octubre de 2017, por el que se establece una cooperación reforzada para la creación de la Fiscalía Europea, de modo que tampoco es posible conformarse con un pena que exceda de seis años de privación de libertad en los delitos que forman parte del ámbito de aplicación de este proceso especial.

Cuando la conformidad significa fundamentalmente aligerar a la justicia penal de trabajo, la supresión de un límite penológico produce vértigo. El principio de legalidad es la frontera del *ius puniendi* del Estado, y eliminar cualquier barrera de pena para la conformidad implica que el Estado puede imponer condenas muy elevadas, aunque sea con la aceptación del sujeto afectado, sin el control que suponen el proceso y la sentencia de condena dictada tras la destrucción de la presunción de inocencia mediante la prueba; o, lo que es lo mismo, prescindiendo de la garantía procesal que integra el principio de legalidad. Y no es igual hacer esto en un contexto en el que la conformidad implica la respuesta positiva del sistema jurídico penal a quien reconoce los hechos y asume una respuesta penal limitada por ellos, que con el objetivo de disminuir el trabajo de los tribunales penales.

> En un Estado de Derecho democrático, la Justicia también es evaluada por los ciudadanos, que le conceden o no credibilidad, y que se sienten más o menos inclinados a otorgar su voto a los programas y formaciones políticas que tratan a la Justicia de un modo o de otro, en función del valor que los ciudadanos le confieren. Y no ayuda nada a la valoración que de la justicia penal puedan tener los ciudadanos la impresión de que quienes la descongestionan a través de conformidades se quitan también trabajo a sí mismos. Mientras que el peso de la fase de instrucción lo lleva el órgano jurisdiccional, la fase de juicio oral es el terreno de las acusaciones y las defensas, de las alegaciones y pruebas de las partes; esta tarea gravosa para el ministerio fiscal y para los abogados desaparece con la conformidad, que evita el juicio oral. Algo parecido puede decirse del tribunal; la conformidad no se produce por iniciativa suya ni tiene parte en ella, pero lo libera del trabajo de la argumentación fáctica y jurídica de la sentencia, y del tiempo que invierte en el juicio oral. Todos estos actores tienen que ser particularmente cuidadosos para que el beneficio del sistema jurídico-penal no pueda confundirse con su beneficio propio.

La supresión de un límite de pena también puede agravar el riesgo de que la igualdad de trato resulte lesionada, puesto que el margen que puede recorrer la desigualdad se amplía enormemente. Las normas procesales no crean en el ámbito del proceso una igualdad que no existe fuera de él; pero sí deben asegurar en lo posible la igualdad de trato. Y, como ya se ha dicho, la negociación es por definición un mecanismo no igualitario, que puede arrojar resultados diversos en supuestos muy parecidos a causa de factores cuya influencia en el proceso penal debería ser limitada, y no extendida (la capacidad económica, o la formación personal); o materialmente injustos, puesto que quienes tienen más poder o información negocian con ventaja respecto de quienes han cometido actos menos graves, pero tienen también menos que ofrecer.

A mi juicio, el problema de los límites cuantitativos en la conformidad no está en la pena prevista para el delito cometido, sino en lo que se puede ofrecer, y también en aquello con lo que se puede «amenazar», que es un término terrible en este contexto, pero expresivo de lo que en ocasiones sucede. Si la conformidad se entiende como valoración positiva de la actitud de colaboración del sujeto pasivo con el proceso penal, tanto puede darse esta colaboración respecto de un delito grave como de uno menos grave, y no considero que el ordenamiento jurídico tenga que rechazarla por encima de una determinada pena. Sin embargo, los problemas de garantía procesal del principio de legalidad y de trato desigual apuntados, serían menos preocupantes si estuviese limitada la rebaja de pena que se puede ofrecer por la conformidad. Unos apuntes breves sobre esta posibilidad, que existe ya en la LECr para los juicios rápidos —de un modo muy simple, rebaja de un tercio de la pena sin más, también acorde con el tipo de delitos y penas que suelen resolverse e imponerse mediante este procedimiento—, pero cuya extensión no ha sido contemplada por el legislador.

— Delimitar normativamente en qué términos cuantitativos se valora la conformidad del sujeto pasivo devuelve la disposición de la pena a sus manos naturales, las del legislador. Y limita claramente el riesgo de desigualdades en función de las condiciones del sujeto pasivo. Añadiría que además garantiza una reflexión sobre los marcos penológicos que nos hace mucha falta, si no fuera por lo mucho que nos han enseñado los diversos legisladores de los últimos quince o veinte años sobre la precipitación, improvisación, instrumentalización, casi frivolidad, con la que se elaboran normas jurídicas de gran trascendencia para la vida de la sociedad.

— La garantía procesal del principio de legalidad no se recupera, claro está, pero se sustituye por seguridad jurídica. El sujeto pasivo sabría la rebaja de pena que implica reconocer los hechos y aceptar la condena, y cuánto más podría todavía disminuir si se muestra dispuesto a reparar a la víctima o ya lo ha hecho —y no solo en cuanto a la responsabilidad civil, que también, sino en los distintos ámbitos que ofrece la justicia restaurativa—, y podría valorar correctamente la conveniencia de defender su inocencia o de aceptar los hechos y la pena.

— Por supuesto, la cuantía de la pena no es el único ámbito de negociación; también es posible ofrecer tipos más o menos ventajosos, o aplicación de circunstancias modificativas de la responsabilidad penal[19]. Estos términos cualitativos corresponden, sin embargo, a otro presupuesto, el control judicial de la adecuación entre los hechos reconocidos, la calificación jurídica y la pena.

La posibilidad de conformarse con una pena que excede de seis años de privación de libertad no merece por sí misma un juicio negativo, pero es poco satisfactoria en un contexto en el que la finalidad de la conformidad está deformada y persigue fundamentalmente un alivio del sistema que tendría que llegar por otras vías. Signo de estas deformidad y deformación son las prácticas que llevan tiempo trascendiendo el límite legal de manera encubierta, y las voces que reclaman que sea la ley la que se adapte a la práctica ilegal, y no que la práctica observe la finalidad y los límites establecidos por el legislador.

19. GARCÍA DURÁN, S. y HERNÁNDEZ OLIVEROS, J. C., «La conformidad en el proceso penal, ¿un mal necesario?», *Diario La Ley* n.º 9935, 2021, p. 11 edición electrónica, mencionan la aplicación de subtipos atenuados, de menores grados de ejecución o autoría, o la aceptación de atenuantes que pudieran ser discutibles.

3.1.2. Los restantes presupuestos

La LOEP no reforma los restantes presupuestos, de manera que la conformidad debe prestarse por todos los acusados, tiene que ser controlada por el tribunal para dictar sentencia en cuanto a la coherencia entre hechos, calificación y pena, y es independiente de la responsabilidad civil, que puede ser enjuiciada pese a que exista conformidad con la responsabilidad penal. Un apunte breve sobre cada uno de estos elementos en el conjunto.

Conformidad unánime. La exigencia de que se conformen todos los acusados es lógica con un criterio de conservación de la coherencia entre resoluciones penales que se refieren a unos mismos hechos. Sin embargo, tiene grandes inconvenientes, porque quienes no quieren conformarse sufren presión por parte de quienes sí desean hacerlo o que se haga, hasta el punto de que ha sido considerada como una de las circunstancias que determina la conformidad de quienes son inocentes con una sentencia de condena[20]. Por otro lado, independizar las conformidades de los coacusados tampoco libra de presión a quien no quiere conformarse, puesto que el juicio oral que podría no celebrarse si todos se conforman va a tener lugar para enjuiciar solo a los que se han resistido a aceptar la conformidad que se les ofrece, y esto tiene dos peligros; por un lado, que para moverlos a la conformidad se realicen escritos de acusación particularmente duros o proposiciones de pena al alza, y, por otro, que tanto el juicio oral como la sentencia reflejen también un cierto grado de aflicción para el sujeto pasivo que ha arrastrado a todos los actores implicados al proceso en lugar de habérselo evitado.

Si todas las piezas de la conformidad estuvieran en su sitio, porque el planteamiento respecto de su finalidad es el correcto, la rebaja de pena posible está prevista en la ley con los márgenes razonables y adecuados, y el control judicial funciona, no habría inconveniente en permitir la conformidad individualizada. La coherencia de las resoluciones penales es muy importante, pero no es el valor absoluto de la justicia penal, y la individualización de la conformidad no sería siempre un problema ni el único problema para esta coherencia. Por un lado, puede que las diferencias entre los coacusados que se conforman y los que no quieren conformarse no radiquen en si los hechos existieron o no, o en su carácter delictivo, sino en su participación en ellos o en la responsabilidad penal de cada uno. Por otro lado, la LECr permite conformarse a las personas jurídicas en procesos penales en los que no hay conformidad de las personas físicas acusadas por los mismos hechos, asumiendo expresamente el riesgo de contradicción al declarar que el contenido de esta conformidad no vinculará en el juicio que se celebre contra los demás acusados (*vid.* artículos 655.8 y 787 ter 8, LECr); también lo asume cuando el sobreseimiento provisional del proceso respecto de un procesado que no está a disposición del tribunal no impide la

20. LASCURAÍN SÁNCHEZ, J. A. y GASCÓN INCHAUSTI, F., «¿Por qué se conforman los inocentes?», *Indret*, n.º 3 2018, pp. 16-20 y 22-23, edición electrónica.

apertura de juicio oral contra los restantes procesados, de modo que le juicio posterior contra el huido puede arrojar un resultado distinto.

El legislador de la LOEP se planteó independizar a los acusados a efectos de conformidad, aunque solo en el procedimiento abreviado, una idea no fácilmente explicable porque no hay diferencia a estos efectos entre uno y otro proceso; pero lo cierto es que esta posibilidad se introducía en el artículo 785.9 LECr, mientras que el artículo 655 LECr no se modificaba en este punto. Retirada del texto aprobado definitivamente, la voluntad del legislador parece clara, puesto que mantiene la posibilidad de desvinculación para las personas jurídicas, pero introdujo y retiró la modificación respecto de los restantes acusados. La práctica de hacerlo de modo encubierto no tendría que ser fomentada ni consentida, aunque efectivamente hay situaciones en las que la flexibilidad es mucho más aconsejable y acertada y cercana a la justicia material que la rigidez[21].

Control judicial de la correlación entre hechos, calificación y pena. Tanto el artículo 655 LECr en el ámbito del juicio ordinario como el artículo 787 LECr para el proceso abreviado y el artículo 801 LECr por remisión a este último respecto de los juicios rápidos prevén que el tribunal controle la conformidad antes de dictar sentencia acogiéndola. Los términos del control son dos; por un lado, la libertad del sujeto pasivo al aceptar el acuerdo y, por otro, la correlación entre los hechos reconocidos, su calificación jurídica y la pena aceptada. El legislador de la LOEP no ha acogido un tercer elemento de control que sí se ha contemplado en otros textos prelegislativos, particularmente para delitos con pena grave, la constancia en los autos del proceso de indicios respecto de los hechos reconocidos[22].

El control judicial es fundamental para asegurar el respeto al principio de legalidad que es, como se ha dicho, compatible con la conformidad. Sin embargo, las normas de la LECr son pobres, y parece que la práctica no es tampoco demasiado exigente. La primera de las dificultades para el adecuado ejercicio de este control es que nuestro proceso penal carece de una etapa en la que se realice un juicio o filtro sobre la acusación, y esto dificulta que se eviten dos posibles abusos que tienen incidencia directa sobre la conformidad. Uno es que las acusaciones particulares o populares formulen calificaciones y peticiones de pena tan graves que impidan la conformidad, poque tendría que ser con ellas y es imposible aceptarlas. El otro es que el ministerio fiscal amague con lo mismo, con peticiones exageradas, pero no para impedir la conformidad, sino para estimularla, para crear en el sujeto pasivo una sensación magnificada del riesgo que

21. Sobre las conformidades parciales, *vid.* AGUILERA MORALES, M., «La deriva del principio del consenso», *Revista Italo-española de Derecho Procesal*, n.º 2, 2019, pp. 57-62, y GARCÍA DURÁN, S. y HERNÁNDEZ OLIVEROS, J. C. (nota 11), pp. 9-11, edición electrónica.

22. Y que incorpora también el artículo 110 de la Ley Orgánica 9/2021, de 1 de julio, de aplicación del Reglamento (UE) 2017/1939 del Consejo, de 12 de octubre de 2017, por el que se establece una cooperación reforzada para la creación de la Fiscalía Europea.

corre de obtener una sentencia dura si rechaza conformarse y opta por ser juzgado. Este control sobre la acusación.

Si nuestra fase intermedia contuviera este juicio sobre la acusación, existiría un control sobre el proceso de conformidad, sabríamos que el escenario que se le dibuja al sujeto pasivo es real y que decide con la libertad propia de un consentimiento (bien) informado. Pero el legislador está lejísimos de este planteamiento, de modo que lo único que prevé, en artículos muy largos, desordenados y reiterativos, es un control judicial sobre el resultado, sobre la conformidad que el sujeto pasivo ha convenido en aceptar, sin saber cómo se ha llegado hasta ella ni por qué se le han propuesto una determinada cuantía de pena o una calificación concreta y no otras. En cuanto al control del resultado, el artículo 655.1 LECr, en su tercer inciso, prevé para el juicio ordinario que si el tribunal considera incorrectas la calificación o la pena objeto de conformidad, requerirá a la acusación más grave para que las modifique, de modo que solo podrá dictar sentencia de conformidad si el cambio en la acusación se produce y el sujeto pasivo se aviene a él. Disposiciones idénticas se encuentran en los artículos 785.6 y 787 ter LECr, respecto de la audiencia preliminar y el juicio oral del proceso abreviado respectivamente.

Estas normas también prevén que el tribunal se cerciore de que el acusado se conforma libre y conscientemente. Existe debate en la doctrina y en la jurisprudencia sobre si el tribunal puede imponer una pena más leve que la conformada, o incluso absolver; pese a que hay voces muy acreditadas que sostienen estas posibilidades, yo entiendo que será excepcional que el tribunal no necesite la acreditación de ningún hecho y pueda prescindir de la fase de prueba para considerar que no están ni pueden estar acreditadas la existencia, la tipicidad o la responsabilidad penal del sujeto pasivo sobre hechos respecto de los que se ha abierto juicio oral. Si el tribunal duda del procedimiento por el que se ha llegado a la conformidad, o de su adecuación con los hechos, los tipos o las penas que están en juego, debe ordenar la celebración del juicio y resolver conforme a la prueba practicada.

Responsabilidad civil. Por último, el legislador mantiene la regulación sobre la responsabilidad civil en supuestos de conformidad del sujeto pasivo con la responsabilidad penal, que se caracteriza por dos elementos. El primero de ellos, la independencia de ambas responsabilidades puesto que es posible conformarse con la responsabilidad penal, pero no con la civil, de modo que una no condiciona la otra. El segundo, la continuación del proceso penal para la depuración de las responsabilidades civiles, a diferencia de lo que ocurre cuando no se declara la responsabilidad penal. Desde luego, es una decisión acertada si la conformidad se produce cerca del juicio oral o dentro de él; aunque tal vez sería más adecuado el traslado al orden civil si la conformidad con la responsabilidad penal se produce en momentos previos a la apertura del juicio oral, ya que de todas maneras el proceso va a cambiar de tribunal. En todo caso, se trata de distinciones y planteamientos que no se pueden pedir de una regulación tan descentrada como la que os deja la LOEP.

> La responsabilidad civil en el proceso penal tiene, como todas las instituciones, necesidad urgente de ser mirada de forma unitaria con un criterio claro acerca de su papel. En el ámbito de la conformidad, los sucesivos prelegisladores que han proyectado regulaciones sobre la conformidad no han vinculado nunca la civil y la penal, y es lógico que así suceda; en cambio, sí ha habido propuestas que encaminaban la responsabilidad civil al proceso civil si se producía la conformidad penal, algo que no es beneficioso para la reparación de las víctimas y de lo que este último legislador ha desistido. Pero sí sería importante, por un lado, que existiese una graduación mediante la que los beneficios de la conformidad penal se incrementaran si van acompañados de conformidad civil o si existe un acuerdo para satisfacer la responsabilidad civil; que, expresada la conformidad con la responsabilidad penal y no finalmente con la civil, el sujeto pasivo indicase exactamente en qué discrepa de la petición de responsabilidad civil con la que no acepta conformarse, de forma clara, en breve espacio de tiempo y proponiendo la prueba de la que se valdría para acreditar sus pretensiones; y que, de no producirse estas declaraciones, se aplicaran las normas de la LECr y de la LEC que permiten tenerlo por confeso con los hechos perjudiciales y acelerar la sentencia sobre la responsabilidad civil[23].

3.2. MODIFICACIONES RELATIVAS AL PROCEDIMIENTO

Tras la LOEP el procedimiento de la conformidad sigue siendo opaco, disperso y fragmentario, pese a que la existencia de un sistema único y bien coordinado con cualquier proceso penal ordinario es una necesidad advertida por todos los juristas que confluyen en esta actuación procesal; y no es respuesta suficiente ni adecuada establecer contenidos idénticos en los distintos, largos y desordenados artículos que regulan la conformidad en diferentes momentos procesales, de modo que la ley diga lo mismo varias veces.

La reforma no modifica los momentos procesales en los que la conformidad es posible, y no regula el modo concreto en que se realiza la negociación o se alcanza el acuerdo, de manera que la conformidad sigue estando prevista en la guardia del juicio rápido (artículo 801 LECr); en los escritos de defensa de los procesos ordinario y abreviado (artículos 655 y 784.3 respectivamente, LECr); en el tiempo que media entre la presentación de los escritos de acusación y

23. GARCÍA DURÁN, S. y HERNÁNDEZ OLIVEROS, J. C. (nota 11), p. 7 edición electrónica. Estos autores entienden que el artículo 700 LECr no se compadece bien con la legislación procesal civil, porque equiparan la situación que regula esta norma a la de rebeldía y, efectivamente, al rebelde no se le tiene por conforme con los hechos que lo perjudican, sino que la rebeldía del demandado no libera al actor de la carga de probar los hechos constitutivos si quiere obtener una sentencia estimatoria. Sin embargo, no es una equiparación correcta, porque el artículo 700 LECr no se refiere al responsable civil que no comparece, sino al comparecido que no contesta. Si no comparece, la regla prevista es la continuación del juico para la responsabilidad civil conforme al artículo 695 LECr.

defensa y la celebración del juicio oral en el procedimiento abreviado, por medio de la presentación del escrito de calificación conjunto al que se refiere el artículo 784.3 II LECr; y al comienzo del juicio oral tanto del proceso ordinario como del abreviado (artículos 694 y 787 ter 1 respectivamente, LECr).

> La conformidad forma parte de la naturaleza del proceso por aceptación de decreto, pero en su regulación actual tiene poco sentido frente al juicio rápido, mucho más exitoso porque ofrece una conformidad premiada[24].

Insertadas en este contexto, las modificaciones procedimentales introducidas por la LOEP consisten en introducir una oportunidad más para la conformidad en la nueva audiencia preliminar del proceso abreviado; en ampliar la posibilidad de información que tienen tanto la víctima como el sujeto pasivo del proceso penal; en extender al juicio ordinario lo que ya estaba previsto en el proceso abreviado sobre sentencia oral en caso de conformidad y decisión sobre la sustitución y suspensión de la pena; y en añadir a las actuaciones que se practican este momento de la sentencia oral de conformidad las que procedan sobre el aplazamiento de las responsabilidades pecuniarias y las que sean posibles con relación a los requerimientos y liquidaciones de condena de las penas impuestas en la sentencia.

Conformidad en la audiencia preliminar. La Instrucción de la FGE 2/2009, de 22 de junio sobre aplicación del protocolo de conformidad suscrito por la Fiscalía General del Estado y el Consejo General de la Abogacía Española ya advertía —con palabras que continúan conmoviendo por el modo vívido en que pintan una situación que se percibe rápidamente como no deseable e injusta— de la inconveniencia de negociar conformidades inmediatamente antes del juicio oral. Trasladamos sus razones: ya se ha esperado hasta ese momento, están convocados quienes van a intervenir en la prueba, todos los intervinientes han hecho el esfuerzo de preparar el juicio, con frecuencia la víctima está presente y se va a marchar sin juicio y sin ninguna explicación, el lugar y el momento pueden denotar improvisación y dar lugar a datos o elementos erróneos... Más de veinte años después nada ha cambiado, aunque algunos tribunales sí han desarrollado un uso alegal consistente en propiciar un encuentro entre las partes previo al juicio para verificar la posibilidad de una conformidad, algo que, por otro lado, implica al tribunal activamente en una actuación procesal respecto de la que tiene una función de control, pero no de auspiciador.

La LOEP introduce en el procedimiento abreviado (¿por qué solo en el abreviado?) una audiencia preliminar que tiene varios objetivos y contenidos, la posible conformidad entre ellos. Y, en relación con la conformidad, merece un

24. Así lo hace notar MATEOS RODRIGUEZ-ARIAS, A., «La Ley Orgánica de eficiencia del servicio público de justicia: novedades introducidas en la conformidad penal», *Diario La Ley* n.º 10654, 2025, p. 6 edición electrónica.

juicio positivo, aunque la regulación no es todo lo completa que debiera, y todo depende en cierto modo de cómo funcione en la práctica.

Una vez las partes han formulado sus escritos de acusación y de defensa, de manera que los puntos de partida están claros, la audiencia preliminar va a proporcionarles dos elementos clave de información, necesarios para que el consentimiento sea verdadero y libre. Por un lado, un primer encuentro con el órgano enjuiciador, con sus criterios y su modo de resolver; y el segundo y principal, el conocimiento sobre la prueba que va a ser practicada, y la que va a ser inadmitida o desechada por nula. Con esos datos, tanto las acusaciones como el sujeto pasivo podrán calibrar sus expectativas y tomar una decisión sobre la conformidad. Es una pena que esta audiencia preliminar no esté acompañada de un filtro previo sobre la acusación, de modo que se llegue a ella con calificaciones ajustadas a los hechos que resultan de la fase de instrucción y a los tipos previstos en el CP. Y también es una lástima que la LOEP no haya eliminado la posibilidad de conformidad en el juicio oral, y la haya limitado, por ejemplo, a diez días después de la audiencia preliminar, o del auto escrito que resuelva las cuestiones que el tribunal no decida en el acto, según permite el artículo 785. 3 LECr. Con este régimen las partes habrían tenido el tiempo y la información necesarias para tomar una decisión respecto de la conformidad, y se habría evitado, sin privarlas de ninguna oportunidad razonable, la tan denostada conformidad en estrados, que no ahorra prácticamente ningún esfuerzo al proceso penal y perjudica a quienes preparan, acuden y depositan sus expectativas en un juicio oral que no se va a celebrar; y todo ello sin ninguna ventaja adicional para las partes, que ya han dispuesto de tiempo suficiente y que no tienen al principio del juicio oral más información de la que tenían al finalizar la audiencia preliminar.

El artículo 785 LECr se refiere a dos actuaciones distintas que pueden tener lugar en la audiencia preliminar respecto de la conformidad. De un lado, el párrafo primero de esta norma prevé que las partes «podrán exponer lo que estimen oportuno acerca de la posibilidad de conformidad del acusado o acusados». Debatir en esta vista acerca de la posible conformidad tiene ventajas, permite que el tribunal en cierto modo revise, verifique, controle el proceso de conformidad, evita la opacidad que puede amparar abusos. Pero exige del tribunal una postura neutral que no perjudique su imparcialidad, algo en la práctica a veces no sucede, y que determina que haya autores que se inclinen porque ni siquiera esté presente en la sala de vistas en la que se encuentran defensa y acusaciones considerando la posibilidad de acuerdo.

El Anteproyecto de Ley de Enjuiciamiento Criminal de 2020 encomendaba el control de la conformidad a un tribunal distinto del tribunal del enjuiciamiento, bien es cierto que en un proceso penal con una estructura diferente, instruido por el ministerio fiscal. Sin embargo, en nuestro sistema jurídico-penal ya sucede algo parecido en los juicios rápidos, en los que el tribunal instructor no solo controla la conformidad, sino que en ciertos supuestos la acoge y dicta él mismo sentencia.

En segundo lugar, el artículo 785.4 LECr regula la posibilidad de que las partes le pidan al tribunal que dicte en la propia audiencia preliminar sentencia de conformidad, bien con el escrito de acusación que contuviera pena más grave, bien con el que se presente en el acto de la audiencia, que, como sucede en todos los casos, no puede referirse a hechos distintos ni contener peticiones más graves que los reseñados y recogidas en los escritos de acusación iniciales. Los párrafos posteriores del artículo 785 LECr regulan el desarrollo de la conformidad en los mismos términos en los que los artículos 655 y 787 ter lo hacen para el juicio oral de los procesos ordinario y abreviado, respectivamente.

Información al sujeto pasivo y a la víctima. Los artículos 655.1 II, 785.7 III y 787 ter 4 III, todos LECr, incorporan la obligación de que los letrados informen por escrito a los sujetos pasivos del proceso penal de los acuerdos alcanzados, se supone que entre ellos y el ministerio fiscal, siempre con la misma fórmula: «El letrado o la letrada facilitará por escrito a la persona a quien defiende la información sobre el acuerdo alcanzado». La norma habla por sí misma, y lo que cuenta es penoso; dice que el legislador contempla la posibilidad de que el acusado sea un convidado de piedra en el acuerdo que supuestamente él mismo alcanza sobre los hechos que reconoce y la pena que acepta, algo que tristemente muchos sabemos que sucede; y dice también que la mejor solución que podemos ofrecer es una información por escrito, un remedio que no parece muy eficaz para ninguno de los usuarios del sistema jurídico-penal; quienes van a entender perfectamente el escrito, entenderán también la explicación oral, y habrán sido capaces de participar de la decisión. Y a quienes sienten que no saben lo que les ha pasado, qué condena cumplen y por qué la cumplen, lo más probable es que el escrito les ayude poco a responderse sus preguntas.

La previsión sobre la audiencia a las víctimas no está de más, aunque tampoco es necesario regularla. El ministerio fiscal es el defensor de la legalidad y del interés general, y el de las víctimas tiene que ser ponderado junto a otros a la hora de ofrecer una conformidad al sujeto pasivo del proceso; y si para ponderar los intereses en juego necesita oír a las víctimas, desde luego puede hacerlo. Los artículos 655.2, 785.4 II y 787 ter 1 II LECr repiten que «El Ministerio Fiscal oirá previamente a la víctima o perjudicado, aunque no estén personados en la causa, siempre que hubiera sido posible y se estime necesario para ponderar correctamente los efectos y el alcance de tal conformidad, y en todo caso cuando la gravedad o trascendencia del hecho o la intensidad o la cuantía sean especialmente significativos, así como en todos los supuestos en que víctimas o perjudicados se encuentren en situación de especial vulnerabilidad». Como puede observarse, es una norma bastante ambigua; por un lado, no tiene un momento procesal previsto, ni un acto procesal concreto mediante el que se realice, se exprese, se autorice, se comunique, se justifique si no se realiza...; por otro, sus términos son deliberadamente vagos, de manera que el ministerio fiscal tiene holgura para manejarse: la norma no señala los factores que permiten considerar que la audiencia es imposible o innecesaria, ni tampoco el nivel de gravedad, trascendencia, intensidad o vulnerabilidad que parecen convertirla en obligatoria.

Sin embargo, este tipo de previsiones no pueden hacernos olvidar que las víctimas en potencia son protegidas a través de la prevención general de las normas penales y de los sistemas de seguridad; y cuando desgraciadamente lo son en acto, reales, lo mejor que puede ofrecerles el proceso penal es la reparación lo más pronta y completa del daño que se les ha causado. La pena que se pide en el ejercicio de la acción penal cumple una función de respuesta del sistema jurídico penal y de protección del principio de legalidad a través de la garantía procesal; y la pena que se impone en la sentencia de condena cumple una función de prevención especial y de resocialización. Y, generalmente, ni protegemos mejor a la víctima que no ha ejercitado la acción penal por introducirla en estas funciones, ni mejoramos con ello la respuesta del sistema jurídico-penal.

La sentencia oral y las decisiones asociadas a ella. Sí responde a una idea de eficiencia razonable que la sentencia de conformidad se dicte de manera oral cuando la conformidad se produce en una vista y que, puesto que están presentes las partes y sus abogados, se declare su firmeza si las partes expresan su intención de no recurrir y sean abordadas en la medida de lo posible las primeras decisiones relacionadas con la ejecución de la condena y de las responsabilidades civiles. Sin embargo, esta previsión se encuentra con un problema importante, y es que no en todos los casos el tribunal que dicta sentencia es el competente para ejecutarla.

No parece razonable pensar que la LOEP está modificando la competencia de manera que atribuya la condición de tribunal sentenciador a efectos del proceso de ejecución al que dicta la sentencia, en lugar de al tribunal que conoció de la primera instancia del proceso, que es el actualmente señalado por el complicado conjunto de remisiones que constituyen la regulación de la LECr en este punto. Y tampoco parece razonable pensar que se estén atribuyendo decisiones propias de la ejecución a un tribunal que no es el competente para ella, de manera que cuando la causa llegue al tribunal ejecutor ya lleva algunos aspectos resueltos que realmente son propios de su competencia. De manera que lo que hay que entender es que la decisión oralmente y en el mismo acto sobre la sentencia, su firmeza y las circunstancias de la ejecución a que hacen referencia las normas reguladoras de la conformidad podrá adoptarse cuando el tribunal sentenciador sea también el competente para ejecutar la condena impuesta. De otra forma, el tribunal que acoge la conformidad podrá dictar sentencia oral y declarar su firmeza, pero después tendrá que acordar la remisión de la causa al tribunal competente para la ejecución, y emplazar a las partes para que comparezcan ante él[25].

25. Sobre esta cuestión *vid. infra* Epígrafe 5.1.

Es importante destacar, en todo caso, y como ya han hecho algunas resoluciones judiciales, que la conformidad se proyecta sobre la pena, pero no sobre elementos relacionados con su ejecución, de modo que el tribunal no está vinculado por ningún acuerdo alcanzado sobre la suspensión o sustitución de la ejecución de la pena, aunque sí con los que se hayan alcanzado respecto al cumplimiento de las responsabilidades civiles.

Lo que se dispone en los artículos 655.6, 785.9 y 787 ter 6 LECr es que «La sentencia de conformidad se dictará oralmente y documentará en el acta con expresión del fallo y una sucinta motivación, sin perjuicio de su ulterior redacción. Si el fiscal y las partes, conocido el fallo, expresaran su decisión de no recurrir, el juez, en el mismo acto, declarará oralmente la firmeza de la sentencia y se pronunciará, previa audiencia de las partes, sobre la suspensión de la pena impuesta o su sustitución, cuando proceda. También resolverá el tribunal sobre los aplazamientos de las responsabilidades pecuniarias y se realizarán, en cuanto fuera posible, los requerimientos y liquidaciones de condena de las penas impuestas en la sentencia».

4. LA AUDIENCIA PRELIMINAR

La LOEP introduce en el proceso abreviado un acto oral del tribunal sentenciador con las partes que denomina audiencia preliminar, y que recuerda, en su estructura separada del juicio y en sus finalidades —salvando las debidas distancias— a la audiencia previa de la LEC, que tan buenos resultados ha dado para la ordenación del proceso civil. Recoge, asimismo, las funciones que el anterior artículo 786.2 LECr hacía para el turno de intervenciones, la actuación procesal que tenía lugar al comienzo del juicio oral del proceso abreviado antes de su reforma por la LOEP.

No se ha previsto audiencia preliminar en el proceso ordinario por delitos graves, pero hay quienes consideran que debe convocarse y celebrarse, puesto que la jurisprudencia ha admitido que al comienzo del juicio oral del proceso ordinario se realicen intervenciones equivalentes a las que permite el turno de intervenciones del proceso abreviado, singularmente en lo que tiene que ver con la prueba ilícita[26]. No comparto esta opinión. No me parece un acierto que no se haya previsto la audiencia preliminar también en el juicio ordinario, pero no puedo imponer mi criterio al del legislador, sobre todo si no existe una analogía o identidad de razón. El concepto de prueba ilícita tal y como actualmente lo manejamos no existía para el legislador de 1882, y es lógico que un siglo después se le busque un acomodo al debate sobre la ilicitud de la prueba en el proceso ordinario, y que se haga jurisprudencialmente si el legislador es negligente y deja pasar décadas sin solventar problemas graves. Sin embargo, no estamos en esa circunstancia; el legislador de la LOEP ha reformado la confor-

26. En este sentido MAGRO SERVET, V., «Apuntes sobre la resolución de la prueba ilícita en la LECRIM tras la Ley Orgánica 1/2025, de 2 de enero de medidas de eficiencia», *Diario La Ley*, n.º 10649, 2025, p. 5 edición electrónica.

midad en el juicio ordinario y en el abreviado. Pero ha introducido la audiencia preliminar únicamente en el abreviado; de hecho, la ha excluido expresamente en el artículo 802.1 LECr para los juicios rápidos, a los que se aplican las reglas del juicio oral de los abreviados, provocando que la doctrina se pregunte precisamente cómo se van a tramitar las cuestiones previas en estos procesos[27]. Quiere decirse que el legislador ha escogido de forma clara, por razones que, en cambio, no lo son, no incorporar en esta reforma la audiencia preliminar a los juicios ordinarios.

> Por otro lado, la disposición transitoria novena LOEP descarta su celebración en los procesos que, a la entrada en vigor de la LOEP, estén pendientes de juicio oral. Como se verá, la audiencia preliminar contiene actuaciones propias del juicio oral y que en estos procesos no habrán tenido lugar, pero incluye también otras propias de resoluciones relativas a la prueba que tal vez ya se hayan dictado conforme a la legislación anterior, y con las que el régimen de la audiencia preliminar podría entrar en conflicto.

La audiencia preliminar está regulada en los artículos 785 y 786 LECr, y merece en líneas generales un juicio positivo[28], aunque la valoración favorable no es unánime en la doctrina; también hay voces en contra de duplicar las vistas de una muy saturada justicia penal, o que temen un injustificado alargamiento del proceso[29].

4.1. LOS SUJETOS DE LA AUDIENCIA PRELIMINAR

El artículo 785 LECr dispone que el tribunal enjuiciador convocará a una audiencia a las partes y al ministerio fiscal cuando reciba los autos del proceso. Esta mención genérica a las partes, y un contenido que, como se verá, gira primordialmente en torno a la prueba y a la conformidad, permite interpretar que se trata de todas las partes, tanto civiles como penales.

Que uno de los núcleos de la audiencia preliminar sea la conformidad explica que el artículo 785.2 requiera la presencia no solo de la defensa, sino del acusado. Pero, a la vez, la audiencia se celebrará si el acusado u otras partes dejan injustificadamente de asistir, «a los efectos de sustanciar las cuestiones que puedan resolverse en ausencia». Por el momento procesal en que tiene lugar, la audiencia preliminar se va a celebrar siempre respecto de acusados que se encuentren a disposición del tribunal, puesto que de otro modo se habría acordado el archivo

---

27. Así BANACLOCHE PALAO, J., (nota 1), p. 11 edición electrónica. Imaginamos que en la práctica se permitirán a las partes sin más, aunque no estén previstas en ninguna de las normas que son aplicables, puesto que el turno de intervenciones del anterior artículo 786.2 LECr ha desaparecido, sustituido por la audiencia preliminar del actual artículo 785.
28. Representativos son los elogios de CÁNOVAS FERNÁNDEZ, N. (nota 16), pp. 5-7 edición electrónica.
29. *Vid*. RODRÍGUEZ LAÍNZ, J. L. (nota 10), p. 18, versión electrónica; o MUÑOZ CUESTA, J., «La nueva audiencia preliminar en la LECrim introducida por la LO 1/2025, de 2 de enero», *Revista de Derecho VLex*, n.º 248, 2025, pp. 6 edición electrónica.

provisional del proceso en un momento anterior. Aun así, es posible que el sujeto pasivo no acuda a esta convocatoria, circunstancia que obliga a determinar qué actuaciones de previstas pueden practicarse sin él, y qué consecuencias tiene en general la ausencia de cualquiera de los convocados.

La única actuación que requiere inexcusablemente la presencia del sujeto pasivo es la prestación de conformidad con un escrito de acusación concreto. Como se ha visto[30], la audiencia preliminar abarca dos tipos de actuaciones distintas sobre la conformidad. La primera de ellas es «exponer lo que (las partes) estimen oportuno acerca de la posibilidad de conformidad del acusado o acusados». La segunda, en el apartado cuatro del artículo 785 LECr, consiste en pedirle al órgano jurisdiccional que dicte sentencia de conformidad con la acusación más grave de las formuladas o con el escrito de acusación conjunto que se presenta en el acto. Solo esta segunda actuación es imposible sin el sujeto pasivo, mientras que la primera, entendida como expresión de interés en la terminación del proceso y búsqueda de puntos de acuerdo con la acusación, puede realizarse por parte de la defensa, que posteriormente tendrá que obtener la aquiescencia de su defendido y preparar junto con el ministerio fiscal el escrito de acusación conjunto con el que en algún momento anterior al juicio oral (o, con la actual regulación del artículo 787 ter LECr, incluso dentro del propio juicio oral) prestará su conformidad el acusado.

> Es acertado que la LECr no prevea la suspensión de la audiencia si el acusado no comparece. Su presencia no es necesaria para la mayoría de las cuestiones que se van a ventilar en ella y forzarla podría resultar gravoso, si por ejemplo estuviese preso en otra circunscripción. El acusado que no quiera conformarse puede limitarse a comparecer a través de su defensa, y también el que contemple la posibilidad de hacerlo, pero no en este momento, sino posteriormente y a la luz de lo que haya sucedido en la audiencia preliminar.

El resto de las actuaciones previstas por el artículo 785 LECr pueden llevarse a cabo aunque haya partes que no concurren a la audiencia. Lo adecuado sería que esta falta de concurrencia determinase la preclusión respecto de las actuaciones que la ley incluye en este trámite procesal; sin embargo, y como se verá, algunas de estas actuaciones pueden repetirse o realizarse por vez primera también en momentos posteriores a la audiencia preliminar, circunstancia que no ayuda nada al buen orden del proceso penal ni a su eficiencia.

4.2. FUNCIONES Y PROCEDIMIENTO DE LA AUDIENCIA PRELIMINAR

Además de las relativas a la conformidad, ya examinadas en Epígrafes anteriores, del confuso y desordenado artículo 785.1 LECr se extraen tres finalidades distintas para este acto procesal. Por un lado, resolver las cuestiones procesales que puedan obstaculizar la continuación del proceso; en este sentido hay

30. *Vid. supra* Epígrafe 3.2.

que entender las referencias a la competencia del tribunal, a las causas de suspensión del juicio oral y a los artículos de previo pronunciamiento. Por otro, la audiencia preliminar pretende abordar las circunstancias que podrían determinar la nulidad de actuaciones por vulneración de derechos fundamentales. Por último, la audiencia preliminar sirve para completar la proposición de prueba que ya han hecho las partes en sus escritos de acusación y de defensa, y para que el tribunal admita o inadmita la prueba propuesta.

No parece que el artículo 785 LECr tenga especial intención de ordenar las actuaciones que se prevén para la audiencia preliminar, y tal vez sea mejor así, porque eso permite proponer una secuencia más adecuada de la que aparece en la norma. Lo primero que debe examinarse es la concurrencia de problemas procesales que puedan impedir u obstaculizar la continuación del proceso porque, si efectivamente concurren, no tiene sentido hacer nada más que ponerle fin. Si se descarta que las cuestiones procesales planteadas conduzcan al final del proceso, deben examinarse entonces las alegaciones que pretendan la nulidad total o parcial de sus actuaciones.

4.2.1. Depuración de problemas procesales y resolución sobre posibles nulidades por infracción de derechos fundamentales

La audiencia preliminar cumple en este punto la función del turno de intervenciones previsto en el anterior 786.2 LECr para el comienzo del juicio oral, de modo que planteados y resueltos los problemas procesales que las partes consideren concurrentes —incluida la posible nulidad de actuaciones causada por infracción procesal que haya podido causar indefensión—, queda libre el camino del juicio oral. La referencia a los problemas procesales que se pueden suscitar se hace por remisión a los artículos de previo pronunciamiento previstos en la regulación del juicio ordinario; en cualquier caso, hace ya mucho tiempo que jurisprudencia y doctrina entienden incorporado al elenco concreto que menciona el artículo 666 LECr cualquier otro vicio de naturaleza procesal que pueda originar la nulidad del proceso o que debiera determinar su final.

> El artículo 666 LECr se refiere en concreto a la falta de jurisdicción y de autorización administrativa para proceder, y a la concurrencia de cosa juzgada, prescripción, amnistía e indulto. Problemas asimilables serían la litispendencia, la prejudicialidad, o la procedencia de acumular procesos o de desgajar una parte del objeto del proceso.

Pese a que se trata en ambos casos de cuestiones de mucha importancia, la LECr no prevé que haya actividad probatoria sobre ellas; tampoco que las partes hayan tenido que alegarlas de manera previa en sus escritos, de modo que el tribunal acuda a la audiencia en cierto modo preparado, habiendo consultado documentos o datos relevantes para las cuestiones que sabe que se van a formular. Que las partes concurran a la audiencia provistas de lo que necesiten para acreditar sus alegaciones puede entenderse implícito en la norma, pero no desde luego que hayan tenido que incorporarlo a sus escritos previos. Y este punto de improvisación puede perjudicar mucho las posibilidades de que este trámite cumpla los objetivos para los que está previsto.

La resolución de las cuestiones procesales y de las relativas a la nulidad se produce de forma oral, en el acto, «salvo que, por la complejidad de las cuestiones planteadas, hubiera de serlo por escrito, en cuyo caso el auto habrá de ser dictado en el plazo de diez días», dice el artículo 785.3 *in fine* LECr. Se trata, de nuevo, de un régimen que recuerda a la audiencia previa al juicio del proceso civil y que resulta acertado; por un lado, para que el juicio oral sea únicamente el espacio de la práctica de la prueba lícita, útil y pertinente, y de la formación del criterio del tribunal sobre el fondo del asunto; y, por otro, para que las cuestiones procesales se resuelvan con profundidad y autonomía, algo que no resulta fácil cuando quedan para el juicio oral y la sentencia, que giran ya en torno al asunto de fondo. Este sistema tiene, pese a ello, dos problemas importantes, que están ligados entre sí. Uno es la inercia de los tribunales penales a diferir la resolución de todo este tipo de cuestiones a la sentencia, que no sucede sin ninguna causa, claro está, sino por la segunda de las dificultades, y es que en ocasiones será complejo resolver sobre lo suscitado por las partes sin tener la visión completa de los hechos que proporciona la práctica de la prueba.

Ninguna regulación es perfecta, y todas se enfrentan a algunos casos en los que habría sido mejor para esa circunstancia concreta un régimen jurídico distinto. Pero el sistema previsto por el artículo 785 LECr requiere un esfuerzo del tribunal penal para cerrar las cuestiones procesales y las relativas a la prueba que debe practicarse antes del juicio oral, porque se esperan de ello mayores ventajas que inconvenientes. Hay que tener en cuenta que, si hay una parte de verdad en que lo más garantista para los ciudadanos sometidos a un proceso penal es el juicio oral, con el conjunto de derechos fundamentales que alcanzan su plenitud en él, también es cierto que el respeto de esos mismos derechos fundamentales y de otros exige no mantener en la condición de acusados a los sujetos pasivos de procesos penales que no van a ser aptos para que se declare la responsabilidad penal en ellos, porque concurren obstáculos que deberían haber impedido su celebración y que permitían ponerles fin antes de la celebración del juicio oral.

Respecto de la impugnación de las decisiones adoptadas en la audiencia preliminar en materia de óbices procesales o de nulidad de actuaciones, el artículo 785.3 LECr adopta un doble criterio en función de que sean interlocutorias o definitivas, un sistema habitual en la LEC que combina agilidad y garantía y que me parece el oportuno. Las resoluciones que no ponen fin al proceso son irrecurribles, y a la parte que se estime perjudicada por ellas solo le queda, ya sea oralmente en el momento de la audiencia preliminar, ya por escrito si la resolución se ha producido en auto posterior, hacer constar su protesta para poder reproducir la cuestión, si procede, en un hipotético recurso frente a la sentencia.

Si la resolución, en cambio, es definitiva y pone fin al proceso, puede formularse contra ella recurso de apelación en los términos previstos en el artículo 790 LECr. Cuando esta resolución se ha formulado de forma oral, debe ser puesta posteriormente por escrito, computándose el plazo para recurrir en apelación desde que la resolución escrita fuera notificada a las partes.

4.2.2. Actuaciones relativas a la prueba

Si el tribunal rechaza las cuestiones procesales que determinarían el final del proceso, y también las nulidades de actuaciones que podrían implicar la retroacción de la causa, debe entonces pronunciarse sobre la admisión o inadmisión de la prueba. Y, aunque la ley no lo dice, deberá hacerlo también si ha diferido a un auto escrito posterior la decisión sobre nulidad o presupuestos procesales. Habría sido deseable que el artículo 785 LECr especificara que en estos casos la audiencia proseguirá para sus restantes finalidades, tal y como hacen en una situación equivalente los artículos 420.2 o 421.3 LEC, entre otros, respecto de la audiencia previa al juicio; pero como tampoco dice la LECr que la audiencia preliminar se suspenderá hasta que se dicte el auto escrito, es preferible interpretar que continúa.

La audiencia preliminar se erige en un momento de importancia en el proceso abreviado con relación a la prueba, y prevé distintas actuaciones en relación con ella.

Sobre la proposición de prueba. Conforme al segundo inciso del artículo 785.1 LECr, las partes «Podrán igualmente proponer la incorporación de informes, certificaciones y otros documentos. También podrán proponer la práctica de pruebas de las que las partes no hubieran tenido conocimiento en el momento de formular sus escritos de acusación o defensa». La audiencia preliminar sirve, pues, para que las partes amplíen la proposición de prueba que hicieron en sus escritos de alegaciones. Sin embargo, esta ampliación está prevista en términos asimétricos. Resulta que la incorporación de «informes, certificaciones y otros documentos» no tiene ningún matiz, mientras que para proponer la práctica de otros medios de prueba es necesario no haber tenido conocimiento de ellos en el momento de formular los escritos de acusación y defensa. La misma desigualdad es mantenida en el artículo 787 LECr, que regula ya el juicio oral, y que prevé que «Al inicio de las sesiones del juicio, únicamente podrá solicitarse la incorporación de informes, certificaciones y otros documentos. También podrá proponerse la práctica de pruebas de las que las partes no hubieran tenido conocimiento al momento de celebrar la comparecencia prevista en el artículo 785».

La norma establece literalmente una diferencia entre «informes, certificaciones y otros documentos» y los restantes medios de prueba, porque solo estos últimos están sometidos a la exigencia de no haber sido conocidos por la parte que los propone en un momento anterior a la audiencia preliminar, o al juicio oral en el caso del artículo 787 ter LECr. Parece que el legislador ha pensado que la introducción de «papeles» en el proceso no supone ningún problema, y entonces se puede admitir en sentido amplio, mientras que otros medios de prueba requieren más previsión para su práctica, de modo que la posibilidad de proponerlos precluye con los escritos de calificaciones, salvo que se acredite que son de nueva noticia. Pero es una visión discutible[31].

Por un lado, no hay razón para permitir ilimitadamente unos medios de prueba y no otros; supone un perjuicio sin fundamento para unos hechos, y una ventaja para otros; el tratamiento de los medios de prueba debe ser equivalente en la medida en que lo permitan sus características físicas. Pero, además, hay otros dos argumentos importantes en este sentido. Por un lado, no es cierto que los papeles no den problemas. ¿Qué se entiende por informe? ¿El de un perito? ¿El de un detective privado? En ambos casos, se trata de medios de prueba de base documental, pero que pueden completarse con la convocatoria del autor de los informes, que ocasiona cuando es tardía y no está prevista los mismos problemas que convocar a un testigo. ¿Y qué se entiende por documento? ¿En sentido estricto, un soporte papel? ¿En sentido amplio, lo que esté contenido en instrumentos que archivan datos, cifras o texto? ¿Lo que se interpreta mediante la lectura? ¿O lo que se interpreta visualmente, aunque no esté constituido por letras, sino por imágenes, con o sin sonido? Todos estos documentos en sentido amplio necesitan instrumentos para ser visualizados; cualquiera de ellos puede ser impugnado por las partes. Si un medio de prueba se incorpora sorpresivamente al proceso, la parte contraria puede pedir que se suspendan las actuaciones para reaccionar adecuadamente ante él; y esta dilación en el proceso penal es sostenible para permitir la integración de medios de prueba que no se conocían en el momento previsto para la proposición de prueba, pero no parece que sea un sacrificio proporcionado respecto de medios de prueba que pudieron proponerse en su momento procesal oportuno. Los documentos, a efectos probatorios, no son sin más papeles que se suman a las actuaciones.

Pero es que, además, dos de las virtudes de la audiencia preliminar consisten en limpiar el proceso de posibles pruebas ilícitas y en permitir que las partes se hagan conscientes de su situación de cara al juicio oral, de modo que puedan tomar decisiones, bien sobre su enfoque del juicio, bien sobre su posible conformidad, con información suficiente. Estos dos elementos mejoran la situación de las partes, y, en general, la calidad de la justicia penal, pero pueden ser invalidados por una posibilidad incontrolada de proponer prueba en el proceso penal. Si en el propio momento en que se admite la prueba, la audiencia preliminar, una parte propone prueba, la parte contraria no tiene tiempo de reaccionar frente a ella, de plantearse o estudiar su posible ilicitud, de modo que es posible que

31. Y además avisado desde que la ley estaba en proyecto, pero el legislador no mejora sus textos con lo que se escribe sobre ellos, una lástima y un gran desperdicio del saber. *Vid.* J. BANACLOCHE PALAO, (nota 1), p.7 edición electrónica.

se admita y que sea en el momento de su práctica en el juicio oral cuando se compruebe su procedencia ilícita. La introducción de la audiencia preliminar no ha servido entonces para la finalidad de limpiar el proceso penal de la prueba ilícita. Si el acusado decide no conformarse a la luz de la prueba admitida, porque cree que puede ser absuelto o condenado a una pena menor que la solicitada por la acusación, y es sorprendido por un aprueba propuesta por la parte contraria al comenzar el juicio oral, la audiencia preliminar no ha servido para que las partes adopten decisiones informadas sobre su situación procesal[32].

Y a todas estas consideraciones hay que añadir que, además, el artículo 784.1 III LECr permite que el sujeto pasivo que no formuló defensa en plazo proponga prueba en el juicio oral sin ninguna restricción más que la posibilidad de practicarla en el momento. Se comprende la posición del legislador de dar anchura al derecho de defensa, y se considera que no será una estrategia habitual la de dejar pasar el trámite de defensa para no tener limitación en cuanto a la prueba llegado el momento del juicio oral. Pero es una norma que no encaja con las limitaciones que se les imponen a otras defensas; y, en cierto modo, el proceso penal tiene que empezar a ser coherente consigo mismo; si al acusado se le permite disponer de sus derechos fundamentales para conformarse con la pena sin juicio, también se tendrá que admitir la posición de quien, por la vía de los hechos, concurre al juicio oral sin defensa y sin prueba, porque ha dejado pasar las oportunidades procesales para ello. Otra cosa es que circunstancias de fuerza mayor o equivalentes le hayan impedido hacerlo en sus momentos procesales oportunos, pero para este tipo de situaciones están las normas que prevén la suspensión de los plazos por fuerza mayor, e incluso la nulidad y retroacción por indefensión.

> Artículo 784.1 III LECr. «Una vez precluido el trámite para presentar su escrito, la defensa sólo podrá proponer la prueba que aporte en el acto del juicio oral para su práctica en el mismo, sin perjuicio de que, además, pueda interesar previamente que se libren las comunicaciones necesarias, siempre que lo haga con antelación suficiente respecto de la fecha señalada para el juicio, y de lo previsto en el párrafo segundo del apartado 1 del artículo 785. Todo ello se entiende sin perjuicio de que si los afectados consideran que se ha producido indefensión puedan aducirlo de acuerdo con lo previsto en el apartado 2 del artículo 786». La norma no ha sido reformada tampoco para eliminar la alusión al turno de intervenciones del artículo 786.2 LECr, que la LOEP suprime.

¿Qué habría sido adecuado hacer, y qué se puede hacer con la legislación que tenemos? Lo adecuado habría sido establecer los escritos de acusación y de

32. Desde la práctica se observa que es conveniente establecer un límite preclusivo a la proposición de prueba. En palabras de L. E. GRANADOS, (nota 6), p. 6 edición electrónica, «no son pocos los casos en que, mientras una causa se encuentra en el órgano de enjuiciamiento esperando su turno para juicio, las partes se cruzan documentos e informes periciales que se van uniendo acríticamente a la causa, como si de una nueva fase de instrucción documental se tratara».

defensa como momento preclusivo para la proposición de prueba en el proceso penal, complementados con un sistema para proponer prueba nueva o de nueva noticia en cualquier momento posterior, hasta que el juicio quede visto para sentencia. La audiencia preliminar quedaría así investida como momento ordenador de la prueba en el proceso, permitiendo el control de la prueba ilícita y la adopción de estrategias informadas por las partes respecto del juicio oral y el final del proceso penal.

Lo que se puede hacer es simplemente ser respetuoso con la norma jurídica y no interpretar restrictivamente lo que el legislador no ha restringido; de otro modo se lesionaría el derecho a utilizar los medios de prueba pertinentes previsto en el artículo 24.2 CE. Por tanto, las partes pueden proponer (y aportar, claro), cualquier informe, documento y certificación en la audiencia preliminar (y, como se ha visto, también en el juicio oral), y además otros medios de prueba que acrediten que no conocían en el momento de formular los escritos de acusación y de defensa.

Sobre la admisión de la prueba. Tanto el artículo 659 LECr para el proceso ordinario como el artículo 785 LECr respecto del abreviado se refieren a la pertinencia como único criterio para resolver sobre la admisión de la prueba; aun así, deben ser añadidos el de la utilidad y por supuesto el de la licitud. Si el tribunal duda sobre cualquiera de estos aspectos relativos a la proposición de prueba de las partes, debe requerir sus explicaciones antes de rechazarla, aprovechando así la ventaja de contar con un trámite oral en lugar de con uno escrito. Y debe escuchar también las alegaciones de las partes respecto de la admisión o no de la prueba propuesta por la parte contraria. Esto permite, de nuevo, sacar partido de las posibilidades que ofrece un trámite oral para formar la convicción del tribunal, y también dotar de mayor fundamento a la irrecurribilidad de la decisión del juzgador sobre la admisión o inadmisión de la prueba propuesta que se deriva del artículo 785.3 II LECr, puesto que el tribunal ya ha escuchado antes de resolver cuál es la posición de las partes. Aunque desordenadamente, se puede entender que el legislador ha previsto este debate en al artículo 785.1 LECR, al disponer que las partes pueden manifestar lo que consideren oportuno «sobre el contenido, finalidad o nulidad de las pruebas propuestas»[33]. Tiene particular importancia en este punto el debate sobre posible ilicitud de las pruebas propuestas, teniendo en cuenta además que la conexión de antijuridicidad puede fundar la pretensión de que el tribunal inadmita, no únicamente la prueba en cuya obtención se han vulnerado derechos fundamentales, sino también otras

33. En este sentido, señala GRANADOS, L. E. (nota 6), p. 5, edición electrónica, «Se permite así que se produzca un debate contradictorio al respecto, de tal forma que el órgano enjuiciador puede hacer un filtro de admisión de medios de prueba mucho más meditado e informado, huyendo de los automatismos y Autos genéricos de admisión que en no pocos Juzgados son actualmente predominantes, y que son el origen de muchas dilaciones, pues a menudo se admiten pruebas de muy difícil práctica que acaban provocando suspensiones y retrasos innecesarios».

que se encuentren en conexión causal y de antijuridicidad con la obtenida ilícitamente[34].

Hacer constar protesta frente a la decisión de admitir o inadmitir prueba acordada por el tribunal permitirá replantear la posición de la parte en un posterior recurso de apelación contra la sentencia, conforme al artículo 790.3 LECr, si para entonces persiste el interés de impugnar la decisión relativa a la prueba.

La decisión relativa a la admisión o inadmisión de la prueba no pone nunca fin al proceso, de manera que no es recurrible en apelación.

¿Puede diferir el tribunal a un auto posterior la decisión sobre la admisión o inadmisión de la prueba? Hay varios argumentos para rechazar esta posibilidad. No tiene precedentes en las normas procesales, ni en la LECr ni en la LEC; parece que el artículo 785.3 LECr se refiere, por un lado, a la admisión de la prueba y por otro a «el resto de las cuestiones planteadas» y que la decisión escrita posterior se prevé en relación con esta últimas; y, además, la proposición de prueba se encuentra ya en los escritos de calificación de las partes, de manera que el tribunal tiene tiempo para estudiarla antes de la audiencia preliminar y no necesitaría un tiempo extra después.

Pese a todo, considero que tendría que ser posible, si bien únicamente respecto de la decisión de excluir una prueba a causa de la vulneración de derechos fundamentales en su obtención. Es cierto que la prueba vendrá propuesta en el escrito de la parte que quiera incorporarla al proceso, aunque también puede, como ya se vio, proponerla en la audiencia preliminar si consta en un documento o si, tratándose de otro medio de prueba, acredita que no pudo conocerlo en el momento de formular su escrito de alegaciones. Pero aun propuesta desde antes es posible que el problema de su ilicitud no se ponga de manifiesto hasta la intervención de la parte contraria en la audiencia preliminar, y, aunque en ocasiones será una decisión evidente o al menos no complicada, en otras puede constituir una cuestión compleja, teniendo en cuenta, además, como ya se ha dicho, que la tesis de conexión de antijuridicidad que actualmente aplican nuestros tribunales puede determinar la pretensión de que se invaliden pruebas lícitas, pero respecto de las que se observe conexión causal y de antijuridicidad con la prueba ilícitamente obtenida, circunstancia que aumenta la complejidad de lo que puede tener que resolver el tribunal de la audiencia preliminar. Entiendo que es preferible otorgarle al tribunal la posibilidad de un mayor período de reflexión sobre este tipo de pruebas; de otro modo, y ante la duda, el tribunal se inclinará por admitirlas, que es la posición más garantista, con lo que la audiencia preliminar no habrá servido para evitar su práctica, que es un objetivo mejor que excluirlas de consideración una vez que se han presenciado.

34. Así lo hace notar MAGRO SERVET, V. (nota 26), p. 9 edición electrónica.

Si las partes pidieron la práctica anticipada de alguna de las pruebas que proponían en sus escritos de calificaciones —o si, añadimos, la proponen en la misma audiencia preliminar, algo que la LECr no prevé, pero para lo que no parece que haya inconveniente—, el tribunal se pronunciará sobre este punto y «prevendrá lo necesario», dice el artículo 785.3 LECr, para su práctica, al resolver sobre su admisión.

4.2.3. Debate sobre la conformidad, posible conformidad y final de la audiencia preliminar

Resueltos los problemas procesales, descartadas las posibles nulidades y admitida la prueba, las partes tienen una visión despejada y clara de sus posiciones respecto del juicio oral. Es entonces el momento adecuado para hablar de una posible conformidad, en los términos que ya se han expuesto[35]. Si la conformidad no se produjera y el proceso se encaminase hacia el juicio oral, el artículo 786 LECr dispone que, en la medida de lo posible, se señale entonces la fecha del juicio antes de finalizar la audiencia preliminar, de manera que, encontrándose presentes las partes con sus abogados, puedan solventarse problemas de coincidencia o de otro tipo. Cuando, por no haberse resuelto oralmente todas las cuestiones planteadas en la audiencia preliminar o por otra circunstancia, no pudiera señalarse el acto del juicio al finalizar la audiencia, lo señalará el letrado posteriormente, e informará de la fecha a la víctima que así lo haya solicitado, junto con el contenido de las acusaciones formuladas.

5. EL COMIENZO DE LA FASE DE EJECUCIÓN DEL PROCESO PENAL

La última gran reforma de la LOEP, aparte de otras más dispersas y concretas que se revisarán en el epígrafe siguiente, afecta al comienzo de la fase de ejecución del proceso penal, y no puede ser, sino bienvenida. Por primera vez, y después de varios proyectos fallidos, la LECr agrupa y regula las actuaciones que en todo caso tiene que realizar el tribunal sentenciador para concretar la ejecución de la pena impuesta y desencadenar su comienzo.

Falta mucho por hacer en el ámbito de la ejecución penal y puede hacerse, como puso de manifiesto el Anteproyecto de Ley de Enjuiciamiento Criminal de 2020, y la reforma de la LOEP no es, sino un embrión. Pero constituye un núcleo a través del cual pueden comenzar a expandirse tres elementos que son fundamentales en el cambio de concepción que la ejecución de las condenas necesita en nuestro proceso penal. En primer lugar, es necesario agrupar y dotar de estructura común, sirviéndose de los instrumentos conceptuales propios de la doctrina procesal, a las normas que regulan distintos aspectos de la ejecución de las condenas penales de modo disperso en diferentes textos legislativos. En

35. *Vid. supra*, Epígrafe 3.2.

segundo lugar, es necesario poner claramente este conjunto de normas bajo la dirección de los órganos jurisdiccionales, completando el sentido que tiene para el proceso penal la faceta de la función jurisdiccional consistente en hacer ejecutar lo juzgado, mediante el instrumento que les es propio, el proceso. Y es necesario, por último, regular y comprender las instituciones que entran en juego en la fase de ejecución como vinculadas al fenómeno de la materialización de la condena y no al de su imposición, de manera que no están regidas por los criterios y principios que animan la imposición de la pena, sino con los que se refieren a su efectividad, al sentido que tiene y a las circunstancias que se han producido desde la comisión del delito.

La LOEP introduce en la LECr un nuevo artículo, el 988 bis, que tiene la pretensión de regular dos cuestiones para todo tipo de condenas —y, consideramos, procedentes de todo tipo de procesos— que se hayan impuesto en el proceso penal. La primera, la adopción de las decisiones relativas al modo de ejecutarse las condenas; la segunda, la liquidación de la condena impuesta. En ambos casos se remedia una de las carencias más notables de la regulación anterior, la falta de presencia y de intervención del penado en las cuestiones relacionadas con la ejecución de su condena y las consiguientes distancia y desconocimiento por parte del tribunal que resuelve.

5.1. DECISIONES RELATIVAS AL MODO DE EJECUTARSE LAS CONDENAS IMPUESTAS

El nuevo artículo 988 bis LECr hay que comprenderlo a partir de la norma que lo precede, el artículo 988, que dispone que el tribunal sentenciador declarará cuando corresponda la firmeza de la condena, y procederá a ejecutar la sentencia. Para ello, según se desprende del artículo 988 bis 1, dictará un auto de incoación de la ejecutoria, que bien trasladará a las partes para que respondan por escrito a las cuestiones relativas al modo en que debe ejecutarse la pena impuesta, bien convocará a las partes a una vista para resolver de modo concentrado y oral esas mismas cuestiones. Hay, pues, que fijarse en dos elementos distintos, el contenido de la actuación y el modo de realizarla.

El contenido de la actuación, conforme al artículo 988 bis 1, comprende la decisión sobre la suspensión de la ejecución de la pena privativa de libertad que se haya impuesto; sobre la forma de cumplimiento de las responsabilidades pecuniarias; y «cualquier otra solicitud relativa a la ejecución de los pronunciamientos de la sentencia, incluida la sustitución de la pena en los casos en que proceda».

Se trata de previsiones acertadas.

— La suspensión de la ejecución de la condena se sitúa en su contexto adecuado, que no es el de la imposición de la pena, sino el de su ejecución.

— Lo mismo sucede con el régimen de las responsabilidades pecuniarias, tanto civiles como penales, respecto de las que es adecuado un debate de las partes con el tribunal que fije, de la mejor manera posible en atención a las circunstancias de las partes, tanto la forma de cumplir la pena de multa como la de satisfacer las responsabilidades civiles. Es de la mayor importancia que el tribunal dedique atención e interés a esta cuestión, estableciendo un calendario de cumplimiento, garantías, plazos máximos, y combinación entre la responsabilidad penal y la civil cuando ambas son de naturaleza pecuniaria.

— Resulta adecuado que el apartado c) del artículo 988 bis 1 prevea una cláusula de cierre que permita el planteamiento de cualquier otra solicitud relativa a la ejecución, citando como ejemplo la sustitución de la pena. Otros asuntos posibles pueden ser el ingreso voluntario para cumplir la condena de privación de libertad con expedición de mandamiento de prisión para un centro penitenciario concreto; o la solicitud de aplazamiento del ingreso en prisión en atención a circunstancias especiales que puedan concurrir; o la decisión sobre distintos aspectos de los trabajos en beneficio de la comunidad que se hayan podido imponer como condena, con aceptación del condenado en los términos del artículo 49 CP.

Vamos con el modo. Los apartados segundo y tercero del artículo 988 bis LECr prevén respectivamente la tramitación escrita y oral de esta actuación, de manera que el régimen escrito es preferente, pero puede ser sustituido por la convocatoria de una vista oral conforme al criterio del tribunal. Es una previsión acertada, que permite además compatibilizar el inicio de la ejecución con distintas formas de finalizar la fase declarativa también previstas en la LECr. Sin embargo, el conjunto adolece de defectos y carencias que son inevitables en una regulación fragmentada y parcial, la de la LECr, sobre la que se proyecta una reforma también fragmentada y parcial, la de la LOEP.

Los artículos 988 y 988 bis LECr no disponen que la firmeza de la sentencia y la incoación de la ejecutoria tengan que incorporarse a la misma resolución. Sin embargo, por cuestiones de economía procesal y operatividad, ayudaría que así fuera. Si se declara la firmeza de una resolución absolutoria, la misma resolución debe contener el alzamiento de todas las medidas cautelares que se hubieran mantenido sobre el sujeto pasivo del proceso penal o sobre su patrimonio. Y si se declara la firmeza de una resolución condenatoria, la misma resolución debe contener la incoación del proceso de ejecución, que en el proceso penal se produce de oficio y que tiene en la sentencia firme de condena su título ejecutivo, y el traslado de estas resoluciones a las partes condenadas con emplazamiento a las partes condenadas para que se pronuncien sobre las circunstancias del artículo 988 bis LECr. En la eliminación de duplicidades y de tiempos muertos se juega el proceso, cualquier proceso, muchas de su agilidad y eficiencia.

Este sistema choca, sin embargo, con un obstáculo importante, consistente en que la competencia para dictar sentencia y declarar su firmeza no coincide en todos los casos con la competencia para ejecutar la sentencia de condena, problema que la propia LOEP crea para las sentencias de conformidad, como ya se ha hecho notar[36]. La competencia para ejecutar la condena penal queda fuera del ámbito de este estudio, puesto que la LOEP no la ha reformado; sin embargo, que las competencias para sentenciar y para ejecutar estén disociadas no es un problema insalvable para lo que se propone respecto de declarar la firmeza e incoar la ejecutoria en la misma resolución, puesto que el tribunal sentenciador podría en cualquier caso incoar la ejecutoria y remitir la causa al tribunal competente para la ejecución, emplazando a las partes condenadas para que comparezcan ante él mediante escrito relativo a estas cuestiones. El tribunal de ejecución podría decidir si quiere resolver sobre la base de los escritos, o quiere convocar a las partes a la vista prevista en el artículo 988 bis 3 LECr.

Formulados los escritos de las partes condenadas y acompañados de los documentos en que justifiquen sus pretensiones, el tribunal realizará las comprobaciones que estime oportunas y trasladará sus averiguaciones y los escritos de las partes condenadas al ministerio fiscal, a las partes acusadoras y a las víctimas para que formulen alegaciones en el plazo de diez días. Hay que tener en cuenta en este punto que los condenados por delito leve no han necesitado abogado para el proceso, pero que la fase de ejecución es compleja y tal vez haya que recordar al comenzarla la posibilidad de pedir la designación de oficio e incluso de solicitar, si procede, el reconocimiento del derecho a la asistencia jurídica gratuita.

> La redacción de este apartado es, en lo relativo a las víctimas, bien muy incorrecta, bien muy desconcertante. Literalmente, dispone el artículo 988 bis 2 LECr que el tribunal «... dará traslado de la solicitud y de lo practicado al Ministerio Fiscal, a las partes acusadoras personadas y víctimas, directamente afectadas por la decisión, para que, en el plazo de diez días, formulen alegaciones». La coma ortográfica después de la palabra víctimas, produce el efecto de explicar que las partes acusadoras y ellas están directamente afectadas por la decisión, algo que no es exactamente cierto, y que además no tiene sentido que contenga la norma. Tampoco mejora mucho que eliminemos la coma ortográfica, puesto que eso nos obligaría a distinguir sin mayor criterio entre víctimas que están o no directamente afectadas por la decisión de este incidente[37].

No soy partidaria de reconocer sin más condición de parte en la fase de ejecución a quienes lo fueron en la fase declarativa del proceso, y menos a las víctimas que no ejercitaron la acción penal. Acusaciones y víctimas tienen dere-

36. *Vid. supra* Epígrafe 3.2.
37. GUDÍN RODRÍGUEZ-MAGARIÑOS, A. E., la reforma del procedimiento de ejecución penal por la Ley de Eficiencia, LO 1/2025, de 2 de enero: cuestiones resueltas y cuestiones pendiente. *Diario La Ley,* n.º 1 10666, 2025, p. 4 edición electrónica, se inclina por esta última opción, y entiende que se trata de un «concepto jurídico indeterminado».

cho a ser informadas de las vicisitudes por las que atraviesa un proceso penal que no ha terminado mientras la pena se esté ejecutando. Pero no parece que el derecho de obtener una resolución fundada en Derecho ante el ejercicio de la acción penal ni ningún otro derecho fundamental les permita intervenir en la fase de ejecución, que no está basada en los hechos que constituyeron el objeto del proceso y el fundamento de la pena, sino en factores en los que no intervienen las acusaciones ni las víctimas, y en la que está en juego un derecho fundamental del penado a que la ejecución de la condena no conlleve su desocialización. Mientras que la imposición de la condena mira al pasado, su ejecución está orientada al futuro, y no parece que el papel de acusaciones y víctimas deba ser el mismo en uno y otro caso.

Si lo anterior es cierto, no deja de serlo también que el proceso penal no debe perder de vista nunca el interés o la situación de las víctimas, con carácter general y en ocasiones de forma muy concreta, puesto que hay vicisitudes de la ejecución que están directamente vinculadas a su reparación o a evitar que puedan encontrarse en situación de riesgo. La mejor combinación de ambas realidades pasa por activar y potenciar dos elementos que ya son inherentes al proceso penal y que aquí adquieren particular relevancia. Por un lado, el papel del ministerio fiscal, como defensor de la legalidad en todo caso y como actor civil en lo que tiene que ver con la responsabilidad civil; y, por otro, las facultades del tribunal en una actuación de oficio, como es la ejecución penal, y en un proceso regido por el principio de oficialidad. Ya se ha visto, por ejemplo, que el artículo 988 bis LECr prevé que, ante los escritos de las partes condenadas relativos a las decisiones que hay que tomar respecto de la ejecución, «el juez o tribunal realizará, en su caso, las comprobaciones necesarias sobre la concurrencia de los requisitos de la suspensión y del resto de peticiones realizadas». Quiere decirse que cuando el tribunal considere conveniente u obligada la opinión de la víctima en el transcurso del proceso de ejecución en función de la actuación de que se trate puede recabarla de oficio, sin necesidad de otorgarle la condición de parte ni de establecer constantemente que sea convocada o escuchada.

Conforme al apartado tercero del artículo 988 bis, esta tramitación escrita puede sustituirse por la convocatoria de todos estos sujetos (también «partes acusadoras y víctimas, directamente afectadas por la decisión») a una vista, en la que se debatirán y resolverán oralmente las cuestiones que constituyen su objeto, o, de no ser posible, en los tres días siguientes mediante resolución escrita[38].

La posibilidad de tramitar de manera oral y concentrada este incidente es acorde con las previsiones que la misma LOEP introduce cuando se dicta sen-

38. RODRÍGUEZ LAÍNZ, J. L. (nota 10), p. 27 versión electrónica, teme que la vista, frente a la tramitación escrita, tenga el problema de facilitar la prescripción de las penas impuesta por delitos leves, a causa de la dificultad de citar a los condenados para que comparezcan.

tencia de conformidad en el juicio oral de los procesos ordinario o abreviado, o en la audiencia preliminar de este último. Como ya se ha visto, los artículos 655, 785 y 787 ter LECr prevén que la sentencia de conformidad se dicte oralmente y se declare su firmeza si las partes expresan su intención de no recurrir; a continuación, establecen que el tribunal «en el mismo acto, declarará oralmente la firmeza de la sentencia y se pronunciará, previa audiencia de las partes, sobre la suspensión o la sustitución de la pena impuesta, cuando proceda. También resolverá el juez, la jueza o el tribunal sobre los aplazamientos de las responsabilidades pecuniarias y se realizarán, en cuanto fuera posible, los requerimientos y liquidaciones de condena de las penas impuestas en la sentencia». En cambio, no coincide con las previsiones del artículo 789.2 LECr, no reformado por la LOEP, para la sentencia oral que no es de conformidad, puesto que en este caso la norma solo dispone que «Si el Fiscal y las partes, conocido el fallo, expresasen su decisión de no recurrir, el Juez, en el mismo acto, declarará la firmeza de la sentencia, y se pronunciará, previa audiencia de las partes, sobre la suspensión o la sustitución de la pena impuesta»; no hay mención, pues, ni a la audiencia de la víctima ni a las otras circunstancias que tanto la regulación de las sentencias de conformidad como el incidente de ejecución del artículo 988 bis 1 prevén.

> En cualquier caso, es urgente una regulación unitaria y común de muchos aspectos del proceso penal, así como también lo es que el legislador sea más cuidadoso con la relevante tarea de dictar normas jurídicas. Si tomamos como ejemplo de lo que está sucediendo las decisiones sobre la suspensión de la ejecución y sobre el aplazamiento de las responsabilidades pecuniarias, por ejemplo, veremos que las normas que regulan la conformidad prevén que al dictarse sentencia oral de conformidad pueda resolverse sobre ellas, oyendo a las partes acusadoras, pero sin contemplar que se dé audiencia a la víctima; las normas que se refieren a la sentencia que se dicta oralmente en el juicio oral sin derivar de conformidad contemplan que se decida en este momento sobre la suspensión, pero no hay referencia al aplazamiento de las responsabilidades pecuniarias, y tampoco a la audiencia a la víctima; y las normas que regulan la ejecución de la condena prevén que se resuelva en el mismo acto sobre la suspensión y sobre el aplazamiento de responsabilidades pecuniarias, dando audiencia a la víctima. No puede ser, teniendo en cuenta además que las normas sobre conformidad y sobre ejecución proceden de la misma reforma, que apenas toca veinte preceptos de la LECr, y lo hace de manera discordante.

5.2. LA LIQUIDACIÓN DE LA CONDENA

Adoptadas las decisiones anteriores, el artículo 988 bis 4 LECr regula otra actuación trascendente para la ejecución, que es la liquidación de la condena atribuida al letrado de la administración de justicia; si hay que felicitarse porque le ley se ocupa expresamente de la liquidación, cosa que no había sucedido hasta ahora, también hay que manifestar sorpresa y decepción por la que parece una regulación irreflexiva e improvisada, cuando ya la previó en términos muy similares el Anteproyecto de LECr de 2020 y el legislador de la LOEOP podía haber solucionado algunos de los problemas que se pusieron de manifiesto entonces.

El artículo 988 bis 4 LECr comienza manifestando que el letrado «citará al condenado a una comparecencia en la que le requerirá de cumplimiento de las penas, decomiso y responsabilidades civiles que le hubieran sido impuestas y le informará de las responsabilidades en que pueda incurrir en el supuesto de incumplimiento». En la práctica, la citación y el requerimiento no deben ser tan genéricos como resultan de la norma, sino que su contenido debe venir marcados por la concreta pena que se vaya a ejecutar. Así, el condenado será requerido para presentarse ante el letrado con su permiso de conducir, por ejemplo, o con su licencia de armas, para dejarlos en depósito durante el tiempo de la condena; puede serlo para acreditar el pago de la multa completa, si así se acordó en el incidente de inicio de la ejecución, o el primer o sucesivos plazos, o de la responsabilidad civil según el calendario acordado, o para entregar los bienes objeto de decomiso según la sentencia de condena. La citación al condenado especificará, pues, el contenido de las actuaciones que constituyan el objeto de la comparecencia.

Esta comparecencia será necesaria en muchos casos para realizar las operaciones de liquidación de condena, cuyo contenido prevé el inciso segundo del artículo 988 bis 4, a saber: «a) la fecha de inicio del cumplimiento; b) el tiempo abonable por haber estado privado de libertad provisionalmente en la causa o por la aplicación de cualquier otra medida cautelar; c) el tiempo de duración de la condena; y d) el tiempo de cumplimiento. A tales efectos, el cómputo se hará por años, meses y días, de acuerdo con las siguientes reglas: los meses completos serán de treinta días y los años completos serán de trescientos sesenta y cinco días». El contenido de la liquidación según esta norma suscita varias dudas.

— Cuando la pena es privativa de libertad, la determinación de la fecha de inicio de cumplimiento depende de una actuación del tribunal no prevista en la LECr, que es la remisión del mandamiento de prisión al centro penitenciario en el que el condenado haya ingresado voluntariamente o al que haya sido conducido tras su detención; sin mandamiento de prisión el condenado tiene que ser excarcelado, y no habría fecha de inicio de cumplimiento. La LECr tendría que contemplar la emisión del mandamiento de prisión entre las actuaciones de ejecución, previsto actualmente solo en el artículo 16.2 del Reglamento Penitenciario, y coordinarlo con la liquidación de la condena.

— El abono a la condena del tiempo en el que el condenado ha estado durante el proceso penal sujeto a medidas cautelares, sean de la misma naturaleza que la pena impuesta o de naturaleza heterogénea, está regulado en los artículos 58 y 59 CP, que la LOEP no modifica. Estas normas atribuyen la competencia para resolver sobre este abono al tribunal sentenciador (*rectius*, al tribunal competente para la ejecución como tribunal sentenciador, que no es exactamente el que dicta la sentencia, sino el que conoció del asunto en primera instancia) si las medidas cautelares se acordaron en la misma causa, y al juez de vigilancia penitenciaria si se acordaron en una causa distinta. No considero posible interpretar la LOEP en el sentido de que las competencias previstas en el CP han pasado sin más al letrado, sin modificar el CP y sin hacer ninguna mención específica de ello. Entiendo, por el contrario, que el letrado realizará las operaciones liquidatarias cuando tenga las resoluciones de estos tribunales sobre el abono de medidas cautelares. Son decisiones complejas, cuyos requisitos lleva en ocasiones tiempo comprobar, particularmente si la medida cautelar cuyo abono se pretende proviene de otra causa. Esto tiene dos implicaciones; una, la operación de liquidación de condena puede tardar (pese a que si la condena es a privación de libertad el artículo 16.2 RP ya mencionado prevé que llegue al centro penitenciario en las veinticuatro horas siguientes al ingreso del condenado); y dos, es frecuente que la liquidación de condena se modifique, puesto que la primera que se realiza puede no contar con todos los datos necesarios.

El incidente de abono de las medidas cautelares implica contradicción entre el ministerio fiscal y el condenado, resolución del tribunal, posibles recursos..., del mismo modo que sucede con el incidente de liquidación de condena. Habría que buscar la manera de resolver todas estas cuestiones relacionadas en un incidente único, y no en incidentes sucesivos con competencias e intervenciones distintas, que implican dilación e inversión de recursos. Hay que tener en cuenta, aunque la LOEP no lo ha modificado, que la determinación definitiva del tiempo de cumplimiento y de sus fechas relevantes puede todavía verse afectado por el incidente de fijación del límite máximo de cumplimiento, previsto en el artículo 988 III LECr, y por la refundición de condenas que practica la administración penitenciaria con base en el artículo 193 RP cuando el condenado lo está a más de una pena privativa de libertad. Estos incidentes no se suscitan en todas las ejecuciones de condenas privativas de libertad y no son acumulables con los anteriores, por su tipología y porque pueden suscitarse en momentos posteriores; pero tener en cuenta que se pueden producir refuerza la necesidad de tramitar de manera conjunta lo que sea común y habitual.

— La regla de conversión del tiempo de la condena en años difiere de la establecida en el artículo 50.4 CP para la conversión de la pena de multa. Estas normas tendrían que coincidir.

El procedimiento es sencillo. De la liquidación practicada por el letrado se da traslado al condenado, al ministerio fiscal y a las partes, dice el artículo 988 bis 4 LECr, en su inciso quinto, con un plazo de dos días —tal vez no haya en la legislación procesal uno más breve— para impugnaciones; transcurrido, el letrado aprobará la liquidación mediante decreto. Si se formulan impugnaciones, serán trasladadas al resto de los intervinientes para alegaciones por los mismos dos días, y resolverá el tribunal mediante auto.

De nuevo hay que hacer notar, no solo que la intervención de las partes acusadoras en este incidente no tiene fundamento, sino también que es necesaria una reflexión y adopción de criterio en este ámbito, puesto que respecto de la liquidación de la condena no se prevé la audiencia de la víctima, como sí se hace con relación a las cuestiones integradas en el incidente de comienzo de la ejecución. Como ya se ha dicho en el Epígrafe anterior, lo más adecuado es que ministerio fiscal y tribunal realicen las audiencias y pidan los informes que tengan por convenientes respecto de cada actuación, como les permite el principio de oficialidad.

Respecto de este auto, el artículo 988 bis LECr solo dice que, una vez firme, será notificado personalmente al condenado si corrige la liquidación inicialmente hecha por el letrado. Se trata de un auto definitivo, luego debiera poder ser recurrido en apelación.

6. OTRAS MODIFICACIONES INTRODUCIDAS POR LA LOEP EN EL PROCESO PENAL

En los Epígrafes anteriores se han examinado modificaciones estructurales operadas por la LOEP en el proceso penal. Pero esta norma introduce también otros matices o cambios más sencillos, pero igualmente relevantes, como se expone a continuación[39].

Limitación de denuncia telemática. En clara dialéctica con la ampliación de las posibilidades de realizar actuaciones telemáticas que ha impulsado el legislador de los últimos tiempos, el artículo 266 LECr es modificado para excluir de la denuncia telemática los hechos cometidos con violencia o intimidación, flagrantes o de naturaleza violenta o sexual; con autor conocido o respecto de los que existan testigos; y toda denuncia formulada por un menor de edad. La gama es tan variada que cuesta encontrar un factor común, salvo que consideremos que se trata de delitos y/o de denunciantes respecto de los que la percepción directa del receptor de la denuncia puede ayudar a la investigación, bien por la rapidez en la reacción, bien por la posibilidad de percibir elementos relevantes mediante el lenguaje no verbal o a través del diálogo, contacto u observación directos del denunciante. También se ha apuntado que puede tratarse de ámbitos más proclives a la denuncia falsa, que la vía telemática dificulta más detectar[40].

Publicación de requisitorias. El artículo 512 LECr dispone que el tribunal que emita requisitorias en busca y captura del reo que no se encuentre en su domicilio, las envíe directamente para su publicación tanto al SIRAJ como al Tablón Edictal Judicial Único, evitando así duplicidades y retrasos en la publicación de los edictos.

39. No se hará referencia aquí a la introducción de un procedimiento de justicia restaurativa mediante la disposición adicional novena de la LECr porque es objeto de un capítulo específico de esta obra, a cargo de AGUILERA MORALES, M. E.
40. En este sentido, GRANADOS, L. E. (nota 6), p. 4 edición electrónica.

Declaración del acusado en último lugar. El artículo 701 LECr reformula la práctica de la prueba en el juicio ordinario en dos puntos. Partiendo de las reglas generales de que las pruebas se practican en el orden en que aparecen en la proposición de cada parte, y de que los testigos declaran también en ese mismo orden, la norma establece de manera inamovible el derecho del acusado a declarar en último lugar, si así lo solicita a petición de su defensa; y prevé también la facultad del tribunal de alterar el orden de las restantes pruebas, a instancia de parte y también de oficio, si lo considera más adecuado para el esclarecimiento de los hechos.

LO cierto es que, a diferencia de la Ley de Enjuiciamiento Civil, la LECr no regula la declaración de la parte como medio de prueba ni establece su régimen jurídico, sobre el que pesan dudas de diversa índole y que se reprocha al legislador no haber fijado con ocasión de esta reforma[41].

La declaración como medio de prueba suele ser más eficaz para la defensa que la intervención que es considerado como parte del derecho fundamental de defensa, el derecho a la última palabra; y esta intervención más eficaz se realizaba con frecuencia al principio del proceso, de manera que el sujeto pasivo declara sin conocer el resultado del resto de las pruebas que se van a practicar. Es evidente que el derecho de declarar en último lugar, a la vista de todo lo que ha sucedido en el proceso, beneficia al sujeto pasivo. Se ha apuntado que, por un lado, hace visible cómo la carga de la prueba recae sobre la acusación, que debe llevar el peso del juicio; y, por otro, es particularmente útil en los casos en los que la prueba de la acusación es la testifical de la víctima, puesto que permite que el acusado rebata el testimonio, en lugar de declarar sin conocerlo[42].

El artículo 788 LECr no tiene una regulación correlativa para el proceso abreviado, pero en la medida en que no la hay tampoco de la práctica completa de los medios de prueba, sino solo un número pequeño de especialidades y matices, consideramos aplicables las previsiones del artículo 701 LECr a la práctica de la prueba en el proceso abreviado.

Tal vez lo contrario también pudiera ser defendible, puesto que el artículo 788 LECr también contiene previsiones expresas respecto de normas del ordinario, como el artículo 703 bis LECr, de manera que puede sostenerse que no ha sido reformado para incluir esto pudiendo hacerse. Pero teniendo fundamento, como es que la práctica de la prueba no está regulada de forma completa, es preferible abogar por la amplitud y por la homogeneidad. Y seguir reclamando normas con factor común para el proceso penal, y no esta dispersión y a la vez reiteración que complica muchísimo la interpretación recta de la voluntad del legislador.

---

41. Ampliamente, ESTÉVEZ BENITO, R., «A vueltas con el momento de la declaración del acusado en el acto del juicio oral tras la Ley Orgánica 1/2025, de 2 de enero ¿cuestión zanjada u oportunidad perdida?», *Diario La Ley*, n.º 10650, 2025.
42. *Vid*. CÁNOVAS FERNÁNDEZ, N. (nota 16), p. 4 edición electrónica.

Información de derechos y ofrecimiento de acciones en el procedimiento abreviado. La LOEP reforma el artículo 776 LECr en dos puntos. El primero, sentar la suficiencia del ofrecimiento de acciones hecho a las víctimas por parte de la policía judicial conforme al artículo 771 LECr, sin que sea necesario que el letrado de la administración de justicia las convoque a nueva comparecencia con este objeto. En estos casos, el letrado informará a las víctimas, se entiende que sin convocarlas para que comparezcan, del número de procedimiento, del tribunal ante el que se desenvuelve y de los datos de contacto con el tribunal, además de proporcionarles cuando corresponda toda la información sobre el estado de las actuaciones a que tienen derecho conforme al estatuto de la víctima.

En segundo lugar, la nueva redacción del artículo 776 LECr precisa que la información sobre el ofrecimiento de acciones que, por las circunstancias concretas del caso, no hayan podido facilitar directamente a las víctimas ni la policía judicial ni el letrado de la administración de justicia, se les hará llegar por el medio más rápido posible, incluyendo la dirección electrónica habilitada para comunicarse con la administración de Justicia si están obligados a tenerla o si cuentan con ella por elección; previamente ha sido también levemente retocado el artículo 771 LECr, para que la policía judicial tenga que informar a las víctimas de que pueden optar por relacionarse con la administración de Justicia a través de estos medios, «recabando y consignando sucintamente su respuesta».

Se trata de una intervención que va en una línea correcta de eliminar actuaciones duplicadas, comparecencias innecesarias, y de hacer un uso adecuado de las herramientas electrónicas. La pregunta en este caso no es por qué esta reforma, sino por qué solo esta, de las muchas que son necesarias para refundir y optimizar trámites y comunicaciones.

Posible celebración del juicio oral en ausencia del acusado. La introducción de la audiencia preliminar en el artículo 785 LECr ha determinado también la necesidad de reformar el artículo 786 LECr, para regular el final de este trámite y el señalamiento del juicio oral, y ha determinado que una parte de lo que contemplaba esta última norma, la posible celebración del juicio oral en el procedimiento abreviado estando ausente el acusado, pase al actual artículo 787 LECr con dos modificaciones que lo mejoran y aclaran. Conforme al artículo 787 LECr, podrá celebrarse el juicio en ausencia si en las penas solicitadas concurren dos requisitos. El previsto en el apartado a) consiste en «Que la pena más grave solicitada no exceda de dos años de privación de libertad, que no exceda de seis años si se trata de pena de distinta naturaleza o que se trate de pena de multa cualquiera que sea su cuantía o duración»; es esta referencia a la multa la que introduce la LOEP, aclarando la posibilidad del juicio en ausencia cuando es esta pena la solicitada, algo que la regulación anterior no mencionaba. En cuanto al requisito establecido en el apartado b), «Que, en todo caso, tratándose de penas privativas de libertad, la suma total de las penas solicitadas no exceda de cinco años», despeja también las dudas que suscitaba el juicio en ausencia con solicitud de varias penas que individualmente consideradas no excedían de dos años de privación de libertad, pero cuya suma podía rebasar los límites de una condena grave.

Representación de las acusaciones particular y popular. El último inciso del artículo 787.1 LECr dispensa a quienes representan a las acusaciones particular y popular de concurrir al acto del juicio, y considera suficiente la representación a través de sus procuradores, salvo que los representantes deban declarar como testigos.

Tramitación preferente de los procesos penales con víctimas menores de edad, introducida por la disposición adicional octava LECr.

Supletoriedad de la Ley de Enjuiciamiento Civil. El artículo 989 LECr se reforma mínimamente para aclarar que la LEC es supletoria respecto de la ejecución de las responsabilidades civiles en todo lo que no esté previsto por una norma penal, sustantiva o procesal. No es que esté mal la aclaración, pero de nuevo surge la pregunta por la elección precisamente de este punto entre las muchas imprecisiones que contiene la LECr, cuando, se diga o no, lo cierto es que la LEC tiene que ser considerada supletoria, porque su propio artículo 4 le atribuye este carácter.

BIBLIOGRAFÍA

AGUILERA MORALES, M. E., «La deriva del principio del consenso», *Revista Italo-española de Derecho Procesal*, n.º 2, 2019, pp. 49-66.

BANACLOCHE PALAO, J., «El proyecto de ley de eficiencia procesal y el proceso penal: una reflexión crítica sobre las innovaciones propuestas», *Diario La Ley* n.º 10103, 2022, pp. 1-15 edición electrónica.

CÁNOVAS FERNÁNDEZ, N., «Claroscuros de la Ley Orgánica 1/2025, de 2 de enero, de medidas en materia de eficiencia del Servicio Público de Justicia», *La Ley Penal*, n.º 172, 2025, pp. 1-9 edición electrónica.

EGUREN PRIETO, A., «Luces y sombras de los Juzgados de violencia sobre la mujer», *Cuaderno de familia. Boletín Jurídico de Infancia, Familia y Capacidad de la Asociación Judicial Francisco de Vitoria*, n.º 4, 2023, pp. 3-11, edición electrónica

ESTÉVEZ BENITO, R., «A vueltas con el momento de la declaración del acusado en el acto del juicio oral tras la Ley Orgánica 1/2025, de 2 de enero ¿cuestión zanjada u oportunidad perdida?», *Diario La Ley*, n.º 10650, 2025, pp. 1-20, edición electrónica.

GARCÍA DURÁN, S. y HERNÁNDEZ OLIVEROS, J. C., «La conformidad en el proceso penal, ¿un mal necesario?», *Diario La Ley* n.º 9935, 2021, pp. 1-16, edición electrónica.

GRANADOS, L. E., «Principales reformas efectuadas por la Ley Orgánica 1/2025, de eficiencia del Servicio Público de Justicia y su incidencia en el ámbito penal», *La Ley Penal*, n.º 172, 2025, pp. 1-7 edición electrónica.

GUDÍN RODRÍGUEZ-MAGARIÑOS, A. E., La reforma del procedimiento de ejecución penal por la Ley de Eficiencia, LO 1/2025, de 2 de enero: cuestiones resueltas y cuestiones pendiente. *Diario La Ley*, n1 10666, 2025, pp. 1-20 edición electrónica.

LASCURAÍN SÁNCHEZ, J. A. y GASCÓN INCHAUSTI, F., «¿Por qué se conforman los inocentes?», *Indret*, n.º 3 2018, pp. 1-28, edición electrónica.

MAGRO SERVET, V., «Apuntes sobre la resolución de la prueba ilícita en la LECRIM tras la Ley Orgánica 1/2025, de 2 de enero de medidas de eficiencia», *Diario La Ley*, n.º 10649, 2025, pp. 1-13, edición electrónica.

MATEOS RODRIGUEZ-ARIAS, A., «La Ley Orgánica de eficiencia del servicio público de justicia: novedades introducidas en la conformidad penal», *Diario La Ley* n.º 10654, 2025, pp. 6-13, edición electrónica.

MESTRE DELGADO, E., «Retos para la eficiencia procesal», *La Ley Penal*, n.º 172, 2025, pp. 1-2 edición electrónica.

MUÑOZ CUESTA, J., «La nueva audiencia preliminar en la LECrim introducida por la LO 1/2025, de 2 de enero», *Revista de Derecho VLex*, n.º 248, 2025, pp. 1-6 edición electrónica.

OLIVEIRA TEXEIRA DOS SANTOS, M., «La regulación de la conformidad en el Proyecto de Ley de Medidas de eficiencia procesal del servicio público de Justicia: sobre la maximización del principio de oportunidad», Revista General de Derecho Procesal, n.º 61, 2023, pp. 2-38.

PINO PÉREZ, M. A., «La competencia objetiva del Tribunal del Jurado: problemas y propuestas de reforma», *La Ley Penal*, n.º 172, 2025, pp. 1-27 edición electrónica

RODRÍGUEZ LAÍNZ, J. L., «El desacertado impacto de la Ley Orgánica de Medidas en Materia de Eficiencia del Servicio Público de Justicia en el Proceso Penal», *Diario La Ley* n.º 10665 2025, pp. 1-36 versión electrónica.

RODRÍGUEZ-GARCÍA, N., «La conformidad en el Anteproyecto de Ley de Enjuiciamiento Criminal de 2020: reflexiones y materiales para su futura redefinición», *Revista de la Asociación de Profesores de Derecho Procesal de las Universidades Españolas*, n.º 5, 2022, pp. 9-60.

TAMARIT SUMALLA, J. M., «Los nuevos tribunales de violencia contra la infancia», *Blog de Dret, Criminologia i Ciència Política*, https://blogs.uoc.edu/edcp/es/nuevos-tribunales-de-violencia-contra-la-infancia/ (acceso 17/02/2025).

Capítulo 12

La «nueva regulación» de la justicia restaurativa

Marien Aguilera Morales
Catedrática de Derecho procesal UCM. Miembro de IDEIR

1. LA JUSTICIA RESTAURATIVA ANTES DE LA LOEP

Como es conocido, la expresión «justicia restaurativa» refiere una concepción de la justicia penal que tiene por fundamento un presupuesto antropológico —una visión amable del ser humano— y por finalidad ofrecer tanto a víctimas como a victimarios la posibilidad de dialogar sobre el delito y sus consecuencias, así como de profundizar en la asunción de la responsabilidad y la reparación del daño ocasionado. Se trata, de otro modo y en palabras del legislador europeo, de «cualquier proceso (*sic*) que permita a la víctima y al infractor participar activamente, si dan su consentimiento libremente para ello, en la solución de los problemas resultantes de la infracción penal con la ayuda de un tercero imparcial»[1].

De lo anterior ya se infiere que, aunque tienden a ser confundidas, justicia restaurativa y mediación penal no son identificables. Aquélla es una filosofía, un modelo de justicia penal muy alejado por cierto de las concepciones retributivas propias del sistema penal tradicional. La mediación, en cambio, es una de las posibles técnicas (o «procesos» en impropia terminología europea) que pueden emplearse para alcanzar los fines del modelo. A estos efectos, no obstante, también cabe recurrir a otras técnicas o herramientas sobradamente conocidas (*v.gr.*, la conciliación) o no tan conocidas (*v.gr.*, las conferencias, los círculos de sentencia y los talleres o programas restaurativos), pero igualmente utilizadas entre nosotros[2].

La razón de abundar en esta distinción estriba en que la misma es clave para identificar las principales manifestaciones legales que de la justicia restaurativa recogía nuestro ordenamiento a nivel estatal antes de la LOEP[3]. Esas manifestaciones eran —y siguen siendo en su mayoría— las siguientes:

1. Los artículos 19 y 51.3 de la LO 5/2000, de 12 de enero, *reguladora de la responsabilidad penal de los menores* (LORPM, en adelante)[4].

---

1. Las palabras entrecomilladas se corresponden con la definición que de «justicia restauradora» recoge el artículo 2.1 d) de la Directiva 2101/29/UE del Parlamento Europeo y del Consejo de 25 de octubre de 2012 *por la que se establecen normas mínimas sobre los derechos, el apoyo y la protección de las víctimas de los delitos, y por las que se sustituye la Decisión marco 2001/220/JAI del Consejo* (DOUE n.º 315, 14.11. 2012). Su similitud con aquella otra definición anudada a la «justicia restaurativa» en el marco del Consejo de Europa revela cuál fue el espejo en el que se miró el legislador europeo. A la postre, según el Anexo a la Recomendación CM/Rec(2018)8 del Comité de Ministros *en materia de justicia restaurativa penal,* el término «hace referencia a cualquier proceso que permita a aquellas personas dañadas por el delito y a las personas responsables del daño participar activamente, si dan su consentimiento libremente para ello, en la resolución de las consecuencias resultantes del delito, con la ayuda de un tercero independiente y cualificado (en lo sucesivo, "el facilitador")».
2. Sobre estas técnicas o metodologías y su implantación en nuestro país, *vid.* el reciente trabajo de MARTÍN DIZ, F., «Justicia restaurativa: ¿Es sólo mediación penal?», en *Diálogos sobre justicia restaurativa. De la mediación penal y otros instrumentos restaurativos* (ed. S. Barona Vilar), Tirant lo blanch, Valencia, 2025, esp. 141-147.
3. Desde una perspectiva supranacional los instrumentos normativos y de *soft law* relativos a este nuevo modelo de justicia penal son tantos que resulta imposible relacionarlos aquí. Baste señalar, por todo ejemplo, la Directiva 2101/29 y la Recomendación CM/Rec(2018)8, ya citadas. Por su parte, y a nivel infraestatal, es de destacar que, a los programas, proyectos y experiencias piloto que tienen lugar aquí y allá de nuestra geografía, se ha sumado recientemente la aprobación en Navarra de la Ley foral 4/2023, de 9 de marzo, *de Justicia restaurativa, mediación y prácticas restaurativas comunitarias* (BOE n.º 80, de 4 de abril de 2023).
4. En este contexto, aunque a nivel reglamentario, *v.* también los artículos 4, 5, 8 y 15 del Real Decreto 1774/2004, de 30 de julio, *por el que se aprueba el Reglamento de la Ley Orgánica 5/2000, de 12 de enero, reguladora de la responsabilidad penal de los menores.*

En apretada síntesis el artículo 19 LORPM contempla la posibilidad de que, en el marco de este proceso especial, el Ministerio Fiscal desista de la continuación del expediente incoado frente al menor de edad, dé por concluida la instrucción y remita lo actuado al Juez de Menores (ahora Sección de Menores del Tribunal de Instancia) con vistas a que éste acuerde el sobreseimiento y el archivo de las actuaciones. Tal posibilidad resulta condicionada a que, tras un procedimiento de mediación entre el menor y la víctima realizado ante el equipo técnico, el menor bien reconozca el daño causado y se disculpe ante la víctima (conciliación), bien asuma el compromiso de realizar determinadas actuaciones, seguido de su realización efectiva (reparación). El desistimiento del expediente se sujeta, además, a dos requisitos: que el hecho imputado al menor constituya delito menos grave o delito leve; y que el Ministerio Fiscal considere oportuno tal desenlace en vista de las circunstancias del menor y la falta de gravedad de los hechos.

De cara a lo que más adelante se dirá, de este artículo 19 LORPM interesa destacar también algunas otras previsiones. Una es que, para los casos en que la víctima sea menor o persona con discapacidad, se impone que el compromiso resultante de la mediación sea asumido por el representante legal de la víctima y cuente con la aprobación del Juez. Otra que, tratándose de delitos tipificados en los Capítulos I y II del Título VIII del Código Penal (*i.e.*, agresiones sexuales y agresiones sexuales a menores de dieciséis años) y de delitos de violencia de género, la eficacia procesal del eventual acuerdo conciliador se sujeta a que la víctima lo solicite y a que el menor haya cumplido la medida educativa correspondiente.

Como el anterior, el artículo 51.3 LORPM recoge los efectos que pueden seguirse del acuerdo resultante de un procedimiento de mediación, si bien sólo cuando el acuerdo alcanzado sea de conciliación. Estos efectos operan en el marco de la medida ya impuesta al menor o, si se prefiere, de su ejecución. De hecho, las previsiones son que, dándose determinadas condiciones y tras ciertos trámites, el Juez puede dejar sin efecto la medida.

2. El artículo 87 ter. 5 LOPJ, en la redacción dada a este precepto por la Ley 1/2004, de 28 de diciembre, *de Medidas de Protección Integral contra la Violencia de Género*, y en el que se proscribe la mediación en el contexto de la violencia de género.

3. Los artículos 84.1.1.ª y 80.3 CP, en la redacción dada a ambos preceptos por la Ley Orgánica 1/2015, de 30 de marzo, *por la que se modifica la Ley Orgánica 10/1995, de 23 de noviembre del Código Penal*, y que consagran la facultad judicial de condicionar la suspensión de la ejecución de la pena al cumplimiento del acuerdo alcanzado por las partes en virtud de la mediación; y esto —nótese bien— aun cuando el condenado haya delinquido en anteriores ocasiones (siempre que no sea reo habitual) y la pena o la suma de las impuestas sea superior a dos años.

4. Los artículos 3, 5, 15 y 29 de la Ley 4/2015, de 27 de abril, del *Estatuto de la víctima del delito* (LEVD, en adelante). Un rasgo común a estos artículos es estar preordenados a la reparación material y moral de la víctima.

Tal es lo que se infiere, en efecto, del artículo 3 LEVD, en tanto extiende al ámbito de la justicia restaurativa los derechos que el propio precepto reconoce a las víctimas, y en tanto veda además y «en todo caso» la mediación y la conciliación «en supuestos de violencia sexual y de violencia género».

Y otro tanto cabe decir del artículo 5 LEVD, en el que se reconoce a toda víctima el derecho a recibir información inmediata y adaptada a sus circunstancias sobre los servicios de justicia restaurativa disponibles, así como del artículo 29 LEVD, que incluye entre los cometidos de las Oficinas de Asistencia a las Víctimas prestar apoyo a los servicios de justicia restaurativa en los términos previstos reglamentariamente[5].

Con todo, es el artículo 15 LEVD el que mejor trasluce aquella finalidad tuitiva de las víctimas, al someter el acceso a los servicios de justicia restaurativa a que: (i) el infractor haya reconocido los hechos esenciales que se le imputan; (ii) la víctima, tras recibir información exhaustiva e imparcial del procedimiento mediador, sus posibles resultados y los cauces para hacer efectiva su reparación material y moral, consienta en recurrir a estos servicios; (iii) el infractor preste igualmente su consentimiento; (iv) la mediación no entrañe riesgo para la seguridad de la víctima ni exista riesgo de causarle nuevos perjuicios materiales o morales; y (v) no esté prohibida por la ley para el delito cometido.

En último término, interesa traer a la mente que el propio artículo 15 LEVD, en su apartado 2, impera la confidencialidad de los debates desarrollados en la mediación, a menos que ambas partes consientan su difusión, así como la sujeción a secreto profesional de los mediadores y cuantos otros profesionales participen en la mediación en relación con los hechos y manifestaciones de los que hayan tenido conocimiento en el ejercicio de sus funciones. También que, según su apartado 3, víctima e infractor pueden revocar su consentimiento para participar en el procedimiento de mediación en cualquier momento.

5. Según el Real Decreto 1109/2015, de 11 de diciembre, *por el que se desarrolla la Ley 4/2012, de 27 de abril, del Estatuto de la víctima del delito, y se regulan las Oficinas de Asistencia a las Víctimas del Delito*, este apoyo consiste en promover el recurso a la justicia restaurativa e informar a las víctimas de los servicios de justicia restaurativa disponibles (cfr. arts. 12,19, 27, 28 y 37).

2. LA JUSTICIA RESTAURATIVA DESPUÉS DE LA LOEP

2.1. EL ARTÍCULO 89.9 LOPJ

Según se ha deslizado, la mayoría de los preceptos aludidos en el epígrafe anterior no han sido modificados ni derogados por la LOEP. No expresamente.

De esa mayoría se separa, no obstante, el artículo 87 ter LOPJ; precepto que ha sido suprimido por completo por la LOEP, siendo ahora el artículo 89 LOPJ el que recoge parte de su tenor con ocasión de regular el ámbito de competencia objetiva de las nuevas Secciones de Violencia sobre la Mujer. En este sentido, importa precisar que el ámbito competencial de estas Secciones sigue abarcando, aunque con algún matiz respecto de la legislación anterior, la conocida violencia de género, pero también algunas formas de violencia sexual sobre la mujer aun no siendo constitutivas de violencia de género; en concreto, los delitos contra la libertad sexual previstos en el Título VIII del Libro II del Código Penal, así como los delitos de mutilación genital femenina, el matrimonio forzado, el acoso con connotación sexual y la trata con fines de explotación sexual[6]. Como decimos la precisión es importante, ya que, ante expresiones de violencia de género y de violencia sexual del tipo de las señaladas, el nuevo artículo 89.9 LOPJ veda la utilización de «los medios adecuados de solución de controversias».

Visto el tenor con que se expresa el veto, podría llegar a entenderse que la prohibición sólo alcanza a los asuntos civiles de los que están llamados a conocer las Secciones de Violencia sobre la Mujer. Bien mirado, sin embargo, la lectura ha de ser distinta, pues si, en contra de lo propugnado por un nutrido sector de la doctrina[7], el legislador se ha decantado por prohibir soluciones extrajudiciales de solución de los conflictos en este marco delictual, lo propio es que la prohibición opere tanto en el ámbito civil como en el penal (criterio *ad minus, ad maius*). Así las cosas, la referencia a «medios adecuados de soluciones de controversias» únicamente tiene una explicación: la falta de técnica jurídica.

---

6. Según recoge la Exposición de Motivos de la LOEP, esta ampliación competencial da cumplimiento (tardío) a la Disposición final vigésima de la LO 10/2022, de 6 de septiembre *de garantía integral de la libertad sexual*. El legislador actual se olvida, en cambio, de otras formas de violencia contra las mujeres, como el feminicidio sexual, a la que la propia LO 10/2022 animaba a dar una respuesta específica. También deja extramuros del ámbito competencial de las nuevas Secciones de Violencia sobre la Mujer el conocido delito de *sexting* (art. 197.7 CP) o la esterilización forzada que, desde la Unión Europea, se consideran expresiones de violencia sexual contra las mujeres. Cfr. Directiva (UE) 2024/1385 del Parlamento Europeo y del Consejo, de 14 de mayo de 2024, *sobre la lucha contra la violencia contra las mujeres y la violencia doméstica* (DOUE n.º 1385, de 24 de mayo de 2024).
7. V., por todos, LLORENTE SÁNCHEZ-ARJONA, M., «Justicia restaurativa como modelo de reparación integral en violencia de género», en *De la mediación penal y otros instrumentos restaurativos* (ed. S. Barona Vilar), Tirant lo blanch, Valencia, 2025, esp. pp. 442 y ss.

Defectos al margen, salta a la vista que la literalidad del artículo 89.9 LOPJ no coincide con lo que en igual orden de cosas dispone el artículo 3 LEVD. *Prima facie*, esta falta de sintonía debería solventarse en favor de lo dispuesto en aquel primer artículo (*lex posterior derogat lex anterior*), lo que es tanto como decir que el marco delictual en el que a partir de ahora operaría la prohibición del artículo 3 LEVD sería el de la violencia de género y el de determinadas formas de violencia sexual, pero en este último caso, sólo si la víctima es mujer; y, más allá, que la prohibición comprende no sólo la conciliación y la mediación, sino cualquier técnica restaurativa.

Los problemas vienen de mano de lo que, *a contrario*, se extrae de lo anterior, a saber: que las soluciones extrajudiciales de resolución de los conflictos penales sí son admisibles en supuestos de violencia sexual distintas de las previstas en el artículo 89.9 LOPJ[8]; y que pueden serlo igualmente si la víctima es hombre (mayor o menor de edad, igual da) e independientemente de cuál sea la orientación sexual o la identidad de género de la víctima. Como a nadie escapa, la *voluntas legislatoris* tampoco puede haber sido esa. De aquí que, en nuestra opinión, la aparente contradicción normativa deba resolverse en favor de considerar que el artículo 89.9 LOPJ no afecta al tenor del artículo 3.1 LEVD y que las previsiones del nuevo artículo atañen exclusivamente al ámbito competencial de las Secciones de Violencia sobre la Mujer.

Por otro lado, es evidente que el artículo 89.9 LOPJ tampoco se compadece con el artículo 19 LORPM, toda vez que este segundo precepto permite la conciliación entre menor y víctima en supuestos de violencia de género y en algunos otros de violencia sexual. Ocurre empero que, como en el caso anterior, la antinomia es sólo aparente y debe resolverse en el mismo sentido, esto es, en el de considerar que en este punto el artículo 19 LORPM no ha sido implícitamente derogado. El principio de especialidad (*specialibus non derogant*) no admite otra exégesis.

2.2. LA DISPOSICIÓN ADICIONAL NOVENA LECRIM

Con ser destacable, el artículo 89.9 LOPJ no es la única novedad de la LOEP en lo que tiene que ver con la justicia restaurativa. Tampoco es la más importante. Antes bien, el primer puesto en orden de importancia lo ocupa la nueva Disposición adicional novena de la LECrim (en adelante, la Disposición), que lleva precisamente por rúbrica «justicia restaurativa».

Aunque las páginas que siguen se dedicarán a su análisis, conviene reparar desde ya que esta Disposición viene a sumarse a las manifestaciones legales que, en esta materia, recogía nuestro ordenamiento antes de la LOEP. Como se dijo respecto del artículo 89.9 LOPJ, la suma provoca que, en lo posible, tales manifestaciones sean interpretadas conforme a la nueva Disposición.

8. *Vid.* nota 6.

Así, y por lo que hace a la LEVD, ya se indicó que uno de los requisitos a los que su artículo 15 somete el acceso a los servicios de justicia restaurativa es que el infractor reconozca los hechos esenciales que se le imputan. Respecto de este extremo, sin embargo, la Disposición nada dice, lo que genera la duda de si el acceso a un procedimiento restaurativo sigue estando sometido o no a tal requisito; problema sobre el que volveremos.

En lo que afecta a la LORPM, la Disposición dibuja un escenario más complicado aún. A ello contribuyen dos circunstancias:

La primera es que algunas previsiones de la Disposición no encuentran correspondencia en la LORPM. Así, en efecto, esta última nada prevé sobre la fijación de un plazo máximo para el desarrollo de la mediación o la conciliación, y nada dice tampoco sobre si el menor y la víctima pueden acceder a un procedimiento restaurativo tras concluir la fase de instrucción.

La segunda circunstancia es lo que a primera vista pueden tenerse por problemas de incompatibilidad normativa. En este sentido, conviene reparar que, en el ámbito de este proceso especial, la mediación entre menor y víctima comportan la total suspensión de la tramitación del expediente o, lo que para el caso es igual, que no se sigan practicando —como mandata la Disposición para la fase de instrucción— las diligencias indispensables para comprobar el delito. Además, mientras el artículo 19 LORPM anuda a la obtención de un acuerdo entre menor y víctima en fase de instrucción el efecto de desistir del expediente y sobreseer el proceso, la consabida Disposición liga al acuerdo alcanzado en esa misma fase procedimental la remisión de la causa al órgano competente para la celebración del llamado «juicio de conformidad».

Pues bien, a expensas de cómo nuestros tribunales resuelvan estos últimos problemas, somos de la opinión de que las previsiones de la LORPM a las que acabamos de hacer referencia tampoco han sido implícitamente derogadas. Amén del principio de especialidad, otro argumento avala esta opinión nuestra: en el marco de la LORPM, la LECrim tiene carácter supletorio, pero *sólo en lo relativo al procedimiento penal y sólo en lo que aquélla no prevea*[9].

Este último argumento permite defender a su vez que la Disposición integra algún aspecto que la LORPM no regula. Aludimos a la posibilidad de acudir a un procedimiento restaurativo más allá de la fase de instrucción y a que, en el caso de un eventual acuerdo entre menor y víctima, se sigan los trámites propios de la conformidad; algo que, dicho sea de paso, ya venía haciéndose en el marco de este proceso especial mucho antes de la LOEP[10].

---

9. Cfr. Disposición final primera LORPM.
10. Cfr., por todas, Sentencias del Juzgado de Menores n.º 1 de Barcelona, 110/2024 de 8 de abril de 2014 (JUR\2014\27457) y del Juzgado de Menores n.º 1 de Lleida 30 de mayo de 2014 (JUR\2014\27457).

Asimismo, es razonable entender que cuanto prevé la Disposición en materia de plazos es trasladable, *mutatis mutandis,* a la LORPM, pues aunque referidos al procedimiento mediador, esos plazos también operan en el marco del proceso penal.

2.3. EL ACTUAL DISEÑO LEGAL

A modo de conclusión de cuanto hasta aquí se ha expuesto, bien puede decirse que el actual diseño legal de la justicia restaurativa es sumamente defectuoso.

De un lado, por su dispersión. De hecho, como ilustra el siguiente gráfico, hoy día la regulación de la justicia restaurativa aparece diseminada en una decena de artículos, desperdigados a su vez en cinco textos legales[11].

<table>
<tr><th colspan="5">LOEP</th></tr>
<tr><th>LOPJ</th><th>CP</th><th>LEVD</th><th>LORPM</th><th>LECRIM</th></tr>
<tr><td rowspan="4">Art. 89.9
LOPJ</td><td rowspan="2">Art. 84.1.1</td><td>Art. 3</td><td rowspan="2">Art. 19</td><td rowspan="4">Disposición
adicional
novena</td></tr>
<tr><td>Art. 5</td></tr>
<tr><td rowspan="2">Art. 80.3</td><td>Art. 15</td><td rowspan="2">Art. 51.3</td></tr>
<tr><td>Art. 29</td></tr>
</table>

Y, de otro lado, por su falta de sistemática. Prueba de ello es que las previsiones relativas a la justicia restaurativa en sí, al procedimiento restaurativo y a la eficacia procesal de este último y del eventual acuerdo alcanzado en él se insertan ahora en la LECrim, dando lugar a solapamientos y antinomias, aparentes o reales, que requieren echar mano de la hermenéutica para solventarse.

Seguramente el resultado habría sido mejor si, en vez de procederse como se ha hecho, una ley autónoma recogiera específicamente lo relativo a la justicia restaurativa y tal regulación tuviera los necesarios reflejos en la legislación sustantiva, procesal e incluso en la especial y en la penitenciaria[12]. Y también habría sido mejor si, en este contexto, el legislador hubiera puesto cuidado en evitar discordancias entre las nuevas y las antiguas previsiones. No obstante, siendo otro el camino seguido, conviene dejar de lado «lo que hubiera podido

11. El color de fondo oscuro indica el influjo de la reforma operada por la LOEP respecto de la regulación precedente

12. Algo similar, en fin, al camino emprendido en otros Estados de la Unión, como Italia, que llevó a cabo la regulación de la justicia restaurativa en virtud del Decreto Legislativo 10 de octubre de 2022, n.º 150 y en el marco de la conocida «Reforma Cartabia». Sobre esta reforma, *vid.* PISCONTI. A., «Risoluzione dei conflitti e giustizia penale: un nuovo modello processuale?», *Archivio penale* 2023, n.º 3, pp. 1-27.

ser» y centrarse en el análisis de lo que puede tenerse por clave de bóveda de la reforma emprendida por la LOEP en materia de justicia restaurativa. Nos referimos, naturalmente, a la nueva Disposición adicional novena de la LECrim.

Antes, empero, de emprender el análisis, conviene hacer hincapié en que los mencionados no son los únicos ni quizá los más graves defectos de nuestro ordenamiento en este contexto. Está también la ya mencionada falta de técnica jurídica y, sobre todo, la insuficiente regulación; defecto este último al que sólo con extrema benevolencia puede decirse que la Disposición haya puesto remedio.

3. LA NUEVA DISPOSICIÓN

3.1. GÉNESIS Y JUSTIFICACIÓN DE LA REFORMA

La introducción de una Disposición en la LECrim dedicada a la justicia restaurativa no figuraba entre los iniciales planes del Gobierno impulsor de la reforma. El texto del Proyecto presentado en origen a las Cortes no incluía, ciertamente, tal Disposición en su articulado. Es más: aunque su Exposición de motivos aludía a la justicia restaurativa, lo hacía al efecto de matizar que, en lo relativo a los medios adecuados de solución de controversias, algunas materias quedaban excluidas de su ámbito de aplicación; entre ellas «el proceso penal, en el que no rige el principio dispositivo, sin perjuicio del derecho de las víctimas a acceder a servicios de justicia restaurativa con la finalidad de obtener una adecuada reparación material y moral de los perjuicios derivados del delito cuando se cumplan los requisitos establecidos legalmente» [13].

Durante la tramitación del Proyecto esta liminar alusión a la justicia restaurativa permaneció intacta. Sin embargo, en los albores de aquélla, algunos Grupos Parlamentarios apreciaron la necesidad de incluir la consabida Disposición. Concretamente, el Grupo Parlamentario Plurinacional SUMAR y el Grupo Parlamentario Socialista [14].

Para aquel primero, la necesidad se justificaba en la urgencia de dotar de seguridad jurídica y potenciar los procesos de justicia restaurativa que se realizan en España. En este sentido se vino a razonar que, si bien desde la aprobación del Estatuto de la Víctima en 2015, las víctimas podían acceder a los servicios de justicia restaurativa para obtener una adecuada reparación de los perjuicios derivados del delito, los efectos procesales anudados al procedimiento restaurativo seguían sin tener cobertura legal a expensas de una futura reforma global de la Ley de Enjuiciamiento Criminal que parecía aplazada *sine die*. La

13. BOCG. Congreso de los Diputados, XV Legislatura, serie A, n.º 16-1, de 22 de marzo de 2024, pp. 12-13.
14. *Vid.*, respectivamente, enmiendas n.º 145 y n.º 180. BOCG. Congreso de los Diputados, XK Legislatura, serie A, n.º 16-3, de 9 de agosto de 2024, pp. 138-139 y 172-174.

propuesta de este Grupo Parlamentario no se presentaba, sin embargo, como una regulación completa o acabada. Antes bien, se reconocía en ella lo imprescindible para enmarcar mínimamente el contenido, procedimiento y consecuencias de las actuaciones de justicia restaurativa, con el añadido de que tal regulación reproducía parcialmente lo previsto en el último y nonato Anteproyecto de Ley de Enjuiciamiento Criminal[15].

Por su lado el Grupo Parlamentario socialista justificaba la necesidad de la adición con cinco palabras: «Regulación de la justicia restaurativa». El tenor de su propuesta dejaba entrever, no obstante, que lo que tan parcamente se presentaba como «regulación» se equiparaba en verdad a lo que aquel otro Grupo enmendante tenía por un marco regulatorio mínimo. Al cabo, las enmiendas presentadas por ambos Grupos parlamentarios coincidían en lo esencial. La coincidencia ponía de manifiesto además este otro dato: la fuente de inspiración de la propuesta socialista —que fue la que acabó mereciendo el plácet del Congreso— también era el Anteproyecto de Ley de Enjuiciamiento Criminal de 2020.

A la vista está, por tanto, que en este punto la LOEP sólo en parte es original. En rigor, no lo es en absoluto pues, salvo algunas variaciones de tipo sintáctico, la Disposición es idéntica en su redacción a la prevista en el fallido Proyecto de Ley de medidas de eficiencia procesal (entonces, como Disposición adicional décima)[16].

15. Nos referimos al Anteproyecto aprobado por el Consejo de Ministros el 24 de noviembre de 2020, cuyo texto es accesible desde la web del Ministerio de Justicia. En él eran varios los preceptos dedicados a la justicia restaurativa; específicamente, los artículos 181 a 185, pero también algunos otros salpicados en su articulado (arts. 104, 553, 647, 800 y 896). Repárese, de otra parte, que el estudio de la justicia restaurativa en el marco de este Anteproyecto ha fructificado en numerosos trabajos. Así, sin ánimo de exhaustividad, los de CASTILLEJO MANZANARES, R., «El principio de oportunidad en el Anteproyecto de Ley de Enjuiciamiento Criminal: acusación particular y justicia restaurativa», en *El impacto de la oportunidad sobre los principios procesales clásicos: Estudios y diálogos*, (dirs. S. Calaza López y C. Muinelo Cobo), Iustel, Madrid, 2021, pp. 89-130; ROIG TORRES, M., «La justicia restaurativa en el Anteproyecto de Ley de Enjuiciamiento Criminal como manifestación del principio de oportunidad», *Revista Electrónica de Ciencia Penal y Criminología*, 2022, pp. 1-30; FERNÁNDEZ LOPEZ, M., «Conformidad, oportunidad y justicia restaurativa. La cuestionable propuesta de terminación anticipada condicionada a la reparación de la víctima», en *Reflexiones en torno al Anteproyecto de Ley de Enjuiciamiento Criminal de 2020* (dirs. F. Jiménez Conde y O. Fuentes Soriano), Tirant lo blanch, Valencia, 2022, pp. 1221-1230; y en la misma obra los de MARTÍN RÍOS, P., «La justicia restaurativa en el Anteproyecto de LECrim de 2020», pp. 1169-1190, y SERRANO HOYO, G., «Breve exposición de los momentos y efectos procesales de la justicia restaurativa en el Anteproyecto de Ley de Enjuiciamiento Criminal de 2020», pp. 1241-1252. Igualmente destacables son los trabajos más recientes de ARANDA JURADO, M., *Justicia restaurativa y mediación penal en España,* Tirant lo blanch, Valencia, 2024, pp. 485 y ss.; y de ETXEBERRIA GURIDI, J. F., «Principio de oportunidad y justicia restaurativa en el anteproyecto de LECRIM de 2020», en *Diálogos sobre justicia restaurativa... op. cit.*, pp. 250-275.

16. Cfr. BOCG. Congreso de los Diputados, XIV Legislatura, serie A, n.º 97-4, de 8 de junio de 2023, pp. 55-56.

Sea como fuere, la circunstancia de que la Disposición traiga causa del fallido Anteproyecto de 2020 es, como se verá, muy relevante. Por dos razones:

— Porque la regulación que de la justicia restaurativa se contenía en él se insertaba en un modelo de proceso penal muy distinto del actual. Se trataba, con algo más de detalle y en lo que interesa, de un modelo en el que la dirección de las investigaciones se atribuía al Ministerio Fiscal y en el que la acusación particular quedaba prácticamente reservada a los ofendidos y a los directamente perjudicados por el delito (*i.e.,* a las víctimas).

— Y porque el Anteproyecto de 2020 apostaba decididamente por el principio de oportunidad, al extremo de permitir el archivo de las actuaciones durante la instrucción o la conformidad sin sujeción al criterio de la gravedad de la pena. Era en este contexto donde encajaba la justicia restaurativa tal y como se regulaba en la Disposición adicional décima del Proyecto de Ley de medidas de eficiencia procesal. A la postre, la Exposición de Motivos del texto tenía a esta última por un «complemento efectivo del ejercicio del principio de oportunidad».

3.2. LOS PRINCIPIOS DE LA JUSTICIA RESTAURATIVA

La Disposición dedica su apartado 1 a enunciar lo que son principios rectores de la justicia restaurativa o, más exactamente, garantías innatas a las técnicas restaurativas de tipo intrajudicial. Menciona así los principios de gratuidad, voluntariedad, confidencialidad y oficialidad.

Los apartados sucesivos también se dedican a tres de esos principios. El principio preterido es el de gratuidad, del que nada más se dice, pero que —se sobreentiende— es predicable de quienes deciden someterse a un procedimiento restaurativo e implica que los gastos derivados de la justicia restaurativa son asumidos por la Administración.

3.2.1. El principio de voluntariedad. La referencia a «las partes»

Las especificaciones sobre este principio se contienen en los apartados 2 y 3 de la Disposición.

Aquel primer apartado viene a establecer, a modo de premisa, que «*las partes*», antes de consentir acudir a un procedimiento restaurativo, deben ser informadas de sus derechos, así como de la naturaleza del procedimiento y las posibles consecuencias de someterse al mismo. Estas previsiones dejan irresuelto un par de cuestiones:

En primer lugar, quién debe proporcionar la información, si el Tribunal que esté conociendo del proceso o los servicios de justicia restaurativa. El referido apartado 2 permite sostener ambos términos de la opción. Su ubicación sistemática apunta, en efecto, a que la información debe procurarse por el Tribunal que esté conociendo del proceso. Su literalidad, por contra, da a entender que son los servicios de justicia restaurativa los que han de facilitarla, tal y como por cierto suele hacerse en la práctica; no en vano, éste es uno de los elementos característicos de la primera entrevista del equipo restaurativo con víctima e infractor, esto es, de lo que se conoce como «sesión informativa-constitutiva». En todo caso, se coincidirá en que en este punto lo importante no es tanto el quién cuanto que se materialice la garantía y que, en línea de lo previsto en la LEVD, tal información se procure de forma exhaustiva, imparcial y adaptada a las circunstancias de sus destinatarios.

La segunda cuestión, mucho más trascendente, es a quién debe facilitarse la información. En este sentido, es de notar que, *verbatim*, los titulares de este derecho a la información son «*las partes*». De ello se infiere, en negativo, que las víctimas que decidan no personarse en el proceso penal quedan extramuros de esta garantía y del propio procedimiento restaurativo; y, en positivo, que garantía y procedimiento alcanzan al acusador particular-víctima y al encausado[17], pero también a otras posibles partes del proceso (al acusador particular-no víctima; al actor civil-no víctima; al acusador popular; al responsable civil subsidiario e incluso al Ministerio Fiscal).

Nuevamente cuesta creer que la descrita haya sido la voluntad del legislador. Al cabo, la inferencia negativa no se compadece con la finalidad de potenciar la justicia restaurativa que inspira la reforma, mientras que la positiva, además de disparatada, lleva a desvirtuar la concepción misma de la justicia restaurativa al inmiscuir en la solución extrajudicial del conflicto originado por el delito a sujetos diferentes de la víctima y el victimario.

Ocurre además que tras aquella referencia a «*las partes*» hay una explicación, que no justificación: se trata de una expresión traída del Anteproyecto de Ley de Enjuiciamiento Criminal de 2020; expresión que, tomada *stricto sensu*, no tenía sentido en el modelo procesal entonces propuesto[18] y que sigue sin tenerlo en nuestro vigente modelo procesal.

Lo anterior sentado, y en pura lógica, la referencia a «*las partes*» contenida en éste y en otros apartados de la Disposición sólo puede ser interpretada en alguno de estos sentidos:

— En sentido estricto, lo que conduce a tener por «*partes*» a la víctima que esté personada en el proceso en calidad de acusador particular o actor civil y al encausado.

17. Entiéndase aquí por encausado el sujeto pasivo del proceso penal *lato sensu*, esto es, el investigado, el procesado y el acusado.
18. De hecho, ya hubo quien señaló que la referencia a las partes realizada en el Anteproyecto debía entenderse hecha a las partes que intervienen en el procedimiento restaurativo y no a las partes procesales. Cfr. EXTEBERRIA, J. F. (nota 14), p. 268.

— O en sentido amplio, lo que lleva a tener por *«partes»* a la víctima, esté personada o no en las actuaciones, y al encausado; interpretación que, como se ha avanzado, es más acorde con la finalidad de la LOEP y por la que personalmente nos inclinamos[19].

En otro orden ya de cosas, pero en relación igualmente con el principio de voluntariedad, dicho está que la Disposición también dedica a este principio su apartado 3. En él se subraya por activa y por pasiva que la decisión de someterse a un procedimiento restaurativo es voluntaria, si bien puede revocarse en cualquier momento. Y aún se añade al subrayado que la decisión de no someterse al procedimiento restaurativo o de abandonarlo una vez iniciado no tendrá consecuencias en el proceso penal. Este añadido es importante: de una parte, porque impide que la situación procesal de la víctima y del victimario se agrave si en la voluntad del uno y/o del otro está no participar en un procedimiento restaurativo; y, de otra, porque destierra la idea, abanderada por alguna autorizada voz[20], de que el solo acceso a un procedimiento restaurativo no es una circunstancia neutra desde la perspectiva global de la valoración de la prueba.

3.2.2. El principio de confidencialidad

Otro principio esencial de la justicia restaurativa al que se presta atención es el de la confidencialidad que debe acompañar las declaraciones y debates que tienen lugar en el procedimiento restaurativo.

En este orden de cosas, el apartado 4 de la Disposición comienza imperando lo siguiente: «Se garantizará la confidencialidad de la información que se obtenga del procedimiento de justicia restaurativa». Pese al uso de la fórmula reflexiva, no hay duda de que los principales destinatarios de este mandato son las personas a quienes se confía el procedimiento restaurativo, esto es, los facilitadores[21]. Siendo esto así, sorprende que no se aluda al secreto profesional al que estos últimos están sujetos (cfr. art. 15.2 LEVD) y, más aún, que no se descienda a precisar si los facilitadores están dispensados de la obligación de declarar en el proceso como testigos o peritos e incluso si debería considerarse prueba prohibida, como hace la LOEP con los MASC. Tampoco la Disposición sale al paso sobre la forma de garantizar que víctima, victimario y otros posibles sujetos implicados en el procedimiento restaurativo difundan las informaciones vertidas en él.

19. Del mismo parecer, aunque respecto del tan traído y llevado Anteproyecto de 2020, es CASTILLEJO, R. (nota 14), p. 119.
20. DEL MORAL GARCÍA, A., «La mediación en el proceso penal. Fundamentos, problemas, experiencias», en *La mediación. Presente, pasado y futuro de una institución jurídica* (dirs. J. Rodríguez-Arana Muñoz y M. de Prada Rodríguez), Netbiblo, Madrid, 2010, pp. 64-66.
21. *Vid.* nota 1.

Los términos en que se expresa el legislador son mucho más genéricos. De hecho, las previsiones que suceden a aquel mandato se resumen en dos prohibiciones: la de que la información obtenida en el procedimiento restaurativo se utilice posteriormente, salvo que así lo acuerden expresamente *«las partes* afectadas»; y la de que el juez o el Tribunal tengan conocimiento del desarrollo del procedimiento restaurativo hasta en tanto no finalice y se le remita, en su caso, el acta de reparación.

3.2.3. El principio de oficialidad. En particular, el *quando* de la derivación

A diferencia de lo previsto para los MASC, el modelo de justicia restaurativa que ahora acoge la LECrim es exclusivamente intrajudicial. Significa esto, más claramente, que la nueva regulación concierne a los casos en los que el recurso a las técnicas restaurativas se produce en el marco de un proceso penal en curso, sea en fase declarativa, sea en sede de ejecución.

Pues bien, siendo así lo anterior, en nada extraña que el apartado 5 de la Disposición confíe al juez la decisión de derivar los asuntos a un procedimiento restaurativo. Lo hace en los siguientes términos: «El juez o Tribunal, valorando las circunstancias del hecho, de la persona investigada, acusada o condenada y de la víctima, podrá, de oficio o a instancia de parte, remitir a las partes a un procedimiento restaurativo, salvo en los casos excluidos por ley».

Como se coincidirá, lo único que con total claridad se desprende de este apartado es que la derivación al procedimiento restaurativo es una facultad judicial que puede activarse de oficio o a instancia de parte; que está supeditada a una previa valoración de las circunstancias del hecho delictivo, así como del infractor y de la víctima; y que no alcanza a los delitos respecto de los que la ley prohíbe expresamente las soluciones restaurativas.

Menos claro tal vez, pero igualmente indiscutible a la luz de estas dos últimas previsiones, es que, con la salvedad de los hechos constitutivos de violencia de género y de violencia sexual, no se establecen límites objetivos a las soluciones de justicia restaurativa. *En principio*, por tanto, cualquier hecho delictivo puede ser derivado a un procedimiento restaurativo.

Hecha exclusión de los anteriores, otros extremos quedan en el limbo de la duda. Es el caso, en primer lugar, de si la derivación judicial exige como condición previa que el infractor reconozca los hechos que se le imputan; extremo al que ya nos hemos referido y sobre el que, como se dijo, la Disposición guarda silencio. También resulta dudoso quién puede instar del juez la derivación a un procedimiento restaurativo. Y resta, en último lugar, la cuestión relativa al momento o momentos procesales en los que es posible la derivación.

Exponemos a continuación el modo en el que, a nuestro juicio, deben despejarse las dudas:

En cuanto a la primera, creemos que el silencio del legislador debe interpretarse en el sentido de entender que el reconocimiento de los hechos esenciales que se imputan al infractor sigue operando como requisito para derivar un asunto a un procedimiento restaurativo[22]. La razón de entenderlo así es que lo contrario supondría obviar las exigencias europeas[23]. Ni que decir tiene que, desde esta consideración, lo que en este punto dispone el artículo 15 LEVD sigue estando en vigor.

En cuanto a la segunda duda, nuestro criterio es que cualquier parte puede instar del juez la derivación del asunto a un procedimiento restaurativo, incluso la víctima no personada en el proceso. Nuestra opinión en esto viene avalada de nuevo por una interpretación teleológica de la norma, ya que, si el ánimo que la inspira es favorecer la justicia restaurativa, lo coherente es franquear el camino hacia ella o al menos no constreñirlo.

Finalmente, y respecto del momento o momentos procesales en los que es posible la derivación, debe empezarse por traer a la vista los motivos que siembran las dudas. Son dos. Uno, que el propio apartado 5 alude a la persona «investigada, acusada o condenada», lo que sugiere que la derivación es posible durante la instrucción, durante la fase de juicio oral y post condena. Otro, en el mismo sentido, es que al establecerse las consecuencias procesales que pueden seguirse de un acuerdo alcanzado en un procedimiento restaurativo, se discierne según que la causa esté ante el órgano de la instrucción, ante el órgano de enjuiciamiento o ante el órgano llamado a resolver la suspensión de la ejecución de la pena impuesta [aptdo. 9, literales c) d) y e)], pero se omite cualquier referencia al supuesto en que la causa se encuentre por decirlo así «ante el órgano de la fase intermedia».

Dicho lo anterior, es claro que una duda a despejar es si resulta posible la derivación en la fase intermedia del proceso. A nuestro modo de ver la respuesta

22. Cuestión distinta es que el requisito sea razonable; algo que doctrinalmente se pone en entredicho por incidir negativamente en este tipo de soluciones extrajudiciales, por la posibilidad de comprometer la imparcialidad del juez y sobre todo por resultar difícilmente conciliable con la presunción de inocencia. En este sentido, y por todos, *v.* MARTÍN, P. (nota. 14), p. 1178, y GIMENO BEVIÁ, J., «Algunas reflexiones sobre la persona jurídica como sujeto de la mediación penal y el necesario avance hacia una justicia empresarial con enfoque restaurativo», *La Ley. Mediación y arbitraje*, n.º 21, 10 de enero de 2025, p. 7.
En relación, no obstante, con los reproches hechos al requisito desde la perspectiva de la presunción de inocencia, desde el CGPJ se razona de otro modo: «el respeto a la presunción de inocencia como regla de tratamiento exige que no quepa la derivación cuando el acusado niegue la existencia y/o participación en el hecho, es decir, cuando, desde la perspectiva factual, declare que no es culpable del hecho porque no ha participado en el mismo». Cfr. *Guía para la práctica de la mediación intrajudicial*, CGPJ, de 18 de septiembre de 2024.
23. *Vid.* artículo 12, apartado 1, literal c) de la Directiva 2012/29/UE.

positiva se impone pues, en línea con lo manifestado por algún autor[24], no parece lógico ni justificado que el silencio legal en este punto deba interpretarse como impedimento.

Asimismo, cabe plantearse si es posible la derivación de un asunto en segunda instancia, en casación o durante la ejecución de la pena y a efectos distintos de resolver sobre su suspensión. A nuestro juicio, también en esto la respuesta debe ser sí[25]. Cuestión distinta es que, respecto de estos otros momentos, las soluciones de justicia restaurativa no jueguen como «complemento del ejercicio efectivo del principio de oportunidad».

3.3. ÁMBITO OBJETIVO Y SUBJETIVO

Cuanto acaba de señalarse nos aproxima al ámbito que la Disposición esboza para la justicia restaurativa. Como decimos, sólo es un esbozo, es decir, un aspecto que no se aborda explícitamente ni, por ende, con el detalle que merece.

Así, y en lo que atañe al ámbito objetivo, ya se ha dicho que, con la salvedad de los delitos de violencia de género y de violencia sexual, ningún delito está excluido en principio de las soluciones restaurativas, ni siquiera los delitos más graves. Cuestión distinta es que, atendidas las circunstancias del concreto hecho que dio lugar a la formación de la causa, el juez considere que no procede derivar el asunto a un procedimiento restaurativo; decisión en la que sí puede jugar un papel relevante la gravedad del delito, pero también otras circunstancias como, por ejemplo, la de haber mediado violencia o intimidación en su comisión o la intencionalidad con la que fue perpetrado.

Si bien se mira, no obstante, la amplitud con la que *prima facie* parece delinearse el ámbito objetivo de la justicia restaurativa mengua a la luz de su ámbito subjetivo o, si se prefiere, de *«las partes»* a las que se abren este tipo de soluciones extrajudiciales, es decir, de la víctima y del infractor.

En este sentido, no puede dejar de advertirse que, en el contexto de la Disposición, «víctima» no es término al que deba conferírsele el significado que le otorga la LEVD[26], sino aquel otro que le anudaba el Anteproyecto de

24. ETXEBERRIA, J. F. (nota 14), pp. 269 y 270.
25. Los servicios de justicia restaurativa —se lee en el ya citado Anexo a la Recomendación CM(2018)8— *deben estar disponibles en todas las fases del proceso de justicia penal*. Las autoridades y profesionales del Derecho pertinentes deben facilitar a las víctimas y los ofensores suficiente información para que puedan determinar si desean o no participar. Las autoridades judiciales u organismos de justicia penal pueden realizar remisiones *en cualquier momento del proceso de justicia penal* y ello no excluye la posible oferta de auto-remisión a un «servicio de justicia restaurativa». La cursiva es nuestra.
26. Recuérdese que, según el art. 2 LEVD, se tiene por víctima directa a toda persona física que haya sufrido un daño o perjuicio sobre su propia persona o patrimonio; y por víctima indirecta a determinados familiares o allegados de las víctimas directas en los casos de muerte o desaparición causada directamente por el delito.

2020[27]. Por «víctima», en suma, hay que entender la *persona física o jurídica ofendida* por la infracción, así como la persona que haya sufrido un *perjuicio directamente* derivado de los hechos punibles. Además, y en el reverso de la moneda, hay que negar la condición de víctima a las personas físicas o jurídicas que hayan sufrido perjuicios indirectos derivados del delito, y cuando la infracción afecte a intereses públicos o colectivos, a cualquier persona o ente, independientemente de que este último sea público o privado.

Pues bien, tomando en consideración esta noción de víctima, la conclusión a la que necesariamente se llega es que hay un buen número de delitos que también quedan excluidos de la justicia restaurativa, empezando por los que no causan una víctima en concreto (*v.gr.*, los delitos de peligro abstracto o de riesgo) y siguiendo por aquellos otros en los que el perjuicio causado alcanza a bienes supraindividuales (*v.gr.,* los delitos contra la salud pública, la ordenación del patrimonio o la administración de justicia, entre otros muchos).

Habida cuenta de la finalidad propia de la justicia restaurativa, marginar todos estos delitos de su ámbito de aplicación resulta discutible cuando menos. No en vano, con ello se impide que el infractor tome conciencia de las consecuencias que pueden seguirse de perseverar en su conducta y del daño causado a la sociedad en su conjunto[28].

Menos discutible es la apertura de la justicia restaurativa tanto a personas físicas como jurídicas. De hecho, y en lo relativo a estas últimas, ésta es una reivindicación abanderada desde diversos sectores, independientemente de que la persona jurídica sea víctima o infractor[29].

En cualquier caso, y en lo que específicamente incumbe al ámbito subjetivo de la justicia restaurativa, son muchos también los interrogantes que quedan sin respuesta. He aquí una muestra: si la víctima es menor de edad, ¿a ser ella quien participe directamente en el procedimiento restaurativo?, ¿debe hacerlo en su lugar su representante legal?, ¿o acaso debe estarse a lo que en este sentido prevé el artículo 19 LORPM? ¿Y si la víctima es una persona con discapacidad?, ¿deberá estar asistida entonces por su guardador de hecho, curador o defensor judicial?, ¿tiene sentido en este ámbito la figura del facilitador del art. 7 LEC?

27. *Vid.* artículos 99 y 100.
28. El problema está en que determinadas técnicas restaurativas, y en concreto la mediación penal, requieren por definición dos partes, que en el caso de los delitos mencionados *supra* no existen. *Ergo*, una de dos: o se excluye respectos de esos delitos la mediación penal, pero no así otras técnicas restaurativas, o se atribuye al Ministerio Fiscal o a un órgano público el papel de parte en la mediación.
29. Por todos, DÍAZ LÓPEZ, J. A., «Propuestas para la práctica de la mediación penal», *InDret* 3/2011, esp. pp. 29-39; y «Mediación penal restaurativa con empresas víctimas», *La Ley. Mediación y arbitraje*, n.º 19, 2024, *passim;* y CASABÓ ORTÍ, M. A., y CASABÓ ORTÍ, L., «Mediación penal y persona jurídica», *Diario La Ley,* n.º 9053, 3 de octubre de 2017. En el mismo sentido, *v.* también *Guía para la práctica de la mediación intrajudicial* (cit. nota 21).

¿Y si la víctima o el infractor es una persona jurídica?, ¿ha de actuar en su nombre el representante necesario o habrá que designar al efecto un representante especial?

3.4. EL PROCEDIMIENTO RESTAURATIVO

3.4.1. La derivación judicial

La inicial selección de los casos que pueden ser derivados a un procedimiento restaurativo es función —ya se ha dicho— atribuida al juez. En este sentido, lo previsto es que tal decisión se plasme en una resolución, en la que se ha de fijar un plazo máximo para el desarrollo del procedimiento restaurativo que no podrá exceder de tres meses, pero sí ser objeto de prórroga por igual tiempo[30] (apartado 6).

Pese a no indicarse nada más, la lógica más elemental lleva a entender que, además de a los servicios de justicia restaurativa, la resolución que acuerde derivar el asunto a estos servicios ha de notificarse tanto a las partes personadas en el proceso como, en su caso, a sus abogados y a la víctima. Queda no obstante en el aire si habrá que citar judicialmente a víctima y encausado para que comparezcan ante los servicios de justicia restaurativa o si serán estos últimos los encargados de contactar con «*las partes*».

Más cuestiones que quedan en el aire son la forma que debe adoptar la resolución de derivación y si la misma es o no impugnable. Que la derivación judicial venga precedida de una valoración subjetiva de las circunstancias del hecho y de «*las partes*» y que, en la toma de tal decisión, no se haya previsto la audiencia previa de las partes personadas ni de la víctima no comparecida, refrenda la idea de que esa resolución debería ser un auto, que sería impugnable además conforme a las previsiones generales de la LECrim. No se nos oculta, sin embargo, que actualmente la derivación a procedimientos del tipo aquí referido se acuerda mediante providencia e incluso mediante decreto del LAJ, sin que, por otro lado, tengamos constancia de que se haya admitido o haya prosperado algún tipo de recurso frente a esta clase de resoluciones.

En último término, debe llamarse la atención sobre lo que establece el apartado 6, *i.f.*: «Acordada la remisión, el órgano judicial facilitará el acceso al contenido del procedimiento por parte del equipo de justicia restaurativa». Ciertamente es llamativo que el legislador extreme su celo en la confidencialidad que ha de presidir la justicia restaurativa y que, en el reverso, franquee en estos términos el acceso a las actuaciones del proceso, «al contenido del procedimiento». Al fin y al cabo, esos términos son absolutos. No hacen distingo, dicho de otra forma, según la fase del proceso en la que se produce la derivación, ni tampoco según el contenido y naturaleza de las actuaciones respecto de las que

30. Sobre el cómputo de este plazo, *vid. infra*, apartado 4.2.

se ha de facilitar el acceso. Obviamente la indistinción en lo primero casa mal con la reserva característica de las actuaciones instructoras (art. 301 LECrim) y con la posibilidad de que el sumario haya sido declarado secreto (art. 302 LECrim), mientras que, en lo segundo, supone abrir el portillo a la totalidad de las actuaciones procesales o, lo que viene a ser igual, a información que, siendo procesalmente relevante, puede no serlo respecto del cometido propio de los servicios de justicia restaurativa. Sucede, además, que esta puerta abierta a conocer el «contenido del procedimiento» se liga legalmente a la derivación judicial del asunto. Es previa, por tanto, a que víctima y encausado consientan someterse al procedimiento restaurativo. Todo un dislate[31]; más, desde la perspectiva de la protección de datos.

3.4.2. El procedimiento en sí

De sus muchas omisiones, podría entenderse que la falta de regulación del procedimiento restaurativo es la más aceptable. A favor de este entendimiento militaría el dato de que la expresión «procedimiento restaurativo» aúna todo tipo de técnicas o herramientas restaurativas y no sólo la mediación penal. Comprende, en consecuencia, tantas actividades procedimentales como técnicas pueden usarse para intentar alcanzar un acuerdo entre infractor y víctima, lo que lógicamente constituye un impedimento para su regulación, máxime teniendo en cuenta que todas esas técnicas tienen por denominador común la flexibilidad en aras a adecuarse a las circunstancias concretas del caso.

Bien mirado, no obstante, este argumento «de descargo» no se sostiene. La prueba del nueve de esto que negamos es que las mismas circunstancias concurren en los MASC y, pese a ello, la LOEP no sólo les ha dado nombre específico (la conciliación privada, la oferta vinculante confidencial, la opinión de persona experta independiente, etc.), sino que también ha establecido, siquiera con trazo grueso, su estructura procedimental básica.

Sobre la base, por tanto, de que el legislador yerra al no proceder de modo similar a lo hecho con los MASC, importa reparar en que la Disposición incluye algunas previsiones sobre el procedimiento restaurativo que afectan tanto a su inicio como a su conclusión. En línea de lo acostumbrado, también respecto de

31. Puede darse el caso —es verdad— que algunas actuaciones procesales sean de utilidad al equipo restaurativo (así, *v.gr.*, los informes periciales atinentes a las adicciones del infractor, a las lesiones ocasionadas a la víctima, o a la tasación de los daños ocasionados por el delito). Sin embargo, ni siempre sucederá así, ni esa o cualquier otra información proveniente del proceso será realmente útil si víctima y encausado no consienten someterse a un procedimiento restaurativo. Una vez más la «inspiración» de la Disposición en el Anteproyecto de 2020 da explicación al desacierto, si bien sólo parcialmente. Prueba de esto último es que en el Anteproyecto lo previsto era que «El equipo de justicia restaurativa *podrá* solicitar al fiscal la información que *precise* sobre el contenido del procedimiento de investigación *durante el desarrollo de las sesiones*» (art.182.4). La cursiva es nuestra.

estas previsiones se suscita alguna duda y se manifiesta elocuente la falta de técnica jurídica.

Así, y respecto del *inicio del procedimiento restaurativo*, la Disposición deja claro que, en el caso de que «*las partes*» no consientan someterse a él, los servicios restaurativos tienen que informar de inmediato al órgano jurisdiccional de tal circunstancia, en aras a que continué la tramitación del procedimiento penal (apartado 7). En este contexto, sin embargo, no se aclara cuándo debe tenerse por iniciado el procedimiento; cuestión ésta imprescindible para el cómputo del plazo fijado en la resolución judicial de derivación. Así las cosas, es dudoso si el *dies a quo* de ese plazo debe empezar a computarse desde la recepción de la resolución judicial de derivación por los servicios de justicia restaurativa, desde que tiene lugar la ya mencionada «sesión informativa-constitutiva» o desde el momento, en fin, en que «*las partes*» consienten someterse al procedimiento restaurativo.

Por otra parte, la Disposición prevé que, *terminado el procedimiento restaurativo*, los servicios restaurativos deben emitir un informe sobre el resultado, positivo o negativo, de la actividad realizada; informe que ha de ajustarse a las exigencias del principio de confidencialidad[32] y del que ha de entregarse una copia a «*las partes*». Además, para el caso de que aquel resultado haya sido positivo, impera que se acompañe al informe lo que denomina «acta de reparación», en la que debe quedar constancia de los acuerdos a los que «*las partes*» hayan llegado y que han de firmar éstas personalmente y sus letrados, de haberlos (apartado 8). Pues bien, de esto último cabe colegir que, independientemente de que en el proceso resulte preceptiva la defensa por letrado, ésta es facultativa en el procedimiento restaurativo, lo que —apostillamos— no deja de ser discutible, por mucho que en el procedimiento restaurativo intervenga un equipo técnico. Otra inferencia lógica es que los acuerdos restaurativos pueden ser de cualquier tipo e incluir tanto la reparación económica del daño, como la reparación moral o simbólica. Y otra más que tanto el informe como, en su caso, el acta de reparación deben remitirse al órgano jurisdiccional. A mayor abundamiento, la lógica también evidencia que no siempre será posible que el acta sea firmada personalmente por «*las partes*»; desde luego no lo será si la víctima o el infractor es una persona jurídica, y cabe que tampoco pueda serlo si el uno u otro es persona con discapacidad o si la víctima es menor de edad.

3.4.3. Los servicios restaurativos y el estatuto de los facilitadores

Otro punto que la Disposición no detalla es el relativo a los servicios restaurativos o al equipo de justicia restaurativa, como también les denomina. La

32. El informe —reza literalmente la Disposición— «no debe revelar el contenido de las comunicaciones mantenidas entre las partes ni expresar opinión, valoración o juicio sobre el comportamiento de las mismas durante el desarrollo del procedimiento de justicia restaurativa».

ausencia de detalle en este punto abre varias posibilidades: que estos servicios se presten en exclusiva por la entidad u organismo que se cree al efecto, o que, como sucede en la actualidad, se permita que Colegios de Abogados, instituciones o asociaciones procuren también tales servicios previo convenio de colaboración con el CGPJ.

Salvando las referencias a la confidencialidad, tampoco la Disposición contiene previsión alguna en torno al estatuto de los facilitadores. Nada dice sobre las condiciones para ejercer como tales. Nada sobre la posibilidad de renunciar al «encargo» ante cualquier circunstancia que pueda afectar a su imparcialidad o generar un conflicto de intereses. Y nada tampoco sobre la responsabilidad en la que pueden incurrir en el marco del procedimiento restaurativo.

3.5. EFICACIA PROCESAL

Según se vio, la Disposición reitera en algunos aspectos lo que con anterioridad a la LOEP ya consagraban otros textos legales. En otros aspectos, sin embargo, la Disposición es novedosa, en la medida en que proporciona sostén legal a extremos que hasta ahora carecían de ella y sobre los que existía una sentida necesidad de que fueran regulados. Estos otros extremos son, obviamente, de índole procesal. Son, en otros términos, los «efectos procesales de la justicia restaurativa»; efectos que se exponen a continuación, distinguiendo entre los que afectan a la tramitación en sí del proceso penal, los que afectan a su desenlace y los que alcanzan a la ejecución de la pena.

3.5.1. Respecto del curso de las actuaciones

La derivación de un asunto a los servicios de justicia restaurativa determina por regla la suspensión del proceso penal (apartado 7, *a contrario*).

La excepción a la regla es que la derivación se produzca durante la fase de instrucción, pues en tal caso ni la derivación judicial ni el posterior inicio del procedimiento restaurativo eximen de la práctica de «las diligencias indispensables para la comprobación del delito» (apartado 5). Es preciso, por tanto, que pendiente un procedimiento restaurativo, el Juez de Instrucción (ahora Sección de Instrucción del Tribunal de Instancia o equivalente) ordene, de oficio o a instancia de parte, tal clase de diligencias. Ello permitirá atajar algunos riesgos: en primer lugar, el de que los hechos, aun reconocidos por el infractor, no hayan sido cometidos por él o no hayan sido delictivos; y, en segundo lugar, el de que desaparezcan fuentes de prueba que pueden ser procesalmente relevantes en el caso de que la instrucción deba reanudarse porque «*las partes*» desistan del procedimiento restaurativo o este último concluya sin acuerdo entre ellas.

Otro efecto vinculado a la justicia restaurativa —éste de tipo material, pero que de alguna manera incide en el proceso— es que, tratándose del juicio sobre delitos leves, el sometimiento a un procedimiento restaurativo interrumpe el plazo de prescripción delictiva (apartado 5, *i.f.*). Significa esto, más simplemente, que en el supuesto de que *«las partes»* se aparten del procedimiento restaurativo o éste concluya sin acuerdo, el plazo prescriptivo comienza a computarse de nuevo. Como bien se alcanza, la *ratio* de esta previsión estriba en el exiguo plazo de prescripción previsto para los delitos leves (un año), toda vez que, estando en suspenso el proceso penal, dicho plazo podría agotarse (arg. art. 132.2 CP). Más difícil es entender que este efecto interruptivo no se ligue a un acto procesal, sino a un acto de *«parte»* (el sometimiento a un procedimiento restaurativo). Y tampoco se comprende que la Disposición no haya previsto igual virtualidad interruptora para los delitos de injurias o calumnias, respecto de los que igualmente se prevé un plazo de prescripción de un año (art.131.1CP).

3.5.2. Respecto del desenlace del proceso

Fiel a su fuente de inspiración la Disposición vincula la justicia restaurativa con el principio de oportunidad. El ligamen, obviamente, sirve de acicate a estas fórmulas de solución extrajudicial de los conflictos penales. No obstante, también puede desvirtuar lo que es propio de estas últimas, toda vez que, en la consecución de un acuerdo entre *«las partes»*, puede pesar más que ningún otro factor el deseo de poner fin al proceso cuanto antes y, en el caso del infractor, de obtener un resultado mucho más halagüeño que el que en principio podría esperar.

Como se acaba de señalar, la eficacia que respecto del desenlace del proceso puede tener la justicia restaurativa tiene como premisa que *«las partes»* hayan llegado a un acuerdo. Sólo en tal caso el órgano judicial *podrá* adoptar alguna de las decisiones a las que se refiere la Disposición [apartado 9, literales a) a d)], si bien primero habrá de oír al Ministerio Fiscal, a las partes personadas y a la víctima por término de tres días, así como valorar los términos del acuerdo, las circunstancias concurrentes y el «estado del procedimiento» (*sic*).

Atendido esto último, se diría que los efectos procesales que la Disposición prevé para el supuesto de que se logre un acuerdo no son automáticos, sino que por el contrario dependen de la decisión que adopte el juez (*«podrá»*) luego de oír a las partes y a la víctima (se supone que en una vista o audiencia) y valorar los términos del acuerdo mismo y las circunstancias concurrentes[33]. En este punto, sin embargo, la Disposición se queda a mitad de camino pues si, como parece, existe un control judicial sobre el contenido del acuerdo reparatorio y sobre las circunstancias que tienen que ver con éste, lo adecuado habría sido incluir entre las decisiones que *«podrá»* tomar el juez la de ordenar que el pro-

33. Nótese que, *stricto sensu*, el «estado del procedimiento» no es circunstancia sometida a valoración judicial, pues la propia Disposición impone («acordará/seguirá») cómo ha de proceder el juez, según que éste sea el órgano de la instrucción o el órgano del enjuiciamiento [apartado 9, literales c) y d)].

ceso penal continue por sus cauces habituales o, en negativo, desechar las soluciones fundadas en el principio de oportunidad que recoge la Disposición.

Esas soluciones son cuatro. Las dos primeras toman por parámetro el tipo de delito. Las dos últimas, el estado procedimental en el que se halla la causa.

3.5.2.1. Según el tipo de delito

Para el caso de los *delitos leves*, el efecto que puede suceder a un acuerdo restaurativo, a la vista del cumplimiento de los acuerdos alcanzados, es el archivo de la causa de conformidad con lo establecido en el artículo 963 LECrim [apartado 9, literal a)]. Para sobreseer y archivar el proceso seguido por esta clase de delitos no parece bastar, por tanto, el mero acuerdo entre «las partes», sino que es necesaria además su realización efectiva. Sólo así —creemos— cabe explicar la remisión al artículo 963 LECrim. Dicho de otro modo: a nuestro juicio, si la Disposición se remite a este precepto, no es sólo porque el archivo de la causa se supedite a las circunstancias que en él se prevén, sino porque se trata de un archivo definitivo y, por ende, no condicionado al cumplimiento posterior de los términos del acuerdo. La remisión al artículo 963 plantea, no obstante, una cuestión de enjundia: ¿el sobreseimiento y archivo del proceso sólo es efecto posible en el marco de un juicio sobre delitos leves o, dándose la circunstancia del 779.1.2.ª LECrim, resulta extrapolable al procedimiento abreviado? A nuestro parecer, nada obsta a esto último.

Para el caso de que el proceso se siga por *un delito privado o por cualquier otro delito en el que el perdón extinga la responsabilidad penal*[34], lo previsto también es el sobreseimiento y archivo de las actuaciones, aunque con el añadido de que se dejarán sin efecto las medidas cautelares que en su caso se hubieran acordado [apartado 9, literal b)]. A poco que se repare, es evidente que este añadido es aplicable al caso anterior, esto es, al sobreseimiento y archivo en los casos de delitos leves. La cuestión que surge respecto de los delitos privados y semipúblicos es si, con vistas a acordar el sobreseimiento, también deben haberse cumplido los términos del acuerdo; requisito al que la Disposición no se refiere, pero que parece implícito en su tenor habida cuenta de que no contempla la reapertura del proceso caso de incumplirse el acuerdo, pero sí el alzamiento de las medidas cautelares que podrían interesar para la satisfacción de la responsabilidad civil *ex delicto*.

34. Esta previsión alcanza, en consecuencia, a las causas seguidas por calumnias o injurias (art. 215.3 CP), así como a aquellas seguidas por delitos leves perseguibles previa denuncia del agraviado o su representante legal siempre que respecto de estos otros delitos el perdón opere como causa extintiva de la responsabilidad penal (art. 130.1.5.º CP). Tal es lo que se establece para los delitos de descubrimiento y revelación de secretos (art. 201.3 CP) y para los delitos de daños causados por imprudencia grave y en cuantía superior a 80.000 euros (art. 267 CP).

3.5.2.2. Según el estado procedimental de la causa

El parentesco directo que la Disposición traba entre justicia restaurativa y principio de oportunidad no sólo se resuelve en la terminación del proceso mediante sobreseimiento y archivo, sino también mediante sentencia de conformidad. De hecho, éste es el objetivo al que miran sus previsiones en función del momento procesal o, más propiamente, del órgano judicial que conoce de la causa cuando «*las partes*» alcanzan un acuerdo.

Así, para el caso de que *la causa esté ante el órgano de instrucción*, la Disposición impera a éste ordenar la conclusión de la instrucción y remitir las actuaciones al órgano competente para la celebración de lo que ocurrentemente denomina «juicio de conformidad» en los términos de los arts. 655 y 787 ter LECrim.

Mientras que, para el caso de que el acuerdo restaurativo se logre estando la causa ante *el órgano de enjuiciamiento*, se manda a éste seguir los trámites del «juicio de conformidad», con la adición aquí de que «la sentencia de conformidad incluirá los acuerdos alcanzados por las partes».

Pues bien, si se repara bien, lo previsto para aquel primer caso es un imposible jurídico:

Ciertamente es inviable que, en sede de procedimiento ordinario, se pase del auto de conclusión del sumario a la celebración por parte del órgano sentenciador del «juicio de conformidad». Al cabo, proceder de esta manera supone dar un salto en el vacío, esto es, prescindir de la imputación formal, del auto de apertura del juicio oral y del escrito de calificación provisional que es, dicho sea de paso, aquel con el que el acusado (¿?) y su defensa podrían conformarse.

En sede de procedimiento abreviado sucede algo parecido. El auto de transformación que pone fin a la fase de diligencias previas presupone la imputación formal. Sin embargo, es con posterioridad a este trámite y ante el propio órgano instructor cuando ha de formularse escrito acusatorio y acordarse la apertura del juicio oral. A mayor abundamiento, no se comprende que en este punto la Disposición remita al artículo 787 ter LECrim en vez de al «juicio de conformidad» previsto para la nueva audiencia preliminar en el artículo 785 LECrim.

Por lo demás, que el acuerdo restaurativo aboque en la celebración del llamado «juicio de conformidad» plantea los siguientes interrogantes comunes tanto al procedimiento ordinario como al procedimiento abreviado: ¿incluye el «juicio de conformidad» el control judicial de la conformidad, como da a entender la remisión a los artículos 655 y 787 ter LECrim? y, de ser así, ¿podría, de no superarse ese control, ordenarse la continuación del proceso o deberían devolverse las actuaciones al órgano instructor? ¿Cómo habría de procederse si, a despecho del acuerdo alcanzado, la víctima muestra su parecer contrario a la terminación del proceso mediante sentencia de conformidad o si el infractor o su abogado se manifiestan en ese mismo sentido?, ¿habría, nuevamente, que ordenar la celebración el juicio oral o deberían retrotraerse las actuaciones para que siguieran su curso ante el órgano instructor?.

Por descontado, estos mismos interrogantes son trasladables al supuesto de que el acuerdo restaurativo tenga lugar en el momento en que la causa está ante el órgano enjuiciador. Al cabo, éste únicamente podrá dictar sentencia de conformidad incluyendo «los acuerdos alcanzados por las partes», si la conformidad manifestada ante él cumple las previsiones legales.

Para finalizar, es de notar que la Disposición suma a sus numerosos defectos, otro al que todavía no hemos tenido oportunidad de referirnos. Lo señalaremos también de forma interrogativa: hecha exclusión de los procesos seguidos por delitos de calumnia e injuria, ¿qué efectos deben seguirse al acuerdo restaurativo alcanzado en el marco de otros procesos penales especiales regulados en la LECrim?

3.5.3. Respecto de la ejecución de la pena

En consonancia con el artículo 84.1CP, la Disposición recoge en el último de sus apartados la posibilidad de que el juez ordene la suspensión de la ejecución de la pena privativa de libertad, si existiera condena. En este orden de cosas, lo que parece darse a entender es que el juez debe valorar los términos del acuerdo restaurativo, en aras a fijar las condiciones, medidas u obligaciones a las que se supedita la suspensión, incluido, en su caso, el contenido de uno de esos posibles condicionantes: la realización de trabajos en beneficio de la comunidad.

En lo relativo a la ejecución de la pena, las nuevas previsiones terminan aquí. Se desaprovecha así la oportunidad de establecer que el acuerdo restaurativo en fase de ejecución puede tomarse en consideración para la clasificación inicial del penado, la concesión de permisos penitenciarios e incluso para acordar la libertad condicional; posibilidad esta última que recoge expresamente el artículo 90.2 CP.

CONCLUSIONES

La Disposición adicional novena LECrim habrá entrado en vigor el 3 de abril de 2025. Desde su publicación en el BOE a ese momento deberían haberse puesto en funcionamiento los servicios de justicia restaurativa y, antes aún, haberse aprobado y liberado la pertinente dotación presupuestaria. No parece que haya sido el caso. Con todo, será difícil que la «nueva regulación» de la justicia restaurativa se traduzca en un mayor empleo de sus técnicas o herramientas[35]. La dificultad estriba en que, según se ha visto, la tan traída y llevada Disposición plantea más problemas que los que solventa y más interrogantes que certezas.

Como también se ha puesto de manifiesto, la razón de esa maraña de problemas e interrogantes trae causa del Anteproyecto de Ley de Enjuiciamiento Criminal de 2020 y se resume en un «corta y pega» de mucho de lo que en este sentido se recogía en él —generalmente, por cierto, de modo muy imperfecto e insatisfactorio—.

El otro gran legado del Anteproyecto es, en palabras prestadas, que la justicia restaurativa se concibe más como un «mecanismo descongestionador que reparador»[36]. Es significativo, en efecto, que la Disposición no contemple ninguna medida que garantice el cumplimiento del acuerdo restaurativo ni prevea ninguna consecuencia desfavorable para el caso de su contravención y que, sin embargo, franquee el dictado de una sentencia de conformidad haciendo abstracción de que la víctima haya sido moral, simbólica o económicamente reparada.

Siendo así lo anterior, no hay duda de que la justicia restaurativa se presenta en la actualidad como un recurso más beneficioso para el infractor y para la Administración de Justicia que para las propias víctimas. Y tampoco hay duda de que, hasta que se decida abordar una regulación detallada y cabal de la justicia restaurativa —una auténtica regulación—, los operadores jurídicos seguirán enfrentándose a un mar de inseguridades.

BIBLIOGRAFÍA

ARANDA JURADO, M., *Justicia restaurativa y mediación penal en España,* Tirant lo blanch, Valencia, 2024.

CASABÓ ORTÍ, M. A. y CASABÓ ORTÍ, L., «Mediación penal y persona jurídica», *Diario La Ley,* n.º 9053, 3 de octubre de 2017.

CASTILLEJO MANZANARES, R., «El principio de oportunidad en el Anteproyecto de Ley de Enjuiciamiento Criminal: acusación particular y justicia restaurativa», en *El impacto de la oportunidad sobre los principios procesales clásicos: Estudios y diálogos* (dirs. CALAZA LÓPEZ, S. y MUINELO COBO, C.), Iustel, Madrid, 2021.

DEL MORAL GARCÍA, A., «La mediación en el proceso penal. Fundamentos, problemas, experiencias», en *La mediación. Presente, pasado y futuro de una*

35. De la opinión contraria es OLLERO PERÁN, J. E., «Apuntes sobre la importancia de la primera regulación de la justicia restaurativa en España», *Diario la Ley*, n.º 10645, 16 de enero de 2025.
36. MARTÍN, P. (nota 14), p. 182.

institución jurídica (dirs. RODRÍGUEZ-ARANA MUÑOZ, J. y DE PRADA RODRÍGUEZ, M.), Netbiblo, Madrid, 2010.

DÍAZ LÓPEZ, J. A., «Propuestas para la práctica de la mediación penal», *InDret* 3/2011.

— «Mediación penal restaurativa con empresas víctimas», *La Ley. Mediación y arbitraje*, n.º 19, 2024.

ETXEBERRIA GURIDI, J. F., «Principio de oportunidad y justicia restaurativa en el anteproyecto de LECRIM de 2020», en *Diálogos sobre justicia restaurativa. De la mediación penal y otros instrumentos restaurativos* (ed. BARONA VILAR, S.), Tirant lo blanch, Valencia, 2025.

FERNÁNDEZ LOPEZ, M., «Conformidad, oportunidad y justicia restaurativa. La cuestionable propuesta de terminación anticipada condicionada a la reparación de la víctima», en *Reflexiones en torno al Anteproyecto de Ley de Enjuiciamiento Criminal de 2020* (dirs. JIMÉNEZ CONDE, F. y FUENTES SORIANO, O.), Tirant lo blanch, Valencia, 2022.

GIMENO BEVIÁ, J., «Algunas reflexiones sobre la persona jurídica como sujeto de la mediación penal y el necesario avance hacia una justicia empresarial con enfoque restaurativo», *La Ley. Mediación y arbitraje*, n.º 21, 10 de enero de 2025.

LLORENTE SÁNCHEZ-ARJONA, M., «Justicia restaurativa como modelo de reparación integral en violencia de género», en *De la mediación penal y otros instrumentos restaurativos* (ed. BARONA VILAR, S.), Tirant lo blanch, Valencia, 2025.

MARTÍN DIZ, F., «Justicia restaurativa: ¿Es sólo mediación penal?», en *Diálogos sobre justicia restaurativa. De la mediación penal y otros instrumentos restaurativos* (ed. BARONA VILAR, S.), Tirant lo blanch, Valencia, 2025.

MARTÍN RÍOS, P., «La justicia restaurativa en el Anteproyecto de LECrim de 2020», en *Reflexiones en torno al Anteproyecto de Ley de Enjuiciamiento Criminal de 2020* (dirs. JIMÉNEZ CONDE, F. y FUENTES SORIANO, O.), Tirant lo blanch, Valencia, 2022.

OLLERO PERÁN, J. E., «Apuntes sobre la importancia de la primera regulación de la justicia restaurativa en España», *Diario la Ley*, n.º 10645, 16 de enero de 2025.

PISCONTI. A., «Risoluzione dei conflitti e giustizia penale: un nuovo modelo processuale?», *Archivio penale* 2023, n.º 3.

ROIG TORRES, M., «La justicia restaurativa en el Anteproyecto de Ley de Enjuiciamiento Criminal como manifestación del principio de oportunidad», *Revista Electrónica de Ciencia Penal y Criminología*, 2022.

SERRANO HOYO, G., «Breve exposición de los momentos y efectos procesales de la justicia restaurativa en el Anteproyecto de Ley de Enjuiciamiento Criminal de 2020», en *Reflexiones en torno al Anteproyecto de Ley de Enjuiciamiento Criminal de 2020* (dirs. JIMÉNEZ CONDE, F. y FUENTES SORIANO, O.), Tirant lo blanch, Valencia, 2022.

Textos normativos y documentos consultados

Anteproyecto de Ley de Enjuiciamiento Criminal, aprobado por el Consejo de Ministros el 24 de noviembre de 2020.

Directiva 2101/29/UE del Parlamento Europeo y del Consejo de 25 de octubre de 2012 por la que se establecen normas mínimas sobre los derechos, el apoyo y la protección de las víctimas de los delitos, y por las que se sustituye la Decisión marco 2001/220/JAI del Consejo.

Directiva (UE) 2024/1385 del Parlamento Europeo y del Consejo, de 14 de mayo de 2024, sobre la lucha contra la violencia contra las mujeres y la violencia doméstica.

Guía para la práctica de la mediación intrajudicial, CGPJ, de 18 de septiembre de 2024.

Ley 1/2004, de 28 de diciembre, de Medidas de Protección Integral contra la Violencia de Género.

Ley 4/2015, de 27 de abril, del Estatuto de la víctima del delito.

Ley foral 4/2023, de 9 de marzo, de Justicia restaurativa, mediación y prácticas restaurativas comunitaria.

LO 5/2000, de 12 de enero, reguladora de la responsabilidad penal de los menores.

LO 10/2022, de 6 de septiembre de garantía integral de la libertad sexual.

Real Decreto 1774/2004, de 30 de julio, por el que se aprueba el Reglamento de la Ley Orgánica 5/2000, de 12 de enero, reguladora de la responsabilidad penal de los menores.

Real Decreto 1109/2015, de 11 de diciembre, por el que se desarrolla la Ley 4/2012, de 27 de abril, del Estatuto de la víctima del delito, y se regulan las Oficinas de Asistencia a las Víctimas del Delito.

Recomendación CM/Rec(2018)8 del Comité de Ministros en materia de justicia restaurativa penal.

V
Modificaciones en el proceso Contencioso-Administrativo

Capítulo 13

Reformas en la jurisdicción y el proceso Contencioso-Administrativos [1]

PABLO MUYO BUSSAC
Profesor ayudante de Derecho Procesal
Universidad Complutense de Madrid

1. Este trabajo constituye un resultado de mi participación como investigador en el proyecto de investigación titulado «Eficiencia y acceso a la justicia civil en tiempos de austeridad» con referencia PID2021-122647NB-I00.

1. LAS TRES GRANDES LÍNEAS DE LA REFORMA OPERADA POR LA LOEP Y SU INCIDENCIA EN LA JURISDICCIÓN Y EL PROCESO CONTENCIOSO-ADMINISTRATIVOS

La LOEP aborda fundamentalmente tres dimensiones de nuestro ordenamiento procesal: en primer lugar, reforma la estructura orgánica de los tribunales de justicia en los eslabones más basilares de la pirámide judicial, eliminando con carácter general los juzgados unipersonales para integrarlos en estructuras orgánicamente complejas llamadas Tribunales de Instancia. En segundo lugar, reforma las normas de procedimiento con la intención, principalmente, de agilizar el desarrollo de los procesos en todos los órdenes jurisdiccionales, en aras de la eficiencia procesal, sin perjuicio de la introducción de reformas que no son directamente subsumibles bajo este paraguas teleológico. Por último, pretende potenciar los métodos autocompositivos de solución de controversias, incentivando o, más bien, tratando de imponer su uso.

La justicia contencioso-administrativa no ha sido ajena a esta acometida reformista. Por un lado, los órganos unipersonales del orden jurisdiccional contencioso-administrativo desaparecen para transformarse en secciones de lo contencioso-administrativo de los Tribunales de Instancia y del Tribunal Central de Instancia. Aunque a primera vista la trascendencia práctica de este cambio parezca bastante reducida, trataremos de mostrar las particularidades de esta modificación en esta sede, completando las reflexiones expuestas por el profesor GASCÓN INCHAUSTI en el capítulo 2. Del mismo modo, expondremos brevemente cómo quedan reestructurados en su integridad los órganos de esta rama de la jurisdicción. Por otro lado, la Ley 20/1998, de 13 de julio, reguladora de la Jurisdicción Contencioso-administrativa (en adelante, LRJCA) ha quedado reformada en varios de sus preceptos. Deben destacarse las dos modificaciones de mayor calado: por un lado, el reconocimiento legal de un supuesto de representación voluntaria a favor de los sindicatos para actuar en juicio en nombre e interés del personal funcionario o estatutario afiliado al mismo; por otro lado, la reforma del procedimiento abreviado, siendo los cambios más relevantes la potenciación de las posibilidades de que el procedimiento se sustancie íntegramente por escrito y la posibilidad de dictar sentencias oralmente al finalizar la vista.

Aunque de refilón, la jurisdicción contencioso-administrativa tampoco ha quedado al margen de la nueva normativa sobre medios adecuados de solución de controversias en vía no jurisdiccional, quizás uno de los aspectos más sonados de esta reforma: en efecto, es preciso recordar que el artículo 3 LOEP limita el ámbito de aplicación de estos instrumentos a los asuntos civiles y mercantiles, quedando excluidos «los asuntos de cualquier naturaleza, con independencia del orden jurisdiccional ante el que deban ventilarse, en los que una de las partes sea una entidad perteneciente al sector público». No obstante, que esta exclusión no nos conduzca a un error apreciativo sobre esta reforma y su incidencia en los conflictos jurídicos en los que una de las partes sea una Administración pública: la disposición final trigésima primera LOEP dispone lo siguiente:

> «El Gobierno debe elaborar y presentar a las Cortes Generales, en el plazo de dos años a partir de la entrada en vigor de la presente ley, un proyecto de ley que atienda, en el ámbito administrativo, a los medios de solución de controversias cuando una de las partes es la Administración. Esta iniciativa reconocerá las experiencias en mediación que, en los conflictos en que una de las partes es la Administración, se han desarrollado y se están desarrollando en las administraciones que cuentan con competencias en materia de Justicia».

Por tanto, aunque el desarrollo legislativo de los llamados medios adecuados de solución de controversias no se haya atrevido a abordar su implantación en materia administrativa, la conminación legal al poder ejecutivo de explorar la cuestión en los próximos dos años nos obliga a reflexionar sobre la autocomposición como forma de solución de controversias en este sector, así como sobre las técnicas de evitación del proceso.

2. REFORMA ORGÁNICA DE LA JURISDICCIÓN CONTENCIOSO-ADMINISTRATIVA

A fin de evitar repeticiones innecesarias, dirigimos al lector al capítulo sobre los Tribunales de Instancia a cargo del profesor Fernando GASCÓN INCHAUSTI para una exposición completa y sistemática de la cuestión[2].

2.1. LOS ÓRGANOS JURISDICCIONALES EN ESTA RAMA DE LA JURISDICCIÓN TRAS LA REFORMA

El 31 de diciembre de 2025 los Juzgados de lo Contencioso-administrativo y los Juzgados Centrales de lo Contencioso-administrativo desaparecerán (DT 1.º y DT 2.º LOEP) para transformarse en secciones de lo contencioso-administrativo de los Tribunales de Instancia o del Tribunal Central de Instancia, respectivamente. De esta forma el orden jurisdiccional contencioso-administrativo quedará integrado a partir de 2026 por los siguientes órganos: *(i)* Las secciones de lo contencioso-administrativo de los Tribunales de Instancia; *(ii)* la sección de lo contencioso-administrativo del Tribunal Central de Instancia; *(iii)* las salas de lo contencioso-administrativo de los Tribunales Superiores de Justicia; *(iv)* la Sala de lo contencioso-administrativo de la Audiencia Nacional; y *(v)* la Sala de lo contencioso-administrativo del Tribunal Supremo.

> Las normas de atribución de competencia objetiva, funcional y territorial no se han visto modificadas con esta reforma, con una salvedad que expondremos a continuación. Esto quiere decir que las secciones de lo contencioso-administrativo seguirán conociendo de los mismos litigios que los Juzgados de lo Contencioso-administrativo y los Juzgados Centrales de lo Contencioso-administrativo, en función de si la sección se integra en un Tribunal de Instancia o en el Tribunal Central de Instancia.
>
> La única modificación de las reglas de atribución de competencia objetiva (art. 11.1.a. LRJCA) se refiere a una pequeña ampliación de los asuntos de que puede conocer la Sala de lo contencioso-administrativo de la Audiencia Nacional. Esta Sala ahora conocerá también de los recursos que se deduzcan en relación con las disposiciones generales y los actos de los ministros, cuando se adopten previo informe o acuerdo de las *comisiones delegadas del gobierno.* Esta escueta ampliación de la competencia objetiva de este órgano es aplicable para los recursos

2. El lector también puede acudir a otra literatura especializada al respecto. Las voces que a continuación se reseñan adoptan una posición apologética respecto de la introducción de los Tribunales de Instancia, por lo que deben ser atendidas con espíritu crítico: BARONA VILAR, S., «Los Tribunales de Instancia, *trending topic* en la reforma de la organización judicial española», en ASENCIO MELLADO, J. M. y FUENTES SORIANO, O. (Dirs.), *El proceso como garantía,* Atelier, Fundación Manuel Serra Domínguez, Barcelona, 2023, pp. 29-58; FERNÁNDEZ SEIJO, J. M., «Eficiencia organizativa en los juzgados y tribunales: una asignatura pendiente/una asignatura olvidada», *Foro, Nueva época,* 2023-2; DE LAMO RUBIO, J. y CAVERO CARRECEDO, E., «Oficina Judicial y Tribunales de Instancia: un camino por recorrer», *Diario La Ley,* 2025-10646.

interpuestos desde la entrada en vigor de la LO 1/2025, es decir, desde el 3 de abril de 2025 (DT 9.ª 5 LOEP).

2.2. LAS SECCIONES DE LO CONTENCIOSO-ADMINISTRATIVO EN LOS TRIBUNALES DE INSTANCIA

2.2.1. La circunscripción territorial de estas secciones: secciones provinciales, «infraprovinciales» y «pluriprovinciales»

Recuérdese que la demarcación territorial de los Tribunales de Instancia es el partido judicial. No obstante, se pueden constituir secciones en estos Tribunales que proyecten su competencia sobre una circunscripción más amplia que la del propio tribunal. Este es el caso de las secciones de lo contencioso-administrativo.

El artículo 93 LOPJ se encarga de regular este extremo: se prevé la posibilidad de que la extensión territorial de estas secciones pueda adoptar *tres modalidades* en función de la carga de trabajo.

Como regla general, en el Tribunal de Instancia que tenga su sede en la capital de una provincia, se constituirá una sección de lo contencioso-administrativo que tendrá competencia sobre la integridad del territorio de la provincia. Por lo tanto, en principio, sólo habrá secciones de esta naturaleza en uno de los múltiples Tribunales de Instancia que se desplegarán en una provincia.

No obstante, en supuestos en los que el volumen de asuntos lo requiera, podrán crearse secciones de lo contencioso-administrativo en otros Tribunales de Instancia que no tengan su sede en la capital de la provincia, proyectando su competencia sobre uno o varios partidos judiciales. Es decir, podrán coexistir en una misma provincia varias secciones de lo contencioso-administrativo con demarcaciones excluyentes[3].

En el caso contrario (o, al menos, eso debe suponerse), cuando el volumen de trabajo sea escaso en una o varias provincias, «podrán crearse excepcionalmente Secciones de lo Contencioso-Administrativo que extiendan su jurisdicción a más de una provincia de la misma comunidad autónoma».

De esta forma, se puede hablar de secciones provinciales, «infraprovinciales» o «pluriprovinciales». Hasta aquí nada que no reconociese ya el antiguo artículo 90 LOPJ.

3. Este será el caso de las secciones de lo contencioso-administrativo en las provincias de Cádiz (habrá una sección en el TI de Algeciras, otra en el TI de Jerez y otra en el TI de Cádiz), Asturias (TI de Gijón y TI de Oviedo), Alicante (TI de Alicante y TI de Elche), Badajoz (TI de Mérida y TI de Badajoz), A Coruña (TI de Santiago de Compostela y TI de A Coruña), Pontevedra (TI de Vigo y TI de Pontevedra) y Murcia (TI de Cartagena y TI de Murcia). Véase a este respecto el *Anexo I* de la de Ley 38/1988, de 28 de diciembre, de Demarcación y de Planta Judicial, también reformado por la LOEP.

No obstante, no debe olvidarse que, de un modelo de arquitectura jurisdiccional que podía calificarse como un «archipiélago» de juzgados, hemos pasado a un modelo de concentración de los órganos unipersonales en una estructura *orgánica* compleja cuya demarcación es el partido judicial, al margen de la extensión de la competencia de las secciones que la integran. Como tal, desaparece la clásica figura del juzgado unipersonal independiente con su propia Unidad Procesal de Apoyo Directo.

2.2.2. Plazas judiciales especializadas

Recordemos que la estructura de los Tribunales de Instancia se divide en tres niveles: el tribunal, las secciones y, dentro de éstas, diversas plazas judiciales. En este sentido, debe destacarse que, dentro de cada sección de lo contencioso-administrativo de cada Tribunal de Instancia, se podrán especializar plazas judiciales para que conozcan únicamente de ciertos asuntos que la ley atribuya a la sección. La especialización de una plaza judicial, conforme al artículo 96 LOPJ, puede ser *(i)* permanente o *(ii)* temporal.

Se atribuye legalmente al Consejo General del Poder Judicial la potestad de acordar, previo informe de las Salas de Gobierno y de las Administraciones públicas con competencias de justicia transferidas, que «en aquellas circunscripciones donde exista más de una plaza judicial de la de la misma Sección, una o varias de las personas destinadas en ellas asuman con carácter exclusivo el conocimiento de determinadas clases de asuntos o de las ejecuciones propias del orden jurisdiccional de que se trate, sin perjuicio de las labores de apoyo que puedan prestar los servicios comunes que al efecto se constituyan».

La especialización temporal de plazas judiciales se encuentra regulada en el apartado 3 del artículo 96 LOPJ y añade cierta complejidad. Nuevamente, se trata de una decisión del Consejo General del Poder Judicial, pero esta vez debe contar el informe favorable tanto del Ministerio de Justicia como de la comunidad autónoma con competencias en materia de justicia, habiendo oído también a la sala de gobierno del TSJ. Esta especialización se refiere no ya a las plazas judiciales de una misma sección, sino a la especialización de una o varias plazas judiciales de cualquiera de los Tribunales de Instancia de la provincia, a fin de que asuman durante *un tiempo determinado* «el conocimiento de determinadas materias o clases de asuntos». En este sentido, asumirán la competencia de todos aquellos asuntos que le sean asignados, «aun cuando su conocimiento inicial estuviese atribuido a secciones radicadas en distinto partido judicial».

2.2.3. ¿Unipersonalidad funcional relativa en una estructura colegiada?

La existencia de órganos jurisdiccionales unipersonales en el orden contencioso-administrativo fue una grandísima novedad[4]: nunca habían existido esta clase de órganos en España hasta hace unas décadas y, de hecho, su introducción no estuvo exenta de polémica[5]. Con la estructura de los Juzgados de lo Contencioso-administrativo del régimen anterior a la reforma quedaban, al menos, dos cosas claras: cada juzgado era un órgano jurisdiccional independiente y se trataba de un órgano puramente unipersonal. Actualmente, no podemos afirmar exactamente lo mismo, o al menos, no de la misma manera.

En primer lugar, se suscitan dudas acerca de quién podemos predicar la naturaleza de órgano jurisdiccional independiente: ¿es la concreta plaza judicial adscrita a una sección de un Tribunal de Instancia, la sección o directamente el propio Tribunal de Instancia? El artículo 26 LOPJ parece sugerir que se trata del Tribunal de Instancia. No obstante, uno debe inclinarse por considerar que el órgano jurisdiccional es la plaza judicial, ocupada por un juez concreto, sin perjuicio de que la estructura en la que se apoye sea similar a la de un órgano colegiado[6].

En este sentido, a nivel *funcional* y *práctico* cada plaza judicial de la sección de lo contencioso-administrativo de un Tribunal de Instancia seguirá actuando como lo venía efectuando un Juzgado de lo Contencioso-administrativo, siendo cada juez o magistrado que integre la plaza quien conozca de cada asunto de forma unipersonal. Pero lo cierto es que tampoco podemos afirmar que estemos ante órganos estrictamente unipersonales en este último sentido.

4. ALONSO MAS, M. J., «Artículo 6» en EZQUERRA HUERVA, A. y OLIVÁN DEL CACHO, J. (Dirs.), *Comentarios a la Ley reguladora de la jurisdicción contencioso-administrativa,* Tirant Lo Blanch, Valencia, 2021, p. 197.
5. GONZÁLEZ PÉREZ, J., *Comentarios a la ley de la jurisdicción contencioso-administrativa (Ley 29/1998, de 13 de julio),* 8.ª ed., Thomson-Civitas, Cizur Menor, 2016, p. 214: «La creación de estos órganos unipersonales no fue bien acogida por la doctrina más cualificada, opinión compartida por el entonces Presidente del TS DELGADO BARRIO, J., el nuevo sistema hizo posible, si no remediar, sí aliviar la situación al permitir obtener sentencias en los procesos de que conocen los Juzgados en plazos inferiores a lo que era usual; pero existía tal bolsa de asuntos pendientes en los Tribunales Superiores, que a partir de ese nivel la situación siguió siendo la misma. Y el problema más acusado que se puso de relieve con la entrada en funciones de los Juzgados fue la falta de especialización de muchos de sus titulares». La propia exposición de motivos de la LRJCA reseña la polémica generada: «La creación de estos órganos judiciales, que previó la Ley Orgánica del Poder Judicial, fue recibida en su día con división de opiniones».
6. GASCÓN INCHAUSTI, I., defiende que «el Tribunal de Instancia, en sí mismo considerado, no es un auténtico órgano jurisdiccional, sino una estructura que sirve también para englobar y gestionar un conjunto de órganos jurisdiccionales unipersonales, según se verá seguidamente. De hecho, no hay un único modelo de Tribunal de Instancia, sino varios, en función de las atribuciones que se le asignen», F. GASCÓN INCHAUSTI, *Derecho procesal civil: materiales para el estudio,* 7.ª ed., Docta UCM, Madrid, 2025, p. 55.

En primer lugar, el legislador ha introducido en el nuevo artículo 84.6 LOPJ una técnica de constitución de los tribunales para cada caso concreto que sigue la técnica inversa a la que ya existía en los órganos colegiados (es decir, la posibilidad de que se constituyan con un solo magistrado):

> «En el Tribunal de Instancia se podrá nombrar a dos de sus jueces, juezas, magistrados o magistradas, conforme a un turno anual preestablecido y público, para que, junto con aquel o aquella a quien le hubiere sido turnado el asunto inicialmente (...) conozcan en primera instancia de un procedimiento de cualquier orden jurisdiccional cuando, en atención al volumen, la especial complejidad o el número de intervinientes de un procedimiento, tal nombramiento favorezca el ejercicio de la función jurisdiccional. En estos casos, para la adopción de cuantas resoluciones se dictaren en el curso del proceso, actuará como ponente aquel o aquella a quien le hubiere sido turnado el asunto inicialmente. Estos jueces, juezas, magistrados o magistradas conocerán de dicho procedimiento hasta su completa terminación, sin perjuicio de que se les puedan seguir repartiendo otros asuntos».

Es decir, cabe la posibilidad de una *colegialidad sobrevenida* (excepcional, sin duda) en el conocimiento del asunto en la instancia.

El procedimiento para instituir la colegialidad en el ámbito de competencia de los Tribunales de Instancia se encuentra previsto en el artículo 167.4 LOPJ:

> «La Presidencia del Tribunal de Instancia, valoradas las circunstancias concurrentes, podrá proponer el nombramiento de los jueces, las juezas, los magistrados y las magistradas a que se refiere el apartado 6 del artículo 84. El acuerdo se trasladará a la Sala de Gobierno para que ésta, si lo estima pertinente, lo remita al Consejo General del Poder Judicial para su aprobación».

Al margen de los riesgos para el derecho fundamental a un juez predeterminado por la ley de esta norma, pues, como afirma GASCÓN INCHAUSTI, «el juego de las mayorías, propio de la conformación de la voluntad judicial en un órgano colegiado, puede servir para contrarrestar de entrada el papel o el criterio que se supone puede seguir un determinado juez en determinado tipo de asuntos»[7], debe hacerse otra advertencia. Sólo resultará útil esta técnica de composición del tribunal, si los concretos jueces que lo compongan actúen y deliberen *realmente* como un órgano colegiado y no deleguen en el ponente el conocimiento y la resolución del asunto, siendo su presencia meramente formal[8].

Otro síntoma de ciertas dosis de colegialidad funcional deseada por el legislador puede localizarse en las competencias que el artículo 170 LOPJ atribuye

7. GASCÓN, F. (nota 6), p. 58.
8. A este respecto, es recomendable la lectura del artículo del magistrado de la Sala Primera del Tribunal Supremo, SANCHO GARGALLO, I., «Reflexiones sobre cómo mejorar la deliberación de un tribunal colegiado», *InDret,* 2024-2, pp. 572-586.

a la junta de jueces y magistrados de la sección: esta junta propondrá las normas de reparto entre jueces de la misma sección y podrá acordar criterios y prácticas unificados para la resolución de asuntos, a fin de evitar la «diversidad de criterios aplicativos en la aplicación de la ley en asuntos sustancialmente iguales» (art. 264.4 LOPJ).

La unificación de prácticas y criterios es una buena técnica de cooperación horizontal judicial para generar un clima de seguridad jurídica y expectativas razonables a los litigantes del foro en contextos de fuerte incertidumbre sobre la manera de interpretar algunas normas procesales o sustantivas[9]. No obstante, entraña ciertos riesgos que quisiéramos dejar apuntados. De hecho, el legislador, en una suerte de *excusatio non petita,* nos advierte del primero de ellos en el segundo párrafo del artículo 264.4 LOPJ: «en todo caso, quedará a salvo la independencia de los jueves, juezas, magistrados y magistradas para el enjuiciamiento y resolución de los distintos procesos de que conozcan». Es importante tener claro que el juez sigue encontrándose sujeto a la ley y *únicamente* a ella. Esta clase de unificación de criterios no puede convertirse en una norma *paralegal* o, directamente, *contralegal,* ni tampoco debe desembocar en una institucionalización de los usos forenses. Su éxito y legitimidad dependerá de que sea un instrumento a favor de la claridad, la transparencia y la seguridad jurídica.

2.3. LA SECCIÓN DE LO CONTENCIOSO-ADMINISTRATIVO EN EL TRIBUNAL CENTRAL DE INSTANCIA

En Madrid se constituirá un Tribunal Central de Instancia con jurisdicción en todo el territorio nacional que contará necesariamente con una sección de lo contencioso-administrativo (art. 95 LOPJ), que conocerá de los mismos asuntos que los Juzgados Centrales de Instrucción.

Las consideraciones efectuadas anteriormente sobre especialización, colegiación y unificación de criterios y prácticas son trasladables a este órgano.

3. LA REPRESENTACIÓN VOLUNTARIA SINDICAL DEL AFILIADO

La LOEP modifica varios preceptos de la LRJCA. Ahora bien, sólo hay dos reformas de interés: la relativa a la introducción de la representación voluntaria sindical del afiliado y la relativa al procedimiento abreviado. Empecemos por la explicación de la primera.

9. LANGBROEK, P., «Relying on the Courts: About Collegiate Collaboration in Courts as a Counterbalance to Professional Hierarchy and as a Necessary Precondition for Efficiently Delivering, Timely and Consistent Justice», *International Journal for Court Administration,* 2024-15, p. 4. En este artículo se analiza el fenómeno de la proliferación de las *procedural guidelines* elaboradas por los propios tribunales, al margen de la actividad del legislador.

3.1. LA REPRESENTACIÓN VOLUNTARIA SINDICAL DEL AFILIADO: ARTS. 19.1 Y 45.2.E) LRJCA

Si a los sindicatos ya se les reconocía legitimación extraordinaria para la tutela de determinados intereses colectivos o difusos ante la jurisdicción contencioso-administrativa[10], una de las novedades más destacables de esta reforma es la inclusión de la letra k) en el artículo 19.1 LRJCA que dice así:

> «Los sindicatos estarán también legitimados para actuar, en nombre interés (*sic*) del personal funcionario y estatutario afiliado a ellos que así lo autorice, en defensa de sus derechos individuales, recayendo sobre dichos afiliados los efectos de aquella actuación».

A este precepto debe añadirse la introducción de la letra e) al apartado 2 del artículo 45, relativo a los documentos que deben acompañar el escrito de interposición del recurso contencioso-administrativo:

> «En los casos en que el recurso se haya interpuesto por un sindicato que actúe en nombre e interés del personal funcionario y estatutario conforme dispone la letra k) del artículo 19.1, el documento o documentos que acrediten la afiliación de dicho personal y la existencia de comunicación por el sindicato al afiliado de la voluntad de iniciar el proceso, así como la autorización expresa del afiliado al sindicato para dicha iniciación».

Con estos dos preceptos, la LRJCA se acompasa con la Ley 36/2011 reguladora de la jurisdicción social (en adelante, LRJS), en particular con su artículo 20[11], sin perjuicio de las diferencias que pondremos de relieve: se completa la posibilidad de que los sindicatos actúen ante los tribunales como representantes

10. Arts. 19.1.b); 19.1.i) LRJCA.

11. «1. Los sindicatos podrán actuar en un proceso, en nombre e interés de los trabajadores y de los funcionarios y personal estatutario afiliados a ellos que así se lo autoricen, para la defensa de sus derechos individuales, recayendo en dichos afiliados los efectos de aquella actuación.
2. En la demanda, el sindicato habrá de acreditar la condición de afiliado del trabajador o empleado y la existencia de la comunicación al afiliado de su voluntad de iniciar el proceso. La autorización se presumirá concedida salvo declaración en contrario del afiliado. En el caso de que no se hubiese otorgado esta autorización, el trabajador o empleado podrá exigir al sindicato la responsabilidad que proceda, que habrá de decidirse en proceso social independiente.
3. Si en cualquier fase del proceso el afiliado expresara en la oficina judicial que no había recibido la comunicación del sindicato o que habiéndola recibido hubiera negado la autorización de actuación en su nombre, el juez o tribunal, previa audiencia del sindicato, acordará el archivo de las actuaciones sin más trámite.
4. Los sindicatos estarán exentos de efectuar depósitos y consignaciones en todas sus actuaciones ante el orden social y gozarán del beneficio legal de justicia gratuita cuando ejerciten un interés colectivo en defensa de los trabajadores y beneficiarios de la seguridad social».

de sus afiliados en defensa de sus derechos en tanto que trabajadores, desarrollando así el derecho de las organizaciones sindicales, en el ejercicio de su libertad sindical, a plantear conflictos individuales (art. 2.2.d Ley Orgánica 11/1985, de Libertad Sindical, en adelante LOLS).

3.2. NATURALEZA JURÍDICA: ¿ESTAMOS ANTE UN SUPUESTO DE LEGITIMACIÓN EXTRAORDINARIA/«INDIRECTA» O UN SUPUESTO DE REPRESENTACIÓN VOLUNTARIA DEL FUNCIONARIO?

La reforma introduce una primera dificultad o duda, ¿cuál es la naturaleza jurídica del vínculo representativo introducido? El legislador ha decidido incluir esta previsión normativa en el artículo relativo a la legitimación, lo que induce a pensar que su intención es introducir un nuevo supuesto de legitimación extraordinaria, cercano a la legitimación por sustitución. No obstante, la defensa en juicio de un derecho individual ajeno en nombre e interés de su titular, autorización mediante, no puede considerarse un supuesto de legitimación, sino un supuesto de representación voluntaria de la parte, al que, en este caso, nombramos *representación voluntaria sindical del afiliado,* siguiendo la denominación que efectuó Ana MURCIA CLAVERÍA en su monografía sobre la representación voluntaria en el proceso laboral. De hecho, así es como se encuentra previsto en la LRJS y así lo ha interpretado la doctrina que ha abordado la institución en la jurisdicción social[12]. En consecuencia, esta norma debería haberse incluido como un nuevo párrafo en el artículo 23.3 LRJC o como un nuevo apartado de ese precepto, a fin de evitar confusiones innecesarias.

Su categorización en un sentido u otro no está exenta de consecuencias. La primera de ellas se refiere al sujeto que tendrá la consideración de parte en el proceso: si estamos ante un supuesto de legitimación extraordinaria, la parte sería el propio sindicato, en el otro caso, sería el funcionario o personal estatutario representado. Esto tiene un impacto directo en cuestiones como la determinación de la competencia territorial del tribunal, el régimen jurídico del desistimiento, la transacción, etc.

Así, por ejemplo, el artículo 14 LRJCA prevé que cuando el recurso contencioso-administrativo tenga por objeto actos de las Administraciones públicas en materia de personal, será competente territorialmente el órgano, a elección del demandante, en cuya circunscripción tenga éste su domicilio o donde se halle la sede del órgano autor del acto originario impugnado. Es decir, el fuero del domicilio del demandante se determinará conforme al lugar del domicilio del

12. Véase, por ejemplo, MURCIA CLAVERA, A., *La representación voluntaria en el proceso laboral,* Marcial Pons, Madrid, 1994, pp. 269 ss.; o GIL PLANA, J., «La representación procesal del afiliado por el sindicato», *Civitas. Revista española de Derecho del Trabajo,* 2013-160.

sindicato o del funcionario en función de nuestra interpretación del precepto analizado[13].

El artículo 74 LRJCA, por su parte, prevé la posibilidad de que el recurrente pueda desistir del recurso en cualquier momento antes del dictado de la sentencia (sin perjuicio de lo que resuelva al respecto el tribunal en caso de oposición del resto de partes), mientras que para que desista el representante en juicio será necesario que lo ratifique la propia parte o que el representante tenga un poder especial al efecto. Lo mismo puede decirse respecto de la transacción prevista en el artículo 77: si el sindicato es la parte legitimada podrá celebrar válidamente un acuerdo de transacción sin necesidad de poder especial para ello, sin perjuicio del control que el tribunal debería efectuar sobre el justo equilibrio de las recíprocas concesiones para los derechos del funcionario y de los posibles mecanismos de desvinculación del acuerdo a disposición del titular del derecho[14]. En cambio, si es un representante voluntario, el funcionario deberá *autorizarle expresa y previamente* para ello, quedando vinculado por el acuerdo transaccional alcanzado.

De la misma forma, si optamos por entender esta norma como una figura u otra, el tratamiento procesal de la pérdida de confianza del funcionario respecto del sindicato actuante una vez iniciado el proceso contencioso-administrativo será diverso. En el caso de que fuese un supuesto de legitimación extraordinaria, la autorización inicial sería irrevocable (o, más bien, *rectius,* su revocación no produciría efectos procesales), teniendo el trabajador la carga de solicitar su intervención voluntaria en el proceso para participar en él en los trámites no precluidos en aplicación supletoria del artículo 13 LEC. En el otro caso, la revocación o la extinción del mandato de representación procesal determinaría sencillamente que, una vez puestas en conocimiento del tribunal, las actuaciones continuasen su curso con la parte, sin que la organización sindical pudiese participar más en ellas.

3.3. PRESUPUESTOS Y REQUISITOS DE LA REPRESENTACIÓN VOLUNTARIA SINDICAL DEL AFILIADO

3.3.1. Presupuestos y requisitos subjetivos

Sólo aquellas personas jurídicas que se hayan constituido como sindicatos conforme a lo previsto en la LOLS pueden ser nombradas representantes de la parte para comparecer y actuar en juicio. Para ello deberán haber depositado,

13. Este problema ya fue resuelto hace años por la jurisprudencia del orden social al respecto de la interpretación que debía efectuarse del artículo 20 LRJS. Véase GIL PLANA, J. (nota 12).

14. Para un análisis sobre las transacciones realizadas sobre derechos e intereses individualizables ajenos y los problemas en juego, véase, *mutatis mutandis,* GASCÓN INCHAUSTI, F., *Tutela judicial de los consumidores y transacciones colectivas,* Civitas-Thomson Reuters, Cizur Menor, 2010, pp. 171 ss.

por medio de sus promotores o dirigentes, sus estatutos en la oficina pública establecida al efecto. Transcurridos veinte días hábiles desde el depósito de los estatutos, el sindicato adquirirá personalidad jurídica y plena capacidad de obrar.

Es importante destacar que en ningún caso se exige que el sindicato en cuestión tenga la consideración de más representativo a nivel estatal, autonómico o sectorial, ni que tenga establecida una sección sindical en el concreto centro de trabajo del funcionario o personal estatutario.

Debe subrayarse, igualmente, que el sindicato deberá nombrar, a su vez, a una persona física que actúe como representante necesario.

Sólo podrán ser partes en un proceso contencioso-administrativo en el que actúe un sindicato, el personal funcionario o el personal estatutario. Del ámbito subjetivo de esta modalidad representativa deben excluirse los empleados públicos que sean clasificados como personal laboral o personal eventual, limitándose a aquellos empleados que mantengan una relación funcionarial general con la Administración o una relación funcionarial especial estatutaria, como sucede, por ejemplo, con el personal de los servicios de salud (estatuto regulado por la Ley 55/2003, de 16 de diciembre, del Estatuto Marco del personal estatutario de los servicios de salud).

Para que el mandato de representación pueda surtir efectos en el proceso válidamente y el sindicato actúe en juicio en nombre e interés de un funcionario o un personal estatutario es necesario que este último se encuentre *afiliado* a *ese* sindicato en el momento de interponer el recurso contencioso-administrativo o de presentar la demanda (en función de cuál sea el escrito que dé inicio al proceso según el cauce procedimental adecuado).

La condición de afiliado deberá ser acreditada documentalmente en el escrito de iniciación del proceso (art. 45.2.e) LRJCA). La ley no prevé un tipo de documento en concreto, por lo que debe interpretarse como cualquier documento que ordinariamente sirva para acreditar la condición de afiliado. Si el sindicato no aporta esta documentación, o resulta incompleta para acreditar la afiliación, el LAJ requerirá que subsane el defecto en un plazo de diez días. En caso no subsanar el defecto, el tribunal se pronunciará sobre la inadmisión a trámite del recurso.

3.3.2. Presupuestos y requisitos objetivos

Aunque el artículo 19.1.k) LRJCA sostenga que los sindicatos podrán actuar en nombre e interés del trabajador en defensa de sus derechos individuales, sin más adjetivos que limiten el ámbito material de esta figura, lo cierto es que se debe efectuar una interpretación restrictiva y ajustada a las finalidades propias de un sindicato como persona jurídica. Si el artículo 7 CE sostiene que los sindicatos contribuyen a la defensa y promoción de los intereses económicos y sociales de los trabajadores, esta defensa se efectúa, en los conflictos individuales, en el ámbito de las relaciones laborales. En este sentido, sólo podrán comparecer como representantes del personal funcionario y estatutario para ejercitar acciones relativas a los derechos e intereses de ese personal de los que sea titular *por el hecho de ser funcionario o personal estatutario,* no cualesquiera otros derechos o intereses que reclame frente a la Administración constituidos por otros estatus, situaciones o relaciones jurídicas.

Para que este supuesto de representación voluntaria pueda surtir efectos procesales válidamente, el sindicato, del mismo modo que en el proceso laboral, deberá comunicar previamente al afiliado su voluntad de iniciar el proceso, debiendo acreditar documentalmente la existencia de esa comunicación, aportándola junto con el escrito de iniciación del proceso. El tratamiento procesal de la falta de acreditación de la comunicación previa es idéntico al de la falta de acreditación de la condición de afiliado.

En este punto el legislador ha imitado el contenido de la LRJS. No obstante, la comunicación previa en el proceso laboral se erige en garantía de que el trabajador tiene conocimiento de la voluntad de iniciar el proceso, a fin de poder intervenir para revocar el mandato que la ley presume. Como ahora veremos, este no es el caso en la jurisdicción contencioso-administrativa.

Mientras que el artículo 20 LRJS no exige autorización expresa del trabajador, en el caso del funcionario o personal estatutario en las acciones que pueda ejercitar ante la jurisdicción contencioso-administrativa estamos ante un mandato expreso que debe, si quiere tener efectos procesales y no sólo materiales, quedar reflejado en un documento, sin necesidad de que sea un documento público, que deberá ser aportado junto con el escrito que dé inicio al proceso. En este caso, no se presume la autorización, lo que justifica que no se haya previsto un incidente, a diferencia de lo establecido en la LRJS, para que el funcionario comunique al tribunal la falta de autorización inicial o la ausencia de comunicación a fin de provocar el archivo de las actuaciones.

3.4. PODERES Y FUNCIONES DEL REPRESENTANTE

3.4.1. La posibilidad de autorrepresentación impropia del funcionario a través del sindicato

Como premisa en el estudio de este apartado es preciso recordar que el artículo 23.3 LRJCA permite la autorrepresentación y autodefensa de los «funcionarios públicos en defensa de sus derechos estatutarios, cuando se refieran a cuestiones de personal que no implique separación de empleados públicos inamovibles». El ámbito material de la autorrepresentación en el orden contencioso-administrativo y de la representación voluntaria a favor de un sindicato son en gran parte coincidentes. Esto tendrá un impacto significativo en los poderes y funciones del sindicato representante, puesto que sus funciones no serán las misma si, en esos supuestos o en los que la representación por procurador y defensa por abogado sean preceptivas, se nombran por el sindicato un abogado y un procurador o si el sindicato es el sujeto que se encargará *por sí mismo* de la defensa de las posiciones del trabajador y de todas las funciones propias del procurador.

La segunda opción no sólo debe considerarse posible, sino que, además, constituye el principal incentivo para que el trabajador autorice al sindicato a actuar como representante voluntario. Se trata de una prestación que puede ofrecer la organización a sus afiliados gratuitamente o por un precio atractivo, dentro del ámbito de su misión y sus funciones, apoyándose en sus servicios jurídicos para el diseño de la estrategia procesal a seguir.

Esta figura, creemos, está destinada a constituir una alternativa a la autorrepresentación y autodefensa, pudiendo ser catalogada como una autorrepresentación *impropia*.

3.4.2. Iniciación de proceso y diseño de la estrategia procesal

En todo caso, lo característico de esta figura es que será el representante, el sindicato, el que tome varias decisiones fundamentales: en primer lugar, será quien inicie el proceso interponiendo el recurso contencioso-administrativo. En segundo lugar, será el sujeto que se encargue de diseñar la estrategia procesal, nombrando el abogado y el procurador, en caso de ser preceptivo, y dándole las instrucciones acerca de cómo plantear y estructurar el litigio.

3.4.3. Necesidad de un poder especial para desistir, renunciar o transigir

Si la decisión de iniciar el proceso recae en la esfera de decisión del sindicato, éste no podrá disponer ni del proceso ni de los derechos objeto de litigio, sin un poder especial suplementario que así se lo permita. Al menos así debería entenderse, de forma similar al tratamiento de los apoderamientos a los procuradores en términos generales. Si el legislador hubiese querido lo contrario debería haberlo explicitado.

3.5. EFECTOS SOBRE EL REPRESENTADO DE LA ACTUACIÓN EN EL PROCESO DEL DEMANDANTE

El artículo 19.1.k) precisa *in fine que* los efectos de la actuación en el proceso del sindicato recaerán sobre el afiliado. Esto se traduce en que no sólo los efectos de cosa juzgada que despliegue la sentencia firme que se alcance en el proceso afectarán al afiliado, lo que, por otra parte, no es ninguna excepción a la regla general, pues el afiliado sigue siendo la parte, sino que todas las actuaciones desplegadas en el proceso surtirán plena eficacia y no podrá solicitarse la retroacción del proceso en caso de cesación de la representación con carácter posterior. El afiliado, en esos casos, deberá asumir como suyos los actos procesales que haya efectuado su representante, sin perjuicio de las responsabilidades de otro tipo en las que pueda incurrir el sindicato por su comportamiento desleal o negligente hacia los intereses del afiliado al que está representando.

4. EL PROCEDIMIENTO ABREVIADO

4.1. EL PROCEDIMIENTO-ABREVIADO (ART. 78 LRJCA) TRAS LA REFORMA

Una de las modificaciones procedimentales más sonadas de esta reforma en materia contencioso-administrativa es la del procedimiento abreviado. Una de las mayores innovaciones de la LRJCA fue la introducción de un procedimiento *esencialmente* oral, basado en los principios de concentración e inmediación y con la vista como el auténtico acto procesal protagonista[15]. Su introducción se hizo en aras de la eficiencia de la jurisdicción contencioso-administrativa[16] (aun cuando en aquella época la etiqueta de marras no estuviese de moda), casi a modo de experimento piloto a fin de ver si podía instituirse en el futuro como el procedimiento prototípico para el proceso contencioso-administrativo[17]; por desgracia, ha acabado muriendo de éxito[18].

La reforma operada por la LOEP consolida dos devenires procedimentales en función del comportamiento de las partes: de un lado, se refuerza el carácter oral del procedimiento (quizás en exceso) mediante la introducción de la posibilidad de dictar sentencias *in voce* al finalizar la vista; pero de otro, se suprime cualquier atisbo de oralidad mediante la posibilidad de tramitar las actuaciones íntegramente por escrito[19].

15. Recuérdese que, originalmente, el procedimiento abreviado se estructuraba fundamentalmente en dos actos procesales: la demanda —en la que se acumulaban el escrito de interposición del recurso y la propia demanda— y una vista en la que se formulaba la contestación de forma oral, se fijaba el objeto de la controversia, se saneaban los vicios procesales, se proponía y practicaba la prueba, etc.
16. CORDERO LOZANO, F., «El procedimiento abreviado en la nueva Ley de la Jurisdicción contencioso-administrativa», *E-Derecho Administrativo,* 2001-1, p. 1.
17. CORDERO, F. (nota 16), pp. 2 y 6.
18. Es el procedimiento a través del cual se ventilan el mayor número de procesos ante la jurisdicción contencioso-administrativa. Véase, RODRÍGUEZ BEAS, M., «Los principales problemas del procedimiento abreviado en la jurisdicción contencioso-administrativa española: propuestas de reforma e impulso a la implantación de la mediación intrajudicial», *Revista de Direito Econômico e Socioambiental,* 2023-3, p. 4.
19. El legislador se pronuncia así sobre esta reforma en la exposición de motivos de la LOEP: «Con tal finalidad se modifica la regulación del procedimiento abreviado sin vista que introdujo la Ley 37/2011, de 10 de octubre, de medidas de agilización procesal. Los riesgos de demora que se anunciaban en su exposición de motivos, y que se pretendieron evitar con tal reforma, siguen produciéndose en la actualidad, pues no son excepcionales los casos en

Sería pertinente hablar, por tanto, de un procedimiento abreviado *ordinario oral* y un procedimiento abreviado *especial fundamentalmente escrito.* Examinemos el régimen común de ambos para luego centrarnos en la explicación de cada uno de ellos.

4.2. RÉGIMEN COMÚN DEL PROCEDIMIENTO ABREVIADO

Antes de comenzar con la exposición del procedimiento abreviado debe advertirse que la técnica legislativa utilizada en su regulación es la propia de una *muñeca rusa.* En un primer nivel se encuentran las normas recogidas en los 23 apartados del artículo 78 LRJCA (artículo confuso y selvático en ocasiones). No obstante, esta regulación adolece de múltiples lagunas que el propio artículo salva mediante una remisión en su último apartado a las normas generales de la LRJCA. Pero no sólo las normas generales y del procedimiento de primera o única instancia son de aplicación supletoria, sino que en todo lo que no se encuentre regulado por las mismas, también deben aplicarse las previsiones de la LEC, dada su supletoriedad general[20].

---

que, pese a renunciarse a la vista en el recurso, la misma se celebra por la sola solicitud de la parte demandada y a los únicos efectos de formular su contestación a la demanda en el acto de la vista, dilatando muchos meses la resolución del pleito atendida la gran sobrecarga que padecen las agendas de señalamientos de los Juzgados. De ahí la conveniencia de exigir que la solicitud de vista por la parte demandada quede sustentada sobre argumentos que permitan al órgano jurisdiccional apreciar la conveniencia de la celebración de ese trámite. No se trata de que el órgano jurisdiccional anticipe en el auto la decisión sobre el recibimiento del pleito a prueba, ni tampoco sobre la pertinencia de las diligencias probatorias indicadas en la solicitud, sino únicamente de que, valorando lo argumentado, pueda tomar conocimiento sobre la necesidad procesal del trámite de vista.
Ya en lo que respecta a la fase de resolución, en el ámbito del procedimiento abreviado se introduce la posibilidad de que el juez o la jueza pueda, si así lo estima procedente atendidas las concretas circunstancias del caso que se somete a su enjuiciamiento, dictar sentencia oral. Tal facultad que se ofrece al órgano jurisdiccional guarda coherencia con la esencia de este procedimiento, que, se ha de recordar, se sustenta en el principio de oralidad, y conllevará, sin duda, una agilización de la decisión en los casos en que se opte por su empleo. Pero este efecto no debe ser entendido como una merma de la calidad de la justicia que se impartirá a través de esta clase de sentencias, pues, amén de que la posibilidad de resolver oralmente un recurso no es una novedad en el ámbito del procedimiento contencioso-administrativo, encontrándose ya prevista en el procedimiento para la garantía de la unidad de mercado, la remisión expresa que se hace al texto del artículo 210 de la Ley 1/2000, de 7 de enero, cuya reforma también se acomete en esta ley, garantiza que estas sentencias orales deban expresar no solo las pretensiones de las partes, las pruebas propuestas y practicadas y, en su caso, los hechos probados, sino también las razones y fundamentos legales del fallo que haya de dictarse. Con ello, se preserva que, a través de ellas, se imparta una correcta administración de justicia y se garantiza el cumplimiento de la exigencia constitucional de motivación de las resoluciones judiciales consagrada en el artículo 120 del texto constitucional y, en última instancia, la posibilidad de control de la resolución por los tribunales superiores, en los casos en que sea susceptible de recurso».

20. RODRÍGUEZ, M. (nota 18), p. 3.

4.2.1. Reglas de determinación del procedimiento legalmente adecuado

Los litigios ante este orden jurisdiccional se ventilarán por el cauce del procedimiento abreviado cuando se sigan ante las secciones de lo contencioso-administrativo de los Tribunales de Instancia o del Tribunal Central de Instancia si, en primer lugar, la cuantía del litigio, sea cual sea la materia, es inferior a los 30.000 euros. En segundo lugar, cuando, independientemente de la cuantía, los asuntos versen sobre *(i)* cuestiones de personal al servicio de las Administraciones Públicas *(ii)* extranjería *(iii) inadmisión* de peticiones de asilo político *(iv)* asuntos de disciplina deportiva en materia de dopaje y *(v)* demandas solicitando la ejecución por parte de la Administración de sus actos firmes no ejecutados (art. 29.2), siempre y cuando, claro está, entren dentro del ámbito competencial de los tribunales mencionados. Además, en este último caso, el de la ejecución de actos firmes no ejecutados, se deberá seguir el procedimiento abreviado aun cuando el órgano que conozca del asunto sea la Sala de lo contencioso-administrativo del TSJ, de la AN o del TS.

4.2.2. Inicio del proceso mediante demanda

Si el litigio ha de ventilarse por el procedimiento abreviado, el proceso no se iniciará mediante escrito sucinto interponiendo recurso contencioso-administrativo, sino que deberá iniciarse directamente mediante demanda, «a la que se acompañará el documento o documentos en que el actor funde su derecho» y todos los documentos procesales que acrediten la capacidad, la representación y la legitimación, así como la copia o traslado del acto expreso recurrido y, en su caso, la indicación del órgano o dependencia a la que se atribuya una vía de hecho o una inactividad que constituya el objeto del proceso.

Es decir, la demanda se interpone con carácter previo al acceso al expediente administrativo completo. Dada su enorme importancia en esta clase de litigios, la ausencia de acceso al mismo debe suponer una relativización de las normas sobre la preclusión de alegaciones de hecho y de derecho y de aportación de fuentes de prueba preconstituidas.

4.2.3. Admisión a trámite de la demanda

Una vez interpuesta la demanda, el LAJ procederá a controlar de oficio la concurrencia de los presupuestos procesales y la ausencia de óbices procesales, así como la adecuación procedimental, admitiendo a trámite la demanda. Si considera que concurre alguna causa de inadmisión, dará traslado al Tribunal para que resuelva lo que proceda.

Si la demanda es admitida a trámite, el LAJ acordará el traslado de la misma a la parte demandada. Y es este el momento en el que se produce el divorcio entre dos procedimientos totalmente distintos, en función de si el actor solicita la celebración de la vista, o no.

4.3. PROCEDIMIENTO ABREVIADO «ORDINARIO» ORAL

4.3.1. Actuaciones previas a la celebración de la vista

Como regla general, admitida la demanda, el LAJ acordará el traslado a la Administración demandada (traslado que equivale a su personación) *(i)* citando *directamente* a las partes para la celebración de la vista y *(ii)* requiriendo a la Administración demandada que remita el expediente en soporte electrónico, con al menos quince días de antelación a la fecha señalada para que tenga lugar la vista.

Una vez recibido el expediente, el LAJ dará traslado de este al demandante y a los demás sujetos personados para que puedan efectuar alegaciones complementarias en el acto de la vista (art. 78.4 LRJCA).

Si en la demanda se hubiesen solicitado diligencias de preparación de la prueba a practicar en la vista —y he aquí una novedad introducida por la LOEP—, el LAJ deberá acordar lo que corresponda para posibilitar su práctica, sin perjuicio de que, finalmente, el tribunal inadmitiese la práctica del medio de prueba en el momento de su proposición formal.

4.3.2. La vista

El juez declarará abierta la vista si comparecen ambas partes o si compareciese sólo la parte actora, prosiguiéndose la vista en ausencia de la parte demandada. En cambio, si la parte actora no compareciera, se le tendrá por desistido, condenándole en costas.

La vista comenzará con la «exposición por el demandante de los fundamentos de lo que pida o ratificación de los expuestos en la demanda» (art. 78.6 LRJCA). Debe entenderse que es este el momento en el que opera de forma más estricta la regla de preclusión de alegaciones de hecho o de derecho: sólo en este momento el demandante está en condiciones de fijar con precisión la causa de pedir de su acción en atención al examen del expediente administrativo que ha podido efectuar.

A continuación, se procederá al saneamiento de vicios procesales: el demandado podrá alegar en el acto cuantas excepciones procesales estimase conveniente, alegando cualquier «hecho o circunstancia que pueda obstar a la válida prosecución y término del proceso mediante sentencia sobre el fondo» (art. 78.7 LRJCA), incluidas la falta de jurisdicción o competencia del tribunal y la inadecuación del procedimiento por razón de la cuantía[21].

21. RODRÍGUEZ, M. (nota 18), p. 9, señala que la contestación a la demanda oral en el acto de la vista es una merma de garantías para el demandante. Esta crítica es habitual en los

Tras dar audiencia al demandante sobre estas cuestiones, el tribunal decidirá lo que proceda en función del motivo alegado: *(i)* desestimar las excepciones formuladas y ordenar la continuación del proceso *(ii)* suspender la vista y emplazar al demandante para que subsane el defecto, de ser subsanable *(iii)* abstenerse de conocer el asunto en favor de otro tribunal o *(iv)* declarar la inadmisibilidad del recurso.

Si las excepciones procesales aducidas son desestimadas, el demandado podrá solicitar que conste en el acta su disconformidad. Del mismo modo puede proceder el demandante si el tribunal se abstuviese de conocer o archivase el asunto.

Un tratamiento procesal especial recibe la alegación de inadecuación del procedimiento por razón de la cuantía: en ese caso, el artículo 78.9 LRJCA prevé que el tribunal exhortará a las partes a alcanzar un acuerdo al respecto. En caso de no alcanzarse, será el tribunal el que determine la cuantía del proceso (para ello acudirá a las reglas de los arts. 40 ss. LRJCA), dando al proceso el curso procedimental adecuado (prosiguiendo por el cauce del abreviado u ordenando su transformación al procedimiento de primera o única instancia). Dicha decisión será irrecurrible.

De no haberse suscitado cuestiones procesales o de haberse desestimado todas las excepciones procesales alegadas, se abrirá un turno de palabra para que las partes se pronuncien sobre los hechos alegados, a fin de determinar si existe conformidad entre todas ellas sobre los mismos o, por el contrario, existen hechos controvertidos. Es, por tanto, el momento de delimitar la dimensión fáctica y jurídica de la controversia.

Si las partes se muestran plenamente conformes con los hechos alegados e introducidos en el debate, siendo, por tanto, una controversia meramente jurídica, los abogados de las partes podrán formular conclusiones y las propias partes, con la venia del tribunal, podrán exponer oralmente lo que consideren oportuno para su defensa, antes de dar por terminada la vista y proceder al dictado de la sentencia conforme a las reglas generales (que se expondrán posteriormente). Ahora bien, en este caso, si las partes renunciasen a formular conclusiones, el juez podrá dictar sentencia *in situ* y de forma oral, sin más dilación, salvo que alguna de las partes se opusiese. Si el juez estima la oposición, debe entenderse que dictará sentencia en el plazo de diez días desde la celebración de la vista. Si desestima la oposición, lo hará en la misma sentencia que dicte, antes de resolver el fondo el asunto, como cuestión de especial pronunciamiento.

---

procedimientos que prevén esta forma de proceder, como ya se demostró con las críticas que se efectuaron al juicio verbal originario de la LEC 2000.

En cambio, ante la existencia de hechos controvertidos, las partes procederán a proponer los medios de prueba útiles y pertinentes para fijar la certeza de los mismos, que serán admitidos o inadmitidos en el momento por el tribunal, practicándose seguidamente.

Frente a la resolución del tribunal que inadmita la práctica de un determinado medio de prueba o que admita fuentes de prueba cuya obtención se haya efectuado, bajo criterio de una de las partes, de forma ilícita, las partes tendrán la posibilidad de interponer recurso de reposición oral *in situ,* resolviéndose oralmente por el tribunal seguidamente.

Respecto del régimen de la prueba, el apartado 12 de este artículo establece que «los medios de prueba se practicarán en los juicios abreviados, en cuanto no sea incompatible con sus trámites, del modo previsto para el juicio ordinario». No obstante, en los siguientes apartados se establecen varias especialidades respecto del interrogatorio de parte, la prueba testifical y la prueba pericial.

Así, el interrogatorio de partes se efectuará verbalmente, inadmitiéndose que las preguntas se formulen mediante pliegos escritos.

En la misma línea, no se admitirán escritos de preguntas y repreguntas en la práctica de la prueba testifical. El tribunal, de forma similar a lo previsto en el art. 363 LEC, tendrá el poder de limitar el número de testigos cuando, a su juicio, fuesen excesivos y sus manifestaciones pudiesen constituir una mera reiteración sobre hechos que ya han sido debidamente esclarecidos. Además, no se permitirá la tacha de testigos, sin perjuicio de que las partes, en las conclusiones, puedan efectuar las observaciones que consideren oportunas sobre las circunstancias personales del testigo y sobre la falta de veracidad de sus afirmaciones.

Por último, se precisa que en la práctica de la prueba pericial no serán de aplicación las reglas generales sobre insaculación de peritos.

Una vez practicada la prueba y antes de dar por terminada la vista, las defensas letradas podrán formular conclusiones en las que efectuarán las alegaciones que estimen oportunas sobre la prueba practicada y sobre las normas aplicables al fondo del asunto. Acto seguido, las partes podrán, «con la venia del tribunal, exponer de palabra lo que crean oportuno para su defensa».

Con estas últimas actuaciones se pondrá fin a la vista, dejando concluso el pleito y visto para sentencia.

Una de las grandes novedades de esta reforma ha sido la introducción de la facultad discrecional del tribunal de dictar una sentencia *in voce* al concluir la vista, salvo en los casos en los que la parte comparezca sin abogado[22] (situación que puede darse cuando el litigio verse sobre cuestiones de personal). Cuando decida no hacer uso de esa facultad, el juez deberá dictar sentencia en el plazo de diez días desde la celebración de la vista.

Si la sentencia se dicta oralmente al concluir la vista, deberán estar presentes las partes, el juez deberá hacer mención expresa de las pretensiones de las partes, las pruebas propuestas, practicadas y los hechos probados gracias a ellas (siempre y cuando la controversia no sea meramente jurídica), así como las razones y los fundamentos legales del fallo que haya de dictarse, haciendo mención expresa a las normas jurídicas aplicables al caso. El fallo deberá *(i)* declarar la inadmisibilidad del recurso o *(ii)* enumerar las pretensiones de las partes, estimando o desestimando expresamente cada una de ellas, determinando también la cantidad objeto de la condena (si fuese el caso). En todo caso, la sentencia contendrá el pronunciamiento que corresponda respecto de las costas.

Igualmente, el juez deberá indicar si la sentencia es o no es firme, señalando el recurso que proceda frente a la misma, el plazo para su interposición y el órgano ante el cual debe interponerse. Si la sentencia fuese recurrible y todas las partes estuviesen presentes, o debidamente representadas, podrán expresar en el acto su intención de no recurrir la sentencia, declarándose la firmeza de la resolución. En caso contrario, se aplicará la siguiente especialidad: el plazo para recurrir la sentencia comenzará a correr desde la notificación de la sentencia escrita (no desde su dictado *in voce*), pero las partes tendrán la carga de presentar un escrito manifestando su intención de recurrirla con expresión de los pronunciamientos que se impugnarán en el plazo de cinco días *desde la celebración de la vista,* ante el mismo órgano que dictó la sentencia. De no hacerlo, se declarará la firmeza de la sentencia.

Debe notarse, pues, que aunque la sentencia se dicte *in voce*, habrá de ser objeto de ulterior redacción por el juez. Y, dado que no se han previsto especialidades en este punto —v.g., que el juez se remita a la grabación de la vista para la fundamentación—, hay que entender que se tratará de una sentencia ordinaria. Asimismo, es evidente que la redacción escrita de la sentencia ha de contener un fiel reflejo de los pronunciamientos formulados oralmente: no hay opción para rectificaciones o cambios de criterio. La finalidad del dictado de la sentencia de forma oral, por tanto, parece hallarse en buscar la declaración de firmeza.

Esta nueva norma se aplicará a los recursos contencioso-administrativos tramitados por el procedimiento abreviado en los que no se haya celebrado vista en el momento de la entrada en vigor de la ley (DT 9 LOEP).

22. El artículo 78.20 LRJCA se remite a los requisitos de forma establecidos en los apartados 3 y 4 del artículo 210 LEC. El artículo 210.3 LEC limita la posibilidad de dictar sentencias orales a los juicios verbales, siempre y cuando las partes acudan defendidas por abogado.

4.3.3. Crisis procesales y documentación de la vista

Si tras la admisión de un determinado medio de prueba, éste no pudiese practicarse en el momento, sin mala fe por parte de quien tuviera la carga de aportarla, el juez suspenderá la vista, debiendo el LAJ notificar el lugar, día y hora en que deba reanudarse.

Esta posibilidad podría darse, en nuestra opinión, en los siguientes supuestos: *(i)* cuando a la luz de las alegaciones de la parte demandada en la vista, se aduzcan hechos nuevos que resulten controvertidos y sobre los que la parte demandante solicita la práctica de medios de prueba personales o reales, pero a los que no tiene acceso en el momento de la vista; *(ii)* cuando, a pesar de la solicitud del demandante de diligencias de preparación de la prueba en su demanda, éstas no hubiesen sido debidamente ejecutadas por el LAJ, determinando la imposibilidad de practicar la prueba en el acto; *(iii)* cuando el demandado solicite la práctica de prueba que le ha sido imposible traer a la vista, sin mediar mala fe; *(iv)* cuando el tribunal acuerde de oficio la práctica de pruebas que estime pertinente para la más acertada decisión del asunto al amparo del artículo 61 LRJCA.

La vista se documentará mediante sistemas de grabación y reproducción de la imagen y el sonido en los términos generales previstos en los artículos 63 LRJCA y 147 LEC.

Si lo anterior no fuese posible, el LAJ deberá levantar acta escrita de la vista, en la que consignará todos los extremos señalados en el apartado 22 del artículo 78[23]. Al terminar la sesión, el LAJ leerá el acta, efectuará las rectificaciones que las partes reclamen y éste estime pertinentes, y deberá ser firmada por el juez, el LAJ, las partes, sus representantes y/o abogados y los peritos, en su caso.

4.4. PROCEDIMIENTO ABREVIADO SIN VISTA O ESCRITO

Este punto es en el que más incidencia tiene la reforma objeto de este comentario: el artículo 78.3 LRJCA ha sido modificado de tal forma que se ha consolidado definitivamente la posibilidad de tramitar el procedimiento abre-

23. «Si los mecanismos de garantía previstos en el apartado anterior no se pudiesen utilizar deberán consignarse en el acta los siguientes extremos: número y clase de procedimiento; lugar y fecha de celebración; tiempo de duración, asistentes al acto; alegaciones de las partes; resoluciones que adopte el juez, la jueza o el tribunal; así como las circunstancias e incidencias que no pudieran constar en aquel soporte. A esta acta se incorporarán los soportes de la grabación de las sesiones.
Cuando no se pudiesen utilizar los medios de registro por cualquier causa, el letrado o letrada de la Administración de Justicia extenderá acta de cada sesión, en la que se hará constar:
a) Lugar, fecha, juez o jueza que preside el acto, partes comparecientes, representantes, en su caso, y defensores que las asisten.

viado enteramente por escrito (aunque ya existía esa posibilidad antes de la reforma).

Si el actor solicitase mediante otrosí en su demanda que el asunto se resuelva sin necesidad de practicar prueba ni celebrar la vista, el LAJ al trasladar el escrito de demanda no citará a las partes a la vista, sino que emplazará a las partes demandadas para que contesten a la demanda por escrito en el plazo de veinte días, apercibiendo a la Administración de que no se admitirá la contestación si no va acompañada del expediente administrativo.

Ahora bien, caben dos comportamientos posibles de la parte demandada: *(i)* podrá solicitar dentro de los diez primeros días para contestar a la demanda que se celebre la vista o *(ii)* podrá contestar a la demanda.

4.4.1. Solicitud de vista por la parte demandada

En el régimen jurídico anterior a esta reforma, la parte demandada podía solicitar la celebración de vista sin justificación de ninguna clase y el LAJ se encontraba automáticamente vinculado por dicha solicitud, debiendo citar a las partes para la celebración de la vista, según las reglas generales que estructuraban este procedimiento.

No obstante, conforme al nuevo tenor del artículo, las partes demandadas tendrán la carga de solicitar la celebración de la vista dentro de los diez primeros días del plazo para contestar a la demanda, debiendo motivar diversos extremos

---

b) Breve resumen de las alegaciones de las partes, medios de prueba propuestos por ellas, declaración expresa de su pertinencia o impertinencia, razones de la denegación y protesta, en su caso.

c) En cuanto a las pruebas admitidas y practicadas:

1. Resumen suficiente de las de interrogatorio de parte y testifical.
2. Relación circunstanciada de los documentos presentados, o datos suficientes que permitan identificarlos, en el caso de que su excesivo número haga desaconsejable la citada relación.
3. Relación de las incidencias planteadas en el juicio respecto a la prueba documental.
4. Resumen suficiente de los informes periciales, así como también de la resolución del juez o la jueza en torno a las propuestas de recusación de los peritos.
5. Resumen de las declaraciones realizadas en la vista.

d) Conclusiones y peticiones concretas formuladas por las partes; en caso de que fueran de condena a cantidad, ésta deberá recogerse en el acta.

e) Declaración hecha por el juez o la jueza de conclusión de los autos, mandando traerlos a la vista para sentencia.

Las actas previstas en este apartado se extenderán por procedimientos informáticos, sin que puedan ser manuscritas más que en las ocasiones en que la sala en que se esté celebrando la actuación careciera de medios informáticos. En estos casos, al terminar la sesión el letrado o letrada de la Administración de Justicia leerá el acta, haciendo en ella las rectificaciones que las partes reclamen, si las estima procedentes. Esta acta se firmará por el letrado o letrada de la Administración de Justicia tras el juez, la jueza o el presidente o la presidenta, las partes, sus representantes o defensores y los peritos, en su caso».

en su solicitud y, he aquí lo más relevante, el tribunal decidirá discrecionalmente si accede a dicha petición o no, motivadamente claro está. En efecto, el precepto afirma que «las partes demandadas podrán solicitar que se celebre la vista, argumentando a tal fin en qué hechos existe disconformidad y qué medios de prueba, distintos de los ya obrantes en actuaciones, habrían de ser practicados para despejar esa disconformidad». A la luz de los argumentos ofrecidos por la parte, el juez acordará o rechazará la celebración de la vista mediante auto.

Si el auto acuerda la celebración de la vista, éste será irrecurrible y el LAJ citará a las partes a la celebración de la vista, siguiéndose el procedimiento en los términos expuestos. Si, por el contrario, el auto es de signo contrario, ordenará que se conteste a la demanda en el plazo que reste (la solicitud de vista suspende el plazo), siendo esta decisión susceptible de recurso de reposición que, entendemos, tiene efectos suspensivos sobre el plazo para contestar a la demanda.

Cabe plantearse hasta qué punto los criterios de los que depende la decisión del juez están suficientemente tasados en la ley y pueden dar base a un mínimo control posterior, en los casos en que realmente la vista debería haberse celebrado; de no ser así, estaríamos ante una decisión que, más allá de la apreciación discrecional, podría cruzar los umbrales del capricho, la comodidad, la conveniencia, tal vez la arbitrariedad.

4.4.2. Contestación a la demanda y tres posibles desenlaces: sentencia, turno de conclusiones escritas, posible convocatoria de oficio de la vista por parte del tribunal

Si la parte demandada no solicitase la celebración de vista, o su solicitud se hubiese visto rechazada, procederá a contestar a la demanda en los términos establecidos en el artículo 56 LRJCA.

Una vez contestada caben tres posibilidades: *(i)* la declaración por parte del LAJ de conclusión del pleito, quedando visto para sentencia *(ii)* la celebración de un turno de conclusiones escritas o *(iii)* la práctica de prueba acordada de oficio por el tribunal conforme a las potestades en materia probatoria que le confiere el artículo 61 LRJCA, debiéndose convocar la vista.

El primer supuesto es el destino final del trazado deseado por el legislador en esta suerte de procedimiento abreviado escrito: demanda escrita, contestación a la demanda escrita y sentencia. Ahora bien, si en la contestación a la demanda se alegasen excepciones procesales o causas de inadmisibilidad del recurso contencioso-administrativo, en aras de garantizar el derecho de audiencia del demandante y el principio de contradicción, debería abrirse el turno de conclusiones escritas de oficio, a pesar de que la norma no diga nada al respecto.

El segundo supuesto sólo se producirá si el actor lo hubiese solicitado en su demanda. Aunque la redacción del artículo sea ambiguo, puesto que parece que este turno de conclusiones sólo puede producirse si la parte demandada hubiese solicitado la celebración de una vista y esta petición hubiese sido rechazada, debemos entender que este trámite de conclusiones, por plazo de cinco días sucesivos, está destinado a garantizar los principios de audiencia y contradicción, permitiendo que la parte actora pueda pronunciarse sobre las alegaciones efectuadas por la parte demandada en su contestación de la demanda, o efectuar alegaciones complementarias a la luz del expediente administrativo aportado por la misma. Así, es carga del demandante desde un inicio prever si le resultará útil o no solicitar este turno de conclusiones en los supuestos en los que desee que no se celebre la vista. No obstante, creemos que el tribunal también puede acordar de oficio emplazar a las partes para que formulen conclusiones cuando las circunstancias del asunto así lo requieran para un mejor ejercicio de los derechos de defensa.

Finalmente, el último supuesto debe interpretarse como la celebración de la vista regulada en los siguientes apartados del artículo 78. En este caso, el tribunal podrá acordar de oficio la práctica de pruebas personales si a la luz de las alegaciones de las partes lo tribunal considerase necesaria para poder resolver la controversia de forma justa.

5. LA RESOLUCIÓN AUTOCOMPOSITIVA DE CONTROVERSIAS JURÍDICAS EN MATERIA ADMINISTRATIVA Y LA EVITACIÓN DEL PROCESO CONTENCIOSO-ADMINISTRATIVO

5.1. CONSIDERACIONES INTRODUCTORIAS

La imagen clásica que se proyecta del Derecho administrativo y de la actuación de la Administración hace comparecer inmediatamente ideas como la vinculación positiva al ordenamiento de la Administración, el ejercicio de potestades regladas, la defensa del interés público y general, las prerrogativas de autotutela declarativa y ejecutiva, la presunción de validez del acto administrativo, etc. Dentro de ese ecosistema, no es extraño que se haya considerado tradicionalmente, y aún hoy en día, que la transacción y la negociación son fenómenos completamente ajenos y exóticos a esta parcela del Derecho: una *rara avis,* un cuerpo extraño. Las posiciones en torno a su expansión son del todo opuestas: hay quien se manifiesta explícitamente por su desarrollo y generalización en aras de la *buena administración*, la transparencia, la flexibilidad, la cercanía del Estado con el ciudadano, supuestamente propia de la sociedad del siglo XXI, y la superación de «la frialdad puramente analítica y objetiva del acto o la resolución administrativa» [24]; hay quien, por el contrario, identifica que, de no acotarse y disciplinarse con severidad, estamos prácticamente ante un elemento cance-

24. MARTIN DIZ, F., *Mediación en el ámbito contencioso-administrativo,* Thomson Reuteurs-Aranzadi, Cizur Menor, 2018, p. 27.

rígeno dispuesto a carcomer por dentro los fundamentos de la actuación de la Administración de un Estado de Derecho, en detrimento de la legalidad (y la autonomía colectiva y democrática que expresa) dando respuestas injustamente desiguales[25].

Al margen de mi opinión personal e ideológica sobre el asunto, que se inclina más hacia la segunda posición (aunque, ni tanto ni tan poco), debe señalarse que el fenómeno no es nuevo. De entrada, debe advertirse que en los años noventa el legislador decidió dar un impulso a esta posibilidad tanto en las normas reguladoras de la actuación administrativa, como en las normas del proceso contencioso-administrativo[26]. De hecho, en esa ventana temporal, se buscó promover la solución consensuada de litigios con las Administraciones públicas desde instancias supranacionales: ejemplo de ello es la Recomendación del Consejo de Europa, Rec(2001)9 de 5 de septiembre de 2001 sobre alternativas a la litigación entre autoridades administrativas y particulares o la creación del sistema *Solvit* en el marco de la Unión Europea[27]. Aproximadamente tres décadas después, se presiente que el legislador quiere dar un nuevo impulso y avance en esa misma dirección, pero que, sencillamente, no ha considerado oportuno efectuarlo en este preciso momento. Tal y como se ha apuntado en la introducción, el legislador ha conminado al gobierno a que prepare un proyecto de ley en el futuro próximo sobre la introducción de métodos autocompositivos de solución de controversias en materia administrativa y en la regulación del derecho procesal contencioso-administrativo. El legislador motiva así el haberse abstenido de regular la cuestión en esta norma en su exposición de motivos:

> «ello a la espera de la futura regulación de estos mismos medios adecuados de solución de controversias en el ámbito administrativo y en el orden jurisdiccional contencioso-administrativo, lo que requiere de un instrumento legislativo propio y diferenciado. En efecto, el interés general que subyace en la intervención de todas las entidades del sector público, así como el carácter público de la financiación que soporta su funcionamiento, la sumisión al estricto principio de legalidad por exigencia del artículo 103 de la Constitución y la autotutela declarativa y ejecutiva de los actos administrativos determina la imposibilidad de que los medios adecuados de solución de controversias reciban un tratamiento legislativo asimilable al que se contiene en esta ley para los asuntos civiles y mercantiles».

La regulación de los MASC en el ámbito civil y mercantil operada en esta reforma pretende fundamentalmente alcanzar dos finalidades: en primer lugar, quiere crear (artificialmente y a la fuerza) una «cultura» de la negociación y de

25. Véase al respecto el interesantísimo trabajo de ESTEVE PARDO, J., *El camino a la desigualdad. Del imperio de la ley a la expansión del contrato,* Marcial Pons, Madrid, 2023.
26. SANTAMARÍA PASTOR, J. A., *La ley reguladora de la jurisdicción contencioso-administrativa. Comentario,* Iustel, Madrid, 2010, pp. 768-769.
27. Sobre *Solvit* pueden leerse las consideraciones incluidas en GASCÓN INCHAUSTI, F., «La e-Justicia en la Unión-Europea: balance de situación y planes para el futuro (en diciembre de 2009)», en SENÉS MONTILLA, C. (Dir.), *Presente y futuro de la E-Justicia en España y la Unión Europea,* Aranzadi, Cizur Menor, 2010, pp. 83-125.

la «concordia» en la sociedad española, de tal forma que la transacción sea socialmente percibida como la primera y más deseable forma de solucionar controversias jurídicas, arrojando a los tribunales y al poder estatal de justicia a un rol socio-jurídico de *ultima ratio*. En segundo lugar, la reforma busca reducir el volumen de litigios conocidos y resueltos por los tribunales de justicia ante la aparente incapacidad de asumirlos todos de forma apropiada y adecuada (¿será capaz de absorber el sistema plural de MASC todos esos litigios?), obligando a un eventual demandante a que intente llegar a un acuerdo en vía extrajudicial con el posible demandado y permitiendo que el demandado haya tenido ya una oportunidad de pronunciarse sobre la controversia antes de adquirir dicha condición.

Es previsible que, en la posible reforma del futuro inmediato de los MASC en sede administrativa y contencioso-administrativa, se opte por una regulación que persiga idénticas finalidades. Sin embargo, éstas podrían acabar produciendo mutaciones más profundas referidas a la forma de actuar de la Administración y a la misión específica de la justicia administrativa. Así, se reforzaría una forma atomizada o desagregada de actuar de la Administración centrada en la negociación. El juez contencioso-administrativo, tras haber conquistado no hace tanto, por fin, «la obligación de tutelar en su plenitud ese espacio de libertad que el ciudadano contemporáneo ha conquistado definitivamente y sólo desde el cual puede ser capaz de construir y proteger una vida personal plenaria[28]», dando vida a la misión constitucional de juzgar y hacer ejecutar lo juzgado, *con la ley en la mano*, pasará a ser el amigable componedor de intereses entre justiciable y Administraciones públicas, ejerciendo las veces de «notario homologador».

En este sentido, se estima pertinente ofrecer al lector una sintética panorámica del estado de la cuestión actual en materia administrativa y contencioso-administrativa que examine los instrumentos ya existentes destinados a obtener las anteriores finalidades: es decir, por una parte, procederemos a efectuar una breve revisión de la capacidad de transigir de las Administraciones públicas en relaciones jurídicas sometidas a derecho administrativo, fuera y dentro del proceso[29]; por otra, resaltaremos las diversas técnicas de evitación del proceso recogidas en nuestro ordenamiento jurídico.

---

28. GARCÍA DE ENTERRÍA, E., *Las transformaciones de la justicia administrativa: de excepción singular a la plenitud jurisdiccional. ¿Un cambio de paradigma?*, Thomson-Civitas, Cizur Menor, 2007, p. 146.

29. Pueden leerse, como complemento, los siguientes textos que ya datan de hace tiempo: GONZÁLEZ PÉREZ, J., «La transacción en el proyecto de ley de la jurisdicción contencioso-administrativa», *Revista de Administración Pública*, 1998-145, pp. 7-28; PALMA FERNÁNDEZ, J. L., «El contrato de transacción y las administraciones públicas. La doctrina del Consejo de Estado», *Revista de Administración Pública*, n.º 169, 2006, pp. 337-351. Más recientemente también se han publicado, al margen del resto de obras citadas, ROJAS POZO, C., «La mediación administrativa», *Icade: Revista de la Facultad de Derecho*, 2016-98,

5.2. LA TRANSACCIÓN CON LAS ADMINISTRACIONES PÚBLICAS COMO FORMA DE SOLUCIÓN DE CONTROVERSIAS *FUERA* Y *DENTRO* DEL PROCESO

El artículo 2 de la norma objeto de este comentario define los *medios adecuados de solución de controversias como* cualquier tipo de actividad negociadora, reconocida legalmente, a la que las partes de un conflicto acuden de buena fe con el objeto de encontrar una solución extrajudicial al mismo, ya sea por sí mismas o con la intervención de un tercero neutral. Esto es, un MASC es cualquier procedimiento legalmente reconocido que permita la celebración de un contrato de transacción o una transacción recogida en otro negocio jurídico con un régimen jurídico específico (*v.g.,* la avenencia en una conciliación ante el LAJ o el acuerdo de mediación).

Recuérdese: el contrato de transacción es un negocio jurídico que se encuentra definido en el artículo 1809 del Código Civil, que dispone lo siguiente: «la transacción es un contrato por el cual las partes, dando, prometiendo o reteniendo cada uno alguna cosa, evitan la provocación de un pleito o ponen término al que había comenzado». El contrato de transacción es un contrato que presupone la existencia de una controversia jurídica (no así una controversia meroeconómica o un conflicto de intereses [30]) entre los sujetos de éste y la voluntad de estos de poner fin al conflicto a través de recíprocas concesiones.

5.2.1. El contrato de transacción y las Administraciones públicas

Como punto de partida, de la mano de la doctrina del Consejo de Estado, debe aceptarse sin miramientos que la transacción es una figura admitida en el ámbito de las relaciones jurídicas de esta naturaleza[31]. El Consejo de Estado señala que deben concurrir tres circunstancias para poder acudir a esta institución[32].

La primera circunstancia, o presupuesto, es la existencia de una relación jurídica incierta, dudosa o controvertida o que, al menos, deba ser tenida por tal por los sujetos en controversia, que potencialmente pueda desembocar en un litigio ante los tribunales. Debe darse un razonable grado de riesgo o incertidumbre, que podría provenir, en su opinión, de «muy variados motivos», entre los cuales se hallan «la dificultad de fijar los hechos en sí mismos», «la debilidad

pp. 183-200; GAMERO CASADO, E., «Mediación intrajudicial en el contencioso-administrativo», en LÓPEZ RAMÓN, F. (Coord.), *20 años de la Ley de lo Contencioso-administrativo: actas del XIV Congreso de la Asociación Española de Profesores de Derecho Administrativo. Murcia, 8-9 de febrero de 2019,* Instituto Nacional de Administración Pública, Madrid, 2019, pp. 463-476.

30. TAMAYO HAYA, S., «Artículo 1809», en CAÑIZARES LASO, A. (ed.), *Comentarios al Código civil,* Tirant lo Blanch, Valencia, 2023, p. 7993.
31. Dictamen del Consejo de Estado (Pleno) 784/2022 de 30 de junio de 2022, II.2.
32. Dictamen del Consejo de Estado (Pleno) 784/2022 de 30 de junio de 2022, II.3.

de los fundamentos jurídicos oponibles» o «la conveniencia para el interés público de llegar a una transacción»[33].

En segundo lugar, debe existir la voluntad de las partes de superar o eliminar esa controversia o incertidumbre, estableciendo una situación cierta a través del acuerdo de transacción que termine por darle fin.

Finalmente, debe ser posible el otorgamiento por las partes de recíprocas concesiones. La doctrina civilista ha sido perspicaz al identificar que éstas no deben ser necesariamente patrimoniales ni equivalentes entre las partes[34]. En este sentido pueden categorizarse las transacciones en *puras*, aquellas que se materializan «en una renuncia mutua de pretensiones» o *complejas*, «mediante un reconocimiento complementario de la pretensión contraria a cambio de cosas o derechos extraños al litigio»[35].

Como puede intuirse, el principal problema al respecto de la posibilidad de celebrar acuerdos transaccionales por parte de la Administración pública reside justamente en esta última circunstancia: ¿de qué puede disponer la Administración pública y cómo? ¿Puede obligarse a algo libérrimamente? ¿Puede renunciar a derechos o enajenar bienes en cualquier caso y de cualquier manera? Sin duda, el ámbito material de las transacciones que puede celebrar la Administración no es ilimitado y, como veremos, en los casos en los que se permite, se exigen procedimientos y solemnidades que entorpecen las posibilidades de alcanzar este tipo de acuerdos.

5.2.2. ¿Qué puede ser objeto de transacción?

El *quid* de la cuestión reside, en definitiva, en determinar qué materias son susceptibles de ser transigidas en términos generales, al margen de los concretos procedimientos que deban seguirse para su adopción.

La frontera negativa (es decir, aquello que no puede ser objeto de transacción) puede determinarse de una lectura conjunta de los artículos 86 de la Ley 39/2015, de 1 de octubre, del Procedimiento Administrativo Común de las Administraciones Públicas (en adelante, LPAC), relativo a la terminación convencional de los procedimientos administrativos, y 77 LRJCA, relativo a la conciliación judicial y las transacciones en el seno de un proceso contencioso-administrativo. No será válida una transacción en la que el *objeto* de ésta recaiga sobre derechos y bienes indisponibles de la Administración. Por ejemplo, un acuerdo de transacción no puede concluir con la enajenación o transmisión de un bien

33. Dictamen del Consejo de Estado (Pleno) 929/97 de 10 de julio de 1997.
34. TAMAYO CARMONA, J. A., «Transacción, convenio arbitral y acuerdo de mediación», en VERDA Y BEAMONTE, J. R., *Derecho civil II,* 2.ª ed., Tirant Lo Blanch, Valencia, 2013, p. 530 y TAMAYO, S. (nota 30), p. 7993.
35. S. TAMAYO (nota 30), p. 7993.

de dominio público (art. 30.1 LPAP y 132.1 CE). Además, el acuerdo no puede producir un resultado contrario al ordenamiento jurídico: esto no deja de ser una manifestación del principio de vinculación positiva a la ley y al Derecho de la Administración consagrado en el artículo 103.1 CE. La Administración no puede actuar «con un poder ajurídico y libre»[36]: es más, «el Derecho no es para la Administración una linde externa que señale hacia fuera una zona de prohibición y dentro de la cual pueda ella producirse con su sola libertad y arbitrio»[37]. De esta forma la concesión recíproca de pretensiones debe corresponder con una solución *pre*vista por el ordenamiento[38] y no puede, por meros criterios de oportunidad, incluir opciones que no se encuentran contempladas en una norma, máxime si una solución distinta se encuentra ya predispuesta en normas legales o reglamentarias. Pero no sólo debe respetar los mandatos normativos a los que se encuentra vinculada la Administración, sino que el acuerdo debe tener como *causa*[39] satisfacer el interés público que tiene encomendado perseguir la Administración pública que celebra el acuerdo. Por último, para que, en términos generales, una transacción en estos casos sea válida, no puede efectuarse en perjuicio de los derechos e intereses legítimos de un tercero.

Partiendo de estos límites, la doctrina[40] ha considerado que la transacción resultaba posible en los siguientes casos: en primer lugar, ahí donde la Administración esté ejerciendo una potestad discrecional y pueda, por tanto, escoger entre distintas soluciones legítimas y un cierto margen de negociación sea posible si se podía obtener una solución diferente. En segundo lugar, en las situa-

36. GARCÍA DE ENTERRÍA, E. y FERNÁNDEZ, T-R., *Curso de derecho administrativo. I.*, 13.ª ed., Thomson-Civitas, Cizur Menor, 2006, p. 446.
37. GARCÍA DE ENTERRÍA, E. y FERNÁNDEZ, T-R. (nota 36), p. 446.
38. Algunas normas contemplan expresamente la posibilidad de alcanzar un acuerdo transaccional y las concretas pretensiones de las que pueden disponerse. Así, por ejemplo, el artículo 24 de la Ley de 16 de diciembre de 1954 sobre expropiación forzosa permite la celebración de un convenio de adquisición de los bienes o derechos objeto de expropiación («la adquisición amistosa») y el artículo 34.4 de la Ley 40/2015 de Régimen Jurídico del Sector Público, por su parte, permite que la Administración alcance un acuerdo con el solicitante de una indemnización de daños y perjuicios por responsabilidad patrimonial del Estado a fin de sustituir la indemnización pecuniaria por una compensación en especie o para que la indemnización sea abonada mediante pagos periódicos, cuando resulte más adecuado para lograr la reparación debida y convenga al interés público. En este último sector, voces de la doctrina han hecho apología de la mediación como un método de resolución de controversias, véase a este respecto, BELANDO GARÍN, B., «La mediación en supuestos de responsabilidad administrativa», *Diario La Ley,* 2015-8666.
39. DIEZ-PICAZO, L., señala que el problema de la causa de un contrato es «el problema de un control social, o si se prefiere, un control por el ordenamiento jurídico de la autonomía privada. (...) Las partes (...) no se obligan porque quieran obligarse, es preciso que, al hacerlo, den cauce a intereses que el ordenamiento jurídico considere como legítimos y que los resultados que buscan establecer lo sean también desde el punto de vista del ordenamiento jurídico». DIEZ-PICAZO, L., *Fundamentos del derecho civil patrimonial I. Introducción. Teoría del contrato,* 6.ª ed., Thomson-Civitas, Cizur Menor, 2007, p. 275.
40. SANTAMARÍA, J. A. (nota 26), pp. 771-772; J. GONZÁLEZ (nota 5), p. 818; F. MARTIN (nota 24), p. 68.

ciones en las que el conflicto verse sobre cantidades pecuniarias que deban fijarse mediante criterios aproximativos o, incluso, que deban fijarse de forma precisa y siguiendo potestades regladas[41]. Es más, la propia redacción del artículo 77 LRJCA invita a pensar que el ámbito natural de las transacciones con la Administración es en los litigios relativos a reclamaciones de cantidad («el Juez (...) podrá someter (...) la posibilidad de alcanzar un acuerdo que ponga fin a la controversia, cuando el juicio se promueva sobre materias susceptible de transacción *y, en particular, cuando verse sobre estimación de cantidad*»).

Al margen de la doctrina académica, a raíz de la elaboración de experiencias piloto de mediación intrajudicial en el orden contencioso-administrativo de los últimos años, sobre las que diremos algo posteriormente, el Tribunal Superior de Justicia de Madrid elaboró una tipología de asuntos susceptibles de ser transados. Es interesante citarlo en su integridad, a pesar de su longitud:

> «A) ÁMBITO FORMAL. — En los supuestos en que el ordenamiento jurídico permite la transacción. — En los supuestos en que el ordenamiento jurídico admita la terminación convencional del procedimiento administrativo (artículo 86 de la Ley 39/2015). — En los supuestos para los cuales el ordenamiento jurídico prevea procedimientos compositivos impugnatorios y sustitutivos de la vía del recurso administrativo al amparo del artículo 112.2 de la Ley 39/2015. — Respecto al ejercicio de potestades discrecionales de la Administración o de aquellas otras donde la existencia de conceptos jurídicos indeterminados o de facultades caracterizadas por la llamada "discrecionalidad técnica" administrativa otorgan cierto margen de apreciación a las Administraciones Públicas. — En la fijación de hechos controvertidos en las potestades regladas o que son presupuesto de aplicación de normas jurídicas. Especialmente cuando puedan ejercitarse potestades de rectificación de errores materiales en los términos establecidos en los artículos 109 y 110 de la ley 39/2015.
>
> B) ÁMBITO MATERIAL. — La fijación de la cuantía de indemnizaciones, justiprecios, compensaciones o rescates. — Legislación urbanística, medio ambiente y ordenación del territorio, así como la concreción de magnitudes, parámetros y estándares en la aplicación de dicha legislación. — Actividades molestas, insalubres, nocivas y peligrosas. — La inactividad de la administración, la vía de hecho y el silencio administrativo. — La ejecución de medidas en la potestad disciplinaria y sancionadora de la Administración. — Ejecución de sentencias. — Función Pública. — Recaudación ejecutiva por vía de apremio de tributos o ingresos de derecho público cuando el deudor haya sido declarado en concurso
>
> C) TIPOLOGÍA DE ASUNTOS. — Asuntos sustancialmente iguales a otros que ya han sido tratados en otros procesos sustanciados en el órgano judicial o Tribunal y que han dado lugar a la estimación o desestimación del recurso. — Asuntos en los que pueda apreciarse dificultad de grado para conocer las pretensiones que se diriman en el proceso por existir cuestiones prejudiciales, colaterales o incidentales al proceso. — Asuntos cuya discrecionalidad en la decisión adminis-

41. GONZÁLEZ, J. (nota 5), p. 822.

trativa permite a través de la mediación realizar una valoración más adecuada del acto administrativo que se impugna en la medida en que se pueda buscar otra alternativa de entre las legalmente posibles. — Asuntos en los que deban concretarse conceptos jurídicos indeterminados o se actúe en ejercicio de funciones administrativas caracterizadas por la "discrecionalidad técnica". — Supuesto de imposibilidad de ejecución de sentencia y determinación de la indemnización sustitutoria y aquellos asuntos de ejecución de sentencia donde el restablecimiento de la situación jurídica individualizada, reconocida en la sentencia, permita varias soluciones legales. — Supuestos de ejecución de sentencias que condenan al pago de cantidad líquida cuando las dificultades para hacer frente a tal condena justifican el aplazamiento de cumplimiento de la obligación o su sustitución por otras fórmulas resarcitorias. — Asuntos en los que, como consecuencia del "*petitum*", se evidencie que una estimación de la sentencia no satisface el derecho del ciudadano al no resultar posible su eventual ejecución. — Asuntos relacionados con la inactividad administrativa y en especial, con la desestimación presunta y el silencio administrativo positivo o negativo. — Supuestos de extensión de efectos de una sentencia firme a otros interesados que se encontrasen en idéntica situación jurídica que los favorecidos por el fallo (art. 110 LRJCA). — Supuestos relativos al llamado "procedimiento testigo", por el cual se tramita un solo procedimiento con carácter preferente dejando en suspenso la tramitación de los demás, previa audiencia de las partes, y extendiendo el resultado del mismo a todos los restantes (art. 111 LRJCA). — Cuando un inicial análisis jurídico de la viabilidad de las pretensiones en conflicto evidencia ya la fundada sostenibilidad de alguna de ellas. La mediación contencioso-administrativa no será compatible con el procedimiento para la protección de los derechos fundamentales de la persona, al que se refieren los artículos 114 y siguientes de la Ley Jurisdiccional. Tampoco podrá actuar en materia electoral ni en aquella que se derive de un recurso contencioso-administrativo contra disposiciones de carácter general»[42].

5.2.3. Base normativa común que legitima la actividad negociadora de la Administración

Sin ningún ánimo de exhaustividad, se considera necesario reseñar cuáles son las principales normas que dan sostén normativo a la actividad negociadora de la Administración y a la posibilidad de alcanzar acuerdos transaccionales tras la celebración de un MASC con otra parte.

Para comenzar deben ponerse de relieve dos normas de la LPAC. La primera, el artículo 86 ya mencionado, da una base legal genérica a la actividad negociadora de la Administración (el contrato de transacción es sólo una especie dentro del género de los negocios jurídicos consensuales):

«1. Las Administraciones Públicas podrán celebrar acuerdos, pactos, convenios o contratos con personas tanto de Derecho público como privado, siempre que no sean contrarios al ordenamiento jurídico ni versen sobre materias no sus-

42. TSJM, *Protocolo de infraestructura organizativa de la mediación conectada a los juzgados y tribunales de la jurisdicción contencioso-administrativa en el ámbito del Tribunal Superior de Justicia de Madrid,* pp. 9-10.

ceptibles de transacción y tengan por objeto satisfacer el interés público que tienen encomendado, con el alcance, efectos y régimen jurídico específico que, en su caso, prevea la disposición que lo regule, pudiendo tales actos tener la consideración de finalizadores de los procedimientos administrativos o insertarse en los mismos con carácter previo, vinculante o no, a la resolución que les ponga fin».

En segundo lugar, debe destacarse el artículo 112.2 LPAC, relativo a la posibilidad de sustituir legalmente los recursos de alzada y potestativo de reposición administrativos por «otros procedimientos de impugnación, reclamación, conciliación, mediación y arbitraje». Esta sustitución legal de los mecanismos de impugnación de los actos administrativos *en sede administrativa* por otros métodos alternativos de resolución de controversias, entre los que se incluyen algunas formas autocompositivas que presuponen la posibilidad de alcanzar un acuerdo de transacción, sólo podrá efectuarse «en supuestos o ámbitos sectoriales determinados» y deberá respetar «los principios, garantías y plazos que la presente Ley reconoce a las personas y a los interesados en todo procedimiento administrativo». Precísese que no todos los medios alternativos de resolución de controversias enumerados desembocan en un acuerdo de transacción.

El artículo 45 del Estatuto Básico del Empleado Público también da base legal a mecanismos de solución extrajudicial autocompositivos en caso de conflictos colectivos.

Por último, la norma procesal contencioso-administrativa también reconoce la posibilidad de alcanzar transacciones que pongan fin a la controversia una vez iniciado el proceso en su artículo 77. Este precepto reconoce tanto la posibilidad de una conciliación judicial, *de oficio o a instancia de parte, que* desemboque en un acuerdo transaccional producido en el seno del proceso y con la asistencia del juez, como la homologación judicial de un acuerdo alcanzado fuera del mismo, estando pendiente de resolución el asunto (art. 77.3). Tanto en un caso como en otro, los representantes de las Administraciones públicas demandadas necesitan la autorización oportuna para llevar a cabo la transacción, de acuerdo con las normas que regulan la disposición de la acción por parte de estas.

En el contexto de la Administración General del Estado deben recordarse los artículos 7.3 de la Ley General Presupuestaria y 31 de la Ley del Patrimonio de las Administraciones Públicas que regulan el procedimiento y las solemnidades que deben respetarse para alcanzar transacciones judiciales o extrajudiciales sobre los derechos de la Hacienda Pública estatal y sobre los bienes y derechos del Patrimonio del Estado: en ambos casos se exige que, con carácter previo a la perfección del contrato de transacción, exista un acuerdo previo mediante real decreto del Consejo de Ministros (en el segundo caso, previa proposición del Ministro de Hacienda) que deberá haber ido precedido por un dictamen del Consejo de Estado, reunido en pleno.

Los dos acuerdos transaccionales más recientes aprobados por el Consejo de Ministros son:

— El Real Decreto 795/2022, de 27 de septiembre, por el que se autoriza a la Entidad Pública Empresarial Administrador de Infraestructuras Ferroviarias (ADIF) la formalización de un acuerdo de carácter transaccional en relación con la titularidad de una determinada parcela en el ámbito del Sector A.P.E. 05.31 «Centro de Negocios» del Plan General de Ordenación Urbana de Madrid.

— El Real Decreto 605/2019, de 18 de octubre, por el que se autoriza el acuerdo transaccional entre el Ministerio de Fomento, la Comunidad Autónoma de Canarias, el Cabildo Insular de Tenerife y el Ayuntamiento de San Cristóbal de La Laguna, en relación a la conclusión de las obras y actuaciones de reposición y reurbanización de la Urbanización «Las Chumberas» en San Cristóbal de la Laguna.

5.2.4. Proyectos piloto de mediación administrativa y de mediación intrajudicial

La LOEP exige al gobierno que en la preparación de su proyecto de ley sobre MASC en materia administrativa tenga en cuenta las experiencias piloto y experimentales que se han venido desarrollando a lo largo de nuestro país sobre mediación administrativa y mediación intrajudicial. Reseñemos algunas de estas experiencias.

Se puede destacar la experiencia de la ciudad de Madrid, a modo de ejemplo de mediación administrativa. El ayuntamiento de la capital creó una Unidad de Mediación Administrativa de tipo experimental que estuvo en marcha a finales del 2017 y a lo largo del 2018[43], que, por sus buenos resultados, desembocó en el Acuerdo de 29 de junio de 2023 de la Junta de Gobierno de la Ciudad de Madrid por el que se crea la Oficina de Mediación[44], tras haber reconocido la posibilidad de utilizar la mediación administrativa en el artículo 57 de la Ordenanza 4/2021, de 30 de marzo, de Calidad del Aire y Sostenibilidad[45] y en el artículo 70 de la Ordenanza 6/2022, de 26 de abril, de Licencia y Declaraciones Responsables

43. CHAMORRO OTER, M., «La mediación intrajudicial en el proceso contencioso-administrativo», *Revista jurídica de la Comunidad de Madrid,* 2019, p. 6. En el siguiente enlace se puede localizar el comunicado del Ayuntamiento sobre la experiencia piloto: *El Ayuntamiento de Madrid, pionero en la creación de una Unidad de Mediación Administrativa* (última visita: 19 de febrero de 2025).

44. Véase la ficha informativa del ayuntamiento en el siguiente enlace: https://sede.madrid.es/FWProjects/tramites/BuenasPracticas/Fichas/2023/Ficheros/CBP_2_2023_.pdf (última visita: 19 de febrero de 2025).

45. Este es el tenor literal de sus apartados terceros y siguientes: «3. Para la determinación de una solución alternativa en los términos previstos en el artículo 6, así como para determinar el cumplimiento y la ejecución de las medidas exigibles podrá acudirse a la mediación administrativa con el fin de llegar a acuerdos entre las partes interesadas, que podrán incorporarse a la resolución que ponga fin al procedimiento produciendo su terminación convencional, en los términos de la legislación de procedimiento administrativo. 4. Cuando se inicie

Urbanísticas del Ayuntamiento de Madrid[46]. Posteriormente se aprobó el Acuerdo de 25 de enero de 2024, de la Junta de Gobierno, por el que se adoptan las directrices para la gestión de los procesos de mediación y la coordinación de métodos alternativos de solución de conflictos en el Ayuntamiento de Madrid, estableciendo los principios y criterios de actuación del proceso de mediación administrativa, de la mediación entre particulares y de la coordinación de métodos alternativos de solución de conflictos[47].

Saliendo del ámbito estrictamente administrativo y volviendo al foro, en la última década han proliferado experiencias piloto en los tribunales de nuestro país al amparo de normas *paralegales, que* Loïc CADIET denominó al describir el fenómeno en Francia como «acuerdos colectivos», es decir, «protocolos de procedimientos concluidos entre las jurisdicciones y las profesiones judiciales que son muestras atípicas de convenciones colectivas de procedimiento»[48]. Puede localizarse una buena reseña de las experiencias piloto en el texto de Eduardo GAMERO CASADO sobre mediación intrajudicial en el contencioso-administrativo, principal fuente para la brevísima reseña que se incluye a continuación[49].

---

un proceso de mediación administrativa, tras la declaración formal de su inicio por el órgano competente para resolver el procedimiento de restablecimiento de la legalidad, este se suspenderá hasta la conclusión de la mediación, con o sin acuerdo. Concluido el proceso sin alcanzar un acuerdo, se resolverá el procedimiento. 5. Los acuerdos de mediación administrativa tendrán por objeto minimizar o evitar las molestias producidas por los emisores, no podrán afectar al interés general ni ser contrarios al ordenamiento jurídico. En particular, no podrá ser objeto de transacción la existencia misma de los hechos que infringen la normativa ambiental y no será posible el reconocimiento pactado de responsabilidad del infractor. 6. Los acuerdos de mediación administrativa vincularán a las partes interesadas una vez que se incorporen a la resolución. El incumplimiento del acuerdo de mediación administrativa se considerará incumplimiento de la resolución administrativa que lo incorpore».

46. Este es el tenor literal del precepto: «1. Para garantizar el restablecimiento de la legalidad urbanística vulnerada, en los procedimientos de subsanación de deficiencias regulados en los artículos 67 y 68, el Ayuntamiento podrá poner a disposición de los interesados la posibilidad de acudir a la mediación administrativa. 2. Los acuerdos de mediación administrativa tendrán por objeto minimizar o evitar las molestias producidas por las actuaciones urbanísticas. No podrán afectar al interés general, ni suponer la legalización de elementos, instalaciones u obras contrarias al ordenamiento jurídico, legalización que únicamente se producirá cuando la actuación urbanística esté amparada por licencia o declaración responsable. En particular, no podrá ser objeto de transacción la existencia misma de los hechos que infringen la normativa urbanística y ambiental y no será posible el reconocimiento pactado de responsabilidad del infractor. 3. Los acuerdos de mediación vincularán a las partes interesadas una vez que se incorporen a la resolución que ponga fin al procedimiento de restablecimiento de la legalidad. El incumplimiento del acuerdo de mediación tendrá la consideración de incumplimiento de la resolución administrativa que lo incorpore».

47. Aquí puede localizarse el texto completo del acuerdo: https://sede.madrid.es/FrameWork/generacionPDF/ANM2024_32.pdf?idNormativa=82850b27b62de810VgnVCM1000001d4a900aRCRD&;nombreFichero=ANM2024_32&cacheKey=66 (última visita: 19 de febrero de 2025).

48. CADIET, L., «Los acuerdos procesales en derecho francés: situación actual de la contractualización del proceso y de la justicia en Francia», *Civil Procedure Review,* 2012-3, p. 30.

49. GAMERO, E. (nota 29).

Salvo error por nuestra parte, el primer antecedente en esta materia fue el proyecto piloto llevado a cabo en los Juzgados de lo contencioso-administrativo número 2 y 3 de las Palmas de Gran Canaria, tras la celebración de un Convenio marco y un Acuerdo vinculado de colaboración entre la Fundación Valsaín y el CGPJ para la mediación intrajudicial en la jurisdicción contencioso-administrativa con fecha de 30 de abril de 2013. Posteriormente, el experimento se replicó en la Sala de lo Contencioso-administrativo del Tribunal Superior de Justicia de Murcia, tras la aprobación de un protocolo por parte de la sala de gobierno en el año 2016. Igualmente, el CGPJ celebró un convenio con el Colegio de Abogados de Madrid para aplicar la mediación a los conflictos con la Administración Pública, el 20 de junio de 2017, que desembocó en la aprobación del Protocolo elaborado a iniciativa de la Presidencia de la Sala de lo Contencioso-administrativo y de la Secretaría de Gobierno del Tribunal Superior de Justicia de Madrid de «Infraestructura organizativa de la mediación conectada a los Juzgados y Tribunales de la jurisdicción contencioso-administrativa en el ámbito del Tribunal Superior de Justicia de Madrid»[50].

Todas estas experiencias muestran un genuino interés desde el poder judicial de incentivar este tipo de proyectos. No obstante, el gobierno tiene la labor de valorar adecuadamente los resultados de esos experimentos, su éxito o fracaso, sus virtudes y sus defectos, única y exclusivamente desde la perspectiva de la mejor tutela de los derechos e intereses del justiciable.

5.3. PANORÁMICA DE LAS TÉCNICAS DE EVITACIÓN DEL PROCESO A TRAVÉS DE UNA SOLUCIÓN EXTRAJUDICIAL DE LA CONTROVERSIA

El ordenamiento procesal contencioso-administrativo prevé ya múltiples instrumentos (preceptivos o potestativos en función del supuesto) a fin de evitar el proceso, permitiendo que la Administración autora de la concreta actividad administrativa que se pretende impugnar pueda, por sí misma, corregir su actuación en caso de resultar ilícita o de estar infringiendo una situación jurídica individualizada. Se busca, en definitiva, que la propia administración pueda corregirse, en atención a las alegaciones de la futura parte demandante.

Estos instrumentos en los supuestos en los que resultan preceptivos se configuran ya como requisitos de procedibilidad que condicionan la admisibilidad del recurso contencioso-administrativo. En otros casos, son mecanismos potestativos a disposición del futuro recurrente para intimar o conminar a la Administración a que actúe conforme a Derecho con carácter previo a la interposición de recurso contencioso-administrativo.

En todos los casos se trata de medios extrajudiciales y autocompositivos de solución de controversias jurídicas, en la medida en que son las propias partes

50. Véase el comentario al respecto de CHAMORRO, M. (nota 43), pp. 18 ss.

del conflicto las que lo ponen fin, sin la intervención de un órgano jurisdiccional. No obstante, no por ello deben considerarse medios *negociales* o *transaccionales,* sin perjuicio de que, como veremos, en algunos supuestos se contempla expresamente la posibilidad de alcanzar un acuerdo.

5.3.1. Agotar la vía administrativa previa en los recursos frente a actos expresos o presuntos

Como es sabido por todos, sólo podrán ser objeto de recurso contencioso-administrativo los actos expresos y presuntos de la Administración que hayan puesto fin a la vía administrativa (art. 25.1 LRJCA).

En este sentido, la controversia jurídica puede nacer con el dictado de un acto que no ponga fin a la vía administrativa. Ahora bien, para poder acudir a los tribunales y ejercitar las pretensiones contempladas en el artículo 31 LRJCA, el administrado deberá interponer un recurso de alzada frente a esa clase de resolución[51]. La omisión del recurso de alzada determinará la inadmisión del recurso contencioso-administrativo. Por tanto, en estos supuestos, el legislador ha querido establecer como requisito de procedibilidad el que el justiciable haya puesto a la Administración en situación de revocar su acto y adoptar uno ajustado a Derecho (sin perjuicio de que finalmente no se pronuncie, debiendo operar las normas del silencio administrativo).

Por su parte, los actos que agoten la vía administrativa pueden ser objeto de recurso administrativo potestativo de reposición o directamente objeto de un recurso contencioso-administrativo.

Este punto debe ponerse en relación con el artículo 112.2 LPAC ya mencionado anteriormente: esta norma habilita la posibilidad de crear normas legales especiales que sustituyan estos instrumentos de impugnación administrativa por métodos autocompositivos de solución de controversias con la intervención de un tercero, como la mediación o la conciliación. En este sentido, si el Gobierno cumple con los deberes impuestos por el legislador en esta norma, es previsible que su actividad prelegislativa esté orientada a identificar parcelas del Derecho administrativo en las que prever la sustitución de los mecanismos ordinarios de impugnación frente a los actos administrativos por otros medios

51. SALA SÁNCHEZ, P., señala que «en los recursos administrativos se ha reconocido una doble función, en cierto modo, contradictoria: la de garantía de los ciudadanos, en cuanto que a través suyo se hacen valer los derechos e intereses legítimos de aquéllos; y la de privilegio de la Administración Pública, al configurarse el agotamiento de la vía administrativa como presupuesto o requisito para la impugnación jurisdiccional de los actos administrativos y traducirse, en la práctica, en una dilación para la obtención de la tutela judicial efectiva» en SALA SÁNCHEZ, P., GIMENO SENDRA, V. y MORENO CATENA, V., *Derecho procesal administrativo,* 2.ª ed., Editorial Centro de Estudios Ramón Areces, S.A., Madrid, 2004, p. 69.
Véase también, SANTAMARÍA, J. A. (nota 26), p. 288.

de solución de controversias, *en sede administrativa*, fomentando su desarrollo[52].

5.3.2. Reclamación previa potestativa frente a la inactividad de la Administración: incumplimiento de la prestación debida e inejecución de actos firmes (art. 29.2)

Cuando el objeto del recurso no lo constituya un acto expreso o presunto de la Administración, sino el incumplimiento de una prestación concreta en favor de una o varias personas determinadas «en virtud de una disposición general que no precise de actos de aplicación o en virtud de un acto, contrato o convenio administrativo», el justiciable que quiera ejercitar una acción de condena a cumplir con la prestación debida ante los tribunales contencioso-administrativos puede[53] reclamar previamente a la administración el cumplimiento de su obligación. Y, precisa el precepto, «si en el plazo de tres meses desde la fecha de la reclamación, la administración no hubiera dado cumplimiento a lo solicitado o no hubiera llegado a un acuerdo con los interesados, éstos pueden deducir recurso contencioso-administrativo contra la inactividad».

A su vez, quien pretenda interponer recurso frente a la inejecución de actos firmes de la administración, podrá solicitar a la Administración su ejecución, debiendo transcurrir un mes desde que se produzca la petición para poder interponer recurso contencioso-administrativo.

5.3.3. Requerimiento previo potestativo frente a la vía de hecho

Cuando la actuación de la Administración que se pretenda impugnar la constituya una vía de hecho, el artículo 30 LRJCA otorga al posible recurrente la posibilidad de formular un requerimiento previo a la Administración actuante solicitando la cesación de la vía de hecho[54]. Ahora bien, la reclamación previa preterida no constituye ningún óbice a la sustanciación del proceso.

---

52. CHAMORRO, M. (nota 43), p. 16: «todos los casos en que se ha introducido en nuestro ordenamiento jurídico la posibilidad de alcanzar soluciones convencionales han sido dotados de una regulación *ad hoc,* lo que parece que debe ser el camino para seguir a propósito de la instauración de la mediación en el orden contencioso-administrativo. Esta regulación, además, deberá abordar tanto las materias en que es posible la aplicación de la mediación, como el procedimiento que ha de seguirse para que el proceso se desarrolle correctamente y con todas las garantías».
53. A pesar de que el texto legal emplear el verbo poder, hay autores que entienden que no se trata de una reclamación previa potestativa. En este sentido, AYALA MUÑOZ, M. *et al, Comentarios a la Ley de Jurisdicción Contencioso-Administrativa de 1998,* 5.ª ed., Thomson Reuters - Aranzadi, Cizur Menor, 2012, p. 460. En cambio, SANTAMARÍA PASTOR, J. A., opta por entender que es potestativo. SANTAMARÍA PASTOR, J. A. (nota 26), p. 339.
54. AYALA, J. M. *et al.* (nota 53), p. 467: «Creemos, sin embargo, que en nada se hubiese violentado el derecho a la tutela judicial efectiva si se hubiese mantenido el requerimiento previo como preceptivo, tal y como establecía el proyecto de LJCA».

Este requerimiento se introdujo expresamente en la ley, junto con las reclamaciones frente a la inactividad de la Administración, como técnicas de evitación del proceso en *sentido estricto*: tal y como afirma la exposición de motivos de la LRJCA «lo que se persigue es sencillamente dar a la Administración la oportunidad de resolver el conflicto y de evitar la intervención judicial» [55].

5.3.4. Requerimiento previo potestativo en los litigios entre administraciones (art. 44)

Cuando una administración pretenda interponer recurso contencioso-administrativo contra la actuación de otra, el artículo 44 LRJCA prevé la posibilidad de que la primera pueda requerir a la segunda con carácter previo para que «derogue la disposición, anule o revoque el acto, haga cesar o modifique la actuación material, o inicie la actividad a que está obligada». Este requerimiento se dirigirá «al órgano competente mediante escrito razonado que concretará la disposición, acto, actuación o inactividad, y deberá producirse en el plazo de dos meses contados desde la publicación de la norma o desde que la Administración requirente hubiera conocido o podido conocer el acto, actuación o inactividad».

Este método de solución de controversias interadministrativas ha sido calificado por Pascual SALA SÁNCHEZ COMO el «más acorde con los principios generales que deben regir las relaciones entre los entes públicos —los principios de buena fe, confianza legítima, lealtad institucional, cooperación y coordinación— que trata de evitar el litigio judicial posterior, sin colocar a las Administraciones en conflicto en posiciones de inferioridad a unas respecto de las otras» [56].

6. REFLEXIONES FINALES: ALGUNAS PARADOJAS DEL EFICIENTISMO

6.1. ¿EFICIENCIA *PARA QUÉ*?

El escritor G.K. Chesterton señaló con la sagacidad que le caracterizaba que:

> «una escuela (...) se ha esforzado por sustituir los ideales morales y sociales que, hasta ahora habían sido motivo político, por una coherencia o plenitud general en el sistema social que se ha ganado el nombre de "eficiencia". No estoy muy seguro de cuál sea la doctrina secreta de esa secta sobre el asunto. Pero, por lo que puedo deducir, "eficiencia" significa que debemos descubrirlo todo sobre una máquina, salvo para qué sirve» [57].

Eficiencia organizativa, eficiencia digital, eficiencia procesal: he aquí la divisa de las transformaciones de la justicia que se están produciendo, pero ¿para qué

55. SANTAMARÍA, J. A. (nota 26), p. 339, también lo pone de relieve.
56. SALA, P., GIMENO, V. y MORENO, V. (nota 51), p. 72.
57. CHESTERTON, G. K., *Lo que está mal en el mundo,* Acantilado, Barcelona, 2008, p. 20.

sirve nuestra máquina, la jurisdicción y, en particular, la contencioso-administrativa? Esta pregunta, propia de las primeras lecciones del temario de la asignatura de Derecho Procesal parece brillar por su ausencia a la hora de reformar las normas que regulan nuestro tercer poder. Y junto a la ausencia de la pregunta sobre los fundamentos y las finalidades, las transformaciones operadas consuman tres paradojas relacionadas con la eficiencia: llamémoslas la paradoja de la *unipersonalidad* jurisdiccional, la paradoja de la *oralidad* y la paradoja de la *autocomposición.*

6.2. LA UNIPERSONALIDAD COMO PROBLEMA Y SOLUCIÓN

Cualquier persona en sus cabales sabe que, si el sistema colapsa o se satura, la calidad de la actividad jurisdiccional disminuye necesariamente: para evitarlo, se deben ampliar las capacidades de absorción de asuntos del sistema de justicia o deben disminuir los asuntos que entran. Porque nuestra justicia está compuesta por personas de carne y hueso, con limitadas capacidades de atención, con derecho a conciliar, con derecho a descansar y que necesitan tiempo de estudio para disminuir el riesgo de error a la hora de fallar un asunto: el día tiene veinticuatro horas y los asuntos muchos folios. Organizativamente, un sistema de justicia es eficiente cuando es capaz de asumir adecuadamente la integridad de los asuntos que conoce con el menor número de recursos posibles. Pero «la Jurisdicción Contencioso-administrativa se enfrenta a un gravísimo problema por la avalancha creciente de recursos, es obvio que la reforma de sus aspectos organizativos debía considerarse prioritaria»: así se expresó el legislador en 1998 en la exposición de motivos de la LRJCA para justificar la puesta en marcha de los Juzgados de lo Contencioso-administrativo y los Juzgados Centrales de lo Contencioso-administrativo. Hoy, en cambio, el legislador entiende que «el modelo de organización judicial basado en el tradicional juzgado unipersonal está condicionando las posibilidades de lograr un servicio público de Justicia más eficiente». Quizás el legislador esté en lo cierto ahora y errase hace casi tres décadas, sólo el tiempo lo dirá: queda por ver si la integración de los titulares de órganos unipersonales en estructuras de raigambre «colegial» va a optimizar su capacidad de absorción de asuntos. Pero, lo extraño es que el legislador no ha eliminado la unipersonalidad del órgano destinado a conocer del caso concreto. Los órganos unipersonales eran una solución hace treinta años y, aparentemente, ahora mismo son un problema, pero lo cierto es que, funcionalmente y en la práctica, seguirán existiendo más allá del 2025.

6.3. LA ORALIDAD DESAPARECIDA Y EXACERBADA

La reforma del procedimiento abreviado es síntoma de una creciente aversión del legislador por la forma oral de los actos procesales, como revela también la reforma del juicio verbal civil, con el detrimento de las ventajas que ésta presenta, como la publicidad, la inmediación y el contacto directo entre las partes y el tribunal, acercando la justicia al ciudadano; pero también es síntoma de una cierta atracción hacia la versión más extrema de un acto procesal oral: la sentencia *in voce.* ¿Ya no hay término medio? Nos encontramos ante la posibilidad de que los juicios que se sigan por el procedimiento abreviado puedan acabar siendo procesos *íntegramente escritos* o proceso en los que el único acto escrito sea la demanda, es decir, *cuasi-íntegramente orales.* ¿No hay un diseño procedimental más equilibrado para la justica administrativa que pueda aprovechar las virtudes de la oralidad, sacando provecho de las virtudes de la escritura?

6.4. LA ADMINISTRACIÓN PÚBLICA: TERCERO DECISOR EN CONTROVERSIAS PRIVADAS Y PARTE NEGOCIAL EN CONTROVERSIAS DE DERECHO PÚBLICO

La paradoja de la autocomposición se cifra en lo contradictorio de dos fenómenos que están surgiendo paralelamente: por una parte, el legislador muestra una clara voluntad de que, en el futuro, las Administraciones sean sujetos que participen activamente en métodos negociales y autocompositivos de resolución de las controversias en las que ellas sean parte. Pero, por otra parte, están proliferando órganos administrativos con competencia para actuar como árbitros o emitir recomendaciones en litigios entre particulares (notablemente en derecho de consumo). Proliferan formas de solucionar controversias *privadas* a cargo de órganos administrativos[58]; se pretende *privatizar* la forma de resolver controversias con la Administración.

Pero más allá de resaltar este fenómeno, uno debe preguntarse si incentivar los métodos autocompositivos negociales de resolución de controversias en esta materia o si incrementar las dificultades de acceso a la jurisdicción para disminuir el volumen de asuntos conocidos son opciones *deseables.* Sin duda, esta tendencia forma parte de dos corrientes más amplias. La primera es una cierta expansión de lo *contractual* en todas las esferas de la vida pública, incluida la actuación de las Administraciones públicas, que erosiona el valor de la ley como instrumento de disciplina del comportamiento de los sujetos. La segunda tendencia es una cada vez mayor muestra de desconfianza hacia la jurisdicción como forma de resolver controversias jurídicas a través de la aplicación del ordenamiento jurídico al caso concreto. Nada tienen de malo la autonomía de la voluntad en el tráfico jurídico o la pluralidad de instrumentos para resolver controversias jurídicas, pero éstas no deberían erosionar la autonomía colectiva del cuerpo soberano expresado en los órganos democráticos a través de la ley, ni restringir el derecho de acceso a los tribunales y el derecho al proceso consagrados en el artículo 24.1 de nuestra Constitución. Democracia y Justicia: he

58. Al respecto, véase la conferencia de GASCÓN INCHAUSTI, F., «La solución de litigios privados por órganos administrativos: ¿cuánto importa quién sea el decisor?», pronunciada en enero de 2024 en la Universidad de Salamanca. Puede verse íntegramente en la plataforma YouTube en el siguiente enlace: https://www.youtube.com/watch?v=wU7j7uIGsDA&t=2780s (última visita: 19 de febrero de 2025).

aquí la divisa que debería guiar las reformas procesales. Que no se nos olvide, «la justicia emana del pueblo» (art. 117.1 CE), la solución de una controversia en un MASC, no.

BIBLIOGRAFÍA

ALONSO MAS, M. J., «Artículo 6» en EZQUERRA HUERVA, A., OLIVÁN DEL CACHO, J. (Dirs.), Comentarios a la Ley reguladora de la jurisdicción contencioso-administrativa, Tirant Lo Blanch, Valencia, 2021.

AYALA MUÑOZ, M. et al., Comentarios a la Ley de Jurisdicción Contencioso-Administrativa de 1998, 5.ª ed., Thomson Reuters-Aranzadi, Cizur Menor, 2012.

BARONA VILAR, S., «Los Tribunales de Instancia, trending topic en la reforma de la organización judicial española», en ASENCIO MELLADO, J. M., FUENTES SORIANO, O. (Dirs.), El proceso como garantía, Atelier, Fundación Manuel Serra Domínguez, Barcelona, 2023, pp. 29-58.

BELANDO GARÍN, B., «La mediación en supuestos de responsabilidad administrativa», Diario La Ley, 2015-8666.

CADIET, L., «Los acuerdos procesales en derecho francés: situación actual de la contractualización del proceso y de la justicia en Francia», Civil Procedure Review, 2012-3.

CHAMORRO OTER, M., «La mediación intrajudicial en el proceso contencioso-administrativo», Revista jurídica de la Comunidad de Madrid, 2019.

CHESTERTON, G. K., Lo que está mal en el mundo, Acantilado, Barcelona, 2008.

CORDERO LOZANO, F., «El procedimiento abreviado en la nueva Ley de la Jurisdicción contencioso-administrativa», E-Derecho Administrativo, 2001-1.

DE LAMO RUBIO J. y CAVERO CARRECEDO, E., «Oficina Judicial y Tribunales de Instancia: un camino por recorrer», Diario La Ley, 2025-10646.

DIEZ-PICAZO, L., Fundamentos del derecho civil patrimonial I. Introducción. Teoría del contrato, 6.ª ed., Thomson-Civitas, Cizur Menor, 2007.

ESTEVE PARDO, J., El camino a la desigualdad. Del imperio de la ley a la expansión del contrato, Marcial Pons, Madrid, 2023.

FERNÁNDEZ SEIJO, J. M., «Eficiencia organizativa en los juzgados y tribunales: una asignatura pendiente/una asignatura olvidada», Foro, Nueva época, 2023-2.

GAMERO CASADO, E., «Mediación intrajudicial en el contencioso-administrativo», en LÓPEZ RAMÓN, F. (Coord.), 20 años de la Ley de lo Contencioso-administrativo: actas del XIV Congreso de la Asociación Española de Profesores de Derecho Administrativo. Murcia, 8-9 de febrero de 2019, Instituto Nacional de Administración Pública, Madrid, 2019, pp. 463-476.

GARCÍA DE ENTERRÍA, E., Las transformaciones de la justicia administrativa: de excepción singular a la plenitud jurisdiccional. ¿Un cambio de paradigma?, Thomson-Civitas, Cizur Menor, 2007.

GARCÍA DE ENTERRÍA, E. y FERNÁNDEZ, T-R., Curso de derecho administrativo. I., 13.ª ed., Thomson-Civitas, Cizur Menor, 2006.

GASCÓN INCHAUSTI, F., Derecho procesal civil: materiales para el estudio, 7.ª ed., Docta UCM, Madrid, 2025.

GASCÓN INCHAUSTI, F., «La e-Justicia en la Unión-Europea: balance de situación y planes para el futuro (en diciembre de 2009)», en SENÉS MONTILLA, C. (Dir.), Presente y futuro de la E-Justicia en España y la Unión Europea, Aranzadi, Cizur Menor, 2010, pp. 83-125.

GASCÓN INCHAUSTI, F., Tutela judicial de los consumidores y transacciones colectivas, Civitas-Thomson Reuters, Cizur Menor, 2010.

GIL PLANA, J., «La representación procesal del afiliado por el sindicato», Civitas. Revista española de Derecho del Trabajo, 2013-160.

GONZÁLEZ PÉREZ, J., Comentarios a la ley de la jurisdicción contencioso-administrativa (Ley 29/1998, de 13 de julio), 8.ª ed., Thomson-Civitas, Cizur Menor, 2016.

GONZÁLEZ PÉREZ, J., «La transacción en el proyecto de ley de la jurisdicción contencioso-administrativa», Revista de Administración Pública, 1998-145, pp. 7-28.

LANGBROEK, P., «Relying on the Courts: About Collegiate Collaboration in Courts as a Counterbalance to Professional Hierarchy and as a Necessary Precondition for Efficiently Delivering, Timely and Consistent Justice», Internation Journal for Court Administration, 2024-15.

MARTIN DIZ, F., Mediación en el ámbito contencioso-administrativo, Thomson Reuteurs-Aranzadi, Cizur Menor, 2018.

MURCIA CLAVERA, A., La representación voluntaria en el proceso laboral, Marcial Pons, Madrid, 1994.

PALMA FERNÁNDEZ, J. L., «El contrato de transacción y las administraciones públicas. La doctrina del Consejo de Estado», Revista de Administración Pública, n.º 169, 2006, pp. 337-351.

RODRÍGUEZ BEAS, M., «Los principales problemas del procedimiento abreviado en la jurisdicción contencioso-administrativa española: propuestas de reforma e impulso a la implantación de la mediación intrajudicial», Revista de Direito Econômico e Socioambiental, 2023-3.

ROJAS POZO, C., «La mediación administrativa», Icade: Revista de la Facultad de Derecho, 2016-98, pp. 183-200.

SALA SÁNCHEZ, P., GIMENO SENDRA, V. y MORENO CATENA, V., Derecho procesal administrativo, 2.ª ed., Editorial Centro de Estudios Ramón Areces, S.A., Madrid, 2004.

SANCHO GARGALLO, I., «Reflexiones sobre cómo mejorar la deliberación de un tribunal colegiado», InDret, 2024-2, pp. 572-586.

SANTAMARÍA PASTOR, J. A., La ley reguladora de la jurisdicción contencioso-administrativa. Comentario, Iustel, Madrid, 2010.

TAMAYO CARMONA, J. A., «Transacción, convenio arbitral y acuerdo de mediación», en VERDA Y BEAMONTE, J. R., Derecho civil II, 2.ª ed., Tirant Lo Blanch, Valencia, 2013.

TAMAYO HAYA, S., «Artículo 1809», en CAÑIZARES LASO, A. (Ed.), Comentarios al Código civil, Tirant lo Blanch, Valencia, 2023.

VI
Modificaciones en el proceso social

Capítulo 14

Reformas del proceso social

JUAN IGNACIO DEL VALLE DE JOZ
Doctor en Derecho
Letrado de la Administración de la Seguridad Social
Profesor de Derecho del Trabajo y de la Seguridad Social de la Universidad Complutense de Madrid

SUMARIO: 1. LA INCIDENCIA DE LA LOEP EN LA LRJS. 2. MODIFICACIONES EN RELACIÓN CON LAS SENTENCIAS ORALES. *2.1. La regulación anterior de las sentencias orales. 2.2. El nuevo régimen de las sentencias orales.* 2.2.1. Procedimientos en los que puede dictarse sentencia oral. 2.2.2. Excepción a la posibilidad de dictar sentencia oral. 2.2.3. Tiempo para dictar la sentencia oral. 2.2.4. Requisitos de la sentencia oral. 2.2.5. Documentación de la sentencia. 2.2.6. Firmeza de la sentencia y plazo para recurrir, en su caso. *2.3. Dificultades que puede plantear la sentencia oral. 2.4. Entrada en vigor.* 3. MODIFICACIONES EN RELACIÓN CON LA CONCILIACIÓN O MEDIACIÓN PREVIAS. *3.1. Efectos de la solicitud de conciliación o de mediación previa. 3.2. La interrupción de la prescripción o la suspensión de la caducidad. 3.3. El reinicio de la prescripción o la reanudación de la caducidad. 3.4. Entrada en vigor.* 4. LA CELEBRACIÓN SEPARADA DE LOS ACTOS DE CONCILIACIÓN Y JUICIO. *4.1. La separación de los actos de conciliación y juicio. 4.2. Presupuestos para la celebración separada de los actos de conciliación y juicio. 4.3. Celebración del acto de conciliación. 4.4. Acuerdo alcanzado antes del juicio. 4.5. Conciliación separada sin acuerdo. 4.6. Celebración posterior del juicio. 4.7. Entrada en vigor.* 5. MODIFICACIONES EN RELACIÓN CON LA PRUEBA. *5.1. Diligencias de preparación de la prueba. 5.2. El nuevo régimen de aportación de la prueba documental y pericial.* 5.2.1. La fundamentación de la reforma. 5.2.2. Las nuevas reglas sobre aportación de prueba documental y pericial. 5.2.3. Cuestiones planteadas sobre aspectos no regulados.. 5.2.4. Preceptos sin modificar. *5.3. Normas específicas de las modalidades procesales especiales.* 5.3.1. La aportación del expediente administrativo. 5.3.2. Despidos colectivos por causas económicas, organizativas, técnicas o de producción o derivadas de fuerza mayor. *5.4. Entrada en vigor.* 6. MODIFICACIONES EN RELACIÓN CON LOS RECURSOS. *6.1. Supresión de la obligación de acompañar copias del recurso para las partes recurridas. 6.2. Determinación de la extensión y condiciones extrínsecas de los recursos de casación. 6.3. El requisito del interés casacional objetivo en el recurso de casación para la unificación de doctrina.* 6.3.1. Nuevo requisito en el recurso de casación para la unificación de doctrina. 6.3.2. Supuestos de existencia de interés casacional objetivo. 6.3.3. La apreciación del interés casacional objetivo. *6.4. Modificaciones en la tramitación del recurso de casación para la unificación de doctrina.* 6.4.1. En relación con la preparación del recurso. 6.4.2. En relación con la admisión del recurso. *6.5. La interposición del recurso en defensa de la legalidad por el Ministerio Fiscal. 6.6. Revisión de sentencias y laudos arbitrales firmes y proceso de error judicial. 6.7. Entrada en vigor.* 7. MODIFICACIONES EN LA EJECUCIÓN DINERARIA. *7.1. En relación con la tercería de dominio. 7.2. En relación con la realización de los bienes. 7.3. Entrada en vigor.* 8. MULTA POR VULNERACIÓN DE LA BUENA FE. 9. MODIFICACIONES INTRODUCIDAS EN EL ESTATUTO DE LOS TRABAJADORES. *9.1. La extinción causal por falta de pago o retrasos continuados en el pago del salario. 9.2. La calificación de nulidad del despido de las personas trabajadoras que hayan solicitado o estén disfrutando de las adaptaciones de jornada previstas en el artículo 34.8 ET. 9.3. Entrada en vigor.* BIBLIOGRAFÍA.

1. LA INCIDENCIA DE LA LOEP EN LA LRJS

La LOEP ha introducido importantes modificaciones en la LRJS, que se suman a las ya efectuadas mediante el RD-ley 6/2023, de 19 de diciembre. Este último recogió muchas de las medidas que formaban parte del caducado «Proyecto de Ley de medidas de eficiencia procesal del servicio público de Justicia» [1]. La LOEP ahora incorpora las medidas de dicho proyecto de ley no incluidas en el RD-ley 6/2023, de 19 de diciembre, así como alguna adicional, introducidas durante la tramitación parlamentaria del «Proyecto de Ley Orgánica de medidas en materia de eficiencia del Servicio Público de Justicia y de acciones colectivas para la protección y defensa de los derechos e intereses de los consumidores y usuarios» [2], posteriormente «Proyecto de Ley Orgánica de medidas en materia de eficiencia del Servicio Público de Justicia» [3], que finalizó con la aprobación de la LOEP.

La exposición de motivos de la LOEP afirma que la reforma de la LRJS persigue la misma finalidad que en el resto de órdenes jurisdiccionales, «a saber, dotar de mayor agilidad a la tramitación de los procedimientos, sin merma alguna de las garantías exigibles». Y, a tal objeto, la LOEP modifica diversos preceptos de la LRJS, afectando, de manera importante, al régimen de varios actos procesales y apartándose, en algún caso, de los propios principios inspiradores del proceso social.

1. BOCG, Congreso de los Diputados, 22 de abril de 2022.
2. BOCG, Congreso de los Diputados, 22 de marzo de 2024.
3. BOCG, Congreso de los Diputados, 20 de noviembre de 2024.

A este respecto, las modificaciones introducidas por la LOEP van a afectar de manera muy relevante, como se expondrá a continuación, al régimen de las sentencias orales, a la conciliación o mediación previa, a la conciliación intraprocesal, a la aportación de pruebas documentales y periciales, al recurso de casación para la unificación de doctrina y a la ejecución. Asimismo, se ven reformados algunos preceptos sustantivos del ET.

Al margen de las citadas modificaciones, la LOEP se limita, en algunos preceptos, a hacer algunas precisiones terminológicas, incorporando algunas referencias ajustadas a la utilización del lenguaje inclusivo. En este sentido, en muchos preceptos se incluye la referencia a «jueces y juezas» y a «magistrados o magistradas»; en otros se sustituye la referencia al secretario judicial por la del «letrado o letrada de la Administración de Justicia».

2. MODIFICACIONES EN RELACIÓN CON LAS SENTENCIAS ORALES

La LEP ha llevado a cabo una profunda modificación del régimen de las sentencias orales en el proceso social, ampliando significativamente la posibilidad de utilización de esta modalidad de sentencias y, al hilo de estas mayores posibilidades para el órgano jurisdiccional, estableciendo nuevos requisitos de documentación de las mismas.

La exposición de motivos de la LOEP afirma que, en la jurisdicción social, se incentiva el impulso de la oralidad de las sentencias, con el fin de cohonestar lo dispuesto para los cuatro órdenes jurisdiccionales, con la finalidad de agilizar no sólo su dictado, sino también la notificación y la declaración de firmeza de éstas, salvo cuando las partes comparezcan por ellas mismas. La LOEP ha introducido también modificaciones en el régimen de las sentencias orales en el juicio verbal (art. 210.3 y 4 LEC), así como en el procedimiento contencioso-administrativo abreviado (art. 78.20 LJCA, que se remite al art. 210.3 y 4 LEC).

2.1. LA REGULACIÓN ANTERIOR DE LAS SENTENCIAS ORALES

La posibilidad de dictarse sentencia oral en el proceso social se recogía en el art. 50 LRJS, en la redacción anterior a la LOEP, en los siguientes términos:

— El juez podía dictar sentencia de viva voz en el momento de terminar el juicio, salvo que por razón de la materia o de la cuantía no procediera recurso de suplicación. La sentencia debía contar con los requisitos del art. 97.2 LRJS. Las partes podían solicitar que se les entregara documento conteniendo la transcripción por escrito de la sentencia.

— El juez podía también, mediante sentencia de viva voz, cualquiera que fuera la materia y la cuantía, aprobar el allanamiento total efectuado, así como, en su caso, los términos de ejecución de la sentencia que le fueran propuestos de común acuerdo por las partes, siempre que, de proceder recurso, manifestaran éstas su decisión de no recurrir.

— El juez podía limitarse a pronunciar el fallo, cualquiera que fuera la cuantía o la materia, con motivación sucinta del mismo, sin perjuicio de la redacción posterior de la sentencia dentro del plazo y en la forma legalmente previstos.

— Las partes quedaban notificadas de las sentencias dictadas oralmente. Si, conocida la sentencia de viva voz o el fallo anticipado, las partes expresaban su decisión de no recurrir, el juez en el mismo acto declaraba la firmeza de la sentencia. Si alguna de las partes no hubiera comparecido se le hacía la oportuna notificación.

2.2. EL NUEVO RÉGIMEN DE LAS SENTENCIAS ORALES

2.2.1. Procedimientos en los que puede dictarse sentencia oral

Frente a lo previsto en el art. 50 de la LRJS anterior a la LEP, que limitaba la posibilidad de dictar sentencias orales a los procesos en los que, por razón de la materia o de la cuantía, no cupiera recurso de suplicación, la nueva redacción extiende la posibilidad de dictar sentencia oral a cualquier tipo de procedimiento, con la única excepción de los procedimientos en los que, de conformidad con la ley, no intervenga abogado ni graduado social, en cuyo caso la sentencia ha de ser necesariamente escrita.

Puede plantearse la duda de si la posibilidad de dictar sentencia oral existe tanto en los procedimientos ante órganos unipersonales como ante órganos colegiados. El párrafo primero del art. 50 LRJS refiere al *«juez o la jueza»* la posibilidad de dictar la sentencia oral, mientras que el párrafo tercero afirma que la redacción ulterior de la sentencia se efectuará *«por el juez, la jueza o el magistrado o la magistrada»*. La referencia al *«magistrado o la magistrada»* debe entenderse que se corresponde con lo dispuesto en la nueva redacción del art. 84.4 de la LOPJ, en cuya virtud el ejercicio de la función jurisdiccional corresponde *«a los jueces, las juezas, los magistrados y las magistradas destinados o destinadas en las diferentes Secciones que integren los Tribunales de Instancia»*. La diferente redacción de los párrafos indicados parece que constituye una simple imprecisión técnica, no cabiendo interpretar que solo los jueces y juezas pueden dictar sentencias orales o que solo los magistrados o magistradas pueden hacer la redacción ulterior de las sentencias dictadas de viva voz. La redacción del párrafo tercero coincide, por otra parte, con la nueva redacción del art. 210.3 de la LEC, regulador de las sentencias orales en el juicio verbal.

Tampoco parece que pueda entenderse que la referencia a los magistrados o magistradas supone que quepa la posibilidad de que las Salas de lo Social respectivas puedan dictar sentencias orales en aquellos asuntos en los que pueda tener lugar la celebración de vista. En estos casos la votación y el fallo deberán ajustarse a lo dispuesto en los arts. 252 y siguientes de la LOPJ que, entre otras cosas, prevén que cualquiera de los magistrados pueda pedir los autos para su estudio (art. 252 LOPJ) y que exista deliberación y votación (art. 253 y 254 LOPJ), trámites que parece que no podrían realizarse en el propio acto de la vista oral.

Si la sentencia que debe dictar un órgano colegiado debe serlo tras deliberación y votación de la Sala, parece que ello excluiría la posibilidad de dictar sentencia oral en el mismo acto de la vista. La utilización del singular *«el magistrado o la magistrada»* parece que indica que la posibilidad de dictar sentencias orales se prevé únicamente para los órganos unipersonales.

2.2.2. Excepción a la posibilidad de dictar sentencia oral

Como se ha señalado anteriormente, el párrafo cuarto del art. 50 LRJS, en su nueva redacción, dispone que, en aquellos procedimientos en los que no intervenga abogado ni graduado social, de conformidad con la ley, la resolución que se dicte tendrá que ser necesariamente escrita. Puesto que, en el proceso social, conforme al art. 21.1 LRJS, la defensa por abogado y la representación técnica por graduado social colegiado tiene siempre carácter facultativo en la instancia, ha de entenderse que no cabrá sentencia oral cuando las partes comparezcan por sí mismas, de manera que cuando, aun no siendo preceptivo, comparezcan asistidas por abogado o representadas técnicamente por graduado social colegiado, sí que podrá dictarse sentencia oral.

La cuestión que puede plantearse es si cabe sentencia oral cuando sea solo una de las partes la que no ha comparecido asistida por abogado o representada técnicamente por graduado social colegiado. El párrafo sexto del art. 50 LRJS dispone que, pronunciada oralmente una sentencia, *«si todas las personas que fueren parte en el proceso estuvieren presentes en el acto debidamente asistidas por abogado o representadas por procurador o graduado social, y expresaren su decisión de no recurrir, se declarará, en el mismo acto, la firmeza de la resolución»*. Del texto no se desprende que no pueda dictarse sentencia oral si todas las personas que fueren parte en el proceso no estuvieren presentes en el acto debidamente asistidas por abogado o representadas por procurador o graduado social, sino que, en tal caso, no podrá declararse en ese acto la firmeza de la resolución oral dictada. Además, la consecuencia de la no declaración de la firmeza no se limita a que las partes no hayan comparecido asistidas por abogado o representadas técnicamente por graduado social, sino que también se produce cuando no han comparecido, en su caso, representadas por procurador.

A este respecto, la doctrina[4] ha observado, para las sentencias orales en el juicio verbal civil, que en el supuesto indicado el juez no podría recurrir a la

4. ASENCIO GALLEGO, J. M., «Las sentencias orales en el juicio verbal. Principio de oralidad y tutela judicial efectiva», *Práctica de Tribunales*, 2023-162, p. 5.

oralidad en el momento de dictar la sentencia, pues si bien una de las partes se encuentra asistida por un profesional del Derecho, no ocurre lo mismo con la otra, que acude al juicio sin ninguna persona que pueda explicarle lo sucedido en términos inteligibles para cualquiera no versado en las normas procesales que rigen el proceso. Ello atendiendo a la finalidad que subyace a la prohibición de dictar sentencias orales en los juicios en los que las partes comparezcan por sí mismas, que radica en que los jueces han de proporcionar a éstas, en la inmensa mayoría de los casos legas en Derecho, una explicación más amplia y detallada de su decisión, que satisfaga en mayor medida las aspiraciones de justicia que motivaron su decisión de acudir a los tribunales[5]. Con todo, la duda interpretativa existe.

2.2.3. Tiempo para dictar la sentencia oral

El párrafo primero del art. 50 LRJS, en la redacción dada por la LEP, afirma que la sentencia de viva voz podrá dictarse *«en el momento de terminar el juicio»*, en lo que coincide con la redacción anterior. No obstante, el párrafo tercero del precepto, en la redacción dada por la LOEP, dispone ahora que el dictado de la sentencia de viva voz *«tendrá lugar al concluir el mismo acto de la vista»*, lo que despeja la duda que anteriormente podía plantearse sobre si cabía dictar sentencia oral una vez practicadas, en su caso, diligencias finales. La redacción actual aclara que la sentencia oral únicamente podrá dictarse en el mismo acto de la vista oral. Por tanto, no cabrá si, concluida la vista, se solicitan diligencias finales, aunque se haya señalado comparecencia para la práctica de pruebas que estime necesarias y valoración por las partes del resultado (art. 88.1 LRJS), o se soliciten a las partes alegaciones sobre los posibles pronunciamientos derivados que por mandato legal, o por conexión o consecuencia, resulten necesariamente de las pretensiones formuladas (art. 87.3 LRJS), o se haya concedido a las partes la posibilidad de conclusiones complementarias por escrito (art. 87.6 LRJS).

2.2.4. Requisitos de la sentencia oral

El art. 50 LRJS, en la redacción dada por la LOEP, establece unos requisitos para la sentencia de viva voz y otros para la redacción por escrito de la misma. La sentencia de viva voz debe tener el contenido y los requisitos establecidos en el art. 97.2 LRJS, por lo que deberá expresar, oralmente, dentro de los antecedentes de hecho, resumen suficiente de los que hayan sido objeto de debate en el proceso; asimismo, apreciando los elementos de convicción, declarará expresamente los hechos que estime probados, haciendo referencia en los fundamentos de derecho a los razonamientos que le han llevado a esta conclusión, en particular cuando no recoja entre los mismos las afirmaciones de hechos consignados en documento público aportado al proceso respaldados por pre-

5. ASENCIO, J. M. (nota 4), p. 5.

sunción legal de certeza; por último, deberá fundamentar suficientemente los pronunciamientos del fallo.

Tratándose de los procesos por despido disciplinario (así como en los procesos derivados de la extinción del contrato de trabajo por causas objetivas [art. 120.1 LRJS]), parece que ha de entenderse que los hechos probados de la sentencia deberán ajustarse a lo previsto para esta modalidad procesal en el art. 107 LRJS, por lo que en el relato fáctico deberán hacerse constar las siguientes circunstancias:

a) Antigüedad, concretando los períodos en que hayan sido prestados los servicios; categoría profesional; salario, tiempo y forma de pago; lugar de trabajo; modalidad y duración del contrato; jornada; características particulares, si las hubiere, del trabajo que se realizaba antes de producirse el despido.

b) Fecha y forma del despido, causas invocadas para el mismo, en su caso, y hechos acreditados en relación con dichas causas.

c) Si el trabajador ostenta o ha ostentado en el año anterior al despido, la condición de delegado de personal, miembro del comité de empresa o delegado sindical, así como cualquier otra circunstancia relevante para la declaración de nulidad o improcedencia o para la titularidad de la opción derivada, en su caso.

2.2.5. Documentación de la sentencia

Como ya se ha indicado, el dictado de la sentencia tendrá lugar al concluir el mismo acto de la vista en presencia de las partes, quedando documentada en el soporte audiovisual del acto. Asimismo, el juez, la jueza, el magistrado o la magistrada, deben redactar posteriormente el encabezamiento, los hechos probados, la mera referencia a la motivación pronunciada de viva voz, dándose por reproducida, y el fallo integro, con expresa indicación de la firmeza de la sentencia o, en su caso, de los recursos que procedan, órgano ante el que deben interponerse y plazo para ello.

Por tanto, es obligada la redacción posterior de la sentencia oral, en la que deberán constar por escrito los hechos probados, el fallo íntegro, la firmeza de la sentencia o los recursos que procedan; en cuanto a la fundamentación jurídica, se exige únicamente la mera referencia a la pronunciada oralmente, por lo que no deberá recogerse totalmente dicha fundamentación, dándose por reproducida la efectuada de viva voz y que consta en el soporte audiovisual del acto del juicio.

2.2.6. Firmeza de la sentencia y plazo para recurrir, en su caso

Conforme al art. 50 LRJS, pronunciada oralmente una sentencia, si todas las personas que fueren parte en el proceso estuvieren presentes en el acto debidamente asistidas por abogado o representadas por procurador o graduado social, y expresaren su decisión de no recurrir, se declarará, en el mismo acto, la firmeza de la resolución. Para la declaración de la firmeza en el acto no cabe duda de que deben estar presentes todas las partes, debidamente asistidas por abogado o representadas por procurador o graduado social. Debiendo todas ellas manifestar su decisión de no recurrir.

En el caso de que la firmeza no se declare en el acto, el art. 50 LRJS establece que el plazo para recurrir la sentencia comenzará a contar desde que se notificase a la parte la resolución redactada.

2.3. DIFICULTADES QUE PUEDE PLANTEAR LA SENTENCIA ORAL

La exigencia de la necesaria consignación de los hechos probados en la sentencia redactada por escrito constituye un elemento importante a efectos de la interposición posterior del recurso de suplicación, ya que, de no ser así, la articulación de la revisión de los hechos probados (art. 193.b) LRJS) podría resultar dificultosa si hubiera de acudirse al soporte audiovisual del acto del juicio. Asimismo, también para la Sala de lo Social resultaría más complicado el análisis de la procedencia o no de dicha revisión fáctica.

Con todo, la referida dificultad no desaparece por completo, puesto que, tal como la jurisprudencia y la doctrina judicial ha venido reconociendo, han de considerarse como integrantes del relato fáctico afirmaciones de hecho recogidas en la fundamentación jurídica que no figuran formalmente en el apartado de hechos probados (STS de 27 de julio de 1992 [RJ\1992\5664] y STS 23 de febrero de 1999 [RJ\1999\2018], STSJ Cataluña de 3 de noviembre de 1995 [AS \1995\4425] y STSJ Madrid de 19 de febrero de 1998 [AS\1998\598], entre otras). Por lo que podrá ocurrir que, en la motivación de la sentencia (que, como se ha visto, no tiene que redactarse por escrito) puedan figurar afirmaciones de hecho con valor de hecho probado, cuyo intento de revisión en el recurso de revisión exigirá acudir a la grabación de la vista.

Y, en cualquier caso, por lo que se refiere a fundamentación jurídica, la denuncia de la infracción de las normas sustantivas o de la jurisprudencia (art. 193.b) LRJS) requerirá analizar la motivación de la sentencia, de manera que, si la misma no se ha recogido en la redacción de la sentencia (no siendo ello preceptivo), debiendo acudirse al soporte audiovisual, la tarea de argumentar la denuncia jurídica resultará más complicada que si dicha fundamentación consta por escrito. Dificultad que se incrementará cuanto mayor sea la complejidad de la cuestión litigiosa.

Finalmente, también pueden suscitarse dificultades en relación con la ejecución de la sentencia, en los casos en que algún aspecto para dicha ejecución dependa de lo recogido en la fundamentación jurídica.

2.4. ENTRADA EN VIGOR

El apartado 7 de la disposición transitoria novena de la LOEP afirma que «*La modificación del apartado 1 del artículo 50 de la Ley 36/2011, de 10 de octubre, reguladora de la jurisdicción social, será de aplicación a los procedimientos en los que no se haya celebrado juicio a la entrada en vigor de esta ley*». El art. 50 de la LRJS, en la redacción dada por la LOEP, no contiene ninguna división en apartados, por lo que parece que habrá de entenderse que todo el precepto será de aplicación a los procedimientos en los que no se haya celebrado juicio antes del 3 de abril de 2025.

3. MODIFICACIONES EN RELACIÓN CON LA CONCILIACIÓN O MEDIACIÓN PREVIAS

3.1. EFECTOS DE LA SOLICITUD DE CONCILIACIÓN O DE MEDIACIÓN PREVIA

La LOEP ha introducido modificaciones en el apartado 1 y 2 del art. 65 LRJS dirigidas a aclarar algunas dudas interpretativas en relación con los efectos, sobre la interrupción de la prescripción o la suspensión de la caducidad, de la presentación de la solicitud de conciliación o de mediación, en los supuestos en que las mismas resultan preceptivas (conforme a los arts. 63 y 64 LRJS) con carácter previo a la interposición de la demanda. Asimismo, también modifica lo relativo al cómputo de los plazos para el reinicio de la prescripción o la reanudación de la caducidad, aspecto este que suscita alguna duda interpretativa.

3.2. LA INTERRUPCIÓN DE LA PRESCRIPCIÓN O LA SUSPENSIÓN DE LA CADUCIDAD

Frente a la redacción anterior del apartado 1, conforme a la cual la presentación de la solicitud de conciliación o de mediación «*suspenderá los plazos de caducidad e interrumpirá los de prescripción*», la nueva redacción establece que la presentación de la solicitud de conciliación o de mediación «*interrumpirá la prescripción o suspenderá la caducidad de acciones desde la fecha de dicha presentación*». Con la nueva redacción se deja claro que el efecto interruptivo de la prescripción o suspensivo de la caducidad se produce en el mismo día de presentación de la solicitud de conciliación o de mediación y no al día siguiente. La cuestión tiene una importante trascendencia, principalmente en las acciones sometidas a plazo de caducidad (como el despido, art. 53.3 ET), ya que, si el día de presentación de la solicitud de conciliación o mediación no integra el plazo de suspensión del plazo de presentación de la demanda, ello supone que ese día consume uno de los días de que dispone el demandante para interponer la demanda, lo cual deberá ser tenido en cuenta a efectos de evitar la caducidad de la acción.

Esta es una cuestión que ha sido resuelta por el Tribunal Supremo, incorporándose ahora su doctrina al precepto. La STS 350/2022, de 19 de abril (RJ

\2022\2046), declara que no debe computarse en el plazo de caducidad para interponer la demanda el día de presentación de la solicitud de conciliación o mediación, ya que la misma quedó suspendida en el mismo día de dicha presentación. Recogiendo esta doctrina, la nueva redacción del precepto afirma que la prescripción se interrumpe y la caducidad se suspende desde la fecha de presentación de la solicitud de conciliación o mediación.

3.3. EL REINICIO DE LA PRESCRIPCIÓN O LA REANUDACIÓN DE LA CADUCIDAD

El apartado 1 también introduce otra modificación respecto al cómputo del plazo para el reinicio de la prescripción o la reanudación de la caducidad. Conforme a la redacción anterior, una vez presentada la solicitud de conciliación o mediación, el cómputo de la caducidad (exclusivamente) se reanudaba *«al día siguiente de intentada la conciliación o mediación o transcurridos quince días hábiles, excluyendo del cómputo los sábados, desde su presentación sin que se haya celebrado»*.

La nueva redacción ya no se refiere únicamente a la reanudación de la caducidad, sino también al reinicio de la prescripción, afirmando que el cómputo de los plazos de prescripción o caducidad se reinician o reanudan, respectivamente, *«al día siguiente de intentada la conciliación o mediación o transcurridos quince días hábiles desde su presentación sin que se haya celebrado»*. De modo que se modifica el cómputo de los quince días, diciendo únicamente que son días hábiles, y se prevé que pueda tener lugar, también el reinicio de la prescripción.

Por lo que se refiere a la supresión, para el cómputo de los días hábiles, de la referencia a la exclusión de los sábados, cabe señalar que el Tribunal Supremo ya había establecido, en relación con el cómputo del plazo de caducidad de la acción de despido, que, para dicho cómputo, incluyendo los trámites de solicitud de la conciliación previa y de la presentación de la demanda, debía de aplicarse lo establecido en el art. 182 de la LOPJ sobre días hábiles (SSTS de 23 de enero de 2006, RJ\2006\347 y 7 de abril de 2006, RJ\2006\4794). Siendo ello así, parece adecuado que, a la hora de regular el cómputo de los plazos referidos ya no solo a la caducidad de la acción de despido, sino en general a la prescripción y la caducidad de las acciones en las que debe solicitarse conciliación o mediación previas, se siga el mismo criterio adoptado por el Tribunal Supremo para la acción de despido. No existiendo coincidencia entre la redacción anterior del precepto, que exceptuaba del cómputo únicamente los sábados, con lo previsto sobre días hábiles en los arts. 182 a 184 LOPJ y en el art. 43.4 LRJS, la nueva redacción aclara las dudas que podían suscitarse sobre las reglas para el cómputo de los plazos en cuanto a los efectos de la solicitud de conciliación o mediación sobre la prescripción y la caducidad y su reinicio o reanudación, respectivamente.

Como se ha expuesto, la nueva redacción dispone que, al día siguiente de intentada la conciliación o mediación o transcurridos quince días hábiles desde su presentación (de la solicitud) sin que se haya celebrado, se reinicia o reanuda el cómputo de los plazos de prescripción o caducidad, respectivamente. Frente a la redacción anterior, que se refería únicamente a la reanudación de la caducidad, la inclusión ahora de la referencia al reinicio de la prescripción plantea alguna duda al relacionar esta previsión con el apartado 2 del mismo art. 65 LRJS.

El apartado 2 del art. 65 LRJS dispone, en la redacción dada por la LOEP, que *«En todo caso, transcurrido el plazo de treinta días hábiles sin haberse celebrado el acto de conciliación o sin haberse iniciado mediación o alcanzado acuerdo en la misma se tendrá por terminado el procedimiento y cumplido el trámite»*. La redacción difiere del texto anterior en que en éste se decía que los treinta días debían ser *«computados en la forma indicada en el número anterior»* (es decir, excluyéndose únicamente del cómputo los sábados) y ahora se dice, simplemente, que los días serán *«hábiles»*, en línea con la modificación del apartado 1 anteriormente comentada.

La duda que se plantea ahora es la de cómo armonizar lo dispuesto en este apartado 2 sobre que, transcurridos treinta días hábiles, se tendrá por finalizado el trámite de conciliación o mediación, con la consecuencia prevista en el apartado 1 de reinicio o reanudación del cómputo de los plazos de prescripción o caducidad al día siguiente de intentada la conciliación o mediación o transcurridos quince días hábiles desde la presentación de la solicitud. Bajo la redacción anterior, como el apartado 1 aludía únicamente a la reanudación de la caducidad, se entendía que el apartado 2 era aplicable a la prescripción. De este modo, tratándose de plazo de caducidad, una vez celebrada la conciliación o mediación o transcurridos quince días, dicha caducidad se reanudaba. Habiendo afirmado el TS (sentencia 913/2016, de 27 de octubre, RJ\2016\5470), que dicho plazo de quince días «es un plazo absoluto e inamovible, pues este plazo de quince días no se ampliará ni siquiera en el caso de que la solicitud de conciliación requiera de subsanación, para lo que se le habrá concedido un plazo al solicitante que, de esta manera, se solapa con el de la suspensión de la caducidad de la acción». Y tratándose de plazo de prescripción, el mismo se reiniciaba, además de tras la celebración de la conciliación o mediación, transcurridos treinta días conforme al apartado 2, ya que se entendía concluido el trámite[6].

Pero si ahora, con la nueva redacción, con el transcurso de quince días hábiles desde la presentación de la solicitud de conciliación o mediación sin que se haya celebrado, no solo se reanuda el plazo de caducidad, sino que también se reinicia el plazo de prescripción, no está claro cuál puede ser la consecuencia de lo establecido en el apartado 2, puesto que, antes del transcurso del plazo de treinta días a que dicho apartado 2 se refiere, ya se habrá reiniciado el plazo de

6. MORENO VIDA, M. N., «Artículo 65», *Ley de la Jurisdicción Social. Estudio técnico jurídico y sistemático de la Ley 36/2011, de 10 de octubre*, Comares, 2013, p. 283.

prescripción conforme al apartado 1, quedando por lo tanto abierta la posibilidad de ejercer la acción interponiendo la demanda.

3.4. ENTRADA EN VIGOR

De acuerdo con el apartado 1 de la disposición transitoria novena de la LOEP, sus previsiones serán aplicables exclusivamente a los procedimientos incoados con posterioridad a su entrada en vigor. Por tanto, hay que entender que las normas sobre conciliación o mediación previas previstas en los apartados 1 y 2 del art. 65 LRJS serán de aplicación a los procedimientos que se inicien a partir del 3 de abril de 2024.

4. LA CELEBRACIÓN SEPARADA DE LOS ACTOS DE CONCILIACIÓN Y JUICIO

4.1. LA SEPARACIÓN DE LOS ACTOS DE CONCILIACIÓN Y JUICIO

Otra de las modificaciones que representa un notable cambio en el proceso social es el constituido por la previsión de la posibilidad de celebración separada de los actos de conciliación y juicio. Bajo la redacción anterior del art. 82.1 LRJS, se establecía que, una vez admitida la demanda y verificada la concurrencia de los requisitos exigidos, el LAJ, en la misma resolución de admisión a trámite, *«señalará el día y la hora en que hayan de tener lugar sucesivamente los actos de conciliación y juicio»*. Dichos actos de conciliación y juicio, por tanto, tenían que tener lugar en la misma convocatoria, desarrollándose la conciliación bajo la dirección del LAJ.

La nueva redacción del art. 82.1 LRJS prevé que, de ser admitida la demanda, una vez verificada la concurrencia de los requisitos exigidos, en la misma resolución de admisión a trámite, el letrado o letrada de la Administración de Justicia *«señalará el día y la hora en que hayan de tener lugar, separada o sucesivamente, los actos de conciliación y de juicio»*. Cabe, por tanto, la posibilidad de que los actos de conciliación y juicio no se desarrollen sucesivamente en la misma convocatoria, sino de manera separada. La celebración del acto de conciliación en forma separada y anticipada al juicio, según dispone el art. 82.2 LRJS, *«podrá establecerse a instancia de cualquiera de las partes, si estimaran razonadamente que existe la posibilidad de llegar a un acuerdo conciliatorio, o de oficio por el letrado o la letrada de la Administración de Justicia si entendiera que, por la naturaleza y circunstancias del litigio o por la solución dada judicialmente en casos análogos, pudiera ser factible que las partes alcanzaran un acuerdo»*.

La exposición de motivos de la LOEP afirma que con esta medida se pretende dotar a la jurisdicción social de la máxima agilización posible en lo que respecta a los actos de conciliación ante el letrado o la letrada de la Administración de Justicia, impulsando su labor y posibilitando lo que denomina *«una agenda doble y compatible de trabajo»*. Esa agenda doble supone la existencia de una primera en la que se programen los actos de conciliación ante el LAJ y una segunda en la que se detallen los actos de juicio ante el Magistrado[7]. De este modo, la finalidad de la reforma es la de posibilitar que las partes puedan llegar a un acuerdo sin que la realización de las actuaciones conducentes a ello repercuta en la tramitación de los asuntos del órgano jurisdiccional, tratando de que los juicios señalados tengan mayor posibilidad de celebrarse porque la conciliación intraprocesal ya ha tenido lugar con anterioridad. La eficacia real de esta medida deberá verse con la experiencia de su aplicación, habida cuenta del escaso porcentaje de asuntos que, en la actualidad, se concilian ante el LAJ[8].

4.2. PRESUPUESTOS PARA LA CELEBRACIÓN SEPARADA DE LOS ACTOS DE CONCILIACIÓN Y JUICIO

Como se ha señalado, la celebración separada de los actos de conciliación y juicio podrá establecerse en dos supuestos: a instancia de cualquiera de las partes, si estimaran razonadamente que existe la posibilidad de llegar a un acuerdo conciliatorio, o de oficio por el letrado o la letrada de la Administración de Justicia si entendiera que, por la naturaleza y circunstancias del litigio o por la solución dada judicialmente en casos análogos, pudiera ser factible que las partes alcanzaran un acuerdo (art. 82.2 LRJS).

Cuando sea el LAJ quien acuerde de oficio la celebración separada, la valoración de las circunstancias que aconsejen la misma deberá efectuarla con anterioridad a la resolución por la que se acuerde la admisión a trámite de la demanda, toda vez que en dicha resolución ya debe señalarse el día y la hora para la celebración separado o sucesiva de los actos de conciliación y juicio (art. 82.1 LRJS). No se prevé la posibilidad de que, habiéndose señalado en la resolución de admisión a trámite de la demanda el día y la hora para la celebración sucesiva, se pueda acordar, posteriormente, por el LAJ, la celebración separada. A diferencia de lo que parece que sí cabría cuando la celebración separada se haga a instancia de las partes.

No está clara la tramitación cuando la solicitud provenga de las partes, ya que el art. 82.2 LRJS se limita a señalar que los actos de conciliación y juicio se podrán celebrar por separado *«a instancia de cualquiera de las partes, si estimaran razonadamente que existe la posibilidad de llegar a un acuerdo conciliatorio»*. En cuanto al momento en que las partes pueden solicitarlo, el demandante podrá hacerlo en la demanda y el demandado, a falta de otra previsión, parece que podrá

7. DÍAZ SÁEZ, R. y ESCUDERO MORATALLA, J. F., «La convocatoria a los actos de conciliación y/o juicio en la Ley Reguladora de la Jurisdicción Social: ¿Fin de la única, pero sucesiva citación?», *Diario La Ley*, n.º 9753, 14 de diciembre de 2020, p. 1 del documento digital.

8. DE LAMO RUBIO, J., «La conciliación intraprocesal social en la Ley Orgánica de eficiencia del Servicio Público de Justicia», *Diario La Ley*, n.º 10648, 21 de enero de 2025, p. 8 del documento digital.

hacerlo cuando se le notifique la citación para la celebración sucesiva de los actos de conciliación y juicio, mediante escrito dirigido al órgano jurisdiccional; en todo caso, no se señala plazo para dicha solicitud.

Lo que sí parece es que la mera solicitud de cualquiera de las partes no bastará para acordar la celebración separada, puesto que, si se requiere que exista razonadamente posibilidad de acuerdo, deberán explicarse las razones que justifican la petición, las cuales habrán de ser valoradas por el LAJ.

La nueva redacción del art. 82.1 LRJS afirma que «*En el caso de que la representación corresponda al abogado del Estado, al letrado o letrada de la Administración de la Seguridad Social, a los representantes procesales de las Comunidades Autónomas o de la Administración Local o al letrado o la letrada de las Cortes Generales, la resolución de admisión a trámite señalará el día y la hora en que deba tener lugar el acto del juicio*». Excepción a la conciliación intraprocesal semejante a la excepción de conciliación o mediación previa en aquellos procesos en los que la representación corresponda al abogado del Estado, al letrado o letrada de la Administración de la Seguridad Social, a los representantes procesales de las Comunidades Autónomas o de las Administraciones Locales o al letrado o letrada de las Cortes Generales (art. 64.2.a) LRJS).

4.3. CELEBRACIÓN DEL ACTO DE CONCILIACIÓN

En el caso de que tenga lugar el acto de conciliación de forma separada, el mismo debe celebrarse a partir de los diez días desde la admisión de la demanda, debiendo mediar al menos un plazo de treinta días entre el acto de conciliación y la celebración del juicio (art. 82.3 LRJS), mientras que, de celebrarse la conciliación y el juicio de forma sucesiva, la antelación entre la citación y la efectiva celebración de dichos actos debe ser, como mínimo, de diez días. La celebración separada de los actos de conciliación y juicio conlleva, por tanto, una importante demora en la celebración del juicio.

El art. 82.2 LRJS, en la redacción dada por la LOEP, prescribe que, en el señalamiento del acto de conciliación anticipada también se procurará fijar para un mismo día los procedimientos que se refieran a los mismos interesados y no puedan ser acumulados, haciendo de aplicación lo previsto en el art. 82.1 LRJS para el señalamiento de vistas y juicios.

La nueva redacción del art. 83.3 LRJS dada por la LOEP añade a la consecuencia, ya existente, a la incomparecencia injustificada del demandado al acto de conciliación, de que no impedirá la celebración de los actos de conciliación y juicio, continuando éste sin necesidad de declarar su rebeldía, la de que ello *será «sin perjuicio de la sanción que, por esta circunstancia, se podrá imponer en sentencia en los términos establecidos en el artículo 97.3»*. El citado art. 97.3 LRJS prevé la imposición de sanción pecuniaria «*dentro de los límites que se fijan en el apartado 4 del artículo 75 al litigante que no acudió injustificadamente al acto de conciliación ante el servicio administrativo correspondiente o a mediación, de acuerdo con lo establecido en el artículo 83.3»*, con lo que parece que dicha sanción será aplicable tanto en los supuestos de incomparecencia injustificada a la conciliación o mediación previa a la demanda como a la conciliación intraprocesal, que es a la que se refiere el art. 83.3 LRJS. Por tanto, parece que podrá imponerse multa, por la no comparecencia al acto de conciliación intraprocesal, con los límites del art. 75.4 LRJS, en cuya virtud la multa podrá oscilar de ciento ochenta a seis mil euros, sin que en ningún caso pueda superar la cuantía de la tercera parte del litigio.

4.4. ACUERDO ALCANZADO ANTES DEL JUICIO

El art. 82.4 LRJS, en la redacción dada por la LOEP, mantiene la posibilidad, anteriormente existente, de que las partes puedan alcanzar, autónomamente, un acuerdo con anterioridad al juicio, de lo cual debe informarse a los litigantes en las cédulas de citación a los actos de conciliación y juicio. Sin perjuicio de esa posibilidad, se añade ahora que también debe consignarse, en la referida citación, que los litigantes podrán formalizar acuerdo *«en los términos previstos en el apartado 1 del artículo 84»*.

De acuerdo con el referido art. 84.1 LRJS, en la redacción dada por la LOEP, en el acto de conciliación celebrado ante el LAJ, si las partes alcanzan avenencia, el LAJ dictará decreto aprobándola y acordando, además, el archivo de las actuaciones (tal como se preveía anteriormente). Asimismo, corresponderá al LAJ la aprobación del acuerdo alcanzado por las partes antes del día señalado para el acto del juicio, si se señaló conciliación anticipada, o en la misma fecha del juicio de tratarse de conciliación y juicio señalados sucesivamente. Conforme a la nueva redacción. cuando el acuerdo venga firmado digitalmente por todas las partes, se dictará decreto en el plazo máximo de tres días; en su defecto, y para su posterior ratificación y firma, se citará a las partes a comparecencia en un plazo máximo de cinco días. La conciliación y la resolución aprobatoria, oral o escrita, se documentarán en la propia acta de comparecencia.

4.5. CONCILIACIÓN SEPARADA SIN ACUERDO

En el caso de celebrarse conciliación anticipada y no se haya alcanzado un acuerdo, conforme a la nueva redacción del art. 84.3 LRJS, el LAJ debe dejar constancia en el acta de los aspectos controvertidos que hayan impedido el mismo y, de concurrir cuestiones procesales que pudieran suscitar la suspensión del acto del juicio, tales como la existencia de terceros que deban ser llamados al procedimiento o la situación concursal de cualquiera de los intervinientes, debe advertir a las partes en los términos establecidos en el art. 81 LRJS. No está claro, no obstante, qué actuación de las reguladas en el art. 81 LRJS debe realizarse en el caso señalado.

En todo caso, de no existir tales cuestiones procesales, tendrá lugar el acto del juicio en la fecha de celebración separada que se señaló en la resolución de admisión a trámite de la demanda (art. 82.1 LRJS). Como se indicó, deberá mediar al menos un plazo de treinta días entre el acto de conciliación y la celebración del juicio (art. 82.3 LRJS).

4.6. CELEBRACIÓN POSTERIOR DEL JUICIO

Dado que, si se ha celebrado el acto de conciliación anticipada sin alcanzarse avenencia, habrá de procederse a la celebración del juicio en una fecha posterior, desaparece la referencia en el art. 85.1 LRJS a que, si no hubiera avenencia en conciliación, se pasará seguidamente a juicio. Ello tendrá lugar únicamente cuando se hubiera citado para la celebración sucesiva de los actos de conciliación y juicio.

Cuando haya tenido lugar la conciliación anticipada ante el LAJ, de acuerdo con el art. 82.3 LRJS, no será necesario reiterar dicha conciliación ante el LAJ en el día de la vista, salvo que con anterioridad a la celebración del acto de juicio las partes manifiesten su intención de alcanzar un acuerdo.

En todo caso, el art. 84.3 mantiene la previsión de que, en caso de no haber avenencia ante el letrado o la letrada de la Administración de Justicia y procederse a la celebración del juicio, si las partes alcanzasen en dicho juicio (conforme a lo contemplado en el art. 85.8 LRJS[9]), la aprobación del acuerdo conciliatorio que, en su caso, alcanzasen las partes en dicho momento corresponderá al juez, la jueza o el tribunal ante el que se hubiere obtenido mediante resolución oral o escrita documentada en el propio acuerdo. Pero si el acto del juicio se llegase a suspender por cualquier causa, sí cabrá la intervención del LAJ aprobando un acuerdo entre las partes.

4.7. ENTRADA EN VIGOR

La regulación sobre la celebración separada de los actos de conciliación y juicio previas previstas en los apartados 1 y 2 del art. 65 LRJS será de aplicación a los procedimientos que se inicien a partir del 3 de abril de 2024, conforme a lo dispuesto en el apartado 1 de la disposición transitoria novena de la LOEP.

9. *«El juez o tribunal, una vez practicada la prueba y antes de las conclusiones, salvo que exista oposición de alguna de las partes, podrá suscitar la posibilidad de llegar a un acuerdo y de no alcanzarse el mismo en ese momento proseguirá la celebración del juicio»*.

5. MODIFICACIONES EN RELACIÓN CON LA PRUEBA

5.1. DILIGENCIAS DE PREPARACIÓN DE LA PRUEBA

El art. 90.3 LRJS, en la redacción dada por la LOEP, amplía de cinco a diez los días de antelación para solicitar diligencias de preparación de la prueba a practicar en juicio, manteniéndose la salvedad de que el señalamiento se deba efectuar con antelación menor, en cuyo caso el plazo será de tres días. En todo caso, como afirma ahora el precepto, la realización de las diligencias de preparación de la prueba no afectará a lo que el juez, la jueza o el tribunal decida sobre su admisión o inadmisión en el acto del juicio.

5.2. EL NUEVO RÉGIMEN DE APORTACIÓN DE LA PRUEBA DOCUMENTAL Y PERICIAL

5.2.1. La fundamentación de la reforma

La LOEP ha modificado radicalmente el régimen de aportación de la prueba documental y pericial en el procedimiento social, obligándose ahora a que, tanto la parte demandante como la parte demandada, aporten, en todos los casos, dichas pruebas con antelación a la fecha del juicio. Es esta una modificación que afecta profundamente al principio de concentración —el cual, conforme al art. 74.1 LRJS, es uno de los principios esenciales del proceso social— y que obliga a cambiar la actuación tanto de los órganos jurisdiccionales de instancia como la de las partes y los profesionales que intervienen ante ellos.

La exposición de motivos de la LOEP no se pronuncia sobre esta modificación, lo que se debe a fue introducida por vía de enmienda[10] y, posteriormente no se actualizó dicha exposición de motivos.

La justificación de la enmienda que incorpora la nueva redacción expone que la celebración de las vistas por videoconferencia y el expediente digital producen complicaciones en la práctica de la prueba en el juicio oral, cuya solución pasa por una reforma del proceso laboral que obligue a las partes a aportar la prueba documental y pericial de que pretendan valerse antes del acto del plenario, de manera que ambas partes deban aportar su prueba con tiempo suficiente para que se pueda dar traslado a la contraria para examen.

A este respecto, cabe señalar que, con anterioridad, la LRJS ya contemplaba, en determinados supuestos, la posibilidad de aportación anticipada de prueba documental o pericial. Conforme al art. 82.4 LRJS, en la redacción anterior a la LOEP, de oficio o a petición de parte, *«podrá requerirse el previo traslado entre las partes o la aportación anticipada, en soporte preferiblemente informático, con cinco días de antelación al acto de juicio, de la prueba documental o pericial que,*

10. Enmienda 334 del Grupo Socialista, *Enmiendas e índice de enmiendas al articulado*, BOCG, Congreso de los Diputados, 9 de agosto de 2024, p. 392.

por su volumen o complejidad, sea conveniente posibilitar su examen previo al momento de la práctica de la prueba». Si bien es cierto que la doctrina del TS, interpretando este precepto[11], había afirmado que la medida dispuesta por el art. 82.4 LRJS no iba acompañada de expresa posible consecuencia y mucho menos de previsión preclusoria alguna, de forma que no resultaba ajustado a derecho entender que la desatención al requerimiento judicial comportaba la preclusión del trámite de prueba y la imposibilidad de que posteriormente se propusiera y practicara nueva prueba documental y/o pericial, en contra de lo que al efecto se dispone con carácter general por el art. 87.1 LRJS en orden a la práctica de la prueba en el acto de juicio. Asimismo, afirmaba que el art. 82.4 LRJS se limitaba a la prueba «que "por su volumen o complejidad, sea conveniente posibilitar su examen previo al momento de la práctica de la prueba", con lo que es claro que la conminación judicial nunca podría alcanzar a pruebas que no revistiesen ese "volumen o complejidad que la norma contempla"», de manera que, si la documental o pericial iban referidas a aspectos concretos o limitados que no comportaran dificultad de examen, por la propia dicción de la norma estarían exentas de su presentación anticipada.

La misma previsión se incorporó posteriormente en el art. 124.10 LRJS, en sede de impugnación de despidos colectivos por causas económicas, organizativas, técnicas o de producción o derivadas de fuerza mayor, en el que se establece que, en la citación al acto del juicio, se acordará de oficio el previo traslado entre las partes o la aportación anticipada, en soporte preferiblemente informático, con cinco días de antelación al acto de juicio, de la prueba documental o pericial que, por su volumen o complejidad, sea conveniente posibilitar su examen previo al momento de la «práctica de la prueba». Interpretando este precepto, el TS[12] afirmó la conclusión que posteriormente alcanzó sobre el art. 82.4 LRJS, entendiendo que no existen diferencias esenciales entre los arts. 82.4 y 124.10 LRJS sin que, por tanto, el posible incumplimiento del requerimiento judicial de aportación anticipada de prueba documental o pericial voluminosa o compleja pueda, en ninguno de los casos, comportar la preclusión de la aportación de tales pruebas en el acto del juicio.

Ciertamente, el sometimiento con carácter general de la práctica de la prueba en el proceso social al principio de concentración plantea dificultades a la hora de desarrollar la actividad probatoria por las partes, toda vez que, en relación con las pruebas documentales y periciales, así como con las pruebas tecnológicas, la necesidad (con ciertas excepciones) de ser practicada en el acto del juicio hace difícil, en muchos casos, como ya se ponía de manifiesto[13] con anterioridad a la LRJS, realizar actividades de cotejo y comprobaciones técnicas

11. STS 9 de diciembre de 2014, RJ\2014\6893.
12. STS 2 de diciembre de 2014, RJ\2014\6870.
13. SEGALÉS FIDALGO, J., «Prueba documental y proceso de trabajo. Apuntes para una reforma de la LPL», *Revista de Derecho Social*, 2002-18, p. 13.

necesarias para refutar las pruebas aportadas por la otra parte. Más recientemente, en relación con la introducción de la posibilidad de celebración mediante videoconferencia de vistas se han destacado[14] los inconvenientes que plantea la aportación de la prueba en el juicio oral, puesto que la aportación de la prueba documental en el juicio oral obliga a dar traslado a las partes contrarias, quienes deben examinar la prueba para valorarla y para decidir si impugnan su autenticidad o la exactitud de la copia, lo cual causa una importante demora y puede provocar indefensión, en la medida en que las partes procesales no puedan examinar minuciosamente la prueba documental aportada por la contraparte en aras de la defensa de sus intereses.

Los juicios telemáticos, efectivamente, pueden plantear dificultades para la práctica de la prueba documental, como las abordadas en la STS 756/2024, de 29 de mayo (JUR\2024\167505). La situación examinada es la de juicio oral celebrado con asistencia presencial de la parte actora y telemática de las demandadas, en el que la parte demandada presentó la prueba documental antes del juicio oral, mientras que la parte demandante aportó numerosa prueba documental en el juicio, de la que el Juzgado de lo Social no dio traslado a la parte contraria, que no pudo oponerse a su admisión, ni impugnar su autenticidad o exactitud, ni argumentar en contra de su fuerza probatoria en el trámite de conclusiones. El TS afirma que ello vulneró la garantía de contradicción y el derecho a la igualdad de armas en el proceso, que se integran en el art. 24 de la Constitución, así como también vulneró el art. 229.3 de la LOPJ, que establece que las vistas «podrán realizarse a través de videoconferencia u otro sistema similar [...] asegurando en todo caso la posibilidad de contradicción de las partes y la salvaguarda del derecho de defensa».

Al objeto de responder a esta problemática, se planteaba[15] que la prueba documental y los dictámenes periciales deberían aportarse con al menos cinco días de antelación al juicio oral, lo cual garantizaría la igualdad de armas procesales entre la parte actora y la demandada porque ambas partes tendrían que presentar su prueba documental en idéntico plazo y ello les concedería el mismo tiempo para examinar la prueba de la contraparte.

Otras propuestas han venido planteando la introducción de la obligación, en el proceso social, de la aportación de los documentos con la demanda, en los términos de la LEC, así como de una contestación escrita a la misma, también con aportación de documentos[16]. No es esta la opción acogida por la LOEP.

14. MOLINS GARCÍA-ATANCE, J., «La prueba en el proceso social y en los recursos: propuestas de reforma», *Cuadernos Digitales de Formación*, 2021-38, Consejo General del Poder Judicial, p. 5.
15. MOLINS, J. (nota 14), p. 7.
16. Al respecto, GÓMEZ ESTEBAN, J., «Juicios telemáticos en el orden jurisdiccional social ¿utopía transformada en realidad apresurada?», *Diario La Ley*, n.º 9662, 26 de junio de 2020,

El nuevo régimen introducido por la LOEP viene a alterar el régimen de la prueba en el proceso social basado en el principio de concentración, por cuanto ahora se establece el traslado o la aportación anticipada con carácter obligatorio y se prevé el carácter preclusivo para esta actividad.

5.2.2. Las nuevas reglas sobre aportación de prueba documental y pericial

De acuerdo con la nueva redacción del art. 82.5 LRJS, en la citación a las partes para el juicio se requerirá *«el previo traslado entre las partes o la aportación anticipada, con diez días de antelación al acto de juicio, de la prueba documental o pericial de que intenten valerse»*. En principio parece que la redacción sugiere que el traslado entre las partes o la aportación anticipada son medios alternativos de cumplir con esa obligación, si bien por la doctrina[17] se entiende que el sistema determina que dicha aportación ha de realizarse vía Lexnet o similar para su incorporación en el expediente judicial electrónico y simultáneamente el traslado entre las partes, a través de sus respectivos correos electrónicos profesionales, que son de preceptiva indicación en el primero de los escritos que se presenten en el procedimiento judicial (art. 53.2 LRJS).

La prueba se deberá presentar en formato electrónico (art. 82.5 LRJS), si bien, cuando la parte no venga obligada a relacionarse electrónicamente con la Administración de Justicia, se admitirá la presentación (con la antelación requerida) en papel o en otros soportes no digitales[18].

---

p. 9 del documento digital, DE LAMO RUBIO, J., «Juicios telemáticos y pruebas materiales en la jurisdicción social: La reforma pendiente (art. 87.1 LRJS)», *Diario La Ley*, n.º 10535, 27 de junio de 2024, p. 4 del documento digital, y SERRANO ESPINOSA, G. M., «Sobre la eficiencia procesal en la reforma del proceso laboral», *Diario La Ley*, n.º 10277, mayo de 2023, p. 2 del documento digital.

17. DE LAMO RUBIO, J., «La preceptiva aportación anticipada de las pruebas materiales en la jurisdicción social: El nuevo art. 82.5 LRJS», *Diario La Ley*, n.º 10642, 13 de enero de 2025, p. 5.

18. Conforme al art. 44 LRJS, las partes habrán de presentar todos los escritos y documentos en la forma establecida en el art. 135 LEC, pudiendo los trabajadores elegir en todo momento si actúan ante la Administración de Justicia a través de medios electrónicos o no. El art, 135 LEC se remite al art, 273 LEC, cuyo apartado 3 dispone que estarán obligados a intervenir a través de medios electrónicos con la Administración de Justicia, al menos, los siguientes sujetos:

    a) Las personas jurídicas.
    b) Las entidades sin personalidad jurídica.
    c) Quienes ejerzan una actividad profesional para la que se requiera colegiación obligatoria para los trámites y actuaciones que realicen con la Administración de Justicia en ejercicio de dicha actividad profesional.
    d) Los notarios y registradores.
    e) Quienes representen a un interesado que esté obligado a relacionarse electrónicamente con la Administración de Justicia.
    f) Los funcionarios de las Administraciones Públicas para los trámites y actuaciones que realicen por razón de su cargo.

Si bien el primer párrafo del art. 82.5 LRJS se refiere únicamente a *«la prueba documental o pericial»*, el segundo párrafo del precepto, al regular las consecuencias de la no aportación de la prueba en plazo, se refiere a *«los documentos, dictámenes, medios e instrumentos relativos al fondo del asunto»*, con lo que amplía la obligación de aportación anticipada también a los referidos medios o instrumentos. Con ello se está aludiendo a los *«medios de reproducción de la palabra, el sonido y la imagen, así como los instrumentos que permiten archivar y conocer o reproducir palabras, datos, cifras y operaciones matemáticas llevadas a cabo con fines contables o de otra clase, relevantes para el proceso»* que se indican en el art. 299.2 LEC y a los que se refiere el art. 90.1 LRJS.

El referido art. 90.1 LRJS prevé que las partes podrán servirse, como medio de prueba, de *«los procedimientos de reproducción de la palabra, de la imagen y del sonido o de archivo y reproducción de datos, que deberán ser aportados por medio de soporte adecuado y poniendo a disposición del órgano jurisdiccional los medios necesarios para su reproducción y posterior constancia en autos»*. De acuerdo con lo dispuesto en el art. 82.5 LRJS, también estos medios de prueba deberán ser aportados anticipadamente por las partes, cumpliendo con lo establecido en el art. 90.1 (soporte adecuado y medios necesarios para su reproducción y constancia), para lo cual deberá tenerse en cuenta lo previsto en el arts. 382 LEC para los medios de reproducción de la palabra, el sonido y la imagen y en el art. 384 LEC para los instrumentos que permiten archivar y conocer o reproducir palabras, datos, cifras y operaciones matemáticas.

El art. 82.5 LRJS, como se dijo, establece el carácter preclusivo del traslado o la aportación anticipada de la prueba documental, pericial y medios o instrumentos de archivo o reproducción, disponiendo que, transcurrido el plazo de los diez días anteriores a la celebración del juicio, sólo se admitirán a la parte actora o demandada los documentos, dictámenes, medios e instrumentos relativos al fondo del asunto cuando se hallen en alguno de los casos siguientes:

> *«1. Ser de fecha posterior siempre que no se hubiesen podido confeccionar ni obtener con anterioridad a dicho momento procesal.*
>
> *2. Tratarse de documentos, medios o instrumentos de fecha anterior, cuando la parte que los presente justifique no haber tenido antes conocimiento de su existencia.*
>
> *3. No haber sido posible obtener la prueba documental o dictamen pericial con anterioridad por causas no imputables a la parte, siempre que se hubiera efectuado en plazo la designación del archivo, protocolo o lugar en que se encuentren, o el registro, libro registro, actuaciones o expediente del que se pretenda obtener una certificación o anunciado, en su caso, el dictamen».*

Estos supuestos coinciden literalmente con los previstos en el art. 270.1 LEC.

El art. 82.5 LRJS dispone, seguidamente, que «*Cuando un documento, medio o instrumento sobre hechos relativos al fondo del asunto, se presentase una vez precluido el plazo indicado en este apartado, las demás partes podrán alegar en el juicio la improcedencia de tomarlo en consideración, por no encontrarse en ninguno de los casos indicados. El tribunal resolverá en el acto y, si apreciare ánimo dilatorio o mala fe procesal en la presentación del documento, podrá, además, imponer al responsable una multa dentro de los límites fijados en el apartado 4 del artículo 75*». Esta previsión también coincide, en su integridad, con lo establecido en el art. 270.2 LEC.

5.2.3. Cuestiones planteadas sobre aspectos no regulados.

De este modo, se han incorporado a la LRJS algunos aspectos del régimen de aportación de la prueba documental de la LEC, si bien se echan de menos algunas previsiones de la LEC que pueden ser relevantes.

Así, por un lado, no se ha recogido en la LRJS una regla que permita a la parte demandante aportar documentos con posterioridad a las alegaciones del demandado y cuya relevancia pueda ponerse de manifiesto como consecuencia de dicha contestación.

La LEC sí contempla, en el art. 265.3, que «*el actor podrá presentar en la audiencia previa al juicio, o en la vista del juicio verbal, los documentos, medios, instrumentos, dictámenes e informes, relativos al fondo del asunto, cuyo interés o relevancia sólo se ponga de manifiesto a consecuencia de alegaciones efectuadas por el demandado en la contestación a la demanda*». En relación con esta previsión la jurisprudencia de la Sala Primera del TS ha afirmado[19] que «la imposibilidad de presentar documentos en que se funde la demanda con posterioridad a ésta establecida hoy en el artículo 269 LEC no impide la presentación de documentos que tengan carácter accesorio o complementario o que se presenten con la finalidad de oponerse a las excepciones formuladas por la parte demandada», señalando que «en el acto de la audiencia previa pueden aportarse documentos y dictámenes que se justifiquen en razón de las alegaciones complementarias, es decir, de aquellas que los litigantes formulen en la audiencia "sin alterar sustancialmente sus pretensiones" y los fundamentos de estas expuestos en sus escritos [...] y, en particular, "el actor podrá presentar en la audiencia previa al juicio los documentos, medios, instrumentos, dictámenes e informes, relativos al fondo del asunto, cuyo interés o relevancia sólo se ponga de manifiesto a consecuencia de alegaciones efectuadas por el demandado en la contestación a la demanda" (artículo 265.3 LEC)». Las referencias a la audiencia previa pueden ser extrapolables al juicio verbal.

19. STS 2 de octubre de 2009, RJ\2010\655 y STS 24 de abril de 2012, RJ\2012\6096.

Esta posibilidad, en todo caso, no es incondicionada, toda vez que, como también ha reconocido la Sala Primera del TS[20], si bien ha permitido aportar en período de prueba aquellas que completen las presentadas con la demanda o la contestación o tengan como finalidad contrarrestar los alegatos de la otra parte, en tales casos el juez debe determinar en cada supuesto si lo que se pretende aportar persigue desvirtuar las alegaciones hechas o enmendar o corregir un error o una omisión involuntaria, con el fin de evitar que en virtud de la norma contenida en el artículo 265.3 LEC se introduzcan documentos que no se aportaron en su día, lo que produciría una lesión del derecho a la defensa del demandado; por tanto, el juez tiene la facultad de negar la aportación de aquellos documentos que no se ajusten a la estricta previsión legal.

En el sistema instaurado por el nuevo art. 82.5 LRJS, no se prevé la posibilidad de que la parte actora pueda aportar prueba documental, pericial, de medios o instrumentos, después de que la parte demandante haya hecho sus alegaciones. Queda la duda sobre si, en el caso que se tratara de pruebas pertinentes para hacer valer su posición, la solicitud de su incorporación en el acto del juicio, tras las alegaciones de la parte demandada, no debiera ser aceptada con fundamento en su derecho a utilizar los medios de prueba pertinentes para su defensa (art. 24.2 CE).

Por otro lado, también se suscita la duda sobre si la parte demandada podría aportar nueva prueba documental, pericial, medios o instrumentos, en relación con las posibles ampliaciones de la demanda que la parte actora puede efectuar en el acto de la vista, sin que constituyan variación sustancial de dicha demanda, al amparo del art. 85.1 LRJS. En la LEC (art. 426) se contempla la posibilidad, en el juicio ordinario, de que las partes puedan, en la comparecencia previa, sin alterar sustancialmente sus pretensiones ni los fundamentos de éstas expuestos en sus escritos, efectuar alegaciones complementarias en relación con lo expuesto de contrario; en tal caso, las partes podrán aportar documentos y dictámenes que se justifiquen en razón de las referidas alegaciones complementarias (art. 426.5 LEC). Nuevamente, se suscita la duda de si, efectuada una ampliación no sustancial en el acto del juicio, el derecho a utilizar los medios de prueba pertinentes del art. 24 CE, no obligaría a permitir la aportación de prueba relacionada con dicha ampliación.

En los dos casos señalados (alegaciones de la parte demandada y ampliación de la demanda por la parte demandante) se trata de manifestaciones sobre las que la contraparte no ha tenido oportunidad de proponer prueba, por lo que el derecho a utilizar los medios de prueba pertinentes parece que exige proporcionar la posibilidad de aportar medios de prueba para hacer valer la posición respectiva de cada parte. Como se recoge en la anteriormente citada STS 756/2024, de 29 de mayo (JUR\2024\167505), la garantía de contradicción se

20. STS 23 de marzo de 2010, RJ\2010\3922.

integra en el derecho a la tutela judicial efectiva del art. 24 de la Constitución, afirmando que el TC «sostiene que "la imposibilidad de tomar en consideración las alegaciones oportunamente deducidas por las partes puede implicar una quiebra del principio de contradicción causante de indefensión (art. 24.1 CE), siempre que se verifique que la decisión fue efectivamente adoptada *inaudita parte* y que ello no ocurrió por voluntad expresa o tácita o negligencia imputable a la parte (por todas, STC 307/2005, de 12 de diciembre, F. 2)" (sentencia del TC 116/2007, de 21 mayo. FJ 3)». Lo cual justificaría que, en el acto del juicio, se admitiera la presentación de la prueba que se encontrara en los casos expuestos.

En el caso de solicitud de aportación de prueba documental, pericial, de medios o instrumentos, en el acto del juicio, que fuere denegada, debe tenerse en cuenta, a efectos de ulterior recurso, lo previsto en el art, 87.2 LRJS, en cuya virtud la parte proponente *«podrá hacer constar su protesta en el acto contra la inadmisión de cualquier medio de prueba, diligencia o pregunta, consignándose en el acta la pregunta o la prueba solicitada, la resolución denegatoria, la fundamentación razonada de la denegación y la protesta, todo a efectos del correspondiente recurso contra la sentencia»*.

Lo que se ha venido exponiendo hasta ahora resulta igualmente de aplicación en los casos en los que la parte demandada haya formulado reconvención conforme a los arts. 25 y 86 LRJS.

5.2.4. Preceptos sin modificar

La reforma ha dejado sin modificar algunas previsiones de la LRJS que pueden entrar en contradicción con el art. 82.5 LRJS. Ello ocurre, como se ha advertido[21], con los arts. 82.4, 87.1 y 97.1 LRJS.

El art. 82.4 LRJS mantiene la previsión, anteriormente contenida en el art. 82.3 LRJS, de que en la cédula de citación para los actos de conciliación y juicio se hará constar *«que los litigantes han de concurrir al juicio con todos los medios de prueba de que intenten valerse»*. Asimismo, el art. 87.1 LRJS establece que *«Se admitirán las pruebas que se formulen y puedan practicarse en el acto, respecto de los hechos sobre los que no hubiere conformidad salvo en los casos en que la materia objeto del proceso esté fuera del poder de disposición de los litigantes, siempre que aquéllas sean útiles y directamente pertinentes a lo que sea el objeto del juicio y a las alegaciones o motivos de oposición previamente formulados por las partes en el trámite de ratificación o de contestación de la demanda»*. Y el art. 97.1 LRJS dispone que *«De la prueba documental aportada, que deberá estar adecuadamente presentada, ordenada y numerada, se dará traslado a las partes en el acto del juicio, para su examen»*.

21. DE LAMO, J. (nota 17), pp. 6-7 del documento digital.

Dada la modificación del art. 82.5 LRJS, ha de entenderse que las pruebas a las que se refieren los preceptos citados serán todas aquellas que no han tenido que (o podido) aportarse anticipadamente conforme a dicho art. 82.5.

Asimismo, el art. 85.3 LRJS, en relación con la alegación de la afectación general a efectos de la procedencia del recurso de suplicación, sigue estableciendo que, en el acto del juicio, *«las partes podrán alegar cuanto estimen conveniente a efectos de lo dispuesto en la letra b) del apartado 3 del artículo 191, ofreciendo, para el momento procesal oportuno, los elementos de juicio necesarios para fundamentar sus alegaciones»*. En este caso parece que habría de entenderse que, dado que la prueba que, en su caso se aporte, no está relacionada con el fondo del asunto, que es lo que indica el art. 82.5 LRJS para que tenga lugar el traslado o la aportación anticipada, sino con la acreditación de un requisito para la admisión del recurso de suplicación, cabría su aportación en el acto del juicio, en los términos que prevé el art. 85.3 LRJS.

5.3. NORMAS ESPECÍFICAS DE LAS MODALIDADES PROCESALES ESPECIALES

En algunas modalidades procesales especiales se contemplan normas particulares en relación con la aportación de determinada prueba documental, debiendo examinarse si se mantienen o no tras la modificación del art. 82.5.

5.3.1. La aportación del expediente administrativo

La LRJS regula la aportación del expediente administrativo por la Administración demandada en determinados supuestos (materia electoral, arts. 135 y 136, prestaciones de Seguridad Social, arts. 143 y 144, impugnación de actos administrativos en materia laboral y de Seguridad Social excluidos los prestacionales, art. 151, impugnaciones relativas a los estatutos de los sindicatos y de las asociaciones empresariales o a su modificación, arts. 170 y 174). Conforme al art. 102.1 LRJS, las disposiciones establecidas para el proceso ordinario regirán en todo lo que no esté expresamente previsto para las modalidades procesales; en el caso de la aportación del expediente administrativo parece que ha de entenderse que la regulación especial para las modalidades procesales desplaza lo establecido en el art. 82 LRJS sobre aportación anticipada de la prueba documental, siendo de aplicación el régimen establecido para la aportación del expediente administrativo.

5.3.2. Despidos colectivos por causas económicas, organizativas, técnicas o de producción o derivadas de fuerza mayor

Como se comentó con anterioridad, el art. 124.10 LRJS prevé que *«En la citación se acordará de oficio el previo traslado entre las partes o la aportación anticipada, en soporte preferiblemente informático, con cinco días de antelación al acto de juicio, de la prueba documental o pericial que, por su volumen o complejidad, sea conveniente posibilitar su examen previo al momento de la práctica de la prueba»*. Es una norma semejante, como se dijo a la que se recogía en la redacción del art. 82.4 LRJS anterior a la LOEP. Dado que el art. 102.1 LRJS afirma que las disposiciones establecidas para el proceso ordinario regirán en todo lo que no esté expresamente previsto para las modalidades procesales y, en este caso, sí existe una disposición especial, parece que, también en este caso, lo dispuesto en el art. 124.10 LRJS desplaza lo previsto en el art. 82.5 LRJS.

5.4. ENTRADA EN VIGOR

De acuerdo con el apartado 1 de la disposición transitoria novena de la LOEP, sus previsiones serán aplicables exclusivamente a los procedimientos incoados con posterioridad a su entrada en vigor. Por tanto, hay que entender que las normas sobre traslado o aportación anticipada de las pruebas a que se refiere el art. 82.5 LRJS serán de aplicación a los procedimientos que se inicien a partir del 3 de abril de 2024.

6. MODIFICACIONES EN RELACIÓN CON LOS RECURSOS

6.1. SUPRESIÓN DE LA OBLIGACIÓN DE ACOMPAÑAR COPIAS DEL RECURSO PARA LAS PARTES RECURRIDAS

Para el recurso de suplicación, se modifica el apartado 1 del art. 196 LRJS, en el sentido de suprimir la obligación de acompañar copias del recurso para las partes recurridas.

En el recurso de casación ordinario, se modifica el apartado 1 del art. 210 LRJS, en el mismo sentido de eliminar la obligación de presentación de copias del escrito de formalización para las partes recurridas.

En el recurso de casación para la unificación de doctrina, igualmente se suprime en el apartado 1 del art. 221 LRJS la obligación de acompañar con el escrito de preparación del recurso copias para las partes recurridas y, en el art. 223.2 LRJS, la obligación de acompañar copias del escrito de interposición del recurso.

6.2. DETERMINACIÓN DE LA EXTENSIÓN Y CONDICIONES EXTRÍNSECAS DE LOS RECURSOS DE CASACIÓN

La nueva redacción del art. 210.3 LRJS dispone, para el recurso de casación ordinario, que la Sala de Gobierno del Tribunal Supremo *«podrá determinar, mediante acuerdo que se publicará en el "BOE", la extensión máxima y otras condiciones extrínsecas, incluidas las relativas al formato en el que deban ser presentados, de los escritos de formalización y de impugnación de los recursos de casación»*.

Conforme al art. 224.5 LRJS, lo preceptuado en el referido art. 210.3 LRJS es de aplicación a los escritos de interposición y de impugnación del recurso de casación para la unificación de doctrina.

Se trata de una norma semejante a la contenida en el art. 481.8[22] LEC y en el art. 87 bis[23] LJCA.

6.3. EL REQUISITO DEL INTERÉS CASACIONAL OBJETIVO EN EL RECURSO DE CASACIÓN PARA LA UNIFICACIÓN DE DOCTRINA

6.3.1. Nuevo requisito en el recurso de casación para la unificación de doctrina

La LOEP ha introducido un nuevo requisito para la admisibilidad del recurso de casación para la unificación de doctrina, consistente en la existencia de «interés casacional objetivo», el cual se acumula a la necesidad de contradicción entre sentencias propia de este recurso. Conforme al art. 219.1 LRJS, el recurso de casación para la unificación de doctrina *«tendrá por objeto la unificación de doctrina con ocasión de sentencias dictadas en suplicación por las Salas de lo Social de los Tribunales Superiores de Justicia, que fueran contradictorias entre sí, con la de otra u otras Salas de los referidos Tribunales Superiores o con sentencias del Tribunal Supremo, respecto de los mismos litigantes u otros diferentes en idéntica situación donde, en mérito a hechos, fundamentos y pretensiones sustancialmente iguales, se hubiere llegado a pronunciamientos distintos, siempre que la Sala Social del Tribunal Supremo aprecie que el recurso presenta interés casacional objetivo»*.

La introducción de este nuevo requisito viene a avanzar en la función del recurso de casación como instrumento para la tutela del denominado *«ius constitutionis»*, es decir, como afirma la doctrina[24], de la unidad en la interpretación de la ley, con la doble finalidad de llegar a una interpretación adecuada de la norma (nomofilaxis) y evitar que, por una interpretación diferente de la misma llevada a cabo por los diversos órganos jurisdiccionales, deje de aplicarse en todas partes por igual (unificación); situándose esa finalidad de interés público y objetivo fuera y por encima de la finalidad propia del proceso judicial entablado por los litigantes (el *«ius litigatoris»*). La concepción del recurso de casación para la unificación de doctrina en la jurisdicción social vino a recoger dicha idea,

22. En el que se fundamenta el Acuerdo de 8 de septiembre de 2023, de la Sala de Gobierno del Tribunal Supremo, sobre la extensión y otras condiciones extrínsecas de los escritos de recurso de casación y de oposición civiles (BOE de 21 de septiembre de 2023).
23. En el que se fundamenta el Acuerdo de 20 de abril de 2016, de la Sala de Gobierno del Tribunal Supremo, sobre la extensión máxima y otras condiciones extrínsecas de los escritos procesales referidos al Recurso de Casación ante la Sala Tercera del Tribunal Supremo (BOE de 6 de julio de 2016).
24. MOLINER TAMBORERO, G., en MOLINER TAMBORERO, G. y SAMPEDRO CORRAL, M., *El recurso de casación laboral*, Tirant lo Blanch, Valencia, 2009, p. 17.

por cuanto en el mismo la función principal y directa es la unificadora y la indirecta la consecución de la justicia para el caso concreto[25].

En todo caso, ya venía abogándose por la configuración de un recurso de casación que solo fuera posible cuando concurra un interés superior al de los particulares, es decir, cuando concurre un «interés casacional» de carácter objetivo fundado en la existencia de un interés general superior al de los litigantes[26]. Avanzando en esa tendencia, más recientemente se venían formulando propuestas dirigidas a incorporar en el recurso de casación social el requisito del interés casacional, ya recogido para los recursos de casación civil, penal (para algunos supuestos) y contencioso-administrativo, que se fundamentaban en la necesidad de permitir al Tribunal Supremo la gestión ordenada del recurso de casación para la unificación de doctrina, rechazando el conocer de asuntos que no tuvieran relevancia doctrinal para la formación de jurisprudencia, rebasando de forma casi completa el «*ius litigatoris*» como referencia de la casación, para alcanzar plenamente la exclusiva finalidad del cuidado y conservación del ordenamiento jurídico como objetivo primordial de la actuación del Tribunal Supremo[27].

Recogiendo estas propuestas, la exposición de motivos de la LOEP afirma que se perfila la existencia de interés casacional objetivo, *«entendiendo que existe si concurren circunstancias que aconsejen un nuevo pronunciamiento de la Sala, cuando la cuestión posee una trascendencia o proyección significativa, o si el debate suscitado presenta relevancia para la formación de la jurisprudencia»*. La modificación, que no figuraba en el proyecto de ley, tuvo entrada en LOEP por vía de enmienda[28].

En todo caso, debe advertirse que la configuración del interés casacional objetivo en el recurso de casación para la unificación de doctrina en el orden social no es la misma que la que tiene en el orden civil o el contencioso-administrativo. Como se ha señalado, en el orden social el requisito del interés casacional se exige para el recurso de casación para la unificación de doctrina, de manera que, a partir de ahora, la viabilidad del recurso requiere la concurrencia acumulativa del requisito de la contradicción de sentencias y, además, que se aprecie la existencia del interés casacional objetivo.

Este interés casacional objetivo, por otro lado, no se identifica con el «contenido casacional de la pretensión» cuya ausencia el art. 225.4.d) LRJS contempla como causa de inadmisión del recurso de casación para la unificación de

25. MOLINER, G. (nota 24), p. 25.
26. MOLINER, G. (nota 24), p. 22.
27. SAN CRISTÓBAL VILLANUEVA, J. M., «El "interés casacional" como criterio de admisión de los recursos de casación: algunas reflexiones para el caso de su futura aplicación en la jurisdicción laboral», *Trabajo y Derecho*, 2023-97, p. 15 del documento digital.
28. Enmienda n.º 318 del Grupo Parlamentario Socialista, BOCG, *Enmiendas e índice de enmiendas al articulado,* Congreso de los Diputados, de 9 de agosto de 2024, p. 314.

doctrina. Sobre esta falta de contenido casacional, el TS afirma que «la función institucional del recurso de casación para la unificación de doctrina es procurar la aplicación uniforme del ordenamiento jurídico por los órganos judiciales del orden social», por lo que «podrán ser inadmitidos los recursos de casación para unificación de doctrina que carezcan de contenido casacional, esto es, los que se interpusieran contra sentencias cuyas decisiones sean coincidentes con la doctrina sentada por esta Sala del Tribunal Supremo» (ATS de 11 de junio de 2024 (JUR\2024\177709) y las que en él se citan). El requisito del interés casacional objetivo tiene un alcance más amplio que ese contenido casacional referido a la coincidencia de la sentencia recurrida con la doctrina unificada del TS.

6.3.2. Supuestos de existencia de interés casacional objetivo

El art. 219.1 LRJS dispone que existe interés casacional objetivo cuando se de alguno de los siguientes supuestos:

> *«a) Si concurren circunstancias que aconsejen un nuevo pronunciamiento de la Sala.*
>
> *b) Si la cuestión posee una trascendencia o proyección significativa.*
>
> *c) Si el debate suscitado presenta relevancia para la formación de la jurisprudencia».*

Estos supuestos, por su indeterminación, difieren notablemente de los previstos en el orden civil y el contencioso-administrativo. En estos, tanto la LEC como la LJCA perfilan el interés casacional con referencia a circunstancias concretas, que delimitan el presupuesto para poder apreciar la existencia de interés casacional.

El art. 477.3 LEC prevé que se considerará que un recurso presenta interés casacional *«cuando la resolución recurrida se oponga a doctrina jurisprudencial del Tribunal Supremo o resuelva puntos y cuestiones sobre los que exista jurisprudencia contradictoria de las Audiencias Provinciales o aplique normas sobre las que no existiese doctrina jurisprudencial del Tribunal Supremo»*. Y, cuando se trate de recursos de casación de los que deba conocer un Tribunal Superior de Justicia, se entenderá que existe interés casacional *«cuando la sentencia recurrida se oponga a doctrina jurisprudencial, o no exista doctrina del Tribunal Superior de Justicia sobre normas de Derecho especial de la Comunidad Autónoma correspondiente, o resuelva puntos y cuestiones sobre los que exista jurisprudencia contradictoria de las Audiencias Provinciales»*. Asimismo, se podrá apreciar que existe interés casacional notorio *«cuando la resolución impugnada se haya dictado en un proceso en el que la cuestión litigiosa sea de interés general para la interpretación uniforme de la ley estatal o autonómica. Se entenderá que existe interés general cuando la cuestión afecte potencial o efectivamente a un gran número de situaciones, bien en sí misma o por trascender del caso objeto del proceso»*.

Además, el art. 477.2 LEC dispone que *«podrá interponerse en todo caso recurso de casación contra sentencias dictadas para la tutela judicial civil de derechos fundamentales susceptibles de recurso de amparo, aun cuando no concurra interés casacional»*.

Por su parte, conforme al art. 88.2 LJCA el Tribunal de casación podrá apreciar que existe interés casacional objetivo cuando, entre otras circunstancias, la resolución que se impugna:

> *«a) Fije, ante cuestiones sustancialmente iguales, una interpretación de las normas de Derecho estatal o de la Unión Europea en las que se fundamenta el fallo contradictoria con la que otros órganos jurisdiccionales hayan establecido.*
>
> *b) Siente una doctrina sobre dichas normas que pueda ser gravemente dañosa para los intereses generales.*
>
> *c) Afecte a un gran número de situaciones, bien en sí misma o por trascender del caso objeto del proceso.*
>
> *d) Resuelva un debate que haya versado sobre la validez constitucional de una norma con rango de ley, sin que la improcedencia de plantear la pertinente cuestión de inconstitucionalidad aparezca suficientemente esclarecida.*
>
> *e) Interprete y aplique aparentemente con error y como fundamento de su decisión una doctrina constitucional.*
>
> *f) Interprete y aplique el Derecho de la Unión Europea en contradicción aparente con la jurisprudencia del Tribunal de Justicia o en supuestos en que aun pueda ser exigible la intervención de éste a título prejudicial.*
>
> *g) Resuelva un proceso en que se impugnó, directa o indirectamente, una disposición de carácter general.*
>
> *h) Resuelva un proceso en que lo impugnado fue un convenio celebrado entre Administraciones públicas.*
>
> *i) Haya sido dictada en el procedimiento especial de protección de derechos fundamentales»*.

Se trata de un listado de supuestos de interés objetivo casacional no exhaustivo, si bien ello no permite, la mera invocación de «otros supuestos» o «circunstancias» sin mayor argumentación, pues cuando se invoca un interés casacional no contemplado el precepto, resulta exigible a quien así lo hace una cuidada y rigurosa justificación del interés casacional que esgrime[29].

29. GABINETE TÉCNICO, TRIBUNAL SUPREMO, SALA DE LO CONTENCIOSO-ADMINISTRATIVO, *Práctica procesal del recurso de casación contencioso-administrativo*, junio 2024, p. 15.

Y, según el art. 88.3 LJCA, se presumirá que existe interés casacional objetivo:

«a) Cuando en la resolución impugnada se hayan aplicado normas en las que se sustente la razón de decidir sobre las que no exista jurisprudencia.

b) Cuando dicha resolución se aparte de la jurisprudencia existente de modo deliberado por considerarla errónea o de modo inmotivado pese a haber sido citada en el debate o ser doctrina asentada.

c) Cuando la sentencia recurrida declare nula una disposición de carácter general, salvo que esta, con toda evidencia, carezca de trascendencia suficiente.

d) Cuando resuelva recursos contra actos o disposiciones de los organismos reguladores o de supervisión o agencias estatales cuyo enjuiciamiento corresponde a la Sala de lo Contencioso-administrativo de la Audiencia Nacional.

e) Cuando resuelva recursos contra actos o disposiciones de los Gobiernos o Consejos de Gobierno de las Comunidades Autónomas».

Las circunstancias para apreciar la existencia de interés casacional en el orden civil y el contencioso-administrativo se refieren a aspectos que, si bien tienen que justificar su relevancia para la formación de la jurisprudencia, contienen elementos determinados sobre los que construir la fundamentación de la existencia del interés casacional. No ocurre esto en el orden social, en el que los criterios plasmados en el art, 129.1 LRJS son fundamentalmente valorativos, sin referencia a ninguna circunstancia determinada. Además, en el orden social, dado que el requisito del interés casacional objetivo se añade al de la existencia de contradicción entre sentencias, este requisito de la contradicción no constituye un criterio para apreciar la existencia de interés casacional, tal como sí lo es, entre otros, en el orden civil (cuando la resolución recurrida se oponga a doctrina jurisprudencial del Tribunal Supremo o resuelva puntos y cuestiones sobre los que exista jurisprudencia contradictoria de las Audiencias Provinciales) y el contencioso-administrativo (cuando fije, ante cuestiones sustancialmente iguales, una interpretación de las normas de Derecho estatal o de la Unión Europea en las que se fundamenta el fallo contradictoria con la que otros órganos jurisdiccionales hayan establecido).

Por otro lado, al vincularse el interés casacional, inexcusablemente, al requisito de la contradicción de sentencias, se están profundizando las limitaciones del recurso, expuestas por la doctrina[30], para atender situaciones problemáticas de desajuste con la idea de unificación, como las que se dan cuando se dicta una sentencia claramente contraria a derecho y no se encuentra una contradictoria con ella, o en aquellos casos en los que no cabe recurso de suplicación contra la sentencia de instancia. A este respecto, las propuestas para incorporar el requi-

30. MOLINER, G. (nota 24), p. 23.

sito del interés casacional objetivo en el orden social afirmaban que debía preverse en la ley que también se podría apreciar la existencia de interés casacional objetivo «cuando en la sentencia de suplicación recurrida se apliquen normas sobre las que no existiese doctrina jurisprudencial del Tribunal Supremo»[31]. Ello permitiría superar la limitación que supone el que el recurso en los supuestos en los que no resulta viable la contradicción tenga que pasar por su interposición por el Ministerio Fiscal (art. 219.3 LRJS).

6.3.3. La apreciación del interés casacional objetivo

Habrá de ser la Sala de lo Social la que vaya perfilando los criterios para apreciar la existencia del interés casacional, teniendo en cuenta, en todo caso, que la apreciación de la existencia del interés casacional con seguridad tendrá un marcado carácter discrecional, atendida la finalidad del recurso y siguiendo lo considerado al respecto por la Sala Tercera para el orden contencioso-administrativo. Como se recoge en la STS (Sala de lo Contencioso-administrativo) de 16 de noviembre de 2022 (RJ\2023\100), la formación del juicio sobre la conveniencia de la admisión del recurso desde el prisma del interés casacional objetivo «constituye una valoración innegablemente dotada de un margen de apreciación discrecional. Lo cual, a su vez, determina que puede darse perfectamente (y de hecho se da con frecuencia) el caso de que un recurso de casación haya sido impecablemente preparado desde el punto de vista formal, pero aun así se inadmita, simplemente porque aun habiendo cumplido cuanto la Ley exige desde el punto de vista de su estructuración y desarrollo expositivo, la cuestión impugnatoria que través de él se suscita no reviste tal interés».

En tanto no exista doctrina de la Sala de lo Social sobre la materia, parece razonable acudir, con las debidas cautelas y adaptaciones, a la doctrina de la Sala Primera y de la Sala Tercera sobre la existencia del interés casacional objetivo. A estos efectos, podrían apuntarse como orientativas las siguientes consideraciones afirmadas por la Sala Tercera[32], no en cuanto a los requisitos del recurso, propios de cada orden jurisdiccional, sino en cuanto a la fundamentación de la existencia del interés casacional:

31. SAN CRISTÓBAL, J. M. (nota 27), p. 16 del documento digital. También propone que se admita el recurso por existencia de interés casacional cuando la Sala Cuarta del Tribunal Supremo estime que:
— En la sentencia de suplicación impugnada se hayan aplicado normas que sustenten la razón de decidir sobre las que no exista jurisprudencia;
— La sentencia recurrida se aparte deliberadamente de la jurisprudencia existente al considerarla errónea.
— La cuestión planteada afecte a un gran número de situaciones.
— La sentencia de suplicación se haya dictado en un proceso de Tutela de Derechos Fundamentales.

32. Véase al respecto GABINETE TÉCNICO, TRIBUNAL SUPREMO, SALA DE LO CONTENCIOSO-ADMINISTRATIVO (nota 29).

— el recurso puede ser inadmitido por carecer manifiestamente de interés casacional objetivo para la formación de la jurisprudencia, si se pretende anudar el interés casacional a infracciones normativas circunscritas a las concretas vicisitudes del caso litigioso sin trascender a cuestiones dotadas de un mayor contenido de generalidad o con posible proyección a otros litigios (ATS 25 de mayo de 2017, JUR\2017\137538). Son ajenas a la finalidad del nuevo recurso de casación las controversias que se reducen a cuestiones puramente casuísticas y singularizadas, carentes como tales de una dimensión hermenéutica del Ordenamiento que permita apreciar su proyección o repercusión, al menos potencial, sobre otros posibles asuntos (ATS 26 de septiembre de 2018, JUR \2018\263489).

— el anotado carácter objetivo del interés casacional no puede estirarse hasta el extremo de convertir la casación en un mecanismo de solución de controversias abstractas, al margen del debate procesal entablado en el pleito. El recurso de casación persigue como finalidad la formación de jurisprudencia cuando se estime que presenta interés casacional objetivo, pero no en abstracto, sino en relación con la resolución de las cuestiones suscitadas en el pleito que fueron objeto del pronunciamiento en la sentencia o debieran haberlo sido (ATS 12 de abril de 2019, JUR\2019\133186).

— para llevar a cabo una adecuada fundamentación del interés casacional no basta con denunciar que se ha infringido la jurisprudencia, sino que, más allá de este inicial razonamiento, es necesario argumentar por añadidura que objetivamente conviene un pronunciamiento del Tribunal Supremo, a fin de formar jurisprudencia, sea porque no existe jurisprudencia propiamente dicha sobre el concreto aspecto en liza, sea porque se considera necesario unificar, matizar, clarificar, reforzar o tal vez reconsiderar la jurisprudencia ya existente (ATS 21 de febrero de 2020, JUR\2020\68764).

— el interés casacional objetivo lo es «para la formación de la jurisprudencia», lo cual supone que cuando la doctrina jurisprudencial ya está formada, sólo podría existir interés casacional en la medida que se apreciase la necesidad de reafirmarla, o se suministrasen argumentos sólidos para reconsiderarla o matizarla. Se pretende, en definitiva, excluir de la casación las controversias puramente repetitivas, que suscitan cuestiones ya examinadas, resueltas y despejadas por la jurisprudencia, pues, en principio, «si existe jurisprudencia, no habrá interés casacional objetivo para la formación de jurisprudencia» (ATS 5 de diciembre de 2018, JUR\2018\326991).

— la función nomofiláctica del recurso de casación impide atender a situaciones concretas, particulares o patológicas, debiendo —por el contrario— considerarse situaciones generales y aplicables a un gran número de sujetos. Por ello, el hecho de que una resolución judicial singular, referida a un supuesto aislado y anecdótico, no siga la jurisprudencia existente en un determinado ámbito no requiere necesariamente que este Tribunal se pronuncie, como parece entender la hoy promotora del incidente de nulidad. Y todo ello porque —indudablemente— existen sentencias que, aun siendo erróneas, conllevan vulneraciones jurídicas que no presentan interés casacional alguno, siendo así que en tales casos no resultará imprescindible —y ni tan siquiera conveniente— un pronunciamiento de esta Sala (ATS 8 de enero de 2019, RJ\2019\268).

— corresponde a quien prepara el recurso fundamentar con singular referencia al caso, que concurren alguno o algunos de los supuestos que permiten apreciar el interés casacional objetivo y la conveniencia de un pronunciamiento del Tribunal Supremo. El interés casacional que abre la puerta del recurso de casación es, pues, un interés casacional «objetivo», pero que a la vez ha de fundamentarse «con singular referencia al caso». El actual recurso de casación se aparta del caso concreto y de la solución particularizada y se dirige a la solución de situaciones problemáticas generales y potencialmente relevantes para un gran número de situaciones, de modo que sólo se puede estimar presente un interés casacional objetivo para la formación de jurisprudencia cuando la interpretación normativa pretendida por la parte tiene una proyección significativa para una multitud de circunstancias presentes y, en particular, futuras, sirviendo así el principio de seguridad jurídica exigido por el art. 9.3 de la CE. Ciertamente, el recurso de casación persigue como finalidad la formación de la jurisprudencia cuando se estime que presenta interés casacional objetivo, pero no en abstracto, sino en relación con la resolución de las cuestiones suscitadas en el pleito que fueron objeto del pronunciamiento en la sentencia o debieran haberlo sido. Por tanto, la parte que prepara el recurso de casación debe argumentar que su recurso ostenta la dimensión objetiva propia del interés casacional «para la formación de la jurisprudencia»; pero a la vez ha de razonar convincentemente que esa cuestión objetivada no se suscita en abstracto, como si se estuviera solicitando a la Sala un dictamen consultivo de carácter académico, sino que se plantea precisamente porque resulta relevante para el enjuiciamiento de las cuestiones debatidas en el pleito, tal como este se ha entablado y resuelto (ATS 9 de marzo de 2022, JUR\2022\104110).

— la afección de un gran número de situaciones por la sentencia que se combate, puesta en relación con el deber especial que incumbe al recurrente de fundamentar con singular referencia al caso que concurre interés casacional objetivo para la formación de la jurisprudencia, pide del recurrente que, salvo en los supuestos notorios, en el escrito de preparación (i) haga explícita esa afección, exteriorizando en un sucinto, pero ineludible análisis la previsible influencia de la doctrina en otros muchos supuestos (ii) sin que sean suficientes las meras referencias genéricas y abstractas, que presupongan sin más tal afección (iii) ni tampoco baste la afirmación de que se produce por tratarse de la interpretación de una norma jurídica, cuya aplicación a un número indeterminado de situaciones forma parte de su naturaleza intrínseca (ATS de 8 de marzo de 2017, JUR\2017\59868).

Debe observarse que, entre los supuestos para apreciar la existencia de interés casacional objetivo, no se contempla expresamente el de que la sentencia se haya dictado en procedimientos para la tutela de derechos fundamentales y libertades públicas, a diferencia de lo previsto en el art. 477.2 LEC. Por lo tanto, deberá fundamentarse adecuadamente, también en estos supuestos, la concurrencia del interés casacional. A este respecto, debe tenerse en cuenta que, cuando el art. 219.2 LRJS permite alegar como doctrina de contradicción la establecida en las sentencias dictadas por el Tribunal Constitucional y los órganos jurisdiccionales instituidos en los Tratados y Acuerdos internacionales en materia de derechos humanos y libertades fundamentales ratificados por España, ello es posible siempre que se cumplan los presupuestos del 219.1 LRJS en materia de contradicción, referidos a la pretensión de tutela de tales derechos y libertades[33]. Como ha declarado el TS (sentencia 897/2019, de 19 de octubre, RJ\2016\5400), el análisis de las identidades debe mantenerse también en estos casos, de forma que «no es suficiente con que el derecho... invocado sea el mismo, sino que se hace precisa una más minuciosa coincidencia en el sustrato fáctico del que parte para lograr su protección», pues si bien es innegable que el legislador ha «relajado la contradicción», ello «no significa que la misma haya desaparecido, pues el contraste de doctrinas se permite "siempre que se cumplan los presupuestos del número anterior"». En estos supuestos de órganos jurisdiccionales distintos a la jurisdicción ordinaria el TS entiende, como recoge la doctrina[34], que para la invocación de sus sentencias debe concurrir identidad entre los hechos respectivos e identidad en los fundamentos, entendida como exigencia de que la cuestión jurídica planteada y resuelta sea la misma en los dos casos comparados, si bien la identidad de pretensiones no puede exigirse pues lo solicitado en esos tribunales puede no ser coincidente en muchos caso con lo pedido en la jurisdicción ordinaria social. Esta doctrina del TS sugiere que, tratándose de la fundamentación del interés casacional objetivo, deberá ponerse de manifiesto por el recurrente la concurrencia de los supuestos que permiten apreciar su existencia. En el orden contencioso-administrativo, si bien, conforme al art. 88.2.i) LJCA la Sala podrá apreciar la existencia de interés casacional cuando la resolución que se impugna haya sido dictada en el procedimiento especial de protección de derechos fundamentales, la Sala Tercera del TS ha declarado que es carga del recurrente argumentar de forma suficiente las razones por las cuales concurre el interés casacional objetivo para la formación

33. El «Acuerdo no jurisdiccional de 11 de febrero de 2015, del Pleno de la Sala de lo Social del Tribunal Supremo», afirma que «En los supuestos del art. 219.2 LRJS, con doctrina de contradicción del TC y órganos jurisdiccionales instituidos en los Tratados y Acuerdos Internacionales en materia de derechos humanos y libertades fundamentales, TEDH y TJUE, en los casos de infracciones de garantías procesales fundamentales o derechos fundamentales sustantivos, la igualdad sustancial de las situaciones respectivas debe estar referida a la pretensión de tutela del derecho o libertad en el aspecto concreto de que se trate».
34. MENÉNDEZ SEBASTIÁN, P., «Artículo 219», en G. BARRIOS BAUDOR (dir.), *Comentarios a la Ley Reguladora de la Jurisdicción Social*, Aranzadi, Navarra, 2020, p.1290.

de jurisprudencia, sin que la mera invocación de la supuesta infracción de un derecho fundamental, al limitarse la recurrente a alegar que el recurso de casación se interpone por infracción de precepto constitucional, cumpla con esa insoslayable carga (ATS 1 de junio de 2017, JUR\2017\148925).

6.4. MODIFICACIONES EN LA TRAMITACIÓN DEL RECURSO DE CASACIÓN PARA LA UNIFICACIÓN DE DOCTRINA

6.4.1. En relación con la preparación del recurso

Por lo que refiere a la preparación del recurso, por un lado, se suprime en el apartado 1 del art. 221 LRJS la obligación de acompañar con el escrito de preparación (dirigido a la Sala de lo Social del TSJ que dictó la sentencia de suplicación, en los mismos términos que la redacción anterior a la LOEP) copias para las partes recurridas. Y, por otro lado, dada la exigencia de que se aprecie por el Tribunal Supremo la existencia de interés casacional, el art. 221.2.c) LRJS indica que el escrito de preparación debe (además de exponer los extremos del núcleo de la contradicción y hacer referencia detallada y precisa a los datos identificativos de la sentencia o sentencias que la parte pretenda utilizar para fundamentar cada uno de los puntos de contradicción) exponer *«de manera sucinta, las razones por las que la cuestión suscitada posee interés casacional objetivo»*. La Sala de lo Social del TSJ, en este momento procesal, no tiene que hacer ninguna calificación sobre la existencia del interés casacional, sino comprobar que se han hecho las menciones exigidas para la fundamentación del recurso (art. 222.2 LRJS), lo que incluye la exposición sucinta sobre la concurrencia del interés casacional. Posteriormente, en el escrito de interposición, se deberá efectuar la *«exposición argumentada de la concurrencia del interés casacional objetivo»* (art. 224.1.c) LRJS).

El escrito de interposición del recurso, firmado por abogado, del que ya no hay que presentar copias para las partes recurridas (nueva redacción del art. 223.2 LRJS), debe reunir los requisitos del art. 224 LRJS. Esos requisitos son los previstos en la redacción anterior del art. 224.1 LRJS (relación precisa y circunstanciada de la contradicción y fundamentación de la infracción legal cometida en la sentencia impugnada y, en su caso, del quebranto producido en la unificación de la interpretación del derecho y la formación de la jurisprudencia), añadiéndose ahora el referido de la *«exposición argumentada de la concurrencia del interés casacional objetivo»* (art. 224.1.c) LRJS). Deberá, por tanto, fundamentarse que existen circunstancias que aconsejan un nuevo pronunciamiento de la Sala, o que la cuestión posee una trascendencia o proyección significativa, o que el debate suscitado presenta relevancia para la formación de la jurisprudencia, a efectos de que la Sala pueda apreciar que debe pronunciarse porque la cuestión debatida trasciende del asunto concreto y resulta necesaria la intervención del Tribunal Supremo para garantizar la unidad en la interpretación de la ley. El interés casacional debe ser «objetivo», es decir, no limitado exclusivamente (aunque no totalmente desvinculado) a la situación subjetiva de las partes del proceso.

Como ya se expuso, conforme al art. 224.5 LRJS, es de aplicación a los escritos de interposición y de impugnación del recurso de casación para la unificación de doctrina lo preceptuado en el art. 210.3 LRJS, en cuya virtud la Sala de Gobierno del Tribunal Supremo podrá determinar, mediante acuerdo que se publicará en el «BOE», la extensión máxima y otras condiciones extrínsecas, incluidas las relativas al formato en el que deban ser presentados, de los escritos de formalización y de impugnación de los recursos de casación.

6.4.2. En relación con la admisión del recurso

La LOEP ha modificado el régimen de la decisión sobre la admisión del recurso en varios aspectos:

— Respecto a la falta de subsanación de defectos. En el caso de que, conforme al art. 225.1 LRJS, el LAJ aprecie defectos subsanables en la tramitación del recurso, o en su preparación e interposición, habiéndose concedido a la parte un plazo de diez días para la aportación de los documentos omitidos o la subsanación de los defectos apreciados, si no se efectúa la subsanación en el tiempo y forma establecidos, el LAJ dará cuenta a la Sala para que resuelva lo que proceda, pudiendo dicha Sala dictar providencia sucintamente motivada (en la redacción anterior a la LOEP debía ser mediante auto) poniendo fin al trámite del recurso, declarándose la firmeza en su caso de la resolución recurrida y la pérdida del depósito constituido y remisión de las actuaciones a la Sala de procedencia. Asimismo, ahora se prevé expresamente que contra dicha providencia no cabrá interponer recurso alguno.

— En cuanto a la admisión, la nueva redacción del art. 225.3 prevé que el acuerdo de la Sala de admisión total del recurso se efectuará por providencia (anteriormente era mediante auto) sin que frente a la misma quepa recurso alguno.

— Respecto de la inadmisión, la nueva redacción del art. 225.4 LRJS introduce como nuevo supuesto de inadmisión, en concordancia con el nuevo requisito del interés casacional, el de «falta de interés casacional objetivo» (art. 225.4.f) LRJS).

— Asimismo, a los supuestos en los cuales la Sala, cuando estimara que concurre determinadas causas de inadmisión, debe acordar oír al recurrente sobre las mismas por un plazo de cinco días (*«falta de contenido casacional de la pretensión»* o *«haberse desestimado en el fondo otros recursos en supuestos sustancialmente iguales»* (art. 225.4.d) y e) LRJS), se añade ahora, dicho supuesto de *«falta de interés casacional objetivo»* (art. 225.4.f) LRJS).

— Si la Sala, tras el trámite de alegaciones, estimara, finalmente, que concurre alguna de las causas de inadmisión referidas, declarará en el plazo de tres días, sin que quepa recurso, mediante providencia sucintamente motivada (en la redacción anterior a la LOEP era mediante auto) la inadmisión y la firmeza de la resolución recurrida, con los efectos que ya se contemplaban en la redacción anterior (imposición al recurrente de las costas causadas, de haber comparecido en el recurso las partes recurridas y la pérdida, en su caso, del depósito constituido).

— La nueva redacción del art. 225.4 LRJS prevé que cuando la inadmisión se refiera solamente a alguno de los motivos aducidos o a alguno de los recursos interpuestos, se dispondrá la continuación del trámite de los restantes recursos o motivos no afectados por la providencia de inadmisión parcial, sin que la resolución dictada al efecto sea recurrible. Esta previsión, salvo la referencia al carácter irrecurrible de la decisión, figuraba en la redacción inicial del art. 225.5 LRJS, si bien había sido suprimida de la redacción del art. 225 LRJS por el Real Decreto-ley 5/2023, de 28 de junio. La redacción dada por la LOEP recupera la previsión inicial, incorporando la referencia, como se ha indicado, a la irrecurribilidad de la decisión.

6.5. LA INTERPOSICIÓN DEL RECURSO EN DEFENSA DE LA LEGALIDAD POR EL MINISTERIO FISCAL

La LOEP introduce también importantes cambios en el régimen del recurso de casación para la unificación de doctrina que puede interponer el Ministerio Fiscal *«en su función de defensa de la legalidad»* (art. 219.3 LRJS).

En primer lugar, por lo que se refiere a los supuestos que permiten la interposición de este recurso, en la redacción anterior del art. 219.3 LRJS se identificaban los tres siguientes[35]:

1. Cuando, sin existir doctrina unificada en la materia de que se trate, se hayan dictado pronunciamientos distintos por los Tribunales Superiores de Justicia, en interpretación de unas mismas normas sustantivas o procesales y en circunstancias sustancialmente iguales.

2. Cuando se constate la dificultad de que la cuestión pueda acceder a unificación de doctrina según los requisitos ordinariamente exigidos.

3. Cuando las normas cuestionadas por parte de los tribunales del orden social sean de reciente vigencia o aplicación, por llevar menos de cinco años en vigor en el momento de haberse iniciado el proceso en primera instancia, y no

35. Recoge la doctrina del TS sobre esta modalidad de recurso la STS (Pleno) 697/2022, de 26 de julio (RJ\2022\4760).

existieran aún resoluciones suficientes e idóneas sobre todas las cuestiones discutidas que cumplieran los requisitos de contradicción exigidos por el art. 219.1 LRJS.

En la redacción dada por la LOEP al art. 219.3 LRJS, el tercero de los motivos indicados ahora se desglosa en dos, de manera que manera que constituye un supuesto el que *«las normas cuestionadas por parte de los tribunales del orden social sean de reciente vigencia o aplicación, por llevar menos de cinco años en vigor en el momento de haberse iniciado el proceso en la instancia»* (art. 219.3.c) LRJS) y otro diferenciado, el que *«no existieran aún resoluciones suficientes e idóneas sobre todas las cuestiones discutidas que cumplieran los requisitos* [de contradicción] *exigidos en el apartado 1 de este artículo»* (art. 219.3.d) LRJS). Con esta nueva redacción se amplían las posibilidades de interposición de este recurso por el Ministerio Fiscal, por cuanto, aun tratándose de normas que lleven más de cinco años en vigor, podrá interponerse el recurso si no existen resoluciones suficientes e idóneas que cumplan con los necesarios requisitos de contradicción.

Además, se incorpora a los supuestos ya contemplados en el art. 219.3 LRJS en los que el Ministerio Fiscal puede interponer este particular recurso, el de que *«la cuestión debatida presente interés casacional objetivo»* (art. 219.3.e) LRJS). No se trata, en este caso, de un requisito acumulativo, de manera que parece que la existencia de interés casacional objetivo por sí misma constituye causa legitimadora para la interposición del recurso por el Ministerio Fiscal sin que deba concurrir el requisito de contradicción entre sentencias. Por lo que, parece, podrá interponerse el recurso por el Ministerio Fiscal, en defensa de la legalidad, si concurren circunstancias que aconsejen un nuevo pronunciamiento de la Sala, si la cuestión posee una trascendencia o proyección significativa o si el debate suscitado presenta relevancia para la formación de la jurisprudencia.

La redacción dada al art. 219.3 por la LOEP ha suprimido los anteriores párrafos cuarto a séptimo que regulaban todo lo relativo a la tramitación y efectos de este particular recurso[36]. Por tanto, ahora la tramitación del recurso será la

36. Dichos párrafos establecían lo siguiente:
«El recurso podrá prepararlo la Fiscalía de Sala de lo Social del Tribunal Supremo dentro de los diez días siguientes a la notificación a la Fiscalía de la Comunidad Autónoma de la sentencia impugnada, mediante escrito reducido a la manifestación del propósito de entablar el recurso y exponiendo sucintamente la fundamentación que se propondrá desarrollar en el mismo.
El escrito se presentará ante la Sala que dictó la resolución impugnada y del mismo se dará traslado a las demás partes, hayan o no preparado las mismas recurso. Las partes podrán dentro de los cinco días siguientes, solicitar que en el recurso el Ministerio Fiscal interese la alteración de la situación jurídica particular resultante de la sentencia recurrida y el contenido de las pretensiones que el ministerio público habría de formular en su nombre en tal caso.

establecida con carácter general para el recurso de casación para la unificación de doctrina en los arts. 220 a 226 LRJS[37].

En cuanto a los efectos de la sentencia, serán también los previstos con carácter general en el art. 228 LRJS, alcanzando a las situaciones jurídicas particulares creadas por la sentencia impugnada (art. 228.2 LRJS), a diferencia del régimen anterior, en el que, si bien la afectación a la situación jurídica particular derivada de la sentencia recurrida dependía de las pretensiones oportunamente deducidas por el Ministerio Fiscal y por las partes comparecidas en el recurso que se hubieren adherido al mismo, se preveía que, en defecto de solicitud de parte o en el caso de que las partes no hubieran recurrido, la sentencia respetaría la situación jurídica particular derivada de la sentencia recurrida.

Asimismo, desaparece la obligación de publicación del fallo la sentencia en el BOE y la previsión de la vinculación al mismo a todos los jueces y tribunales del orden jurisdiccional social diferentes al Tribunal Supremo.

Trascurrido el plazo anterior, aunque no se hubieran presentado escritos de las partes en el sentido expresado, dentro de los cinco días siguientes se elevarán los autos a la Sala de lo Social del Tribunal Supremo junto con los escritos de preparación que se hubieran presentado y las actuaciones que se hubieren practicado hasta ese momento en el estado en que se encuentren, previo emplazamiento por el secretario judicial a las demás partes que no hubieran recurrido para su personación por escrito por medio de letrado ante la Sala de lo Social del Tribunal Supremo dentro del plazo de los diez días siguientes, debiendo acreditarse la representación de la parte de no constar previamente en las actuaciones. La parte recurrente en su caso, y el Ministerio Fiscal se entenderán personados de derecho con la remisión de los autos.

Las actuaciones ulteriores se seguirán ante la Sala de lo Social del Tribunal Supremo conforme a las reglas establecidas en los artículos 222 a 228 con las adaptaciones necesarias teniendo en cuenta las especialidades de esta modalidad del recurso.

En caso de estimación del recurso, la sentencia fijará en el fallo la doctrina jurisprudencial y podrá afectar a la situación jurídica particular derivada de la sentencia recurrida conforme a las pretensiones oportunamente deducidas por el Ministerio Fiscal y por las partes comparecidas en el recurso que se hubieren adherido al mismo.

En defecto de solicitud de parte o en el caso de que las partes no hayan recurrido, la sentencia respetará la situación jurídica particular derivada de la sentencia recurrida y en cuanto afecte a las pretensiones deducidas por el Ministerio Fiscal, de ser estimatoria, fijará en el fallo la doctrina jurisprudencial. En este caso, el fallo se publicará en el Boletín Oficial del Estado y, a partir de su inserción en él, complementará el ordenamiento jurídico, vinculando en tal concepto a todos los jueces y tribunales del orden jurisdiccional social diferentes al Tribunal Supremo».

37. La actuación del Ministerio Fiscal en estos recursos, conforme a la regulación anterior a la LOEP, se establecía en la Instrucción de la Fiscalía General del Estado 4/2012, de 3 de diciembre, sobre la intervención del Ministerio Fiscal en la jurisdicción social, que declara vigentes, salvo determinadas especificaciones, la Instrucción 4/2002, de 11 de noviembre, sobre actuación del Ministerio Fiscal en la preparación de recursos de casación para la unificación de doctrina en el orden jurisdiccional social, y la Instrucción 6/2005, de 16 de junio, por la que se reitera el estricto cumplimiento de la Instrucción 4/2002, de 11 de noviembre, relativa a la actuación del Ministerio Fiscal en los recursos de casación para la unificación de doctrina en el Orden Jurisdiccional Social.

6.6. REVISIÓN DE SENTENCIAS Y LAUDOS ARBITRALES FIRMES Y PROCESO DE ERROR JUDICIAL

El art. 236.1 LRJS, en la redacción dada por la LOEP, incorpora la previsión, para el recurso de revisión, de que si la Sala apreciara la concurrencia de cualquiera de tales causas de inadmisión dictará auto, contra el cual no cabe recurso. La LEC (arts. 510 a 516) no contempla ninguna previsión específica para la inadmisión del recurso.

La misma previsión se incluye, en el apartado 2, para la acción judicial para el reconocimiento de error judicial, teniendo en cuenta que, conforme al art. 292.1.c) LOPJ, el procedimiento para sustanciar la pretensión será el propio del recurso de revisión en materia civil.

6.7. ENTRADA EN VIGOR

De conformidad con el apartado 8 de la disposición transitoria novena de la LOEP, la nueva regulación de los recursos de casación social *«será de aplicación a los recursos que se formulen contra las resoluciones dictadas a partir de su entrada en vigor. En todo caso, la inadmisión de los recursos de casación para la unificación de doctrina interpuestos contra las resoluciones dictadas con anterioridad a la entrada en vigor de esta norma se acordará, previa audiencia de las partes, por providencia sucintamente motivada que será irrecurrible»*.

Ello quiere decir, por lo que se refiere, en especial, a la exigencia del nuevo requisito de existencia de interés casacional objetivo, que el mismo será aplicable a los recursos de casación para la unificación de doctrina que se interpongan contra las sentencias dictadas en suplicación por los Tribunales Superiores de Justicia a partir del 3 de abril de 2025, fecha de entrada en vigor de la LOEP conforme al apartado 1 de la disposición final trigésima octava de la LOEP (a los tres meses de la publicación en el BOE).

Sin perjuicio de ello, el precepto señala que la inadmisión de los recursos de casación para la unificación de doctrina interpuestos contra las resoluciones dictadas con anterioridad a la entrada en vigor de la LOEP (por las causas de inadmisión aplicables hasta el 3 de abril de 2025) se acordará, hay que entender que desde el 3 de abril de 2025, previa audiencia de las partes, por providencia sucintamente motivada que será irrecurrible. Dados los términos de la disposición, parece que ha de entenderse que ello será de aplicación en todos los supuestos de inadmisión y no únicamente en aquellos casos en que, ya bajo la redacción anterior del art. 225.3 LRJS, la Sala debía acordar oír al recurrente sobre la causa de inadmisión.

En cuanto a la tramitación de los recursos de revisión y de la acción para el reconocimiento de error judicial, a ella será de aplicación el apartado 1 de la disposición transitoria novena de la LOEP, en cuya virtud sus previsiones serán aplicables exclusivamente a los procedimientos incoados con posterioridad a su entrada en vigor.

7. MODIFICACIONES EN LA EJECUCIÓN DINERARIA

La LOEP ha introducido modificaciones en dos artículos reguladores de la ejecución dineraria, las cuales se dirigen a acercar el régimen de la LRJS a la LEC.

7.1. EN RELACIÓN CON LA TERCERÍA DE DOMINIO

El art. 260.2 de la LRJS, en la redacción anterior a la LOEP, tenía la siguiente redacción: *«La solicitud, a la que se acompañará el título en que se funde la pretensión, deberá formularse por el tercerista con una antelación a la fecha señalada para la celebración de la primera subasta no inferior a quince días»*. La referencia a la antelación a la fecha de celebración de la primera subasta constituía una singularidad en relación con la regulación de la subasta en la LEC[38], teniendo en cuenta que actualmente no hay una fecha propiamente de celebración (la misma se alarga durante el plazo de veinte días naturales). Efectivamente, conforme al art. 644 LEC, la subasta se llevará a cabo, en todo caso, de forma electrónica en el Portal de Subastas, bajo la responsabilidad del LAJ, estableciendo el art. 649.1 LEC que la subasta admitirá posturas que tendrán carácter secreto, durante el plazo improrrogable de veinte días naturales desde su apertura. Estas normas son aplicables también a las subastas de bienes inmuebles, conforme a lo previsto en el art. 655.2 LEC.

La nueva redacción ahora establece que *«El tribunal, mediante auto, rechazará de plano y sin sustanciación alguna la demanda de tercería de dominio a la que no se acompañe un principio de prueba por escrito del fundamento de la pretensión del tercerista, así como la que se interponga con posterioridad al momento en que, de acuerdo con lo dispuesto en la legislación civil, se produzca la transmisión del bien al acreedor o al tercero que lo adquiera en pública subasta»*. Con ello se adopta la regulación de la LEC, teniendo el precepto la misma redacción que el art. 596.2 LEC.

7.2. EN RELACIÓN CON LA REALIZACIÓN DE LOS BIENES

El art. 264.2 LRJS establecía, en la redacción anterior a la LOEP, que *«La realización de los bienes embargados se ajustará a lo dispuesto en la legislación procesal civil, con la única excepción de que para el caso de resultar desierta la*

38. ESCOURIDO PÉREZ-SINDÍN, J. M., «El Anteproyecto de Ley de Medidas de Eficiencia Procesal del Servicio Público de Justicia: reforma de la Ley de Enjuiciamiento Civil y su impacto en la Ley Reguladora de la Jurisdicción Social», *Cuadernos Digitales de Formación*, 2021-38, Consejo General del Poder Judicial, p. 13.

subasta tendrán los ejecutantes o, en su defecto, los responsables legales solidarios o subsidiarios, el derecho a adjudicarse los bienes por el 30 por ciento del avalúo, dándoseles, a tal fin, el plazo común de diez días. De no hacerse uso de este derecho, se alzará el embargo». La excepción, para el caso de la subasta desierta, ya contrastaba notablemente con las previsiones de la LEC antes de la LOEP. La nueva redacción se limita a prever que *«La realización de los bienes embargados se ajustará a lo dispuesto en la legislación procesal civil»*. De este modo, se hace de aplicación en su totalidad la regulación de la LEC en esta materia, la cual también ha experimentado importantes modificaciones por la LOEP.

7.3. ENTRADA EN VIGOR

Conforme al con el apartado 1 de la disposición transitoria novena de la LOEP, sus previsiones serán aplicables exclusivamente a los procedimientos incoados con posterioridad a su entrada en vigor. Por tanto, hay que entender que las nuevas reglas sobre la ejecución dineraria serán de aplicación a los procedimientos que se inicien a partir del 3 de abril de 2024.

8. MULTA POR VULNERACIÓN DE LA BUENA FE

En el art. 74.4 LRJS, la LOEP se limita a modificar la cuantía de la multa a las partes por vulneración de las reglas de la buena fe o formulación de pretensiones temerarias, de manera que la horquilla de 180 a 6.000 euros pasa a ser de 600 a 6.000 euros.

A tenor del apartado 1 de la disposición transitoria novena de la LOEP, en cuya virtud sus previsiones serán aplicables exclusivamente a los procedimientos incoados con posterioridad a su entrada en vigor, hay que entender que las nuevas cuantías de la multa serán de aplicación a los procedimientos que se inicien a partir del 3 de abril de 2024.

9. MODIFICACIONES INTRODUCIDAS EN EL ESTATUTO DE LOS TRABAJADORES

La LOEP, en su disposición adicional decimosexta, ha modificado tres preceptos del ET, los cuales tienen carácter sustantivo.

9.1. LA EXTINCIÓN CAUSAL POR FALTA DE PAGO O RETRASOS CONTINUADOS EN EL PAGO DEL SALARIO

El primero de ellos es el art. 50.1.b) ET, en el sentido de concretar cuándo ha de entenderse que concurre la causa de extinción causal a instancia del trabajador consistente en la falta de pago o retrasos continuados en el abono del salario pactado. El precepto se dirige a delimitar el supuesto de hecho que constituye esta causa de rescisión del contrato.

Hasta ahora, ante la falta de determinación sobre qué alcance tenía que tener la falta de pago o el retraso continuado para considerar existente esta causa de extinción por voluntad del trabajador, la jurisprudencia había ido perfilando los límites del incumplimiento empresarial que justifica la extinción del contrato. Así, como recoge la STS 9/2023, de 10 de enero (RJ\2023\824), ya se había declarado que el criterio objetivo de valoración del retraso continuado en el pago de la retribución no era de apreciar cuando el retraso no superaba los tres meses (STS de 9 diciembre de 2016 [RJ\2016\6278]); así como que se había entendido, en diversas sentencias, que concurría causa suficiente para la resolución del contrato con fundamento en el art. 50.1 b) ET en casos de demora en el pago como los siguientes: dilaciones de entre 10 y 15 días durante el período de febrero 2003 a diciembre 2007; abono en el mes de febrero de 2008 de parte de las nóminas correspondiente a los tres últimos meses de 2007; la demora de entre 18 y 26 días en cinco mensualidades; los retrasos continuados de entre uno y dos meses durante un período superior al año; el retraso que afecta a cinco mensualidades, abonadas con demoras de entre 15 días y tres meses. La citada sentencia STS 9/2023 declara que concurre la causa de extinción en un supuesto en el que, durante el período de un año, el demandante había percibido la retribución con retraso, siendo el promedio de este de 10,5 días, así como que el abono del salario de una mensualidad se efectuó en dos pagos, con más de un mes de diferencia entre ellos.

La redacción al art. 50.1.b) ET dada por la LOEP dispone que «*Sin perjuicio de otros supuestos que por el juez, la jueza o el tribunal puedan considerarse causa justa a estos efectos, se entenderá que hay retraso cuando se supere en quince días la fecha fijada para el abono del salario, concurriendo la causa cuando se adeuden al trabajador o la trabajadora, en el período de un año, tres mensualidades completas de salario, aún no consecutivas, o cuando concurra retraso en el pago del salario durante seis meses, aún no consecutivos*». De esta manera, se delimitan los incumplimientos en cuanto al pago que permiten apreciar la existencia de la causa de extinción, sin perjuicio de posibilitar que por el órgano jurisdiccional se pueda concluir, en otros supuestos, que el incumplimiento empresarial justifica la rescisión del contrato.

Cabe recordar, en relación con esta causa de rescisión del contrato de trabajo, que el RD-ley 6/2023, de 19 de diciembre, había introducido un apartado 5 en el art. 103 LRJS, en virtud del cual será de aplicación a las demandas en las que se solicite la extinción de la relación laboral invocando la causa prevista en el art. 50.1.b) ET la tramitación establecida en el apartado 4 del art. 103 LRJS, consistente en que el procedimiento será urgente y se le dará tramitación preferente, debiendo señalarse el acto de la vista dentro de los cinco días siguientes al de la admisión de la demanda, habiendo de dictarse la sentencia en el plazo de cinco días.

9.2. LA CALIFICACIÓN DE NULIDAD DEL DESPIDO DE LAS PERSONAS TRABAJADORAS QUE HAYAN SOLICITADO O ESTÉN DISFRUTANDO DE LAS ADAPTACIONES DE JORNADA PREVISTAS EN EL ARTÍCULO 34.8 ET

En este caso la modificación de los arts. 53.4.b) y 55.5.b) ET aclara que la calificación del despido objetivo o del despido disciplinario de las personas trabajadoras que hayan solicitado o estén disfrutando de las adaptaciones de jornada previstas en el artículo 34.8 será la nulidad del mismo (salvo que, en esos casos, se declare la procedencia de la decisión extintiva por motivos no relacionados con el ejercicio del derecho a tales adaptaciones de jornada). Con ello se da fin a una serie de errores legislativos que habían producido unos efectos contrarios a la voluntad del legislador. La evolución legislativa había sido la siguiente:

— La LO 10/2022, de 6 de septiembre, de garantía integral de la libertad sexual, había modificado los arts. 53.4.b) y 55.5.b) ET, incluyendo, entre los supuestos de nulidad del despido objetivo o del despido disciplinario, el que afectara a *«las trabajadoras víctimas de violencia de género o de violencia sexual por el ejercicio de su derecho a la tutela judicial efectiva o de los derechos reconocidos en esta ley para hacer efectiva su protección o su derecho a la asistencia social integral»*.

— La Ley 4/2023, de 28 de febrero, para la igualdad real y efectiva de las personas trans y para la garantía de los derechos de las personas LGTBI, dio nueva redacción los arts. 53.4.b) y 55.5.b) ET, disponiendo la nulidad del despido objetivo o disciplinario que afectara a *«las personas trabajadoras víctimas de violencia de género, por el ejercicio de su derecho a la tutela judicial efectiva o de los derechos reconocidos en esta ley para hacer efectiva su protección o su derecho a la asistencia social integral»*. Quedaban fuera de la calificación de nulidad, por tanto, las trabajadoras víctimas de violencia sexual.

— El RD-ley 5/2023, de 28 de junio, modifica nuevamente los arts. 53.4.b) y 55.5.b) ET, incluyendo entre los supuestos de nulidad del despido objetivo o disciplinario el de las personas trabajadoras que *«estén disfrutando de las adaptaciones de jornada previstas en el artículo 34.8»*, manteniéndose el supuesto de *«las trabajadoras víctimas de violencia de género por el ejercicio de su derecho a la tutela judicial efectiva o de los derechos reconocidos en esta ley para hacer efectiva su protección o su derecho a la asistencia social integral»*. El despido que afectaba a trabajadoras víctimas de violencia sexual seguía quedando fuera de la calificación de nulidad.

— La LO 2/2024, de 1 de agosto, de representación paritaria y presencia equilibrada de mujeres y hombres, dio nueva redacción a los citados arts. 53.4.b) y 55.5.b) ET, volviendo a incluir, entre los supuestos de nulidad del despido objetivo o disciplinario, el de *«las personas trabajadoras víctimas de violencia de género o de violencia sexual, por el ejercicio de su derecho a la tutela judicial efectiva o de los derechos reconocidos en esta ley para hacer efectiva su protección o su derecho a la asistencia social integral»*, pero omitiendo ahora el despido que afectara a las personas que hubieran solicitado o estuvieran disfrutando de las adaptaciones de jornada previstas en el art. 34.8 ET.

— Finalmente, la redacción dada a los arts. 53.4.b) y 55.5.b) ET por la LOEP incluye, entre los supuestos de nulidad del despido objetivo o disciplinario, tanto el de las personas trabajadoras que hayan solicitado o estén disfrutando de las adaptaciones de jornada previstas en el art. 34.8 ET como el de las personas trabajadoras víctimas de violencia de género o de violencia sexual, por el ejercicio de su derecho a la tutela judicial efectiva o de los derechos reconocidos en el ET para hacer efectiva su protección o su derecho a la asistencia social integral.

9.3. ENTRADA EN VIGOR

No habiendo ninguna previsión específica al respecto, la entrada en vigor de estas modificaciones del ET tendrá lugar conforme a lo establecido en la disposición final trigésima octava de la LOEP, en cuya virtud la misma entrará en vigor a los tres meses de su publicación en el BOE. Por tanto, dichas modificaciones serán de aplicación desde el 3 de abril de 2025.

BIBLIOGRAFÍA

ASENCIO GALLEGO, J. M., «Las sentencias orales en el juicio verbal. Principio de oralidad y tutela judicial efectiva», *Práctica de Tribunales*, 2023-162.

DE LAMO RUBIO, J., «Juicios telemáticos y pruebas materiales en la jurisdicción social: La reforma pendiente (art. 87.1 LRJS)», *Diario La Ley*, n.º 10535, 27 de junio de 2024.

— «La conciliación intraprocesal social en la Ley Orgánica de eficiencia del Servicio Público de Justicia», *Diario La Ley*, n.º 10648, 21 de enero de 2025.

DÍAZ SÁEZ, R. y ESCUDERO MORATALLA, J. F., «La convocatoria a los actos de conciliación y/o juicio en la Ley Reguladora de la Jurisdicción Social: ¿Fin de la única, pero sucesiva citación?», *Diario La Ley*, n.º 9753, 14 de diciembre de 2020.

ESCOURIDO PÉREZ-SINDÍN, J. M., «El Anteproyecto de Ley de Medidas de Eficiencia Procesal del Servicio Público de Justicia: reforma de la Ley de Enjuiciamiento Civil y su impacto en la Ley Reguladora de la Jurisdicción Social», *Cuadernos Digitales de Formación*, 2021-38, Consejo General del Poder Judicial.

GABINETE TÉCNICO, TRIBUNAL SUPREMO, SALA DE LO CONTENCIOSO-ADMINISTRATIVO, *Práctica procesal del recurso de casación contencioso-administrativo*, junio 2024.

GÓMEZ ESTEBAN, J., «Juicios telemáticos en el orden jurisdiccional social ¿utopía transformada en realidad apresurada?», *Diario La Ley*, n.º 9662, 26 de junio de 2020.

MENÉNDEZ SEBASTIÁN, P., «Artículo 219», en BARRIOS BAUDOR, G. (dir.), *Comentarios a la Ley Reguladora de la Jurisdicción Social*, Aranzadi, Navarra, 2020.

MOLINER TAMBORERO, G., en MOLINER TAMBORERO, G. y SAMPEDRO CORRAL, M., *El recurso de casación laboral*, Tirant lo Blanch, Valencia, 2009.

MOLINS GARCÍA-ATANCE, J., «La prueba en el proceso social y en los recursos: propuestas de reforma», *Cuadernos Digitales de Formación*, 2021-38, Consejo General del Poder Judicial.

MORENO VIDA, M. N., «Artículo 65», *Ley de la Jurisdicción Social. Estudio técnico jurídico y sistemático de la Ley 36/2011, de 10 de octubre*, Comares, 2013.

SAN CRISTÓBAL VILLANUEVA, J. M., «El "interés casacional" como criterio de admisión de los recursos de casación: algunas reflexiones para el caso de su futura aplicación en la jurisdicción laboral», *Trabajo y Derecho*, 2023-97.

SEGALÉS FIDALGO, J., «Prueba documental y proceso de trabajo. Apuntes para una reforma de la LPL», *Revista de Derecho Social*, 2002-18.

SERRANO ESPINOSA, G. M., «Sobre la eficiencia procesal en la reforma del proceso laboral», *Diario La Ley*, n.º 10277, mayo de 2023.